Li Santil hu

Q'eqchi' Bible

Contents

Li Santil hu

Bible in Q'eqchi' (GT:kek:Q'eqchi')

Language: Q'eqchi'
Provided by: Wycliffe Bible Translators, Inc.

This print-on-demand edition of Scripture is produced and provided at cost by the Digital Bible Society in partnership with the Bible League of Canada, Open Doors International, and other missions and translation agencies. To order additional copies of this or other Bibles, please visit www.dbs.org (USA), www.bibleleague.ca (Canada), and www.opendoors.org (Europe).

Copyright and Permission to Copy

PDF generated on 2017-06-30 from source files dated 2017-06-30.
f6f398f5-ee79-5066-ad8f-298c2ec963eb
ISBN: 978-1-5313-0323-5

Li Resil li Colba-ib li Quixtz'i̱ba li San Mateo

Lix c'aba'eb lix xe'to̱nil yucua' li Jesucristo

1 Sa' li hu a'in tz'i̱banbil retalil jo'
q'uialeb lix xe' xto̱nal li Jesucristo.
Li Jesucristo ralal xc'ajol li rey David
ut ralal xc'ajol ajcui' laj Abraham. 2 Laj
Abraham, a'an xyucua' laj Isaac. Laj
Isaac, a'an xyucua' laj Jacob. Ut laj Ja-
cob, a'an xyucua' laj Judá jo' eb ajcui'
li ras ut li ri̱tz'in. 3 Ut laj Judá ut lix
Tamar, a'aneb xna' xyucua'eb laj Fares
ut laj Zara. Laj Fares, a'an xyucua' laj
Esrom. Ut laj Esrom, a'an xyucua' laj
Aram. 4 Ut laj Aram, a'an xyucua' laj Am-
inadab. Ut laj Aminadab, a'an xyucua'
laj Naasón. Ut laj Naasón, a'an xyucua'
laj Salmón. 5 Ut laj Salmón ut lix Rahab,
a'aneb xna' xyucua' laj Booz. Laj Booz
ut lix Rut, a'aneb xna' xyucua' laj Obed.
Ut laj Obed, a'an xyucua' laj Isaí. 6 Ut
laj Isaí, a'an xyucua' li rey David. Ut li
rey David, a'an lix yucua' laj Salomón
riq'uin li ixk li quicuan chok' rixakil laj
Urías. 7 Ut laj Salomón, a'an xyucua' laj
Roboam. Ut laj Roboam, a'an xyucua' laj
Abías. Ut laj Abías, a'an xyucua' laj Asa.
8 Ut laj Asa, a'an xyucua' laj Josafat. Ut
laj Josafat, a'an xyucua' laj Joram. Ut
laj Joram, a'an xyucua' laj Uzías. 9 Ut laj
Uzías, a'an xyucua' laj Jotam. Ut laj Jo-
tam, a'an xyucua' laj Acaz. Ut laj Acaz,
a'an xyucua' laj Ezequías. 10 Ut laj Eze-
quías, a'an xyucua' laj Manasés. Ut laj
Manasés, a'an xyucua' laj Amón. Ut laj
Amón, a'an xyucua' laj Josías. 11 Ut laj
Josías, a'an xyucua' laj Jeconías jo' eb
ajcui' li ri̱tz'in. Eb a'an que'cuan sa' eb
li cutan nak eb laj Israel que'chape' ut
que'c'ame' aran Babilonia. 12 Ut nak ac
chapbileb chak xbaneb laj Babilonia, laj
Jeconías quicuan li ralal. Ut a'an laj
Salatiel. Ut laj Salatiel, a'an xyucua' laj
Zorobabel. 13 Ut laj Zorobabel, a'an xyu-
cua' laj Abiud. Ut laj Abiud, a'an xyu-
cua' laj Eliaquim. Ut laj Eliaquim, a'an
xyucua' laj Azor. 14 Ut laj Azor, a'an xyu-
cua' laj Sadoc. Ut laj Sadoc, a'an xyu-
cua' laj Aquim. Ut laj Aquim, a'an xyu-
cua' laj Eliud. 15 Ut laj Eliud, a'an xyu-
cua' laj Eleazar. Ut laj Eleazar, a'an xyu-
cua' laj Matán. Ut laj Matán, a'an xyucua'
laj Jacob. 16 Ut laj Jacob, a'an xyucua' laj
José, xbe̱lom lix María. Ut lix María, a'an
lix na' li Jesús. Ut li Jesús, A'an li Cristo.
17 Ca̱laju te̱p li ralal xc'ajol laj Abraham
quicuan toj nak quiyo'la laj David. Ac
cuan ca̱laju te̱p li ralal xc'ajol laj David
nak que'c'ame' aran Babilonia. Ut chirix
chic a'an, quicuan cui'chic ca̱laju te̱p li
ralal xc'ajol chalen toj nak quiyo'la li
Cristo.

Li c'a'ru quic'ulman nak quiyo'la li Cristo

18 Ut lix yo'lajic li Jesucristo, jo'ca'in
nak quicuan: Lix María lix na' li
Jesús ac tz'a̱manbil xban laj José. Toj
ma̱ji' neque'xlak'ab rib nak lix María
quicana chi yaj aj ixk xban xcuan-
quil li Santil Musik'ej. 19 Ut xban nak
ti̱c xch'o̱l laj José, li ac xtz'a̱man re,
inc'a' quiraj xc'utbal xxuta̱n lix María.
Xraj raj xcanabanquil chi mukmu. 20 Ut
yo̱ chixc'oxlanquil a'in laj José nak
jun lix ángel li Ka̱cua' quixc'utbesi rib
chiru sa' xmatc' ut quixye re: —At
José, ralalat li rey David, matc'oxlac
chixc'ambal lix María chok' a̱cuixakil.
A'an xcana chi yaj aj ixk xban xcuan-
quil li Santil Musik'ej. 21 Ta̱cua̱nk jun
lix c'ula'al ch'ina te̱lom. Ut Jesús ta̱q'ue
chok' xc'aba' xban nak a'an ta̱colok re lix
tenamit sa' lix ma̱queb, chan. 22 Chixju-
nil a'an quic'ulman re nak ta̱tz'aklok ru li
quixye li profeta Isaías jo' nak quiyehe' re
xban li Ka̱cua'. 23 A'an a'in li quixye:

Jun xka'al toj maji' cuanjenak riq'uin
cuink tacuank lix c'ula'al ch'ina
telom. Ut Emanuel taq'uehek' chok'
xc'aba'. (Is. 7:14)

Chi jalbil ru Emanuel naraj naxye "Li
Dios cuan kiq'uin". 24 Nak qui-aj ru laj
José, quixbanu li c'a'ru quiyehe' re xban
lix ángel li Kacua' sa' xmatc'. Quixc'am
lix María sa' rochoch. 25 Abanan inc'a'
quicuan riq'uin toj quiyo'la li xben
c'ula'al. Ut Jesús quixq'ue chok' xc'aba'.

Eb laj k'e que'cuulac chixsic'bal li Jesús

2 Nak cuank chok' rey laj Herodes,
li Jesús quiyo'la aran Belén xcuent
Judea. Cuanqueb aj k'e que'chal chak
sa' releb sak'e ut que'cuulac Jerusalén.
2 Que'patz'oc ut que'xye: —¿Bar cuan
lix reyeb laj judío xyo'la? Xochal xban
nak xkil chak toj sa' releb sak'e li
chahim retalil lix yo'lajic ut xochal
chixlok'oninquil, chanqueb. 3 Ut nak
quirabi a'an, li rey Herodes quisach
xch'ol ut qui-oc xc'a'ux jo' ajcui'
chixjunileb li cuanqueb Jerusalén. 4 Ut
laj Herodes quixch'utubeb chixjunil li
xbenil aj tij jo' eb ajcui' laj tz'ib sa' li
tenamit ut quixpatz' reheb bar tayo'lak
li Cristo. 5 Ut eb a'an que'chak'oc ut
que'xye re: —Aran Belén xcuent Judea
xban nak jo'can tz'ibanbil chak xban li
profeta. 6 Jo'ca'in tz'ibanbil sa' li Santil
Hu:

Li tenamit Belén, xch'och'eb laj Judá,
moco k'axal ca'ch'in ta lix cuanquil
sa' xyankeb li xninkal ru tenamit
re Judá xban nak aran taelk jun
Acuabej ut a'an taberesink re lin
tenamit Israel. (Mi. 5:2)

7 Tojo'nak laj Herodes quixbokeb laj
k'e sa' mukmu ut quixpatz' reheb jok'e
tz'akal quic'utun li chahim. 8 Ut nak
quixtaklaheb Belén quixye reheb: —
Ayukex aran Belén ut q'uehomak ech'ol
chixsic'bal toj retal tetau li c'ula'al. Ut
nak tetau chak, toleye cue re nak tinxic
ajcui' lain ut toxinlok'oni chak, chan. 9 Ut
nak que'rabi li quixye li rey, eb laj k'e
que'coeb. Ut li chahim li que'ril chak sa'
releb sak'e yo chi xic c'amol be chiruheb
tojo'nak quixakli sa' xben li na'ajej cuan
cui' li c'ula'al. 10 Ut c'ajo' nak que'saho' sa'
xch'oleb chirilbal li chahim nak quixakli
sa' xben li na'ajej a'an. 11 Ut nak que'oc
sa' li cab, que'xtau li c'ula'al rochben lix
María li na'bej. Ut que'xcuik'ib rib chiru
li Jesús ut que'xlok'oni. Ut que'xte lix
c'ulebaleb ut que'xq'ue lix matan. Ut li
matan li que'xq'ue, a'an li oro, li incienso
ut li sununquil ban mirra xc'aba'. 12 Ut
que'c'utbesic chiruheb xban li Dios sa'
xmatq'ueb nak inc'a' chic te'suk'ik riq'uin
laj Herodes. Sa' jalan chic be que'xc'am
nak que'suk'i sa' xtenamiteb.

Laj José ut lix María que'xc'am li Jesús Egipto re xcolbal chiru laj Herodes

13 Ut nak ac xcoeb laj k'e, jun x-
ángel li Kacua' quixc'ut rib chiru laj
José sa' xmatc' ut quixye re: —Cuaclin,
c'am li c'ula'al jo' cui' lix na'. Tex-elk
arin ut ayukex sa' li tenamit Egipto. Ut
aran texcanak toj lain toxinyehok acue.
Tex-elelik xban nak laj Herodes oc re
chixsic'bal li c'ula'al re xcamsinquil.—
14 Ut laj José qui-aj ru, quicuacli ut
quixc'am li c'ula'al jo' cui' lix na' ut sa'
ajcui' li k'ojyin a'an que'coeb Egipto.
15 Ut que'cuan aran Egipto toj quicam laj
Herodes. A'an quic'ulman jo' quixtz'iba
li profeta li quiyehe' re xban li Kacua'
nak quixye: Sa' li tenamit Egipto quinbok
chak li cualal, chan. (Os. 11:1) 16 A'ut
laj Herodes nak quiril nak quibalak'ic
xbaneb laj k'e, k'axal nak quichal xjosk'il.
Ut quixtakla xcamsinquil chixjunileb li
coc' telom cuanqueb Belén, jo' cui' sa' eb
li na'ajej cuanqueb chixc'atk. Que'camsic
chixjunileb li coc' telom li toj c'ula'aleb
jun xxiquic aj ca'cab chihab xban nak
quixbir rix c'a'ru li cutan quiyo'la cui'

li c'ula'al jo' quiyehe' re xbaneb laj
k'e. 17 Jo'can nak quitz'akloc ru li yebil
xban li profeta Jeremías nak quixye chi
jo'ca'in:
18 Qui-abic li yabac sa' li tenamit Ramá
xban li nimla rahil ch'olej, ut yot'ba
ch'olej li que'xc'ul. A'an eb li ixk aj Is-
rael nak yoqueb chi yabac chirixeb
lix coc'al. Ut inc'a' chic neque'raj
xc'ojobanquil xch'oleb xban nak ac
camenakeb chic lix coc'aleb. (Jer.
31:15)

Que'suk'i cui'chic Nazaret

19 Ut nak quicam laj Herodes, jun x-
ángel li Kacua' quixc'utbesi rib chiru laj
José sa' xmatc' aran Egipto. 20 Ut quixye
re: —Cuaclin. C'am li c'ula'al jo' cui'
li na'bej ut texxic cui'chic sa' li tena-
mit Israel xban nak xe'cam li que'ajoc
re xcamsinquil li c'ula'al, chan. 21 Ut laj
José quicuacli, quixc'am li c'ula'al jo'
cui' lix na' ut quichal sa' li tenamit Is-
rael. 22 Ut nak quirabi resil nak a' laj Ar-
quelao chic li rey aran Judea rekaj laj
Herodes lix yucua', laj José quixucuac
chi xic aran. Ut nak quic'utbesic chiru
sa' xmatc', que'coeb sa' jun na'ajej xcuent
Galilea. 23 Que'chal ut que'cuan sa' jun li
tenamit Nazaret xc'aba' xcuent Galilea.
A'in quic'ulman jo' que'xye li profeta nak
que'xye nak aj Nazaret tixc'aba'in.

Laj Juan laj Cubsihom Ha' quixch'olob xyalal chirix li Jesús

3 Mokon chic quicuulac laj Juan laj
Cubsihom Ha' sa' li chaki ch'och'
cuan Judea. Yo chixch'olobanquil xyalal
chirix lix nimajcual cuanquilal li Dios.
Quixye chi jo'ca'in: 2 —Chiyot'ek' ech'ol
ut chejal ec'a'ux xban nak yo chak chi
chalc li taq'uehek' sa' xcuanquil xban li
Dios. Ut a'an chic tacuank xcuanquil sa'
xbeneb li ralal xc'ajol. 3 Li profeta Isaías
quiatinac chirix laj Juan nak quixye chi
jo'ca'in:
A'an tach'olobank xyalal chi cau
xyab xcux sa' li chaki ch'och', ut
tixye: Yibomak le yu'am ut yo'on
cuankex chixc'ulbal li Kacua' jo' nak
neque'xyib li be re xc'ulbal junak li
nim xcuanquil, chan. (Is. 40:3)
4 Li rak' narocsi laj Juan, a'an yiban-
bil riq'uin rix li xul camello ut lix
c'amal xsa' a'an yal tz'um. Aj sac'
naxtzaca riq'uin xya'al sak c'au. 5 Yalak
bar que'chal chak li que'cuulac chirabin-
quil li c'a'ru yo chixyebal laj Juan. Nabal
que'chal Jerusalén. Nabal que'chal chak
Judea ut nabal cui'chic que'chal chak
nach' riq'uin li nima' Jordán. 6 Que'xxoto
xmaqueb ut laj Juan naxcubsiheb xha'
sa' li nima' Jordán. 7 Nak quiril nabaleb
xcomoneb laj fariseo ut xcomoneb laj
saduceo yoqueb chi cuulac yal re nak
te'cubsik xha'eb, quixye reheb: —Laex
chanchanex li ral li c'ambolay. ¿Ani xye-
hoc ere laex nak taruk tecol erib chiru
lix josk'il li Dios li tachalk sa' eben?
8 Chebanuhak ban li us re nak tac'utunk
nak xyot'e' ech'ol ut xejal ec'a'ux. Chan-
chanakex li che' chabil li ru naxq'ue.
9 Mec'oxla nak inc'a' tec'ul xjosk'il li Dios
yal xban nak laex ralal xc'ajol laj Abra-
ham. Lain tinye ere nak li Dios taruk
tixyo'obtesi li pec a'in chok' ralal xc'ajol
laj Abraham. 10 Q'uehomak retal xban
nak chalc re li rakba atin sa' eben jo' nak
ac cauresinbil li mal re xyoc'bal lix xe'
li che'. Ut chixjunil li che' inc'a' chabil
li ru naxq'ue, nayoc'man ut naq'ueman
sa' xam. 11 Yal nak lain nincubsi eha'
riq'uin ha' retalil nak xyot'e' ech'ol ut xe-
jal ec'a'ux. Abanan chalc re li k'axal nim
xcuanquil. Xban nak k'axal nim xcuan-
quil chicuu lain, moco inc'ulub ta nak
tincuisi lix xab. A'an tixcubsi eha' riq'uin
li Santil Musik'ej ut riq'uin xam. 12 Ac
cuan chak sa' ruk' lix c'anjelebal. Ut
tarapu ru chi us li riyajil li trigo ut
tixch'utub lix trigo sa' lix c'ulebal ut li

rix tixc'at sa' li xam li ma jaruj nachup,
chan laj Juan.

Quicube xha' li Jesús xban laj Juan

13 Ut quicuulac xk'ehil nak li Jesús
quichal chak Galilea. Quicuulac riq'uin
laj Juan re nak tacubsik xha' xban sa' li
nima' Jordán. 14 Abanan laj Juan inc'a'
raj quiraj xcubsinquil xha' ut quixye re:
—Macua' raj lain tincubsink aha'. Laat
raj ban tatcubsink inha' lain, chan. 15 Ut
li Jesús quichak'oc ut quixye re: —Us
takabanu anakcuan xban nak tento taux-
mank chixjunil li c'a'ru naxye li Dios,
chan. Tojo'nak quixc'uluban xch'ol laj
Juan. 16 Ut nak ac xcubsic xha' li Jesús,
qui-el chak sa' li ha'. Ut sa' junpat quiteli
li choxa chiru ut quiril li Santil Musik'ej
chanchan jun li paloma nak yo chak
chi cubec sa' xben li Jesús. 17 Ut qui-
abic xyab xcux li Dios toj sa' choxa nak
quixye: —A'an a'in li cualal raro inban.
Nasaho' inch'ol riq'uin, chan.

Li Jesús quiyale' ralenquil xban laj tza

4 Tojo'nak li Jesús quic'ame' xban li
Santil Musik'ej sa' li chaki ch'och' re
tayalek' ralenquil xban laj tza. 2 Nak ac
xbanu x-ayun ca'c'al cutan ca'c'al k'ojyin
quitz'oca. 3 Ut laj tza quicuulac riq'uin ut
quixye re: —Cui tz'akal yal nak laat ralal
li Dios, suk'isiheb chok' caxlan cua li pec
a'in.— 4 Quichak'oc li Jesús ut quixye: —
Inc'a' tinbanu a'an xban nak tz'ibanbil re-
talil sa' li Santil Hu:

Macua' ca'aj cui' riq'uin li naxtzaca yo'yo
cui' li cuink; riq'uin ban li atin li
naxye li Dios. (Dt. 8:3)

5 Tojo'nak quic'ame' xban laj tza sa' li
santil tenamit Jerusalén; ut coxakabak
toj takec' sa' xben li rochoch li Dios. 6 Ut
laj tza quixye re: —Cui tz'akal yal nak
laat ralal li Dios, cut acuib tak'a. Mac'a'
tac'ul xban nak jo'ca'in tz'ibanbil sa' li
Santil Hu:

Tixtaklaheb lix ángel chacuilbal ut
riq'uin ruk'eb tate'xchap re nak inc'a'
tatoch' la cuok chiru pec. (Sal.
91:11-12)

7 Ut li Jesús quichak'oc ut quixye re:
—Tz'ibanbil ajcui' sa' li Santil Hu chi
jo'ca'in:

Matz'ama xmilagro li Kacua' la Dios yal
chi mac'a' rajbal. (Dt. 6:16)

8 Ut quic'ame' cui'chic xban laj tza sa'
xben jun li tzul k'axal najt xteram. Ut laj
tza quixc'ut chak chiru li Jesús chixju-
nil li tenamit li cuan sa' ruchich'och'
jo' ajcui' lix nimal lix lok'al cuan chi
sa'. 9 Ut quixye re li Jesús: —Chixjunil
a'in tinq'ue acue cui laat tacuik'ib acuib
chicuu ut tinalok'oni.— 10 Tojo'nak li
Jesús quichak'oc ut quixye re: —Elen
chicuu laat aj tza, xban nak jo'ca'in
tz'ibanbil sa' li Santil Hu:

Li Kacua' la Dios talok'oni ut ca'aj cui'
chiru a'an tatc'anjelak. (Dt. 6:13)

11 Tojo'nak quicanabac xban laj tza ut
eb li ángel que'cuulac ut que'c'anjelac
chiru.

Xticlajic xc'anjel li Jesús

12 Nak li Jesús quirabi resil nak laj
Juan cuan chi prexil, co Nazaret xcuent
Galilea. 13 Qui-el Nazaret ut co Caper-
naum. Ut aran quicana. Li tenamit a'an
cuan chire li palau sa' xch'och'eb laj Zab-
ulón ut eb aj Neftalí. 14 A'in quic'ulman
jo' quixye li profeta Isaías nak quixye chi
jo'ca'in:

15 Aran sa' xch'och' laj Zabulón ut sa'
xch'och' laj Neftalí, li cuan chire li be
li naxic sa' li palau, aran jun pac'al
li nima' Jordán, sa' li na'ajej Galilea
bar neque'cuan cui' li macua'eb aj
judío,

16 li tenamit chanchan li cuanqueb sa'
k'ojyin xban nak inc'a' neque'xnau
lix yalal. Chanchan quicutano' nak
que'ril nak que'xtau li colba-ib.
Chanchan nak cuanqueb sa' jun

na'ajej re ca̱mc xban lix ma̱queb nak
quicuulac li cutan sa' xya̱nkeb. (Is.
9:1-2)
17 Chalen nak quicuulac aran, li
Jesús yo̱ chixch'olobanquil li xya̱lal ut
quixye: —Chiyot'ek' e̱ch'o̱l ut jalomak
e̱c'a'ux xban nak cuulac re xk'ehil nak
tinq'uehek' sa' incuanquil xban li Dios.
Ut la̱in chic cua̱nk incuanquil sa' xbe̱neb
li cualal inc'ajol.—

Li Jesús quixbok ca̱hib aj car re nak te'xic chirix

18 Sa' jun cutan nak coxnumek' li Jesús
chire li palau cuan Galilea, quirileb cuib
li cui̱nk ri̱tz'ineb rib. Li jun, a'an laj
Simón. Aj Pedro nayeman re. Li jun chic
aj Andrés xc'aba'. Yo̱queb chixq'uebal
lix yoy sa' li palau xban nak a'aneb aj
chapol car. 19 Li Jesús quixye reheb: —
Chine̱ta̱ke. Ma̱cua' chic caribc te̱ba̱nu.
E̱ras e̱ri̱tz'in ban chic te̱sic' re te'pa̱ba̱nk,
chan reheb. 20 Ut sa' junpa̱t que'xcanab
lix yoy ut que'xta̱ke li Jesús. 21 Jun-
pa̱t na chic quibe̱c li Jesús nak quix-
tauheb cui'chic cuibeb li cui̱nk ri̱tz'ineb
rib. A'aneb laj Jacobo ut laj Juan. Cuan-
queb sa' lix jucub rochben laj Zebedeo lix
yucua'eb. Yo̱queb chixxi̱tinquil lix yoy.
Ut li Jesús quixbokeb re nak te'xic chirix.
22 Ut sa' junpa̱t que'xcanab lix yucua'eb
ut que'xcanab li jucub ut que'xta̱ke li
Jesús. 23 Ut li Jesús quixbeni chixjunil
li na'ajej Galilea. Yo̱ chixc'utbal lix ya̱lal
sa' eb li cab li neque'xch'utub cui' ribeb
laj judío. Quixch'olob xya̱lal li cha̱bil es-
ilal chirix lix cuanquilal li Dios. Ut yo̱
chixq'uirtesinquil chixjunil li q'uila pa̱y
ru chi yajel ut li raylal. 24 Quicuulac re-
sil sa' chixjunil li na'ajej Siria li c'a'ru
yo̱ chixba̱nunquil li Jesús aran Galilea.
Ut que'xc'am riq'uin chixjunileb li yaj.
Q'uila pa̱y ru lix yajeleb ut lix raylaleb.
Cuan li toj nak'ehin xyajeleb. Ut cuan
li cuanqueb ma̱us aj musik'ej riq'uineb
ut cuanqueb ajcui' li sic. Ut li Jesús
naxq'uirtesiheb. 25 Ut quita̱ke̱c xbaneb
li q'uila tenamit. Cuan li que'chal chak
Galilea. Cuan li que'chal chak Decápolis.
Cuan li que'chal chak Jerusalén. Cuan li
que'chal chak Judea jo' ajcui' jun pac'al
li nima' Jordán.

Li Jesús naxch'olob xya̱lal sa' xbe̱n li tzu̱l

5 Ut nak quirileb li q'uila tenamit, li
Jesús quitake' sa' xbe̱n jun li tzu̱l.
Ut nak quic'ojla, eb li yo̱queb chixta̱ken-
quil que'xch'utub rib riq'uin. 2 Qui-oc
chixch'olobanquil li xya̱lal chiruheb ut
quixye: 3 —Us xak reheb li neque'rec'a
nak cubenak xcuanquileb xban nak eb
a'an cua̱nkeb chic rubel lix nimajcual
cuanquilal li Dios. 4 Us xak reheb li
neque'ya̱bac xban xrahileb xch'o̱l xban
nak eb a'an ta̱c'ojoba̱k xch'o̱leb. 5 Us
xak reheb li tu̱laneb xban nak eb a'an
te'e̱chani̱nk re li na'ajej li yechi'inbil
reheb xban li Dios. 6 Us xak reheb li
te'raj ru xba̱nunquil li ti̱quilal. Chan-
chan li te'tz'oca̱k ut te'chakik re. Us xak
reheb xban nak li Dios ta̱tenk'a̱nk re-
heb chixba̱nunquil li us. 7 Us xak re-
heb li neque'uxta̱nan u xban nak eb
a'an te'uxta̱na̱k ruheb xban li Dios. 8 Us
xak reheb li ti̱queb xch'o̱l xban nak eb
a'an te'ril ru li Dios. 9 Us xak reheb li
neque'xtenk'a ras ri̱tz'in chi cua̱nc sa' tuk-
tu̱quil usilal xban nak eb a'an ralal xc'ajol
li Dios te'yehek' reheb. 10 Us xak reheb
li neque'rahobtesi̱c sa' xc'aba' li ti̱quilal,
xban nak eb a'an cua̱nkeb chic rubel
lix cuanquilal li Dios. 11 Us xak e̱re nak
texhobek' ut texrahobtesi̱k sa' inc'aba'
ut ta̱yehek' e̱re c'a'ak re ru chi ma̱usi-
lal chi yal tic'ti'. 12 Miraho' e̱ch'o̱l. Chisa-
hok' ban e̱ch'o̱l riq'uin li c'a'ru ta̱uxk e̱re
xban nak k'axal nim le̱ k'ajca̱munquil
ta̱q'uehek' e̱re sa' choxa. Moco ca'aj cui'
ta la̱ex yo̱quex chi c'uluc re li raylal.
Jo'can aj ban cui' que'xc'ul li profeta li
que'cuan junxil.

Li ratz'amil li ruchich'och'

13 La̲ex aj pa̲banel chanchanex li atz'am li nac'anjelac arin sa' ruchich'och'. Cui ta li atz'am ta̲sachk xqui'al, ¿c'a' ta raj chic ru ta̲oc cui'? Ma̲c'a' chic ta̲oc cui'. Yal re tz'ekec' aj chic ut re yek'i̲c.

Lix saken li ruchich'och'

14 La̲ex aj pa̲banel, la̲ex lix cutan saken li ruchich'och'. Junak tenamit cuan sa' xbe̲n junak tzu̲l ma̲ jaruj naru xmukbal. 15 Chi moco nalochman junak candil re xq'uebal rubel junak chacach. Naq'ueman ban sa' xbe̲n xna'aj candil re nak tixcutanobresi sa' li cab li cuanqueb cui' chixjunileb. 16 Jo'can ajcui' la̲ex. La̲ex lix cutan saken li ruchich'och'. Chic'utu̲nk bi' le̲ cha̲bilal chiruheb le̲ ras e̲ri̲tz'in re nak eb a'an te'xq'ue retal li us nequeba̲nu ut te'xq'ue xlok'al le̲ Yucua' li cuan sa' choxa.

Li Jesús naxch'olob xya̲lal li chak'rab

17 Me̲c'oxla nak xinchal chixsachbal xcuanquil li chak'rab li quiq'uehe' re laj Moisés chi moco li ac xole'xye li profeta. Inc'a' xinchal chixsachbal xcuanquil a'an. Xinchal ban re nak ta̲tz'aklok ru a'an. 18 Relic chi ya̲l tinye e̲re nak ta̲osok' li choxa, ta̲osok' li ruchich'och', ut yal ta jun xle̲tril chi moco junak retalil li chak'rab ta̲sachk xcuanquil. Toj retal talaje'c'ulma̲nk chixjunil. 19 Li ani naxk'et li chak'rab, usta nac'utun nak inc'a' nim xcuanquil chiru a'an, ut cui naxc'ut chiru li ras ri̲tz'in xba̲nunquil chi jo'can, li jun a'an k'axal ca'ch'in lix lok'al ta̲q'uehek' re sa' lix nimajcual cuanquilal li Dios. Abanan li ani naxba̲nu chi tz'akal li naxye li chak'rab, ut tixc'ut chiru li ras ri̲tz'in xba̲nunquil chi jo'can, li jun a'an k'axal nim lix lok'al ta̲q'uehek' re sa' lix nimajcual cuanquilal li Dios. 20 Tinye ajcui' e̲re nak cui lix ti̲quilal le̲ ch'o̲l inc'a' tixk'ax ru xti̲quilal xch'o̲leb laj tz'i̲b ut eb laj fariseo, inc'a' tex-oc rubel lix nimajcual cuanquilal li Dios.

Li Jesús naxch'olob xya̲lal chirix li josk'il

21 E̲rabiom resil li chak'rab nak yebil reheb li kaxe' kato̲n: Ma̲camsi a̲cuas a̲cui̲tz'in. Li ani ta̲camsi̲nk, toj tixtoj rix sa' rakba a̲tin. 22 Aban la̲in tinye e̲re lix ya̲lal a'an. Li ani ta̲josk'ok riq'uin li ras ri̲tz'in ta̲rakek' a̲tin sa' xbe̲n. Ut li ani tixtz'ekta̲na li ras ri̲tz'in cuan xma̲c chiru laj rakol a̲tin. Ut li ani tixye xyaj tiox re li ras ri̲tz'in, ma̲re anchal ta̲xic sa' xxamlel li xbalba. 23 Jo'can nak cui sa' xq'uebal la̲ mayej chiru li artal ta̲julticok' a̲cue nak ta̲rec'a sa' xch'o̲l la̲ cuas a̲cui̲tz'in nak cuan a̲ma̲c chiru, 24 canab aran la̲ mayej, ut ayu, c'am chak acuib sa' usilal riq'uin la̲ cuas a̲cui̲tz'in, tojo'nak toxa̲k'axtesi la̲ mayej. 25 Cui cuan la̲ ch'a'ajquilal riq'uin la̲ cuas a̲cui̲tz'in, yi̲b ru chi junpa̲t. Cui inc'a' nacac'am a̲cuib sa' usilal chi junpa̲t, ma̲re anchal tatxc'am riq'uin laj rakol a̲tin ut a'an tatxtakla sa' tz'alam. 26 Ut inc'a' tat-e̲lk aran cui inc'a' ta̲toj chixjunil li jo' q'uial te'xpatz' a̲cue. Relic chi ya̲l ninye a̲cue nak tento ta̲c'am a̲cuib sa' usilal riq'uin la̲ cuas a̲cui̲tz'in.

Li Jesús naxch'olob xya̲lal chirix li muxuc caxa̲r

27 E̲rabiom resil nak quiyeman najter: Matmuxuc caxa̲r. 28 Ut la̲in tinye e̲re nak yalak ani tixca'ya junak ixk re xrahinquil ru, ac xmux ru lix sumlajic xban xrahinquil ru. 29 Le̲ najter na'leb tento te̲canab chi junaj cua. Li c'a'ak re ru ta̲q'uehok e̲re chi ma̲cobc, te̲tz'ekta̲na. Cui li xnak' la̲ cuu li cuan sa' a̲nim naq'uehoc a̲cue chi ma̲cobc, us raj nak ta̲cuisi ut ta̲tz'ek. K'axal us nak ta̲sachk li xnak' a̲cuu chiru nak tatxic la̲at sa' xbalba. 30 Cui la̲ nim uk' naq'uehoc a̲cue chi ma̲cobc, us raj cui ta̲yoc' ut ta̲tz'ek. K'axal us nak ta̲sachk la̲ cuuk' chiru nak tatxic la̲at sa' xbalba.

Li Jesús naxch'olob xya̱lal chirix li jachoc ib

31 Ut yebil ajcui' chi jo'ca'in: Li ani tix-
jach rib riq'uin li rixakil, tento nak tixy-
i̱b li hu re xjachbal rib ut tixq'ue re.
32 Abanan la̱in ninye e̱re li xya̱lal a'an.
Li ani naxjach rib riq'uin li rixakil chi
inc'a' xmux ru xsumlajic li ixakilbej, a'
li be̱lomej cuan xma̱c nak li ixk a'an tix-
mux ru xsumlajic. Ut li ani ta̱c'amok re li
ixk, li ac xcanaba̱c xban xbe̱lom, li cui̱nk
a'an naxmux ru li sumsu.

Li Jesús naxch'olob xya̱lal chirix li juramento

33 E̱rabiom resil nak quiyehe' reheb le̱
xe'to̱nil yucua' chi jo'ca'in: Li c'a'ak re ru
te̱yechi'i xba̱nunquil riq'uin juramento,
tento te̱ba̱nu. 34 Abanan la̱in tinye e̱re
tento te̱ba̱nu li c'a'ru te̱yechi'i ut me̱ba̱nu
li juramento chi ma̱c'a' rajbal. Me̱patz'
xc'aba' li choxa xban nak a'an xna'aj li
Dios. 35 Ut me̱patz' xc'aba' li ruchich'och'
xban nak a'an xna'aj li rok. Ut me̱patz'
xc'aba' li tenamit Jerusalén xban nak
a'an xtenamit li nimajcual Dios, li tz'akal
Rey. 36 Chi moco te̱ba̱nu li juramento
sa' xc'aba' le̱ jolom xban nak la̱ex inc'a'
naru te̱sakobresi le̱ rismal chi moco naru
te̱k'ekobresi. 37 Jo'ca'in ban te̱ba̱nu. Cui
te̱ye nak ya̱l, junes ya̱l te̱ye. Ut cui te̱ye
nak inc'a', junes inc'a' te̱ye. Cui te̱q'ue
xtz'akob li a̱tin a'an, li na'leb a'an riq'uin
laj tza nachal.

Li xya̱lal chirix xra̱baleb li xic' neque'iloc ke

38 E̱rabiom resil nak quiyehe' chi
jo'ca'in najter: Cui ani ta̱risi xnak' a̱cuu,
ta̱isi̱k ajcui' li xnak' ru a'an. Cui ani
ta̱risi li ruch a̱cue, ta̱isi̱k ajcui' li re a'an.
39 Abanan la̱in tinye e̱re: Me̱sume ma̱usi-
lal riq'uin ma̱usilal. Cui junak tixq'ue ju-
nak ruk' sa' a̱cuu, q'ue cui'chic chixsac'
li jun pac'al. 40 Li ani ta̱raj tatxc'am
riq'uin laj rakol a̱tin ut ta̱raj xmak'bal
la̱ cami̱s, q'ue ajcui' la̱ chaque̱t re. 41 Cui
ani ta̱minok a̱cuu chixc'ambal li ri̱k jun
kilómetro, c'am cuibak kilómetro la̱at.
42 Li ani tixtz'a̱ma c'a'ru re a̱cue, q'ue
re. Ut li ani ta̱ajok to'oni̱nc a̱cuiq'uin,
ma̱k'etk'eti a̱cuib chiru. 43 E̱rabiom resil
nak te̱ra li ani narahoc e̱re ut xic' te̱ril li
xic' na-iloc e̱re. 44 Abanan la̱in tinye e̱re,
cherahak li xic' na-iloc e̱re. Chetz'a̱ma
usilal sa' xbe̱neb li neque'hoboc e̱re.
Cheba̱nuhak li us reheb li xic' neque'iloc
e̱re ut chextijok chirix li neque'ba̱nun
ma̱usilal e̱re ut neque'rahobtesin e̱re.
45 Cui te̱ba̱nu chi jo'can, la̱exak ralal
xc'ajol le̱ Yucua' cuan sa' choxa. A'an
naq'uehoc chak li sak'e sa' xbe̱neb li useb
xna'leb jo' ajcui' li inc'a' useb xna'leb.
Ut a'an ajcui' naq'uehoc chak li hab
sa' xbe̱neb li ti̱queb xch'o̱l jo' ajcui'
li inc'a' ti̱queb xch'o̱l. 46 Cui ca'aj cui'
li neque'rahoc e̱re nequera, ¿c'a'ru le̱
k'ajca̱munquil te̱c'ul? ¿Ma inc'a' ta bi'
jo'can ajcui' neque'xba̱nu eb laj titz'ol toj,
li neque'balak'in? 47 Ut cui ca'aj cui' le̱
rech tenamitil neque'q'ue xsahil xch'o̱leb,
¿c'a'ru rusil a'an? ¿Ma inc'a' ta bi' jo'can
ajcui' neque'xba̱nu li inc'a' neque'xpa̱b li
Dios? 48 Ti̱cak bi' e̱ch'o̱l jo' le̱ Yucua' li
cuan sa' li choxa ti̱c xch'o̱l.

Li xya̱lal chirix xba̱nunquil usilal

6 Cheq'uehak retal c'a'ru nequeba̱nu.
Cui la̱ex te̱ba̱nu li usilal yal re nak
tex-ilek' jo' neque'xba̱nu eb laj fariseo,
ma̱c'a'ak le̱ k'ajca̱munquil riq'uin le̱ Yu-
cua' cuan sa' choxa. 2 Ut nak ta̱si li c'a'ak
re ru re li ani ta̱raj tenk'a̱c, ma̱ba̱nu
jo' neque'xba̱nu laj ca'pac'al u. Eb a'an
neque'xic sa' li cab li neque'xch'utub cui'
ribeb laj judío ut sa' eb li c'ayil chixye-
bal resil li usilal neque'xba̱nu re nak
te'q'uehek' xlok'al xbaneb li cui̱nk. Relic
chi ya̱l tinye e̱re nak eb a'an ac xe'xc'ul
lix k'ajca̱munquil nak que'q'uehe' xlok'al
xbaneb li cui̱nk. 3 Li c'a'ru ta̱si re li ma̱c'a'

cuan re, ma ani aj e taserak'i li c'a'ru xasi,
chi moco taserak'i re li tz'akal acuamig.
4 Chabanu ban chi mukmu ut la yucua' li
naxnau chixjunil li c'a'ak re ru nacabanu,
a'an li tak'ajcamunk acue.

Li Jesús naxch'olob xyalal li tijoc

5 Ut nak textijok moco jo'cakex ta eb
laj ca'pac'al u. Eb a'an neque'xxakab
chak ribeb chi tijoc sa' eb li cab li
neque'xch'utub cui' ribeb laj judío ut
neque'xxakab rib chi tijoc sa' xala be yal
re nak te'ilek'. Relic chi yal tinye ere nak
eb a'an ac xe'xc'ul lix k'ajcamunquileb
nak que'q'uehe' xlok'al xbaneb li cuink.
6 Ut nak textijok laex, ocankex sa' le
rochoch, tz'apomak re li cab, ut ti-
jonkex chiru le Yucua' li inc'a' na-ilman
ru. Ut le Yucua' li naril chixjunil li
c'a'ru nequebanu, a'an tak'ajcamunk ere.
7 Ut nak textijok, meye q'uila atin chi
mac'a' rajbal jo' neque'xbanu li inc'a'
neque'xpab li Dios. Eb a'an neque'xc'oxla
nak riq'uin li q'uila atin, te'abik xban li
Dios. 8 Mejuntak'eta bi' erib riq'uin eb
a'an xban nak le Yucua' naxnau c'a'ru
nac'anjelac ere chi toj maji' nequetz'ama
chiru. 9 Ut laex jo'ca'in nak textijok:

At Kacua', cuancat sa' li santil choxa,
lok'oninbilak taxak la santil c'aba'.
10 Chichalk ta la nimajcual cuanquilal.
Chi-uxk ta li nacacuaj, jo' sa' choxa
jo' ajcui' sa' ruchich'och'.
11 Chaq'ue taxak ke li kacua kuc'a chi cu-
ulaj cuulaj.
12 Ut chacuy chasach ta li kamac jo'
nak nakacuyeb xmac li neque'macob
chiku.
13 Ut moaq'ue taxak chi alec. Choacol
ban chiru li inc'a' us. Acue li nima-
jcual cuanquil, li lok'onic ut li lok'al
chi junelic k'e cutan. Jo'can taxak.

14 Cui nequecuy xmaqueb le ras
eritz'in, tixcuy ajcui' emac laex le Yucua'
cuan sa' choxa. 15 Cui inc'a' nequecuy
xmaqueb le ras eritz'in, jo'can ajcui' laex
inc'a' tacuyek' emac xban le Yucua' cuan
sa' choxa.

Li Jesús quixch'olob xyalal li ayunic

16 Ut nak tebanu le ayun, mebanu
jo' neque'xbanu laj ca'pac'al u. Eb a'an
neque'xbanu rib nak raheb sa' xch'ol
yal re nak tana'ek' nak yoqueb xbanun-
quil lix ayun. Relic chi yal tinye ere
nak eb a'an ac xe'xc'ul lix k'ajcamunquil.
17 A'ut laex nak tebanu le ayun, tech'aj
le ru ut teyib erib chi us, 18 re nak inc'a'
tac'utunk chiruheb le ras eritz'in nak
yoquex chi ayunic. Chic'utunk ban chiru
le Yucua' li inc'a' na-ilman ru. Ut le Yu-
cua' li naxnau chixjunil li nequebanu,
a'an tak'ajcamunk ere.

Li kabiomal sa' choxa

19 Meq'ue ech'ol chixc'ulanquil
ebiomal sa' ruchich'och' bar cui'
namaxen ut nak'olen ru ut bar cui'
neque'oc laj elk' chi elk'ac. 20 Q'uehomak
ban ech'ol chirix le biomal cuan sa'
choxa bar cui' inc'a' namaxen chi moco
nak'olen ru ut bar cui' inc'a' taelk'ak.
21 Jo'can nak chenauhak nak bar cuan
cui' le biomal, aran ajcui' cuank le
c'a'ux. 22 Li xnak' eru chanchan jun li
lámpara. Xban nak na-iloc li xnak' eru,
cuanquex sa' cutan. Chanchan le na'leb.
Cui chabil le na'leb, cuanquex sa' cutan
saken. 23 Cui ut inc'a' saken na-iloc
li xnak' eru, cuanquex sa' k'ojyin. Ut
jo'can ajcui' le na'leb. Cui inc'a' chabil
le na'leb xban nak junes le biomal
nequec'oxla, cuanquex sa' xk'ojyinal ru
li mac. 24 Ma ani naru nac'anjelac chiru
cuib chi patrón. Naru tixra li jun ut
tixtz'ektana li jun chic malaj ut xic' taril
li jun ut tix-oxlok'i li jun chic. Jo'can
nak ma jok'e naru tec'oxla li Dios cui
ca'aj cui' le biomal nequec'oxla.

Mexc'oxlac chirix chanru te̱numsi li cutan junju̱nk arin sa' ruchich'och'

25 Jo'can ut nak ninye e̱re: Mixic e̱ch'o̱l chirix le̱ cua e̱ruc'a chi moco chirix chanru te̱tikib e̱rib. ¿Ma inc'a' ta bi' k'axal lok' li kayu'am chiru li c'a'ru takatzaca? ¿Ma inc'a' ta bi' k'axal lok' li kayu'am chiru li kak'? 26 Cheq'uehak retal li xul li neque'rupupic chiru choxa. Eb a'an inc'a' neque'au, chi moco neque'k'oloc chi moco neque'xxoc xtzacae̱mk sa' c'u̱leba̱l. Ut le̱ Yucua' cuan sa' choxa, a'an naq'uehoc xcuaheb. ¿Ma inc'a' ta bi' k'axal raro̱quex la̱ex chiruheb a'an? 27 ¿Ani e̱re la̱ex taru̱k tixtik ru lix yu'am usta naxic xch'o̱l xc'oxlanquil? 28 ¿C'a'ut nak naxic e̱ch'o̱l chi c'oxlac chirix le̱ rak'? Q'uehomak retaleb li utz'u'uj sa' pim chanru nak neque'q'ui chi inc'a' neque'c'anjelac chi moco neque'quemoc. 29 A'ut la̱in tinye e̱re, usta c'ajo' xchak'al ru lix tikibanquil laj Salomón, abanan inc'a' quixtau xchak'al ru li utz'u'uj a'in. 30 La̱ex inc'a' nequexpa̱ban chi tz'akal. Ut cui li Dios naxq'ue lix ch'ina'usal li pim li cuan junpa̱t ajcui' ut cuulaj q'uebilak sa' xam, ¿ma toja' ta chic la̱ex inc'a' textikib? 31 Jo'can ut nak moco yo̱kex ta chixyebal: ¿C'a'ru takatzaca anakcuan? chi moco, ¿c'a'ru takatikib cui' kib? 32 Li inc'a' neque'xpa̱b li Dios neque'xq'ue xch'o̱l xc'oxlanquil a'an. Abanan le̱ Yucua' li cuan sa' choxa naxnau li c'a'ru nequeraj ru. 33 Li c'a'ru li te̱sic' xbe̱n cua, a'an lix nimajcual cuanquilal li Dios ut lix ti̱quilal, ut chixjunil li c'a'ak re ru a'in talajq'uehek' e̱re chok' xtz'akob. 34 Jo'can ut nak mexc'oxlac chirix li cutan re cuulaj xban nak a'an ta̱c'oxlama̱nk ajcui' culaj. Tz'akalak riq'uin li ch'a'ajquilal li naxc'am chak li junju̱nk chi cutan.

Me̱q'ue e̱ch'o̱l chixcuech'bal rix le̱ ras e̱ri̱tz'in

7 Ma̱ ani te̱tz'il a̱tin chirix re nak inc'a' ta̱tz'ilek' a̱tin che̱rix la̱ex. 2 Xban nak chanru nak nequextz'iloc a̱tin, jo'can ajcui' ta̱uxk e̱re la̱ex. Ut riq'uin li bisleb li nequexbisoc cui', riq'uin ajcui' a'an texbisek' la̱ex. 3 ¿C'a'ut nak nacaq'ue retal li c'aj che' cuan sa' xnak' ru la̱ cuas a̱cui̱tz'in ut inc'a' nacacuil li tz'amba cuan sa' xnak' a̱cuu la̱at? 4 ¿Chanru nak ta̱ye re la̱ cuas a̱cui̱tz'in: "Cuisihak li c'aj che' sa' xnak' a̱cuu", ut toj cuan li tz'amba sa' xnak' a̱cuu la̱at? 5 At aj ca'pac'al u, xbe̱n cua isi li tz'amba cuan sa' li xnak' a̱cuu, tojo'nak tat-ilok chi tz'akal re risinquil li c'aj che' cuan sa' xnak' ru la̱ cuas a̱cui̱tz'in. 6 Me̱q'ue reheb li tz'i' li c'a'ru k'axal lok' xban nak naru neque'chal sa' e̱be̱n ut textiu. Chi moco te̱q'ue li pec li k'axal terto xtz'ak chiruheb li a̱k re te'xyek'i.

Li Dios tixq'ue li cha̱bil na'leb reheb li neque'xtz'a̱ma chi anchaleb xch'o̱l

7 Nak ta̱paltok c'a'ru e̱re, chextz'a̱ma̱nk chiru li Dios ut a'an tixq'ue e̱re; chesic'ak ut te̱tau, chebokak ut li puerta ta̱tehek' che̱ru. 8 Cheba̱nu a'an xban nak li ani natz'a̱man chiru li Dios naq'uehe' re. Li ani naxsic', naxtau. Ut li ani nabokoc, li puerta natehe' chiru. 9 ¿Ma cuan ta bi' junak yucua'bej sa' e̱ya̱nk tixq'ue junak pec re li ralal nak tixpatz' xcua re? 10 Ut nak tixpatz' junak xcar re, ¿ma c'anti' ta bi' tixq'ue re? 11 Cui la̱ex li moco cha̱bilex ta nequenau xq'uebal li c'a'ru cha̱bil re le̱ ralal e̱c'ajol, ¿ma toja' ta chic le̱ Yucua' li cuan sa' choxa inc'a' tixq'ue li k'axal cha̱bil re li ani tixtz'a̱ma chiru? 12 Jo'can nak li c'a'ru nequeraj la̱ex nak te'xba̱nu raj le̱ ras e̱ri̱tz'in, cheba̱nuhak la̱ex reheb a'an, xban nak a'an a'in xya̱lal li chak'rab li quiq'uehe' re laj Moisés, ut a'an ajcui' li xya̱lal lix yehomeb li profeta. 13 Chex-oc

sa' li oqueba̲l li ca'ch'in ru xban nak nim ru li oqueba̲l ut nim ru li be li naxic sa' li tojba ma̲c ut nabaleb li neque'xic aran. 14 Abanan li oqueba̲l ut li be li naxic sa' li junelic yu'am, a'an ca'ch'in ru ut inc'a' q'uiheb li neque'oc aran.

Li che' nana'e' ru xban li ru naxq'ue

15 Chenauhak xcolbal e̲rib chiruheb li profeta aj balak'. Chanchan nak cha̲bileb jo' li carner nak neque'c'utun. Abanan moco ya̲l ta. Chanchaneb li josk' aj xoj nak neque'chal chi balak'i̲nc. 16 Yal riq'uin lix na'lebeb te̲nau ruheb. La̲ex nequeq'ue retal nak li q'uix inc'a' naru̲chin li uva ut li tun q'uix inc'a' naru̲chin li higo. 17 Jo'can nak li cha̲bil che', cha̲bil ajcui' li ru naxq'ue. Ut li che' li inc'a' us, inc'a' ajcui' us li ru naxq'ue. 18 Li cha̲bil che' inc'a' naru naru̲chin li inc'a' us, chi moco li che' inc'a' us naru̲chin li cha̲bil. 19 Chixjunil li che' li inc'a' cha̲bil li ru naxq'ue nayoc'man ut naq'ueman sa' xam. 20 Jo'can ut nak riq'uin lix na'lebeb li profeta te̲nau ru aniheb.

Ma̲cua' riq'uin kayehom kaba̲nuhom to-oc rubel xcuanquil li Dios

21 Moco chixjunileb ta li neque'yehoc "Ka̲cua', Ka̲cua'" cue, te'oc sa' lix nimajcual cuanquilal li Dios. Aban li neque'ba̲nun re li naraj lin Yucua' cuan sa' choxa, a'aneb li te'oc sa' lix nimajcual cuanquilal li Dios. 22 Nabaleb li te'yehok cue sa' xk'ehil li rakba a̲tin, "Ka̲cua', Ka̲cua', ¿ma ma̲cua' ta bi' sa' a̲c'aba' coa̲tinac jo' profeta? ¿Ma ma̲cua' ta bi' sa' a̲c'aba' co-isin ma̲us aj musik'ej? La̲o nabal li milagro quilajkaba̲nu sa' a̲c'aba'", cha'keb. 23 Ut la̲in tinye reheb, "La̲ex ma̲cua'ex cualal inc'ajol. La̲in inc'a' ninnau e̲ru. Elenkex chicuu, ex aj ba̲nuhom ma̲usilal."

Li ani naxba̲nu li c'a'ru naxye li Ka̲cua', li jun a'an cuan xna'leb

24 Jo'can nak yalak ani ta̲abi̲nk reheb li cua̲tin a'in ut cui tixba̲nu li c'a'ru xinye, li jun a'an tinjuntak'e̲ta riq'uin li cui̲nk cuan xna'leb li quixyi̲b li rochoch sa' xbe̲n pec. 25 Ut quichal li hab ut quicuan li but'i ha', ut quichal li cak-sut-ik'. Coxsac' rib chiru li cab a'an, ut inc'a' quit'ane' li cab xban nak yi̲banbil chi us sa' xbe̲n pec. 26 Ut yalak ani ta̲abi̲nk re li cua̲tin ut inc'a' tixba̲nu li c'a'ru xinye, li jun a'an tinjuntak'e̲ta riq'uin li cui̲nk li ma̲c'a' xna'leb. Inc'a' quixyi̲b li rochoch chi cha̲bil. Yal sa' xbe̲n samaib quixq'ue. 27 Ut quichal li hab, quicuan li but'i ha' ut quichal li cak-sut-ik'. Coxsac' rib chiru ut li cab a'an quit'ane' ut aran qui-oso'. 28 Ut nak quirake' li Jesús chixyebal li a̲tin a'in, sachso̲queb xch'o̲l que'cana li q'uila tenamit chirabinquil li c'a'ru yo̲ chixyebal. 29 Que'sach xch'o̲leb xban nak quixc'ut chi tz'akal li xya̲lal chiruheb riq'uin xcuanquil ut moco jo' ta eb laj tz'i̲b.

Li Jesús quixq'uirtesi jun li saklep rix

8 Nak quicube chak li Jesús chiru li tzu̲l, quita̲ke̲c xbaneb li q'uila tenamit. 2 Ut quichal jun li saklep rix ut quixcuik'ib rib chiru li Jesús ut quixye re: —Ka̲cua', la̲in ninnau nak la̲at naru tina̲q'uirtesi. Cui ta̲ba̲nu li usilal, china̲q'uirtesi, chan. 3 Li Jesús quixye' li ruk', quixch'e' li cui̲nk ut quixye re: —Nacuaj a̲q'uirtesinquil. Anakcuan tatinq'uirtesi, chan. Ut sa' junpa̲t quiq'uira li saklep rix. 4 Tojo'nak li Jesús quixye re: —Abi li tinye a̲cue. Ma̲ ani aj e ta̲serak'i li xac'ul. Ayu ban ut c'ut a̲cuib chiru laj tij. Ut ta̲q'ue li mayej jo' naxye sa' lix chak'rab laj Moisés re xc'utbal chiruheb nak xatq'uira.— (Lv. 13:49)

Li Jesús quixq'uirtesi lix mo̱s jun li capitán

5 Ut nak quicuulac li Jesús aran Ca-
pernaum, quichal jun li capitán aj Roma
riq'uin. Quixtz'a̱ma usilal chiru ut quixye
re: 6 —Ka̱cua', lin mo̱s t'ant'o sa' cab.
Sic ut k'axal ra cuan, chan. 7 Li Jesús
quichak'oc ut quixye re: —Tinxic la̱in
ut toxinq'uirtesi.— 8 Li capitán quixye re
li Jesús: —Ka̱cua', moco inc'ulub ta nak
tatxic sa' li cuochoch. Ca'aj cui' nacuaj
nak ta̱ye nak ta̱q'uira̱k lin mo̱s ut nin-
nau nak ta̱q'uira̱k. 9 La̱in ninnau nak
naru ta̱ba̱nu a'an xban nak la̱in cuan
ani nataklan cue ut cuanqueb lin sol-
dado rubel lin cuanquil. Ut ninye re
li jun, “ayu” ut naxic. Ut ninye re li
jun chic, “quim”, ut nachal. Ut ninye re
lin mo̱s, “ba̱nu a'in”, ut naxba̱nu, chan
li capitán. 10 Ut nak li Jesús quirabi li
quixye, quisach xch'o̱l ut quixye reheb
li yo̱queb chi ochbeni̱nc re: —Relic chi
ya̱l tinye e̱re nak ma̱ jun intauhom chi
moco sa' xya̱nkeb laj Israel tz'akal re
ru xpa̱ba̱l jo' li jun a'in, usta ma̱cua'
aj judío. 11 Ut la̱in tinye e̱re nak na-
baleb li ma̱cua'eb aj judío yalak bar
sa' ruchich'och' te'pa̱ba̱nk. Ut eb a'an
te'e̱chani̱nk re lix nimajcual cuanquilal
li Dios rochbeneb laj Abraham, laj Isaac,
ut laj Jacob. 12 A'ut nabaleb laj judío li
te'e̱chani̱nk raj re lix nimajcual cuan-
quilal li Dios, eb a'an chic li te'isi̱k ut
te'q'uehek' sa' li k'ojyi̱n. Ut aran ta̱cua̱nk
li ya̱bac ut li c'uxuxi̱nc ruch e, chan
li Jesús reheb li tenamit. 13 Tojo'nak li
Jesús quixye re li capitán: —Ayu sa'
la̱ cuochoch. Chanru nak xapa̱b, jo'can
ajcui' nak chi-uxk li c'a'ru xatz'a̱ma,
chan. Ut sa' ajcui' li ho̱nal a'an quiq'uira
lix mo̱s li capitán.

Li Jesús quixq'uirtesi xna' li rixakil laj Pedro

14 Ut quicuulac li Jesús sa' rochoch laj
Pedro. Ut aran quixtau lix na' li rixakil
laj Pedro yocyo sa' xch'a̱t ut yo̱ xtik.
15 Ut li Jesús quixchap li ruk' ut quinume'
lix tik. Ut a'an quicuacli, ut quic'anjelac
chiru. 16 Nak ac oc re li k'ojyi̱n, nabaleb
li cristian que'c'ame' chak riq'uin li Jesús.
Cuanqueb ma̱us aj musik'ej riq'uineb. Ut
yal riq'uin ra̱tin, li Jesús quirisi li ma̱us
aj musik'ej riq'uineb, ut quixq'uirtesi
chixjunileb li yaj. 17 A'in quic'ulman jo'
quixye li profeta Isaías, nak quixye chi
jo'ca'in:

A'an quic'amoc re li kayajel, ut a'an
quic'uluc re li karaylal. (Is. 53:4)

18 Ut nak quiril li Jesús nak sutsu
xbaneb li q'uila tenamit, quixye: —Tento
toxic jun pac'al li palau, chan reheb lix
tzolom. 19 Ut sa' li ho̱nal a'an quicuulac
riq'uin li Jesús jun aj tz'i̱b ut quixye re: —
At tzolonel, tincuaj a̱ta̱kenquil yalak bar
tatxic, chan re. 20 Ut li Jesús quichak'oc
ut quixye re: —C'oxla chi us ma ta̱cuy in-
ta̱kenquil. Li yac cuanqueb xjul sa' pec,
ut li xul li neque'rupupic chiru choxa
cuanqueb xsoc, abanan la̱in li C'ajolbej
ma̱c'a' inna'aj bar ta̱ru̱k tinyocob cui'
cuib, chan. 21 Ut jun reheb lix tzolom
quixye re li Jesús: —Ka̱cua', china̱cuy.
Inmukak cuan inyucua' tojo'nak tinxic
cha̱cuix, chan. 22 Ut li Jesús quixye re:
—Ta̱kehin, canabeb li toj camenakeb sa'
li ma̱c xmukakeb cuan lix camenak, chan
re.

Nak quixch'anab li ik' chiru li palau

23 Ut li Jesús qui-oc sa' li jucub
rochbeneb lix tzolom. 24 Nak ac cuan-
queb chiru ha', sa' junpa̱t quichal jun
li nimla cak-sut-ik'. Ut yo̱ chi oc lix
cau ok li ha' sa' li jucub. Ut li Jesús
sa xcuara. 25 Eb lix tzolom que'jiloc
riq'uin, que'rajsi, ut que'xye re: —Ka̱cua',

choa̱col. Osoc' ke, chanqueb re. 26 Ut li Jesús quichak'oc ut quixye: —La̱ex inc'a' nequexpa̱ban chi tz'akal. Jo'can nak nequexxucuac, chan reheb. Tojo'nak quicuacli, quixk'us li ik', ut li palau, ut sa' junpa̱t quich'ana li ik' ut quitukla ru li ha'. 27 Ut c'ajo' nak que'sach xch'o̱l lix tzolom nak que'ril li quixba̱nu ut que'xye chi ribileb rib: —¿Chanru nak cuan xcuanquil li cui̱nk a'in nak naxk'us li ik' ut li palau ut neque'abin chiru? chanqueb.

Li cui̱nk li cuan ma̱us aj musik'ej riq'uineb

28 Ut nak ac xk'axon li Jesús jun pac'al li palau sa' xch'och'eb laj Gadara, cuib li cui̱nk que'chal chixc'ulbal. Que'chal chak sa' li na'ajej bar neque'muke' cui' li camenak. Cuan ma̱us aj musik'ej riq'uineb. K'axal xiu xiu rilbaleb ut ma̱ ani naru nanume' sa' li be a'an. 29 Ut eb a'an que'xjap re chixyebal: —¿C'a'ru ta̱cuaj kiq'uin, at Jesús? La̱at ralalat li nimajcual Dios. ¿Ma xatchal arin chikach'i'ch'i'inquil chi toj ma̱ji' xk'ehil li rakba a̱tin? chanqueb. 30 Ut najt ca'ch'in riq'uineb cuan chak jun tu̱b li a̱k, yo̱queb chi ichajibc. 31 Ut eb li ma̱us aj musik'ej que'xtz'a̱ma chiru li Jesús ut que'xye re: —Cui toa̱cuisi riq'uineb li cui̱nk a'in, choa̱canab chi oc riq'uineb li jun tu̱b chi a̱k li cuanqueb aran. 32 Ut li Jesús quichak'oc ut quixye reheb: —Ayukex. Ut eb a'an que'el ut co̱eb riq'uineb li jun tu̱b chi a̱k. Ut eb li a̱k que'oc chi a̱linac ut que'xrum chak rib sa' xbe̱n u̱l ut toj sa' li palau coxe'nak ut aran que'oso'. 33 Ut eb laj ilol a̱k que'xucuac ut que'co̱eb sa' a̱nil sa' li tenamit chixyebal resil chixjunil li c'a'ru quic'ulman. Ut que'xserak'i li c'a'ru quic'ulman riq'uineb li cui̱nk li cuanqueb ma̱us aj musik'ej riq'uineb. 34 Ut chixjunileb li tenamit que'el chak chixc'ulbal li Jesús. Ut nak que'ril ru, que'xtz'a̱ma chiru nak chie̱lk sa' lix tenamiteb.

Li Jesús quixq'uirtesi jun li sic aran Capernaum

9 Ut li Jesús qui-oc cui'chic sa' jun li jucub ut quik'axon jun pac'al li palau ut quicuulac sa' lix tenamit. 2 Ut aran que'xc'am riq'uin li Jesús jun li cui̱nk sic li rok ut sic li ruk' yocyo chiru xcuarib. Ut li Jesús quixq'ue retal nak eb li cui̱nk a'an neque'xpa̱b nak naru tixq'uirtesi li yaj. Jo'can nak quixye re li yaj: —At cui̱nk cauhak taxak a̱ch'o̱l. Ac xcuyman xsachman la̱ ma̱c.— 3 Ut cuanqueb junju̱nk sa' xya̱nkeb laj tz'i̱b yo̱queb chixyebal sa' xch'o̱leb: —Li cui̱nk a'in naxjuntak'e̱ta rib riq'uin li Dios, chanqueb. 4 Li Jesús ac naxnau li c'a'ru yo̱queb chixc'oxlanquil ut quixye reheb: —¿C'a'ut nak yo̱quex chixc'oxlanquil li inc'a' us? 5 ¿Bar cuan li us tinye re li yaj re nak ta̱c'utu̱nk che̱ru nak cuan incuanquil? ¿Ma tinye re, "Cuybil sachbil la̱ ma̱c" malaj ut tinye re, "Cuaclin ut be̱n"? 6 La̱in tinc'ut che̱ru nak la̱in li Cristo li C'ajolbej ut cuan incuanquil sa' ruchich'och' chixcuybal xsachbal li ma̱c, chan. Jo'can nak quixye re li yaj: —Cuaclin, c'am la̱ ch'a̱t ut ayu sa' la̱ cuochoch, chan. 7 Tojo'nak quicuacli li cui̱nk ut co̱ sa' rochoch. 8 Nak li q'uila tenamit que'ril li quic'ulman, que'xucuac ut que'xq'ue xlok'al li Dios li quiq'uehoc chak xcuanquil li Jesús chi q'uirtesi̱nc ut chi cuyuc ma̱c.

Nak quiboke' laj Mateo xban li Jesús

9 Ut li Jesús qui-el aran Capernaum ut quinume' sa' li na'ajej bar neque'c'uluc cui' toj. Quiril jun li cui̱nk aj Mateo xc'aba'. C'ojc'o aran xban nak a'an aj titz'ol toj. Ut li Jesús quixye re: —China̱ta̱ke.— Ut laj Mateo quicuacli ut quixta̱ke. 10 Ut chirix a'an li Jesús co̱ sa' li rochoch laj Mateo chi cua'ac. C'ojc'o sa' me̱x rochbeneb lix tzolom nak que'cuulac nabaleb laj titz'ol toj rochbeneb nabaleb chic li rech aj

ma̱quil. Ut que'c'ojla sa' me̱x chi cua'ac
rochben li Jesús. 11 Ut nak que'ril a'an,
eb laj fariseo que'xye reheb lix tzolom
li Jesús: —¿C'a'ut nak nacua'ac laj tzolol
e̱re rochbeneb laj titz'ol toj ut rochbeneb
laj ma̱c? chanqueb. 12 Nak quirabi li
c'a'ru quipatz'e' reheb lix tzolom, li Jesús
quixye: —Li cauheb ma̱c'a' na-oc cui'
aj banonel reheb. Aban li yajeb, a'aneb
li te'raj banec'. 13 Cheq'uehak bi' e̱ch'o̱l
chixtaubal ru li xya̱lal li a̱tin a'in: "li
k'axal lok' chicuu, a'an li uxta̱na̱nc u ut
ma̱cua' li mayejac xul". La̱in inc'a' xin-
chal chixsic'bal li ti̱queb xch'o̱l. Xinchal
ban chixsic'baleb laj ma̱c re nak te'yot'ek'
xch'o̱l te'xjal xc'a'ux, chan li Jesús.

Li Jesús quixch'olob xya̱lal li ayunic

14 Ut que'cuulac lix tzolom laj Juan
riq'uin li Jesús ut que'xye re: —La̱o
nakaba̱nu ka-ayu̱n rajlal ut eb laj
fariseos neque'xba̱nu x-ayu̱n. ¿C'a'ut nak
la̱ tzolom inc'a' neque'xba̱nu x-ayu̱n?
chanqueb. 15 Ut li Jesús quichak'oc ut
quixye reheb li tijleb a'in: —¿Ma naru ta
bi' nak rahak sa' xch'o̱leb li neque'boke'
riq'uin sumla̱c nak toj cuan li be̱lomej
sa' xya̱nkeb? La̱in jo' jun li be̱lomej.
Ta̱cuulak xk'ehil nak tin-isi̱k sa' xya̱nkeb
tojo'nak te'xba̱nu x-ayu̱n eb lin tzolom,
chan.

Li najter na'leb inc'a' naxc'am rib riq'uin li ac' na'leb

16 Ma̱ ani naxxi̱ti junak k'el t'icr riq'uin
ac' t'icr. Cui ut naxxi̱ti riq'uin ac' t'icr nak
tixpuch', ta̱c'osk li ac' t'icr ut naxnimo-
bresi xpejelal li k'el t'icr. 17 Ut ma̱ ani
naq'uehoc ac' vino sa' li k'el bo̱ls tz'u̱m.
Cui tixq'ue li ac' vino sa' li k'el bo̱ls tz'u̱m,
ta̱puq'uek' li k'el tz'u̱m, ta̱hoyek' li vino,
ut ta̱osok' ajcui' li bo̱ls tz'u̱m. Li ac' vino
sa' ac' bo̱ls tz'u̱m naq'ueman. Chi jo'can
ma̱c'a' nasachman, chan li Jesús.

Li Jesús quixyo'obtesi cui'chic lix rabin laj Jairo

18 Nak yo̱ chixyebal li c'a'ak re ru
a'in reheb, quicuulac riq'uin jun li
cui̱nk xcomoneb li xbe̱nil sa' li cab li
neque'xch'utub cui' ribeb laj judío. Quix-
cuik'ib rib chiru li Jesús ut quixye re: —
Lin rabin toje' ta̱ca̱mk. Tatxic taxak ut
ta̱q'ue raj la̱ cuuk' sa' xbe̱n, ut ta̱yo'la̱k
raj cui'chic, chan. 19 Quicuacli li Jesús
ut co̱ chirix rochbeneb lix tzolom. 20 Ut
cuan jun li ixk cablaju chihab xticlajic
xyajel. Junelic yo̱ lix yajel li ixk a'an
ut inc'a' chic natz'ap lix quiq'uel. Qui-
jiloc chixc'atk li Jesús nak yo̱ chi xic,
ut quixch'e' li rak'. 21 Usta ca'aj cui' li
rak' tinch'e', tinq'uira̱k, chan sa' xch'o̱l
li ixk. 22 Ut li Jesús quixakli ut qui-iloc
chirix. Quiril li ixk ut quixye re: —Kana',
cauhak taxak a̱ch'o̱l. Xban nak xapa̱b nak
cuan incuanquil cha̱q'uirtesinquil, jo'can
nak xatq'uira, chan. Ut sa' ajcui' li ho̱nal
a'an, li ixk quiq'uira. 23 Chirix chic a'an li
Jesús co̱ sa' rochoch laj Jairo. Nak quicu-
ulac sa' li rochoch, quirileb li yo̱queb
chixya̱basinquil li xo̱lb ut li japjo̱queb
re chi ya̱bac xban xcamic li xka'al. 24 Ut
quixye reheb: —Elenkex arin. Li xka'al
a'in yal cua̱rc yo̱. Moco camenak ta, chan
reheb. Ut li tenamit que'oc chixse'enquil.
25 Ut nak ac xrisiheb li tenamit chirix
cab, li Jesús qui-oc cuan cui' li xka'al ut
quixchap chi ruk' ut li xka'al quicuacli
cui'chic chi yo'yo. 26 Ut li c'a'ru quixba̱nu
li Jesús, qui-el resil sa' chixjunil li na'ajej
a'an.

Li Jesús quixq'ue chi iloc li cuib chi mutz'

27 Ut nak qui-el aran li Jesús, cuib li
mutz' yo̱queb chi ta̱ke̱nc re ut japjo̱queb
re chixyebal: —Chacuuxta̱na taxak ku,
at ralal xc'ajol li rey David.— 28 Nak
ac x-oc li Jesús sa' li cab, que'oc ajcui'
li mutz' riq'uin ut li Jesús quixye: —

¿Ma nequepa̱b nak cuan incuanquil
che̱q'uirtesinquil? chan reheb. Ut eb
a'an que'chak'oc ut que'xye: —Nakapa̱b,
Ka̱cua'.— 29 Tojo'nak li Jesús quixch'e'
li xnak' ruheb ut quixye: —Chanru nak
xepa̱b, jo'can ajcui' nak chi-uxk li c'a'ru
te̱raj.— 30 Ut que'iloc li xnak' ruheb.
Ut li Jesús quixye reheb: —Cherabi
chi us li c'a'ru tinye e̱re. Ma̱ ani aj
iq'uin te̱serak'i li c'a'ru xec'ul, chan re-
heb. 31 Ca'aj cui' tz'akal que'el aran nak
que'oc chixserak'inquil resil sa' chixjunil
li na'ajej a'an li c'a'ru quixba̱nu li Jesús
reheb.

Li Jesús quixq'uirtesi li cui̱nk mem

32 Toje' ajcui' te'e̱lk eb a'an nak
quic'ame' chak riq'uin li Jesús jun li
cui̱nk mem. Cuan ma̱us aj musik'ej
riq'uin. 33 Li Jesús quirisi li ma̱us aj
musik'ej riq'uin ut li cui̱nk qui-oc chi
a̱tinac. C'ajo' nak que'sach xch'o̱l li tena-
mit ut que'xye: —Ma̱ jun cua kilom a'in
sa' li katenamit Israel.— 34 Aban eb laj
fariseo que'xye: —Riq'uin xcuanquil laj
tza narisiheb li ma̱us aj musik'ej li cui̱nk
a'an, chanqueb.

Li Jesús quiril xtok'oba̱l ruheb li tenamit

35 Ut li Jesús yo̱ xbeninquil sa' eb
li tenamit junju̱nk ut sa' eb ajcui' li
c'aleba̱l. Quixc'ut li xya̱lal chiruheb sa'
li cab li neque'xch'utub cui' ribeb laj
judío ut quixch'olob xya̱lal lix nima-
jcual cuanquilal li Dios chiruheb. Ut yo̱
chixq'uirtesinquil chixjunil li q'uila pa̱y
chi yajel ut li raylal. 36 Ut nak quir-
ileb li q'uila tenamit, quixtok'obaheb
ru xban nak tacuajenakeb ut raheb sa'
xch'o̱l. Chanchaneb li carner li ma̱c'a'
aj ilol reheb. 37 Tojo'nak quixye reheb
lix tzolom, —Relic chi ya̱l nabaleb li
inc'a' neque'xnau li xya̱lal. Abanan moco
q'uiheb ta li te'xye li xya̱lal reheb. Chan-
chaneb li ru li acui̱mk li ma̱c'a' aj sic'ol
re. 38 Jo'can ut tinye e̱re nak te̱tz'a̱ma
chiru li Ka̱cua' re nak a'an tixtakla-
heb laj c'anjel chixch'olobanquil li xya̱lal
chiruheb, chan li Jesús.

Li Jesús quixq'ueheb xc'anjel lix cablaju chi tzolom

10 Sa' jun li cutan li Jesús quixbokeb
lix tzolom cablaju riq'uin ut
quixq'ueheb xcuanquil chirisinquil li
ma̱us aj musik'ej ut quixq'ueheb xcuan-
quil chixq'uirtesinquileb li yaj, a' yalak
c'a'ru chi xyajelil ut raylal. 2 A'an a'in lix
c'aba'eb lix tzolom cablaju, li quixxakab
chok' x-apóstol: li xbe̱n, a'an laj Simón,
Pedro nayeman re; ut laj Andrés li ri̱tz'in;
laj Jacobo ut laj Juan li ri̱tz'in. Laj Zebe-
deo, a'an lix yucua'eb; 3 laj Felipe ut laj
Bartolomé; laj Tomás ut laj Mateo la̱j
titz'ol toj; laj Jacobo li ralal laj Alfeo
ut laj Lebeo aj Tadeo xcab xc'aba', 4 laj
Simón aj Canaán, ut laj Judas Iscar-
iote, a' li quik'axtesin re li Jesús sa'
ruk'eb li xic' neque'iloc re. 5 Nak quix-
taklaheb li cablaju a'in chi c'anjelac, li
Jesús quixchak'rabiheb ut quixye reheb:
—Mexxic sa' lix tenamiteb li ma̱cua'eb aj
judío chi moco tex-oc sa' xtenamiteb aj
Samaria. 6 Texxic ban riq'uineb laj judío.
A'aneb li ralal xc'ajol laj Israel. Chan-
chaneb li carner li sachenakeb. 7 Ut nak
yo̱kex chi xic, yo̱kex chixch'olobanquil
li xya̱lal ut chixyebal, "cuulac re xk'ehil
nak ta̱q'uehek' sa' xcuanquil xban li Dios
li ta̱cua̱nk xcuanquil sa' xbe̱neb li ralal
xc'ajol," cha'kex. 8 Cheq'uirtesiheb li yaj,
checuaclesiheb cui'chic chi yo'yo li ca-
menak. Cheq'uirtesiheb li saklep rix ut
cherisiheb li ma̱us aj musik'ej. Chi ma̱-
tan xec'ul le̱ cuanquil ut chi ma̱tan ajcui'
te̱ba̱nu li usilal. 9 Ma̱c'a' c'a'ru te̱c'am
che̱rix. Inc'a' te̱c'am li oro chi moco li
plata, chi moco li coc' tumin k'an ru.
10 Chi moco te̱c'am xna'aj li c'a'ak re ru
ta̱c'anjelak e̱re sa' be, chi moco te̱c'am
xjalbal le̱ rak', chi moco xjalbal e̱xa̱b,

chi moco e̱xuk'. Me̱c'am li c'a'ak re ru a'in xban nak laj c'anjel, a'an tento nak ta̱q'uehek' re lix tzacae̱mk. 11 Ut yalak bar tenamitil ut c'aleba̱l toxex-ocak cui', patz'omak ani ta̱c'uluk e̱re chi sa sa' xch'o̱l, ut aran texhila̱nk riq'uin toja' ya̱l jok'e texxic. 12 Ut nak tex-oc sa' li cab, q'uehomak xsahil xch'o̱leb ut te̱tz'a̱ma li tuktu̱quil usilal sa' xbe̱neb li cuanqueb sa' li cab. 13 Ut cui texc'ulek' sa' usilal, ta̱cana̱k riq'uineb li tuktu̱quil usilal. Ut cui inc'a' texc'ulek' sa' usilal, inc'a' ajcui' ta̱cana̱k riq'uineb li tuktu̱quil usilal. Ta̱suk'i̱k cui'chic e̱riq'uin. 14 Ut yalak ani inc'a' ta̱c'uluk e̱re chi moco ta̱rabi le̱ ra̱tin, nak tex-e̱lk sa' li cab a'an, malaj ut sa' li tenamit, te̱chik'chik'i li poks cuan che̱rok chok' retalil nak inc'a' chic texc'oxlak chirix li na'ajej a'an. 15 Relic chi ya̱l tinye e̱re nak toj cubenak ca'ch'in lix tojbal xma̱queb li tenamit Sodoma ut li tenamit Gomorra chiru lix tojbal xma̱queb li tenamit a'an sa' xk'ehil li rakba a̱tin.

Resil li ra xi̱c' li ta̱cha̱lk sa' xbe̱neb

16 Chenauhak nak la̱in tintakla̱nk e̱re sa' xya̱nkeb li xic' neque'iloc e̱re. Chanchanakex li carner sa' xya̱nkeb laj xoj. Se̱bak e̱ch'o̱l jo'cakex li c'anti' ut ti̱cak e̱ch'o̱l jo'cakex li paloma. 17 Cauhak le̱ ch'o̱l xban nak cuanqueb li te'k'axtesi̱nk e̱re sa' ruk'eb laj rakol a̱tin. Ut chi ma̱c'a' e̱ma̱c texsaq'uek' xbaneb sa' li cab li neque'xch'utub cui' ribeb laj judío. 18 Ut texc'amek' chiruheb li acuabej ut chiruheb li rey sa' inc'aba' la̱in. Ut te̱ch'olob li xya̱lal chiruheb a'an, jo' ajcui' chiruheb li ma̱cua'eb aj judío. 19 Ut nak toxexxakaba̱k chiruheb, mexc'oxlac chirix li c'a'ru te̱ye, chi moco texc'oxlak chirix chanru tex-a̱tinak xban nak sa' li ho̱nal a'an ta̱yehek' e̱re c'a'ru te̱ye. 20 Ma̱cua' la̱ex li tex-a̱tinak. A' ban li Santil Musik'ej ta̱atinak. Yal tixto'oni lix tz'u̱mal e̱re. 21 Sa' eb li cutan a'an, cuan li asbej tixk'axtesi li i̱tz'inbej re ta̱camsi̱k ut cuan li i̱tz'inbej tixk'axtesi li asbej. Ut cuan li yucua'bej tixk'axtesi li alalbej. Ut cuan li alalbej xic' te'rileb lix na' xyucua' ut te'xq'ueheb chi camsi̱c. 22 Ut chixjunileb xic' te'ilok e̱re sa' inc'aba'. Abanan li ani te'cuyuk xc'ulbal li raylal toj sa' roso'jic lix yu'am, eb a'an te'colek'. 23 Nak texrahobtesi̱k sa' jun li tenamit, texxic sa' jalan chic. Relic chi ya̱l ninye e̱re nak toj ma̱ji' ajcui' nequechoy xbeninquil chixjunileb li tenamit cuanqueb Israel te'xnau nak xoline̱lk la̱in li C'ajolbej. 24 Junak li yo̱ chi tzoloc inc'a' naru tixk'ax xcuanquil li yo̱ chi tzoloc re, chi moco li mo̱s naxk'ax xcuanquil lix patrón. 25 Chic'ojla̱k xch'o̱l li yo̱ chi tzoloc nak ta̱cuulak jo' laj tzolol re, ut li mo̱s jo'cak lix patrón. Cui aj tza nayehe' re laj e̱chal cab, ¿ma toja' ta chic inc'a' te'yehek' aj tza reheb li ralal xc'ajol? 26 Jo'can utan mexxucuac chiruheb li xic' neque'iloc e̱re. Ma̱ jun na'leb mukmu anakcuan chi inc'a' ta ta̱tauma̱nk ru mokon, ut ma̱c'a' mukmu anakcuan chi inc'a' ta̱c'utbesi̱k. 27 Li c'a'ru xexintzol cui' e̱junes, a'an te̱ye chiruheb chixjunileb, ut li c'a'ru xinye e̱re e̱junes, a'an te̱ye chi cau xya̱b e̱cux chiruheb chixjunileb li tenamit. 28 Mexxucuac chiruheb laj camsinel xban nak li a̱mej inc'a' naru te'xcamsi. A' li te̱xucua ru, a'an li Ka̱cua' li cuan xcuanquil chixcamsinquil li tibelej ut chixtaklanquil li a̱mej sa' xbalba.

Li Dios na-iloc e̱re

29 ¿Ma inc'a' ta bi' nac'ayi̱c cuib chi tzentzeyul chi jun centavo? K'axal cubenak xtz'ak, abanan ma̱ jun li ch'ina tzentzeyul nacam chi inc'a' ta tixnau li Dios le̱ Yucua'. 30 Jo'can ajcui' li rismal le̱ jolom ajlanbileb chixjunil xban li Dios. 31 Jo'can nak mexxucuac chiruheb li xic' neque'iloc e̱re xban nak la̱ex k'axal terto e̱tz'ak

chiruheb nabal chi tzentzeyul. 32 Li
ani naxye chiruheb li tenamit nak
niquinixpa̱b, la̱in tinye chiru lin Yucua'
cuan sa' choxa nak a'an li cualal. 33 Ut
li ani ta̱tz'ekta̱na̱nk cue chiruheb
li tenamit, la̱in tintz'ekta̱na ajcui'
a'an chiru lin Yucua' cuan sa' choxa.
34 Me̱c'oxla nak xinchal ta chixq'uebal
li tuktu̱quil usilal sa' ruchich'och'.
Xinchal ban chixch'olobanquil li
xya̱lal; ut xban li xya̱lal li nach'oloba̱c,
nacuan li ch'a'ajquilal. 35 Xinchal ut
chixch'olobanquil li xya̱lal ut li ani
ta̱pa̱ba̱nk cue, te'xc'ul li raylal. Li alalbej
ta̱cua̱nk sa' ra xi̱c' riq'uin lix yucua', ut li
co'bej ta̱cua̱nk sa' ra xi̱c' riq'uin lix na',
ut li alibej ta̱cua̱nk sa' ra xi̱c' riq'uin li
na'bej sa' inc'aba' la̱in. 36 Li cuanqueb
sa' jun cabal, xic' te'ril rib sa' inc'aba'
la̱in. 37 Ut ani k'axal naxra xna' xyucua'
chicuu la̱in, moco xc'ulub ta nak tinc'ul
chok' cualal. Ut ani k'axal naxra li ralal
xc'ajol chicuu la̱in, moco xc'ulub ta nak
tinc'ul chok' cualal. 38 Li ani tixcuy
inta̱kenquil usta tixc'ul li camsi̱c sa'
inc'aba', li jun a'an xc'ulub nak tinc'ul
chok' cualal. Abanan li ani inc'a' tixcuy
inta̱kenquil, li jun a'an moco xc'ulub ta
nak tinc'ul chok' cualal. 39 Li ani naxra
lix yu'am arin sa' ruchich'och', a'an
tixsach li junelic yu'am. Ut li ani tixsach
lix yu'am arin sa' ruchich'och' sa' inc'aba'
la̱in, a'an ta̱re̱chani li junelic yu'am.

Lix k'ajca̱munquil li nac'uluc reheb lix tzolom li Jesús

40 Li ani ta̱c'uluk e̱re la̱ex, tinixc'ul
ajcui' la̱in. Ut li ani ta̱c'uluk cue, tixc'ul
ajcui' li xtaklan chak cue. 41 Li ani
ta̱c'uluk re junak profeta chi anchal
xch'o̱l xban nak a'an naxye ra̱tin li Dios,
li jo' q'uial lix k'ajca̱munquil li tixc'ul li
profeta, a'an ajcui' li tixc'ul li ta̱c'uluk
re. Ut li ani ta̱c'uluk re li ti̱c xch'o̱l
xban nak a'an ti̱c xch'o̱l, li jo' q'uial
lix k'ajca̱munquil li tixc'ul li ti̱c xch'o̱l,
a'an ajcui' li tixc'ul li ta̱c'uluk re. 42 Li
ani tixq'ue jun sec'ak ruc'a junak reheb
lin tzolom usta cubenak xcuanquil, cui
tixq'ue li ruc'a xban nak a'an intzolom,
relic chi ya̱l ninye e̱re nak li jun a'an
tixc'ul lix k'ajca̱munquil.

Laj Juan laj Cubsihom Ha' naxtakla xpatz'bal ani li Jesús

11 Nak quirake' li Jesús chixtak-
lanquileb chi xic chi c'anjelac
lix tzolom cablaju, qui-el aran ut co̱
chixch'olobanquil li xya̱lal sa' eb li
tenamit. 2 Ac cuan chi pre̱xil laj Juan
laj Cubsihom Ha' nak quirabi resil li
c'a'ru yo̱ chixba̱nunquil li Cristo. Laj
Juan quixtaklaheb lix tzolom chi a̱tinac
riq'uin ut chixpatz'bal re: 3 ¿Ma la̱at li
Cristo li yechi'inbil, li yoco chiroyben-
inquil? ¿Malaj toj takoybeni chic ju-
nak? chanqueb. 4 Quichak'oc li Jesús
ut quixye reheb: —Ayukex ut te̱serak'i
re laj Juan li c'a'ru yo̱quin chixba̱nun-
quil che̱ru ut te̱ye re li c'a'ru yo̱quex
chirabinquil chicuix la̱in. 5 Yehomak re
nak eb li mutz' neque'iloc chic; eb li
ye̱k rok neque'be̱c chic; eb li saklep rix
xe'q'uirtesi̱c; eb li tz'ap xic neque'abin
chic; eb li camenak neque'cuaclesi̱c
cui'chic chi yo'yo; ut eb li neba' yo̱queb
chirabinquil resil li usilal, cha'kex re.
6 Us xak reheb li ani inc'a' ta̱ch'ina̱nk
xch'o̱l inban, chan li Jesús. 7 Ut nak
que'el eb a'an, qui-oc chi a̱tinac li Jesús
riq'uineb li tenamit chirix laj Juan ut
quixye chi jo'ca'in: —¿C'a'ru coxe̱ril chak
sa' li chaki ch'och'? ¿Ma junak cui̱nk
nacuiban xch'o̱l chanchan li caxlan aj yo̱
rec'asinquil xban ik' coxe̱ril chak? 8 ¿C'a'
put ru coxe̱ril chak? ¿Ma junak cui̱nk
cha̱bil xtikibanquil coxe̱ril chak? A' li
cha̱bileb rak' sa' rochocheb li rey cuan-
queb. 9 ¿C'a'ru coxe̱ril chak? ¿Ma junak
profeta coxe̱ril chak? Ya̱l nak a'an jun
profeta. Abanan la̱in tinye e̱re nak li jun
a'in naxk'ax ru xcuanquil junak profeta.

10 Chirix laj Juan tz'ibanbil sa' li Santil
Hu nak naxye chi jo'ca'in:

A'ut lain tintakla lin takl aj c'amol
be chacuu. A'an tach'olobank xyalal
chiruheb li tenamit re nak eb a'an
yo'on cuankeb chac'ulbal laat. (Mal.
3:1)

11 Relic chi yal tinye ere nak ma jun
reheb li neque'yo'la arin sa' ruchich'och'
naxk'ax xcuanquil laj Juan laj Cubsihom
Ha'. Aban li k'axal ca'ch'in sa' lix
nimajcual cuanquil li Dios, k'axal us
chok' re a'an chiru laj Juan (xban
nak laj Juan inc'a' quiril lix nimajcual
cuanquilal li Dios arin sa' ruchich'och').
12 Chalen chak nak quixtiquib
xch'olobanquil xyalal laj Juan laj
Cubsihom Ha' ut toj anakcuan cuanqueb
li neque'xyal xxakabanquil lix nimajcual
cuanquilal li Dios, yal xjuneseb, ut
que'raj xbanunquil sa' junpat usta
riq'uin raylal tauxmank. 13 Chixjunileb
li profeta jo' cui' lix chak'rab laj Moisés,
toj riq'uin laj Juan xolrakek' xyebal nak
taxakabak lix nimajcual cuanquilal li
Dios. 14 Ut cui teraj xtaubal lix yalal
chirix laj Juan, a'an laj Elías li tol-elk.
15 Li ani na-abin re li yoquin xyebal
chixq'uehak retal chi us li cuatin xban
nak cuan xyalal. 16 ¿Ani ta cui' aj iq'uin
taruk tebinjuntak'eta li cuanqueb sa'
ruchich'och' anakcuan? Mac'a' nacuulac
chiruheb. Chanchaneb li coc'al li
neque'c'ojla chi batz'unc sa' eb li c'ayil
ut neque'xjap re chixyebal reheb lix
comon: 17 "Xkayabasi li kaxolb ut
inc'a' xexxajoc; xobichan chi ra sa'
kach'ol, ut inc'a' xyot'e' ech'ol chi moco
xexyabac xban", chanqueb. 18 Nak
quic'ulun laj Juan laj Cubsihom Ha',
cuan li inc'a' quixtzaca, ut cuan li inc'a'
quiruc', ut eb li tenamit inc'a' que'xc'ul
ut que'xye, "Maus aj musik'ej cuan
riq'uin", chanqueb. 19 Ut nak xinc'ulun
lain li C'ajolbej, nincua'ac ut nin-uc'ac,
ut inc'a' ajcui' quine'xc'ul sa' xyalal. Eb
li tenamit neque'xye chicuix, "Li jun
cuan arin, junes cua'ac ut junes uc'ac
vino naxbanu. A'an ramigueb laj mac
ut eb laj titz'ol toj", chanqueb. A'ut li
na'leb li q'uebil xban li Dios, xakxo
xcuanquil riq'uin li xbanu laj Juan ut li
c'a'ru xinbanu lain.

Ra te'xc'ul li tenamit cui inc'a' te'xxoto xmac

20 Tojo'nak li Jesús qui-oc
chixk'usbaleb li tenamit sa' eb li na'ajej
bar quixbanu cui' nabal li milagro
xban nak inc'a' que'yot'e' xch'oleb ut
inc'a' que'xjal xc'a'uxeb, ut quixye
reheb: 21 —Raylal chalel sa' eben, ex aj
Corazín. Raylal chalel sa' eben ex aj
Betsaida. Cui ta qui-uxman aran Tiro
li milagro a'in li xinbanu cheru ut cui
ta qui-uxman aran Sidón, ac najter
raj que'xq'ue li cha sa' xjolomeb ut ac
que'xq'ue raj li k'es ru t'icr chirixeb chok'
retalil nak raheb sa' xch'ol ut que'yot'e'
raj xch'oleb ut que'xjal raj xc'a'uxeb.
22 Jo'can ut nak tinye ere nak sa' xk'ehil
li rakba atin, k'axal cui'chic li raylal li
tec'ul laex chiru li raylal li te'xc'ul eb
laj Tiro ut eb laj Sidón. 23 Ut laex aj
Capernaum, c'ajo' nak nequenimobresi
erib. ¿Ma nequec'oxla nak tataksik le
cuanquil toj sa' choxa? Tacubsik ban le
cuanquil toj sa' xna'ajeb li camenak. Cui
ta riq'uineb laj Sodoma quilaj-uxman
eb li milagro li x-uxman eriq'uin laex,
toj cuanqueb raj sa' li cutan anakcuan.
24 Jo'can ut nak tinye ere nak sa' xk'ehil
li rakba atin, k'axal cui'chic nabal lix
tojbal emac li tec'ul laex chiru li te'xc'ul
eb laj Sodoma.—

Chalkex cuiq'uin ut texinq'ue chi hilanc, chan li Jesús

25 Sa' eb li cutan a'an, li Jesús quitijoc
ut quixye: —At inYucua', laat laj echal re
li choxa jo' ajcui' li ruchich'och'. Ninban-
tioxi chacuu xban nak xamuk li xyalal

chirix lix nimal la cuanquilal chiruheb
li cuanqueb xna'leb nak neque'xye rib,
ut xamuk ajcui' chiruheb li tzolbileb.
Ut xac'ut li xyalal chiruheb li cube-
nakeb xcuanquil, li chanchaneb coc'al.
26 Xabanu chi jo'can xban nak jo'can xcu-
ulac chacuu, chan li Jesús nak quiti-
joc. 27 Ut quixye reheb li tenamit: —
Chixjunil li c'a'ak re ru xk'axtesi sa' cuuk'
lin Yucua'. Ma ani nana'oc cuu lain li
C'ajolbej, ca'aj cui' li Acuabej Dios. Ma
ani nana'oc ru li Acuabej Dios, ca'aj
cui' lain li C'ajolbej. Ut tana'ek' ajcui'
ru xbaneb li ani tinc'ut cui' li xyalal,
lain li C'ajolbej. 28 Jo'can ut chalkex
cuiq'uin chejunilex li lubluquex ut li
tacuajenakex ut lain texinq'ue chi hilanc.
29 C'ulumak li yugo li tinq'ue sa' eben ut
tzolomak erib cuiq'uin xban nak tulanin
ut k'un inch'ol ut tetau xc'ojobanquil
ech'ol, 30 xban nak lin yugo k'un ut seb
li ik li tinq'ue sa' eben.

Lix tzolom li Jesús que'xch'ot ru li acuimk sa' li hilobal cutan

12 Ut chirix chic a'an sa' jun hilobal
cutan, li Jesús yo chi bec bar cui'
aubil li acuimk trigo. Ut eb lix tzolom
te'tz'ocak ut que'oc chixch'otbal ru li
acuimk ut yoqueb chixcua'bal. 2 Ut nak
que'ril eb laj fariseo, que'xye re li Jesús:
—Ileb la tzolom. Yoqueb chixsic'bal ru li
acuimk. Yoqueb chixbanunquil li c'anjel
moco uxc ta naraj sa' li hilobal cu-
tan, chanqueb. 3 Li Jesús quichak'oc ut
quixye reheb: —¿Ma inc'a' ta bi' xeril sa'
li Santil Hu c'a'ru quixbanu laj David nak
a'an ut eb li rochben te'tz'ocak? 4 Qui-
oc sa' li cab bar neque'xlok'oni cui' li
Dios ut cuan aran li mayejanbil caxlan
cua. Macua' raj re laj David xcua'bal
li caxlan cua a'an, chi moco reheb li
rochben. Juneseb laj tij naru neque'xcua'
li mayejanbil caxlan cua. Abanan laj
David quixcua'. 5 Ut, ¿ma inc'a' erilom
sa' lix chak'rab laj Moisés nak eb laj
tij mac'a' xmaqueb nak neque'xk'et li
hilobal cutan nak neque'c'anjelac sa' ro-
choch li Dios? 6 Lain tinye ere nak cuan-
quin arin lain, ut k'axal nim incuan-
quil chiru li rochoch li Dios. 7 Laex inc'a'
nequenau xyalal li atin a'in li tz'ibanbil
sa' li Santil Hu:

Li nacuulac chicuu lain, a'an nak tex-
uxtanank u ut macua' nak texmaye-
jak xul. (Os. 6:6)

Cui ta xetau ru li na'leb a'in, inc'a' raj
xetz'ektanaheb li mac'a'eb xmac.
8 Lain li C'ajolbej. Lain laj echal re li
hilobal cutan. Cuan incuanquil chixye-
bal c'a'ru tauxmank sa' li hilobal cutan,
chan li Jesús.

Li Jesús quixq'uirtesi li cuink sic li ruk'

9 Ut nak qui-el chak aran, quichal sa' li
cab li neque'xch'utub cui' ribeb laj judío.
10 Ut aran cuan jun li cuink sic jun li ruk'.
Ut eb laj fariseo que'xpatz' re li Jesús
yal re xjitbal: —¿Ma us q'uirtesinc sa' li
hilobal cutan? 11 Ut li Jesús quichak'oc
ut quixye reheb: —Cui junak sa' eyank
cuan junak lix carner tat'anek' sa' junak
jul sa' li hilobal cutan, ¿ma inc'a' raj tox-
chap ut toxrisi chak sa' li jul? 12 ¿Ma
inc'a' ta bi' numtajenak terto xtz'ak junak
cuink chiru junak carner? Cui us xcolbal
li carner sa' li hilobal cutan, ¿ma inc'a'
ta bi' k'axal cui'chic us xtenk'anquil li
cuink sa' li hilobal cutan?— 13 Tojo'nak
quixye re li cuink li sic li ruk': —Ye'
la cuuk', chan re. Ut li cuink quixye' li
ruk' ut sa' junpat quicana chi mac'a' rec'
jo' li jun chic. 14 Ut eb laj fariseo que'el
aran ut que'oc chixc'ubanquil chanru
nak te'xcamsi li Jesús.

Najter quiyeman resil xc'anjel li Jesucristo

15 Li Jesús quixnau nak yoqueb
xc'ubanquil chanru nak te'xcamsi ut
qui-el sa' li na'ajej a'an. Ut nabaleb li

tenamit que'ta̱ken re ut naxq'uirtesiheb
chixjunileb li yaj. 16 Ut li Jesús quixye
reheb nak ma̱ ani aj e te'xye resil
nak a'an li xq'uirtesin reheb. 17 A'in
quic'ulman jo' yebil chak xban li profeta
Isaías nak quixye chi jo'ca'in:
18 A'an a'in laj c'anjel chicuu, li sic'bil
ru inban. A'an ninra ut riq'uin a'an
nasaho' lin ch'o̱l. Tinq'ue re lin
musik', ut a'an ta̱yehok resil li rakba
a̱tin li cha̱lc re sa' xbe̱neb li tenamit.
19 Inc'a' ta̱cuech'i̱nk chi moco tixjap re ut
ma̱ ani ta̱abi̱nk re lix ya̱b xcux sa' be.
20 Inc'a' tixrahobtesiheb li tacuajenakeb.
Inc'a' tixchoy xtokbal li caxlan aj
li ac tokec' re, chi moco tixchoy
xchupbal ru li xam li toj yo̱ chi e̱lc
xsibel toj nak tixxakab lix cuanquil
ut ta̱rakok a̱tin sa' ti̱quilal.
21 Ut chixjunileb li tenamit ca'aj cui'
riq'uin a'an te'yo'oni̱nk. (Is. 42:2-4)

Ma̱c'a' chic xcuybal xma̱c li namajecuan re li Santil Musik'ej

22 Ut mokon chic quic'ame' chak
riq'uin li Jesús jun li cui̱nk cuan ma̱us aj
musik'ej riq'uin. Mutz' ut mem li cui̱nk
a'an. Ut li Jesús quixq'uirtesi, ut li cui̱nk
li mutz' ut mem nak quicuan, quia̱tinac
ut qui-iloc chic. 23 Ut chixjunileb li tena-
mit que'sach xch'o̱l ut yo̱queb chixyebal:
—¿Malaj a'in ta ut ralal li rey David,
li yo̱co chiroybeninquil? 24 Ut eb laj
fariseo nak que'rabi a'an, que'xye: —Li
cui̱nk a'in na-isin ma̱us aj musik'ej riq'uin
xcuanquil laj Beelsebú, lix yucua'ileb li
ma̱us aj musik'ej, chanqueb. 25 Li Jesús
quixnau li c'a'ru yo̱queb chixc'oxlanquil
ut quixye reheb: —Cui cuan jun te̱pak
chi tenamit xic' te'ril rib chi ribileb rib,
li jun te̱p chi tenamit a'an tixsach xcuan-
quil xjunes rib. Ut cui cuan ta jun ca-
balak xic' te'ril rib chi ribileb rib, li jun
cabal a'an te'xsach xcuanquil lix jun ca-
blal. 26 Jo'can ajcui' laj tza cui te'xpleti
rib chi ribileb rib, a'an tixsach xcuan-
quil xjunes rib. 27 Cui ut sa' xc'aba' laj
tza nacuisiheb li ma̱us aj musik'ej, ¿ani
sa' aj c'aba' neque'isin ma̱us aj musik'ej
li neque'ta̱ken e̱re? Jo'can nak a'aneb
ajcui' te'yehok re nak inc'a' ya̱l li yo̱quex
chixyebal. 28 Cui ut riq'uin xcuanquil
li Dios nacuisiheb li ma̱us aj musik'ej,
riq'uin a'an nac'utun nak relic chi ya̱l
ac xc'ulun sa' e̱ya̱nk lix nimajcual cuan-
quilal li Dios. 29 Ut chanru nak ta̱oc ju-
nak sa' rochoch jun cui̱nk cau rib chix-
mak'bal li c'a'ru cuan re cui inc'a' ta xbe̱n
cua tixbac' li cui̱nk cau rib, tojo'nak ta̱oc
chixc'ambal li c'a'ru cuan re. 30 Li ani
inc'a' na-oquen chicuix, a'an xic' niquin-
ril. Ut ani inc'a' naxococ cuochben, a'an
paji̱nc naxba̱nu. 31 Relic chi ya̱l ninye e̱re
nak ta̱cuyma̱nk ta̱sachma̱nk lix ma̱queb
li cristian ut ta̱cuyma̱nk ajcui' xma̱queb
li neque'majecuan. Abanan li ani ta̱maje-
cua̱nk re li Santil Musik'ej, inc'a' ta̱cuyek'
ta̱sachek' lix ma̱c. 32 Li ani ta̱hobok cue
la̱in, li C'ajolbej, ta̱cuyek' xma̱c; abanan
li ani ta̱hobok re li Santil Musik'ej inc'a'
ta̱cuyek' xma̱c chi moco sa' eb li cu-
tan a'in, chi moco sa' eb li cutan cha̱lel.
Cua̱nk ban sa' xbe̱n chi junelic lix to-
jbal rix li nimla ma̱c a'an. 33 Jo'can ajcui'
cui cha̱bil junak che', cha̱bil ajcui' li ru.
Cui inc'a' us li che', li ru inc'a' ajcui' us.
Ut riq'uin li naru̱chin, nana'li ru li che'.
34 ¡La̱ex chanchanex ral li c'ambolay!
¿Chan ta cui' ru nak tex-a̱tinak cha̱bil
a̱tin nak moco usex ta? Jo' chanru lix
ch'o̱l junak, jo'can ajcui' naa̱tinac. 35 Li
cha̱bil cui̱nk naa̱tinac chi cha̱bil xban
nak cha̱bil li cuan sa' xch'o̱l. Ut li cui̱nk
li inc'a' us lix na'leb, yibru naa̱tinac xban
nak inc'a' us li cuan sa' xch'o̱l. 36 La̱in
tinye e̱re nak sa' xk'ehil li rakba a̱tin li
junju̱nk tixk'axtesi xcue̱nt chirix chixju-
nil li jo' ma̱jo'il aj a̱tin quixye. 37 Riq'uin
le̱ ra̱tin ta̱q'uehek' e̱retal. Riq'uin le̱ ra̱tin
ta̱c'utu̱nk nak ma̱c'a' le̱ ma̱c malaj riq'uin
le̱ ra̱tin ta̱teneba̱k li tojbal ma̱c sa'
e̱be̱n.—

Eb laj fariseo que'xtz'a̱ma li milagro

38 Cuan xcomoneb laj tz'i̱b ut
xcomoneb laj fariseo que'a̱tinac ut
que'xye: —At tzolonel, ba̱nu junak
milagro chiku. C'ut chiku nak riq'uin
li Dios nachal la̱ cuanquil, chanqueb.
39 Ut li Jesús quichak'oc ut quixye
reheb: —Li inc'a' useb xna'leb neque'raj
nak ta̱c'utbesi̱k junak milagro chiruheb,
aban ma̱ jun milagro ta̱c'utbesi̱k
chiruheb. Ca'aj cui' li milagro li qui-ux
re laj Jonás, li quic'utbesi̱c chiruheb
junxil, a'an li ta̱c'utbesima̱nk chiruheb.
40 Jo' nak laj Jonás oxib cutan ut oxib
k'ojyi̱n quicuan chak sa' xsa' li nimla
car, jo'can ajcui' nak la̱in li C'ajolbej
tincua̱nk oxib cutan ut oxib k'ojyi̱n sa'
li mukleba̱l. 41 Laj Jonás quixch'olob
xya̱lal chiruheb laj Nínive ut que'yot'e'
xch'o̱l que'xjal xc'a'ux. Ut la̱in k'axal
nim incuanquil chiru laj Jonás ut
cuanquin arin sa' e̱ya̱nk, abanan la̱ex
inc'a' niquine̱pa̱b. Jo'can nak eb laj
Nínive te'cuacli̱k chak sa' xk'ehil li
rakba a̱tin e̱rochben ut texjiteb xban
nak inc'a' nequexpa̱ban. 42 Li ixk li
quicuan chok' reina sa' li tenamit li cuan
sa' li sur ta̱cuacli̱k chak sa' xk'ehil nak
ta̱rakek' a̱tin sa' e̱be̱n ut tixye nak cuan
e̱ma̱c xban nak inc'a' nequexpa̱ban.
A'an quichal chak toj sa' xmaril li
ruchich'och' chirabinquil lix na'leb laj
Salomón. Ut la̱in k'axal cui'chic cuan
inna'leb chiru laj Salomón ut cuanquin
arin sa' e̱ya̱nk. Abanan inc'a' nequepa̱b
li cua̱tin. 43 Li ma̱us aj musik'ej nak ac
x-el riq'uin junak cui̱nk, nalajnume' sa'
li chaki na'ajej ut yo̱ chixsic'bal bar ta̱oc
chi hila̱nc. Ut ma̱ bar naxtau xna'aj.
44 Tojo'nak naxye sa' xch'o̱l: —La̱in
tinsuk'i̱k cui'chic riq'uin li cui̱nk bar
quin-el cui' chak, chan. Ut nak nocoxtau
li cui̱nk, chanchan jun li cab ma̱c'a' chic
cuan chi sa', mesunbil ut cauresinbil
re oybeni̱nc. 45 Ut li ma̱us aj musik'ej
naxsic' cuukub chic chi ma̱us aj musik'ej
k'axal cui'chic numtajenak xma̱usilaleb
chiru a'an. Neque'oc chi cua̱nc riq'uin
li cui̱nk. Ut lix na'leb li cui̱nk a'an
numtajenakak chic xyibal ru chiru nak
xcuan chak junxil. Ut jo'can ajcui' te̱c'ul
la̱ex li numtajenak le̱ ma̱usilal.

Lix na' ut eb li ri̱tz'in li Jesús

46 Ut toj yo̱ ajcui' chi a̱tinac li Jesús
riq'uineb li tenamit nak quicuulac aran
lix na' rochbeneb li ri̱tz'in li Jesús. Cuan-
queb chirix cab ut te'raj raj ra̱tinan-
quileb. 47 Ut jun quiyehoc chak re li
Jesús: —Ka̱cua', la̱ na' ut eb la̱ cui̱tz'in
cuanqueb chirix cab. Te'raj a̱cua̱tinan-
quil. 48 Ut li Jesús quixye re: —¿Ani lin
na' ut aniheb li cui̱tz'in nak nequec'oxla
la̱ex?— 49 Ut quixye' li ruk' cuanqueb
cui' lix tzolom ut quixye: —A'ineb lin
na' ut a'ineb li cui̱tz'in. 50 Chixjunileb li
te'ba̱nu̱nk re li naraj lin Yucua' li cuan sa'
choxa, a'aneb li cui̱tz'in, a'aneb li cuanab
ut a'aneb lin na', chan.

Li jaljo̱quil ru a̱tin chirix laj acuinel

13 Ut sa' li cutan a'an, li Jesús qui-
el sa' li cab ut coxc'ojla̱k chire
li palau. 2 Ut que'cuulac li q'uila tena-
mit riq'uin chirabinquil. Xban xq'uialeb
li tenamit, li Jesús qui-oc sa' jun li jucub
cuan sa' li palau ut quic'ojla chi sa'. Ut
chixjunileb li tenamit xakxo̱queb chire li
ha'. 3 Ut nabal c'a'ak re ru quixtzoleb cui'
riq'uin jaljo̱quil ru a̱tin, ut quixye reheb:
—Abihomak li tinye e̱re. Jun aj acuinel
co̱ chi a̱uc. 4 Ut nak yo̱ chixhirbal li iyaj,
cuan quinak chire be. Que'chal li xul li
neque'xic'an ut que'xcua' li iyaj. 5 Ut cuan
ajcui' li iyaj quinak sa' li pec ru bar ma̱c'a'
cui' mas li ch'och'. Sa' junpa̱t quimok,
abanan inc'a' quixchap xxe' xban nak jay
li ch'och' sa' xbe̱n li pec. 6 Nak quichal li
sak'e quichakic li acui̱mk xban nak inc'a'
cham naxic lix xe'. 7 Ut cuan cui'chic li
iyaj quinak sa' xya̱nk li q'uix. Ut nak

quichamo' li q'uix sa' xbe̱n, quixnat' li
acui̱mk. 8 Ut cuan cui'chic li iyaj quinak
sa' li cha̱bil ch'och'. Quimok ut quiu̱chin.
Cuan quixq'ue laje̱tk xca'c'a̱l ru (30).
Cuan quixq'ue oxtakc'a̱l ru (60), ut cuan
cui'chic quixq'ue o'takc'a̱l ru (100) li jun-
ju̱nk. 9 Tojo'nak li Jesús quixye reheb: —
Li ani na-abin, chixq'uehak retal li c'a'ru
ninye, chan.

Li Jesús quixye c'a'ru aj e nak cuan li jaljo̱quil ru a̱tin

10 Mokon chic que'cuulac lix tzolom
riq'uin li Jesús, ut que'xye re: —¿C'a'ut
nak nacacua̱tinaheb sa' jaljo̱quil ru
a̱tin?— 11 Li Jesús quichak'oc ut quixye
reheb: —Q'uebil e̱re la̱ex re nak te̱nau
xya̱lal li mukmu̱quil na'leb chirix lix ni-
majcual cuanquilal li Dios. Aban eb a'an
inc'a' q'uebil reheb re te'xnau li na'leb
a'an. 12 A' li ani naxtau ru li xya̱lal,
k'axal cui'chic nabal ta̱q'uehek' chixnau;
a'ut li ani ca'ch'in ajcui' naxnau, ta̱isi̱k
chiru li jo' q'uial naxnau. 13 Jo'can nak
nina̱tinac riq'uineb sa' jaljo̱quil ru a̱tin
xban nak usta yo̱queb chi iloc, abanan
inc'a' te'xq'ue retal. Usta yo̱queb chi
abi̱nc, abanan inc'a' te'xtau xya̱lal. 14 Chi
jo'can natz'akloc ru li quiyehe' xban li
profeta Isaías nak quixye chi jo'ca'in:

Cuulaj cuulajeb chirabinquil ut inc'a'
neque'xtau xya̱lal. Ut cuulaj cuula-
jeb chirilbal ut inc'a' neque'xq'ue re-
tal li c'a'ru neque'ril.
15 Li tenamit a'in xe'a̱lo' lix ch'o̱leb ut
chanchan tz'aptz'o lix xiqueb ut
chanchaneb li mutz'. Jo'can nak
inc'a' neque'xnau li xya̱lal. Cui ta
ma̱cua' jo'can, te'ilok raj ut te'xq'ue
raj retal li te'ril ut te'abi̱nk raj
ut te'xtau raj ru li neque'rabi ut
te'yot'ek' raj xch'o̱l ut te'xjal raj
xc'a'uxeb ut la̱in tebinq'uirtesi raj.
(Is. 6:9-10)

16 Us xak e̱re la̱ex xban nak nequex-
iloc ut nequeq'ue retal li c'a'ru nequeril.
Nequex-abin ut nequetau ru lix ya̱lal.
17 Relic chi ya̱l tinye e̱re nak nabaleb
li profeta ut nabaleb li ti̱queb xch'o̱l
que'raj rilbal li c'a'ru yo̱quex chirilbal ut
inc'a' que'ril. Ut que'raj rabinquil li c'a'ru
yo̱quex chirabinquil ut inc'a' que'rabi.

Li Jesús quixch'olob xya̱lal chirix laj acuinel

18 Abihomak lix ya̱lal li jaljo̱quil ru
a̱tin a'in chirix laj acuinel. 19 Li ani na-
abin re li xya̱lal chirix lix nimajcual
cuanquilal li Dios ut inc'a' naxtau ru, a'an
chanchan li iyaj li quinak chire be. Ut
laj tza nachal ut naxmak' chiru li xya̱lal
ut sa' junpa̱t nasach sa' xch'o̱l. 20 Ut li
iyaj li quinak sa' li pec ru li inc'a' quix-
chap xxe', a'aneb li neque'abin re li ra̱tin
li Dios ut sa' junpa̱t neque'xpa̱b chi sa-
heb sa' xch'o̱leb. 21 Abanan inc'a' nacana
sa' xch'o̱leb. Nak nachal junak raylal,
malaj ch'a'ajquilal sa' xbe̱neb xban lix
pa̱ba̱leb, inc'a' neque'xcuy xnumsinquil.
Sa' junpa̱t neque'ch'inan xch'o̱l. 22 Ut
li iyaj li quinak sa' xya̱nk li q'uix,
a'aneb li neque'abin re li ra̱tin li Dios.
Abanan ca'aj cui' li c'a'ak re ru cuan sa'
ruchich'och' neque'xc'oxla, jo' li biomal
ut xra̱bal ru li c'a'ak chic re ru. Ut a'an
li naramoc lix ya̱lal chiruheb. Ma̱c'a' na-
oc cui' li ra̱tin li Dios chiruheb. 23 Ut
li iyaj li quinak sa' li cha̱bil ch'och',
a'aneb li neque'rabi ut neque'xpa̱b ut
neque'xtau ru chi tz'akal li ra̱tin li Dios.
Neque'q'ui chi us sa' lix pa̱ba̱leb, jo' li
acui̱mk li naru̱chin laje̱tk xca'takc'a̱l (30)
ut li naxq'ue oxtakc'a̱l (60), ut li naxq'ue
o'takc'a̱l ru (100) li junju̱nk.

Li jaljo̱quil ru a̱tin chirix li pim li inc'a' us

24 Ut quixye jun chic li jaljo̱quil ru a̱tin
reheb li tenamit: Lix nimajcual cuan-
quilal li Dios chanchan jun li cui̱nk
quirau li cha̱bil riyajil li trigo sa' lix
ch'och'. 25 Ut nak ac xe'cuar chixjunileb,

quicuulac li xic' na-iloc re laj e̱chal re
li ch'och' ut sa' xya̱nk li trigo coxrau
chak li riyajil li yibru pim chanchan
ajcui' li trigo ut co̱. 26 Ut nak quimok
chak li acui̱mk ut quiu̱chin, tojo'nak
quic'utun ajcui' li pim. 27 Que'cuulac ut
eb laj c'anjel riq'uin laj e̱chal re li ch'och'
ut que'xye: —Ka̱cua', ¿ma ma̱cua' cha̱-
bil iyaj li xacuau sa' li ch'och'? ¿Bar
put xchal li pim cuan chi sa'?— 28 Ut
a'an quixye reheb: —Jun li cui̱nk xic'
na-iloc cue xba̱nun re a'in, chan. Ut eb
laj c'anjel que'xye: —¿Ma ta̱cuaj toxic ut
toxkamich'?— 29 Ut laj e̱chal re li ch'och'
quixye: —Inc'a'. Ma̱re sa' xmich'bal li
pim naru te̱mich' ajcui' li acui̱mk. 30 Can-
abomak chi q'ui̱c chi xcabichaleb toj sa'
xk'ehil xsic'bal ru li trigo. Ut sa' xk'ehil
li xsic'bal, tinye reheb laj sic'ol re: —
Xocomak junxil li pim ut bac'omak chi
jo̱b re xc'atbal. A'ut li trigo c'u̱lahomak
sa' li rochochil.—

Li jaljo̱quil ru a̱tin chirix li mostaza

31 Li Jesús quixye jun chic li jaljo̱quil
ru a̱tin reheb: Lix nimajcual cuanquilal
li Dios, a'an chanchan li riyajil li ni̱nki
mostaza, li quixc'am jun li cui̱nk ut
quirau sa' lix ch'och'. 32 Li riyajil li
mostaza coc' chiruheb chixjunil li iyaj
cuan. Ut nak naq'ui, ni̱nk chi us nacu-
ulac. Naxk'ax xteram li acui̱mk. Chan-
chan jun to̱n li che' ut eb laj xic'anel xul
neque'xyi̱b lix soc sa' eb li ruk'.

Li jaljo̱quil ru a̱tin chirix xch'amal xk'emal li caxlan cua

33 Jun chic li jaljo̱quil ru a̱tin quixye:
Jun li ixk quixq'ue ca'ch'in lix ch'amal
caxlan cua sa' xya̱nk li oxib bisoc li c'aj
ut quisi̱po' li k'em xban, ut nabal chic
li caxlan cua qui-el. Lix nimajcual cuan-
quilal li Dios chanchan ajcui' a'an. Nak
neque'rabi resil, nabal neque'pa̱ban re.

C'a'ru rajbal nak quia̱tinac sa' jaljo̱quil ru a̱tin li Jesús

34 Chixjunil a'in sa' jaljo̱quil ru a̱tin
quixye li Jesús reheb li q'uila tenamit.
Ut ma̱c'a' quixye reheb chi ma̱cua' ta
sa' jaljo̱quil ru a̱tin. 35 Nak quixba̱nu chi
jo'can quitz'akloc ru li quixye li profeta
nak quixye chi jo'ca'in:
Tina̱tinak riq'uineb sa' jaljo̱quil ru a̱tin.
Tinch'olob xya̱lal li c'a'ak re ru
mukmu chak chalen sa' xticlajic li
ruchich'och'. (Sal. 78:2)

Li Jesús quixch'olob xya̱lal chirix li yibru pim

36 Ut nak quixchak'rabiheb li tena-
mit, li Jesús qui-oc sa' cab. Ut nak
que'cuulac eb lix tzolom riq'uin, que'xye
re: —Ka̱cua', ch'olob chiku li xya̱lal li
jaljo̱quil ru a̱tin chirix li yibru pim sa' li
acui̱mk, chanqueb. 37 Quichak'oc li Jesús
ut quixye reheb: —Li na-acuoc re li cha̱-
bil iyaj, a'an la̱in li C'ajolbej. 38 Ut li
ch'och', a'an li ruchich'och'. Ut li cha̱bil
iyaj, a'aneb li cuanqueb rubel xcuanquil
li nimajcual Dios. Ut li yibru pim, a'aneb
li cuanqueb rubel xcuanquil laj tza. 39 Ut
li xic' na-iloc, a'an li qui-acuoc re li yibru
pim. A'an laj tza. Ut lix k'ehil xsic'bal ru
li acui̱mk, a'an li roso'jic li ruchich'och'.
Ut eb laj sic'ol re, a'aneb lix ángel li Dios.
40 Ut jo' ajcui' nak nach'utuba̱c ut nac'ate'
sa' xam li pim, jo'can ajcui' nak toxrakek'
li ruchich'och' a'in. 41 La̱in li C'ajolbej
tintaklaheb chak lin ángel ut eb a'an
tole'isi̱nk reheb chixjunileb laj ma̱c sa'
xya̱nkeb li cuanqueb rubel xnimajcual
cuanquilal li Dios. Ut te'isi̱k ajcui' chixju-
nileb li neque'q'uehoc re chi ma̱cobc li
tenamit. 42 Ut te'q'uehek' sa' li horno li
lochlo cui' li xam. Ut aran ta̱cua̱nk li
ya̱bac ut li c'uxuxi̱nc ruch e xban li raylal
li te'xc'ul. 43 Ut li ti̱queb xch'o̱l te'q'uehek'
xlok'al. Chanchanakeb li sak'e sa' lix ni-
majcual cuanquilal li Dios lix Yucua'eb.

Li ani na-abin re li yoquin chixyebal
chixq'uehak retal chi us li ninye.

Li jaljoquil ru atin chirix li tumin mukmu sa' ch'och'

44 Lix nimajcual cuanquilal li choxa,
a'an chanchan li tumin mukbil sa'
ch'och'. Quitauman xban jun li cuink.
Ut li cuink a'an quixmuk cui'chic xca'
sut li tumin. K'axal quisaho' sa' xch'ol
nak coxc'ayi chixjunil li c'a'ru cuan re ut
quixlok' li ch'och' li mukmu cui' li tumin.

Li jaljoquil ru atin chirix li k'ol k'axal terto xtz'ak

45 Ut lix nimajcual cuanquilal li Dios,
a'an chanchan ajcui' jun li cuink aj ya-
conel li naxsic' li tertoquil pec perla
xc'aba'. 46 Ut nak quixtau jun li perla
k'axal chabil, quixc'ayi chixjunil li c'a'ru
cuan re ut quixlok' li perla li k'axal terto
xtz'ak.

Li jaljoquil ru atin chirix li yoy re chapoc car

47 Jo'can ajcui' lix nimajcual cuan-
quilal li Dios, a'an chanchan li yoy li
quiq'ueman sa' li palau ut q'uila pay
chi car quirisi chak. 48 Ut nak quinujac,
que'risi chire li ha' ut que'oc chixsic'bal
ru li car. Li chabil que'xxoc ut que'xq'ue
sa' li chacach ut li inc'a' us que'xtz'ek.
49 Jo'can ajcui' tauxmank sa' roso'jic li
ruchich'och'. Te'chalk eb li ángel ut a'an
tole'isink reheb li inc'a' useb xna'leb sa'
xyankeb li tiqueb xch'ol. 50 Ut te'q'uehek'
li inc'a' useb xna'leb sa' li horno li lochlo
cui' li xam. Ut aran tacuank li yabac ut li
c'uxuxinc ruch e xban li raylal li te'xc'ul.
51 Li Jesús quixpatz' reheb: —¿Ma xe-
tau xyalal chixjunil li jaljoquil ru atin
a'in?— Eb a'an que'chak'oc ut que'xye
re: —Kacua', xkatau xyalal, chanqueb.
52 Li Jesús quixye reheb: —Jo'can nak
chixjunileb li neque'xnau c'a'ru naxye sa'
li chak'rab ut neque'xtzol rib cuiq'uin, eb
a'an chanchaneb laj echal cab li narisi sa'
lix c'ulebal li c'a'ru ac' jo' ajcui' li c'a'ru
k'el, chan li Jesús. (Quixye chi jo'can
xban nak cuan xlok'al li na'leb q'uebil na-
jter xban li Dios ut cuan ajcui' xlok'al li
ac' na'leb q'uebil xban li Jesús.)

Li Jesús quitz'ektanac xban lix tenamit aj Nazaret

53 Ut nak quirake' xyebal li jaljoquil
ru atin a'in, li Jesús qui-el sa' li tena-
mit Capernaum. 54 Ut nak quicuulac sa'
lix tenamit Nazaret, quixtzoleb sa' li cab
li neque'xch'utub cui' ribeb laj judío. Ut
eb a'an que'sach xch'oleb chirabinquil li
quixye li Jesús, ut que'xye chi ribileb rib:
—¿Bar naxtau lix na'leb li cuink a'in?
¿Chanru nak naru xbanunquil li milagro
a'in li nalajxbanu? 55 ¿Ma macua' ta bi'
a'an li ralal laj pech'? ¿Ma macua' ta bi'
lix María lix na'? Ut, ¿ma macua' ta bi'
a'an li raseb laj Jacobo ut laj José, laj
Simón ut laj Judas? 56 Ut, ¿ma macua'
ta bi' sa' kayank cuanqueb li ranab?
¿Bar ta cui' xtau chixjunil lix na'leb?
chanqueb. 57 Ut inc'a' que'raj rabinquil
ut que'xtz'ektana. A' ut li Jesús quixye
reheb: —Junak profeta q'uebil xlok'al.
Abanan sa' lix tenamit ut sa' li rochoch
inc'a' q'uebil xlok'al, chan. 58 Ut inc'a' q'ui
li milagros li quixbanu aran xban nak
inc'a' que'raj pabanc li tenamit.

Lix camic laj Juan laj Cubsihom Ha'

14 Sa' eb li cutan a'an laj Herodes li
acuabej quirabi resil li c'a'ru yo
chixbanunquil li Jesús. 2 Ut a'an quixye
reheb laj c'anjel chiru: —A'an tana laj
Juan laj Cubsihom Ha'. A'an xcuacli
cui'chic chi yo'yo sa' xyankeb li came-
nak. Jo'can nak cuan xcuanquil chixba-
nunquil li milagros, chan. 3 Ac junxil
laj Herodes quixtakla xchapbal laj Juan.
Que'xbac' riq'uin cadena ut que'xq'ue
sa' tz'alam. Laj Herodes quixbanu chi
jo'can yal xban nak jo'can quiraj lix

Herodías. Lix Herodías a'an li rixakil
laj Felipe li ri̱tz'in laj Herodes. Ut laj
Herodes quixc'am chok' rixakil. 4 Toj
ma̱ji' naq'uehe' sa' tz'alam laj Juan laj
Cubsihom Ha' nak quixye re laj Herodes
chi jo'ca'in: —Nimla ma̱c xaba̱nu nak
xac'am chok' a̱cuixakil lix Herodías,
chan laj Juan re. 5 Jo'can nak laj Herodes
quiraj raj xcamsinquil, aban quixucuac
chiruheb li q'uila tenamit xban nak
laj Juan profeta nak cuan chiruheb
a'an. 6 Ut sa' xnink'einquil lix chihab laj
Herodes, lix co' lix Herodías quixajoc
chiruheb chixjunileb li ula'. Ut c'ajo' nak
quicuulac chiru laj Herodes. 7 Jo'can nak
laj Herodes quixyechi'i re riq'uin jura-
mento nak tixq'ue re chixjunil li c'a'ru
tixpatz'. 8 Ut li xka'al chi ac tacchi'inbil
xban lix na', quixye re laj Herodes: —
Q'ue cue arin sa' plato lix jolom laj Juan
laj Cubsihom Ha', chan. 9 Ma̱ ca'ch'in
nak quiraho' xch'o̱l laj Herodes chirabin-
quil li quixye. Aban xban li juramento li
ac quixye chiruheb li cuanqueb sa' me̱x
rochben, quixtakla xq'uebal re li xka'al
li c'a'ru quixpatz'. 10 Quixtakla xch'otbal
xcux laj Juan aran sa' tz'alam. 11 Ut
que'xc'am chak lix jolom laj Juan sa' jun
plato ut quik'axtesi̱c re li xka'al. Ut li
xka'al quixq'ue re lix na'. 12 Nak que'rabi
resil lix camic laj Juan, eb lix tzolom
que'cuulac chixc'ambal li camenak ut
coxe'xmuk. Ut coxe'xye chak resil re li
Jesús.

Li Jesús quixq'ueheb chi cua'ac li o̱b mil chi cui̱nk

13 Nak quirabi resil li quic'ulman, li
Jesús qui-el aran. Qui-oc sa' jun li ju-
cub ut co̱ sa' jun na'ajej cuan xjunes.
Ut nak que'xq'ue retal li tenamit nak co̱,
que'el chak sa' lix tenamiteb ut que'co̱eb
chi rokeb sa' a̱nil bar co̱ cui' li Jesús.
14 Ut li Jesús nak qui-el sa' li jucub,
quiril li q'uila tenamit li ac que'cuulac
xbe̱n cua chiru a'an. Ut quixtok'oba
ruheb ut quixq'uirtesiheb li yaj cuan-
queb sa' xya̱nkeb. 15 Ut nak qui-ecuu,
que'cuulac lix tzolom riq'uin li Jesús ut
que'xye re: —Yo̱ chi ecuu̱c ut ma̱c'a' cuan
arin cuanco cui'. Jo'can nak ta̱taklaheb
li q'uila tenamit chixlok'bal lix cua sa'
eb li coc' tenamit.— 16 Li Jesús quixye
reheb: —Moco tento ta nak te'xic eb
a'an. Q'uehomak xcuaheb la̱ex.— 17 Ut
eb a'an que'xye: —Ma̱c'a' cuan ke la̱o
arin, ca'aj cui' o̱b chi caxlan cua ut cuib
chi car.— 18 Li Jesús quixye reheb: —
C'amomak chak cuiq'uin.— 19 Ut nak ac
xtaklaheb li q'uila tenamit chi c'ojla̱c sa'
li pach'aya', quixchap li o̱b chi caxlan
cua ut li cuib chi car, qui-iloc takec'
ut quixbantioxi chiru li Dios. Ut quix-
jachi ut quixq'ue li caxlan cua reheb lix
tzolom ut que'xjeq'ui reheb li q'uila tena-
mit. 20 Ut que'cua'ac chixjunileb toj re-
tal que'c'ojla xch'o̱leb. Ut que'xxoc li jo'
q'uial qui-ela'an. Cablaju chacach nuje-
nak li rela' qui-ela'an. 21 Eb li que'cua'ac
cuanqueb o̱b mil chi cui̱nk chi inc'a'
q'uebileb sa' ajl li ixk ut eb li coc'al.

Li Jesús quibe̱c chiru li palau

22 Tojo'nak li Jesús quixtaklaheb lix
tzolom chi oc sa' li jucub re nak a'aneb
xbe̱n cua te'xic jun pac'al li palau roy-
beninquil nak tixchak'rabiheb li q'uila
tenamit. 23 Ut nak ac xchak'rabiheb li
tenamit, yo̱ chi oc li k'ojyi̱n nak li
Jesús co̱ chiru tzu̱l chi tijoc. Ut aran
cuan xjunes. 24 Ut li jucub li yo̱queb chi
xic cui' lix tzolom ta̱cuulak sa' xyi li
palau, ut lix cau ok li palau cau no-
coxquet rib chiru li jucub, xban nak
chiru yo̱ chak chi cha̱lc li ik'. 25 Sake̱uc
re nak quicuulac li Jesús bar cuanqueb
cui' ut yo̱ chi be̱c chiru li ha'. 26 Nak
que'ril lix tzolom nak cuan jun yo̱ chi
be̱c chiru ha', que'xucuac ut que'xjap
re ut que'xye: —Anum a'an.— 27 A'ut li
Jesús ticto quira̱tinaheb ut quixye reheb:
—Mexxucuac. La̱in li yo̱quex chicuil-

bal. Cacuubresihomak ech'ol, chan re-
heb. 28 Quichak'oc laj Pedro ut quixye:
—Kacua', cui laat, ye nak tinxic ajcui'
lain acuiq'uin chiru li ha'.— 29 Li Jesús
quixye re: —Quim.— Ut laj Pedro qui-el
chak sa' li jucub ut qui-oc chi bec chiru
li ha' re taxic riq'uin li Jesús. 30 Abanan
nak quixq'ue retal li cak-sut-ik', quixu-
cuac, ut qui-oc chi subec' sa' li ha' ut
quixjap re ut quixye: —¡Kacua', chinaco-
lak! chan. 31 Ut li Jesús sa' junpat quixye'
li ruk', quixchap ut quixye re: —At cuink,
inc'a' nacatpaban chi tz'akal. ¿C'a'ut nak
xacuiba ach'ol?— 32 Ut nak que'oc sa' li
jucub, quich'ana li ik'. 33 Ut eb li cuan-
queb sa' li jucub que'xcuik'ib rib chiru
li Jesús ut que'xlok'oni ut que'xye re: —
Relic chi yal nak laat li Ralal li Dios,
chanqueb re.

Li Jesús quixq'uirtesi li yaj aran Genesaret

34 Nak quicuulac li Jesús rochbeneb lix
tzolom jun pac'al li palau, coxe'el sa' li
na'ajej Genesaret. 35 Eb li cuink cuan-
queb aran ticto que'xq'ue retal nak a'an
li Jesús ut que'xye resil sa' chixjunil li
na'ajej a'an. Ut quilaje'xc'am li yaj riq'uin
re nak tixq'uirtesiheb. 36 Ut que'xtz'ama
chiru nak tixcanabeb li yaj chixch'e'bal
li rak'. Ut chixjunileb li que'ch'e'oc re li
rak' quilaje'q'uira.

Li c'a'ru na-el chak sa' li kach'ol, a'an li nocomacob cui'

15 Jun ch'ol eb aj tz'ib rochbeneb laj
fariseo que'chal chak Jerusalén.
Que'cuulac riq'uin li Jesús ut que'xye re:
2 —¿C'a'ut nak eb la tzolom neque'xk'et
li chak'rab li canabanbil xbaneb li kaxe'
katon? ¿C'a'ut nak inc'a' neque'xch'aj
li ruk'eb nak neque'cua'ac jo' tz'ibanbil
sa' li kachak'rab? chanqueb. 3 Li Jesús
quichak'oc ut quixye reheb: —Ut laex,
¿c'a'ut nak nequek'et li chak'rab q'uebil
ere xban li Dios riq'uin xbanunquil le
najter na'leb li c'aynakex chixbanun-
quil? 4 Li Dios quixye: —Cha-oxlok'i la
na' ayucua'. Ut quixye ajcui': —Ani tix-
hob xna' xyucua', li jun a'an camsin-
bil nak taosok'. (Ex. 20:12; 21:17) 5 A'ut
laex nequeye cui cuan junak inc'a' naraj
xtenk'anquil lix na' xyucua', li jun a'an
tixye re lix na' xyucua', "ac mayejan-
bil chiru li Dios li c'a'ru raj taruk tat-
intenk'a cui'." Ut inc'a' chic tento tix-
tenk'a lix na' xyucua', chanquex. 6 Jo'can
nak laex nequetz'ektana xcuanquil li
chak'rab q'uebil xban li Dios ut a' chic
le najter na'leb nequebanu. 7 Laex aj
ca'pac'al u. Yal ajcui' li quixye li profeta
Isaías cherix laex nak quixtz'iba li c'a'ru
quiyehe' re xban li Dios nak quixye:

8 Li tenamit a'in niquine'xlok'oni ca'aj
cui' riq'uin xtz'umal reheb. Moco
neque'xbanu ta chi anchal xch'oleb.
9 Mac'a' rajbal nak niquine'xlok'oni xban
nak li tijleb li neque'xc'ut a'an yal
xchak'rabeb li cuink. (Is. 29:13)

10 Ut li Jesús quixbokeb li tenamit
riq'uin ut quixye reheb: —Abihomak
chejunilex li c'a'ru tinye ut q'uehomak
retal re nak tetau xyalal. 11 Macua' li
c'a'ru naxtzaca li cuink namaco' cui';
aban li c'a'ru inc'a' us naxc'oxla sa' xch'ol,
a'an li namaco' cui'.— 12 Que'jiloc lix
tzolom riq'uin li Jesús ut que'xye re:
—¿Ma xaq'ue retal nak eb laj fariseos
ra xe'rec'a nak xe'rabi li atin li xaye?—
13 Quichak'oc li Jesús ut quixye re-
heb: —Chixjunil li acuimk inc'a' aubil
xban lin Yucua' cuan sa' choxa, a'an
tamich'mank. 14 Canabomakeb. A'aneb
mutz'eb ut neque'xberesiheb li mutz'. Ut
cui li mutz' neque'xberesi li rech mutz'il,
chi xcabichaleb te't'anek' sa' jul.— 15 A'ut
laj Pedro quichak'oc ut quixye: —Banu
usilal, ch'olob chiku li xyalal li jaljoquil
ru atin a'in.— 16 Ut li Jesús quixye re: —
¿Ma toj mac'a' ajcui' ena'leb laex? 17 ¿Ma
toj maji' nequetau xyalal nak chixjunil
li c'a'ru naxtzaca junak, a'an moco sa'

xch'ol ta naxic? Tic sa' xsa' naxic ut chirix
a'an naxtz'ek cui'chic. 18 Li inc'a' us na-
el sa' xtz'umal re li junjunk, a'an sa' lix
ch'ol nachal. Ut a'an a'in li namaco' cui'.
19 Sa' lix ch'ol junak nachal chak li maus
aj na'leb, li camsinc ras ritz'in, li muxuc
caxar, li co'betac yumbetac, li elk'ac, li
k'abanc ut li majecuanc. 20 Chixjunil li
maus aj na'leb a'in sa' xch'ol junak nachal
chak, ut a'an li namaco' cui' li junjunk. Ut
li cua'ac chi inc'a' ch'ajbil li uk'ej, macua'
a'an li namaco' cui' li cuink, chan.

Li macua'eb aj judío naru neque'oc rubel xcuanquil li Dios

21 Ut qui-el aran li Jesús ut co sa' eb
li na'ajej xcuent Tiro ut xcuent Sidón.
22 Ut cuan jun li ixk aj Canaán quichal
sa' li na'ajej a'an. Japjo re chixyebal:
—Kacua', Ralalat laj David, chacuux-
tana taxak cuu. Lin co' c'ajo' nak yo
chi tacuasic xban li maus aj musik'ej,
chan. 23 A'ut li Jesús ma jun li atin
quixye re. Ut eb lix tzolom que'nach'oc
riq'uin li Jesús ut que'xye re: —Kacua',
banu li usilal re, re nak tixcanab xjap-
bal re, chanqueb. 24 Li Jesús quichak'oc
ut quixye: —Ma bar chic taklanbilin
chak, ca'aj cui' riq'uineb laj Israel. Chan-
chaneb li carner sachenak, chan. 25 Ut
li ixk quixcuik'ib rib chiru li Jesús ut
quixye cui'chic: —Kacua', chacuuxtana
taxak cuu.— 26 Li Jesús quichak'oc ut
quixye re: —Inc'a' us xmak'bal xcuaheb
li coc'al ut xq'uebal reheb li tz'i', chan li
Jesús. 27 Ut li ixk quichak'oc ut quixye
re: —Yal li nacaye, Kacua', abanan eb
li tz'i' neque'xxoc xc'aj xcuaheb li coc'al
li nat'ane' rubel li mex nak yoqueb chi
cua'ac, chan. 28 Ut li Jesús quixye re: —
Kana', laat relic chi yal xatau ru li xyalal
ut chi anchal ach'ol xatpaban. Chi-uxk li
c'a'ru xatz'ama, chan. Ut sa' ajcui' li ho-
nal a'an quiq'uira lix co'.

Li macua'eb aj judío que'q'uirtesic xban li Jesús

29 Qui-el chak li Jesús aran, ut
quinume' chire li palau Galilea sa'
xna'ajeb li macua'eb aj judío. Tojo'nak
quitake' chiru jun li tzul ut aran
quic'ojla. 30 Ut que'cuulac li q'uila
tenamit riq'uin. Cuanqueb nabal li yaj
li que'c'ame' riq'uin. Cuanqueb li yek
rok, cuanqueb li mutz', cuanqueb li
mem ut li tokol ruk'eb, ut cuanqueb
ajcui' nabaleb li yaj rochbeneb. Ut
cole'q'uehek' chiru li Jesús ut a' yal
c'a'ru lix yajel li junjunk, li Jesús
quixq'uirtesiheb. 31 Jo'can nak que'sach
xch'oleb li tenamit chirilbal nak li mem
neque'atinac chic ut li tokoleb ruk'
que'q'uira ut li yekeb rokeb neque'bec
chic ut eb li mutz' ruheb neque'iloc
chic. Ut que'xnima xlok'al lix Dioseb laj
Israel.

Li Jesús quixq'ueheb chi cua'ac li cahib mil chi cuink

32 Ut li Jesús quixbokeb lix tzolom
riq'uin ut quixye reheb: —Neque'cuil
xtok'obal ruheb li tenamit. Ac oxib cutan
xchaliqueb chicuix ut mac'a' xcuaheb. Ut
inc'a' nacuaj xtaklanquileb sa' rochocheb
chi inc'a' te'cua'ak. Naru neque'lub sa'
be, chan. 33 Ut eb lix tzolom que'xye re:
—¿Bar takatau cua sa' li na'ajej a'in re
takaq'ueheb chi cua'ac li q'uila tenamit
a'in? Arin mac'a' cuan, chanqueb. 34 Ut
li Jesús quixye reheb: —¿Jarub li caxlan
cua cuan eriq'uin? chan. —Cuukub ajcui'
li caxlan cua ut cuib oxib li coc' car,
chanqueb re. 35 Ut li Jesús quixtaklaheb
li tenamit chi c'ojlac chiru ch'och'. 36 Ut
quixchap li cuukub chi caxlan cua ut eb
li car, quixbantioxi chiru li Dios ut quix-
jachi. Ut quixq'ue reheb lix tzolom re nak
te'xjeq'ui reheb li tenamit. 37 Que'cua'ac
chixjunileb toj retal que'c'ojla xch'oleb.
Ut que'xc'ula li qui-ela'an. Cuukub cha-

cach nujenak li rela' xc'aj li caxlan cua li
qui-ela'an. 38 Ut eb li que'cua'ac, a'aneb
cahib mil chi cuink chi mac'a'eb sa' ajl
li ixk chi moco li coc'al. 39 Nak ac quix-
chak'rabiheb li tenamit, li Jesús qui-
oc cui'chic sa' li jucub ut co cui'chic
jun pac'al li palau sa' li na'ajej xcuent
Magdala.

Eb laj fariseo jo' eb ajcui' laj saduceo que'raj rilbal li milagro

16 Que'cuulac laj fariseo ut eb laj
saduceo riq'uin li Jesús. Que'raj
xyalbal rix ut que'oc chixtz'amanquil
chiru nak tixbanu junak milagro
chiruheb re rilbal ma yal nak riq'uin li
Dios nachal lix cuanquil. 2 Ut li Jesús
quichak'oc ut quixye reheb: —Nak
na-ecuu nequeye "chabilak li cutan
cuulaj xban nak cak ru li choxa." 3 Ut
ek'ela nequeye "hon naxq'ue hab xban
nak cak ru ut k'ojyin ru li choxa." Laex
aj ca'pac'al u. Nequenau xq'uebal retal
ru li choxa. Abanan, ca'aj cui' a'an
nequenau rilbal. Inc'a' nequeq'ue retal
c'a'ru xyalal li yo chi c'ulmanc sa' eb li
cutan a'in. 4 Laex jun tep chi tenamit
inc'a' us le na'leb. Nequetz'ektana
li Dios ut nequeraj nak tac'utbesik
cheru junak milagro. Abanan inc'a'
tac'utbesik cheru, ca'aj cui' li milagro
li qui-ux re laj Jonás, chan li Jesús.
Tojo'nak quixcanabeb ut co. 5 Nak ac
xe'nume' lix tzolom jun pac'al li palau,
que'xq'ue retal nak inc'a' que'xc'am
xtzacaemk. 6 Ut li Jesús quixye reheb:
—Cheq'uehak retal, mebon erib riq'uin
xch'amal xcaxlan cua eb laj fariseo chi
moco riq'uin xch'amal xcaxlan cua eb
laj saduceo. 7 Eb lix tzolom que'oc chi
atinac chi ribileb rib ut que'xye: —Xban
nak inc'a' xkac'am chak li caxlan cua,
jo'can nak yo chixyebal ke chi jo'can.
8 Li Jesús quixnau li c'a'ru yoqueb
chixyebal ut quixye reheb: —Laex inc'a'
nequexpaban chi tz'akal. ¿C'a'ut nak
yoquex chi c'oxlac chirix li xinye ere?
¿C'a'ut nak yoquex chixyebal chiribil
erib nak mac'a' le caxlan cua? 9 ¿Ma
toj maji' nequetau xyalal? ¿Ma inc'a'
najultico' ere nak xinjachi li ob chi
caxlan cua reheb li ob mil chi cuink?
Ut, ¿jarub chacach li rela' quexoc?
chan. 10 —Ut, ¿ma inc'a' najultico'
ere nak xinjachi li cuukub chi caxlan
cua reheb li cahib mil chi cuink? ut,
¿jarub chacach li rela' quexoc? 11 ¿C'a'ut
nak inc'a' nequetau xyalal nak macua'
chirix li caxlan cua yoquin chi atinac
nak xinye ere: Mebon erib riq'uin li
xch'amal xcaxlan cua eb laj fariseo ut eb
laj saduceo? chan. 12 Tojo'nak que'xtau
ru nak macua' chirix xch'amal lix caxlan
cua yo chi atinac. Chirix ban lix tijlebeb
laj fariseo ut laj saduceo yo chi atinac.

Laj Pedro quixye nak li Jesús, a'an li Cristo

13 Chirix chic a'an li Jesús co
rochbeneb lix tzolom sa' li na'ajej
Cesarea re Filipo. Nak yoqueb chi xic,
quixpatz' reheb lix tzolom: —¿Anihin
lain nak neque'xye li tenamit?— 14 Eb
a'an que'chak'oc ut que'xye: —Cuan
neque'yehoc nak laat laj Juan laj
Cubsihom Ha'. Ut cuan neque'yehoc nak
laat li profeta Elías, ut cuan neque'yehoc
nak laat li profeta Jeremías. Ut cuan
cui'chic neque'yehoc nak laat junak chic
reheb li profeta. 15 Ut li Jesús quixye
reheb: —Ut laex, ¿Anihin lain nak
nequeye?— 16 Quichak'oc laj Simón
Pedro ut quixye: —Laat li Cristo, li
Ralal li yo'yoquil Dios.— 17 Tojo'nak
quichak'oc li Jesús ut quixye re: —Us
xak acue, at Simón, ralalat laj Jonás,
xban nak moco cuink ta xc'utbesin
chacuu li xyalal a'in. Lin Yucua' cuan
sa' choxa, a'an ban li xc'utbesin chacuu.
18 Ut lain ninye acue nak laat laj Pedro.
Ut sa' xben li sakonac a'in lain tincabla
lin iglesia ut laj tza mac'a'ak xcuanquil

sa' xben. 19 Ut lain tinq'ue acuanquil sa' xbeneb li ani te'pabank cue. Ut chixjunil li c'a'ru tac'ub ru sa' xyalal sa' ruchich'och', li Dios tixc'ub ajcui' ru sa' choxa. Li c'a'ru taye us arin sa' ruchich'och', li Dios tixye ajcui' nak us. Ut li c'a'ru taye inc'a' us, li Dios tixye ajcui' nak inc'a' us. 20 Tojo'nak quixye reheb lix tzolom nak ma ani aj e te'xye nak li Jesús, a'an li Cristo, li yechi'inbil xban li Dios.

Li Jesús quixye resil lix camic

21 Chalen sa' li cutan a'an li Jesús quixtiquib xch'olobanquil chiruheb lix tzolom nak tento taxic Jerusalén chixc'ulbal nabal li raylal xbaneb li cuink li xakabanbileb chi c'anjelac sa' li templo ut xbaneb li xbenil aj tij jo' eb ajcui' laj tz'ib. Quixye reheb nak tacamsik ut nak tacuaclik cui'chic chi yo'yo sa' rox li cutan. 22 Ut laj Pedro quirisi xjunes li Jesús ut qui-oc chixk'usbal: —Kacua', chan re, li Dios taxak chicolok acue re nak inc'a' tac'ul chi jo'can, chan. 23 Ut li Jesús quixsuk'isi rib chirilbal laj Pedro ut quixye re: —Elen arin sa' xnak' cuu. Laat chanchanat laj tza. Mich'inan inch'ol aban chixbanunquil li c'a'ru tento tinbanu. Laat inc'a' yocat chixc'oxlanquil jo' naxc'oxla li Dios. Yocat ban chixc'oxlanquil jo' naxc'oxla li cuink, chan. 24 Ut li Jesús quixye reheb lix tzolom: —Li ani taraj inpabanquil, tento nak tixtz'ektana li c'a'ru naxrahi ru lix ch'ol. Tixcuy xnumsinquil li raylal, usta tacamsik sa' inc'aba'. Ut chinixtakehak. 25 Li ani naxra lix yu'am arin sa' ruchich'och', a'an tixsach li junelic yu'am. A'ut li ani naxsach lix yu'am arin sa' ruchich'och' sa' inc'aba', a'an tarechani li junelic yu'am. 26 ¿C'a'ru tixra li cuink cui tarechani chixjunil xbiomal li ruchich'och' ut tixsach li junelic yu'am xban li biomal? ¿Ma cuan ta bi' c'a'ru tixtoj cui' li yu'am chi junelic? 27 Lain li C'ajolbej tinchalk riq'uin xnimal xlok'al lin Yucua' cuochbeneb lix ángel. Tojo'nak tinq'ue lix k'ajcamunquil chi xjunjunkaleb jo' chanru lix yehom xbanuhom. 28 Relic chi yal tinye ere nak cuanqueb arin sa' eyank li inc'a' te'camk toj tine'ril chi chalc lain li C'ajolbej riq'uin incuanquilal, chan li Jesús.

Qui-ile' lix lok'al li Jesús nak quijalano' li rilobal

17 Cuakib cutan chic chirix a'an, li Jesús quixc'ameb laj Pedro, laj Jacobo ut laj Juan li ritz'in sa' xben jun li nimla tzul xjuneseb. 2 Ut nak cuanqueb aran, quijalano' li rilobal li Jesús chiruheb. Ut nalemtz'un li rilobal jo' li sak'e ut li rak' saksakpotz'in quic'utun ut nalemtz'un. 3 Ut xakamileb laj Moisés ut laj Elías chiruheb nak que'ril ut yoqueb chi atinac riq'uin li Jesús. 4 Ut quiatinac laj Pedro ut quixye re li Jesús: —Kacua', c'ajo' xchak'al ru nak cuanco arin. Cui tacuaj, takayib oxibak muhebal arin. Jun acue, jun re laj Moisés ut jun re laj Elías, chan. 5 Toj yo ajcui' chi atinac a'an nak quichal sa' xbeneb jun li chok nalemtz'un. Li Dios quiatinac chak sa' li chok, ut quixye: —A'in li cualal raro inban. Riq'uin a'an nasaho' inch'ol. Cherabihak li c'a'ru tixye.— 6 Nak que'rabi a'an, k'axal nak que'xucuac lix tzolom ut que'xcut rib sa' ch'och' ut huphu que'cana. 7 Tojo'nak li Jesús quijiloc riq'uineb ut quixt'otz't'otz'iheb ut quixye reheb: —Cuaclinkex. Mexxucuac.— 8 Ut nak que'xtaksi li rilobaleb, ma ani chic que'ril ru, ca'aj chic li Jesús quicana xjunes. 9 Nak yoqueb chak chi cubec sa' li tzul, quixye li Jesús reheb: —Ma ani aj e teye li c'a'ru xeril. Toj mokon naru teye nak lain li C'ajolbej ac xincuacli cui'chic chi yo'yo sa' xyankeb li camenak.— 10 Ut eb lix tzolom que'xpatz' re: —¿C'a'ut

nak neque'xye laj tz'ib nak xben cua
tac'ulunk laj Elías chiru laj colonel li
yechi'inbil xban li Dios?— 11 Ut nak
quichak'oc li Jesús quixye reheb: —Yal
ajcui' nak laj Elías xben cua tachalk
chixc'ubanquil ru chixjunil li c'a'ak re
ru. 12 Abanan lain tinye ere nak laj Elías
ac xc'ulun ut inc'a' que'xnau ru. C'ajo'
li raylal xe'xbanu re ut jo'can ajcui'
lain li C'ajolbej nabal li raylal tinc'ul
xbaneb.— 13 Ut eb lix tzolom que'xtau
ru nak chirix laj Juan laj Cubsihom Ha'
yo chi atinac li Jesús. 14 Ut que'cuulac
bar cuanqueb cui' nabal li tenamit. Ut
jun li cuink colxcuik'ib rib chiru li Jesús
ut quixye re: 15 —Kacua', chan, chacu-
uxtana taxak ru li cualal. Rajlal nac'ul
xyajel, ut k'axal ra naxc'ul. Nabal sut
nat'ane' sa' xam ut nabal sut nat'ane'
sa' ha'. 16 Ut xinc'am riq'uineb la tzolom
re nak te'xq'uirtesi; abanan inc'a' xe'ru
xq'uirtesinquil, chan. 17 Li Jesús quixye:
—Ex tenamit, tic inc'a' nequexpaban ut
inc'a' us le na'leb. ¿Jo' najtil chic tin-
cuank eriq'uin re nak texpabank? ¿Jo'
najtil chic texincuy nak nequec'oxla?
C'am chak li al arin cuiq'uin, chan
li Jesús nak quichak'oc. 18 Ut li Jesús
quixch'ila li maus aj musik'ej ut qui-el
riq'uin li al. Ut sa' ajcui' li honal a'an
li al quiq'uira. 19 Ut que'cuulac riq'uin
li Jesús lix tzolom nak cuan xjunes ut
que'xpatz' re: —¿C'a'ut nak inc'a' xoru lao
chirisinquil li maus aj musik'ej? chan-
queb. 20 Ut li Jesús quixye reheb: —Inc'a'
xexru xban nak inc'a' nequexpaban chi
tz'akal. Relic chi yal tinye ere nak cuan
taxak ca'ch'inak le pabal chanchan xn-
imal ru jun ch'ina riyajil mostaza, teye
raj re li tzul a'in, "Elen arin, k'axon le'"
ut tak'axonk raj. Ut mac'a' raj c'a'ru inc'a'
taruk tebanu. 21 Ca'aj cui' riq'uin ayun
ut riq'uin tijoc naru risinquil li maus aj
musik'ej xcomoneb a'an, chan.

Li Jesús quixye cui'chic resil lix camic

22 Ut nak cuanqueb Galilea, li Jesús
quixye reheb: —Lain li C'ajolbej
tink'axtesik sa' ruk'eb li cuink li
te'camsink cue. 23 Tine'xcamsi, abanan
lain tincuaclik cui'chic chi yo'yo sa'
xyankeb li camenak sa' rox li cutan,
chan. Ut c'ajo' nak que'raho' sa' xch'oleb
lix tzolom chirabinquil li c'a'ru quixye li
Jesús.

Li toj re li rochoch li Dios

24 Ut nak que'cuulac Capernaum li
Jesús rochbeneb lix tzolom, que'chal
riq'uin laj Pedro li neque'titz'oc toj re
li rochoch li Dios ut que'xye re: —¿Ma
natojoc laj tzolol ere?— 25 —¿C'a' nak
inc'a'? Natojoc, chan laj Pedro. Ut nak
cox-ocak a'an sa' cab, li Jesús xben cua
quiatinac ut quixye: —¿C'a'ru nacaye at
Simón, eb li acuabej sa' ruchich'och', ani-
heb aj e neque'xtitz' li toj? ¿Ma reheb li
ralal malaj ut reheb li jalaneb xtenamit?
chan. 26 Laj Pedro quixye re: —Reheb li
jalaneb xtenamit.— Ut li Jesús quixye re:
—Eb li ralal li acuabej inc'a' neque'tojoc
chi jo'canan. 27 Usta inc'a' raj tento tin-
toj lain, abanan re nak me'xpo' xch'oleb
kaban, lain tintoj. Ayu sa' anil ut cut la
chapleb car sa' li palau. Ut li xben li car
li tachap chak, tate lix tz'umal re. Aran
tatau jun li tumin. Tac'am ut riq'uin a'an
tatoj li cue ut tatoj ajcui' la cue, chan.

Li nim xcuanquil, a'an aj c'anjel chiru li ras ritz'in

18 Sa' li cutan a'an que'cuulac lix
tzolom riq'uin li Jesús ut que'xye
re: —¿Ani li k'axal nim xcuanquil sa' lix
nimajcual cuanquilal li Dios?— 2 Ut li
Jesús quixbok jun li ch'ina al riq'uin ut
quixxakab chiruheb. 3 Ut quixye reheb:
—Relic chi yal tinye ere cui inc'a' tejal
ena'leb ut cui inc'a' k'unak ech'ol jo' li
ch'ina al a'in, inc'a' tex-oc sa' lix nima-

jcual cuanquilal li Dios. 4 Jo'can nak li
ani narec'a nak ma̱c'a' xcuanquil jo' li
ch'ina al a'in, a'an li k'axal nim xcuan-
quil sa' lix nimajcual cuanquilal li Dios.
5 Ut li ani ta̱c'uluk re junak ch'ina al
jo' a'in sa' inc'aba' chanchan ajcui' nak
la̱in xinixc'ul. 6 Ut li ani ta̱po'ok xch'o̱leb
li toj k'uneb xch'o̱l li neque'pa̱ban cue,
k'axal raj us chok' re a'an nak ta̱cutek' sa'
xchamal li palau chi bac'bo junak nimla
pec chixcux. 7 Tok'ob ruheb li cuanqueb
sa' ruchich'och' xban nak cuan c'a' re
ru napo'oc re lix ch'o̱leb. Ac ch'olch'o
nak cuan li c'a'ru napo'oc ch'o̱lej. Abanan
raylal cha̱lel sa' xbe̱n li ani ta̱yo'oba̱nk re
li c'a' re ru ta̱po'ok ch'o̱lej.

Chetz'ekta̱na li yibru na'leb li naq'uehoc e̱re chi ma̱cobc

8 Cui la̱ cuok malaj ut la̱ cuuk'
ta̱q'uehok a̱cue chixba̱nunquil li c'a'ru
inc'a' us, us raj cui ta̱yoc' ut ta̱tz'ek. K'axal
us chok' a̱cue nak cua̱nk la̱ yu'am chi
junelic riq'uin jun ajcui' la̱ cuok ut la̱
cuuk' chiru nak tatxic chi cuib la̱ cuok
chi cuib la̱ cuuk' sa' li xbalba bar cui'
inc'a' ta̱chupk li xam. 9 Cui li xnak' a̱cuu
ta̱q'uehok a̱cue chixba̱nunquil li inc'a' us,
us raj cui ta̱cuisi ut ta̱tz'ek. K'axal us
nak ta̱cua̱nk la̱ yu'am chi junelic riq'uin
jun ajcui' li xnak' a̱cuu chiru nak tatxic
riq'uin cuib li xnak' a̱cuu sa' li xam re li
xbalba.

Li carner sachenak

10 La̱in ninye e̱re cheq'uehak retal
me̱tz'ekta̱na junak reheb li k'uneb
xch'o̱l sa' lix pa̱ba̱l xban nak eb a'an
c'ac'alenbileb xbaneb li ángel, li
cuanqueb riq'uin lin Yucua' cuan sa'
choxa. 11 La̱in li C'ajolbej quinc'ulun
arin sa' ruchich'och' chixcolbaleb
li sachenakeb sa' li ma̱c. 12 ¿C'a'ru
nequec'oxla la̱ex chirix li na'leb a'in
li oc cue xyebal e̱re? Cuan ta junak li
cui̱nk cuan o'c'a̱lak (100) xcarner ut
cui ta̱sachk junak reheb, ¿ma inc'a' raj
tixcanabeb li bele̱laju ro'c'a̱l (99) chic ut
ta̱xic chiruheb li tzu̱l chixsic'bal li jun
li xsach? 13 Relic chi ya̱l tinye e̱re nak
tixtau chak li sachenak, k'axal ta̱sahok'
sa' xch'o̱l riq'uin li jun a'an chiruheb
li bele̱laju ro'c'a̱l li inc'a' que'sach.
14 Jo'can ajcui' le̱ Yucua' cuan sa' choxa
inc'a' naraj nak ta̱sachk junak reheb li
toj k'uneb xch'o̱l sa' lix pa̱ba̱l.

Tento takacuy xma̱queb li kas ki̱tz'in

15 Cui junak la̱ cuech aj pa̱banelil
ta̱ma̱cobk cha̱cuu, ayu riq'uin ut nak
cua̱nkex e̱junes, ta̱ch'olob chiru lix ma̱c.
Ut cui ta̱rabi li xna'leb li ta̱q'ue, la̱at
xatenk'a la̱ cuech aj pa̱banelil re nak
tixc'am rib sa' usilal a̱cuiq'uin. 16 Cui ut
inc'a' naraj nacatrabi, c'am jun malaj
cuib li herma̱n a̱cuochben re nak riq'uin
li ra̱tin cuib oxib chi testigo, ta̱ch'ola̱k
ru chixjunil li a̱tin. 17 Ut cui inc'a' naraj
ta̱rabiheb a'an, ta̱ye re li iglesia re nak li
herma̱n te'xch'olob xya̱lal chiru. Ut cui
inc'a' ajcui' naraj abi̱nc chiruheb a'an,
a'an chic ta̱cua̱nk che̱ru jo' chanchan
li ma̱cua'ak aj pa̱banel ut chanchanak
laj titz'ol toj li inc'a' us neque'xba̱nu.
18 Relic chi ya̱l tinye e̱re nak chixjunil li
c'a'ru te̱c'u̱b ru sa' xya̱lal sa' ruchich'och',
li Dios tixc'u̱b ajcui' ru sa' choxa. Li
c'a'ru te̱ye us arin sa' ruchich'och', li
Dios tixye ajcui' nak us. Ut li c'a'ru
te̱ye inc'a' us, li Dios tixye ajcui' nak
inc'a' us. 19 Tinye e̱re cui cuan cuibak sa'
e̱ya̱nk te'xc'u̱b ru sa' cuibal chirix c'a'ru
te'tijok cui', ut te'xtz'a̱ma chiru lin Yu-
cua' cuan sa' choxa, li c'a'ru te'xtz'a̱ma
ta̱q'uehek' reheb. 20 Yalak bar cua̱nkeb
cuib oxib ch'utch'u̱keb sa' inc'aba', aran
ajcui' cua̱nkin la̱in sa' xya̱nkeb a'an,
chan li Jesús. 21 Ut laj Pedro quia̱tinac
ut quixye re li Jesús: —Ka̱cua', ¿jarub
sut ta̱ru̱k tincuy xma̱c li ta̱ma̱cobk
chicuu? ¿Ma tento nak cuukub sut tin-
cuy xma̱c?— 22 Ut li Jesús quixye re: —

Inc'a' ninye a̲cue nak ca'aj cui' cuukub sut ta̲cuy xma̲c. Tinye ban a̲cue nak ta̲cuy xma̲c cuukub sut chi laje̲tk xca̲c'a̲l sut (70), chan.

Li jaljo̲quil ru a̲tin chirix laj c'anjel li inc'a' quiraj xcuybal xma̲c li rech aj c'anjelil

23 Lix nimajcual cuanquilal li Dios tinjuntak'e̲ta riq'uin jun li rey quixbir rix lix c'aseb laj c'anjel chiru. 24 Nak quixtiquib xbirbal rix lix c'aseb, quic'ame' chak chiru li rey jun li cui̲nk laje̲b mil chi tumin lix c'as. 25 Ut xban nak ma̲c'a' c'a'ru cuan re li cui̲nk a'an re tixtoj cui' lix c'as, jo'can nak li rey quixtakla xc'ayinquil a'an rech xxiquic li rixakil, ut li ralal xc'ajol ut chixjunil li c'a'ru cuan re, re xtojbal lix c'as. 26 Ut laj c'anjel a'an quixcuik'ib rib chiru li rey ut quixpatz' xcuybal chiru ut quixye re: —Ka̲cua', china̲cuy cuan chic ca'ch'inak, ut la̲in tintoj chixjunil lin c'as cha̲cuu.— 27 Ut li rey quiril xtok'oba̲l ru laj c'anjel chiru. Quirach'ab ut quixsach li retalil lix c'as. 28 Ut nak qui-el chak laj c'anjel riq'uin li rey, quixc'ul jun li rech aj c'anjelil cuan junmay chi tumin lix c'as riq'uin li cui̲nk a'an. Ut laj c'anjel, li quicuye' xma̲c, quixchap chi xcux li jun li cuan xc'as riq'uin ut qui-oc chixyatz'bal ut quixye re: —Toj la̲ c'as, chan. 29 Ut li rech aj c'anjelil quixcuik'ib rib chiru, quixpatz' xcuybal ut quixye re: —China̲cuy cuan chic ca'ch'inak ut la̲in tintoj ajcui' chixjunil lin c'as, chan re. 30 Abanan li jun inc'a' quiraj xcuybal xma̲c. Co̲ ban ut coxq'ue chak sa' tz'alam toj retal quixtoj rix lix c'as. 31 Nak eb li rech aj c'anjelil que'ril li c'a'ru quixba̲nu, c'ajo' nak que'raho' sa' xch'o̲l. Ut que'chal cole'xch'olob chiru li rey chixjunil li c'a'ru quic'ulman. 32 Tojo'nak quiboke' cui'chic laj c'anjel li quicuye' xma̲c xban li rey. Ut li rey quixye re: —At tz'ekbe̲tal aj c'anjel, chixjunil la̲ c'as xinsach retalil xban nak xapatz' a̲cuybal chicuu. 33 ¿Ma inc'a' raj xru xatok'oba ru la̲ cuech aj c'anjelil jo' nak xintok'oba a̲cuu la̲in? chan. 34 C'ajo' nak quipo' li rey ut quixk'axtesi sa' ruk'eb laj ilol tz'alam toj retal quixtoj chixjunil lix c'as. 35 Ut jo'ca'in ajcui' tixba̲nu e̲re la̲ex lin Yucua' cuan sa' choxa cui inc'a' te̲cuy xma̲queb le̲ ras e̲ri̲tz'in chi anchal e̲ch'o̲l che̲junju̲nkalex, chan li Jesús.

Li Jesús quixye nak inc'a' naru te'xjach rib li sumsu̲queb

19 Ut nak quirake' chixyebal li a̲tin a'in, li Jesús qui-el Galilea ut co̲ jun pac'al li nima' Jordán sa' eb li na'ajej xcue̲nt Judea. 2 Ut quita̲ke̲c xbaneb li q'uila tenamit ut nabaleb li yaj quixq'uirtesiheb aran. 3 Cuanqueb laj fariseo que'cuulac chi patz'oc riq'uin yal re xyalbal rix ut que'xye re: —¿C'a'ru nacaye la̲at? ¿Ma ta̲ru̲k tixjach rib li cui̲nk riq'uin li rixakil yal riq'uin c'a'ak re ru?— 4 Quichak'oc li Jesús ut quixye reheb: —¿Ma inc'a' e̲rilom li tz'i̲banbil sa' li Santil Hu nak li Dios quiyo'obtesin chak re li cristian sa' xticlajic, cui̲nk ut ixk nak quixyo'obtesiheb chak? 5 Jo'can nak li cui̲nk tixcanab xna' xyucua' ut tixlak'ab rib riq'uin li rixakil. Ut chi xcabichaleb junajakeb aj chic. 6 Jo'can nak moco cuibakeb ta chic. Junajakeb aj ban chic. Jo'can ut nak li ani naxlak'ab li Dios, ma̲ ani chic naru najachoc re, chan. 7 Ut que'xye cui'chic re li Jesús: —¿C'a'ut nak quixye laj Moisés nak ta̲ru̲k xyi̲banquil junak li hu re nak tixjach rib li cui̲nk riq'uin li rixakil?— 8 Li Jesús quichak'oc ut quixye: —Xban nak k'axal cau e̲ch'o̲l, jo'can nak laj Moisés quixsume che̲ru nak ta̲ru̲k te̲jach e̲rib riq'uin le̲ rixakil. Aban moco jo'can ta chak sa' xticlajic nak li Dios quixyo'obtesiheb li cristian. 9 Ut la̲in tinye e̲re nak yalak ani tixcanab rixakil chi ma̲cua' xma̲c yumbe̲tac, ut tixc'am jalan chic ixk, li jun a'an tixmux ru lix sumlajic. Ut li ani tixc'am chok' rixakil li ixk li canabanbil, li jun a'an tixmux ajcui' ru lix sumlajic, chan li Jesús. 10 Ut eb lix tzolom que'xye: —Cui ya̱l nak jo'can ta̱c'ulma̱nk, k'axal us raj nak inc'a' tixsic' rixakil li cui̱nk, chanqueb. 11 Ut li Jesús quixye reheb: —Moco chixjunileb ta neque'xc'ul xch'o̱l li a̱tin a'in, ca'aj cui' li ani q'uebil re xban li Dios re xtaubal ru li xya̱lal a'in. 12 Cuanqueb cui̱nk chalen sa' xyo'lajiqueb ac reheb nak inc'a' te'cua̱nk rixakil, ut cuanqueb yal pok'bileb xbaneb li rech cui̱nkilal re inc'a' te'cua̱nk rixakileb, ut cuanqueb cui'chic yal inc'a' neque'xc'ul xch'o̱leb nak te'xc'am rixakil xban nak neque'xk'axtesi rib chi c'anjelac chiru li Dios. Li ani ta̱ru̱k tixtau ru li xya̱lal a'in, chixtauhak ru, chan li Jesús.

Li Jesús quirosobtesi li coc'al

13 Ut chirix chic a'an cuanqueb coc'al que'c'ame' chak riq'uin li Jesús re nak tixq'ue li ruk' sa' xbe̱neb ut ta̱tijok. Ut eb lix tzolom que'xk'us li que'c'amoc chak reheb li coc'al. 14 Nak li Jesús quiril li yo̱queb chixba̱nunquil, quixye reheb lix tzolom: —Canabomakeb chi cha̱lc cuiq'uin li coc'al. Me̱ram chiruheb xban nak lix nimajcual cuanquilal li Dios, a'an reheb li k'uneb xch'o̱l jo' li coc'al, chan. 15 Ut li Jesús quixq'ue li ruk' sa' xbe̱neb ut quitijoc. Ut chirix a'an qui-el sa' li na'ajej a'an.

Jun cui̱nk biom quia̱tinac riq'uin li Jesús

16 Ut quicuulac jun li cui̱nk riq'uin li Jesús ut quixye re: —At cha̱bil tzolonel, ¿C'a' raj ru us tinba̱nu re nak tincue̱chani li junelic yu'am? chan. 17 Ut li Jesús quixye re: —¿C'a'ut nak nacaye cha̱bil cue cui inc'a' nacanau anihin? Jun ajcui' li cha̱bil cuan ut a'an li Dios. Cui ta̱cuaj nak ta̱cua̱nk la̱ yu'am chi junelic ba̱nu li c'a'ru naxye li chak'rab.— 18 Ut li cui̱nk quixye: —¿C'a'ru li chak'rab li nacaye?— Ut li Jesús quixye re: —Ma̱camsi a̱cuas a̱cui̱tz'in. Matmuxuc caxa̱r. Mat-elk'ac. Matk'aban. 19 Cha-oxlok'i la̱ na' a̱yucua' ut chara la̱ cuas a̱cui̱tz'in jo' nak nacara a̱cuib la̱at, chan. 20 Ut li cui̱nk quichak'oc ut quixye: —At tzolonel, chixjunil a'in xinba̱nu chalen chak sa' inca'ch'inal. ¿C'a' chic ru ma̱ji' ninba̱nu?— 21 Quixye li Jesús re: —Cui ta̱cuaj nak tz'akalak re ru la̱ yu'am, ayu ut c'ayi li c'a'ru cuan a̱cue ut si lix tz'ak li ta̱c'ul reheb li neba'. Ut ta̱cua̱nk a̱biomal sa' choxa. Ut nak ac xaba̱nu a'an tatcha̱lk ut tina̱ta̱ke, chan li Jesús re. 22 Ut nak quirabi a'an, li cui̱nk co̱ chi ra sa' xch'o̱l xban nak nabal lix biomal cuan. 23 Tojo'nak quixye li Jesús reheb lix tzolom: —Relic chi ya̱l tinye e̱re, k'axal ch'a'aj chok' re junak biom nak ta̱oc rubel xcuanquil li Dios. 24 Tinye ajcui' e̱re nak inc'a' raj ch'a'aj nak ta̱numek' junak nimla xul camello sa' ru junak cu̱x chiru nak ta̱oc junak biom rubel xcuanquil li Dios. 25 Ut eb lix tzolom nak que'rabi a'an, c'ajo' nak que'sach xch'o̱l ut que'xye: —¿Ani put ta̱ru̱k ta̱colek'? chanqueb. 26 Ut li Jesús quixca'yaheb ut quixye reheb: —Chiru junak yal cui̱nk a'an ma̱min ta̱ru̱k, abanan chiru li Dios chixjunil naru xba̱nunquil. 27 Quichak'oc laj Pedro ut quixye re: —La̱o xkacanab chixjunil li c'a'ru cuan ke xban a̱ta̱kenquil. ¿C'a'ru ta̱cua̱nk ke?— 28 Ut li Jesús quixye reheb: —Relic chi ya̱l tinye e̱re nak la̱in li C'ajolbej tinc'ojla̱k sa' lin lok'laj c'ojariba̱l sa' li ac' ruchich'och', la̱ex li xexta̱ken cue, texc'ojla̱k ajcui' sa' li cablaju chi c'ojariba̱l re texrakok a̱tin sa' xbe̱neb li cablaju xte̱paleb laj Israel. 29 Li ani naxcanab rochoch, ras ri̱tz'in, xna' xyucua', rixakil, ralal xc'ajol, malaj xch'och' sa' inc'aba' la̱in, li jun a'an k'axal cui'chic nabal li tixc'ul chiru li quixcanab ut ta̱re̱chani li junelic yu'am. 30 Ut nabaleb li neque'xsic' xcuanquil anakcuan, mokon ma̱c'a'ak chic xcuan-

quileb. Ut li ani inc'a' neque'xsic' xcuan-
quil anakcuan, a'aneb chic li te'cuank
xcuanquil mokon, chan li Jesús.

Chiru li Dios juntak'et xcuanquil li junjunk

20 Lix nimajcual cuanquilal li Dios
chanchan jun li yucua'bej cuan
sa' xjun cablal. Qui-el chak toj ek'ela
chixsic'baleb aj c'anjel re te'c'anjelak
sa' li racuimk. 2 Ut que'xsume c'anjelac
chiru chi jun denario li cutan xto-
jbaleb. Ut quixtaklaheb sa' li racuimk
chi c'anjelac. 3 Ut nak qui-el cui'chic
sa' beleb or, cuan cui'chic quixtauheb
chak sa' c'ayil yal yoqueb chixbaybal
rib. 4 Ut quixye reheb: —¿Ma inc'a' xeraj
c'anjelac sa' li cuacuimk ut texintoj chi
tz'akal? chan reheb. Ut eb a'an coeb
chi c'anjelac. 5 Ca' sut chic co xsic'baleb
xtz'akobeb lix mos. Co cua'leb ut co
cui'chic sa' oxib or. 6 Ut nak tanach'ok
ob or, co cui'chic. Ut cuan cui'chic quix-
tauheb yoqueb chixbaybal rib. Ut quixye
reheb: —¿C'a'ut nak yoquex chixnum-
sinquil le cutan arin chi mac'a' le tra-
baj? chan reheb. 7 Que'chak'oc li cuink ut
que'xye re: —Xban nak ma ani naq'uehoc
kac'anjel.— Ut li patrón quixye reheb:
—¿Ma inc'a' xeraj c'anjelac laex sa' li
cuacuimk? chan reheb. 8 Ut nak qui-
ecuu, li patrón quixye re lix mertom: —
Bokeb laj c'anjel ut tatojeb. Li tatojeb
xben cua, a'aneb li toje' xe'oc, ut nak ac
xatrake' xtojbaleb a'an, tojo'nak tatojeb
li xe'oc ek'ela.— 9 Ut nak que'chal, jun
denario que'toje' cui' li junjunk li que'oc
chi c'anjelac sa' ob or. 10 Ut que'toje'
ajcui' li que'oc ek'ela. Sa' xch'oleb a'an
nak terto raj te'xc'ul chiru li que'oc
ecuu. Abanan jun denario ajcui' que'xc'ul
li junjunk. 11 Ut nak ac xe'xc'ul li tu-
min, que'oc chixcuech'bal li patrón. 12 Ut
que'xye: —Eb a'in li xe'oc mokon jun
or ajcui' xe'c'anjelac. Ut juntak'et lix to-
jbaleb xaq'ue riq'uin li xkac'ul lao. Ut
lao xoc'anjelac chiru chixjunil li cu-
tan ut xkacuy xtikcual li sak'e ut jun-
tak'et xoatoj riq'uineb li jun ch'ol chic
li toj xe'oc ecuu.— 13 Ut quichak'oc li
patrón ut quixye re jun reheb li que'oc
xben cua: —At cuamig, lain xatintoj chi
tz'akal. ¿Ma inc'a' ta bi' xasume c'anjelac
chi jun denario li cutan? 14 C'am la to-
jbal ut ayu. Li jo' nimal xinq'ue acue
laat, a'an ajcui' tinq'ue reheb li xe'oc
mokon. 15 ¿Ma inc'a' ta bi' lain yal cue
sa' xben li c'a'ru cue? ¿C'a'ut nak nacat-
cakalin? ¿Ma xban nak chabilin lain
riq'uineb? chan li patrón. 16 Jo'can nak
nabaleb li cuanqueb xcuanquil anakcuan
te'canak chi mac'a'ak xcuanquil mokon.
Ut li mac'a'eb xcuanquileb anakcuan,
te'q'uehek' xcuanquileb mokon. Nabaleb
li bokbileb, abanan inc'a' q'uiheb li
te'xtau ru li xyalal.

Quixye cui'chic resil lix camic li Jesús

17 Ut nak yo chi xic Jerusalén, li Jesús
quirisiheb xjunes lix tzolom cablaju ut
quixye reheb: 18 —Q'uehomak retal li
c'a'ru tac'ulmank. Anakcuan yoco chi
xic Jerusalén bar cui' tink'axtesik lain
li C'ajolbej sa' ruk'eb li xbenil aj tij jo'
ajcui' sa' ruk'eb laj tz'ib. Eb a'an te'xteneb
camc sa' inben. 19 Ut tine'xk'axtesi sa'
ruk'eb li macua'eb aj judío. Ut eb a'an
tine'xhob, tine'xsac', ut tine'xcamsi chiru
cruz. Abanan sa' rox li cutan tincuaclik
cui'chic chi yo'yo sa' xyankeb li came-
nak, chan li Jesús.

Li na'bej quixtz'ama xcuanquileb lix yum chiru li Jesús

20 Laj Jacobo ut laj Juan, a'aneb li
ralal laj Zebedeo. Que'cuulac riq'uin li
Jesús rochben lix na'eb. Ut li na'bej quix-
cuik'ib rib chiru li Jesús chixtz'amanquil
jun usilal chiru. 21 Li Jesús quixye re: —
¿C'a'ru tacuaj tinbanu acue?— Ut li ixk
quichak'oc ut quixye re: —Ye nak eb lin
yum a'in te'c'ojlak chac'atk sa' la nima-

jcual cuanquilal, jun sa' la̲ nim ut jun
sa' la̲ tz'e, chan. 22 Ut li Jesús quixye re:
—Inc'a' nequenau xya̲lal li c'a'ru yo̲quex
chixtz'a̲manquil. ¿Ma te̲cuy xc'ulbal li
raylal li oc cue chixc'ulbal la̲in? ¿Ma
te̲cuy xnumsinquil li rahobtesi̲c li tinc'ul
la̲in?— Eb a'an que'xye: —Takacuy,
chanqueb. 23 Ut li Jesús quixye reheb: —
Ya̲l ajcui' nak la̲ex te̲c'ul li raylal jo' li
tinc'ul la̲in. Ut te̲cuy xnumsinquil li ra-
hobtesi̲c jo' li tincuy xnumsinquil la̲in.
Abanan li na'ajej sa' lin nim ut sa' lin tz'e
ma̲cua' la̲in tinq'uehok re li na'ajej a'an
xban nak ac ch'olch'o chiru lin yucua' ani
aj e tixq'ue li na'ajej a'an, chan li Jesús
reheb. 24 Ut nak que'rabi li laje̲b chic
lix tzolom li Jesús li c'a'ru que'xtz'a̲ma
li ri̲tz'ineb rib, que'po' riq'uineb. 25 Ut li
Jesús quixbokeb riq'uin ut quixye reheb:
—La̲ex nequenau nak li neque'taklan sa'
li ruchich'och' neque'numta sa' xbe̲neb
li tenamit. Li ni̲nkeb xcuanquil, a'aneb
li neque'taklan. 26 Abanan ma̲cua' jo'can
te̲ba̲nu la̲ex. Li ani ta̲raj cua̲nk xcuan-
quil sa' e̲ya̲nk, tento nak tixcubsi rib ut
ta̲c'anjelak che̲ru. 27 Ut li ani naraj ni-
ma̲k xcuanquil sa' e̲ya̲nk, tento nak tix-
cubsi rib ut ta̲c'anjelak che̲ru. 28 La̲in
li C'ajolbej. Abanan inc'a' xinchal re
nak te'xc'anjela cuu. Xinchal ban re
tinc'anjelak chiruheb chixjunil ut re
xq'uebal lin yu'am re xtojbal rix lix
ma̲queb chixjunileb.—

Li Jesús quixq'uirtesiheb li mutz'

29 Nak yo̲queb chi e̲lc Jericó, nabaleb
li tenamit que'ta̲ken re li Jesús. 30 Ut
cuanqueb cuibeb li mutz' chunchu̲queb
chire li be. Nak que'rabi nak yo̲ chi
cha̲lc li Jesús, que'xjap re chixyebal: —
Ka̲cua', Ralalat xc'ajol laj David. ¡Chacu-
uxta̲na taxak ku!— 31 Ut eb li tena-
mit que'xch'ilaheb ut que'xye reheb nak
inc'a' te'choki̲nk. A'ut eb a'an k'axal
cui'chic cau que'xjap re chixyebal: —
¡Ka̲cua', ralalat xc'ajol laj David, chacu-
uxta̲na taxak ku!— 32 Quixakli li Jesús,
quixbokeb ut quixye reheb: —¿C'a'ru
te̲raj tinba̲nu e̲re? chan reheb. 33 Ut
eb li mutz' que'xye: —Ka̲cua', takaj
ta̲ilok li xnak' ku.— 34 Ut li Jesús
quiril xtok'oba̲leb ru, quixch'e' li xnak'
ruheb. Ut sa' junpa̲t que'iloc li ruheb ut
que'xta̲ke li Jesús.

Li Jesús que'xq'ue xcuanquil nak que'oc Jerusalén

21 Nak ac cuulaqueb re Jerusalén,
que'cuulac chire li tenamit
Betfagé bar cuan cui' li tzu̲l Olivos. Ut li
Jesús quixtaklaheb cuibeb lix tzolom ut
quixye reheb: 2 —Ayu̲kex sa' li ch'ina
tenamit a'an. Ut nak texcuulak, te̲tau
jun li bu̲r bac'bo aran cuan ral. Te̲hit
ut te̲c'ameb chak cue. 3 Ut cui c'a'ru
ta̲yehek' chak e̲re, te̲ye re, "Li Ka̲cua'
ta̲ajok re li bu̲r ut a' que ajcui' tixtakla
chak ho̲n", cha'akex re. 4 Ut chixjunil
a'in quic'ulman jo' quiyehe' xban li
profeta nak quixye chi jo'ca'in:
5 Ye reheb li tenamit aj Sión: —Cue' chak
le̲ Rey xchal e̲riq'uin. Tu̲lan ut c'ojc'o
chak chirix jun li bu̲r. Chirix jun
ch'ina ral bu̲r xcomon li neque'i̲kan
yo̲ chak chi cha̲lc.— (Zac. 9:9; Is.
62:11)
6 Ut co̲eb lix tzolom ut que'xba̲nu
jo' que'yehe' reheb xban li Jesús.
7 Que'xc'am chak li bu̲r rochben li ral ut
que'xq'ue li rak'eb sa' xbe̲neb. Ut li Jesús
quitake' chirix li ch'ina bu̲r. 8 Ut li q'uila
tenamit k'axal nabaleb. Cuan li yo̲queb
chixhelbal lix t'icr sa' be bar ta̲numek'
cui' li Jesús. Ut cuan li que'xyoc' chak
ruk' che' ut que'xq'ue li xak sa' be. 9 Nak
yo̲ chi xic li Jesús cuan yo̲queb chi xic
chiru ut cuan yo̲queb chi xic chirix.
Japjo̲queb re chixyebal: —Lok'oninbil
taxak laj Colol ke, li ralal xc'ajol li rey
David. Osobtesinbil taxak li yo̲ chak chi
cha̲lc sa' xc'aba' li Ka̲cua' Dios. Aj Colol
ke taxak li xchal chak riq'uin li Dios,

chanqueb. 10 Ut nak cox-ocak li Jesús sa' li tenamit Jerusalén, que'xtububi rib chixjunil ut nabaleb li tenamit yo̱queb chixyebal: —¿Ani a'in? chanqueb. 11 Ut eb li tenamit li yo̱queb chi xic chirix yo̱queb chixyebal: —A'an a'in li Jesús li profeta, aj Nazaret re Galilea, chanqueb.

Li Jesús quirisiheb laj c'ay sa' rochoch li Dios

12 Ut chirix chic a'an li Jesús qui-oc sa' li rochoch li Dios ut quixyolesiheb li yo̱queb chi c'ayi̱nc ut li yo̱queb chi lok'oc. Quixbalk'usi lix me̱xeb laj jalol ru tumin ut quixbalk'usi ajcui' lix temeb li yo̱queb chi c'ayi̱nc paloma. 13 Quixye reheb: —Jo'ca'in tz'i̱banbil sa' li Santil Hu chirix li rochoch li Dios: Li cuochoch a'in re te'tijok cui' li tenamit nak cuan. Abanan la̱ex xeq'ue li rochoch li Dios chok' xna'ajeb laj e̱lk', chan li Jesús reheb. 14 Ut que'c'ame' riq'uin li Jesús sa' rochoch li Dios li mutz' ut eb li ye̱k rok ut li Jesús quilajxq'uirtesiheb. 15 Ut eb lix be̱nil aj tij ut eb laj tz'i̱b que'ril li sachba ch'o̱lej li yo̱ chixba̱nunquil. Ut que'ril nak eb li sa̱j al japjo̱queb re chixyebal sa' li rochoch li Dios: —Lok'oninbil taxak laj Colol ke, li ralal xc'ajol li rey David, chanqueb. Ut c'ajo' nak que'po' laj tij ut eb laj tz'i̱b. 16 Ut que'xye re li Jesús: —¿Ma yo̱cat chirabinquil li yo̱queb chixyebal li sa̱j al?— Ut li Jesús quixye reheb: —Yo̱quin chirabinquil. ¿Ma ma̱ jun cua e̱rilom li tz'i̱banbil sa' li Santil Hu li naxye chi jo'ca'in:

"Eb li coc'al ut li toj neque'tu'uc neque'xq'ue xlok'al li Dios chi tz'akal"? (Sal. 8:2)

17 Ut li Jesús quixcanabeb ut qui-el sa' li tenamit ut co̱ toj Betania bar quihilan cui'.

Li Jesús quixtz'ekta̱na li jun to̱n chi higo ma̱c'a' ru

18 Ut ek'ela nak yo̱ cui'chic chi xic Jerusalén, quichal xtz'ocajic li Jesús. 19 Ut quiril jun to̱n li che' higo chire li be. Nak quicuuulac cuan cui' li che' quiril nak ma̱c'a' ru. Junes xak cuan. Quixye re li jun to̱n chi higo: —Ma̱ jun cua chic tatu̱chi̱nk, chan. Ut sa' junpa̱t quichakic li che'. 20 Ut nak que'ril a'an, lix tzolom que'sach xch'o̱l ut que'xye: —¿Chanru nak xchakic sa' junpa̱t lix to̱nal li higo? chanqueb. 21 Quichak'oc li Jesús ut quixye: —Relic chi ya̱l tinye e̱re nak cui te̱pa̱b chi tz'akal nak li Dios tixba̱nu, ut inc'a' ta̱cuiba̱nk e̱ch'o̱l, ta̱ru̱k ajcui' te̱ba̱nu jo' xinba̱nu la̱in re li che'. Ut moco ca'aj cui' ta raj a'an te̱ba̱nu. Ta̱ru̱k ajcui' te̱ye re li tzu̱l a'in, "Elen ut cut a̱cuib sa' li palau" ut ta̱uxk ajcui' che̱ru. 22 Ut chixjunil li c'a'ru te̱tz'a̱ma nak textijok, cui te̱pa̱b nak te̱c'ul, ta̱q'uehek' e̱re.

Eb laj tz'i̱b que'xcuech'i rix xcuanquil li Jesús

23 Ut qui-oc cui'chic li Jesús sa' rochoch li Dios. Ut nak yo̱ chixch'olobanquil li xya̱lal chiruheb li tenamit, que'cuulac riq'uineb li xbe̱nil aj tij ut que'cuulac ajcui' eb li xakabanbileb chi c'anjelac sa' li rochoch li Dios. Ut que'xye re: —¿Ani xtaklan chak a̱cue chixba̱nunquil li c'a'ru yo̱cat chixba̱nunquil? Ut, ¿ani xq'uehoc a̱cuanquil?— 24 Quichak'oc li Jesús ut quixye reheb: —La̱in tincuaj ajcui' patz'oc e̱re. Cui te̱sume li c'a'ru tinpatz' e̱re, la̱in tinye e̱re ani xq'uehoc lin cuanquil chixba̱nunquil li c'a'ru ninba̱nu. 25 ¿Ani quitaklan chak re laj Juan chi cubsi̱nc ha'? ¿Ma li Dios malaj ut cui̱nk quitaklan re? chan reheb. Eb a'an que'xc'oxla ut que'xye chi ribileb rib: —¿C'a'ru takasume cui'? Cui takaye nak a' li Dios xtaklan chak re, a'an

tixye ke c'a'ut nak inc'a' xkapa̱b li c'a'ru
quixye laj Juan. 26 Ut cui takaye nak
cui̱nk xtaklan chak re, te'pok' li tenamit
sa' kabe̱n ut xiu xiu chic cua̱nko xban
nak chixjunileb neque'yehoc re nak laj
Juan, a'an tz'akal profeta.— 27 Ut eb
a'an que'chak'oc ut que'xye re li Jesús:
—La̱o inc'a' nakanau, chanqueb. Ut li
Jesús quixye cui'chic reheb: —Chi moco
la̱in tinye e̱re ani xq'uehoc lin cuanquil,
chan reheb.

Li jaljo̱quil ru a̱tin chirix li cuib chi alalbej

28 Li Jesús quixye cui'chic reheb:
¿C'a'ru nequec'oxla chirix li oc cue
chixyebal? Jun li cui̱nk cuan cuib li
ralal. Ut quicuulac riq'uin li xbe̱n ralal ut
quixye: —At cualal, tatxic anakcuan chi
c'anjelac sa' li cuacui̱mk.— 29 Quichak'oc
li alalbej ut quixye: —Inc'a' nacuaj
xic, chan. Abanan mokon chic quiyot'e'
xch'o̱l ut co̱. 30 Ut li yucua'bej co̱ riq'uin
li ralal jun chic ut quixtz'a̱ma chiru a'an
nak ta̱xic chi c'anjelac sa' li racui̱mk. Ut
li ralal quichak'oc ut quixye: —Cua', la̱in
tinxic, chan. Ut inc'a' co̱. 31 ¿Ani reheb li
cuib a'an xba̱nun re li quiraj lix yucua'?
chan. Eb a'an que'chak'oc ut que'xye: —
Li xbe̱n.— Ut li Jesús quixye reheb: —
Relic chi ya̱l tinye e̱re nak eb laj titz'ol toj
ut eb laj yumbe̱t te'oc xbe̱n cua che̱ru sa'
lix nimajcual cuanquilal li Dios. 32 Xban
nak quic'ulun e̱riq'uin laj Juan laj Cubsi-
hom Ha'. Quixc'ut che̱ru c'a'ru li ti̱quilal
ut inc'a' quepa̱b. Ut eb laj titz'ol toj ut eb
laj yumbe̱t que'xpa̱b. Ut la̱ex queril a'an
ut inc'a' quiyot'e' le̱ ch'o̱l chi moco quejal
le̱ c'a'ux re xpa̱banquil, chan.

Li jaljo̱quil ru a̱tin chirix laj ilol acui̱mk inc'a' useb xna'leb

33 Abihomak jun chic li jaljo̱quil ru
a̱tin li oc cue xyebal: Quicuan jun yu-
cua'bej. Quirau jun si̱r li racui̱mk uvas ut
quixsut sa' corral. Quixyi̱b jun xna'aj bar
te'xyatz' cui' li uvas ut quixyi̱b ajcui' jun
ch'ina cab najt xteram re li ta̱c'ac'ale̱nk
re li acui̱mk. Quixsiq'ueb laj ilol re li
racui̱mk. Ut laj e̱chal re co̱ chi najt sa'
jalan tenamit. 34 Nak quicuulac xk'ehil
xsic'bal ru li acui̱mk, laj e̱chal re quix-
taklaheb lix mo̱s riq'uineb laj ilol re
li acui̱mk chixc'ulbal li jo' q'uial ru li
racui̱mk li ta̱tz'ak a'an. 35 Eb li mo̱s
que'chape' xbaneb laj ilol re li acui̱mk.
Quisaq'ue' li jun, li jun chic quicamsi̱c, ut
li jun chic quicuti̱c chi pec. 36 Laj e̱chal re
li acui̱mk quixtakla cui'chic jun ch'o̱leb
lix mo̱s, nabaleb chiru li quixtakla xbe̱n
cua. Ut jo'can cui'chic que'xba̱nu reheb.
37 Ut inc'a' chic quixtakla lix mo̱s. A' chic
li ralal quixtakla. "Li cualal te'x-oxlok'i"
chan sa' xch'o̱l. Jo'can nak quixtakla li
ralal riq'uineb. 38 Ut nak que'ril li ralal,
eb laj ilol re li acui̱mk que'xye chi ri-
bileb rib, "A'an li ralal li ta̱e̱chani̱nk re
li na'ajej. Kachapak ut kacamsihak, ut
la̱o chic toe̱chani̱nk re." 39 Jo'can nak
que'xchap. Ut que'risi sa' li na'ajej ut
que'xcamsi. 40 Ut li Jesús quixpatz' re-
heb li xbe̱nil aj tij: —Nak ta̱c'ulu̱nk
laj e̱chal re li acui̱mk, ¿c'a'ru tixba̱nu
riq'uineb laj ilol re li racui̱mk nak nequ-
eye la̱ex?— 41 Que'xye re: —Inc'a' ta̱ril
xtok'oba̱l ruheb laj ilol re li racui̱mk li
inc'a' useb xna'leb. Tixcamsiheb. Jalan
chic tixsiq'ueb re te'ilok re li racui̱mk.
Ut eb a'an, sa' xk'ehil li sic'oc, te'xk'axtesi
chi tz'akal li jo' q'uial li ta̱tz'ak a'an, chan-
queb. 42 Li Jesús quixpatz' reheb: —¿Ma
inc'a' xeril sa' li Santil Hu li naxye chi
jo'ca'in?

Li pec li que'xtz'ekta̱na laj cablanel, a'an
li k'axal lok', li quiq'ueman chok'
xxuc li cab. Li Ka̱cua', a'an quixq'ue
xlok'al li pec. Ut a'an xsachba ch'o̱lej
chok' ke la̱o. (Sal. 118:22-23)

43 Jo'can nak ninye e̱re nak lix nima-
jcual cuanquilal li Dios ta̱mak'ek' che̱ru
ut ta̱q'uehek' re jalanil tenamit ut eb
a'an chic li te'pa̱ba̱nk ut te'cua̱nk sa'

ṯiquilal. 44 Li ani ṯat'anek' sa' xbe̱n li pec a'in tixtoch'i rib. Ut cui ani sa' aj be̱n ṯat'anek' li pec a'in, xujinbil ṯacana̱k, chan li Jesús. 45 Ut eb lix be̱nil aj tij ut eb laj fariseos que'xtau ru nak chirixeb a'an yo̱ chi a̱tinac nak quixyeheb li jaljo̱quil ru a̱tin a'in. 46 Ut que'xc'oxla raj xchapbal li Jesús, abanan que'xucuac xbaneb li q'uila tenamit xban nak profeta nak cuan chiruheb.

Li jaljo̱quil ru a̱tin chirix li nink'e caxa̱r

22 Li Jesús quia̱tinac cui'chic riq'uineb sa' jaljo̱quil ru a̱tin. 2 Quixye reheb: Lix nimajcual cuanquilal li Dios chanchan jun li rey li quixnink'ei lix sumlajic li ralal. 3 Quixtaklaheb lix mo̱s chixc'ambaleb chak li ac bokbileb. A'ut eb a'an inc'a' que'raj cha̱lc. 4 Quixtakla cui'chic jalaneb chic lix mo̱s ut quixye reheb: —Yehomak reheb li ac bokbileb, "Ac c'ubc'u li tzacae̱mk, ac xe'camsiman eb li cuacax ut chixjunil li xul li ni̱nk xtibeleb. Ac cauresinbil chixjunil. Cha̱lkex sa' li sumla̱c," cha'akex reheb. 5 Ut eb a'an inc'a' que'raj que'rabi ut co̱eb. Cuan co̱eb sa' xc'aleba̱l ut cuan co̱eb sa' xc'ayiba̱leb. 6 Ut eb li jun ch'ol chic que'xchapeb lix mo̱s li rey, que'xrahobtesiheb ut que'xcamsiheb. 7 Ut li rey nak quirabi a'an, c'ajo' nak quijosk'o'. Quixtaklaheb lix soldado chixcamsinquil li que'camsin reheb lix mo̱s. Ut quixtakla xc'atbal lix tenamiteb. 8 Tojo'nak quixye reheb lix mo̱s: —Ya̱l nak li sumla̱c ac cauresinbil. Abanan li bokbileb ma̱cua' ajcui' xc'ulubeb cha̱lc sa' li sumla̱c. 9 Anakcuan texxic sa' eb li be bar neque'nume' cui' li cristian. Ut te̱bokeb sa' li nink'e li ani te̱tauheb chak, chan. 10 Ut co̱eb lix mo̱s sa' eb li be ut que'xc'ameb sa' li nink'e li jo' q'uial que'xtau, jun chaliqueb li cha̱bil xna'leb jo' ajcui' li inc'a' useb xna'leb. Ut quinujac li cab xbaneb li ula'. 11 Ut qui-oc li rey chirilbaleb li rula'. Nak qui-oc, quiril aran jun li cui̱nk moco tikto ta jo' nak tikto̱queb li cuanqueb sa' li sumla̱c. 12 Li rey quixye re: —At cuami̱g, ¿c'a'ut nak xat-oc chak arin chi inc'a' tikto̱cat jo' neque'xtikib rib li neque'xic sa' sumla̱c? chan. Ut li cui̱nk inc'a' quichak'oc. 13 Ut li rey quixye reheb lix mo̱s: —Bac'omak li rok ruk' ut cutumak sa' k'ojyi̱n chirix cab. Aran ut ṯacua̱nk li ya̱bac ut li c'uxuxi̱nc ruch e. 14 Nabaleb li bokbileb aban inc'a' q'uiheb li te'xtau ru li xya̱lal. 15 Ut chirix a'an, co̱eb laj fariseo ut que'xc'u̱b rib re rilbal chan ta na ru nak ṯaru̱k nak te'xyal rix li Jesús riq'uin junak a̱tin re te'xjit cui'. 16 Que'xtaklaheb lix tzolom rochbeneb li neque'oquen chirix laj Herodes re nak te'a̱tinak riq'uin li Jesús yal re xsic'bal c'a'ru ṯapaltok cui' riq'uin li ra̱tin. Ut que'xye re: —At tzolonel, nakanau nak nacara li ya̱l. Ut sa' xya̱lal nacac'ut chiruheb li tenamit c'a'ru naraj li Dios ut ma̱ ani nacaxucua ru ut inc'a' nacasiq'ueb ru li ani nacara. 17 Ye bi' ke c'a'ru nacac'oxla chirix li na'leb a'in. ¿Ma us xq'uebal li toj re laj César li Acuabej malaj inc'a'? chanqueb. 18 Ut li Jesús quixnau nak moco anchaleb ta xch'o̱l nak yo̱queb chi patz'oc. Quixtau ru lix ma̱usilaleb ut quixye reheb: —Ex aj ca'pac'al u, ¿c'a'ut nak nequeraj xyalbal cuix? 19 C'utumak chicuu li tumin li nequextojoc cui', chan reheb. Ut que'xc'ut chiru jun li tumin. 20 Ut li Jesús quixpatz' reheb: —¿Ani aj e li jalam u̱ch cuan chiru li tumin a'in? Ut, ¿ani aj c'aba' li tz'i̱banbil chiru? chan. 21 Ut que'chak'oc ut que'xye re: —Re li Acuabej, chanqueb. Ut li Jesús quixye cui'chic reheb: —Tojomak bi' re li Acuabej li c'a'ru re li Acuabej, ut tojomak re li Dios li c'a'ru re li Dios, chan. 22 Ut que'sach xch'o̱l nak que'rabi

li c'a'ru quixye ut que'xcanab li Jesús ut
co̲eb.

Li xya̲lal lix cuaclijiqueb li camenak chi yo'yo

23 Sa' li cutan a'an que'cuulac riq'uin li
Jesús cuib oxib laj saduceo. Eb a'an inc'a'
neque'xpa̲b nak te'cuacli̲k cui'chic chi
yo'yo li camenak. 24 Que'xye re li Jesús:
—At tzolonel, laj Moisés quixtz'i̲ba jun li
chak'rab ut quixye chi jo'ca'in: Cui junak
cui̲nk ta̲ca̲mk ut tixcanab li rixakil chi
ma̲c'a' ralal xc'ajol, ta̲c'amek' li rixakil
xban li ri̲tz'in li camenak re nak ta̲cua̲nk
ralal xc'ajol sa' xc'aba' li camenak.
25 Que'cuan cuukub li cui̲nk ri̲tz'ineb rib
sa' kaya̲nk. Li asbej quisumla ut nak
quicam ma̲ jun li ralal xc'ajol quicuan. Ut
li rixakil quic'ame' xban li ri̲tz'in li came-
nak re nak ta̲cua̲nk ralal xc'ajol sa' xc'aba'
li camenak. 26 Ut li cui̲nk a'an quicam
ajcui' ut ma̲ jun li ralal xc'ajol quicuan.
Ut jo'can cui'chic quic'ulman toj retal
nak que'cam chixjunileb li cuukub chi
cui̲nk ri̲tz'ineb rib. 27 Ut nak ac xe'cam
li cuukub chi cui̲nk, quicam ajcui' li
ixk. 28 Ut sa' xcuaclijiqueb li camenak
chi yo'yo, nak te'cuacli̲k eb a'an, ¿ani
aj ixakil ta̲cana̲k cui' li ixk a'an, xban
nak li cuukub chi cui̲nk que'cuan chok'
xbe̲lom? chanqueb re li Jesús. 29 Nak
quichak'oc, li Jesús quixye reheb: —La̲ex
yo̲quex chixbalak'inquil e̲rib xban nak
inc'a' nequetau ru li c'a'ru naxye sa' li
Santil Hu chi moco nequetau ru lix cuan-
quil li Dios. 30 Nak te'cuacli̲k cui'chic chi
yo'yo li camenak, chanchanakeb chic li
ángel sa' choxa xban nak inc'a' te'sumla̲k
chi moco te'sumuba̲nk chic. 31 Ut chirix
lix cuaclijiqueb li camenak chi yo'yo,
¿ma inc'a' e̲rilom sa' li Santil Hu li quixye
li Dios e̲re chirix lix cuaclijiqueb li came-
nak chi yo'yo? Quixye chi jo'ca'in: 32 La̲in
lix Dios laj Abraham, lix Dios aj Isaac, ut
lix Dios laj Jacob. Li Dios, a'an ma̲cua'
xDioseb li camenakeb; xDioseb ban li
yo'yo̲queb, chan li Jesús. (Jo'can nak li
Dios quixc'ut nak cuan xcuaclijiqueb chi
yo'yo li camenak.) 33 Ut li q'uila tenamit
que'sach xch'o̲leb chirabinquil li xya̲lal li
yo̲ chixch'olobanquil li Jesús chiruheb.

Li chak'rab k'axal nim xcuanquil

34 Ut nak laj fariseo que'xq'ue retal nak
inc'a' chic que'ru xsumenquil li Jesús laj
saduceo, eb a'an chic que'xch'utub ribeb
chixc'u̲banquil chanru te'xba̲nu. 35 Ut
jun reheb, aj tzolol chak'rab, quipatz'oc
re li Jesús yal re xyalbal rix. 36 —At
tzolonel, chan re li Jesús, ¿Bar cuan
li chak'rab li k'axal nim xcuanquil?—
37 Li Jesús quichak'oc ut quixye re: —
Li chak'rab li k'axal nim xcuanquil, a'an
a'in: Ta̲ra li Ka̲cua' la̲ Dios chi anchal
a̲ch'o̲l ut chi anchal la̲ cua̲m ut chi anchal
la̲ c'a'ux. 38 A'an a'in li xbe̲n chak'rab, li
k'axal nim xcuanquil sa' xya̲nkeb chixju-
nil. 39 Ut li xcab, chanchan ajcui' a'in:
Ta̲ra la̲ cuas a̲cui̲tz'in jo' nak nacara
a̲cuib la̲at. 40 Cui nacaba̲nu li cuib chi
chak'rab a'in ac xaba̲nu li naxye sa'
chixjunil li chak'rab jo' ajcui' li yebil
xbaneb li profeta, chan li Jesús.

Li Cristo, li yechi'inbil xban li Dios, a'an ralal xc'ajol li rey David

41 Ut nak toj ch'utch'u̲queb laj fariseo,
li Jesús quixpatz' reheb: 42 —¿C'a'ru
nequec'oxla chirix li Cristo, li yechi'inbil
xban li Dios? ¿Ani aj alal aj c'ajol nak
nequeye?— Ut que'xye re: —Ralal xc'ajol
li rey David.— 43 Li Jesús quixye reheb:
—¿C'a'ut nak laj David quixye li c'a'ru
quirec'a sa' xch'o̲l xban li Santil Musik'ej
nak quixye "Ka̲cua'" re li Cristo? Quixye
chi jo'ca'in: 44 Li Ka̲cua' Dios quixye re li
Ka̲cua' laj Colol cue, c'ojlan sa' lin nim
uk' toj tinq'ueheb li xic' neque'iloc a̲cue
rubel la̲ cuanquil, chan. (Sal. 110:1) 45 Li
rey David quixye "Ka̲cua'" re, usta a'an
xcomoneb li ralal xc'ajol.— 46 Ut ma̲ jun
chic quiru chi sume̲nc re li Jesús. Ut

chalen sa' li cutan a'an, ma̱ ani chic quixcacuu xch'o̱l chi patz'oc re li Jesús.

Li Jesús quixk'useb laj tz'i̱b ut eb laj fariseo

23 Tojo'nak li Jesús quixch'olob li xya̱lal chiruheb li q'uila tenamit jo'queb ajcui' lix tzolom ut quixye reheb: [2] —Eb laj tz'i̱b ut eb laj fariseo, q'uebileb xcuanquil chixch'olobanquil xya̱lal li chak'rab li quiq'uehe' re laj Moisés. [3] Jo'can nak chixjunil li te'xye e̱re, chec'u̱la sa' e̱ch'o̱l ut cheba̱nu. Abanan me̱ba̱nu jo' neque'xba̱nu eb a'an xban nak yal riq'uin xtz'u̱mal reheb neque'xye ut inc'a' neque'xba̱nu li c'a'ru neque'xye. [4] K'axal a̱l li i̱k neque'xq'ue sa' xbe̱neb li cristian ut k'axal ch'a'aj xc'ambal. A'ut eb a'an chi moco riq'uin ru'uj ruk'eb neque'raj xch'e'bal. [5] Chixjunil li c'a'ak re ru neque'xba̱nu, a'an yal re nak te'ilek' xbaneb li cristian. Neque'xyi̱b chi ni̱nk ru li coc' ca̱x filacterias xc'aba' bar nacuan cui' li chak'rab ut neque'xbac' sa' xpe̱quemeb ut sa' xteleb. Ut nacuulac chiruheb li rak'eb chi ni̱nk lix sahob ru chire. [6] Ut nak neque'xic chi cua'ac sa' eb li nink'e neque'xsic' li cha̱bil na'ajej bar te'q'uehek' xlok'al, ut neque'raj c'ojla̱c sa' li na'ajej k'axal lok' nak cuanqueb sa' li cab bar neque'xch'utub cui' ribeb laj judío. [7] Eb a'an neque'raj nak te'oxlok'i̱k ut te'q'uehek' xsahil xch'o̱leb sa' eb li be. Ut neque'raj nak li tenamit te'xye "tzolonel" reheb. [8] Abanan la̱ex me̱rahi ru nak li tenamit te'xq'ue e̱lok'al ut te'xye "tzolonel" e̱re xban nak jun ajcui' laj tzolol e̱re cuan. La̱in li Cristo laj tzolol e̱re ut che̱junilex la̱ex e̱ri̱tz'in e̱rib. [9] Ut ma̱ ani te̱q'ue chok' e̱ka̱cua' sa' ruchich'och', xban nak jun ajcui' li Ka̱cua' cuan. A'an cuan sa' choxa. [10] Chi moco chec'aba'in aj c'amol be, xban nak jun ajcui' laj c'amol e̱be. A'an la̱in li Cristo. [11] Li ani nac'anjelac che̱ru, a'an li k'axal nim xcuanquil sa' e̱ya̱nk. [12] Li ani naxq'ue xcuanquil xjunes rib, li jun a'an ta̱cubsi̱k xcuanquil. Ut li ani naxcubsi rib, li jun a'an ta̱q'uehek' xcuanquil. [13] Ra cha̱lel sa' e̱be̱n, la̱ex aj tz'i̱b ut la̱ex aj fariseo, ex aj ca'pac'al u. Inc'a' nequec'ut li xya̱lal chiruheb li tenamit ut nequeram chiruheb lix cuanquil li Dios. La̱ex inc'a' nequeraj xk'axtesinquil e̱rib rubel xcuanquil li nimajcual Dios ut inc'a' ajcui' nequecanabeb chixk'axtesinquileb rib li ani neque'raj. [14] Ra cha̱lel sa' e̱be̱n, la̱ex aj tz'i̱b ut la̱ex aj fariseo, ex aj ca'pac'al u. Nequemak' li rochocheb li xma̱lca'an ut nequeyal xmukbal le̱ ma̱usilal riq'uin nak najt rok nequextijoc. Ut xban a'an k'axal cui'chic ra li tojbal ma̱c li ta̱cha̱lk sa' e̱be̱n. [15] Ra cha̱lel sa' e̱be̱n la̱ex aj tz'i̱b ut la̱ex aj fariseo, ex aj ca'pac'al u. Nequesuti li ruchich'och' jo' ajcui' li palau re xsic'bal ani ta̱pa̱ba̱nk re le̱ tijleb. Ut nak ac xe'xk'axtesi rib sa' e̱ya̱nk, k'axal cui'chic yibru xna'lebeb che̱ru la̱ex ut e̱ma̱c la̱ex nak te'xic sa' xbalba. [16] Ra cha̱lel sa' e̱be̱n, la̱ex mutz' aj c'amol be. La̱ex nequeye: —Li ani tixba̱nu xjuramento sa' xc'aba' lix templo li Dios, inc'a' tento tixba̱nu li quixye. Abanan li ani tixba̱nu xjuramento sa' xc'aba' li oro li cuan sa' lix templo li Dios, li jun a'an tento nak tixba̱nu li c'a'ru xye sa' xjuramento, chanquex. [17] Ma̱c'a' e̱na'leb ut mutz'ex xban nak inc'a' nequetau xya̱lal. ¿Bar cuan li k'axal nim xcuanquil? ¿Ma li oro, malaj a' lix templo li Dios li nasantobresin re li oro? [18] Ut nequeye ajcui': —Li ani naxba̱nu xjuramento sa' xc'aba' li artal, li jun a'an inc'a' tento tixba̱nu li c'a'ru quixye. Abanan li ani naxba̱nu xjuramento sa' xc'aba' li mayej cuan sa' xbe̱n li artal, tento nak tixba̱nu li c'a'ru quixye sa' lix juramento, chanquex. [19] Ma̱c'a' e̱na'leb ut mutz'ex xban nak inc'a' nequetau xya̱lal. ¿Bar cuan li k'axal nim xcuanquil? ¿Ma li mayej malaj a' li artal li nasantobresin re li mayej? [20] Jo'can nak li ani tixba̱nu xjuramento sa' xc'aba' li artal, naxye xjuramento sa' xc'aba' a'an ut sa' xc'aba' ajcui' chixjunil li c'a'ru cuan sa' xbe̱n. 21 Ut li ani naxba̱nu lix juramento sa' xc'aba' lix templo li Dios, naxba̱nu sa' xc'aba' lix templo li Dios ut sa' xc'aba' ajcui' li Dios li nacuan chi sa'. 22 Ut li ani naxba̱nu xjuramento sa' xc'aba' li choxa, naxba̱nu xjuramento sa' xc'aba' lix c'ojariba̱l li Dios ut sa' xc'aba' ajcui' li Dios li c'ojc'o sa' xbe̱n. 23 Ra cha̱lel sa' e̱be̱n la̱ex aj tz'i̱b ut ex aj fariseo, ex aj ca'pac'al u. Nequemayeja lix laje̱tkil li isqui'ij, li eneldo ut li comino. Ut nequetz'ekta̱na li k'axal cuan xcuanquil sa' li chak'rab. Inc'a' nequeba̱nu li ti̱quilal. Inc'a' nequex-uxta̱nan u ut inc'a' nequexpa̱ban. Us nak nequemayeja lix laje̱tkil abanan inc'a' raj nequecanab xba̱nunquil li k'axal cuan xcuanquil. 24 Ex mutz' aj c'amol be, nequeyal e̱k'e chixba̱nunquil li c'a'ak re ru li ma̱c'a' xcuanquil, abanan li nim xcuanquil inc'a' nequeba̱nu. Chanchan nak nequetz'il ru le̱ ha' re nak inc'a' te̱nuk' li coc' suk ut a' chic li ni̱nki xul camello nequenuk'. 25 Ra cha̱lel sa' e̱be̱n la̱ex aj tz'i̱b ut aj fariseo, ex aj ca'pac'al u, xban nak a' chic li rix le̱ sec' ut le̱ plato nequech'aj, aban lix sa' numtajenak chi tz'aj xban le̱ ma̱usilal ut li elk'ac nequeba̱nu. 26 Ex mutz' aj fariseo, ch'ajomak xbe̱n cua lix sa' le̱ sec' ut le̱ plato re nak ch'ajbilak ajcui' li rix. 27 Ra cha̱lel sa' e̱be̱n la̱ex aj tz'i̱b ut la̱ex aj fariseo, ex aj ca'pac'al u. Chanchanex li neque'muke' cui' li camenak. Bonbileb rix ut c'ajo' xchak'al eb ru, a'ut chi sa' nujenak chi tz'aj ut chi xbakel camenak. 28 Jo'can ajcui' la̱ex. Relic chi ya̱l nak cha̱bil nequexc'utun chiruheb li tenamit. Abanan le̱ ch'o̱l nujenak chi ma̱usilal ut la̱ex aj ca'pac'al u. 29 Ra cha̱lel sa' e̱be̱n la̱ex aj tz'i̱b ut la̱ex aj fariseo, ex aj ca'pac'al u. Nequeyi̱b li que'muke' cui' li profetas ut nequerutz'u'uji chak ru li que'muke' cui' li ti̱queb xch'o̱l. 30 Ut la̱ex nequeye: —Cui ta la̱o ac cuanco chak sa' li cutan nak xe'cuan li kaxe' kato̱n, inc'a' raj xkaba̱nu jo' que'xba̱nu eb a'an. Inc'a' raj xkacamsiheb li profetas, chanquex. 31 Abanan riq'uin li ma̱usilal li nequeba̱nu la̱ex, nac'utun nak juntak'e̱tex riq'uineb le̱ xe'to̱nil yucua', li que'camsin reheb li profetas. 32 Choyomak bi' xba̱nunquil li inc'a' us li que'xtiquib xba̱nunquil le̱ xe'to̱nil yucua'. 33 Chanchanex c'anti', chanchanex ralex c'ambolay, ¿chan ta cui' ru nak texcolek' chiru lix tojba ma̱c sa' xbalba? 34 La̱in tintaklaheb e̱riq'uin li profeta ut li cuanqueb xna'leb ut eb laj tzolonel. Abanan la̱ex inc'a' te̱rabi. Ut sa' xya̱nkeb a'an, cuan te̱camsiheb, cuan te̱q'ueheb chiru cruz, ut cuan cui'chic li te̱rahobtesiheb sa' li cab li nequech'utub cui' e̱rib chixtzolbal ra̱tin li Dios. Ut cuan cui'chic te̱ta̱keheb sa' li junju̱nk chi tenamit re xchapbaleb. 35 Xban le̱ ma̱usilal a'an, ta̱t'anek' sa' e̱be̱n lix camiqueb li cha̱bileb xna'leb riq'uin xcamic laj Abel li ti̱c xch'o̱l ut toj riq'uin xcamic li ralal laj Berequías laj Zacarías xc'aba' li quecamsi chiru neba̱l chixc'atk li rochoch li Dios ut li artal. 36 Relic chi ya̱l tinye e̱re nak chixjunil li camsi̱nc que'xba̱nu chak junxil, jo' ajcui' li yo̱quex chixba̱nunquil anakcuan, ta̱t'anek' ajcui' sa' e̱be̱n la̱ex li cuanquex anakcuan xban nak yo̱quex chixba̱nunquil jo' que'xba̱nu eb a'an.

Quiyot'e' xch'o̱l li Jesús chirilbaleb aj Jerusalén

37 Ex aj Jerusalén, ex aj Jerusalén, neque-camsiheb li tz'akal profeta ut nequecuti chi pec eb li neque'takla̱c e̱riq'uin xban li Dios. Nabal sut raj xcuaj e̱colbal jo' nak naxch'utubeb li ral li caxlan rubel lix xic'. Abanan la̱ex inc'a' xeraj. 38 Ut anakcuan le̱ tenamit jo' ajcui' li templo ta̱cana̱k chi naq'uirnac aj chic ru. 39 Tinye ut e̱re chalen anakcuan inc'a' chic te̱ril cuu toj nak te̱ye, "Osobtesinbi-

lak a'an li xchal sa' xc'aba' li Ka̲cua'". Toj
aran chic te̲ril cuu, chan li Jesús.

Li Jesús quixye nak tixtau xk'ehil nak ta̲juq'uek' li rochoch li Dios

24 Qui-el sa' li templo li Jesús, ut
nak yo̲ chi xic, que'cuulac lix
tzolom riq'uin ut que'xc'ut chiru li ni̲nki
cab xcue̲nt li templo. 2 Quichak'oc li
Jesús ut quixye reheb: —Us ajcui' nak
te̲ril chi us chixjunil a'in xban nak
ta̲cuulak xk'ehil nak ma̲ jun chic re-
heb li pec a'an ta̲cana̲k sa' xna'aj chi
inc'a' ta ta̲juq'uek', chan. 3 Ut chirix
a'an, co̲ chiru li tzu̲l Olivos ut nak li
Jesús quic'ojla aran xjunes, lix tzolom
que'cuulac riq'uin ut que'xye re: —Ye
ke jok'e ta̲c'ulma̲nk li yo̲cat chixye-
bal. ¿C'a'ru talajc'ulma̲nk nak ta̲cuulak
xk'ehil la̲ c'ulunic? Ut ¿c'a'ru retalil li
roso'jiqueb li cutan a'in?— 4 Quichak'oc
li Jesús ut quixye reheb: —Cheq'uehak
retal re nak ma̲ ani chibalak'i̲nk e̲re.
5 Nabal te'cha̲lk chi balak'i̲nc, ut te'xye
nak sa' inc'aba' xe'chal, abanan moco ya̲l
ta. Tole'xye, "La̲in li Cristo", cha'keb.
Ut nabal te'balak'i̲k xbaneb. 6 Nak te̲rabi
nak yo̲ li ple̲t ut nak te̲rabi resil nak ticla̲c
re li ple̲t yalak bar, mexxucuac xban nak
tento nak ta̲c'ulma̲nk chi jo'can. Abanan
moco ac a'an ta roso'jiqueb li cutan a'in.
7 Nabal li tenamit te'pletik chi ribileb
rib. Ut eb li acuabej te'xpleti ribeb. Ta-
lajcua̲nk li cue'ej ut ta̲cua̲nk li yajel
ut ta̲cua̲nk li hi̲c sa' nabal chi na'ajej.
8 Abanan chixjunil a'an yal xticlajic li
raylal li ta̲cha̲lk. 9 Tojo'nak texk'axtesi̲k
ut texrahobtesi̲k ut texcamsi̲k. Ut xic'
tex-ilek' xbaneb chixjunileb li tenamit sa'
inc'aba' la̲in. 10 Ut sa' eb li cutan a'an na-
baleb te'xcanab lix pa̲ba̲leb. Ut a'anakeb
chic li te'q'uehok reheb laj pa̲banel sa'
raylal. Ut xic' chic te'ril ribeb. 11 Ut na-
baleb li profeta aj balak' te'cha̲lk ut na-
baleb te'balak'i̲k xbaneb. 12 Ut xban nak
ta̲numta̲k li ma̲usilal, nabaleb te'xcanab
xra̲baleb li ras ri̲tz'in. 13 Ut li ani tixcuy
xnumsinquil li raylal a'in toj sa' roso'jic
lix yu'am, a'an ta̲colek'. 14 Ut li resil
lix nimajcual cuanquilal li Dios ta̲ye-
ma̲nk yalak bar jun sut rubel choxa re
nak chixjunileb li tenamit te'rabi resil li
colba-ib. Tojo'nak ta̲cha̲lk li roso'jiqueb
li cutan. 15 Chetzolak rix chi us li c'a'ru
quixye li profeta Daniel re nak te̲tau ru li
c'a'ru ta̲c'ulma̲nk. A'an quixye nak eb laj
balak' te'rocsi sa' li rochoch li Dios bar
ma̲cua' xc'ulub cui' cua̲nc li k'axal yibru
ut xucuajel rilbal xban lix ma̲usilal, ut
riq'uin a'an te'xmux ru lix templo li Dios.
(Dan. 9:27; 12:11) 16 Nak te̲ril a'an, la̲ex
li cuanquex Judea, chex-e̲lelik sa' junpa̲t
ut texxic toj sa' li tzu̲l. 17 Li ani cua̲nk
chak sa' xbe̲n li rochoch nak ta̲c'ulma̲nk
a'an, chi cubec chak ut ti̲c ta̲e̲lelik ut
inc'a' chic ta̲oc sa' rochoch chirisinquil li
c'a'ru cuan re. 18 Ut li ani cua̲nk chak sa'
xc'aleba̲l inc'a' chic chisuk'i̲k sa' rochoch
chixxocbal li rak'. 19 Tok'obak ruheb li
yaj aj ixk ut li yo̲queb chi tu'resi̲nk sa'
eb li cutan a'an xban nak k'axal cui'chic
ch'a'aj li e̲lelic chok' reheb. 20 Chextijok
ut chetz'a̲ma chiru li Dios re nak inc'a'
ta̲c'ulma̲nk li raylal a'in sa' habalk'e chi
moco sa' li hiloba̲l cutan. 21 Sa' eb li cu-
tan a'an ma̲ ca'ch'in li raylal ta̲c'ulma̲nk.
Ma̲ jun cua quic'ulman chi jo'can chalen
chak sa' xticlajic li ruchich'och', chi moco
ta̲c'ulma̲nk junak chic jo'can mokon.
22 Cui ta ma̲c'a' sa' xch'o̲l li Ka̲cua' xrak-
bal ruheb li cutan a'an, ma̲ ani raj ta̲-
cana̲k chi yo'yo sa' ruchich'och'. Jo'can
nak li Ka̲cua' tixse̲ba xrakbal ruheb li
cutan a'an sa' xc'aba'eb li sic'bileb ru.
23 Jo'can nak cui ani ta̲yehok e̲re, "Cue'
li Cristo," malaj, "le' cuan li Cristo," me̲-
pa̲b li c'a'ru tixye. 24 Nabaleb aj balak'
te'c'ulu̲nk ut te'xye nak a'aneb li Cristo.
Ut cuan te'xye nak a'aneb profeta. Nabal
li c'a'ak re ru te'xc'utbesi ut sachba ch'o̲lej
telaje'xba̲nu re xyalbal xbalak'inquileb li
tenamit, jo'queb ajcui' li sic'bileb ru xban

li Dios. 25 Abanan cheq'uehak retal. Ac
xinye e̱re li c'a'ru talaje'c'ulma̱nk. 26 Cui
ut neque'xye e̱re, "Le' sa' li chaki ch'och'
cuan li Cristo," mexxic chirilbal. Cui ut
neque'xye e̱re, "Arin cuan sa' cab," me̱-
pa̱b li c'a'ru te'xye. 27 La̱in li C'ajolbej
tinc'ulu̱nk sa' junpa̱t. Chanchan lix re-
pom li ca̱k na-el chak sa' releb sak'e ut
naxc'ut rib toj sa' roqueb sak'e. 28 Ya̱l li
neque'xye nak bar cua̱nk junak came-
nak, aran te'xtu̱b rib li so'sol.

Nak tol-e̱lk cui'chic li C'ajolbej Dios

29 Ut sa' eb li cutan a'an nak acak
xrake' li raylal a'an, ta̱k'ojyi̱nok' ru li
sak'e ut li po inc'a' chic ta̱cutanok' ru.
Ta̱ec'a̱nk chak ru li choxa ut li chahim
talaje't'anek' chak. 30 Tojo'nak ta̱c'utu̱nk
sa' choxa li cuetalil la̱in li C'ajolbej. Ut
te'yot'ek' ut te'ya̱bak chixjunileb li cuan-
queb sa' ruchich'och'. Ut te'ril cuu la̱in
li C'ajolbej nak yo̱kin chak chi cha̱lc
sa' li chok riq'uin lix nimal incuanquil
ut inlok'al. 31 Ut nak ta̱ec'a̱nk chak chi
cau li trompeta, tintaklaheb lin ángel.
Ut te'xch'utub li sic'bileb ru inban li
cua̱nkeb yalak bar jun sut rubel choxa
jun sut sa' ruchich'och'. 32 Cheq'uehak re-
tal c'a'ru naxba̱nu li jun to̱n chi higo. Nak
nak'unk'ut chak li xak chi e̱lc, riq'uin a'an
te̱nau nak yo̱ chak chi nach'oc li sak'ehil.
33 Jo' nak li higo naxc'utbesi retalil li
sak'ehil, jo'can ajcui' chixjunil li c'a'ak
re ru a'an talaje'c'ulma̱nk, naxc'utbesi re-
talil nak yo̱ chi cuulac xk'ehil nak to-
line̱lk cui'chic la̱in li C'ajolbej. 34 Relic
chi ya̱l tinye e̱re nak toj talaje'c'ulma̱nk
chixjunil li c'a'ak re ru a'in chi toj ma̱ji'
neque'oso' li tenamit a'in. 35 Li choxa
ut li ruchich'och' talaje'osok'. Abanan li
cua̱tin inc'a' ta̱cana̱k yal chi jo'can chi
inc'a' ta ta̱c'ulma̱nk chixjunil li c'a'ak re
ru xinye. 36 Abanan ma̱ ani nana'oc re
jok'e lix k'ehil ut lix ho̱nal inc'ulunic.
Eb li ángel sa' choxa inc'a' neque'xnau
chi moco la̱in li C'ajolbej ninna'oc re.
Ca'aj cui' li Dios Acuabej nana'oc re jok'e
ta̱c'ulma̱nk a'in. 37 Jo' quic'ulman sa' xcu-
tan laj Noé, jo'can ajcui' ta̱c'ulma̱nk nak
toline̱lk cui'chic la̱in li C'ajolbej. 38 Sa'
eb li cutan a'an nak toj ma̱ji' quicuan li
but'i ha', eb li tenamit yo̱queb chak chi
cua'ac ut yo̱queb chi uc'ac, ut yo̱queb
chi sumla̱c ut chi sumuba̱nc toj sa' li cu-
tan nak qui-oc laj Noé sa' li jucub cab.
39 Ut inc'a' que'xtau xya̱lal toj quichal
li but'i ha' ut quilaje'c'ame' chixjunileb
xban li but'. Chanchan ajcui' a'an nak
toline̱lk cui'chic la̱in li C'ajolbej. 40 Sa'
li cutan a'an cuib li cui̱nk cua̱nkeb sa'
c'aleba̱l, jun aj pa̱banel ut jun li ma̱cua' aj
pa̱banel. Ut laj pa̱banel, a'an li ta̱c'amek'
xban li Dios ut li jun chic li ma̱cua' aj
pa̱banel, a'an ta̱canaba̱k. 41 Ut cuib li ixk
yo̱keb chi que'ec sa' jun chi que'leb, jun
aj pa̱banel ut jun li ma̱cua' aj pa̱banel. Ut
laj pa̱banel, a'an li ta̱c'amek' xban li Dios
ut li jun chic li ma̱cua' aj pa̱banel, a'an
ta̱canaba̱k. 42 Jo'can nak yo'on cua̱nkex
xban nak inc'a' nequenau jok'e ho̱nal to-
line̱lk la̱in li Ka̱cua'. 43 Chenauhak a'in:
nak cui ta naxnau li yucua'bej sa' li
cab jok'e ho̱nal re li k'ojyi̱n tol-e̱lk laj
e̱lk', ta̱yo'lek raj ut inc'a' raj tixcanab
chi elk'ac xsa' li rochoch. 44 Jo'can ajcui'
la̱ex yo'on cua̱nkex chi oybeni̱nc xban
nak inc'a' nequenau jok'e ho̱nal tincuu-
lak la̱in li C'ajolbej. Tincuulak chi ma̱c'a'
sa' e̱ch'o̱l.

Li cha̱bil aj c'anjel ut li inc'a' cha̱bil aj c'anjel

45 ¿Ani ut laj c'anjel cha̱bil ut cuan
xna'leb? A'an li quiq'uehe' xcuanquil
xban lix patrón sa' xbe̱neb li rech mo̱sil
ut a'an ta̱q'uehok re xtzacae̱mkeb sa' x-
o̱ril. 46 Us xak re laj c'anjel a'an li yo̱k
chixba̱nunquil chi jo'can nak tol-e̱lk lix
patrón. 47 Relic chi ya̱l tinye e̱re nak
lix patrón tixk'axtesi sa' ruk', chixjunil
lix juncablal. 48 Aban cui laj c'anjel a'an
inc'a' us lix na'leb, tixye sa' xch'o̱l, "Lin

patrón tabayk chak chi c'ulunc." 49 Ut
taoc chixsac'baleb li rech aj c'anjelil, ut
taoc chi cua'ac ut chi uc'ac rochbeneb li
calajenak. 50 Ut mac'a'ak sa' xch'ol nak
tol-elk lix patrón. 51 Ut tac'ajtesik ru ut
taq'uehek' sa' xyankeb laj ca'pac'al u. Ut
aran tacuank li yabac ut li c'uxuxinc ruch
e.

Li jaljoquil ru atin chirix li lajeb chi tuk' ix

25 Lix nimajcual cuanquilal li Dios,
a'an chanchan li quic'ulman sa'
jun li sumlac. Li lajeb chi tuk' ix
que'xc'am lix candil ut coeb sa' jun
li sumlac chixc'ulbal li belomej. 2 Ob
cuanqueb xna'leb ut li ob chic mac'a'
xna'lebeb. 3 Li obeb li mac'a'eb xna'leb
inc'a' que'xcauresi rib chi us. Que'xc'am
lix candil, abanan inc'a' que'xc'am xya'al
lix candil. 4 Ut li cuanqueb xna'lebeb
que'xcauresi rib chi us, que'xc'am lix
candil ut que'xc'am ajcui' lix ya'al. 5 Ut
nak quibay chak li belomej, neque'xikan
chixjunileb toj retal quicube xcuara-
heb. 6 Ut sa' tuktu k'ojyin, que'rabi
nak yoqueb chixjapbal reheb li tena-
mit chixyebal: —Cue' chak li belomej.
Ayukex, c'ulumak chak, chanqueb. 7 Ut
li lajeb chi tuk' ix que'aj ru ut que'oc xy-
ibanquil lix candil. 8 Ut li ob li mac'a'eb
xna'leb que'xye reheb li ob chic li cuan-
queb xna'leb: —Jec'omak bayak xya'al li
kaxam xban nak chupc re li kacandil,
chanqueb. 9 Aban li cuanqueb xna'leb
que'xye: —Inc'a' naru. Inc'a' tatz'aklok li
xya'al li ke cui takaq'ue ere laex. Ayukex
riq'uineb laj c'ay. Lok'omak chak ere,
chanqueb reheb. 10 Ut cuanqueb chak
chixlok'bal lix ya'al lix candil nak col-
elk li belomej. Ut li ob chic li cuan-
queb xya'al lix candil que'oc rochben
sa' li cab. Ut quitz'ape' li oquebal. 11 Ut
nak que'suk'i chak li ob chi tuk' ix
chixlok'bal xya'al lix xameb, que'oc chi-
bokoc sa' li oquebal ut que'xye: —
Kacua', te li cab chiku, chanqueb. 12 Ut
li belomej quichak'oc ut quixye reheb:
—Relic chi yal tinye ere inc'a' ninnau
eru.— 13 Jo'can nak lain ninye ere: Yo'on
cuankex xban nak inc'a' nequenau li cu-
tan chi moco li honal jok'e tolinelk lain
li C'ajolbej.

Li jaljoquil ru atin chirix li tumin naxc'utbesi chanru nak toc'anjelak chiru li Dios

14 Ut lix nimajcual cuanquilal li Dios,
a'an chanchan jun li cuink li ac xic re
chi najt. Quixbokeb lix mos riq'uin ut
quixk'axtesi lix tumin sa' ruk'eb lix mos.
15 Quixq'ue ob mil pes re li jun, cuib mil
re li jun chic ut quixq'ue jun mil re li jun
chic. Quixq'ue re li junjunk a' yal chanru
lix sebal xch'ol chi rilbal. Tojo'nak co chi
najt. 16 Ut li mos li quic'uluc re li ob mil
pes, qui-oc chi yacoc chiru ut quirechani
ob mil pes chic sa' xben li quixc'ul. 17 Ut
jo'can cui'chic quixbanu li quic'uluc re li
cuib mil pes. Ut quirechani cuib mil pes
chic sa' xben li quixc'ul. 18 A'ut li mos li
quic'uluc re li jun mil pes, co ut quixbec
jun li jul sa' ch'och'. Ut aran quixmuk
li jun mil pes li quiq'uehe' re xban lix
patrón. 19 Ut najterak chic, quic'ulun
lix patroneb laj c'anjel a'an. Quixbokeb
lix mos chixk'axtesinquil xcuenteb. 20 Ut
quicuulac li mos li quic'uluc re li ob
mil pes. Ut quixc'am chak li ob mil li
quixc'ul ut quixc'am chak ajcui' li ob mil
chic li xben li quirechani, ut quixye: —
Kacua', ob mil pes caq'ue cue. Cuaye'
la tumin ut ob mil chic xcuechani chak
sa' xben li caq'ue cue, chan. 21 Ut lix
patrón quixye re: —K'axal us xabanu.
Laat chabilat ut tz'akalat aj c'anjel. Sa'
xben li ca'ch'in xink'axtesi acue, chabil
xat-el. Anakcuan tink'axtesi chic nabal
acue. Chisahok' sa' la ch'ol xban nak
tattz'akonk ajcui' riq'uin li sahil ch'olejil
li cuan cuiq'uin lain, chan. 22 Ut li mos
li quic'uluc re li cuib mil pes quicuu-

lac ut quixye: —Kacua', caq'ue cue cuib
mil pes ut cuib mil pes chic xcuechani
chak sa' xben, chan. 23 Ut lix patrón
quixye re: —Us xabanu. Chabilat aj
c'anjel. Riq'uin li ca'ch'in xinq'ue acue,
us xat-el. Anakcuan tink'axtesi acue na-
bal chic. Chisahok' sa' la ch'ol xban nak
tattz'akonk ajcui' riq'uin li sahil ch'olejil
li cuan cuiq'uin lain, chan. 24 Ut quicu-
ulac ajcui' li jun chic li quic'uluc re
li jun mil pes ut quixye re lix pa-
trón: —Kacua', ninnau nak josk'at laat.
Nacatk'oloc bar inc'a' nacat-au cui', ut
nacatxococ bar cui' inc'a' nacatpajin iyaj.
25 Jo'can nak quinxucuac ut coin ut cox-
inmuk sa' ch'och' li caq'ue cue. Cue' li jun
mil pes li caq'ue cue, chan. 26 Ut li pa-
trón quijosk'o' ut quixye re: —Inc'a' us
la na'leb. Inc'a' nacacuaj trabajic. Xanau
nak nink'oloc bar inc'a' nin-au cui'. Ut
xanau nak ninxococ bar inc'a' ninpajin
cui' iyaj. 27 Jo'can ut tento nak xaq'ue
raj lin tumin reheb laj to' tumin. Ut
sa' inc'ulunic, xinc'ul raj ral lin tumin
rochben raj li xaq'ue chi to', chan. 28 Ut
li patrón quixye reheb lix mos li cuan-
queb aran: —Mak'omak chiru li jun mil
pes ut q'uehomak re li ani aj iq'uin cuan
li lajeb mil pes. 29 Chixjunil li ani cuan
nabal reheb, mas cui'chic taq'uemank re
ut k'axal cui'chic nabal tacuank re. Ut li
ani ca'ch'in ajcui' cuan re, tamak'mank
chiru li jo' q'uial cuan re. 30 Ut laj c'anjel
a'in, mac'a' na-oc cui'. Isihomak arin ut
q'uehomak sa' k'ojyin. Aran tacuank li
yabac ut li c'uxuxinc ruch e, chan.

Li rakba atin tachalk

31 Nak tinchalk lain li C'ajolbej
riq'uin xnimal inlok'al cuochbenakeb
chak chixjunileb li ángel, tojo'nak
toxinc'ojlak sa' lin c'ojaribal retalil
xnimal incuanquil chi rakoc atin. 32 Ut
te'ch'utubak chicuu chixjunil xtepaleb
li tenamit li cuanqueb sa' ruchich'och'.
Tojo'nak tinsiq'ueb ru ut tinq'ueheb sa'
cuib ch'utal jo' nak li pastor narisiheb
lix carner sa' xyankeb li chibat. 33 Ut
tinq'ueheb lin carner sa' lin nim uk' ut
eb li chibat tinq'ue sa' intz'e. 34 Ut lain
li Rey tinye reheb li cuanqueb sa' lin
nim: —Osobtesinbilex xban lin Yucua'.
Echanihomak li nimajcual cuanquilal
cauresinbil chok' ere chalen chak sa'
xticlajic li ruchich'och'. 35 Terechani
xban nak quintz'oca chak ut quineq'ue
chi cua'ac. Quichakic cue ut quineq'ue
chi uc'ac. Quinsic' cuochochnal ut
quinec'ul eriq'uin. 36 Nak mac'a'
cuak', queq'ue cuak'. Nak quinyajer,
quinetenk'a. Nak quincuan sa' tz'alam,
coxineril chak. 37 Ut eb li tiqueb xch'ol
te'xye cue: —Kacua', ¿jok'e ta bi' catkil
chi tattz'ocak ut jok'e ta bi' catkaq'ue chi
cua'ac? ¿Jok'e ta bi' catkil chi tachakik
acue ut jok'e ta bi' catkaq'ue chi uc'ac?
cha'keb cue. 38 ¿Jok'e ta bi' casic'
acuochochnal ut catkac'ul ta kiq'uin?
¿Jok'e ta bi' catkil chi mac'a' acuak' ut
quikaq'ue ta acuak'? 39 ¿Jok'e ta bi'
catkil chi yajat ut catkatenk'a ta? ¿Jok'e
catcuan sa' tz'alam ut coxatkil ta chak?
cha'keb. 40 Ut lain tinchak'ok ut tinye
reheb: —Relic chi yal tinye ere, cui
quebanu a'in re junak li neque'paban
cue, usta cubenak xcuanquil, cue ajcui'
lain quebanu chak. 41 Tojo'nak lain li
Rey tinye reheb li cuanqueb sa' lin tz'e:
—Elenkex chicuu. Tz'ektananbilex sa'
li xam li ma jok'e tachupk c'ubanbil
chak chok' re laj tza ut reheb ajcui'
lix ángel. 42 Xban nak lain quintz'oca
chak ut inc'a' quineq'ue chi cua'ac.
Quichakic chak cue ut inc'a' quineq'ue
chi uc'ac. 43 Quinsic' li cuochochnal ut
inc'a' quinec'ul eriq'uin. Mac'a' cuak' ut
inc'a' queq'ue cuak'. Quinyajer ut inc'a'
quinetenk'a. Quincuan chi prexil ut
inc'a' coxineril chak, cha'kin reheb. 44 Ut
te'chak'ok ut te'xye cue: —Kacua', ¿jok'e
ta bi' catkil chi tattz'ocak? ¿Jok'e ta bi'
catkil chi tachakik acue? ¿Jok'e casic'

a̱cuochochnal? ¿Jok'e catkil chi ma̱c'a'
la̱ cuak' malaj yajat, malaj cuancat sa'
tz'alam ut inc'a' catkatenk'a? cha'keb.
45 Ut la̱in li Rey tinchak'ok ut tinye
reheb: —Relic chi ya̱l tinye e̱re, xban
nak inc'a' quetenk'aheb li neque'pa̱ban
cue li ma̱c'a'eb xcuanquil, inc'a' ajcui'
quine̱tenk'a la̱in, cha'kin reheb. 46 Ut eb
a'an te'xic sa' li tojba ma̱c chi junelic.
Abanan li ti̱queb xch'o̱l cua̱nkeb xyu'am
chi junelic.

Que'xc'u̱b rib re nak te'xchap li Jesús

26 Ut nak quirake' li Jesús chixyebal
chixjunil li a̱tin a'in, quixye reheb
lix tzolom: 2 —La̱ex nequenau nak cuib
cutan chic ma̱ nacuulac xk'ehil li pas-
cua re xnink'einquil chanru nak que'cole'
ut que'el laj Israel sa' li tenamit Egipto.
Ut la̱in li C'ajolbej tink'axtesi̱k re nak
tinq'uehek' chiru cruz. 3 Ut eb lix be̱nil aj
tij ut eb laj tz'i̱b ut eb li neque'c'amoc be
sa' xya̱nkeb laj judío que'xch'utub ribeb
chiru neba̱l re li rochoch lix yucua'ileb
laj tij, Caifás xc'aba'. 4 Ut que'xc'u̱b ribeb
re nak te'xchap li Jesús ut re nak
te'xyo'ob a̱tin chirix re xcamsinquil. 5 Ut
que'xye chiribileb rib: —Inc'a' takachap
li Jesús nak yo̱k li nink'e xban nak te'pok'
li tenamit sa' kabe̱n ut te'oc chi pletic
kiq'uin, chanqueb.

Li ixk quixq'ue li sununquil ban sa' xjolom li Jesús

6 Li Jesús cuan aran Betania sa' ro-
choch laj Simón li saklep rix. 7 Chunchu
sa' me̱x nak quicuulac jun li ixk. Cuan
jun ch'ina me̱t yi̱banbil riq'uin li ter-
to̱quil pec alabastro xc'aba'. Cuan li su-
nunquil ban chi sa', k'axal terto xtz'ak.
Li ixk quixq'ue li ban sa' xjolom li
Jesús. 8 Nak que'ril a'an, eb lix tzolom
que'josk'o' ut que'xye chi ribileb rib: —
¿C'a'ut nak xsach li sununquil ban a'in
chi ma̱c'a' rajbal? 9 Xru raj xc'ayiman
chi k'axal terto xtz'ak ut xkajeq'ui raj
li tumin reheb li neba', chanqueb. 10 Li
Jesús quixnau li c'a'ru yo̱queb chixyebal
ut quixye reheb: —¿C'a'ut nak yo̱quex
chixch'i'ch'i'inquil li ixk a'in? Canabo-
mak xcuech'inquil xban nak us li xba̱nu
cue. 11 Li neba' junelic cua̱nkeb sa'
e̱ya̱nk. Abanan la̱in moco cua̱nkin ta chi
junelic e̱riq'uin. 12 Li ixk a'in us li xba̱nu
cue nak xq'ue li sununquil ban sa' inbe̱n.
Ma̱ji' nincam abanan ac xinixban re lin
mukbal. 13 Relic chi ya̱l tinye e̱re yalak
bar ta̱yema̱nk resil li colba-ib sa' chixju-
nil li ruchich'och', ta̱yema̱nk ajcui' resil
li c'a'ru xba̱nu cue li ixk a'in re xjultican-
quil a'an, chan.

Laj Judas Iscariote quixyechi'i xk'axtesinquil li Jesús sa' ruk'eb li xbe̱nil aj tij

14 Ut laj Judas Iscariote, jun reheb li
cablaju chi xtzolom li Jesús, co̱ riq'uineb
lix be̱nil aj tij. 15 Ut quixye reheb: —¿Jo'
nimal te̱q'ue cue cui tink'axtesi li Jesús
e̱re? chan reheb. Ut eb a'an que'xc'u̱b
nak te'xq'ue laje̱b xca'c'a̱l chi tumin plata
re. 16 Ut chalen sa' li cutan a'an, laj Ju-
das yo̱ chixsic'bal jok'e tixq'ue rib re nak
tixk'axtesi li Jesús sa' ruk'eb.

Xticlajic chak li Lok'oni̱nc re Xjulticanquil lix Camic li Jesucristo

17 Sa' li xbe̱n cutan re li nink'e nak
neque'xcua' li caxlan cua chi ma̱c'a'
xch'amal, que'chal lix tzolom riq'uin li
Jesús ut que'xye re: —¿Bar ta̱cuaj taka-
cauresi chak li na'ajej re ta̱tzaca cui'
li mayejanbil xul? chanqueb. 18 Ut li
Jesús quixye reheb: —Ayukex sa' li tena-
mit riq'uin li cui̱nk li xinye e̱re, ut
te̱ye re, "Chan laj tzolonel nak cuu-
lac re xk'ehil lix camic. Ta̱raj xnum-
sinquil li nink'e Pascua sa' la̱ cuochoch
rochbeneb lix tzolom," cha'kex re li
cui̱nk. 19 Ut eb lix tzolom que'xba̱nu jo'
que'yehe' reheb xban li Jesús ut aran
que'xcauresi li nink'e. 20 Ut nak qui-ecuu

sa' li cutan a'an, quic'ojla li Jesús sa'
mex rochbeneb lix cablaju chi tzolom.
21 Ut nak yoqueb chi cua'ac, li Jesús
quixye reheb: —Relic chi yal tinye ere
nak jun ere laex tak'axtesink cue sa'
ruk'eb li xic' neque'iloc cue, chan. 22 Ut
mac'a' jo' nak que'raho' sa' xch'oleb. Ut
chi xjunjunkaleb que'xpatz' re: —¿Ma
lain ta bi' tink'axtesink acue, Kacua'?—
23 Quichak'oc li Jesús ut quixye reheb: —
Li tak'axtesink cue, a'an li tixtz'a xcaxlan
cua sa' li sec' li tintz'a cui' li cue lain.
24 Relic chi yal lain li C'ajolbej tincam-
sik jo' tz'ibanbil retalil chicuix sa' li
Santil Hu. Abanan raylal cuan sa' xben
li cuink a'an li tak'axtesink cue. K'axal
us raj chok' re li cuink a'an nak inc'a'
raj quiyo'la, chan li Jesús. 25 Tojo'nak
quichak'oc laj Judas li tak'axtesink re ut
quixye: —¿Malaj ut lain li yocat chinye-
bal, at tzolonel? Ut li Jesús quixye re:
—Laat xaye acuib. 26 Ut nak yoqueb chi
cua'ac, li Jesús quixchap li caxlan cua.
Quixbantioxi chiru li Dios, quixjachi,
tojo'nak quixjeq'ui reheb lix tzolom. Ut
quixye reheb: —C'ulumak, cua'omak.
A'an a'in lin tz'ejcual.— 27 Ut quixchap
ajcui' li sec' re uc'ac ut quixbantioxi chiru
li Dios ut quixq'ue reheb ut quixye reheb:
—Uc'umak li cuan sa' li sec' a'in cheju-
nilex, 28 xban nak a'an a'in lin quiq'uel li
tahoyek' re nak tacuyek' xmaqueb nabal
chi tenamit. Ut a'an taxakabank xcuan-
quil li Ac' Contrato. 29 Relic chi yal tinye
ere nak chalen anakcuan inc'a' chic tin-
cuuc' lix ya'al ru li uva toj nak tacuulak
xk'ehil nak tincuuc' cui'chic cuochbenex
sa' lix nimajcual cuanquilal lin Yucua',
chan li Jesús.

Li Jesús quixye nak tatz'ektanak xban laj Pedro

30 Nak ac xe'rake' xbichanquil jun li
bich re xlok'oninquil li Dios, que'coeb sa'
li tzul Olivos. 31 Ut li Jesús quixye reheb:
—Chejunilex laex tach'inak le ch'ol sa'
inc'aba' lain ut tinecanab injunes chiru li
k'ojyin a'in jo' tz'ibanbil retalil sa' li San-
til Hu: Tincanab chi camsic laj ilol re-
heb li carner ut eb li carner te'xcha'cha'i
ribeb. (Zac. 13:7) 32 Ut nak acak xincua-
cli cui'chic chi yo'yo sa' xyankeb li ca-
menak lain xben cua tinxic cheru laex
aran Galilea, chan li Jesús. 33 Ut laj Pe-
dro quichak'oc ut quixye: —Usta chixju-
nileb tate'xcanab, abanan lain inc'a' tat-
incanab, chan. 34 Ut li Jesús quixye re:
—Relic chi yal yoquin chixyebal acue
nak chiru li k'ojyin a'in toj maji' nayabac
laj tzo' xul nak laat ac xaye oxib sut
nak inc'a' nacanau cuu.— 35 Ut laj Pe-
dro quixye cui'chic: —Ma jok'e tinye
nak inc'a' ninnau acuu, usta tine'xcamsi
acuochben, chan. Ut jo'can ajcui' que'xye
chixjunileb lix tzolom.

Nak quitijoc chak li Jesús aran Getsemaní

36 Li Jesús quicuulac rochbeneb lix
tzolom sa' li na'ajej Getsemaní. Ut quixye
reheb lix tzolom: —C'ojlankex cuan arin
roybeninquil nak tinxic chi tijoc toj
le', chan. 37 Ut quixc'am chirix laj Pe-
dro jo'queb ajcui' li cuib chi ralal laj
Zebedeo. Ut li Jesús qui-oc chi rahoc
sa' xch'ol ut c'ajo' nak tayot'ek' xch'ol.
38 Ut quixye reheb: —Cuan jun raylal
sa' inch'ol ut yo chinyot'bal. Inc'a' chic
nincuy nak nacuec'a. Canakex arin ut
yo'lenkex cuochben, chan. 39 Ut quibec
chic ca'ch'in li Jesús ut quixhupub rib
sa' ch'och' ut quitijoc. Ut quixye: —At
inYucua', cui ta naxq'ue rib, inc'a' raj
tinc'ul li raylal a'in. Abanan chi-uxmank
li c'a'ru nacacuaj laat ut macua' li nacuaj
lain.— 40 Ut nak quisuk'i riq'uineb lix
tzolom, quixtauheb chi cuarc. Ut quixye
re laj Pedro: —¿Ma toj yoquex chi
cuarc? ¿Ma inc'a' xru xexyo'lec jun orak
cuochben? 41 Chexyo'lek ut chextijok re
nak inc'a' teq'ue erib chi alec. Laex
nequeraj raj xbanunquil li us, abanan

ejunes inc'a' texruk, chan. 42 Ut li Jesús
co cui'chic xca' sut chi tijoc ut quixye:
—At inYucua', cui ta naxq'ue rib nak
inc'a' raj tinc'ul li raylal a'in, abanan
chi-uxmank li c'a'ru nacacuaj laat.—
43 Ut nak quisuk'i cui'chic li Jesús, quix-
tauheb cui'chic chi cuarc lix tzolom
xban nak ma ca'ch'in lix cuaraheb.
44 Quixcanabeb ut co cui'chic chi ti-
joc rox sut ut jo'can cui'chic quixtz'ama
chiru li Dios. 45 Tojo'nak quichal cui'chic
riq'uineb lix tzolom ut quixye reheb:
—¿Ma toj yoquex chi cuarc? Tz'akalak
li hilanc xebanu. Ac xtau xk'ehil nak
lain li C'ajolbej tink'axtesik sa' ruk'eb
laj mac. 46 Cuaclinkex anakcuan, yo'keb;
cue' chak li tak'axtesink cue sa' ruk'eb li
xic' neque'iloc cue, chan.

Nak que'xc'am chi prexil li Jesús

47 Toj yo ajcui' chi atinac li Jesús nak
cox-elk laj Judas. A'an jun reheb li ca-
blaju. Nabal que'chal rochben taklan-
bileb chak xbaneb li xbenil aj tij ut
xbaneb laj c'amol be sa' xyankeb laj
judío. Cuanqueb xch'ich' ut cuanqueb
xche'. 48 Li tak'axtesink re ac xc'ub chak
rib riq'uineb c'a'ru li retalil li tixc'ut.
Quixye reheb: —Li ani tincuutz' ru, a'an
li techap.— 49 Ut laj Judas co chi jun-
pat riq'uin li Jesús ut quixye re: —¿Chan
xacuil, at tzolonel?— ut quirutz' ru. 50 Ut
li Jesús quixye re: —Cuamig, ¿c'a'ru
acuajom arin?— Tojo'nak que'nach'oc
riq'uin li Jesús ut que'xchap. 51 Ut jun
reheb li rochben li Jesús quirisi chak
lix ch'ich' ut quixch'ot lix xic lix mos li
xbenil aj tij. 52 Tojo'nak quiyehe' re xban
li Jesús: —Q'ue la ch'ich' sa' lix na'aj xban
nak chixjunileb li neque'pletic riq'uin
ch'ich', riq'uin ch'ich' ajcui' te'osok'.
53 ¿Ma inc'a' nacanau nak naru tintz'ama
chiru lin Yucua' ut a'an tixtakla raj chak
anakcuan anakcuan q'uila ok'ob chi án-
gel chincolbal? 54 Abanan cui tixtakla
raj chak eb li ángel, ¿chan raj ru nak
tatz'aklok ru li tz'ibanbil sa' li Santil Hu,
li naxye nak jo'ca'in tento tac'ulmank?
chan li Jesús. 55 Ut sa' li honal a'an li
Jesús quixye reheb li q'uila tenamit, —
¿Ma lain ta bi' aj elk' nak xexchal chin-
chapbal riq'uin che' ut riq'uin ch'ich'? Ra-
jlal cutan ninc'ojla sa' eyank chetzolbal
sa' li rochoch li Dios ut inc'a' quinechap
aran. 56 Abanan chixjunil a'in x-uxman
re nak tatz'aklok ru li Santil Hu tz'ibanbil
xbaneb li profeta. Tojo'nak que'elelic
chixjunileb lix tzolom ut que'xcanab
xjunes li Jesús.

Que'xtz'il atin chirix li Jesús nak cuan chiru lix yucua'il eb laj tij

57 Ut li Jesús quic'ame' riq'uin
laj Caifás, lix yucua'ileb laj tij.
Aran ch'utch'uqueb laj tz'ib ut eb
li neque'c'amoc be sa' xyankeb laj
judío. 58 Ut laj Pedro chi najt yo chak
chixtakenquil li Jesús ut quicuulac toj
chi ru'uj nebal sa' rochoch lix yucua'ileb
laj tij. Qui-oc aran ut quic'ojla sa'
xyankeb laj c'ac'alenel re nak taril c'a'ru
tacanak cui'. 59 Ut eb li xbenil aj tij ut
eb li neque'c'amoc be sa' xyankeb laj
judío ut chixjunileb li neque'tz'iloc atin
yoqueb chixsic'bal chanru nak te'xyo'ob
junak atin chirix li Jesús re nak taruk
te'xk'axtesi chi camsic. 60 Abanan inc'a'
que'xtau usta nabal chi testigo aj
tic'ti'eb cuanqueb aran. Toj que'cuulac
cuib chic li testigo aj tic'ti'eb, tojo'nak
que'xtau chanru te'xjit cui'. 61 Li cuib
a'an que'xye: —Jo'ca'in quixye li cuink
a'in, "Lain taruk tinjuc' li rochoch li
Dios ut chiru oxib cutan tinyib cui'chic",
chan. 62 Ut quixakli lix yucua'ileb laj tij
ut quixye re li Jesús: —¿C'a'ru nacaye
laat? ¿Ma mac'a' nacaye chirix li yoqueb
chixyebal chacuix?— 63 Ut li Jesús ma
jun li atin quixye. Ut li xyucua'ileb aj
tij quixye cui'chic re: —Sa' xc'aba' li
yo'yoquil Dios taye ke cui laat li Cristo,
li Ralal li Dios.— 64 Ut li Jesús quixye

re: —Yal li xaye laat. Ut tinye ajcui'
ere nak chalen anakcuan tineril lain
li C'ajolbej nak c'ojc'okin sa' xnim uk'
li nimajcual Dios ut tineril ajcui' nak
yokin chak chi chalc cui'chic sa' li chok
sa' choxa, chan. 65 Nak quirabi a'an, li
xyucua'ileb laj tij quixpej li rak' xban
xjosk'il ut quixye: —A'an xjuntak'eta rib
riq'uin li Dios. ¿C'a' chic ru aj e nak toj
te'xye ke c'a'ru lix mac? Ac xerabi nak
xjuntak'eta rib riq'uin li Dios. 66 ¿C'a'ru
nequeye? ¿Ma cuan xmac malaj inc'a'?
chan. Ut que'chak'oc ut que'xye: —Cuan
xmac ut xc'ulub nak tacamsik.—
67 Tojo'nak cuan que'chuban re sa' ru. Ut
cuan que'sac'oc re ut cuan que'pak'len re
chi ruk'eb. 68 Ut que'xye re: —At Cristo,
ye ke ani xsac'oc acue, chanqueb.

Laj Pedro quixye nak inc'a' naxnau ru li Jesús

69 Laj Pedro cuan chirix cab c'ojc'o chi
ru'uj nebal. Quicuulac jun li ixk, xmos
li xyucua'ileb laj tij. Quixye re laj Pe-
dro: —Laat jun reheb li xe'ochbenin re li
Jesús aj Galilea.— 70 Laj Pedro quitic'ti'ic
chiruheb chixjunileb ut quixye: —Lain
inc'a' ninnau ru ani nacaye, chan. 71 Ut
jun chic li ixk qui-iloc re nak yo chi elc
chire li cab. Ut quixye reheb li cuan-
queb aran: —Li cuink a'in, a'an jun qui-
ochbenin re li Jesús aj Nazaret. 72 Ut laj
Pedro quitic'ti'ic cui'chic xca' cua. Quix-
patz' xc'aba' li Dios ut quixye: —Inc'a'
ninnau ru li cuink a'an, chan. 73 Ut jun-
patak chican, li cuanqueb aran que'jiloc
riq'uin laj Pedro ut que'xye re: —Relic
chi yal nak laat xcomoneb xban nak
la cuatinobal nac'utuc re nak laat aj
Galilea.— 74 Ut laj Pedro qui-oc chi ma-
jecuanc ut quixye riq'uin juramento: —
Inc'a' ninnau ru li cuink a'an, chan. Ut sa'
ajcui' li honal a'an quiyabac laj tzo' xul.
75 Ut sa' junpat quinak sa' xch'ol laj Pedro
li atin li quiyehe' re xban li Jesús, "Nak
toj maji' nayabac laj tzo' xul, laat ac xaye
oxib sut nak inc'a' nacanau cuu." Ut laj
Pedro ma c'ajo' nak quiyot'e' xch'ol. Qui-
el chirix cab ut c'ajo' nak quiyabac.

Li Jesús quic'ame' sa' rakleb atin chiru laj Pilato

27 Ut nak quisakeu, que'xch'utub
ribeb chixjunileb lix benil aj tij
ut eb laj c'amol be sa' xyankeb laj judío.
Que'xc'ub rib chanru te'xbanu re nak ta-
camsik li Jesús. 2 Que'xc'am li Jesús chi
bac'bo ut que'xk'axtesi sa' ruk' laj Pilato
li acuabej.

Lix Camic laj Judas

3 Ut laj Judas li quik'axtesin re li
Jesús, c'ajo' nak quiyot'e' xch'ol riq'uin
li quixbanu nak quiril nak quitenebac
camc sa' xben li Jesús. Quixk'ajsi li la-
jeb xca'c'al chi tumin plata reheb lix
benil aj tij ut reheb li neque'c'amoc be
sa' xyankeb laj judío. 4 Quixye reheb: —
Xinmacob nak xink'axtesi ere li cuink
a'in xban nak mac'a' xmac, chan. A'ut eb
a'an que'xye re: —¿C'a' takaj re lao? Il
c'a'ru tabanu.— 5 Ut laj Judas quixcut li
tumin sa' rochoch li Dios. Ut co ut quixy-
atz' rib. 6 Ut eb lix benil aj tij que'xxoc li
tumin ut que'xye: —Inc'a' us xq'uebal li
tumin a'in sa' xcaxil lix mayej li rochoch
li Dios xban nak xtz'ak xyu'am li cuink.—
7 Ut que'xc'ub ru nak te'xlok' jun li ch'och'
re te'mukek' cui' li jalaneb xtenamit. Ut
chiru li tumin a'an que'xlok' li na'ajej a'an
riq'uin laj pac'onel. 8 Jo'can nak chalen
anakcuan quicana chok' xc'aba' li na'ajej
a'an "Lok'bil riq'uin Quic'." 9 Ut riq'uin
a'in quitz'akloc ru li quixye li profeta
Jeremías nak quixye:

10 Ut que'xchap li lajeb xca'c'al chi tumin
plata, xtz'ak li quik'axtesic. Lix tz'ak
a'an li tenebanbil sa' xben xbaneb
laj Israel. Ut chiru li tumin a'an
que'xlok' jun li ch'och' riq'uin laj
pac'onel, jo' quiyehe' cue xban li
Kacua'. (Zac. 11:12-13)

Li Jesús quic'ame' sa' rakleb a̱tin chiru laj Pilato

11 Que'xc'am li Jesús ut que'xxakab chiru laj Pilato li acuabej. Ut laj Pilato quixpatz' re: —¿Ma la̱at lix Reyeb laj judío?— Li Jesús quichak'oc ut quixye re: —Ya̱l li xaye nak la̱in.— 12 Ut nak yo̱ xjitbal xbaneb lix be̱nil aj tij ut eb li neque'c'amoc be chiruheb laj judío, chi ti̱c inc'a' quichak'oc. 13 Ut laj Pilato quixye re: —¿Ma inc'a' nacacuabi jo' q'uial li yo̱queb chixyebal cha̱cuix?— 14 Aban li Jesús ma̱ jun li a̱tin quixye re tixcol rib ut riq'uin a'an quisach xch'o̱l laj Pilato.

Quiteneba̱c li ca̱mc sa' xbe̱n li Jesús

15 Rajlal chihab sa' li nink'e Pascua li acuabej narach'ab junak li pre̱x a' ya̱l ani te'raj li tenamit ta̱ach'aba̱k jo' c'aynakeb xba̱nunquil. 16 Sa' eb li cutan a'an cuan sa' tz'alam jun li cui̱nk na'no ru chi us, aj Barrabás xc'aba'. 17 Ut nak ch'utch'u̱queb li q'uila tenamit, laj Pilato quixpatz' reheb: —¿Ani te̱raj tincuach'ab? ¿Ma laj Barrabás, malaj ut li Jesús li Cristo neque'xye re? chan laj Pilato. 18 Laj Pilato naxnau nak xban xcakaleb xch'o̱l li xbe̱nil aj tij nak que'xk'axtesi li Jesús sa' rakleb a̱tin. 19 Nak laj Pilato c'ojc'o sa' lix na'aj li narakoc cui' a̱tin, li rixakil quixtakla xyebal re: —Ma̱c'a' ta̱ba̱nu re li cui̱nk a'an xban nak ma̱c'a' xma̱c. Sa' xc'aba' a'an nak k'axal ra xinmatq'ue chi k'ek, chan. 20 Ut eb li xbe̱nil aj tij ut eb li neque'c'amoc be sa' xya̱nkeb laj judío que'xtacchi'i li q'uila tenamit re nak te'xye nak a' laj Barrabás li ta̱ach'aba̱k, ut a' li Jesús ta̱camsi̱k. 21 Ut li acuabej quixpatz' reheb: —¿Bar cuan reheb li cuib a'in te̱raj tincuach'ab?— Ut eb a'an que'xye: —A' laj Barrabás, chanqueb. 22 Quixye laj Pilato reheb: —Ut, ¿c'a' put ru ta̱ru̱k tinba̱nu la̱in riq'uin li Jesús, li Cristo neque'xye re?— Ut chixjunileb que'xye: —¡Chiq'uehek' chiru cruz!— 23 Ut li acuabej quixye reheb: —¿C'a'ut? ¿C'a'ru tz'akal xma̱c e̱re?— Ut eb a'an k'axal cau cui'chic que'xjap re chixyebal: —¡Chiq'uehek' chiru cruz!— 24 Ut laj Pilato quiril nak inc'a' qui-el chi us li quiraj xba̱nunquil ut quixq'ue retal nak k'axal cui'chic nak que'po' xch'o̱l li tenamit. Tojo'nak quixtakla xc'ambal lix ha' re xch'ajbal li ruk' chiruheb li tenamit ut quixye: —Ma̱c'a' inma̱c la̱in riq'uin xcamic li cui̱nk a'in li ma̱c'a' xma̱c. La̱ex chic yal e̱re sa' xbe̱n, chan. 25 Ut chixjunileb li tenamit que'chak'oc ut que'xye: —Sa' kabe̱n la̱o ut sa' xbe̱neb li kalal kac'ajol chicana̱k xtojbal rix lix camic, chanqueb. 26 Tojo'nak laj Pilato quirach'ab laj Barrabás chiruheb li tenamit. Ut quixtakla xsac'bal li Jesús riq'uin tz'u̱m ut quixk'axtesi sa' ruk'eb li soldado re nak te'xq'ue chiru cruz. 27 Ut eb lix soldado li acuabej que'xc'am li Jesús sa' li po̱pol ut que'xch'utub ribeb chixjunileb li soldado ut que'xsut li Jesús. 28 Que'risi li rak' ut que'xq'ue jun caki t'icr chirix jo' neque'rocsi li rey. 29 Ut que'xtz'ul jun li corona riq'uin q'uix ut que'xq'ue sa' xjolom. Ut sa' xnim uk' que'xq'ue jun li che'. Ut que'xcuik'ib ribeb chiru ut que'retz'u ut que'xye: —Sahak taxak sa' a̱ch'o̱l, at xReyeb laj judío, chanqueb re. 30 Quilaje'xchu̱ba, ut que'xchap li che' ut riq'uin a'an que'xsac' sa' xjolom. 31 Ut nak ac xe'xtacuasi, que'risi li t'icr li cuan chirix. Ut que'xq'ue cui'chic li rak' chirix. Tojo'nak que'xc'am re nak te'xq'ue chiru cruz.

Li Jesús quiq'uehe' chiru cruz

32 Ut nak yo̱queb chi xic, que'xc'ul jun li cui̱nk aj Simón xc'aba', Cirene xtenamit. Eb li soldado que'xmin ru a'an chixpakonquil lix cruz li Jesús. 33 Ut que'cuulac sa' li na'ajej Gólgota xc'aba'. Chi jalbil ru naraj naxye: Xna'aj Xbakel Xjolom Camenak. 34 Ut que'xq'ue

vino re li Jesús yubil riq'uin c'ahil
ban re xcotzbal li raylal, abanan nak
quixyal, inc'a' quiruc'. 35 Ut mokon nak
ac que'xq'ue chiru cruz, eb li sol-
dado que'bulic chirix li rak' re rilbal
ani na taechanink re li rak'. Jo'ca'in
quitz'akloc ru li yebil xban li profeta
nak quixye: Que'xjeq'ui chi ribileb rib
li cuak' ut que'bulic chirix lin t'icr.
(Sal. 22:18) 36 Que'c'ojla aran ut que'oc
chixc'ac'alenquil li Jesús. 37 Sa' xben
li cruz que'xq'ue jun retalil c'a'ut nak
que'xcamsi ut naxye:
A'an a'in li Jesús, lix Reyeb laj judío.

38 Ut cuib aj elk' que'q'uehe' chiru cruz
rochben, jun sa' xnim ut jun sa' xtz'e.
39 Ut eb li tenamit yoqueb chi numec'
aran, que'xhob li Jesús ut neque'rec'asi
xjolomeb. 40 Ut que'xye: —¿Ma macua'
ta bi' laat li cat-ajoc re xjuc'bal rochoch
li Dios, ut yal chiru oxib cutan raj xayib
cui'chic? Xacol raj acuib. Cui yal nak laat
Ralalat li Dios, cuben chak chiru li cruz,
chanqueb. 41 Jo'can ajcui' eb li xbenil aj
tij yoqueb chixhobbal li Jesús rochbeneb
laj tz'ib ut eb li neque'c'amoc be sa'
xyankeb laj judío. 42 Ut que'xye: —Jalan
chic xcoleb ut a'an inc'a' naru naxcol rib
xjunes. Cui yal nak a'an xReyeb laj judío,
chicubek chak chiru li cruz anakcuan
ut topabank chiru. 43 Cau xch'ol riq'uin
li Dios. Chicolek' anakcuan cui narahe'
xban li Dios xban nak naxye nak a'an
Ralal li Dios, chanqueb. 44 Ut jo'can eb
ajcui' laj elk' li que'q'uehe' chiru cruz
rochben, yoqueb chixhobbal. 45 Tuktu
cua'leb nak quik'ojyino' sa' chixjunil li
ruchich'och' ut toj sa' oxib or re ecuu
quicutano' cui'chic. 46 Ut ca'ch'in chic ma
oxib or nak quiatinac li Jesús chi cau
xyab xcux ut quixye: —Elí, Elí, ¿lama
sabactani?— Chi jalbil ru naraj naxye: At
inDios, at inDios, ¿c'a'ut nak xinacanab
injunes? 47 Nak que'rabi li c'a'ru quixye
li cuanqueb aran, cuan li que'yehoc:
—Abihomak, yo chixbokbal li profeta
Elías, chanqueb. 48 Ut jun sa' xyankeb
co sa' anil ut coxtz'a chak jun li esponja
sa' vinagre ut quixtaksi chi ru'uj jun li
che' ut quixq'ue sa' re li Jesús re taruc'.
49 Ut li jun ch'ol chic que'xye: —Kilak
cuan ma tachalk na laj Elías chixcol-
bal, chanqueb. 50 A'ut li Jesús quixjap
cui'chic re chi cau ut qui-el xch'ol. 51 Ut
li t'icr li cuan chok' tas sa' li Santil Na'ajej
sa' li rochoch li Dios quik'iche' sa' xyi.
Quiticla chak takec' ut toj tak'a coxrake'
lix k'ichilal. Ca' jachal qui-el. Qui-ec'an
li ch'och' ut eb li sakonac quilaje'itz'e'.
52 Quilaje'teli li que'muke' cui' li came-
nak ut nabaleb li tiqueb xch'ol que'cuacli
cui'chic chi yo'yo. 53 Ut mokon chic nak
li Jesús ac xcuacli cui'chic chi yo'yo,
que'el chak sa' lix muklebal ut que'oc sa'
li santil tenamit Jerusalén ut nabal chi aj
u que'xc'utbesi cui' ribeb. 54 Ut li capitán
rochbeneb li yoqueb chi c'ac'alenc re li
Jesús, que'rec'a li hic ut que'xq'ue retal
li c'a'ru yo chi c'ulmanc. Ma c'ajo' nak
que'xucuac ut que'xye: —Relic chi yal
nak li cuink a'in tz'akal Ralal li Dios.—
55 Ut cuanqueb ajcui' ixk yoqueb chak
chi iloc chi najt. Eb a'an toj Galilea
que'xtake chak li Jesús ut que'c'anjelac
chiru. 56 Sa' xyankeb a'an cuanqueb lix
María aj Magdala, ut lix María xna'eb laj
Jacobo ut laj José, ut lix na'eb li ralal laj
Zebedeo.

Nak quimuke' li Jesús

57 Ac yo chi oc k'ojyin nak quicuu-
lac aran bar que'xcamsi cui' li Jesús jun
li cuink biom, aj José xc'aba'. Arimatea
xtenamit. A'an xtzolom ajcui' li Jesús nak
quicuan. 58 Li cuink a'in co riq'uin laj Pi-
lato ut quixtz'ama chiru nak taq'uehek'
re lix tz'ejcual li Jesús re nak tixmuk.
Ut laj Pilato quixtakla xk'axtesinquil re.
59 Ut laj José quixc'am li camenak ut
quixlan sa' jun li ac' t'icr lino. 60 Ut
quixq'ue sa' jun li ac' muklebal. Re raj
a'an li muklebal nak quiyibac sa' jun

sako̱nac. Ut quixbalk'usi jun nimla pec
chire li muklebaḻ ut co̱. 61 Ut cuanqueb
aran lix María aj Magdala ut lix María
jun chic. C'ojc'o̱queb aran chi xca'yabaḻ
li muklebaḻ.

Que'xakaba̱c li soldado chixc'ac'alenquil li muklebaḻ

62 Jo' cuulajak chic, nak ac xnume' lix
cutanquil li cauresi̱nc re li hilobaḻ cu-
tan, que'xch'utub ribeb li xbe̱nil aj tij
rochbeneb laj fariseo. Que'co̱eb riq'uin
laj Pilato. 63 Ut que'xye re: —Ka̱cua',
xjultico' ke li a̱tin quixye laj balak'
nak toj yo'yo̱k. Quixye nak sa' rox
li cutan ta̱cuacli̱k cui'chic chi yo'yo.
64 Takla xq'uebal retal chi us li muk-
lebaḻ toj ta̱numek' li oxib cutan. Ma̱re
te'cha̱lk lix tzolom chi k'ek chirelk'anquil
li camenak ut te'xye reheb li tena-
mit, “Xcuacli cui'chic chi yo'yo sa'
xya̱nkeb li camenak.” Ut k'axal cui'chic
ch'a'aj toe̱lk la̱o chiru li xkac'ul xbe̱n
cua. 65 Ut laj Pilato quixye reheb:
—Cue'queb jun ch'u̱tal chi soldado.
Ayukex rochbeneb ut q'uehomak re-
tal nak te'xba̱nu chi us. La̱ex neque-
nau chanru te̱ba̱nu, chan. 66 Ut co̱eb ut
que'xtz'ap chi us li muklebaḻ ut que'xq'ue
retalil li pec ut que'xcanab li soldado
aran chixc'ac'alenquil li muklebaḻ.

Li Jesús quicuacli cui'chic chi yo'yo sa' xya̱nkeb li camenak

28 Nak ac xnume' li hilobaḻ cutan,
sake̱uc re li xbe̱n cutan re li xa-
ma̱n, quicuulac lix María aj Magdala
rochben lix María jun chic chirilbal li
muklebaḻ. 2 Toj ma̱ji' ajcui' neque'cuulac
nak quicuan jun nimla hi̱c. Ut jun x-
ángel li Ka̱cua' quicube chak sa' choxa ut
quixbalk'usi li pec ut quic'ojla sa' xbe̱n.
3 Li rilobaḻ nalemtz'un chanchan rak' ca̱k
ut li rak' sak sak jo' li ratz'am que. 4 Ut
eb li yo̱queb chi c'ac'ale̱nc re li muk-
lebaḻ neque'sicsot xban xxiuheb chiril-
bal li quic'ulman. Chanchan camenak
que'cana. 5 Ut nak que'cuulac li ixk, li
ángel quixye reheb: —Mexxucuac la̱ex.
La̱in ninnau nak yo̱quex chixsic'bal li
Jesús li quicam chiru cruz. 6 Ma̱ ani
chic arin. Ac xcuacli chi yo'yo jo' quixye
e̱re. Quimkex arin. Ilomak lix na'aj bar
que'xq'ue cui' li Ka̱cua'. 7 Ayukex sa' jun-
pa̱t ut yehomak reheb lix tzolom nak ac
xcuacli chi yo'yo sa' xya̱nkeb li came-
nak. Ut anakcuan ta̱xic Galilea ut a'an
xbe̱n cua ta̱cuulak che̱ru la̱ex. Aran tox-
e̱ril ru. Ca'aj cui' a'in li tinye e̱re, chan
li ángel. 8 Te'xucuak li ixk nak que'el sa'
li muklebaḻ. Abanan quisaho' ajcui' sa'
xch'o̱leb riq'uin li c'a'ru que'rabi. Ut co̱eb
sa' a̱nil chixyebal resil reheb lix tzolom
li Jesús. 9 Yo̱queb chi xic nak xaka̱mil
li Jesús chiruheb ut quixq'ue xsahileb
xch'o̱l. Ut eb li ixk que'nach'oc riq'uin ut
que'xcuik'ib ribeb chiru. Que'xk'alu li rok
ut que'xlok'oni. 10 Li Jesús quixye reheb:
—Mexxucuac. Ayukex ut yehomak resil
reheb lin herma̱n re nak te'xic Galilea. Ut
aran te'ril cuu, chan.

Eb li xbe̱nil aj tij que'xtumina ruheb li soldado re nak te'xye li tic'ti'

11 Ut nak yo̱queb chi xic li ixk,
cuanqueb laj c'ac'alenel que'co̱eb sa'
tenamit chixyebal resil reheb lix be̱nil
aj tij chixjunil li c'a'ak re ru quic'ulman.
12 Ut lix be̱nil aj tij que'xch'utub ribeb
rochbeneb li neque'c'amoc be sa'
xya̱nkeb laj judío ut que'xc'u̱b ribeb
nak te'xq'ue nabal li tumin reheb li
soldado. 13 Ut que'xye reheb: —Jo'ca'in
te̱ye: “Eb lix tzolom que'cuulac chi k'ek
ut que'relk'a li camenak nak yo̱co chi
cua̱rc,” cha'kex. 14 Ut que'xye cui'chic
reheb li soldado li que'c'ac'alen re
li muklebaḻ: —Cui ta̱rabi resil a'in
li acuabej, la̱o to-oque̱nk che̱rix ut
texkacol, chanqueb. 15 Ut eb li soldado
que'xc'ul li tumin ut que'xba̱nu jo'
que'yehe' reheb. Ut li resil a'in quisutun

sa' xya̱nkeb laj judío chalen toj sa' li
cutan anakcuan.

Li Jesucristo quixc'utbesi rib chiruheb lix tzolom

16 Ut lix tzolom junlaju co̱eb Galilea
sa' xbe̱n li tzu̱l li que'yehe' reheb
xban li Jesús. 17 Ut nak que'ril ru li
Jesús, que'xlok'oni. Abanan cuanqueb sa'
xya̱nkeb lix tzolom li que'cuiban xch'o̱l
chixpa̱banquil. 18 Li Jesús quinach'oc
riq'uineb ut quixye reheb: —Chixjunil
li cuanquil q'uebil cue xban li Dios, jo'
sa' choxa jo' sa' ruchich'och'. 19 Jo'can
utan texxic sa' chixjunil li ruchich'och'
ut te̱ch'olob li xya̱lal chiruheb chixju-
nileb li tenamit re nak te'pa̱ba̱nk. Te̱cub-
siheb xha' sa' xc'aba' li Dios Acuabej, sa'
xc'aba' li Dios C'ajolbej ut sa' xc'aba' li
Dios Santil Musik'ej. 20 Te̱c'ut chiruheb
xpa̱banquil chixjunil li xinye chak e̱re.
Chenauhak nak la̱in cua̱nkin e̱riq'uin
chixjunil li cutan chalen toj sa' roso'jic
li ruchich'och'. Jo'can taxak.

Li Resil li Colba-ib li Quixtz'i̱ba li San Marcos

Laj Juan laj Cubsihom Ha' quixye resil lix c'ulunic li Jesucristo

1 Jo'ca'in nak quiticla chak resilal li
colba-ib sa' xc'aba' li Jesucristo li
Ralal li Dios. 2 Li profeta Isaías quixtz'i̱ba
li a̱tin li quixye li Dios re li Ralal:
Xbe̱n cua tintakla junak lin takl. A'an
ta̱yehok resil la̱ c'ulunic re nak
te'xcauresi rib li tenamit re a̱c'ulbal.
3 A'an tixch'olob xya̱lal sa' li chaki ch'och'
chi cau xya̱b xcux. Tixye:
Yi̱bomak le̱ yu'am ut yo'on cua̱nkex
chixc'ulbal li Ka̱cua' jo' nak
neque'xyi̱b li be re xc'ulbal junak li
nim xcuanquil. (Is. 40:3)
4 Jo'can nak co̱ laj Juan laj Cubsihom
Ha' sa' li chaki ch'och' ut yo̱ chi cub-
si̱nc ha' ut yo̱ chixch'olobanquil lix ya̱lal
chiruheb ut quixye: —Canabomak li ma̱-
cobc. Chi yot'ek' e̱ch'o̱l ut chejal e̱c'a'ux
ut chec'ul li cubi ha' ut li Dios tixcuy
tixsach le̱ ma̱c, chan. 5 Nabaleb laj Judea
ut nabaleb ajcui' laj Jerusalén que'cuulac
cuan cui' laj Juan chirabinquil li c'a'ru
yo̱ chixyebal. Que'xxo̱to xma̱c chiru li
Dios ut laj Juan quixcubsi xha'eb sa' li
nima' Jordán. 6 Li rak' narocsi laj Juan,
a'an yi̱banbil riq'uin rix li xul camello
ut lix c'a̱mal xsa', a'an tz'u̱m. Ut aj sa̱c'
naxtzaca riq'uin xya'al sak c'au. 7 Naxjul-
tica li ra̱tin li Dios reheb li tenamit ut
naxye: —Cha̱lc re jun chic li k'axal nim
xcuanquil chicuu la̱in. Xban nak k'axal
nim xcuanquil, moco inc'ulub ta nak
tinc'utzub cuib re xhitbal xc'a̱mal lix xa̱b.
8 La̱in xincubsi e̱ha' riq'uin ha'. Aban a'an
tixq'ue e̱re li Santil Musik'ej, chan.

Nak quixc'ul li cubi ha' li Jesucristo

9 Sa' eb li cutan a'an li Jesús qui-el
chak Nazaret xcue̱nt Galilea. Quicuulac
riq'uin laj Juan ut laj Juan quixcubsi xha'
aran sa' li nima' Jordán. 10 Ut nak qui-el
chak li Jesús sa' li ha', quiril nak quiteli li
choxa, ut li Santil Musik'ej quicube chak
sa' xbe̱n li Jesús. Chanchan jun li paloma
nak yo̱ chak chi cubec. 11 Ut qui-abi̱c
xya̱b xcux li Dios toj sa' choxa. Quixye
chi jo'ca'in: —La̱at li cualal k'axal raro̱cat
inban. Nasaho' inch'o̱l a̱cuiq'uin, chan li
Dios.

Nak quiyale' ra̱lenquil li Jesús xban laj Tza

12 Ut chirix a'in, li Jesús qui-ec'asi̱c
lix ch'o̱l xban li Santil Musik'ej re nak
ta̱xic sa' li chaki ch'och' bar ma̱c'a' cui'
cristian. 13 Ca'c'a̱l cutan quicuan chak
xjunes sa' li na'ajej a'an sa' xya̱nkeb li
josk' aj xul. Ut chiru li ca'c'a̱l cutan a'an,
li Jesús quiyale' ra̱lenquil xban laj tza,
aban inc'a' quixq'ue rib chi a̱le̱c. Ut eb
lix ángel li Dios que'cuulac chi c'anjelac
chiru. 14 Ac cuan laj Juan laj Cubsihom
Ha' sa' tz'alam nak co̱ li Jesús Galilea
ut yo̱ chixjulticanquil resil li colba-ib
li naxq'ue li Dios. 15 Li Jesús quixye:
—Xcuulac xk'ehil lix nimajcual xcuan-
quilal li Dios. Chiyot'ek' e̱ch'o̱l chejal
e̱c'a'ux ut pa̱bomak li Santil Evangelio,
chan li Jesús.

Li Jesús quixbokeb ca̱hib aj car re nak te'xic chirix

16 Ut nak coxnumek' li Jesús chire li
palau cuan Galilea quixtau laj Simón
rochben laj Andrés li ri̱tz'in. Yo̱queb
chixq'uebal lix yoy sa' li palau xban nak
a'aneb aj chapol car. 17 Li Jesús quixye
reheb, —Chine̱ta̱ke. Ma̱cua' chic caribc
te̱ba̱nu. E̱ras e̱ri̱tz'in ban chic te̱sic' re
te'pa̱ba̱nk, chan reheb. 18 Ut sa' junpa̱t
que'xcanab lix yoy ut que'xta̱ke li Jesús.
19 Junpa̱t chic quibe̱c li Jesús nak cox-
tauheb li ralal laj Zebedeo. Laj Jacobo ut
laj Juan xc'aba'eb. Cuanqueb sa' lix ju-
cub. Yo̱queb chixxitinquil lix yoy. 20 Li

Jesús quixbokeb ut que'xcanab laj Zebe-
deo lix yucua'eb sa' li jucub rochbeneb
lix mos. Ut que'xtake li Jesús.

Li Jesús quirisi li maus aj musik'ej

21 Que'cuulac sa' li tenamit
Capernaum. Sa' li hilobal cutan, qui-oc
li Jesús sa' li cab li neque'xch'utub
cui' ribeb laj judío. Ut qui-oc
chixch'olobanquil xyalal chiruheb
li tenamit. 22 Neque'sach xch'oleb li
tenamit chirabinquil li c'a'ru naxye
li Jesús xban nak quixc'ut xyalal
chiruheb chi cuan xcuanquil ut moco
jo' ta que'xbanu laj tz'ib li neque'c'utuc
lix chak'rab li Dios. 23 Sa' li cab
ch'utch'uqueb cui' cuan jun li cuink cuan
maus aj musik'ej riq'uin. 24 Li cuink
a'an quixjap re ut quixye: —¿C'a'ru
tacuaj kiq'uin, at Jesús aj Nazaret? ¿Ma
chikasachbal xatchal? Ninnau anihat
laat. Laat lix Santil Alal li Dios, chan.
25 Li Jesús quixk'us li maus aj musik'ej
ut quixye re: —Matchokin. Elen riq'uin
li cuink a'in, chan. 26 Ut li maus aj
musik'ej quixch'ikle chi cau li cuink.
Quixjap re chi cau ut qui-el riq'uin li
cuink. 27 Quilaje'sach xch'ol chixjunileb
li tenamit ut que'xye chiribileb rib:
—¿C'a'ru xyalal a'in? ¿C'a'ru li ac' tijleb
a'in? Li cuink a'in cuan xcuanquil sa'
xbeneb li maus aj musik'ej ut li c'a'ru
naxye, neque'xpab.— 28 Sa' junpat
que'rabi resil sa' chixjunileb li tenamit
xcuent Galilea c'a'ru quixbanu li Jesús.

Li Jesús quixq'uirtesi lix na' li rixakil laj Simón Pedro

29 Nak que'el sa' li cab li
neque'xch'utub cui' ribeb laj judío,
li Jesús rochbeneb laj Jacobo ut laj
Juan que'coeb sa' rochoch laj Simón
ut laj Andrés. 30 Nak que'cuulac, ticto
que'xye re li Jesús nak nim xyajel lix na'
li rixakil laj Simón. Yocyo ut yo xtik.
31 Tojo'nak li Jesús quijiloc riq'uin li
yaj. Quixchap li ruk' ut quixcuaclesi.
Sa' junpat quinume' lix tik ut qui-oc
chi c'anjelac chiruheb. 32 Sa' li ecuu
a'an nak ac x-oc li sak'e, que'c'ame'
chak riq'uin li Jesús nabaleb li yaj. Ut
que'c'ame' ajcui' chak li cuan maus aj
musik'ej riq'uineb. 33 Ut li q'uila tenamit
que'chal ut que'xch'utub ribeb chire
li cab cuan cui' li Jesús. 34 Nabaleb li
yaj que'q'uirtesic xban li Jesús. Jalan
jalank xyajeleb li junjunk. Ut li Jesús
quirisiheb nabal chi maus aj musik'ej
riq'uineb. Li Jesús inc'a' quixcanabeb
chi atinac li maus aj musik'ej xban nak
eb a'an que'xnau nak a'an li Cristo.

Li Jesús quixye resil li colba-ib aran Galilea

35 Cuulajak chic nak toj maji' na-iq'ue'
li cutan, li Jesús quicuacli ut qui-el
sa' li tenamit. Ut co xjunes chi tijoc
sa' jun li na'ajej bar mac'a' cui' cris-
tian. 36 A'ut laj Simón jo'queb ajcui' li
rochben que'coeb chixsic'bal li Jesús.
37 Nak coxe'xtau que'xye re, —Nabal li
tenamit yoqueb chi sic'oc acue, chan-
queb. 38 Aban li Jesús quichak'oc ut
quixye reheb: —Tento nak toxic sa' eb li
na'ajej li cuanqueb chi nach' re nak tox-
inch'olob ajcui' chak resil li colba-ib re-
heb xban nak a'an aj e nak xinchal, chan.
39 Jo'can nak li Jesús quicuulac sa' eb li
na'ajej cuan xcuent Galilea. Yo chixjul-
ticanquil li xyalal chiruheb sa' li cab li
neque'xch'utub cui' ribeb laj judío, ut
quirisi li maus aj musik'ej riq'uineb na-
bal chi cristian.

Li Jesús quixq'uirtesi jun li cuink saklep rix

40 Sa' jun li cutan jun li cuink saklep
rix quicuulac riq'uin li Jesús. Quixcuik'ib
rib chiru ut quixtz'ama xtenk'anquil.
Quixye re: —Lain ninnau nak laat
naru tinaq'uirtesi, chan. 41 Li Jesús
quiril xtok'obal ru li cuink, li sak-

lep rix. Quixye' li ruk' ut quixch'e' li
cui̱nk. Quixye: —Nacuaj a̱q'uirtesinquil.
Anakcuan tatinq'uirtesi, chan. 42 Ut sa'
junpa̱t qui-el li saklep chirix ut quiq'uira.
Ma̱c'a' chic xyajel quicana. 43 Li Jesús
quixchak'rabi chi us ut quixye re: 44 —
Abi li tinye a̱cue. Ma̱ ani aj e ta̱serak'i li
xac'ul. Ti̱c tatxic riq'uin laj tij re nak a'an
ta̱ril nak xatq'uira. Ut ta̱mayeja junak li
xul jo' naxye sa' lix chak'rab laj Moisés.
Chaba̱nu a'an chok' retalil chiruheb li
tenamit nak xatq'uira, chan. 45 Co̱ li
cui̱nk ut quilajxserak'i reheb chixjunil
chanru nak quiq'uira. Riq'uin a'an inc'a'
chic naxq'ue rib na-oc li Jesús sa' eb
li tenamit xban nak li q'uila tenamit
yo̱queb chixsic'bal li Jesús. Quicana ban
sa' jun li na'ajej bar ma̱c'a' cui' nabal li
cristian ut aran quilaje'cuulac riq'uin li
neque'chal chak yalak bar.

Li Jesús quixq'uirtesi jun li cui̱nk yaj ut sic

2 Nak ac xnume' cuib oxib cutan chic,
li Jesús co̱ cui'chic sa' li tenamit Ca-
pernaum. Ut que'rabi resil nak li Jesús
cuan sa' li tenamit sa' jun li cab bar
nahilan cui'. 2 Sa' junpa̱t que'xch'utub
rib li cristian sa' li cab cuan cui' li
Jesús. Ut xban xq'uial li tenamit, ma̱
ani chic naru na-oc chire li cab xban
nak ma̱c'a' chic li na'ajej. Ut li Jesús
yo̱ chixch'olobanquil li xya̱lal chiruheb.
3 Nak yo̱ chi a̱tinac li Jesús, ca̱hibeb li
cui̱nk que'xc'am chak chi pakpo jun li
cui̱nk sic. Inc'a' nabe̱c. 4 Abanan xban li
q'uila tenamit, inc'a' naru te'rocsi li yaj
cuan cui' li Jesús. Jo'can nak que'take'
sa' xbe̱n li cab ut que'xte ca'ch'in xbe̱n
li cab ut aran que'xcubsi li yaj yocyo
chiru lix cuariba̱l ut coxcana̱c chiru li
Jesús. 5 Li Jesús quixq'ue retal nak eb li
cui̱nk a'an que'xpa̱b nak naru tixq'uirtesi
li yaj. Jo'can nak quixye re li yaj: —At
cui̱nk, cuybil sachbil chic la̱ ma̱c, chan.
6 Ut chunchu̱queb ajcui' aran laj tz'i̱b li
neque'c'utuc xchak'rab li Dios. Yo̱queb
chi c'oxlac. 7 Ut que'xye sa' xch'o̱leb: —
¿C'a'ut nak naa̱tinac chi jo'can li cui̱nk
a'in? ¿Ma a'in ta bi' li Dios? Ma̱ ani naru
nacuyuc nasachoc ma̱c. Ca'aj cui' li Dios
naru nacuyuc nasachoc ma̱c, chanqueb.
8 Ticto quixnau li Jesús c'a'ru yo̱queb
chixc'oxlanquil. Quixye reheb: —¿C'a'ut
nak nequec'oxla chi jo'can? 9 ¿Bar cuan
li us tinye re li yaj re nak ta̱c'utu̱nk
che̱ru nak cuan incuanquil? ¿Ma tinye
re, "Cuybil sachbil la̱ ma̱c", malaj ut
tinye re, "Cuaclin, ayu, ut c'am la̱ cuarib-
a̱l"? 10 La̱in tinc'ut che̱ru nak la̱in li
Cristo li C'ajolbej, ut cuan incuanquil
sa' ruchich'och' chixcuybal xsachbal li
ma̱c, chan reheb. 11 Tojo'nak li Jesús
quixye re li cui̱nk: —At cui̱nk, la̱in tinye
a̱cue, cuaclin, c'am la̱ cuariba̱l ut ayu
sa' la̱ cuochoch, chan. 12 Ut li cui̱nk sic
nak quicuan ac ta̱cuacli̱k. Quixchap lix
cuariba̱l ut ac ta̱e̱lk chiruheb chixjunil
li tenamit. Ut riq'uin a'in chixjunileb
que'sach xch'o̱l. Que'xq'ue xlok'al li Dios
ut que'xye: —Ma̱ jun cua kilom a'in,
chanqueb.

Li Jesús quixbok laj Leví re nak ta̱xic chirix

13 Ut nak ac xq'uirtesi li cui̱nk sic, li
Jesús co̱ chire li palau Galilea. Nabaleb
li tenamit que'cuulac riq'uin ut li Jesús
qui-oc chixtzolbaleb. 14 Nak yo̱ chi nu-
mec' aran, li Jesús quiril laj Leví li ralal
laj Alfeo. Laj Leví c'ojc'o sa' xna'aj ut
yo̱ chi titz'oc toj. Li Jesús quixye re: —
China̱ta̱ke.— Tojo'nak laj Leví quicuacli
ut quixta̱ke li Jesús. 15 Ut chirix a'an li
Jesús co̱ sa' li rochoch laj Leví chi cua'ac.
Nabaleb laj titz'ol toj ut nabaleb ajcui' laj
ma̱c cuanqueb sa' li me̱x bar cuan cui'
li Jesús rochbeneb lix tzolom. Nabaleb
xban nak nabal que'ta̱ken re li Jesús.
16 Ut eb laj tz'i̱b ut eb laj fariseo que'ril
nak cuan li Jesús sa' me̱x rochbeneb
laj titz'ol toj jo'queb ajcui' laj ma̱c. Ut

que'xye reheb lix tzolom li Jesús: —
¿C'a'ut nak laj tzolol e̱re nacua'ac sa'
xya̱nkeb laj titz'ol toj ut sa' xya̱nkeb laj
ma̱c? chanqueb. 17 Li Jesús quirabi li
que'xpatz' ut quixye reheb: —Li cauheb
ma̱c'a' na-oc cui' aj banonel reheb. Aban
li yajeb, a'aneb li neque'raj banec'. Jo'can
nak la̱in inc'a' xinchal chixsic'baleb li
ti̱queb xch'o̱l. Xinchal ban chixsic'baleb
laj ma̱c, chan li Jesús.

Li Jesús quixch'olob xya̱lal li ayunic

18 Sa' eb li cutan a'an eb lix tzolom
laj Juan laj Cubsihom Ha' ut eb laj
fariseo neque'xba̱nu x-ayu̱n. Li tenamit
que'cuulac riq'uin li Jesús ut que'xye re:
—Eb lix tzolom laj Juan neque'xba̱nu
x-ayu̱n jo'queb ajcui' laj fariseo. ¿C'a'ut
nak inc'a' neque'xba̱nu x-ayu̱n eb
la̱ tzolom? chanqueb re. 19 Tojo'nak
quichak'oc li Jesús ut quixye reheb,
—La̱in jo' jun be̱lomej nak cuanquin.
¿Ma naru te'ayunik li neque'xic riq'uin
sumla̱c nak cuan li be̱lomej riq'uineb?
Nak toj cuan li be̱lomej riq'uineb, inc'a'
naru neque'xba̱nu x-ayu̱n. 20 Ut jo'can
ajcui' lin tzolom. Ta̱cuulak xk'ehil nak
tin-isi̱k sa' xya̱nkeb. Toj sa' li cutan a'an
te'xba̱nu x-ayu̱n, chan reheb.

Li jaljo̱quil ru a̱tin chirix li ac' yu'am

21 Ma̱ ani naxxi̱ti junak k'el t'icr riq'uin
ac' t'icr. Cui ut naxxi̱ti riq'uin ac' t'icr,
nak tixpuch' ta̱c'osk li ac' t'icr ut tixni-
mobresi xpejelal li k'el t'icr. 22 Ut ma̱ ani
naq'uehoc ac' vino sa' li k'el bo̱ls tz'u̱m.
Cui tixq'ue li ac' vino sa' li k'el bo̱ls tz'u̱m,
ta̱puq'uek' li k'el tz'u̱m, ta̱hoyek' li vino,
ut ta̱osok' ajcui' li bo̱ls tz'u̱m. Li ac' vino
sa' li ac' bo̱ls tz'u̱m naq'ueman, chan li
Jesús.

Li Jesús quixch'olob xya̱lal chirix li hiloba̱l cutan

23 Sa' jun li hiloba̱l cutan li Jesús
rochbeneb lix tzolom yo̱queb chi numec'
bar cui' aubil li acui̱mk trigo xc'aba'.
Eb lix tzolom que'xch'ot ru li trigo nak
yo̱queb chi numec' xban nak te'tz'oca̱k.
24 Tojo'nak eb laj fariseo que'xye re
li Jesús: —Il c'a'ru yo̱queb la̱ tzolom.
¿C'a'ut nak neque'xba̱nu li c'anjel moco
uxc ta naraj sa' li hiloba̱l cutan? chan-
queb. 25 Li Jesús quichak'oc ut quixye re-
heb: —¿Ma inc'a' ta bi' xeril sa' li San-
til Hu c'a'ru quixba̱nu laj David nak a'an
ut li rochben te'tz'oca̱k? 26 Nak quicuan
laj Abiatar chok' xyucua'ileb aj tij, laj
David qui-oc sa' li rochoch li Dios. Cuan
aran li mayejanbil caxlan cua. June-
seb laj tij naru neque'xcua' li caxlan
cua a'an. Abanan laj David quixcua' li
caxlan cua li quiq'uehe' re xban laj tij ut
quixq'ue ajcui' reheb li rochben xban nak
te'tz'oca̱k, chan. 27 Ut quixye ajcui' re-
heb: —A' li cui̱nk ut li ixk a'aneb li k'axal
lok' chiru li hiloba̱l cutan. Toj ma̱c'a'
li hiloba̱l cutan nak ac que'yo'obtesi̱c
chak ut li hiloba̱l cutan quiq'uehe' re
xtenk'anquileb li cui̱nk ut li ixk. 28 Jo'can
nak la̱in li C'ajolbej cuan incuanquil
chixyebal c'a'ru ta̱uxma̱nk sa' li hiloba̱l
cutan, chan li Jesús reheb.

Li Jesús quixq'uirtesi li cui̱nk sic jun li ruk'

3 Ut li Jesús co̱ cui'chic sa' li cab li
neque'xch'utub cui' ribeb laj judío.
Ut aran cuan jun li cui̱nk sic jun li ruk'.
2 Eb laj fariseo yo̱queb chixsic'bal chanru
nak te'xjit li Jesús. Jo'can nak yo̱queb
chirilbal ma tixq'uirtesi tana li cui̱nk a'in
sa' li hiloba̱l cutan. 3 Li Jesús quixye re
li cui̱nk li sic ruk': —Numen chak arin
chi ubej, chan re. 4 Tojo'nak li Jesús quix-
patz' reheb laj fariseo: —¿C'a'ru us xba̱-
nunquil sa' li hiloba̱l cutan? ¿Ma naru
xba̱nunquil li us malaj ut li inc'a' us?
¿Ma us xcolbal xyu'am junak malaj ut
xsachbal? chan cui'chic reheb. Ut eb a'an
mem que'cana. Inc'a' chic que'xtau c'a'ru
que'xye. 5 Quijosk'o' li Jesús sa' xbe̱neb,

abanan quiril cui'chic xtok'oba̱l ruheb
xban nak inc'a' que'raj xtaubal xya̱lal.
Ut li Jesús quixye re li cui̱nk li sic
ruk': —Ye' la̱ cuuk', chan. Ut li cui̱nk
quixye' li ruk' ut sa' junpa̱t quiq'uira.
6 Tojo'nak eb laj fariseo que'el riq'uin li
Jesús. Que'co̱eb riq'uineb li neque'oquen
chirix laj Herodes. Ut que'oc xc'u̱banquil
chanru nak te'xcamsi li Jesús.

Li q'uila tenamit que'co̱eb chire li palau chixsic'bal li Jesús

7 Ut chirix a'an li Jesús co̱ chire li palau
Galilea rochbeneb lix tzolom. Ut li q'uila
tenamit que'xta̱ke li Jesús. Que'chal chak
Galilea jo' ajcui' Judea. 8 Nak que'rabi
resil li xni̱nkal usilal yo̱ chixba̱nunquil
li Jesús, quilaje'chal chirilbal. Cuan li
que'chal chak Jerusalén ut Idumea. Ut
cuan ajcui' que'chal chak jun pac'al li
nima' Jordán. Ut que'chal ajcui' chak
Tiro ut Sidón chirilbal li Jesús. 9 Jo'can
nak li Jesús quixye reheb lix tzolom nak
te'xcauresi junak li jucub. Ac cua̱nk aran
re ta̱cua̱nk chi sa' re nak inc'a' ta̱nat'ek'
xbaneb li q'uila tenamit. 10 Xban nak
nabal ac xq'uirtesi, jo'can nak li q'uila
tenamit yo̱queb chixtiquisinquil ribeb.
Te'raj te'xch'e' li Jesús re nak te'q'uira̱k.
11 Li cuan ma̱us aj musik'ej riq'uineb,
nak que'ril li Jesús, que'xcuik'ib rib
chiru ut que'xjap re chixyebal: —La̱at li
Ralal li Dios, chanqueb re. 12 Ut li Jesús
quixk'useb li ma̱us aj musik'ej ut quixye
reheb nak inc'a' te'xye resil nak a'an Ralal
li Dios.

Li Jesús quixsiq'ueb ru lix tzolom cablaju

13 Tojo'nak li Jesús quitake' chiru tzu̱l.
Quixbokeb li ani quiraj ut eb a'an co̱eb
chirix. 14 Ut li Jesús quixsiq'ueb ru li ca-
blaju chi cui̱nk re nak te'cua̱nk riq'uin
ut re nak tixtaklaheb chixjulticanquil li
ra̱tin li Dios. 15 Ut quixq'ueheb xcuan-
quil chixq'uirtesinquileb li yaj ut chiris-
inquil li ma̱us aj musik'ej. 16 A'aneb a'in
li cablaju li quixxakabeb li Jesús: laj
Simón li quixq'ue aj Pedro chok' xc'aba',
17 ut laj Jacobo ut laj Juan. Lix yucua'eb
a'an, a'an laj Zebedeo. Aj Boanerges
quiq'uehe' chok' xc'aba'eb xban li Jesús.
Li c'aba'ej a'an naraj naxye “Ralaleb li
Ca̱k”. 18 Quixxakabeb ajcui' laj Andrés,
laj Felipe, laj Bartolomé, laj Mateo, laj
Tomás, laj Jacobo li ralal laj Alfeo, laj
Tadeo ut laj Simón. A'an xcomoneb laj
Canaán. 19 Ut quixsic' ajcui' ru laj Ju-
das Iscariote li quik'axtesin re li Jesús sa'
ruk'eb li xic' neque'iloc re.

Ma̱c'a' chic xcuybal xma̱c li namajecuan re li Santil Musik'ej

20 Ut nak ac xsiq'ueb ru lix tzolom li
Jesús co̱ sa' jun li cab rochbeneb lix
tzolom. Ut que'tubla cui'chic li q'uila
tenamit; riq'uin a'an moco naxq'ue ta
chic rib nacua'ac li Jesús chi moco eb lix
tzolom. 21 Ut nak que'rabi resil li c'a'ru
yo̱ chixba̱nunquil li Jesús, eb li rech'alal
que'chal chixc'ambal. Que'xye nak moco
tuktu ta chic xna'leb li Jesús. 22 Ut
eb laj tz'i̱b li que'chal chak Jerusalén
yo̱queb chixyebal: —Laj Tza cuan riq'uin
li Jesús ut sa' xc'aba' laj Tza narisiheb
li ma̱us aj musik'ej, chanqueb. 23 Ut li
Jesús quixbokeb ut quixpatz' reheb: —
¿Chanru nak laj Tza ta̱risi li rech aj
tzahil?— Ut quixye ajcui' li jaljo̱quil ru
a̱tin a'in: 24 —Cui cuan jun te̱pak chi
tenamit xic' te'ril rib chi ribileb rib, li
jun te̱p chi tenamit a'an tixsach xcuan-
quil xjunes rib. 25 Ut cui cuan ta jun ca-
balak xic' te'ril rib chi ribileb rib sa' ro-
chocheb, li jun cabal a'an te'xsach xcuan-
quil lix jun cablal. 26 Jo'can ajcui' laj
Tza cui te'xpleti rib chi ribileb rib, a'an
tixsach xcuanquil xjunes rib. 27 Ma̱ ani
naru ta̱oc sa' rochoch junak cui̱nk cau rib
chixmak'bal li c'a'ru cuan re, cui inc'a' ta
xbe̱n cua tixbac' li cui̱nk cau rib, tojo'nak
ta̱oc chixc'ambal li c'a'ru cuan re. 28 Relic

chi ya̲l ninye e̲re nak ta̲cuymа̲nk ta̲sachma̲nk lix ma̲queb li cristian ut ta̲cuyma̲nk ajcui' li majecua̲nc neque'xba̲nu. 29 Abanan li ta̲majecua̲nk re li Santil Musik'ej, inc'a' ta̲cuyek' ta̲sachek' xma̲c. Cua̲nk ban sa' xbe̲n chi junelic lix tojbal rix li ma̲c a'an.— 30 Li Jesús quixye a'in xban nak yo̲queb chixyebal nak cuan ma̲us aj musik'ej riq'uin.

Lix na' ut eb li ri̲tz'in li Jesús

31 Quicuulac aran lix na' li Jesús ut que'cuulac ajcui' li ri̲tz'in. Que'cana chirix cab ut que'xtakla xbokbal li Jesús. 32 Ut nabaleb li tenamit c'ojc'o̲queb chixc'atk li Jesús. Que'xye re: —Ka̲cua', xc'ulun la̲ na' rochbeneb la̲ cui̲tz'in. Cuanqueb chirix cab. Yo̲queb cha̲sic'bal, cha̲nqueb. 33 Li Jesús quichak'oc ut quixye reheb: —¿Ani ta bi' lin na'? Ut, ¿ani ta bi' li cui̲tz'in nak nequec'oxla la̲ex?— 34 Quirileb li c'ojc'o̲queb chixc'atk ut quixye: —A'ineb lin na' ut a'ineb li cui̲tz'in. 35 Xban nak li ani naba̲nun re li naraj li Dios, a'an li cui̲tz'in, a'an li cuanab, ut a'an lin na', chan.

Li jaljo̲quil ru a̲tin chirix laj acuinel

4 Ut qui-oc cui'chic li Jesús chixtzolbaleb li tenamit chire li palau Galilea. K'axal nabal que'xch'utub rib riq'uin chirabinquil. Xban xq'uialeb li tenamit, li Jesús qui-oc sa' jun li jucub cuan sa' li palau ut quic'ojla chi sa'. Ut chixjunileb li tenamit que'cana chire li palau. 2 Ut nabal c'a'ak re ru quixtzoleb cui' riq'uin jaljo̲quil ru a̲tin. Nak yo̲ chixch'olobanquil li xya̲lal chiruheb, quixye li serak' a'in reheb: 3 —Abihomak li tinye. Jun aj acuinel co̲ chi a̲uc. 4 Ut nak yo̲ chixhirbal li iyaj, cuan quinak chire be. Que'chal li xul li neque'xic'an ut que'xcua' li iyaj. 5 Ut cuan ajcui' li iyaj quinak sa' li pec ru bar ma̲c'a' cui' mas li ch'och'. Sa' junpa̲t quimok, abanan inc'a' quixchap xxe' xban nak jay li ch'och' sa' xbe̲n li pec. 6 Nak quichal li sak'e quichakic li acui̲mk xban nak inc'a' cham cuan li xe'. 7 Ut cuan cui'chic li iyaj coxnak sa' xya̲nk li q'uix. Ut nak quichamo' li q'uix sa' xbe̲n, quixnat' li acui̲mk ut inc'a' quiu̲chin. 8 Ut cuan cui'chic li iyaj coxnak sa' li cha̲bil ch'och'. Quimok ut quiq'ui ut quiu̲chin chi us. Cuan quixq'ue laje̲tk xca'c'a̲l (30) ru. Cuan li quixq'ue oxtakc'a̲l (60) ru ut cuan cui'chic quixq'ue o'takc'a̲l (100) ru li junju̲nk. 9 Tojo'nak quixye li Jesús reheb: —Li ani na-abin, chixq'uehak retal li c'a'ru ninye, chan.

C'a'ut nak cuan li jaljo̲quil ru a̲tin

10 Ut nak que'el lix q'uial li tenamit, li Jesús quicana rochbeneb lix tzolom cablaju. Eb a'an que'xpatz' re ut que'xye: —¿C'a'ru xya̲lal li jaljo̲quil ru a̲tin a'in? chanqueb. 11 Ut li Jesús quixye reheb: —La̲ex q'uebil e̲re xnaubal xya̲lal li mukmu̲quil na'leb chirix lix nimajcual xcuanquilal li Dios. A'ut li jun ch'o̲l chic li inc'a' neque'pa̲ban, riq'uin jaljo̲quil ru a̲tin ta̲yema̲nk reheb. 12 Usta yo̲queb chi iloc, abanan inc'a' te'xq'ue retal. Usta yo̲queb chi abi̲nc, abanan inc'a' te'xtau xya̲lal. Ta̲uxma̲nk chi jo'can re nak inc'a' te'xyot' xch'o̲leb ut inc'a' te'xjal xc'a'uxeb ut inc'a' ta̲cuyek' xma̲queb.—

Li Jesús quixch'olob xya̲lal chirix laj acuinel

13 Tojo'nak li Jesús quixpatz' reheb: —¿Ma inc'a' nequetau ru li jaljo̲quil ru a̲tin a'in? Cui inc'a' nequetau xya̲lal a'in, ¿chanru nak te̲tau xya̲lal chixjunil li jaljo̲quil ru a̲tin chi jo'canan? 14 A'an a'in lix ya̲lal. Laj acuinel a'an jo' jun laj yehol ra̲tin li Dios. 15 Ut li iyaj li quinak chire be, a'an chanchaneb li neque'abin re li ra̲tin li Dios. Nak ac xe'rabi, sa' junpa̲t nachal laj Tza chirisinquil li a̲tin ut sa' junpa̲t nasach sa' xch'o̲leb. 16 Ut

li iyaj li quinak sa' li pec ru, a'an chanchaneb li neque'abin re li ra̲tin li Dios ut sa' junpa̲t neque'xpa̲b chi saheb sa' xch'o̲l. 17 Abanan inc'a' nacana sa' xch'o̲leb. Nak nachal junak raylal, malaj ch'a'ajquilal sa' xbe̲neb xbaneb lix pa̲ba̲l, inc'a' neque'xcuy xnumsinquil. Sa' junpa̲t neque'ch'inan xch'o̲l. 18 Ut li iyaj li quinak sa' xya̲nk li q'uix chanchaneb li neque'abin re li ra̲tin li Dios. 19 Abanan ca'aj cui' li c'a'ak re ru cuan sa' ruchich'och' neque'xc'oxla, jo' li biomal ut xra̲bal ru li c'a'ak chic re ru. Ut a'an li naramoc lix ya̲lal chiruheb. Ma̲c'a' naoc cui' li ra̲tin li Dios reheb. 20 Ut li iyaj li quit'ane' sa' cha̲bil ch'och', a'an chanchaneb li neque'rabi ut neque'xpa̲b chi tz'akal li ra̲tin li Dios. Neque'q'ui chi us sa' lix pa̲ba̲leb, jo' li acui̲mk li naru̲chin laje̲tk xca'takc'a̲l (30) ut li naxq'ue oxtakc'a̲l (60) ut li naxq'ue o'takc'a̲l (100) ru li junju̲nk.—

Li jaljo̲quil ru a̲tin chirix li candil

21 Ut li Jesús quixye ajcui' reheb: —¿Ma naq'ueman ta bi' junak candil rubel junak chacach malaj ut rubel ch'a̲t? Inc'a' naru. Takec' ban naq'ueman sa' xna'aj re nak tixcutanobresi sa' li cab. 22 Jo'can ajcui' li tijleb li ninch'olob xya̲lal che̲ru. Ma̲c'a' ta̲cana̲k chi mukmu chi inc'a' ta ta̲c'utbesi̲k mokon. Ut li inc'a' natauman ru anakcuan, ta̲tauma̲nk ru mokon. 23 Li ani naraj rabinquil, chixq'uehak retal li ninye. 24 Quixye ajcui' reheb: —Cheq'uehak retal li nequerabi ut te̲q'ue e̲ch'o̲l chixba̲nunquil li nequerabi xban nak li ani naxba̲nu li c'a'ru quixtzol cuiq'uin, mas cui'chic lix na'leb ta̲q'uehek' re xban li Dios re nak tixtau ru li cua̲tin. 25 Li ani tixq'ue xch'o̲l chixtzolbal li us, k'axal cui'chic li usilal tixc'ul. Li ani inc'a' tixq'ue xch'o̲l chixtzolbal li us, ta̲sachk sa' xch'o̲l li jo' q'uial naxnau.

Li jaljo̲quil ru a̲tin chirix li iyaj naq'ui

26 Ut li Jesús quixye cui'chic reheb: —Lix nimajcual cuanquilal li Dios, chanchan junak aj acuinel. Narau li iyaj sa' ch'och'. 27 Li cui̲nk nacuar, nacuacli ut eb li cutan neque'nume'. Ut li iyaj yal xjunes namok chak ut naq'ui ut li cui̲nk inc'a' naxnau chanru nak namok ut naq'ui li acui̲mk. 28 Li ch'och' naq'uiresin re li acui̲mk. Naq'ui ut nani̲nkan ut chirix a'an na-oc chi atz'umac ut naxq'ue li ru. 29 Ut nak nache̲co' li ru nasic'man sa' junpa̲t xban nak ac xcuulac xk'ehil xxocbal li ru.

Li jaljo̲quil ru a̲tin chirix li riyajil li mostaza

30 —¿C'a'ru tinjuntak'e̲ta cui' lix nimajcual cuanquil li Dios? chan li Jesús. —Ut ¿c'a'ru chi jaljo̲quil ru a̲tin tinye, re xch'olobanquil xya̲lal lix nimajcual cuanquilal li Dios? 31 Lix nimajcual cuanquilal li Dios, a'an chanchan riyajil li ni̲nki mostaza. Li riyajil li mostaza coc' chiru chixjunil li iyaj cuan sa' ruchich'och'. 32 Nak ac x-auman namok ut naq'ui. Ut ni̲nk chi us nacuulac lix che'el. Naxk'ax xteram chixjunil li acui̲mk. Neque'ni̲nkan li ruk' ut eb laj xic'anel xul neque'xyi̲b lix soc sa' eb li ruk'.— 33 Ut li Jesús quixch'olob xya̲lal chiruheb li tenamit riq'uin nabal chic chi jaljo̲quil ru a̲tin a' ya̲l bar na cuan te'xtau ru. 34 Ut ma̲c'a' c'a'ru quixye li Jesús reheb li tenamit chi ma̲cua' ta sa' jaljo̲quil ru a̲tin. Abanan nak ac xjuneseb chic lix tzolom, quixch'olob li xya̲lal chiruheb.

Li Jesús quixk'us li ik' ut li palau

35 Nak qui-ecuu sa' li cutan a'an li Jesús quixye reheb lix tzolom: —K'axonko jun pac'al li palau, chan reheb. 36 Ut li Jesús quixchak'rabiheb li q'uila tenamit ut quic'ame' sa' li jucub cuan cui'. Ut cuanqueb ajcui' coc' ju-

cub que'co̱eb chirix. 37 Ut nak ac cuanqueb sa' xyi li palau quichal jun li nimla ik'. Naxcut lix cau ok li ha' sa' li jucub ut qui-oc chi nujac li ha' chi sa' li jucub. 38 Li Jesús cuan chi ixbej sa' li jucub ut yo̱ chi cua̱rc sa' xbe̱n jun lix soc xjolom. Eb lix tzolom que'rajsi ut que'xye re: —At tzolonel, ajsi a̱cuu. ¿Ma inc'a' nacacuil nak osoc' ke? chanqueb. 39 Quicuacli li Jesús ut quixk'us li ik' ut quixye re li palau: —Matchokin. Canab ec'a̱nc, chan. Ut sa' junpa̱t quich'ana li ik' ut quitukla ru li ha'. 40 Ut li Jesús quixye reheb lix tzolom: —¿C'a'ut nak c'ajo' nak nequexxucuac? ¿Ma inc'a' nequepa̱b nak li Dios ta̱tenk'a̱nk e̱re? chan. 41 Ut c'ajo' nak que'sach xch'o̱l lix tzolom ut que'xye chi rilbileb rib: —¿Chanru nak cuan xcuanquil li cui̱nk a'in nak naxk'us li ik' ut li palau, ut neque'abin chiru? chanqueb.

Li Jesús quirisi li ma̱us aj musik'ej riq'uin li cui̱nk aj Gadara

5 Li Jesús ut eb lix tzolom que'cuulac aran jun pac'al li palau sa' xch'och'eb laj Gadara. 2 Ut nak qui-el li Jesús sa' li jucub, sa' junpa̱t quichal jun li cui̱nk chi c'uluc re. Quichal chak sa' li na'ajej bar neque'muke' cui' li camenak. Li cui̱nk a'an cuan ma̱us aj musik'ej riq'uin. 3 Junes sa' li na'ajej bar neque'muke' cui' li camenak nacuan. Ma̱ ani naru nabac'oc re chi moco riq'uin cadena naru neque'xbac'. 4 Nabal sut neque'xyal xbac'bal li rok ruk' riq'uin cadena. Abanan sa' junpa̱t naxt'upi li cadena. Ut ma̱ ani naru natu̱lanobresin re li cui̱nk a'an. 5 Chi k'ek chi cutan naxbeni rib sa' xbe̱neb li tzu̱l ut sa' xya̱nkeb li mukleba̱l camenak. Junelic yo̱ chixjapbal re ut naxyoq'ui rib riq'uin k'esnal pec. 6 Toj najt ajcui' cuan chak li Jesús nak qui-ile' xban li cui̱nk. Li cui̱nk co̱ sa' a̱nil ut coxcuik'ib rib chiru li Jesús. 7 Quixjap re chixyebal: —¿C'a'ru ta̱cuaj cuiq'uin, at Jesús? La̱at Ralalat li nimajcual Dios. Sa' xc'aba' li Ka̱cua' Dios, nintz'a̱ma cha̱cuu nak mina̱rahobtesi, chan re. 8 Quixye chi jo'can xban nak ac yo̱ li Jesús chixyebal re li ma̱us aj musik'ej: —Elen riq'uin li cui̱nk a'in, at ma̱us aj musik'ej.— 9 Tojo'nak li Jesús quixpatz' re: —¿Ani a̱c'aba'?— —Cuakib mil (6,000) inc'aba' xban nak nabalo, chan nak quichak'oc. 10 Ut nabal sut quixtz'a̱ma chiru li Jesús nak inc'a' ta̱risiheb li ma̱us aj musik'ej chi junaj cua sa' li na'ajej a'an. 11 Aran cuanqueb jun tu̱b li a̱k yo̱queb chi ichajibc chiru li tzu̱l. 12 Eb li ma̱us aj musik'ej que'xtz'a̱ma chiru li Jesús nak tixtaklaheb riq'uineb li a̱k. —Choa̱takla riq'uineb li a̱k. Choa̱canab chi oc riq'uineb, chanqueb. 13 Ut li Jesús quixcanabeb chi xic. Que'el li ma̱us aj musik'ej riq'uin li cui̱nk. Coxe'ocak riq'uineb li a̱k. Ut li a̱k que'oc chi a̱linac ut que'xrum chak rib sa' xbe̱n u̱l ut toj sa' li palau coxe'nak. Cuanqueb na cuib mil chi a̱k que'oso' sa' li palau. 14 Eb laj ilol a̱k que'xucuac ut que'e̱lelic ut coxe'xye resil sa' li tenamit jo' ajcui' sa' li c'aleba̱l. Ut nabaleb li tenamit que'co̱eb chirilbal li c'a'ru quic'ulman. 15 Que'cuulac cuan cui' li Jesús ut que'ril li cui̱nk li quiisi̱c nabal chi ma̱us aj musik'ej riq'uin. C'ojc'o aran nak coxe'xtau. Tikto chic ut tuktu chic xjolom. Riq'uin rilbal a'an que'oc xxiuheb li tenamit. 16 Ut eb li que'iloc re, que'xserak'i reheb li tenamit chanru qui-ux re li cui̱nk li quicuan ma̱us aj musik'ej riq'uin, jo' ajcui' li c'a'ru que'xc'ul li a̱k. 17 Ut que'xtz'a̱ma chiru li Jesús nak ta̱elk sa' lix tenamiteb. 18 Ut nak qui-oc cui'chic li Jesús sa' li jucub, li cui̱nk li qui-isi̱c ma̱us aj musik'ej riq'uin quixtz'a̱ma chiru li Jesús nak ta̱xic chirix. 19 A'ut li Jesús inc'a' quiraj nak ta̱xic chirix. Quixye re li cui̱nk: —Ayu sa' la̱ cuochoch ut ta̱serak'i reheb la̱ cuech'alal li usilal xinba̱nu a̱cue. Ta̱ye reheb chanru nak xcuuxta̱na a̱cuu, chan

re li cui̱nk. 20 Jo'can nak co̱ li cui̱nk sa' eb li tenamit xcue̱nt Decápolis. Qui-oc chixyebal reheb chixjunil li ni̱nki usilal quixba̱nu li Jesús re. Ut chixjunileb li tenamit quilaje'sach xch'o̱l chirabinquil li c'a'ru quixye.

Li Jesús quixq'uirtesi lix rabin laj Jairo jo' ajcui' li ixk li quich'e'oc re li rak'

21 Qui-oc cui'chic li Jesús sa' li jucub ut quisuk'i cui'chic jun pac'al li palau rochbeneb lix tzolom. Ma̱ ca'ch'in li tenamit coxe'xch'utub rib riq'uin chire li palau. 22 Ut quichal jun li cui̱nk aj Jairo xc'aba'. A'an xcomoneb li neque'taklan sa' li cab li neque'xch'utub cui' ribeb laj judío. Nak quiril li Jesús, quixcuik'ib rib chiru. 23 Ut chi anchal xch'o̱l quixtz'a̱ma chiru li Jesús ut quixye re: —At Ka̱cua', k'axal nim xyajel lin ch'ina rabin. Ca̱mc re. Ba̱nu usilal, tatxic sa' cuochoch. Toxa̱q'ue la̱ cuuk' sa' xbe̱n re nak ta̱q'uira̱k ut inc'a' ta̱ca̱mk, chan re li Jesús. 24 Ut li Jesús co̱ chirix laj Jairo ut nabaleb li tenamit que'ta̱ken re. Xban xq'uial li tenamit yo̱queb chixtiquisinquil ribeb. 25 Sa' xya̱nkeb cuan jun li ixk cablaju chihab xticlajic xyajel. Junelic yo̱ lix yajel li ixk a'an ut inc'a' chic natz'ap lix quiq'uel. 26 Quixq'ue rib chi banec' riq'uin nabaleb aj banonel ut nabal li raylal quixc'ul. Abanan ma̱ jok'e que'xban. Ca'aj cui' quixsach chixjunil li c'a'ru cuan re, re xtojbaleb. Ut ma̱c'a' qui-oc cui'. Nima̱nc ban chic naxba̱nu lix yajel. 27 Quirabi resil nak li Jesús yo̱ chixq'uirtesinquileb li yaj. Riq'uin a'an qui-oc chixta̱kenquil li Jesús rochbeneb li q'uila tenamit. Ut quijiloc chixc'atk re nak tixch'e' li rak'. 28 —Usta ca'aj cui' li rak' tinch'e', riq'uin a'an tinq'uira̱k, chan li ixk sa' xch'o̱l. 29 Ut nak quixch'e' li rak' sa' junpa̱t quiq'uira, ut quitz'ap lix quiq'uel. Ut li ixk quirec'a nak ma̱c'a' chic xyajel. 30 Ut li Jesús quixnau nak cuan li quiq'uira xban lix cuanquil. Quixsuk'isi rib sa' xya̱nkeb li q'uila tenamit ut quixpatz' reheb: —¿Ani xch'e'oc re li cuak'? chan reheb. 31 Eb lix tzolom que'chak'oc ut que'xye re: —At Ka̱cua', la̱at nacacuil chanru nak yo̱queb chixtiquisinquil ribeb li q'uila tenamit cha̱cuix. ¿C'a'ut nak nacapatz' ani xch'e'oc re la̱ cuak'? chanqueb. 32 Ut li Jesús quixsuk'isi rib chirilbal ani xch'e'oc re li rak'. 33 Li ixk naxnau nak ac xq'uira. Nasicsot xban xxiu. Colxcuik'ib rib chiru li Jesús ut quixye li xya̱lal re. 34 Li Jesús quixye re: —Kana', xban nak xapa̱b nak cuan incuanquil cha̱q'uirtesinquil, jo'can nak xatq'uira. Ayu chi sa sa' a̱ch'o̱l ut chi ma̱c'a' chic a̱raylal, chan. 35 Nak toj yo̱ chi a̱tinac li Jesús, que'chal lix comoneb laj Jairo sa' rochoch chixyebal re, —Xcam la̱ rabin. ¿C'a' chic ru aj e nak ta̱ch'i'ch'i'i laj tzolonel? chanqueb. 36 Nak quirabi li Jesús li c'a'ru yo̱queb chixyebal re laj Jairo, quixye re: —Matc'oxlac. Ca'aj cui' ta̱pa̱b nak ta̱q'uira̱k la̱ rabin, chan. 37 Ut inc'a' quiraj nak li tenamit te'xic chirix. Ca'aj cui' laj Pedro ut laj Jacobo ut laj Juan, li ri̱tz'in laj Jacobo, quixc'ameb chirix. 38 Nak que'cuulac sa' rochoch laj Jairo, li Jesús quiril nak yo̱queb chixpokokinquil ribeb ut japjo̱queb re chi ya̱bac. 39 Qui-oc sa' cab riq'uineb ut quixye reheb: —¿C'a'ut nak yo̱quex chixpokokinquil e̱rib? ¿C'a'ut nak yo̱quex chi ya̱bac? Li xka'al moco xcam ta. Cua̱rc yo̱, chan li Jesús reheb. 40 Eb a'an que'oc chixse'enquil li c'a'ru quixye, ut li Jesús quirisiheb chirix cab. Ca'aj cui' lix na' ut lix yucua' ut eb li oxib chi xtzolom que'oc rochben li Jesús bar cuan cui' li camenak. 41 Quixchap chi ruk' li camenak ut quixye re sa' li ra̱tinoba̱l: —Talita, cumi, chan. Li a̱tin a'an naraj naxye, "At ch'ina xka'al, la̱in tinyehok a̱cue cuaclin". 42 Sa' junpa̱t quicuacli li xka'al ut quibe̱c. Li xka'al a'an cablaju chihab cuan re. Ut eb li cuanqueb aran quilaje'sach xch'o̱l chir-

ilbal li c'a'ru quixba̱nu li Jesús. 43 A'ut li Jesús quixchak'rabiheb chi us nak ma̱ ani aj e te'xye li c'a'ru quic'ulman. Ut quixye reheb nak te'xq'ue chi cua'ac li xka'al.

Li Jesús quitz'ekta̱na̱c aran Nazaret

6 Li Jesús qui-el sa' li na'ajej a'an ut co̱ sa' lix tenamit rochbeneb lix tzolom. 2 Sa' li hiloba̱l cutan co̱ sa' li cab li neque'xch'utub cui' ribeb laj judío. Qui-oc chixtzolbaleb li tenamit. Nabal que'abin re ut quilaje'sach xch'o̱l chirabinquil ut que'xye chi ribileb rib: —¿Bar xtzol lix na'leb? ¿C'a'ru chi na'lebil li naxnau? ¿Chanru nak naxba̱nu li milagro? chanqueb. 3 —¿Ma ma̱cua' ta bi' a'in laj pech'? Ut ¿ma̱cua' ta bi' lix María lix na'? ¿Ma ma̱cua' ta bi' laj Jacobo li ri̱tz'in ut laj José, laj Judas ut laj Simón? ¿Ma ma̱cua' ta bi' a'in eb li ri̱tz'in li cuanqueb sa' kaya̱nk? chanqueb. Ut que'chal xjosk'il sa' xbe̱n. 4 Ut li Jesús quixye: —Junak profeta naq'uehe' xlok'al yalak bar, abanan sa' lix tenamit ut sa' xya̱nkeb li rech'alal ut sa' rochoch inc'a' naq'uehe' xlok'al.— 5 Ut inc'a' quiru quixba̱nu li milagro sa' lix tenamit xban nak inc'a' que'xpa̱b nak cuan xcuanquil. Cuib oxib ajcui' li yaj quixq'ue li ruk' sa' xbe̱neb re nak te'q'uira̱k. 6 Ut li Jesús quisach xch'o̱l chirilbaleb nak inc'a' neque'xpa̱b nak cuan xcuanquil. Ut nak qui-el aran, co̱ sa' chixjunil li c'aleba̱l chixtzolbaleb li tenamit.

Li Jesús quixtaklaheb lix tzolom chixyebal resil li colba-ib

7 Tojo'nak quixbokeb lix tzolom cablaju ut quixtaklaheb chi ca'cabil ut quixq'ueheb xcuanquil chirisinquil li ma̱us aj musik'ej. 8 Ut quixye reheb: —Ma̱c'a' c'a'ru te̱c'am nak texxic, ca'aj cui' le̱ xuk'. Inc'a' te̱c'am e̱tzacae̱mk, chi moco junak bo̱ls, chi moco tumin te̱c'am. 9 Ca'aj cui' le̱ xa̱b cuan che̱rok te̱c'am ut ca'aj cui' le̱ rak' cuan che̱rix te̱c'am. 10 Ut quixye ajcui' reheb: —Nak texcuulak sa' junak tenamit, sa' li cab tex-oc cui' chi hila̱nc, aran texcana̱k ut inc'a' yal yo̱kex chixjalbal e̱na'aj. Nak ac xic e̱re sa' jalan chic tenamit, tojo'nak te̱jal le̱ na'aj. 11 Cui texcuulak sa' junak na'ajej bar cui' inc'a' texc'ulek' chi moco te'raj rabinquil le̱ ra̱tin, nak tex-e̱lk riq'uineb te̱chik' li poks che̱rok jo' retalil li raylal te'xc'ul. Relic chi ya̱l ninye e̱re nak k'axal cui'chic li raylal te'xc'ul chiruheb laj Sodoma ut laj Gomorra sa' xk'ehil li rakba a̱tin, chan. 12 Jo'can nak que'co̱eb lix tzolom li Jesús ut que'xch'olob xya̱lal chiruheb li tenamit re nak te'xyot' xch'o̱l ut te'xjal xc'a'uxeb. 13 Que'risi nabal li ma̱us aj musik'ej riq'uineb ut que'xq'ue li aceite sa' xjolomeb li yaj jo' retalil xcuanquil li Dios ut que'xq'uirtesiheb.

Nak que'xcamsi laj Juan laj Cubsihom Ha'

14 Li tenamit yo̱queb chixserak'inquil li milagro yo̱ chixba̱nunquil li Jesús. Nak quirabi a'an, li rey Herodes quixye: —A'an laj Juan laj Cubsihom Ha'. Xcuacli cui'chic chi yo'yo sa' xya̱nkeb li camenak. Jo'can nak cuan xcuanquil chixba̱nunquil li milagro, chan. 15 Ut cuan que'yehoc re nak a'an li profeta Elías. Ut cuan ajcui' que'yehoc re nak a'an jun li profeta jo' li profeta que'cuan najter. 16 Ut nak quirabi a'an, laj Herodes quixye: —A'an laj Juan li quintakla xch'otbal xcux. A'an xcuacli chi yo'yo sa' xya̱nkeb li camenak, chan. 17 Quixye chi jo'can xban nak a'an quitaklan re xchapbal laj Juan. Que'xbac' ut que'xq'ue sa' tz'alam. Quixba̱nu chi jo'can xban nak jo'can quiraj lix Herodías. Lix Herodías a'an rixakil laj Felipe, ri̱tz'in laj Herodes ut laj Herodes quixc'am chok' rixakil. 18 Nak toj ma̱ji' naq'uehe' sa' tz'alam, laj Juan laj Cubsihom Ha' quixye re laj Herodes: —Nimla ma̱c xaba̱nu nak

xac'am chok' acuixakil lix Herodías
xban nak ac sumsu riq'uin la cuitz'in,
laj Felipe, chan re. 19 Riq'uin a'an ma
ca'ch'in nak quijosk'o' lix Herodías sa'
xben laj Juan ut quiraj raj xcamsin-
quil. Abanan inc'a' naru xban nak laj
Herodes inc'a' quixcanab chixcamsin-
quil. 20 Laj Herodes naxnau nak laj Juan
tic xch'ol ut santil cuink. Jo'can nak
naxucuac ut inc'a' naraj nak tacamsik.
Quicuulac chiru rabinquil li quixye laj
Juan usta c'ajo' nak naq'uehe' chi c'oxlac
xban li atin nayehe' re. 21 Abanan lix
Herodías quixtau chanru nak naru xcam-
sinquil laj Juan. Jo'ca'in quic'ulman.
Nak laj Herodes quixnink'ei lix chihab,
quixbokeb chi cua'ac li ninkeb xcuan-
quil sa' li tenamit, ut quixbokeb ajcui' li
neque'taklan reheb li soldado ut jo'can
ajcui' chixjunileb li xninkal ru cuink re
Galilea. 22 Lix co' lix Herodías qui-oc bar
yoqueb cui' chi cua'ac li ula' ut qui-oc
chi xajoc chiruheb. Laj Herodes quicu-
ulac chiru chanru naxajoc. Ut quicuu-
lac ajcui' chiruheb li ula'. Jo'can nak laj
Herodes quixye re li xka'al: —Tatz'ama
cue li c'a'ru tacuaj ut lain tinq'ue acue,
chan. 23 Ut quixye ajcui' re li xka'al: —
Sa' xc'aba' li Dios, tinq'ue acue li c'a'ru
tapatz' cue. Usta yijach lin jun cablal
tapatz' cue, tinq'ue acue, chan. 24 Ut
li xka'al co chixpatz'bal re lix na': —
¿C'a'ru us tintz'ama re? chan. Ut lix na'
quixye re: —Tz'ama re nak tixq'ue acue
lix jolom laj Juan laj Cubsihom Ha',
chan. 25 Sa' junpat co li xka'al riq'uin
laj Herodes ut quixye re: —Lain tincuaj
nak anakcuan ajcui' taq'ue cue sa' ju-
nak plato lix jolom laj Juan laj Cubsi-
hom Ha', chan. 26 Ut laj Herodes c'ajo'
nak quiraho' sa' xch'ol. Abanan mac'a'
chic quiru quixye xban nak chixjunileb
li ula' que'abin re nak quixye sa' xc'aba'
li Dios tixq'ue re li c'a'ru tixtz'ama. 27 Laj
Herodes ticto quixtakla jun li soldado
chixc'ambal chak lix jolom laj Juan. Li
soldado co sa' tz'alam chixch'otbal lix
cux laj Juan. 28 Ut quixc'am chak lix
jolom sa' jun li plato. Quixq'ue re li
xka'al ut li xka'al quixk'axtesi re lix na'.
29 Nak que'rabi lix tzolom laj Juan nak
que'xcamsi, que'chal chixc'ambal li ca-
menak ut coxe'xmuk.

Li Jesús quixq'ueheb chi cua'ac li ob mil chi cuink

30 Ut nak que'suk'i chak lix tzolom li
Jesús chixbanunquil li c'anjel que'taklac
cui', cole'xch'utub rib riq'uin li Jesús
ut que'xserak'i re c'a'ru quilaje'xbanu
chak. Ut que'xye ajcui' re chanru nak
que'xtzol li tenamit. 31 Neque'el neque'oc
li q'uila tenamit riq'uin li Jesús. Jo'can
ajcui' riq'uineb lix tzolom. Ut riq'uin a'an
inc'a' naru neque'hilan chi moco naru
te'cua'ak. Jo'can nak quixye li Jesús: —
Yo'keb sa' junak na'ajej bar mac'a' cui'
tenamit re nak naru tohilank ca'ch'inak
kajunes, chan li Jesús. 32 Ut que'oc sa'
jun li jucub ut que'coeb sa' jun na'ajej
bar cui' te'hilank raj ca'ch'inak xjune-
seb. 33 Abanan nabaleb que'iloc re nak
yoqueb chi xic ut que'xnau nak a'an
li Jesús. Nabal quilaje'el sa' li tenamit
junjunk. Que'coeb chi rokeb sa' anil ut
a'aneb xben cua que'cuulac sa' li na'ajej
bar yo cui' chi xic li Jesús rochbeneb
lix tzolom. 34 Ut nak qui-el li Jesús sa'
li jucub, quirileb li q'uila tenamit. Quix-
tok'oba ruheb xban nak chanchaneb li
carner mac'a' aj ilol reheb. Ut nabal li
c'a'ak re ru quixtzoleb cui'. 35 Nak que'ril
nak yo chi ecuuc, que'coeb lix tzolom
riq'uin li Jesús ut que'xye re: —Yo chi
ecuuc ut arin mac'a' cuan. 36 Mac'a' xcua-
heb. Taklaheb chixlok'baleb lix cua sa'
eb li c'alebal ut sa' eb li coc' tenamit
li cuanqueb chi nach', chanqueb. 37 Ut
nak quichak'oc li Jesús quixye reheb:
—Q'uehomakeb chi cua'ac laex.— Ut
eb a'an que'xye: —¿Ma toxic chixlok'bal
cuibak ciento denarios chi caxlan cua chi

jo'canan re te'kaq'ue chi cua'ac? chan-
queb. 38 Li Jesús quixye: —¿Jarub li
caxlan cua cuan e̱riq'uin? Ayukex, ilo-
mak chak.— Que'co̱eb chi rilbal ut nak
que'suk'i que'xye re: —Cuan o̱b li caxlan
cua ut cuib li car, chanqueb. 39 Li Jesús
quixtaklaheb lix tzolom chixyebal reheb
li tenamit nak te'c'ojla̱k sa' li pach'aya'
chi junju̱nk ch'u̱tal. 40 Ut que'c'ojla chi
junju̱nk ch'u̱tal. Cuan que'c'ojla chi jun
ciento sa' ju̱nk ch'u̱tal ut cuan cui'chic
que'c'ojla chi mero ciento sa' li junju̱nk
ch'u̱tal. 41 Tojo'nak li Jesús quixchap li
o̱b chi caxlan cua ut li cuib chi car ut qui-
iloc sa' choxa. Quixbantioxi chiru li Dios.
Ut quixjachi li caxlan cua ut quixq'ue
reheb lix tzolom re nak te'xjeq'ui re-
heb li q'uila tenamit. Ut que'xjeq'ui ajcui'
li car. 42 Que'cua'ac chixjunileb toj re-
tal que'c'ojla xch'o̱l. 43 Ut qui-ela'an li
caxlan cua. Jo'can ajcui' li car. Cablaju
chacach li qui-ela'an. 44 Nabal chi tena-
mit que'cua'ac. Sa' xya̱nkeb li que'cua'ac
cuanqueb o̱b mil junes cui̱nk.

Li Jesús quibe̱c chiru li palau

45 Ut chirix chic a'an, li Jesús quixtak-
laheb lix tzolom sa' li jucub ut quixye
reheb: —Xbe̱n cua texxic jun pac'al li
palau sa' li tenamit Betsaida. La̱in toj tin-
cana̱k chixchak'rabinquileb li tenamit,
chan reheb. 46 Ut nak ac xchak'rabiheb
li tenamit, li Jesús co̱ chiru tzu̱l chi tijoc.
47 Te'cuulak lix tzolom sa' xyi li palau
nak qui-oc li k'ojyi̱n, a'ut li Jesús toj cuan
xjunes chire li palau. 48 Quiril nak lix
tzolom cuanqueb sa' jun ch'a'ajquilal sa'
li jucub. Yo̱queb chixtacuasinquil ribeb
chixberesinquil li jucub xban nak sa' xbe
ik' yo̱queb chixc'ambal. Sake̱uc re nak
quicuulac li Jesús bar cuanqueb cui' ut
yo̱ chi be̱c chiru ha'. Quixba̱nu jo' li ti̱c
ta̱numek'. 49 Nak que'ril lix tzolom nak
cuan jun yo̱ chi be̱c chiru ha', que'xucuac
ut que'xjap re. Que'xc'oxla nak anum
yo̱queb chirilbal. 50 Chixjunileb que'iloc
re ut c'ajo' nak que'xucuac. Li Jesús
ticto quira̱tinaheb ut quixye reheb: —
Mexxucuac. La̱in li yo̱quex chicuilbal.
Cacuubresihomak e̱ch'o̱l, chan reheb.
51 Nak qui-oc sa' li jucub sa' xya̱nkeb,
ch'anamil li ik'. Inc'a' chic qui-ec'an. Ut
eb lix tzolom quilaje'sach xch'o̱l chir-
ilbal. 52 Que'sach xch'o̱l xban nak toj
ma̱ji' neque'xtau xya̱lal chirix li milagro
quixba̱nu li Jesús riq'uin li caxlan cua.
K'axal cauheb xch'o̱l. Jo'can nak inc'a'
que'xtau ru.

Li Jesús quixq'uirtesiheb li yaj aran Genesaret

53 Nak que'cuulac li Jesús rochbeneb
lix tzolom jun pac'al li palau, coxe'e̱lk
sa' li tenamit Genesaret. Que'xbac' li ju-
cub chire li ha'. 54 Nak yo̱queb chi e̱lc
sa' li jucub, eb li cuanqueb aran ticto
que'xnau nak a'an li Jesús. 55 Jo'can nak
sa' junpa̱t que'co̱eb sa' chixjunil li na'ajej
chixc'ambaleb chak lix yaj chiruheb lix
cuarib. Nak que'xnau bar cuan li Jesús,
quilaje'xc'am li yaj riq'uin. 56 Yalak bar
quinume' li Jesús quilaje'xc'am li yaj
riq'uin, jo' sa' tenamit, jo' sa' c'aleba̱l.
Que'xq'ueheb li yaj sa' li be bar cui' yo̱
chi numec' li Jesús. Que'xtz'a̱ma chiru:
—Ba̱nu usilal, q'ue chikach'e' la̱ cuak',
chanqueb re xban nak neque'xnau nak
usta ca'aj cui' re li rak' te'xch'e', te'q'uira̱k.
Ut chixjunileb li que'ch'e'oc re li rak',
que'q'uira.

Li c'a'ru na-el chak sa' li kach'o̱l, a'an li nocoma̱cob cui'

7 Eb laj fariseo que'cuulac riq'uin li
Jesús rochbeneb cuib oxib laj tz'i̱b
li que'chal chak aran Jerusalén. 2 Ut
eb a'an que'xq'ue retal nak cuan lix
tzolom li Jesús que'cua'ac chi inc'a'
que'xch'aj li ruk'eb chi tz'akal jo'
c'aynakeb chixba̱nunquil laj fariseo.
3 Eb laj fariseo ut chixjunileb laj judío
inc'a' neque'cua'ac cui inc'a' te'xch'aj li

ruk'eb jo' naxye li chak'rab li canabanbil
reheb xbaneb lix xe'tonil yucua'. 4 Ut
nak neque'suk'i chak sa' c'ayil inc'a'
neque'cua'ac cui inc'a' neque'ch'ajoc
jo' naxye lix chak'rabeb. Ut cuan
cui'chic nabal li na'leb li neque'xbanu
jo' canabanbil reheb xbaneb li xe'tonil
yucua', jo' li xch'ajbal lix sec', lix xar,
li uc'al ch'ich' ut lix ch'at. 5 Eb laj
fariseo ut eb laj tz'ib que'xpatz' re
li Jesús: —¿C'a'ut nak eb la tzolom
inc'a' neque'xbanu li kachak'rabinquil
canabanbil ke xbaneb li kaxe' katon? Eb
a'an neque'cua'ac chi inc'a' neque'xch'aj
li ruk'eb jo' naxye li kachak'rabinquil,
chanqueb. 6 Nak quichak'oc li Jesús
quixye reheb: —Yal ajcui' li quixye laj
Isaías cherix laex aj ca'pac'al u nak
quixye chi jo'ca'in:

Li tenamit a'in niquine'x-oxlok'i ca'aj
cui' riq'uin xtz'umaleb re. Moco
neque'xbanu ta chi anchal xch'oleb.
7 Mac'a' aj e nak niquine'xlok'oni xban
nak li tijleb li neque'xc'ut a'an yal
xchak'rab eb li cuink. (Is. 29:13)

8 Laex nequetz'ektana lix chak'rab li
Dios, ut a' chic le najter na'leb neque-
banu, jo' riq'uin xch'ajbal li sec' ut li
xar ut li c'a'ak ru chi chak'rabil reheb
li cuink.— 9 Li Jesús quixye ajcui' re-
heb: —Laex nequetz'ektana lix chak'rab
li Dios re nak tebanu li najter na'leb
canabanbil ere xbaneb le xe'tonil yu-
cua'. 10 Laj Moisés quixye, "Cha-oxlok'i
la na' la yucua' ut ani tixhob xna'
xyucua', tacamsik." 11 A'ut laex nequ-
eye cui cuan junak li cuink inc'a' naraj
xtenk'anquil lix na' xyucua', a'an naru
tixye, "Corbán", chirix li c'a'ak re ru tix-
tenk'a cui' raj lix na' xyucua'. Li atin
a'an naraj naxye "yechi'inbil re li Dios".
12 Riq'uin xbanunquil a'an li cuink inc'a'
chic naru tixtenk'a lix na' xyucua', chan-
quex. 13 Ut cuan nabal chic c'a'ak re
ru chi na'lebil nalajebanu. Riq'uin xba-
nunquil li najter na'leb canabanbil ere,
yoquex chixtz'ektananquil lix chak'rab
li Dios, chan li Jesús reheb. 14 Ut li
Jesús quixbokeb li tenamit ut quixye
reheb: —Abihomak chejunilex li c'a'ru
tinye ut q'uehomak retal re nak te-
tau xyalal. 15 Macua' li c'a'ru naxtzaca
li cuink namaco' cui'; aban li c'a'ru
inc'a' us naxc'oxla, a'an namaco' cui'.
16 Li ani naraj rabinquil, chixq'uehak re-
tal li ninye.— 17 Nak li Jesús qui-el
sa' xyankeb li q'uila tenamit, qui-oc sa'
cab. Ut eb lix tzolom que'xpatz' re: —
¿C'a'ru xyalal li atin xaye?— 18 Ut li
Jesús quixye reheb: —¿Ma inc'a' ajcui'
xetau ru laex li xinye? ¿Ma inc'a' neque-
nau nak macua' li c'a'ru naxtzaca ju-
nak namaco' cui'? 19 Li c'a'ru naxtzaca ju-
nak, a'an moco sa' ram ta naxic. Tic sa'
xsa' naxic ut chirix a'an naxtz'ek cui'chic,
chan. Jo'can nak quixye nak chixjunil li
natzacaman moco mac ta xtzacanquil.
20 Ut quixye ajcui' li Jesús reheb: —Li
inc'a' us naxc'oxla sa' xch'ol, a'an na-
macob cui'. 21 Sa' xc'a'ux junak nachal
chak li maus aj na'leb, li muxuc caxar,
li co'betac yumbetac, ut li xcamsinquil
ras ritz'in. 22 Ut sa' xc'a'ux ajcui' nachal
li elk'ac, lix rahinquil ru c'a'ru re ras
ritz'in, li mausilal, li balak'inc, li xba-
nunquil li xutanalil na'leb, li cakalinc,
li majecuanc, li k'etk'etil, ut lix majelil
na'leb. 23 Chixjunil li maus aj na'leb a'in
sa' xc'a'ux junak nachal chak ut a'an na-
macob cui' li junjunk.—

Li ixk aj Sirofenicia quipaban

24 Li Jesús co sa' jalan na'ajej xcuent
Tiro ut xcuent Sidón. Cox-oc sa' jun li
cab. Inc'a' raj quiraj quinauhe' nak cuan
aran. Abanan inc'a' quiru quixmuk rib.
25 Sa' junpat qui-abic resil xban jun li
ixk nak cuan aran. Li ixk a'an cuan jun
lix co' cuan maus aj musik'ej riq'uin. Co
riq'uin li Jesús ut quixcuik'ib rib chiru.
26 Li ixk a'an macua' aj judío, a'an aj Siro-
fenicia. Quixtz'ama chiru li Jesús nak

tarisi li maus aj musik'ej riq'uin lix co'.
27 Ut li Jesús quixye re: —Cua'akeb cuan
junxil li coc'al. Inc'a' us xmak'bal xcua-
heb li coc'al ut xq'uebal reheb li tz'i',
chan. 28 Ut li ixk quichak'oc ut quixye
re: —Yal li nacaye, Kacua', abanan eb li
tz'i' neque'xxoc xc'aj xcua li coc'al rubel
li mex nak yoqueb chi cua'ac, chan. 29 Li
Jesús quixye re li ixk: —Us li xaye.
Ayu sa' la cuochoch. Ac x-el li maus aj
musik'ej riq'uin la co', chan. 30 Co li ixk
sa' li rochoch ut coxtau lix co' chi yocyo
chiru lix ch'at. Mac'a' chic li maus aj
musik'ej riq'uin.

Li Jesús quixq'uirtesi jun li cuink tz'ap xic ut tat re

31 Nak qui-el li Jesús rochbeneb
lix tzolom sa' li na'ajej xcuent Tiro,
que'nume' sa' li tenamit Sidón. Ut
que'nume' ajcui' sa' li na'ajej xcuent
Decápolis, ut que'cuulac cuan cui' li
palau Galilea. 32 Ut quic'ame' chak jun
li cuink riq'uin li Jesús tz'ap xic ut tat
re. Que'xtz'ama chiru nak tixq'ue li ruk'
sa' xben. 33 Li Jesús quirisi li cuink sa'
xyankeb li tenamit ut quixc'am xjunes.
Quixch'ic li ru'uj ruk' sa' xxic li cuink.
Quixt'akresi li ru'uj ruk' riq'uin li xya'al
re ut quixch'e' li ru'uj rak' li cuink.
34 Qui-iloc sa' choxa, quixjik' xch'ol ut
quixye: —Efata.— Sa' li ratinobal naraj
naxye, "Chitelik la xic ut chat-abink."
35 Sa' junpat quiteli lix xic ut na-abin
chic ut sa chic naatinac. 36 Ut li Jesús
quixye reheb li q'uila tenamit: —Ma
ani aj e teserak'i li c'a'ru yoquin
chixbanunquil, chan. Quixk'useb chi
us. Abanan eb a'an k'axal cui'chic nak
que'oc chixserak'inquil. 37 C'ajo' nak
que'sach xch'oleb chirilbal ut que'xye:
—Chabil chixjunil li naxbanu. Naxq'ue
chi abinc li tz'ap xic ut naxq'ue chi
atinac li mem, chanqueb.

Li Jesús quixq'ueheb chi cua'ac li cahib mil

8 Sa' jun chic li cutan que'xch'utub
rib nabal li tenamit riq'uin li Jesús.
Xban nak mac'a' xcuaheb quixbokeb lix
tzolom ut quixye reheb: 2 —Tok'obeb ru
li q'uila tenamit a'in. Ac cuan oxib cutan
roquiqueb arin cuiq'uin ut mac'a' chic
xcuaheb. 3 Cui tebintakla sa' rochocheb
chi inc'a' te'cua'ak, naru neque'lub sa'
be xban nak cuan najt xe'chal chak.—
4 Lix tzolom que'xye re: —¿Bar takatau
cua sa' li na'ajej a'in re takaq'ueheb
chi cua'ac? Arin mac'a' cuan, chan-
queb. 5 Ut li Jesús quixpatz' reheb: —
¿Jarub li caxlan cua cuan eriq'uin? chan.
—Cuukub ajcui', chanqueb. 6 Tojo'nak
quixye reheb li tenamit nak te'chunlak
chiru ch'och'. Quixchap li cuukub chi
caxlan cua. Quixbantioxi chiru li Dios ut
quixjachi. Ut quixq'ue reheb lix tzolom
re nak te'xjeq'ui reheb li tenamit. 7 Ut
cuan cuib oxib li coc' car riq'uineb. Nak
quirosobtesi quixye reheb nak te'xjeq'ui
ajcui' reheb li tenamit. 8 Que'cua'ac chi
us ut que'c'ojla xch'ol. Ut cuukub cha-
cach chic li qui-ela'an. 9 Cuanqueb na
cahibak mil li que'cua'ac ut nak ac
xe'cua'ac, que'chak'rabic xban li Jesús.
10 Ut sa' junpat qui-oc li Jesús sa' li ju-
cub rochbeneb lix tzolom ut que'coeb sa'
li na'ajej xcuent Dalmanuta.

Eb laj fariseo que'raj rilbal li milagro

11 Que'cuulac laj fariseo riq'uin li
Jesús. Que'oc chixcuech'inquil yal re
xyalbal. Que'xye re nak tixbanu junak
milagro chiruheb re rilbal ma yal na
nak riq'uin li Dios nachal lix cuan-
quil. 12 Quixjik' xch'ol li Jesús xban nak
quititz' xbaneb, ut quixye: —Ca'aj cui'
milagro yoqueb chixpatz'bal eb li tena-
mit a'in. Relic chi yal tinye ere nak ma
jun milagro tinbanu chiruheb.— 13 Qui-
el riq'uineb laj fariseo. Qui-oc sa' li jucub

rochbeneb lix tzolom. Y̱oqueb chi xic jun
pac'al li palau.

Li Jesús quixjuntak'e̱ta lix tijleb eb laj fariseo riq'uin lix ch'amal li caxlan cua

14 Ut quisach sa' xch'o̱leb xc'ambal
xcuaheb. Ac cuanqueb sa' li jucub
nak que'xq'ue retal nak jun ajcui' li
caxlan cua cuan riq'uineb. 15 Li Jesús
quixye reheb: —Cheba̱nu cue̱nt. Micuan
xch'amal xcaxlan cuaheb laj fariseo
e̱riq'uin chi moco xch'amal xcaxlan cua
laj Herodes.— 16 Eb lix tzolom que'oc
chi a̱tinac chi ribileb rib ut que'xye: —
¿C'a'ru xya̱lal a'in? ¿Ma xban nak ma̱c'a'
li caxlan cua kiq'uin nak xye ke chi
jo'can? chanqueb. 17 Li Jesús quixnau
c'a'ru y̱oqueb chixyebal chi ribileb rib
ut quixye reheb: —¿C'a'ut nak y̱oquex
chixyebal nak ma̱c'a' e̱cua? ¿Ma inc'a' ne-
quetau ru nak ma̱cua' chirix xch'amal li
caxlan cua y̱oquin chi a̱tinac? Chirix ban
xtijlebeb laj fariseo y̱oquin chi a̱tinac.
La̱ex c'ajo' xcacuil e̱ch'o̱l. 18 Inc'a' ne-
quetau xya̱lal. Cuan xnak' e̱ru ut inc'a'
nequex-iloc. Cuan e̱xic ut inc'a' nequex-
abin. 19 ¿Ma inc'a' najultico' e̱re nak xin-
jachi li o̱b chi caxlan cua reheb li o̱b mil
chi cui̱nk? Ut ¿jarub chacach qui-ela'an?
chan reheb. —Cablaju, chanqueb. 20 —
¿Ma inc'a' najultico' e̱re nak xinjachi li
cuukub chi caxlan cua reheb li ca̱hib mil.
Ut jarub chacach qui-ela'an? chan re-
heb. —Cuukub chacach, chanqueb. 21 Ut
li Jesús quixye reheb: —¿Ma toj ma̱ji'
ajcui' nequetau xya̱lal chi jo'canan?—

Li Jesús quixq'uirtesi li mutz' aran Betsaida

22 Que'cuulac li Jesús rochbeneb lix
tzolom aran Betsaida. Quic'ame' chak
jun li cui̱nk riq'uin. Mutz' ru li cui̱nk.
Que'xtz'a̱ma chiru nak tixq'ue li ruk' sa'
xbe̱n re nak ta̱ilok. 23 Li Jesús quixchap
li ruk' li mutz' ut quixc'am chire li tena-
mit. Ut quixchu̱ba sa' xnak' ru li mutz'.
Quixq'ue li ruk' sa' xbe̱n ut quixpatz'
re: —¿Ma nacat-iloc bayak anakcuan?
chan re. 24 Li mutz' qui-iloc ut quixye: —
Nin-iloc ca'ch'in. Nacuileb li cui̱nk chan-
chaneb li che' nak y̱oqueb chi be̱c.—
25 Tojo'nak li Jesús quixq'ue cui'chic li
ruk' sa' li xnak' ru li mutz' ut quiq'uira
li ru. Nak qui-iloc li cui̱nk, tz'akal chic
naril chixjunil. 26 Li Jesús quixtakla li
cui̱nk sa' rochoch ut quixye re: —Matxic
sa' li tenamit ut ma̱ ani aj e ta̱ye nak xat-
inq'uirtesi, chan re.

Laj Pedro quixye nak li Jesús, a'an li Cristo

27 Chirix a'an co̱ li Jesús rochbeneb lix
tzolom sa' li coc' tenamit xcue̱nt Cesarea
Filipo. Nak y̱oqueb chi xic, quixpatz'
reheb lix tzolom: —¿Anihin la̱in nak
neque'xye li tenamit? chan. 28 Que'xye
re: —Cuan neque'yehoc re nak la̱at laj
Juan laj Cubsihom Ha' xcuacli cui'chic
chi yo'yo. Ut cuan neque'yehoc re nak
la̱at li profeta Elías, li quicuan najter. Ut
cuan cui'chic neque'yehoc re nak la̱at jun
chic li profeta, chanqueb. 29 —Ut la̱ex
¿anihin la̱in nak nequeye? chan cui'chic
reheb. Ut laj Pedro quixye: —La̱at li
Cristo.— 30 Li Jesús quixye reheb nak ma̱
ani aj e te'xye nak a'an li Cristo.

Li Jesús quixye resil lix camic

31 Li Jesús quixch'olob xya̱lal chiruheb
nak a'an li Alalbej ut nak nabal li ray-
lal cha̱lc re sa' xbe̱n. Quixye reheb nak
ta̱tz'ekta̱na̱k xbaneb li xakabanbileb chi
c'anjelac sa' li templo. Ta̱tz'ekta̱na̱k ajcui'
xbaneb li xbe̱nil aj tij. Jo' ajcui' xbaneb
laj tz'i̱b ut quixye ajcui' reheb nak ta̱-
camsi̱k ut ta̱cuacli̱k cui'chic chi yo'yo
sa' rox li cutan. 32 Quixye chi tz'akal li
c'a'ru tixc'ul. Nak quirabi a'an laj Pe-
dro quirisi xjunes li Jesús ut qui-oc
chixk'usbal ut quixye re: —Ma̱ye chi
jo'can Ka̱cua'.— 33 Ut li Jesús quixsuk'isi

rib. Quirileb lix tzolom ut quixk'us laj Pe-
dro. Quixye re: —Elen arin sa' xnak' cuu.
La̱at chanchanat aj Tza. La̱at inc'a' yo̱-
cat chixc'oxlanquil jo' naxc'oxla li Dios.
La̱at yo̱cat chixc'oxlanquil jo' naxc'oxla
li cui̱nk, chan. 34 Tojo'nak quixbokeb li
q'uila tenamit rochbeneb lix tzolom ut
quixye reheb: —Li ani ta̱raj inpa̱ban-
quil, tento nak tixtz'ekta̱na li c'a'ru
naxrahi ru lix ch'o̱l. Tixcuy xnumsin-
quil li raylal li tixc'ul usta ta̱camsi̱k
sa' inc'aba'. Ut chinixta̱kehak. 35 Li ani
ta̱tz'ekta̱na̱nk cue re xcolbal lix yu'am
arin sa' ruchich'och', tixtz'ek li junelic
yu'am. A'ut li naxsach lix yu'am sa'
inc'aba' la̱in malaj ut sa' xc'aba' li evan-
gelio, a'an ta̱re̱chani li junelic yu'am.
36 ¿C'a'ru tixra junak cui̱nk nak ta̱re̱chani
chixjunil lix biomal li ruchich'och' ut
tixtz'ekta̱na li junelic yu'am xban li
biomal? 37 ¿Ma cuan ta bi' li c'a'ru tix-
toj cui' li yu'am chi junelic? 38 Li ani ta̱x-
uta̱na̱k chiruheb li tenamit aj ma̱c in-
ban la̱in malaj ut xban li cua̱tin, la̱in li
Alalbej tinxuta̱na̱k ajcui' xbaneb nak tin-
cha̱lk chak riq'uin xnimal xlok'al lin Yu-
cua' cuochbeneb li santil ángel.—

9 Ut li Jesús quixye: —Relic chi ya̱l
tinye e̱re nak cuanqueb arin sa'
e̱ya̱nk li inc'a' te'ca̱mk toj te'ril lix ni-
majcual cuanquilal li Dios nak ta̱cha̱lk
riq'uin lix xcuanquil.—

Qui-ile' lix lok'al li Jesús nak quijalano' li riloba̱l

2 Cuakib cutan chic xyebal a'an xban
li Jesús nak quixc'ameb laj Pedro, laj Ja-
cobo, ut laj Juan sa' xbe̱n jun li nimla
tzu̱l. Nak cuanqueb aran xjuneseb, qui-
jalano' li riloba̱l li Jesús chiruheb. 3 Ut
li rak' quijalano' rilbal. Nalemtz'un chic
li rak'. Saksakpotz'in nac'utun, chanchan
li ratz'am que. Ma̱ jun aj puch'unel arin
sa' ruchich'och' tixsakobresi junak t'icr
jo' nak quisakobresi̱c li rak' li Jesús. 4 Ac
xaka̱mil laj Elías ut laj Moisés chiruheb
nak que'ril. Ut yo̱queb chi a̱tinac riq'uin
li Jesús. 5 Laj Pedro quixye: —Ka̱cua',
c'ajo' xchak'al ru nak cuanco arin. Xkayi̱b
ta oxibak muheba̱l arin. Jun a̱cue, jun re
laj Moisés, ut jun re laj Elías.— 6 Quixye
chi jo'can xban nak inc'a' chic naxnau
c'a'ru tixye xban nak c'ajo' lix xiuheb.
7 Ut quichal jun nimla chok sa' xbe̱neb.
Li Dios quia̱tinac chak sa' li chok, ut
quixye: —A'in li cualal, raro inban. Cher-
abi li c'a'ru tixye.— 8 Ut nak quiril ac
ma̱ aniheb chic laj Elías ut laj Moisés.
Ca'aj chic li Jesús quicana xjunes. 9 Nak
yo̱queb chak chi cubec sa' li tzu̱l quixye
li Jesús reheb nak ma̱ ani aj e te'xye
li c'a'ru que'ril toj ta̱cuacli̱k cui'chic li
Alalbej chi yo'yo sa' xya̱nkeb li came-
nak. 10 Eb a'an ma̱ ani aj e que'xye, ca'aj
cui' chi ribileb rib que'a̱tinac. Que'xye:
—¿C'a'ru xya̱lal a'an nak li Jesús quixye
nak ta̱cuacli̱k cui'chic chi yo'yo sa'
xya̱nkeb li camenak?— 11 Que'xpatz' re
li Jesús: —¿C'a'ut nak neque'xye laj tz'i̱b
nak xbe̱n cua ta̱cha̱lk laj Elías tojo'nak
tol-e̱lk li Cristo? chanqueb. 12 Ut nak
quichak'oc li Jesús quixye reheb: —Ya̱l
ajcui' tz'i̱banbil retalil nak laj Elías xbe̱n
cua ta̱cha̱lk chixc'u̱banquil chixjunil li
c'a'ak re ru. Ut tz'i̱banbil ajcui' sa' li San-
til Hu chicuix la̱in li Alalbej nak na-
bal li raylal tinc'ul ut tine'xtz'ekta̱na.
13 Abanan tinye e̱re nak laj Elías ac
xc'ulun ut c'ajo' li raylal que'xba̱nu re
jo' tz'i̱banbil sa' li Santil Hu chanru
ta̱c'ulma̱nk.—

Li Jesús quirisi li ma̱us aj musik'ej riq'uin li al

14 Nak coxe'e̱lk cuanqueb cui' li bele̱b
chic lix tzolom li Jesús, que'ril nak
cuan nabal li tenamit riq'uineb. Ut
eb laj tz'i̱b yo̱queb chixcuech'inquil lix
tzolom li Jesús. 15 Ut eb li q'uila tena-
mit que'sach xch'o̱l chirilbal li Jesús, ut
que'co̱eb sa' a̱nil chixc'ulbal ut que'xq'ue
xsahil xch'o̱l. 16 Li Jesús quixpatz' re-

heb: —¿C'a'ru nequecuech'i cui' e̲rib?
chan. 17 Quichak'oc jun sa' xya̲nkeb
li q'uila tenamit ut quixye re: —At
K̲a̲cua', xinc'am chak jun li cualal arin.
Mem ut cuan ma̲us aj musik'ej riq'uin.
18 Yalak bar nacute' sa' ch'och' xban
li ma̲us aj musik'ej. Na-el cuokx sa'
re ut naxc'uxuxi li ruch re ut nax-
chec' rib. Xintz'a̲ma chiruheb la̲ tzolom
nak te'risi li ma̲us aj musik'ej; abanan
inc'a' xe'ru chirisinquil.— 19 Nak li Jesús
quichak'oc, quixye reheb: —Ti̲c inc'a'
nequexpa̲ban. ¿Jo' najtil chic tincua̲nk
e̲riq'uin re nak texpa̲ba̲nk? ¿Jo' najtil
chic texincuy nak nequec'oxla? C'am
chak li al arin cuiq'uin, chan li Jesús.
20 Que'xc'am li al riq'uin ut li ma̲us aj
musik'ej nak quiril li Jesús quixch'ikle
li al, quixcut sa' ch'och' ut quixtolc'osi
ut qui-oc chi e̲lc cuokx sa' re. 21 Ut li
Jesús quixpatz' re lix yucua': —¿Jok'e
xticla lix yajel li al a'in? chan. —
Toj ca'ch'in nak quixtiquib xc'ulbal chi
jo'ca'in, chan lix yucua'. 22 —Nabal sut
nacute' sa' xam. Nabal sut nacute' sa'
ha' xban li ma̲us aj musik'ej re xcam-
sinquil. Cui cuan c'a'ru naru ta̲ba̲nu re,
ba̲nu usilal, il xtok'oba ku ut choa̲tenk'a,
chan. 23 Li Jesús quixye: —¿C'a'ut nak
nacaye "cui naru"? ¿Ma inc'a' nacanau
nak cui nacatpa̲ban chixjunil naru xba̲-
nunquil? chan. 24 Sa' junpa̲t quia̲tinac
lix yucua' li al ut quixye chi cau, —
La̲in ninpa̲b. China̲tenk'a re nak tinpa̲b
chi tz'akal.— 25 Nak li Jesús quiril nak
sa' junpa̲t yo̲queb chi ch'utla̲c nabal li
tenamit, quixch'ila li ma̲us aj musik'ej.
Quixye re: —At ma̲us aj musik'ej, la̲at
nacatmemobresin. La̲at nacattz'apoc xic.
La̲in tinye a̲cue, elen riq'uin li al a'in ut
mat-oc chic riq'uin, chan. 26 Ut li ma̲us
aj musik'ej quixjap re ut quixch'ikle chi
cau li al. Tojo'nak qui-el riq'uin. Ut li
al chanchan camenak quicana. Nabal li
tenamit que'yehoc re nak xcam. 27 Ut li
Jesús quixchap chi ruk' li al ut quix-
cuaclesi ut li al quixakli. 28 Nak qui-
oc li Jesús sa' cab xjunes rochbeneb lix
tzolom, que'xpatz' re: —¿C'a'ut nak inc'a'
xoru la̲o chirisinquil li ma̲us aj musik'ej?
chanqueb. 29 Ut li Jesús quixye reheb:
—Ca'aj cui' riq'uin ayu̲n ut riq'uin tijoc
naru risinquil li ma̲us aj musik'ej a'in.—

Li Jesús quixye cui'chic resil lix camic

30 Ut nak que'el aran, que'nume' sa'
li na'ajej Galilea. Ut li Jesús inc'a'
quiraj nak te'xnau nak cuan aran. 31 Yo̲
chixch'olobanquil xya̲lal chiruheb lix
tzolom. Quixye reheb: —La̲in li Alal-
bej, tine'xk'axtesi sa' ruk'eb li cui̲nk li
te'camsi̲nk cue. Ut nak ac xine'xcamsi,
tincuacli̲k cui'chic chi yo'yo sa' xya̲nkeb
li camenak sa' rox li cutan.— 32 Aban
eb a'an inc'a' que'xtau ru li c'a'ru quixye
reheb, ut que'xucuac chixpatz'bal c'a'ru
xya̲lal li quixye.

Li nim xcuanquil, a'an li nac'anjelac chiruheb li ras ri̲tz'in

33 Que'cuulac sa' li tenamit Caper-
naum. Nak cuanqueb sa' cab quixpatz'
reheb lix tzolom: —¿C'a'ru li yo̲quex
chixcuech'inquil rix nak yo̲co chi cha̲lc?
chan. 34 Mem que'cana ut inc'a' chic
que'chak'oc xban nak yo̲queb chix-
cuech'inquil rix ani reheb li nim xcuan-
quil. 35 Li Jesús quic'ojla ut quixbokeb li
cablaju chi xtzolom riq'uin ut quixye re-
heb: —Li ani ta̲raj nak ta̲q'uehek' xcuan-
quil, chixcubsihak rib ut chic'anjelak
chiruheb chixjunileb.— 36 Quixchap chi
ruk' jun li ch'ina al ut quixq'ue sa' xyi-
heb. Quixk'alu ut quixye reheb: 37 —Li
ani naxq'ue xlok'al li toj k'un xch'o̲l jo'
li ch'ina al a'in sa' inc'aba' la̲in, naxq'ue
ajcui' inlok'al la̲in. Ut ma̲cua' ca'aj cui'
la̲in naxq'ue inlok'al. Naxq'ue aj ban cui'
xlok'al li Dios li quitaklan chak cue.—

Li ani inc'a' xic' na-iloc ke, a'an na-oquen chikix

38 Laj Juan quixye re li Jesús: —At
Kacua', jun cuink xkil chak le'. Yo chi
isinc maus aj musik'ej sa' ac'aba'. Ut lao
xkaye re nak inc'a' tixbanu a'an xban
nak moco kacomon ta.— 39 Ut li Jesús
quixye reheb: —Mek'us xban nak ma
ani tabanunk junak milagro sa' inc'aba'
lain ut mokon taoc ta chintz'ektananquil.
40 Li ani inc'a' xic' na-iloc ke, a'an na-
oquen chikix. 41 Li ani taq'uehok jun
sec'ak ha' ere sa' inc'aba' lain xban nak
laex cualal inc'ajol, relic chi yal tinye ere
nak tixc'ul lix k'ajcamunquil.—

Xiu xiu li t'anec' sa' li mac

42 Li ani tapo'ok xch'oleb li toj k'uneb
xch'ol, us raj xcutbal sa' li palau chi
bac'bo junak nimla pec chi xcux. 43 Cui
la cuuk' taq'uehok acue chi macobc, us
raj cui tayoc'. Mas us nak cuank la yu'am
chi junelic riq'uin jun ajcui' la cuuk' chiru
nak tatxic riq'uin cuib la cuuk' sa' li
xbalba, bar cui' inc'a' tachupk li xam.
44 Aran inc'a' te'camk li motzo' chi moco
li xam tachupk. 45 Cui la cuok taq'uehok
acue chi macobc, us raj cui tayoc'. Mas us
nak cuank la yu'am chi junelic riq'uin jun
la cuok chiru nak tatxic riq'uin cuib la
cuok sa' li xbalba, bar cui' inc'a' tachupk
li xam. 46 Aran inc'a' te'camk li motzo' chi
moco li xam tachupk. 47 Cui li xnak' acuu
taq'uehok acue chi macobc, us raj cui
tacuisi. Mas us nak tat-oc sa' xnimajcual
cuanquilal li Dios riq'uin jun li xnak'
acuu chiru nak tatxic sa' li xbalba riq'uin
cuib xnak' acuu. 48 Aran inc'a' te'camk li
motzo' chi moco li xam tachupk. 49 Jo'
nak naq'ueman li atz'am chiru li tib re
nak inc'a' nachuho', jo'can ajcui' nak nay-
ale' rix li kapabal. Chanchan riq'uin xam
nayale' rix xban li raylal nakac'ul. 50 Cha-
bil li atz'am, abanan cui na-oso' lix qui'al
mac'a' chic na-oc cui'. Jo'can ajcui' laex
chi cuank echabilal ut cuankex sa' usilal
chi ribil erib.

Inc'a' naru te'xjach rib li sumsuqueb

10 Ut qui-el li Jesús Capernaum.
Que'coeb sa' jun li na'ajej cuan
xcuent Judea ut que'coeb ajcui' toj jun
pac'al li nima' Jordán. 2 Ut que'cuulac
laj fariseo riq'uin chi patz'oc yal re xyal-
bal rix ut que'xye re: —¿C'a'ru nacaye
laat? ¿Ma taruk tixjach rib junak cuink
riq'uin li rixakil? chanqueb re. 3 Ut
nak quichak'oc li Jesús, quixye reheb:
—¿C'a'ru le chak'rabinquil quixcanab
ere laj Moisés?— 4 Eb a'an que'xye: —
Laj Moisés quixye nak junak li cuink
taruk tixyib lix hu re jachoc ib ut
riq'uin a'an naru tixjach rib riq'uin li
rixakil.— 5 Li Jesús quichak'oc ut quixye:
—Xban nak k'axal cau ech'ol, jo'can nak
quixq'ue li chak'rab chi jo'can. 6 Abanan
macua' jo'can sa' xticlajic li ruchich'och'.
Nak quixyib li ruchich'och' li Dios,
quixyo'obtesi li cuink ut quixyo'obtesi li
ixk. 7 Jo'can nak li cuink tixcanab xna'
xyucua' ut tixlak'ab rib riq'uin li rixakil.
8 Li ani te'xlak'ab rib junajeb chic. Moco
cuibeb ta chic. 9 Li ani naxlak'ab li Dios,
ma ani chic naru najachoc re, chan li
Jesús. 10 Ut nak ac cuanqueb sa' cab,
lix tzolom li Jesús que'xpatz' cui'chic re
chirix li na'leb a'in. 11 Ut li Jesús quixye
reheb: —Li ani tixjach rib riq'uin li rix-
akil ut tixc'am jalan chic ixk, a'an tixmux
ru lix sumlajic. 12 Ut cui junak ixk tix-
jach rib riq'uin lix belom, ut tac'amek'
xban jalan chic cuink, a'an tixmux ru lix
sumlajic.—

Li Jesús quirosobtesiheb li coc'al

13 Sa' jun li cutan cuan li coc'al
que'c'ame' chak riq'uin li Jesús re nak
tixq'ue li ruk' sa' xbeneb ut tarosobtesi-
heb. Ut lix tzolom que'xk'us li que'c'amoc
chak reheb li coc'al. 14 Nak li Jesús
quixq'ue retal li yoqueb chixbanun-

quil, c'ajo' nak quipo' ut quixye re-
heb lix tzolom: —Canabomakeb li coc'al
chi cha̲lc cuiq'uin. Me̲ram chiruheb
xban nak lix nimajcual cuanquilal li
Dios, a'an reheb li neque'pa̲ban jo' nak
neque'pa̲ban li coc'al. 15 Relic chi ya̲l
tinye e̲re li ani inc'a' napa̲ban jo' li
coc'al, a'an inc'a' ta̲re̲chani lix nimajcual
cuanquilal li Dios, chan. 16 Ut li Jesús
quixk'aluheb li coc'al, quixq'ue li ruk' sa'
xbe̲neb, ut quirosobtesiheb.

Jun li cui̲nk biom quia̲tinac riq'uin li Jesús

17 Nak ac xic re li Jesús sa' jalan
chic na'ajej, quichal jun li cui̲nk sa'
a̲nil, colxcuik'ib rib chiru ut quixye
re: —At cha̲bil tzolonel, ¿c'a'ru ta̲ru̲k
tinba̲nu re nak tincue̲chani li yu'am
chi junelic?— 18 Li Jesús quixye: —
¿C'a'ut nak nacaye cha̲bil cue cui inc'a'
nacanau anihin la̲in? Jun ajcui' li cha̲-
bil ut a'an li Dios. 19 La̲at nacanau
c'a'ru naxye li chak'rab: Matmuxuc cax-
a̲r. Ma̲camsi a̲cuas a̲cui̲tz'in. Mat-elk'ac.
Matyo'oban a̲tin chirix a̲cuas a̲cui̲tz'in.
Matbalak'ic. Cha-oxlok'i la̲ na' a̲yucua'.—
20 Nak quichak'oc li cui̲nk quixye: —At
tzolonel, chixjunil a'in ac xinba̲nu ajcui'
chak chalen sa' inca'ch'inal.— 21 Li Jesús
c'ajo' nak quixra li cui̲nk. Quixca'ya ut
quixye re: —Jun chic toj ma̲ji' nacaba̲nu.
Ayu, c'ayi chixjunil li c'a'ru cuan a̲cue ut
ta̲si lix tz'ak reheb li neba' re nak ta̲cua̲nk
a̲biomal sa' choxa. Nak ac xaba̲nu a'an,
tatcha̲lk cuiq'uin ut tina̲ta̲ke usta ca̲mc
ta̲c'ul sa' inc'aba', chan. 22 Nak quirabi
a'an, li cui̲nk co̲ chi ra sa' xch'o̲l xban
nak nabal lix biomal cuan. 23 Li Jesús
quirileb lix tzolom ut quixye reheb: —
C'ajo' xch'a'ajquil chok' re junak biom
re̲chaninquil lix nimajcual cuanquilal li
Dios.— 24 Lix tzolom que'sach xch'o̲leb
nak que'rabi a'an. Aban li Jesús quixye
cui'chic reheb: —Ex cualal inc'ajol, c'ajo'
xch'a'ajquil nak te'oc sa' xnimajcual
cuanquilal li Dios li neque'xic xch'o̲l
chirix lix biomal. 25 Ma̲min ta̲ru̲k ta̲nu-
mek' junak nimla xul camello sa' ru ju-
nak cu̲x. Jo'can ajcui' eb li biom. Ma̲
jok'e ta̲ru̲k te'oc sa' xnimajcual cuan-
quilal li Dios cui ca'aj cui' lix biomal
neque'xc'oxla.— 26 Eb lix tzolom c'ajo'
nak que'sach xch'o̲leb ut que'xye: —
¿Ani put ta̲ru̲k ta̲colek' chi jo'canan?—
27 Li Jesús quirileb ut quixye reheb: —
Li cui̲nk inc'a' naru tixba̲nu a'an, aban
li Dios ma̲c'a' ch'a'aj chiru. A'an naru
tixba̲nu chixjunil.— 28 Laj Pedro quixye
re li Jesús: —La̲o xkacanab chixjunil li
c'a'ru cuan ke xban a̲ta̲kenquil.— 29 Li
Jesús quixye: —Relic chi ya̲l tinye e̲re,
li ani naxcanab c'a'ru re sa' inc'aba'
la̲in, tixc'ul re̲kaj. Li ani naxcanab xna'
xyucua', li ras ut li ri̲tz'in ut li ralal
xc'ajol sa' inc'aba' la̲in malaj ut sa'
xc'aba' li evangelio, a'an tixc'ul re̲kaj.
Jo'can ajcui' li naxcanab xch'och' ut li
rochoch sa' inc'aba' la̲in, tixc'ul ajcui'
re̲kaj. 30 A'an tixc'ul o'takc'a̲l (100) chic
chok' re̲kaj li c'a'ru re li tixcanab jo' ro-
choch, jo' li ras, jo' li ri̲tz'in, jo' li ralal
xc'ajol, jo' xna' xyucua' ut jo' lix ch'och'.
Usta naxc'ul ra xi̲c' arin sa' ruchich'och',
abanan ta̲re̲chani li junelic yu'am sa' eb
li cutan cha̲lel. 31 Li cuanqueb xcuan-
quil anakcuan, ma̲c'a'ak chic xcuan-
quileb mokon. Ut li ma̲c'a'eb xcuanquil
anakcuan, a'aneb chic li te'cua̲nk xcuan-
quil mokon,— chan li Jesús.

Li Jesús quixye cui'chic resil lix camic

32 Nak yo̲queb chi xic Jerusalén c'amol
be li Jesús chiruheb. Nak cuanqueb chiru
be sachso̲queb xch'o̲l lix tzolom ut li
yo̲queb chi ta̲ke̲nc reheb te'xucuak ajcui'.
Tojo'nak li Jesús quixc'ameb cui'chic lix
cablaju chi tzolom xjuneseb ut qui-oc
chixyebal reheb li c'a'ru tixc'ul. 33 Quixye
reheb: —Q'uehomak retal. Anakcuan
yo̲co chi xic Jerusalén. Aran tink'axtesi̲k
la̲in li C'ajolbej sa' ruk'eb lix be̲nil aj tij jo'

ajcui' sa' ruk'eb laj tz'ib. Eb a'an te'xteneb
camc sa' inben ut tine'xk'axtesi sa' ruk'eb
li macua'eb aj judío. 34 Ut tine'xhob,
tine'xsac', tine'xchuba ut tine'xcamsi.
Aban sa' rox li cutan tincuaclik cui'chic
chi yo'yo sa' xyankeb li camenak.—

Laj Jacobo ut laj Juan que'xtz'ama chiru li Kacua' nak tixq'ueheb xcuanquil

35 Laj Jacobo ut laj Juan, eb li ralal
laj Zebedeo, que'jiloc chixc'atk li Jesús
ut que'xye re: —Kacua', lao nakaj nak
tabanu li usilal li takatz'ama chacuu.—
36 Ut li Jesús quixye reheb: —¿C'a'ru
li usilal teraj tinbanu ere? chan reheb.
37 Que'xye re: —Nak ac xat-oc sa' la
lok'al, nakatz'ama chacuu nak jun ke
tacuank sa' la nim ut jun tacuank sa'
la tz'e.— Que'xye chi jo'can xban nak
te'raj oc sa' xcuanquileb. 38 Ut li Jesús
quixye reheb: —Laex inc'a' nequenau
xyalal li yoquex chixtz'amanquil chicuu.
¿Ma tecuy xc'ulbal li raylal li oc cue
chixc'ulbal lain? Ut, ¿ma tecuy xnum-
sinquil li raylal jo' li tinc'ul lain?—
39 —¡Takacuy! chanqueb. Ut li Jesús
quichak'oc ut quixye: —Yal ajcui' nak
laex tec'ul li raylal jo' li tinc'ul lain.
Ut tecuy xnumsinquil li raylal jo' li
tincuy xnumsinquil lain. 40 Abanan li
na'ajej sa' lin nim ut sa' lin tz'e macua'
lain tinq'uehok re li na'ajej a'an, xban
nak ac ch'olch'o chiru li Dios ani aj
e li na'ajej a'an, chan li Jesús reheb.
41 Ut nak que'rabi li c'a'ru que'xpatz' laj
Jacobo ut laj Juan, li lajeb chic lix
tzolom que'po' riq'uineb. 42 Ut li Jesús
quixbokeb riq'uin ut quixye reheb: —
Laex nequenau nak li neque'taklan sa'
ruchich'och' neque'numta sa' xben li
tenamit. Li ninkeb xcuanquil, a'aneb li
neque'taklan. 43 Abanan macua' jo'can
tebanu laex. Li ani naraj xcuanquil
sa' eyank, tento nak tixcubsi rib ut
tac'anjelak cheru. 44 Li ani naraj nimak
xcuanquil sa' eyank, tento tixcubsi rib ut
tac'anjelak chiruheb li ras ritz'in. 45 Lain
li C'ajolbej. Abanan inc'a' xinchal re
nak te'c'anjelak chicuu. Xinchal ban re
nak tinc'anjelak chiruheb chixjunileb ut
chixq'uebal lin yu'am re xtojbal rix lix
maqueb, chan li Jesús reheb.

Li Jesús quixq'uirtesi laj Bartimeo li mutz'

46 Que'cuulac Jericó ut nak qui-el chak
li Jesús sa' li tenamit a'an rochbeneb lix
tzolom nabal li tenamit que'taken re. Ut
chunchu jun li mutz' chire be. Yo chi
lemoxnic. Lix xc'aba', a'an aj Bartimeo,
ralal laj Timeo. 47 Nak quirabi li mutz'
nak yo chi chalc li Jesús aj Nazaret,
quixjap re chixyebal: —¡At Jesús, ralalat
xc'ajol laj David, chacuuxtana taxak cuu!
chan. 48 Ut nabaleb li tenamit que'k'usuc
re ut que'xye re, —¡Matchokin! chan-
queb re. Ut a'an k'axal cui'chic cau quix-
jap re ut quixye, —¡At ralalat xc'ajol
laj David, chacuuxtana taxak cuu!—
49 Nak quirabi a'an li Jesús quixakli
ut quixtakla xbokbal li mutz'. Que'coeb
chixc'ambal ut que'xye re: —Mach'ina
ach'ol. Quim. Yo chabokbal li Kacua'.—
50 Li mutz' quirisi lix t'icr lanlo cui'.
Quicuacli sa' junpat ut co riq'uin li Jesús.
51 Li Jesús quixye re: —¿C'a'ru tacuaj
tinbanu acue?— Ut li mutz' quixye: —
Kacua', tincuaj nak tailok li xnak' cuu.—
52 Li Jesús quixye re: —Anakcuan naru
tatxic. Xatq'uira xban nak xapab nak
cuan incuanquil chaq'uirtesinquil, chan
re. Ut sa' junpat qui-iloc li mutz' ut co
chirixeb.

Li Jesús quiq'uehe' xcuanquil aran Jerusalén

11 Que'nach'oc Jerusalén bar cuan
cui' li cuib chi tenamit Betfagé ut
Betania. Cuanqueb chiru li tzul Olivos
nak li Jesús quiatinac riq'uin cuibeb lix
tzolom. 2 Quixye reheb: —Ayukex sa' li

ch'ina tenamit a'an, ut nak texcuulak, te̱tau jun li ch'ina bu̱r bac'bo. Li ch'ina bu̱r a'an toj ma̱ ani nabe̱c chirix. Te̱hit chak ut te̱c'am chak arin. 3 Ut cui ani nayehoc e̱re, "¿C'a'ru yo̱quex?", te̱ye reheb nak li Ka̱cua' ta̱ajok re li ch'ina bu̱r ut a que ajcui' tixtakla chak ho̱n, cha'kex reheb.— 4 Que'co̱eb ut que'xtau li ch'ina bu̱r bac'bo sa' be chire puerta. Ut que-oc chixhitbal. 5 Eb li cuanqueb aran que'xye: —¿C'a'ru yo̱quex? ¿C'a'ut nak yo̱quex chixhitbal li ch'ina bu̱r?— 6 Eb lix tzolom que'xye reheb li c'a'ru quixye li Jesús, ut eb a'an que'canaba̱c re nak te'xc'am li ch'ina bu̱r. 7 Que'xc'am riq'uin li Jesús ut que'xq'ue li rak'eb chirix li ch'ina bu̱r ut li Jesús quitake' chirix. 8 Nabaleb que'xhel li rak'eb sa' be bar ta̱numek' cui' li Jesús. Cuan que'xyoc' chak ruk' che' ut que'xq'ue li xak sa' be. 9 Nak yo̱ chi xic li Jesús cuan li yo̱queb chi xic chiru ut cuan li yo̱queb chi xic chirix. Japjo̱queb re chixyebal: —¡Aj Colol ke taxak! ¡Osobtesinbil taxak li xchal sa' xc'aba' li Ka̱cua' Dios! 10 Osobtesinbil taxak li tenamit ta̱takla̱nk cui' li xchal chok' re̱kaj laj David li kaxe'to̱nil yucua'. Aj Colol ke taxak li xchal chak riq'uin li Dios,— chanqueb. 11 Nak quicuulac Jerusalén, li Jesús qui-oc sa' li rochoch li Dios. Quixsuti rilbal chixjunil li c'a'ak re ru cuan aran. Xban nak qui-ecuu co̱ aran Betania rochbeneb lix tzolom cablaju.

Li Jesús quixtz'ekta̱na li jun to̱n chi higo

12 Jo' cuulajak chic nak que'el aran Betania, quichal xtz'ocajic li Jesús. 13 Toj najt ajcui' cuan chak nak quiril jun to̱n li che' higo ut co̱ chirilbal ma cuan ru. Nak quicuulac cuan cui' li che' quiril nak ma̱c'a' ru. Junes xak cuan xban nak toj ma̱ji' xk'ehil ta̱uchi̱nk. 14 Ut li Jesús quixye re li jun to̱n chi higo: —Ma̱ ani chic ta̱tzaca̱nk re li nacacuu̱chin xban nak ma̱ jun cua chic tatu̱chi̱nk, chan. Ut eb lix tzolom que'rabi li c'a'ru quixye.

Li Jesús quirisiheb laj c'ay sa' rochoch li Dios

15 Nak que'cuulac Jerusalén, li Jesús qui-oc sa' li rochoch li Dios. Quiril nak yo̱queb chi c'ayi̱nc ut yo̱queb chi lok'oc aran. Qui-oc chixyolesinquileb. Quixbalk'usi lix me̱xeb laj jalol tumin ut quixbalk'usi ajcui' lix temeb li yo̱queb chi c'ayi̱nc paloma. 16 Ut inc'a' chic quixcanabeb li tenamit chi numec' sa' rochoch li Dios chi cuan ri̱keb. 17 Ut qui-oc xch'olobanquil xya̱lal chiruheb ut quixye: —¿Ma inc'a' ta bi' tz'i̱banbil sa' li Santil Hu li c'a'ru quixye li Dios? "Li cuochoch, a'an re te'tijok cui' chixjunileb li tenamit." Abanan la̱ex xeq'ue li rochoch li Dios chok' xna'ajeb laj e̱lk', chan li Jesús. 18 Eb li xbe̱nil aj tij ut eb laj tz'i̱b nak que'rabi a'an que'oc chixc'u̱banquil chanru nak te'xcamsi li Jesús. C'ajo' nak que'xucuac xban nak que'ril nak sachso̱queb xch'o̱l li q'uila tenamit chirabinquil li tijleb li yo̱ chixyebal li Jesús. 19 Nak qui-ecuu, qui-el li Jesús sa' li tenamit Jerusalén rochbeneb lix tzolom. 20 Jo' cuulajak chic nak que'nume' cuan cui' li xto̱nal li higo, que'ril nak ac xchakic chi junaj cua. 21 Ut laj Pedro quinak sa' xch'o̱l nak li Jesús quixtz'ekta̱na li che' ut quixye re: —Ka̱cua', il li che' li xatz'ekta̱na. Xchakic chi junaj cua.— 22 Ut li Jesús quixye reheb: —Chepa̱b nak nim xcuanquil li Dios. 23 Relic chi ya̱l tinye e̱re li ani tixye re junak tzu̱l, "Elen arin ut cut a̱cuib sa' li palau", ut cui inc'a' tixcuiba xch'o̱l, ut cui tixpa̱b chi tz'akal nak ta̱uxk li tixye, ta̱uxma̱nk li c'a'ru tixye. 24 Jo'can nak tinye e̱re nak chixjunil li c'a'ru te̱tz'a̱ma chiru li Dios nak yo̱quex chi tijoc, chepa̱b chi tz'akal nak ta̱q'uehek' e̱re ut te̱c'ul li c'a'ru te̱tz'a̱ma. 25 Nak yo̱kex chi tijoc, checuy xma̱c li ani cuan xma̱c che̱ru re

nak li kaYucua' li cuan sa' choxa tixcuy
ajcui' e̲ma̲c la̲ex. 26 Ut cui inc'a' neque-
cuyeb xma̲c li cuanqueb xma̲c che̲ru,
inc'a' ajcui' tixcuy e̲ma̲c la̲ex li kaYucua'
li cuan sa' choxa, chan li Jesús.

Eb laj tz'i̲b que'xcuech' rix xcuanquil li Jesús

27 Que'suk'i cui'chic aran Jerusalén.
Nak yo̲ chi be̲c li Jesús sa' li rochoch li
Dios que'cuulac li xbe̲nileb aj tij riq'uin.
Ut que'cuulac laj tz'i̲b ut jo'can ajcui' li
xakabanbileb chi c'anjelac sa' li rochoch
li Dios. 28 Que'xye re li Jesús: —¿Ani
xtaklan chak a̲cue chixba̲nunquil li c'a'ru
yo̲cat chixba̲nunquil? Ut ¿ani xq'uehoc
a̲cuanquil? chanqueb. 29 Li Jesús quixye:
—La̲in tincuaj ajcui' patz'oc e̲re. Cui te̲-
sume li c'a'ru tinpatz' e̲re, la̲in tinye
e̲re ani xq'uehoc incuanquil chixba̲nun-
quil li c'a'ru ninba̲nu. 30 ¿Ani quitaklan
chak re laj Juan chi cubsi̲nc ha'? ¿Ma
li Dios malaj ut cui̲nk quitaklan chak
re? Yehomak cue anakcuan, chan reheb.
31 Ut que'oc chixyebal chi ribileb rib: —
¿C'a'ru takasume cui'? Cui takaye nak
li Dios xtaklan chak re, a'an tixye ke
c'a'ut nak inc'a' xkapa̲b li c'a'ru quixye
laj Juan. 32 Ut cui takaye nak cui̲nk xtak-
lan chak re, te'pok' li tenamit sa' kabe̲n,
chanqueb. Eb a'an que'xxucua ru li tena-
mit xban nak chixjunileb neque'xnau
nak laj Juan, a'an tz'akal profeta. 33 Ut
eb a'an que'chak'oc ut que'xye re li
Jesús: —La̲o inc'a' nakanau, chanqueb.
Tojo'nak li Jesús quixye reheb: —Chi
moco la̲in tinye e̲re ani quiq'uehoc in-
cuanquil, chan reheb.

Li jaljo̲quil ru a̲tin chirixeb laj ilol re li acui̲mk inc'a' useb xna'leb

12 Li Jesús qui-oc chixyebal li
jaljo̲quil ru a̲tin reheb ut quixye
chi jo'ca'in:
Jun li cui̲nk quirau jun si̲r li racui̲mk
uvas ut quixsut sa' corral. Quixyi̲b jun
xna'aj bar te'xyatz' cui' li uvas ut quixy-
i̲b ajcui' jun ch'ina cab najt xteram re
li ta̲c'ac'ale̲nk re li acui̲mk. Quixsiq'ueb
laj ilol re li racui̲mk. Ut laj e̲chal re
li acui̲mk co̲ sa' jalanil tenamit. 2 Nak
quicuulac xk'ehil xsic'bal ru li acui̲mk, laj
e̲chal re quixtakla jun lix mo̲s riq'uineb
laj ilol re chixc'ulbal li ru li racui̲mk li
jo' q'uial ta̲tz'ak a'an. 3 A'ut eb laj ilol re
li acui̲mk que'xchap li mo̲s ut que'xsac'.
Ut que'xtakla chi ma̲c'a' que'xq'ue re.
4 Laj e̲chal re li acui̲mk quixtakla jun
chic lix mo̲s riq'uineb. Ut que'xjor xjolom
chi pec. K'axal ra que'xba̲nu re. 5 Ut laj
e̲chal re quixtakla cui'chic jun lix mo̲s
ut li jun a'an que'xca̲msi. Ut toj nabal
cui'chic lix mo̲s quixtakla riq'uineb laj
ilol re li racui̲mk. Cuan yal que'xsac'
ut cuan que'xcamsi. 6 Ca'aj chic li ralal
quicana, li k'axal naxra. —Li cualal te'x-
oxlok'i, chan sa' xch'o̲l. Jo'can nak quix-
takla li ralal riq'uineb. 7 Nak quicuu-
lac li ralal, eb laj ilol re li acui̲mk
que'xye chi ribileb rib, —A'an li ralal
li ta̲e̲chani̲nk re li na'ajej. Kacamsi-
hak, chanqueb, ut la̲o chic toe̲chani̲nk
re.— 8 Jo'can nak que'xchap. Nak ac
que'xcamsi que'xcut chak jun pac'al li
ch'och'. 9 Ut li Jesús quixye reheb: —
¿C'a'ru tixba̲nu laj e̲chal re li acui̲mk nak
nequec'oxla la̲ex? Ta̲cha̲lk ut tixcamsi-
heb laj ilol re li racui̲mk, ut jalan chic aj
e tixq'ue li jun si̲r chi uvas. 10 ¿Ma inc'a'
xeril sa' li Santil Hu li naxye chi jo'ca'in?
Li pec li que'xtz'ekta̲na laj cablanel, a'an
li k'axal lok' li quiq'ueman chok'
xxuc li cab.
11 Li Ka̲cua' a'an quixq'ue xlok'al li pec.
Ut a'an xsachba ch'o̲lej chok' ke
la̲o.— (Sal. 118:22, 23)
12 Eb laj tij ut eb laj tz'i̲b ut eb li
xakabanbileb chi c'anjelac sa' rochoch
li Dios que'xc'oxla raj xchapbal li Jesús
re te'xq'ue sa' tz'alam xban nak que'xtau
ru nak chirixeb a'an yo̲ chi a̲tinac nak
quixye li jaljo̲quil ru a̲tin a'an. Abanan

que'xucuac xbaneb li tenamit. Jo'can nak que'xcanab ut que'el sa' li na'ajej a'an.

Chikaq'uehak li katoj re li acuabej

13 Mokon chic que'xtakla riq'uin li Jesús cuib oxibeb laj fariseo rochbeneb cuib oxibeb li neque'oquen chirix laj Herodes re xsic'bil c'a'ru ta̲paltok cui' riq'uin li ra̲tin re nak te'xchap. 14 Que'cuulac riq'uin li Jesús ut que'xye re: —At tzolonel, nakanau nak la̲at ya̲l nacat-a̲tinac ut inc'a' nacaxucua ruheb li tenamit. Yalak ani aj e nacaye lix ya̲lal. Ut nacac'ut chiruheb li c'a'ru naraj li Dios. Ye ke, ¿ma us xq'uebal li toj re li acuabej malaj ut inc'a'? ¿Ma takaq'ue malaj ut inc'a'? chanqueb. 15 Li Jesús naxnau nak aj ca'pac'aleb. Quixye reheb: —¿C'a'ut nak nequeraj xyalbal cuix? C'amomak chak li tumin. Cuilak, chan reheb. 16 Ut eb a'an que'xc'ut li tumin chiru. Ut li Jesús quixye reheb: —¿Ani aj e li jalam u̲ch li cuan chiru? Ut ¿ani aj c'aba' li tz'i̲banbil chiru?— Eb a'an que'chak'oc ut que'xye: —Re li acuabej, chanqueb. 17 Ut li Jesús quixye reheb: —Tojomak re li acuabej li c'a'ru re li acuabej ut tojomak re li Dios li c'a'ru re li Dios, chan. Ut c'ajo' nak que'sach xch'o̲leb xban li ra̲tin.

Li Jesús quixch'olob xya̲lal lix cuaclijiqueb li camenak chi yo'yo

18 Tojo'nak que'cuulac riq'uin li Jesús cuib oxib laj saduceo. Eb a'an inc'a' neque'xpa̲b nak te'cuacli̲k cui'chic chi yo'yo li camenak. Que'xye re li Jesús: 19 —At tzolonel, laj Moisés quixtz'i̲ba jun kachak'rabinquil ut quixye chi jo'ca'in: Cui junak cui̲nk ta̲ca̲mk ut tixcanab li rixakil chi ma̲c'a' ralal xc'ajol, tento nak ta̲c'amek' li rixakil xban li ri̲tz'in li camenak re nak ta̲cua̲nk ralal xc'ajol sa' xc'aba' li camenak. 20 Que'cuan cuukub li cui̲nk ri̲tz'ineb rib. Li asbej quixc'am rixakil ut quicam chi inc'a' quixcanab ralal xc'ajol. 21 Ut quic'ame' li ixk xban li i̲tz'inbej. Ut quicam ajcui' a'an chi inc'a' quixcanab ralal xc'ajol. Ut jo'can cui'chic li rox i̲tz'inbej. 22 Li ixk a'an quic'ame' xbaneb li cuukub. Ut ma̲ jun reheb quixcanab ralal xc'ajol. Ut quicam ajcui' li ixk. 23 Sa' xcuaclijiqueb li camenak chi yo'yo, nak te'cuacli̲k eb a'an, ¿ani aj ixakil ta̲cana̲k cui' li ixk a'an xban nak cuukub lix be̲lom quicuan? chanqueb. 24 Quichak'oc li Jesús ut quixye reheb: —La̲ex inc'a' nequetau xya̲lal xban nak inc'a' nequetau ru li Santil Hu chi moco lix nimal xcuanquil li Dios. 25 Nak te'cuacli̲k chi yo'yo sa' xya̲nkeb li camenak, inc'a' chic te'sumla̲k chi moco te'sumuba̲k chic. Jo'keb ban chic li ángel sa' choxa. 26 Ut chirix lix cuaclijiqueb li camenak chi yo'yo, ¿ma inc'a' e̲rilom sa' lix hu laj Moisés li c'a'ru quiyehe' re xban li Dios nak quia̲tinac chak sa' li q'uix li yo̲ chi c'atc? Quixye chi jo'ca'in, "La̲in lix Dios laj Abraham, lix Dios laj Isaac ut lix Dios laj Jacob", chan li Dios. 27 A'an retalil chok' ke nak toj yo'yo̲queb chiru li Dios usta que'cam. Li Dios moco xDioseb ta li camenakeb; xDioseb ban li yo'yo̲queb. Jo'can nak la̲ex chi ti̲c inc'a' nequetau xya̲lal, chan li Jesús reheb.

Li chak'rab k'axal nim xcuanquil

28 Quicuulac jun reheb laj tz'i̲b. Ut quirabi nak yo̲queb chixcuech'inquil ribeb. Quixq'ue retal nak li Jesús quixchak'beheb chi us, ut quixpatz' re li Jesús: —¿Bar cuan reheb li chak'rab li k'axal nim xcuanquil?— 29 Li Jesús quichak'oc ut quixye re: —Li xbe̲n chak'rab, li k'axal nim xcuanquil, a'an a'in: Abihomak la̲ex aj Israel, li Ka̲cua' li kaDios jun ajcui'. 30 Ta̲ra li Ka̲cua' la̲ Dios chi anchal a̲ch'o̲l ut chi anchal la̲ cua̲m ut chi anchal la̲ c'a'ux ut chi anchal la̲ metz'e̲u. A'an a'in li chak'rab li k'axal nim xcuanquil. 31 Ut li xcab chanchan ajcui' a'an: Ta̲ra la̲ cuas a̲cui̲tz'in

jo' nak nacara a̲cuib la̲at. Ma̲c'a' chic ju-
nak chak'rab nim xcuanquil chiruheb li
cuib a'in, chan. 32 Laj tz'i̲b quichak'oc ut
quixye re: —Us li xaye at tzolonel. Ya̲l
li xaye nak jun ajcui' li Dios cuan ut
ma̲c'a' chic junak chirix a'an. 33 Tento
nak takara li Dios chi anchal li kach'o̲l,
chi anchal li kac'a'ux, chi anchal li ka̲m
ut chi anchal li kametz'e̲u. Ut takara li
kas ki̲tz'in jo' nak nakara kib la̲o. A'an
k'axal nim xcuanquil chiruheb chixju-
nil li c'atbil mayej ut li mayejanbil xul,
chan. 34 Li Jesús quixq'ue retal nak li
cui̲nk quixnau xsumenquil ut quixye re:
—Yal ca'ch'in aj chic ma̲ nacak'axtesi
a̲cuib rubel xcuanquil li Dios, chan. Ut
ma̲ jun chic que'raj patz'oc xban nak qui-
oc xc'a'uxeb.

Li Cristo xcomoneb li ralal xc'ajol laj David

35 Mokon chic nak cuan sa' rochoch
li Dios, li Jesús yo̲ chixch'olobanquil li
xya̲lal chiruheb ut quixye: —¿C'a'ut nak
eb laj tz'i̲b neque'xye nak li Cristo, a'an
xcomoneb li ralal xc'ajol laj David? 36 Laj
David quixye li c'a'ru quirec'a sa' xch'o̲l
xban li Santil Musik'ej ut quixye chi
jo'ca'in:

Li Ka̲cua' Dios quixye re laj Colol cue,
C'ojlan sa' lin nim uk' toj retal tinq'ueheb li xic' neque'iloc a̲cue rubel la̲ cuanquil. (Sal. 110:1)

37 Li rey David quixye "aj Colol cue"
re li Ka̲cua' usta a'an xcomoneb li ralal
xc'ajol, chan li Jesús. Ut li q'uila tenamit
que'rabi li ra̲tin chi sa sa' xch'o̲leb.

Li Jesús quixk'useb laj tz'i̲b

38 Nak yo̲ chixch'olobanquil li xya̲lal
chiruheb, li Jesús quixye: —Me̲tzol e̲rib
riq'uineb laj tz'i̲b li neque'raj be̲c chi
najt rok li rak'eb re xc'utbal nak cuan-
queb xcuanquil. Eb a'an neque'cuulac
chiruheb nak te'q'uehek' xlok'al sa' eb
li be. 39 Ut nak cuanqueb sa' li cab
li neque'xch'utub cui' ribeb laj judío,
neque'raj c'ojla̲c sa' li na'ajej k'axal
lok' ut neque'raj cua̲nc chi xjolomil
li me̲x nak neque'xic chi cua'ac sa'
junak nink'e. 40 Neque'xmak' li c'a'ru
cuan reheb li xma̲lca'an ut re xmuk-
bal li ma̲usilal neque'xba̲nu, najt rok
neque'tijoc chiruheb li tenamit. Ut xban
a'an k'axal ra cui'chic te'xtoj cui' li ma̲c
neque'xba̲nu.—

Lix mayej li xma̲lca'an neba'

41 Sa' jun cutan quicuulac li Jesús sa'
rochoch li Dios. Quic'ojla chixc'atk lix
ca̲xil li mayej. Yo̲ chirilbal li tenamit
nak yo̲queb chixq'uebal li tumin sa' li
ca̲x. Nabaleb li biom nabal lix mayej
yo̲queb chixq'uebal. 42 Quichal ajcui' jun
xma̲lca'an neba'. Ut quixq'ue cuib chi tu-
min jo' tana li jun centavo. 43 Tojo'nak
li Jesús quixbokeb lix tzolom ut quixye
reheb: —Relic chi ya̲l tinye e̲re nak
li xma̲lca'an neba' nabal xq'ue chiru li
mayej li xe'xq'ue chixjunileb. 44 Chixju-
nileb a'an xe'xq'ue li na-ela'an chiruheb.
A'ut li ixk a'in sa' neba'il xq'ue chixjunil
li jo' nimal cuan re.—

Ta̲cuulak xk'ehil nak ta̲juq'uek' li rochoch li Dios

13 Nak qui-el chak li Jesús sa' ro-
choch li Dios, jun reheb lix
tzolom quixye re: —At tzolonel, il, ma̲
c'ajo' xchak'al ru li cab a'in ut ma̲ c'ajo'
xchak'al ru li pec yi̲banbil cui'.— 2 Li
Jesús quichak'oc ut quixye re: —Us ajcui'
nak te̲ril chi us xban nak ta̲cuulak xk'ehil
nak ma̲ jun chic li pec a'an ta̲cana̲k sa'
xna'aj chi inc'a' ta ta̲juq'uek', chan li
Jesús.

Retalil roso'jic li ruchich'och'

3 Que'co̲eb sa' li tzu̲l Olivos sa'
xca'yaba̲l li rochoch li Dios. Li Jesús
quic'ojla aran ut nak cuan xjunes
quipatz'e' re xbaneb laj Pedro, laj

Jacobo, laj Juan ut laj Andrés. 4 —Ye ke jok'e ta̱c'ulma̱nk li yo̱cat chixyebal chirix li rochoch li Dios ut ¿c'a'ru retalil ta̱cua̱nk nak talajc'ulma̱nk li c'a'ak re ru a'in?— 5 Li Jesús quichak'oc ut quixye: —Cheq'ue retal re nak ma̱ ani ta̱balak'i̱nk e̱re. 6 Nabal te'cha̱lk chi balak'i̱nc ut tole'xye, "La̱in li Cristo", cha'keb. Ut nabal te'balak'i̱k xbaneb. 7 Nak te̱rabi nak yo̱ li ple̱t ut nak te̱rabi resil nak ticla̱c re li ple̱t yalak bar, mexxucuac xban nak tento nak ta̱c'ulma̱nk chi jo'can. Abanan moco ac a'an ta roso'jiqueb li cutan. 8 Nabal li tenamit te'pletik riq'uin jalan chic tenamit. Ut eb li acuabej te'xpleti ribeb. Talajcua̱nk hi̱c sa' nabal chi na'ajej ut ta̱cua̱nk cue'ej. Abanan a'an yal xticlajic li raylal ta̱cha̱lk. 9 A'ut la̱ex cheq'uehak retal li raylal ta̱cha̱lk sa' e̱be̱n. Texk'axtesi̱k chiruheb laj rakol a̱tin ut texsaq'uek' sa' li cab li neque'xch'utub cui' ribeb laj judío. Texc'amek' chiruheb li acuabej ut chiruheb li rey sa' inc'aba' la̱in ut ta̱ru̱k te̱ch'olob xya̱lal li cua̱tin chiruheb. 10 Tento nak xbe̱n cua ta̱sutu̱nk xch'olobanquil resilal li colba-ib chiruheb chixjunil li tenamit nak toj ma̱ji' na-oso' li ruchich'och'. 11 Ut nak texchapek' ut texk'axtesi̱k chiruheb li acuabej, mexc'oxlac chirix li c'a'ru te̱ye. Li c'a'ru te̱ye sa' li ho̱nal a'an ma̱cua' c'oxlanbil a̱tin li te̱ye. Aban li tixye e̱re li Santil Musik'ej, a'an li te̱ye. 12 Eb li cui̱nk te'xk'axtesi chi camsi̱c li ras ri̱tz'in. Ut li yucua'bej tixk'axtesi li ralal. Ut li alalbej c'ajolbej te'xq'ue chi camsi̱c li na'bej yucua'bej. 13 Ut xic' tex-ilek' xbaneb chixjunileb sa' inc'aba' la̱in. Ut li tixcuy xnumsinquil li raylal a'in toj sa' roso'jic lix yu'am, a'an ta̱colek' xban li Dios. 14 Chetzolak rix chi us li c'a'ru quixye li profeta Daniel re nak te̱tau ru li c'a'ru ta̱c'ulma̱nk. A'an quixye nak eb laj balak' te'cha̱lk ut tole'xq'ue li k'axal yibru ut xucuajel rilbal sa' li rochoch li Dios li ma̱cua' xc'ulub cui' cua̱nc. Nak te̱ril nak yo̱queb chixmuxbal ru li rochoch li Dios, la̱ex li cuanquex Judea chex-e̱lelik sa' junpa̱t ut texxic toj sa' li tzu̱l. 15 Cui cuan chak junak sa' xbe̱n li rochoch nak ta̱c'ulma̱nk a'an, chi cubec chak ut ti̱c ta̱e̱lelik ut inc'a' chic ta̱oc sa' rochoch chirisinquil li c'a'ru cuan re. 16 Cui ani cuan chak sa' xc'aleba̱l inc'a' chic ta̱suk'i̱k sa' cab chixxocbal li rak'. 17 K'axal ra cui'chic li e̱lelic chok' reheb li yaj aj ixk ut li yo̱queb chi tu'resi̱nk sa' eb a cutan a'an. 18 Chextijok ut chetz'a̱ma chiru li Dios re nak inc'a' ta̱c'ulma̱nk a raylal a'in sa' habalk'e. 19 Sa' eb li cutan a'an ma̱ ca'ch'in li raylal ta̱cua̱nk. Ma̱ jun cua quic'ulman chi jo'can chalen chak sa' xticlajic nak li Dios quixyi̱b li ruchich'och', chi moco ta̱c'ulma̱nk chi jo'can mokon. 20 Cui ta ma̱c'a' sa' xch'o̱l li Ka̱cua' xrakbaleb li cutan a'an ma̱ ani raj ta̱colek'. Abanan nim xrahom li Ka̱cua' sa' xbe̱neb li sic'bileb ru xban. Jo'can nak cuan sa' xch'o̱l li Ka̱cua' xrakbal eb li cutan a'an re nak te'colek'. 21 Jo'can nak ani ta̱yehok e̱re, "Cue' li Cristo", malaj, "le' cuan li Cristo", me̱pa̱b li c'a'ru te'xye. 22 Nabaleb aj balak' te'c'ulu̱nk ut te'xye nak a'aneb li Cristo. Ut cuan te'xye nak a'aneb li profeta. Nabal li c'a'ak re ru te'xc'utbesi ut sachba ch'o̱lej telaje'xba̱nu re xbalak'inquileb li sic'bileb ru xban li Dios. 23 Abanan ac xinye e̱re li c'a'ru ta̱c'ulma̱nk. Jo'can nak me̱q'ue e̱rib chi balak'i̱c.

Nak tol-e̱lk cui'chic li C'ajolbej Dios

24 Ut sa' eb li cutan a'an nak ta̱c'ulma̱nk li raylal, ta̱k'ojyi̱nok' ru li sak'e ut li po inc'a' chic ta̱cutanok' ru. 25 Ta̱ec'a̱nk ru li choxa ut li chahim telaje't'anek'. 26 Nak acak x-ec'an ru li choxa, te'ril cuu la̱in li C'ajolbej nak yo̱kin chak chi cha̱lc sa' li chok riq'uin lix nimal in-

cuanquil ut lin lok'al. 27 Tojo'nak tintak-
laheb lin ángel ut te'xch'utub li sic'bileb
ru inban li cua̲nkeb yalak bar sa' chixju-
nil li ruchich'och'. 28 Cheq'uehak retal
c'a'ru naxba̲nu li jun to̲n chi higo. Nak
nak'unk'ut chak li xak chi e̲lc, riq'uin
a'an te̲nau nak yo̲ chak chi nach'oc li
sak'ehil. 29 Jo' nak li higo naxc'utbesi re-
talil li sak'ehil, jo'can ajcui' nak li ray-
lal talaje'c'ulma̲nk tixc'utbesi retalil nak
yo̲ chi cuulac xk'ehil nak toline̲lk cui'chic
la̲in li C'ajolbej. 30 Relic chi ya̲l tinye e̲re
nak talaje'c'ulma̲nk chixjunil li c'a'ak re
ru a'in nak toj ma̲ji' neque'oso' li tena-
mit a'in. 31 Li choxa ut li ruchich'och' ta-
laje'osok'. Abanan li c'a'ru ninye inc'a' ta̲-
cana̲k yal chi jo'can. Talajc'ulma̲nk ban
chixjunil li c'a'ak re ru xinye. 32 Abanan
ma̲ ani nana'oc re jok'e ta̲cuulak xk'ehil
li cutan a'an chi moco li ho̲nal jok'e
ta̲c'ulma̲nk. Eb li ángel sa' choxa inc'a'
neque'xnau chi moco la̲in li C'ajolbej
ninna'oc re. Ca'aj cui' li Dios Acuabej
nana'oc re jok'e ta̲c'ulma̲nk a'in. 33 Jo'can
nak yo'on cua̲nkex. Chexyo'lek ut chex-
tijok xban nak inc'a' nequenau jok'e
ta̲cuulak xk'ehil inc'ulunic. 34 Chanchan
jun li cui̲nk najt co̲ sa' xvia̲j. Toj ma̲ji'
naxic nak quixq'ueheb xcuanquileb laj
c'anjel chiru. Quixcanab xc'anjel li jun-
ju̲nk. Ut quixye re laj ilol cab nak junelic
yo'on cua̲nk. 35 Jo'can ajcui' la̲ex. Junelic
yo'on cua̲nkex xban nak inc'a' neque-
nau jok'e ho̲nal tinc'ulu̲nk. Ma̲re tin-
cha̲lk ecuu, malaj tuktu k'ojyi̲n, malaj ut
nak naya̲bac laj tzo' xul malaj ut ek'ela.
36 Yo'on cua̲nkex re nak inc'a' tolexintau
chi cua̲rc xban nak inc'a' nequenau jok'e
tinc'ulu̲nk. 37 Ut li c'a'ak re ru ninye e̲re
la̲in, a'an ajcui' ninye reheb chixjunileb
re nak yo'on cua̲nkeb, chan li Jesús.

Que'raj xchapbal li Jesús

14 Cuib cutan chic ma̲ nacuulac
xk'ehil li nink'e re xjulticanquil li
reliqueb laj Israel sa' li tenamit Egipto.
Pascua nayeman re li nink'e a'an. A'an
ajcui' xk'ehil li nink'e nak neque'xcua' li
caxlan cua chi ma̲c'a' xch'amal. Sa' eb li
cutan a'an eb lix be̲nil aj tij ut eb laj tz'i̲b
yo̲queb chixsic'bal chanru nak te'xyo'ob
a̲tin chirix li Jesús re nak te'xq'ue chi
camsi̲c. 2 Ut que'xye chi ribileb rib: —
Inc'a' takachap li Jesús nak yo̲k li nink'e
xban nak te'pok' li tenamit kiq'uin ut
te'oc chi pletic, chanqueb.

Nak quiyule' li sununquil ban sa' xjolom li Jesús xban jun li ixk

3 Li Jesús cuan aran Betania sa' ro-
choch laj Simón li saklep rix. Chunchu
sa' me̲x nak quichal jun li ixk. Cuan
chak jun ch'ina botella sununquil ban
riq'uin. Lix na'aj li ban a'an yi̲banbil
riq'uin cha̲bil pec alabastro xc'aba' ut
li sununquil ban a'an nardo xc'aba' ut
k'axal terto xtz'ak. Li ixk quixtok xcux
li ch'ina botella ut quixq'ue li ban sa'
xjolom li Jesús. 4 Cuan li que'josk'o' ut
que'xye chi ribileb rib: —¿C'a'ut nak
xsach li sununquil ban a'an chi ma̲c'a'
rajbal? 5 Xru raj xc'ayiman chi nume-
nak oxib ciento denarios (Q150) ut xka-
jeq'ui raj reheb li neba', chanqueb. Ut
que'oc chixcuech'inquil li ixk. 6 Ut li
Jesús quixye reheb: —¿C'a'ut nak yo̲quex
chixch'i'ch'i'inquil li ixk? Canabomak
xcuech'inquil xban nak us li xba̲nu cue.
7 Li neba' junelic cuanqueb sa' e̲ya̲nk.
Yalak jok'e naru te̲tenk'aheb. Abanan
la̲in moco cua̲nkin ta junelic e̲riq'uin. 8 Li
ixk a'in xba̲nu li jo' q'uial xru xba̲nun-
quil. Ma̲ji' nincam abanan ac xinixban
re lin mukbal. 9 Relic chi ya̲l tinye e̲re
nak ta̲yema̲nk resil li colba-ib yalak bar,
ta̲yema̲nk ajcui' resil li c'a'ru xba̲nu li
ixk a'in re xjulticanquil a'an, chan. 10 Ut
laj Judas Iscariote, xcomoneb li cablaju,
co̲ riq'uineb lix be̲nil aj tij chixyebal re-
heb nak tixk'axtesi li Jesús sa' ruk'eb.
11 Ut eb laj tij nak que'rabi a'an c'ajo' nak
que'saho' sa' xch'o̲leb ut que'xyechi'i xtu-

min. Ut laj Judas quixsic' xyalal chanru
nak tixk'axtesi li Jesús sa' ruk'eb.

Xticlajic chak li Lok'oninc re Xjulticanquil lix Camic li Jesucristo

12 Sa' li xben cutan re li nink'e nak
neque'xcua' li caxlan cua chi mac'a'
xch'amal, neque'xmayeja jun li carner.
Li nink'e a'an re xjulticanquil li reliqueb
laj Israel sa' li tenamit Egipto. Eb lix
tzolom que'xye re li Jesús: —¿Bar tacuaj
takacauresi chak li na'ajej re tatzaca cui'
li mayejanbil xul? chanqueb. 13 Li Jesús
quixye reheb cuib lix tzolom: —Ayukex
sa' li tenamit. Aran tec'ul jun li cuink
yo chak chixc'ambal jun cuc xha'. Tetake
a'an. 14 Bar taoc a'an aran ajcui' tex-oc
laex. Ut teye re laj echal cab, "Chan laj
tzolonel, ¿bar len cuan li na'ajej tacua'ak
cui' rochbeneb lix tzolom?" cha'kex re.
15 Ut a'an tixc'ut cheru jun nimla na'ajej
takec' sa' xca' tasalil li cab. Ac yibanbil
li na'ajej. Ut aran toxecauresi li nink'e
chok' ke, chan li Jesús. 16 Que'coeb sa' li
tenamit ut qui-uxman jo' quixye li Jesús.
Ut aran que'xcauresi li nink'e. 17 Nak
qui-ecuu, quicuulac li Jesús rochbeneb
lix tzolom. 18 Nak ac yoqueb chi cua'ac
sa' li mex, li Jesús quixye reheb lix
tzolom, —Relic chi yal tinye ere nak
jun ere laex tak'axtesink cue sa' ruk'eb
li xic' neque'iloc cue, chan. 19 Ut eb a'an
que'raho' sa' xch'oleb ut eb li junjunk
que'oc chixyebal re li Jesús: —¿Ma lain
ta bi' tink'axtesink acue, Kacua'? chan-
queb. 20 Ut li Jesús quichak'oc ut quixye
reheb: —Li tak'axtesink cue, a'an jun
ere laex li yo chixtz'abal lix caxlan cua
cuochben sa' li sec'. 21 Relic chi yal lain
li C'ajolbej tinc'ul li c'a'ru tz'ibanbil chak
retalil chicuix. Abanan raylal cuan sa'
xben li cuink li tak'axtesink cue. K'axal
us raj chok' re li cuink a'an nak inc'a' ta
quiyo'la.— 22 Ut nak yoqueb chi cua'ac,
li Jesús quixchap li caxlan cua. Quixban-
tioxi chiru li Dios, quixjachi, tojo'nak
quixjeq'ui reheb lix tzolom. Ut quixye re-
heb: —Cua'inkex. A'an a'in intz'ejcual.—
23 Ut quixchap ajcui' li sec' re uc'ac
ut quixbantioxi chiru li Dios, tojo'nak
quixq'ue reheb ut chixjunileb que'uc'ac.
24 Ut li Jesús quixye reheb: —A'an a'in
lin quiq'uel li tahoyek' sa' xc'aba'eb
chixjunileb ut a'an taxakabank xcuan-
quil li Ac' Contrato. 25 Relic chi yal tinye
ere nak inc'a' chic tincuuc' lix ya'al ru
li uva toj tacuulak xk'ehil nak tincuuc'
cui'chic sa' lix nimajcual cuanquilal li
Dios, chan li Jesús.

Li Jesús quixye nak tatz'ektanak xbaneb lix tzolom

26 Ut nak ac xe'rake' xbichanquil jun
li bich, que'coeb sa' li tzul Olivos.
27 Ut li Jesús quixye reheb: —Chejunilex
laex tach'inak le ch'ol ut tinecanab in-
junes chiru a k'ojyin a'in xban nak
jo'ca'in tz'ibanbil retalil xbaneb li pro-
feta: Tincanab chi camsic laj ilol re-
heb li carner ut eb li carner te'xcha'cha'i
ribeb. 28 Ut nak acak xincuacli cui'chic
chi yo'yo sa' xyankeb li camenak, lain
xben cua tinxic cheru aran Galilea.—
29 Ut laj Pedro quixye re: —Usta chixju-
nileb tate'xcanab abanan lain inc'a'
tatincanab.— 30 Ut li Jesús quichak'oc ut
quixye re: —Relic chi yal tinye acue nak
toj maji' nayabac xca' sut li tzo' xul nak
laat ac xaye oxib sut nak inc'a' nacanau
cuu.— 31 Ut laj Pedro quixye cui'chic chi
cau: —Ma jok'e tinye nak inc'a' ninnau
acuu usta tine'xcamsi acuochben, chan.
Ut jo'can que'xye chixjunileb lix tzolom.

Nak quitijoc chak li Jesús aran Getsemaní

32 Li Jesús quicuulac rochbeneb lix
tzolom sa' li na'ajej Getsemaní xc'aba'.
Li Jesús quixye reheb lix tzolom: —
Canakex arin. Xic cue chi tijoc lain.—
33 Ut quixc'am oxib lix tzolom chirix.
A'aneb laj Pedro, laj Jacobo ut laj Juan.

Ut c'ajo' nak qui-oc chi yot'ec' xch'o̱l li Jesús. 34 Quixye reheb lix tzolom: —Cuan jun raylal sa' inch'o̱l yo̱ chinyot'bal. La̱in nacuec'a nak inc'a' chic tincuy. Cana̱kex arin ut yo'lenkex.— 35 Ut li Jesús quibe̱c chic ca'ch'in ut quixcuik'ib rib sa' ch'och' ut qui-oc chi tijoc ut quixtz'a̱ma re li Ka̱cua' Dios ut quixye: —Cui ta tixq'ue rib, inc'a' raj tinc'ul li raylal a'in.— 36 Ut quixye ajcui': —At inYucua', la̱in ninnau nak chixjunil naru xba̱nunquil cha̱cuu. Cui ta naru inc'a' raj tinc'ul li raylal a'in. Abanan chi-uxma̱nk li c'a'ru nacacuaj la̱at ut ma̱cua' li nacuaj la̱in.— 37 Ut nak quisuk'i chak li Jesús, quixtauheb chi cua̱rc lix tzolom. Ut quixye re laj Pedro: —At Simón, ¿ma yo̱quex chi cua̱rc? ¿Ma inc'a' xru xexyo'lec jun o̱rak cuochben? 38 Chexyo'lek ut chextijok re nak inc'a' te̱q'ue e̱rib chi a̱le̱c. La̱ex nequeraj raj xba̱nunquil li us, abanan e̱junes inc'a' texru̱k.— 39 Ut li Jesús co̱ cui'chic chi tijoc ut quixtz'a̱ma cui'chic sa' lix tij nak inc'a' raj tixc'ul li raylal. 40 Ut nak quisuk'i cui'chic li Jesús quixtauheb cui'chic chi cua̱rc lix tzolom xban nak ma̱ ca'ch'in lix cuaraheb. Ut eb a'an inc'a' chic neque'xtau c'a'ru te'xye. 41 Ut quisuk'i cui'chic sa' rox sut, coxtauheb cui'chic chi cua̱rc ut quixye reheb: —¿Ma toj yo̱quex ajcui' chi cua̱rc? Tz'akalak li hila̱nc xeba̱nu. Ac xtau xk'ehil nak la̱in li C'ajolbej tink'axtesi̱k sa' ruk'eb laj ma̱c. 42 Cuaclinkex anakcuan, ut yo'keb chixc'ulbal li yo̱ chi cha̱lc chi k'axtesi̱nc cue, chan.

Nak que'xc'am chi pre̱xil li Jesús

43 Toj yo̱ ajcui' chi a̱tinac li Jesús riq'uineb lix tzolom nak quicuulac laj Judas. A'an jun reheb li cablaju. Nabal que'chal rochben laj Judas taklanbileb chak xbaneb li xbe̱nil aj tij ut xbaneb laj tz'i̱b. Taklanbileb ajcui' xbaneb laj c'amol be sa' li rochoch li Dios. Cuanqueb xch'i̱ch' ut cuanqueb xche'. 44 Ut laj Judas quixye reheb nak tixq'ue jun retalil chanru nak tixk'axtesi li Jesús. Ac quixye reheb: —Li ani tincuutz' ru, a'an li te̱chap ut te̱c'am.— 45 Ut nak quicuulac laj Judas quijiloc chixc'atk, ut quixye: —At Ka̱cua',— ut quirutz' ru. 46 Ut eb a'an que'xchap li Jesús re nak te'xc'am riq'uin laj rakol a̱tin. 47 Ut jun reheb li rochben li Jesús quirisi chak lix ch'i̱ch' ut quixch'ot lix xic lix mo̱s li xyucua'ileb aj tij. 48 Ut li Jesús quixye reheb li tenamit: —¿Ma la̱in ta bi' aj e̱lk' nak xexchal chinchapbal riq'uin che' ut riq'uin ch'i̱ch'? 49 Rajlal cutan cuanquin sa' e̱ya̱nk che̱tzolbal sa' rochoch li Dios ut inc'a' quine̱chap. Abanan xc'ulman chi jo'ca'in re nak ta̱tz'aklok ru li tz'i̱banbil sa' li Santil Hu,— chan li Jesús. 50 Ut chixjunileb lix tzolom que'e̱lelic ut que'xcanab xjunes li Jesús sa' ruk'eb li xic' neque'iloc re. 51 Jun li al yo̱ chi ta̱ke̱nc re li Jesús lanlo sa' xt'icr. A'an que'xchap raj. 52 Abanan a'an quie̱lelic chiruheb. Quicana lix t'icr sa' ruk'eb ut quie̱lelic chi t'ust'u.

Que'xtz'il a̱tin chirix li Jesús nak cuan chiru lix yucua'ileb aj tij

53 Tojo'nak que'xc'am li Jesús riq'uin lix yucua'ileb aj tij ut que'ch'utla chixjunileb lix be̱nil aj tij. Ut que'ch'utla ajcui' eb laj c'amol be sa' rochoch li Dios ut eb laj tz'i̱b. 54 Ut laj Pedro chi najt yo̱ chixta̱kenquil li Jesús ut quicuulac toj chi ru'uj neba̱l sa' rochoch lix yucua'il eb aj tij ut aran quic'ojla chire xam chi k'ixi̱nc rochbeneb laj c'ac'alenel. 55 Eb li xbe̱nil aj tij ut li neque'tz'iloc a̱tin yo̱queb chixsic'bal chanru nak te'xyo'ob junak a̱tin chirix li Jesús re nak te'xq'ue chi camsi̱c. Abanan inc'a' que'xtau. 56 Nabal li que'yo'oban tic'ti' chirix ut inc'a' natukla ru li ra̱tineb xban nak jalan jala̱nk neque'xye li junju̱nk. 57 Cuan li que'xakli chixyebal li yo'obanbil a̱tin chirix. 58 Ut que'xye: —La̱o quikabi nak quixye, “La̱in tinjuc' li rochoch li Dios li

yi̲banbil xbaneb li cui̲nk, ut la̲in chiru
oxib cutan tinyi̲b jun chic, aban ma̲cua'
yi̲banbil xbaneb li cui̲nk." Jo'can quixye
li cui̲nk a'in, chanqueb. 59 Abanan inc'a'
nach'ola ru li ra̲tineb xban nak jalan
jala̲nk neque'xye li junju̲nk. 60 Ut li
xyucua'ileb aj tij quixakli sa' xya̲nkeb
ut quixye re li Jesús, —¿Ma ma̲c'a'
nacaye la̲at chirix li yo̲queb chixyebal
cha̲cuix?— 61 Ut li Jesús ma̲ jun a̲tin
quixye. Ut li xyucua'ileb aj tij quixpatz'
cui'chic re li Jesús ut quixye re: —¿Ma
la̲at li Cristo li Ralal li nimajcual Dios?
chan re. 62 Ut li Jesús quixye: —La̲in.
Ut sa' jun cutan tine̲ril la̲in li C'ajolbej
nak c'ojc'o̲kin sa' xnim uk' li nimajcual
Dios ut te̲ril ajcui' nak yo̲kin chak chi
cha̲lc sa' li chok sa' choxa, chan. 63 Nak
quirabi li quixye li Jesús, li xyucua'il
eb aj tij quixpej li rak' xban xjosk'il ut
quixye: —¿C'a' chic ru aj e nak toj te'xye
ke c'a'ru xma̲c? 64 Ac xerabi nak xjun-
tak'e̲ta rib riq'uin li Dios. ¿C'a'ru nequ-
eye? ¿Ma cuan xma̲c malaj ut inc'a'?
chan. Ut chixjunileb que'xye nak cuan
xma̲c re camsi̲c. 65 Cuan li yo̲queb chi
chu̲ba̲nc re ut cuan ajcui' que'tz'apoc re
li ru li Jesús riq'uin t'icr re nak inc'a'
ta̲ilok, ut que'xsac' ut que'xye re: —Ye
ke ani xsac'oc a̲cue, chanqueb. Tojo'nak
que'xk'axtesi sa' ruk'eb laj c'ac'alenel
pre̲x ut eb a'an que'xsac' cui'chic.

Laj Pedro quixye nak inc'a' naxnau ru li Jesús

66 Ut nak cuan laj Pedro tak'a chi ru'uj
neba̲l, quicuulac jun li ixk, xmo̲s li xyu-
cua'il eb aj tij. 67 Ut li ixk a'an quiril
laj Pedro nak yo̲ chi k'ixi̲nc chire li
xam. Quixca'ya ut quixye re: —La̲at xat-
ochbenin re li Jesús aj Nazaret, chan re
laj Pedro. 68 Ut nak quichak'oc laj Pedro,
quitic'ti'ic ut quixye: —¿Ani nacaye?
La̲in inc'a' ninnau ru ani li nacaye.— Ut
laj Pedro qui-el chire li oqueba̲l ut li
tzo' xul quiya̲bac. 69 Ut li ixk nak quiril
cui'chic laj Pedro, qui-oc chixyebal re-
heb li cuanqueb aran: —Li cui̲nk a'in,
a'an jun reheb lix tzolom li Jesús, chan.
70 Ut laj Pedro quitic'ti'ic cui'chic. Ut
ac junpa̲t na chic nak eb li cuanqueb
aran que'xye cui'chic re laj Pedro: —Ya̲l.
La̲at xcomoneb xban nak la̲ cua̲tinoba̲l
nac'utuc re nak la̲at aj Galilea.— 71 Ut laj
Pedro qui-oc chi majecua̲nc ut quixye:
—Cutan saken chiru li Dios nak inc'a'
ninnau ru li cui̲nk li nequeye. Cui tic'ti'
li yo̲quin chixyebal, chinixtz'ekta̲na̲k li
Dios, chan. 72 Tojo'nak quiya̲bac cui'chic
xca' sut li tzo' xul. Ut quinak sa' xch'o̲l
laj Pedro li a̲tin quiyehe' re xban li Jesús,
“Nak toj ma̲ji' naya̲bac xca' sut li tzo' xul,
la̲at ac xaye oxib sut nak inc'a' nacanau
cuu”. Nak quijultico' re laj Pedro li a̲tin
a'in, c'ajo' nak quiraho' sa' xch'o̲l ut qui-
oc chi ya̲bac.

Quic'ame' li Jesús sa' rakleb a̲tin chiru laj Pilato

15 Nak quisake̲u eb lix be̲nil aj
tij que'xch'utub cui'chic rib
riq'uineb laj c'amol be sa' rochoch li
Dios, ut riq'uineb laj tz'i̲b ut riq'uin
chixjunileb laj q'uehol na'leb ut
que'xc'u̲b chanru te'xba̲nu. Ut que'xc'am
li Jesús chi bac'bo ut que'xk'axtesi
sa' ruk' laj Pilato. 2 Laj Pilato quixye
re li Jesús: —¿Ma la̲at lix reyeb laj
judío?— Li Jesús quichak'oc ut quixye
re: —Ya̲l li xaye nak la̲in.— 3 Ut eb lix
be̲nil aj tij nabal li c'a'ak re ru yo̲queb
cui' chixjitbal. 4 Ut laj Pilato quixpatz'
cui'chic re: —¿Ma inc'a' nacatchak'oc?
¿Ma inc'a' nacacuabi li jo' q'uial yo̲queb
chixyebal cha̲cuix? chan laj Pilato re.
5 Aban li Jesús ma̲ jun a̲tin quixye re
xcolbal rib ut riq'uin a'an quisach xch'o̲l
laj Pilato.

Quiteneba̲c ca̲mc sa' xbe̲n li Jesús

6 Rajlal chihab sa' li nink'e Pascua laj
Pilato narach'ab jun li pre̲x, a' ya̲l bar

cuan te'raj li tenamit. 7 Jun li cuink
aj Barrabás xc'aba' cuan sa' tz'alam
rochbeneb lix comon xban li camsinc
que'xbanu nak yoqueb chi pletic chirix
li acuabej. 8 Ut que'chal li q'uila tenamit
riq'uin laj Pilato chixtz'amanquil chiru
nak tarach'ab junak prex jo' c'aynakeb
xbanunquil. 9 Laj Pilato quichak'oc ut
quixye reheb: —¿Ma teraj nak tin-
cuach'ab lix reyeb laj judío?— 10 Laj Pi-
lato naxnau nak xban xcakaleb xch'ol lix
benil aj tij nak que'xk'axtesi li Jesús sa'
rakleb atin. 11 Aban eb lix benil aj tij
que'xtacchi'i li q'uila tenamit re nak a' laj
Barrabás li te'xtz'ama re nak taach'abak.
12 Ut laj Pilato quixpatz' cui'chic re-
heb: —¿C'a'ru nequeye? ¿C'a'ru teraj tin-
banu riq'uin lix reyeb laj judío?— 13 Ut
eb li q'uila tenamit que'xjap cui'chic re
chixyebal: —¡Q'ue chiru cruz! chanqueb.
14 A'ut laj Pilato quixpatz' cui'chic reheb:
—¿C'a'ut? ¿C'a'ru tz'akal xmac ere? chan.
Ut eb a'an k'axal cui'chic cau que'xjap
re chixyebal: —¡Q'ue chiru cruz!— 15 Ut
laj Pilato taraj nak sahakeb sa' xch'ol
li tenamit riq'uin. Jo'can nak quirach'ab
laj Barrabás chiruheb. Tojo'nak quix-
takla xsac'bal li Jesús riq'uin tz'um ut
quixk'axtesi sa' ruk'eb li soldado re nak
te'xq'ue chiru cruz.

Li Jesús quirahobtesic xbaneb li soldado

16 Ut eb li soldado que'xc'am li Jesús
sa' li popol ut que'xch'utub ribeb chixju-
nileb li soldado. 17 Que'xq'ue jun caki
ak' chirix li Jesús jo' neque'rocsi li rey.
Ut que'xq'ue ajcui' jun tz'ulbil corona
q'uix sa' xjolom. 18 Tojo'nak que'oc chix-
japbal reheb chixyebal: —Sahak taxak
sa' ach'ol, at xReyeb laj judío, chan-
queb. 19 Ut yoqueb chixsaq'uinquil sa'
xjolom riq'uin che'. Cuan que'chuban re
ut cuan ajcui' que'xcuik'ib ribeb chiru
re retz'unquil. 20 Ut nak ac que'xtacuasi,
que'risi li caki ak' chirix ut que'xq'ue
cui'chic li rak' chirix. Tojo'nak que'xc'am
re te'xq'ue chiru cruz.

Li Jesús quiq'uehe' chiru cruz

21 Jun li cuink aj Simón xc'aba' yo
chi chalc sa' c'alebal. Cirene lix tenamit.
Li cuink a'an xyucua' laj Alejandro ut
laj Rufo. Eb li soldado que'xmin ru laj
Simón chixpakonquil lix cruz li Jesús.
22 Que'xc'am li Jesús sa' li na'ajej Gólgota
xc'aba'. Chi jalbil ru naraj naxye: Xna'aj
Xbakel Xjolom Camenak. 23 Ut que'xq'ue
vino re li Jesús yubil riq'uin c'ahil ban
re xc'osbal li raylal aban li Jesús inc'a'
quiruc'. 24 Tojo'nak que'xq'ue chiru cruz.
Ut eb li soldado que'bulic chirix li rak'
re rilbal ani na taechanink re li junjunk.
25 Beleb or re ek'ela que'xq'ue li Jesús
chiru cruz. 26 Sa' xben li cruz que'xq'ue
jun retalil c'a'ut nak que'xcamsi ut naxye:
A'an a'in lix reyeb laj judío. 27 Ut cuib
laj elk' que'q'uehe' chiru cruz rochben,
jun sa' xnim uk' ut jun sa' xtz'e. 28 Jo'can
nak quitz'akloc ru li naxye sa' li Santil
Hu: A'an quiq'uehe' sa' ajl sa' xyankeb
laj mac. (Is. 53:12) 29 Ut eb li tenamit
nak que'nume' aran que'xhob li Jesús.
Que'rec'asi xjolomeb ut que'xye: —Laat
pe' xatjuc'uc raj re rochoch li Dios, ut
yal chiru oxib cutan raj xayib cui'chic.
30 Col acuib anakcuan ut cuben chak
chiru li cruz, chanqueb. 31 Jo'can ajcui'
que'xbanu eb li xbenil aj tij. Que'xhob
li Jesús nak que'xye chi ribileb rib
rochbeneb laj tz'ib: —Jalan chic xcoleb
ut a'an inc'a' naru naxcol rib xjunes.
32 Chicubek chak chiru li cruz anakcuan
li Cristo lix Reyeb laj judío re nak takil ut
takapab, chanqueb. Ut eb li que'q'uehe'
chiru cruz rochben que'xhob ajcui' li
Jesús.

Lix camic li Jesucristo

33 Tuktu li cua'leb nak quik'ojyino' sa'
chixjunil li ruchich'och' ut oxib or re
ecuu quicutano' cui'chic. 34 Ut sa' li or

a'an li Jesús quia̱tinac chi cau ut quixye:
—Eloi, Eloi, ¿lama sabactani?— Chi jal-
bil ru naraj naxye, “At inDios, at inDios,
¿c'a'ut nak xina̱canab injunes?” 35 Nak
li cuanqueb aran que'rabi li ra̱tin, cuan
li que'xye: —Abihomak, yo̱ chixbokbal
li profeta Elías,— chanqueb. 36 Ut jun
sa' xya̱nkeb co̱o sa' a̱nil ut coxtz'a chak
jun li esponja sa' vinagre ut quixtaksi
sa' ru'uj jun che' re xq'uebal chi ruc' li
Jesús ut quixye: —Kilak cuan ma ta̱cha̱lk
na laj Elías chixcubsinquil, chan. 37 A'ut
li Jesús quixjap re chi cau ut qui-el
xch'o̱l. 38 Ut lix t'icrul li rochoch li Dios
quik'iche', ut lix pejelal quiticla chak
takec' ut toj tak'a coxrake'. Ca' jachal
qui-el. 39 Jun li capitán aj Roma cuan
aran xakxo chiru li Jesús. Nak quiril
chanru nak quicam, li capitán quixye:
—Ya̱l nak li cui̱nk a'in tz'akal Ralal li
Dios.— 40 Cuanqueb ajcui' ixk yo̱queb
chi iloc chi najt. Sa' xya̱nkeb a'an cuan
lix María aj Magdala, lix Salomé ut lix
María xna'eb laj José ut laj Jacobo li
i̱tz'inbej. 41 Eb li ixk a'in, a'an li que'ta̱ken
re li Jesús nak toj cuan chak Galilea
ut que'c'anjelac chiru. Ut cuanqueb na-
bal chic li ixk cuotz que'cuulac Jerusalén
rochben li Jesús.

Nak quimuke' li Jesucristo

42 Nak ac oc re li k'ojyi̱n, ac nach'oc
chak re li hiloba̱l cutan. Yo̱queb chix-
cauresinquil ribeb re li hiloba̱l cutan.
43 Quicuan jun li cui̱nk aj José xc'aba'
Arimatea xtenamit. A'an jun xnimal ru
cui̱nk sa' xya̱nkeb li neque'tz'iloc a̱tin ut
yo̱ chixyo'oninquil lix nimal xcuanquil li
Dios. Inc'a' quixucuac laj José nak quicu-
ulac chixtz'a̱manquil chiru laj Pilato nak
a'an ta̱mukuk re lix tz'ejcual li Jesús.
44 Laj Pilato quisach xch'o̱l chirabinquil
nak ac xcam li Jesús. Ut quixtakla xbok-
bal li capitán ut quixpatz' re: —¿Ma
ya̱l nak ac xcam li Jesús? chan re. 45 Li
capitán quixye re nak ac xcam. Tojo'nak
laj Pilato quixye re laj José nak naru
tixc'am. 46 Ut laj José quixlok' jun cha̱-
bil t'icr lino. Quixcubsi chak li camenak
chiru li cruz ut quixlan sa' li cha̱bil t'icr.
Ut quixq'ue sa' jun mukleba̱l yi̱banbil sa'
jun sako̱nac. Ut quixbalk'usi jun nimla
pec chire li mukleba̱l. 47 Ut lix María aj
Magdala ut lix María xna' laj José que'ril
bar quixmuk.

Li Jesús quicuacli cui'chic chi yo'yo sa' xya̱nkeb li camenak

16 Nak quinume' li hiloba̱l cutan, lix
María aj Magdala ut lix Salomé
ut lix María xna' laj Jacobo que'xlok' li
sununquil ban re te'xic chixq'uebal sa'
xbe̱n li camenak. 2 Toj ek'ela que'co̱eb
sa' li xbe̱n li cutan re li xama̱n. Ac x-el
chak li sak'e nak yo̱queb chi xic sa' li
mukleba̱l. 3 Ut yo̱queb chixyebal chi ri-
bileb rib: —¿Ani ta̱isi̱nk re li pec li cuan
chire li mukleba̱l? chanqueb. 4 Ut nak
que'cuulac cuan cui' li mukleba̱l, que'ril
nak ac isinbil chic li nimla pec chire li
mukleba̱l. 5 Ut nak que'oc sa' li mukleba̱l
que'ril jun li sa̱j cui̱nk chunchu chak sa'
li mukleba̱l sa' xnim uk'eb. Li sa̱j cui̱nk
a'an tikto riq'uin jun saki t'icr nim xbas ut
eb li ixk c'ajo' nak que'xucuac chirilbal.
6 Ut li cui̱nk quixye reheb: —Mexxucuac.
La̱in ninnau nak yo̱quex chixsic'bal li
Jesús aj Nazaret li que'xcamsi chiru cruz.
A'an ma̱ ani chic arin. Ac xcuacli cui'chic
chi yo'yo. Ilomak lix na'aj li xcuan cui'
li camenak. 7 Ayukex, yehomak chak re-
heb lix tzolom, jo' ajcui' re laj Pedro, nak
a'an xbe̱n cua ta̱xic Galilea che̱ru la̱ex.
Aran toxe̱ril ru jo' quixye e̱re, chan. 8 Ut
eb li ixk que'el aran ut que'co̱eb sa' a̱nil
ut neque'sicsot xbaneb xxiu. Ut ma̱ ani aj
e que'xye xban nak te'xucuak.

Li Jesucristo quixc'utbesi rib chiru lix María Magdala ut cuib lix tzolom

9 Toj ek'ela sa' li xbe̱n li cutan re
li xama̱n quicuacli li Jesús chi yo'yo

sa' xya̱nkeb li camenak. Li xbe̱n li
quixc'utbesi cui' rib li Jesús, a'an lix
María aj Magdala. A'an li ixk li qui-
isi̱c li cuukub chi ma̱us aj musik'ej
riq'uin xban li Jesús. 10 Li ixk a'an co̱
chixyebal reheb lix tzolom li Jesús. Nak
quicuulac riq'uineb, coxtauheb chi ya̱bac
xban xrahil xch'o̱leb. 11 Ut lix María
quixserak'i reheb nak yo'yo li Jesús ut
nak quiril ru. Abanan eb a'an inc'a'
que'xpa̱b li c'a'ru quixye. 12 Ut chirix
a'an, li Jesús quixc'utbesi cui'chic rib
chiruheb cuib lix tzolom nak yo̱queb
chi xic sa' c'aleba̱l. Jalan chic rilbal
nak quixc'utbesi rib chiruheb. 13 Eb a'an
que'co̱eb ut coxe'xye resil reheb li jun
ch'ol chic. Ut chi moco li cuib a'an
que'xpa̱b.

Li Jesucristo quixtaklaheb lix tzolom chixyebal resil li colba-ib

14 Mokon chic eb li junlaju chi xtzolom
cuanqueb sa' me̱x nak quixc'utbesi rib
li Jesús chiruheb. Ut quixk'useb xban
nak inc'a' que'pa̱ban ut xban xcacuil lix
ch'o̱leb. Inc'a' que'xpa̱b li c'a'ru que'xye li
que'iloc ru li Jesús xbe̱n cua nak ac xcua-
cli cui'chic chi yo'yo sa' xya̱nkeb li came-
nak. 15 Ut li Jesús quixye reheb: —Texxic
sa' chixjunil li ruchich'och' ut te̱ch'olob
xya̱lal li colba-ib chiruheb chixjunileb
li tenamit jun sut rubel choxa. 16 Li ani
ta̱pa̱ba̱nk ut ta̱cube̱k xha', a'an ta̱colek';
a'ut li ani inc'a' ta̱pa̱ba̱nk, a'an ta̱xic sa'
tojba ma̱c. 17 A'an a'in li retalil li ta-
laje'xba̱nu li te'pa̱ba̱nk. Sa' inc'aba' la̱in
te'isi̱nk ma̱us aj musik'ej ut te'a̱tinak sa'
jalan a̱tinoba̱l. 18 Cui te'xchap c'anti' chi
ruk'eb, ma̱c'a' te'xc'ul ut cui te'ruc' li
c'a'ak re ru nacamsin, ma̱c'a' te'xc'ul. Cui
te'xq'ue li ruk' sa' xbe̱neb li yaj, te'q'uira̱k,
chan li Jesús.

Li Jesucristo co̱ sa' choxa

19 Nak ac xra̱tinaheb lix tzolom
li Ka̱cua' Jesucristo, quic'ame' sa'
choxa xban li Dios, ut quic'ojla sa'
xnim uk' li Acuabej Dios. 20 Ut eb lix
tzolom que'co̱eb sa' chixjunil li na'ajej
chixch'olobanquil xya̱lal li colba-ib.
Ut li Ka̱cua' yo̱ chi tenk'a̱nc reheb. Ut
q'uebil xcuanquil li ra̱tineb xban li
Dios riq'uin li milagro quilaje'xba̱nu
chiruheb li tenamit. Jo'can taxak.

Li Resil li Colba-ib li Quixtz'i̱ba li San Lucas

Xticlajic li hu li quixtz'i̱ba laj Lucas re laj Teófilo

1 Nabaleb li que'yaloc re xtz'i̱banquil chi tz'akal re ru chanru lix na'leb li Jesucristo nak quicuan sa' kaya̱nk. 2 Li que'c'utuc chak chiku, a'an eb li tz'akal que'iloc chak re riq'uin xnak'eb ru chanru quic'ulman chalen nak quixtiquib chak lix c'anjel ut que'xch'olob li xya̱lal. 3 At Ka̱cua' Teófilo, la̱at cuan a̱cuanquil. Nak ac xintz'ili rix chi us chixjunil li c'a'ru quic'ulman, xinc'oxla nak us tintz'i̱bak a̱cuiq'uin re xyebal a̱cue chi tz'akal re ru chanru tz'akal quic'ulman. 4 Yo̱quin chi tz'i̱bac a̱cuiq'uin re nak ta̱q'ue retal chi tz'akal li xya̱lal li xatzol cui' a̱cuib.

Li ángel quixye re laj Zacarías nak ta̱cua̱nk jun li ralal ut aj Juan te'xq'ue chok' xc'aba'

5 Sa' eb li cutan nak quicuan chok' rey laj Herodes aran Judea, quicuan jun laj tij aj Zacarías xc'aba'. A'an xcomoneb li ralal xc'ajol laj Abías. Li rixakil xElisabet xc'aba'. A'an xcomoneb li ralal xc'ajol laj Aarón. 6 Laj Zacarías ut li rixakil, a'an ti̱queb xch'o̱l chiru li Dios. Junelic neque'xq'ue xch'o̱leb chixba̱nunquil chi tz'akal lix chak'rabinquileb ut lix taklanquileb xban li Ka̱cua' Dios. 7 Abanan ma̱c'a' xcoc'aleb xban nak lix Elisabet inc'a' naq'uiresin ut xban ajcui' nak ac che̱queb chic. 8 Sa' jun li cutan laj Zacarías yo̱ chixba̱nunquil lix c'anjel chiru li Dios sa' li templo jo' c'aynakeb xba̱nunquil. 9 Quit'ane' sa' xbe̱n laj Zacarías oc sa' li Santil Na'ajej sa' li templo chixc'atbal li incienso. 10 Nak yo̱ chi c'atc li incienso chixjunileb li tenamit ch'utch'u̱queb chirix cab ut yo̱queb chi tijoc. 11 Sa' li ho̱nal a'an quixc'utbesi rib chiru laj Zacarías jun x-ángel li Ka̱cua' Dios. Xakxo sa' xnim chixc'atk li artal li nac'atman cui' li incienso. 12 C'ajo' nak quisach xch'o̱l laj Zacarías nak quiril li ángel ut quixucuac. 13 Ut li ángel quixye: —At Zacarías, matxucuac. Li Dios xrabi li c'a'ru xatz'a̱ma. Lix Elisabet la̱ cuixakil ta̱cua̱nk jun xc'ula'al ut Juan ta̱q'ue chok' xc'aba'. 14 Nak ta̱yo'la̱k la̱ cualal, c'ajo' nak ta̱sahok' sa' a̱ch'o̱l la̱at ut nabaleb ajcui' li cristian te'sahok' sa' xch'o̱leb. 15 La̱ cualal li ta̱yo'la̱k ta̱q'uehek' xcuanquil xban li Dios. A'an inc'a' ta̱uc'ak vino chi moco li ha' li nacaltesin. Ut ac cua̱nk chak li Santil Musik'ej riq'uin nak toj ma̱ji'ak nayo'la. 16 Ut sa' xc'aba' a'an nabaleb li ralal xc'ajol laj Israel te'xsic' cui'chic li Ka̱cua' Dios. 17 A'an xbe̱n cua ta̱xic chiru li Ka̱cua' chixch'olobanquil li xya̱lal. Cua̱nk li Santil Musik'ej riq'uin ut cua̱nk xcuanquil jo' li cuanquilal li quiq'uehe' re laj Elías xban li Dios. Ut sa' xc'aba' a'an te'xc'am cui'chic rib sa' usilal li yucua'bej riq'uineb li alalbej. Eb laj k'etol a̱tin te'xjal xna'leb ut te'xtzol ribeb riq'uineb li ti̱queb xch'o̱l. Tixcauresi li tenamit chixc'ulbal li Ka̱cua', chan li ángel. 18 Quichak'oc laj Zacarías ut quixye: —¿Chanru nak tinnau nak ya̱l li yo̱cat chixyebal cue? La̱in ti̱xin chic. Jo'can ajcui' li cuixakil, chan. 19 Ut li ángel quixye: —La̱in li ángel Gabriel li ninc'anjelac chiru li Dios. Ut a'an xtaklan chak cue xyebal a̱cue li cha̱bil esilal a'in. 20 Anakcuan la̱at tatcana̱k chi mem xban nak inc'a' xapa̱b li c'a'ru xinye. Inc'a' tat-a̱tinak toj ta̱cuulak xk'ehil nak ta̱c'ulma̱nk chixjunil a'in, chan li ángel. 21 Eb li tenamit cuanqueb chirix cab. Yo̱queb chiroybeninquil laj Zacarías. Yo̱queb chixc'oxlanquil c'a'ru xc'ul nak xbay chak sa' li templo. 22 Ut nak qui-el chak sa' li templo mem chic laj Zacarías. Inc'a' chic naa̱tinac. Yal ruk' aj

chic naxc'ut chiruheb li neque'atinan re. Ticto que'xtau ru nak quic'utbesic chak chiru jun li visión sa' li templo. 23 Nak ac xrake' xbanunquil lix c'anjel sa' li templo, laj Zacarías quisuk'i sa' rochoch. 24 Ut chirix chic a'an lix Elisabet, li rixakil laj Zacarías, quicana chi yaj aj ixk. Ut chiru ob po quicana sa' li rochoch. Ma bar quiel ut yo chixyebal sa' xch'ol: 25 —Jo'ca'in nak xruxtana cuu li Kacua'. Xrisi lin xutan chiruheb li tenamit nak xq'ue jun lin c'ula'al, chan.

Li ángel quixye re lix María nak tacuank jun lix c'ula'al; a'an li Cristo

26 Nak ac yo chic xcuak po xcanajic chi yaj aj ixk lix Elisabet, li ángel Gabriel quitaklac xban li Dios sa' jun li tenamit Nazaret xc'aba' li cuan xcuent Galilea. 27 Quitaklac riq'uin jun li xka'al xMaría xc'aba' toj maji' cuanjenak riq'uin cuink. Ac tz'amanbil xban jun li cuink aj José xc'aba'. Li cuink a'an xcomoneb li ralal xc'ajol li rey David. 28 Li ángel quicuulac riq'uin lix María ut quixye re: —Sahak taxak sa' la ch'ol xban nak laat li sic'bil acuu. Li Kacua' cuan acuiq'uin ut osobtesinbilat sa' xyankeb li ixk, chan li ángel. 29 Ut lix María quisach xch'ol chirabinquil li quixye li ángel. —¿C'a'ru xyalal li atin li xye cue? chan sa' xch'ol. 30 Ut li ángel quixye re: —Matxucuac, María. Li Dios xsic'oc acuu xban nak chabil ana'leb. 31 Anakcuan tatcanak chi yaj aj ixk. Li Dios tixq'ue jun ac'ula'al telom ut Jesús lix c'aba' taq'ue. 32 Nimak xcuanquil nak tacuank ut chixjunileb te'na'ok re nak a'an tz'akal Ralal li Dios. Ut li Kacua' taq'uehok xcuanquil chi taklanc jo' nak quicuan chi taklanc li rey David lix xe'tonil yucua'. 33 A'anak chic li cuank xcuanquil chi taklanc sa' xbeneb li ralal xc'ajol laj Jacob. Ut lix cuanquilal tacuank chi junelic. Inc'a' taosok', chan li ángel. 34 Quichak'oc lix María ut quixye: —¿Chanru nak tacuank inc'ula'al xban nak lain moco cuanquin ta riq'uin cuink? chan lix María. 35 Li ángel quixye re: —Riq'uin xcuanquil li Santil Musik'ej tatcanak chi yaj aj ixk. Lix cuanquil li nimajcual Dios tacuank acuiq'uin. Ut li c'ula'al li tayo'lak, a'an santo ut tz'akal ralal li Dios. 36 Jo'can ajcui' lix Elisabet la cuech'alal yaj aj ixk anakcuan. Ac cuakib po chic xcanajic chi yaj aj ixk, usta ac tix chic ut usta chixjunileb que'xye nak a'an inc'a' tacuank xcoc'al. 37 Riq'uin a'in nac'utun nak mac'a' ch'a'aj chiru li Dios, chan li ángel. 38 Ut lix María quixye: —Lain aj c'anjel chiru li Kacua' Dios. Xbanuhak cuiq'uin li c'a'ru xaye, chan. Ut chirix chic a'an, co li ángel.

Lix María quicuulac chirula'aninquil lix Elisabet

39 Ac xnume' chic cuib oxib cutan nak lix María co sa' junpat sa' jun li na'ajej tzul ru cuan sa' xcuent Judea. 40 Quicuulac sa' rochoch laj Zacarías ut quixq'ue xsahil xch'ol lix Elisabet. 41 Nak quirabi lix sahil xch'ol lix Elisabet li quiq'uehe' xban lix María, quirec'a nak qui-ec'an chak lix c'ula'al. Ut sa' ajcui' li honal a'an lix Elisabet quinujac chi Santil Musik'ej. 42 Ut lix Elisabet quixye chi cau xyab xcux: —Osobtesinbilat sa' xyankeb chixjunileb li ixk ut osobtesinbil ajcui' la c'ula'al li tayo'lak. 43 Lain moco inc'ulub ta nak tatchalk chicuilbal xban nak laat lix na' li Kacua', li ninlok'oni lain. 44 Nak xcuabi lix sahil inch'ol xaq'ue, xcuec'a nak lin c'ula'al x-ec'an chak xban xsahil xch'ol. 45 Us xak acue xban nak xapab nak tac'ulmank li c'a'ru xye li Kacua', chan lix Elisabet.

Lix María c'ajo' xsahil sa' xch'ol ut quixlok'oni li Kacua'

46 Ut lix María quixye:

—Chi anchal inch'ol ninq'ue xlok'al li
Kacua'.

47 Nasaho' sa' inch'o̱l riq'uin li Dios laj
Colol cue,
48 xban nak xruxta̱na cuu la̱in aj c'anjel
chiru, usta ma̱c'a' incuanquil.
Chalen anakcuan us xak re cha'keb
cue chixjunileb li tenamit.
49 Lok'oninbil taxak ru li Ka̱cua' li k'axal
nim xcuanquil xban nak quixc'utbesi
chicuu lix nimal lix cuanquilal. A'an
tz'akal santo.
50 Li Ka̱cua' junelic na-uxta̱nan u. Narux-
ta̱na ruheb li neque'xucuan ru.
51 Sachba ch'o̱lej li quixba̱nu riq'uin
xnimal xcuanquil. Quixpo' ru li
yo̱queb chixc'oxlanquil xba̱nunquil
li k'etk'eteb, li neque'rec'a sa'
xch'o̱leb nak ni̱nkeb xcuanquil.
52 Quirisi sa' xna'ajeb li cuanqueb sa'
xcuanquil. Ut quixq'ueheb xlok'al li
ma̱c'a'eb xcuanquil.
53 Li ma̱c'a' cuan reheb naxq'ue chi nabal
c'a'ru reheb. Ut eb li biom naxtakla-
heb chi ma̱c'a' cuan reheb.
54 A'an junelic quixtenk'aheb laj Israel lix
tenamit ut inc'a' quisach sa' xch'o̱l
ruxta̱nanquil ruheb,
55 xban nak jo'can quixyechi'i reheb li
kaxe'to̱nil yucua'. Quixyechi'i re laj
Abraham nak ta̱ruxta̱na ruheb li
ralal xc'ajol chi junelic, chan lix
María.
56 Ut lix María quicuan oxib po riq'uin
lix Elisabet. Ut chirix a'an quisuk'i sa'
rochoch.

Li xyo'lajic laj Juan laj Cubsihom Ha'

57 Quicuulac xk'ehil nak ta̱yo'la̱k lix
c'ula'al lix Elisabet ut quicuan jun lix
c'ula'al ch'ina te̱lom. 58 Nak que'rabi re-
sil li rech cabal jo' cui' eb li rech'alal
nak qui-uxta̱na̱c ru lix Elisabet xban
li Ka̱cua', que'saho' ajcui' sa' xch'o̱leb
a'an. 59 Ac cuan cuakxakib cutan re
li c'ula'al, nak quixc'ul li circuncisión.
Aj Zacarías raj que'xq'ue chok' xc'aba'
chok' re̱kaj lix yucua'. 60 Abanan li na'bej
quixye: —Inc'a'. Aj Juan takaq'ue chok'
xc'aba', chan. 61 Que'chak'oc ut que'xye
re: —¿C'a'ut nak ta̱cuaj xq'uebal aj Juan
chok' xc'aba'? Ma̱ jun sa' xya̱nkeb la̱
cuech'alal cuan ta xc'aba' jo' a'an, chan-
queb. 62 Que'xc'ut li ruk'eb chiru laj
Zacarías re xpatz'bal re c'a'ru c'aba'ej
ta̱raj xq'uebal chok' xc'aba' li ralal. 63 Laj
Zacarías quixpatz' jun xhu reheb re
tixtz'i̱ba li c'aba'ej chiru. Ut sa' li hu
quixtz'i̱ba "Juan lix c'aba' te̱q'ue". Nak
que'ril li hu, que'sach xch'o̱leb chixju-
nileb. 64 Ut sa' ajcui' li ho̱nal a'an laj
Zacarías quiru chic chi a̱tinac ut qui-oc
chixlok'oninquil li Ka̱cua' Dios. 65 C'ajo'
nak que'oc xxiuheb chixjunileb li rech
cabal ut yalak bar sa' li na'ajej tzu̱l
ru li cuan sa' xcue̱nt Judea qui-el re-
sil li c'a'ru quic'ulman. 66 Ut chixjunileb
li que'abin re que'xq'ue sa' xch'o̱leb ut
que'xye: —¿C'a'ru anchal tixc'anjela li
c'ula'al a'in nak ta̱nima̱nk? Nac'utun nak
cuan xcuanquil li Dios riq'uin, chanqueb.

Li Profeta Zacarías quixye li c'a'ru quic'utbesi̱c chiru xban li Dios

67 Ut laj Zacarías lix yucua' laj Juan
quinujac chi Santil Musik'ej. Qui-oc chi
a̱tinac ut quixye li c'a'ru quic'utbesi̱c
chiru xban li Dios. Ut quixye chi jo'ca'in:
68 —Lok'oninbil taxak li Ka̱cua' Dios li
neque'xlok'oni laj Israel xban nak
xril xtok'oba̱l ruheb lix tenamit ut
xcoleb.
69 Xq'ue jun laj Colol ke k'axal nim
xcuanquil. Quixsic' ru sa' xya̱nkeb li
ralal xc'ajol li rey David laj c'anjel
chiru.
70 A'in quixyechi'i chak junxilaj jo'
que'xye ke li santil profetas.
71 Quixye reheb nak toxcol chiruheb li
xic' neque'iloc ke ut torisi rubeleb
xcuanquil.
72 Quixye nak ta̱ruxta̱na ruheb li
kaxe'to̱nil yucua' xban nak jultic re
li quixye sa' li santil contrato.

73 Li Kacua' riq'uin juramento quixyechi'i
a'an re laj Abraham li kaxe'tonil
yucua'.
74 Quixye re nak a'an tacolok ke
chiruheb li xic' neque'iloc ke re nak
toc'anjelak chiru a'an chi mac'a'ak
kaxiu,
75 ut re ajcui' nak junelic tocuank sa' san-
tilal ut sa' tiquilal chiru li Dios.
76 At cualal, laat xprofeta li nimajcual
Dios. Laat tatxic xben cua chiru
li Kacua' ut tach'olob li xyalal
chiruheb li tenamit re nak
te'xcauresi ribeb chixc'ulbal li
Kacua'.
77 Tac'ut chiruheb li tenamit chanru nak
te'cuyek' te'sachek' lix maqueb ut
te'colek'.
78 Xban nak k'axal nim ruxtan li Kacua'
Dios, xtakla chak li Jun li tacu-
tanobresink re li kac'a'ux.
79 Ut tixcutanobresi xc'a'uxeb li cuan-
queb sa' xk'ojyinal ru li mac, li
camqueb re sa' li mausilal. Ut a'an
taberesink ke sa' li tuktuquilal, chan
laj Zacarías.
80 Ut li c'ula'al yo chi q'uic ut yo
chi cacuuc sa' xpabal. Ut quicuan sa'
li chaki ch'och' bar inc'a' q'uiheb li
tenamit toj quicuulac xk'ehil nak quix-
tiquib xch'olobanquil li xyalal chiruheb
laj Israel.

Jo'ca'in nak quiyo'la li Jesús

2 Sa' eb li cutan a'an li acuabej César
Augusto quixq'ue jun li chak'rab
re nak chixjunileb li tenamit te'ajlak
ut te'xq'ue xc'aba'eb chi tz'ibac. 2 A'in
li xben sut nak que'xtz'iba xc'aba'eb
li tenamit. A'an quic'ulman nak cuank
laj Cirenio chi taklanc sa' li na'ajej
Siria. 3 Chixjunileb que'coeb xq'uebaleb
xc'aba' chi tz'ibac. Ac sa' xtenamiteb li
junjunk que'coeb chixtz'ibanquileb lix
c'aba'. 4 Laj José qui-el sa' li tenamit
Nazaret li cuan sa' xcuent Galilea ut
co Belén li cuan xcuent Judea. A'an
xtenamit li rey David. Aran co xban
nak a'an xcomoneb li ralal xc'ajol laj
David. 5 Aran quixq'ue xc'aba' chi tz'ibac
rochben lix María li ac tz'amanbil xban.
Lix María ac yaj aj ixk. 6 Nak ac cuan-
queb aran Belén quicuulac xk'ehil nak
tayo'lak lix c'ula'al. 7 Ut quiyo'la li xben
xc'ula'al, quixlan sa' t'icr ut quixyocob sa'
xna'aj xcuaheb li cuacax xban nak mac'a'
xna'ajeb sa' eb li ochoch.

Nak que'rabi resil lix yo'lajic li Jesús, eb laj ilol xul que'coeb chixlok'oninquil

8 Nach' riq'uin li tenamit Belén cuan-
queb aj ilol xul yoqueb chixc'ac'alenquil
lix quetomk chi k'ek. 9 Mac'a' sa' xch'oleb
nak xakamil jun x-ángel li Kacua'
chiruheb. Ut quisakeno' chi xjun sutam li
cuanqueb cui'. Ut eb laj ilol xul c'ajo' nak
que'xucuac. 10 Abanan li ángel quixye re-
heb: —Mexxucuac xban nak lain xin-
chal xyebal ere jun chabil esilal. A'in
jun sahil ch'olej chok' reheb chixjunileb
li tenamit. 11 Anakcuan xyo'la jun laj
Colol ere sa' lix tenamit laj David ut a'an
li Cristo li Kacua' li yechi'inbil xban li
Dios. 12 Jo'ca'in nak tetau. Li c'ula'al lan-
bil sa' t'icr ut yocyo sa' xben li q'uim
sa' xna'aj xcuaheb li cuacax. A'in li re-
talil nak a'an li tetau, chan li ángel. 13 Ut
sa' junpat que'chal nabaleb chic li án-
gel sa' choxa. Yoqueb chixlok'oninquil
li Kacua' ut yoqueb chixyebal: 14 —
Chinimak taxak xlok'al li Kacua' Dios
li cuan sa' choxa ut chicuank taxak
li tuktuquilal sa' xyankeb li cristian li
raroqueb xban li Dios.— 15 Nak ac xcoeb
li ángel sa' choxa, eb laj ilol xul que'oc
chixyebal chi ribileb rib: —Yokeb Belén
ut takil chak li c'a'ru xc'ulman, li xtakla
xyebal ke li Kacua', chanqueb. 16 Coeb
sa' anil ut que'xtau lix María rochben
laj José ut li c'ula'al yocyo sa' xna'aj
xcuaheb li xul. 17 Ut nak ac xe'xtau,

que'xserak'i reheb li c'a'ru quiyehe' re-
heb chirix li c'ula'al. 18 Ut chixjunileb
li que'abin re li c'a'ru que'xye laj ilol
xul, sachso̱queb xch'o̱l que'cana. 19 Ut
lix María quixc'u̱la sa' xch'o̱l chixjunil li
c'a'ru quic'ulman ut yo̱ chixc'oxlanquil
rix. 20 Ut chirix chic a'an eb laj ilol
xul que'suk'i sa' lix na'ajeb. Yo̱queb
chixlok'oninquil ut yo̱queb chixniman-
quil ru li Ka̱cua' riq'uin li c'a'ru que'rabi
ut que'ril xban nak chixjunil li que'ril,
a'an jo' li quiyehe' reheb.

Li Jesús quik'axtesi̱c sa' ruk' li Dios sa' li templo

21 Cuakxakib cutan cuan re li c'ula'al
nak quixc'ul li circuncisión ut Jesús
que'xq'ue chok' xc'aba', jo' quiyehe' re
lix María xban li ángel nak toj ma̱ji'
nacana chi yaj. 22 Lix María quixba̱nu
jo' naxye sa' lix chak'rab laj Moisés.
Nak ac xnume' ca'c'a̱l cutan, lix María
rochben laj José que'xc'am li c'ula'al
Jerusalén ut que'xk'axtesi chiru li Ka̱cua'.
23 Que'xba̱nu chi jo'can xban nak sa'
li chak'rab li quiq'uehe' reheb xban li
Ka̱cua' naxye nak li xbe̱n alalbej tento
ta̱k'axtesi̱k sa' ruk' li Ka̱cua'. 24 Ut te'xq'ue
chok' xmayejeb jun sumalak li mucuy
malaj ut cuibak li paloma li toj sa̱jeb, jo'
naxye sa' li chak'rab.

Laj Simeón quixq'ue xlok'al li Jesús ut quixye ajcui' resil li raylal li tixc'ul

25 Aran Jerusalén cuan jun li cui̱nk aj
Simeón xc'aba'. Li cui̱nk a'an ti̱c xch'o̱l
ut naxq'ue xlok'al li Dios. Yo̱ chiroyben-
inquil nak li Dios ta̱risiheb sa' raylal laj
Israel. Ut cuan li Santil Musik'ej riq'uin.
26 Li Santil Musik'ej quixc'utbesi chiru laj
Simeón nak a'an inc'a' ta̱ca̱mk toj ta̱ril ru
li Cristo li Colonel li quixyechi'i li Ka̱cua'
Dios. 27 Li Santil Musik'ej quixc'ut chiru
laj Simeón nak ta̱xic sa' li templo xban
nak sa' li ho̱nal a'an quic'ame' li Jesús sa'
li templo xban laj José ut lix María re
nak te'xk'axtesi sa' ruk' li Dios jo' naxye
sa' li chak'rab. 28 Ut laj Simeón quixk'alu
li Jesús, quixq'ue xlok'al li Ka̱cua' ut
quixye:

29 —At Ka̱cua', anakcuan xaba̱nu jo'
xayechi'i cue. Anakcuan naru tin-
ca̱mk chi c'ojc'o inch'o̱l,
30 xban nak riq'uin xnak' cuu xcuil li
Colonel li yechi'inbil a̱ban,
31 li xaq'ue chak re xcolbaleb chixjunileb
li cuanqueb sa' ruchich'och'.
32 A'an li ta̱cutanobresi̱nk re lix c'a'uxeb
li ma̱cua'eb aj Israel ut a'an lix
lok'aleb la̱ tenamit Israel, chan laj
Simeón.

33 Laj José ut li na'bej sachso̱queb
xch'o̱l que'cana chirabinquil li yo̱ chixye-
bal laj Simeón chirix li Jesús. 34 Ut
laj Simeón quixtz'a̱ma rusilal li Dios
sa' xbe̱neb ut quixye re lix María li
na'bej: —Chacuabi li oc cue xyebal
a̱cue. Sa' xc'aba' li c'ula'al a'in, nabaleb
laj Israel te'colek' ut sa' xc'aba' ajcui'
a'an nabaleb li te'sachk. Ut nabaleb
li te'tz'ekta̱na̱nk re. 35 Riq'uin li raylal
te'xba̱nu re, ta̱c'utu̱nk chi tz'akal li c'a'ru
cuan sa' xch'o̱leb li xic' neque'iloc re. Ut
c'ajo' nak ta̱rahok' a̱ch'o̱l la̱at xban li ray-
lal te'xba̱nu re. Chanchan nak te'xnumsi
jun ch'i̱ch' sa' la̱ cua̱m, chan laj Simeón.
36 Ut cuan ajcui' jun li xma̱lca'an aran
profeta, xAna xc'aba'. A'an xrabin laj
Fanuel xcomoneb li ralal xc'ajol laj Aser.
Ac ti̱x chic. Toj sa̱j nak quisumla ut
cuukub chihab ajcui' quicuan rochben
lix be̱lom. 37 Ac cuan chic ca̱hib ro'c'a̱l
chihab (84) xcanajic xjunes. A'an cuan
junelic sa' li templo. Yo̱ chi c'anjelac
chiru li Ka̱cua' chi k'ek chi cutan. Junelic
yo̱ chi tijoc ut yo̱ chixba̱nunquil x-ayu̱n.
38 Sa' li ho̱nal a'an quicuulac cuan cui' li
Jesús. Yo̱ chixlok'oninquil li Dios ut qui-
oc chi a̱tinac chirix li c'ula'al riq'uineb laj
Jerusalén li yo̱queb chiroybeninquil lix
colbaleb. 39 Nak ac que'xba̱nu chixjunil li
naxye sa' li chak'rab li quixq'ue li Ka̱cua',

laj José ut lix María que'suk'i sa' li tena-
mit Nazaret li cuan sa' xcuent Galilea.
40 Ut li c'ula'al yo chi q'uic ut yo chi cacu-
uc xch'ol. Ut yo chixtaubal xna'leb. Ut li
rusilal li Kacua' cuan riq'uin.

Li Jesús quicana sa' li templo ut quiatinac riq'uineb laj tzolol chak'rab

41 Rajlal chihab neque'xic lix na' xyu-
cua' aran Jerusalén chixnink'einquil li
reliqueb Egipto. Pascua neque'xye re li
nink'e a'an. 42 Nak ac cuan cablaju chi-
hab re li Jesús, coeb aran Jerusalén sa'
li nink'e jo' c'aynakeb xbanunquil. 43 Ut
nak ac xrake' li nink'e que'suk'i sa' lix
tenamiteb. Ut li Jesús quicana Jerusalén
chi inc'a' naxnau laj José chi moco li
na'bej. 44 Sa' xch'oleb a'an nak cuan sa'
xyankeb li rochben. Jun cutan ac xe'bec
nak que'xq'ue retal nak ma ani. Ut que'oc
chixsic'bal sa' xyankeb li rech'alal ut
sa' xyankeb li neque'na'oc ru. 45 Que'ril
nak inc'a' que'xtau. Que'suk'i cui'chic
Jerusalén chixsic'bal. 46 Nak ac xnume'
chic oxib cutan, que'xtau aran sa' li tem-
plo. C'ojc'o sa' xyankeb li neque'xnau
chi us li c'a'ru naxye sa' li chak'rab. Yo
chirabinquil li yoqueb chixyebal ut yo
ajcui' chi patz'oc reheb. 47 Ut chixjunileb
li yoqueb chi abinc re sachsoqueb xch'ol
neque'cana xban nak cuan xna'leb ut
naxnau xsumenquil li c'a'ru neque'xpatz'
re. 48 Lix na' xyucua' sachsoqueb xch'ol
que'cana nak que'ril nak li Jesús yo chi
atinac riq'uineb. Ut lix na' quixye re:
—At inyum, ¿c'a'ut nak xabanu ke chi
jo'ca'in? C'ajo' kac'a'ux chacuix. La yu-
cua' ut lain yoco chasic'bal, chan lix
María. 49 Quichak'oc li Jesús ut quixye
re: —¿C'a'ut nak yoquex chinsic'bal?
¿Ma inc'a' ta bi' nequenau nak tento
tinbanu lix c'anjel lin Yucua'? chan li
Jesús. 50 Ut eb a'an inc'a' que'xtau ru
c'a'ut nak quixye reheb chi jo'can. 51 Li
Jesús quisuk'i Jerusalén rochbeneb lix
na' xyucua' ut na-abin chiruheb. Ut
lix na' quixc'ula sa' xch'ol chixjunil li
quic'ulman. 52 Li Jesús yo chi q'uic ut
yo ajcui' chixtaubal xna'leb. Quirahe'
xban li Dios ut quirahe' ajcui' xbaneb li
tenamit.

Laj Juan laj Cubsihom Ha' quixye resil lix c'ulunic li Jesucristo

3 Yo o'laju chihab roquic chok' acuabej
laj Tiberio César, nak cuank laj Pon-
cio Pilato chi taklanc sa' li tenamit
Judea. Laj Herodes a'an cuank chi tak-
lanc sa' li tenamit Galilea. Ut laj Felipe
li ritz'in cuank chi taklanc sa' li tena-
mit Iturea ut sa' li na'ajej Traconite, ut
laj Lisanias cuank chi taklanc sa' li tena-
mit Abilinia. 2 Ut cuanqueb chok' xbenil
aj tij laj Anás ut laj Caifás. Sa' eb li
cutan a'an laj Juan li ralal laj Zacarías
quiatinac xban li Dios nak cuan chak
sa' li chaki ch'och'. 3 Laj Juan co sa' li
na'ajej cuan cui' li nima' Jordán ut qui-
oc chixch'olobanquil li xyalal chiruheb li
tenamit li cuanqueb aran. Quixye reheb
nak tento te'yot'ek' xch'ol te'xjal xc'a'ux
ut te'xc'ul li cubi ha' re nak li Dios tixcuy
tixsach lix maqueb. 4 Li profeta Isaías
quiatinac chirix laj Juan nak quixye chi
jo'ca'in:

A'an tach'olobank xyalal chi cau
xyab xcux sa' li chaki ch'och' ut
tixye: Yibomak le yu'am ut yo'on
cuankex chixc'ulbal li Kacua' jo' nak
neque'xyib li be re xc'ulbal junak
nim xcuanquil.
5 Te't'anek' li tzul ut eb li coc' bol ut
te'but'ek' eb li tak'a ruheb. Tatico-
bresik li be re nak tic ru tacanak.
6 Ut chixjunileb li cuanqueb sa'
ruchich'och' te'ril ru laj Colonel li
xtakla chak li Dios. (Is. 40:3-5)

7 Quiril nak nabaleb li yoqueb chi cu-
ulac yal re tacubsik xha'eb. Jo'can nak
quixye reheb: —Laex chanchanex li ral li
c'ambolay. ¿Ani xyehoc ere nak taruk te-
col erib chiru lix josk'il li Dios li tachalk

sa' eben? [8] Chebanuhak ban li us re nak tac'utunk nak xyot'e' ech'ol ut xejal ec'a'ux. Chanchanakex li che' chabil li ru naxq'ue. Mec'oxla nak inc'a' tec'ul xjosk'il li Dios yal xban nak laex li ralal xc'ajol laj Abraham. Lain tinye ere nak li Dios taruk tixyo'obtesi li pec a'in chok' ralal xc'ajol laj Abraham. [9] Q'uehomak retal xban nak chalc re li rakba atin sa' eben jo' nak ac cauresinbil li mal re xyoc'bal lix xe' li che'. Ut chixjunil li che' inc'a' chabil li ru naxq'ue, nayoc'man ut naq'ueman sa' xam, chan laj Juan. [10] Ut eb li tenamit yoqueb chixpatz'bal re: —¿C'a'ru tento takabanu re nak inc'a' tarakek' atin sa' kaben? chanqueb. [11] Quichak'oc laj Juan ut quixye reheb: —Li ani cuan cuibak sumal rak' chixq'uehak jun sumalak re li mac'a' re. Ut li ani cuan xtzacaemk, chixq'uehak re li mac'a' re, chan. [12] Cuanqueb ajcui' aj titz'ol toj que'chal re te'cubsik xha' xban laj Juan ut que'xye re: —¿C'a'ru takabanu lao? chanqueb. [13] Ut a'an quixye reheb: —Mepatz' xben li toj li ac yebil reheb nak te'xq'ue, chan. [14] Ut cuanqueb ajcui' soldado que'patz'oc ut que'xye re: —Ut lao, ¿c'a'ru takabanu? chanqueb. Quixye reheb: —Ma ani temak' c'a'ru re ut ma ani tek'aba chi mac'a' rajbal. Chic'ojlak ban ech'ol riq'uin li jo' q'uial nequextoje' cui', chan. [15] Chixjunileb li tenamit yoqueb chixc'oxlanquil ut que'xye sa' xch'oleb: —¿Ma macua' ta cui' a'an li Cristo, laj Colonel li yoco chiroybeninquil? chanqueb. [16] Laj Juan quichak'oc ut quixye reheb chixjunileb: —Yal nak lain nincubsin ha' riq'uin ha'. Abanan chalc re li k'axal nim xcuanquil. Xban nak k'axal nim xcuanquil chicuu lain, moco inc'ulub ta nak tinhit xc'amal lix xab. A'an tixcubsi eha' riq'uin li Santil Musik'ej ut riq'uin xam. [17] A'an chanchan jun aj acuinel ac cuan chak xc'anjelebal sa' ruk'. Tarapu chi us li ru li trigo ut tixxoc lix trigo sa' lix c'ulebal ut li rix tixc'at sa' li xam. Jo'can ajcui' nak li Dios tarisiheb li inc'a' neque'paban sa' xyankeb li ralal xc'ajol ut tixtaklaheb sa' li xam li inc'a' nachup. Li ralal xc'ajol tacuank xyu'ameb chi junelic, chan laj Juan. [18] Jo'can nak yo chixch'olobanquil xna'lebeb li tenamit. Naxsic' chanru nak naxch'olob chi tz'akal li chabil esilal chiruheb. [19] Ut laj Herodes, li nataklan sa' li tenamit Galilea, quik'use' chi cau xban laj Juan xban nak quixc'am chok' rixakil lix Herodías, li rixakil laj Felipe li ritz'in. Ut quik'use' ajcui' riq'uin chixjunil li mausilal naxbanu. [20] Ut k'axal cui'chic numtajenak li mausilal quixbanu nak quixq'ue sa' tz'alam laj Juan.

Quicubsic xha' li Jesús xban laj Juan laj Cubsihom Ha'

[21] Sa' jun li cutan nak toj maji' quiq'uehe' sa' tz'alam laj Juan, yo chixcubsinquil xha'eb nabal li tenamit, ut quixcubsi ajcui' xha' li Jesús. Ut nak yo chi tijoc li Jesús, quiril nak quiteli li choxa chiru. [22] Li Santil Musik'ej chanchan jun li paloma nak yo chak chi cubec sa' xben li Jesús ut qui-abic xyab xcux li Dios toj sa' choxa nak quixye: —Laat li cualal rarocat inban. Nasaho' inch'ol acuiq'uin, chan.

A'an eb a'in lix xe'tonil yucua' li Jesús

[23] Ac cuan tana lajeb xca'c'al (30) chihab re li Jesús nak quixtiquib lix c'anjel. Chiruheb chixjunileb, li Jesús a'an ralal laj José, li ralal laj Elí. [24] Ut laj Elí, a'an li ralal laj Matat. Laj Matat, a'an li ralal laj Leví. Ut laj Leví, a'an li ralal laj Melqui. Ut laj Melqui, a'an li ralal laj Jana. Ut laj Jana, a'an li ralal laj José. [25] Laj José, a'an li ralal laj Matatías. Ut laj Matatías, a'an li ralal laj Amós. Ut laj Amós, a'an li ralal laj Nahum. Ut laj Nahum, a'an li ralal laj Esli. Ut laj Esli, a'an li ralal laj Nagai. [26] Ut laj Nagai, a'an li ralal laj Maat. Ut laj Maat, a'an li ralal laj

Matatías. Ut laj Matatías, a'an li ralal laj Semei. Ut laj Semei, a'an li ralal laj José. Ut laj José, a'an li ralal laj Judá. 27 Laj Judá, a'an li ralal laj Joana. Ut laj Joana, a'an li ralal laj Resa. Ut laj Resa, a'an li ralal laj Zorobabel. Ut laj Zorobabel, a'an li ralal laj Salatiel. Ut laj Salatiel, a'an li ralal laj Neri. 28 Ut laj Neri, a'an li ralal laj Melqui. Ut laj Melqui, a'an li ralal laj Adi. Ut laj Adi, a'an li ralal laj Cosam. Ut laj Cosam, a'an li ralal laj Elmodam. Ut laj Elmodam, a'an li ralal laj Er. 29 Ut laj Er, a'an li ralal laj Josué. Ut laj Josué, a'an li ralal laj Eliezer. Ut laj Eliezer, a'an li ralal laj Jorim. Ut laj Jorim, a'an li ralal laj Matat. 30 Ut laj Matat, a'an li ralal laj Leví. Ut laj Leví, a'an li ralal laj Simeón. Ut laj Simeón, a'an li ralal laj Judá. Ut laj Judá, a'an li ralal laj José. Ut laj José, a'an li ralal laj Jonán. Ut laj Jonán, a'an li ralal laj Eliaquim. 31 Ut laj Eliaquim, a'an li ralal laj Melea. Ut laj Melea, a'an li ralal laj Mainán. Ut laj Mainán, a'an li ralal laj Matata. Ut laj Matata, a'an li ralal laj Natán. 32 Ut laj Natán, a'an li ralal laj David. Ut laj David, a'an li ralal laj Isaí. Ut laj Isaí, a'an li ralal laj Obed. Ut laj Obed, a'an li ralal laj Booz. Ut laj Booz, a'an li ralal laj Salmón. Ut laj Salmón, a'an li ralal laj Naasón. 33 Ut laj Naasón, a'an li ralal laj Aminadab. Ut laj Aminadab, a'an li ralal laj Aram. Ut laj Aram, a'an li ralal laj Esrom. Ut laj Esrom, a'an li ralal laj Fares. Ut laj Fares, a'an li ralal laj Judá. 34 Ut laj Judá, a'an li ralal laj Jacob. Ut laj Jacob, a'an li ralal laj Isaac. Ut laj Isaac, a'an li ralal laj Abraham. Ut laj Abraham, a'an li ralal laj Taré. Ut laj Taré, a'an li ralal laj Nacor. 35 Ut laj Nacor, a'an li ralal laj Serug. Ut laj Serug, a'an li ralal laj Ragau. Ut laj Ragau, a'an li ralal laj Peleg. Ut laj Peleg, a'an li ralal laj Heber. Ut laj Heber, a'an li ralal laj Sala. 36 Ut laj Sala, a'an li ralal laj Cainán. Ut laj Cainán, a'an li ralal laj Arfaxad. Ut laj Arfaxad, a'an li ralal laj Sem. Ut laj Sem, a'an li ralal laj Noé. Ut laj Noé, a'an li ralal laj Lamec. 37 Ut laj Lamec, a'an li ralal laj Matusalén. Ut laj Matusalén, a'an li ralal laj Enoc. Ut laj Enoc, a'an li ralal laj Jared. Ut laj Jared, a'an li ralal laj Mahalaleel. Ut laj Mahalaleel, a'an li ralal laj Cainán. 38 Ut laj Cainán, a'an li ralal laj Enós. Ut laj Enós, a'an li ralal laj Set. Ut laj Set, a'an li ralal laj Adán. Ut laj Adán, a'an li ralal li Dios.

Li Jesús quiyale' ra̱lenquil xban laj tza

4 Li Jesús nujenak chi Santil Musik'ej nak qui-el sa' li na'ajej cuan cui' li nima' Jordán. Li Santil Musik'ej quixc'ut chiru nak tento ta̱xic sa' li chaki ch'och' bar ma̱c'a' cui' cristian. 2 Ut aran quicuan ca'c'a̱l cutan. Ut laj tza quixyal ra̱lenquil. Abanan inc'a' quixq'ue rib chi a̱le̱c. Chiruheb li cutan a'an ma̱c'a' naxtzaca ut sa' xrakic li ca'c'a̱l cutan quichal xtz'ocajic. 3 Laj tza quixye re: —Cui tz'akal ya̱l nak la̱at Ralal li Dios, suk'isi chok' caxlan cua li pec a'in, chan. 4 Li Jesús quichak'oc ut quixye: —Tz'i̱banbil sa' li Santil Hu chi jo'ca'in: Ma̱cua' ca'aj cui' riq'uin li naxtzaca yo'yo̱k cui' li cui̱nk, chan. (Dt. 8:3a) 5 Tojo'nak laj tza quixc'am li Jesús sa' jun li tzu̱l k'axal najt xteram ut sa' li ho̱nal ajcui' a'an quixc'ut chiru chixjunileb li xni̱nkal ru tenamit li cuan sa' ruchich'och'. 6 Laj tza quixye re li Jesús: —Tink'axtesi sa' a̱cuuk' li xni̱nkal ru tenamit a'an ut lix lok'al. Eb li tenamit a'an k'axtesinbileb sa' cuuk' la̱in ut naru ninq'ue re li ani tincuaj la̱in. 7 Chixjunil a'an tinq'ue a̱cue cui la̱at ta̱cuik'ib a̱cuib chicuu ut tina̱lok'oni, chan. 8 Quichak'oc li Jesús ut quixye re: —Elen chicuu la̱at aj tza xban nak jo'ca'in tz'i̱banbil sa' li Santil Hu: Li Ka̱cua' la̱ Dios ta̱lok'oni ut ca'aj cui' chiru a'an tatc'anjelak, chan. (Dt. 6:13) 9 Ut laj tza quixc'am li Jesús sa' li tenamit Jerusalén ut coxxakab toj takec' sa' xbe̱n li templo. Quixye re: —

Cui tz'akal ya̱l nak la̱at Ralal li Dios,
cut a̱cuib tak'a. 10 Ma̱c'a' ta̱c'ul xban nak
jo'ca'in tz'i̱banbil sa' li Santil Hu: Tixtak-
laheb lix ángel cha̱cuilbal. 11 Ut riq'uin
ruk'eb tate'xchap re nak inc'a' ta̱toch'
la̱ cuok chiru pec, chan. (Sal. 91:11-
12) 12 Li Jesús quichak'oc ut quixye re:
—Tz'i̱banbil ajcui' sa' li Santil Hu chi
jo'ca'in: Ma̱tz'a̱ma xmilagro li Ka̱cua' la̱
Dios yal chi ma̱c'a' rajbal. (Dt. 6:16)
13 Quiril laj tza nak inc'a' quiru ra̱lenquil
li Jesús, toj quixcanab cuan.

Nak quixtiquib lix c'anjel li Jesús aran Galilea

14 Ut quisuk'i li Jesús Galilea chi cuan
xcuanquil li Santil Musik'ej riq'uin. Sa'
chixjunil li na'ajej li cuanqueb chi xjun
sutam li tenamit Galilea, que'rabi re-
sil li Jesús. 15 Yo̱ chixch'olobanquil li
xya̱lal sa' eb li cab li neque'xch'utub cui'
ribeb laj judío. Ut chixjunileb yo̱queb
chixq'uebal xlok'al.

Quitz'ekta̱na̱c li Jesús sa' li tenamit Nazaret li quiq'ui cui'

16 Sa' jun li cutan quicuulac li Jesús
sa' li tenamit Nazaret li quiq'ui cui'.
Sa' li hiloba̱l cutan co̱ sa' li cab
li neque'xch'utub cui' ribeb laj judío
jo' c'aynak xba̱nunquil. Ut quixakli
chiruheb re ta̱ril xsa' li Santil Hu.
17 Quiq'uehe' re li hu li quixtz'i̱ba li pro-
feta Isaías. Nak quixte, quixtau aran li
a̱tin li naxye chi jo'ca'in:

18 Lix musik' li nimajcual Dios cuan
cuiq'uin xban nak li Dios quixsic'
cuu chixyebal li cha̱bil esil reheb
li cuanqueb sa' neba'il. Quinixtakla
chixcolbaleb li cuanqueb sa' raylal
ut chixyebal resil nak te'ach'aba̱k li
cuanqueb chi pre̱xil ut re ajcui' nak
tinq'ueheb chi iloc li mutz' ut te'cuisi
ajcui' sa' raylal li rahobtesinbileb.
19 Quinixtakla xyebal resil nak ac xcuu-
lac xk'ehil nak li Ka̱cua' tixcoleb lix
tenamit. (Is. 61:1-2)

20 Nak quixbot li hu, quixk'axtesi
re li nac'anjelac sa' li cab a'an ut
quic'ojla chiruheb. Ut chixjunileb li
cuanqueb aran que'cana chirilbal li
Jesús. 21 Quixye reheb: —Anakcuan
xtz'akloc ru che̱ru li c'a'ru tz'i̱banbil chak
sa' li Santil Hu a'in, chan. 22 Chixjunileb
li cuanqueb aran cha̱bil yo̱queb chixye-
bal chirix li Jesús ut sachso̱queb xch'o̱l
chirabinquil li cha̱bil a̱tin li yo̱ chixye-
bal. Ut que'xye: —¿Ma ma̱cua' ta bi' a'in
li ralal laj José? chanqueb. 23 Ut li Jesús
quixye reheb: —Ma̱re te̱ye cue jun li
a̱tin li naxye: "At aj banonel, ban a̱cuib
a̱junes. La̱o xkabi resil nak nabal li c'a'ak
re ru xaba̱nu Capernaum. ¿C'a'ut nak
inc'a' ta̱ba̱nu a'an arin sa' la̱ tenamit?"
ma̱re cha'kex cue. 24 Ut quixye ajcui' re-
heb: —Chi ya̱l tinye a̱cue ma̱ jun pro-
feta nac'ule' ta chi cha̱bil sa' lix tenamit.
25 Relic chi ya̱l nak nabaleb li xma̱lca'an
sa' li tenamit Israel nak quicuan laj Elías
chok' profeta. Sa' eb li cutan a'an inc'a'
quixq'ue hab chiru oxib chihab riq'uin
cuakib po. Ut c'ajo' li cue'ej quicuan
sa' li tenamit a'an. 26 Usta ra que'xc'ul
eb a'an, aban inc'a' quitakla̱c li profeta
Elías chixtenk'anquileb li xma̱lca'an aj
judío. Quitakla̱c ban chixtenk'anquil jun
li xma̱lca'an li ma̱cua' aj judío cuan sa'
li na'ajej Sarepta li cuan nach' riq'uin
li tenamit Sidón. 27 Jo'can ajcui' sa' eb
li cutan nak cua̱nk chok' profeta laj
Eliseo, nabaleb li saklep rixeb aran Is-
rael. Abanan ma̱ jun reheb laj judío
quiq'uirtesi̱c. Ca'aj cui' jun li cui̱nk li
ma̱cua' aj judío. Li cui̱nk a'an aj Naamán
xc'aba'. Siria xtenamit, chan li Jesús.
28 Nak que'rabi li a̱tin a'in chixjunileb li
ch'utch'u̱queb aran, c'ajo' nak que'josk'o'.
29 Quilaje'cuacli chixjunileb li cuanqueb
aran ut que'risi li Jesús sa' li tenamit ut
que'xc'am toj sa' xbe̱n li tzu̱l li c'ojc'o

cui' lix tenamiteb re nak te'xcut chak
toj tak'a. 30 Abanan li Jesús quinume' sa'
xya̲nkeb ut co̲.

Li Jesús quixq'uirtesi jun li cui̲nk cuan ma̲us aj musik'ej riq'uin

31 Li Jesús co̲ sa' li tenamit Caper-
naum li cuan sa' xcue̲nt Galilea. Yo̲
chixch'olobanquil li xya̲lal chiruheb li
tenamit sa' eb li hiloba̲l cutan sa' li cab
li neque'xch'utub cui' ribeb laj judío.
32 Naxc'ut li xya̲lal chiruheb chi cuan
xcuanquil. Ut chixjunileb li yo̲queb chi
abi̲nc re que'sach xch'o̲l chirabinquil li
tijleb li yo̲ chixyebal xban nak naxc'ut
li xya̲lal chiruheb chi cuan xcuanquil.
33 Cuan jun li cui̲nk sa' xya̲nkeb cuan
ma̲us aj musik'ej riq'uin. Qui-oc chixjap-
bal re chi cau ut quixye: 34 —Canabo
kajunes. ¿C'a'ru ta̲cuaj kiq'uin, at Jesús
aj Nazaret? ¿Ma xatchal chikasachbal?
La̲in ninnau nak la̲at lix Santil Alal li
Dios, chan. 35 Abanan li Jesús quixk'us
li ma̲us aj musik'ej ut quixye re: —
La̲at ma̲us aj musik'ej, matchokin. Elen
riq'uin li cui̲nk a'in, chan li Jesús. Ut
li ma̲us aj musik'ej quixt'an li cui̲nk
chiruheb a'an, ut qui-el riq'uin ut ma̲c'a'
quixba̲nu re. 36 Chixjunileb li que'iloc re,
c'ajo' nak que'xucuac ut yo̲queb chixye-
bal chi ribileb rib: —¿C'a'ru xya̲lal a'in?
¿C'a'ru li tijleb a'in? Li cui̲nk a'in cuan
xcuanquil sa' xbeneb li ma̲us aj musik'ej
ut li c'a'ru naxye, a'an neque'xba̲nu,
chanqueb. 37 Ut que'rabi resil sa' chixju-
nileb li tenamit xcue̲nt Galilea c'a'ru
quixba̲nu li Jesús.

Li Jesús quixq'uirtesi lix na' li rixakil laj Simón Pedro

38 Nak qui-el sa' li cab li
neque'xch'utub cui' ribeb laj judío,
li Jesús co̲ sa' li rochoch laj Simón.
Lix na' li rixakil laj Simón yocyo. Yo̲
xtik. Que'xtz'a̲ma chiru li Jesús nak
tixq'uirtesi. 39 Li Jesús quijiloc riq'uin
li yaj ut quixq'uirtesi. Ut sa' ajcui' li
ho̲nal a'an quicuacli li ixk ut qui-oc
chi c'anjelac chiruheb. 40 Nak ac yo̲ chi
ecuu̲c, chixjunileb li cuanqueb xyaj,
a' yal c'a'ru xyajeleb, quilaje'xc'am
chak riq'uin li Jesús. Ut a'an quixq'ue
li ruk' sa' xbe̲neb ut quixq'uirtesiheb.
41 Ut nabaleb ajcui' li quirisi ma̲us aj
musik'ej riq'uineb. Li ma̲us aj musik'ej
nak neque'el riq'uineb, japjo̲queb
re chixyebal: —La̲at Ralal li Dios,
chanqueb. Abanan li Jesús quixk'useb
ut inc'a' quixcanabeb chi a̲tinac xban
nak eb a'an que'xnau nak a'an li Cristo,
laj Colonel li yechi'inbil xban li Dios.
42 Cuulajak chic nak ac xsake̲u, li Jesús
co̲ sa' jun na'ajej bar ma̲c'a' cuan.
Ut eb li tenamit yo̲queb chixsic'bal.
Que'cuulac toj bar cuan cui' a'an ut
que'raj raj nak quicana riq'uineb. Inc'a'
raj que'raj nak ta̲xic. 43 Abanan li
Jesús quixye reheb: —Tento nak tinxic
sa' jalan tenamit chixch'olobanquil
li cha̲bil esilal chirix lix nimajcual
cuanquilal li Dios xban nak a'an aj e
nak xintakla̲c chak arin, chan. 44 Ut yo̲
chixch'olobanquil lix ya̲lal sa' eb li cab
li neque'xch'utub cui' ribeb laj judío
aran Galilea.

Numtajenak xq'uial li car que'xchap

5 Sa' jun li cutan li Jesús cuan chire li
palau Genesaret ut k'axal cui'chic na-
bal li tenamit que'ch'utla chirabinquil li
ra̲tin li Dios. 2 Quiril cuib li jucub cuan
chire li palau. Eb laj car ma̲ aniheb chi
sa'. Yo̲queb chak chixch'ajbal lix yoy.
3 Qui-oc li Jesús sa' jun li jucub. Li ju-
cub a'an re laj Simón. Li Jesús quixtz'a̲ma
chiru laj Simón nak tixjil ca'ch'inak li
jucub sa' li ha'. Ut quic'ojla sa' li ju-
cub ut qui-oc chixch'olobanquil lix ya̲lal
chiruheb li tenamit li cuanqueb chire
li palau. 4 Ut nak ac xrake' chi a̲tinac,
quixye re laj Simón: —C'am li jucub sa'
xchamal li ha' ut ta̲q'ue la̲ yoy sa' li

ha' re nak ta̲chap la̲ car, chan li Jesús. 5 Quichak'oc laj Simón ut quixye re: —At tzolonel, chixjunil li k'ojyi̲n xkaq'ue li kayoy sa' li ha' ut ma̲ jun li car xkachap. Abanan xban nak la̲at xatyehoc cue, tinq'ue cui'chic lin yoy sa' li ha', chan. 6 Nak que'xq'ue lix yoy sa' li ha', k'axal cui'chic nabal li car que'xchap ut yo̲ chi pejec' lix yoyeb. 7 Ut que'xc'ut ruk'eb chiruheb li rochben li cuanqueb sa' li jucub jun chic re xbokbaleb re nak te'cha̲lk chixtenk'anquil. Ut eb a'an que'chal ut que'xnujtesi xcabichal li jucub ut ca'ch'in chic ma̲ nasubun sa' li ha' xban xq'uial li car. 8 Nak quiril chixjunil a'in laj Simón Pedro, quixcuik'ib rib chiru li Jesús ut quixye re: —Canabin injunes, at Ka̲cua'. Ma̲cua' inc'ulub nak cua̲nkat cuiq'uin xban nak la̲in jun cui̲nk aj ma̲c, chan. 9 Ut quisach xch'o̲l laj Simón jo'queb ajcui' li cuanqueb rochben xban nak k'axal cui'chic nabal li car que'xchap. 10 Ut jo'can ajcui' laj Jacobo ut laj Juan, eb li ralal laj Zebedeo. A'an eb li rochben laj Simón. Ut li Jesús quixye re laj Simón: —Matc'oxlac. Chalen anakcuan ma̲cua' chic caribc ta̲ba̲nu. A̲cuas a̲cui̲tz'in ban chic ta̲sic' re te'pa̲ba̲nk, chan li Jesús. 11 Ut que'xc'am li jucub chire li palau ut aran que'xcanab chixjunil ut que'xta̲ke li Jesús.

Li Jesús quixq'uirtesi jun cui̲nk saklep rix

12 Nak cuan li Jesús sa' jun li tenamit, quicuulac jun li cui̲nk riq'uin saklep rix. Nak quiril li Jesús quixxulub rib sa' ch'och', ut quixtz'a̲ma chiru li Jesús ut quixye re: —Ka̲cua', la̲in ninnau nak la̲at naru tina̲q'uirtesi. Cui ta̲ba̲nu li usilal, china̲q'uirtesi, chan. 13 Li Jesús quixch'e' li cui̲nk riq'uin ruk' ut quixye re: —La̲in tincuaj nak tatq'uira̲k. Anakcuan tatinq'uirtesi, chan. Ut sa' ajcui' li ho̲nal a'an quiq'uira li cui̲nk. 14 Ut li Jesús quixye re: —Ma̲ ani aj e ta̲serak'i chanru nak xatq'uira. Ayu ban riq'uin laj tij re nak a'an ta̲ril nak xatq'uira. Ut ta̲q'ue la̲ mayej jo' naxye sa' lix chak'rab laj Moisés chok' retalil chiruheb chixjunileb nak xatq'uira, chan li Jesús. 15 Abanan yalak bar yo̲ chi abi̲c resil chixjunil li c'a'ru yo̲ chixba̲nunquil li Jesús. Nabaleb li tenamit neque'xch'utub ribeb chirabinquil li c'a'ru naxye ut re ajcui' nak te'q'uirtesi̲k. 16 Ut li Jesús rajlal naxic xjunes chi tijoc sa' eb li na'ajej bar ma̲c'a' cuan.

Li Jesús quixq'uirtesi jun li cui̲nk sic li rok ut sic li ruk'

17 Sa' jun li cutan nak li Jesús yo̲ chixch'olobanquil lix ya̲lal chiruheb li tenamit cuanqueb cuib oxib laj fariseo sa' xya̲nkeb. Ut cuanqueb ajcui' aj tzolol chak'rab. Que'chal chak sa' eb li na'ajej Galilea, Judea ut Jerusalén. Ut li Jesús yo̲ chixq'uirtesinquileb li yaj riq'uin xcuanquil li Dios. 18 Sa' li ho̲nal a'an que'cuulac cuib oxib li cui̲nk ut yo̲queb chixc'ambal jun li cui̲nk sic li rok ut sic li ruk' yocyo chiru lix cuarib. Ut te'raj rocsinquil li cui̲nk cuan cui' li Jesús. 19 Abanan que'ril nak inc'a' que'ru chi oc sa' li cab xban li q'uila tenamit. Jo'can nak que'take' sa' xbe̲n li cab. Que'xte ca'ch'in li xbe̲n li cab ut aran que'xcubsi li yaj chi yocyo sa' lix cuarib. Coxe'xq'ue sa' xyiheb li tenamit bar cuan cui' li Jesús. 20 Quixq'ue retal li Jesús nak eb li cui̲nk a'an que'xpa̲b nak naru tixq'uirtesi li yaj. Jo'can nak quixye re li yaj: —At cui̲nk, cuybil sachbil chic la̲ ma̲c, chan. 21 Ut eb laj fariseo ut eb laj tzolol chak'rab que'oc chixyebal chi ribileb rib: —¿Ani li cui̲nk a'an nak naxjuntak'e̲ta rib riq'uin li Dios nak naxye chi jo'can? ¿Ma a'an ta bi' li Dios? ¿Ma ma̲cua' ta bi' ca'aj cui' li Dios naru nacuyuc ma̲c? chanqueb. 22 Quixnau li Jesús c'a'ru yo̲queb chixc'oxlanquil. Quichak'oc ut quixye reheb: —¿C'a'ut nak yo̲quex chixc'oxlanquil chi jo'can?

23 ¿Bar cuan li us tinye re li yaj re nak
ta̱c'utu̱nk che̱ru nak cuan incuanquil?
¿Ma tinye re, "cuybil sachbil la̱ ma̱c"
malaj ut tinye re, "tatinq'uirtesi"? 24 La̱in
tinc'ut che̱ru nak la̱in li Cristo li C'ajolbej
ut cuan incuanquil sa' ruchich'och' chix-
cuybal xsachbal li ma̱c, chan reheb.
Tojo'nak li Jesús quixye re li yaj, —At
cui̱nk, la̱in tinye a̱cue, cuaclin, c'am la̱
cuarib ut ayu sa' la̱ cuochoch, chan. 25 Ut
sa' ajcui' li ho̱nal a'an li cui̱nk li yaj nak
quicuan quicuacli chiruheb chixjunileb
li cuanqueb aran. Quixchap lix cuarib ut
yo̱ chixlok'oninquil li Dios nak co̱ sa' ro-
choch. 26 Ut chixjunileb li cuanqueb aran
sachso̱queb xch'o̱l que'cana chirilbal li
quic'ulman. Que'xlok'oni li Dios ut yo̱
xc'a'uxeb nak que'xye: —Sachba ch'o̱lej
li xkil anakcuan, chanqueb.

Li Jesús quixbok chok' xtzolom laj Leví laj titz'ol toj, li nayeman ajcui' Mateo re

27 Nak qui-el sa' li tenamit a'an, li
Jesús quixtau jun li cui̱nk aj titz'ol toj
aj Leví xc'aba'. Chunchu cuan cui' li
me̱x li neque'c'uluc cui' toj. Li Jesús
quixye re: —China̱ta̱ke, chan. 28 Quicua-
cli laj Leví. Quixcanab chixjunil ut quix-
ta̱ke li Jesús. 29 Quixba̱nu jun li nimla
nink'e laj Leví chok' re li Jesús. Cuan-
queb nabaleb xcomoneb laj titz'ol toj
ut cuanqueb ajcui' nabaleb jalan chic
chi cua'ac sa' li me̱x rochbeneb. 30 Eb
laj fariseo ut eb laj tzolol chak'rab
que'oc chixcuech'inquil rixeb lix tzolom
li Jesús ut que'xye reheb: —¿C'a'ut nak
nequexcua'ac ut nequex-uc'ac rochbeneb
laj titz'ol toj ut rochbeneb laj ma̱c?
chanqueb. 31 Li Jesús quixye reheb: —
Li cauheb ma̱c'a' na-oc cui' aj banonel
reheb. Aban li yajeb, a'aneb li te'raj
banec'. 32 Jo'can nak la̱in inc'a' xinchal
chixsic'bal li ti̱queb xch'o̱l. Xinchal ban
chixsic'baleb laj ma̱c re nak te'yot'ek'
xch'o̱l ut te'xjal xc'a'uxeb, chan li Jesús.

Nak que'xcuech'i rib chirix li ayu̱n

33 Ut que'xye cui'chic re li Jesús: —Eb
lix tzolom laj Juan rajlal neque'xba̱nu
x-ayu̱n ut rajlal neque'tijoc. Jo'can
ajcui' neque'xba̱nu lix tzolomeb laj
fariseo. Ut eb la̱ tzolom la̱at, ¿c'a'ut
nak inc'a' neque'xba̱nu chi jo'can?
Eb a'an neque'cua'ac neque'uc'ac chi
ma̱c'a'eb xc'a'ux, chanqueb. 34 Tojo'nak
quichak'oc li Jesús ut quixye reheb:
—La̱in jo' jun be̱lomej nak cuanquin.
¿Ma naru te'ayunik li neque'xic riq'uin
sumla̱c nak cuan li be̱lomej riq'uineb?
Nak toj cuan li be̱lomej riq'uineb inc'a'
naru neque'xba̱nu x-ayu̱n. 35 Ut jo'can
ajcui' lin tzolom. Ta̱cuulak xk'ehil nak
tin-isi̱k sa' xya̱nkeb. Toj sa' li cutan a'an
te'xba̱nu x-ayu̱n, chan reheb.

Li najter na'leb inc'a' naxc'am rib riq'uin li ac' na'leb

36 Ut li Jesús quixye cui'chic reheb
li jaljo̱quil ru a̱tin a'in: Ma̱ ani naxxi̱ti
junak k'el t'icr riq'uin ac' t'icr. Cui ut
naxxi̱ti riq'uin ac' t'icr, naxnimobresi
xpejelal li k'el t'icr. Ut inc'a' naxc'am rib
li ac' t'icr riq'uin li k'el. 37 Ut ma̱ ani
naq'uehoc ac' vino sa' junak k'el bo̱ls
tz'u̱m. Cui tixq'ue li ac' vino sa' junak
k'el bo̱ls tz'u̱m, ta̱puq'uek' li k'el tz'u̱m
ut ta̱hoyek' li vino. Ta̱sachk li vino ut
ta̱sachk ajcui' li bo̱ls tz'u̱m. 38 Jo'can nak
li ac' vino sa' li ac' bo̱ls tz'u̱m naq'ueman
re nak ma̱c'a' tixc'ul li vino chi moco li
bo̱ls tz'u̱m. 39 Ut li ani ac xruc' li vino re
junxil inc'a' chic ta̱raj ruc'bal li ac' vino,
xban nak neque'xc'oxla nak li vino re
junxil, a'an li cha̱bil, chan li Jesús reheb.

Que'cuech'i̱c rixeb lix tzolom li Jesús nak que'xsic' ru li trigo sa' li hiloba̱l cutan

6 Sa' jun li hiloba̱l cutan li Jesús yo̱
chi numec' sa' jun si̱r li acui̱mk trigo
rochbeneb lix tzolom. Eb lix tzolom

que'xch'ot ru li trigo nak yoqueb chi numec' ut que'risi li rix sa' ruk'eb ut que'xcua'. 2 Cuanqueb cuib oxib eb laj fariseo que'ril nak yoqueb chixsic'bal ru li trigo. Que'xye reheb: —¿C'a'ut nak yoquex chixsic'bal ru li trigo sa' li hilobal cutan? ¿C'a'ut nak nequebanu li c'anjel moco uxc ta naraj sa' li hilobal cutan? chanqueb. 3 Li Jesús quichak'oc ut quixye reheb: —¿Ma ma jun cua erilom sa' li Santil Hu li c'a'ru quixbanu laj David nak a'an ut eb li rochben te'tz'ocak? 4 Laj David qui-oc sa' li rochoch li Dios ut quixchap li caxlan cua li ac mayejanbil chiru li Dios. Juneseb raj laj tij naru te'tzacank re li caxlan cua a'an. Abanan laj David quixcua' ut quixq'ue ajcui' reheb li cuanqueb rochben xban nak te'tz'ocak. 5 Ut li Jesús quixye cui'chic reheb: —Jo'can nak lain li C'ajolbej cuan incuanquil chixyebal c'a'ru tauxmank sa' li hilobal cutan, chan reheb.

Li Jesús quixq'uirtesi li cuink sic li ruk'

6 Sa' jun chic li hilobal cutan qui-oc li Jesús sa' li cab li neque'xch'utub cui' ribeb laj judío ut quixch'olob lix yalal chiruheb li tenamit. Aran cuan jun li cuink sic lix nim uk'. 7 Cuanqueb cuib oxib aj fariseo ut aj tzolol chak'rab aran. Yoqueb chirilbal ma tixq'uirtesi tana li ruk' li cuink a'in sa' li hilobal cutan re nak naru te'xjit li Jesús. 8 Li Jesús quixnau c'a'ru yoqueb chixc'oxlanquil. Jo'can nak quixye re li cuink li sic ruk': —Cuaclin. Xakab acuib chiruheb, chan. Ut li cuink quicuacli ut quixakli chiruheb. 9 Li Jesús quixye reheb: —Cuan c'a'ru nacuaj xpatz'bal ere. ¿C'a'ru us xbanunquil sa' li hilobal cutan? ¿Ma naru xbanunquil li us malaj li inc'a' us? ¿Ma us xcolbal xyu'am junak malaj xsachbal? chan reheb. 10 Li Jesús quicana chirilbaleb chixjunkaleb, ut quixye re li cuink li sic ruk': —Ye' la cuuk', chan. Ut li cuink quixye' li ruk' ut sa' ajcui' li honal a'an quiq'uira li ruk'. 11 C'ajo' nak que'josk'o' eb laj fariseo ut laj tzolol chak'rab, ut que'oc chixyebal chi ribileb rib chanru nak te'xjit li Jesús.

Li Jesús quixsic' ruheb li cablaju chi apóstol

12 Sa' jun li cutan co li Jesús chi tijoc sa' xben jun li tzul. Quixnumsi li k'ojyin chi tijoc chiru li Dios. 13 Nak ac xsakeu quixbokeb lix tzolom ut quixsic' ruheb li cablaju sa' xyankeb ut quixq'ueheb chok' apóstol. A'aneb a'in li apóstol li quixsic' ruheb: 14 laj Simón li quixq'ue ajcui' Pedro chok' xc'aba'; laj Andrés li ritz'in laj Pedro; laj Jacobo; laj Juan; laj Felipe; laj Bartolomé; 15 laj Mateo; laj Tomás; laj Jacobo li ralal laj Alfeo; laj Simón li neque'xye ajcui' Zelote re; 16 laj Judas li ritz'in laj Jacobo ut laj Judas Iscariote li quik'axtesin re li Jesús mokon sa' ruk'eb li xic' neque'iloc re.

Li Jesús quixq'uirtesi nabaleb li cristian

17 Li Jesús quicube sa' li tzul rochbeneb lix tzolom ut quicana sa' jun na'ajej tak'a ru rochbeneb lix q'uialeb chic lix tzolom ut li q'uila tenamit li que'chal chak sa' eb li tenamit Judea ut Jerusalén. Ut cuan ajcui' li que'chal sa' eb li tenamit li cuanqueb chire li palau jo' Tiro ut Sidón. Quilaje'chal re nak te'rabi li c'a'ru tixye li Jesús ut re ajcui' nak li Jesús tixq'uirtesiheb li yaj. 18 Ut quixq'uirtesiheb ajcui' li cuanqueb maus aj musik'ej riq'uineb. 19 Ut li q'uila tenamit te'raj xch'e'bal li Jesús re nak te'q'uirtesik. A'an naxq'uirtesiheb riq'uin lix cuanquilal. 20 Ut li Jesús quirileb lix tzolom ut qui-oc chixyebal: —Us xak ere laex li neba'ex, xban nak cuanquex chic rubel xcuanquil li Dios. 21 Us xak ere laex li textz'ocak anakcuan xban

nak ta̱c'ojoba̱k e̱ch'o̱l. Us xak e̱re la̱ex
li yo̱quex chi ya̱bac anakcuan xban
xrahil e̱ch'o̱l xban nak sa' jun cutan
texse'ek xban xsahil e̱ch'o̱l. 22 Us xak
e̱re la̱ex nak xic' tex-ilek' sa' inc'aba'
la̱in li C'ajolbej. Us xak e̱re la̱ex nak
tex-isi̱k sa' xya̱nkeb ut texhobek' sa'
inc'aba' la̱in ut ta̱yehek' e̱re nak inc'a'
us e̱na'leb. 23 Chisahok' sa' e̱ch'o̱l nak
te'xba̱nu e̱re chi jo'can. Chic'ojla̱k e̱ch'o̱l
xban nak cuan jun le̱ k'ajca̱munquil
riq'uin li Dios sa' choxa. Jo'can ajcui'
nak que'xtz'ekta̱na eb li profeta junxil
eb lix xe'to̱nil xyucua'eb li tenamit a'in.
24 Abanan, la̱ex li biomex raylal cha̱lel
sa' e̱be̱n xban nak ac xec'ojob e̱ch'o̱l
arin sa' ruchich'och'. 25 Raylal cha̱lel sa'
e̱be̱n la̱ex li cuan nabal c'a'ru e̱re xban
nak ta̱cuulak xk'ehil nak ma̱c'a' chic
cua̱nk e̱re re textzaca̱nk. Raylal cha̱lel
sa' e̱be̱n la̱ex li nequexse'ec anakcuan
xban xsahil e̱ch'o̱l xban nak mokon
texya̱bak xban xrahil e̱ch'o̱l. 26 Raylal
cha̱lel sa' e̱be̱n la̱ex li naq'uehe' e̱lok'al
arin sa' ruchich'och' xbaneb li tenamit.
Jo'ca'in ajcui' nak que'q'uehe' xlok'al eb
li profeta aj balak' xbaneb le̱ xe'to̱nil
yucua'.

Cherahakeb li xic' neque'iloc e̱re

27 Ut la̱ex li yo̱quex chi abi̱nc re li
yo̱quin chixyebal, cheq'uehak retal li
tinye e̱re. Cherahakeb li xic' neque'iloc
e̱re. Ut cheba̱nuhak usilal reheb li
neque'tz'ekta̱nan e̱re. 28 Chetz'a̱ma̱k rusi-
lal li Dios sa' xbe̱neb li neque'ma̱usilan
e̱re. Ut chextijok ajcui' chirixeb li
neque'hoboc e̱re. 29 Cui ani ta̱sac'ok
xnak' a̱cuu, q'ue li jun pac'al re, re tixsac'.
Cui ani ta̱raj xmak'bal la̱ chaque̱t, q'ue
ajcui' la̱ cami̱s re. 30 Li ani tixtz'a̱ma
c'a'ru re a̱cue, q'ue re. Ut cui ani tix-
mak' c'a'ru a̱cue cha̱cuu, ma̱patz' chic
re̱kaj re. 31 Cui la̱ex te̱raj nak cha̱bi-
lakeb le̱ ras e̱ritz'in e̱riq'uin, cha̱bilakex
ajcui' la̱ex riq'uineb a'an. 32 Cui ca'aj
cui' li ani narahoc e̱re nequera, ma̱c'a'
xjalanil li yo̱quex chixba̱nunquil, riq'uin
li neque'xba̱nu li ma̱ji' neque'pa̱ban xban
nak ca'aj cui' li ani narahoc reheb
neque'xra. 33 Cui ca'aj cui' li neque'ba̱nun
usilal e̱re, nequeba̱nu usilal reheb, ma̱c'a'
xjalanil li yo̱quex chixba̱nunquil riq'uin
li neque'xba̱nu li ma̱ji' neque'pa̱ban.
Xban nak ca'aj cui' li ani naba̱nun usi-
lal reheb neque'xba̱nu usilal re. 34 Cui
la̱ex nequeto'oni tumin ca'aj cui' reheb
li nequenau nak te'xq'ue re̱kaj, ma̱c'a'
xjalanil li yo̱quex chixba̱nunquil riq'uin
li neque'xba̱nu li toj ma̱ji' neque'pa̱ban
xban nak neque'xto'oni tumin ca'aj cui'
reheb li neque'xnau nak te'xq'ue re̱kaj.
35 Jo'can ut nak cherahakeb li ani xic'
neque'iloc e̱re. Cheba̱nuhak usilal reheb.
Ut cheq'uehak chi to' re li c'a'ru tix-
patz' e̱re chi inc'a' te̱roybeni re̱kaj. Cui
te̱ba̱nu a'an, k'axal nim le̱ k'ajca̱munquil
li ta̱q'uehek' e̱re ut la̱exak li ralal
xc'ajol li nimajcual Dios. A'an k'axal nim
xcuyum sa' xbe̱neb li inc'a' useb xna'leb
li inc'a' neque'xnau bantioxi̱nc. 36 Chex-
uxta̱na̱nk bi' u xban nak le̱ yucua' cuan
sa' choxa na-uxta̱nan u. 37 Mextz'iloc a̱tin
chirixeb le̱ ras e̱ritz'in re nak li Dios inc'a'
ta̱tz'ilok a̱tin che̱rix la̱ex. Me̱tz'ekta̱na
le̱ ras e̱ri̱tz'in re nak li Dios inc'a'
textz'ekta̱na la̱ex. Checuyak xma̱queb le̱
ras e̱ri̱tz'in re nak li Dios tixcuy e̱ma̱c
la̱ex. 38 Chesi c'a'ru re le̱ ras e̱ri̱tz'in ut li
Dios tixq'ue re̱kaj e̱re. Tixq'ue re̱kaj e̱re
chi nabal chiru li xeq'ue la̱ex. Tixq'ue
chi nujenak li bisleb, chi yo̱k chi pajec'
xban nak k'axal cui'chic nabal li tixq'ue
e̱re. Riq'uin li bisleb li texbisok cui' la̱ex,
a'an ajcui' li ta̱bisek' cui' li ta̱q'uehek' e̱re,
chan. 39 Li Jesús quixye li jaljo̱quil ru
a̱tin a'in reheb li tenamit ut quixye: —
Junak mutz', ¿Ma naru ta bi' tixc'ut xbe
junak chic mutz'? ¿Ma inc'a' ta bi' sa'
cuibal te't'anek' sa' jul xban nak mutz'eb?
40 Ma̱ jun aj tzolonel naxk'ax xcuanquil
laj tzolol re. Abanan nak acak xtzol rib

chi tz'akal, tixtau ajcui' xcuanquil laj
tzolol re. 41 ¿C'a'ut nak nacaq'ue retal li
c'aj che' cuan sa' xnak' ru la̱ cuas a̱cui̱tz'in
ut inc'a' nacaq'ue retal li tz'amba cuan
sa' xnak' a̱cuu la̱at? 42 ¿Chanru nak ta̱ye
re la̱ cuas a̱cui̱tz'in, "Cuisihak li c'aj che'
sa' xnak' a̱cuu", nak toj cuan li tz'amba
sa' xnak' a̱cuu la̱at? At aj ca'pac'al u,
xbe̱n cua isi li tz'amba cuan sa' li xnak'
a̱cuu la̱at, re nak tat-ilok chi tz'akal re
risinquil li c'aj che' cuan sa' xnak' ru la̱
cuas a̱cui̱tz'in. 43 Jo'can ajcui' riq'uin li
che'. Cui cha̱bil junak che', cha̱bil ajcui'
li ru naru̱chin. Ut cui inc'a' us li che',
li ru li naru̱chin inc'a' ajcui' us. Li cha̱-
bil che' inc'a' naru naru̱chin li inc'a' us,
chi moco li che' inc'a' us naru naru̱chin
li us. 44 Ut riq'uin li ru naru̱chin nanau-
man ru li che'. Li tun q'uix inc'a' naru
naru̱chin li higos chi moco li q'uix naru
naru̱chin li uvas. 45 Jo'can ajcui' riq'uin
li cristian. Li ani cha̱bil, cha̱bil ajcui'
lix yehom xba̱nuhom xban nak cuan li
cha̱bilal riq'uin. Ut li ani inc'a' cha̱bil,
inc'a' cha̱bil lix yehom xba̱nuhom xban
nak ma̱c'a' li cha̱bilal riq'uin. Riq'uin li
ra̱tin li junju̱nk nac'utun chanru li ra̱m.
46 ¿C'a'ut nak nequeye, "Ka̱cua', Ka̱cua'"
cue cui inc'a' nequeba̱nu li c'a'ru ninye?
47 Jo'can nak li ani na-abin re li cua̱tin ut
naxba̱nu li c'a'ru ninye, li jun a'an tinjun-
tak'e̱ta riq'uin jun li cui̱nk quixyi̱b li ro-
choch. 48 Quixbec chi cham ut quixq'ue
li cimiento sa' xbe̱n li pec. Quichal li
hab ut quibut'ir li nima'. Coxsac' rib li
ha' chiru li cab ut inc'a' quirec'asi li
cab sa' xna'aj xban nak yi̱banbil chi us
sa' xbe̱n pec. 49 Ut li ani na-abin re li
cua̱tin ut inc'a' naxba̱nu li c'a'ru ninye,
li jun a'an tinjuntak'e̱ta riq'uin li cui̱nk
li quixyi̱b li rochoch sa' xbe̱n ch'och' ut
inc'a' quixbec xna'aj lix cimiento. Nak
quibut'ir li nima', li ha' coxsac' rib chiru
li cab. Quit'ane' li cab ut quisach chi jun
aj cua, chan li Jesús reheb.

Li Jesús quixq'uirtesi xmo̱s li capitán aj Roma

7 Nak quirake' xch'olobanquil lix ya̱lal
chiruheb li tenamit, li Jesús co̱ Ca-
pernaum. 2 Ut aran cuan jun li capitán aj
Roma cuan jun lix mo̱s k'axal naxra. Yaj
ut ca̱mc re. 3 Li capitán quirabi resil nak
cuan li Jesús aran. Quixtaklaheb cuib
oxib laj judío xcomoneb li neque'c'amoc
be sa' li tenamit re nak te'xtz'a̱ma chiru
li Jesús nak ta̱xic sa' rochoch li capitán
chixq'uirtesinquil lix mo̱s. 4 Que'cuulac
riq'uin li Jesús ut que'xtz'a̱ma chiru nak
tixba̱nu li yo̱ chixtz'a̱manquil li capitán.
Que'xye re li Jesús: —Us cui ta̱ba̱nu
li usilal re li capitán, 5 xban nak a'an
nocoxra la̱o aj judío ut a'an quitak-
lan re xyi̱banquil li cab nakach'utub
cui' kib, chanqueb re li Jesús. 6 Ut li
Jesús co̱ chirixeb. Nak ac cuulaqueb re
cuan cui' li rochoch, li capitán quix-
taklaheb li rami̱g chi a̱tinac riq'uin li
Jesús ut que'xye re: —Jo'ca'in xye li
capitán a̱cue: Ma̱ch'i'ch'i'i a̱cuib chi cha̱lc
sa' cuochoch xban nak moco inc'ulub
ta nak tatcha̱lk sa' cuochoch. 7 Jo'can
nak inc'a' xco̱in la̱in chi a̱tinac a̱cuiq'uin.
Ninnau nak moco inc'ulub ta nak tin-
cuulak a̱cuiq'uin. Ca'aj cui' nacuaj nak
ta̱ye nak ta̱q'uira̱k lin mo̱s ut ninnau nak
ta̱q'uira̱k. 8 La̱in cuan ani nataklan cue
ut cuanqueb lin soldado rubel incuan-
quil. Nak ninye re li jun "ayu", naxic. Ut
nak ninye re li jun chic "quim", nachal.
Ut nak ninye re lin mo̱s, "ba̱nu a'in",
naxba̱nu, chan li capitán. 9 Nak li Jesús
quirabi a'in, quisach xch'o̱l ut quixye re-
heb li cuanqueb rochben: —Relic chi ya̱l
tinye e̱re nak ma̱ jun intauhom chi moco
sa' xya̱nkeb laj Israel cuan tz'akal xpa̱ba̱l
jo' li jun a'in, usta ma̱cua' aj judío, chan.
10 Nak que'cuulac eb li takl sa' rochoch li
capitán, ac xq'uira chic lix mo̱s.

Li Jesús quixcuaclesi cui'chic chi yo'yo jun li saj al xyum jun li xmalca'an

11 Chirix a'in li Jesús qui-el Capernaum ut co sa' jun chic li tenamit Naín xc'aba' rochbeneb lix tzolom. Ut cuanqueb ajcui' nabaleb li tenamit yoqueb chi xic chirix. 12 Nak yo chi cuulac cuan cui' li oquebal re li tenamit quiril nak nabaleb li cristian yoqueb chi xic chixmukbal jun li camenak. Li camenak a'an xyum jun li xmalca'an. Jun ajcui' chiru nak quicuan. 13 Nak li Kacua' Jesús quiril li xna' li camenak, quiril xtok'obal ru ut quixye re: —Matyabac, chan. 14 Li Jesús quinach'oc riq'uineb ut quixch'e' li tusbil che' li yoqueb chixpakonquil cui' li camenak. Ut eb li yoqueb chi c'amoc re li camenak que'xakli ut li Jesús quixye re li camenak: —At saj cuink, lain tinye acue, cuaclin, chan. 15 Ut li camenak quicuacli ut quichunla ut qui-oc chi atinac riq'uineb. Ut li Jesús quixk'axtesi re lix na'. 16 Nak que'ril li c'a'ru quic'ulman chixjunileb li cuanqueb aran, c'ajo' nak que'xucuac ut que'oc chixq'uebal xlok'al li Dios. Ut que'xye: —Jun xnimal ru profeta xc'ulun sa' kayank.— Ut que'xye ajcui': —Li Dios xchal chixtenk'anquil lix tenamit, chanqueb. 17 Ut qui-abic resil li c'a'ru quixbanu li Jesús sa' chixjunil li na'ajej Judea jo' ajcui' sa' eb li na'ajej li cuanqueb chi xjun sutam.

Li Jesús quixtakla xyebal re laj Juan nak li milagros li naxbanu naxc'ut nak a'an li Cristo

18 Lix tzolom laj Juan laj Cubsihom Ha' que'xserak'i re c'a'ru yo chi c'ulmanc. Nak ac xrabi a'an, laj Juan quixtakla cuib lix tzolom riq'uin li Jesús chixpatz'bal re: 19 —¿Ma laat laj Colonel li yechi'inbil li yoco chiroybeninquil? ¿Malaj toj takoybeni junak chic?— 20 Nak que'cuulac lix tzolom laj Juan riq'uin li Jesús, que'xye re: —Xoxtakla chak laj Juan laj Cubsihom Ha' acuiq'uin chixpatz'bal acue, "¿Ma laat laj Colonel li yechi'inbil li yoco chiroybeninquil? ¿Malaj ut toj takoybeni junak chic?" chanqueb re li Jesús. 21 Ut sa' li honal a'an li Jesús yo chixq'uirtesinquileb nabaleb li cristian li cuanqueb sa' raylal. Cuanqueb li yaj quixq'uirtesiheb. Ut cuanqueb li cuan maus aj musik'ej riq'uin ut li Jesús quirisi li maus aj musik'ej riq'uineb. Ut cuanqueb nabaleb li mutz' li quixq'ueheb chi iloc. 22 Ut li Jesús quixye reheb: —Ayukex ut teserak'i re laj Juan li c'a'ru xeril ut li c'a'ru xerabi. Yehomak re nak eb li mutz' neque'iloc chic; eb li yek rok neque'bec chic; eb li saklep rix q'uirtesinbileb chic; eb li tz'ap xic neque'abin chic; eb li camenak xe'cuaclesic cui'chic chi yo'yo ut eb li neba' yoqueb chirabinquil resil li usilal. 23 Us xak reheb li ani inc'a' tach'inank xch'ol chinpabanquil, cha'kex re, chan li Jesús. 24 Ut nak que'el lix takl laj Juan riq'uin, li Jesús qui-oc chi atinac riq'uineb li tenamit chirix laj Juan ut quixye chi jo'ca'in: —¿C'a'ru queril chak sa' li chaki ch'och' nak coex chirilbal laj Juan? ¿Ma junak cuink nacuiban xch'ol chanchan li caxlan aj yo rec'asinquil xban ik' queril chak? 25 ¿C'a'ru queril chak? ¿Ma junak cuink chabil xtikibanquil queril chak? Li chabileb rak' ut li cuanqueb sa' sahil ch'olej, eb a'an sa' rochoch eb li rey cuanqueb. 26 ¿C'a'ru queril chak? ¿Ma junak profeta queril chak? Yal nak a'an jun profeta. Abanan lain tinye ere nak li jun a'in naxk'ax ru xcuanquil junak profeta. 27 Chirix laj Juan tz'ibanbil sa' li Santil Hu li naxye chi jo'ca'in:

A'ut lain tintakla lin takl aj c'amol be chacuu. A'an tach'olobank xyalal chiruheb li tenamit re nak eb a'an yo'on cuankeb chac'ulbal laat. (Mal. 3:1)

28 Relic chi yal tinye ere nak ma jun reheb li neque'yo'la arin sa' ruchich'och' naxk'ax xcuanquil laj Juan laj Cubsihom Ha'. Aban li k'axal cubenak xcuanquil sa' lix nimajcual cuanquil li Dios, k'axal us chok' re a'an chiru laj Juan, chan li Jesús. (Quixye chi jo'can xban nak laj Juan inc'a' taril lix nimajcual cuanquilal li Dios arin sa' ruchich'och'). 29 Chixjunileb li tenamit ut eb laj titz'ol toj li que'abin re li c'a'ru quixye laj Juan, que'xq'ue retal nak tic xch'ol li Dios ut que'xc'ul li cubi ha' riq'uin laj Juan. 30 Abanan eb laj fariseo ut eb laj tzolol chak'rab que'xtz'ektana li rusilal li Dios li quixc'oxla xbanunquil reheb. Ut inc'a' que'xc'ul li cubi ha' riq'uin laj Juan. 31 Ut quixye ajcui' li Jesús: —¿Ani aj iq'uin taruk tebinjuntak'eta li cuanqueb sa' ruchich'och' anakcuan? Mac'a' naculac chiruheb. 32 Chanchaneb li coc'al li neque'c'ojla chi batz'unc sa' eb li c'ayil ut neque'xjap re chixyebal reheb lix comon, "Xkayabasi li kaxolb ut inc'a' xexxajoc; xobichan chi ra sa' kach'ol ut inc'a' xexyabac xban", chanqueb. 33 Nak quic'ulun laj Juan laj Cubsihom ha', cuan li tzacaemk inc'a' quixtzaca ut cuan li inc'a' quiruc', ut eb li tenamit inc'a' que'xc'ul ut que'xye: "Maus aj musik'ej cuan riq'uin", chanqueb. 34 Ut nak xinc'ulun lain li C'ajolbej inc'a' ajcui' xine'xc'ul sa' xyalal usta nincua'ac ut ninuc'ac. Que'xye ajcui' chicuix, "Li cuink a'an junes cua'ac naxbanu ut uc'ac vino. A'an ramigueb laj mac ut eb laj titz'ol toj", chanqueb. 35 Nac'utun nak chabil li na'leb li naxq'ue li Dios xban li chabilal li neque'xbanu li ralal xc'ajol, chan li Jesús.

Quiyule' sa' sununquil ban li rok li Jesús

36 Jun li cuink aj Simón xc'aba' xcomoneb laj fariseo quixbok li Jesús chi cua'ac sa' rochoch. Ut li Jesús co sa' rochoch li cuink a'an ut quichunla sa' mex. 37 Cuan sa' li tenamit a'an jun li ixk xcomoneb li inc'a' useb xna'leb. Quirabi resil nak li Jesús cuan chi cua'ac sa' li rochoch laj fariseo. Co aran ut quixc'am jun ch'ina botella li sununquil ban. Li ch'ina botella yibanbil riq'uin li chabil pec alabastro xc'aba'. 38 Li ixk quijiloc riq'uin li Jesús. Qui-oc chi yabac sa' xben li rok ut riq'uin lix ya'al ru quixch'aj. Ut quixmes riq'uin rismal xjolom. Quirutz' li rok ut quixyul riq'uin li sununquil ban. 39 Nak quiril a'in laj fariseo li quibokoc re li Jesús chi cua'ac, quixye sa' xch'ol: Cui ta tz'akal profeta li cuink a'in tixnau raj chanru lix yu'am li ixk a'in li yo chi ch'e'oc re li rok. Tixnau raj nak li ixk a'in inc'a' us xna'leb. 40 Ut li Jesús quixye re laj fariseo: —At Simón, cuan c'a'ru nacuaj xyebal acue, chan re. Ut laj Simón quixye re: —Us. Ye cue, at tzolonel.— 41 Ut li Jesús quixye re: —Cuan jun li cuink quixq'ue chi to' lix tumin reheb cuib chi cuink. Li jun o'c'al pes lix c'as ut li jun chic lajeb pes. 42 Ut xban nak inc'a' que'ru xq'uebal rekaj li tumin que'xto'oni, laj echal re li tumin quixcuyeb xmac xcabichaleb. Anakcuan ye cue, ¿ani reheb a cuib a'in k'axal tarahok re laj echal re li tumin? chan li Jesús. 43 Quichak'oc laj Simón ut quixye re li Jesús: —Lain ninc'oxla nak li ani nabal xc'as, a'an li k'axal tarahok re, chan. Ut li Jesús quixye cui'chic re: —Yal nak jo'can, chan. 44 Ut li Jesús quiril li ixk ut quixye re laj Simón: —Il a ixk a'in. Nak xinc'ulun sa' la cuochoch, laat inc'a' xaq'ue inha' re xch'ajbal li cuok jo' c'aynako xbanunquil. Ut li ixk a'in xch'aj li cuok riq'uin xya'al ru ut xmes riq'uin rismal xjolom. 45 Laat inc'a' xacuutz' li cuu nak xinc'ulun jo' c'aynako xbanunquil. Abanan li ixk a'in chalen xc'ulunic arin inc'a' naxcanab rutz'bal li cuok. 46 Laat inc'a' xaq'ue li aceite sa' lin jolom jo' c'aynako xbanunquil, abanan li ixk a'in xyuli li cuok sa' sununquil

ban. 47 Jo'can nak tinye a̲cue nak li ixk a'in k'axal nabal lix ma̲c. Abanan cuybil sachbil chic. Jo'can nak k'axal cui'chic xinixra. Ut li ani ca'ch'in ajcui' lix ma̲c nacuye', ca'ch'in ajcui' narahoc, chan. 48 Ut li Jesús quixye re li ixk: —Ac cuybil sachbil chic la̲ ma̲c, chan. 49 Ut eb li cuanqueb rochbeneb sa' li me̲x que'oc chixyebal: —¿Ani a cui̲nk a'in nak naxcuy naxsach li ma̲c? chanqueb. 50 Ut li Jesús quixye cui'chic re li ixk: —Xban nak cuan a̲pa̲ba̲l, xatcole'. Jo'can nak ayu chi sa sa' a̲ch'o̲l, chan re.

Eb li ixk li que'c'anjelac chiru li Jesús

8 Li Jesús co̲ sa' eb li tenamit chixyebal resil li cha̲bil esilal. Ut quilaje'xbeni chixjunileb li tenamit ut li c'alebal rochbeneb lix tzolom cablaju. Yo̲ chixch'olobanquil lix ya̲lal chirix lix nimajcual cuanquilal li Dios. 2 Cuanqueb ajcui' ixk yo̲queb chi ochbeni̲nc reheb. Eb li ixk a'in, a'an eb li que'q'uirtesi̲c xyajeleb ut eb li que'isi̲c ma̲us aj musik'ej riq'uineb xban li Jesús. Sa' xya̲nkeb a'an cuan lix María. Lix Magdalena neque'xye ajcui' re. A'an li ixk li qui-isi̲c cuukub li ma̲us aj musik'ej riq'uin. 3 Cuan lix Susana sa' xya̲nkeb. Ut cuan ajcui' lix Juana li rixakil laj Chuza li quicuan chok' merto̲m riq'uin laj Herodes. Ut cuanqueb ajcui' nabaleb chic li ixk rochbeneb. A'an eb li neque'tenk'an reheb riq'uin li c'a'ruheb re.

Li jaljo̲quil ru a̲tin chirix laj acuinel

4 Nabaleb li tenamit que'ch'utla riq'uin li Jesús. Que'chal chak sa' eb li na'ajej yalak bar. Ut li Jesús qui-oc chixyebal jun li jaljo̲quil ru a̲tin reheb. Ut quixye: 5 —Jun aj acuinel co̲ chi a̲uc. Ut nak yo̲ chixhirbal li iyaj, cuan li quinak chire be ut quiyek'i̲c. Que'chal li xul li neque'xic'an ut que'xcua' li iyaj. 6 Ut cuan ajcui' li iyaj quinak sa' xya̲nk li pec. Quimok, abanan sa' junpa̲t quichakic xban nak chaki li ch'och'. 7 Ut cuan cui'chic li iyaj quinak sa' xya̲nk li q'uix. Ut nak quichamo' li q'uix sa' xbe̲n, quixnat' li acui̲mk. 8 Ut cuan cui'chic li iyaj quinak sa' li cha̲bil ch'och'. Quimok ut quiq'ui ut quiu̲chin chi us. Quixq'ue o'takc'a̲l (100) ru li junju̲nk chi rok. Ut quixye cui'chic li Jesús, —Li ani ta̲raj rabinquil li c'a'ru yo̲quin chixyebal, chixq'uehak retal li yo̲quin chixyebal, chan. 9 Ut eb lix tzolom que'xpatz' re: —¿C'a'ru xya̲lal li jaljo̲quil ru a̲tin li xaye? chanqueb. 10 Quichak'oc li Jesús ut quixye reheb: —La̲ex q'uebil e̲re xnaubal xya̲lal li mukmu̲quil na'leb chirix lix nimajcual cu̲anquilal li Dios. A'ut li jun ch'ol chic li inc'a' neque'pa̲ban, riq'uin jaljo̲quil ru a̲tin ta̲yema̲nk reheb. Usta yo̲queb chi iloc, abanan inc'a' te'xq'ue retal. Usta yo̲queb chi abi̲nc, abanan inc'a' te'xtau xya̲lal. 11 A'an a'in lix ya̲lal li jaljo̲quil ru a̲tin li xinye. Li iyaj, a'an retalil li ra̲tin li Dios. 12 Ut li iyaj li quinak chire li be, a'an retalileb li neque'abin re li ra̲tin li Dios. Nak ac xe'rabi li a̲tin, laj tza inc'a' naxcanabeb re te'xtau ru li xya̲lal li ra̲tin li Dios re nak inc'a' te'pa̲ba̲nk ut te'colek'. 13 Ut li iyaj li quinak sa' xya̲nk li pec, a'an retalileb li neque'abin re li ra̲tin li Dios ut neque'xpa̲b chi saheb sa' xch'o̲l. Abanan inc'a' nacana sa' xch'o̲leb. Nak nayale' rix lix pa̲ba̲leb, inc'a' neque'xcuy xnumsinquil. Nach'inan ban xch'o̲leb. 14 Ut li iyaj li quinak sa' xya̲nk li q'uix, a'an retalileb li neque'abin re li ra̲tin li Dios. Neque'xpa̲b, abanan inc'a' neque'q'ui sa' xpa̲ba̲leb xban nak ca'aj cui' li c'a'ak re ru cuan sa' ruchich'och' neque'xc'oxla, li biomal ut xra̲bal ru li c'a'ak chic re ru. A'an li naramoc lix ya̲lal chiruheb. 15 Ut li iyaj li quit'ane' sa' cha̲bil ch'och', a'an retalileb li neque'abin re li ra̲tin li Dios. Neque'xpa̲b li ra̲tin chi anchaleb xch'o̲l ut neque'q'ui sa' xpa̲ba̲leb, chan li Jesús.

Li jaljo̲quil ru a̲tin chirix li candil

16 Ut li Jesús quixye ajcui' reheb: —Ma̲ ani tixloch junak candil ut tixq'ue ta rubel junak uc'al malaj ut tixq'ue ta rubel ch'a̲t. Tixq'ue ban sa' junak na'ajej najt xteram re nak cua̲nkeb sa' cutan li ani te'oc sa' li cab. 17 Jo'can ajcui' ma̲c'a' cuan chi mukmu chi inc'a' ta ta̲nauma̲nk mokon. Ut li inc'a' natauman ru anakcuan, ta̲tauma̲nk ru mokon. 18 Jo'can ut cheq'uehak retal li c'a'ru te̲rabi xban nak li ani naxq'ue xch'o̲l chixtaubal ru li xya̲lal, ta̲q'uehek' mas xna'leb. Abanan li inc'a' naxq'ue xch'o̲l chixtaubal ru, ta̲mak'ek' chiru li naxc'oxla nak naxnau, chan.

Eb li ri̲tz'in ut lix na' li Jesús

19 Ut eb li ri̲tz'in li Jesús rochbeneb lix na' que'cuulac chi a̲tinac riq'uin. Abanan inc'a' que'ru chi oc cuan cui' li Jesús xban nak k'axal cui'chic nabaleb li cristian. 20 Ut quiyehe' resil re li Jesús: —La̲ na' ut eb la̲ cui̲tz'in cuanqueb chirix cab ut te'raj a̲cua̲tinanquil, chan. 21 Quichak'oc li Jesús ut quixye reheb: —Li ani neque'abin re li ra̲tin li Dios ut neque'xba̲nu li c'a'ru naxye, a'aneb lin na' ut li cui̲tz'in, chan li Jesús reheb.

Li Jesús quixk'us li ca̲k-sut-ik'

22 Sa' jun li cutan li Jesús quixye reheb lix tzolom: —K'axonko jun pac'al li palau, chan reheb. Ut qui-oc sa' jun li jucub rochbeneb lix tzolom ut co̲eb. 23 Nak ac yo̲queb chi xic chiru li palau, li Jesús quicuar. Sa' li ho̲nal a'an quichal jun li ca̲k-sut-ik' ut qui-oc chi nujac li ha' sa' li jucub ut yo̲queb re chi subu̲nc sa' li palau. 24 Eb lix tzolom co̲eb cuan cui' li Jesús ut que'rajsi. Ut que'xye re: —At tzolonel, at tzolonel, osoc' ke, chanqueb. Ut li Jesús qui-aj ru ut quixk'us li ik' ut quixk'us li palau ut ch'anamil quicana. Inc'a' chic qui-ec'an. 25 Ut li Jesús quixye reheb: —¿C'a'ru xec'ul? ¿Ma ma̲c'a' chic e̲pa̲ba̲l? chan. C'ajo' nak qui-oc xc'a'uxeb ut que'xsach xch'o̲l. Que'xye chi ribileb rib, —¿Chanru nak neque'abin li ik' ut li palau chiru li cui̲nk a'in? Ut, ¿chanru nak cuan xcuanquil chixk'usbaleb? chanqueb.

Li Jesús quirisi li ma̲us aj musik'ej riq'uin jun li cui̲nk cuan sa' li tenamit Gadara

26 Li Jesús ut eb lix tzolom que'cuulac sa' li na'ajej Gadara li cuan jun pac'al li palau Galilea. 27 Toje' ajcui' te'cuulak li Jesús nak quichal jun li cui̲nk li cuan sa' li tenamit a'an chi c'uluc re. Li cui̲nk a'an ac junxil cuan ma̲us aj musik'ej riq'uin. Inc'a' chic nacuan sa' rochoch chi moco naxq'ue chic rak'. Junes sa' li na'ajej li neque'muke' cui' li camenak nacuan. 28 Nak quiril li Jesús li cui̲nk quixcuik'ib rib chiru. Quixjap re chixyebal: —¿C'a'ru ta̲cuaj cuiq'uin, at Jesús? La̲at li Ralal li nimajcual Dios. Nintz'a̲ma cha̲cuu nak mina̲ch'i'ch'i'i, chan re. 29 Quixye chi jo'can xban nak li Jesús ac yo̲ chixyebal re li ma̲us aj musik'ej nak ta̲e̲lk riq'uin li cui̲nk. Nabal sut narahobtesi̲c li cui̲nk xban li ma̲us aj musik'ej. Neque'xbac' riq'uin ch'i̲ch' ut riq'uin cadena. Abanan naxt'upi li cadena ut nac'ame' xban li ma̲us aj musik'ej sa' eb li na'ajej bar ma̲c'a' cuan. 30 Li Jesús quixye re: —¿Ani a̲c'aba'? chan re. —Cuakib mil inc'aba' xban nak nabalo, chan nak quichak'oc. 31 Ut eb li ma̲us aj musik'ej que'xtz'a̲ma chiru li Jesús nak inc'a' tixtaklaheb sa' xbalba. 32 Aran cuanqueb jun tu̲b li a̲k yo̲queb chi ichajibc chiru li tzu̲l. Eb li ma̲us aj musik'ej que'xtz'a̲ma chiru li Jesús nak tixtaklaheb chi oc riq'uineb li a̲k. Ut li Jesús quixcanabeb chi oc riq'uineb. 33 Que'el li ma̲us aj musik'ej riq'uin li cui̲nk ut que'oc riq'uineb li a̲k. Eb li a̲k que'oc chi a̲linac. Sa' xbe̲n li u̲l que'el chak ut toj sa' li palau coxe'nak ut

aran que'cam. 34 Ut eb li yo̲queb chi iloc
reheb li a̲k que'co̲eb sa' a̲nil ut coxe'xye
resil sa' li tenamit li c'a'ru quic'ulman
jo' ajcui' sa' li c'aleba̲l. 35 Ut nabaleb
li tenamit que'co̲eb chirilbal li c'a'ru
quic'ulman. Que'cuulac cuan cui' li Jesús
ut que'ril li cui̲nk li qui-isi̲c nabal chi
ma̲us aj musik'ej riq'uin. Chunchu chiru
li Jesús. Tikto chic ut tuktu chic xjolom.
Riq'uin rilbal a'an que'sach xch'o̲leb li
tenamit. 36 Ut eb li que'iloc re li c'a'ru
quic'ulman, que'xserak'i reheb li tena-
mit chanru nak quiq'uira li cui̲nk li
quicuan ma̲us aj musik'ej riq'uin. 37 C'ajo'
nak que'xucuac chixjunileb li tenamit li
cuanqueb sa' eb li na'ajej li cuanqueb
sa' xcue̲nt Gadara. Ut que'xtz'a̲ma chiru
li Jesús nak ta̲e̲lk sa' lix na'ajeb. Jo'can
nak li Jesús qui-oc cui'chic sa' li ju-
cub ut qui-el sa' li na'ajej a'an. 38 Ut li
cui̲nk li qui-isi̲c ma̲us aj musik'ej riq'uin
quixye re li Jesús: —Xicakin cha̲cuix,
chan re. Abanan li Jesús quixye re: —
Inc'a'. Cana̲kat. 39 Ayu sa' la̲ cuochoch ut
ta̲serak'i reheb chixjunileb chanru nak
li Dios xruxta̲na a̲cuu, chan li Jesús.
Jo'can nak co̲ li cui̲nk ut quixserak'i re-
heb chixjunileb li cuanqueb sa' li tenamit
chanru nak li Jesús quiruxta̲na ru.

Li Jesús quixq'uirtesi lix rabin laj Jairo jo' ajcui' li ixk li quich'e'oc re li rak'

40 Nak li Jesús quinume' cui'chic jun
pac'al li palau, li q'uila tenamit yo̲queb
chiroybeninquil chi saheb sa' xch'o̲l.
41 Ut sa' li ho̲nal a'an quicuulac jun li
cui̲nk aran aj Jairo xc'aba'. A'an li natak-
lan sa' li cab li neque'xch'utub cui' ribeb
laj judío. Nak quiril li Jesús, quixcuik'ib
rib chiru ut quixtz'a̲ma chiru nak ta̲xic
sa' rochoch xban nak ca̲mc re lix rabin.
42 Jun ajcui' lix rabin chiru. Cablaju chi-
hab na cuan re. Ut eb li cristian yo̲queb
chixlatz'anquil li Jesús nak yo̲ chi xic.
43 Sa' xya̲nkeb cuan jun li ixk cablaju chi-
hab xticlajic xyajel. Junelic yo̲ lix yajel li
ixk a'an ut inc'a' chic natz'ap lix quiq'uel.
Quixq'ue rib chi banec' riq'uin nabaleb
aj banonel ut nabal li tumin quixsach.
Abanan ma̲ jun quiru chi banoc re.
44 Li ixk a'an quijiloc riq'uin li Jesús ut
quixch'e' li rak'. Ut sa' ajcui' li ho̲nal a'an
quiq'uira li ixk. 45 Ut li Jesús quixye:
—¿Ani xch'e'oc cue?— Ut chixjunileb
que'chak'oc ut que'xye: —La̲o inc'a' yo̲co
cha̲ch'e'bal.— Tojo'nak laj Pedro jo'queb
ajcui' li cuanqueb rochben que'xye re:
—At tzolonel, la̲at nacacuil chanru nak
yo̲queb cha̲latz'anquil li tenamit. ¿C'a'ut
nak nacapatz' ani xch'e'oc a̲cue? chan-
queb re. 46 Ut li Jesús quixye cui'chic re-
heb: —La̲in ninnau nak cuan ani xch'e'oc
cue xban nak xcuec'a nak cuan ani
xq'uira riq'uin incuanquil, chan. 47 Li ixk
quixq'ue retal nak li Jesús naxnau nak
xch'e' li rak'. Nasicsot xban xxiu li ixk.
Sa' xch'o̲l a'an nak ta̲ch'ila̲k xban li Jesús.
Quixcuik'ib rib chiru li Jesús ut quixye re
chiruheb chixjunileb li cristian c'a'ut nak
quixch'e' li rak'. Ut quixye ajcui' re nak
sa' ajcui' li ho̲nal a'an xq'uira. 48 Li Jesús
quixye re: —Kana', xban nak xapa̲b nak
cuan incuanquil cha̲q'uirtesinquil, jo'can
nak xatq'uira. Ayu chi sa sa' a̲ch'o̲l, chan.
49 Toj yo̲ ajcui' chi a̲tinac li Jesús nak
quichal jun li cui̲nk sa' rochoch laj Jairo
li nataklan sa' li cab li neque'xch'utub
cui' ribeb laj judío ut quixye re laj Jairo:
—Xcam la̲ rabin. Ma̲ch'i'ch'i'i chic laj
tzolonel, chan re. 50 Nak quirabi li Jesús
li c'a'ru quixye li cui̲nk, quixye re laj
Jairo: —Matc'oxlac. Ca'aj cui' ta̲pa̲b ut
la̲ rabin ta̲colek', chan. 51 Nak quicuu-
lac li Jesús, ma̲ ani quixcanab chi oc
sa' li cab. Ca'aj cui' laj Pedro, laj Ja-
cobo ut laj Juan rochbeneb lix na' xyu-
cua' li xka'al. 52 Chixjunileb li cuanqueb
aran japjo̲queb re chi ya̲bac xban nak
ac xcam. Ut li Jesús quixye reheb: —
Mexya̲bac. Li xka'al a'in moco came-
nak ta. Cua̲rc yo̲, chan. 53 Chixjunileb

li cuanqueb aran que'xse'e li Jesús xban
nak que'xnau nak li xka'al camenak chic.
54 Abanan li Jesús quixchap chi ruk' li
xka'al, ut quixye re: —At ch'ina xka'al,
cuaclin, chan. 55 Sa' li ho̲nal a'an quicua-
cli cui'chic chi yo'yo li xka'al. Ut li Jesús
quixye reheb nak te'xq'ue chi cua'ac.
56 Ut eb lix na' xyucua' sachso̲queb xch'o̲l
riq'uin li quic'ulman. Abanan li Jesús
quixye reheb nak ma̲ ani aj e te'xserak'i
li c'a'ru quic'ulman.

Li Jesús quixtaklaheb lix tzolom cablaju chixch'olobanquil resil li colba-ib

9 Li Jesús quixch'utubeb lix
tzolom cablaju ut quixq'ueheb
xcuanquil chirisinquileb li ma̲us
aj musik'ej ut quixq'ueheb ajcui'
xcuanquil chixq'uirtesinquileb li yaj.
2 Quixtaklaheb chixch'olobanquil resil
lix nimajcual cuanquilal li Dios ut
chixq'uirtesinquileb li yaj. 3 Quixye
reheb: —Ma̲c'a' te̲c'am e̲re nak texxic.
Inc'a' te̲c'am e̲xuk', chi moco e̲bo̲ls, chi
moco e̲tzacae̲mk chi moco e̲tumin.
Ca'aj cui' le̲ rak' li cuan che̲rix te̲c'am.
4 Nak texc'ulek' sa' junak cab, aran
texcana̲k. Toj ta̲cuulak xk'ehil nak
texxic, tex-e̲lk sa' li na'ajej a'an. 5 Cui
texcuulak sa' junak na'ajej bar cui' inc'a'
texc'ulek', tex-e̲lk riq'uineb ut te̲chik' li
poks che̲rok jo' retalil li raylal te'xc'ul
xban nak inc'a' que'raj rabinquil li
ra̲tin li Dios, chan li Jesús. 6 Co̲eb ut
lix tzolom li Jesús sa' eb li junju̲nk chi
na'ajej ut yo̲queb chixch'olobanquil
resil li colba-ib. Ut yo̲queb ajcui'
chixq'uirtesinquileb li yaj.

Qui-oc xc'a'ux laj Herodes xban li Jesús

7 Laj Herodes li nataklan aran Galilea
quirabi resil chixjunil li yo̲ chixba̲nun-
quil li Jesús ut qui-oc xc'a'ux xban nak
cuan yo̲queb chi yehoc re nak a'an laj
Juan li xcuacli cui'chic chi yo'yo sa'
xya̲nkeb li camenak. 8 Ut cuan ajcui' li
yo̲queb chi yehoc re nak a'an li profeta
Elías li xchal cui'chic. Ut cuan cui'chic li
yo̲queb chi yehoc re nak ma̲re a'an jun
xcomoneb li profeta li que'cuan junxil li
xcuacli cui'chic chi yo'yo sa' xya̲nkeb li
camenak. 9 Laj Herodes quixye sa' xch'o̲l:
—A'an ma̲cua' laj Juan xban nak la̲in
quintaklan re xch'otbal xcux. ¿Ani an-
chal a'an li yo̲quin chirabinquil resil?
chan. Jo'can nak ta̲raj rilbal ru.

Li Jesús quixq'ueheb chi cua'ac li o̲b mil chi cui̲nk

10 Nak que'suk'i chak lix tzolom
chixba̲nunquil li c'anjel que'takla̲c
cui', que'xserak'i re li Jesús li c'a'ru
quilaje'xba̲nu chak. Li Jesús quixc'ameb
xjuneseb sa' jun na'ajej bar ma̲c'a' cuan,
li cuan xcue̲nt li tenamit Betsaida.
11 Abanan li q'uila tenamit que'xq'ue
retal nak li Jesús yo̲queb chi xic sa' li
na'ajej a'an, ut que'co̲eb chirix. Li Jesús
quixc'uleb ut qui-oc chixch'olobanquil
xya̲lal chiruheb chirix lix nimajcual
cuanquilal li Dios. Ut quixq'uirtesiheb
ajcui' li yaj. 12 Nak ac yo̲ chi ecuu̲c, lix
tzolom cablaju que'co̲eb bar cuan cui'
li Jesús ut que'xye re: —Chak'rabiheb
li tenamit re nak te'xic xsic'bal lix
na'ajeb bar te'hila̲nk cui' ut te'xsic'
ajcui' lix tzacae̲mk sa' eb li c'aleba̲l
ut sa' eb li na'ajej li cuanqueb chi
nach', chanqueb re. 13 Li Jesús quixye
reheb: —Q'uehomak xcuaheb la̲ex. Ut
eb a'an que'xye: —Ma̲c'a' tzacae̲mk
kiq'uin la̲o. O̲b ajcui' li caxlan cua ut
cuib ajcui' li car cuan. ¿Malaj ut yo̲cat
chixc'oxlanquil nak la̲o toxic chixlok'bal
xtzacae̲mkeb li q'uila tenamit a'in?
chanqueb lix tzolom. 14 Chixjunileb
li cuanqueb aran cuanqueb tana o̲b
mil chi cui̲nk. Li Jesús quixye reheb
lix tzolom nak te'xchunub ribeb chi
ch'u̲tal, chi laje̲tk roxc'a̲l. (50) 15 Eb lix

tzolom li Jesús que'xba̱nu jo' quiyehe'
reheb. Ut li cristian que'chunla chi
ch'u̱tal. 16 Li Jesús quixchap li o̱b chi
caxlan cua ut li cuib chi car. Qui-iloc
sa' choxa. Quixbantioxi chiru li Dios.
Quixjachi ut quixq'ue reheb lix tzolom
re nak te'xjeq'ui reheb li q'uila tenamit.
17 Que'cua'ac chixjunileb toj retal
que'c'ojla xch'o̱l. Ut cablaju chacach
chic li rela' quicana.

Laj Pedro quixye nak li Jesús, a'an li Cristo laj Colonel li yechi'inbil

18 Sa' jun li cutan li Jesús yo̱ chi tijoc
xjunes nak que'cuulac lix tzolom riq'uin.
Li Jesús quixpatz' reheb lix tzolom ut
quixye: —¿Anihin la̱in nak neque'xye
li tenamit? chan. 19 Eb a'an que'xye
re: —Cuan neque'yehoc re nak la̱at laj
Juan laj Cubsihom Ha'. Ut cuan ajcui'
neque'yehoc re nak la̱at li profeta Elías.
Ut cuan cui'chic neque'yehoc re nak
la̱at jun reheb li profeta li que'cuan
najter li xcuacli cui'chic chi yo'yo,
chanqueb. 20 —Ut la̱ex, ¿anihin la̱in
nak nequec'oxla? chan li Jesús reheb.
Quichak'oc laj Pedro ut quixye re: —La̱at
li Cristo, laj Colonel li yechi'inbil xban
li Dios, chan. 21 Ut li Jesús quixtz'a̱ma
chiruheb lix tzolom ut quixye reheb: —
Ma̱ ani aj e te̱ye nak la̱in li Cristo, chan
reheb.

Li Jesús quixye resil li raylal li tixc'ul

22 Ut quixye ajcui' reheb: —La̱in li
C'ajolbej. Tento nak tinc'ul nabal li ray-
lal. Tintz'ekta̱na̱k xbaneb li xakaban-
bileb chi c'anjelac sa' li templo, jo'
ajcui' xbaneb li xbe̱nil aj tij, ut xbaneb
laj tz'i̱b. Tincamsi̱k, abanan tincuacli̱k
cui'chic chi yo'yo sa' rox li cutan, chan
li Jesús. 23 Li Jesús quixye reheb chixju-
nileb li cuanqueb aran: —Li ani ta̱raj in-
pa̱banquil tento nak tixtz'ekta̱na li c'a'ru
naxrahi ru lix ch'o̱l. Tixcuy xnumsin-
quil li raylal li tixc'ul, usta ta̱camsi̱k
sa' inc'aba'. Ut chinixta̱kehak. 24 Li ani
ta̱tz'ekta̱na̱nk cue re xcolbal rix lix yu'am
arin sa' ruchich'och', tixtz'ek li junelic
yu'am. A'ut li ani naxsach lix yu'am
arin sa' ruchich'och' sa' inc'aba' la̱in, a'an
ta̱re̱chani li junelic yu'am. 25 ¿C'a'ru tixra
junak li cui̱nk cui ta̱re̱chani chixjunil
xbiomal li ruchich'och' ut tixtz'ekta̱na li
junelic yu'am? 26 Li ani ta̱xuta̱na̱k inban
malaj ut xban li cua̱tin, la̱in li Alalbej
tinxuta̱na̱k ajcui' xbaneb nak tincha̱lk
chak riq'uin inlok'al ut riq'uin xlok'al lin
Yucua' cuochbeneb li santil ángel, chan
li Jesús. 27 Ut quixye ajcui': —Relic chi
ya̱l tinye e̱re nak cuanqueb arin sa' e̱ya̱nk
li inc'a' te'ca̱mk toj te'ril lix nimajcual
cuanquilal li Dios, chan li Jesús.

Laj Pedro, laj Jacobo ut laj Juan que'ril nak quijala li rilobа̱l li Jesús

28 Cuakxakib cutan na chic xyebal eb
a a̱tin a'in nak li Jesús co̱ chi tijoc sa'
xbe̱n jun li tzu̱l rochbeneb laj Pedro, laj
Jacobo ut laj Juan. 29 Nak yo̱ chi tijoc
li Jesús, quijalano' li rilоba̱l chiruheb.
Ut li rak' sak sak ut nalemtz'un. 30 Ut
que'ril nak cuibeb li cui̱nk yo̱queb chi
a̱tinac riq'uin li Jesús. A'aneb laj Moisés
ut laj Elías. 31 Neque'lemtz'un ut c'ajo' lix
lok'aleb nak yo̱queb chi a̱tinac chirix lix
camic li Jesús li tenebanbil sa' xbe̱n aran
Jerusalén. 32 Usta yo̱queb xcuara laj Pe-
dro ut li cuanqueb rochben, abanan inc'a'
que'cuar. Yo̱queb ban chirilbal lix lok'al
li Jesús jo' ajcui' li cuib chi cui̱nk li cuan-
queb rochben. 33 Nak ac oqueb re xcan-
abanquil li Jesús li cuib chi cui̱nk, laj
Pedro quixye re li Jesús: —Ka̱cua', c'ajo'
xchak'al ru nak cuanco arin. Xkayi̱b ta
oxibak muheba̱l arin. Jun a̱cue, jun re laj
Moisés ut jun re laj Elías, chan. Quixye
chi jo'can xban nak inc'a' quixtau ru li
xya̱lal li quiril. 34 Nak toj yo̱ chi a̱tinac
laj Pedro, quichal jun li chok sa' xbe̱neb.
C'ajo' nak que'xucuac nak que'mukun sa'
li chok. 35 Que'rabi nak li Dios quia̱tinac

sa' li chok ut quixye: —A'in li cualal li
sic'bil ru inban. Cherabi li c'a'ru tixye,
chan. 36 Nak quicana li atinac, xjunes
chic li Jesús quicana. Ut eb a'an mac'a'
chic que'xye. Ut chiruheb li cutan a'an
ma ani aj e que'xye li c'a'ru que'ril.

Li Jesús quirisi li maus aj musik'ej riq'uin jun li al

37 Jo' cuulajak chic nak quicube sa' li
tzul, nabaleb li q'uila tenamit que'cuulac
chi c'uluc re li Jesús. 38 Jun li cuink
quiatinac chak sa' xyankeb li tenamit ut
quixye chi cau xyab xcux: —At tzolonel,
nintz'ama chacuu nak tacuil li cualal
xban nak ca'aj cui' a'an chicuu. 39 Cuan
maus aj musik'ej riq'uin. Nak naniman
xyajel naxjap re ut nach'ikch'ikic chi cau
xban li maus aj musik'ej ut na-el xcuokx
sa' re. Ut inc'a' naraj xcanabanquil li
cualal. 40 Xintz'ama chiruheb la tzolom
nak te'risi li maus aj musik'ej, abanan
inc'a' xe'ru chirisinquil, chan li cuink.
41 Quichak'oc li Jesús ut quixye reheb:
—Laex tenamit li cuanquex anakcuan,
chi tic inc'a' nequexpaban ut inc'a' us
ena'leb. ¿Jo' najtil chic tincuank eriq'uin
re nak texpabank? ¿Jo' najtil chic texin-
cuy nak nequec'oxla? C'am chak li al arin
cuiq'uin, chan li Jesús. 42 Nak yo chi xic
li al riq'uin li Jesús, li maus aj musik'ej
quixcut li al sa' ch'och' ut quixch'ikle
chi cau. Abanan li Jesús quixk'us li
maus aj musik'ej. Quixq'uirtesi li al ut
quixk'axtesi re lix yucua'. 43 Ut chixju-
nileb li cuanqueb aran sachsoqueb xch'ol
chirilbal nak k'axal nim xcuanquil li
Dios. Nak toj sachsoqueb xch'ol li tena-
mit chi c'oxlac chirix li quic'ulman, li
Jesús quixye reheb lix tzolom: 44 —
Cherabihak chi us li tinye ere. Tento nak
lain li C'ajolbej tink'axtesik sa' ruk'eb li
cuink li xic' neque'iloc cue, chan li Jesús.
45 Abanan eb lix tzolom inc'a' que'xtau ru
li c'a'ru quixye, xban nak toj maji' nacuu-
lac xk'ehil nak te'xtau ru. Ut que'xutanac
chixpatz'bal re c'a'ru xyalal li quixye li
Jesús reheb.

Lix tzolom li Jesús que'xpatz' ani li nimak xcuanquil sa' xyankeb

46 Eb lix tzolom li Jesús que'oc chix-
cuech'inquil ribeb. Ut yoqueb chix-
patz'bal ani reheb li nimak xcuanquil.
47 Nak li Jesús quixq'ue retal li c'a'ru
yoqueb chixc'oxlanquil, quixc'am jun li
ch'ina al ut quixxakab chiru. 48 Ut quixye
reheb: —Li ani tac'uluk re junak ch'ina
al jo' a'in sa' inc'aba' lain, tinixc'ul ajcui'
lain; ut li ani tac'uluk cue lain, tixc'ul
ajcui' li ani xtaklan chak cue. Jo'can
nak li ani cubenak xcuanquil sa' eyank
anakcuan, a'anak chic li nimak xcuan-
quil. 49 Laj Juan quixye re li Jesús: —At
Kacua', xkil jun li cuink yo chi isinc maus
aj musik'ej sa' ac'aba'. Ut lao xkaye re nak
inc'a' tixbanu a'an xban nak moco ka-
comon ta, chan. 50 Ut li Jesús quichak'oc
ut quixye re: —Mek'us li cuink a'an xban
nak li ani inc'a' xic' na-iloc ke, a'an na-
oquen chikix, chan.

Li Jesús quixk'useb laj Jacobo ut laj Juan

51 Nak ac cuulac re xk'ehil nak li
Jesús tac'amek' cui'chic xban li Dios
sa' choxa, quixcacuuubresi xch'ol chi xic
Jerusalén. 52 Li Jesús quixtakla xtakl sa'
jun tenamit cuan sa' xcuent Samaria, re
nak te'xcauresi xna'aj re tahilank cui'.
53 Abanan li cuanqueb sa' li tenamit a'an
inc'a' que'raj xc'ulbal li Jesús xban nak
que'xq'ue retal nak yo chi xic Jerusalén.
54 Nak laj Jacobo ut laj Juan que'xq'ue
retal nak inc'a' quic'ule' li Jesús sa' li
tenamit a'an, que'xye re: —¿Ma tacuaj
nak takatz'ama nak tacubek chak xam sa'
choxa re nak tac'atek' li tenamit a'an jo'
quixbanu laj Elías? chanqueb. 55 Quix-
suk'isi rib li Jesús ut quixk'useb. Quixye
reheb: —¿C'a'ru musik'ejil cuan eriq'uin
laex nak inc'a' nequetau ru? 56 Lain li

C'ajolbej inc'a' xinchal chixsachbal ruheb
li cristian. Xinchal ban chixcolbaleb,
chan li Jesús. Ut chirix a'an, que'coeb sa'
jalan chic na'ajej.

Eb li cuink que'xye nak te'raj xtakenquil li Jesús abanan yal xcab rix xch'ol nak que'xye

57 Nak yoqueb chi xic li Jesús, jun li
cuink quicuulac riq'uin ut quixye re: —
At tzolonel, tincuaj atakenquil yalak bar
tatxic, chan re. 58 Li Jesús quichak'oc
ut quixye re: —C'oxla chi us ma tacuy
intakenquil. Li yac cuanqueb xjul sa'
pec, ut li xul li neque'rupupic chiru
choxa cuanqueb xsoc. Abanan lain li
C'ajolbej mac'a' inna'aj bar taruk tinhi-
lank cui'.— 59 Li Jesús quixye re jun
chic: —Chinatake, chan. Quichak'oc li
cuink ut quixye: —Kacua', chinacuy. In-
mukak cuan lin yucua' tojo'nak tinxic
chacuix, chan. 60 Li Jesús quixye re: —
Canabeb li toj camenakeb sa' li mac
xmukakeb cuan lix camenak. Ut laat,
ayu. Ye chak resil lix nimajcual cuan-
quilal li Dios, chan. 61 Ut jun chic li cuink
quixye: —At Kacua', tatintake. Abanan
inchak'rabihakeb cuan chak li cuanqueb
sa' cuochoch, chan re. 62 Ut li Jesús
quixye re: —Li ani naxtiquib c'anjelac
chiru li Dios ut cui toj yo chixc'oxlanquil
li c'a'ru re, li jun a'an inc'a' us chok'
aj c'anjel sa' lix nimajcual cuanquilal li
Dios, chan li Jesús.

Li Jesús quixtaklaheb li lajeb xcac'al (70) chi cuink chixch'olobanquil li xyalal

10 Ut chirix chic a c'a'ak re ru
a'in, li Kacua' quixsiq'ueb ru la-
jeb xcac'aleb (70) chic chi cuink ut
quixtaklaheb chi ca'cabil sa' eb li jun-
junk chi tenamit ut sa' eb li na'ajej li
bar talaje'numek' cui'. 2 Ut quixye re-
heb, —Relic chi yal nabaleb li inc'a'
neque'xnau xyalal. Abanan moco q'uiheb
ta li te'xye li xyalal reheb. Chanchaneb
li ru li acuimk li mac'a' aj sic'ol re.
Jo'can ut tinye ere nak tetz'ama chiru li
Kacua' re nak a'an tixtaklaheb laj c'anjel
chixch'olobanquil li xyalal chiruheb.
3 Ayukex bi' ut chenauhak nak lain
yoquin chi taklanc ere sa' xyankeb li
xic' neque'iloc ere. Chanchanakex li coc'
carner sa' xyankeb laj xoj. 4 Inc'a' tec'am
xna'aj li c'a'ak re ru tac'anjelak ere sa'
be, chi moco etumin, chi moco xjalbal
exab. Ut ma ani aj iq'uin texxaklik chi
serak'ic sa' be. 5 Nak texcuulak sa' ju-
nak cab, teq'ue xsahileb xch'ol ut teye,
"A' taxak li tuktuquil usilal chi cuank
sa' li cab a'in," cha'kex. 6 Cui chabileb li
cuanqueb sa' li cab a'an, tacuank li tuk-
tuquil usilal riq'uineb jo' xeye laex. Cui
ut inc'a' chabileb, inc'a' ajcui' tacuank
li tuktuquil usilal riq'uineb. Ca'aj cui'
eriq'uin ban laex tacanak. 7 Nak tex-oc
sa' junak cab, aran texcanak. Inc'a' yokex
chixbeninquil erib. Ut chetzacahak li
c'a'ru taq'uehek' ere xban nak laj c'anjel
tento tixc'ul lix tojbal. 8 Nak texc'ulek'
sa' junak tenamit, chec'ulak ut chetzaca
li c'a'ru taq'uehek' ere. 9 Teq'uirtesiheb
li yaj li cuanqueb sa' li tenamit a'an
ut teye ajcui' reheb nak yo chak chi
nach'oc lix nimajcual cuanquilal li Dios.
10 Abanan cui texcuulak sa' junak tena-
mit ut inc'a' texc'ulek' sa' xyalal, tex-elk
sa' be ut tex-oc xyebal, 11 "Lix poksil le
tenamit li xletz chi kok takachik'chik'i
chok' retalil nak tachalk raylal sa' eben.
Julticak ere nak lix nimajcual cuanquilal
li Dios xc'ulun eriq'uin, abanan inc'a'
xec'ul", cha'kex reheb. 12 Relic chi yal
tinye ere nak toj cubenak ca'ch'in lix to-
jbal xmaqueb li tenamit Sodoma chiru
lix tojbal xmaqueb li tenamit a'in sa'
xk'ehil li rakba atin.

Ra te'xc'ul li tenamit cui inc'a' te'xxoto xmac

[13] Raylal chalel sa' eben laex li cuanquex sa' li tenamit Corazín. Raylal chalel sa' eben laex li cuanquex sa' li tenamit Betsaida. Cui ta quinbanu aran Tiro li milagro a'in li xinbanu cheru ut cui ta quinbanu aran Sidón, ac najter raj que'xq'ue li k'es ru t'icr chirixeb ut que'xchunub raj rib sa' cha ut que'yot'e' raj xch'oleb ut que'xjal raj xc'a'uxeb. [14] Jo'can ut tinye ere nak sa' xk'ehil li rakba atin, k'axal cui'chic li raylal li tec'ul laex chiru li raylal li te'xc'ul eb laj Tiro ut eb laj Sidón. [15] Ut laex li cuanquex sa' li tenamit Capernaum, c'ajo' nak nequenimobresi erib. ¿Ma nequec'oxla nak tataksik ecuanquil toj sa' choxa? Tacubsik ban ecuanquil nak textaklak sa' xna'ajeb li camenak. [16] Li ani taabink re le ratin laex, tarabi ajcui' li cuatin lain. Ut li ani tatz'ektanank ere laex, tinixtz'ektana ajcui' lain. Ut li ani natz'ektanan cue lain, naxtz'ektana ajcui' li quitaklan chak cue, chan li Jesús.

Que'suk'i chak chixyebal resil li que'taklac cui' li lajeb xcac'al (70) chi cuink

[17] Que'suk'i chak li lajeb xcac'al chi cuink chi saheb sa' xch'ol ut que'xye re li Jesús: —At Kacua', sa' ac'aba' laat neque'paban chiku eb li maus aj musik'ej, chanqueb. [18] Li Jesús quixye reheb: —Lain quicuil laj tza chanchan rak' cak nak quit'ane' chak sa' choxa. [19] Lain xinq'ue ecuanquil. Usta teyek' li c'anti' ut laj xoc', mac'a' tec'ul. Xinq'ue ecuanquil sa' xben laj tza ut mac'a' taruk tixbanu ere. [20] Misaho' sa' ech'ol xban nak cuan ecuanquil sa' xbeneb li maus aj musik'ej. Chisahok' ban ech'ol xban nak tz'ibanbilak le c'aba' sa' choxa, chan. [21] Sa' li honal a'an li Jesús quirec'a xsahil xch'ol xban li Santil Musik'ej. Quitijoc ut quixye: —At inYucua', laat laj echal re li choxa jo' ajcui' li ruchich'och'. Ninbantioxi chacuu xban nak xamuk li xyalal chiruheb li tzolbileb ut li cuanqueb xna'leb. Ut xac'ut li xyalal chiruheb li cubenakeb xcuanquil. Chanchaneb coc'al. Xabanu chi jo'can xban nak jo'can xcuulac chacuu laat, chan li Jesús nak quitijoc. [22] Ut quixye reheb li cuanqueb aran: —Chixjunil li c'a'ak re ru xk'axtesi sa' cuuk' lin Yucua'. Ma ani nana'oc cuu lain li C'ajolbej, ca'aj cui' li Acuabej Dios. Ma ani nana'oc ru li Acuabej Dios, ca'aj cui' lain li C'ajolbej. Ut tana'ek' ajcui' ru xbaneb li ani tinc'ut cui' li xyalal, chan li Jesús. [23] Quixsuk'isi rib riq'uineb lix tzolom ut quixye reheb xjuneseb: —Us xak ere laex xban nak riq'uin xnak' eru yoquex chirilbal li c'a'ru yo chi c'ulmanc. [24] Lain tinye ere nak nabaleb li profeta ut nabaleb li rey que'raj raj rilbal li c'a'ru yoquex chirilbal laex, abanan inc'a' que'ru rilbal. Ut que'raj raj rabinquil li c'a'ru yoquex chirabinquil laex, abanan inc'a' que'ru rabinquil, chan li Jesús reheb.

Takara li kas kitz'in usta xic' nocoe'ril

[25] Jun aj tzolol chak'rab quixye re li Jesús yal re xyalbal rix: —At tzolonel: ¿C'a'ru us tinbanu re nak tincuechani li junelic yu'am? chan. [26] Quichak'oc li Jesús ut quixye re: —Laat nacacuil sa' li Santil Hu. ¿C'a'ru naxye sa' li chak'rab?— [27] Ut a'an quichak'oc ut quixye: —Chara li Kacua' la Dios chi anchal ach'ol, chi anchal acuam, chi anchal ametz'eu ut chi anchal ac'a'ux. Ut chara la cuas acuitz'in jo' nak nacara acuib laat, chan. [28] Ut li Jesús quixye re: —Yal li xaye. Banu a'in ut tacuank ayu'am chi junelic, chan. [29] A'an quiraj raj xticobresinquil xch'ol xjunes rib. Quixye re li Jesús: —¿Ani tz'akal li cuas cuitz'in? chan. [30] Li Jesús quichak'oc ut quixye re: —Cuan jun li cuink aj judío qui-el Jerusalén ut

yo chi xic Jericó. Quic'ule' xbaneb laj
elk'. Que'xmak' chiru chixjunil li c'a'ru
cuan re. Que'xtacuasi chi us ut coeb.
Camc re li cuink que'xcanab. 31 Ut sa'
li be a'an quinume' jun laj tij. Quiril
li cuink t'ant'o aran, aban tic quinume'.
32 Ut jo'can ajcui' quixbanu jun laj levita
xcomoneb li neque'tenk'an reheb laj tij.
Quinume' chixc'atk li cuink li t'ant'o
aran, abanan quinume' chi tic. 33 Ut
quinume' ajcui' jun chic li cuink sa'
li be a'an, Samaria xtenamit. Eb laj
Samaria xic' neque'ril rib riq'uineb laj
judío. Abanan nak yo chi numec' quiril li
cuink t'ant'o aran ut quiril xtok'obal ru.
34 Quicuulac riq'uin. Quixban lix yoc'olal
riq'uin vino ut aceite. Quixbati ru lix
toch'olal. Quixq'ue chirix lix cacuay ut
quixc'am sa' jun li cab ut aran quixq'ue
chi hilanc ut a'an qui-iloc re. 35 Jo' cu-
ulajak chic nak ac xic re li cuink aj
Samaria, quixq'ue cuib li tumin plata re
laj echal cab ut quixye re: —Chacuil chi
us li cuink a'in. Ut chixjunil li jo' q'uial
chic tasach, lain tintoj acue sa' insuk'ijic,
chan. 36 ¿C'a'ru nacac'oxla laat? ¿Bar
cuan reheb li oxib li que'nume' li tz'akal
ras ritz'in li quit'ane' sa' ruk'eb laj elk'?
chan. 37 Laj tzolol chak'rab quichak'oc ut
quixye: —A' li qui-uxtanan ru, chan. Ut
li Jesús quixye re: —Ayu ut jo'can ajcui'
chabanu laat, chan.

Li Jesús quixye nak us quixbanu lix María xban nak quirabi li ratin

38 Ut nak yoqueb chi xic li Jesús,
que'cuulac sa' jun ch'ina tenamit. Aran
quihilan li Jesús sa' rochoch jun li
ixk xMarta xc'aba'. 39 Lix Marta cuan
jun li ritz'in xMaría xc'aba'. Lix María
quixchunub rib chiru li Jesús chirabin-
quil li c'a'ru yo chixyebal. 40 Abanan
lix Marta ca'aj cui' lix q'uila c'anjel yo
xc'a'ux chirix. Quichal riq'uin li Jesús
ut quixye re: —Kacua', ¿ma inc'a' ch'a'aj
nacacuec'a nak li cuitz'in niquinixcanab
chi c'anjelac injunes? Ye re nak tinix-
tenk'a, chan. 41 Li Jesús quichak'oc ut
quixye re: —Marta, laat naxic ac'a'ux
chirix la q'uila c'anjel xban nak ca'aj cui'
a'an nacac'oxla. 42 Abanan jun ajcui' li
c'a'ru tento xbanunquil ut lix María xsic'
ru a'an. Li k'axal us xbanunquil, a'an ra-
binquil li c'a'ru ninye. Ut ma ani taramok
re chiru xbanunquil, chan li Jesús.

Li Jesús quixc'ut li tijoc chiruheb lix tzolom

11 Sa' jun li cutan yo chi tijoc li
Jesús. Ut nak quirake' chi tijoc,
jun reheb lix tzolom quixye re: —Kacua',
c'ut chiku li tijoc jo' nak laj Juan quixc'ut
li tijoc chiruheb lix tzolom, chan. 2 Ut
li Kacua' quixye reheb: —Nak textijok,
teye chi jo'ca'in:

Kacua', cuancat sa' li santil choxa,
lok'oninbil taxak la santil c'aba'.
Chichalk ta la nimajcual cuanquilal.
Chi-uxk ta li nacacuaj jo' sa' choxa,
jo' ta ajcui' sa' ruchich'och'.
3 Chaq'ue taxak ke li kacua kuc'a chi cu-
ulaj cuulaj.
4 Ut chacuy chasach ta li kamac jo'
nak nakacuyeb xmac li neque'macob
chiku. Ut moaq'ue chi alec. Choacol
ban chiru li inc'a' us.

5 Ut quixye ajcui' reheb li Jesús: —
Kayehak nak laex cuan ta junak le ramig.
Ut texxic raj riq'uin tuktu k'ojyin ut teye
raj re, "At cuamig, mare tato'oni ox-
ibak incua. 6 Jun li cuamig xchal chak
chi najt ut xc'ulun cuiq'uin sa' cab. Ut
mac'a' cuan cue re tinq'ue re." 7 Ut li
jun li cuan chak sa' cab tachak'ok chak
ut tixye, "Minach'i'ch'i'i. Tz'aptz'o chic
li cab. Lain ut eb lin coc'al yoco chi
hilanc. Inc'a' naru nincuacli chixq'uebal
acue li c'a'ru tacuaj." 8 Moco xban ta
nak ramig nak tacuaclik chixq'uebal re
li c'a'ru taraj ru. Tixq'ue ban re xban
nak yok chixpatz'bal ut re nak tixcanab
xch'i'ch'i'inquil. 9 Jo'can ut nak ninye ere:

—Nak ta̲paltok c'a'ru e̲re, chextz'a̲ma̲nk
chiru li Dios ut a'an tixq'ue e̲re. Chesic'ak
ut te̲tau, chebokak ut li puerta ta̲tehek'
che̲ru. 10 Cheba̲nu a'an xban nak li ani
natz'a̲man chiru li Dios naq'uehe' re. Ut
li ani naxsic', naxtau. Ut li ani nabokoc,
li puerta natehe' chiru. 11 ¿Ma cuan ta
bi' junak yucua'bej sa' e̲ya̲nk tixq'ue ju-
nak pec re li ralal nak tixpatz' xcua re?
Ut nak tixpatz' junak xcar re, ¿ma c'anti'
ta bi' tixq'ue re? 12 Ut nak tixpatz' ju-
nak xmol, ¿ma aj xo̲c' ta bi' tixq'ue re?
13 Cui la̲ex li moco cha̲bilex ta nequenau
xq'uebal li c'a'ru cha̲bil re le̲ ralal e̲c'ajol,
¿ma toja' ta chic le̲ yucua' cuan sa' choxa
inc'a' tixq'ue li Santil Musik'ej re li ani
tixtz'a̲ma chiru? chan li Jesús reheb.

K'axal nim xcuanquil li Jesús chiru xcuanquil laj tza

14 Li Jesús quirisi jun li ma̲us aj
musik'ej riq'uin jun li cui̲nk mem.
Nak qui-el li ma̲us aj musik'ej riq'uin,
naa̲tinac chic li cui̲nk. Ut chixjunileb li
cuanqueb aran que'sach xch'o̲l xban li
c'a'ru quic'ulman. 15 Abanan cuanqueb
ajcui' li que'yehoc re: —Li cui̲nk a'in
na-isin ma̲us aj musik'ej riq'uin xcuan-
quil laj Beelzebú lix yucua'ileb li ma̲us
aj musik'ej, chanqueb. 16 Ut cuanqueb
ajcui' li que'xtz'a̲ma chiru li Jesús nak
tixba̲nu junak li milagro yal re xyalbal
rix. 17 Li Jesús quixnau li c'a'ru yo̲queb
chixc'oxlanquil ut quixye reheb: —Cui
cuan jun te̲pak chi tenamit xic' te'ril rib
chi ribileb rib, li jun te̲p chi tenamit a'an
tixsach xcuanquil xjunes rib. Ut cui cuan
ta jun cabalak xic' te'ril rib chi ribileb rib,
li jun cabal a'an te'xsach xcuanquil lix
jun cablaleb. 18 Jo'can ajcui' laj tza. Cui
xic' neque'ril rib chi ribileb rib, ¿chan
ta cui' ru nak xakxo̲k lix cuanquilal?
La̲ex nequeye nak riq'uin xcuanquil laj
tza nacuisi li ma̲us aj musik'ej. 19 Cui
la̲in yo̲quin chirisinquil ma̲us aj musik'ej
riq'uin xcuanquil laj tza, ¿ani aj cuan-
quil neque'isin cui' ma̲us aj musik'ej li
neque'ta̲ken e̲re la̲ex? Jo'can nak a'an eb
ajcui' te'yehok re nak inc'a' ya̲l li yo̲quex
chixyebal. 20 Cui ut riq'uin xcuanquil
li Dios nacuisiheb li ma̲us aj musik'ej,
riq'uin a'an nac'utun nak relic chi ya̲l
ac xc'ulun sa' e̲ya̲nk lix nimajcual cuan-
quilal li Dios. 21 Laj tza chanchan jun li
cui̲nk cau rib ut cuan sa' ruk' lix ch'i̲ch'
re xcolbal rib. Yo̲k chixc'ac'alenquil li
rochoch. Ma̲c'a' tixc'ul li c'a'ru re xban
nak yo̲k chixc'ac'alenquil. 22 Abanan cui
ta̲cha̲lk junak k'axal cau rib chiru a'an,
a'an chic ta̲numta̲k sa' xbe̲n ut ta̲mak'ek'
chiru lix ch'i̲ch' li cau cui' xch'o̲l ut ta̲-
jeq'ui̲k li c'a'ru re. 23 Li ani inc'a' na-
oquen chicuix, a'an xic' ninril. Ut ani
inc'a' natenk'an cue, narisi xcuanquil li
c'a'ru ninba̲nu la̲in, chan li Jesús.

Laj tza ta̲suk'i̲k cui'chic riq'uin li ani inc'a' tixk'axtesi rib chi tz'akal chiru li Cristo

24 Nak ac x-el riq'uin junak cui̲nk,
li ma̲us aj musik'ej naxic sa' li na'ajej
bar ma̲c'a' cuan chixsic'bal bar ta̲oc chi
hila̲nc. Naril nak inc'a' naxtau xna'aj.
Naxye: —La̲in tinsuk'i̲k cui'chic riq'uin li
cui̲nk bar xin-el cui' chak, chan. 25 Ut nak
nacuulac riq'uin naxtau li cui̲nk chan-
chan jun li cab ma̲c'a' chic cuan chi sa'.
Mesunbil ut ac cauresinbil roybeninquil
li ani ta̲oc chi sa'. 26 Ut li ma̲us aj musik'ej
naxsic' cuukub chic chi ma̲us aj musik'ej
k'axal cui'chic numtajenak xma̲usilaleb
chiru a'an. Neque'oc chi cua̲nc riq'uin li
cui̲nk. Ut lix na'leb li cui̲nk a'an numta-
jenak chic xyibal ru chiru nak quicuan
junxil. 27 Ut nak yo̲ chixyebal eb li a̲tin
a'in li Jesús, jun li ixk quia̲tinac chak
chi cau sa' xya̲nkeb li q'uila tenamit,
ut quixye: —Us xak re li ixk li x-alan
a̲cue ut xtu'resin a̲cue, chan. 28 Li Jesús
quichak'oc ut quixye: —K'axal cui'chic
us chok' reheb li neque'abin re li ra̲tin
li Dios ut neque'xba̲nu li c'a'ru naxye.

Li tenamit que'raj nak ta̱c'utbesi̱k junak milagro chiruheb

[29] Nak yo̱queb chi ch'utla̱c li q'uila tenamit riq'uin, li Jesús quixye reheb: —Li cristian li cuanqueb sa' eb li cutan a'in inc'a' useb xna'leb. Te'raj ta̱c'utbesi̱k junak milagro chiruheb. Abanan ma̱ jun milagro ta̱c'utbesi̱k chiruheb. Ca'aj cui' li milagro li qui-ux re laj Jonás, li quic'utbesi̱c chiruheb junxil. [30] Li milagro li quixc'ul laj Jonás nak quicole', a'an retalil chiruheb li tenamit Nínive nak a'an taklanbil xban li Dios. Jo'can ajcui' la̱in li C'ajolbej. Li milagro li tinc'ul la̱in, a'an jun retalil chiruheb li tenamit sa' eb li cutan a'in nak la̱in taklanbilin xban li Dios, chan. [31] Li ixk li quicuan chok' reina sa' li tenamit li cuan sa' li sur, ta̱cuacli̱k chak sa' xk'ehil nak ta̱rakek' a̱tin sa' e̱be̱n ut tixye nak cuan e̱ma̱c xban nak inc'a' xerabi li cua̱tin. A'an quichal chak toj sa' xmaril li ruchich'och' chirabinquil li c'a'ru quixye laj Salomón xban nak cuan xna'leb. Ut la̱in k'axal cui'chic inna'leb chiru laj Salomón ut cuanquin arin sa' e̱ya̱nk. Abanan inc'a' nequepa̱b li cua̱tin. [32] Ut te'cuacli̱k ajcui' eb li que'cuan sa' li tenamit Nínive sa' xk'ehil nak ta̱rakek' a̱tin sa' e̱be̱n la̱ex li cuanquex sa' eb li cutan a'in. Ut te'xye nak cuan e̱ma̱c xban nak eb a'an que'yot'e' xch'o̱l que'xjal xc'a'ux ut que'pa̱ban nak quicuulac laj Jonás chixyebal ra̱tin li Dios reheb. Ut la̱in cuanquin arin sa' e̱ya̱nk ut k'axal nim incuanquil chiru xcuanquil laj Jonás ut la̱ex inc'a' nayot'e' e̱ch'o̱l inc'a' nequejal e̱c'a'ux, chan li Jesús.

Li Cristo a'an li kacutan saken

[33] Ma̱ ani tixloch junak candil ut tixq'ue ta chi mukmu malaj ut tixq'ue rubel chacach. Naxq'ue ban sa' junak na'ajej najt xteram re nak cua̱nkeb sa' cutan li ani te'oc sa' li cab. [34] Li xnak' e̱ru chanchan jun li lámpara. Xban nak na-iloc li xnak' e̱ru cuanquex sa' cutan. Cui ta ma̱c'a' li xnak' e̱ru cuanquex raj sa' k'ojyi̱n. [35] Cui inc'a' us li kana'leb, cuanco sa' k'ojyi̱n. Chanchano jun li mutz' li inc'a' na-iloc. Cheba̱nu cue̱nt re nak junelic cua̱nkex sa' cutan saken. [36] Jo'can ut cui cuanquex sa' cutan saken, moco cuanquex ta chic sa' k'ojyi̱n. Cha̱bilak ban chic le̱ na'leb. Xban nak cha̱bil le̱ na'leb, chanchanakex chic jun li xam li nacutanobresin, chan.

Li Jesús quixk'useb laj fariseo ut eb laj tzolol chak'rab

[37] Ut nak li Jesús quirake' chi a̱tinac riq'uineb, jun reheb laj fariseo quixbok li Jesús chi cua'ac sa' rochoch. Quioc li Jesús sa' rochoch laj fariseo ut quichunla chi cua'ac sa' me̱x. [38] Laj fariseo quisach xch'o̱l chirilbal nak li Jesús inc'a' quich'ajoc jo' c'aynakeb xba̱nunquil eb laj judío. [39] Li Jesús quixye re: —La̱ex aj fariseo nequech'aj li rix le̱ sec' ut le̱ plato; abanan tz'aj lix sa'. La̱ex chanchanex li sec' li tz'aj xsa' xban nak numtajenak le̱ ma̱usilal ut li elk'ac nequeba̱nu. [40] La̱ex ma̱c'a' e̱na'leb. ¿Ma inc'a' nequenau nak li ani quiyo'obtesin re li rix, a'an ajcui' li quiyo'obtesin re lix sa'? [41] Me̱rahi ru li c'a'ru re jalan. Chesihak ban li c'a'ru cuan e̱re reheb li neba'. Cui te̱ba̱nu chi jo'can cha̱bilakex chic chiru li Dios, chan. [42] Ra cha̱lel sa' e̱be̱n la̱ex aj fariseo. Nequemayeja li junju̱nk sa' xlaje̱tkil li isqui'ij, li ruda ut li c'a'ak re ru chi ichajil li nati'e'. Abanan inc'a' nequera li Dios ut inc'a' nequeba̱nu li ti̱quilal. Us xq'uebal li junju̱nk sa' xlaje̱tkil, abanan k'axal cui'chic tento xra̱bal li Dios ut xba̱nunquil li ti̱quilal. [43] Ra cha̱lel sa' e̱be̱n la̱ex aj fariseo li nacuulac che̱ru c'ojla̱c sa' li na'ajej k'axal lok' nak nequexxic sa' li cab li nequech'utub cui' e̱rib. Ut nacuulac che̱ru nak ta̱q'uehek' e̱lok'al sa' eb li be. [44] Ra cha̱lel sa' e̱be̱n

laex aj tzolol chak'rab ut laex aj fariseo
xban nak inc'a' us le na'leb. Laex aj
ca'pac'al u. Chanchanex li muklebal li
inc'a' nac'utun. Yalak ani nanume' sa'
xben xban nak inc'a' neque'xnau c'a'ru
cuan aran, chan. 45 Quichak'oc jun re-
heb laj tzolol chak'rab ut quixye re li
Jesús: —At tzolonel, riq'uin li c'a'ru yo-
cat chixyebal, yocat chixc'utbal kaxutan
lao.— 46 Ut li Jesús quixye: —Ra ajcui'
chalel sa' eben laex aj tzolol chak'rab.
K'axal al li ik nequeq'ue sa' xbeneb li
cristian ut k'axal ch'a'aj xc'ambal. Laex
nequeye nak tento te'xbanu chixjunil
li naxye li chak'rab. Abanan chi moco
laex nequexru xbanunquil. 47 Ra chalel
sa' eben laex aj tzolol chak'rab xban
nak laex aj ca'pac'al u. Nequerutz'u'uji
chak ru li que'muke' cui' li profetas li
que'xcamsi le xe'tonil yucua'. 48 Riq'uin
li mausilal nequebanu nac'utun nak jun-
tak'etex riq'uineb le xe'tonil yucua'. Eb
a'an que'camsin reheb li profeta ut laex
nequeyib lix muklebaleb. 49 Li Dios, a'an
cuan xna'leb. Jo'can nak quixye, "Lain
tintaklaheb li profeta ut eb li após-
tol riq'uineb. Sa' xyankeb a'an cuan te-
camsiheb, ut cuan ajcui' tetakeheb re
xchapbaleb." 50 Ut anakcuan laex chic
textojok rix lix camiqueb chixjunileb
li profeta chalen chak sa' xticlajic li
ruchich'och'. 51 Yal nak laex textojok rix
lix camiqueb a'an. Taticlak riq'uin lix
camic laj Abel ut toj riq'uin lix camic
laj Zacarías li quicamsic chiru nebal
chixc'atk li templo ut li artal. 52 Ra chalel
sa' eben laex, aj tzolol chak'rab, xban nak
nequemuk li xyalal chiruheb li tenamit.
Laex inc'a' nequepab li Dios, chi moco
nequecanabeb chi pabanc li neque'raj raj
pabanc, chan li Jesús reheb. 53 Ut nak
quirake' chixyebal eb li atin a'in, c'ajo'
nak que'josk'o' eb laj tzolol chak'rab ut eb
laj fariseo. Que'oc chixch'i'ch'i'inquil ut
nabal li c'a'ak re ru yoqueb chixpatz'bal
re. 54 Yoqueb chi patz'oc re li Jesús yal
re rilbal ma tixye junak atin inc'a' us re
nak taruk te'xjit.

Mac'a' naru xbanunquil chi mukmu chi inc'a' ta tana'ek'

12 Nak yoqueb chi ch'utlac li q'uila
mil chi tenamit, yoqueb chix-
tiquisinquil ribeb. Li Jesús qui-oc chi
atinac riq'uineb lix tzolom xben cua ut
quixye: —Mebanu jo' neque'xbanu laj
fariseo. A'aneb aj ca'pac'al u. 2 Mac'a'
naru na-uxman chi mukmu chi inc'a' ta
tac'utunk. Mac'a' cuan chi mukmu chi
inc'a' ta tana'ek'. 3 Mac'a' naru nayeman
sa' cab chi mukmu chiru k'ojyin chi inc'a'
ta taelk resil chi cutanquil. Ut mac'a'
naru nayeman chi hasbanbil sa' cab chi
inc'a' ta taabik resil yalak bar.

Ca'aj cui' li Dios tento xxucuanquil ru

4 Ex cuamig, lain ninye ere nak mexxu-
cuac chiruheb li ani te'raj camsinc ere
xban nak mac'a' naru te'xbanu riq'uin le
ram. 5 Lain tinye ere ani li tento tex-
ucua ru. Chexucuak ru li Dios li naru
tarisi xyu'am li junjunk ut cuan xcuan-
quil chixtaklanquil li amej sa' xbalba.
A'an li tento texucua ru. 6 ¿Ma inc'a' ta bi'
nac'ayic ob chi tzentzeyul chi cuib cen-
tavo? K'axal cubenak xtz'ak, abanan ma
jun reheb a'an nasach sa' xch'ol li Dios.
7 Jo'can ajcui' li rismal le jolom ajlan-
bileb chixjunil xban li Dios. Jo'can nak
mexxucuac chiruheb li xic' neque'iloc
ere xban nak laex k'axal terto etz'ak
chiruheb nabal chi tzentzeyul. 8 Lain
tinye ere nak li ani naxye chiruheb
li tenamit nak niquinixpab, lain tinye
chiruheb lix ángel li Dios nak a'an cualal
inc'ajol. 9 Ut li ani tatz'ektanank cue
chiruheb li tenamit, lain tintz'ektana
ajcui' a'an chiruheb lix ángel li Dios.
10 Li ani tahobok cue lain li C'ajolbej,
tacuyek' xmac xban li Dios. Abanan li
ani tamajecuank re li Santil Musik'ej
inc'a' tacuyek' xmac. 11 Nak texc'amek'

chiruheb li neque'taklan sa' li cab li
neque'xch'utub cui' ribeb laj judío, malaj
ut chiruheb laj rakol a̱tin ut chiruheb
li cuanqueb sa' xcuanquil, inc'a' yo̱kex
chixc'oxlanquil li c'a'ru texsume̱nk cui'
malaj ut li c'a'ru te̱ye, 12 xban nak li San-
til Musik'ej tixc'utbesi che̱ru sa' li ho̱-
nal a'an chanru texsume̱nk cui', chan li
Jesús.

Inc'a' us nak junes li kabiomal takac'oxla

13 Jun li cui̱nk quia̱tinac chak sa'
xya̱nkeb li q'uila tenamit ut quixye re li
Jesús: —At tzolonel, ye re li cuas nak
xjachak li jun cablal li quicanaba̱c chok'
ke ut xq'uehak cue li jo' q'uial tintz'ak
la̱in, chan. 14 A'ut li Jesús quixye re: —At
cui̱nk, la̱in inc'a' xakabanbilin chi rakoc
a̱tin sa' e̱be̱n chi moco xakabanbilin chix-
jachinquil le̱ jun cablal. 15 Ut quixye
ajcui' reheb chixjunileb li cuanqueb
aran: —Q'uehomak retal li c'a'ru te̱ba̱nu.
Inc'a' yo̱kex chixrahinquil ru li biomal,
xban nak moco riq'uin ta kabiomal
yo'yo̱co, chan. 16 Ut quixye ajcui' jun li
jaljo̱quil ru a̱tin reheb. Quixye: —Cuan
jun li cui̱nk biom. Cuan jun xch'och' cha̱-
bil ut nabal li acui̱mk na-el chi sa'. 17 Qui-
oc chixc'oxlanquil ut quixye sa' xch'o̱l,
"¿C'a'ru tinba̱nu? Ma̱c'a' chic xna'aj li ru
li cuacui̱mk", chan. 18 Ut quixye, "Nin-
nau c'a'ru tinba̱nu. Tinpo' li rochochil
li ru li cuacui̱mk li cuanqueb. Ut tiny-
i̱b chic jalan ni̱nk chok' re̱kaj. Ut chi sa'
a'an tinxoc chixjunil li ru li cuacui̱mk
jo' ajcui' chixjunil li c'a'ru cuan cue."
19 Ut tinye: "Us xak cue. Cuan nabal
c'a'ru cue xocxo inban re tinnumsi nabal
chihab. Anakcuan tinhila̱nk, tincua'ak,
tin-uc'ak, ut ta̱sahok' sa' inch'o̱l", chan.
20 Abanan li Dios quixye re, "Abi, at jip
aj cui̱nk. Chiru a k'ojyi̱n a'in tatca̱mk. Ut
chixjunil li xocxo a̱ban, ¿ani aj e ta̱cana̱k
cui'?" 21 La̱in ninye e̱re: jo'ca'in naxc'ul
li naxc'u̱la xbiomal sa' ruchich'och' ut
riq'uin li Dios ma̱c'a' xbiomal, chan li
Jesús.

Me̱c'oxla chanru nak te̱numsi li cutan junju̱nk

22 Ut li Jesús quixye reheb lix tzolom:
—Mixic e̱ch'o̱l chixc'oxlanquil chanru
nak te̱numsi li cutan junju̱nk, chi
moco riq'uin li c'a'ru te̱tzaca chi moco
riq'uin lix tikibanquil e̱rib. 23 Li kayu'am,
a'an k'axal lok' chiru li katzacae̱mk.
Ut li katibel, a'an k'axal lok' chiru
li kak'. 24 Cheq'uehak retal li xul li
neque'rupupic chiru choxa. Eb a'an inc'a'
neque'au, chi moco neque'k'oloc, chi
moco neque'xxoc xcuaheb chi moco
cuan xc'ulanquil xtzacae̱mkeb. Abanan
li Dios naxq'ue xtzacae̱mkeb. ¿Ma toja'
ta chic la̱ex inc'a' tixq'ue e̱tzacae̱mk?
25 ¿Ani e̱re la̱ex ta̱ru̱k tixtik ru lix yu'am
usta naxtacuasi rib xc'oxlanquil? 26 Cui
inc'a' nequexru xba̱nunquil li c'a'ak re
ru a'in, ¿c'a'ut nak nequetacuasi e̱rib
chixc'oxlanquil? 27 Q'uehomak retal li
utz'u'uj chanru nak neque'q'ui chi inc'a'
neque'c'anjelac chi moco neque'quemoc.
A'ut la̱in tinye e̱re, usta c'ajo' xchak'al
ru lix tikibanquil laj Salomón, abanan
inc'a' quixtau xchak'al ru li utz'u'uj a'in.
28 Ut cui li Dios naxq'ue lix ch'ina'usal
li pim li cuan junpa̱t ajcui' ut cuulaj
q'uebilak sa' xam, ¿ma toja' ta chic la̱ex
inc'a' textikib? La̱ex inc'a' nequexpa̱ban
chi tz'akal. 29 Jo'can ut nak inc'a' yo̱k
e̱c'a'ux chirix le̱ cua e̱ruc'a. 30 Le̱ yucua'
li cuan sa' choxa naxnau li c'a'ru ne-
queraj ru. Li inc'a' neque'xpa̱b li Dios,
ca'aj cui' lix tzacae̱mkeb neque'xc'oxla.
31 Abanan la̱ex te̱sic' lix nimajcual cuan-
quilal li Dios ut chixjunil li c'a'ak re ru
a'in talajq'uehek' e̱re chok' xtz'akob.

Q'uehomak e̱ch'o̱l chirix li biomal cuan sa' choxa

32 Mexxucuac ex cualal inc'ajol. Usta
inc'a' q'uihex, abanan le̱ yucua' cuan

sa' choxa c'ojc'o xch'ol chixq'uebal ere lix nimajcual cuanquilal. 33 C'ayihomak li c'a'ru cuan ere ut sihomak reheb li mac'a' cuan reheb re nak cuank ebiomal sa' choxa. Aran inc'a' na-oc laj elk' chi elk'ac chi moco namaxen. Q'uehomak ech'ol chirix li biomal li inc'a' na-oso'. 34 Jo'can nak chenauhak nak bar cuan cui' le biomal, aran ajcui' cuank le c'a'ux.

Yo'on cuankex chiroybeninquil lix c'ulunic li Kacua'

35 Checauresihak erib. Yokex chiroybeninquil li Kacua'. Chanchanakex li mos li lochlo xxam ut yo chiroybeninquil lix patrón. 36 Chanchanakex li mos li yoqueb chiroybeninquil lix patroneb nak tasuk'ik chak sa' junak sumlac. Nak tixtoch' li puerta, sa' junpat te'xte chiru. 37 Us xak reheb li mos li yoqueb chiroybeninquil lix patroneb. Nak tacuulak li patronej, tixtauheb chi ajoqueb ru. Relic chi yal ninye ere li patronej tixcauresi rib ut tixchunubeb lix mos sa' mex ut a'an ajcui' taq'uehok re lix tzacaemkeb. 38 Us xak reheb li mos li yokeb chiroybeninquil lix patrón, usta tuktu k'ojyin malaj ut sakeuc re tacuulak. 39 Cheq'uehak retal a'in: Cui ta naxnau li yucua'bej sa' li cab jok'e honal re li k'ojyin tol-elk laj elk', tayo'lek raj ut inc'a' raj tixcanab chi elk'ac li c'a'ru cuan sa' li rochoch. 40 Jo'can ajcui' laex yo'on cuankex chi oybeninc xban nak inc'a' nequenau jok'e honal tincuulak lain li C'ajolbej. Tincuulak chi mac'a' sa' ech'ol, chan li Jesús. 41 Laj Pedro quixye re li Jesús: —At Kacua', ¿ma ca'aj cui' ke lao xaye li jaljoquil ru atin a'an, malaj ut reheb ajcui' chixjunileb li tenamit?— 42 Ut li Kacua' quixye re: —Li mos li cuan xna'leb ut chabil, a'an li taq'uehek' xcuanquil xban lix patrón sa' xbeneb li rech mosil. A'an chic taq'uehok re xtzacaemkeb sa' x-oril. 43 Us xak re li mos li yok chixbanunquil lix c'anjel sa' xyalal nak tac'ulunk lix patrón. 44 Relic chi yal tinye ere nak li patrón a'an, tixk'axtesi sa ruk' chixjunil lix jun cablal. 45 Abanan cui li mos a'an inc'a' us lix na'leb, tixye sa' xch'ol, "Lin patrón tabayk chi c'ulunc". Ut taoc chixsac'baleb li rech mosil jo' cuink jo' ixk ut taoc chi cua'ac, chi uc'ac ut chi calac. 46 Mac'a'ak sa' xch'ol nak tac'ulunk lix patrón. Ut lix patrón tixq'ue chixtojbal rix lix mac ut tixtakla sa' xyankeb li inc'a' useb xna'leb. 47 Li mos li naxnau c'a'ru naraj lix patrón ut chi tic mac'a' naxbanu, li jun a'an tasaq'uek' chi cau. 48 Abanan li mos li inc'a' naxbanu li us xban nak inc'a' naxnau c'a'ru naraj lix patrón, li jun a'an tixc'ul ajcui' xtojbal xmac. Abanan ca'ch'in ajcui' chiru li tixc'ul li naxnau li c'a'ru naraj lix patrón. Li ani naxnau xyalal, mas cui'chic nabal li ik cuan sa' xben. Ut li ani cuan xna'leb chi us, mas cui'chic li ik cuan sa' xben chiru li jun li mac'a' xna'leb, chan.

Nacuan ch'a'ajquilal nak junak naxpab li Cristo

49 Li Jesús quixye ajcui': —Chanchan li xinq'ue xam sa' ruchich'och' nak xinchal lain xban nak sa' inc'aba' lain nabal li ch'a'ajquilal tacuank. Nacuaj ta ac xnume' li ch'a'ajquilal a'in. 50 Abanan tento tinc'ul jun li cubi ha' xben cua. Ut li cubi ha', a'an li nimla raylal li tinc'ul. Ut yokin chiroybeninquil li honal a'an chi ra sa' inch'ol toj tacuulak xk'ehil nak tac'ulmank. 51 Mare laex nequec'oxla nak junes tuktuquil usilal xinc'am chak sa' ruchich'och'. Inc'a'. Tacuank ajcui' nabal li ch'a'ajquilal. 52 Chalen anakcuan inc'a' chic sa te'cuank li junk cabal sa' rochocheb xban nak cuan li te'pabank cue ut cuan inc'a'. Mare cuan ob chi cristian sa' li jun cabal. Oxib xic' te'ril li cuib chic. Ut li cuib xic' te'ril li oxib chic. 53 Li yucua'bej xic' taril li ralal, ut li alalbej xic' taril lix yucua'. Li na'bej xic' taril lix co' ut li co'bej xic' taril lix

na'. Ut li na'bej xic' taril li ralib ut li albej xic' taril lix na' lix belom. 54 Li Jesús quixye ajcui' reheb li q'uila tenamit: —Nak nequeril nak yo chi chalc li chok bar na-oc cui' li sak'e, nequeye, "Hon naxq'ue hab", chanquex. Ut yal ajcui' nak naxq'ue li hab. 55 Ut jo'can ajcui' nak nachal li ik' sa' li sur. Nequeye, "Tik ru li cutan tixq'ue anakcuan," chanquex. Ut yal ajcui' nak naxq'ue li tik. 56 Laex aj ca'pac'al u. Nequenau xq'uebal retal ru li choxa ut li ruchich'och'. Abanan ca'aj cui' a'an nequenau rilbal. Inc'a' nequeq'ue retal li yo chi c'ulmanc sa' eb li cutan a'in. 57 ¿C'a'ut nak inc'a' nequeq'ue retal c'a'ru li us tebanu? 58 Nak yoquex chi xic riq'uin laj rakol atin, yibomak ru le ch'a'ajquil sa' junpat riq'uin li xic' nailoc acue nak toj maji' nequexcuulac. Cui inc'a' nacac'am acuib sa' usilal chi junpat, laj rakol atin tatxtakla sa tz'alam. 59 Lain ninye acue nak inc'a' tat-elk aran cui inc'a' tatoj chixjunil li jo' q'uial te'xpatz' acue, chan li Jesús.

Li Jesús quixk'useb li neque'xc'oxla nak nakac'ul li raylal xban nak cuan li kamac

13 Sa' li honal a'an que'cuulac cuib oxibeb li cuink riq'uin li Jesús ut que'xye re chanru nak laj Pilato quixtakla xcamsinquileb li cuink aj Galilea nak yoqueb chi mayejac sa' li templo. 2 Ut li Jesús quixye reheb: —¿Ma nequec'oxla laex nak eb li cuink a'an k'axal cui'chic aj maqueb chiruheb li rech tenamitil? ¿Ma xban a'an nak que'xc'ul a raylal a'an nak nequeye laex? chan reheb. 3 Tinye ere nak inc'a'. Cui laex inc'a' teyot' ech'ol ut tejal ec'a'ux, tex-osok' ajcui' laex chejunilex. 4 ¿C'a'ru nequec'oxla chirixeb li cuakxaklaju chi cuink li que'cam nak li torre li cuan Siloé quit'ane' sa' xbeneb? ¿Ma xban nak numtajenak lix maqueb a'an chiruheb chixjunileb li cuanqueb Jerusalén nak que'xc'ul chi jo'can? 5 Lain ninye ere nak inc'a'. Ut cui laex inc'a' teyot' ech'ol ut tejal ec'a'ux, tex-osok' ajcui' laex, chan li Jesús.

Li jun ton chi higo li inc'a' nauchin

6 Quixye ajcui' li jaljoquil ru atin a'in reheb: Jun li cuink cuan jun ton xhigo aubil sa' lix ch'och'. Ut quichal chixsic'bal li ru, abanan mac'a' quixtau. 7 Quixye re li cuink li na-iloc re li acuimk: —Oxib chihab cuoquic chiroybeninquil ma tauchink li che' a'in, ut inc'a' nauchin. Yoc' li che' a'in. ¿C'a'ru aj e nak yok chixlatz'anquil li ch'och' chi inc'a' nauchin? chan. 8 Ut li cuink li nailoc re li acuimk quixye re: —Kacua', canak cuan chic jun chihabak. Ut tinbec li ch'och' sa' xton ut tinq'ue xk'emal li ch'och'. 9 Ut cui tauchink, us; ut cui inc'a', tayoc' mokon, chan.

Quicuech'ic rix li Jesús xban nak naq'uirtesin sa' li hilobal cutan

10 Sa' jun li hilobal cutan, li Jesús yo chixc'utbal li xyalal chiruheb sa' li cab li neque'xch'utub cui' ribeb laj judío. 11 Ut aran cuan jun li ixk cuan maus aj musik'ej riq'uin. Cuakxaklaju chihab roquic lix yajel. C'utzc'u rix li ixk nak nabec ut inc'a' naru naxakli chi tic. 12 Nak quiril li ixk li Jesús quixbok riq'uin ut quixye re: —At ixk, anakcuan q'uirtesinbilat chic.— 13 Ut quixq'ue li ruk' sa' xben li ixk. Ut sa' ajcui' li honal a'an li ixk quixakli chi tic ut qui-oc chixlok'oninquil li Dios. 14 C'ajo' nak quijosk'o' li nataklan sa' li cab li neque'xch'utub cui' ribeb laj judío xban nak li Jesús quixq'uirtesi li ixk sa' li hilobal cutan. Ut quixye reheb li cuanqueb aran: —Cuakib cutan cuan re nak naru texc'anjelak. Chiruheb a cutan a'an naru nequexchal chi banec' ut inc'a' texchalk chi banec' sa' li hilobal cutan, chan. 15 Ut li Kacua' quichak'oc ut quixye re: —¡Ex aj ca'pac'al u! ¿Ma inc'a' ta bi'

tehit eboyx malaj ut ebur sa' li hilobal cutan re nak tec'ameb chi uc'ac? 16 Li ixk a'in, a'an xcomoneb li ralal xc'ajol laj Abraham. Ac cuan cuakxaklaju chihab roquic laj tza xch'i'ch'i'inquil. Cui laex nequehit le boyx sa' li hilobal cutan, ¿ma inc'a' ta bi' taruk tinq'uirtesi li ixk a'in sa' li hilobal cutan? chan. 17 Ut riq'uin li c'a'ru quixye li Jesús, quixc'ut xxutaneb chixjunileb li yoqueb chixcuech'inquil rix. Abanan li q'uila tenamit que'saho' xch'ol xbaneb li milagro li yo chixbanunquil li Jesús.

Quijuntak'etac lix nimajcual cuanquilal li Dios riq'uin li riyajil li mostaza

18 —¿C'a'ru taruk tinjuntak'eta cui' lix nimajcual cuanquilal li Dios? chan li Jesús. Ut, ¿c'a'ru chi jaljoquil ru atin tinye re xch'olobanquil xyalal lix nimajcual cuanquilal li Dios? 19 Lix nimajcual cuanquilal li Dios, a'an chanchan riyajil li mostaza, li quixc'am jun li cuink ut quirau sa' lix ch'och'. Ut quimok ut quiniman chi us. Nimla che' quicuulac. Ut laj xic'anel xul neque'xyib xsoqueb sa' eb li ruk'. 20 Ut quixye cui'chic: ¿C'a'ru taruk tinjuntak'eta cui' lix nimajcual cuanquilal li Dios? 21 Lix nimajcual cuanquilal li Dios, a'an chanchan li naoc chok' xch'amal li caxlan cua. Li ixk quixq'ue ca'ch'in sa' oxib bisoc li c'aj ut quisipo' chixjunil li k'em xban.

Moco chixjunileb ta te'oc sa' lix nimajcual cuanquilal li Dios, usta neque'xye nak aj pabaneleb

22 Li Jesús quinume' sa' eb li tenamit ut sa' eb li c'alebal nak yo chi xic Jerusalén ut yo chixch'olobanquil li xyalal chiruheb li tenamit. 23 Jun reheb li cuanqueb aran quixye re: —At Kacua', ¿ma yal nak inc'a' q'uiheb li te'colek'? chan re. 24 Li Jesús quichak'oc ut quixye: —Jo'can nak q'uehomak ech'ol chi oc sa' li oquebal li ca'ch'in ru. Nabaleb raj li te'raj oc, abanan inc'a' te'ruk chi oc. 25 Nak acak xtz'ap li oquebal laj echal re li cab, laex texcanak chirix cab ut tetoch' raj chic li puerta ut teye, "Kacua', Kacua', te li puerta chiku", cha'kex. Abanan a'an tachak'ok ut tixye ere, "Inc'a' ninnau eru bar xexchal chak", cha'ak. 26 Ut laex teye cui'chic re, "¿C'a'ut nak inc'a' tanau ku? Lao xocua'ac xo-uc'ac kochbenat. Ut laat xatc'utuc li xyalal chiku sa' li katenamit", cha'kex. 27 Ut laj echal cab tixye cui'chic ere, "Ninye ere nak inc'a' ninnau bar xexchal chak. Elenkex chicuu, laex aj banuhom mausilal", cha'ak. 28 Nak teril laj Abraham, laj Isaac, laj Jacob ut chixjunileb li profeta cuankeb sa' lix nimajcual cuanquilal li Dios, ut laex inc'a' tex-ocsik, toj aran texyabak ut tec'uxuxi li ruch ere xban xrahil ech'ol. 29 Nabaleb li telaje'chalk chak yalak bar jun sut rubel choxa, ut te'c'ojlak chi cua'ac sa' lix nimajcual cuanquilal li Dios. 30 Cuanqueb li inc'a' q'uebileb xlok'al arin sa' ruchich'och' te'q'uehek' xlok'al riq'uin li Dios. Ut cuanqueb ajcui' li q'uebileb xlok'al arin sa' ruchich'och'. Eb a'an inc'a' te'xc'ul xlok'al riq'uin li Dios, chan li Jesús.

Laj Herodes taraj xcamsinquil li Jesús

31 Ut sa' ajcui' li honal a'an cuanqueb aj fariseo que'cuulac riq'uin li Jesús chixyebal re: —Elen arin. Ayu xban nak laj Herodes taraj acamsinquil, chanqueb. 32 Li Jesús quixye reheb: —Ayukex ut yehomak re laj Herodes li chanchan yac nak anakcuan ut cuulaj lain yokin chi isinc maus aj musik'ej ut yokin chi q'uirtesinc. Ut sa' rox li cutan tinchoy lin c'anjel. 33 Abanan tento nak yokin chi xic anakcuan, cuulaj, ut ca'bej. Tento tincuulak Jerusalén re nak tincamsik aran xban nak inc'a' naru tacamsik junak profeta sa' jalan na'ajej. Tento nak aran Jerusalén tincamsik, cha'kex re.

Li Jesús quiyot'e' xch'o̱l chirilbal li tenamit Jerusalén

34 Ex aj Jerusalén, la̱ex nequecamsi-
heb li profeta ut nequecuti chi pec eb li
neque'takla̱c e̱riq'uin xban li Dios. Nabal
sut raj xcuaj e̱colbal jo' nak naxch'utubeb
li ral li caxlan rubel lix xic'. Abanan la̱ex
inc'a' xeraj. 35 Ut anakcuan le̱ tenamit ta̱-
cana̱k chi naq'uirnac aj chic ru. Tinye ut
e̱re chalen anakcuan inc'a' chic te̱ril cuu
toj nak te̱ye, "Osobtesinbil taxak li xchal
sa' xc'aba' li Ka̱cua'", chan li Jesús.

Sa' li hiloba̱l cutan li Jesús quixq'uirtesi jun li cui̱nk sip lix tibel

14 Sa' jun li hiloba̱l cutan li Jesús
co̱ chi cua'ac sa' rochoch jun
laj fariseo nim xcuanquil. Ut cuan-
queb ajcui' cuib oxib laj fariseo yo̱queb
chixq'uebal retal li Jesús. 2 Aran cuan jun
li cui̱nk sip xakxo chiru li Jesús. 3 Ut li
Jesús quixye reheb laj tzolol chak'rab ut
reheb laj fariseo: —¿C'a'ru naxye sa' li
chak'rab? ¿Ma us q'uirtesi̱nc sa' li hiloba̱l
cutan? ¿Malaj ut inc'a' us? chan reheb.
4 Ut eb a'an ti̱c ma̱c'a' que'xye. Tojo'nak
li Jesús quixchap li ruk' li cui̱nk ut
quixq'uirtesi ut quixye re nak naru ta̱xic.
5 Nak quixsuk'isi rib li Jesús, quixye re-
heb li cuanqueb aran: —¿Ani junak e̱re
la̱ex ta̱t'anek' ta junak xbu̱r malaj ut
xbo̱yx sa' xjulel ha', ma inc'a' ta bi' ta̱xic
sa' junpa̱t chirisinquil usta hiloba̱l cu-
tan? chan reheb. 6 Ut eb a'an chi ti̱c inc'a'
que'xnau xsumenquil.

Li Jesús quixye nak inc'a' us li nimobresi̱nc ib

7 Li Jesús quixq'ue retal nak li
bokbileb chi cua'ac sa' li cab a'an yo̱queb
chixsic'bal ru li na'ajej li neque'q'uehe'
cui' li cuanqueb xcuanquil. Jo'can
nak quixye jun li jaljo̱quil ru a̱tin
reheb. Quixye: 8 —Nak texbokek' sa'
junak sumla̱c, mexc'ojla sa' li na'ajej li
naq'uehe' reheb li cuanqueb xcuanquil.
Ma̱re ta̱cuulak junak chic mas nim
xcuanquil che̱ru la̱ex. 9 Ut li xbokoc
e̱re ta̱cha̱lk ut tixye e̱re, "Q'uehomak
li na'ajej a'in re li cui̱nk a'in", cha'ak
e̱re. Yo̱k chic e̱xuta̱n nak texxic chi
c'ojla̱c sa' li na'ajej li neque'c'ojla cui' li
ma̱c'a'eb xcuanquil. 10 Jo'can nak ninye
e̱re nak texbokek' sa' junak sumla̱c,
chexc'ojla̱k sa' li na'ajej li neque'c'ojla
cui' li ma̱c'a'eb xcuanquil. Ut li xbokoc
e̱re, ta̱cha̱lk ut tixye e̱re, "Quimkex,
c'ojlankex arin sa' li cha̱bil na'ajej",
cha'ak e̱re. Chi jo'can ta̱q'uehek' e̱lok'al
chiruheb chixjunileb li c'ojc'o̱queb
sa' li me̱x e̱rochben. 11 Jo'can nak
chixjunileb li neque'xnimobresi ribeb,
ta̱cubsi̱k xcuanquileb. Ut chixjunileb li
neque'xcubsi ribeb, eb a'an te'q'uehek'
xcuanquil, chan li Jesús. 12 Ut quixye
ajcui' li Jesús re laj e̱chal cab: —Nak
tatq'uehok chi tzaca̱nc, malaj ut ta̱ba̱nu
junak nink'e, moco ca'aj cui' ta la̱
cuami̱g ta̱bokeb, chi moco ca'aj cui'
eb la̱ cuas ut eb la̱ cui̱tz'in, chi moco
ca'aj cui' la̱ cuech'alal, chi moco ca'aj
cui' la̱ cuech cabal li biomeb, xban nak
eb a'an naru te'xba̱nu ajcui' jun nink'e
ut tate'xbok ut te'xq'ue re̱kaj cha̱cuu.
13 Nak ta̱ba̱nu junak li nink'e, ta̱bok
ajcui' eb li neba' ut eb li tokol rok ruk',
ut eb li ye̱k rok ut eb li mutz', 14 xban
nak eb a'an inc'a' ta̱ru̱k te'xq'ue re̱kaj
a̱cue. Abanan li Dios tatrosobtesi ut
tixq'ue re̱kaj a̱cue nak te'cuacli̱k cui'chic
chi yo'yo li ti̱queb xch'o̱l, chan li Jesús
re.

Li Jesús quixch'olob xya̱lal chirixeb li neque'tz'ekta̱nan re li rusilal li Dios

15 Jun reheb li chunchu̱queb sa' li me̱x
quirabi li c'a'ru quixye li Jesús ut quixye
re: —Us xak re li ani ta̱tz'ako̱nk chi
cua'ac sa' li nink'e sa' lix nimajcual cuan-
quilal li Dios, chan. 16 Nak quichak'oc,
li Jesús quixye jun li jaljo̱quil ru a̱tin

re: Quicuan jun li cuink quixc'ub jun
nimla nink'e ut nabaleb li quixbokeb
chi cua'ac. 17 Nak quicuulac xk'ehil li
nink'e, quixtakla lix mos chixyebal reheb
li bokbileb nak te'chalk chi cua'ac xban
nak ac xyalo' li tzacaemk. 18 Abanan
chixjunileb que'oc xpatz'bal xcuybaleb.
Jun quiyehoc: —Xinlok' jun inch'och'.
Tento nak tinxic chirilbal. Tintz'ama
chacuu nak tacuy inmac xban nak inc'a'
tinxic, chan. 19 Ut li jun chic quixye: —
Xinlok' ob sumal inboyx. Xic cue chiril-
baleb. Nintz'ama chacuu nak tacuy in-
mac, chan. 20 Ut li jun chic quixye: —
Toje' xinsumla ut inc'a' chic naru tinxic,
chan. 21 Li mos quisuk'i riq'uin lix patrón
ut quixye re li c'a'ru que'xye li bokbileb.
Quichal xjosk'il li patrón ut quixye re lix
mos: —Ayu sa' c'ayil ut sa' eb li be ut
tabokeb li neba', eb li tokol rok ruk'eb,
eb li yek rokeb ut eb li mutz' ut tac'ameb
chak arin, chan. 22 Co li mos ut quixbanu
jo' quiyehe' re. Nak quisuk'i chak quixye
re lix patrón: —Kacua', xinbanu jo' xaye
cue ut toj cuan nabal li na'ajej, chan. 23 Li
patrón quixye re lix mos: —Tatxic chire
li tenamit ut sa' c'alebal ut tacuelaji chak
ruheb chi chalc sa' li nink'e re nak tanu-
jak li cuochoch, chan. 24 Lain ninye ere
nak ma jun reheb li bokbileb xben cua
te'tz'akonk riq'uin li nink'e li xinbanu,
chan li patrón.

Cuan ch'a'ajquilal riq'uin xpabanquil li Cristo

25 Nak yo chi xic li Jesús nabaleb
li tenamit yoqueb chi takenc re. Quix-
suk'isi rib li Jesús ut quixye reheb: 26 —
Li ani taraj takenc cue, tento nak tinixra
chi tz'akal lain chiruheb lix na' xyu-
cua', li rixakil ut eb lix coc'al, ut eb li
rech'alal jo' ajcui' lix yu'am. Cui inc'a'
tinixra chi tz'akal, li jun a'an moco us ta
chok' intzolom. 27 Li ani taraj oc chok'
intzolom, tento nak tinixtake ut tix-
cuy xnumsinquil li raylal usta tacam-
sik sa' inc'aba'. 28 Cui cuan junak ere
naraj tixyib junak cab najt xteram, ¿ma
inc'a' ta bi' tac'ojlak xben cua chixbir-
bal rix ma cuan tz'akal lix tumin re tix-
choy xyibanquil li cab? 29 Cui tixq'ue lix
cimiento li cab ut inc'a' chic taruk xchoy-
bal, chixjunileb li te'ilok re te'xtiquib
xse'enquil. 30 Ut te'xye, —Li cuink a'in
quixtiquib cablac ut inc'a' naru xchoy-
bal, cha'keb. 31 ¿Ma cuan ta bi' junak rey
taxic chi pletic riq'uin junak chic rey cui
inc'a' tac'ojlak xben cua chixc'oxlanquil
ma tixcuy pletic rochbeneb lajebak mil
chi cuink riq'uin li rey jun chic, li yo
chi chalc chi pletic rochbeneb junmay
mil chi cuink? 32 Ut cui naxc'oxla nak
inc'a' taruk, tixtaklaheb lix takl nak toj
cuankeb chi najt chixtz'amanquil chiru
li rey jun chic re nak te'canak sa' usilal
chi ribileb rib. 33 Jo'can ajcui' laex. Tento
tec'oxla chi us c'a'ru tebanu xban nak
li ani inc'a' naraj xcanabanquil li c'a'ru
cuan re, li jun a'an moco us ta taoc chok'
intzolom.

Li ani inc'a' chic naxcuy xpabanquil li Jesús, a'an chanchan li atz'am li inc'a' chic qui'

34 Li atz'am, a'an chabil. Abanan cui
inc'a' chic qui', mac'a' chic taoc cui'.
35 Inc'a' chic tausak chok' re li ch'och',
chi moco chok' re li mul. Yal re tz'ekec'
aj chic. Li ani taraj rabinquil li cuatin,
chixq'uehak retal li yoquin chixyebal.

Li jaljoquil ru atin chirix li carner sachenak

15 Nabaleb laj titz'ol toj ut eb
laj mac que'cuulac chirabinquil
li c'a'ru yo chixyebal li Jesús. 2 Eb
laj fariseo ut eb laj tz'ib yoqueb chi
cuech'inc ut yoqueb chixyebal: —Li
cuink a'in naxc'am rib sa' usilal riq'uineb
laj mac ut nacua'ac rochbeneb, chan-
queb. 3 Li Jesús quixye reheb li jaljoquil
ru atin a'in: 4 ¿Ma cuan junak cuink sa'

e̱ya̱nk cua̱nk ta o'c'a̱lak (100) xcarner, cui ta̱sachk junak sa' xya̱nkeb a'an, ma inc'a' raj tixcanab li bele̱laju ro'c'a̱l (99) sa' c'aleba̱l ut ta̱xic chixsic'bal li quisach toj retal tixtau chak? chan. 5 Ut nak tixtau, ta̱sahok' sa' xch'o̱l ut tixq'ue sa' xbe̱n xtel, 6 ut ta̱xic sa' rochoch. Tixch'utubeb li rami̱g ut li rech cabal ut tixye reheb: —Chisahok' sa' kach'o̱l cuochbenex xban nak xintau lin carner li quisach, cha'ak reheb. 7 La̱in tinye e̱re nak jo'can ajcui' sa' choxa. Ta̱cua̱nk nimla sahil ch'o̱lej nak junak aj ma̱c tixyot' xch'o̱l tixjal xc'a'ux chiruheb bele̱laju ro'c'a̱l chi cristian li ac xe'pa̱ban ut ti̱queb chic xch'o̱leb.

Li jaljo̱quil ru a̱tin chirix li tumin sachenak

8 Ut quixye ajcui' reheb: Kayehak nak junak ixk cuan laje̱bak xtumin. Cui ta̱sachk junak lix tumin, ¿ma inc'a' raj tixloch li xam ut ta̱oc chixmesunquil li cab ut tixsiq'ui toj retal tixtau? 9 Ut nak tixtau, tixch'utubeb li rami̱g ut eb li rech cabal ut tixye reheb: —Chisahok' sa' kach'o̱l cuochbenex xban nak xintau lin tumin li quisach chicuu, cha'ak. 10 La̱in ninye e̱re nak jo'can ajcui' eb lix ángel li Dios te'sahok' sa' xch'o̱leb nak junak aj ma̱c ta̱yot'ek' xch'o̱l ut tixjal xc'a'ux.

Li jaljo̱quil ru a̱tin chirix li yucua'bej li quixcuy xma̱c li ralal

11 Ut quixye ajcui' reheb li jaljo̱quil ru a̱tin a'in: Jun li cui̱nk quicuan cuib li ralal. 12 Li i̱tz'inbej quixye re lix yucua': —At inyucua', q'ue cue anakcuan la̱ jun cablal li jo' q'uial li tintz'ak la̱in, chan. Tojo'nak li yucua'bej quixjeq'ui lix jun cablal reheb li ralal cuib. 13 Ut ma̱ji' ajcui' najterak nak li i̱tz'inbej quixch'utub chixjunil li c'a'ru cuan re, ut co̱ chi najt sa' jalanil tenamit. Aran quixsach li c'a'ru re nak yo̱ chixk'axbal li cutan chi jo' ma̱jo'. 14 Ut nak ac xsach chixjunil li c'a'ru cuan re, quicuan jun nimla cue'ej sa' li tenamit a'an. Ut li al yo̱ chixcuybal xtz'ocajic. 15 Jo'can nak co̱ riq'uin jun li cui̱nk cuan sa' li tenamit a'an chixpatz'bal xtrabaj. Ut li cui̱nk a'an quixtakla sa' c'aleba̱l chi iloc a̱k. 16 Quiraj raj xcua'bal xcuaheb li a̱k xban nak ta̱tz'oca̱k. Abanan inc'a' que'xq'ue ca'ch'inak re. 17 Quijultico' re chanru nak quicuan sa' rochoch lix yucua' ut quixye sa' xch'o̱l: —Nabaleb aj c'anjel cuanqueb sa' rochoch lin yucua' ut numtajenak xcuaheb. Ut la̱in arin osoc' cue xban tz'oca̱c. 18 Tinxic cui'chic sa' rochoch lin yucua' ut tinye re, "At inyucua', xinma̱cob chiru li Dios jo' ajcui' cha̱cuu la̱at. 19 Ma̱cua' chic inc'ulub nak tinc'aba'in a̱cualal. Chinа̱c'ul ban jo' junak a̱mo̱s," cha'akin re, chan sa' xch'ol. 20 Sa' junpa̱t quicuacli ut quisuk'i sa' rochoch lix yucua'. Toj cuan ajcui' chak chi najt nak qui-ile' xban lix yucua'. Ut li yucua'bej quiril xtok'oba̱l ru. Co̱ sa' a̱nil chixc'ulbal li ralal. Quixk'alu ut quirutz' ru. 21 Ut li ralal quixye re: —At inyucua', xinma̱cob chiru li Dios jo' ajcui' cha̱cuu la̱at. Ma̱cua' chic inc'ulub nak tinc'aba'in a̱cualal, chan re lix yucua'. 22 A'ut li yucua'bej quixye reheb lix mo̱s: —Sic'omak chak sa' junpa̱t li cha̱bil t'icr ut q'uehomak chirix. Q'uehomak xmatk'ab chi ru'uj ruk' ut q'uehomak xxa̱b chi rok. 23 Ut c'amomak chak li ch'ina cuacax, li ch'olaninbil chi us. Camsihomak ut tonink'ei̱k, 24 xban nak li cualal a'in chanchan camenak nak xcuan chak. A'ut anakcuan xsuk'i cui'chic chi yo'yo. Sachenak nak xcuan ut xtauman cui'chic, chan. Ut que'oc chi nink'ei̱c. 25 Ut li asbej cuan chak sa' c'aleba̱l. Nak yo̱ chi cuulac sa' cab, quirabi li son ut li xajoc. 26 Quixbok jun li mo̱s ut quixpatz' re c'a'ru yo̱queb sa' cab. 27 Li mo̱s quixye re: —Xsuk'i chak la̱ cui̱tz'in ut la̱ yucua' xtakla xcamsinquil li ral li cuacax li ch'olaninbil chi us, xban nak la̱

cui̱tz'in xsuk'i cui'chic chi cau ut chi sa sa' xch'o̱l, chan. 28 Nak li asbej quirabi li c'a'ru quixye li mo̱s, quichal xjosk'il, ut inc'a' quiraj oc sa' li rochoch. Ut li yucua'bej qui-el chirix cab ut quixtz'a̱ma chiru nak ta̱oc. 29 Li asbej quichak'oc ut quixye re lix yucua': —At inyucua', la̱at nacanau nak nabal chihab xinc'anjelac cha̱cuu ut ma̱ jun sut xink'et la̱ cua̱tin. Ut ma̱ jun cua xaq'ue junak inch'ina chiba̱t re nak tinnink'ei̱k cuochbeneb li cuami̱g. 30 Abanan anakcuan xc'ulun la̱ cualal a'in li quisachoc re la̱ jun cablal riq'uineb li ixk li neque'xc'ayi rib ut la̱at xatakla xcamsinquil chok' re li ch'ina cuacax li ch'olaninbil chi us, chan li asbej. 31 Li yucua'bej quixye re: —At cualal, la̱at junelic cuancat cuiq'uin ut chixjunil li c'a'ru cuan cue, a'an a̱cue ajcui' la̱at. 32 Abanan tento nak tonink'ei̱k anakcuan ut ta̱sahok' sa' kach'o̱l xban nak la̱ cui̱tz'in chanchan camenak nak xcuan; abanan xsuk'i cui'chic chi yo'yo. Quisach ut xtauman cui'chic, chan li yucua'bej.

Li merto̱m li inc'a' us xna'leb

16 Li Jesús quixye reheb lix tzolom li jaljo̱quil ru a̱tin a'in: Quicuan jun li cui̱nk k'axal biom ut quicuan jun xmerto̱m. Cuanqueb li que'jitoc chirix li merto̱m chiru li patrón ut que'xye re: —La̱ merto̱m yo̱ chixsachbal la̱ biomal, chanqueb re. 2 Jo'can nak quixbok lix merto̱m ut quixye re: —¿C'a'ru xya̱lal li yo̱quin chirabinquil cha̱cuix? Ta̱k'axtesi la̱ cue̱nt nak xatcuan chi c'anjelac xban nak inc'a' chic tatcana̱k chok' inmerto̱m, chan re. 3 Ut li merto̱m quixye sa' xch'o̱l: —¿C'a'ru tinba̱nu anakcuan xban nak lin patrón tinrisi sa' lin c'anjel? Inc'a' tincuy li cacuil c'anjel ut tinxuta̱na̱k chi xic chixtz'a̱manquil c'a'ru cue chire cablal. 4 Anakcuan ninnau c'a'ru tinba̱nu re nak cua̱nkeb li tine'xc'ul sa' rochocheb nak tin-isi̱k chi merto̱mil, chan sa' xch'o̱l. 5 Quixbokeb chak chi xju̱nkaleb li cuanqueb xc'as riq'uin lix patrón. Ut quixye re li xbe̱n: —¿Jo' nimal la̱ c'as riq'uin lin patrón? chan. 6 Ut li cui̱nk quixye re: —O'c'a̱l (100) barril chi aceite, chan. Ut li merto̱m quixye re: —Cue' li hu li tz'i̱banbil cui' retalil la̱ c'as. Chunlan ut jal sa' junpa̱t. Laje̱b roxc'a̱l (50) aj chic ta̱tz'i̱ba retalil chiru li hu a'in, chan. 7 Ut quixye cui'chic re li jun chic: —Ut la̱at, ¿jo' nimal la̱ c'as? chan. Ut li cui̱nk quixye: —O'c'a̱l (100) bisoc chi trigo, chan. Li merto̱m quixye re: —Cue' li hu li tz'i̱banbil cui' retalil la̱ c'as. Jal ut ca̱c'a̱l (80) bisoc aj chic ta̱tz'i̱ba retalil chiru li hu a'in, chan. 8 Ut li patrón quisach xch'o̱l chirilbal nak k'axal cuan xna'leb li merto̱m li inc'a' us xna'leb. Eb li inc'a' neque'xnau li xya̱lal k'axal se̱beb xch'o̱l chixc'oxlanquil chanru tixtenk'a rib, usta inc'a' us tixba̱nu reheb li ras ri̱tz'in. K'axal se̱beb xch'o̱l chiruheb li ralal xc'ajol li Dios. 9 Cuan li neque'xba̱nu li inc'a' us riq'uin lix biomal. Abanan, la̱in ninye e̱re, cheba̱nu usilal reheb le̱ ras e̱ri̱tz'in riq'uin le̱ biomal sa' ruchich'och'. Ut nak ta̱lajk ta̱osok' le̱ biomal, texc'ulek' sa' li na'ajej li ma̱c'a' roso'jic. 10 Li ani ti̱c xch'o̱l chixba̱nunquil li yal ca'ch'in, ti̱cak ajcui' xch'o̱l chixba̱nunquil li nabal. Ut li ani inc'a' ti̱c xch'o̱l chixba̱nunquil li yal ca'ch'in, inc'a' ajcui' ti̱cak xch'o̱l chixba̱nunquil li nabal. 11 Cui la̱ex inc'a' nequenau xra̱bal li biomal sa' ruchich'och', ¿chan ta cui' ru nak tixc'ojob xch'o̱l li Dios chixq'uebal e̱re li tz'akal biomal? 12 Ut cui inc'a' nequenau xra̱bal li c'a'ru re jalan, ¿chan ta cui' ru nak ta̱k'axtesi̱k e̱re la̱ex li c'a'ru tz'akal e̱re? 13 Ma̱ ani ta̱ru̱k ta̱c'anjelak chiru cuib chi patrón. Ma̱re tixra li jun ut xic' ta̱ril li jun chic, malaj ut xic' ta̱ril li jun ut tixra li jun chic. Inc'a' naru texc'anjelak chiru li Dios cui junes le̱ biomal nequec'oxla. 14 Nak eb laj fariseo que'rabi li quixye li Jesús, que'oc chixse'enquil xban nak neque'xra lix biomaleb. 15 Ut li Jesús quixye re-

heb: —La̱ex nequeti̱cobresi e̱ch'o̱l e̱junes
chiruheb li tenamit. Abanan li Dios nax-
nau chanru le̱ na'leb. Li c'a'ru k'axal lok'
chiruheb li cui̱nk sa' ruchich'och', a'an
tz'ekta̱nanbil xban li Dios.

Li chak'rab ut lix nimajcual cuanquilal li Dios

16 Chixjunil li tijleb li que'xc'ut eb
li profeta junxil, jo' ajcui' lix chak'rab
laj Moisés, quirake' xyebal nak laj
Juan laj Cubsihom Ha' quic'ulun
chixch'olobanquil resil nak cha̱lc re lix
nimajcual cuanquilal li Dios. Ut nabaleb
yo̱queb chixyalbal xk'e chi oc rubel lix
nimajcual cuanquilal li Dios. 17 Li choxa
ut li ruchich'och', a'an moco ch'a'aj ta
nak ta̱osok'. Abanan ma̱ jun li a̱tin li
tz'i̱banbil sa' li chak'rab, taru̱k ta̱isi̱k
xcuanquil, usta k'axal ca'ch'in. 18 Li ani
tixjach rib riq'uin li rixakil ut ta̱sumla̱k
riq'uin jalan chic ixk, a'an tixmux ru
lix sumlajic. Ut li cui̱nk li ta̱sumla̱k
riq'uin junak ixk li ac xjach rib riq'uin
lix be̱lom, tixmux ru lix sumlajic.

Li cui̱nk biom ut laj Lázaro

19 Quicuan jun li cui̱nk biom. Naxtikib
rib riq'uin cha̱bil t'icr k'axal terto xtz'ak
ut rajlal cutan nanink'e̱ic. 20 Quicuan
ajcui' jun li cui̱nk neba' aj Lázaro
xc'aba'. Xox rix. Rajlal naxchunub rib
chire li oqueba̱l re li rochoch li biom.
21 Naxra raj ru xtzacanquil xc'aj li cua
li nat'ane' sa' xbe̱n xme̱x li biom. Eb
li tz'i' neque'chal riq'uin ut neque'xrek'
ru lix xox. 22 Quicuulac xk'ehil nak
quicam li neba' ut quic'ame' xbaneb li
ángel toj sa' choxa bar cuan cui' laj
Abraham. Ut quicam ajcui' li biom ut
quimuke'. 23 Nak ac cuan sa' xbalba, yo̱
chixc'ulbal li raylal aran. Qui-iloc takec'
ut quiril laj Abraham ut laj Lázaro cuan
chixc'atk. 24 Quixjap re ut quixye: —
Ka̱cua' Abraham, chacuil taxak xtok'oba̱l
cuu. Chatakla laj Lázaro chintenk'anquil.
Chixt'akresi chak li ru'uj ruk' sa' ha'
ut tolxquehobresi li ru'uj cuak' xban
nak c'ajo' li raylal yo̱quin chixc'ulbal
sa' li xam a'in, chan. 25 Ut laj Abraham
quixye re: —At cuas cui̱tz'in, julticak
a̱cue nak toj yo'yo̱cat sa' ruchich'och' na-
bal a̱biomal ut k'axal sa nak xatcuan.
Ut laj Lázaro c'ajo' li raylal quixc'ul.
Anakcuan c'ojobanbil xch'o̱l laj Lázaro
arin ut la̱at k'axal ra cuancat. 26 Ut cuan
jun nimla chamal jul naramoc re li
na'ajej cuanco cui'. Ut ma̱ jun ke ta̱ru̱k
ta̱numek' re ta̱xic e̱riq'uin, chi moco
la̱ex ta̱ru̱k texnumek' chak arin, chan
laj Abraham re li biom. 27 Tojo'nak li
biom quixye re: —Tintz'a̱ma cha̱cuu, at
Ka̱cua' Abraham, takla laj Lázaro sa'
rochoch lin yucua'. 28 Aran cuanqueb
o̱b li cui̱tz'in. Chatakla xch'olobanquil
xya̱lal chiruheb re nak eb a'an inc'a'
te'cha̱lk sa' li na'ajej a'in chi c'uluc ray-
lal, chan. 29 Laj Abraham quixye re: —
Cuan riq'uineb li hu li tz'i̱banbil xban laj
Moisés, ut eb li profeta. Che'xq'uehak re-
tal li c'a'ru tz'i̱banbil sa' li hu a'an, chan.
30 Quichak'oc li biom ut quixye: —Inc'a'
tz'akal a'an, Ka̱cua' Abraham. Abanan
cui junak camenak ta̱cuacli̱k cui'chic
chi yo'yo ut ta̱xic riq'uineb, te'yot'ek'
raj xch'o̱l ut te'xjal raj xc'a'uxeb, chan.
31 A'ut laj Abraham quixye re: —Cui
inc'a' neque'rabi li quixye laj Moisés ut
eb li profeta, inc'a' ajcui' te'pa̱ba̱nk usta
ta̱cuacli̱k cui'chic chi yo'yo junak sa'
xya̱nkeb li camenak, chan laj Abraham.

Li Jesús quixq'ue xna'lebeb lix tzolom

17 Li Jesús quixye reheb lix tzolom:
—Junelic cuan li po'oc ch'o̱l.
Abanan raylal cha̱lel sa' xbe̱n li ani tixpo'
xch'o̱l li ras ri̱tz'in. 2 K'axal raj us chok'
re a'an nak ta̱cutek' sa' xchamal li palau
chi bac'bo junak nimla pec chi xcux
chiru nak tixpo' xch'o̱l junak li toj k'un
xch'o̱l sa' lix pa̱ba̱l. 3 Cheq'uehak retal
chanru le̱ na'leb. Cui ta̱ma̱cobk cha̱cuu la̱

cuas a̱cui̱tz'in, chak'usak. Ut cui ta̱yot'ek'
xch'o̱l ut tixjal xc'a'ux, chacuyak xma̱c.
4 Usta ta̱ma̱cobk cha̱cuu cuukubak sut
chiru li jun cutan ut cuukub sut tix-
patz' xcuybal cha̱cuu ut tixye nak inc'a'
chic tixba̱nu, tento nak ta̱cuy xma̱c, chan
li Jesús. 5 Eb li apóstol que'xye re li
Ka̱cua': —At Ka̱cua', choa̱tenk'a taxak
re nak cua̱nk kapa̱ba̱l chi tz'akal, chan-
queb. 6 Ut li Ka̱cua' quixye reheb: —Usta
ca'ch'in ajcui' le̱ pa̱ba̱l cuan jo' li riya-
jil li mostaza, ta̱ru̱k raj te̱ye re li che'
a'in, "Mich' a̱cuib ut au a̱cuib sa' li palau"
ut li che' tixba̱nu raj jo' te̱ye re, chan.
7 Kayehak nak junak e̱re cuan xmo̱s yo̱k
chak chi c'alec malaj ut chi iloc queto̱mk.
Nak acak xchoy lix c'anjel lix mo̱s, ta̱-
suk'i̱k sa' cab. ¿Ma ta̱yehek' ta bi' re xban
lix patrón, "Ocan, c'ojlan ut cua'in"?
8 Inc'a'. Ta̱yehek' ban re: "Chac'u̱b cuan
intzacae̱mk ut chatc'anjelak chicuu. Nak
acak xinrake' chi cua'ac, naru tatcua'ak
la̱at." 9 ¿Ma tixbantioxi re lix mo̱s nak
quixba̱nu li quitakla̱c xba̱nunquil? La̱in
ninye nak inc'a'. 10 Jo'can ajcui' la̱ex.
Nak ac xeba̱nu li xextakla̱c cui', cheye-
hak: "La̱o aj c'anjel cha̱cuu. Ca'aj cui' li
jo' q'uial xoa̱takla cui' xkaba̱nu. Jo'can
nak ma̱bantioxi chiku", cha'akex, chan li
Jesús reheb.

Li Jesús quixq'uirtesiheb li laje̱b chi cui̱nk saklepeb rix ut jun ajcui' quibantioxin chiru

11 Nak yo̱ chi xic Jerusalén, li Jesús
quinume' sa' li na'ajej li neque'xc'ul
cui' rib li tenamit Samaria ut Galilea.
12 Nak yo̱ chi cuulac sa' jun li c'aleba̱l,
que'chal chixc'ulbal laje̱b li cui̱nk sak-
lep rixeb. Eb a'an najt que'xakli riq'uin
li Jesús. 13 Ut que'xjap reheb chixyebal:
—At Jesús, at aj tzolonel, chacuuxta̱na
taxak ku, chanqueb. 14 Nak quirilebli
Jesús quixye reheb: —Ayukex riq'uineb
laj tij ut c'utumak chak e̱rib chiruheb,
chan reheb. Ut nak yo̱queb chi xic,
que'q'uira. 15 Jun reheb li cui̱nk quiril
nak quiq'uira, quisuk'i riq'uin li Jesús
ut yo̱ chixlok'oninquil li Dios chi cau
xya̱b xcux. 16 Quixcuik'ib rib chiru li
Jesús ut quixbantioxi chiru. Li cui̱nk
a'an aj Samaria. 17 Quixye li Jesús: —
¿Ma ma̱cua' ta bi' laje̱b chi cui̱nk li
xinq'uirtesi? ¿Bar cuanqueb li bele̱b
chic? 18 ¿Ma ca'aj cui' li jun a'in li ma̱cua'
aj judío xsuk'i chixlok'oninquil li Dios?
chan. 19 Tojo'nak quixye re li cui̱nk: —
Xaklin ut tatxic. Xatq'uira xban nak xat-
pa̱ban, chan.

Li Jesús quixye nak lix nimajcual cuanquilal li Dios ac cuan riq'uineb

20 Eb laj fariseo que'xpatz' re li Jesús
jok'e ta̱cha̱lk lix nimajcual cuanquilal li
Dios. Li Jesús quichak'oc ut quixye re-
heb: —Lix cuanquilal li Dios moco cua̱nk
ta retalil lix c'ulunic re nak te̱nau jok'e
xk'ehil. 21 Chi moco te'xye, "cuan arin"
chi moco te'xye, "le' cuan", xban nak lix
cuanquilal li Dios ac cuan sa' e̱ya̱nk la̱ex,
chan.

Li Jesús quixye chanru nak ta̱c'ulu̱nk cui'chic

22 Ut li Jesús quixye reheb lix tzolom:
—Ta̱cuulak xk'ehil nak la̱ex te̱ra ru ril-
bal lin c'ulunic la̱in li C'ajolbej, abanan
inc'a' te̱ril cuu. 23 Ut te'xye e̱re, "cue'
arin" malaj ut "cuan toj le'". Abanan
mexxic chirilbal chi moco te̱ta̱keheb.
24 Sa' xk'ehil lin c'ulunic la̱in li C'ajolbej
chanchanakin li rak' ca̱k nak nare-
poc chak ut naxcutanobresi chixjunil
ru li choxa. La̱in moco chi mukmu ta
tinc'ulu̱nk. 25 Abanan tento nak la̱in li
C'ajolbej tinrahobtesi̱k ut tintz'ekta̱na̱k
xbaneb li cuanqueb sa' ruchich'och' sa'
eb li cutan a'in. 26 Jo' quic'ulman sa'
eb li cutan nak toj cua̱nk laj Noé
sa' ruchich'och', jo'can ajcui' ta̱c'ulma̱nk
nak ta̱cuulak xk'ehil lin c'ulunic la̱in li
C'ajolbej. 27 Sa' eb li cutan a'an li tena-

mit yoqueb chi cua'ac ut yoqueb chi uc'ac. Yoqueb chi sumlac ut yoqueb chi sumubanc toj quicuulac xk'ehil nak laj Noé qui-oc sa' li jucub cab. Nak mac'a' sa' xch'oleb quichal li but'i ha' ut quilajxsacheb chixjunileb li inc'a' que'oc sa' li jucub cab. 28 Tac'ulmank jo' quic'ulman sa' eb li cutan nak laj Lot toj cuank sa' ruchich'och'. Chixjunileb yoqueb chi tzacanc ut yoqueb chi uc'ac. Yoqueb chi lok'oc ut yoqueb chi c'ayinc. Yoqueb chi auc ut yoqueb chi cablac. 29 Abanan sa' li cutan nak laj Lot qui-el sa' li tenamit Sodoma, nak mac'a' sa' xch'oleb, quichal chak sa' choxa xam ut azufre ut quilajxsacheb chixjunileb. 30 Jo'can ajcui' tac'ulmank nak tinc'ulunk cui'chic lain li C'ajolbej. Mac'a'ak sa' xch'oleb li tenamit. 31 Sa' li cutan nak tinc'ulunk, li ani cuank chak sa' xben li rochoch ut li c'a'ru re cuank sa' li cab, micube chak chixxocbal. Jo'can ajcui' li cuank chak sa' c'alebal, inc'a' tasuk'ik sa' li rochoch. 32 Chijulticok' ere li c'a'ru quixc'ul li rixakil laj Lot nak quiraj raj suk'ic. 33 Li ani taraj xcolbal rix lix yu'am arin sa' ruchich'och', tasachk chiru. Ut li ani tasachk lix yu'am chiru, a'an tacuank xyu'am chi junelic. 34 Ut tinye ajcui' ere: Sa' li honal a'an nak tinc'ulunk, cuankeb cuib yokeb chi cuarc sa' jun chi cuarib. Jun aj pabanel ut jun macua'. Laj pabanel tac'amek' xban li Dios ut li jun chic li macua' aj pabanel, a'an tacanabak. 35 Ut cuib li ixk yokeb chi que'ec sa' jun li que'leb, jun aj pabanel ut li jun chic macua' aj pabanel. Ut laj pabanel tac'amek' xban li Dios ut li jun chic li macua' aj pabanel, a'an tacanabak. 36 Cuankeb cuib chi cuink sa' li c'alebal, jun aj pabanel ut li jun chic macua' aj pabanel. Laj pabanel tac'amek' xban li Dios ut li jun chic, li macua' aj pabanel, tacanabak, chan li Jesús. 37 Eb lix tzolom que'xpatz' re: —¿Bar tac'ulmank li yocat chixyebal? chanqueb. Ut li Jesús quixye reheb: —Laex nequenau nak bar cuan cui' junak li camenak, aran ajcui' te'ch'utlak eb li so'sol, chan.

Li jaljoquil ru atin chirix li xmalca'an ut laj rakol atin

18 Li Jesús quixye li jaljoquil ru atin a'in reheb lix tzolom re xc'utbal chiruheb nak tento te'tijok junelic ut inc'a' tach'inank xch'oleb. 2 Quixye reheb: Sa' jun li tenamit quicuan jun aj rakol atin inc'a' naxxucua ru li Dios, chi moco naxq'ue sa' xnak' ru li cristian. 3 Ut quicuan ajcui' sa' li tenamit a'an jun li xmalca'an cuan jun lix ch'a'ajquilal. Rajlal yo chi xic riq'uin laj rakol atin chixtz'amanquil lix tenk'anquil ut naxye re: —Banu usilal, charak atin sa' xbeneb li xic' neque'iloc cue, chan. 4 Ut laj rakol atin inc'a' quiraj. Abanan mokon quixye sa' xch'ol: —Lain inc'a' ninxucua ru li Dios chi moco eb li cuink ninq'ueheb sa' xnak' cuu. 5 Abanan xban nak yoquin chi titz'c chirabinquil li ixk a'in, tinrak atin sa' xbeneb li xic' neque'iloc re. Mare yok chinch'i'ch'i'inquil junelic, chan sa' xch'ol. 6 Ut li Kacua' quixye reheb: —Q'uehomak retal c'a'ru quixye laj rakol atin li inc'a' tic xch'ol. Usta inc'a' tic xch'ol, laj rakol atin quixtenk'a li xmalca'an re nak inc'a' chic tach'i'ch'i'ik xban. 7 ¿Ma toja' ta chic li Dios inc'a' tixcoleb li sic'bileb ru xban? ¿Ma tabayk ta bi' chixsumenquil li c'a'ru te'xtz'ama li neque'yaban re lix c'aba' chi k'ek chi cutan? 8 Lain tinye ere nak li Dios tixcoleb chi junpat. Abanan lain ninc'oxla, ¿jarub ta cui' li cauhakeb xch'ol sa' lix pabal? Ut, ¿jarubeb ta cui' li yokeb chi tijoc nak tinc'ulunk cui'chic sa' ruchich'och' lain li C'ajolbej?

Laj fariseo ut laj titz'ol toj que'coeb chi tijoc sa' li templo

9 Ut li Jesús quixye jun chic li jaljoquil ru atin reheb li neque'xc'oxla nak cha-

bileb ut neque'xtz'ekta̱naheb li jun ch'ol chic. Quixye reheb: 10 Cuib li cui̱nk co̱eb sa' li templo chi tijoc. Li jun, a'an aj fariseo. Ut li jun chic aj titz'ol toj. 11 Laj fariseo quixxakab rib ut quitijoc chi cau xya̱b xcux ut quixye: —At inDios, la̱in ninbantioxi cha̱cuu nak ma̱cua'in jo'queb li jun ch'ol chic. A'an eb aj e̱lk'eb, aj ba̱nuhom ma̱usilal, ut aj muxuleb caxa̱r. La̱in ma̱cua'in jo' laj titz'ol toj a'an. 12 Ca' sut ninba̱nu in-ayu̱n chiru li jun xama̱n. Ut rajlal ninq'ue li junju̱nk sa' xlaje̱tkil re chixjunil li jo' q'uial li ninc'ul, chan laj fariseo sa' lix tij. 13 Abanan laj titz'ol toj najt quixq'ue chak rib ut quixxulub lix jolom. Yo̱ chixtenbal li re xch'o̱l chi ruk' xban xrahil xch'o̱l ut quixye: —At inDios, la̱in aj ma̱c. Chacuuxta̱na taxak cuu, chan. 14 La̱in ninye e̱re nak laj titz'ol toj, a'an li quisuk'i sa' rochoch chi ti̱cobresinbil chic lix ch'o̱l. Ut laj fariseo inc'a', xban nak li ani naxnimobresi rib, a'an ta̱cubsi̱k xcuanquil. Ut li ani naxcubsi rib, a'an ta̱q'uehek' xcuanquil, chan li Jesús.

Li Jesús quirosobtesiheb li coc'al

15 Sa' jun li cutan cuanqueb li que'xc'am chak lix coc'aleb riq'uin li Jesús re nak tixq'ue li ruk' sa' xbe̱neb ut ta̱rosobtesiheb. Ut eb lix tzolom li Jesús que'xq'ue retal nak que'c'ame' chak li coc'al riq'uin ut que'oc chixk'usbaleb lix na' xyucua'eb. 16 Ut li Jesús quixbokeb lix tzolom riq'uin ut quixye reheb: —Canabomakeb li coc'al chi cha̱lc cuiq'uin. Me̱ram chiruheb xban nak reheb a'an lix nimajcual cuanquilal li Dios. 17 Relic chi ya̱l tinye e̱re li ani inc'a' k'un xch'o̱l chinpa̱banquil jo'queb li coc'al a'in, a'an inc'a' ta̱oc rubel lix nimajcual cuanquilal li Dios, chan.

Jun li cui̱nk biom quia̱tinac riq'uin li Jesús

18 Jun li cui̱nk nim xcuanquil sa' xya̱nkeb laj judío quia̱tinac riq'uin li Jesús ut quixye re: —At cha̱bil tzolonel, ¿c'a'ru ta̱ru̱k tinba̱nu re nak tincue̱chani li yu'am chi junelic? chan. 19 Li Jesús quixye re: —¿C'a'ut nak nacaye cha̱bil cue cui inc'a' nacanau anihin la̱in? Jun ajcui' li cha̱bil ut a'an li Dios. 20 La̱at ac nacanau c'a'ru naxye sa' li chak'rab: Matmuxuc caxa̱r. Ma̱camsi a̱cuas a̱cui̱tz'in. Mat-elk'ac. Matyo'oban tic'ti' chirix a̱cuas a̱cui̱tz'in. Cha-oxlok'i la̱ na' a̱yucua', chan li Jesús re. 21 Li cui̱nk quichak'oc ut quixye: —Chixjunil a'in ac yo̱quin ajcui' chak chixba̱nunquil chalen sa' inca'ch'inal, chan. 22 Nak quirabi li c'a'ru quixye li cui̱nk, li Jesús quixye re: —Jun chic toj ma̱ji' nacaba̱nu. C'ayi chixjunil li c'a'ru cuan a̱cue ut ta̱si lix tz'ak reheb li neba' ut ta̱cua̱nk a̱biomal sa' choxa. Nak ac xaba̱nu a'an, tatcha̱lk ut tina̱ta̱ke, chan li Jesús re. 23 Nak quirabi li quixye li Jesús, c'ajo' nak quiraho' sa' xch'o̱l li cui̱nk xban nak nabal lix biomal cuan. 24 Li Jesús quixq'ue retal nak quiraho' sa' xch'o̱l li cui̱nk ut quixye: —C'ajo' xch'a'ajquil chok' re junak biom oc rubel lix nimajcual cuanquilal li Dios. 25 Ma̱min ta̱ru̱k ta̱numek' junak nimla xul camello sa' ru junak cu̱x. Jo'can ajcui' li biom. Ma̱ jok'e ta̱ru̱k ta̱oc sa' xnimajcual cuanquilal li Dios cui ca'aj cui' lix biomal naxc'oxla, chan li Jesús. 26 Eb li que'abin re li quixye li Jesús, que'chak'oc ut que'xye: —¿Aniheb li ta̱ru̱k te'colek' chi jo'canan? chanqueb. 27 Li Jesús quixye reheb: —Li c'a'ru ch'a'aj xba̱nunquil chiru li cui̱nk, chiru li Dios moco ch'a'aj ta xba̱nunquil, chan. 28 Laj Pedro quixye re li Jesús: —La̱o xkacanab chixjunil li c'a'ru ke xban a̱ta̱kenquil, chan. 29 Li Jesús quixye: —Relic chi ya̱l tinye e̱re, li ani naxcanab

li c'a'ru re sa' inc'aba' la̱in, tixc'ul re̱kaj.
Li ani naxcanab li rochoch, lix na' xyu-
cua', li ras ri̱tz'in, li rixakil, malaj ut lix
coc'al sa' xc'aba' lix nimajcual cuanquilal
li Dios, a'an tixc'ul re̱kaj. 30 K'axal nabal
cui'chic li re̱kaj tixc'ul sa' li ruchich'och'
a'in, jo' ajcui' sa' li choxa tixc'ul li junelic
yu'am, chan li Jesús.

Li Jesús quixye cui'chic resil lix camic

31 Tojo'nak li Jesús quixc'ameb
xjuneseb lix tzolom cablaju ut quixye
reheb: —Anakcuan toxic Jerusalén re
nak ta̱tz'aklok ru chixjunil li tz'i̱banbil
xbaneb li profeta chicuix la̱in li
C'ajolbej. 32 Tink'axtesi̱k sa' ruk'eb li
ma̱cua'eb aj judío. Tine'xhob, tine'xsac'
ut tine'xchu̱ba. 33 Ut nak acak xine'xsac'
chi us, tine'xcamsi. Abanan sa' rox li
cutan tincuacli̱k cui'chic chi yo'yo sa'
xya̱nkeb li camenak, chan li Jesús. 34 Ut
eb lix tzolom chi ti̱c inc'a' que'xtau ru li
quixye li Jesús xban nak ch'a'aj xtaubal
ru chiruheb.

Li Jesús quixq'uirtesi jun li mutz' nak yo chi cuulac Jericó

35 Nak li Jesús yo̱ chi cuulac Jer-
icó, cuan jun li cui̱nk mutz' ru c'ojc'o
chire li be. Yo̱ chixtz'a̱manquil c'a'ru re.
36 Nak quirabi li q'uila tenamit yo̱queb
chi numec', li mutz' quixpatz' c'a'ru
yo̱ chi c'ulma̱nc. 37 Que'xye re nak li
Jesús aj Nazaret yo̱ chi numec'. 38 Li
mutz' quixjap re ut quixye: —¡At Jesús,
ralalat xc'ajol laj David, la̱at li yo̱co
cha̱cuoybeninquil. Chacuuxta̱na taxak
cuu! chan. 39 Ut eb li tenamit li yo̱queb
chi numec' que'oc chixk'usbal ut que'xye
re: —Matchokin, chanqueb re. Abanan
li mutz' k'axal cui'chic cau quixjap re
ut quixye: —At ralalat xc'ajol laj David,
chacuuxta̱na cuu, chan. 40 Nak quirabi
li quixye li mutz', li Jesús quixakli
ut quixtakla xc'ambal li mutz'. 41 Nak
quic'ame' riq'uin, li Jesús quixye re: —
¿C'a'ru ta̱cuaj tinba̱nu a̱cue? chan. Ut
li mutz' quixye: —Ka̱cua', tincuaj nak
ta̱ilok li xnak' cuu, chan. 42 Li Jesús
quixye re: —Chi-ilok li xnak' a̱cuu.
Xatq'uira xban nak xapa̱b nak cuan in-
cuanquil cha̱q'uirtesinquil, chan. 43 Ut
sa' junpa̱t qui-iloc li mutz' ut co̱ chirixeb.
Yo̱ chixlok'oninquil li Dios. Ut nak que'ril
li c'a'ru quic'ulman, chixjunileb li tena-
mit que'xq'ue xlok'al li Dios.

Laj Zaqueo laj titz'ol toj quixpa̱b li Jesús

19 Nak quicuulac Jericó, li Jesús yo̱
chi numec' sa' li tenamit. 2 Aran
cuan jun li cui̱nk biom aj Zaqueo xc'aba'.
Li cui̱nk a'an, a'an li nataklan sa' xbe̱neb
laj titz'ol toj. 3 Ta̱raj xnaubal ani li Jesús.
Abanan xban nak k'axal nabaleb li tena-
mit, inc'a' quiru rilbal xban nak ca'ch'in
rok. 4 Jo'can nak co̱ sa' a̱nil chi ubej ut
quitake' sa' ru'uj jun li che' sicómoro
xc'aba' re nak ta̱ru̱k ta̱ril li Jesús xban
nak aran toxnumek'. 5 Nak yo̱ chi nu-
mec' aran, li Jesús qui-iloc takec'. Quiril
laj Zaqueo ut quixye re: —At Zaqueo,
cuben chak chi junpa̱t xban nak tento
nak tinhila̱nk sa' la̱ cuochoch anakcuan,
chan. 6 Ut laj Zaqueo quicube sa' junpa̱t
ut quixc'ul li Jesús sa' rochoch chi sa
sa' xch'o̱l. 7 Nak li q'uila tenamit que'ril
nak li Jesús qui-oc sa' rochoch laj Za-
queo, que'po' ut que'xye: —X-oc chi hi-
la̱nc sa' rochoch jun cui̱nk aj ma̱c, chan-
queb. 8 Nak yo̱queb chi cua'ac, laj Za-
queo quixakli chiru li Jesús ut quixye
re: —Ka̱cua', chalen anakcuan jalan chic
tinba̱nu. Yijach lin jun cablal tinsi re-
heb li neba'. Ut cui cuan anihak xcuelk'a
c'a'ru re, ca̱hib cua chic xq'uial li re̱kaj
tinq'ue, chan. 9 Ut li Jesús quixye: —Li
cui̱nk a'in ralal xc'ajol ajcui' laj Abraham.
Anakcuan colbil chic li cui̱nk a'in. 10 La̱in
li C'ajolbej xinc'ulun chixsic'bal ut chix-
colbal li sachenakeb, chan li Jesús.

Cui inc'a' nakaq'ue chi c'anjelac li kama̱tan li q'uebil ke xban li Dios, ta̱mak'ek' chiku

[11] Ut li Jesús quixye jun chic li
jaljo̱quil ru a̱tin reheb li yo̱queb chi
abi̱nc re, xban nak cuulaqueb re
Jerusalén. Eb a'an que'xc'oxla nak li
Jesús ac oc re chixxakabanquil lix
nimajcual cuanquilal li Dios. [12] Li Jesús
quixye reheb: Quicuan jun xnimal
ru cui̱nk. Li cui̱nk a'an quiboke' sa'
jun najtil tenamit re nak ta̱xakaba̱k
chok' rey ut ta̱suk'i̱k cui'chic. [13] Nak
ac xic re li cui̱nk quixbokeb laje̱b lix
mo̱s. Quixq'ue laje̱b chi tumin re li
junju̱nk ut quixye reheb: —Yaconkex
chiru li tumin a'in toja' yal jok'e tana
tinsuk'i̱k chak la̱in, chan. [14] Aban xic'
na-ile' xbaneb lix tenamit ut nak ac
xco̱ li cui̱nk, que'xtakla xtakl riq'uin li
ta̱xakaba̱nk re chok' rey chixyebal re:
—La̱o inc'a' nakaj nak ta̱oc chok' karey li
cui̱nk a'in, chanqueb. [15] Abanan li cui̱nk
quixakaba̱c chok' rey. Ut nak ac x-oc
chok' rey, li cui̱nk a'an quisuk'i cui'chic
sa' xtenamit ut quixtakla xbokbaleb lix
mo̱s li quixq'ueheb xtumin re xnaubal li
jo' nimal ac xtau li junju̱nk. [16] Quicuulac
li xbe̱n ut quixye re: —Ka̱cua', laje̱b
chic xrala la̱ tumin li xaq'ue cue, chan.
[17] Li rey quixye re: —La̱at cha̱bil aj
c'anjel. Us xaba̱nu. Xban nak ti̱c a̱ch'o̱l
riq'uin li ca'ch'in xinq'ue a̱cue, jo'can
nak tinq'ue a̱cuanquil sa' xbe̱n laje̱b chi
tenamit, chan li rey. [18] Ut quicuulac
li mo̱s jun chic ut quixye: —Ka̱cua',
o̱b chic xrala la̱ tumin li xaq'ue cue,
chan. [19] Ut li rey quixye re: —Jo'can
ajcui' la̱at. Cha̱bil xaba̱nu. Tinq'ue
a̱cuanquil sa' xbe̱n o̱b chi tenamit, chan.
[20] Ut quicuulac ajcui' li mo̱s jun chic ut
quixye: —Ka̱cua', cue' la̱ tumin. Xinc'u̱la
sa' jun sut. [21] Xinxucuac a̱ban xban nak
ninnau nak josk'at. Nacac'ul li tumin li
inc'a' nacac'anjela ut nacatk'oloc bar
cui' inc'a' nacat-au, chan. [22] Quichak'oc
li rey ut quixye: —La̱at ma̱c'a' nacat-oc
cui'. Riq'uin ajcui' li c'a'ru xaye, tinrak
a̱tin sa' a̱be̱n. Nacanau nak josk'in ut
nacanau nak ninc'ul li tumin li inc'a'
ninc'anjela ut nink'oloc bar cui' inc'a'
nin-au. [23] ¿C'a'ut nak inc'a' xaq'ue chi to'
lin tumin? Ut la̱in nak xinsuk'i, xinc'ul
raj lin tumin rochben li ral, chan li rey.
[24] Ut li rey quixye reheb li cuanqueb
aran: —Isihomak li tumin chiru ut
q'uehomak re li ac cuan laje̱b chi tumin
riq'uin, chan. [25] Eb a'an que'chak'oc ut
que'xye: —At Ka̱cua', a'an ac cuan ajcui'
laje̱b chi tumin riq'uin, chanqueb. [26] Li
rey quixye reheb: —La̱in ninye e̱re nak
li ani cuan nabal c'a'ru re, ta̱q'uehek'
cui'chic nabal re; ut li ani ca'ch'in ajcui'
c'a'ru re, ta̱isi̱k chiru, usta ca'ch'in ajcui'
li c'a'ru re. [27] Ut c'amomakeb chak li xic'
neque'iloc cue li inc'a' neque'raj nak
tin-oc chok' xreyeb. Ut chicuu ajcui',
te̱camsiheb, chan li rey.

Li Jesús quiq'uehe' xlok'al nak qui-oc Jerusalén

[28] Nak ac xye li jaljo̱quil ru a̱tin a'in,
li Jesús qui-oc cui'chic chi xic Jerusalén.
[29] Cuulaqueb re sa' li cuib chi tena-
mit Betfagé ut Betania. Nach' cuanqueb
riq'uin li tzu̱l Olivos nak li Jesús quix-
taklaheb cuib lix tzolom. [30] Quixye re-
heb: —Ayukex sa' li ch'ina tenamit a'an
li cuan chi nach'. Ut nak texcuulak te̱tau
jun li ch'ina bu̱r bac'bo. Li ch'ina bu̱r a'an
toj ma̱ ani nabe̱c chirix. Te̱hit ut te̱c'am
chak arin. [31] Ut cui ani napatz'oc e̱re
c'a'ut nak yo̱quex chixhitbal, te̱ye re nak
li Ka̱cua' ta̱ajok ru li ch'ina bu̱r, cha'akex,
chan li Jesús. [32] Que'co̱eb lix tzolom
li Jesús cuib ut que'xtau chixjunil jo'
quiyehe' reheb. [33] Nak yo̱queb chixhitbal
li ch'ina bu̱r, eb laj e̱chal re que'xpatz'
reheb: —¿C'a'ut nak yo̱quex chixhitbal
li kabu̱r? chanqueb. [34] Eb lix tzolom
li Jesús que'chak'oc ut que'xye: —Li

Ka̱cua' ta̱ajok ru li bu̱r, chanqueb. 35 Ut que'xc'am li ch'ina bu̱r riq'uin li Jesús. Que'xq'ue li t'icr chirix ut que'xtenk'a li Jesús chi takec' chirix. 36 Nak yo̱ chi xic li Jesús, nabaleb li cristian que'xhel lix t'icreb sa' be bar ta̱numek' cui' li Jesús jo' c'aynakeb xba̱nunquil nak nacuulac junak nim xcuanquil. 37 Cuulaqueb re Jerusalén. Yo̱queb chak chi cubec sa' li tzu̱l Olivos ut chixjunileb li yo̱queb chixta̱kenquil li Jesús que'oc chixjapbal reheb xban xsahil xch'o̱leb. Ut que'xlok'oni li Dios xbaneb li milagro li quilaje'ril. 38 Que'xye: —Osobtesinbil taxak li rey li xchal sa' xc'aba' li Ka̱cua'. Ut cua̱nk taxak li tuktu̱quilal sa' choxa. Lok'oninbil taxak li Ka̱cua' li cuan sa' choxa, chanqueb. 39 Ut cuanqueb laj fariseos sa' xya̱nkeb li q'uila tenamit que'xye re: —At tzolonel k'useb la̱ tzolom, ye reheb nak te'xcanab a̱tinac.— 40 Li Jesús quichak'oc ut quixye reheb: —La̱in ninye e̱re nak cui eb lin tzolom te'xcanab xq'uebal inlok'al, a' chic li pec te'xjap re chixq'uebal inlok'al, chan li Jesús.

Li Jesús quiyot'e' xch'o̱l nak quiril li tenamit Jerusalén

41 Nak cuulac re Jerusalén, li Jesús quiya̱bac chirilbal li tenamit. 42 Ut quixye: —¡Cui ta la̱ex aj Jerusalén nequenau xq'uebal retal ani ta̱ru̱k ta̱q'uehok tuktuquil usilal sa' eb li cutan a'in, us raj! Aban anakcuan toj mukmu che̱ru. Jo'can nak inc'a' nequetau xya̱lal. 43 Ta̱cuulak xk'ehil nak eb li xic' neque'iloc e̱re te'cha̱lk chi pletic e̱riq'uin. Te'xsut rix le̱ tenamit. Te'xq'ue ribeb chi xjun sutam le̱ tenamit ut la̱ex ma̱ bar chic ta̱ru̱k te̱col e̱rib. 44 Te'xjuq'ui le̱ tenamit ut te'xt'an, jo'queb ajcui' chixjunileb li cuanqueb aran. Ma̱ jun chic li pec ta̱cana̱k sa' xna'aj. Te̱c'ul chi jo'can xban nak la̱ex inc'a' xeq'ue retal nak li Dios xc'ulun e̱riq'uin che̱colbal, chan li Jesús.

Li Jesús quirisiheb laj c'ay sa' li templo

45 Nak qui-oc sa' li templo, li Jesús qui-oc chixyolesinquileb chirix cab li yo̱queb chi c'ayi̱nc ut li yo̱queb chi lok'oc aran. 46 Quixye reheb: —Tz'i̱banbil retalil sa' li Santil Hu chi jo'ca'in: Li cuochoch a'in re te'tijok cui' li tenamit. Abanan la̱ex xeq'ue li templo chok' xna'ajeb laj e̱lk', chan li Jesús. 47 Ut rajlal cutan yo̱ chixch'olobanquil xya̱lal sa' li templo. Eb li xbe̱nil aj tij, ut eb laj tz'i̱b ut eb li neque'taklan sa' xya̱nkeb laj judío yo̱queb chixc'u̱banquil chanru nak te'xcamsi. 48 Abanan inc'a' que'xtau chanru te'xba̱nu xban nak chixjunileb li tenamit yo̱queb chixq'uebal xch'o̱leb chirabinquil li c'a'ru yo̱ chixyebal li Jesús.

Eb laj tz'i̱b que'xpatz' re li Jesús ani quiq'uehoc xcuanquil

20 Sa' jun li cutan li Jesús yo̱ chixch'olobanquil xya̱lal li colbaib chiruheb li tenamit li cuanqueb sa' li templo, nak que'cuulac riq'uineb li xbe̱nil laj tij ut eb laj tz'i̱b rochbeneb li xakabanbileb chi c'anjelac sa' li templo. 2 Ut que'xye re: —¿Ani xtaklan a̱cue chixba̱nunquil li c'a'ru yo̱cat chixba̱nunquil? ¿Ani xq'uehoc a̱cuanquil? chanqueb. 3 Li Jesús quixye reheb: —La̱in tincuaj ajcui' patz'oc e̱re. Te̱sume li tinpatz' e̱re. 4 ¿Ani quitaklan chak re laj Juan chi cubsi̱nc ha'? ¿Ma li Dios malaj ut cui̱nk quitaklan chak re? chan li Jesús reheb. 5 Ut que'oc chixyebal chi ribileb rib: —¿C'a'ru takasume cui'? Cui takaye nak li Dios xtaklan chak re, a'an tixye ke c'a'ut nak inc'a' xkapa̱b li c'a'ru quixye laj Juan. 6 Ut cui takaye nak cui̱nk xtaklan chak re, chixjunileb li tenamit toe'xcamsi chi pec xban nak eb a'an neque'xpa̱b nak laj Juan, a'an tz'akal profeta, chanqueb chi ribileb rib. 7 Jo'can

nak que'chak'oc ut que'xye re li Jesús:
—La̲o inc'a' nakanau ani xtaklan chak
re, chanqueb. 8 Ut li Jesús quixye reheb:
—Chi moco la̲in tinye e̲re ani xq'uehoc
incuanquil chixba̲nunquil li c'a'ru nin-
ba̲nu, chan reheb.

Li Jesús quixye reheb nak ta̲rakek' a̲tin sa' xbe̲neb li neque'tz' ekta̲nan re

9 Ut li Jesús qui-oc chixyebal reheb
li tenamit li jaljo̲quil ru a̲tin a'in: Jun
li cui̲nk quirau jun si̲r li racui̲mk uvas.
Quixq'ue chi to' riq'uineb li cui̲nk aj
c'alom. Ut co̲ sa' jalan tenamit ut najt
quisach. 10 Nak quicuulac xk'ehil xsic'bal
ru li acui̲mk, laj e̲chal re quixtakla jun
lix mo̲s riq'uineb li cui̲nk chixc'ulbal
li jo' q'uial ru li racui̲mk li ta̲tz'ak
a'an. Abanan eb li cui̲nk que'xchap li
mo̲s ut que'xsac'. Ut quisuk'i chi ma̲c'a'
que'xq'ue re. 11 Laj e̲chal re li acui̲mk
quixtakla jun chic lix mo̲s riq'uineb. Ut
jo'can ajcui' que'xba̲nu re a'an. Que'xhob
ut que'xsac' ut quisuk'i a'an chi ma̲c'a'
que'xq'ue re. 12 Ut laj e̲chal re li ch'och'
quixtakla cui'chic jun lix mo̲s. Ut eb li
cui̲nk k'axal ra que'xba̲nu re ut que'xcut
chirix li na'ajej a'an. 13 Tojo'nak laj
e̲chal re li ch'och' quixye: —¿C'a'ru tin-
ba̲nu anakcuan? Tintakla li cualal li
k'axal raro inban. Nak te'ril li cualal,
ma̲re te'xc'ul sa' xya̲lal, chan sa' xch'o̲l.
14 Que'ril nak yo̲ chi cuulac li ralal,
ut que'xye chi ribileb rib: —A'an li
ta̲e̲chani̲nk re li na'ajej. Kacamsihak,
chanqueb, re nak la̲o chic toe̲chani̲nk
re. 15 Que'risi sa' li na'ajej a'an ut
que'xcamsi. ¿C'a'ru nequeye la̲ex? ¿C'a'ru
tixba̲nu laj e̲chal re li acui̲mk riq'uineb li
cui̲nk a'in? La̲in tinye e̲re c'a'ru tixba̲nu.
16 Ta̲cha̲lk ut tixcamsiheb laj ilol re li
racui̲mk ut jalan chic aj e tixq'ue li jun
si̲r chi uvas, chan li Jesús. Nak que'rabi li
quixye li Jesús, eb a'an que'xye: —Inc'a'
taxak chic'ulma̲nk chi jo'can, chanqueb.
17 Li Jesús quirileb ut quixye reheb: —
¿C'a'ru naraj naxye a'in li tz'i̲banbil sa' li
Santil Hu, li que'xye li profeta chicuix?
Li pec li que'xtz'ekta̲na laj cablanel, a'an
li k'axal lok' li quiq'uehe' chok' xxuc
li cab. (Sal. 118:22)
18 Li ani ta̲t'anek' sa' xbe̲n li pec a'in, tix-
toch'i rib. Coc' puc' ta̲cana̲k. Ut ani
sa' aj be̲n ta̲t'anek' li pec a'in, xujin-
bil ta̲cana̲k.
19 Eb laj tz'i̲b ut eb li xbe̲nil aj tij
que'xtau ru nak reheb a'an quixye li
jaljo̲quil ru a̲tin a'in ut que'raj raj xchap-
bal sa' li ho̲nal a'an. Abanan inc'a'
que'ru xban nak que'xucuac chiruheb li
tenamit.

Que'xyal rix li Jesús riq'uin xpatz'bal ma us xq'uebal li toj re laj César li acuabej

20 Eb laj tz'i̲b ut eb li xbe̲nil aj tij
yo̲queb chixq'uebal retal jok'e tz'akal
ta̲ru̲k te'xchap li Jesús. Ut que'xtaklaheb
aj q'uehol etal riq'uin. Laj q'uehol etal
que'xba̲nu ribeb nak ti̲queb xch'o̲l yal re
rilbal cui tixye junak a̲tin re nak ta̲ru̲k
te'xchap ut te'xc'am riq'uin li acuabej.
21 Xban a'an nak que'xye re chi jo'ca'in:
—At tzolonel, nakanau nak la̲at ya̲l
nacat-a̲tinac ut sa' xya̲lal nacac'ut li
xya̲lal chiruheb li tenamit. Inc'a' naca-
sic' ru ani nacara. Sa' xya̲lal nacac'ut
chiruheb li c'a'ru naraj li Dios. 22 Ye ke
c'a'ru naxye li chak'rab. ¿Ma us takaq'ue
li katoj re laj César li acuabej malaj
ut inc'a'? chanqueb re. 23 Li Jesús quix-
nau nak aj balak'eb. Jo'can nak quixye
reheb: —¿C'a'ut nak nequeraj xyalbal
cuix? 24 C'ut junak li tumin chicuu. ¿Ani
aj e li jalam u̲ch li cuan chiru? Ut, ¿ani
aj c'aba' li tz'i̲banbil chiru? chan. Eb a'an
que'chak'oc ut que'xye: —Re li acuabej.
25 Ut li Jesús quixye reheb: —Tojomak
re li acuabej li c'a'ru re li acuabej, ut to-
jomak re li Dios li c'a'ru re li Dios, chan.
26 Ut ma̲ jun a̲tin que'xtau re ta̲ru̲k te'xye
nak cuan xma̲c. Ut que'sach xch'o̲leb

xban li a̲tin li que'sume̲c cui' xban li
Jesús. Jo'can nak ma̲c'a' chic que'xye.

Eb laj saduceo que'patz'oc chirix lix cuaclijiqueb li camenak chi yo'yo

27 Cuanqueb cuib oxib laj saduceo
que'cuulac riq'uin li Jesús. Eb a'an inc'a'
neque'xpa̲b nak te'cuacli̲k cui'chic chi
yo'yo li camenak. Que'xye re li Jesús:
28 —At tzolonel, laj Moisés quixtz'i̲ba
jun li chak'rab chok' ke. Naxye chi
jo'ca'in: Cui junak cui̲nk ta̲ca̲mk ut ma̲
jun li ralal xc'ajol ta̲cua̲nk, ta̲sumla̲k li
ri̲tz'in li camenak riq'uin li xma̲lca'an re
nak ta̲cua̲nk ralal xc'ajol sa' xc'aba' li
camenak. 29 Que'cuan cuukub li cui̲nk
ri̲tz'ineb rib. Li asbej quixc'am rix-
akil ut quicam chi inc'a' quicuan ralal
xc'ajol. 30 Ut quic'ame' li ixk xban li
ri̲tz'in li camenak ut quicam ajcui' li
cui̲nk a'an ut chi moco a'an quicuan
ralal xc'ajol riq'uin li ixk. 31 Ut jo'can
cui'chic li rox i̲tz'inbej. Li ixk quicuan
chok' rixakil li cuukub chi cui̲nk ut
ma̲ jun reheb quicuan ralal xc'ajol
riq'uin li ixk a'an. 32 Ut quicam ajcui'
li ixk. 33 Sa' xcuaclijiqueb li camenak
chi yo'yo, nak te'cuacli̲k eb a'an, ¿ani
aj ixakil ta̲cana̲k cui' li ixk a'an xban
nak cuukub lix be̲lom quicuan? chan-
queb re li Jesús. 34 Quichak'oc li Jesús
ut quixye reheb: —Eb li cuanqueb sa'
ruchich'och' anakcuan neque'sumla ut
neque'sumuba̲c. 35 Abanan sa' eb li cu-
tan ta̲cha̲lk, li xc'ulubeb cuacli̲c cui'chic
chi yo'yo sa' xya̲nkeb li camenak, inc'a'
chic te'sumla̲k chi moco te'sumuba̲k.
36 Jo'cakeb ban chic li ángel sa' choxa.
Inc'a' chic te'ca̲mk. Te'cuacli̲k cui'chic chi
yo'yo sa' xya̲nkeb li camenak, xban nak
a'an eb li ralal xc'ajol li Dios. 37 La̲ex
nequeye nak inc'a' te'cuacli̲k cui'chic chi
yo'yo li camenak. Abanan laj Moisés
quixc'utbesi ajcui' chak junxil nak eb
li camenak te'cuacli̲k cui'chic chi yo'yo.
Tz'i̲banbil retalil sa' li Santil Hu li quixye
nak yo̲ chi c'atc li q'uix. Quixye nak
li Dios, a'an lix Dios laj Abraham, lix
Dios laj Isaac, ut lix Dios laj Jacob. 38 Li
Dios, a'an moco xDioseb ta camenak;
xDioseb ban li yo'yo̲queb, xban nak toj
yo'yo̲queb chiru li Dios usta ac came-
nakeb, chan li Jesús reheb. 39 Cuanqueb
laj tz'i̲b que'chak'oc ut que'xye re: —At
tzolonel, tz'akal re ru li xaye, chanqueb.
40 Ut ma̲ ani chic quiraj patz'oc riq'uin li
Jesús.

Li Cristo, a'an ralal xc'ajol li rey David ut a'an ajcui' laj Colol re

41 Li Jesús quixye reheb: —Neque'xye
nak li Cristo laj Colonel a'an xcomoneb li
ralal xc'ajol li rey David. 42 Tz'i̲banbil re-
talil sa' li Santil Hu sa' li Salmos li quixye
li rey David. Quixye:
Li Ka̲cua' Dios quixye re li Ka̲cua' laj
Colol cue, c'ojlan sa' li nim uk'
43 toj tinq'ueheb li xic' neque'iloc a̲cue
rubel la̲ cuanquil. (Sal. 110:1)
44 Li rey David quixye “aj Colol cue”
re li Ka̲cua', usta a'an xcomoneb li ralal
xc'ajol, chan li Jesús.

Eb laj tz'i̲b aj ca'pac'al u; inc'a' useb xna'leb

45 Chixjunileb li tenamit yo̲queb
chirabinquil nak li Jesús quixye reheb
lix tzolom: 46 —Me̲tzol e̲rib riq'uineb laj
tz'i̲b li neque'cuulac chiruheb xq'uebal
li rak'eb chirixeb chi najt rok nak
neque'be̲c re xc'utbal nak cuanqueb
xcuanquil. Eb a'an neque'cuulac chiru
nak te'q'uehek' xlok'al sa' eb li be. Ut nak
cuanqueb sa' li cab li neque'xch'utub
cui' ribeb, neque'cuulac chiruheb c'ojla̲c
toj chi ubej. Ut nak neque'boke' sa'
junak nink'e, neque'cuulac chiruheb
chunla̲c sa' li me̲x li neque'chunla cui' li
cuanqueb xcuanquil. 47 Ut neque'xmak'
li c'a'ru cuan reheb li xma̲lca'an. Ut
najt rok lix tijeb neque'xba̲nu nak
neque'tijoc chiruheb li tenamit re

xmukbal li ma̱usilal li neque'xba̱nu. Eb a'an k'axal ra te'xtoj cui' li ma̱c neque'xba̱nu, chan li Jesús.

Li xma̱lca'an neba' nabal quixq'ue chiru li que'xq'ue li biom

21 Sa' jun li cutan li Jesús cuan sa' li templo ut quiril nak eb li biom yo̱queb chixq'uebal lix mayejeb sa' li ca̱x. 2 Ut quiril ajcui' nak jun li xma̱lca'an neba' quixq'ue sa' li ca̱x cuib li tumin cobre chok' xmayej. 3 Ut li Jesús quixye: —Relic chi ya̱l ninye e̱re nak li xma̱lca'an neba' nabal xq'ue chiru li que'xq'ue li biom, 4 xban nak chixjunileb a'an xe'xq'ue li x-ela'an chiruheb. Abanan li ixk a'in, usta neba', xq'ue chixjunil li jo' nimal cuan re, li re raj xnumsinquil li cutan junju̱nk.

Ta̱cuulak xk'ehil nak ta̱juq'ui̱k li templo

5 Cuanqueb li yo̱queb chi a̱tinac chirix lix ch'ina'usal li templo. Yo̱queb chixyebal: —C'ajo' xchak'al ru li pec li yi̱banbil cui' li templo jo' ajcui' li mayej li que'xq'ue chok' xsahob ru, chanqueb. Ut li Jesús quixye reheb: 6 —Ta̱cuulak xk'ehil nak ta̱sachek' ru chixjunil li yo̱quex chirilbal anakcuan. Ma̱ jun reheb li pec a'an ta̱cana̱k sa' xna'aj chi inc'a' ta ta̱juq'ui̱k, chan li Jesús.

Li c'a'ru talajc'ulma̱nk nak ac cuulac re xk'ehil li roso'jic li ruchich'och'

7 Que'xpatz' re: —At tzolonel, ¿jok'e ta̱c'ulma̱nk li yo̱cat chixyebal? ¿C'a'ru retalil ta̱cua̱nk nak talajc'ulma̱nk li c'a'ak re ru a'in? chanqueb. 8 Li Jesús quixye reheb: —Cheba̱nu cue̱nt re nak inc'a' texbalak'i̱k xban nak nabal te'cha̱lk chi balak'i̱nc ut te'xye nak sa' inc'aba' la̱in xe'chal. Te'xye, "La̱in li Cristo li yechi'inbil xban li Dios" cha'keb. Ut te'xye, "Anakcuan xcuulac xk'ehil." cha'keb. Abanan me̱pa̱b li c'a'ru te'xye eb a'an. 9 Nak te̱rabi nak yo̱ li ple̱t ut li ch'a'ajquilal yalak bar, mexxucuac xban nak tento nak ta̱c'ulma̱nk chi jo'can. Abanan moco ac a'an ta roso'jiqueb li cutan, chan li Jesús. 10 Ut quixye ajcui': —Nabal li tenamit te'pletik riq'uin jalan chic tenamit. Ut eb li acuabej te'xpleti ribeb. 11 Talajcua̱nk hi̱c sa' nabal chi na'ajej ut ta̱cua̱nk cue'ej ut yajel. Ta̱cua̱nk ni̱nki raylal ut xucuajel rilbal li retalil li talajc'utu̱nk sa' choxa. 12 Abanan nak toj ma̱ji' nac'ulman chixjunil li c'a'ak re ru a'in, texchapek' ut texrahobtesi̱k. Texc'amek' sa' li cab li neque'xch'utub cui' ribeb laj judío ut texc'amek' sa' tz'alam. Texc'amek' chiruheb li rey ut eb laj rakol a̱tin sa' inc'aba' la̱in. 13 Ut a'an ta̱c'anjelak e̱re re xch'olobanquil resil li colba-ib. 14 Q'uehomak bi' sa' e̱ch'o̱l a'in, nak moco toj yo̱kex ta chixc'oxlanquil chanru texsume̱nk cui' re xcolbal e̱rib, 15 xban nak la̱in tinq'ue e̱na'leb ut tinc'ut che̱ru c'a'ru te̱ye. Ut eb li xic' neque'iloc e̱re inc'a' te'ru̱k chixcuech'bal rix li c'a'ru te̱ye, chi moco te'xnau xsumenquil. 16 Texk'axtesi̱k sa' ruk'eb li xic' neque'iloc e̱re xbaneb le̱ na' e̱yucua' ut xbaneb le̱ ras ut le̱ ri̱tz'in ut eb le̱ rech'alal jo' eb ajcui' le̱ rami̱g. Ut cuan li cuanqueb sa' e̱ya̱nk li te'camsi̱k. 17 Ut xic' tex-ilek' xbaneb chixjunileb li tenamit sa' inc'aba' la̱in. 18 Abanan ma̱c'a' te̱c'ul. 19 Cui inc'a' nach'inan e̱ch'o̱l sa' le̱ pa̱ba̱l usta yo̱kex chi c'uluc raylal te̱re̱chani li junelic yu'am. 20 Nak te̱ril li tenamit Jerusalén sutsu̱k xbaneb li q'uila soldado, la̱ex te̱nau nak ac xcuulac xk'ehil li roso'jic. 21 Ut eb li cuanqueb sa' li na'ajej Judea che'e̱lelik sa' junpa̱t ut che'xicak sa' eb li tzu̱l. Eb li cuanqueb sa' li tenamit Jerusalén che'e̱lk aran ut eb li cuanqueb sa' c'aleba̱l inc'a' chic te'suk'i̱k sa' li tenamit. 22 Ut sa' eb li cutan a'an, li Dios tixq'ueheb chixtojbal rix lix ma̱queb li xic' neque'iloc re. Chi jo'can ta̱tz'aklok ru chixjunil li tz'i̱banbil retalil sa' li San-

til Hu. 23 K'axal ra cui'chic chok' reheb li
yaj aj ixk ut li yo̱queb chi tu'resi̱nk sa'
eb li cutan a'an, xban nak ma̱ ca'ch'in li
raylal te'xc'ul li tenamit a'an xban nak
yo̱k xjosk'il li Dios sa' xbe̱neb. 24 Cuan
li te'camsi̱k riq'uin ch'i̱ch' ut cuan li
te'chapek' ut te'c'amek' chi pre̱xil sa' eb
li jalan tenamit. Ut li tenamit Jerusalén
ta̱cana̱k rubel xcuanquileb li ma̱cua'eb
aj judío toj ta̱cuulak xk'ehil nak li Dios
ta̱risiheb lix cuanquileb li ma̱cua'eb aj
judío, chan li Jesús. 25 Ut ta̱cua̱nk retalil
chiru li sak'e, li po ut eb li chahim. Ut eb
li cuanqueb sa' ruchich'och' te'yot'ek' ut
te'sach xch'o̱leb xban lix ya̱b ut lix cau
ok li palau. 26 Te'lucta̱k li cui̱nk xbaneb
xxiu nak yo̱keb chixc'oxlanquil li ray-
lal li ta̱cha̱lk sa' ruchich'och'. Ut ta̱ec'a̱nk
sa' xna'aj li choxa. 27 Chirix a'an te̱ril
nak la̱in li C'ajolbej yo̱kin chak chi cha̱lc
sa' choxa riq'uin lix nimal incuanquilal
ut inlok'al. 28 Nak acak xticla xc'ulbal
chixjunil li c'a'ak re ru a'in, cacuubresi-
homak e̱ch'o̱l ut yo'on cua̱nkex. Chisa-
hok' sa' e̱ch'o̱l xban nak cuulac re xk'ehil
nak texcolek', chan li Jesús.

Li jaljo̱quil ru a̱tin chirix li jun to̱n chi higo

29 Ut quixye jun chic li jaljo̱quil ru
a̱tin reheb. Quixye: Cheq'uehak retal li
jun to̱n chi higo ut chixjunileb li che'.
30 Nak nak'unk'ut chak lix xak li che'
chi e̱lc, riq'uin a'an nequeq'ue retal nak
yo̱ chak chi nach'oc li sak'ehil. 31 Jo'can
ajcui' la̱ex nak te̱ril nak yo̱k chi c'ulma̱nc
chixjunil li c'a'ak re ru a'in, a'an retalil
nak yo̱ chak chi nach'oc lix nimajcual
cuanquil li Dios. 32 Relic chi ya̱l ninye
e̱re nak inc'a' ta̱osok' li tenamit a'in chi
toj ma̱ji'ak nac'ulman chixjunil li c'a'ak
re ru a'in. 33 Li choxa ut li ruchich'och' ta-
laje'osok'. Abanan li cua̱tin inc'a' ta̱cana̱k
yal chi jo'can chi inc'a' ta ta̱c'ulma̱nk li
c'a'ru naxye. 34 Chenauhak xcolbal e̱rib.
Me̱q'ue e̱rib chi a̱le̱c riq'uin li numcua'ac
ut li cala̱c, chi moco riq'uin xc'oxlanquil
chanru te̱numsi li cutan junju̱nk. Ma̱re
anchal ta̱cuulak xk'ehil li cutan a'an chi
ma̱c'a' sa' e̱ch'o̱l. 35 Ta̱cha̱lk chi ma̱c'a'
sa' e̱ch'o̱l jo' nak naq'ueman junak ra'al
chi ma̱ ani nana'oc re. 36 Jo'can ut yo'on
cua̱nkex ut junelic chextijok re nak
cauhak e̱ch'o̱l chixcuybal xnumsinquil
li raylal li ta̱cha̱lk sa' e̱be̱n, ut re nak
ta̱ru̱k texcuulak cuiq'uin la̱in li C'ajolbej,
chan li Jesús. 37 Rajlal cutan li Jesús
naxch'olob xya̱lal chiruheb sa' li templo
ut nak na-ecuu, naxic sa' li tzu̱l Olivos
chixnumsinquil li k'ojyi̱n. 38 Ut chixju-
nileb li tenamit neque'xxic sa' li templo
rajlal ek'ela chirabinquil li c'a'ru naxye li
Jesús.

Laj Judas Iscariote quixye reheb nak tixk'axtesi li Jesús sa' ruk'eb laj judío

22 Yo̱ chi cuulac xcutanquil li nink'e
nak neque'xcua' li caxlan cua
ma̱c'a' xch'amal. Pascua nayeman re li
nink'e a'an. 2 Eb lix be̱nil aj tij ut eb
laj tz'i̱b yo̱queb chixsic'bal chanru nak
ta̱ru̱k te'xcamsi li Jesús. Abanan yo̱queb
xc'a'ux xban nak inc'a' que'raj xchik'bal
xjosk'ileb li tenamit. 3 Laj Judas Iscari-
ote jun reheb lix cablaju chi xtzolom li
Jesús. A'an quixq'ue rib chi a̱le̱c xban
laj tza. 4 Co̱ riq'uineb li xbe̱nil aj tij ut
riq'uineb li neque'c'ac'alen re li templo
chixyebal reheb nak tixk'axtesi li Jesús
sa' ruk'eb. 5 Que'saho' xch'o̱leb chirabin-
quil li quixye ut que'xyechi'i xtumin.
6 Ut quixc'ul xch'o̱l laj Judas li quiyehe'
re. Jo'can nak qui-oc xsic'bal jok'e ta̱ru̱k
tixk'axtesi li Jesús sa' ruk'eb chi inc'a'
te'xnau li q'uila tenamit.

Li Jesús quicua'ac rochbeneb lix tzolom re xnumsinquil li nink'e Pascua

7 Quicuulac xk'ehil li nink'e Pascua
nak neque'xcua' li caxlan cua ma̱c'a'
xch'amal. Sa' li nink'e a'an tento nak

te'xcamsi junak li carner. 8 Li Jesús quixye reheb laj Pedro ut laj Juan: —Ayukex ut cauresihomak chak li tzaca̱emk re li pascua re totzaca̱nk, chan. 9 Que'xpatz' re: —¿Bar ta̱cuaj takacauresi chak?— 10 Li Jesús quixye reheb: —Nak tex-oc sa' li tenamit, aran te̱tau jun li cui̱nk yo̱ chixc'ambal jun cuc xha'. Te̱ta̱ke a'an toj sa' li cab bar tox-ocak cui'. 11 Ut te̱ye re laj e̱chal cab, "Chan laj tzolonel, ¿bar cuan li na'ajej li ta̱cua'ak cui' sa' li nink'e Pascua rochbeneb lix tzolom?" cha'akex re. 12 Ut a'an tixc'ut che̱ru jun nimla na'ajej takec' sa' xca' tasalil li cab. Ac yi̱banbil li na'ajej. Ut aran te̱cauresi li nink'e chok' ke, chan li Jesús. 13 Que'co̱eb sa' li tenamit ut qui-uxman jo' quixye li Jesús. Ut aran que'xcauresi li nink'e Pascua. 14 Nak quicuulac x-o̱ril, li Jesús quic'ojla sa' li me̱x rochbeneb lix tzolom. 15 Ut quixye reheb: —C'ajo' nak yo̱quin chixrahinquil ru nak tocua'ak cuochbenex sa' li nink'e a'in nak toj ma̱ji' nincam. 16 Relic chi ya̱l ninye e̱re nak inc'a' chic tinba̱nu li nink'e Pascua toj ta̱cuulak xk'ehil nak tinba̱nu cui'chic sa' lix nimajcual cuanquilal li Dios, chan. 17 Ut quixchap li sec' re uc'ac. Quixbantioxi chiru li Dios ut quixye: —C'ulumak a'in ut jeq'uihomak sa' e̱ya̱nk li cuan chi sa', 18 xban nak la̱in tinye e̱re nak chalen anakcuan inc'a' chic tincuuc' xya'al li uva toj ta̱cuulak xk'ehil nak tincuuc' cui'chic sa' lix nimajcual cuanquilal li Dios, chan. 19 Ut quixchap li caxlan cua, quixbantioxi chiru li Dios, tojo'nak quixjachi ut quixq'ue reheb lix tzolom ut quixye: —A'an a'in lin tz'ejcual, k'axtesinbil re camsi̱c sa' e̱c'aba' la̱ex. Cheba̱nuhak re xjulticanquil lin camic, chan. 20 Jo'can ajcui' quixba̱nu nak ac xrake' chi cua'ac. Quixchap li sec' re uc'ac ut quixye: —A'an a'in retalil li ac' contrato li ta̱xakaba̱k xcuanquil riq'uin lin quiq'uel li ta̱hoyek' nak tincamsi̱k sa' e̱c'aba' la̱ex, chan. 21 Ut quixye ajcui' li Jesús: —Nacuaj nak te̱nau nak li cui̱nk li ta̱k'axtesi̱nk cue yo̱ chi cua'ac sa' me̱x cuochben. 22 Tento nak tincamsi̱k la̱in li C'ajolbej. Abanan raylal cuan sa' xbe̱n li cui̱nk li ta̱k'axtesi̱nk cue, chan li Jesús. 23 Ut eb a'an que'oc chixpatz'inquil chi ribileb rib ut que'xye: —¿Ani anchal li ta̱k'axtesi̱nk re? chanqueb.

Que'xcuech'i rix ani k'axal nim xcuanquil

24 Eb lix tzolom li Jesús que'oc chixcuech'inquil rix chi ribileb rib ani tana sa' xya̱nkeb nimak xcuanquil. 25 Li Jesús quixye reheb: —Eb li rey li cuanqueb sa' ruchich'och' cuanqueb xcuanquil sa' xbe̱neb li tenamit. Eb a'an neque'raj nak cha̱bil ta̱yehek' chirixeb. 26 Abanan la̱ex inc'a' te̱ba̱nu chi jo'can. Li ani naraj xcuanquil sa' e̱ya̱nk, tento nak tixcubsi rib ut ta̱c'anjelak che̱ru. Li ani ta̱raj c'amoc be sa' e̱ya̱nk, tento nak tixcubsi rib ut ta̱c'anjelak che̱ru. 27 ¿Anili k'axal nim xcuanquil nak nequec'oxla la̱ex? ¿Ma li nac'ojla sa' me̱x, malaj ut li nac'anjelac chiru? ¿Ma ma̱cua' ta bi' li ani nac'ojla sa' me̱x? La̱in cuan incuanquil, aban cuanquin sa' e̱ya̱nk jo' jun aj c'anjel che̱ru. 28 La̱ex xecuy cuochbeninquil sa' li ra xi̱c' xinc'ul. 29 Jo'can nak tinq'ue e̱cuanquil la̱ex jo' nak xq'ue incuanquil la̱in lin Yucua'. 30 La̱ex texcua'ak ut tex-uc'ak sa' lin me̱x nak cua̱nkin sa' lin cuanquil. Ut la̱ex texc'ojla̱k sa' le̱ c'ojariba̱l ut texrakok a̱tin sa' xbe̱neb li cablaju xte̱paleb laj Israel, chan li Jesús.

Li Jesús quixye nak ta̱tz'ekta̱na̱k xban laj Simón Pedro

31 Ut quixye li Ka̱cua': —At Simón, laj tza ac xpatz' xlese̱ns re nak tixyal rix le̱ pa̱ba̱l jo' nak nachik'e' ru li trigo re risinquil li rix. 32 Abanan la̱in xintijoc cha̱cuix re nak inc'a' ta̱canab la̱ pa̱ba̱l. Ut nak tatsuk'i̱k cui'chic cuiq'uin,

ta̲q'ue xcacuilal xch'o̲leb la̲ cuech aj pa̲banelil, chan li Jesús. 33 Ut laj Pedro quixye re: —At Ka̲cua', la̲in cau inch'o̲l cha̲ta̲kenquil usta tine'xq'ue sa' tz'alam malaj ut tine'xcamsi a̲cuochben, chan. 34 Ut li Jesús quixye re: —At Pedro, la̲in ninye a̲cue, anakcuan ajcui' nak toj ma̲ji' naya̲bac laj tzo' xul, la̲at ac xaye oxib sut nak inc'a' nacanau cuu, chan. 35 Ut quixye cui'chic reheb lix tzolom: —Nak quexintakla chi ma̲c'a' e̲bo̲ls, chi ma̲c'a' xna'aj e̲tumin, chi ma̲c'a' e̲xa̲b, ¿ma cuan ta bi' c'a'ru xpalto' e̲re? Ut eb a'an que'xye: —Ma̲c'a' quipalto' ke. 36 Quixye cui'chic li Jesús reheb: —Ut anakcuan li ani cuan xbo̲ls, xc'amak chirix jo' ajcui' xna'aj lix tumin. Ut li ani ma̲c'a' xch'i̲ch', tixc'ayi lix chaque̲t ut xlok'ak xch'i̲ch' chiru li tumin a'an. 37 Relic chi ya̲l ninye e̲re nak tento ta̲tz'aklok ru li c'a'ru tz'i̲banbil chicuix sa' li Santil Hu, li naxye chi jo'ca'in: Quiq'uehe' sa' ajl sa' xya̲nkeb li inc'a' useb xna'leb. Tento nak ta̲c'ulma̲nk li c'a'ru tz'i̲banbil retalil chicuix, chan. 38 Eb a'an que'xye: —Ka̲cua', cuan arin cuib li ch'i̲ch', chanqueb. Ut li Jesús quixye: —Tz'akal li xeye. Mex-a̲tinac chic.

Nak quitijoc chak li Jesús aran Getsemaní

39 Li Jesús qui-el aran ut co̲ sa' li tzu̲l Olivos, jo' c'aynak xba̲nunquil. Ut eb lix tzolom que'xta̲ke. 40 Nak quicuulac sa' li na'ajej a'an, quixye reheb lix tzolom: —Chextijok re nak inc'a' te̲q'ue e̲rib chi a̲le̲c, chan. 41 Ut li Jesús quirisi rib sa' xya̲nkeb jo' na xnajtil nacute' cui' junak pec. Ut aran quixcuik'ib rib chi tijoc. 42 Quixye: —At inyucua', cui la̲at ta̲cuaj, inc'a' raj tinc'ul li raylal a'in. Abanan chiuxma̲nk li c'a'ru nacacuaj la̲at ut ma̲cua' li nacuaj la̲in, chan. 43 Ut quichal jun li ángel sa' choxa ut quixq'ue xcacuil xch'o̲l. 44 Nak yo̲ chi yot'ec' xch'o̲l, quitijoc cui'chic li Jesús chi k'axal anchal xch'o̲l ut lix tikob yo̲ chi tz'ukuc sa' ch'och' chi ni̲nki tz'ukul chanchan quic'. 45 Nak quirake' chi tijoc, quicuacli ut co̲ riq'uineb lix tzolom. Quiril nak yo̲queb chi cua̲rc xban nak k'axal ra sa' xch'o̲leb. 46 Ut li Jesús quixye reheb: —¿C'a'ut nak yo̲quex chi cua̲rc? Cuaclinkex ut tijonkex re nak inc'a' te̲q'ue e̲rib chi a̲le̲c, chan reheb.

Li Jesús quichape' ut quic'ame' chi pre̲xil xbaneb laj c'amol be sa' xya̲nkeb laj judío

47 Toj yo̲ ajcui' chi a̲tinac li Jesús nak que'cuulac li q'uila tenamit. Laj Judas, a'an yo̲ chi c'amoc be chiruheb. A'an jun reheb lix tzolom cablaju. Quijiloc chixc'atk li Jesús re nak ta̲rutz' ru. 48 Ut li Jesús quixye re: —At Judas, ¿ma ta̲cuutz' cuu re ink'axtesinquil, la̲in li C'ajolbej? chan re. 49 Ut li cuanqueb rochben que'ril li c'a'ru yo̲ chixba̲nunquil ut que'xpatz' re: —Ka̲cua', ¿ma takaq'ueheb chi ch'i̲ch'? chanqueb. 50 Ut jun reheb quixyoc' lix xic lix mo̲s li xyucua'il aj tij ut quirisi lix xic li cuan sa' xnim. 51 Li Jesús quixye: —Canabomak xba̲nunquil a'an, chan. Ut quixch'e' riq'uin ruk' lix xic li cui̲nk ut quixq'uirtesi. 52 Ut quixye reheb li xbe̲nil aj tij, ut eb li neque'taklan sa' li templo, jo'queb ajcui' li neque'c'amoc be, li que'chal chixchapbal: —¿Ma la̲in ta bi' aj e̲lk' nak xexchal chinchapbal riq'uin che' ut riq'uin ch'i̲ch'? 53 Rajlal cutan cuanquin sa' e̲ya̲nk che̲tzolbal sa' li templo ut inc'a' quine̲chap aran. Abanan anakcuan xcuulac xk'ehil nak te̲ba̲nu li c'a'ru te̲raj la̲ex riq'uin xcuanquil laj tza, chan li Jesús.

Laj Pedro quixye oxib sut nak inc'a' naxnau ru li Jesús

54 Que'xchap li Jesús ut que'xc'am sa' rochoch li xyucua'il aj tij. Ut laj Pedro yo̲ chixta̲kenquil chi najt. 55 Que'xtz'ab

jun li xam chiru neba̱l, ut quilaje'c'ojla
chire xam, ut quic'ojla ajcui' laj Pedro
sa' xya̱nkeb. 56 Ut jun li mo̱s ixk quiril
laj Pedro c'ojc'o chire xam. Quixca'ya
ut quixye: —Li cui̱nk a'in, a'an jun re-
heb li neque'ochbenin re li Jesús, chan.
57 Abanan laj Pedro quitic'ti'ic ut quixye:
—At ixk, la̱in inc'a' ninnau ru ani li
nacaye, chan. 58 Junpa̱t na chic nak jun
li cui̱nk qui-iloc re laj Pedro ut quixye:
—La̱at jun xcomoneb a'an, chan re. Ut
laj Pedro quixye: —At cui̱nk, ma̱cua' la̱in
xcomoneb, chan. 59 Ac xnume' na chic
jun o̱r, nak jun chic li cui̱nk quixye:
—Relic chi ya̱l nak li cui̱nk a'in, a'an
jun reheb li que'ochbenin re li Jesús. Li
cui̱nk a'in aj Galilea, chan. 60 Ut laj Pedro
quixye: —At cui̱nk, inc'a' ninnau c'a'ru
yo̱cat chixyebal, chan. Ut toj yo̱ ajcui' chi
a̱tinac laj Pedro nak quiya̱bac li tzo' xul.
61 Ut li Ka̱cua' quixsuk'isi rib ut quixca'ya
laj Pedro. Ut quinak sa' xch'o̱l laj Pe-
dro li quiyehe' re xban li Ka̱cua', "Toj
ma̱ji' ajcui' naya̱bac li tzo' xul, nak la̱at
ac xaye oxib sut nak inc'a' nacanau cuu."
62 Laj Pedro qui-el chirix cab ut c'ajo' nak
quiya̱bac xban xrahil xch'o̱l.

Li Jesús quihobe' ut quisaq'ue' xbaneb li soldado aj Roma

63 Eb li cui̱nk li yo̱queb chi c'ac'ale̱nc
re li Jesús, que'xhob ut que'xsac'.
64 Que'xbac' chi t'icr li xnak' ru re nak
inc'a' ta̱ilok, que'xsac' ut que'xye: —K'ehi
ani xsac'oc a̱cue, chanqueb re. 65 Ut na-
bal chic c'a'ak re ru que'xye re xhobbal li
Jesús.

Li Jesús quic'ame' chiruheb li neque'taklan sa' xbe̱neb laj judío

66 Nak quicutano', que'xch'utub ribeb
li neque'c'amoc be sa' xya̱nkeb li tena-
mit ut eb li xbe̱nil aj tij jo' eb ajcui'
laj tz'i̱b. Ut que'xc'am li Jesús riq'uineb
li neque'taklan sa' xbe̱neb laj judío. Ut
que'xye re: 67 —Ye ke. ¿Ma la̱at li Cristo,
laj Colonel li yechi'inbil xban li Dios?
chanqueb. Ut li Jesús quixye reheb: —
Cui tinye e̱re nak la̱in, inc'a' ajcui' raj te̱-
pa̱b, chan. 68 Ut cui tinpatz'ok e̱re, inc'a'
aj raj cui' te̱sume li c'a'ru tinpatz', chi
moco tine̱rach'ab. 69 Ut chalen anakcuan
la̱in li C'ajolbej tinc'ojla̱k sa' xnim uk' li
nimajcual Dios, chan. 70 Ut chixjunileb
que'xye re: —¿Ma la̱at li Ralal li Dios
chi jo'canan? Ut li Jesús quichak'oc ut
quixye: —Ya̱l li xeye nak la̱in, chan. 71 Ut
chixjunileb que'xye: —¿C'a' chic ru aj e
nak toj te'xye ke c'a'ru xma̱c? Riq'uin
kaxic xkabi li c'a'ru xye, chanqueb.

Li Jesús quic'ame' chiru laj Pilato re tixrak a̱tin sa' xbe̱n

23 Ut chixjunileb li neque'taklan sa'
xya̱nkeb laj judío que'xc'am li
Jesús riq'uin laj Pilato. 2 Que'oc chixjit-
bal ut que'xye: —Xkaq'ue retal nak li
cui̱nk a'in yo̱ chixpo'bal xch'o̱leb li kate-
namit. Nocoxk'us riq'uin xq'uebal li ka-
toj re li acuabej. Ut naxye nak a'an li
Cristo laj Colonel li yechi'inbil xban li
Dios. Naxye nak a'an rey, chanqueb. 3 Laj
Pilato quixye re li Jesús: —¿Ma la̱at lix
reyeb laj judío? Li Jesús quichak'oc ut
quixye: —Ya̱l li xaye nak la̱in, chan. 4 Ut
laj Pilato quixye reheb li xbe̱nil aj tij
ut eb li q'uila tenamit: —Li cui̱nk a'in
ma̱ jun xma̱c nintau, chan. 5 Abanan eb
a'an yalyo̱queb xk'e chixyebal: —Naxpo'
xch'o̱leb li katenamit. Yo̱ chixc'utbal lix
tijleb chiruheb sa' chixjunil Judea. Quix-
tiquib chak Galilea ut xc'ulun toj arin,
chanqueb.

Li Jesús quic'ame' chiru laj Herodes re nak tixrak a̱tin sa' xbe̱n

6 Nak laj Pilato quirabi nak que'xpatz'
Galilea, quixpatz' reheb: —¿Ma Galilea
xtenamit li cui̱nk a'in? chan reheb. 7 —Aj
Galilea, chanqueb re. Nak laj Pilato quix-
nau nak li Jesús quichal chak sa' li na'ajej
li cuan rubel xtakl laj Herodes, quixtakla

riq'uin laj Herodes xban nak sa' eb li cu-
tan a'an laj Herodes cuan aran Jerusalén.
8 C'ajo' nak quisaho' xch'o̲l laj Herodes
nak quiril ru li Jesús xban nak ac junxil
quiraj raj rilbal ru. Quirabi resil li c'a'ru
yo̲ chixba̲nunquil li Jesús ut quiraj rilbal
nak tixba̲nu junak milagro chiru. 9 Nabal
li c'a'ak re ru quilajxpatz' re ut li Jesús chi
ti̲c inc'a' quichak'oc. 10 Cuanqueb aran
eb li xbe̲nil aj tij ut eb laj tz'i̲b. C'ajo'
lix josk'ileb nak yo̲queb chixjitbal. 11 Laj
Herodes ut eb li soldado que'xtz'ekta̲na
ut que'xhob. Que'retz'u ut que'xq'ue li
cha̲bil t'icr chirix jo' neque'rocsi li rey.
Ut laj Herodes quixtakla cui'chic riq'uin
laj Pilato. 12 Junxil xic' que'ril ribeb laj
Herodes ut laj Pilato. Abanan sa' eb li cu-
tan a'an que'xc'am cui'chic rib sa' usilal.

Laj Pilato quixye nak ma̲c'a' xma̲c li Jesús abanan quiteneba̲c ca̲mc sa' xbe̲n

13 Ut laj Pilato quixch'utubeb li xbe̲nil
laj tij, ut eb li neque'taklan sa' li tena-
mit jo'queb ajcui' chixjunileb li tena-
mit. 14 Quixye reheb: —La̲ex xec'am
chak li cui̲nk a'in cuiq'uin ut xeye nak
naxpo' xch'o̲leb li tenamit. La̲in xin-
patz'i re che̲ru ut inc'a' xintau junak
xma̲c jo' yo̲quex chixyebal la̲ex. 15 Chi
moco laj Herodes xtau junak xma̲c.
Jo'can nak xtakla cui'chic chak arin
cuiq'uin. Anakcuan la̲in ninnau nak ma̲
jun ma̲c xba̲nu xc'ulub cui' ca̲mc. 16 Tin-
takla xq'uebal xlob, tojo'nak tincuach'ab,
chan laj Pilato. 17 Sa' li nink'e a'an
c'aynakeb nak na-ach'aba̲c junak li pre̲x.
18 Ut chixjunileb li tenamit que'xye chi
junajeb xya̲b xcuxeb: —¡Camsi a'an, ut
ach'ab laj Barrabás! chanqueb. 19 Laj
Barrabás cuan sa' tz'alam xban li cam-
si̲nc quixba̲nu nak yo̲queb chi pletic
li tenamit chirix li acuabej. 20 Laj Pi-
lato quiraj raj rach'abanquil li Jesús
ut quixpatz' cui'chic reheb ma ta̲ru̲k
ta̲rach'ab li Jesús. 21 Abanan eb li tena-
mit que'xjap reheb chixyebal: —¡Q'ue
chiru cruz! ¡Q'ue chiru cruz! chanqueb.
22 Ut laj Pilato quia̲tinac cui'chic rox
sut riq'uineb ut quixye: —¿C'a'ru tz'akal
xma̲c e̲re? Ma̲ jun xma̲c nintau la̲in
re nak tintakla chi camsi̲c. La̲in tin-
takla xsac'bal ut tincuach'ab, chan re-
heb. 23 Abanan eb a'an k'axal cau cui'chic
que'xjap re chixyebal: —¡Q'ue chiru
cruz!— Japjo̲queb re li tenamit jo' eb
ajcui' laj tij toj retal quixba̲nu laj Pi-
lato li c'a'ru que'raj. 24 Ut laj Pilato quix-
teneb ca̲mc sa' xbe̲n li Jesús jo' que'raj
li tenamit. 25 Ut quirach'ab laj Barrabás
li quiq'uehe' sa' tz'alam xban li pletic ut
camsi̲nc quixba̲nu chirix jun li acuabej.
Ut quixk'axtesi li Jesús sa' ruk'eb re
te'xba̲nu li c'a'ru te'raj riq'uin.

Li Jesús quiq'uehe' chiru cruz

26 Eb li tenamit que'xc'am li Jesús
ut nak yo̲queb chi xic que'xc'ul jun li
cui̲nk aj Simón xc'aba' yo̲ chi cha̲lc sa'
c'aleba̲l. Cirene lix tenamit. Ut que'xmin
ru chixpakonquil li cruz re xtenk'anquil
li Jesús. 27 Nabaleb li tenamit yo̲queb chi
ta̲ke̲nc re. Ut cuanqueb ajcui' ixk k'axal
ra sa' xch'o̲leb. Yo̲queb chi ya̲bac xban
li c'a'ru yo̲ chixc'ulbal li Jesús. 28 Ut li
Jesús quixsuk'isi rib ut quirileb li ixk.
Quixye reheb: —Ex ixk aj Jerusalén,
mexya̲bac chicuix la̲in. Chexya̲bak ban
che̲rix la̲ex ut chirixeb ajcui' le̲ ralal
e̲c'ajol. 29 Ta̲cuulak xk'ehil nak eb li
tenamit a'in te'xye, “Us xak reheb li
ixk li inc'a' neque'q'uiresin ut li inc'a'
neque'tu'resin.” 30 Ut te'xye ajcui' reheb
li tzu̲l, “T'anekex chak sa' kabe̲n ut
choe̲muk taxak”, cha'keb. 31 Cui jo'ca'in
te'xba̲nu cuiq'uin la̲in li chanchanin jun
to̲n chi che' rax rax ru, ¿c'a'ru inc'a'
te'xba̲nu e̲re la̲ex li chanchanex chaki
che'? chan li Jesús. 32 Que'xc'am ajcui'
rochben li Jesús cuibeb li cui̲nk li
cuanqueb xma̲c re te'camsi̲k rochben
li Jesús. 33 Ut que'cuulac sa' li na'ajej

Gólgota xc'aba'. Chi jalbil ru naraj
naxye: Xna'aj Xbakel Xjolom Camenak.
Ut aran que'xq'ue chiru cruz li Jesús.
Ut que'xq'ue ajcui' chiru cruz li cuib
chi cui̱nk li cuanqueb xma̱c. Jun li cruz
que'xq'ue sa' xnim uk' li Jesús ut li jun
chic que'xq'ue sa' xtz'e. 34 Ut li Jesús
quitijoc ut quixye: —At inYucua', cuy
taxak xma̱queb li tenamit a'in xban nak
inc'a' neque'xnau c'a'ru yo̱queb chixba̱-
nunquil, chan. Ut eb li soldado que'bu̱lic
chirix li rak' re rilbal ani na ta̱e̱chani̱nk
re. 35 Eb li tenamit xakxo̱queb aran chi
iloc. Ut eb li neque'taklan sa' xbe̱neb li
tenamit yo̱queb chixhobbal li Jesús ut
que'xye: —Jalan chic quixcoleb. Cui ya̱l
nak a'an li Cristo, li sic'bil ru xban li Dios,
chixcolak rib xjunes, chanqueb. 36 Ut
eb li soldado yo̱queb ajcui' chixhobbal.
Que'jiloc chixc'atk ut que'xyechi'i vina-
gre re. 37 Ut que'xye re: —Cui ya̱l nak
la̱at lix reyeb laj judío, col a̱cuib a̱junes,
chanqueb. 38 Chiru li cruz que'xq'ue jun
retalil tz'i̱banbil sa' eb li a̱tinoba̱l griego,
hebreo, ut latín, li naxye chi jo'ca'in:
A'an a'in lix reyeb laj judío.
39 Jun reheb laj ma̱c li que'q'uehe'
chiru cruz rochben, quixhob ajcui' li
Jesús ut quixye: —Cui la̱at li Cristo, col
a̱cuib la̱at, ut choa̱col ajcui' la̱o, chan re.
40 Abanan li jun chic quichak'oc ut
quixk'us ut quixye re: —Chi moco la̱at
nacaxucua ru li Dios, usta juntak'e̱t li
raylal li yo̱co chixc'ulbal kochben a'an.
41 Relic chi ya̱l nak la̱o kac'ulub xc'ulbal
li raylal a'in xban nak la̱o cuan kama̱c.
Abanan li cui̱nk a'in ma̱c'a' junak ma̱c
xba̱nu, chan re. 42 Ut li cui̱nk a'an quixye
ajcui' re li Jesús: —At Ka̱cua', chinjul-
ticok' taxak a̱cue nak tat-oc sa' la̱ ni-
majcual cuanquilal, chan. 43 Ut li Jesús
quixye re: —Relic chi ya̱l tinye a̱cue nak
ho̱n ajcui' cua̱nkat cuiq'uin sa' li paraíso,
chan re.

Lix camic li Jesús

44 Tuktu cua'leb quik'ojyi̱no' sa'
chixjunil li ruchich'och' ut toj sa' oxib
o̱r re ecuu quicutano' cui'chic. 45 Nak
quik'ojyi̱no' ru li sak'e, lix t'icrul li
templo quik'iche' sa' xyi. 46 Quia̱tinac
li Jesús chi cau xya̱b xcux ut quixye:
—At inYucua', sa' a̱cuuk' tink'axtesi lin
musik', chan. Nak quixye a'an, qui-el
xch'o̱l. 47 Li capitán aj Roma quixq'ue
retal li quic'ulman. Quixlok'oni li Dios
ut quixye: —Relic chi ya̱l nak li cui̱nk
a'in ti̱c xch'o̱l, chan. 48 Chixjunileb li
q'uila tenamit li cuanqueb aran chi
iloc, que'xq'ue retal li c'a'ru quic'ulman.
Que'suk'i sa' rochocheb ut yo̱queb
chixtenbal li re xch'o̱l chi ruk'eb nak
yo̱queb chi xic xban xrahil xch'o̱leb.
49 Ut chixjunileb li neque'na'oc ru li
Jesús, jo' eb ajcui' li ixk li que'ta̱ken
chak re toj Galilea xakxo̱queb chak chi
najt ut yo̱queb chirilbal chixjunil li
c'a'ak re ru a'in.

Quimuke' li Jesús xban laj José aj Arimatea

50 Quicuan jun li cui̱nk aj José xc'aba'.
Arimatea xtenamit li cuan sa' xcue̱nt
Judea. Laj José, a'an jun xcomoneb li
neque'taklan sa' xbe̱neb laj judío. Ti̱c
xch'o̱l ut cha̱bil. 51 Inc'a' quixc'ul xch'o̱l li
c'a'ru que'xc'u̱b ru xba̱nunquil re li Jesús,
chi moco quixc'ul xch'o̱l nak que'xcamsi
xban nak a'an yo̱ chixyo'oninquil lix ni-
majcual cuanquilal li Dios. 52 Co̱ riq'uin
laj Pilato ut quixtz'a̱ma chiru nak tixq'ue
re lix tz'ejcual li Jesús re tixmuk.
53 Jo'can nak quixcubsi chak li camenak
chiru cruz, quixlan sa' li cha̱bil t'icr lino
ut quixq'ue sa' jun mukleba̱l yi̱banbil sa'
jun sako̱nac. Toj ma̱ jun mukbil aran.
54 Chixjunil a'in quic'ulman sa' li cutan
nak neque'xcauresi li c'a'ru reheb re li
hiloba̱l cutan xban nak ac cuulac re xcu-
tanquil. 55 Eb li ixk, li que'ta̱ken chak re

li Jesús toj Galilea, que'xtake laj José
ut que'ril li muklebal li quimuke' cui'
li camenak ut que'ril ajcui' chanru nak
quiq'uehe' sa' li jul. 56 Que'suk'i sa' ro-
chocheb ut que'xcauresi li sununquil ban
re xbanbal li camenak, ut que'hilan sa' li
hilobal cutan jo' naxye sa' lix chak'rabeb.

Li Jesús quicuacli cui'chic chi yo'yo sa' xyankeb li camenak

24 Sa' li xben li cutan re li xaman, toj
ek'ela chi us, coeb li ixk cuan cui'
li muklebal. Que'xc'am li sununquil ban
li que'xyib. Ut cuanqueb jalaneb chic ixk
rochbeneb. 2 Nak que'cuulac, que'ril nak
ac isinbil chic li nimla pec li natz'apoc
re li muklebal. 3 Ut nak que'oc chi sa'
li muklebal, inc'a' que'xtau li camenak.
4 Que'sach xch'oleb ut inc'a' que'xnau
c'a'ru te'xbanu. Ut xakamil chiruheb cuib
li cuink. Nalemtz'un li rak'eb. 5 C'ajo' nak
que'xucuac li ixk. Que'xxulub li rilobal.
Ut eb li cuink que'xye reheb: —¿C'a'ut
nak nequesic' li yo'yo sa' xyankeb li ca-
menak? 6 A'an ma ani chic arin. Ac xcua-
cli cui'chic chi yo'yo. Chijulticok' ere li
c'a'ru quixye chak nak toj cuank chak
Galilea. 7 Quixye nak tento tak'axtesik
li C'ajolbej sa' ruk'eb li cuink aj mac.
Taq'uehek' chiru cruz ut tacamsik. Ut
quixye ajcui' nak tacuaclik cui'chic chi
yo'yo sa' xyankeb li camenak sa' rox li cu-
tan, chanqueb. 8 Riq'uin a'an quinak sa'
xch'oleb li ixk li c'a'ru quixye li Jesús.
9 Que'el sa' li muklebal ut coeb. Cole'xye
resil chixjunil li c'a'ak re ru a'in reheb li
junlaju ut reheb ajcui' li jun ch'ol chic.
10 Eb li ixk li que'yehoc re li esilal a'in
reheb li apóstol, a'an eb lix María Mag-
dala xtenamit, lix Juana ut lix María
lix na' laj Jacobo rochbeneb li jun ch'ol
chic li ixk. 11 Abanan eb li junlaju chi
apóstol inc'a' que'xpab li c'a'ru que'xye
li ixk. Sa' xch'oleb a'an nak moco yal ta
li yoqueb chixyebal. 12 Abanan laj Pedro
co sa' anil sa' li muklebal. Qui-iloc chi sa'
ut quiril nak ca'aj chic li t'icr lino cuan
aran. Jo'can nak sachso xch'ol chi c'oxlac
nak quisuk'i sa' rochoch.

Li Jesús quixc'utbesi rib chiruheb li cuink nak yoqueb chi xic Emaús

13 Sa' ajcui' li cutan a'an, cuibeb lix
tzolom li Jesús yoqueb chi xic sa' li ch'ina
tenamit Emaús. Li tenamit a'an junlaju
kilómetro na xnajtil riq'uin Jerusalén.
14 Yoqueb chi atinac chi rilbileb rib
chirix chixjunil li c'a'ak re ru quic'ulman
sa' eb li cutan a'an. 15 Nak yoqueb chi
atinac ut chixtz'ilbal rix chi ribileb rib
li c'a'ru quic'ulman, li Jesús quijiloc
riq'uineb ut qui-oc chi bec rochbeneb.
16 Usta que'ril ru, abanan inc'a' que'xnau
nak a'an li Jesús xban nak cuan c'a'ru
quiramoc re chiruheb. 17 Ut li Jesús
quixye reheb: —¿C'a'ru chi aj ix yoquex
chi serak'ic chi ribil erib nak yoquex chi
bec? ¿C'a'ut nak ra sa' ech'ol? chan re-
heb. 18 Jun reheb a'an, aj Cleofas xc'aba',
quichak'oc ut quixye: —Jo' li ca'aj cui'
laat li yocat chi numec' sa' li tena-
mit Jerusalén li inc'a' nacatna'oc re li
c'a'ru xc'ulman sa' eb li cutan a'in, chan.
19 Ut li Jesús quixye reheb: —¿C'a'ru
anchal a'an? chan. Eb a'an que'xye re:
—Chirix li Jesús aj Nazaret. A'an pro-
feta nak quicuan. Nim xcuanquil. Cha-
bil quixbanu ut chabil quixye chiru
li Dios ut chiruheb li tenamit. 20 Eb
li xbenil aj tij ut eb li neque'taklan
sa' kaben que'xk'axtesi chi camsic ut
que'xq'ue chiru cruz. 21 A'an raj li tacolok
re li katenamit Israel sa' kach'ol. Abanan
anakcuan ac oxib cutan xc'ulbal a'an.
22 Xsach kach'ol chirabinquil li c'a'ru
xe'xye ke li ixk li xe'cuulac sa' li mukle-
bal toj ek'ela. 23 Xban nak inc'a' xe'xtau li
camenak, xe'suk'i sa' cab ut xe'xye ke nak
cuib li ángel xe'xc'utbesi rib chiruheb
ut xe'xye reheb nak yo'yo li Jesús. 24 Ut
cuanqueb ajcui' kacomon xe'cuulac chak
sa' li muklebal ut xe'ril nak yal li xe'xye

li ixk. Abanan inc'a' xe'ril ru li Jesús, chan laj Cleofas. 25 Ut li Jesús quixye reheb: —¡Laex mac'a' ena'leb ut al le ch'ol chixpabanquil chixjunil li c'a'ru que'xye chak li profeta! 26 ¿Ma inc'a' ta bi' tento nak tixc'ul chixjunil li raylal a'in li Cristo laj Colonel li yechi'inbil xban li Dios re nak taq'uehek' xlok'al? chan reheb. 27 Ut quixch'olob xyalal chiruheb chirix li c'a'ru quixtz'iba laj Moisés. Quixch'olob ajcui' li xyalal li que'xtz'iba chak li profeta chirix li Cristo li yechi'inbil xban li Dios jo' tz'ibanbil sa' li Santil Hu. 28 Que'cuulac sa' li ch'ina tenamit li yoqueb cui' chi xic. Ut li Jesús quixbanu rib nak tic taxic. 29 Abanan eb a'an que'relaji ru re tacanak riq'uineb. Que'xye re: —Canakat kiq'uin xban nak yo chi ecuuc. Oc re li k'ojyin, chanqueb re. Ut li Jesús qui-oc sa' cab ut quicana riq'uineb. 30 Nak c'ojc'o sa' mex rochbeneb, quixchap li caxlan cua, quixbantioxi chiru li Dios, quixjachi ut quixq'ue reheb. 31 Sa' li honal a'an que'xq'ue retal nak a'an li Jesús. Ut nak ac xe'xnau nak a'an, nak que'ril ac ma ani chic sa' xyankeb. 32 Ut eb a'an que'xye chi ribileb rib: —Jo'can pe' nak yoco chak rec'anquil jun sahil ch'olej sa' kam nak yo chak chikatinanquil sa' be ut nak yo chixch'olobanquil chiku li naxye sa' li Santil Hu, chanqueb. 33 Sa' ajcui' li honal a'an que'suk'i Jerusalén. Aran que'xtau li junlaju chi apóstol ch'utch'uqueb rochbeneb lix comon. 34 Yoqueb chixyebal: —Relic chi yal nak xcuacli cui'chic chi yo'yo li Kacua' xban nak xc'utbesi rib chiru laj Simón, chanqueb. 35 Tojo'nak li cuib chi cuink que'xserak'i reheb li c'a'ru quic'ulman sa' be nak yoqueb chi xic Emaús. Que'xye reheb chanru nak que'xnau ru li Jesús nak quixjachi li caxlan cua.

Li Jesús quixc'utbesi rib chiruheb lix tzolom

36 Toj yoqueb ajcui' xserak'inquil li c'a'ru que'xc'ul nak ac xakamil li Jesús sa' xyankeb ut quixye reheb: —¡Chicuank taxak li tuktuquil usilal eriq'uin! chan reheb. 37 Ut eb a'an sachsoqueb xch'ol que'cana ut te'xucuak. Sa' xch'oleb a'an nak mare junak musik'ej yoqueb chirilbal. 38 Ut li Jesús quixye reheb: —¿C'a'ut nak nequexxucuac? Ut, ¿c'a'ut nak na-oc ec'a'ux? 39 Lain li Jesús. Ilomak li cuok ut li cuuk'. Ch'e'omakin re nak teq'ue retal nak lain tz'akal. Junak musik'ej, a'an mac'a' xbakel, chi moco cuan xtibel. Ilomak. Lain cuan inbakel ut cuan intibel, chan reheb. 40 Ut nak yo chixyebal a'in, quixc'ut li rok ut li ruk' chiruheb. 41 C'ajo' nak quisaho' sa' xch'oleb. Abanan toj sachsoqueb xch'ol. Inc'a' que'xnau ma yal li yoqueb chirilbal malaj ut inc'a'. Ut li Jesús quixye reheb: —¿Ma cuan ca'ch'inak tzacaemk eriq'uin? chan reheb. 42 Ut que'xq'ue re jun jachal li pombil car ut ca'ch'in li xya'al cab. 43 Li Jesús quixc'ul ut quixtzaca. 44 Ut quixye reheb: —Li c'a'ru xinc'ul, a'an ajcui' li quinserak'i chak ere nak toj cuanquin chak sa' eyank. Tento nak tatz'aklok ru chixjunil li tz'ibanbil chak retalil chicuix sa' lix chak'rab laj Moisés, jo' ajcui' sa' lix hu eb li profeta ut sa' ajcui' li Salmos, chan reheb. 45 Ut quixq'ueheb xna'leb re nak te'xtau ru li tz'ibanbil sa' li Santil Hu. 46 Quixye reheb: —Jo'ca'in tz'ibanbil chak retalil sa' li Santil Hu chicuix lain: tento nak li Cristo tixc'ul li raylal ut sa' rox li cutan tacuaclik cui'chic chi yo'yo sa' xyankeb li camenak. 47 Tz'ibanbil ajcui' retalil nak tajulticamank chiruheb chixjunileb li tenamit nak tento te'xyot' xch'oleb ut te'xjal xc'a'uxeb re tacuymank tasachmank lix maqueb sa' xc'aba' a'an. Taticlak xch'olobanquil arin Jerusalén. 48 Laex

texyehok resil xban nak la̱ex xex-abin
re ut la̱ex xex-iloc re chixjunil li c'a'ak
re ru a'in. 49 Ut la̱in tintakla chak e̱re le̱
ma̱tan li quixyechi'i lin Yucua'. Abanan
cana̱kex arin sa' li tenamit Jerusalén toj
te̱c'ul le̱ cuanquil li ta̱cha̱lk sa' choxa,
chan li Jesús reheb.

Li Jesucristo quic'ame' cui'chic sa' choxa xban li Dios

50 Ut li Jesús quixc'ameb toj sa'
li tenamit Betania. Quixtaksi li
ruk' ut quirosobtesiheb. 51 Nak yo̱
chirosobtesinquileb, quirisi rib sa'
xya̱nkeb ut quic'ame' takec' sa' choxa.
52 Nak ac xe'xlok'oni li Ka̱cua', eb
a'an que'suk'i cui'chic Jerusalén chi
c'ajo' xsahil sa' xch'o̱leb. 53 Ut junelic
cuanqueb sa' li templo. Yo̱queb chi
bantioxi̱nc ut yo̱queb chixlok'oninquil li
Dios. Jo'can taxak.

Li Resil li Colba-ib li Quixtz'iba li San Juan

Li Jesucristo quitz'ejcualo' ut quic'ulun sa' ruchich'och'

1 Chalen chak sa' xticlajic li
ruchich'och' ac cuan chak li Atin.
Li Atin cuan chak riq'uin li Dios ut
a'an tz'akal Dios. Li Atin, a'an li Cristo.
2 Li Cristo ac cuan chak sa' xticlajic
riq'uin li Dios. 3 Chixjunil li c'a'ru cuan,
li Dios quixyib sa' xc'aba' li Cristo. Ut
mac'a' c'a'ak re ru cuan chi macua' a'an
ta li quiyiban re. 4 Li Cristo, a'an li
naq'uehoc junelic yu'am. Ut li yu'am li
naxq'ue naxcutanobresi lix c'a'uxeb li
cristian. 5 Li Cristo naxcutanobresi lix
c'a'uxeb li toj cuanqueb sa' xk'ojyinal
ru li mac. Li mac inc'a' quinumta sa'
xben li Cristo. 6 Quicuan jun li cuink aj
Juan xc'aba' taklanbil chak xban li Dios.
7 Quitaklac chak chixch'olobanquil
xyalal nak li Jesús, a'an li cutan saken
re nak chixjunileb li ani te'abink re,
te'pabank. 8 Li Cristo, a'an li tz'akal
cutan saken. Macua' laj Juan. Laj Juan
quic'ulun chixch'olobanquil xyalal
ani li tz'akal cutan saken. 9 A'an li
tz'akal cutan saken li quic'ulun sa'
ruchich'och' chixcutanobresinquil
xc'a'uxeb chixjunileb li cristian. 10 Li
Cristo quicuan sa' ruchich'och'. Abanan
li cuanqueb sa' ruchich'och' inc'a'
que'xq'ue retal chi tz'akal nak a'an li
Cristo usta sa' xc'aba' a'an quiyibac li
ruchich'och'. 11 Quic'ulun sa' lix tenamit.
Abanan inc'a' quic'ule' sa' xyalal xbaneb.
12 Abanan chixjunileb li que'c'uluc re ut
que'paban re nak a'an taklanbil chak
xban li Dios, a'aneb li quixc'uleb chok'
ralal xc'ajol li Dios. 13 Que'oc chok' ralal
xc'ajol li Dios xban nak jo'can quiraj li
Dios. Moco yal xc'a'ux cuink ta. Moco
jo' ta nak nayo'la junak cristian arin sa'
ruchich'och'. Yo'lajenakeb ban chic sa'
musik'ej ut ralal xc'ajoleb chic li Dios.
14 Li Jesucristo quitz'ejcualo' ut tz'akal
cuink nak quicuan arin sa' kayank.
C'ajo' li rusilal ut a'an naxc'ut li xyalal.
A'an li Ralal li Dios li junaj chi ribil
ut lao xkil lix lok'al. 15 Laj Juan laj
Cubsihom Ha' quixch'olob xyalal chi
cau xyab xcux ut quixye: —A'an a'in
li quinch'olob chak xyalal cheru nak
quinye ere: Mokon tachalk jun k'axal
nim xcuanquil chicuu lain xban nak
a'an ac cuan ajcui' chak junxil chicuu
lain, chan. 16 Xban xnimal rusilal,
k'axal numtajenak li kosobtesinquil
naxq'ue. 17 Li Dios quixq'ue li chak'rab
re laj Moisés re nak tixc'ut chiku. Aban
li xyalal chirix li Dios ut li rusilal
quixc'utbesi chiku li Jesucristo. 18 Ma
ani qui-iloc ru li Dios. Ca'aj cui' li Dios
C'ajolbej, a'an tz'akal li cuan chi sum
atin riq'uin li Dios Acuabej. Ut a'an li
quic'utbesin chiku chanru li Dios.

Laj Juan laj Cubsihom Ha' quixye nak a'an macua' li Cristo li yechi'inbil xban li Dios

19 Eb laj judío li cuanqueb Jerusalén
que'xtaklaheb laj tij ut eb laj levita chix-
patz'bal re laj Juan, ut que'xye re: —
¿Anihat laat? ¿Ma laat li Cristo li tak-
lanbil chak xban li Dios? chanqueb re.
20 Quichak'oc laj Juan ut quixye reheb:
—Lain macua'in li Cristo, chan. 21 Ut
que'xye cui'chic re: —Ye ke anihat laat.
¿Ma laat laj Elías?— Quichak'oc laj Juan
ut quixye: —Moco lain ta, chan. —
¿Ma laat li profeta li tachalk? chan-
queb cui'chic re. —Inc'a', chan laj Juan.
22 —Ye ke chi tz'akal anihat re nak
taruk takaye reheb li xe'taklan chak ke.
Tento nak taye ke anihat, chanqueb.
23 Quixye laj Juan: —Lain li yoquin
chixch'olobanquil li xyalal chiruheb li
cristian chi cau xyab incux sa' li chaki

ch'och' ut ninye resil li quixye li profeta
Isaías:
Yi̱bomak le̱ yu'am ut yo'on cua̱nkex
chixc'ulbal li Ka̱cua' jo' nak
neque'xyi̱b li be re xc'ulbal junak li
nim xcuanquil. (Is. 40:3)
24 Li que'takla̱c chi a̱tinac riq'uin
laj Juan, a'an xcomoneb laj fariseo.
25 Que'xye cui'chic re laj Juan: —¿C'a'ut
nak nacatcubsin ha' cui ma̱cua' la̱at li
Cristo, chi moco la̱at laj Elías, chi moco
la̱at li profeta? chanqueb re laj Juan.
26 Quichak'oc cui'chic laj Juan ut quixye:
—La̱in nincubsin ha' riq'uin ha'. Abanan
cuan jun sa' e̱ya̱nk la̱ex inc'a' nequenau
chi tz'akal ani a'an. 27 A'an li ta̱oc chi
c'anjelac mokon. K'axal nim xcuanquil
a'an chicuu la̱in. Moco inc'ulub ta xba̱-
nunquil lix c'anjel a'an xban nak cubenak
incuanquil. Jo'can nak moco inc'ulub ta
xhitbal xc'a̱mal lix xa̱b, chan. 28 Chixju-
nil a c'a'ak re ru a'in quic'ulman sa' li
na'ajej Betania li cuan jun pac'al li nima'
Jordán, li yo̱ cui' chi cubsi̱nc ha' laj Juan.

Laj Juan quixjuntak'e̱ta li Jesús riq'uin jun li carner

29 Jo' cuulajak chic laj Juan quiril
li Jesús yo̱ chak chi cha̱lc riq'uin ut
quixye: —Ilomak. Cue' chak li Cristo, li
taklanbil chak xban li Dios. Chanchan
jun li carner. Ta̱camsi̱k re xtojbal rix
lix ma̱queb li cuanqueb sa' ruchich'och'.
30 A'an a'in li quina̱tinac chak chirix nak
quinye e̱re nak ta̱cha̱lk jun cui̱nk k'axal
nim xcuanquil chicuu la̱in xban nak a'an
ac cuan ajcui' chak junxil chicuu la̱in.
31 La̱in inc'a' ninnau nak a'an li Cristo.
Abanan yo̱quin chi cubsi̱nc ha' re nak
li Dios tixc'utbesi chiku la̱o aj Israel
ani tz'akal li Cristo, chan. 32 Laj Juan
quixch'olob xya̱lal li c'a'ru quiril. Quixye:
—Quicuil nak li Santil Musik'ej quicube
chak sa' choxa. Chanchan jun li paloma
nak quicube ut quihilan sa' xbe̱n li Jesús.
33 Inc'a' raj xinnau nak a'an li Cristo
cui ta inc'a' quicuil li quic'ulman. Xin-
nau nak a'an li Cristo xban nak li Dios
li quitaklan chak cue chi cubsi̱nc ha'
quixye cue, "Nak ta̱cuil li Santil Musik'ej
chanchan jun li paloma yo̱k chi cubec ut
ta̱hila̱nk sa' xbe̱n jun li cui̱nk, a'an re-
talil nak a'an li ta̱q'uehok e̱re li Santil
Musik'ej", chan li Dios. 34 Ut la̱in quicuil
nak quicube chak li Santil Musik'ej sa'
xbe̱n li Jesús. Jo'can nak ninnau chi
tz'akal nak a'an tz'akal Ralal li Dios, chan
laj Juan.

Laj Andrés ut laj Simón, a'aneb li xbe̱n li quixsiq'ueb ru chok' xtzolom li Jesucristo

35 Jo' cuulajak chic laj Juan cuan
cui'chic chire li nima' Jordán rochben
cuibeb lix tzolom. 36 Nak quiril li Jesús
yo̱ chi numec' nach' cuanqueb cui', laj
Juan quixye: —Cue' chak li Cristo, li
chanchan Carner q'uebil chak xban li
Dios, chan. 37 Ut eb lix tzolom cuib, nak
que'rabi li quixye laj Juan, que'xta̱ke li
Jesús. 38 Li Jesús quixakli ut quixsuk'isi
rib. Quiril nak yo̱queb chi xic chirix.
Quixye reheb: —¿C'a'ut nak yo̱quex
chinta̱kenquil? ¿C'a'ru te̱raj? chan re-
heb. Que'chak'oc eb a'an ut que'xye: —At
tzolonel ¿bar nacathilan? chanqueb re.
39 Quichak'oc li Jesús ut quixye reheb: —
Yo'keb chicuix re nak te̱nau bar ninhilan,
chan li Jesús reheb. Jo'can nak que'co̱eb
chirix ut que'ril bar nahilan. Ut que'cana
riq'uin xban nak ac ca̱hib o̱r chic re
ecuu. 40 Laj Andrés li ri̱tz'in laj Simón Pe-
dro, a'an jun reheb li cuib li que'abin re
li c'a'ru quixye laj Juan ut que'xta̱ke li
Jesús. 41 Nak ac x-a̱tinac riq'uin li Jesús,
ticto co̱ laj Andrés riq'uin laj Simón ut
quixye re: —Anakcuan xkatau li Mesías,
chan. (Chi jalbil ru naraj naxye "li Cristo
li taklanbil chak xban li Dios".) 42 Ut
quixc'am laj Simón riq'uin li Jesús. Li
Jesús quiril a'an ut quixye re: —La̱at laj
Simón li ralal laj Jonás. Anakcuan Pedro

chic a̱c'aba'.— (Chi jalbil ru naraj naxye “Pec”.)

Laj Felipe ut laj Natanael que'siq'ue' ru xban li Jesucristo

43 Jo' cuulajak chic li Jesús quiraj xic sa li na'ajej Galilea. Quixtau laj Felipe ut quixye re: —China̱ta̱ke, chan. 44 Laj Felipe, a'an Betsaida xtenamit. A'an ajcui' xtenamiteb laj Andrés ut laj Pedro. 45 Laj Felipe ticto co̱ chixsic'bal laj Natanael ut quixye re: —Xkatau li Mesías li tz'i̱banbil chak retalil sa' li chak'rab xban laj Moisés ut xbaneb li profeta. A'an li Jesús ralal laj José. Nazaret xtenamit, chan laj Felipe. 46 Laj Natanael quixye re: —¿Ma cuan ta bi' junak cha̱bil ta̱cha̱lk chak Nazaret? chan. Ut laj Felipe quixye re: —Yo'o rilbal re nak ta̱pa̱b, chan. 47 Li Jesús quiril nak laj Natanael yo̱ chak chi cha̱lc riq'uin ut quixye: —Cue' chak jun cui̱nk tz'akal aj Israel. Cha̱bil xna'leb. A'an inc'a' nabalak'ic, chan li Jesús. 48 Laj Natanael quixye re li Jesús: —¿Chanru nacanau nak cha̱bil inna'leb? chan. Li Jesús quichak'oc ut quixye re: —Xinnau chanru a̱na'leb nak cuancat rubel li jun to̱n chi higo nak toj ma̱ji' nacatxbok laj Felipe, chan. 49 Quichak'oc laj Natanael ut quixye re: —At tzolonel, la̱at li Ralal li Dios. La̱at lix Reyeb laj Israel, chan re li Jesús. 50 Li Jesús quixye re: —Xapa̱b nak la̱in li Cristo xban nak xinye a̱cue nak xinnau chanru la̱ na'leb nak cuancat rubel li jun to̱n chi higo. Abanan toj cuan cui'chic xni̱nkal ru na'leb talaja̱cuil chiru a'in, chan li Jesús. 51 Ut quixye ajcui' reheb: —Relic chi ya̱l tinye e̱re nak te̱ril li choxa chi teto. Ut eb lix ángel li Dios yo̱keb chi takec' ut yo̱keb chi cubec cuanquin cui' la̱in li C'ajolbej, chan li Jesús reheb.

Li Jesús quixc'utbesi lix cuanquil nak quixsuk'isi li ha' chok' vino sa' jun li sumla̱c

2 Yo̱ chic rox cutan xc'ulbal a c'a'ak re ru a'in nak quicuan jun li sumla̱c sa' li tenamit Caná re Galilea. Cuan lix na' li Jesús aran. 2 Ut quiboke' sa' li sumla̱c li Jesús rochbeneb lix tzolom. 3 Nak ac yo̱ li nink'e, qui-oso' li vino. Ut lix na' li Jesús quixye re: —Ma̱c'a' chic li vino, chan re. 4 Ut li Jesús quixye re: —¿C'a'ut nak nacatchal xyebal cue a'an? Toj ma̱ji' xk'ehil nak tinc'utbesi lin cuanquil, chan re lix na'. 5 Lix na' li Jesús quixye reheb li yo̱queb chi c'anjelac: —Cheba̱nuhak li c'a'ru tixye e̱re, chan. 6 Ut aran cuanqueb cuakib li ni̱nki cuc yi̱banbil riq'uin pec. A'an nac'anjelac chok' xna'aj xha'eb laj judío re xch'ajobresinquil ribeb jo' naxye sa' lix chak'rabeb. Li junju̱nk chi cuc a'an naxc'am oxib ni̱nki cuc chi ha'. 7 Li Jesús quixye reheb li yo̱queb chi c'anjelac aran nak te'xnujtesi li ni̱nki cuc riq'uin ha'. Ut eb a'an que'xq'ue li ha' sa' li cuc toj retal que'nujac. 8 Quixye cui'chic li Jesús reheb: —Lecomak ca'ch'inak ut te̱c'am riq'uin li najolomin re li nink'e, chan. Ut eb a'an que'xba̱nu jo' quiyehe' reheb xban li Jesús. 9 Li ha' ac suk'isinbil chok' vino xban li Jesús nak que'xc'am riq'uin li najolomin re li nink'e. A'an inc'a' quixnau bar ta xchal li vino. Ca'aj cui' eb laj c'anjel li que'lecoc chak re que'xnau. Li najolomin re li nink'e quixyal li vino. Tojo'nak quixbok li be̱lomej ut quixye re: 10 —Chixjunileb li neque'nink'ei̱c xbe̱n cua neque'xjec' li cha̱bil vino. Ut nak ac xe'uc'ac chi nabal li ula', neque'xjec' li inc'a' mas cha̱bil. Abanan la̱at xac'u̱la li cha̱bil vino ut toj anakcuan xacuisi chak, chan re. 11 A'an a'in li xbe̱n milagro li quixba̱nu li Jesús nak quixsuk'isi li ha' chok' vino aran Caná re Galilea. Riq'uin li milagro a'in quixc'utbesi nak cuan xcuanquil ut eb lix tzolom que'xpa̱b

nak li Jesús a'an li Ralal li Dios. 12 Chirix
chic a'an co̱ Capernaum li Jesús rochben
lix na' ut eb li ri̱tz'in. Que'co̱eb ajcui' lix
tzolom ut que'cana aran cuib oxib cutan.

Li Jesús quirisiheb laj c'ay sa' li templo

13 Nak ac yo̱ chi cuulac xk'ehil li Pas-
cua, lix nink'e eb laj judío, li Jesús
quicuulac Jerusalén. 14 Quicuulac sa' li
templo ut aran quixtauheb li yo̱queb
chi c'ayi̱nc bo̱yx, carner ut paloma.
Chunchu̱queb ajcui' aran laj jalol ru tu-
min. 15 Li Jesús quixyi̱b jun lix tz'u̱m
riq'uin c'am ut quixyolesiheb. Quirisi-
heb chixjunileb chirix cab rochbeneb lix
xul. Quixpaji lix tumin eb laj jalol ru tu-
min ut quixbalk'usi lix me̱xeb. 16 Quixye
reheb li yo̱queb chi c'ayi̱nc paloma: —
Isihomak chixjunil a'in sa' li templo. Me̱-
suk'isi chok' c'ayil li rochoch lin Yucua',
chan li Jesús reheb. 17 Tojo'nak quinak
sa' xch'o̱leb lix tzolom nak tz'i̱banbil re-
talil sa' li Santil Hu li naxye chi jo'ca'in:
La̱in ninra la̱ cuochoch ut naraho' sa'
inch'o̱l nak neque'xba̱nu li inc'a' us sa' la̱
cuochoch. (Sal. 69:9) 18 Ut eb laj judío
que'xye re li Jesús: —¿C'a'ru retalil ta̱c'ut
chiku re nak takanau nak cuan a̱cuan-
quil chirisinquileb sa' li templo? chan-
queb re. 19 Quichak'oc li Jesús ut quixye
reheb: —Juc'umak li templo a'in ut chiru
oxib cutan tincuaclesi cui'chic chi ac',
chan reheb. 20 Eb laj judío que'chak'oc
ut que'xye re li Jesús: —Chiru cuakib
roxc'a̱l (46) chihab que'cablac re xy-
i̱banquil li templo a'in. ¿Ma nacac'oxla
la̱at nak yal chiru oxib cutan ta̱cuaclesi
cui'chic? chanqueb. 21 Abanan li Jesús
inc'a' yo̱ chi a̱tinac chirix li templo. Yo̱
ban chi a̱tinac chirix lix camic ut lix cua-
clijic cui'chic chi yo'yo. 22 Jo'can nak ac
xcuacli cui'chic chi yo'yo sa' xya̱nkeb li
camenak, que'nak sa' xch'o̱leb lix tzolom
li c'a'ru quixye li Jesús nak toj ma̱ji'
nacam. Ut que'xpa̱b li c'a'ru tz'i̱banbil
chak najter sa' li Santil Hu ut que'xpa̱b
ajcui' li c'a'ru quiyehe' reheb xban li
Jesús.

Li Jesús naxnau chanru xna'leb li junju̱nk

23 Nak li Jesús cuan aran Jerusalén
chixnumsinquil li nink'e Pascua, nabaleb
que'pa̱ban re xban nak que'ril li milagro
li quilajxba̱nu. 24 Abanan li Jesús inc'a'
quixc'ojob xch'o̱l riq'uineb xban nak nax-
nau chanru lix c'a'uxeb. 25 Inc'a' tento
nak ta̱ch'oloba̱k chiru chanru lix c'a'uxeb
xban nak ac naxnau chanru lix na'leb li
junju̱nk.

La j Nicodemo quicuulac chi a̱tinac riq'uin li Jesús

3 Quicuan jun li cuink aj fariseo aj
Nicodemo xc'aba'. A'an xcomoneb li
neque'taklan sa' xya̱nkeb laj judío. 2 Sa'
jun li k'ojyi̱n laj Nicodemo quicuulac chi
a̱tinac riq'uin li Jesús ut quixye re: —At
tzolonel, la̱o nakanau nak riq'uin li Dios
chalenakat chak chok' aj tzolol ke xban
nak ma̱ ani ta̱ru̱k tixba̱nu li milagros
li nacaba̱nu la̱at cui ta ma̱cua' riq'uin
xcuanquil li Dios, chan. 3 Quichak'oc li
Jesús ut quixye re: —Relic chi ya̱l ninye
a̱cue, ma̱ ani naru ta̱oc rubel xnima-
jcual cuanquilal li Dios cui inc'a' ta̱yo'la̱k
cui'chic xca' sut, chan li Jesús. 4 Laj
Nicodemo quixye re: —¿Chan ta cui'
ru nak ta̱yo'la̱k cui'chic xca' sut junak
cui̱nk? ¿Ma ta̱ru̱k ta bi' ta̱oc cui'chic
riq'uin lix na' ut ta̱yo'la̱k cui'chic xca'
sut? chan. 5 Quichak'oc li Jesús ut quixye
re: —Relic chi ya̱l ninye a̱cue nak ani
inc'a' ta̱yo'la̱k riq'uin ha' ut riq'uin li San-
til Musik'ej moco ta̱ru̱k ta ta̱oc rubel
lix nimajcual cuanquilal li Dios. 6 Li
ani yo'lajenak riq'uin lix na' xyucua'
cuan xyu'am sa' ruchich'och'. Abanan li
ani yo'lajenak riq'uin li Santil Musik'ej
cuan xyu'am chi junelic. 7 Misach a̱ch'o̱l
xban nak xinye a̱cue nak tento tatyo'la̱k

cui'chic xca' sut. 8 Li ik' nanume' bar naraj chi inc'a' nacanau bar nachal chak chi moco nacanau bar yo̲ chi xic. Inc'a' nacacuil ru. Ca'aj cui' lix ya̲b nacacuabi nak nanume'. Jo'can ajcui' lix yu'ameb li yo'lajenakeb riq'uin li Santil Musik'ej. Cuan xyu'ameb chi junelic chi inc'a' nacanau chi tz'akal chanru, chan li Jesús. 9 Quichak'oc laj Nicodemo ut quixye re: —¿Chanru nak nac'ulman a'in? Inc'a' nintau ru, chan. 10 Li Jesús quixye re: —La̲at aj tzolol reheb laj Israel ut inc'a' nacatau ru li yo̲quin chixyebal. 11 Relic chi ya̲l ninye e̲re: La̲o noco̲atinac chirix li nakanau. Ut nakach'olob resil li c'a'ru nakil. Abanan la̲ex inc'a' nequec'u̲luban li c'a'ru nakach'olob xya̲lal che̲ru. 12 La̲at inc'a' nacapa̲b li c'a'ru ninye a̲cue chirix li c'a'ru nac'ulman sa' ruchich'och'. ¿Ma toja' ta chic ta̲pa̲b nak tinye a̲cue li choxahil na'leb? 13 Ma̲ ani quicuulac sa' choxa. Ca'aj cui' la̲in li C'ajolbej. La̲in xinchal chak sa' choxa. 14 Nak toj cuanqueb laj judío sa' li chaki ch'och', laj Moisés quixtaksi chiru jun che' jun li c'anti' yi̲banbil riq'uin li ch'i̲ch' bronce. Jo'can ajcui' la̲in li C'ajolbej. Tento nak tintaksi̲k chiru jun li che', 15 re nak chixjunileb li te'pa̲ba̲nk cue la̲in inc'a' te'sachk. Te'cua̲nk ban xyu'am chi junelic. 16 Li Dios c'ajo' nak quixraheb li cuanqueb sa' ruchich'och' nak quixq'ue li Ralal junaj chi ribil re nak chixjunileb li ani te'pa̲ba̲nk re inc'a' te'sachk. Ta̲cua̲nk ban xyu'ameb chi junelic. 17 Li Dios inc'a' quixtakla chak li Ralal sa' ruchich'och' chixtenebanquil li tojba ma̲c sa' xbe̲neb li cuanqueb sa' ruchich'och'. Quixtakla ban chak re nak sa' xc'aba' a'an te'colek'. 18 Li ani napa̲ban re, ma̲c'a' li tojba ma̲c sa' xbe̲n. Abanan li ani inc'a' napa̲ban re, ac cuan li tojba ma̲c sa' xbe̲n xban nak inc'a' xpa̲b li Ralal li Dios, li junaj chi ribil. 19 Xban nak inc'a' neque'pa̲ban, cuan li tojba ma̲c sa' xbe̲neb. Li C'ajolbej quic'ulun sa' ruchich'och' chixc'utbal li xya̲lal chiruheb li cuanqueb sa' ruchich'och'. A'an chanchan li cutan. Abanan eb li cuanqueb sa' ruchich'och' k'axal que'raj cua̲nc sa' xk'ojyi̲nal ru li ma̲c ut inc'a' que'raj cua̲nc sa' li cutan xban nak inc'a' us lix na'lebeb. 20 Li ani neque'xba̲nu li ma̲usilal, xic' neque'ril li xya̲lal. Inc'a' nacuulac chiruheb cua̲nc sa' xya̲lal xban nak inc'a' neque'raj ta̲c'utu̲nk li ma̲usilal neque'xba̲nu. 21 Abanan li ani cuanqueb sa' ti̲quilal, neque'cuulac chiru cua̲nc sa' xya̲lal re nak ta̲c'utu̲nk nak neque'xba̲nu li c'a'ru naraj li Dios, chan li Jesús.

Laj Juan naxch'olob cui'chic xya̲lal nak li Jesús a'an li Mesías

22 Chirix chic a'in, li Jesús co̲ sa' li na'ajej Judea rochbeneb lix tzolom. Aran que'cana cuib oxib cutan ut yo̲ chi cubsi̲nc ha'. 23 Laj Juan laj Cubsihom Ha' yo̲ ajcui' chi cubsi̲nc ha' sa' li na'ajej Enón li cuan nach' riq'uin li na'ajej Salim xban nak aran cuan nabal li ha'. Ut neque'cuulac li cristian riq'uin ut naxcubsi xha'eb. 24 A'in quic'ulman nak toj ma̲ji' quiq'uehe' sa' tz'alam laj Juan. 25 Que'oc chixcuech'inquil ribeb lix tzolom laj Juan riq'uineb laj judío. Que'xcuech'i ribeb chirix li cubi ha' li yo̲queb chixba̲nunquil. 26 Que'cuulac lix tzolom laj Juan riq'uin ut que'xye re: —At tzolonel, li cui̲nk li quicuulac a̲cuiq'uin aran jun pac'al li nima' Jordán, li cach'olob chak resil chiku, a'an yo̲ chi cubsi̲nc ha'. Ut chixjunileb li cristian yo̲queb chi cuulac riq'uin, chanqueb. 27 Quichak'oc laj Juan ut quixye: —Junak cui̲nk ma̲c'a' c'a'ru tixba̲nu chi inc'a' ta q'uebil re xban li Dios. 28 La̲ex querabi ajcui' chak nak quinye nak moco la̲in ta li Cristo. Yal taklanbilin ban chak xbe̲n cua chiru a'an chixch'olobanquil li resilal. 29 Junak cui̲nk xic re chi sumla̲c cuan li ixakilbej riq'uin. Ut li rami̲g cuan aran ut nasaho' sa' xch'o̲l chirabinquil li

naxye li belomej. Li Cristo, a'an jo' jun
li belomej ut lain yal jo' jun li ramig.
Lain nasaho' sa' inch'ol nak yoqueb chi
xic li cristian riq'uin xban nak a'an li
tz'akal aj Colonel. 30 Tento nak a'an tan-
imank xcuanquil ut lain tacubek incuan-
quil, chan laj Juan.

Li xchal chak sa' choxa, a'an li k'axal nim xcuanquil

31 Ut quixye ajcui' laj Juan: —A'an
xchal chak sa' choxa ut k'axal nim
xcuanquil sa' xben chixjunil. Lain
quinyo'la sa' ruchich'och' ut rehin ajcui'
li ruchich'och'. Ut ninatinac chirix
li c'a'ru nac'ulman sa' ruchich'och'.
Li jun li xchal chak sa' choxa, a'an li
k'axal nim xcuanquil sa' xben chixjunil.
32 Ut li c'a'ru quiril ut quirabi, a'an li
naxch'olob xyalal. Abanan moco q'uiheb
ta li neque'paban re li c'a'ru naxye.
33 Abanan li ani naxpab li c'a'ru naxye,
riq'uin a'an naxc'ut nak naxpab nak
tz'akal yal li c'a'ru yebil xban li Dios.
34 Li Jesucristo, a'an taklanbil chak xban
li Dios ut naxye li c'a'ru nayehe' re xban
li Dios xban nak li Santil Musik'ej cuan
riq'uin chi tz'akal. 35 Li Acuabej Dios
naxra li Ralal ut quixk'axtesi chixjunil
sa' ruk' a'an, ut a'an chic yal re sa'
xben. 36 Li ani napaban re li C'ajolbej
cuan xyu'am chi junelic. Ut li ani inc'a'
napaban re li C'ajolbej inc'a' tacuank
xyu'am chi junelic. Cuan ban li tojba
mac sa' xben, chan laj Juan.

Li Jesús quiatinac riq'uin jun li ixk aj Samaria

4 Quicuulac resil riq'uineb laj fariseo
nak k'axal nabaleb li yoqueb chi
takenc re li Jesús chiruheb li yoqueb chi
takenc re laj Juan ut yoqueb chi cub-
sic xha'eb. 2 Abanan macua' li Jesús li yo
chi cubsinc ha'. A'aneb ban lix tzolom li
yoqueb chi cubsinc ha'. 3 Nak quixnau
li c'a'ru yoqueb chixyebal laj fariseo, li
Jesús qui-el Judea ut co cui'chic Galilea.
4 Nak yo chi xic Galilea, tento nak tanu-
mek' aran Samaria. 5 Nak yo chi nu-
mec' Samaria, quicuulac sa' li tenamit
Sicar. Li tenamit a'an nach' cuan riq'uin
li na'ajej li quixq'ue laj Jacob re laj
José li ralal. 6 Ut aran cuan jun li bec-
bil ha' li quixtakla xbecbal laj Jacob na-
jter. Cua'leb na chic quicuulac aran li
Jesús. Quic'ojla chire li becbil ha' chi hi-
lanc xban nak quilub chi bec. 7 Quicu-
ulac jun li ixk aj Samaria chirisinquil
xha'. Ut li Jesús quixye re: —Si bayak
cuuc'a, chan. 8 Ut eb lix tzolom li Jesús
ac xcoeb sa' tenamit chixlok'bal lix tza-
caemkeb. 9 Quichak'oc li ixk ut quixye
re: —Lain aj Samaria ut laat, laat aj
judío. ¿C'a'ut nak nacapatz' acuuc'a cue?
chan. Quixye re chi jo'can xban nak
eb laj judío inc'a' neque'xc'am rib sa'
usilal riq'uineb laj Samaria. 10 Li Jesús
quixye re: —Cui ta nacanau c'a'ru li ma-
tan li naxq'ue li Dios, ut cui ta nacanau
anihin lain li yoquin chixtz'amanquil
cuuc'a acue, laat tatz'ama raj acuuc'a
cuiq'uin ut tinq'ue raj acue li ha' li
naq'uehoc junelic yu'am, chan li Jesús.
11 Quichak'oc li ixk ut quixye re: —
Kacua', ¿C'a' ta cui' ru tacuisi cui' li ha'?
Cham cuan chak. Ut, ¿chan ta cui' ru
nak taq'ue li ha' li naq'uehoc yu'am?
12 Laj Jacob li kaxe'tonil yucua' quix-
canab chok' ke li becbil ha' a'in. Arin
qui-uc'ac a'an ut arin ajcui' que'uc'ac li
ralal xc'ajol ut lix quetomk. ¿Ma laat
ta bi' k'axal nim acuanquil chiru a'an?
chan li ixk. 13 Quichak'oc li Jesús ut
quixye re: —Chixjunileb li te'uc'ak re li
ha' a'in, tachakik cui'chic reheb. 14 A'ut
li te'uc'ak re li ha' tinq'ue lain, ma jok'e
chic tachakik reheb. Li ha' li tinq'ue lain
jalan cui'. A'an li junelic yu'am. Chan-
chan jun li yu'am ha' li cuan chi junelic.
Mac'a' roso'jic, chan li Jesús. 15 Li ixk
quixye re: —Kacua', q'ue cue li ha' a'an
re nak inc'a' chic tachakik cue, chi moco

tinchalk chic toj arin chirisinquil inha',
chan. 16 Li Jesús quixye re: —Ayu. Bok
chak la belom ut tatchalk cui'chic arin
acuochben, chan. 17 —Mac'a' inbelom,
chan li ixk. Li Jesús quixye re: —Yal
li xaye nak mac'a' abelom, 18 xban nak
ob li cuink cuanjenak acuiq'uin. Ut li
jun li cuan acuiq'uin anakcuan macua'
ajcui' abelom. Yal li xaye nak mac'a'
abelom, chan li Jesús. 19 Quixye li ixk
re: —Kacua', jo' li laat anchal profeta.
20 Eb li kaxe'tonil yucua' lao aj Samaria
que'tijoc chiru li Dios sa' li tzul li cuan
arin. Abanan laex aj judío nequeye nak
toj aran Jerusalén cuan li tz'akal na'ajej
re lok'oninc. Ye cue bar cuan li tz'akal
xyalal, chan li ixk. 21 Quixye li Jesús re:
—At ixk, pab li c'a'ru tinye acue. Tacuu-
lak xk'ehil nak moco tento ta chic texxic
sa' li tzul li cuan arin, chi moco Jerusalén
re textijok chiru li Dios Acuabej. 22 Laex
aj Samaria inc'a' nequenau chi tz'akal ani
nequeq'ue xlok'al. Lao aj judío nakanau
chi tz'akal ani nakaq'ue xlok'al xban nak
li colba-ib riq'uineb laj judío xchal chak.
23 Tacuulak xk'ehil, ut anakcuan ajcui',
nak eb li te'xlok'oni li Acuabej Dios chi
tz'akal, te'xbanu chi anchal xch'oleb ut
chi yal xban nak li Acuabej Dios naraj
nak te'xlok'oni chi tz'akal re ru. 24 Li
Dios, a'an musik'ej ut li ani talok'onink
re, tento nak tixbanu chi anchal xch'ol
ut chi tz'akal re ru, chan li Jesús.
25 Quichak'oc li ixk ut quixye re: —Lain
ninnau nak tachalk li Mesías li tacolok
ke. Li Cristo neque'xye re. Nak tol-elk
a'an, tixch'olob chiku chixjunil li c'a'ak
re ru a'in, chan li ixk. 26 Quixye li Jesús
re: —Lain li Cristo li yoquin chi atinac
acuiq'uin, chan. 27 Sa' ajcui' li honal a'an,
que'cuulac eb lix tzolom li Jesús. Ut
que'sach xch'oleb chirilbal nak yo chi
atinac riq'uin li ixk aj Samaria. Abanan
ma jun quiyehoc re: —¿C'a'ut nak yo-
cat chi atinac riq'uin li ixk a'an?— Chi
moco que'xye: —¿C'a'ru yocat chixyebal
re?— 28 Li ixk quixcanab lix cuc aran
ut co sa' li tenamit ut quixye reheb li
cuanqueb aran: 29 —Yo'keb chicuix chir-
ilbal jun li cuink quixye cue chixju-
nil lin yehom inbanuhom. Mare a'an
li Cristo li yoco chiroybeninquil, chan.
30 Jo'can nak li cuanqueb sa' li tena-
mit a'an coeb riq'uin li Jesús. 31 Nak
toj maji' neque'cuulac, eb lix tzolom
li Jesús yoqueb chixtz'amanquil chiru
nak tacua'ak. Que'xye re: —At tzolonel,
cua'in, chanqueb re. 32 Li Jesús quixye
reheb: —Macua' tzacaemk nasaho' cui'
inch'ol. Lain cuan jun xsahil inch'ol ut
laex inc'a' nequenau c'a'ut, chan. 33 Ut
eb lix tzolom que'xye chi ribileb rib: —
Mare ani xc'amoc chak xcua, chanqueb.
34 Li Jesús quixye reheb: —Lain nasaho'
inch'ol nak ninbanu li c'a'ru naraj li
quitaklan chak cue ut tinchoy xbanun-
quil lix c'anjel. A'an ruchil li cua chok'
cue lain, chan. 35 Laex nequeye, "Toj
tanumek' cahib po chic tojo'nak to-oc
chi k'oloc", chanquex. Abanan lain ninye
ere us xtiquibanquil anakcuan. Ilomak
li q'uila tenamit. Chanchaneb li acuimk
li ac xk'ano'. Tento nak tach'olobak li
xyalal chiruheb. 36 Laj k'olonel naxc'ul
xtojbal ut nasaho' sa' xch'ol rochben laj
acuinel. Jo'can ajcui' li ani naxch'olob
xyalal re nak te'pabank li cristian. Li
jun a'an tacuank lix k'ajcamunquil xban
nak cuankeb li te'rechani li junelic yu'am
sa' xc'aba' a'an. 37 Riq'uin a'in na-el chi
yal li neque'xye: Jun li na-acuoc re ut
jun chic li nak'oloc re. 38 Lain xexintakla
chixk'olbal li moco laex ta xexc'anjelan
re. Jalaneb xe'c'anjelan re ut laex chic
xexyaloc xsahil lix c'anjeleb, chan li
Jesús reheb. 39 Nabaleb laj Samaria li
cuanqueb sa' li tenamit a'an que'xpab
nak li Jesús a'an li Cristo, xban nak li
ixk quixye reheb: —Li cuink a'an xye cue
chixjunil li c'a'ru quilajinbanu.— 40 Nak
que'cuulac eb laj Samaria riq'uin li Jesús,
que'relaji ru chi canac riq'uineb. Ut a'an

quicana cuib cutan riq'uineb. 41 Ut k'axal
cui'chic nabaleb li que'pa̱ban re li Jesús
xban nak que'rabi li c'a'ru quixye. 42 Ut
que'xye re li ixk: —Anakcuan nakapa̱b,
moco xban ta li c'a'ru xaye ke. La̱o xkabi
chi tz'akal li c'a'ru xye ut nakanau nak
a'an tz'akal li Cristo laj Colol re li cuan-
queb sa' ruchich'och', chanqueb.

Li Jesús quixq'uirtesi li ralal jun li cui̱nk aj c'anjel chiru li rey

43 Nak ac xnume' li cuib cutan, li Jesús
qui-el aran ut co̱ Galilea. 44 Ut li Jesús
quixch'olob xya̱lal ut quixye nak junak
profeta inc'a' naq'uehe' xlok'al sa' lix
tenamit. 45 Nak quicuulac li Jesús sa'
li tenamit Galilea, quic'ule' sa' xya̱lal
xbaneb li que'cuulac aran Jerusalén
chixnumsinquil li nink'e Pascua xban
nak que'ril chixjunil li quilajxba̱nu li
Jesús. 46 Li Jesús co̱ cui'chic sa' li tena-
mit Caná re Galilea li quixsuk'isi cui' li
ha' chok' vino. Ut aran Capernaum cuan
jun li cui̱nk aj c'anjel chiru li rey. Yaj li
ralal. 47 Li cui̱nk a'an quirabi resil nak
li Jesús ac xsuk'i chak Judea ut cuan
aran Galilea. Co̱ riq'uin li Jesús ut quire-
laji ru chi xic Capernaum re tixq'uirtesi
li ralal. Ca̱mc re xban nak nim xyajel.
48 Li Jesús quixye re li cui̱nk: —La̱ex
inc'a' nequepa̱b nak li Dios quitaklan
chak cue cui inc'a' tinc'ut junak mila-
gro che̱ru retalil nak cuan incuanquil,
chan. 49 Ut li cui̱nk quixye cui'chic re
li Jesús: —Ka̱cua', ba̱nu usilal cue. Yo'o
chi junpa̱t xban nak k'axal nim xya-
jel li cualal. Ca̱mc re, chan li cui̱nk.
50 Li Jesús quixye re li cui̱nk: —Ayu
sa' la̱ cuochoch. La̱ cualal inc'a' ta̱ca̱mk.
Ta̱q'uira̱k ban, chan. Ut li cui̱nk quix-
pa̱b li quiyehe' re xban li Jesús ut co̱.
51 Nak ac cuulac re sa' li rochoch, eb lix
mo̱s que'co̱eb chixc'ulbal ut que'xye re:
—Yo'yo la̱ cualal. Yo̱ chi usa̱c, chanqueb
re. 52 Ut li cui̱nk quixpatz' reheb jok'e
ho̱nal quixtiquib usa̱c. Ut que'xye re: —
Ecue̱r sa' jun o̱r re li ecuu quinume' lix
tik, chanqueb re. 53 Ut quinak sa' xch'o̱l
li yucua'bej nak sa' ajcui' li ho̱nal a'an
quiyehe' re xban li Jesús nak ta̱q'uira̱k
li ralal. Ut li cui̱nk a'an quixpa̱b li Jesús
jo'queb ajcui' chixjunileb li cuanqueb sa'
li rochoch. 54 A'an a'in li xcab milagro li
quixba̱nu li Jesús nak qui-el Judea ut co̱
cui'chic Galilea.

Li Jesús quixq'uirtesi jun li cui̱nk inc'a' nabe̱c, li cuan chire li ha' Betesda xc'aba'

5 Chirix chic a'in, li Jesús co̱ Jerusalén
sa' li nink'e li neque'xba̱nu eb laj
judío. 2 Sa' li tenamit Jerusalén bar cuan
cui' li oqueba̱l li neque'rocsi cui' li
carner, cuan jun li ha' Betesda xc'aba' sa'
ra̱tinoba̱leb laj hebreo. Aran cuan o̱b li
muheba̱l. 3 Sa' eb li muheba̱l a'an cuan-
queb nabaleb li yaj. Cuanqueb mutz',
cuanqueb ye̱k rokeb, ut cuanqueb li sic
rokeb ut sic ruk'eb. Yo̱queb chiroyben-
inquil nak ta̱ec'a̱nk li ha'. 4 Jun x-ángel li
Ka̱cua' nacube chak sa' choxa yalak jok'e
ut narec'asi li ha'. Li ani xbe̱n cua na-oc
chi sa' nak ac x-ec'asi̱c li ha', li jun a'an
naq'uira a' yal c'a'ru xyajel. 5 Cuan jun li
cui̱nk aran cuakxaklaju xca'c'a̱l (38) chi-
hab roquic lix yajel. 6 Nak li Jesús quiril
li cui̱nk jiljo aran chire li ha' quixnau nak
ac najter roquic lix yajel. Quixye re: —
¿Ma ta̱cuaj q'uira̱c? chan re. 7 Quixye li
cui̱nk: —Ka̱cua', nacuaj raj abanan ma̱
ani na-ocsin cue sa' li ha' nak na-ec'asi̱c.
Nak yo̱quin chixyalbal oc, jalan chic na-
oc xbe̱n cua chicuu, chan. 8 Quixye li
Jesús re: —Cuaclin, xoc la̱ cuarib ut
be̱n, chan re. 9 Sa' ajcui' li ho̱nal a'an
li cui̱nk quiq'uira. Quixakli, quixxoc lix
cuarib ut quibe̱c. A'in quic'ulman sa' li
hiloba̱l cutan. 10 Que'oc chi cuech'i̱nc
li neque'taklan sa' xya̱nkeb laj judío.
Que'xye re li cui̱nk li quiq'uira: —Hiloba̱l
cutan anakcuan. Yo̱cat chixk'etbal li
kachak'rab xban nak yo̱cat chixc'ambal

la̲ cuarib chiru li hiloba̲l cutan, chan-
queb. 11 Quichak'oc li cui̲nk ut quixye
reheb: —Li cui̲nk li xq'uirtesin cue, xye
cue, "c'am la̲ cuarib ut be̲n", chan.
12 Que'xpatz' re: —¿Ani li cui̲nk li xyehoc
a̲cue nak ta̲xoc la̲ cuarib ut tatbe̲k? chan-
queb. 13 Li cui̲nk li quiq'uirtesi̲c inc'a'
naxnau ani ta a'an, xban nak k'axal na-
baleb li cuanqueb aran ut li Jesús ac x-
el sa' xya̲nkeb. 14 Mokon chic li Jesús
quixtau cui'chic li cui̲nk sa' li templo
ut quixye re: —Chaq'uehak retal nak
xatq'uira. Canab xba̲nunquil li inc'a' us
ma̲re anchal ta̲cha̲lk junak chic nimla
raylal sa' a̲be̲n, chan li Jesús re. 15 Qui-el
li cui̲nk riq'uin li Jesús ut quixye resil re-
heb li neque'taklan sa' xya̲nkeb laj judío
nak li Jesús, a'an li quiq'uirtesin re.

Lix cuanquil li C'ajolbej q'uebil re xban li Yucua'bej

16 Eb li neque'taklan sa' xya̲nkeb
laj judío xic' que'ril li Jesús xban
nak naq'uirtesin sa' li hiloba̲l cutan.
Ut que'raj xcamsinquil. 17 Li Jesús
quixye reheb: —Lin Yucua' toj
yo̲ chixtenk'anquileb li cristian ut
tento ajcui' nak tintenk'aheb la̲in,
chan. 18 K'axal cui'chic que'josk'o' laj
judío riq'uin a'in. Jo'can nak que'raj
xcamsinquil xban nak moco ca'aj
ta cui' naxk'et lix chak'rabeb nak
naq'uirtesin chiru li hiloba̲l cutan;
riq'uin aj ban cui' nak naxjuntak'e̲ta
rib riq'uin li Dios nak naxye nak li
Dios, a'an lix Yucua'. 19 Jo'can nak li
Jesús quixye reheb: —Relic chi ya̲l
tinye e̲re, La̲in li C'ajolbej. Ma̲c'a' naru
tinba̲nu injunes. Li c'a'ru naxc'ut chicuu
lin Yucua', a'an li ninba̲nu. Chixjunil
li naxba̲nu lin Yucua', a'an li ninba̲nu
la̲in. 20 La̲in li C'ajolbej. Raro̲quin
xban lin Yucua'. A'an naxc'ut chicuu
chixjunil li c'a'ak re ru naxba̲nu. Ut
toj cuan cui'chic c'a'ak re ru xni̲nkal
ru na'leb chiru a'in tixc'ut chicuu
xba̲nunquil. Ut la̲ex ta̲sachk e̲ch'o̲l
chirilbal. 21 Li Yucua'bej naxcuaclesiheb
cui'chic chi yo'yo li camenak. Ut jo'can
ajcui' la̲in li C'ajolbej. La̲in ninq'ue
li junelic yu'am reheb li ani nacuaj.
22 Li Yucua'bej ma̲ ani naxrak a̲tin sa'
xbe̲n. Quixk'axtesiheb ban sa' cuuk'
re nak la̲in chic tinrakok a̲tin sa'
xbe̲neb. 23 Quixba̲nu chi jo'can re nak
chixjunileb te'xq'ue inlok'al jo' nak
neque'xq'ue xlok'al li Yucua'bej. Li ani
inc'a' naxq'ue inlok'al la̲in li C'ajolbej,
inc'a' ajcui' naxq'ue xlok'al li Yucua'bej
li quitaklan chak cue. 24 Relic chi ya̲l
ninye e̲re nak li ani na-abin re li c'a'ru
ninye ut naxpa̲b li Dios li quitaklan chak
cue, li jun a'an cuan xyu'am chi junelic.
Inc'a' ta̲xic sa' tojba ma̲c xban nak
inc'a' chic tenebanbil li ca̲mc sa' xbe̲n.
Cua̲nk ban chic xyu'am chi junelic.
25 Chi ya̲l ninye e̲re ta̲cuulak xk'ehil ut
anakcuan ajcui' xcuulac xcutanquil,
nak eb li chanchan camenakeb xban li
ma̲c te'rabi li cua̲tin la̲in li C'ajolbej.
Ut li te'abi̲nk cue te'cua̲nk xyu'am chi
junelic. 26 Li Yucua'bej cuan xcuanquil
chi q'uehoc junelic yu'am ut a'an ajcui'
quiq'uehoc cue la̲in li C'ajolbej lin
cuanquil chi q'uehoc junelic yu'am.
27 Ut quixq'ue ajcui' incuanquil chi
rakoc a̲tin xban nak la̲in li C'ajolbej.
Taklanbilin chak xban li Dios. 28 Misach
e̲ch'o̲l chirabinquil li yo̲quin chixyebal.
Ta̲cuulak xk'ehil nak chixjunileb li
camenak te'rabi li c'a'ru tinye. 29 Li
que'xba̲nu li us te'cuacli̲k cui'chic
ut te'cua̲nk xyu'am chi junelic. Ut
eb li que'xba̲nu li inc'a' us te'cuacli̲k
ajcui' re te'takla̲k sa' li tojba ma̲c.
30 La̲in ma̲c'a' naru ninba̲nu injunes.
La̲in ninrakoc a̲tin jo' naxye cue li
Yucua'bej. Jo'can nak ninrakoc a̲tin sa'
ti̲quilal. Inc'a' ninba̲nu li c'a'ru nacuaj
la̲in. Ninba̲nu ban li c'a'ru naraj li
Yucua'bej li quitaklan chak cue. 31 Cui
la̲in tinch'olob xya̲lal che̲ru anihin

tz'akal la̲in, la̲ex te̲ye nak inc'a' ya̲l li yo̲quin chixyebal. 32 Abanan cuan jun chic li naxch'olob xya̲lal che̲ru anihin tz'akal la̲in ut la̲in ninnau nak ya̲l li yo̲ chixyebal chicuix. 33 La̲ex xetakla xpatz'bal re laj Juan laj Cubsihom Ha' ut a'an quixch'olob li xya̲lal che̲ru ut ya̲l li quixye chicuix. 34 Abanan inc'a' tento nak junak cui̲nk tixch'olob xya̲lal anihin. Ninye ban e̲re anihin re nak texcolek'. 35 Laj Juan chanchan jun li xam quixcutanobresi e̲be nak quixch'olob li xya̲lal che̲ru. Ut quisaho' jun c'amoc sa' e̲ch'o̲l chirabinquil li quixye. 36 Li c'a'ru quixch'olob laj Juan chicuix, a'an ya̲l. Abanan riq'uin li c'a'ru ninba̲nu, k'axal cui'chic naxc'ut chi tz'akal anihin la̲in. La̲in ninba̲nu li c'a'ru quixye cue li Yucua'bej. Li c'a'ru ninba̲nu la̲in, a'an naxc'ut nak taklanbilin xban li Yucua'bej. 37 Ut li Yucua'bej li quitaklan chak cue, a'an quixch'olob ajcui' li xya̲lal chicuix usta ma̲ jun sut xerabi chi a̲tinac chi moco queril chanru na-iloc. 38 La̲ex inc'a' nequeraj xc'ulbal li ra̲tin xban nak inc'a' niquine̲pa̲b la̲in, li taklanbilin chak xban a'an. 39 La̲ex nequeq'ue e̲ch'o̲l chixtzolbal xsa' li Santil Hu. La̲ex nequec'oxla nak aran te̲tau chanru ta̲cua̲nk le̲ yu'am chi junelic. Abanan inc'a' nequeq'ue retal nak li Santil Hu a'an naxch'olob ajcui' li xya̲lal chicuix la̲in. 40 La̲ex inc'a' nequeraj xpa̲banquil nak la̲in ninq'uehoc e̲re le̲ yu'am chi junelic. 41 La̲in inc'a' nacuaj nak te̲q'ue inlok'al la̲ex, 42 xban nak ninnau chanru le̲ na'leb. Ninnau nak inc'a' nequera li Dios chi anchal e̲ch'o̲l. 43 La̲in xinchal sa' xc'aba' lin Yucua'. Abanan inc'a' xeraj inc'ulbal. Cui ut ani ta chic junak ta̲cha̲lk yal naxtakla chak rib xjunes, la̲ex te̲c'ul raj a'an. 44 Nak nequeq'ue e̲lok'al chi ribil e̲rib, c'ajo' nak nacuulac che̲ru. Abanan inc'a' nequesic' li lok'al li naxq'ue li jun chi Dios. ¿Chan ta cui' ru nak tine̲pa̲b la̲in chi jo'canan? 45 Me̲c'oxla nak la̲in tinjitok e̲re chiru lin Yucua'. Cuan jun li ta̲jitok e̲re. A'an li chak'rab li quiq'uehe' re laj Moisés li c'ojc'o cui' e̲ch'o̲l. 46 Cui ta nequepa̲b li c'a'ru quixye laj Moisés, tine̲pa̲b aj raj cui' la̲in xban nak laj Moisés quixch'olob ajcui' chak xya̲lal chicuix la̲in. 47 Cui inc'a' nequepa̲b li c'a'ru quixtz'i̲ba laj Moisés chicuix, ¿chan ta cui' ru nak te̲pa̲b li c'a'ru ninye la̲in?

Li Jesús quixq'ueheb chi cua'ac li o̲b mil chi cui̲nk

6 Mokon chic li Jesús co̲ cui'chic jun pac'al li palau Galilea. Neque'xye ajcui' Tiberias re li palau a'an. 2 Nabaleb yo̲queb chi ta̲ke̲nc re xban nak que'rileb li milagro li yo̲ chixba̲nunquil nak naxq'uirtesiheb li yaj. 3 Ut quitake' li Jesús chiru jun li tzu̲l ut aran quic'ojla rochbeneb lix tzolom. 4 Ac cuulac re xk'ehil li nink'e Pascua, li neque'xba̲nu eb laj judío. 5 Li Jesús quiril nak nabaleb li yo̲queb chi cuulac riq'uin. Quixye re laj Felipe: —¿Bar ta̲ru̲k takalok' xcuaheb chixjunileb li tenamit a'in? chan. 6 Quixye chi jo'can yal re rilbal c'a' na ru tixye laj Felipe xban nak ac cuan sa' xch'o̲l li Jesús nak tixq'ue xcuaheb. 7 Quixye laj Felipe: —Ka̲cua', cuib ciento denario chi caxlan cua inc'a' ta̲tz'aklok re te'tz'ak ca'ch'inak chi xju̲nkaleb, chan. 8 Jun chic reheb lix tzolom aj Andrés xc'aba' ras laj Simón Pedro. Quixye: 9 —Cuan jun li al arin cuan cuib li car riq'uin ut o̲b li caxlan cua yi̲banbil riq'uin cebada. Abanan a'in ma̲ jok'e ta̲tz'aklok reheb li q'uila tenamit, chan. 10 Ut quixye li Jesús reheb: —Q'uehomakeb chi c'ojla̲c li tenamit.— Nabal li pach'aya' cuan aran. Chixjunileb que'c'ojla sa' li pach'aya'. O̲b mil na chi cui̲nk li cuanqueb aran. 11 Tojo'nak li Jesús quixchap li caxlan cua. Quixbantioxi chiru li Dios. Quixjachi li caxlan cua ut quixq'ue

reheb lix tzolom re nak te'xjeq'ui re-
heb li q'uila tenamit li c'ojc'o̱queb aran.
Jo'can ajcui' quixba̱nu riq'uin li car. Ut
que'cua'ac chixjunileb toj retal que'c'ojla
xch'o̱leb. 12 Nak ac xe'rake' chi cua'ac,
li Jesús quixye reheb lix tzolom: —
Xocomak li jo' q'uial x-ela'an re nak
ma̱c'a' ta̱tz'ekma̱nk, chan. 13 Que'xxoc
cablaju chacach rela' li caxlan cua yi̱ban-
bil riq'uin cebada. A'an li qui-ela'an nak
que'rake' chi cua'ac chixjunileb li cuan-
queb aran. 14 Nak que'ril li milagro li
quixba̱nu li Jesús, eb li cuanqueb aran
que'xye: —Relic chi ya̱l li cui̱nk a'in, a'an
li profeta li quiyehe' chak resil junxil nak
ta̱cha̱lk sa' ruchich'och', chanqueb. 15 Li
Jesús quixnau nak te'raj xpuersinquil ru
re nak ta̱oc chok' rey. Jo'can nak qui-el
sa' xya̱nkeb ut co̱ xjunes sa' li tzu̱l.

Li Jesús quibe̱c chiru li palau

16 Oc re k'ojyi̱n nak co̱eb lix tzolom
li Jesús chire li palau. 17 Li Jesús ma̱ji'
nacuulac riq'uineb. Que'oc sa' jun li ju-
cub ut yo̱queb chi xic sa' li tenamit Ca-
pernaum li cuan jun pac'al li palau. 18 Ac
x-oc li k'ojyi̱n nak quichal jun cacuil
ik' ut qui-oc chi ec'a̱nc ru li palau chi
cau. 19 Cuan na xcab legua ac xe'be̱c
chiru li ha' sa' li jucub nak que'ril nak
yo̱ chak chi cha̱lc li Jesús. Yo̱ chi be̱c
chiru li ha'. Yo̱ chak chi nach'oc chixc'atk
li jucub. C'ajo' nak que'xucuac xban
nak inc'a' que'xnau ru. 20 Ut li Jesús
quixye reheb: —La̱in. Mexxucuac, chan.
21 Ut c'ajo' xsahil xch'o̱leb nak que'rocsi
sa' li jucub. Ut sa' ajcui' li ho̱nal a'an
que'cuulac sa' li na'ajej li yo̱queb cui'
chi xic. 22 Cuulajak chic li q'uila tenamit
li cuanqueb chire li palau li que'el cui',
que'xq'ue retal nak jun ajcui' li jucub qui-
el aran. Ut que'xnau nak li Jesús inc'a'
qui-oc chi sa' li jucub a'an rochbeneb
lix tzolom. Xjuneseb ban co̱eb. 23 Ut
cuanqueb cui'chic jucub que'el chak
Tiberias que'cuulac chixc'atk li na'ajej
li que'cua'ac cui' nak ac xbantioxi li
Jesús chiru li Dios. 24 Li q'uila tenamit
que'xq'ue retal nak ma̱ ani chic li Jesús
sa' li na'ajej a'an, chi moco cuanqueb lix
tzolom. Que'oc sa' eb li jucub li que'chal
Tiberias ut co̱eb Capernaum chixsic'bal.
25 Nak que'xtau li Jesús jun pac'al li
palau, que'xye re: —At tzolonel, ¿Jok'e
xatchal arin?— 26 Quichak'oc li Jesús ut
quixye reheb: —Relic chi ya̱l ninye e̱re
nak la̱ex yo̱quex chinta̱kenquil xban nak
xexinq'ue chi cua'ac toj retal xexnujac.
Inc'a' yo̱quex chinta̱kenquil xban nak
xeril li milagro li xinba̱nu. 27 Mixic e̱ch'o̱l
ca'aj cui' riq'uin xsic'bal li tzacae̱mk li na-
oso'. Cheq'uehak ban e̱ch'o̱l chixsic'bal li
tzacae̱mk li inc'a' nalaj na-oso'. A'an li
junelic yu'am li ninq'ue la̱in li C'ajolbej.
A'an aj e nak quixq'ue incuanquil ut
quinixtakla chak li Yucua'bej, chan li
Jesús. 28 Ut que'xye re li Jesús: —¿C'a'
raj ru takaba̱nu la̱o re nak ta̱sahok' xch'o̱l
li Dios kiq'uin? chanqueb. 29 Li Jesús
quixye reheb: —Li c'a'ru naraj li Dios
nak te̱ba̱nu, a'an a'in: nak tine̱pa̱b la̱in
xban nak taklanbilin chak xban, chan.
30 Ut que'xye cui'chic re: —Tento ta̱c'ut
chiku junak li milagro re nak takapa̱b
nak taklanbilat xban li Dios. ¿C'a'ru li
retalil ta̱c'ut chiku? 31 Eb li kaxe'to̱nil
yucua' que'q'uehe' chak li maná chix-
cua'eb nak yo̱queb chak chi numec' sa'
li chaki ch'och' jo' tz'i̱banbil retalil sa' li
Santil Hu: Choxahil cua quiq'uehe' chix-
cua'eb. 32 Ut li Jesús quixye reheb: —
Relic chi ya̱l ninye e̱re, moco a' ta laj
Moisés quiq'uehoc reheb li choxahil cua.
A' ban lin Yucua', a'an li quiq'uehoc re-
heb. Ut a'an naq'uehoc li tz'akal choxahil
cua. 33 Li tz'akal choxahil cua li naxq'ue
li Dios, a'an li jun li quichal chak sa'
choxa ut naxq'ue li junelic yu'am re-
heb li cuanqueb sa' ruchich'och', chan.
34 Eb a'an que'xye re: —At Ka̱cua', ta̱q'ue
ta ke rajlal li cua a'an.— 35 Li Jesús
quixye reheb: —La̱in li cua a'an. La̱in

ninq'uehoc junelic yu'am. Li ani napa̲ban
cue ta̲c'ojoba̲k xch'o̲l. Inc'a' chic ta̲tz'oca̲k
ut inc'a' chic ta̲chakik re. Chanchan nak
ac xrake' chi tzaca̲nc. 36 Aban ac xinye
e̲re nak usta ac xeril cuu, toj inc'a' ajcui'
niquine̲pa̲b. 37 Chixjunileb li tixk'axtesi
cue li Yucua'bej, tine'xpa̲b. Ut li ani na-
pa̲ban cue, la̲in inc'a' tintz'ekta̲na. 38 La̲in
xinchal chak sa' choxa re tinba̲nu li
c'a'ru naraj li Dios li quitaklan chak cue.
Moco xinchal ta chixba̲nunquil li c'a'ru
nacuaj la̲in. 39 Li c'a'ru naraj lin Yucua'
li quitaklan chak cue, a'an nak ma̲ jun
reheb li cualal inc'ajol li xk'axtesi cue
ta̲sachk chicuu. Tincuaclesiheb ban chi
cua̲nkeb xyu'am sa' roso'jiqueb li cutan.
40 Li Yucua'bej li quitaklan chak cue,
a'an naraj nak chixjunileb li te'xq'ue retal
nak la̲in li C'ajolbej ut tine'xpa̲b ta̲cua̲nk
xyu'ameb chi junelic. Ut la̲in tincuacle-
siheb ut tinq'ue xyu'ameb sa' roso'jiqueb
li cutan, chan li Jesús. 41 Ut eb laj judío
que'oc chixcuech'inquil rix li quixye li
Jesús xban nak quixye, "La̲in li cua.
La̲in xinchal chak sa' choxa." 42 Que'xye
chi ribileb rib: —¿Ma ma̲cua' ta bi' a'in
li Jesús li ralal laj José? La̲o nakanau
ruheb lix na' xyucua'. ¿C'a'ut nak naxye
nak sa' choxa xchal chak? chanqueb.
43 Quixye li Jesús reheb: —Canabomak
xcuech'inquil e̲rib, chan. 44 Ma̲ ani naru
ta̲pa̲ba̲nk cue cui inc'a' ta k'axtesinbil cue
xban li Yucua'bej li quitaklan chak cue.
Li neque'pa̲ban cue, la̲in tincuaclesiheb
cui'chic chi yo'yo sa' roso'jiqueb li cu-
tan. 45 Tz'i̲banbil retalil chi jo'ca'in sa'
li Santil Hu xbaneb li profeta: Li Dios
tixc'ut li xya̲lal chiruheb chixjunileb.
Jo'can nak chixjunileb li neque'abin re
ut neque'xtau ru li c'a'ru naxye li Dios,
eb a'an tine'xpa̲b ajcui' la̲in. 46 A'in moco
naraj ta naxye nak cuan li que'iloc
chak ru li Acuabej Dios. Ca'aj cui' la̲in
ninna'oc ru xban nak riq'uin quinchal
chak. 47 Relic chi ya̲l tinye e̲re nak li ani
napa̲ban cue, li jun a'an cuan xyu'am
chi junelic. 48 La̲in li cua li naq'uehoc
yu'am chi junelic. 49 Le̲ xe'to̲nil yucua'
que'xcua' chak li cua li quichal chak sa'
choxa junxil nak yo̲queb chi numec' sa'
li chaki ch'och'. Usta que'xcua' li cua li
quichal sa' choxa, abanan moco cuan-
queb ta xyu'am chi junelic. 50 Abanan,
la̲in li xinchal chak sa' choxa, la̲in li
tz'akal choxahil cua xban nak ninq'uehoc
yu'am chi junelic. Li ani napa̲ban cue,
a'an inc'a' ta̲ca̲mk. Cua̲nk ban xyu'am chi
junelic. 51 La̲in li yo'yo̲quil cua. Quin-
chal chak sa' choxa. Li ani napa̲ban cue
la̲in inc'a' ta̲sachk. Cua̲nk ban xyu'am
chi junelic. Li cua li tinq'ue la̲in, a'an
lin tibel nak tink'axtesi cuib chi ca̲mc re
nak ta̲ru̲k te'cua̲nk xyu'ameb chi junelic
li cuanqueb sa' ruchich'och', chan li
Jesús. 52 Nak que'rabi li c'a'ru quixye,
eb laj judío que'oc chixcuech'inquil rix
li quixye ut que'xye: —¿Chanru nak
tixq'ue lix tibel re takatzaca? chanqueb.
53 Quixye li Jesús reheb: —Relic chi ya̲l
ninye e̲re: Cui inc'a' te̲tzaca lin tibel
la̲in li C'ajolbej ut cui inc'a' te̲ruc' lin
quiq'uel, inc'a' ta̲cua̲nk le̲ yu'am chi
junelic. 54 Chixjunileb li neque'xtzaca lin
tibel ut neque'ruc' lin quiq'uel, cua̲nk
xyu'ameb chi junelic, ut la̲in tincuacle-
siheb cui'chic chi yo'yo sa' roso'jiqueb
li cutan. 55 Lin tibel, a'an li tzacae̲mk li
naq'uehoc junelic yu'am. Ut lin quiq'uel,
a'an li uc'a li naq'uehoc junelic yu'am.
56 Li ani naxtzaca lin tibel ut naruc' lin
quiq'uel, li jun a'an cuan chi sum a̲tin
cuiq'uin ut la̲in cuanquin chi sum a̲tin
riq'uin a'an. 57 Li yo'yo̲quil Dios, a'an
li quitaklan chak cue. Jo' nak yo'yo
chi junelic a'an, jo'can nak yo'yo̲quin
ajcui' la̲in chi junelic. Jo'can ajcui' li ani
naxtzaca lin tibel, li jun a'an ta̲cua̲nk
xyu'am chi junelic sa' inc'aba' la̲in.
58 Jo'can nak la̲in li cua li quinchal chak
sa' choxa. Moco jo' ta li cua li que'xcua'
le̲ xe'to̲nil yucua'. A'an inc'a' quixq'ue
xyu'ameb chi junelic. Abanan chixju-

nileb li te'cua'ok re li cua a'in, eb a'an te'cua̱nk xyu'ameb chi junelic, chan li Jesús. 59 Chixjunil li c'a'ak re ru a'in li Jesús quixye reheb nak yo̱ chixc'utbal li xya̱lal chiruheb aran Capernaum sa' li cab li neque'xch'utub cui' ribeb laj judío.

Nabaleb que'xcanab xta̱kenquil li Jesús

60 Nak que'rabi li c'a'ru quixye, nabaleb lix tzolom que'oc chi a̱tinac chi ribileb rib, ut que'xye: —C'ajo' xch'a'ajquil xtaubal ru li xye. ¿Ani ta cui' ta̱ta'ok ru? chanqueb. 61 Li Jesús quixnau nak yo̱queb chixcuech'inquil rix li c'a'ru quixye usta ma̱ ani quiyehoc re. Jo'can nak quixye reheb: —¿Ma inc'a' xcuulac che̱ru li c'a'ru xinye e̱re? ¿Ma te̱canab inta̱kenquil xban? 62 ¿Ma ra xerec'a nak xinye e̱re chi jo'can? ¿C'a' raj ru te̱ba̱nu nak te̱ril nak la̱in li C'ajolbej yo̱kin cui'chic chi xic sa' choxa li xincuan cui' chak junxil? 63 Li naq'uehoc junelic yu'am, a'an li Santil Musik'ej. A'an ma̱cua' re li tibelej. La̱in xinch'olob xya̱lal che̱ru. Li xinye e̱re yebil cue xban li Santil Musik'ej. Cui te̱pa̱b li c'a'ru xinye, li Santil Musik'ej tixq'ue e̱re li junelic yu'am. 64 Abanan toj cuanqueb ajcui' sa' e̱ya̱nk li inc'a' neque'pa̱ban, chan li Jesús. Chalen sa' xticlajic li Jesús quixnau aniheb li inc'a' te'pa̱ba̱nk re. Ut quixnau ajcui' ani li ta̱k'axtesi̱nk re sa' ruk'eb li xic' que'iloc re. 65 Ut quixye ajcui' li Jesús reheb: —Jo'can nak xinye e̱re nak ma̱ ani ta̱ru̱k ta̱pa̱ba̱nk cue cui inc'a' ta k'axtesinbil cue xban li Yucua'bej, chan. 66 Chalen sa' li cutan a'an nabaleb lix tzolom que'ch'inan xch'o̱leb ut inc'a' chic que'xta̱ke li Jesús. 67 Ut li Jesús quixye reheb lix tzolom cablaju: —¿Ma te̱raj ajcui' xic la̱ex? ¿Ma tine̱canab ajcui' la̱ex? chan reheb. 68 Quichak'oc laj Simón Pedro ut quixye re: —At Ka̱cua', ¿ani aj iq'uin toxic? La̱at nacaye ke chanru ta̱cua̱nk kayu'am chi junelic. 69 La̱o nakapa̱b li c'a'ru nacaye ut nakanau nak la̱at li Cristo, li Ralal li yo'yo̱quil Dios, chan. 70 Quixye li Jesús: —¿Ma ma̱cua' ta bi' la̱in xinsic'oc e̱ru la̱ex li cablaju? La̱in xinsic'oc e̱ru ut jun sa' e̱ya̱nk xk'axtesi rib re laj tza, chan. 71 Yo̱ chi a̱tinac chirix laj Judas Iscariote, li ralal laj Simón. Usta a'an jun reheb li cablaju, mokon laj Judas Iscariote quixk'axtesi li Jesús sa' ruk'eb li xic' neque'iloc re.

Li Jesús quihobe' xbaneb li ri̱tz'in

7 Chirix chic a'an, li Jesús yo̱ chixbeninquileb li na'ajej li cuanqueb Galilea. Inc'a' quiraj xic Judea xban nak eb li neque'taklan sa' xya̱nkeb laj judío te'raj xcamsinquil. 2 Yo̱ chi cuulac xk'ehil li nink'e nak eb laj judío neque'xyi̱b lix coc' muheba̱l. 3 Eb li ri̱tz'in li Jesús que'xye re: —Elen sa' li na'ajej a'in. Ayu Judea re nak eb li neque'ta̱ken a̱cue te'rileb li milagro li nacaba̱nu. 4 Ma̱ ani junak tixba̱nu lix c'anjel chi mukmu cui naraj nak ta̱na'li̱k ru. Cui ta̱ba̱nu li milagro a'in, c'utbesi la̱ c'anjel chiruheb chixjunileb, chanqueb. 5 Yal ta eb li ri̱tz'in neque'pa̱ban re nak a'an taklanbil chak xban li Dios. 6 Quixye li Jesús reheb: —Toj ma̱ji' nacuulac xk'ehil nak tinxic. La̱ex naru texxic yalak jok'e. 7 Eb li cuanqueb sa' ruchich'och' xic' niquine'ril xban nak la̱in ninye reheb nak inc'a' us li yo̱queb chixba̱nunquil. Abanan la̱ex inc'a' xic' nequex-ile' xbaneb. 8 Ayukex la̱ex sa' li nink'e. La̱in inc'a' tinxic xban nak toj ma̱ji' nacuulac xk'ehil nak tinxic, chan li Jesús. 9 Nak quixye reheb a'in, li Jesús toj quicana aran Galilea.

Li Jesús co̱ Jerusalén chixnumsinquil li nink'e

10 Nak ac xco̱eb li ri̱tz'in sa' li nink'e aran Jerusalén, li Jesús co̱ ajcui'. Abanan moco quixye ta rib. Chanchan sa'

mukmu co. 11 Eb li neque'taklan sa' xyankeb laj judío yoqueb chixsic'bal li Jesús sa' li nink'e. —¿Bar anchal cuan li cuink a'an? chanqueb. 12 Nabaleb li cuanqueb aran yoqueb chixcuech'inquil rib chirix li Jesús. Cuan yoqueb chi yehoc re: —Chabil cuink a'an, chanqueb. Ut cuan cui'chic yoqueb chi yehoc: —Inc'a'. Li cuink a'an naxbalak'iheb li tenamit, chanqueb. 13 Abanan ma ani quiatinac chi cau xban nak que'xucuac chiruheb li neque'taklan sa' xyankeb laj judío. 14 Nak ac yo li nink'e li Jesús co sa' li templo ut qui-oc chixch'olobanquil li xyalal chiruheb li cuanqueb aran. 15 Que'sach xch'oleb li neque'taklan sa' xyankeb laj judío chirabinquil li c'a'ru quixye li Jesús. Que'xye: —¿Chanru nak naxnau li cuink a'in chixjunil li c'a'ak re ru a'in? A'an moco tzolbil ta, chanqueb. 16 Quixye li Jesús reheb: —Li tijleb li yoquin chixc'utbal macua' cue. A' li Dios li quitaklan chak cue, a'an li quic'utuc chicuu li yoquin chixyebal, chan. 17 Li ani taajok xbanunquil li c'a'ru naraj li Dios, a'an tixnau ma re li Dios li tijleb li yoquin chixc'utbal malaj ut yal inc'a'ux injunes. 18 Cui junak naxch'olob xyalal li naxc'oxla xjunes, li jun a'an naraj nak taq'uehek' xlok'al xbaneb li neque'abin re. Abanan li ani naraj nak taq'uehek' xlok'al li quitaklan chak re, li jun a'an tic xch'ol ut mac'a' balak'ic riq'uin. 19 ¿Ma inc'a' ta bi' quixq'ue ere li chak'rab laj Moisés? ¿C'a'ut nak ma jun sa' eyank naxbanu chi tz'akal li c'a'ru naxye li chak'rab? Ut, ¿c'a'ut nak teraj incamsinquil? chan li Jesús. 20 Eb a'an que'chak'oc ut que'xye re: —Cuan na li maus aj musik'ej acuiq'uin. ¿Ani taajok acamsinquil? chanqueb re. 21 Quixye li Jesús reheb: —Lain xinbanu jun li milagro sa' li hilobal cutan ut sachso ech'ol xexcana xban. 22 Laj Moisés quixye ere nak tento tebanu li circuncisión reheb le ralal. (Macua' laj Moisés li quitiquiban re. A' le xe'tonil yucua', a'aneb li que'tiquiban re xbanunquil li circuncisión.) Usta hilobal cutan, laex nequebanu li circuncisión. 23 Cui laex nequebanu li circuncisión usta hilobal cutan re nak inc'a' tek'et li chak'rab li quiq'uehe' re laj Moisés, ¿c'a'ut nak xexjosk'o' cuiq'uin nak xinq'uirtesi jun li cuink sa' li hilobal cutan? 24 Mexrakoc atin jo' nequeraj laex yal ejunes. Chexrakok ban atin sa' xyalal, chan li Jesús. 25 Cuanqueb aj Jerusalén que'xye: —¿Ma macua' ta bi' a'in li cuink li te'raj xcamsinquil eb li neque'taklan sa' kayank lao aj judío? 26 Q'uehomak retal. Cuan arin ut yo chi atinac chiruheb chixjunileb li tenamit ut mac'a' neque'xye re. Mare xe'xnau nak a'an li Cristo. 27 ¿Chanru nak a'anak li Cristo? ¿Ma inc'a' ta bi' nakanau bar xtenamit li cuink a'in? Nak tachalk li Cristo, ma ani tana'ok re chi tz'akal bar tachalk chak, chanqueb. 28 Nak li Jesús yo chixch'olobanquil li xyalal sa' li templo, quixye chi cau xyab xcux: —Yal nak nequenau cuu. Ut nequenau bar intenamit. Abanan inc'a' nequenau chi tz'akal bar xinchal chak. Lain inc'a' xintakla chak cuib yal injunes. Li Dios, li tic xch'ol, a'an li xtaklan chak cue. Laex inc'a' nequenau ru a'an. 29 Ca'aj cui' lain ninna'oc ru xban nak riq'uin a'an xinchal chak. Li Dios, a'an li quitaklan chak cue, chan li Jesús. 30 Ut que'raj raj xchapbal re nak te'xq'ue sa' tz'alam. Abanan inc'a' ajcui' que'xchap xban nak toj maji' naculac xk'ehil nak tachapek'. 31 Nabaleb li tenamit que'xpab li Cristo ut que'xye: —Lao nakanau nak tac'ulunk li Cristo, nabaleb li milagro tixbanu. Li cuink a'in nabal li milagro yo chixbanunquil. Cui ta macua' li Cristo, ¿chan ta cui' ru nak tixbanu li milagro li yo chixbanunquil?

Eb li neque'c'ac'alen sa' li templo que'takla̱c chixchapbal li Jesús

32 Eb laj fariseo que'rabi li yo̱queb
chixyebal chirix li Jesús. Jo'can nak eb
a'an, rochbeneb li xbe̱nil aj tij, que'xtakla
li neque'c'ac'alen sa' li templo chix-
chapbal li Jesús re te'xq'ue sa' tz'alam.
33 Li Jesús quixye reheb: —Toj ma̱ji'
tine̱chap. Toj tincua̱nk chic ca'ch'inak sa'
e̱ya̱nk, tojo'nak tinsuk'i̱k cui'chic riq'uin
li quitaklan chak cue. 34 Tine̱sic' ut inc'a'
tine̱tau xban nak bar cua̱nkin la̱in, la̱ex
inc'a' texru̱k chi xic, chan. 35 Ut eb laj
judío que'oc chi a̱tinac chi ribileb rib
ut que'xye: —¿Bar anchal ta̱xic li cui̱nk
a'in nak inc'a' ta̱ru̱k takatau? Ma̱re ta̱xic
riq'uineb laj judío li cuanqueb sa' xte-
namiteb laj griego. Malaj ta̱oc chixtzol-
baleb laj griego. 36 A'an xye, "Tine̱sic'
ut inc'a' tine̱tau. Inc'a' naru texxic bar
cua̱nkin cui'," chan. ¿C'a'ru xya̱lal a'an?
chanqueb.

Li Jesús quixye nak li ani ta̱chakik re tixq'ue ruc'a

37 Li roso'jic li nink'e, a'an li cutan li
k'axal lok' chiruheb. Sa' li ho̱nal a'an,
li Jesús quixakli chiruheb ut quixye chi
cau xya̱b xcux: —Li ani ta̱chakik re,
cha̱lk cuiq'uin. La̱in tinq'ue ruc'a. 38 Xban
nak jo'ca'in tz'i̱banbil retalil sa' li Santil
Hu: Chixjunileb li ani te'pa̱ba̱nk cue la̱in,
li Santil Musik'ej li naq'uehoc junelic
yu'am ta̱cua̱nk riq'uineb. Chanchan jun
li yu'am ha' li inc'a' na-oso'.— 39 Nak
quixye a'in, li Jesús yo̱ chi a̱tinac chirix
li Santil Musik'ej li ta̱cua̱nk riq'uineb li
te'pa̱ba̱nk re. Sa' li cutan a'an, li Santil
Musik'ej toj ma̱ji' nac'ulun xban nak li
Jesús toj ma̱ji' naxic sa' choxa chixc'ulbal
lix lok'al. 40 Nak que'rabi li c'a'ru quixye
li Jesús, cuan que'yehoc: —Relic chi ya̱l
li cui̱nk a'in profeta.— 41 Ut cuanqueb
ajcui' que'xye: —Li cui̱nk a'in, a'an li
Cristo.— Abanan cuanqueb cui'chic li
que'chak'oc ut que'xye: —¿Ma Galilea
ta bi' ta̱cha̱lk li Cristo li yechi'inbil ke?
42 Tz'i̱banbil retalil sa' li Santil Hu nak
li Cristo li Mesías ta̱cha̱lk sa' xya̱nkeb li
ralal xc'ajol li rey David. Ta̱cha̱lk aran
Belén li quicuan cui' li rey David na-
jter, chanqueb. 43 Jo'can nak li tenamit
que'xjachi ribeb xban nak jalan jala̱nk
yo̱queb chixc'oxlanquil chirix li Jesús.
44 Cuanqueb li que'ajoc xchapbal li Jesús
abanan inc'a' ajcui' que'xba̱nu.

Li cuanqueb xcuanquil inc'a' que'xpa̱b li Jesús

45 Nak que'suk'i li que'takla̱c chixchap-
bal li Jesús, eb laj fariseo ut eb li
xbe̱nil aj tij que'xpatz' reheb: —¿C'a'ut
nak inc'a' xec'am chak li cui̱nk a'an?
chanqueb. 46 Eb li neque'c'ac'alen sa'
li templo que'chak'oc ut que'xye: —
¡Ma̱ jun cua kabiom junak cui̱nk chi
a̱tinac jo' naa̱tinac li cui̱nk a'an! Ch'ina'us
li c'a'ru naxye, chanqueb. 47 Ut eb laj
fariseo que'xye reheb: —¿Ma xeq'ue
ajcui' e̱rib la̱ex chixbalak'i li cui̱nk a'an?
48 ¿Ma cuan ta bi' junak xcomoneb li
neque'taklan sa' kaya̱nk li xpa̱b li c'a'ru
naxye a'an? Ut, ¿ma cuan ta bi' junak
kacomon la̱o aj fariseo xpa̱ban re? 49 Eb
li q'uila tenamit a'in inc'a' neque'xnau
c'a'ru naxye sa' li chak'rab li quiq'uehe'
re laj Moisés. ¿C'a'ru te'oc cui' eb a'an?
chanqueb laj fariseo. 50 Cuan aran laj
Nicodemo li quicuulac riq'uin li Jesús chi
k'ek. A'an jun reheb laj fariseo. Quixye
reheb: 51 —Naxye sa' li kachak'rab nak
inc'a' naru rakoc a̱tin sa' xbe̱n junak
cui̱nk chi toj ma̱ji' naxye ma cuan
xma̱c malaj ut inc'a'. Tento takanau chi
tz'akal c'a'ru lix ma̱c, chan laj Nicodemo.
52 Que'chak'oc ut que'xye re: —¿Ma la̱at
ajcui' aj Galilea la̱at? Tzol a̱cuib chi us
sa' li Santil Hu re ta̱q'ue retal nak ma̱
jun profeta chalenak chak Galilea, chan-
queb. 53 Ut chirix chic a'an, chixjunileb
que'co̱eb sa' rochocheb.

Quic'ame' riq'uin li Jesús jun li ixk li quixmux ru xsumlajic

8 Li Jesús co sa' li tzul Olivos. 2 Cuu-
lajak chic nak toj ek'ela co cui'chic
sa' li templo. Li q'uila tenamit que'cuulac
riq'uin. Ut nak quic'ojla, qui-oc cui'chic
chixch'olobanquil li xyalal chiruheb.
3 Eb laj fariseo ut eb laj tzolol chak'rab
que'xc'am riq'uin li Jesús jun li ixk yo
chixmuxbal ru xsumlajic nak que'xtau
ut coxxe'xxakab chiruheb chixjunileb.
4 Que'xye: —At tzolonel, li ixk a'in yo
chixmuxbal ru xsumlajic nak xkatau.
5 Sa' li chak'rab li quixq'ue ke laj Moisés
naxye nak cutbileb chi pec nak te'camsik
eb li ixk li neque'xmux ru lix sumla-
jic jo' xbanu li ixk a'in. Ut laat, ¿c'a'ru
nacaye? chanqueb. 6 Que'xye re li Jesús
chi jo'can yal re rilbal c'a' na ru tixye
xban nak yoqueb chixsic'bal c'a'ru te'xjit
cui'. Aban li Jesús quixxulub rib ut qui-
oc chi tz'ibac chiru ch'och' riq'uin ru'uj
ruk'. 7 Ut xban nak yoqueb chixpatz'bal,
li Jesús quixakli cui'chic ut quixye reheb:
—Li ani mac'a' xmac sa' eyank, a'an li
xben li tixcut li pec, chan. 8 Ut quixxu-
lub rib ut qui-oc cui'chic chi tz'ibac chiru
ch'och'. 9 Nak que'rabi li c'a'ru quixye,
que'rec'a rib xban nak cuanqueb xmac ut
que'oc chi elc chi xjunkaleb. Xben cua
que'el li chequel cuink ut chirixeb a'an
que'el li toj sajeb. Quicana xjunes li Jesús
ut li ixk xakxo chiru. 10 Li Jesús quix-
akli cui'chic ut quixye re li ixk: —¿Bar
cuanqueb li yoqueb chi jitoc acue? ¿Ma
ma ani xq'uehoc acue chixtojbal amac?
chan. 11 Ut li ixk quixye re: —Ma jun,
Kacua'.— Ut li Jesús quixye re: —Chi
moco lain tatinq'ue chixtojbal amac. Ayu
ut matmacob chic, chan.

Li Jesús quixch'olob xyalal chiruheb nak a'an li Cristo

12 Li Jesús quiatinac cui'chic riq'uineb
li tenamit ut quixye reheb: —Lain lix cu-
tan saken li ruchich'och'. Li ani tapabank
cue lain, inc'a' chic tacuank sa' xk'ojyinal
ru li mac. Tacuank ban sa' cutan saken ut
tacuank xyu'am chi junelic, chan. 13 Ut
eb laj fariseo que'xye re: —Mac'a' na-oc
cui' li c'a'ru yocat chixyebal xban nak
chacuix ajcui' laat yocat chi atinac, chan-
queb. 14 Li Jesús quixye reheb: —Cuan
xcuanquil li ninye usta yoquin chi atinac
chicuix lain xban nak tz'akal yal li ninye.
Laex inc'a' nequenau bar xinchal chak,
chi moco nequenau bar tinxic. Ca'aj cui'
lain ninna'oc re bar xinchal chak ut bar
tinxic. 15 Laex nequexrakoc atin jo' ne-
queraj laex ejunes. Lain ma ani sa' aj
ben yoquin chi rakoc atin. 16 Abanan cui
tinrakok atin, tinbanu sa' tiquilal xban
nak inc'a' ninrakoc atin injunes. Ninbanu
ban jo' naraj lin Yucua' li quitaklan chak
cue. 17 Sa' le chak'rab tz'ibanbil retalil cui
cuan cuibeb li cuink junaj lix c'a'uxeb
riq'uin li c'a'ru te'xye, tento xpabanquil li
ratineb. 18 Lain ninye li yal chicuix ajcui'
lain. Ut lin Yucua' li quitaklan chak cue,
a'an naxch'olob ajcui' li yal chicuix, chan
li Jesús. 19 Eb laj fariseo que'chak'oc ut
que'xye re: —¿Ani la yucua'? chanqueb
re. Li Jesús quixye reheb: —Laex inc'a'
nequenau ani lin Yucua' xban nak inc'a'
nequenau cuu lain. Cui ta nequenau cuu
lain, nequenau aj raj cui' ru lin Yucua',
chan reheb. 20 Chixjunil a'in quixye li
Jesús reheb nak yo chixch'olobanquil li
xyalal chiruheb li cuanqueb sa' li tem-
plo sa' li na'ajej bar neque'xq'ue cui'
lix mayejeb. Ut ma ani quichapoc re
xban nak toj maji' nacuulac xk'ehil. 21 Ut
li Jesús quixye cui'chic reheb: —Lain
tinxic. Tinesic' raj chic abanan inc'a' tine-
tau xban nak inc'a' taruk texxic bar tinxic
cui' lain. Texcamk ban sa' le mac, chan.
22 Ut eb laj judío que'xye: —A'an xye
nak inc'a' naru toxic bar taxic cui' a'an.
¿C'a'ut nak xye ke chi jo'can? ¿Ma yo
chixc'oxlanquil xcamsinquil rib? chan-
queb. 23 Li Jesús quixye reheb: —Laex

aj ruchich'och'. Abanan l̲ain m̲acua'in
aj ruchich'och'. L̲ain sa' choxa xinchal
chak. 24 Jo'can nak xinye e̲re nak tex-
ca̲mk sa' le̲ ma̲c. La̲ex texca̲mk sa' le̲ ma̲c
cui inc'a' nequepa̲b nak la̲in ac cuan-
quin ajcui' chak sa' xticlajic jo' xinye
e̲re, chan li Jesús. 25 Ut eb a'an que'xye
re: —Ye ke. ¿Anihat tz'akal la̲at? chan-
queb. Li Jesús quixye reheb: —Chalen
sa' xticlajic quinye chak e̲re anihin la̲in.
26 Nabal li c'a'ak re ru naru tinye raj e̲re
re xrakbal a̲tin sa' e̲be̲n. Li ani quitak-
lan chak cue, a'an ti̲c xch'o̲l ut naxye
li ya̲l. Li c'a'ru xc'ut chicuu li quitaklan
chak cue, a'an li ninye e̲re la̲ex li cuan-
quex sa' ruchich'och', chan. 27 Abanan eb
a'an inc'a' que'xtau ru nak li Jesús yo̲
chi a̲tinac chirix li Acuabej Dios. 28 Ut
quixye ajcui' li Jesús reheb: —Nak acak
xine̲taksi chiru li cruz re incamsinquil toj
aran te̲q'ue retal nak la̲in li taklanbilin
chak xban li Dios. Ut te̲nau nak ma̲c'a'
ninba̲nu injunes. Li c'a'ru ninye la̲in, a'an
li quixc'utbesi chicuu lin Yucua'. 29 Li ani
quitaklan chak cue, a'an cuan cuiq'uin.
A'an inc'a' quinixcanab injunes xban nak
la̲in junelic ninba̲nu li c'a'ru naraj a'an,
chan li Jesús. 30 Nabaleb que'pa̲ban re li
Jesús nak que'rabi li c'a'ru quixye.

Li Jesús quixye aniheb li ralal xc'ajol laj Abraham ut aniheb li ralal xc'ajol laj tza

31 Li Jesús quia̲tinac riq'uineb laj judío
li que'pa̲ban re. Quixye reheb: —Cui la̲ex
te̲ba̲nu li c'a'ru ninye e̲re, la̲exak tz'akal
intzolom. 32 Te̲nau chic li xya̲lal. Ut nak
acak xenau chic li xya̲lal, libre chic
cua̲nkex, chan. 33 Eb a'an que'chak'oc
ut que'xye: —La̲o ralal xc'ajol laj Abra-
ham. Ma̲ jun cua c'ayinbilo chi c'anjelac
chiru anihak. ¿C'a'ut nak nacaye nak li-
bre chic cua̲nko? 34 Li Jesús quixye re-
heb: —Relic chi ya̲l ninye e̲re nak chixju-
nileb li neque'xba̲nu li ma̲usilal cuan-
queb rubel xcuanquil li ma̲c. Chanchan
nak c'ayinbileb chi c'anjelac chiru. 35 Ju-
nak c'ayinbil chi c'anjelac moco ta̲cana̲k
ta chi junaj cua sa' rochoch lix patrón.
A'ut li alalbej, a'an tento nak ta̲cana̲k
sa' rochoch chi junaj cua. 36 Jo'can nak
cui la̲in li C'ajolbej tincolok e̲re chiru
li ma̲c, relic chi ya̲l libre chic cua̲nkex.
37 La̲in ninnau nak la̲ex xcomonex li
ralal xc'ajol laj Abraham. Abanan cuan
sa' e̲ya̲nk li te'raj incamsinquil xban
nak inc'a' nacuulac chiruheb li c'a'ru
yo̲quin chixyebal. 38 La̲in ninye li c'a'ru
quixc'ut chicuu lin Yucua'. Ut eb a'an
neque'xba̲nu li c'a'ru quixye reheb lix
yucua'eb a'an, chan. 39 Eb a'an que'xye
re: —Laj Abraham, a'an li kaxe'to̲nil
yucua', chanqueb. Li Jesús quixye re-
heb: —Cui ta la̲ex ralal xc'ajol laj Abra-
ham, te̲ba̲nu raj jo' quixba̲nu laj Abra-
ham. Cha̲bil raj le̲ na'leb jo' xna'leb a'an
nak quicuan. 40 Abanan la̲ex te̲raj in-
camsinquil xban nak la̲in xinye e̲re li
xya̲lal jo' quic'utbesi̲c chicuu xban li Dios
Acuabej. Laj Abraham inc'a' quixba̲nu
jo' yo̲quex la̲ex. 41 Inc'a' yo̲quex chixba̲-
nunquil li quixye laj Abraham. Yo̲quex
ban chixba̲nunquil li naxye le̲ yucua',
chan li Jesús. Eb a'an que'chak'oc ut
que'xye re: —Moco la̲o ta ralal xc'ajol laj
co'be̲t. Jun ajcui' li kayucua' cuan. A'an
li Dios, chanqueb. 42 Li Jesús quixye re-
heb: —Cui ta ya̲l nak li Dios e̲yucua',
niquine̲ra raj la̲in xban nak riq'uin li
Dios quinchal chak. Cuanquin arin sa'
e̲ya̲nk. Inc'a' quintakla chak cuib injunes.
A' li Dios, a'an li quitaklan chak cue.
43 ¿C'a'ut nak inc'a' nequetau ru li c'a'ru
ninye? Inc'a' nequec'ul li cua̲tin xban nak
inc'a' nequeraj rabinquil li c'a'ru yo̲quin
chixyebal. 44 La̲ex ralal xc'ajol laj tza.
A'an li nataklan sa' e̲be̲n. La̲ex neque-
ba̲nu li c'a'ru naraj a'an xban nak cuan-
quex rubel xcuanquil. A'an aj camsinel
chalen sa' xticlajic. Inc'a' nacuulac chiru
li ya̲l xban nak a'an aj tic'ti'. Ac re
nak natic'ti'ic. A'an li xyucua'il li tic'ti'.

45 Lain ninye ere li xyalal. Jo'can nak inc'a' niquinepab. 46 ¿Ma cuan junak sa' eyank taruk tixye nak cuan inmac lain? Cui ninye li yal, ¿c'a'ut nak inc'a' niquinepab? 47 Cui ta laex ralal xc'ajol li Dios, nequepab raj li c'a'ru naxye. Abanan laex macua'ex ralal xc'ajol li Dios. Jo'can nak inc'a' nequeraj rabinquil li c'a'ru naxye, chan li Jesús. 48 Que'chak'oc eb laj judío ut que'xye re: —Yal ajcui' nacaye. Samaria la tenamit ut cuan maus aj musik'ej acuiq'uin, chanqueb. 49 Li Jesús quixye reheb: —Mac'a' maus aj musik'ej cuiq'uin. Li c'a'ru yoquin chixbanunquil lain, a'an xq'uebal xlok'al lin Yucua'. Abanan laex niquinetz'ektana. 50 Lain inc'a' ninsic' inlok'al. Abanan cuan jun naraj nak taq'uehek' inlok'al. Ut a'an li tarakok atin sa' eben xban nak yoquex chintz'ektananquil. 51 Relic chi yal ninye ere nak li ani tixbanu li c'a'ru ninye, li jun a'an inc'a' tacamk, chan. 52 Eb laj judío que'chak'oc ut que'xye: —Anakcuan nakanau chi tz'akal nak cuan maus aj musik'ej acuiq'uin. Laj Abraham quicam ut que'cam ajcui' eb li profeta. Abanan laat nacaye nak li ani tabanunk re li c'a'ru nacaye inc'a' tacamk. 53 ¿Ma k'axal nim ta bi' acuanquil laat chiru laj Abraham li kaxe'tonil yucua'? A'an quicam ut que'cam ajcui' li profeta. ¿Anihat laat nak nacaye chi jo'can? chanqueb re. 54 Li Jesús quixye reheb: —Cui lain tinq'ue inlok'al injunes, mac'a' naoc cui' lin lok'al. Li naq'uehoc lin lok'al, a'an lin Yucua' li nequeye laex nak a'an le Dios. 55 Laex inc'a' nequenau ru a'an. Abanan lain ninnau ru. Cui ut tinye ta nak inc'a' ninnau ru, lainak raj aj tic'ti' jo' laex. Aban lain ninnau ru ut ninbanu li c'a'ru naxye a'an. 56 Laj Abraham le xe'tonil yucua' quisaho' sa' xch'ol nak tinchalk sa' ruchich'och'. Quiril nak quinc'ulun ut quisaho' sa' xch'ol xban, chan li Jesús reheb. 57 Eb a'an que'xye re: —¿Chanru nak xacuil ru laj Abraham? Laat toj maji' nacabanu lajeb roxc'al (50) chihab, chanqueb. 58 Li Jesús quichak'oc ut quixye reheb: —Relic chi yal tinye ere nak chalen chak sa' xticlajic nak toj maji' nayo'la laj Abraham, ac cuanquin ajcui' chak lain, chan li Jesús. 59 C'ajo' nak que'josk'o' ut que'oc raj chixcutinquil chi pec. Abanan li Jesús quixmuk rib chiruheb. Qui-el sa' li templo ut co.

Li Jesús quixq'uirtesi jun li cuink mutz' ru chalen sa' xyo'lajic

9 Nak yo chi xic li Jesús, quiril jun li cuink mutz' ru chalen sa' xyo'lajic. 2 Eb lix tzolom li Jesús que'xpatz' re: —At tzolonel, ¿c'a'ut nak mutz' ru li cuink a'in? ¿Ani cuan xmac? ¿Ma li cuink a'in malaj ut lix na' xyucua'? chanqueb. 3 Li Jesús quixye: —Ma ani cuan xmac. Chi moco a'an, chi moco lix na' xyucua'. A'an xc'ul chi jo'can yal re nak tac'utbesik lix cuanquilal li Dios, chan. 4 Tento nak tinseba cuib chixbanunquil li c'a'ru naraj li Dios li xtaklan chak cue. Anakcuan xcutanquil xbanunquil xban nak tacuulak xk'ehil nak ma ani chic taruk tac'anjelak. 5 Nak toj cuankin sa' ruchich'och', lain tincutanobresi lix c'a'uxeb li cuanqueb sa' ruchich'och', chan. 6 Nak ac xye a'in, li Jesús quichubac sa' ch'och'. Riq'uin lix chub quixyib li sulul. Ut quixyul sa' rix ru li mutz'. 7 Ut quixye re: —Ayu. Ch'aj chak la cuu sa' li ha' Siloé, chan. Siloé naraj naxye "taklanbil chak". Li mutz' co ut quixch'aj chak li ru ut na-iloc chic nak quisuk'i chak. 8 Ut eb li rech cabal ut chixjunileb li neque'na'oc nak mutz' ru, que'xye: —¿Ma macua' ta bi' a'an li nac'ojla chire be chixtz'amanquil c'a'ru re? chanqueb. 9 Ut cuan li que'yehoc: —Yal. A'an li cuink, chanqueb. Cuan cui'chic li que'xye: —Chanchan a'an, aban macua', chanqueb. Ut li cuink quixye: —Lain li cuink a'an, chan. 10 Ut que'xye re: —Cui laat li cuink a'an, ¿chanru nak xtehon li xnak' acuu? chan-

queb. 11 Quichak'oc li cui̲nk ut quixye reheb: —Li cui̲nk Jesús xc'aba', quixyi̲b li sulul. Quixyul sa' rix cuu ut quixye cue nak tinxic chi ch'ajoc sa' li ha' Siloé. Jo'can nak co̲in ut quinch'aj li cuu ut anakcuan nin-iloc chic, chan li cui̲nk. 12 Ut que'xye re: —¿Bar cuan li cui̲nk a'an? chanqueb. Ut li cui̲nk quixye reheb: —Inc'a' ninnau bar cuan, chan. 13 Ut que'xc'am riq'uineb laj fariseo li cui̲nk li mutz' nak quicuan, 14 xban nak li Jesús quixyi̲b li sulul sa' li hiloba̲l cutan ut quixq'ue chi iloc li mutz'. 15 Ut eb laj fariseo que'xpatz' cui'chic re li cui̲nk chanru nak quiteli li xnak' ru. Li cui̲nk quixye reheb: —Li Jesús quixq'ue li sulul sa' rix cuu, ut quinch'aj li cuu ut anakcuan nin-iloc chic, chan. 16 Cuanqueb laj fariseo que'xye: —Li cui̲nk a'an, li Jesús xc'aba', moco taklanbil ta chak xban li Dios xban nak inc'a' naxq'ue xlok'al li hiloba̲l cutan, chanqueb. Ut cuanqueb cui'chic que'yehoc re: —¿Chanru nak tixba̲nu li milagro junak cui̲nk aj ma̲c? chanqueb. Xban nak jalan jala̲nk neque'xc'oxla chirix li Jesús, inc'a' chic junajeb xch'o̲leb. 17 Jo'can nak eb laj fariseo que'xpatz' cui'chic re li cui̲nk, li mutz' nak quicuan. Que'xye re: —Ut la̲at, ¿c'a'ru nacaye chirix li cui̲nk a'in li xq'uehoc a̲cue chi iloc? chanqueb re. Ut li cui̲nk quixye reheb: —La̲in ninye nak a'an profeta, chan. 18 Ut eb laj judío li neque'taklan inc'a' que'raj xpa̲banquil nak li cui̲nk mutz' junxil ut na-iloc chic. Jo'can nak que'xtakla xbokbal lix na' xyucua'. 19 Ut que'xpatz' reheb: —¿Ma a'in le̲ ralal? ¿Ma ya̲l nak mutz' li ru chalen sa' xyo'lajic? ¿Chanru nak na-iloc chic anakcuan? chanqueb. 20 Que'chak'oc lix na' xyucua' ut que'xye: —La̲o nakanau nak a'an li kalal. Ut nakanau nak a'an mutz' chalen sa' xyo'lajic. 21 Abanan inc'a' nakanau ani xtehoc li ru chi moco nakanau chanru nak na-iloc chic. Patz'omak re a'an. Ac cuan xchihab. Tixnau chic xsumenquil a'an, chanqueb. 22 Que'xye chi jo'can lix na' xyucua' xban nak que'xucuac xbaneb li neque'taklan sa' xya̲nkeb laj judío xban nak ac c'u̲banbil ru xbaneb cui ani tixye nak li Jesús, a'an li Cristo, li jun a'an inc'a' chic ta̲c'ulek' sa' li cab li neque'xch'utub cui' ribeb laj judío. 23 Jo'can nak lix na' xyucua' que'xye: —A'an ac cuan xchihab. Patz'omak re a'an.— 24 Eb laj fariseo que'xbok cui'chic xca' sut li cui̲nk, li mutz' nak quicuan, ut que'xye re: —Sa' xc'aba' li Dios ta̲ye ke li xya̲lal. La̲o nakanau nak li cui̲nk a'an aj ma̲c, chanqueb re. 25 Li cui̲nk, li mutz' nak quicuan, quixye reheb: —La̲in inc'a' ninnau ma aj ma̲c malaj ut inc'a'. Ca'aj cui' li ninnau la̲in nak mutz'in nak xincuan ut anakcuan nin-iloc chic, chan. 26 Ut que'xye cui'chic re: —¿C'a'ru xba̲nu a̲cue? ¿Chanru nak xatxq'ue chi iloc? chanqueb. 27 Li cui̲nk quixye reheb: —Ac xinye e̲re chanru xba̲nu nak xinixq'ue chi iloc ut inc'a' xeraj xpa̲banquil. ¿C'a'ut nak te̲raj te̲rabi cui'chic? ¿Ma te̲raj ajcui' oc chok' xtzolom la̲ex? chan reheb. 28 Ut que'xhob li cui̲nk ut que'xye re: —La̲at xtzolom li cui̲nk a'an. La̲o inc'a'. La̲o xtzolom laj Moisés, chanqueb re. 29 —La̲o nakanau nak li Dios quia̲tinac riq'uin laj Moisés; abanan li cui̲nk a'an inc'a' nakanau bar xchal chak, chanqueb. 30 Li cui̲nk quixye reheb: —La̲ex nequeye nak inc'a' nequenau bar xchal chak li cui̲nk a'an. Nasach inch'o̲l e̲ban xban nak li cui̲nk a'an xq'uehoc cue chi iloc la̲in. 31 La̲o nakanau nak li Dios inc'a' narabi nak neque'tijoc laj ma̲c. Narabi ban lix tijeb li neque'xxucua ru ut neque'xba̲nu li c'a'ru naraj. 32 Chalen chak sa' xticlajic li ruchich'och', ma̲ jun sut qui-abiman nak cuan ta junak cui̲nk tixte ta xnak' ru junak mutz' chalen sa' xyo'lajic. 33 Cui ta inc'a' taklanbil chak xban li Dios li cui̲nk a'in, ma̲c'a' raj naru naxba̲nu, chan li cui̲nk reheb. 34 Eb a'an

que'chak'oc ut que'xye re: —Laat aj mac
chalen chak sa' ayo'lajic. ¿Ma nacac'oxla
nak naru taq'ue kana'leb lao? chanqueb.
Ut que'risi li cuink sa' xyankeb ut inc'a'
chic que'xc'ul. 35 Li Jesús quirabi resil li
c'a'ru que'xbanu. Nak quixtau li cuink
li quixq'uirtesi, quixye re: —¿Ma naca-
pab li Ralal li Dios? chan re. 36 Li cuink
quixye re: —Ye cue ani a'an, Kacua', re
nak taruk tinpab lain, chan. 37 Li Jesús
quixye re: —A'an li yocat chirilbal ru
anakcuan. Li Ralal li Dios, a'an lain li
yoquin chi atinac acuiq'uin, chan. 38 Li
cuink quixye: —At Kacua', lain nacat-
inpab, chan ut quixcuik'ib rib chiru ut
quixlok'oni. 39 Li Jesús quixye re: —Lain
xinchal sa' ruchich'och' chi rakoc atin.
Lain tincutanobresi xna'lebeb li inc'a'
neque'xtau xyalal. Ut tinmuk li xyalal
chiruheb li neque'xc'oxla nak cuanqueb
xna'leb. Chanchan nak tinq'ueheb chi
iloc li inc'a' neque'iloc. Ut tinq'ueheb
chi mutz'oc' li neque'iloc, chan li Jesús.
40 Cuanqueb laj fariseo aran ut yoqueb
chirabinquil li quixye li Jesús. Eb a'an
que'xye re li Jesús: —¿Ma mutz'o' ta
bi' lao nak nacac'oxla laat? chanqueb.
41 Li Jesús quixye reheb: —Chanchanex
mutz'. Cui ta laex inc'a' nequenau xyalal,
mac'a' raj emac. Abanan cuan emac xban
nak nequeye nak nequenau xyalal, chan
li Jesús.

Li Jesús quixye nak a'an li chabil pastor

10 Relic chi yal tinye ere, li ani na-
oc sa' xcorraleb li carner chi inc'a'
na-oc sa' li tz'akal oquebal re li cor-
ral, li jun a'an aj elk'. 2 Abanan li ani
na-oc sa' li tz'akal oquebal re li cor-
ral, li jun a'an aj ilol reheb li carner.
3 Li nac'ac'alen re li oquebal naxnau ru
a'an ut naxte li oquebal chiru. Ut eb
li carner neque'xnau ru li xyab xcux
nak naxbokeb chi xjunkaleb riq'uin lix
c'aba'eb ut narisiheb sa' li corral. 4 Nak
ac xrisiheb, naxberesiheb ut eb li carner
neque'xtake xban nak neque'xnau ru
xyab lix cux. 5 Abanan junak li inc'a'
neque'xnau ru, ma jok'e te'xtake. Elelic
ban chic te'xbanu chiru xban nak inc'a'
neque'xnau ru xyab lix cux, chan li Jesús.
6 A'an a'in li jaljoquil ru atin li quixye
li Jesús reheb. Abanan inc'a' que'xtau
ru lix yalal. 7 Jo'can nak li Jesús quixye
cui'chic reheb: —Relic chi yal ninye
ere, Lain li oquebal reheb li te'pabank
cue. 8 Chixjunileb li que'c'ulun xben
cua chicuu lain, a'aneb aj elk'eb ut aj
balak'eb. Ut eb li neque'paban cue, inc'a'
neque'xpab li c'a'ru neque'xye. 9 Lain
li oquebal. Chixjunileb li neque'paban
cue lain, te'colek' ut lain tin-ilok re-
heb. Chanchaneb li carner li neque'oc ut
neque'el ut neque'xtau lix cuaheb. 10 Laj
elk' nachal chi elk'ac ut chi camsinc ut
chi sachoc. Lain xinchal re nak tacuank
eyu'am chi tz'akal. Tacuank eyu'am chi
junelic. 11 Lain chanchanin jun li chabil
pastor. Junak chabil pastor naxk'axtesi
lix yu'am sa' xc'aba'eb lix carner. 12 Ju-
nak tojbil mos macua' tz'akal pastor
xban nak macua' a'an laj echal re li
carner. Naril nak yo chi chalc laj xoj,
naxcanabeb li carner ut naelelic. Ut laj
xoj naxchapeb li carner ut naxcha'cha'i
ruheb. 13 Li tojbil mos naelelic xban nak
yal mos. A'an inc'a' naxq'ue xch'ol chix-
colbaleb li carner. 14 Lain chanchanin
jun chabil pastor. Lain ninnau ruheb li
cualal inc'ajol. Ut eb a'an neque'xnau
cuu lain. 15 Jo' nak lin yucua' naxnau
cuu lain, jo'can ajcui' nak ninnau ru
lin yucua' ut tink'axtesi cuib chi camsic
re xcolbaleb li cualal inc'ajol. 16 Cuan-
queb ajcui' cualal inc'ajol jalaneb xtena-
miteb. Tento nak lain tinc'ameb chak.
Eb a'an te'rabi ajcui' xyab lin cux. Ut
junajakeb chic ru nak te'cuank ut ju-
nak ajcui' laj ilol reheb. 17 Ninxra li Yu-
cua'bej xban nak lain tink'axtesi cuib
chi camsic ut tinc'ul cui'chic lin yu'am.

18 Ma ani taq'uehok cue chi camsic cui
inc'a' nacuaj lain. Xban nak lain nacuaj,
tink'axtesi cuib chi camsic. Cuan incuan-
quil chixk'axtesinquil lin yu'am. Ut cuan
ajcui' incuanquil chixc'ulbal cui'chic lin
yu'am. A'an a'in li quixye cue lin Yu-
cua' nak tento tinbanu, chan li Jesús.
19 Ut xban nak jalan jalank yoqueb
chixc'oxlanquil chirix li quixye li Jesús,
quicuan cui'chic jachoc ib sa' xyankeb.
20 Nabaleb que'yehoc re: —Cuan maus
aj musik'ej riq'uin. Inc'a' tuktu xjolom.
¿C'a'ut nak nequerabi li c'a'ru naxye
a'an? chanqueb. 21 Ut cuanqueb cui'chic
yoqueb xyebal: —Inc'a' naru taatinak chi
jo'can cui cuan maus aj musik'ej riq'uin.
¿Ma taruk ta bi' tixq'ue chi iloc junak
mutz' cui cuan maus aj musik'ej riq'uin?
chanqueb.

Li Jesús quitz'ektanac xbaneb laj judío

22 Yo li habalk'e aran Jerusalén nak
quicuulac xk'ehil li nink'e re xjultican-
quil nak que'xk'axtesi li templo sa' ruk'
li Kacua' Dios. 23 Ut li Jesús yo chi
bec sa' li templo bar cuan cui' li oque-
bal Salomón xc'aba'. 24 Quisute' xbaneb
laj judío ut que'xye re: —¿Jok'e taye
ke chi tz'akal anihat? ¿Ma yal yokat
chixq'uebal kac'a'ux? ¿Ma laat li Mesías,
li yechi'inbil xban li Dios? Cui laat
li Cristo, ye ke chi tz'akal anakcuan,
chanqueb. 25 Li Jesús quixye reheb: —
Ac xinye ere anihin ut inc'a' niquine-
pab. Li milagros li yoquin chixbanun-
quil sa' xc'aba' lin Yucua', a'an naxc'ut
chi tz'akal anihin. 26 Laex inc'a' niquine-
pab xban nak laex macua'ex cualal
inc'ajol. 27 Eb li cualal inc'ajol neque'rabi
li c'a'ru ninye. Lain ninnauheb ru ut
eb a'an neque'xbanu li c'a'ru ninye.
28 Lain tinq'ueheb xyu'am chi junelic.
Inc'a' te'osok' ut ma ani taruk tamak'ok
reheb chicuu. 29 Lin Yucua' li k'axal
nim xcuanquil chiruheb chixjunil, a'an
li quik'axtesin reheb sa' cuuk'. Ma ani
naru tamak'ok reheb chiru a'an. 30 Lain
ut li Yucua'bej junajo chi kibil kib, chan
li Jesús. 31 Ut eb laj judío que'xchap
xpequeb ut que'raj cui'chic xcutbal chi
pec. 32 Li Jesús quixye reheb: —Nabal
li chabilal xinbanu cheru jo' quic'utbesic
chicuu xban lin Yucua'. ¿Bar cuan reheb
li chabil c'anjel a'in li xinbanu tinecuti
cui' chi pec? chan. 33 Eb a'an que'chak'oc
ut que'xye: —Inc'a' tatkacut chi pec xban
li chabilal xabanu. Tatkacut chi pec xban
nak nacajuntak'eta acuib riq'uin li Dios.
Laat yal cuinkat. Moco Diosat ta jo' yo-
cat chixyebal, chanqueb re li Jesús. 34 Li
Jesús quixye reheb: —¿Ma inc'a' ta bi'
tz'ibanbil retalil sa' le chak'rab nak li
Dios quixye reheb li que'c'uluc re li ratin
"diosex laex"? (Sal. 82:6) 35 Nakanau
nak inc'a' naru takaye nak inc'a' yal
li tz'ibanbil sa' li Santil Hu. Li Dios
quixye "dios" reheb li quixxakab. 36 Li
Acuabej Dios xsic'oc cuu ut xinixtakla
chak sa' ruchich'och'. ¿C'a'ut nak nequ-
eye laex nak yoquin chixmajecuanquil li
Dios riq'uin nak ninye nak lain li Ralal?
37 Cui lain inc'a' yoquin chixbanunquil li
c'a'ru naraj lin Yucua', mepab nak lain
li Ralal li Dios. 38 Abanan cui yoquin
chixbanunquil li c'a'ru naraj li Dios, usta
inc'a' niquinepab lain, cheq'ue retal li mi-
lagro li yoquin chixbanunquil re nak te-
nau chi tz'akal nak li Dios cuan cuiq'uin
ut lain cuanquin riq'uin a'an, chan li
Jesús. 39 Ut que'xyal cui'chic xchapbal,
abanan li Jesús qui-el chiruheb. 40 Ut co
jun pac'al li nima' Jordán sa' li na'ajej
li quicubsin cui' ha' laj Juan junxil.
Ut aran quicana. 41 Nabaleb li tenamit
que'cuulac riq'uin. Yoqueb chixyebal chi
ribileb rib: —Laj Juan ma jun milagro
quixbanu. Abanan yal chixjunil li quixye
chirix li cuink a'in, chanqueb. 42 Ut na-
baleb li cuanqueb aran que'xpab li Jesús.

Laj Lázaro quicam, abanan li Jesús quixcuaclesi cui'chic chi yo'yo

11 Jun li cuink aj Lázaro xc'aba'
quiyajer. Betania xtenamit. Ut
aran ajcui' cuanqueb li ranab cuib, lix
Marta ut lix María. 2 (Lix María, a'an
li quiq'uehoc re li sununquil ban chiru
rok li Jesús ut quixmes riq'uin rismal
xjolom.) 3 Eb li ranab que'xtakla xye-
bal re li Jesús: —Kacua', laj Lázaro li
nacara yaj. 4 Li Jesús quirabi nak yaj laj
Lázaro, ut quixye: —Laj Lázaro inc'a' ta-
camk chi junaj cua xban li yajel a'an. Li
yajel a'an yal re nak taq'uehek' xlok'al
li Dios ut taq'uehek' ajcui' inlok'al lain
li Ralal li Dios, chan. 5 Li Jesús naxra-
heb lix María ut lix Marta jo' ajcui' laj
Lázaro. 6 Abanan inc'a' co chirilbal chi
junpat, usta quirabi nak nim xyajel laj
Lázaro. Toj quicana ban cuib cutan chic
sa' li na'ajej li cuan cui'. 7 Nak ac xnume'
li cuib cutan, li Jesús quixye reheb lix
tzolom: —Yo'keb cui'chic Judea, chan.
8 Lix tzolom que'chak'oc ut que'xye: —
At tzolonel, nak cuanco aran, eb laj
judío li cuanqueb aran que'raj raj a-
camsinquil chi pec. ¿Ma toxic cui'chic
aran? chanqueb. 9 Li Jesús quixye re-
heb: —¿Ma inc'a' ta bi' cablaju or ru li
jun cutan? Li ani nabec chi cutan inc'a'
naxtich rib xban nak cutan. 10 Abanan
li ani nabec chiru k'ojyin, naxtich rib
xban nak mac'a' li cutan saken riq'uin.
Li ani naxbanu jo' naraj li Dios inc'a'
te'xcamsi chi toj maji' nacuulac xk'ehil.
11 Nak ac xye a'in, li Jesús quixye re-
heb lix tzolom: —Laj Lázaro li nakara,
yo chi cuarc. Abanan lain xic cue chira-
jsinquil, chan. 12 Eb lix tzolom que'xye:
—Kacua', cui yo chi cuarc, a'an retalil
nak taq'uirak, chanqueb. 13 Eb a'an inc'a'
que'xtau ru nak li Jesús quixye nak ca-
menak chic laj Lázaro. Sa' xch'oleb a'an
nak yal nak yal cuarc yo. 14 Tojo'nak
li Jesús quixye chi tz'akal reheb: —Laj
Lázaro camenak chic. 15 Abanan nasaho'
sa' inch'ol nak ma anihin chak aran nak
xcam re nak laex tepab nak cuan in-
cuanquil. Yokeb riq'uin, chan li Jesús.
16 Laj Tomás, li neque'xye lut re, quixye
reheb li rech aj tzolonelil: —Yo'keb
ajcui' lao usta tocamsik kochben laj
tzolonel, chan. 17 Nak quicuulac li Jesús
aran Betania, ac cuan chic cahib cu-
tan xmukbal laj Lázaro. 18 Li tenamit
Betania nach' cuan riq'uin Jerusalén,
mero legua tana xnajtil. 19 Nabaleb laj
judío que'chal chixc'ojobanquil xch'oleb
lix María ut lix Marta xban nak ac xcam
li raseb. 20 Que'rabi nak yo chi chalc
li Jesús, ut lix Marta co chixc'ulbal.
Abanan lix María quicana sa' cab. 21 Lix
Marta quixye re li Jesús: —Kacua', cui
ta cuancat arin, inc'a' raj xcam li cuas.
22 Abanan lain ninnau nak chixjunil li
c'a'ru tatz'ama chiru li Dios, a'an tixq'ue
acue, chan lix Marta. 23 Li Jesús quixye
re: —La cuas tacuaclik cui'chic chi yo'yo,
chan. 24 Ut lix Marta quixye: —Lain nin-
nau nak tacuaclik cui'chic chi yo'yo nak
te'cuaclik li camenak sa' roso'jiqueb li
cutan, chan. 25 Ut li Jesús quixye re:
—Lain li nincuaclesin reheb li came-
nak chi yo'yo. Lain li ninq'uehoc junelic
yu'am. Li ani napaban cue lain tacuank
xyu'am chi junelic usta nacam. 26 Ut li
ani cuan xyu'am ut niquinixpab, inc'a' ta-
camk chi junaj cua. Cuank ban xyu'am
chi junelic. ¿Ma nacapab a'in? chan li
Jesús. 27 Quichak'oc lix Marta ut quixye:
—Ninpab, Kacua'. Lain ninnau nak laat
li Cristo li Ralal li Dios li yoco chiroy-
beninquil, chan lix Marta. 28 Nak ac xye
a'in, lix Marta co sa' rochoch chixbok-
bal lix María li ritz'in. Ut quixye re
chi timil re nak inc'a' te'rabi chixju-
nileb: —Xc'ulun laj tzolonel ut taraj
atinac acuiq'uin, chan re. 29 Nak lix
María quirabi nak ac xc'ulun li Jesús,
co sa' junpat chixc'ulbal. 30 Li Jesús toj
maji' na-oc sa' li tenamit. Toj cuan chak

sa' li na'ajej bar quic'ule' cui' xban lix
Marta. 31 Nabaleb laj judío li cuanqueb
sa' li rochoch yoqueb chixc'ojobanquil
xch'ol lix María. Que'ril nak co sa' junpat.
Que'xtake xban nak eb a'an que'xc'oxla
nak lix María co chi yabac sa' li muk-
lebal. 32 Lix María quicuulac cuan cui'
li Jesús. Nak quiril ru, quixcuik'ib rib
chiru ut quixye re: —Kacua', cui ta
cuancat arin, inc'a' raj xcam li cuas,
chan re. 33 Li Jesús quiril nak yo chi
yabac ut yoqueb ajcui' chi yabac li cuan-
queb rochben. C'ajo' nak quiyot'e' xch'ol
chi rilbal. 34 Ut quixye reheb: —¿Bar
xemuk?— Que'xye re: —Yo'o re tacuil
bar xkamuk, chanqueb. 35 Ut li Jesús
quiyabac xban xrahil xch'ol. 36 Cuan-
queb aran que'xye: —Ilomak c'ajo' nak
quixra li camenak, chanqueb. 37 Ut cuan-
queb cui'chic li que'xye: —A'an quixq'ue
chi iloc li mutz'. ¿Ma inc'a' raj xru quix-
col laj Lázaro chiru li camc? chanqueb.
38 Ut quiyot'e' cui'chic xch'ol li Jesús.
Co aran cuan cui' li muklebal yiban-
bil sa' jun ochoch pec. Li muklebal
tz'aptz'o riq'uin jun nimla pec. 39 Quixye
li Jesús: —Isihomak li pec.— Lix Marta,
li ranab li camenak quixye re: —Kacua',
ac xchuho'. Cuan chic cahib cutan xmuk-
bal, chan. 40 Quixye li Jesús re: —¿Ma
inc'a' xinye acue nak cui tapab, tacuil
xcuanquilal li Dios? chan. 41 Ut que'risi
li pec chire li muklebal li que'xq'ue
cui' li camenak. Li Jesús qui-iloc takec'
ut quitijoc. Quixye: —At inYucua', nin-
bantioxi chacuu nak nacacuabi li c'a'ru
nintz'ama chacuu. 42 Lain ninnau nak
junelic niquinacuabi. Abanan ninye acue
a'in re nak eb li cuanqueb arin te'ril li
c'a'ru tinbanu ut te'xpab nak laat xattak-
lan chak cue, chan li Jesús nak quitijoc.
43 Nak quirake' chi tijoc, li Jesús quixye
chi cau xyab xcux: —At Lázaro, cuaclin
chak ut quim arin, chan. 44 Ut laj Lázaro
li quicam qui-el chak. Lanlo sa' jun t'icr
jo' c'aynakeb chixbanunquil reheb li ca-
menak. Li ru lanlo ajcui' sa' t'icr ut bac'bo
li rok ut bac'bo li ruk'. Li Jesús quixye re-
heb: —Hitomak ut canabomak chi bec,
chan.

Eb laj judío que'xc'ub ru chanru nak te'xcamsi li Jesús

45 Ut nabaleb laj judío li cuanqueb
rochben lix María que'xpab li Jesús
nak que'ril li milagro li quixbanu.
46 Abanan cuanqueb ajcui' li que'coeb
riq'uineb laj fariseo ut que'xye re-
heb chixjunil li quixbanu li Jesús.
47 Ut eb laj fariseo rochbeneb li xbenil
aj tij que'xch'utub ribeb riq'uineb li
neque'taklan sa' xyankeb laj judío ut
que'xye reheb: —¿C'a'ru takabanu? Li
cuink a'in nabal li milagro yo chixba-
nunquil. 48 Cui takacanab chi jo'can,
chixjunileb li tenamit te'pabank re.
Ut te'josk'ok kiq'uin eb laj Roma li
neque'taklan sa' kaben. Te'xjuc' li katem-
plo ut te'xsach li katenamit, chanqueb.
49 Jun li cuink aj Caifás xc'aba', a'an
li xyucua'il aj tij sa' li chihab a'an.
Quixye reheb: —Laex mac'a' ena'leb.
50 ¿Ma inc'a' neque'oxla nak k'axal us raj
nak tacamk jun chi cuink sa' xc'aba'eb
li tenamit chiru nak tasachek' ku chika-
junilo lao aj judío xbaneb laj Roma?
chan. 51 Laj Caifás, a'an li xyucua'il aj
tij sa' li chihab a'an. Ut li c'a'ru quixye
inc'a' quixye yal xjunes. Quixye ban
xban nak li Dios quic'utuc chiru li c'a'ru
tixye. Jo'can nak quixye nak li Jesús ta-
camk sa' xc'aba'eb laj judío. 52 Ut macua'
ca'aj cui' sa' xc'aba'eb a'an nak tacamk
li Jesús. Re aj ban cui' nak junajakeb
chic ru chixjunileb li ralal xc'ajol li
cuanqueb sa' chixjunil li ruchich'och'.
53 Ut chalen sa' li cutan a'an, eb li
neque'taklan sa' xyankeb laj judío que'oc
xc'ubanquil ru sa' comonil chanru nak
te'xcamsi li Jesús. 54 Xban nak que'raj
xcamsinquil li Jesús, inc'a' chic quiraj
xc'utbal rib chiruheb laj judío. Qui-el

aran ut co̱ sa' li tenamit Efraín li cuan
nach' riq'uin li chaki ch'och'. Ut aran
quicana rochbeneb lix tzolom. 55 Nak
yo̱ chi cuulac xk'ehil li nink'e Pas-
cua, nabaleb li cristian co̱eb Jerusalén
chixch'ajobresinquil ribeb jo' c'aynakeb
chixba̱nunquil re xtz'a̱manquil xcuybal
xma̱queb chiru li Dios. Tento te'xba̱nu
a'an re nak ta̱ru̱k te'oque̱nk sa' li
nink'e. 56 Yo̱queb chixsic'bal li Jesús nak
que'xch'utub ribeb sa' li templo. Que'xye
chi ribileb rib: —¿C'a'ru nequec'oxla
la̱ex? ¿Ma ta̱cha̱lk ta cui' sa' li nink'e li
cui̱nk a'an?— 57 Eb li xbe̱nil aj tij ut eb
laj fariseo que'xye reheb li tenamit nak
cui ani ta̱abi̱nk resil bar cuan li Jesús,
tento te'xye resil, re nak ta̱ru̱k te'xtakla
xchapbal.

Lix María quixq'ue li sununquil ban chiru rok li Jesús

12 Cuakib cutan chic ma̱ nacuulac
xk'ehil li nink'e Pascua nak quicu-
ulac li Jesús Betania. A'an xtenamit laj
Lázaro, li quicam ut quicuaclesi̱c cui'chic
chi yo'yo xban li Jesús. 2 Que'xcauresi
xtzacae̱mk li Jesús. Laj Lázaro cuan sa'
xya̱nkeb li c'ojc'o̱queb sa' me̱x rochben li
Jesús. Ut lix Marta yo̱ chixq'uebal li tza-
cae̱mk sa' li me̱x. 3 Lix María quixc'am
chak mero botella li sununquil ban terto
xtz'ak yi̱banbil riq'uin nardo. Quixq'ue
chiru rok li Jesús ut quixmes riq'uin li ris-
mal xjolom. Ut c'ajo' xsununquil sa' li cab
quicana xban xbo̱c li sununquil ban. 4 Laj
Judas Iscariote li ralal laj Simón, a'an jun
reheb lix tzolom. A'an li ta̱k'axtesi̱nk re
li Jesús sa' ruk'eb li xic' neque'iloc re.
5 Quixye: —¿C'a'ut nak inc'a' xc'ayiman li
sununquil ban a'in chi oxib ciento denar-
ios ut xq'ueman raj li tumin a'an reheb
li neba'? chan. 6 Ma̱cua' xban nak naxra-
heb li neba' nak quixye a'an. Quixye chi
jo'can xban nak aj e̱lk'. Riq'uin a'an cuan
lix bo̱lsil li tumin ut cuan nak naxchap
chok' re a'an li tumin cuan chi sa'. 7 Li
Jesús quixye re: —Me̱cuech' rix li c'a'ru
xba̱nu li ixk a'in, xban nak re inmuk-
bal nak xq'ue li ban a'in chiru li cuok.
8 Li neba' junelic cua̱nkeb sa' e̱ya̱nk.
Yalak jok'e naru te̱tenk'aheb. Abanan
la̱in moco cua̱nkin ta chi junelic e̱riq'uin,
chan li Jesús. 9 Nabaleb laj judío que'rabi
resil nak li Jesús cuan aran Betania ut
que'cuulac aran. Ma̱cua' ca'aj cui' li Jesús
que'cuulac chirilbal. Que'cuulac aj ban
cui' chirilbal laj Lázaro li quicuaclesi̱c
cui'chic chi yo'yo xban li Jesús. 10 Ut eb
li xbe̱nil aj tij que'xc'u̱b ru nak te'xcamsi
ajcui' laj Lázaro, 11 xban nak nabaleb
laj judío yo̱queb chi e̱lc sa' xya̱nkeb ut
yo̱queb chixpa̱banquil li Jesús xban nak
quixcuaclesi cui'chic chi yo'yo laj Lázaro.

Li Jesús quiq'uehe' xlok'al ut quixakaba̱c raj chok' rey nak qui-oc Jerusalén

12 Jo' cuulajak chic li q'uila tenamit
que'cuulac sa' li nink'e. Que'rabi re-
sil nak li Jesús cuulac re Jerusalén.
13 Quilaje'xc'am chak xxak li moco̱ch ut
que'chal chixc'ulbal li Jesús. Japjo̱queb
re chixyebal: —Lok'oninbil taxak li
Ka̱cua'. Osobtesinbil taxak li xchal sa'
xc'aba' li Ka̱cua' Dios. Osobtesinbil taxak
li karey, la̱o aj Israel, chanqueb. 14 Li
Jesús quixto'oni jun li ch'ina bu̱r,
quitake' chirix ut yo̱ chi xic Jerusalén jo'
tz'i̱banbil retalil sa' li Santil Hu:
15 Mexxucuac la̱ex li cuanquex Sión xban
nak yo̱ chak chi cha̱lc le̱ rey. Chirix
jun ral bu̱r yo̱ chak chi cha̱lc. (Zac.
9:9)
16 Sa' li ho̱nal a'an nak yo̱ chi c'ulma̱nc
li c'a'ak re ru a'in, eb lix tzolom inc'a'
que'xtau ru li xya̱lal. Abanan mokon
nak ac quicuaclesi̱c cui'chic chi yo'yo sa'
xya̱nkeb li camenak ut quiq'uehe' xlok'al,
tojo'nak que'xq'ue retal nak quixc'ul
jo' tz'i̱banbil chak retalil sa' li San-
til Hu chirix. 17 Eb li tenamit li cuan-
queb rochben li Jesús nak quixcuaclesi

cui'chic chi yo'yo laj Lázaro yo̲queb
chixyebal resilal yalak bar. 18 Li q'uila
tenamit que'cuulac chixc'ulbal li Jesús
xban nak que'rabi resil li milagro li
quixba̲nu. 19 Eb laj fariseo que'xye chi ri-
bileb rib: —¿Ma xeq'ue retal nak ma̲c'a'
aj e li yo̲co chixba̲nunquil? Q'uehomak
retal. Anakcuan chixjunileb li tenamit
yo̲queb chi ta̲ke̲nc re li cui̲nk a'an,
chanqueb.

Li Jesús quixye resil nak ta̲camsi̲k

20 Cuanqueb li ma̲cua'eb aj judío
que'cuulac Jerusalén chi lok'oni̲nc nak
yo̲ li nink'e. 21 Que'cuulac riq'uin laj Fe-
lipe Betsaida xtenamit xcue̲nt Galilea
ut que'xye re: —Ka̲cua', takaj xnaubal
ru li Jesús, chanqueb. 22 Laj Felipe co̲
ut quixye resil re laj Andrés ut co̲eb
xcabichaleb chixyebal re li Jesús. 23 Li
Jesús quixye reheb: —Xcuulac x-o̲ril
nak ta̲q'uehek' inlok'al la̲in li C'ajolbej.
24 Relic chi ya̲l ninye e̲re nak cui li jun
t'orol chi riyajil trigo inc'a' na-auman,
jun t'orolak ajcui'. Ut cui na-auman, na-
oso' sa' li ch'och'. Jun ajcui' ru li na-oso',
abanan nabal li ru naxq'ue nak nau̲chin.
25 Li ani k'axal naxra lix yu'am sa' li
ruchich'och' a'in, a'an tixsach li junelic
yu'am. A'ut li ani inc'a' naxra lix yu'am
sa' ruchich'och', a'an ta̲cua̲nk xyu'am chi
junelic. 26 Li ani ta̲raj c'anjelac chicuu,
tento tinixta̲ke ut tixba̲nu li c'a'ru ninye.
Bar cua̲nkin la̲in, aran ajcui' ta̲cua̲nk
a'an. Ut lin Yucua' ta̲q'uehok xlok'al li ani
ta̲c'anjelak chicuu, chan li Jesús reheb.
27 Li Jesús quixye ajcui': —Anakcuan
k'axal ra sa' inch'o̲l. ¿Ma ta̲ru̲k ta bi'
tinye re li Dios, "At inYucua', china̲col
chiru li raylal a'in"? La̲in inc'a' tinye chi
jo'can xban nak a'an aj e nak xinchal
sa' ruchich'och'. 28 At inYucua', chini-
ma̲k taxak la̲ lok'al, chan. Ut li Dios
quia̲tinac chak sa' choxa ut quixye: —
Ac xnima̲c inlok'al, ut ta̲nima̲k cui'chic,
chan li Dios. 29 Ut li que'abin re nak
quia̲tinac li Dios inc'a' que'xnau nak a'an
li Dios. Cuan que'xye: —Ca̲k x-ec'an,
chanqueb. Ut cuan cui'chic que'yehoc
re: —Jun ángel x-a̲tinac riq'uin, chan-
queb. 30 Ut li Jesús quixye reheb: —
Moco re ta intenk'anquil la̲in nak x-
a̲tinac li Dios. Re ban e̲tenk'anquil la̲ex.
31 Anakcuan xcuulac xk'ehil nak li Dios
ta̲rakok a̲tin sa' xbe̲neb li cuanqueb sa'
ruchich'och'. Anakcuan ta̲sachek' xcuan-
quil laj tza li nataklan sa' ruchich'och'.
32 Ut nak tinq'uehek' la̲in chiru cruz,
nabaleb te'pa̲ba̲nk cue, chan. 33 Nak
quixye chi jo'can, li Jesús yo̲ chixye-
bal reheb chanru nak ta̲camsi̲k. 34 Eb
li q'uila tenamit que'xye re: —Sa' li
kachak'rab la̲o aj judío tz'i̲banbil retalil
nak li Cristo li Mesías ta̲cua̲nk xyu'am
chi junelic. ¿C'a'ut nak nacaye la̲at nak
li C'ajolbej ta̲q'uehek' chiru cruz? ¿Ani
li C'ajolbej li yo̲cat chixyebal? chan-
queb. 35 Quichak'oc li Jesús ut quixye
reheb: —La̲in li cutan saken. Xinchal
chixch'olobanquil li xya̲lal che̲ru. Toj
tincua̲nk chic ca'ch'inak sa' e̲ya̲nk. Jo'can
nak q'uehomak e̲ch'o̲l chinpa̲banquil nak
toj cuanquin sa' e̲ya̲nk re nak inc'a' tex-
cua̲nk sa' xk'ojyi̲nal ru li ma̲c. Li ani
nacuan sa' xk'ojyi̲nal ru li ma̲c inc'a' nax-
nau bar yo̲ chi xic. 36 Chine̲pa̲b la̲in nak
toj cuanquin e̲riq'uin re nak la̲exak chic
li cualal inc'ajol ut cua̲nkex sa' cutan,
chan li Jesús. Nak ac xye li a̲tin a'in,
li Jesús qui-el sa' xya̲nkeb ut co̲ sa' jun
na'ajej bar inc'a' te'xtau.

Eb laj judío inc'a' que'xpa̲b li Jesús

37 Usta nabal li milagro quixba̲nu
li Jesús chiruheb, abanan inc'a' ajcui'
que'pa̲ban. 38 A'in quic'ulman re nak
ta̲tz'aklok ru li quixye li profeta Isaías
nak quixye:

Ka̲cua', ¿ani ta bi' ta̲q'uehok xcuan-
quil li c'a'ru xkaye? Ut, ¿ani ta bi'
ta̲q'uehok xcuanquil li milagro li yo̲-

cat chixc'utbesinquil chiruheb? (Is.
53:1)
39 Inc'a' quiru que'pa̲ban xban nak ac
tz'i̲banbil chak retalil xban laj Isaías nak
jo'can te'xc'ul.
40 Chanchaneb li mutz' xban nak
que'iloc ut inc'a' que'xtau xya̲lal.
Que'cacuubresi̲c lix ch'o̲leb xban
li Dios re nak inc'a' te'xtau xya̲lal
chi moco te'suk'i̲k riq'uin re nak
tixq'uirtesiheb. (Is. 6:10)
41 Quixye a'in laj Isaías nak
quic'utbesi̲c chiru lix lok'al li Jesús.
Jo'can nak quixch'olob li xya̲lal.
42 Cuanqueb nabaleb laj judío que'xpa̲b
nak li Jesús, a'an li Mesías. Sa' xya̲nkeb
a'an cuanqueb junju̲nk li neque'taklan.
Abanan inc'a' que'xye resil nak
que'pa̲ban xban nak que'xucuac xbaneb
laj fariseo. Inc'a' que'raj nak te'isi̲k sa'
li cab li neque'xch'utub cui' ribeb laj
judío. 43 A' chic li lok'al li neque'xq'ue
li tenamit que'xq'ue xcuanquil. Ut
inc'a' que'xq'ue xcuanquil li lok'al li
naxq'ue li Dios. 44 Quixye li Jesús chi
cau xya̲b xcux: —Li ani napa̲ban cue
la̲in, moco ca'aj cui' ta la̲in niquinixpa̲b.
Naxpa̲b aj ban cui' li quitaklan chak
cue. 45 Li ani nana'oc cuu la̲in, naxnau
ajcui' ru li quitaklan chak cue. 46 La̲in
xinchal chixq'uebal li cutan saken sa'
ruchich'och'. Li ani ta̲pa̲ba̲nk cue la̲in,
a'an inc'a' chic ta̲cua̲nk sa' xk'ojyi̲nal
ru li ma̲c. 47 La̲in inc'a' xinchal sa'
ruchich'och' chixq'uebaleb chixtojbal rix
lix ma̲queb li ani neque'abin re li c'a'ru
ninye ut inc'a' neque'xba̲nu. Ma̲cua'
re xq'uebaleb chixtojbal lix ma̲queb
nak xinchal. Xinchal ban chixcolbaleb.
48 Tento nak ta̲rakek' a̲tin sa' xbe̲neb
li neque'tz'ekta̲nan cue, li inc'a'
neque'pa̲ban re li c'a'ru ninye. Li a̲tin
li xinye, a'an ajcui' li ta̲q'uehok reheb
chixtojbal rix lix ma̲queb sa' roso'jiqueb
li cutan. 49 Li c'a'ru yo̲quin chixyebal,
a'an tz'akal ya̲l xban nak moco injunes
ta yo̲quin chi a̲tinac. Li Yucua'bej li
quitaklan chak cue, a'an li nayehoc cue
c'a'ru tinye. 50 La̲in ninnau nak li c'a'ru
naxye cue li Yucua'bej, a'an li naq'uehoc
yu'am chi junelic. Ut li c'a'ru ninye la̲in,
a'an li naxc'utbesi chicuu li Yucua'bej.

Li Jesús quixch'aj li rokeb lix tzolom re xc'utbal chiruheb nak tento te'xcubsi rib

13 Ac cuulajak naticla li nink'e Pas-
cua. Li Jesús ac naxnau nak
cuulac re xk'ehil lix camic re nak
ta̲xic cui'chic riq'uin lix Yucua' sa'
choxa. Junelic naxraheb li ralal xc'ajol
li te'cana̲k sa' ruchich'och' ut nak ac
ca̲mc re quixc'utbesi chi tz'akal lix ra-
hom chiruheb. 2 Li Jesús yo̲ chi cua'ac
rochbeneb lix tzolom. Laj tza ac xq'ue
sa' xch'o̲l laj Judas li ralal laj Simón Is-
cariote nak tixk'axtesi li Jesús sa' ruk'eb
li xic' neque'iloc re. 3 Li Jesús naxnau
nak q'uebil re lix cuanquil xban li Dios
ut a'an yal re sa' xbe̲n chixjunil. Nax-
nau nak riq'uin li Dios quichal chak ut
riq'uin ajcui' li Dios ta̲xic. 4 Nak yo̲queb
chi cua'ac, li Jesús quicuacli. Quirisi lix
t'icr li cuan sa' xbe̲n li rak'. Quixchap jun
chic li t'icr ut quixbac' chi xsa'. 5 Quixq'ue
li ha' sa' jun li emel ut qui-oc chixch'ajbal
li rokeb lix tzolom. Ut quixmes li rokeb
riq'uin li t'icr bac'bo chi xsa'. 6 Nak qui-
oc raj chixch'ajbal li rok laj Simón Pe-
dro, a'an quixye re: —Ka̲cua', ¿ma la̲at
tatch'ajok re li cuok la̲in? chan. 7 Li Jesús
quixye re: —Anakcuan inc'a' nacatau ru
li c'a'ru yo̲quin chixba̲nunquil. Abanan
mokon ta̲tau ru li xya̲lal, chan li Jesús.
8 Laj Pedro quixye re: —Ka̲cua', ma̲
jok'e tinq'ue li cuok re ta̲ch'aj, chan. Li
Jesús quixye re: —Cui la̲at inc'a' ta̲q'ue
la̲ cuok re tinch'aj, la̲at ma̲cua'at int-
zolom, chan. 9 Laj Simón Pedro quixye:
—Ka̲cua', ma̲cua' ca'aj cui' li cuok ta̲ch'aj.
Ta̲ch'aj aj ban cui' li cuuk' ut lin jolom,
chan. 10 Li Jesús quixye reheb: —Li ani

ac x-atin, ca'aj chic xch'ajbal li rok ta̱raj,
xban nak ac ch'ajbil. Ac sak chic ru.
Jo'can ajcui' la̱ex. La̱ex ac ti̱c e̱ch'o̱l xban
nak ac xine̱pa̱b. Abanan moco che̱junilex
ta ti̱c e̱ch'o̱l. Cuan jun sa' e̱ya̱nk inc'a' ti̱c
xch'o̱l, chan. 11 Li Jesús ac naxnau ani li
ta̱k'axtesi̱nk re sa' ruk'eb li xic' neque'iloc
re. Jo'can nak quixye nak cuan jun sa'
xya̱nkeb inc'a' ti̱c xch'o̱l. 12 Nak ac xrake'
xch'ajbal li rokeb, quixq'ue cui'chic li
rak' chirix. Quic'ojla cui'chic sa' li me̱x.
Ut quixye reheb lix tzolom: —¿Ma
nequenau c'a'ru xya̱lal nak xinch'aj le̱
rok? chan reheb. 13 —La̱ex nequeye aj
tzolonel cue ut nequeye ajcui' Ka̱cua'
cue. Us nak nequeye chi jo'can xban nak
ya̱l ajcui' nak la̱in li Ka̱cua' ut la̱in aj
tzolol e̱re. 14 La̱in li Ka̱cua' ut la̱in laj
tzolol e̱re. Abanan xinch'aj le̱ rok. Jo'can
ajcui' te̱ba̱nu la̱ex. Te̱ch'aj le̱ rok che̱ribil
e̱rib. 15 La̱in xinc'ut che̱ru chanru te̱ba̱nu.
Jo'can nak cheba̱nu jo' xinba̱nu la̱in.
16 Relic chi ya̱l ninye e̱re nak ma̱ jun mo̱s
tixk'ax ta ru xcuanquil lix patrón ut li
ani natakla̱c inc'a' naxk'ax ru lix cuan-
quil li quitaklan chak re. 17 Ac nequenau
chic xya̱lal. Us xak e̱re cui la̱ex te̱ba̱nu
li c'a'ru xetzol cuiq'uin. 18 Inc'a' yo̱quin
chi a̱tinac che̱rix che̱junilex. La̱in nin-
nau chanru le̱ na'leb xban nak la̱in xin-
sic'oc e̱ru. Abanan tento nak ta̱tz'aklok
ru li tz'i̱banbil sa' li Santil Hu li naxye chi
jo'ca'in: Li jun li nacua'ac cuochben, a'an
li ta̱tz'ekta̱na̱nk cue. 19 La̱in ninye e̱re
a'in anakcuan nak toj ma̱ji' nac'ulman.
Ut nak ta̱c'ulma̱nk, la̱ex te̱nau nak ya̱l li
xinye nak la̱in li Cristo li taklanbil chak
xban li Dios. 20 Relic chi ya̱l tinye e̱re nak
ani ta̱c'uluk re li ani tintakla, tinixc'ul
ajcui' la̱in. Ut li ani ta̱c'uluk cue la̱in,
tixc'ul ajcui' li quitaklan chak cue, chan
li Jesús reheb.

Li Jesús quixye nak ta̱k'axtesi̱k sa' ruk'eb li xic' neque'iloc re xban laj Judas Iscariote

21 Nak ac xye chixjunil li c'a'ak re ru
a'in, li Jesús quiyot'e' xch'o̱l. Ut quixye
chi tz'akal reheb: —Relic chi ya̱l ninye
e̱re nak jun sa' e̱ya̱nk la̱ex ta̱k'axtesi̱nk
cue sa' ruk'eb li xic' neque'iloc cue, chan.
22 Ut eb lix tzolom que'oc xc'a'uxeb.
Que'xca'ya ribeb chi ribileb rib ut
que'xye: —¿Ani anchal naxyehan? chan-
queb. 23 Jun reheb lix tzolom, li raro
xban, c'ojc'o chixc'atk. 24 Laj Simón Pe-
dro quixc'ut li ruk' chiru ut quixye re
nak tixpatz' re li Jesús ani li yo̱ chixye-
bal. 25 Ut li jun, li c'ojc'o chixc'atk li
Jesús, quijiloc riq'uin ut quixpatz' re: —
Ka̱cua', ¿ani li yo̱cat chixyebal? chan.
26 Li Jesús quixye re: —Li ani tinq'ue cui'
li caxlan cua a'in nak acak xintz'a sa'
li sec', a'an li cui̱nk li ta̱k'axtesi̱nk cue
sa' ruk'eb li xic' neque'iloc cue, chan.
Ut li Jesús quixtz'a li caxlan cua sa' li
sec' ut quixq'ue re laj Judas li ralal laj
Simón Iscariote. 27 Ut laj Judas quixc'ul
li caxlan cua ut sa' ajcui' li ho̱nal a'an
quixk'axtesi rib chixba̱nunquil li c'a'ru
naraj laj tza. Ut li Jesús quixye re: —
Li c'a'ru yo̱cat chixc'oxlanquil xba̱nun-
quil, ba̱nu chi junpa̱t, chan. 28 Ma̱ jun re-
heb li cuanqueb sa' li me̱x que'xtau ru
li quixye li Jesús. 29 Cuan li que'xc'oxla
nak li Jesús ta̱raj nak laj Judas ta̱xic
chixlok'bal li c'a'ak re ru re li nink'e. Ut
cuan ajcui' li que'xc'oxla nak ta̱raj nak laj
Judas tixq'ue ca'ch'inak li tumin reheb
li neba' xban nak riq'uin laj Judas cuan
lix bo̱lsil lix tumineb. 30 Nak ac xc'ul li
caxlan cua laj Judas, qui-el sa' junpa̱t
chirix cab. Ac k'ojyi̱n chic.

Li Jesús quixq'ue jun li ac' chak'rab

31 Nak laj Judas ac x-el sa' xya̱nkeb,
li Jesús quixye: —Anakcuan xcuulac
xk'ehil nak ta̱c'utbesi̱k lin lok'al la̱in li

C'ajolbej ut tac'utunk ajcui' lix lok'al li
Dios riq'uin li c'a'ru tinc'ul lain. 32 Cui
lain tinc'utbesi lix lok'al li Dios, a'an
chi seb ajcui' tixc'utbesi lin lok'al lain
li C'ajolbej. 33 Ex cualal inc'ajol, inc'a'
chic najt tincuank eriq'uin. Laex tinesic'
raj chic. Abanan lain ma anihakin chic.
Ninye ere jo' quinye reheb laj judío li
neque'taklan sa' eyank. Bar tinxic lain,
laex inc'a' texruk chi xic. 34 Jun li ac'
chak'rab tinq'ue ere anakcuan nak chera-
hak erib cheribil erib. Jo' nak nequexinra
lain, jo'can ajcui' nak tera erib laex cheri-
bil erib. 35 Cui tera erib cheribil erib,
chixjunileb te'xnau nak laex intzolom,
chan li Jesús.

Li Jesús quixye nak laj Pedro tixye nak inc'a' naxnau ru li Jesús

36 Laj Simón Pedro quixpatz' re: —
At tzolonel, ¿bar xic acue?— Li Jesús
quixye re: —Anakcuan inc'a' naru texxic
chicuix bar tinxic cui' lain. Abanan
mokon naru texxic li bar xic cui' cue,
chan. 37 Laj Pedro quixye cui'chic re:
—Kacua', ¿c'a'ut nak inc'a' taruk tinxic
chacuix anakcuan? Lain tatintake usta
tincamsik xban atakenquil, chan. 38 Li
Jesús quixye re: —¿Ma yal nak tinatake
usta tatcamsik sa' inc'aba'? Relic chi yal
ninye acue nak toj maji' ajcui' nayabac
laj tzo' xul nak laat ac xaye oxib sut nak
inc'a' nacanau cuu, chan li Jesús.

Li ani napaban re li Jesús naxpab ajcui' li Dios Acuabej

14 Misach ech'ol chi c'oxlac. Chep-
ab li Dios ut chinepab ajcui' lain.
2 Sa' rochoch lin Yucua' nabal li na'ajej
cuan. Cui ta mac'a' li na'ajej, ac xinye raj
ere. Lain xic cue chixcauresinquil ena'aj.
3 Nak ac xyalo' le na'aj, tinchalk cui'chic
ut texinc'am cuiq'uin re nak bar cuankin
lain, aran ajcui' cuankex laex. 4 Laex
nequenau lix behil li na'ajej li xic cui'
cue, chan li Jesús. 5 Laj Tomás quixye
re: —At Kacua', inc'a' nakanau bar xic
acue. ¿Chan ta cui' ru nak takanau li
be? chan. 6 Li Jesús quixye re: —Lain
aj c'amol be cheru. Lain ninch'olob li
xyalal li Dios ut lain ninq'uehoc junelic
yu'am. Ma ani taruk taoc riq'uin lin Yu-
cua' cui inc'a' tinixpab lain. 7 Li ani nax-
nau cuu lain naxnau ajcui' ru lin Yucua'.
Chalen anakcuan nequenau chic ru lin
Yucua' ut xeril ru, chan li Jesús. 8 Laj Fe-
lipe quixye re: —Kacua', c'utbesi chiku li
Yucua'bej ut tac'ojlak kach'ol, chan. 9 Li
Jesús quixye re: —At Felipe, ac junxil
nin-oc sa' eyank. ¿Ma toj maji' nequenau
cuu? Li ani nana'oc cuu lain, a'an naxnau
ajcui' ru li Yucua'bej. ¿C'a'ut nak nacaye
cue, "C'ut chiku li Yucua'bej?" 10 Felipe,
¿ma inc'a' nacapab nak lain ut li Yu-
cua'bej junaj ku chi kibil kib? Li c'a'ru
xinye ere moco yal injunes ta xinye. Li
Yucua'bej cuan cuiq'uin, ut a'an nac'utuc
chicuu li c'a'ru ninbanu. 11 Chepab nak
lain cuanquin riq'uin li Yucua'bej ut a'an
cuan cuiq'uin. Junaj ku chi kibil kib.
Cui inc'a' niquinepab xban li c'a'ru ninye,
chinepabak xbaneb li milagro li yoquin
chixbanunquil. 12 Relic chi yal ninye ere,
li ani napaban cue lain, a'an tixbanu li
c'anjel ninbanu lain. Ut k'axal cui'chic
nabal li tixbanu chiru li xinbanu lain
xban nak lain xic cue riq'uin li Yucua'bej.
13 Chixjunil li tetz'ama sa' inc'aba', lain
tinq'ue ere re nak tanimak xlok'al li Yu-
cua'bej sa' inc'aba' lain. 14 Jo'can ut nak
yalak c'a'ru tetz'ama sa' inc'aba', lain
tinq'ue ere.

Li Jesús quixye nak tixtakla li Santil Musik'ej re tacuank riq'uineb li ralal xc'ajol

15 Cui niquinera, chebanuhak jo' xex-
inchak'rabi cui'. 16 Lain tintz'ama chiru
lin Yucua' nak tixq'ue ere li Santil
Musik'ej. A'an tac'ojobank ech'ol ut a'an
tatenk'ank ere. A'an tacuank eriq'uin
chi junelic. 17 Ut a'an ajcui' li Santil

Musik'ej li tac'utuk re li xyalal cheru
chirix li Dios. Li inc'a' niquine'xpab inc'a'
naru nacuan li Santil Musik'ej riq'uineb
xban nak inc'a' neque'xnau ani a'an, chi
moco neque'xq'ue retal li c'a'ru naxbanu
li Santil Musik'ej. Abanan laex neque-
nau ani a'an xban nak a'an cuan sa'
eyank anakcuan ut tacuank eriq'uin chi
junelic. 18 Nak tinxic inc'a' texincanab
ejunes. Tinchalk cui'chic eriq'uin. 19 Cu-
ulac re xk'ehil nak inc'a' chic te'ril cuu
li inc'a' neque'paban cue. Abanan laex
teril cuu. Ut xban nak yo'yokin lain,
yo'yokex ajcui' laex. 20 Toj sa' li cu-
tan a'an laex teq'ue retal nak li Yu-
cua'bej cuan cuiq'uin ut lain cuanquin
riq'uin a'an. Junaj ku chi kibil kib. Ut
laex cuankex cuiq'uin ut lain cuankin
eriq'uin. 21 Li ani naxc'ul lin chak'rab ut
naxbanu li naxye, a'an li narahoc cue.
Li ani narahoc cue narahe' ajcui' xban
lin Yucua'. Ut lain tinra ajcui' a'an ut
tinc'utbesi cuib chiru, chan li Jesús re-
heb lix tzolom. 22 Laj Judas jun chic,
li macua' laj Judas Iscariote, quixye
re: —Kacua', ¿chanru nak tac'utbesi
acuib chiku lao, ut inc'a' tac'utbesi acuib
chiruheb li inc'a' neque'paban acue?
chan. 23 Quichak'oc li Jesús ut quixye
re: —Lain tinc'utbesi cuib chiruheb li
neque'rahoc cue ut neque'xbanu li c'a'ru
ninye. Eb a'an te'rahek' xban lin Yu-
cua'. Lain ut lin Yucua' toxic riq'uineb
ut tocuank riq'uineb. 24 Li ani inc'a' nara-
hoc cue inc'a' naxbanu li c'a'ru ninye. Li
c'a'ru xinye ere, inc'a' xinye yal injunes.
Lin Yucua' li quitaklan chak cue, a'an
li nac'utuc chicuu c'a'ru tinye. 25 Yoquin
chixyebal ere a'in nak toj cuanquin sa'
eyank. 26 Li Santil Musik'ej li tixtakla
chak li Yucua'bej chok' cuuchil, a'an
tatenk'ank ere ut a'an tac'utuk cheru
chixjunil li c'a'ak re ru li inc'a' neque-
tau ru. Ut a'an tixjultica ere chixju-
nil li c'a'ru xinye ere. 27 Lain tincanab
li tuktuquil usilal eriq'uin nak tinxic.
Li tuktuquil usilal li tinq'ue ere moco
jo' ta li neque'xq'ue li cuanqueb sa'
ruchich'och'. Lain tinq'ue xtuktuquilal le
ch'ol. Mexc'oxlac chi moco texxucuak.
28 Ac xinye ere nak tinxic, ut tinchalk
cui'chic. Cui yal nak niquinera, tasahok'
raj sa' ech'ol nak tinxic riq'uin lin Yu-
cua', xban nak a'an k'axal nim xcuan-
quil chicuu lain. 29 Lain yoquin chixye-
bal ere a'in nak toj maji' nac'ulman. Nak
tac'ulmank li c'a'ru xinye, laex tepab nak
yal li c'a'ru xinye ere. 30 Inc'a' chic taruk
tinatinak chi nabal eriq'uin xban nak yo
chi chalc li nataklan sa' li ruchich'och',
usta a'an mac'a' xcuanquil sa' inben lain.
31 Lain yoquin chixbanunquil chixjunil li
quixye cue lin Yucua' re nak chixjunileb
li cuanqueb sa' ruchich'och' te'xq'ue re-
tal nak lain ninra li Yucua'bej. Anakcuan
yokeb. Elko sa' li na'ajej a'in, chan li
Jesús.

Li Jesús quixjuntak'eta rib riq'uin li xtonal li uvas

15 Li Jesús quixye ajcui' reheb: —
Lain chanchanin li xtonal li uvas.
Ut lin Yucua' jo' jun li nasabesin re.
2 Li ani inc'a' naxbanu li c'a'ru naraj lin
Yucua', a'an chanchan li ruk' li che' li
na-isic xban nak inc'a' nauchin. Abanan
li ani naxbanu li c'a'ru naraj lin Yu-
cua', a'an chanchan li ruk' li che' li
nauchin. Ut li na-iloc re naxsabesi re
nak tixq'ue nabal li ru. 3 Laex chan-
chanex li chabil ruk' li che' li nauchin
chi nabal xban nak sabesinbil chic ru.
Laex ac tic chic le yu'am xban li xyalal
xinch'olob cheru. 4 Cuankex cuiq'uin ut
lain cuankin eriq'uin. Jo' li ruk' li
che', cui inc'a' letzlo riq'uin lix tonal,
inc'a' naru nauchin. Jo'can ajcui' laex.
Cui inc'a' cuankex cuiq'uin, inc'a' taruk
texq'uik sa' le pabal. 5 Lain jo' li xtonal
li uvas ut laex jo' li ruk'. Cui cuankex
cuiq'uin ut lain cuankin eriq'uin, laex
texcuank sa' tiquilal ut texq'uik sa' le

pabal. Yal ejunes mac'a' naru tebanu.
6 Li ani inc'a' tacuank cuiq'uin taisik jo'
nak nayoq'ue' li ruk' li che' li inc'a' us.
Nak nachakic nacute' sa' xam ut nac'at.
7 Cui laex cuankex cuiq'uin ut tebanu li
c'a'ru xinye ere, taq'uehek' ere chixju-
nil li c'a'ru tetz'ama. 8 Nequeq'ue xlok'al
lin Yucua' riq'uin li chabilal nequebanu.
Cui yokex chixbanunquil li c'a'ru naraj
li Dios, laexak tz'akal intzolom. 9 Lain
nequexinra laex jo' nak ninxra lin Yucua'
lain. Chexcuank cuiq'uin re nak texinra
chi junelic. 10 Cui tebanu li c'a'ru ninye
ere, lain texinra junelic. Lain xinbanu li
c'a'ru xye cue lin Yucua' ut a'an junelic
niquinixra lain. 11 Lain ninye ere a'in re
nak textz'akonk riq'uin lix sahil inch'ol
lain. Cui tebanu li c'a'ru ninye ere, num-
tajenakak xsahil ech'ol laex. 12 A'an a'in
li chak'rab li ninq'ue ere nak chera-
hak erib cheribil erib jo' nak nequex-
inra lain. 13 Li rahoc chi tz'akal a'an nak
junak tixk'axtesi lix yu'am sa' xc'aba' li
ras ritz'in. 14 Cui tebanu li c'a'ru ninye
ere, laexak li rarokex inban. 15 Laex
macua'akex chic yal aj c'anjel xban nak
junak laj c'anjel inc'a' naxnau c'a'ru yo lix
patrón. Abanan lain xinye ere chixjunil
li naxye cue lin Yucua'. A'an naxc'ut nak
raroquex inban. 16 Macua' laex xexsic'oc
cuu lain. Lain ban xinsic'oc eru laex ut
xexinxakab chixbanunquil li tiquilal. Le
tiquilal inc'a' taosok'. Tacuank ban chi
junelic. Ut lin Yucua' tixq'ue ere chixju-
nil li tetz'ama sa' inc'aba' lain. 17 A'an
a'in li yoquin chixyebal ere nak chera-
hak erib cheribil erib.

Xic' qui-ile' li Jesús ut xic' ajcui' te'ilek' li ralal xc'ajol

18 Cui laex xic' nequex-ile' xbaneb li
inc'a' neque'paban, chenauhak nak xben
cua lain xic' xine'ril cheru laex. 19 Cui
ta laex inc'a' xinepab lain, rarokex raj
xbaneb li inc'a' neque'paban. Abanan
laex macua'ex chic jun sa' xyankeb xban
nak lain xinsic'oc eru. Jo'can nak xic'
nequex-ile' xbaneb. 20 Chijulticok' ere
nak xinye ere nak ma jun aj c'anjel
naxk'ax ru xcuanquil lix patrón. Cui
xine'xrahobtesi lain, texrahobtesik ajcui'
laex. Cui ta xe'xbanu li c'a'ru xinye lain,
te'xbanu aj raj cui' li c'a'ru teye laex.
21 Texrahobtesik xban nak laex cualal
inc'ajol. Te'xbanu chi jo'can xban nak
inc'a' neque'xnau ru li ani quitaklan chak
cue. 22 Mac'a'eb raj xmac cui ta lain inc'a'
xinc'ulun ut cui ta inc'a' xinye reheb li
xyalal. Abanan mac'a' c'a'ru te'xcol cui'
ribeb xban nak cuanqueb xmac. 23 Li ani
xic' na-iloc cue lain, xic' ajcui' naril lin
Yucua'. 24 Mac'a'eb raj xmac cui ta inc'a'
xe'ril li milagros li xinbanu chiruheb,
li milagros li ma ani chic naru xba-
nunquil. Abanan eb a'an que'ril li xin-
banu. Jo'can nak xic' niquine'ril lain ut
xic' ajcui' neque'ril lin Yucua'. 25 Jo'ca'in
xc'ulman xban nak tz'ibanbil chak retalil
sa' li chak'rab li quiq'uehe' reheb: Mac'a'
raj inmac, abanan xic' quine'ril. 26 Nak
tachalk li Santil Musik'ej, laj C'ojobanel
Ch'ol, eriq'uin a'an tixc'ut chi tz'akal li
xyalal cheru chicuix lain. Lain tintakla
chak eriq'uin li Santil Musik'ej li nachal
riq'uin lin Yucua'. 27 Ut laex tech'olob
ajcui' li xyalal chicuix xban nak laex
cuanquex cuiq'uin chalen nak xintiquib
lin c'anjel arin sa' ruchich'och'.

16 Yoquin chixyebal ere chixjunil
li c'a'ak re ru a'in re nak inc'a'
tach'inank ech'ol sa' le pabal nak tachalk
li raylal sa' eben. 2 Tex-isik sa' li cab
li neque'xch'utub cui' ribeb laj judío.
Tacuulak xk'ehil nak eb li te'camsink
ere te'xc'oxla nak yoqueb chi c'anjelac
chiru li Dios nak te'xbanu chi jo'can.
3 Te'xbanu li raylal a'in ere xban nak
inc'a' neque'xnau ru lin Yucua' chi moco
neque'xnau cuu lain. 4 Ac xinye ere
chixjunil li c'a'ak re ru a'in re nak tajul-
ticok' ere li c'a'ru xinye ere nak yokex
chixc'ulbal li raylal. Lain inc'a' quinye

chak e̱re junxil nak quintiquib chak lin
c'anjel xban nak cuanquin e̱riq'uin.

Li Jesús quixye c'a'ru li c'anjel li tixba̱nu li Santil Musik'ej nak ta̱cha̱lk

5 Anakcuan xic cui'chic cue riq'uin li
quitaklan chak cue. Ut ma̱ jun e̱re na-
patz'oc cue bar xic cue. 6 Xraho' sa'
e̱ch'o̱l xban li c'a'ru xinye e̱re. 7 Abanan
la̱in xinye li xya̱lal e̱re. K'axal us chok'
e̱re nak tinxic xban nak cui inc'a'
ninxic, inc'a' ta̱cha̱lk li Santil Musik'ej
e̱riq'uin. A'an li ta̱tenk'a̱nk e̱re ut a'an
li ta̱c'ojoba̱nk re le̱ ch'o̱l. Nak tinxic,
la̱in tintakla chak li Santil Musik'ej
e̱riq'uin. 8 Nak ta̱cha̱lk li Santil Musik'ej,
a'an tixc'utbesi chiruheb li cuanqueb
sa' ruchich'och' nak inc'a' neque'xtau ru
c'a'ru li ma̱c ut c'a'ru li ti̱quilal chi moco
neque'xtau ru li rakba a̱tin li tixba̱nu li
Dios. 9 Inc'a' neque'xtau ru c'a'ru li ma̱c
xban nak inc'a' niquine'xpa̱b. 10 Inc'a'
neque'xtau ru c'a'ru li ti̱quilal. Cui ta
que'xtau ru te'xnau raj nak la̱in ti̱c
inch'o̱l. Xban nak ti̱c inch'o̱l, tinxic
riq'uin li Dios ut inc'a' chic te̱ril cuu.
11 Inc'a' neque'xtau ru c'a'ru li rakba a̱tin.
Cui ta que'xtau ru, te'xnau raj nak ac
tenebanbil li rakba a̱tin sa' xbe̱n laj tza
li nataklan sa' ruchich'och'. 12 Toj cuan
raj nabal chic li tinye e̱re, abanan inc'a'
te̱cuy rabinquil anakcuan. 13 Abanan
nak ta̱cha̱lk li Santil Musik'ej, a'an tixc'ut
che̱ru chixjunil li xya̱lal. Inc'a' ta̱atinak
yal xjunes. Tixye ban e̱re chixjunil li
c'a'ru ta̱rabi riq'uin li Dios ut tixch'olob
che̱ru li c'a'ru ta̱cha̱lk mokon. 14 Li Santil
Musik'ej tixq'ue inlok'al xban nak li c'a'ru
tinye re, a'an ajcui' li tixch'olob xya̱lal
che̱ru. 15 Chixjunil li c'a'ru cuan re lin
Yucua', cue ajcui' la̱in. Jo'can nak xinye
e̱re nak li c'a'ru tinye e̱re, a'an ajcui' li
tixc'utbesi che̱ru li Santil Musik'ej. 16 —
Chi se̱b inc'a' chic te̱ril cuu. Abanan
mokon chic te̱ril cui'chic cuu, chan li
Jesús. 17 Cuanqueb lix tzolom yo̱queb
chixyebal chi ribileb rib: —¿C'a'ru xya̱lal
nak xye ke nak ta̱xic riq'uin lix yucua'?
¿C'a'ut nak xye ke nak chi se̱b inc'a'
chic takil ru ut mokon chic takil cui'chic
ru? 18 ¿C'a'ut nak xye chi jo'can? Inc'a'
nakatau ru c'a'ut nak quixye nak chi se̱b
inc'a' chic takil ru, chanqueb. 19 Li Jesús
quixnau nak que'raj xpatz'bal re c'a'ru
xya̱lal li yo̱ chixyebal. Jo'can nak quixye
reheb: —¿Ma yo̱quex chixpatz'bal che̱ri-
bil e̱rib c'a'ru xya̱lal li xinye? ¿Ma inc'a'
xetau ru nak xinye e̱re nak chi se̱b
inc'a' chic te̱ril cuu ut mokon chic te̱ril
cui'chic cuu? ¿Ma a'an li te̱raj xnaubal?
20 Relic chi ya̱l ninye e̱re nak eb li inc'a'
neque'pa̱ban cue ta̱sahok' sa' xch'o̱leb
nak tinc'ul li raylal. La̱ex ta̱yot'ek' e̱ch'o̱l
ut texya̱bak nak tinc'ul chi jo'can. Ta̱ra-
hok' sa' e̱ch'o̱l, abanan mokon ta̱sahok'
cui'chic sa' e̱ch'o̱l nak te̱ril cui'chic cuu.
21 Junak ixk yo'la̱c re lix c'ula'al narec'a
xrahil lix raylal. Abanan nak ac xyo'la
lix c'ula'al, nasach sa' xch'o̱l li raylal li
quixc'ul ut nasaho' sa' xch'o̱l xban nak
ac xyo'la lix c'ula'al. 22 Jo'can ajcui' la̱ex.
Anakcuan ra sa' e̱ch'o̱l. Abanan nak te̱ril
cui'chic cuu, ta̱sahok' sa' e̱ch'o̱l. Ut ma̱
ani ta̱isi̱nk che̱ru lix sahil e̱ch'o̱l. 23 Ta̱cu-
ulak xk'ehil nak ma̱c'a' chic te̱tz'a̱ma
cue la̱in. Chiru ban chic lin Yucua'
textz'a̱ma̱nk. Relic chi ya̱l tinye e̱re nak
chixjunil li te̱tz'a̱ma chiru lin Yucua' sa'
inc'aba' la̱in, a'an tixq'ue e̱re. 24 Chalen
anakcuan toj ma̱c'a' nequetz'a̱ma sa'
inc'aba'. Chextz'a̱ma̱nk ut ta̱q'uehek' e̱re
re nak k'axal cui'chic ta̱sahok' sa' e̱ch'o̱l,
chan li Jesús. 25 Chixjunil li c'a'ak re
ru a'in xinye e̱re sa' jaljo̱quil ru a̱tin.
Abanan ta̱cuulak xk'ehil nak inc'a' chic
tinye e̱re chi jaljo ru. Tinye ban e̱re chi
tz'akal riq'uin a̱tin inc'a' ch'a'aj xtaubal
ru ut tinch'olob che̱ru li xya̱lal chirix
lin Yucua'. 26 Nak ta̱cuulak xk'ehil la̱ex
chic textz'a̱ma̱nk chiru li Yucua'bej sa'
inc'aba' la̱in. Inc'a' chic tento nak la̱in
tintz'a̱ma̱nk chiru li Yucua'bej che̱rix

la̲ex. 27 Lin Yucua' nequexra la̲ex xban nak la̲ex niquine̲ra la̲in ut xban nak xepa̲b nak riq'uin li Dios xinchal chak. 28 La̲in riq'uin lin Yucua' xinchal chak. Ut anakcuan tincanab li ruchich'och' ut tinxic cui'chic riq'uin lin Yucua', chan li Jesús. 29 Ut eb lix tzolom que'xye re: —Anakcuan yo̲cat chi a̲tinac riq'uin a̲tin inc'a' ch'a'aj xtaubal ru. Inc'a' chic xaye ke riq'uin jaljo̲quil ru a̲tin. 30 Anakcuan nakaq'ue retal nak la̲at nacanau chixjunil li c'a'ak re ru. Moco toj ta ta̲yehek' a̲cue. Jo'can nak nakapa̲b nak la̲at riq'uin li Dios xatchal chak, chanqueb. 31 Li Jesús quixye reheb: —¿Ma ya̲l nak niquine̲pa̲b anakcuan? 32 Xcuulac xk'ehil, ut anakcuan ajcui', nak ta̲cha'cha'i̲k e̲ru che̲junilex. Ac xbe xbe li junju̲nk tixchap ut tine̲canab injunes. Abanan moco injunes ta xban nak lin Yucua' cua̲nk cuiq'uin. 33 Xinye e̲re li c'a'ak re ru a'in re nak texcua̲nk cuiq'uin ut ta̲cua̲nk e̲riq'uin li tuktu̲quilal. Sa' li ruchich'och' te̲c'ul li raylal. Abanan cacuubresihomak le̲ ch'o̲l xban nak la̲in ac xinnumta sa' xbe̲n li nataklan sa' ruchich'och', chan li Jesús reheb lix tzolom.

Li Jesús quitijoc chirixeb lix tzolom

17 Nak quirake' xyebal li a̲tin a'in, li Jesús quixtaksi li riloba̲l ut qui-oc chi tijoc. Quixye: —At inYucua', xcuulac xk'ehil nak tincamsi̲k. Ta̲q'ue taxak inlok'al la̲in li C'ajolbej re nak la̲in tinq'ue ajcui' a̲lok'al la̲at. 2 La̲at xatq'uehoc incuanquil sa' xbe̲n chixjunil re nak tinq'ue li junelic yu'am reheb li xak'axtesiheb cue. 3 Li junelic yu'am, a'an nak te'xnau a̲cuu la̲at li junajat chi tz'akal Dios ut te'xnau ajcui' cuu la̲in li Jesucristo li quina̲takla chak. 4 La̲in xinq'ue a̲lok'al arin sa' ruchich'och' xban nak xinchoy xba̲nunquil li c'anjel li xaq'ue cue re tinba̲nu. 5 At inYucua', chaq'ue ta cui'chic lin lok'al li quicuan nak toj cuanquin chak a̲cuiq'uin nak toj ma̲ji' naticla chak li ruchich'och'. 6 Eb li xasiq'ueb ru sa' ruchich'och' xak'axtesiheb cue. La̲in xinc'ut chiruheb chi tz'akal anihat la̲at ut xinch'olob li xya̲lal chiruheb. Ut eb a'an xe'xba̲nu li c'a'ru xaye reheb. 7 Anakcuan neque'xnau nak chixjunil li c'a'ru xinba̲nu, la̲at xatq'uehoc cue chixba̲nunquil. 8 La̲in xinye reheb li c'a'ru xaye cue ut xe'xc'ul li cua̲tin. Xe'xq'ue retal nak relic chi ya̲l a̲cuiq'uin xinchal chak ut xe'xpa̲b nak la̲at xattaklan chak cue. 9 La̲in inc'a' yo̲quin chixtz'a̲manquil a̲cue nak ta̲tenk'aheb li inc'a' xine'xpa̲b. Yo̲quin ban chixtz'a̲manquil cha̲cuu nak ta̲tenk'aheb lin tzolom li xak'axtesiheb cue xban nak a'ane̲b la̲ cualal a̲c'ajol. 10 Chixjunileb li cualal inc'ajol, a̲cualal a̲c'ajol ajcui' la̲at. Ut chixjunileb la̲ cualal a̲c'ajol, cualal inc'ajol ajcui' la̲in. Ut eb a'an neque'xnima inlok'al. 11 Anakcuan la̲in tinxic a̲cuiq'uin. Inc'a' chic tincua̲nk sa' ruchich'och'. Abanan eb a'an toj te'cua̲nk sa' ruchich'och'. At inYucua', la̲at Santo. Chacuileb taxak riq'uin lix nimal la̲ cuanquilal li xak'axtesiheb cue re nak junajak ruheb jo' la̲at ut la̲in junaj ku. 12 Nak cuanquin sa' xya̲nkeb, riq'uin xnimal la̲ cuanquil xincuileb lin tzolom li xak'axtesiheb cue ut ma̲ jun xsach chicuu. Ca'aj cui' li jun xsach li ac q'uebil chak re sachc. A'in xc'ulman re nak ta̲tz'aklok ru li tz'i̲banbil sa' li Santil Hu. 13 Anakcuan xic cue a̲cuiq'uin. Abanan yo̲quin chixyebal li c'a'ak re ru a'in nak toj cuanquin sa' ruchich'och' re nak ta̲cua̲nk xsahil xch'o̲leb a'an jo' li xsahil inch'o̲l la̲in. 14 La̲in xinch'olob xya̲lal la̲ cua̲tin chiruheb. Jo'can nak xic' neque'ile' xbaneb li inc'a' neque'pa̲ban. Xic' neque'ile' xban nak moco xcomoneb ta chic ut moco juntak'e̲t ta chic lix na'lebeb. Jo'can ajcui' la̲in. Moco la̲in ta xcomoneb

li cuanqueb sa' ruchich'och'. 15 Inc'a'
yo̱quin chixtz'a̱manquil cha̱cuu nak
ta̱cuisiheb lin tzolom sa' ruchich'och'.
Ca'aj cui' yo̱quin chixtz'a̱manquil
cha̱cuu nak ta̱coleb chiru laj tza. 16 La̱in
ma̱cua'in xcomoneb li cuanqueb sa'
ruchich'och'. Jo'can ajcui' eb a'an.
Ma̱cua'eb chic xcomoneb li inc'a'
neque'pa̱ban. 17 Chasantobresiheb
taxak riq'uin la̱ cua̱tin, xban nak a'an
li tz'akal ya̱l. 18 Jo' nak xina̱takla chak
la̱in sa' ruchich'och' chixch'olobanquil
li xya̱lal, jo'can ajcui' nak tintaklaheb
chixch'olobanquil li xya̱lal chiruheb
li inc'a' neque'pa̱ban. 19 Sa' xc'aba' eb
a'an xink'axtesi cuib la̱in chixba̱nunquil
li c'a'ru xaye cue. Ut sa' xc'aba' li
ya̱l li xinye eb a'an te'xk'axtesi ajcui'
ribeb chixba̱nunquil li c'a'ru nacacuaj.
20 Ma̱cua' ca'aj cui' chirixeb lin tzolom
yo̱quin chi tz'a̱ma̱nc cha̱cuu. Yo̱quin aj
ban cui' chi tz'a̱ma̱nc cha̱cuu chirixeb
li te'pa̱ba̱nk mokon nak te'xch'olob li
xya̱lal chiruheb. 21 At inYucua', li c'a'ru
nintz'a̱ma cha̱cuu, a'an nak junajak
taxak ruheb. Che'cua̱nk kiq'uin jo'
nak cuanquin la̱in a̱cuiq'uin ut la̱at
cuancat cuiq'uin. Junajak taxak ruheb
re nak li cuanqueb sa' ruchich'och'
te'xpa̱b nak la̱at xattaklan chak cue.
22 La̱in xinq'ueheb lix lok'al jo' nak
xaq'ue inlok'al la̱in re nak junajak ruheb
jo' nak junaj ku la̱o. 23 La̱in cua̱nkin
riq'uineb ut la̱at cua̱nkat cuiq'uin re
nak junajak chic ruheb chi tz'akal
kiq'uin. Ut xban nak junajak chic ruheb
kiq'uin, eb li inc'a' neque'pa̱ban te'xq'ue
retal nak la̱at xattaklan chak cue ut
te'xq'ue ajcui' retal nak la̱at nacaraheb
jo' nak niquina̱ra la̱in. 24 At inYucua',
nintz'a̱ma cha̱cuu nak chixjunileb li
xak'axtesiheb cue te'cua̱nk cuiq'uin sa' li
na'ajej li tincua̱nk cui' la̱in. Nacuaj nak
te'ril lin lok'al li caq'ue chak cue nak
toj ma̱ji' quiyi̱ba̱c li ruchich'och' xban
nak niquina̱ra. 25 At inYucua', la̱at ti̱c
a̱ch'o̱l. Eb li inc'a' neque'pa̱ban inc'a'
neque'xnau a̱cuu. Abanan la̱in ninnau
a̱cuu ut eb lin tzolom neque'xnau chic
nak la̱at xattaklan chak cue. 26 La̱in
xinc'ut chiruheb anihat la̱at ut toj
tinch'olob cui'chic chiruheb re nak
te'rahok jo' nak niquina̱ra la̱at, ut la̱in
tincua̱nk riq'uineb, chan li Jesús nak
quitijoc.

Li Jesús quik'axtesi̱c sa' ruk'eb li xic' neque'iloc re

18 Nak quirake' chi tijoc li Jesús,
qui-el sa' li na'ajej a'an rochbeneb
lix tzolom. Co̱eb jun pac'al li ha' Cedrón
xc'aba' bar cuan cui' jun si̱r li acui̱mk.
2 Laj Judas Iscariote, li ta̱k'axtesi̱nk re
li Jesús, naxnau li na'ajej a'an xban
nak nabal sut quicuulac li Jesús aran
rochbeneb lix tzolom. 3 Jo'can nak laj
Judas co̱ sa' li na'ajej a'an ut quixc'am
chirix jun ch'u̱tal li soldado aj Roma.
Ut co̱eb ajcui' chirixeb li neque'c'ac'alen
sa' li templo. Taklanbileb xbaneb laj
fariseo ut li xbe̱nil aj tij. Cuan cuan-
queb xxameb sa' ruk' ut cuan cuanqueb
xxameb sa' ru'uj che' ut cuanqueb ajcui'
xch'i̱ch'eb. 4 Li Jesús ac naxnau chixju-
nil li c'a'ru tixc'ul. Jo'can nak quichal
ut quixakli chiruheb ut quixye: —¿Ani
nequesic'? chan reheb. 5 Eb a'an que'xye:
—Yo̱co chixsic'bal li Jesús laj Nazaret.—
Li Jesús quixye: —La̱in li yo̱quex chin-
sic'bal, chan. Cuan ajcui' sa' xya̱nkeb
laj Judas li ta̱k'axtesi̱nk re. 6 Nak li
Jesús quixye reheb, "La̱in li yo̱quex
chinsic'bal", k'a̱jel ix nak que'co̱eb ut
jun t'aniqueb nak que't'ane' chi ch'och'.
7 Ut li Jesús quixye cui'chic reheb: —
¿Ani nequesic'? Que'chak'oc ut que'xye
re: —Li Jesús laj Nazaret, a'an li yo̱co
chixsic'bal.— 8 Li Jesús quixye reheb:
—Ac xinye e̱re nak la̱in. Cui yo̱quex
chinsic'bal la̱in, canabomakeb chi xic
li neque'ta̱ken cue, chan. 9 Quixye chi
jo'can re nak ta̱tz'aklok ru li quixye nak

quitijoc: At inYucua', ma jun reheb li
cak'axtesiheb cue xsach chicuu. 10 Laj
Simón Pedro cuan xch'ich'. Quirisi chak
lix ch'ich' sa' xna'aj. Ut riq'uin lix ch'ich'
quirisi lix xic laj Malco lix mos li xyu-
cua'il aj tij. Li xic li quixyoc', a'an li
cuan sa' xnim. 11 Li Jesús quixye re laj
Pedro: —Xoc la ch'ich' sa' xna'aj. ¿Ma
inc'a' ta bi' tento nak tinc'ul li raylal a'in?
¿Ma inc'a' ta bi' a'an aj e nak xinixtakla
chak lin Yucua'? chan. 12 Ut eb li soldado
aj Roma rochben li nataklan sa' xbeneb
ut eb laj judío li neque'c'ac'alen sa' li
templo, que'xchap li Jesús ut que'xbac'.
13 Que'xc'am riq'uin laj Anás lix yucua' li
rixakil laj Caifás. Laj Caifás, a'an li xbenil
aj tij sa' li chihab a'an. 14 Laj Caifás
a'an li quiyehoc reheb li neque'taklan sa'
xbeneb laj judío nak us raj nak tacamk
jun chi cuink sa' xc'aba'eb chixjunileb.

Laj Pedro quixye nak inc'a' naxnau ru li Jesús

15 Nak yoqueb chixc'ambal li Jesús,
laj Simón Pedro rochben jun chic lix
tzolom li Jesús yoqueb chixtakenquil.
Li tzolom a'an nana'e' ru xban li xyu-
cua'il aj tij. Jo'can nak qui-oc rochben
li Jesús sa' li nebal li cuan chiru li ro-
choch li xyucua'il aj tij. 16 Abanan laj
Pedro quicana sa' be chire li oquebal.
Ut lix tzolom jun chic qui-el sa' li nebal
li cuan chiru li cab ut quiatinac riq'uin
li ixk li nac'ac'alen re li oquebal. Ut
quirocsi laj Pedro chi sa'. 17 Ut li ixk,
li nac'ac'alen re li oquebal quixye re
laj Pedro, —¿Ma macua' ta bi' laat jun
reheb lix tzolom li cuink a'an? chan
re. Laj Pedro quichak'oc ut quixye: —
Inc'a'. Macua'in.— 18 Eb laj c'anjel ut eb
li neque'c'ac'alen sa' li templo que'xtz'ab
xxameb xban nak que te'rec'a. Xakx-
oqueb chi k'ixinc chire xam. Laj Pedro yo
ajcui' chi k'ixinc sa' xyankeb. 19 Li xyu-
cua'il aj tij qui-oc chixpatz'bal re li Jesús
chirixeb lix tzolom ut chirix ajcui' li ti-
jleb li naxc'ut. 20 Li Jesús quixye re: —
Junelic xinch'olob li xyalal chiruheb li
tenamit sa' eb li cab li neque'xch'utub
cui' ribeb laj judío ut sa' li templo.
Mac'a' xinye reheb chi mukmu. 21 ¿C'a'ut
nak nacapatz' cue lain? Patz' reheb li
neque'abin cue. Eb a'an naru neque'xye
ere c'a'ru xinye, chan li Jesús. 22 Nak
quixye a'an, jun reheb li neque'c'ac'alen
sa' li templo quixsac' sa' xnak' ru li
Jesús ut quixye re: —¿C'a'ut nak naca-
sume li xyucua'il aj tij chi jo'can? chan
re. 23 Li Jesús quixye re: —Cui inc'a'
us li xinye, ye reheb li cuanqueb arin
c'a'ru inc'a' us xinye. Cui ut us li xinye,
¿c'a'ut nak niquinasac'? chan re. 24 Ut laj
Anás quixtakla li Jesús chi bac'bo riq'uin
laj Caifás li xyucua'il aj tij. 25 Laj Pe-
dro toj xakxo chi k'ixinc chire xam. Ut
que'xye cui'chic re: —¿Ma macua' ta bi'
laat xcomoneb lix tzolom li cuink a'an?
Ut laj Pedro quitic'ti'ic ut quixye: —
Inc'a'. Macua'in.— 26 Jun lix mos li xyu-
cua'il aj tij rech'alal li cuink li quiyoq'ue'
xxic xban laj Pedro, quixye re: —Laat
xcomoneb. ¿Ma inc'a' ta bi' xcuil nak
acuochben aran sa' li xna'aj li acuimk?
chan. 27 Ut laj Pedro quixye cui'chic
re: —Inc'a'. Macua'in, chan. Toje' ajcui'
tarakek' xyebal a'an nak quiyabac laj tzo'
xul.

Quic'ame' li Jesús riq'uin laj Pilato

28 Toj ek'ela chi us que'risi li Jesús
riq'uin laj Caifás ut que'xc'am sa' li na'ajej
li narakoc cui' atin laj Pilato li acuabej aj
Roma. Eb li neque'taklan sa' xbeneb laj
judío inc'a' que'oc sa' li rochoch laj Pi-
lato xban nak a'an macua' aj judío. Cui
ta que'oc sa' rochoch junak macua' aj
judío, que'xmux raj rib sa' lix pabaleb.
Xban nak que'raj cua'ac re li nink'e Pas-
cua, inc'a' que'ru chi oc sa' li cab a'an.
29 Xban nak inc'a' que'oc sa' li cab, laj
Pilato qui-el chirix cab ut quixye reheb:
—¿C'a'ru xmac li cuink a'in nak xexchal

chixjitbal? chan reheb. 30 Que'chak'oc
ut que'xye re: —Cui ta ma̱c'a' xma̱c,
inc'a' raj xkac'am chak a̱cuiq'uin re nak
tatrakok a̱tin sa' xbe̱n, chanqueb. 31 Laj
Pilato quixye reheb: —C'amomak la̱ex
ut rakomak a̱tin sa' xbe̱n jo' naxye sa'
le̱ chak'rab la̱ex, chan. Eb laj judío
que'xye re: —Moco q'uebil ta kalese̱ns
la̱o aj judío nak takacamsi junak cristian,
chanqueb. 32 Riq'uin a'in quitz'akloc ru
li quixye li Jesús chanru nak ta̱camsi̱k.
33 Laj Pilato qui-oc cui'chic sa' li na'ajej
li narakoc cui' a̱tin. Quixbok li Jesús
riq'uin ut quixye re: —¿Ma la̱at lix reyeb
laj judío? chan re. 34 Li Jesús quixye
re: —¿Ma sa' a̱ch'o̱l x-ala li xaye, malaj
jalan xyehoc a̱cue li xaye? chan. 35 Laj
Pilato quixye re: —¿Ma la̱in ta bi' aj
judío? Eb la̱ cuech tenamitil rochbeneb
li xbe̱nil aj tij, a'aneb li xe'k'axtesin
a̱cue sa' cuuk'. Ye cue c'a'ru a̱ma̱c, chan.
36 Li Jesús quixye re: —Lin cuanquil la̱in
ma̱cua' re sa' ruchich'och'. Cui ta la̱in
tintakla̱nk arin sa' ruchich'och', eb li
neque'ta̱ken cue te'pletik raj re incolbal
chiruheb li neque'c'amoc be chiruheb laj
judío. Abanan lin cuanquil la̱in ma̱cua'
re sa' ruchich'och', chan. 37 Laj Pilato
quixye re: —La̱at rey chi jo'canan.— Li
Jesús quixye re: —Ya̱l li xaye nak la̱in
rey. A'an aj e nak quinchal chi yo'la̱c
arin sa' ruchich'och' re xch'olobanquil
li xya̱lal. Ut chixjunileb li neque'raj
xnaubal li xya̱lal, neque'rabi li c'a'ru
ninye, chan. 38 Laj Pilato quixye: —
Ut, ¿c'a'ru li xya̱lal?— Ut co̱ cui'chic
riq'uineb laj judío ut quixye reheb: —
Ma̱ jun xma̱c li cui̱nk a'in nintau. 39 La̱ex
c'aynakex nak na-ach'aba̱c junak li pre̱x
sa' li nink'e Pascua. ¿Ma te̱raj nak tin-
cuach'ab che̱ru le̱ rey la̱ex aj judío?
chan laj Pilato. 40 Eb a'an que'xjap re
ut que'xye: —Inc'a'. Ma̱cuach'ab li cui̱nk
a'an. Ach'ab laj Barrabás, chanqueb. Laj
Barrabás, a'an jun aj e̱lk'.

Quitenteba̱c ca̱mc sa' xbe̱n li Jesús

19 Laj Pilato quixtakla li Jesús chi
saq'uec' riq'uin tz'u̱m. 2 Eb li sol-
dado que'xyi̱b jun li corona riq'uin q'uix
ut que'xq'ue sa' xjolom li Jesús. Ut
que'xq'ue jun li caki t'icr chirix xcomon
li neque'rocsi li rey. 3 Ut que'xye re: —
¡Sahak taxak sa' a̱ch'o̱l, at xreyeb laj
judío! chanqueb re. Ut que'xsac' riq'uin
ruk'eb. 4 Laj Pilato co̱ cui'chic riq'uineb
laj judío ut quixye reheb: —Xinc'am
chak arin chirix cab re nak te̱nau nak
ma̱ jun xma̱c xintau, chan. 5 Ut li Jesús
qui-el chirix cab. Cuan sa' xjolom li
corona li yi̱banbil riq'uin q'uix ut cuan
li caki t'icr chirix. Laj Pilato quixye re-
heb: —Cue' li cui̱nk. Ilomak, chan. 6 Eb
li neque'c'ac'alen sa' li templo ut eb li
xbe̱nil aj tij que'ril li Jesús ut que'xjap
reheb ut que'xye: —¡Q'ue chiru cruz!
¡Q'ue chiru cruz! chanqueb. Ut laj Pi-
lato quixye reheb: —C'amomak la̱ex ut
q'uehomak chiru cruz cui te̱raj. La̱in ma̱
jun lix ma̱c xintau, chan. 7 Abanan eb
laj judío que'xye: —La̱o cuan kachak'rab
ut li kachak'rab naxye nak ta̱camsi̱k
xban nak a'an quixq'ue rib chok' Ralal li
Dios.— 8 Nak quirabi li que'xye, k'axal
cui'chic quixucuac laj Pilato. 9 Qui-oc
cui'chic sa' cab rochben li Jesús ut quixye
re: —Ye cue bar xatchal chak.— Abanan
li Jesús ma̱ jun li a̱tin quixye. 10 Laj
Pilato quixye re: —¿C'a'ut nak inc'a'
nacatchak'oc? ¿Ma inc'a' nacanau nak
cuan incuanquil cha̱q'uebal chiru cruz
ut cuan incuanquil cha̱cuach'abanquil?
chan re li Jesús. 11 Li Jesús quixye re:
—Ma̱c'a' raj a̱cuanquil sa' inbe̱n cui
ta inc'a' q'uebil a̱cue xban li Dios. Ut
li jun li xk'axtesin cue sa' a̱cuuk' re
nak tatrakok a̱tin sa' inbe̱n, a'an k'axal
cui'chic nim xma̱c cha̱cuu la̱at, chan.
12 Ut chalen a'an laj Pilato yo̱ chixsic'bal
chanru nak ta̱rach'ab li Jesús. Abanan
eb laj judío que'xjap reheb ut que'xye:

—Cui nacacuach'ab li cuink a'an, laat macua'akat chic ramig li Acuabej César. Li ani naraj xq'uebal rib chok' rey, li jun a'an xic' chic naril li Acuabej, chanqueb. 13 Nak laj Pilato quirabi li que'xye, quixc'am li Jesús chirix cab. Quic'ojla sa' li na'ajej li narakoc cui' atin. Li c'ojlebal a'an cuan sa' xben li tusbil pec. C'ajo' xch'ina'usal. Gabata xc'aba' li na'ajej a'an sa' li atinobal hebreo. 14 Cua'leb na re cutan nak quic'ulman a'in. Li tenamit yoqueb chixcauresinquil li nink'e Pascua, li taticlak sa' li cutan jun chic. Laj Pilato quixye reheb: —Cue' le rey, chan. 15 Que'xjap cui'chic reheb chixyebal: —¡Q'ueomak chiru cruz! ¡Q'uehomak chiru cruz! Ut laj Pilato quixye reheb: —¿Ma teraj nak tinq'ue chiru cruz le rey? chan. Eb li xbenil aj tij que'xye: —Jun ajcui' li karey cuan. A'an li Acuabej César, chanqueb. 16 Laj Pilato quixk'axtesi li Jesús sa' ruk'eb li soldado re nak taq'uehek' chiru cruz. Ut que'xc'am li Jesús.

Jo'ca'in nak quiq'uehe' li Jesús chiru cruz

17 Li Jesús yo chixpakonquil lix cruz nak co sa' li na'ajej Xbakel Xjolom Camenak xc'aba'. Sa' li atinobal hebreo Gólgota xc'aba'. 18 Ut aran que'xq'ue chiru cruz. Ut que'xq'ue cuib chic li cuink chiru cruz rochben. Jun que'xq'ue sa' xnim uk' ut li jun chic que'xq'ue sa' xtz'e. Li cruz li que'xq'ue cui' li Jesús quicana sa' xyi. 19 Laj Pilato quixtz'iba jun li retalil ut que'xq'ue sa' xjolom li cruz li quiq'uehe' cui' li Jesús. Li retalil a'an quixye: Li Jesús aj Nazaret, a'an lix reyeb laj judío. 20 Nabaleb laj judío que'ril li retalil li quitz'ibac, xban nak li na'ajej li quiq'uehe' cui' chiru cruz li Jesús nach' cuan riq'uin li tenamit. Li retalil tz'ibanbil sa' eb li atinobal hebreo, griego ut latín. 21 Inc'a' quicuulac chiruheb lix xbenil aj tij li quixtz'iba. Que'xye re laj Pilato: —Matz'iba nak a'an xreyeb laj judío. Tz'iba ban nak a'an xyehoc re, "Lain xreyeb laj judío", chanqueb. 22 Ut laj Pilato quixye reheb: —Li c'a'ru xintz'iba, xintz'iba. Inc'a' chic tajalmank, chan. 23 Nak ac xe'xq'ue chiru cruz li Jesús, eb li soldado que'xc'am li rak' chok' reheb. Cahib echal que'risi, jun re li junjunk chi soldado. Ut que'xc'am ajcui' li rak' li mac'a' xbojbal. Junaj ru lix quembal. 24 Que'xye chi ribileb rib: —Inc'a' takapeji. Us takabuli rix re rilbal ani taechanink re, chanqueb. Jo'can que'xbanu re nak tatz'aklok ru li tz'ibanbil sa' li Santil Hu li naxye chi jo'ca'in: Que'xjeq'ui chirixeb lin t'icr ut que'xbuli rix li cuak'. (Sal. 22:18) 25 Nach' riq'uin li cruz xakxo li xna' li Jesús rochben lix María li ras. A'an li rixakil laj Cleofas. Ut cuan ajcui' aran lix María, Magdala xtenamit. 26 Li Jesús quiril lix na' ut quiril ajcui' lix tzolom li raro xban. Li Jesús quixye re lix na': —At inna', li cuink a'in, a'an chic la yum.— 27 Ut quixye re lix tzolom: —Li ixk a'in, a'an chic la na'.— Ut chalen a'an lix tzolom quixc'ul lix na' li Jesús riq'uin sa' li rochoch.

Jo'ca'in nak quicam li Jesús

28 Chirix chic a'an quixnau li Jesús nak ac xtz'akloc ru chixjunil. Re nak tatz'aklok ru li tz'ibanbil sa' li Santil Hu, li Jesús quixye: —Tachakik cue, chan. 29 Cuan aran jun sec' nujenak chi vinagre. Que'xtz'a sa' li vinagre jun li esponja ut que'xtaksi sa' ru'uj jun li ruk' che' hisopo xc'aba' ut que'xq'ue sa' re. 30 Li Jesús quiruc' li vinagre ut quixye: —Anakcuan xtz'akloc ru chixjunil.— Quixxulub lix jolom ut quicam. 31 Eb li neque'taklan sa' xyankeb laj judío que'xtz'ama chiru laj Pilato re nak tixtakla xtokbal xbakel li ra'eb li que'q'uehe' chiru cruz re nak te'camk chi junpat. Que'raj nak te'isik chiru cruz xban nak cuulac re li hilobal cutan. Yoqueb chix-

cauresinquil ribeb re li nink'e Pascua
xban nak a'an li k'axal lok' chiruheb.
32 Que'chal eb li soldado ut que'xtok
xbakel li ra'eb li cuib chi cuink li
que'q'uehe' chiru cruz rochben li Jesús.
33 Abanan nak que'cuulac cuan cui' li
Jesús, que'ril nak ac xcam ut inc'a'
que'xtok xbakel li ra'. 34 Jun li soldado
quixhop xc'atk xsa' riq'uin lix ch'ich' ut
sa' junpat qui-el li quic' ut qui-el ajcui' li
ha'. 35 Lain quin-iloc re chi tz'akal li c'a'ru
quic'ulman ut li c'a'ru yoquin xyebal ere
tz'akal yal. Yoquin chixyebal ere a'in re
nak tepab nak tz'akal yal nak quic'ulman
chi jo'can. 36 Quic'ulman chi jo'can re
nak tatz'aklok ru li tz'ibanbil sa' li Santil
Hu: Ma jun lix bakel tatokmank. (Ex.
12:46) 37 Ut tz'ibanbil ajcui' sa' li Santil
Hu: Eb a'an te'ril li ani quihope' chi
ch'ich'. (Zac. 12:10)

Jo'ca'in nak quimuke' li Jesús

38 Jun li cuink aj José xc'aba' Arimatea
xtenamit quicuulac riq'uin laj Pilato
chixtz'amanquil chiru nak tixq'ue lix
tz'ejcual li Jesús re, re tixmuk. Laj José,
a'an jun reheb li neque'paban re li Jesús.
Abanan inc'a' quixye xban nak quixucuac
xbaneb li neque'taklan sa' xbeneb
laj judío. Laj Pilato quixye re nak taruk
tixmuk, ut laj José co chixc'ambal li
camenak. 39 Laj Nicodemo li quicuulac
riq'uin li Jesús chi k'ek, co rochben laj
José. Quixc'am na o'c'alak (100) libra li
sununquil ban yibanbil riq'uin mirra ut
áloes. 40 Li cuib chi cuink que'xc'am lix
tz'ejcual li Jesús ut que'xlan riq'uin li
chabil t'icr lino ut que'xq'ue li sununquil
ban jo' c'aynakeb chi mukuc eb laj judío.
41 Sa' li na'ajej li quiq'uehe' cui' li Jesús
chiru cruz cuan jun sir li acuimk. Aran
cuan jun li muklebal toj ac'. Toj ma ani
mukbil aran. 42 Aran que'xmuk li Jesús
xban nak nach' cuan li na'ajej a'an ut
que'raj ru xmukbal chi junpat xban nak
cuulac re li hilobal cutan.

Li Jesús quicuacli cui'chic chi yo'yo sa' xyankeb li camenak

20 Sa' li xben li cutan re li xaman
nak toj maji' nasakeu co lix
María Magdala xtenamit sa' li muklebal.
Nak quicuulac cuan cui' li muklebal,
quixq'ue retal nak ac isinbil chic li
nimla pec li que'xq'ue chire li muklebal.
2 Co sa' anil riq'uin laj Simón Pedro
ut riq'uin li jun chic xtzolom li Jesús li
raro xban, ut quixye reheb: —Xe'risi li
Kacua' sa' li muklebal ut inc'a' nakanau
bar ta xe'xq'ue, chan. 3 Coeb sa' li muklebal
laj Pedro rochben li jun chic xtzolom
li Jesús. 4 Coeb sa' anil xcabichaleb. Ut
lix tzolom jun chic k'axal cau quialinac
chiru laj Pedro ut a'an xben cua quicuulac
sa' li muklebal. 5 Quixc'utzub rib chi
iloc chi sa'. Quiril li t'icr li que'xlan cui'
li Jesús. Abanan inc'a' qui-oc toj chi sa'.
6 Quicuulac laj Pedro toj chi ixbej. Ticto
qui-oc chi sa' li muklebal ut quiril li t'icr
sok'so aran. 7 Cuan ajcui' aran li t'icr li
que'xbac' cui' lix jolom li Jesús. Moco
cuan ta sa' xyank li t'icr. Jalan basbo cui'
xjunes. 8 Ut qui-oc ajcui' chi sa' li muklebal
li tzolom li quicuulac xben cua.
Quiril li t'icr aran ut quixpab nak ac
xcuacli cui'chic chi yo'yo li Jesús. 9 Toj
maji' que'xtau ru chi tz'akal li tz'ibanbil
sa' li Santil Hu li naxye nak tento tacuaclik
cui'chic chi yo'yo sa' xyankeb li
camenak. 10 Ut eb lix tzolom que'suk'i
cui'chic sa' li cab li cuanqueb cui'.

Li Jesús quixc'utbesi rib chiru lix María, Magdala xtenamit

11 Lix María cuan chire li muklebal. Yo
chi yabac. Quixc'utzub rib chi iloc chi sa'
li muklebal. 12 Quiril cuib li ángel sak li
rak'eb. C'ojc'oqueb aran bar quicuan cui'
li Jesús. Jun cuan sa' xjolom ut jun cuan
chi rok. 13 Que'xye re: —At ixk, ¿c'a'ut
nak yocat chi yabac?— Lix María quixye
reheb: —Yoquin chi yabac xban nak

xe'risi li Kacua' arin ut inc'a' ninnau bar
xe'xq'ue.— 14 Sa' li honal a'an, lix María
qui-iloc chirix ut quiril li Jesús xakxo
aran, abanan inc'a' quixnau nak a'an ta
li Jesús. 15 Li Jesús quixye re: —At ixk,
¿c'a'ut nak yocat chi yabac? ¿Ani naca-
sic'? chan. Sa' xch'ol lix María nak a'an
aj ilol acuimk ut quixye re: —Kacua',
cui laat xatc'amoc re, banu usilal, ye cue
bar xaq'ue re nak tinc'am, chan. 16 Li
Jesús quixye re: —¡María!— Quixsuk'isi
rib lix María ut quixye sa' ratinobal aj
hebreo: —Raboni.— (Chi jalbil ru naraj
naxye aj tzolonel). 17 Li Jesús quixye re:
—Minabay. Canabin chi xic. Tento nak
tinxic riq'uin lin Yucua'. Ayu ut ye re-
heb lin herman nak xic cue riq'uin lin
Yucua'. A'an ajcui' le yucua' laex. A'an
lin Dios ut a'an ajcui' le Dios laex, chan
li Jesús. 18 Co lix María ut quixye reheb
lix tzolom li Jesús nak quiril ru li Kacua'
Jesús ut quixye ajcui' reheb chixjunil li
quiyehe' re xban.

Li Jesús quixc'utbesi rib chiruheb lix tzolom

19 Sa' li xben cutan re li xaman, nak
ac oc re li k'ojyin, que'xch'utub ribeb
lix tzolom li Jesús. Tz'aptz'o chi us lix
puertil li cab li ch'utch'uqueb cui' xban
nak que'xucuac xbaneb li neque'taklan
sa' xbeneb laj judío. Xakamil li Jesús
chiruheb ut quixye reheb: —Chicuank
taxak li tuktuquil usilal eriq'uin, chan re-
heb. 20 Ut quixc'ut chiruheb li ruk' ut lix
c'atk xsa' li quihope'. C'ajo' nak que'saho'
sa' xch'oleb lix tzolom nak que'ril cui'chic
ru li Kacua'. 21 Li Jesús quixye cui'chic re-
heb: —Chicuank taxak li tuktuquil usi-
lal eriq'uin. Jo' nak xinixtakla chak lin
Yucua' lain, jo'can ajcui' nak texintakla
laex, chan. 22 Ut nak quixye a'an, quira-
puheb ut quixye reheb: —C'ulumak li
Santil Musik'ej. 23 Li ani tecuy xmac laex,
tacuyek' ajcui' xmac xban li Dios. Ut li
ani inc'a' tecuy xmac laex, inc'a' ajcui'
tacuyek' xmac xban li Dios, chan li Jesús.

Nak quiril li retalil li claux sa' ruk' li Jesús, laj Tomás quixpab nak yo'yo chic

24 Laj Tomás, a'an jun reheb lix tzolom
cablaju, li neque'xye ajcui' lut re. A'an
ma ani sa' xyankeb nak quixc'utbesi rib
li Jesús chiruheb. 25 Li rech aj tzolonelil
que'xye re: —Xkil ru li Kacua', chan-
queb re. Abanan laj Tomás quixye re-
heb: —Cui inc'a' tincuil li retalil li claux
sa' ruk' ut cui inc'a' tinq'ue li ru'uj cuuk'
sa' xna'aj li claux ut cui inc'a' tinch'ic
li cuuk' sa' xc'atk xsa', lain inc'a' tin-
pab nak xcuacli cui'chic chi yo'yo, chan
laj Tomás. 26 Ac xnume' chic cuukub
cutan nak que'xch'utub cui'chic ribeb
lix tzolom li Jesús. Laj Tomás cuan sa'
xyankeb. Tz'aptz'oqueb lix puertil li cab
chi us. Nak que'ril ac xakamil li Jesús
chiruheb ut quixye reheb: —Chicuank
taxak li tuktuquil usilal eriq'uin, chan.
27 Tojo'nak quixye re laj Tomás: —Il chi
us li cuuk'. Ch'ic li ru'uj la cuuk' arin
sa' xna'aj li claux. Ut ch'ic la cuuk' sa'
xc'atk lin sa'. Chatpabank. ¿C'a'ut nak
inc'a' xapab nak xincuacli cui'chic chi
yo'yo?— 28 Ut laj Tomás quixye re: —¡At
Kacua', at inDios!— 29 Li Jesús quixye re:
—Laat toj xacuil cuu, tojo'nak xinapab.
Abanan lain ninye acue, us xak reheb
li neque'paban cue chi inc'a' xe'ril cuu,
chan li Jesús re.

Li hu a'in tz'ibanbil re nak tenau nak li Jesús, a'an li Cristo li Ralal li Dios

30 Nabal chic li milagro quixbanu
li Jesús chiruheb lix tzolom li inc'a'
tz'ibanbil retalil sa' li hu a'in. 31 Abanan
li jo' q'uial tz'ibanbil retalil sa' li hu
a'in, quitz'ibac re nak tepab nak li Jesús,
a'an li Cristo. A'an li Ralal li Dios.
Quitz'ibac re nak riq'uin xpabanquil

tacuank eyu'am chi junelic sa' xc'aba'
a'an.

Li Jesús quixc'utbesi rib chiruheb cuukub lix tzolom

21 Mokon chic quixc'utbesi cui'chic
rib li Jesús chiruheb lix tzolom
chire li palau Tiberias. Jo'ca'in nak
quixc'ut rib chiruheb: 2 Ch'utch'uqueb laj
Simón Pedro ut laj Tomás li nayehe' lut
re, ut laj Natanael, Caná xtenamit li cuan
sa' xcuent Galilea. Cuanqueb ajcui' aran
li ralal laj Zebedeo ut cuibeb chic lix
tzolom li Jesús. 3 Laj Simón Pedro quixye
reheb: —Lain xic cue chi caribc, chan. —
Toxic ajcui' lao chacuix, chanqueb re. Ut
que'oc sa' jun li jucub ut que'xnumsi li
k'ojyin chi caribc. Abanan ma jun li car
que'xchap. 4 Nak ac yo chic chi sakeuc,
li Jesús quixc'utbesi cui'chic rib chiruheb
chire li palau. Abanan eb lix tzolom inc'a'
que'xnau nak a'an li Jesús. 5 Quixye li
Jesús reheb: —Ex cualal inc'ajol, ¿ma
xechap li car? chan. Eb a'an que'chak'oc
ut que'xye: —Ma jun xkachap.— 6 Li
Jesús quixye reheb: —Cutumak le yoy
chixc'atk li jucub, sa' le nim re nak
techap li car, chan. Ut que'xcut lix yoy
sa' li ha' ut inc'a' chic que'xcuy risinquil
xban xq'uial li car li que'xchap. 7 Ut lix
tzolom li Jesús, li raro xban, quixye re laj
Pedro: —¡A'an li Kacua'!— Ut laj Pedro,
nak quirabi nak a'an li Kacua', quixq'ue
cui'chic li rak' chirix xban nak quirisi nak
qui-oc chi caribc, ut quixcut rib sa' li ha'
re taxic riq'uin li Jesús. 8 Ut eb lix comon
que'chal sa' li jucub. Yoqueb chixquelon-
quil lix yoy nujenak chi car. Moco najt ta
cuanqueb chire li palau, yal oc'al metro
tana. 9 Nak que'el sa' li jucub que'ril nak
cuan jun li xam c'ubc'u. Li Jesús yo chix-
pombal jun li car sa' xben li ru xam ut
cuan ajcui' caxlan cua riq'uin. 10 Li Jesús
quixye reheb: —C'amomak chak cuib ox-
ibak li car li xechap.— 11 Laj Simón Pe-
dro qui-oc sa' li jucub ut quixquelo li yoy
chi ch'och'el nujenak chi ninki car. Jun
ciento riq'uin oxlaju roxc'al (153) li car
cuan sa' li yoy. Usta k'axal nabaleb li car
cuan chi sa', abanan inc'a' quipeje' li yoy.
12 Li Jesús quixye reheb: —Quimkex ut
cua'inkex.— Ut ma jun reheb lix tzolom
quiraj xpatz'bal re ma a'an li Kacua' xban
nak ac neque'xnau nak a'an li Kacua'.
13 Ut li Jesús quixchap li caxlan cua ut
quixq'ue reheb. Ut quixq'ue ajcui' li car.
14 A'in li rox sut nak quixc'utbesi cui'chic
rib li Jesús chiruheb lix tzolom nak ac
xcuacli cui'chic chi yo'yo sa' xyankeb li
camenak.

Li Jesús quixye re laj Pedro nak tarileb lix carner

15 Nak ac xe'cua'ac, li Jesús quixye re
laj Simón Pedro: —At Simón, ralalat laj
Jonás, ¿ma k'axal niquinara chiruheb
a'in?— Laj Pedro quixye re: —Kacua',
laat nacanau nak nacatinra, chan. Ut
li Jesús quixye re: —Chacuilakeb li
cualal inc'ajol li toj k'uneb xch'ol sa'
lix pabaleb jo' jun li pastor narileb
lix coc' carner.— 16 Ut li Jesús quixye
cui'chic re: —At Simón, ralalat laj Jonás,
¿ma niquinara?— Laj Pedro quixye: —
Kacua', laat nacanau nak nacatinra.—
Ut li Jesús quixye re: —Chacuilakeb li
cualal inc'ajol jo' jun li pastor narileb
lix carner, chan. 17 Ut li Jesús quixpatz'
cui'chic re rox sut: —At Simón, ralalat
laj Jonás, ¿ma niquinara?— Ut quiraho'
sa' xch'ol laj Pedro xban nak li Jesús
quixpatz' re rox sut "¿ma niquinara?".
Jo'can nak quixye re li Jesús: —Kacua',
laat nacanau chixjunil li c'a'ak re ru.
¡Laat nacanau nak nacatinra!— Ut li
Jesús quixye cui'chic re: —Chacuilakeb
li cualal inc'ajol jo' jun li pastor narileb
lix carner. 18 Relic chi yal ninye acue
nak toj sajat, nacabac' asa' ajunes ut
nacatxic yalak bar nacacuaj xic. Abanan
nak ac tixakat chic, taye' la cuuk' ut
jalan tabac'ok re ut tatxc'am bar inc'a'

nacacuaj xic, chan. 19 Riq'uin li a̱tin a'in
li quixye li Jesús, yo̱ chixyebal chanru
nak ta̱camsi̱k laj Pedro. Ut riq'uin xcamic
tixq'ue xlok'al li Dios. Nak ac xye a'in, li
Jesús quixye re laj Pedro: —China̱ta̱ke,
chan re.

Laj Pedro quixpatz' c'a'ru tixc'ul li tzolom li raro xban li Jesús

20 Laj Pedro quixsuk'isi rib ut quiril lix
tzolom li Jesús, li raro xban, yo̱ chi xic
chirixeb. A'an lix tzolom li quipatz'oc re
li Jesús nak yo̱queb chi cua'ac, "¿Ani
ta̱k'axtesi̱nk a̱cue, at Ka̱cua'?" 21 Nak laj
Pedro quiril a'an, quixpatz' re li Jesús:
—Ut li cui̱nk a'an, Ka̱cua', ¿ma tixc'ul
jo' tinc'ul la̱in? chan. 22 Li Jesús quixye
re: —Cui la̱in tincuaj nak yo'yo̱k a'an toj
tinc'ulu̱nk cui'chic, ¿c'a'ru ta̱cuaj re la̱at?
La̱at q'ue a̱ch'o̱l chinta̱kenquil, chan li
Jesús re laj Pedro. 23 Jo'can nak qui-el
resil sa' xya̱nkeb laj pa̱banel nak li jun
a'an inc'a' ta̱ca̱mk. Abanan ma̱cua' jo'can
quixye li Jesús. Inc'a' quixye nak inc'a'
ta̱ca̱mk. Ca'aj cui' quixye, "Cui la̱in tin-
cuaj nak yo'yo̱k toj tinc'ulu̱nk, ¿c'a'ru
ta̱cuaj re la̱at?" 24 Ut li tzolom a'an, a'an
la̱in laj Juan. La̱in quin-iloc re li c'a'ru
quic'ulman ut xinch'olob xya̱lal sa' li
hu a'in. Ut la̱o nakanau nak tz'akal ya̱l
li c'a'ru xintz'i̱ba sa' li hu a'in. 25 Toj
cuan chic nabal li c'a'ak re ru quila-
jxba̱nu li Jesús. Cui ta tz'i̱banbil retalil
chi xjunju̱nkal, la̱in ninye nak ma̱ jok'e
raj ta̱tz'aklok li ruchich'och' chok' xna'aj
li hu li ta̱tz'i̱bama̱nk cui' retalil. Jo'can
taxak.

Lix Yehom Xbanuhomeb li Apóstol

Li Dios quixyechi'i li Santil Musik'ej reheb li ralal xc'ajol

1 Sa' li xben hu quintz'iba acuiq'uin, at Teófilo, quintz'iba retalil chixjunil li jo' q'uial quixc'ut ut quixbanu li Kacua' Jesús chalen nak quixtiquib lix c'anjel sa' ruchich'och' 2 toj sa' li cutan nak quic'ame' sa' choxa. Nak toj maji' naxic sa' choxa, riq'uin xcuanquil li Santil Musik'ej, quixye reheb c'a'ru tento te'xbanu lix apóstol li quixsiq'ueb ru. 3 Nak ac xrahobtesic ut ac xcamsic, quicuacli cui'chic chi yo'yo ut quixc'utbesi cui'chic rib chiruheb. Ca'c'al cutan quicuan sa' ruchich'och' ut nabal sut quixc'utbesi rib chiruheb re nak te'xnau chi tz'akal nak quicuacli cui'chic chi yo'yo. Quixch'olob xyalal chiruheb chanru nak tacuank xnimal xcuanquilal li Dios sa' xbeneb li tenamit. 4 Nak toj cuan sa' xyankeb li Jesús quixye reheb chi jo'ca'in: —Inc'a' texxic sa' jalan na'ajej. Texcanak ban Jerusalén roybeninquil li Santil Musik'ej li yechi'inbil ere xban li Dios Acuabej, li ac xinye ere lain. 5 Yal nak laj Juan quicubsin ha' riq'uin ha'. Abanan anakcuan a' chic lix cuanquilal li Santil Musik'ej tec'ul chi seb ut a'an chic tacuank eriq'uin, chan.

Li Jesús quic'ame' sa' choxa xban li Dios

6 Eb li apóstol li ch'utch'uqueb aran que'xpatz' re li Jesús: —At Kacua', ¿ma anakcuan taq'ueheb cui'chic xcuanquileb laj Israel re te'xtakla cui'chic rib xjuneseb? chanqueb. 7 Quichak'oc li Jesús ut quixye reheb: —Macua' ere laex xnaubal li c'a'ak re ru a'in. Ca'aj cui' li Dios Acuabej nana'oc re jok'e tixbanu xban nak ca'aj cui' a'an yal re sa' xben chixjunil. 8 Laex tec'ul le cuanquil nak tachalk li Santil Musik'ej eriq'uin. Laex chic texch'olobank resilal chicuix lain arin Jerusalén, aran Judea ut Samaria. Jo' ajcui' yalak bar jun sut sa' ruchich'och' tech'olob li xyalal, chan. 9 Nak quirake' xyebal chixjunil a'in quic'ame' sa' choxa li Jesús xban li Dios. Yoqueb chirilbal nak quichal jun li chok ut quimukun sa' li chok. Ut inc'a' chic que'ril ru. 10 Toj yoqueb ajcui' chirilbal nak yo chi xic li Jesús sa' choxa nak xakamileb cuibeb li cuink chiruheb. Sakeb li rak'. 11 Ut que'xye reheb: —Ex cuink aj Galilea, ¿C'a'ut nak yoquex chi iloc sa' choxa? Li Jesús li xcuan sa' eyank ut xc'ame' sa' choxa, a'an tachalk cui'chic. Chanru nak xeril chi xic sa' choxa, jo'can cui'chic nak teril nak yok chi chalc, chanqueb reheb.

Quixakabac laj Matías chok' apóstol chok' rekaj laj Judas

12 Chirix a'an eb li apóstol que'cube chak sa' li tzul Olivos ut que'coeb cui'chic Jerusalén. Li tzul a'an nach' cuan riq'uin li tenamit Jerusalén, jun kilómetro tana xnajtil, jo' xnajtil li naru neque'xbeni sa' li hilobal cutan. 13 Nak que'cuulac Jerusalén que'take' sa' xca' tasal li cab li neque'hilan cui' nak cuanqueb Jerusalén. A'aneb laj Pedro, laj Juan, laj Jacobo, laj Andrés, laj Felipe, laj Tomás, laj Bartolomé, laj Mateo, laj Jacobo li ralal laj Alfeo, laj Simón li naoquen sa' xyankeb li jun ch'utal Celote neque'xye reheb, ut laj Judas li ralal laj Jacobo. 14 Chixjunileb a'an yoqueb chi tijoc chi junajeb xch'ol rochbeneb li ritz'in li Jesús ut lix María lix na'. Ut cuanqueb ajcui' ixk yoqueb chi tijoc rochbeneb. 15 Sa' eb li cutan a'an jun ciento riq'uin junmay chixjunileb laj pabanel li ch'utch'uqueb aran. Laj Pedro quixakli sa' xyankeb ut qui-oc chixyebal reheb: 16 —Ex inherman, tento nak

ta̲uxma̲nk li tz'i̲banbil sa' li Santil Hu li
quic'ute' chiru li rey David xban li Santil
Musik'ej chirix laj Judas li quik'axtesin re
li Jesús reheb li que'chapoc re. 17 Laj Ju-
das, a'an raj jun sa' kaya̲nk sa' li c'anjel
a'in. 18 Riq'uin lix tojbal li quiq'uehe' re
xban nak quixba̲nu li ma̲usilal, quilok'e'
jun li ch'och'. Quixyatz' rib ut nak
quit'ane' chi xulxu, quichire' ut qui-
el chak chixjunil sa' lix sa'. 19 Qui-el
ut resil a'an sa' xya̲nkeb chixjunileb li
cuanqueb Jerusalén. Jo'can nak Acél-
dama neque'xye re li na'ajej a'an sa' li
ra̲tinoba̲leb. A'an naraj naxye "Lok'bil
riq'uin quic'." 20 Quic'ulman chi jo'can
xban nak sa' li hu Salmos tz'i̲banbil re-
talil li naxye chi jo'ca'in:

Chicana̲k ta lix na'aj chi ma̲c'a' chic cuan
chiru. Ut ma̲ ani ta chic chi cua̲nk sa'
lix muheba̲l. (Sal. 69:5)

Ut naxye ajcui':

Jalan ta chic chiq'uehek' chok' re̲kaj sa'
lix c'anjel. (Sal. 109:8)

21 Jo'can nak tento takaxakab junak
chok' re̲kaj laj Judas. Cuanqueb cui̲nk
sa' kaya̲nk que'ochbenin chak ke nak
toj cuan li Jesús sa' kaya̲nk, 22 chalen
nak quicubsi̲c chak xha' li Jesús xban
laj Juan ut toj chalen nak quic'ame' sa'
choxa chiku. Jun reheb li cui̲nk a'an
naru takaxakab chok' re̲kaj laj Judas re
nak tixch'olob ajcui' xya̲lal nak quicuacli
cui'chic chi yo'yo li Jesús sa' xya̲nkeb li
camenak, chan laj Pedro. 23 Que'xxakab
laj José li neque'xye Barsabás re. Aj
Justo lix c'aba' jun chic neque'xq'ue. Ut
que'xxakab ajcui' laj Matías. 24 Ut que'oc
chi tijoc ut que'xye: —At Ka̲cua', la̲at
nacanau chanru li ra̲m li junju̲nk. Jo'can
nak nakatz'a̲ma cha̲cuu nak ta̲c'utbesi
chiku ani reheb li cuib a'in ta̲sic' ru
re ta̲cana̲k chi c'anjelac chok' re̲kaj
laj Judas. 25 A'an tixc'ul xcuanquil chi
c'anjelac chok' apóstol. Tixba̲nu li c'anjel
li quixtz'ekta̲na laj Judas xban li inc'a' us
quixba̲nu. Laj Judas co̲ sa' li na'ajej chix-
tojbal xma̲c bar xc'ulub cui' xic, chan-
queb. 26 Jo'can nak que'xbu̲li rix li ani ta̲-
cana̲k chi c'anjelac. Ut nak ac xe'bu̲lic, li
c'anjel a'an quicana sa' xbe̲n laj Matías.
Ut sa' ajcui' li ho̲nal a'an laj Matías qui-oc
chok' apóstol sa' xya̲nkeb li junlaju chic.

Que'xc'ul li xcuanquilal li Santil Musik'ej eb laj pa̲banel sa' xk'ehil li nink'e Pentecostés

2 Sa' xk'ehil li nink'e re li Pente-
costés ch'utch'u̲queb chixjunileb laj
pa̲banel sa' jun chi na'ajej ut juna-
jeb xch'o̲l. 2 Que'rabi jun choki̲nc chan-
chan xya̲b cacuil ik' yo̲ chi cha̲lc sa'
choxa. Chixjunileb li cuanqueb sa' li cab
que'rabi. 3 Que'ril li chanchan rak' xam.
Li rak' xam que'xjeq'ui rib ut que'hilan
sa' xbe̲neb chi xjunju̲nkaleb. 4 Que'xc'ul
li xcuanquilal li Santil Musik'ej, ut que'oc
chi a̲tinac sa' jalan a̲tinoba̲l a' yal
chanru quic'ute' chiruheb xban li San-
til Musik'ej. 5 Cuanqueb aj judío aran
Jerusalén cauheb xch'o̲l sa' xpa̲ba̲leb.
Que'chal chak sa' chixjunil li tenamit jun
sut rubel choxa. 6 Nak que'rabi li c'a'ru
yo̲queb chixc'ulbal eb a'an, que'xch'utub
ribeb li q'uila tenamit. Sachso̲queb xch'o̲l
xban nak que'rabi nak yo̲queb chi a̲tinac
sa' li ra̲tinoba̲leb li junju̲nk chi tenamit.
7 C'ajo' nak que'xucuac ut sachso̲queb
xch'o̲l que'cana ut que'xye chi ribileb
rib: —¿Ma ma̲cua'eb ta bi' aj Galilea
chixjunileb a'in li yo̲queb chi a̲tinac
sa' jalanil a̲tinoba̲l? 8 ¿C'a'ut nak yo̲co
chirabinquileb chi a̲tinac sa' li ka̲tinoba̲l
chikaju̲nkal? 9 Anakcuan eb a'an yo̲queb
chi a̲tinac sa' ra̲tinoba̲leb laj Partos, laj
Medo, laj elamitas ut chikajunilo la̲o li
cuanco Mesopotamia, ut Judea, Capado-
cia, Ponto ut Asia, 10 jo'queb ajcui' laj
Frigia ut laj Panfilia, laj Egipto ut eb li
cuanqueb sa' eb li na'ajej xcue̲nt Libia
li cuanqueb nach' riq'uin Cirene, jo'queb
ajcui' laj Roma. 11 Cuanqueb aj judío
sa' xyo'lajiqueb ut cuanqueb ajcui' li

que'xjal xpa̲ba̲l ut que'oc sa' xya̲nkeb laj
judío. Cuanqueb ajcui' li que'chal Creta
ut Arabia. Nakabi nak yo̲queb chixyebal
sa' ka̲tinoba̲l li c'a'ru yo̲ chixba̲nunquil li
Ka̲cua' Dios riq'uin xnimal xcuanquilal,
chanqueb. 12 Ut chixjunileb sachso̲queb
xch'o̲l ut inc'a' que'xtau ru. Que'xye
chiribileb rib: —¿C'a'ru xya̲lal a'in li
yo̲co chixc'ulbal? chanqueb. 13 Cuan-
queb ajcui' yo̲queb chi hoboc ut yo̲queb
chixyebal: —Ma̲re te'cala̲k, chanqueb.

Laj Pedro naxch'olob xya̲lal chiruheb li q'uila tenamit

14 Tojo'nak quixakli laj Pedro
rochbeneb li junlaju chic chi apóstol ut
qui-oc chi a̲tinac chi cau xya̲b xcux.
Quixye reheb li q'uila tenamit: —Ex
cuech tenamitil aj judío ut che̲junilex
la̲ex li cuanquex Jerusalén, la̲in tinye
e̲re c'a'ru xya̲lal a'in. Q'uehomak retal
chi us li oc cue xyebal e̲re. 15 Li jo'
q'uialeb li cuanqueb arin moco te'cala̲k
ta jo' yo̲quex chixc'oxlanquil la̲ex.
Anakcuan toje' bele̲b o̲r re li cutan
cuanco. 16 Yo̲co ban chixc'ulbal li
quixye chak resil li profeta Joel nak
quixye chi jo'ca'in:

17 Sa' eb li cutan li telaje'cha̲lk, chan
li Dios, la̲in tinq'ue lin musik' chi
cua̲nc riq'uineb chixjunileb li tena-
mit. Eb le̲ ralal e̲c'ajol te'yehok
ra̲tin profeta. Ut tinc'ut li xya̲lal
chiruheb li ti̲xil cui̲nk sa' xmatq'ueb
ut tinc'uteb li visión chiruheb li sa̲j
cui̲nk.
18 Ut tinq'ue ajcui' lin musik' chi cua̲nc
riq'uineb lin mo̲s cui̲nk ut lin mo̲s
ixk, ut talaje'xye resil li c'a'ru
ta̲c'ulma̲nk mokon.
19 Ut sachba ch'o̲lej tinc'utbesi che̲ru
chiru choxa jo' ajcui' sa' ruchich'och'
ut te̲ril li quic', li xam ut li sib chan-
chan li chok.
20 Ta̲k'ojyi̲nok' ru li sak'e ut li po ta̲-
cakok' ru chanchan li quic' toj ta̲cuu-
lak xk'ehil li cutan a'an, li k'axal xiu
xiu, nak la̲in tinrakok a̲tin, chan li
Dios.
21 Abanan chixjunileb li neque'ya̲ban re
lix c'aba' li Ka̲cua', te'colek'. (Joel
2:28-32)

22 Ex aj Israel, abihomak li tinye
e̲re. La̲ex ac nequenau nak li Jesús aj
Nazaret, a'an q'uebil xcuanquil xban li
Dios sa' e̲ya̲nk la̲ex riq'uin li sachba
ch'o̲lej ut li milagro quilajxba̲nu. La̲ex ac
nequenau nak riq'uin xcuanquil li Dios
quixba̲nu li sachba ch'o̲lej. 23 Li Jesús
quik'axtesi̲c sa' e̲ruk' la̲ex xban nak ac
jo'can chak sa' xch'o̲l li Dios nak jo'can
tixc'ul. Ut la̲ex quechap ut quek'axtesi sa'
ruk'eb li cui̲nk li inc'a' useb xna'leb. Ut
eb a'an que'xcamsi chiru cruz. 24 Abanan
li Dios quicuaclesin cui'chic re chi yo'yo
sa' xya̲nkeb li camenak. Li Dios quirisi
xcuanquil li ca̲mc sa' xbe̲n xban nak
li ca̲mc inc'a' naru nanumta sa' xbe̲n.
25 Jo'ca'in quixye li rey David chirix li
Jesús:

La̲in junelic ninc'oxla li Dios. A'an cuan
cuiq'uin. Ma̲c'a' c'a'ru ta̲isi̲nk cue
riq'uin li Dios.
26 Numtajenak li saylal cuan sa' li cua̲m
xban nak c'ojc'o inch'o̲l riq'uin li
Ka̲cua'.
27 La̲in ninnau nak tina̲cuaclesi cui'chic
chi yo'yo sa' xya̲nkeb li camenak. Ut
ninnau ajcui' nak inc'a' ta̲canab chi
k'a̲c lix tibel la̲ Santil Alal.
28 La̲in ninnau nak la̲at nacatc'utuc
chicuu chanru nak tintau li junelic
yu'am. Xban nak la̲at cuancat
cuiq'uin, junelic sa sa' inch'o̲l. Ut
ca'aj cui' a̲cuiq'uin cuan li sahil
ch'o̲lejil. (Sal. 16:8-11)

29 Ex kech tenamitil, la̲in ninye e̲re
chi anchal inch'o̲l nak tz'akal ya̲l nak
laj David li kaxe'to̲nil yucua' quicam ut
quimuke'. La̲o nakanau nak li mukle-
ba̲l li cuan cui' toj cuan ajcui' chalen
anakcuan. 30 Laj David a'an jun profeta.

A'an quixnau nak li Dios quixye riq'uin
juramento nak sa' xya̱nkeb li ralal xc'ajol
ta̱yo'la̱k li Cristo, ut a'an chic ta̱xak-
aba̱k chok' rey. 31 Ut laj David quixnau
li c'a'ru ta̱c'ulma̱nk mokon. Jo'can nak
quixch'olob xya̱lal nak li Cristo ta̱cuacli̱k
cui'chic chi yo'yo sa' xya̱nkeb li came-
nak. Quixnau nak a'an inc'a' ta̱cana̱k sa'
xna'ajeb li camenak chi moco lix tibel
ta̱k'a̱k. 32 A'an a'in li Jesús li quicua-
clesi̱c cui'chic chi yo'yo xban li Dios.
La̱o xkil tz'akal riq'uin xnak' ku. Jo'can
nak nakanau nak ya̱l. 33 Quic'ame' xban
li Dios re nak ta̱c'ojla̱k sa' lix nim uk'
ut quiq'uehe' xcuanquil. Ut quiq'uehe'
li Santil Musik'ej re xban li Dios. Ut
quixq'ue ajcui' ke la̱o li Santil Musik'ej
jo' quiyechi'i̱c ke. A'an a'in li yo̱quex
chirilbal ut chirabinquil anakcuan. 34 Li
rey David inc'a' quic'ame' sa' choxa jo'
nak quic'ame' li Cristo sa' choxa. Abanan
quixye chi jo'ca'in:

Li Dios quixye re li Ka̱cua': C'ojlan sa' lin
nim uk',
35 toj tinq'ueheb li xic' neque'iloc a̱cue
rubel la̱ cuanquil. (Sal. 110:1)

36 Chenauhak che̱junilex la̱ex aj Is-
rael nak li Jesús li queq'ue la̱ex chiru
cruz, a'an li quiq'uehe' chok' Ka̱cua' ut
chok' Cristo xban li Dios, chan laj Pe-
dro. 37 Nak que'rabi a'an li ch'utch'u̱queb
aran, que'yot'e' xch'o̱leb ut que'xye re
laj Pedro jo' ajcui' reheb li apóstol
li jun ch'ol chic: —Ex kas ki̱tz'in,
¿c'a'ru takaba̱nu? chanqueb. 38 Laj Pedro
quichak'oc ut quixye reheb: —Chiyot'ek'
e̱ch'o̱l ut jalomak e̱c'a'ux ut ta̱cubsi̱k e̱ha'
chi junju̱nkalex sa' xc'aba' li Jesucristo re
nak tixcuy e̱ma̱c li Dios ut tixq'ue e̱re li
Santil Musik'ej. 39 Yechi'inbil e̱re la̱ex li
ma̱tan a'in, ut yechi'inbil ajcui' reheb le̱
ralal e̱c'ajol ut reheb ajcui' li ma̱cua'eb
aj judío. Yechi'inbil reheb chixjunileb li
jo' q'uialeb te'bokek' xban li Ka̱cua' li ka-
Dios, chan. 40 Ma̱cua' ca'aj cui' a'an li
quixye laj Pedro reheb. Quixch'olob ban
ajcui' xya̱lal chiruheb riq'uin nabal chi
a̱tin ut quixq'ue xna'lebeb. Quixye re-
heb: —Chenauhak xcolbal e̱rib chiru li
tojba ma̱c li ta̱cha̱lk sa' xbe̱neb li inc'a'
useb xna'leb, chan. 41 Ut chixjunileb li
que'pa̱ban re li ra̱tin que'cubsi̱c xha'.
Oxib mil tana li que'pa̱ban sa' li cutan
a'an ut que'oc chok' xcomoneb.

Chanru nak que'cuan chi junaj xch'o̱leb li xbe̱n aj pa̱banel

42 Cauheb xch'o̱l chixpa̱banquil li ti-
jleb li quich'oloba̱c chiruheb xbaneb li
apóstol. Junaj xch'o̱leb nak cuanqueb
ut sa' comonil que'tijoc ut que'cua'ac
re xjulticanquil lix camic li Jesucristo.
43 Chixjunileb sachso̱queb xch'o̱l xban li
milagro ut li sachba ch'o̱lej li yo̱queb
chixba̱nunquil li apóstol. 44 Ut eb li
que'pa̱ban junaj xch'o̱leb ut chixjunil li
c'a'ru cuan reheb, reheb sa' comonil.
45 Que'xc'ayi lix ch'och'eb ut chixjunil
li c'a'ru cuan reheb ut que'xjeq'ui lix
tz'ak reheb chixjunileb a' yal chanru
ta̱c'anjelak chiruheb li junju̱nk. 46 Rajlal
cutan que'xch'utub ribeb sa' li templo chi
lok'oni̱nc. Ut sa' eb li rochoch que'cua'ac
sa' comonil chi sa sa' xch'o̱leb ut chi junaj
xch'o̱leb. 47 Que'xlok'oni li Ka̱cua' Dios
ut que'q'uehe' xcuanquil xbaneb chixju-
nileb li tenamit. Ut rajlal cutan li Dios
quixtenk'aheb chi q'uia̱nc laj pa̱banel.

Laj Pedro quixq'uirtesi jun li cui̱nk inc'a' nabe̱c

3 Sa' jun li cutan que'co̱eb sa' li tem-
plo laj Pedro rochben laj Juan oxib
o̱r re ecuu sa' x-o̱ril li tijoc. 2 Rajlal cutan
nac'ame' jun li cui̱nk inc'a' nabe̱c chalen
sa' xyo'lajic ut naq'uehe' chire li oque-
ba̱l re li templo. Lix c'aba' li oqueba̱l
a'an "Ch'ina'us". Naq'uehe' li yaj aran re
tixtz'a̱ma c'a'ru re riq'uineb li neque'oc
sa' li templo. 3 Li cui̱nk a'in quiril nak
yo̱queb chi oc sa' li templo laj Pe-
dro ut laj Juan. Qui-oc chixtz'a̱manquil

c'a'ru re reheb. 4 Laj Pedro ut laj Juan
que'cana chirilbal li yaj ut laj Pedro
quixye re: —Ilon chak kiq'uin.— 5 Nak
quirabi li cui̱nk li c'a'ru quixye, qui-oc
chiroybeninquil c'a'ru te'xq'ue re. 6 Laj
Pedro quixye re: —Ma̱c'a' intumin la̱in
re tinq'ue a̱cue. Abanan li c'a'ru cuan
cuiq'uin tinq'ue a̱cue. Sa' xc'aba' li Ka̱cua'
Jesucristo laj Nazaret, ninye a̱cue cua-
clin ut be̱n, chan re. 7 Ut nak quixye
a'in, quixchap ut quixcuaclesi riq'uin lix
nim uk'. Sa' junpa̱t quicacuu li xbe̱n
rak ut li rok li cui̱nk. 8 Sa' junpa̱t quix-
akli ut quibe̱c. Ut qui-oc sa' li templo
rochbeneb. Yo̱ chi pisc'oc xban xsahil
xch'o̱l ut yo̱ chixlok'oninquil li Dios.
9 Chixjunileb li tenamit que'iloc re chi
be̱c ut chixlok'oninquil li Dios. 10 C'ajo'
nak que'xucuac ut sachso̱queb xch'o̱l
chirilbal li cui̱nk a'an, xban nak que'xnau
ru nak a'an li nac'ojla chixtz'a̱manquil
c'a'ru re chire li oqueba̱l "Ch'ina'us"
xc'aba'.

Laj Pedro quixye reheb laj judío nak li Jesús a'an laj Colonel li yechi'inbil xban li Dios

11 Ut li cui̱nk li quiq'uirtesi̱c inc'a'
quiraj xcanabanquil rib riq'uineb laj Pe-
dro ut laj Juan. Yo̱ chi be̱c rochbeneb.
Ut chixjunileb sachso̱queb xch'o̱l chiril-
bal li quic'ulman. Que'co̱eb sa' a̱nil sa'
li templo ut que'xch'utub ribeb sa' li
oqueba̱l Salomón xc'aba', cuanqueb cui'
laj Pedro ut laj Juan. 12 Nak laj Pe-
dro quirileb, quixye reheb: —La̱ex aj Is-
rael, ¿c'a'ut nak sachso e̱ch'o̱l nequex-
cana xban li c'a'ru xc'ulman? ¿C'a'ut
nak yo̱quex chikilbal? ¿Ma nequec'oxla
la̱ex nak la̱o xkaq'uirtesi li cui̱nk a'in
kajunes? ¿Ma xban ta bi' kacuanquil
ut li kacha̱bilal nak xkaq'ue chi be̱c
li cui̱nk a'in? 13 Li Dios li que'xlok'oni
chak laj Abraham, laj Isaac ut laj Ja-
cob jo'queb ajcui' li kaxe'to̱nil yucua',
a'an quiq'uehoc xcuanquil li Jesucristo
laj c'anjel chiru. Ut la̱ex quek'axtesi a'an
re laj Pilato. Ut nak laj Pilato quiraj raj
rach'abanquil, la̱ex inc'a' queraj. 14 La̱ex
inc'a' queraj xcolbal rix li santil cui̱nk
a'in, li ti̱c xch'o̱l. A' chic laj camsinel
queq'ue chi ach'aba̱c. 15 La̱ex queq'ue chi
camsi̱c a'an, ut a'an li naq'uehoc yu'am.
Abanan quicuaclesi̱c cui'chic chi yo'yo
xban li Dios sa' xya̱nkeb li camenak.
Ut a'an li nakach'olob xya̱lal la̱o xban
nak la̱o xkil chi tz'akal nak quicuacli.
16 Li cui̱nk a'in xq'uira sa' xc'aba' li Jesús.
Riq'uin xpa̱banquil li Jesús xq'uira chi
junaj cua li cui̱nk a'in li nequenau ru
ut yo̱quex chirilbal. 17 Jo'can ut ex cuas
cui̱tz'in, la̱in ninnau nak queq'ue chi
camsi̱c li Jesús xban nak inc'a' neque-
nau xya̱lal jo'queb ajcui' li neque'taklan
sa' e̱be̱n. 18 Riq'uin a'in quitz'akloc ru
li que'xye chak li profeta najter nak
que'xye nak tento tixc'ul li rahobtesi̱c li
Cristo li Mesías, xban nak jo'can quixye
li Dios. 19 Jo'can ut nak yot'omak e̱ch'o̱l
ut jalomak e̱c'a'ux ut sic'omak li Ka̱cua'
re nak a'an tixcuy tixsach le̱ ma̱c. Ut
li Ka̱cua' tixq'ue xcacuilal ut xsaylal
e̱ch'o̱l. 20 Li Dios tixtakla cui'chic chak
li Jesucristo sa' ruchich'och' xban nak
a'an li Mesías li ac xakabanbil chak na-
jter re xcolbaleb chiru li raylal li cuan-
queb sa' ruchich'och'. 21 Abanan tento
nak cua̱nk chak aran sa' choxa toj ta̱cu-
ulak xk'ehil nak ta̱tz'aklok ru chixjunil
jo' que'xch'olob xya̱lal li santil profeta
junxilaj jo' quiyehe' reheb xban li Dios.
22 Laj Moisés quixye reheb li kaxe'to̱nil
yucua', "Li Ka̱cua' le̱ Dios tixq'ue ju-
nak profeta sa' e̱ya̱nk sic'bil ru xban
jo' la̱in. E̱comon ajcui' la̱ex. Cheba̱nu
chixjunil li c'a'ru tixye e̱re. 23 Ut li ani
inc'a' tixpa̱b li c'a'ru tixye li profeta a'an,
ta̱isi̱k sa' xya̱nkeb lix tenamit li Dios ut
ta̱sachek' ru." (Dt. 18:18-19) 24 Chalen
nak quicuan li profeta Samuel chixju-
nileb li profeta que'xye ajcui' resil li c'a'ru
ta̱c'ulma̱nk sa' eb li cutan a'in. 25 La̱ex

ralal xc'ajol eb li profeta ut la̲ex texc'uluk
re li quiyechi'i̲c reheb le̲ xe'to̲nil yucua'.
Nak li Dios quixba̲nu li contrato riq'uin
laj Abraham, quixye re, “Chixjunileb li
cuanqueb sa' ruchich'och' te'osobtesi̲k sa'
xc'aba'eb la̲ cualal a̲c'ajol.” 26 Nak li Dios
quixtakla chak li ralal, quixtakla xbe̲n
cua e̲riq'uin la̲ex aj judío re e̲rosobtesin-
quil re nak che̲junju̲nkalex te̲yot' e̲ch'o̲l
ut te̲jal e̲c'a'ux ut te̲canab xba̲nunquil li
ma̲usilal.

Laj Pedro yo̲ chixch'olobanquil li xya̲lal chiruheb li neque'taklan sa' xbe̲neb laj judío

4 Toj yo̲queb ajcui' chi a̲tinac laj Pe-
dro ut laj Juan nak que'cuulac laj
tij riq'uineb. Rochbeneb laj tij cuan
li nataklan sa' xbe̲neb li soldado li
neque'c'ac'alen re li templo ut rochbeneb
ajcui' laj saduceo. 2 Yo̲queb xjosk'il xban
nak laj Pedro ut laj Juan yo̲queb
chixc'utbal li xya̲lal chiruheb li tena-
mit ut yo̲queb chixch'olobanquil xya̲lal
chiruheb chirix lix cuaclijiqueb li ca-
menak chi yo'yo sa' xc'aba' li Jesús.
3 Xbaneb xjosk'il que'xchap laj Pedro
ut laj Juan ut que'xq'ue sa' tz'alam toj
sa' li cutan jun chic xban nak ac x-
ecuu. 4 Abanan nabaleb li que'pa̲ban re
li a̲tin li yo̲queb chixyebal laj Pedro
ut laj Juan. Cuanqueb na o̲bak mil li
cui̲nk li que'pa̲ban. 5 Sa' li cutan jun
chic que'ch'utla Jerusalén eb li xbe̲nil
aj tij, ut eb li neque'taklan sa' xbe̲neb
laj judío, jo'queb ajcui' laj tz'i̲b. 6 Cuan-
queb ajcui' aran laj Anás li xyucua'il
laj tij, ut laj Caifás, ut laj Juan, ut
laj Alejandro jo'queb ajcui' li jun ch'ol
chic lix comoneb li xyucua'il aj tij.
7 Que'xtakla xc'ambal laj Pedro ut laj
Juan. Que'xakaba̲c chiruheb ut que'xye
reheb: —¿Ani xq'uehoc e̲cuanquil? Ut,
¿ani sa' aj c'aba' yo̲quex chixba̲nun-
quil li milagro a'in? chanqueb. 8 Ut laj
Pedro qui-oc chi a̲tinac riq'uin xcuan-
quil li Santil Musik'ej ut quixye re-
heb: —La̲ex li nequextaklan sa' xbe̲neb
laj judío ut la̲ex li nequexc'amoc be
chiruheb, abihomak li oc cue xyebal,
9 xban nak yo̲quex chixtz'ilbal a̲tin sa'
kabe̲n riq'uin li usilal li xc'ul li cui̲nk
a'in. Yo̲quex chixpatz'bal ke chanru nak
quiq'uirtesi̲c li cui̲nk a'in. 10 Takaye li
xya̲lal e̲re re nak te̲nau nak li cui̲nk
a'in xq'uira sa' xc'aba' li Jesucristo laj
Nazaret li queq'ue la̲ex chi camsi̲c chiru
cruz. Ut a'an li quicuaclesi̲c cui'chic chi
yo'yo xban li Dios sa' xya̲nkeb li ca-
menak. Sa' xc'aba' a'an xq'uira li cui̲nk
a'in li yo̲quex chirilbal arin anakcuan.
11 Li Jesús a'an chanchan li cha̲bil pec
tz'ekta̲nanbil xbaneb laj cablanel. La̲ex
xetz'ekta̲na li Jesús. Chanchanex laj ca-
blanel li que'tz'ekta̲nan re li cha̲bil pec li
quiq'uehe' chok' xxuc li cab mokon. 12 Ut
ma̲ ani chic aj iq'uin ta̲ru̲k takatau kacol-
bal, xban nak ma̲c'a' chic junak c'aba'ej
sa' chixjunil li ruchich'och' q'uebil ta ke
re ta̲ru̲k tocolek' cui', chan laj Pedro.
13 Que'ril nak cauheb xch'o̲l laj Pedro
ut laj Juan chi a̲tinac. Que'xq'ue retal
nak moco tzolbileb ta ut ma̲c'a'eb xcuan-
quil. Ut que'xsach xch'o̲leb chirabinquil
li c'a'ru que'xye. Ut que'xq'ue retal nak
eb li cui̲nk a'in que'be̲c chak rochben li
Jesús. 14 Ut ma̲c'a' chic naru neque'xye
xban nak yo̲queb chirilbal li cui̲nk li
quiq'uirtesi̲c xakxo chixc'atkeb laj Pe-
dro ut laj Juan. 15 Jo'can nak que'xtakla
risinquil chirix cab laj Pedro ut laj
Juan. Ut que'oc chixc'u̲banquil chi ri-
bileb rib c'a'ru te'xba̲nu riq'uineb. 16 Ut
que'xye: —¿C'a'ru takaba̲nu riq'uineb
li cui̲nk a'in? Chixjunileb li tenamit
arin Jerusalén neque'xnau nak tz'akal
milagro que'xba̲nu re li cui̲nk. La̲o
inc'a' naru takaye nak inc'a' ya̲l a'an.
17 Takase'besiheb re nak inc'a' chic te'xye
resil li na'leb a'in sa' eb li tenamit.
Takaye reheb nak chalen anakcuan inc'a'
chic te'a̲tinak sa' xc'aba' li Jesús, chan-

queb. 18 Ut nak que'boke' cui'chic laj Pe-
dro ut laj Juan, que'xye reheb nak inc'a'
chic ta̱ru̱k te'a̱tinak chi moco ta̱ru̱k chic
te'xtzoleb li tenamit sa' xc'aba' li Jesús.
19 Ut que'chak'oc laj Pedro ut laj Juan
ut que'xye reheb: —C'oxlahomak chi us
bar cuan li us chiru li Dios. ¿Ma us nak
texkapa̱b la̱ex malaj ut us nak takapa̱b
li Dios? 20 La̱o inc'a' naru takacanab xye-
bal resil li c'a'ru xkil ut xkabi, chanqueb.
21 Nak ac xe'xse'besiheb riq'uin cacuil
a̱tin, que'rach'abeb. Ma̱c'a' que'ru xba̱-
nunquil reheb xban nak chixjunileb li
tenamit yo̱queb chixlok'oninquil li Dios
riq'uin li c'a'ru quic'ulman. 22 Ac nume-
nak ca'c'a̱l chihab cuan re li cui̱nk li
quiq'uirtesi̱c riq'uin milagro.

Eb laj pa̱banel que'xtz'a̱ma xtenk'anquil re nak cauhakeb xch'o̱l chixyebal resil li Jesús

23 Ut nak ac xe'ach'aba̱c laj Pedro
ut laj Juan, que'co̱eb riq'uineb li rech
aj pa̱banelil. Que'xserak'i reheb chixju-
nil li que'xye eb li xbe̱nil aj tij ut
eb li neque'taklan. 24 Nak que'rabi a'an,
chixjunileb laj pa̱banel que'tijoc chiru
li Dios sa' comonil ut que'xye: —At
Ka̱cua' at nimajcual Dios, la̱at catyi̱ban
re li choxa, li ruchich'och', ut li palau.
La̱at catyi̱ban re chixjunil li c'a'ru cuan.
25 Riq'uin li Santil Musik'ej caye re li rey
David laj c'anjel cha̱cuu nak tixye chi
jo'ca'in:

¿C'a'ut nak yo̱queb xjosk'il li tenamit
li inc'a' neque'xpa̱b li Dios? Ut,
¿c'a'ut nak yo̱queb xc'u̱banquil ribeb
chixba̱nunquil li yal ma̱c'a' na-oc
cui'?

26 Eb li rey que'josk'o' riq'uin li c'a'ru
quixba̱nu li Ka̱cua'. Ut que'xch'utub
rib chixc'u̱banquil chanru nak te'risi
sa' xcuanquil li Mesías li xakabanbil
chak xban li Dios. (Sal. 2:1-2)

27 At Ka̱cua', ya̱l ajcui' nak
que'xch'utub ribeb sa' li tenamit a'in laj
Herodes ut laj Poncio Pilato rochbeneb
li tenamit aj Israel jo'queb ajcui' li
ma̱cua'eb aj Israel ut que'xc'u̱b ru
chanru nak te'xba̱nu raylal re li Jesús la̱
Santil Alal li sic'bil ru a̱ban xban nak
xic' que'ril. 28 Jo'ca'in que'xba̱nu xban
nak ac jo'can chak sa' a̱ch'o̱l la̱at. Ut ac
yebil chak a̱ban nak jo'can ta̱c'ulma̱nk.
29 Ut anakcuan, at Ka̱cua', chaq'ue
taxak retal li kase'besinquil yo̱queb,
ut choa̱tenk'a la̱o aj c'anjel cha̱cuu re
nak takaye la̱ cuesilal chi cau kach'o̱l.
30 Ut riq'uin taxak xnimal la̱ cuanquil,
ta̱q'uirtesiheb li yaj ut chaba̱nu li sachba
ch'o̱lej ut milagro sa' xc'aba' li Jesús la̱
Santil Alal, chanqueb sa' lix tijeb. 31 Nak
ac xe'rake' chi tijoc, qui-ec'asi̱c li na'ajej
li ch'utch'u̱queb cui'. Ut chixjunileb li
cuanqueb aran que'nujac riq'uin li Santil
Musik'ej. Ut cauheb xch'o̱l chixyebal li
ra̱tin li Dios.

Chixjunil li c'a'ru cuan reheb laj pa̱banel, a'an reheb sa' comonil

32 Ut chixjunileb li que'pa̱ban junajeb
chic xch'o̱leb ut junajeb chic xc'a'uxeb.
Ut ma̱ ani quixye nak junes re a'an li
c'a'ru cuan re. Reheb ban sa' comonil
chixjunil li c'a'ru cuan reheb. 33 Eb li
apóstol cauheb xch'o̱l chixch'olobanquil
xya̱lal lix cuaclijic cui'chic chi yo'yo li
Jesucristo sa' xya̱nkeb li camenak. Ut
li Dios quirosobtesiheb chixjunileb chi
nabal. 34 Ma̱ jun sa' xya̱nkeb ma̱c'a' ta
cuan re xban nak chixjunileb li cuan-
queb xch'och' ut li cuanqueb rochocheb
que'xc'ayi ut que'xk'axtesi reheb li após-
tol lix tz'ak li que'xc'ayi. 35 Coxe'xq'ue li
tumin reheb re te'xjeq'ui a' yal jo' q'uial
ta̱c'anjelak chiru li junju̱nk. 36 Quicuan
jun li cui̱nk aj José xc'aba'. Eb li após-
tol que'xq'ue Bernabé chok' xcab xc'aba'.
Chi jalbil ru naraj naxye "Aj C'ojobanel
Ch'o̱lej". A'an xcomoneb li neque'tenk'an
reheb laj tij. Chipre xtenamit. 37 Cuan

jun xch'och' quixc'ayi. Quixc'am lix tz'ak
ut quixq'ue reheb li apóstol.

Li c'a'ru que'xc'ul laj Ananías ut lix Safira xban li mac que'xbanu

5 Quicuan jun li cuink aj Ananías
xc'aba'. Quixc'ayi jun lix ch'och'
rochben lix Safira li rixakil. [2] Ut
que'xc'ub ru chi ribileb rib nak yijach
lix tz'ak li ch'och' tacanak chok' reheb.
Ut li yijach chic quixc'am laj Ananías
riq'uineb li apóstol ut quixye reheb:
—A'an a'in chixjunil lix tz'ak li kach'och'
li xkac'ayi, chan. [3] Laj Pedro quixye
re: —At Ananías, ¿c'a'ut nak xaq'ue
acuib chirale laj tza? ¿C'a'ut nak yocat
chixbalak'inquil li Santil Musik'ej riq'uin
nak yocat chixcanabanquil yijach lix
tz'ak li ch'och' chok' acue? [4] ¿C'a'ut
nak tat-oc xmukbal xtz'ak la ch'och'?
¿Ma macua' ta bi' acue? Cui xac'ayi la
ch'och', ¿ma inc'a' ta bi' raj xru xcana
chok' acue lix tz'ak? Macua' chiku lao
yocat chi tic'ti'ic. Chiru ban li Dios,
chan. [5] Nak quirabi li atin li quixye laj
Pedro, quit'ane' laj Ananías ut camenak
quicana. Ut c'ajo' nak qui-oc xxiuheb
chixjunileb li que'iloc re jo'queb ajcui'
li que'abin resil. [6] Ut eb li cuink li toj
sajeb li cuanqueb aran que'xlan li
camenak, que'xpako ut que'xc'am re
te'xmuk. [7] Ac xnume' na chic oxib or
nak quicuulac lix Safira li rixakil. Inc'a'
naxnau c'a'ru ac xc'ulman. [8] Laj Pedro
quixye re: —Ye cue. ¿Ma jo' a'in xec'ayi
cui' le ch'och'?— Ut lix Safira quixye:
—Yal, jo'can xkac'ayi cui', chan. [9] Ut laj
Pedro quixye cui'chic re: —¿C'a'ut nak
xec'ub cheribil erib xyalbal rix li Santil
Musik'ej? Cue'queb chak li xe'mukuc
chak re la belom ut tate'xc'am ajcui'
laat, chan. [10] Ut sa' ajcui' li honal a'an
lix Safira quit'ane' chi rok laj Pedro ut
camenak quicana. Eb li cuink que'oc
sa' cab ut que'ril nak camenak chic.
Que'risi ut coxe'xmuk chak chixc'atk
lix belom. [11] C'ajo' nak qui-oc xxiuheb
chixjunileb laj pabanel jo'queb ajcui'
chixjunileb li que'abin re li resil a'in.

Nabal li milagro ut li sachba ch'olej que'xbanu li apóstol

[12] Rajlal neque'xch'utub ribeb sa' xmu
li templo chixjunileb laj pabanel cuan
cui' li oquebal Salomón xc'aba'. Na-
bal li milagro que'xbanu eb li após-
tol ut nabal li sachba ch'olej. [13] Usta
eb li tenamit neque'xq'ue xlok'aleb laj
pabanel, abanan neque'xucuac chi xic sa'
xyankeb. [14] C'ajo' nak yoqueb chi tamc
li yoqueb chi pabanc re li Kacua', jo'
cuink jo' ixk. [15] Ut nabaleb li que'xc'am
chak lix yajeb ut que'xyocob sa' lix
cuarib malaj chiru lix pop chire be.
Que'raj nak laj Pedro tixq'uirtesiheb.
Eb a'an que'xc'oxla nak usta yal tanu-
mek' chiruheb, te'q'uirak. [16] Nabaleb
li que'chal chak sa' eb li tenamit li
cuanqueb chi nach' riq'uin Jerusalén.
Que'xc'am chak li yaj ut eb li cuan
maus aj Musik'ej riq'uineb. Ut chixju-
nileb quilaje'q'uirtesic.

Eb li apóstol que'c'ame' cui'chic chiruheb li neque'taklan sa' xbeneb laj judío

[17] Ut li xyucua'il aj tij ut eb laj saduceo
li cuanqueb rochben, c'ajo' nak que'oc
xcakalinquileb li apóstol. [18] Jo'can nak
que'xtakla xchapbaleb ut que'xq'ueheb
sa' li tz'alam li neque'q'uehe' cui' yalak
ani. [19] Abanan chiru li k'ojyin a'an jun
lix ángel li Kacua' quixte lix puertil
li tz'alam ut quirisiheb sa' tz'alam ut
quixye reheb: [20] —Ayukex sa' li tem-
plo ut tech'olob xyalal chiruheb li tena-
mit chirix li ac' yu'am, chan reheb.
[21] Cuulajak chic nak toj ek'ela que'coeb
sa' li templo eb li apóstol ut que'oc
chixch'olobanquil li xyalal chiruheb li
tenamit jo' quiyehe' reheb xban li án-
gel. Sa' ajcui' li ek'ela a'an que'cuulac

li xbenil aj tij rochbeneb chixjunileb li neque'tenk'an re, ut que'xbokeb li jun ch'ol chic li neque'c'amoc be chiruheb laj judío jo'queb ajcui' li neque'taklan sa' xbeneb. Ut que'xtakla xyebal re laj ilol tz'alam nak te'c'amek' li apóstol riq'uineb. 22 Que'cuulac li takl sa' li tz'alam ut inc'a' chic que'ta'e' li apóstol aran. Jo'can nak que'suk'i chixyebal resil ut que'xye: 23 —Relic chi yal li tz'alam tz'aptz'o chi us nak xkatau. Ut eb laj c'ac'alenel cuanqueb chire li oquebal. Nak xkate li tz'alam, inc'a' chic xkatauheb li cuink chi sa', chanqueb li takl. 24 Nak que'rabi a'an, eb li xbenil aj tij ut eb li neque'taklan sa' xbeneb li soldado li neque'c'ac'alen sa' li templo, que'sach xch'oleb ut que'oc chixc'oxlanquil c'a'ru tacanak cui' li yo chi c'ulmanc. 25 Quichal jun ut quixye reheb: —Eb li cuink li que'q'uehe' sa' tz'alam ecuer cuanqueb sa' li templo ut yoqueb chixch'olobanquil li xyalal chiruheb li tenamit, chan. 26 Co ut li jun li nataklan sa' xbeneb li soldado rochbeneb lix takl. Ut que'xc'ameb chak li apóstol sa' usilal xban nak que'xucuac. Que'xc'oxla nak mare te'cutek' chi pec xbaneb li tenamit. 27 Que'c'ame' laj Pedro ut laj Juan ut que'xakabac chiru li xyucua'il aj tij ut chiruheb li cuanqueb rochben. Ut li xyucua'il aj tij quiatinac riq'uineb ut quixye reheb: 28 —¿Ma inc'a' ta bi' xkaye ere nak inc'a' chic tetzoleb li tenamit sa' xc'aba' li cuink a'an? Laex yoquex chixc'utbal li tijleb a'an sa' chixjunil Jerusalén ut teraj xq'uebal sa' kaben lix camic li cuink a'an, chanqueb. 29 Laj Pedro, jo'queb ajcui' li rech apostolil, que'chak'oc ut que'xye: —¿Ma takak'et li c'a'ru naxye li Dios ut takapab li c'a'ru neque'xye li cuink? Inc'a'. Tento takapab li c'a'ru naxye li Dios. 30 Li Dios li que'xlok'oni chak li kaxe'tonil yucua', a'an li quicuaclesin cui'chic re li Jesús chi yo'yo sa' xyankeb li camenak, li queq'ue chi camsic chiru cruz laex. 31 Li Jesús, a'an li quiq'uehe' xlok'al xban li Dios ut quiq'uehe' chi c'ojlac sa' xnim uk' ut quiq'uehe' xcuanquil chi taklanc ut chi coloc, re nak laj Israel naru te'yot'ek' xch'oleb te'xjal xc'a'ux ut te'cuyek' xmaqueb. 32 Lao xkil a'an riq'uin ku. Jo'can nak nakach'olob xyalal a'in ut li Santil Musik'ej li naxq'ue li Dios reheb li neque'paban, a'an ajcui' nac'utuc re li xyalal a'in, chanqueb. 33 Li xyucua'il aj tij ut li cuanqueb rochben, c'ajo' nak que'josk'o' nak que'rabi li quixye laj Pedro ut que'raj raj xcamsinquileb li apóstol. 34 Abanan sa' xyankeb a'an cuan jun aj fariseo aj Gamaliel xc'aba'. Li cuink a'an aj tzolol chak'rab ut naq'uehe' xcuanquil xbaneb li tenamit. Quixakli chiruheb ut quixtakla risinquileb li apóstol junpat chirix cab. 35 Ut quixye reheb: —Ex cuink aj Israel, c'oxlahomak chi us c'a'ru tebanu riq'uineb li cuink a'in. 36 Q'uehomak retal li c'a'ru quixc'ul laj Teudas. A'an quixye nak k'axal nim xcuanquil. Cuan na cahibak ciento chi cuink li neque'taken re. Aban li jun a'an quicamsic ut chixjunileb li que'taken re quilaje'xcha'cha'i ribeb ut que'oso' yal chi jo'can. 37 Ut jo'can ajcui' quixc'ul laj Judas, Galilea xtenamit, nak quic'ulun sa' xk'ehil chixtz'ibanquil xc'aba'eb li tenamit. Quixbalak'iheb nabaleb li tenamit. Quicam ajcui' a'an ut chixjunileb li que'taken re que'cha'cha'ic. 38 Anakcuan lain tinye ere: Canabomakeb li cuink a'in. Mech'i'ch'i'iheb chic xban nak cui li c'anjel a'in yal xc'a'ux cuink, taosok'. 39 Abanan cui ut re li Dios, inc'a' texruk chixpo'bal ru. Q'uehomak retal chi us mare anchal yoquex chi pletic riq'uin li Dios, chan laj Gamaliel. 40 Ut que'xc'ul xch'ol li quixye. Que'xbokeb li apóstol ut que'xq'ueheb chi saq'uec' ut que'xye reheb nak inc'a' chic te'atinak sa' xc'aba' li Jesús. Ut chirix a'an, que'ach'abac. 41 Ut eb li apóstol que'el chiruheb chi k'axal sa

sa' xch'oleb xban nak chiruheb a'an lok'
xc'ulbal li raylal sa' xc'aba' li Jesús. 42 Ut
inc'a' que'xcanab xch'olobanquil xyalal
chiruheb li tenamit sa' li templo ut sa' eb
li rochoch ut que'xye resil nak li Jesu-
cristo, a'an laj Colonel li yechi'inbil xban
li Dios.

Cuukub chi cuink que'xakabac chi c'anjelac

6 Sa' eb li cutan a'an c'ajo' nak
yoqueb chi q'uianc eb laj pabanel.
Ut eb laj judío li neque'atinac sa' griego
que'oc chixcuech'inquileb laj judío li
neque'atinac sa' hebreo. Que'xye nak
inc'a' tz'akal li c'a'ru naq'uehe' rajlal cu-
tan reheb lix malca'an li cuanqueb sa'
xyankeb a'an. 2 Jo'can nak li cablaju
chi apóstol que'xch'utub chixjunileb laj
pabanel ut que'xye reheb: —Inc'a' naru
takacanab xch'olobanquil ratin li Dios
yal re nak tojec'ok tzacaemk lao. 3 Ex
herman, sic'omak sa' eyank cuukubak
chi cuink chabilakeb xna'leb ut nuje-
nakeb chi Santil Musik'ej riq'uineb. Cha-
bilak xyehom xbanuhomeb. A'aneb li
te'q'uehek' sa' li c'anjel a'in. 4 Ut lao
takayal kak'e chi tijoc ut chixjultican-
quil li ratin li Dios, chanqueb. 5 Ut
que'xc'ul xch'oleb chixjunil li cuanqueb
aran. Que'xsic' ru laj Esteban li napaban
chi tz'akal ut nujenak chi Santil Musik'ej.
Ut que'xsic' ajcui' ruheb laj Felipe, laj
Prócoro, laj Nicanor, laj Timón, laj Par-
menas, ut laj Nicolás aj Antioquía li qui-
oc sa' xyankeb laj judío. 6 A'aneb a'in
li que'xakabac chi c'anjelac. Ut eb li
apóstol que'xq'ue li ruk' sa' xbeneb ut
que'tijoc. 7 Jo'can nak yo chi abic li ratin
li Kacua' yalak bar. Ut yoqueb chi tamc
laj pabanel aran Jerusalén. Ut nabaleb
laj tij que'paban.

Nak que'xchap laj Esteban

8 Laj Esteban a'an jun cuink osobtesin-
bil xban li Dios ut q'uebil xcuan-
quil chixbanunquil li milagro ut sachba
ch'olej sa' xyankeb li tenamit. 9 Cuan-
queb xcomoneb li neque'tzoloc sa' li
cab li neque'xch'utub cui' ribeb laj
judío. Aj libertos neque'xye reheb. Sa'
xyankeb a'an cuanqueb li neque'chal
chak sa' eb li tenamit Cirene, Alejan-
dría, Cilicia ut Asia. Eb a'an yoqueb
chixcuech'inquil laj Esteban. 10 Abanan
nak quiatinac laj Esteban, eb a'an inc'a'
chic que'ru xsumenquil xban nak a'an
q'uebil xna'leb xban li Santil Musik'ej.
11 Aban cuanqueb li que'tuminac ru
re te'xye tic'ti' chirix laj Esteban. Ut
que'xye: —Lao xkabi nak yo chixma-
jecuanquil li Dios ut laj Moisés, chan-
queb. 12 Ut que'xtacchi'i ajcui' li tena-
mit, jo'queb ajcui' laj c'amol be ut eb laj
tz'ib. Que'xchap laj Esteban ut que'xc'am
chiruheb li neque'taklan sa' xbeneb laj
judío. 13 Ut que'xsic' ani tatic'ti'ik chirix
ut que'xk'aba a'an ut que'xye: —Li cuink
a'in junelic yo chixsachbal xcuanquil
li santil na'ajej a'in ut naxtz'ektana li
chak'rab li quiq'uehe' re laj Moisés.
14 Lao quikabi nak yo chixyebal nak li
Jesús laj Nazaret tixjuc' li na'ajej a'in,
ut tixjal ru li chak'rab li coxtzol cui'
laj Moisés, chanqueb. 15 Ut chixjunileb
li neque'taklan sa' xbeneb laj judío li
c'ojc'oqueb aran que'ril laj Esteban ut
que'xq'ue retal nak nalemtz'un li rilobal.
Chanchan na-iloc jun li ángel.

Laj Esteban quixch'olob xyalal chiruheb li neque'taklan sa' xbeneb laj judío

7 Ut li xyucua'il eb laj tij quix-
patz' re laj Esteban ma yal li
yoqueb chixyebal. 2 Quichak'oc laj Es-
teban ut quixye: —Ex cuas cuitz'in
ut laex li nequexc'amoc be, abihomak
li oc cue chixyebal. Li Dios li k'axal
lok' quixc'utbesi rib chiru laj Abra-
ham li kaxe'tonil yucua' nak cuan aran
Mesopotamia nak toj maji' naxic chi

cua̲nc sa' li na'ajej Harán. 3 Quixye re: —Tat-e̲lk sa' li na'ajej a'in. Ta̲canabeb la̲ cuech'alal ut tatxic sa' jun li na'ajej li tinc'ut cha̲cuu la̲in, chan. 4 Qui-el ut laj Abraham sa' li na'ajej Caldeo ut co̲ chi cua̲nc sa' li na'ajej Harán. Nak ac cuan sa' li na'ajej a'an quicam lix yucua'. Ut chirix a'an li Dios quixtakla chi cua̲nc sa' li na'ajej li cuanquex cui' la̲ex anakcuan. 5 Abanan li Dios inc'a' quixq'ue xch'och' laj Abraham aran. Chi ti̲c ma̲c'a' quixq'ue re. Abanan quixye re nak tixq'ue chok' reheb li ralal xc'ajol li te'cua̲nk mokon usta toj ma̲ jun lix coc'al cuan. 6 A'an a'in li quixye li Dios re laj Abraham: —Eb la̲ cualal a̲c'ajol te'cua̲nk sa' jalan tenamit ma̲cua' xtenamiteb. Ut sa' li tenamit a'an te'cua̲nk chok' rahobtesinbil mo̲s ut xic' te'ilek' chiru ca̲hib ciento chihab. 7 Ut la̲in tinrakok a̲tin sa' xbe̲n li tenamit a'an li te'rahobtesi̲nk reheb la̲ cualal a̲c'ajol. Ut nak te'e̲lk sa' li tenamit a'an te'c'anjelak chicuu sa' li na'ajej a'in, chan li Dios. 8 Nak li Dios quixba̲nu li contrato riq'uin laj Abraham quixye re nak tento te'xba̲nu li circuncisión. Jo'can nak laj Abraham quixba̲nu li circuncisión riq'uin laj Isaac li ralal nak ac cuan cuakxakib cutan re. Ut laj Isaac quixba̲nu riq'uin laj Jacob li ralal ut jo'can ajcui' quixba̲nu laj Jacob riq'uineb li ralal cablaju. 9 Eb li ralal laj Jacob c'ajo' nak que'xcakali laj José li ri̲tz'ineb. Jo'can nak que'xc'ayi laj José ut quic'ame' aran Egipto. Abanan nak ac cuan aran Egipto, li Dios yo̲ chi tenk'a̲nc re. 10 Ut a'an quitenk'an re chixcuybal li raylal li quixc'ul. Quirosobtesi ut quixq'ue xna'leb. Ut laj Faraón li acuabej aran Egipto quixq'ue retal nak laj José cuan xna'leb ut quixxakab chi takla̲nc sa' xbe̲n li tenamit ut sa' xbe̲neb ajcui' li cuanqueb sa' li rochoch. 11 Ut quicuan jun nimla cue'ej ut jun nimla raylal sa' eb li tenamit Egipto ut Canaán. Ut eb li kaxe'to̲nil yucua' inc'a' chic que'xtau xtzacae̲mkeb. 12 Nak quirabi laj Jacob nak aran Egipto cuan nabal li trigo, quixtaklaheb li ralal aran chixc'ambaleb xtrigo. 13 Nak que'co̲eb cui'chic xca' sut li ralal aran Egipto, laj José quixye reheb nak a'an laj José li ri̲tz'ineb. Ut sa' ajcui' li cutan a'an laj Faraón quixnau nak laj José, a'an xcomoneb li ralal xc'ajoleb laj judío. 14 Ut chirix a'an laj José quixtakla xc'ambal lix yucua' jo'queb ajcui' li rech'alal. Chixjunileb li rech'alal cuanqueb o'laju xca̲c'a̲l (75). 15 Jo'ca'in nak co̲eb aran Egipto laj Jacob li kaxe'to̲nil yucua' ut aran quicam jo'queb ajcui' li ralal. 16 Lix bakeleb que'c'ame' Siquem ut que'muke' sa' li na'ajej li quixlok' laj Abraham riq'uineb li ralal xc'ajol laj Hamor. 17 C'ajo' nak yo̲queb chi q'uia̲nc li ralal xc'ajol laj Israel aran Egipto nak ac yo̲ chi cuulac xk'ehil nak te'isi̲k sa' li tenamit a'an jo' quiyechi'i̲c re laj Abraham xban li Dios. 18 Ut qui-oc jalan chic acuabej ut a'an inc'a' quixnau ru laj José chi moco quixnau chanru lix na'leb nak quicuan. 19 Li acuabej a'an quixsic' xya̲lal chanru nak tixba̲nu raylal reheb li kaxe'to̲nil yucua'. Quixrahobtesiheb nak quixtakla xcamsinquileb li coc' te̲lom li te'yo'la̲k re nak inc'a' chic te'ta̲mk li ralal xc'ajoleb. 20 Sa' eb li cutan a'an quiyo'la laj Moisés. Li c'ula'al a'an raro xban li Ka̲cua'. Ut oxib po quiq'uiresi̲c xbaneb lix na' xyucua'. 21 Abanan quicuulac xk'ehil nak quicanaba̲c chak sa' li nima' ut lix rabin laj Faraón quixococ re, re taru̲k ta̲colek'. Quixc'am chok' re ut quixq'uiresi jo' tz'akal re. 22 Laj Moisés quixtzol rib jo' neque'xtzol ribeb laj Egipto. Ut cuan xna'leb chi a̲tinac ut chixba̲nunquil li cha̲bil na'leb. 23 Nak ac xba̲nu li ca'c'a̲l chihab (40), qui-ala sa' xch'o̲l xic chirilbaleb laj Israel li rech tenamitil. 24 Nak quiril jun reheb yo̲ chi saq'uec' xban jun aj Egipto, quixcol sa' ruk'. Quixchap laj Egipto ut quixcamsi. Chi jo'ca'in

quixq'ue rekaj li quixbanu re li rech tena-
mitil. 25 Laj Moisés quixc'oxla nak eb li
rech tenamitil te'xq'ue retal nak a'an li
tac'anjelak chiru li Dios re xcolbaleb.
Abanan eb a'an inc'a' que'xq'ue retal.
26 Cuulajak chic laj Moisés quixtau cuib
laj Israel yoqueb chi pletic. Quixk'useb
re te'xcanab xch'e'bal rib. Quixye re-
heb: —Laex ecomon erib. ¿C'a'ut nak
yoquex chixpletinquil erib? chan reheb.
27 Ut li jun li yo chi sac'oc re li jun
chic quixtiquisi laj Moisés ut quixye
re: —¿Ani xq'uehoc acue chi taklanc
ut chi rakoc atin sa' kaben? 28 ¿Ma
tacuaj tinacamsi lain jo' nak xacamsi laj
Egipto ecuer? chan re laj Moisés. 29 Nak
quirabi li c'a'ru quixye, laj Moisés quix-
ucuac ut quielelic. Co chi cuanc sa' li
na'ajej Madian li moco tz'akal xtena-
mit ta. Nak cuan aran, que'yo'la cuib
li ralal. 30 Ac xnume' chic ca'c'al chi-
hab roquic sa' li chaki ch'och' a'an, nak
quiril jun ton li q'uix yo xxamlel nach'
riq'uin li tzul Sinaí. Ut sa' li xam a'an
quixc'utbesi rib jun li ángel chiru. 31 Ut
laj Moisés c'ajo' nak quisach xch'ol chir-
ilbal ut quinach'oc riq'uin re taril chi us.
Quirabi xyab xcux li Kacua' nak quixye:
32 —Lain li Kacua' Dios li que'xlok'oni
chak la xe'tonil yucua'. Lain li Dios li
que'xlok'oni chak laj Abraham, laj Isaac,
ut laj Jacob, chan. Ut laj Moisés na-
sicsot xban xxiu ut inc'a' chic quix-
cuy rilbal. 33 Ut quixye li Kacua' re: —
Isi la xab chacuok xban nak li na'ajej
cuancat cui', a'an santil na'ajej. 34 Relic
chi yal lain yoquin chirilbal li raylal li
yoqueb chixc'ulbal lin tenamit li cuan-
queb Egipto. Ut yoquin ajcui' chirabin-
quil nak yoqueb xk'okonquil ribeb xban
li raylal. Jo'can nak xinchal chixcol-
baleb sa' ruk'eb laj Egipto. Abi li tinye
acue. Tatintakla Egipto, chan li Kacua'
re laj Moisés. 35 Laj Moisés, a'an li
que'xtz'ektana laj Israel nak que'xye: —
¿Ani xq'uehoc acue chi taklanc ut chi
rakoc atin? chanqueb. A'an li quitaklac
chixtenk'anquileb laj Israel ut chixcol-
baleb. Quitaklac xban li Kacua' nak li án-
gel quixc'utbesi rib chiru sa' li jun ton
chi q'uix yo xxamlel. 36 Laj Moisés, a'an
li qui-isin reheb Egipto. Nabal li mila-
gro ut li sachba ch'olej quixbanu aran
Egipto ut sa' li Caki Palau. Chiru ca'c'al
chihab quic'amoc be chiruheb sa' li chaki
ch'och'. 37 A'an laj Moisés li quiyehoc
chak re a'in reheb laj Israel: —Li Kacua'
le Dios tixq'ue junak profeta sa' eyank
sic'bil ru xban jo' lain. Ecomon ajcui'
laex. Chebanu chixjunil li c'a'ru tixye
ere, chan. 38 A'an li quicuan rochbeneb
laj Israel nak que'xch'utub ribeb sa'
li chaki ch'och'. Quicuan rochbeneb li
kaxe'tonil yucua' ut rochben ajcui' li
ángel li quiatinac riq'uin sa' li tzul
Sinaí nak quixye re li ratin li Dios li
naq'uehoc yu'am re nak a'an chic taye-
hok ke lao. 39 Abanan eb li kaxe'tonil
yucua' inc'a' que'raj xpabanquil li c'a'ru
quixye. Que'xtz'ektana ban ut que'raj
raj suk'ic cui'chic Egipto. 40 Que'xye re
laj Aarón: —Yib kadios re te'c'amok be
chiku. Inc'a' nakanau c'a'ru xc'ul chak laj
Moisés li qui-isin chak ke Egipto. ¿C'a'ru
aj e nak yoko chiroybeninquil? chan-
queb li kaxe'tonil yucua'. 41 Jo'can nak
que'xyib riq'uin oro xjalam uch jun li
cuacax ut que'mayejac chiru. C'ajo' nak
que'saho' sa' xch'oleb chirilbal lix dioseb
li que'xyib riq'uin ruk'eb. Ut que'xbanu
jun li nink'e re xlok'oninquil. 42 Jo'can
nak li Kacua' Dios quixcanabeb xjuneseb.
Quixcanabeb chixlok'oninquil li chahim
li cuan chiru choxa. Ut quitz'akloc ru li
tz'ibanbil chak najter xbaneb li profeta
nak que'xye:

Laex aj Israel, ¿ma quexmayejac ta bi'
chak chicuu lain nak yoquex chak
chi numec' sa' li chaki ch'och' chiru
ca'c'al chihab?
43 ¿Ma macua' ta bi' le yibanbil dios
Moloc ut Renfán quelok'oni?

Ḻaex queyi̱b li jalam u̱ch a'in re
te̱lok'oni. Jo'can nak texincanab
re nak jalan tenamit ta̱numta̱k sa'
e̱be̱n ut texc'amek' chi najt sa' jun li
na'ajej li cuan jun pac'al li tenamit
Babilonia, chan li Ka̱cua'. (Am.
5:25-27)
44 Eb li kaxe'to̱nil yucua' que'xyi̱b
ajcui' chak li tabernáculo nak yo̱queb
chak chi numec' sa' li chaki ch'och'
ut aran xocxo li chak'rab. Que'xyi̱b jo'
li retalil li quic'ute' chiru laj Moisés
xban li Dios. 45 Eb li kaxe'to̱nil yu-
cua' que'xc'ul li muheba̱l a'in. Ut nak
laj Josué quic'amoc be chiruheb chi
pletic, que'xc'am li muheba̱l chirixeb.
Ut que're̱chani lix ch'och'eb li ma̱cua'eb
aj judío nak li Dios quirisi chiruheb li
kaxe'to̱nil yucua' li xic' que'iloc reheb.
Li muheba̱l a'an quic'anjelac sa' eb li
cutan a'an toj chalen nak quicuan laj
David chok' rey. 46 Laj David quixba̱nu
li c'a'ru quiraj li Dios, ut li Dios quisaho'
xch'o̱l riq'uin. Quixtz'a̱ma chiru li Dios
nak tixyi̱b li templo bar te'xlok'oni cui' li
Dios li quixlok'oni laj Jacob. 47 Abanan
ma̱cua' laj David quiyi̱ban re li tem-
plo. Laj Salomón, a'an li quiyi̱ban re.
48 Quixyi̱b li templo usta li nimajcual
Dios inc'a' nacuan sa' junak cab yi̱ban-
bil xban cui̱nk jo' quixye chak li profeta
Isaías nak quixye chi jo'ca'in:

49 Li choxa, a'an li na'ajej li ninc'ojla
cui' ut li ruchich'och', a'an xna'aj li
cuok. ¿C'a'ru chi ochochil ta̱ru̱k te̱y-
i̱b chok' cue? Ut, ¿bar cuan lin na'aj
li tinhila̱nk cui'?
50 ¿Ma ma̱cua' ta bi' la̱in xinyi̱ban re
chixjunil li c'a'ru cuan? chan li
Ka̱cua'. (Is. 66:1-2)

51 La̱ex inc'a' nequetau xya̱lal.
K'axal cau e̱ch'o̱l. Chanchanex li
inc'a' neque'pa̱ban re li Dios. Junelic
nequek'etk'eti e̱rib chiru li Santil
Musik'ej jo' que'xba̱nu le̱ xe'to̱nil
yucua'. 52 ¿Ma cuan ta bi' junak profeta
inc'a' quirahobtesi̱c xbaneb le̱ xe'to̱nil
yucua'? ¿Ma inc'a' ta bi' que'xcamsiheb
li que'ch'oloban chak resil lix c'ulunic
li jun li Ti̱c Xch'o̱l, li quek'axtesi la̱ex
chi camsi̱c? 53 La̱ex quec'ul li chak'rab
li quixq'ue e̱re li ángel, abanan inc'a'
nequeba̱nu li c'a'ru naxye, chan laj
Esteban.

Nak que'xcamsi laj Esteban

54 Nak que'rabi li c'a'ru yo̱ chixye-
bal laj Esteban, c'ajo' nak que'josk'o'.
Que'xc'uxuxi li ruch re xbaneb xjosk'il.
55 Ut laj Esteban nujenak chi Santil
Musik'ej. Qui-iloc sa' choxa ut quiril lix
nimajcual lok'al li Dios ut quiril li Jesús
sa' xnim uk' li Dios. 56 Quixye: —Ilomak.
Teto li choxa nak nacuil ut li C'ajolbej
cuan chi xnim uk' li Dios, chan. 57 Ut
eb li tenamit xic' que'rabi li quixye ut
que'xtz'ap lix xiqueb ut que'xjap reheb
chi cau xban xjosk'ileb ut jun xiquiqueb
sa' xbe̱n nak que'xchap. 58 Que'risi laj Es-
teban sa' li tenamit. Ut eb li oqueb re
chi cutuc re chi pec, que'xcanab li rak'eb
chi rok jun li sa̱j cui̱nk aj Saulo xc'aba'.
59 Nak yo̱queb chixcutbal chi pec, laj Es-
teban yo̱ chi tijoc ut quixye: —At Ka̱cua'
Jesús, c'ul lin musik'.— 60 Quixcuik'ib
rib, quixjap re chi cau ut quixye: —At
Ka̱cua', ma̱q'ue li ma̱c a'in sa' xbe̱neb.—
Ut nak quixye a'an, quicam.

Laj Saulo xic' narileb laj pa̱banel

8 Laj Saulo quixc'ul xch'o̱l nak
que'xcamsi laj Esteban. Chalen sa'
li cutan a'an que'oc xrahobtesinquileb
chixjunileb laj pa̱banel aran Jerusalén
ut c'ajo' li raylal que'xc'ul. Ut chixjunileb
quilaje'xjeq'ui rib sa' eb li na'ajej Judea
ut Samaria. Ca'aj chic eb li apóstol
que'cana Jerusalén. 2 Cuib oxib laj
pa̱banel que'mukuc re laj Esteban
ut c'ajo' nak que'raho' xch'o̱leb xban
lix camic. 3 Aban laj Saulo yalyo xk'e
chixrahobtesinquileb laj pa̱banel. Na-oc

sa' eb li cab ut narisiheb sa' rochocheb
ut naxc'ameb sa' tz'alam, jo' cui̱nk jo'
ixk. 4 Ut chixjunileb li que'xjeq'ui ribeb
sa' jalan na'ajej yo̱queb chixyebal resil li
evangelio yalak bar.

Laj Felipe yo̱ chixyebal resil aran Samaria nak li Jesús, a'an li Cristo

5 Laj Felipe co̱ sa' li tenamit Samaria
ut qui-oc chixch'olobanquil resil
chiruheb li tenamit nak li Cristo,
a'an laj Colonel li yechi'inbil xban
li Dios. 6 Ut chixjunileb que'xq'ue
xch'o̱l chirabinquil li a̱tin li quixye laj
Felipe xbaneb li milagro quilajxba̱nu.
7 Nabaleb li cuan ma̱us aj musik'ej
riq'uineb que'q'uirtesi̱c. Japjo̱queb re li
ma̱us aj musik'ej nak neque'el riq'uineb.
Ut nabaleb li ye̱k rokeb ut li sic rok
ruk'eb quilaje'q'uirtesi̱c. 8 Ut c'ajo' nak
que'saho' sa' xch'o̱leb sa' li tenamit a'an.

Laj Simón laj k'e quiraj xlok'bal xcuanquil li Dios

9 Quicuan jun li cui̱nk aj Simón
xc'aba'. A'an aj k'e. Ac najter na-oc
chixbalak'inquileb li cuanqueb sa' li
tenamit Samaria. A'an naxye nak nim
xcuanquil. 10 Ut chixjunileb li tenamit,
jo' li cuanqueb xcuanquil jo' ajcui' li
ma̱c'a'eb xcuanquil, que'rabi li c'a'ru yo̱
chixyebal laj Simón ut que'xye: —Li
cui̱nk a'in, cuan xcuanquil li Dios riq'uin,
chanqueb. 11 Ut que'xq'ue xch'o̱l chixba̱-
nunquil li c'a'ru naxye xban nak ac
junxil na-oc chixbalak'inquileb. 12 A'ut
laj Felipe yo̱ chixjulticanquil resil xni-
mal xcuanquilal li Dios ut li Jesucristo.
Ut nabaleb que'pa̱ban ut que'cubsi̱c
xha', jo' cui̱nk jo' ixk. 13 Ut quipa̱ban
ajcui' laj Simón ut quicubsi̱c xha'. Ut
yo̱ chi xic chirix laj Felipe yalak bar.
Quisach xch'o̱l chirilbaleb li milagro ut
li sachba ch'o̱lej li yo̱ chixba̱nunquil
laj Felipe. 14 Eb li apóstol li toj cuan-
queb Jerusalén que'rabi resil nak eb laj
Samaria yo̱queb chixpa̱banquil li Dios.
Jo'can nak que'xtakla laj Pedro ut laj
Juan aran. 15 Nak que'cuulac Samaria,
que'tijoc sa' xbe̱neb laj pa̱banel re nak
te'xc'ul li Santil Musik'ej xban nak toj
ma̱ji' que'xc'ul. 16 Ca'aj cui' que'cubsi̱c
xha' sa' xc'aba' li Jesucristo. 17 Laj Pe-
dro ut laj Juan que'xq'ue li ruk'eb sa'
xbe̱neb ut que'xc'ul li Santil Musik'ej.
18 Ut quiril laj Simón nak riq'uin xq'uebal
li ruk'eb li apóstol sa' xbe̱neb, neque'xc'ul
li Santil Musik'ej. Ut quixyechi'i tumin
reheb laj Pedro ut laj Juan ut quixye
reheb: 19 —Q'ue cue li cuanquil a'an
re nak li ani tinq'ue li cuuk' sa' xbe̱n
tixc'ul li Santil Musik'ej, chan. 20 Laj
Pedro quixye re: —Chisachk la̱ tumin
a̱cuochben xban nak xac'oxla nak ta̱ru̱k
talok' riq'uin tumin li naxq'ue chi ma̱-
tan li Ka̱cua' Dios, chan. 21 La̱at inc'a'
ta̱ru̱k ta̱c'ul li ma̱tan a'in xban nak moco
ti̱c ta la̱ ch'o̱l chiru li Dios. 22 Cui ta̱yot'
a̱ch'o̱l ta̱jal a̱c'a'ux ut ta̱canab xba̱nun-
quil li ma̱usilal a'in ut cui ta̱tz'a̱ma
a̱cuybal chiru li Dios, ma̱re chan nak
tixcuy a̱ma̱c riq'uin li xac'oxla. 23 La̱at
c'ajo' nak nacatcakalin ut junes ma̱usilal
nacac'oxla, chan laj Pedro. 24 Quichak'oc
laj Simón ut quixye: —Chextijok chicuix
chiru li Ka̱cua' re nak inc'a' tinc'ul jo'
xaye la̱at, chan. 25 Nak ac xe'xch'olob
xya̱lal li ra̱tin li Dios ut que'xye resil li
Jesucristo, laj Pedro ut laj Juan que'suk'i
cui'chic Jerusalén. Ut que'xch'olob xya̱lal
sa' nabal chi tenamit cuanqueb sa' xcue̱nt
Samaria.

Laj Felipe quixch'olob xya̱lal chiru li cui̱nk Etiopía xtenamit

26 Ut jun lix ángel li Ka̱cua' quia̱tinac
riq'uin laj Felipe ut quixye re: —Tatxic
sa' li be li cuan sa' li sur. Li be a'an
li nanume' sa' li chaki ch'och' naxic
Jerusalén toj Gaza.— 27 Laj Felipe co̱.
Nak yo̱ chi xic quiril jun li cui̱nk aj
Etiopía. A'an jun eunuco q'uebil xcuan-

quil chi c'anjelac chiru lix Candace li reina li cuan Etiopía. Sa' ruk' li cuink a'an k'axtesinbil chixjunil lix biomal li reina. Li cuink a'an co Jerusalén chixlok'oninquil li Dios. 28 Yo chi suk'ic sa' rochoch. C'ojc'o sa' lix carruaje ut yo chirilbal xsa' li hu li quixtz'iba li profeta Isaías. 29 Li Santil Musik'ej quixye re laj Felipe: —Ayu, jilon chixc'atk li carruaje a'an, chan. 30 Quijiloc laj Felipe ut quirabi nak li cuink yo chirilbal xsa' li hu li quixtz'iba li profeta Isaías. Laj Felipe quixpatz' re: —¿Ma nacatau ru li yocat chirilbal? chan re. 31 Ut li cuink quixye: —¿Chanru nak tintau ru cui ma ani junak tac'utuk lix yalal chicuu?— Ut quixtz'ama chiru laj Felipe nak tatakek' sa' li carruaje ut tac'ojlak chixc'atk. 32 Ut li hu li yo chirilbal xsa', a'an li quixtz'iba li profeta Isaías. Naxye chi jo'ca'in:

Nak yo xrahobtesinquil, quixcubsi rib ut ma jun atin quixye jo' jun carner nak quic'ame' chi camsic. Chanchan nak naxcanab rib li carner chi besec' li rix chiruheb li neque'besoc re, jo'can quixbanu a'an. Ut ma jun atin quixye.

33 Usta mac'a' xmac, quichape' ut quiq'uehe' chi camsic. Ut ma ani qui-oquen chirix re xcolbal. Quicamsic ban. ¿Ani taruk tayehok li resil lix yibal ru xna'lebeb li rech tenamitil? (Is. 53:7-8)

34 Li cuink quixye re laj Felipe: —Ye cue, ¿ani chi aj ix naxye a'in li profeta? ¿Ma chirix a'an, malaj ut chirix jalan chic? chan. 35 Laj Felipe qui-oc chixch'olobanquil lix yalal chiru. Quixtiquib riq'uin li quixtz'iba li profeta Isaías ut toj quixch'olob xyalal chirix li Jesucristo. 36 Nak yoqueb chi xic, que'cuulac cuan cui' jun li ha'. Ut li cuink quixye: —Arin cuan ha'. ¿Ma inc'a' taruk tacubek inha' lain? chan. 37 Ut laj Felipe quixye re: —Cui nacapab chi anchal ach'ol li Jesucristo, taruk tacubek aha', chan. Li cuink quichak'oc ut quixye: —Ninpab nak li Jesucristo, a'an Ralal li Dios, chan. 38 Ut quixxakab li carruaje. Tojo'nak laj Felipe ut li cuink coeb sa' li ha' ut laj Felipe quixcubsi xha'. 39 Nak que'el chak sa' li ha', li Santil Musik'ej quixc'am laj Felipe ut li cuink inc'a' chic quiril ru. Co xjunes chi sa sa' xch'ol. 40 Ut laj Felipe quic'ame' Azoto ut coxnumek' sa' chixjunileb li tenamit. Yo chixch'olobanquil xyalal li evangelio chalen nak quicuulac sa' li tenamit Cesarea.

Laj Saulo quipaban

9 Nak yo chi c'ulmanc a'in, laj Saulo toj yo chixrahobtesinquileb li neque'paban re li Kacua' ut yo chixyebal nak toj tixcamsiheb. Jo'can nak co riq'uin li xyucua'il aj tij. 2 Ut quixtz'ama lix hu chiru re tixk'axtesi sa' eb li cab li neque'xch'utub cui' ribeb laj judío aran Damasco re taruk tixchapeb laj pabanel li tixtau aran, jo' cuink jo' ixk. Tixchapeb ut tixc'ameb chi prexil Jerusalén. 3 Yo chi xic ut nak ac cuulac re sa' li tenamit Damasco, sa' junpat quisute' xban jun chanchan xam quichal sa' choxa. 4 Quit'ane' sa' ch'och' laj Saulo ut quirabi jun xyab cux yo chixyebal re: —At Saulo, at Saulo, ¿C'a'ut nak yocat chixbanunquil raylal cue?— 5 Laj Saulo quixye: —¿Anihat laat, at Kacua'?— Ut li yo chi atinac quixye: —Lain li Jesús li xic' yocat chirilbal. Yocat chixtacuasinquil acuib nak xic' yocat chicuilbal, chan. 6 Nasicsot xban xxiu laj Saulo nak quixye: —Kacua', ¿c'a'ru tacuaj tinbanu? chan. Ut li Kacua' quixye: —Cuaclin ut ayu sa' li tenamit, ut aran tayehek' acue c'a'ru us tabanu, chan. 7 Ut eb li cuink li yoqueb chi xic rochben sachsoqueb xch'ol que'cana. Yoqueb chirabinquil li yo chi atinac, abanan inc'a' que'ril ru li ani yo chi atinac. 8 Quicuacli laj Saulo ut nak quixte li xnak' ru, inc'a'

chic qui-iloc. Ch'ilonbil chi ruk' nak
quic'ame' sa' li tenamit Damasco. 9 Aran
quicuan chiru oxib cutan. Inc'a' na-iloc
ut inc'a' quicua'ac chi moco qui-uc'ac.
10 Aran Damasco cuan jun laj pa̲banel
aj Ananías xc'aba'. Li K̲acua' quia̲tinac
riq'uin sa' visión ut quixye re: —At
Ananías.— Quichak'oc ut quixye re:
—Cue'quin, K̲acua'.— 11 Ut li K̲acua'
quixye re: —La̲in tinye a̲cue, ayu sa'
rochoch laj Judas li cuan sa' li nim be li
Ti̲c neque'xye re. Aran ta̲sic' jun li cui̲nk
li xchal chak Tarso. Aj Saulo xc'aba'.
A'an yo̲ chi tijoc aran. 12 Laj Saulo xril
jun li visión. Xat-oc riq'uin nak xril ut
xaq'ue la̲ cuuk' sa' xbe̲n re nak ta̲ilok
cui'chic, chan li K̲acua'. 13 Laj Ananías
quichak'oc ut quixye: —At K̲acua', nabal
que'yehoc resil cue nak xic' narileb laj
pa̲banel li cui̲nk a'an. C'ajo' li raylal
nalajxba̲nu reheb la̲ cualal a̲c'ajol li
cuanqueb aran Jerusalén. 14 Ut jo'can
ajcui' arin xq'uehe' xcuanquil xbaneb li
xbe̲nil aj tij chixq'uebaleb sa' tz'alam
chixjunileb li neque'pa̲ban a̲cue, chan
laj Ananías. 15 Ut li K̲acua' quixye re:
—Ayu xban nak li cui̲nk a'an sic'bil
ru inban re xyebal resil li colba-ib
sa' inc'aba' la̲in reheb li cuanqueb sa'
xcuanquil ut reheb ajcui' li ma̲cua'eb
aj judío jo'queb ajcui' li ralal xc'ajol
laj Israel. 16 La̲in tinc'ut chiru jo' q'uial
li raylal tento tixc'ul sa' inc'aba' la̲in,
chan li K̲acua'. 17 Co̲ ut laj Ananías ut
qui-oc sa' li cab jo' quiyehe' re. Quixq'ue
li ruk' sa' xbe̲n laj Saulo ut quixye re:
—Hermano Saulo, li K̲acua' Jesús, li
quixc'utbesi rib cha̲cuu sa' li be nak
yo̲cat chi cha̲lc arin, a'an xtaklan chak
cue arin re nak ta̲ru̲k tat-ilok cui'chic
ut ta̲c'ul li Santil Musik'ej, chan laj
Ananías re. 18 Ut sa' junpa̲t quit'ane'
chanchan xpat li ru ut qui-iloc cui'chic.
Quixakli ut quicubsi̲c xha'. 19 Ut nak ac
xcua'ac, quicacuu cui'chic. Laj Saulo
quicana cuib oxib cutan sa' xya̲nkeb laj
pa̲banel li cuanqueb Damasco.

Laj Saulo quixye resil li colba-ib aran Damasco

20 Laj Saulo ticto qui-oc
chixch'olobanquil li xya̲lal chirix li
Jesús, chiruheb li tenamit sa' eb li cab
li neque'xch'utub cui' ribeb laj judío ut
quixye reheb: —Li Jesús, a'an li Cristo li
Ralal li Dios, chan. 21 Ut chixjunileb li
yo̲queb chi abi̲nc re que'sach xch'o̲leb
chirabinquil ut que'xye: —¿Ma ma̲cua'
ta bi' a'an li yo̲ chi rahobtesi̲nc reheb
laj pa̲banel aran Jerusalén? ¿Ma ma̲cua'
ta bi' re xchapbaleb laj pa̲banel nak
xchal arin re nak tixc'ameb riq'uineb
li xbe̲nil aj tij? chanqueb. 22 Ut laj
Saulo k'axal cui'chic quixq'ue xch'o̲l
chixch'olobanquil xya̲lal ut que'sach
xch'o̲leb laj judío li cuanqueb Damasco
xban nak yo̲ chixc'utbal chi tz'akal
chiruheb nak li Jesús a'an li Cristo laj
Colonel li yechi'inbil xban li Dios. 23 Ac
cuan cutan xc'ulbal a'an nak que'xc'u̲b
ru chi ribileb rib laj judío chanru nak
te'xcamsi laj Saulo. 24 Abanan laj Saulo
quirabi resil nak te'raj xcamsinquil.
Eb a'an chi k'ek chi cutan yo̲queb
chixc'ac'alenquil li oqueba̲l re li tenamit
re te'xcamsi. 25 Ut eb laj pa̲banel
que'xq'ue sa' jun nimla chacach ut
chiru k'ojyi̲n que'xcubsi chirix li tz'ac.
Jo'can nak quicole' laj Saulo chiruheb li
que'ajoc re xcamsinquil.

Quicuulac laj Saulo Jerusalén

26 Nak quicuulac Jerusalén, laj Saulo
quiraj oc sa' xya̲nkeb laj pa̲banel.
Abanan eb a'an que'xucuac. Inc'a'
que'xpa̲b nak a'an aj pa̲banel chic. 27 Ut
laj Bernabé quixc'am laj Saulo riq'uineb
li apóstol ut quixserak'i reheb chanru
nak quiril ru li K̲acua' sa' li be ut quixye
ajcui' reheb chanru nak quixch'olob
xya̲lal li Jesucristo chi cau xch'o̲l aran

Damasco. 28 Ut laj Saulo quicana
riq'uineb laj pabanel aran Jerusalén ut
co yalak bar chixyebal resil li Jesucristo
chi cau xch'ol. 29 Ut quixch'olob li xyalal
chiruheb laj judío li neque'atinac sa'
griego. Eb a'an inc'a' que'raj rabinquil.
Que'raj ban xcamsinquil. 30 Nak eb
laj pabanel que'rabi resil nak te'raj
xcamsinquil, que'xc'am laj Saulo aran
Cesarea ut aran chic que'xtakla Tarso.
31 Ut inc'a' chic que'rahobtesic laj
pabanel li cuanqueb Judea, Galilea, ut
Samaria. Yoqueb chi q'uic sa' xpabaleb.
Neque'xxucua ru li Kacua'. Ut li Santil
Musik'ej yo chixq'uebal xcacuilal
xch'oleb. C'ajo' nak yoqueb chi tamc.

Nak quiq'uirtesic laj Eneas

32 Ut laj Pedro, nak yo chir-
ula'aninquileb chixjunileb laj pabanel
yalak bar, quicuulac ajcui' riq'uineb
laj pabanel li cuanqueb Lida. 33 Aran
quixtau jun li cuink aj Eneas xc'aba'.
Cuakxakib chihab roquic lix yajel
ut inc'a' chic nacuacli. Sic li rok
ruk'. 34 Ut laj Pedro quixye re: —At
Eneas, li Kacua' Jesucristo tatxq'uirtesi
anakcuan. Xaklin ut xoc la cuarib, chan.
Ut sa' junpat quixakli li cuink. 35 Ut
chixjunileb li cuanqueb Lida ut Sarón
que'ril nak quiq'uira li cuink ut que'xpab
li Kacua'.

Lix Dorcas quicuaclesic cui'chic chi yo'yo xban laj Pedro

36 Ut quicuan aran Jope jun li ixk aj
pabanel xTabita xc'aba'. Chi jalbil ru
naraj naxye Dorcas. Junelic yo chixba-
nunquil usilal reheb li ras ritz'in ut nax-
tenk'aheb li neba'. 37 Sa' eb li cutan
a'an quiyajer ut quicam. Que'ratesi ut
que'xjilib sa' jun li na'ajej li cuan sa xca'
tasal li cab. 38 Li tenamit Jope nach' cuan
riq'uin li tenamit Lida bar cuan cui' laj
Pedro. Eb laj pabanel que'rabi nak cuan
aran. Que'xtakla cuib li cuink chixbok-
bal. —Chalkat chi junpat kiq'uin, chan-
queb re laj Pedro. 39 Laj Pedro co
rochbeneb. Nak quicuulac, que'xc'am sa'
li na'ajej li cuan cui' li camenak. Aran
quisute' xbaneb li xmalca'an. Yoqueb chi
yabac ut que'xc'ut chiru li t'icr li quixy-
ib lix Dorcas nak toj cuan sa' xyankeb.
40 Laj Pedro quirisiheb chirix cab. Quix-
cuik'ib rib ut qui-oc chi tijoc. Ut quiril
li camenak ut quixye re: —Tabita, cua-
clin, chan. Ut li ixk quixte li xnak' ru, ut
nak quiril ru laj Pedro, quic'ojla. 41 Laj
Pedro quixchap chi ruk' ut quixcuaclesi.
Quixbokeb li xmalca'an jo' ajcui' chixju-
nileb laj pabanel ut quixxakab chiruheb
chi yo'yo chic. 42 Qui-el resil sa' chixjunil
li tenamit Jope li c'a'ru quic'ulman. Xban
a'an nabaleb que'paban re li Kacua'.
43 Laj Pedro najt quicuan aran Jope. Qui-
hilan sa' rochoch jun li cuink aj yibom
tz'um, aj Simón xc'aba'.

Laj Pedro ut laj Cornelio

10 Quicuan jun li cuink aran Ce-
sarea aj Cornelio xc'aba'. A'an li
nataklan sa' xbeneb jun ch'utal chi sol-
dado aj Italia neque'xye re. 2 Li cuink
a'an quixxucua ru li Dios jo'queb ajcui'
chixjunileb li cuanqueb sa' li rochoch.
Chabil xna'leb ut junelic natijoc chiru
li Dios ut junelic naxtenk'aheb li neba'.
3 Sa' jun li cutan sa' oxib or tana re
ecuu laj Cornelio quiril sa' visión nak
qui-oc jun li ángel riq'uin ut quixye
re: —At Cornelio, chan. 4 Laj Cornelio
taxucuak nak quiril li ángel ut quixye:
—C'a'ru tacuaj tinbanu, Kacua'.— Li
ángel quixye: —Li Dios xrabi la tij.
Nacuulac chiru li c'a'ru nacabanu re
xtenk'anquileb li neba'. 5 Anakcuan tinye
acue takla cuib oxibakeb li cuink aran
Jope chixc'ambal chak li cuink aj Simón
xc'aba'. Aj Pedro nayeman ajcui' re.
6 A'an tayehok acue c'a'ru us tabanu.
A'an yo chi hilanc sa' rochoch laj Simón
laj yibom tz'um. Li rochoch cuan chire

li palau, chan li ángel. 7 Nak ac x-el
li ángel riq'uin, laj Cornelio quixbok
cuib lix mo̲s cui̲nk ut quixbok ajcui'
jun reheb lix soldado li naxxucua ru li
Dios. 8 Quixserak'i reheb chixjunileb li
quiyehe' re xban li ángel ut quixtakla-
heb Jope re nak te'xc'am chak laj Pe-
dro. 9 Cuulajak chic ac cuulaqueb na re
sa' li tenamit Jope nak laj Pedro quitake'
sa' xca' tasal li cab chi tijoc. Ca'ch'in na
chic ma̲ cua'leb. 10 Quichal xtz'ocajic ut
quiraj raj ru cua'ac. Abanan toj yo̲queb
chixyi̲banquil lix tzacae̲mk. Nak toj yo̲
chiroybeninquil lix tzacae̲mk, quiril jun
li visión. 11 Quiril nak teto li choxa ut
chanchan jun nimla saki t'icr yo̲ chak
chi cubec. Pixbil sa' xca̲ pac'alil lix xuc li
t'icr ut yo̲ chak chi cubec sa' ruchich'och'.
12 Chi sa' li t'icr a'an cuanqueb chak na-
bal pa̲y ru li xul xcomoneb li neque'cuan
sa' ruchich'och'. Cuanqueb cuan cuib
rokeb ut cuib ruk', cuanqueb xcomoneb
li c'anti' ut cuanqueb xcomoneb li xul li
neque'rupupic chiru choxa. 13 Ut quirabi
jun xya̲b cux quixye re: —At Pedro, chap
a̲cue li xul a'in. Ta̲camsi ut ta̲tiu, chan.
14 Laj Pedro quixye: —Inc'a', Ka̲cua'. Ma̲
jun sut xintzaca c'a'ak re ru li naxye sa' li
chak'rab nak inc'a' us xtzacanquil, chan.
15 Ut quixye cui'chic li yo̲ chi a̲tinac:
—La̲at inc'a' naru nacac'oxla nak inc'a'
us ta̲tzaca li c'a'ru xye li Dios nak us
ta̲tzaca, chan. 16 Oxib sut quiyehe' re chi
jo'can ut chirix a'an quixoque li nimla
t'icr a'an ut quic'ame' cui'chic sa' choxa.
17 Laj Pedro toj yo̲ ajcui' chixc'oxlanquil
c'a'ru xya̲lal li quic'utbesi̲c chiru nak
que'cuulac li cui̲nk li que'takla̲c xban
laj Cornelio. Cuanqueb chire li cab ut
yo̲queb chixpatz'bal bar cuan li rochoch
laj Simón. 18 Que'xpatz' ma aran cuan chi
hila̲nc laj Simón li neque'xye aj Pedro re.
19 Laj Pedro toj yo̲ ajcui' chixc'oxlanquil
c'a'ru xya̲lal li visión li quiril nak li San-
til Musik'ej quixye re: —Oxib li cui̲nk
xe'chal cha̲sic'bal. 20 Ayu, cuben ut a̲ti-
naheb chak. Matc'oxlac chi xic chirixeb
xban nak la̲in xintaklan chak reheb,
chan. 21 Jo'can nak laj Pedro quicube ut
quixye reheb li cui̲nk: —Cue'quin. La̲in
laj Simón Pedro li niquine̲sic'. ¿C'a'ru
xc'amoc chak e̲re toj arin ut c'a'ru te̲raj
cuiq'uin? chan. 22 Eb a'an que'xye: —
Laj Cornelio li capitán xtaklan chak
ke. A'an jun cui̲nk ti̲c xch'o̲l ut naxxu-
cua ru li Dios. Chixjunileb laj judío
neque'xq'ue sa' xnak' ruheb. Jun x-ángel
li Dios quixc'utbesi rib chiru ut quixye
re nak tatxbok sa' rochoch re nak ta̲ru̲k
ta̲rabi li c'a'ru ta̲ye re, chanqueb re.
23 Laj Pedro quirocsiheb ut que'xnumsi
li k'ojyi̲n sa' li cab a'an. Sa' li cutan
jun chic laj Pedro co̲ chirixeb. Ut cuib
oxib laj pa̲banel re Jope que'co̲eb chirix.
24 Jo' cuulajak chic que'cuulac Cesarea
ut laj Cornelio yo̲ chiroybeninquileb
rochbeneb li rech'alal ut eb li tz'akal
rami̲g li quixbok riq'uin. 25 Nak laj Pe-
dro quicuulac sa' li rochoch, laj Cor-
nelio qui-el chixc'ulbal. Quixcuik'ib rib
chiru re xlok'oninquil. 26 Abanan laj Pe-
dro quixye re: —Cuaclin. Mina̲lok'oni
la̲in xban nak la̲in yal cui̲nkin jo' la̲at,
chan. 27 Yo̲ chi a̲tinac riq'uin laj Cornelio
nak yo̲queb chi oc sa' li cab. Nak que'oc,
que'xtau nabaleb ac ch'utch'u̲queb sa'
li cab. 28 Laj Pedro quixye reheb: —
La̲ex nequenau nak lix chak'rabeb laj
judío naxye nak inc'a' naru takajunaji
kib riq'uineb li ma̲cua'eb aj judío chi
moco ta̲ru̲k to-oc sa' rochocheb. Abanan
xc'ut chicuu li Ka̲cua' Dios nak ma̲ jun
li cristian tintz'ekta̲na chi moco tinye
nak inc'a' us a̲tinac riq'uineb. 29 Jo'can
nak inc'a' xink'etk'eti cuib chi cha̲lc
nak xine'xbok chak. Ye cue c'a'ut nak
xatakla inbokbal, chan. 30 Quichak'oc
laj Cornelio ut quixye: —Ca̲hib cu-
tan anakcuan jo'ca'in ajcui' ho̲nal nak
yo̲quin chi ayunic ut chi tijoc sa' li
cuochoch. Oxib o̲r re ecuu quixc'utbesi
rib chicuu jun li cui̲nk nalemtz'un li

rak'. 31 Quixye cue, “At Cornelio, li Dios
quirabi la̱ tij. Nacuulac chiru li c'a'ru
nacaba̱nu re xtenk'anquileb li neba'.
32 Takla xc'ambal laj Simón Pedro li cuan
aran Jope. Yo̱ chi hila̱nc sa' li rochoch
laj Simón laj yi̱bom tz'u̱m. Li rochoch
a'an cuan chire li palau. Nak ta̱c'ulu̱nk
laj Pedro, tixch'olob cha̱cuu li xya̱lal,”
chan cue li ángel. 33 Jo'can nak xintakla
a̱c'ambal sa' junpa̱t. Ut la̱at xaba̱nu usilal
ke. Xatc'ulun. Anakcuan ut chikajunilo
cuanco arin chiru li Dios chirabinquil
chixjunil li c'a'ru ta̱ye ke li xye chak a̱cue
li Dios, chan laj Cornelio re laj Pedro.

Laj Pedro quixye re laj Cornelio nak li Dios inc'a' naxsic' ru li ani naxra

34 Quixtiquib a̱tinac laj Pedro ut
quixye: —Anakcuan xinq'ue retal chi
tz'akal nak li Dios inc'a' naxsic' ru li ani
naxra. 35 Li ani naxxucua ru li Dios ut
naxba̱nu li ti̱quilal a' yal bar xtenamit,
li jun a'an narahe' xban li Dios. 36 La̱ex
nequenau nak li Dios quixtakla resil li
colba-ib reheb laj Israel. Li colba-ib,
a'an li naq'uehoc tuktu̱quil usilal sa'
xc'aba' li Jesucristo. Ut li Jesucristo,
a'an li Ka̱cua', ut nim xcuanquil sa'
xbe̱n chixjunil. 37 La̱ex nequenau c'a'ru
quic'ulman sa' chixjunil li tenamit
Judea. Quiticla aran Galilea nak ac
xch'oloba̱c resil li cubi ha' xban laj
Juan. 38 Ac e̱rabiom resil li Jesucristo
aj Nazaret. Li Dios quixq'ue li Santil
Musik'ej re, ut quixq'ue xcuanquil. A'an
quibe̱c yalak bar chixba̱nunquil li usilal
ut chixq'uirtesinquileb li tacuasinbileb
xban laj tza xban nak li Dios cuan
riq'uin. 39 La̱o quikil riq'uin ku chixjunil
li c'a'ru quixba̱nu li Jesús aran Judea ut
Jerusalén. Abanan eb a'an que'xcamsi
chiru cruz. 40 Ut li Dios quixcuaclesi
cui'chic chi yo'yo sa' xya̱nkeb li
camenak sa' rox li cutan. Ut mokon li
Jesús quixc'utbesi rib chiku. 41 Inc'a'
quixc'utbesi rib chiruheb chixjunileb.
Ca'aj cui' chiruheb li quisiq'ue' ruheb
junxil xban li Dios. La̱o cocua'ac ut
co-uc'ac riq'uin nak ac xcuacli cui'chic
chi yo'yo sa' xya̱nkeb li camenak. 42 Ut
coxtakla chixch'olobanquil xya̱lal ut
chixjulticanquil chiruheb li tenamit nak
a'an q'uebil xban li Dios chi rakoc a̱tin
sa' xbe̱neb chixjunileb, li yo'yo̱queb
jo' ajcui' li camenakeb. 43 A'an a'in li
Jesús li que'xye chak resil chixjunileb li
profeta junxil. Que'xye nak sa' xc'aba'
a'an ta̱cuyek' xma̱queb chixjunileb li
neque'pa̱ban re.

Li Santil Musik'ej quiq'uehe' reheb li ma̱cua'eb aj judío

44 Toj yo̱ ajcui' chi a̱tinac laj Pedro nak
que'xc'ul li Santil Musik'ej chixjunileb li
yo̱queb chi abi̱nc re li ra̱tin li Dios li yo̱
chixyebal. 45 Eb laj pa̱banel aj judío, li
que'chal chirix laj Pedro, que'sach xch'o̱l
chirilbal nak li Dios quixq'ue li Santil
Musik'ej reheb li ma̱cua'eb aj judío. Gen-
tiles nayeman ajcui' reheb. 46 Que'rabi
nak yo̱queb chi a̱tinac sa' jalan a̱tinoba̱l
ut yo̱queb chixnimanquil ru li Dios. 47 Ut
laj Pedro quixye: —¿Ma cuan ta bi' ju-
nak inc'a' ta̱ajok nak te'cubek' xha'eb a'in
li xe'c'uluc re li Santil Musik'ej, jo' nak
xkac'ul la̱o? chan. 48 Ut quixtakla xcub-
sinquil xha'eb sa' xc'aba' li Ka̱cua' Jesu-
cristo. Ut eb a'an que'xtz'a̱ma chiru laj
Pedro nak ta̱cana̱k cuib oxibak cutan
chic riq'uineb.

Laj Pedro quixye reheb li cuanqueb Jerusalén nak naru ajcui' te'colek' li ma̱cua'eb aj judío.

11 Ut que'rabi resil eb li apóstol ut
eb laj pa̱banel li cuanqueb Judea
nak eb li ma̱cua'eb aj judío yo̱queb ajcui'
chixpa̱banquil li ra̱tin li Dios. 2 Nak co̱
Jerusalén laj Pedro, quicuech'i̱c xbaneb
laj pa̱banel aj judío li neque'ba̱nun re li
circuncisión. 3 Que'xye re: —¿C'a'ut nak
xacuula'aniheb li ma̱cua'eb aj judío? Ut,

¿c'a'ut nak xatcua'ac rochbeneb? chan-
queb. 4 Tojo'nak laj Pedro qui-oc chixye-
bal reheb chixjunil li c'a'ru quic'ulman ut
quixye reheb: 5 —Yo̱quin chi tijoc aran
Jope nak quicuil jun li visión. Sa' li visión
quicuil nak yo̱ chak chi cubec jun nimla
t'icr sa' choxa. Pixbil sa' xca̱ pac'alil lix
xuc li t'icr. Quichal bar cuanquin cui'.
6 Quicuil chi sa' li t'icr ut aran cuan-
queb nabal pa̱y ru li xul xcomoneb li
neque'cuan sa' ruchich'och'. Cuanqueb
li josk' aj xul, cuanqueb xcomoneb li
c'anti' ut cuanqueb xcomoneb li xul li
neque'rupupic chiru choxa. 7 Ut quicuabi
jun xya̱b cux quixye cue, “At Pedro, chap
a̱cue li xul a'in. Ta̱camsi ut ta̱tiu,” chan.
8 Ut la̱in quinye re, “Inc'a' Ka̱cua'. Ma̱
jun sut xintzaca c'a'ak re ru li naxye sa'
li chak'rab nak inc'a' us tintzaca,” chan-
quin. 9 Ut quixye cui'chic cue li yo̱ chak
chi a̱tinac sa' choxa, “La̱at inc'a' naru
nacac'oxla nak inc'a' us ta̱tzaca li c'a'ru
xye li Dios nak us ta̱tzaca,” chan. 10 Oxib
sut quiyehe' cue chi jo'can ut chirix
a'an quic'ame' cui'chic sa' choxa li nimla
t'icr a'an. 11 Ut sa' ajcui' li ho̱nal a'an
que'cuulac sa' li cab cuanquin cui' oxib
li cui̱nk que'chal chak toj Cesarea chin-
sic'bal. 12 Ut li Santil Musik'ej quixye cue
nak tinxic chirixeb chi ma̱c'a' inc'a'ux.
Ut que'co̱eb ajcui' chicuix cuakib li her-
ma̱n. Ut co-oc sa' rochoch jun li cui̱nk.
13 Li cui̱nk a'an quixserak'i ke chanru
nak quixc'utbesi rib jun li ángel chiru
sa' li rochoch. Li ángel quixye re, “Takla
xbokbal aran Jope laj Simón li nayehe'
ajcui' aj Pedro re. 14 A'an ta̱yehok a̱cue
chanru ta̱ru̱k tatcolek' jo'queb ajcui' li
cuanqueb sa' la̱ cuochoch, chan cue li
ángel,” chan li cui̱nk. 15 Ut nak quin-
oc chi a̱tinac riq'uineb, li Santil Musik'ej
quichal sa' xbe̱neb jo' nak quichal sa'
kabe̱n la̱o junxil. 16 Ut quinak sa' inch'o̱l
li c'a'ru quixye li Ka̱cua', “Laj Juan relic
chi ya̱l quicubsin ha' riq'uin ha', abanan
la̱ex te̱c'ul li Santil Musik'ej.” 17 Jo'can
ut nak cui li Dios quixq'ue li Santil
Musik'ej reheb a'an jo' nak quixq'ue ke
la̱o li xopa̱ban re li Jesucristo, ¿anihin
ta bi' la̱in nak tinram chiru li Dios li
c'a'ru ta̱raj xba̱nunquil? chan laj Pedro.
18 Nak que'rabi li c'a'ru quixye laj Pe-
dro, eb laj c'amol be sa' xya̱nkeb laj
pa̱banel aj judío, que'xcanab cuech'i̱nc.
Que'xlok'oni li Dios ut que'xye: —Li
Ka̱cua' xq'ue ajcui' li junelic yu'am reheb
li ma̱cua'eb aj judío xban nak xe'xyot'
xch'o̱l ut xe'xjal xc'a'ux, chanqueb.

Eb laj pa̱banel li cuanqueb Antioquía que'xtiquib xch'utubanquil ribeb chi lok'oni̱nc

19 Chirix lix camic laj Esteban,
que'xjeq'ui ribeb laj pa̱banel xban li
raylal li yo̱queb chixc'ulbal. Que'cuulac
toj Fenicia, Chipre ut Antioquía.
Aran que'xch'olob resil li evangelio
chiruheb laj judío. Inc'a' que'xye
reheb li ma̱cua'eb aj judío. 20 Abanan
cuanqueb aj pa̱banel aj Chipre ut
aj Cirene que'cuulac Antioquía. Eb
a'an que'xch'olob xya̱lal chiruheb li
neque'a̱tinac sa' griego ut que'xye resil
li colba-ib sa' xc'aba' li Jesucristo. 21 Li
Ka̱cua' Jesús quixtenk'aheb riq'uin
xnimal xcuanquil ut nabaleb que'xpa̱b
li Ka̱cua' Jesús. 22 Nak que'rabi resil
eb laj pa̱banel li cuanqueb Jerusalén,
que'xtakla laj Bernabé aran Antioquía.
23 Nak quicuulac laj Bernabé quixq'ue
retal nak li Dios yo̱ chirosobtesinquileb
laj pa̱banel li cuanqueb aran. Quixq'ue
xcacuilal xch'o̱leb ut quixye ajcui'
reheb nak che'xq'uehak xch'o̱leb
chixpa̱banquil li Ka̱cua'. 24 Laj Bernabé,
a'an jun cui̱nk cha̱bil ut cuan xpa̱ba̱l.
Nujenak chi Santil Musik'ej. Ut chiru
a'an nabaleb que'xpa̱b li Ka̱cua'.
25 Chirix chic a'an laj Bernabé co̱ Tarso
chixsic'bal laj Saulo. Nak quixtau
quixc'am Antioquía. 26 Ut que'cuan
aran jun chihab tz'akal riq'uineb ut

que'xc'ut li xya̱lal chiruheb nabal. Ut aran Antioquía que'xtiquib xyebal "cristiano" reheb laj pa̱banel. 27 Sa' eb li cutan a'an cuanqueb profeta que'el Jerusalén ut que'co̱eb Antioquía. 28 Cuan jun sa' xya̱nkeb a'an aj Agabo xc'aba'. Quixye nak ta̱cua̱nk jun nimla cue'ej sa' chixjunil li ruchich'och' xban nak jo'can quic'ute' chiru xban li Santil Musik'ej. Ut li cue'ej a'in quic'ulman sa' eb li cutan nak cua̱nk laj Claudio chok' acuabej. 29 Ut eb laj pa̱banel li cuanqueb Antioquía que'xc'u̱b ru nak te'xtenk'aheb laj pa̱banel li cuanqueb Judea. Que'xtenk'a a' yal chanru quixq'ue rib chiru li junju̱nk. 30 Ut jo'can que'xba̱nu. Que'xtakla lix tenk'al chirixeb laj Bernabé ut laj Saulo re nak te'xk'axtesi sa' ruk'eb li neque'c'amoc be sa' xya̱nkeb laj pa̱banel li cuanqueb Judea.

Quicamsi̱c laj Jacobo ut quiq'uehe' sa' tz'alam laj Pedro

12 Sa' eb li cutan a'an laj Herodes quixtiquib xrahobtesinquileb laj pa̱banel. 2 Quixtakla xcamsinquil riq'uin ch'i̱ch' laj Jacobo li ras laj Juan. 3 Laj Herodes quixq'ue retal nak eb laj judío que'saho' xch'o̱l riq'uin li c'a'ru quixba̱nu. Jo'can nak quixtakla ajcui' xchapbal laj Pedro. Quixba̱nu a'in sa' li nink'e nak neque'xcua' li caxlan cua ma̱c'a' xch'amal. 4 Nak ac xchape' laj Pedro, li rey Herodes quixtakla sa' tz'alam ut quixk'axtesi sa' ruk'eb ca̱hib ch'u̱tal chi soldado re te'xc'ac'ale. Ca̱hib chi soldado cuan sa' li junju̱nk ch'u̱tal. Laj Herodes cuan sa' xch'o̱l nak tixc'am chiruheb li tenamit nak ac xrake' li nink'e re te'xrak a̱tin sa' xbe̱n. 5 Jo'can nak laj Pedro ilbil chi us xbaneb li soldado re nak inc'a' ta̱e̱lelik. Abanan eb laj pa̱banel cau yo̱queb chi tijoc chirix.

Nak qui-isi̱c laj Pedro sa' tz'alam xban li Dios

6 Ac cuulac re xk'ehil nak ta̱c'amek' laj Pedro xban laj Herodes chiruheb li tenamit. Sa' li k'ojyi̱n a'an laj Pedro yo̱ chi cua̱rc sa' xyiheb li cuib chi soldado bac'bo riq'uin cadena. Ut cuanqueb ajcui' laj c'ac'alenel chire li oqueba̱l re li tz'alam. 7 Ut xaka̱mil jun x-ángel li Dios bar cuan cui' laj Pedro ut quixcutanobresi sa' li tz'alam. Li ángel quixt'otz'otz'i laj Pedro ut quirajsi. Quixye re: —Cuaclin. Se̱ba a̱cuib, chan. Ut sa' junpa̱t quit'ane' li cadena chi ruk'. 8 Ut li ángel quixye re: —Q'ue la̱ cuak' cha̱cuix ut q'ue la̱ xa̱b cha̱cuok, chan re. Ut laj Pedro quixba̱nu jo' quiyehe' re. Ut li ángel quixye cui'chic re: —Tz'ap a̱cuib sa' la̱ t'icr ut yo'o chicuix, chan. 9 Laj Pedro co̱ chirix li ángel. Abanan inc'a' naxnau nak tz'akal ya̱l li yo̱ chixba̱nunquil li ángel. Sa' xch'o̱l laj Pedro nak visión li yo̱ chirilbal. 10 Que'cuulac cuan cui' li jun ch'u̱tal chi soldado ut que'nume' aran. Ut que'cuulac cui'chic cuanqueb cui' li jun ch'u̱tal chic. Ut que'nume' aran toj que'cuulac cuan cui' li puerta ch'i̱ch' li na-ux cui' oc sa' li tenamit. Ut li puerta a'an quixte rib xjunes chiruheb. Que'el ut que'xk'ax jun li nim be. Aran quicanaba̱c xjunes laj Pedro xban li ángel. 11 Laj Pedro quixq'ue retal li c'a'ru quixc'ul ut quixye sa' xch'o̱l: —Anakcuan ninnau chi tz'akal nak li Ka̱cua', a'an li xtaklan chak re li ángel. Xinixcol sa' ruk' laj Herodes. Ut xinixcol ajcui' sa' ruk'eb chixjunileb laj judío li te'raj xba̱nunquil raylal cue, chan. 12 Nak quixtau ru li c'a'ru quixc'ul, laj Pedro co̱ sa' rochoch lix María lix na' laj Juan li nayeman Marcos re. Aran ch'utch'u̱queb nabaleb laj pa̱banel yo̱queb chi tijoc. 13 Quixt'och't'och'i li puerta li cuan chiru neba̱l. Ut co̱ jun li xka'al xRode xc'aba' chirabinquil ani cuan aran. 14 Quixnau ru xya̱b xcux laj

Pedro. Inc'a' quixte li puerta chiru. Xban xsahil xch'ol, co sa' anil chixyebal resil reheb li cuanqueb sa' cab nak laj Pedro cuan chire puerta. 15 Eb li cuanqueb sa' cab inc'a' que'xpab li quixye. —Xloco' acuu, chanqueb re. Abanan lix Rode quixye cui'chic reheb nak yal nak a'an laj Pedro. Que'chak'oc ut que'xye re: —A'an yal xmuhel, chanqueb re. 16 Nak yoqueb chi atinac, laj Pedro toj yo ajcui' chixtoch'bal li puerta. Nak que'xte li puerta que'ril laj Pedro. Sachsoqueb xch'ol que'cana. 17 Quixtaksi li ruk' re nak te'xcanab chokinc, ut quixserak'i reheb chanru nak qui-isic sa' tz'alam xban li Kacua'. Quixye reheb: —Yehomak resil a'in re laj Jacobo ut reheb chixjunileb laj pabanel, chan. Ut chirix a'an co sa' jalan na'ajej. 18 Nak quisakeu que'xq'ue retal nak ma ani chic laj Pedro sa' tz'alam. C'ajo' nak que'sach xch'oleb li soldado chirilbal li c'a'ru quic'ulman. Yoqueb chixyebal chi ribileb rib: —¿C'a'ru xc'ul laj Pedro? ¿Bar xco? chanqueb. 19 Ut laj Herodes quixtakla xsiq'uinquil. Nak inc'a' que'xtau quixq'ue sa' xbeneb laj c'ac'alenel ut quixtakla xcamsinquileb. Chirix a'an laj Herodes qui-el Judea ut co chi cuanc aran Cesarea.

Lix camic laj Herodes

20 Laj Herodes yo xjosk'il sa' xbeneb laj Tiro ut laj Sidón. Eb a'an que'chal sa' comonil. Ut que'xk'unbesi laj Blasto li natenk'an re li rey. Que'xtz'ama chiru nak a'an taatinak chirixeb chiru li rey re nak taruk te'xc'am rib sa' usilal riq'uin xban nak sa' xtenamit li rey na-el xtzacaemkeb. 21 Laj Herodes quixxakab jun li cutan re nak taatinak riq'uineb laj Tiro ut laj Sidón. Quixtikib rib riq'uin chabil ak' c'ajo' xchak'al ru li neque'rocsi li rey. Quic'ojla sa' lix na'aj bar narakoc cui' atin ut qui-oc chi atinac riq'uineb li tenamit. 22 Ut eb li tenamit que'oc chixyebal chi cau xyab xcux: —Li yo chi atinac macua' cuink. A'an Dios, chanqueb. 23 Ut sa' ajcui' li honal a'an, jun x-ángel li Kacua' quixq'ue jun yajel sa' xben laj Herodes xban nak quixq'ue rib chixlok'oniheb li tenamit ut inc'a' quixq'ue xlok'al li Dios. Quimotzo'in ut a'an quicamsin re. 24 Sa' eb li cutan a'an li ratin li Kacua' yo chi abic yalak bar. Ut nabaleb yoqueb chi pabanc re. 25 Que'suk'i chak Jerusalén laj Bernabé ut laj Saulo nak ac que'xbanu lix c'anjeleb. Que'xc'am chirixeb laj Juan, li neque'xye ajcui' Marcos re.

Que'xtiquib lix c'anjel laj Bernabé ut laj Saulo

13 Sa' xyankeb laj pabanel aran Antioquía cuanqueb profeta ut cuanqueb aj tzolonel. A'aneb a'in: laj Bernabé, laj Simón li neque'xye Niger re, laj Lucio Cirene xtenamit, laj Manaén li quiq'uiresic riq'uin laj Herodes li acuabej, ut laj Saulo. 2 Nak yoqueb chi tijoc chiru li Dios ut chi ayunic, li Santil Musik'ej quixye reheb: —Q'uehomakeb xjuneseb laj Saulo ut laj Bernabé re nak te'xbanu li c'anjel a'in li sic'bileb cui' ru inban, chan. 3 Que'xbanu lix ayun ut que'tijoc nak que'xq'ue li ruk'eb sa' xbeneb laj Saulo ut laj Bernabé. Tojo'nak que'xchak'rabiheb. 4 Laj Saulo ut laj Bernabé que'coeb Seleucia jo' quiyehe' reheb xban li Santil Musik'ej. Que'el aran ut que'coeb chiru ha' toj Chipre. 5 Ut nak que'cuulac Salamina, que'xch'olob xyalal li ratin li Dios sa' eb li cab li neque'xch'utub cui' ribeb laj judío. Ut laj Juan Marcos yo ajcui' chixtenk'anquileb. 6 Yoqueb chixbeninquil chixjunil li na'ajej li sutsu sa' ha'. Que'cuulac sa' li tenamit Pafos. Aran que'xtau jun aj tul aj judío. Barjesús lix c'aba'. Li cuink a'an aj balak'. Naxye nak sa' xc'aba' li Dios naatinac. Abanan moco yal ta. 7 Li cuink a'an cuan riq'uin laj Sergio Paulo, li q'uebil xcuanquil chi taklanc sa' li na'ajej a'an. Laj Sergio

Paulo, li cuan xna'leb, quixtakla xbok-
baleb laj Saulo ut laj Bernabé xban
nak quiraj rabinquil li ra̱tin li Dios.
8 Abanan yo̱ chi ch'i'ch'i'i̱nc laj Barjesús
laj tu̱l. (Chi jalbil ru li c'aba'ej a'an naraj
naxye Elimas.) Yo̱ chixch'i'ch'i'inquileb
xban nak inc'a' quiraj nak ta̱pa̱ba̱nk laj
Sergio Paulo. 9 Xban nak cuan li San-
til Musik'ej riq'uin, laj Saulo li naye-
man ajcui' aj Pablo re, quixnau nak
inc'a' us xna'leb laj Barjesús. Jo'can nak
quixca'ya sa' ru. 10 Ut quixye re: —La̱at
chanchanat laj tza. La̱at aj tic'ti'. Xic'
nacacuil li ti̱quilal. Junes balak'ic ut
ma̱usilal nacaba̱nu. La̱at nacapo' ru li
rusilal li Ka̱cua'. 11 Anakcuan li Ka̱cua'
ta̱rakok a̱tin sa' a̱be̱n. Tatmutz'ok' ut najt
inc'a' ta̱ilok xnak' a̱cuu, chan laj Pablo.
Ut sa' junpa̱t quimoy ut quik'ojyi̱no' sa'
xnak' ru. Quixyal xsic'bal ani ta̱ch'ilo̱nk
re. 12 Ut nak laj Sergio Paulo quiril li
c'a'ru quixc'ul laj tu̱l, quixpa̱b li Ka̱cua'.
Sachso xch'o̱l chirabinquil li tijleb chirix
li Ka̱cua'.

Laj Pablo ut laj Bernabé que'xch'olob xya̱lal aran Antioquía xcue̱nt Pisidia

13 Laj Pablo que'el Pafos sa' jucub
jo'queb ajcui' li rochben ut que'co̱eb
Perge xcue̱nt Panfilia. Aran que'xcanab
ribeb ut laj Juan Marcos quisuk'i
Jerusalén. 14 Eb a'an que'nume' Perge
ut que'cuulac Antioquía xcue̱nt Pisidia.
Sa' li hiloba̱l cutan que'oc sa' li cab
li neque'xch'utub cui' ribeb laj judío
ut que'c'ojla aran. 15 Eb laj c'amol be
que'ril xsa' li chak'rab ut que'ril ajcui'
xsa' li hu li que'xtz'i̱ba li profeta. Ut
chirix a'an que'xye re laj Pablo: —Ex
kas ki̱tz'in, cui cuan li c'a'ru te̱ye re
xq'uebal xcacuil xch'o̱leb li tenamit,
takaj rabinquil anakcuan, chanqueb.
16 Quixakli laj Pablo ut quixtaksi li
ruk' re xyebal reheb nak inc'a' chic
te'choki̱nk. Quixye: —Ex aj judío ut la̱ex
li ma̱cua'ex aj judío, li nequelok'oni li
Ka̱cua', abihomak li tinye e̱re. 17 Li Dios
li neque'xlok'oni li ralal xc'ajol laj Israel,
a'an quixsiq'ueb ru li kaxe'to̱nil yucua'.
Quirosobtesiheb ut quixtamresiheb nak
cuanqueb aran Egipto. Ut riq'uin xnimal
xcuanquil quirisiheb sa' li tenamit a'an.
18 Ca'c'a̱l chihab quixcuy chak rilbaleb
nak yo̱queb chak chi numec' sa' li chaki
ch'och'. 19 Quixsach ruheb cuukub li
xni̱nkal ru tenamit sa' li na'ajej Canaán
ut li na'ajej a'an quicana chok' reheb laj
Israel. 20 Chixjunil a'in quic'ulman chiru
ca̱hib ciento riq'uin mero ciento chihab.
Chirix a'an li Dios quixq'ueheb aj rakol
a̱tin chi takla̱nc sa' xbe̱neb toj qui-oc laj
Samuel li profeta. 21 Chirix chic a'an
que'xtz'a̱ma xreyeb. Ut li Dios quixq'ue
laj Saúl chok' xreyeb. A'an quitaklan sa'
xbe̱neb chiru ca'c'a̱l chihab. Laj Saúl
a'an ralal laj Cis xcomoneb li ralal
xc'ajol laj Benjamín. 22 Ut nak qui-isi̱c
laj Saúl, li Dios quixq'ue laj David
chok' xreyeb ut quixye: —Xinsic' ru laj
David ralal laj Isaí. Nacuulac chicuu
lix na'leb li cui̱nk a'an. A'an tixba̱nu
chixjunil li c'a'ru nacuaj la̱in, chan. 23 Ut
sa' xya̱nkeb li ralal xc'ajol a'an, li Dios
quixq'ue chi yo'la̱c li Jesús laj Colol re
li tenamit Israel jo' quixyechi'i reheb.
24 Nak toj ma̱ji' nac'ulun li Jesús, laj
Juan yo̱ chixch'olobanquil chiruheb
chixjunileb laj Israel nak tento te'xyot'
xch'o̱l te'xjal xc'a'ux ut te'xc'ul li cubi
ha'. 25 Nak ac rakec' re xba̱nunquil
lix c'anjel, laj Juan quixye, "¿Anihin
la̱in nak nequec'oxla? Moco la̱in ta
li yo̱quex chiroybeninquil. Cha̱lc ban
re chicuix li yo̱quex chiroybeninquil.
A'an nim xcuanquil chicuu la̱in. Moco
inc'ulub ta xhitbal xc'a̱mal lix xa̱b,"
chan laj Juan. 26 Ex kas ki̱tz'in, la̱ex
ralal xc'ajol laj Abraham, ut la̱ex li
ma̱cua'ex aj judío li nequexucua ru
li Dios, taklanbil chak chok' e̱re laj
Colonel. 27 Li cuanqueb Jerusalén ut eb
li neque'taklan sa' xbe̱neb li tenamit

inc'a' que'xtau ru li que'xye eb li profeta.
Inc'a' que'xnau nak li Jesús, a'an laj
Colonel. Abanan nak que'xk'axtesi chi
camc li Jesús, quitz'akloc ru li atin li
que'xye li profeta, li na-ile' chiruheb
rajlal sa' li hilobal cutan. 28 Usta inc'a'
que'xtau xmac, que'xtz'ama chiru laj
Pilato nak tixq'ue chi camsic li Jesús.
29 Nak ac xc'ul chixjunil li raylal li
quiyehe' chak chirix xbaneb li profeta
junxil, que'risi chiru cruz ut que'xmuk.
30 Abanan li Dios quixcuaclesi cui'chic
chi yo'yo sa' xyankeb li camenak. 31 Ut
chiru nabal cutan qui-ile' ru xbaneb
li que'ochbenin re junxil nak qui-el
Galilea ut co Jerusalén. Ut a'aneb chic
neque'yehoc resil li que'ril reheb li
tenamit anakcuan. 32 Jo'can ajcui' lao
yoco chixch'olobanquil cheru li chabil
esilal a'in: nak li Dios quixcuaclesi
cui'chic chi yo'yo li Jesucristo.
33 Quitz'akloc ru chok' ke lao li alal
c'ajolbej li quixyechi'i chak li Dios reheb
li kaxe'tonil yucua' junxil jo' tz'ibanbil
retalil sa' li hu Salmos li naxye chi
jo'ca'in: Laat li tz'akal cualal. Anakcuan
xatinq'ue sa' acuanquil, chan li Dios.
(Sal. 2:7) 34 Quixcuaclesi cui'chic chi
yo'yo sa' xyankeb li camenak ut inc'a'
chic tacamk jo' tz'ibanbil retalil sa' li
hu Isaías li naxye chi jo'ca'in: Lain
texcuosobtesi ut tinq'ue ere li matan li
quinyechi'i re laj David junxil. (Is. 55:3)
35 Ut naxye ajcui' sa' li Salmos: Inc'a'
tacanab chi k'ac lix tibel la Santil Alal.
(Sal. 16:10) 36 Relic chi yal laj David
nak toj yo'yok quic'anjelac chiru lix
tenamit jo' quiraj li Dios. Quicam ut
quimuke' chixc'atk lix xe'tonil yucua'
ut quik'a lix tibel. 37 Abanan li jun li
quicuaclesic cui'chic chi yo'yo xban li
Dios, a'an inc'a' quik'a lix tibel. 38 Jo'can
ut nak chenauhak laex, kas kitz'in,
nak nakajultica cheru nak ca'aj cui'
sa' xc'aba' li Jesús li quicuacli cui'chic
chi yo'yo cuan xcuybal xsachbal le
mac. 39 Inc'a' quiticobresic xch'oleb li
kaxe'tonil yucua' riq'uin xbanunquil li
naxye sa' lix chak'rab laj Moisés, abanan
anakcuan naru chic taticobresik kach'ol
riq'uin xpabanquil li Jesús. 40 Jo'can
nak cheq'uehak retal chi us re nak inc'a'
tachalk sa' eben li raylal li que'xye
chak li profetas junxil. 41 A'an a'in li
que'xtz'iba li profeta junxil:
Cherabihak, laex li nequextz'ektanan re
li cuatin. Chisachk ena'leb ut chex-
osok' ta. Lain yoquin chixbanunquil
jun li sachba ch'olej sa' eb li cu-
tan a'in. Li sachba ch'olej li yoquin
chixbanunquil inc'a' raj tepab cui yal
ani ta junak taserak'ink ere. (Hab.
1:5)
42 Nak que'el laj Pablo ut laj Bern-
abé sa' li cab li neque'xch'utub cui'
ribeb laj judío, li macua'eb aj judío
que'xtz'ama chiru laj Pablo nak tachalk
cui'chic sa' li hilobal cutan jun chic re
nak tixch'olob cui'chic xyalal chiruheb.
43 Nak que'xchak'rabiheb li tenamit, na-
baleb laj judío jo'queb ajcui' li que'oc
sa' xyankeb a'an que'xtake laj Pablo
ut laj Bernabé. Laj Pablo ut laj Bern-
abé yoqueb chixq'uebal xna'lebeb re nak
te'cuank sa' xyalal jo' naraj li Dios.
44 Sa' li hilobal cutan jun chic, yal
cuib oxib aj chic li inc'a' que'cuulac
chi abinc nak que'xch'utub ribeb chixju-
nileb li cuanqueb sa' li tenamit chirabin-
quil li ratin li Dios li tixye laj Pablo.
45 Ut nak que'ril li q'uila tenamit eb li
neque'c'amoc be sa' xyankeb laj judío,
c'ajo' nak que'cako' xch'oleb. Que'oc
chixcuech'inquil laj Pablo. Que'xhob ut
que'xmajecua. 46 Laj Pablo ut laj Bern-
abé que'xye chi cauheb xch'ol: —Relic
chi yal nak xben cua raj ere laex aj judío
xkaye resil li ratin li Dios. Abanan laex
xetz'ektana ut xec'oxla nak moco ec'ulub
ta li junelic yu'am. Jo'can nak anakcuan
takaye resil reheb li macua'eb aj judío.

47 Tento takaye xban nak jo'can coxtakla
cui' chak li Ḵacua' Dios nak quixye:

Xatinxakab re ṯach'olob xya̱lal chiruheb
li ma̱cua'eb aj judío ut ṯaye resil li
colba-ib jun sut sa' ruchich'och'. (Is.
49:6)

48 Nak que'rabi li c'a'ru quixye laj
Pablo, li ma̱cua'eb aj judío que'saho' sa'
xch'o̱leb ut que'xq'ue xcuanquil li ra̱tin li
Dios. Que'pa̱ban li jo' q'uial li quixye li
Dios nak ṯacua̱nk xyu'ameb chi junelic.
49 Ut yo̱ rabinquil resil li ra̱tin li Dios sa'
chixjunil li na'ajej a'an. 50 Eb laj judío
que'xtacchi'i chak eb li ixk li neque'xq'ue
xcuanquil lix pa̱ba̱leb, li neque'q'uehe'
xlok'al jo'queb ajcui' li cui̱nk li cuanqueb
xcuanquil sa' li tenamit. Que'xyo'ob jun
ra xi̱c' sa' xbe̱neb laj Pablo ut laj Bernabé.
Ut que'risiheb sa' lix tenamiteb. 51 Laj
Pablo ut laj Bernabé que'xchik'chik'i li
poks chi rokeb nak que'el sa' li tenamit
re xc'utbal nak inc'a' us que'xba̱nu reheb.
Ut chirix a'an que'co̱eb Iconio. 52 Ut eb
laj pa̱banel c'ajo' xsahil sa' xch'o̱leb ut li
Santil Musik'ej cuan riq'uineb.

Laj Pablo ut laj Bernabé que'xc'ul raylal xban nak que'xch'olob xya̱lal aran Iconio

14 Nak que'cuulac Iconio, laj Pablo
ut laj Bernabé que'oc sa' li cab
li neque'xch'utub cui' ribeb laj judío.
Que'xch'olob li xya̱lal chiruheb ut na-
baleb aj judío que'pa̱ban jo'queb ajcui'
li ma̱cua'eb aj judío. 2 Ut eb laj judío
li inc'a' que'pa̱ban, que'xtacchi'iheb li
ma̱cua'eb aj judío re nak te'xpo' xch'o̱leb
sa' xbe̱neb laj pa̱banel. 3 Abanan laj
Pablo ut laj Bernabé najt que'cana
aran. Ut xban nak cauheb xch'o̱l riq'uin
li Ḵacua' que'xch'olob xya̱lal li rusi-
lal li Dios. Ut li Ḵacua' yo̱ chixq'uebal
xcuanquil li ra̱tineb xban nak yo̱ chix-
tenk'anquileb chixba̱nunquil li milagros
ut li sachba ch'o̱lej. 4 Que'xjach ribeb
li tenamit. Cuanqueb li que'oquen chir-
ixeb laj judío ut cuanqueb li que'oquen
chirixeb li apóstol. 5 Sa' xya̱nkeb li xic'
neque'iloc reheb laj Pablo ut laj Bernabé
cuanqueb aj judío ut cuanqueb ma̱cua'eb
aj judío. Que'xjunaji ribeb riq'uineb li
neque'taklan sa' li tenamit ut que'xc'u̱b
ru chanru nak te'xrahobtesi ut te'xcuti
chi pec laj Pablo ut laj Bernabé. 6 Abanan
laj Pablo ut laj Bernabé que'rabi resil
li yo̱queb chixc'u̱banquil ut que'e̱lelic
chiruheb. Co̱eb sa' eb li tenamit Listra ut
Derbe xcue̱nt Licaonia ut que'co̱eb ajcui'
sa' eb li c'aleba̱l li cuanqueb chi xjun su-
tam. 7 Ut aran yo̱queb chixch'olobanquil
resil li colba-ib.

Que'xcuti laj Pablo chi pec aran Listra

8 Aran Listra cuan jun li cui̱nk inc'a'
naru nabe̱c. Chalen sa' xca'ch'inal inc'a'
us li rok. Li cui̱nk a'an chunchu aran.
9 Yo̱ chirabinquil li c'a'ru yo̱ chixye-
bal laj Pablo. Laj Pablo quixca'ya li
cui̱nk ut quixq'ue retal nak li cui̱nk a'an
quixpa̱b nak naru ṯaq'uirtesi̱k. 10 Jo'can
nak laj Pablo quixye re chi cau xya̱b
xcux: —Cuaclin. Xaklin chi us, chan.
Ac ṯacuacli̱k ut qui-oc chi be̱c li cui̱nk.
11 Nak li tenamit que'ril li c'a'ru quixba̱nu
laj Pablo, que'xjap reheb chixyebal sa'
ra̱tinoba̱leb laj Licaonia: —Xe'chal sa'
kaya̱nk li dios. Chanchaneb cui̱nk, chan-
queb. 12 Laj Bernabé que'xq'ue xc'aba'
chok' Júpiter, ut laj Pablo Mercurio
que'xq'ue chok' xc'aba' xban nak a'an
aj c'amol be chi a̱tinac. 13 Li rochoch
laj Júpiter lix dioseb a'an cuan chire li
tenamit. Laj tij li nac'anjelac chiru lix
dioseb a'an cuan chire li tenamit. Laj tij
li nac'anjelac chiru lix dioseb quixc'am
chire li tenamit li cuacax ut li coto-
banbil utz'u'uj. Quiraj raj xmayejanquil
chiruheb li apóstol rochbeneb li tenamit.
14 Nak que'xq'ue retal li c'a'ru yo̱queb
li tenamit, laj Pablo ut laj Bernabé
que'xpej li rak'eb retalil nak inc'a' quicu-
ulac chiruheb li c'a'ru yo̱queb chixba̱-

nunquil li tenamit. Ut que'co̱eb sa' a̱nil
sa' xya̱nkeb li tenamit ut que'xye chi cau
xya̱b xcuxeb: 15 —Ex tenamit, ¿c'a'ut nak
nequeba̱nu chi jo'can? La̱o yal cui̱nko
jo' la̱ex. Juntak'e̱to e̱riq'uin. A'an aj e
nak xochal arin sa' e̱ya̱nk chixyebal e̱re
nak te̱canab li jo' ma̱jo'il na'leb. Sic'omak
ban li yo'yo̱quil Dios li quiyi̱ban re li
choxa, li ruchich'och', li palau ut chixju-
nil li c'a'ru cuan. 16 Junxil li Dios quix-
canabeb li tenamit chi cua̱nc jo' que'raj
eb a'an. 17 Riq'uin li usilal li naxba̱nu ke,
junelic yo̱ chixc'utbesinquil chiku nak
a'an li Dios. A'an naxc'ut chiku nak a'an
yal re sa' xbe̱n chixjunil. A'an naq'uehoc
re li hab. A'an naq'uehoc re chi u̱chi̱nc
li kacui̱mk chi nabal, ut a'an ajcui'
nac'ojoban re li kach'o̱l riq'uin li katza-
cae̱mk ut riq'uin lix sahil kach'o̱l, chan
laj Pablo. 18 Usta laj Pablo ut laj Bernabé
que'xch'olob xya̱lal chiruheb li tenamit,
abanan ra sa nak que'xc'ul xch'o̱l nak
inc'a' te'mayejak chiruheb. 19 Que'cuulac
eb laj judío li que'chal Antioquía ut Ico-
nio. Que'xtacchi'iheb nabaleb li tenamit.
Que'xcuti chi pec laj Pablo ut que'risi
chire li tenamit. Sa' xch'o̱leb a'an nak ca-
menak chic laj Pablo que'xcanab. 20 Laj
Pablo quiril nak quisute' xbaneb laj
pa̱banel. Quicuacli ut co̱ sa' li tenamit.
Ut sa' xcab li cutan co̱ cui'chic Derbe
rochben laj Bernabé.

Laj Pablo co̱ cui'chic Antioquía xcue̱nt Siria chixq'uebal xcacuilal xch'o̱leb laj pa̱banel

21 Nak que'xch'olob resil li colba-ib
sa' li tenamit Derbe, nabaleb que'pa̱ban.
Chirix chic a'an que'suk'i cui'chic sa' eb
li tenamit Listra, Iconio ut Antioquía.
22 Yo̱queb chixq'uebal xcacuil xch'o̱leb
laj pa̱banel. Que'xye reheb nak te'xpa̱b
li Ka̱cua' chi anchaleb xch'o̱l ut inc'a'
te'xcanab xpa̱banquil. Que'xye reheb
nak tento te'xcuy xnumsinquil li raylal
re nak te'oc sa' lix nimajcual cuanquilal
li Dios. 23 Que'xxakab aj c'amol be
re li junju̱nk ch'u̱tal chi aj pa̱banel.
Que'xba̱nu lix ayu̱n ut que'tijoc sa'
xbe̱neb re xk'axtesinquileb sa' ruk' li
Ka̱cua' li ac xe'pa̱ban. 24 Nak yo̱queb
chi xic que'nume' sa' li na'ajej Pisidia
ut que'cuulac Panfilia. 25 Que'xye resil
li evangelio aran Perge ut que'co̱eb
Atalia. 26 Que'el aran ut que'co̱eb
chiru ha' toj Antioquía sa' li na'ajej
li que'takla̱c cui' chi c'anjelac chiru li
Ka̱cua'. Que'canaba̱c sa' ruk' li Dios
re nak a'an ta̱ilok reheb. Jo'ca'in nak
que'xchoy li c'anjel li quiq'uehe' reheb
re te'xba̱nu. 27 Nak que'cuulac Antioquía
que'xch'utub chixjunileb laj pa̱banel ut
que'xserak'i reheb chixjunil li quixba̱nu
li Ka̱cua' reheb. Que'xserak'i ajcui' reheb
chanru nak li Dios quixq'ue li evangelio
reheb li ma̱cua'eb aj judío. 28 Laj Pablo
ut laj Bernabé najt que'cana riq'uineb
laj pa̱banel sa' li na'ajej a'an.

Eb laj c'amol be que'xch'utub ribeb Jerusalén chixc'u̱banquil c'a'ru tento te'xba̱nu laj pa̱banel li ma̱cua'eb aj judío

15 Cuanqueb aj pa̱banel que'chal
chak Judea. Que'oc chixyebal
reheb laj pa̱banel: —Inc'a' naru tex-
colek' cui inc'a' te̱ba̱nu li circuncisión
jo' naxye li chak'rab li quiq'uehe' re
laj Moisés, chanqueb. 2 Riq'uin a'an
que'xtiquib xcuech'inquil ribeb riq'uin
laj Pablo ut laj Bernabé chirix li na'leb
a'in. Ut que'xc'u̱b ru nak laj Pablo ut
laj Bernabé te'xic Jerusalén chixpatz'bal
reheb li apóstol ut reheb laj c'amol be
ma tento nak te'xc'ul li circuncisión re
nak te'colek'. Cuanqueb ajcui' cuib oxib
laj pa̱banel co̱eb chirixeb. 3 Que'takla̱c
xbaneb laj pa̱banel aran Antioquía. Nak
yo̱queb chi numec' Fenicia ut Samaria,
que'xye resil nak que'pa̱ban li ma̱cua'eb
aj judío. Ut c'ajo' nak que'saho' sa'
xch'o̱leb chixjunileb laj pa̱banel rabin-

quil nak yo̱queb chi pa̱ba̱nc. 4 Ut nak
que'cuulac Jerusalén, que'c'ule' xbaneb li
apóstol, eb laj c'amol be jo'queb ajcui'
chixjunileb laj pa̱banel. Ut que'xserak'i
reheb chanru nak li Dios quixtenk'aheb
riq'uin li c'anjel que'xba̱nu. 5 Abanan
cuanqueb cuib oxib laj pa̱banel aj
fariseo. Eb a'an que'xye: —Eb laj pa̱banel
li ma̱cua'eb aj judío, tento te'xba̱nu li cir-
cuncisión. Tento te'xba̱nu li c'a'ru naxye
li chak'rab li quixq'ue ke laj Moisés,
chanqueb. 6 Que'xch'utub ribeb li após-
tol ut eb laj c'amol be chixsic'bal c'a'ru
te'xba̱nu riq'uin li ch'a'ajquilal a'in. 7 Ut
nak ac xe'xcuech'i ribeb chi us chirix li
na'leb a'in, laj Pedro quicuacli ut qui-oc
chi a̱tinac. Quixye reheb: —Ex herma̱n,
la̱ex nequenau nak ac junxil quixsic'
chak cuu li Dios sa' e̱ya̱nk re tinye re-
sil li colba-ib reheb li ma̱cua'eb aj judío
re nak te'pa̱ba̱nk ajcui' eb a'an. 8 Li Dios
naxnau c'a'ru nanume' sa' xch'o̱l li jun-
ju̱nk. Quixc'ut chiku nak naxraheb a'an
nak quixq'ue li Santil Musik'ej reheb jo'
nak quixq'ue ke la̱o. 9 Moco jalan ta
chic li colba-ib li xq'ue ke la̱o chiru li
xq'ue reheb a'an. Quixcuy quixsach lix
ma̱queb xban nak xe'pa̱ban. 10 Anakcuan
ut ¿c'a'ut nak yo̱quex chixyalbal rix li
Dios riq'uin xq'uebal li i̱k a'in sa' xbe̱neb
laj pa̱banel li ma̱cua'eb aj judío? ¿C'a'ut
nak te̱puersiheb chixba̱nunquil li naxye
li chak'rab li inc'a' xoru chixba̱nunquil
la̱o chi moco eb li kaxe'to̱nil yucua'?
11 Yal xban rusilal li Ka̱cua' Jesús nak
xopa̱ban ut xocole' jo' eb ajcui' a'an, chan
laj Pedro. 12 Que'xcanab a̱tinac chixju-
nileb li ch'utch'u̱queb aran ut que'oc
chirabinquil nak laj Pablo ut laj Bern-
abé yo̱queb chixserak'inquil chanru nak
li Dios quixtenk'aheb chixba̱nunquil li
milagro ut li sachba ch'o̱lej sa' xya̱nkeb
li ma̱cua'eb aj judío. 13 Nak que'rake' chi
a̱tinac, laj Jacobo quichak'oc ut quixye:
—Ex inherma̱n, abihomak li oc cue xye-
bal e̱re. 14 Laj Simón Pedro ac xye e̱re
chanru nak li Dios quixtiquib rosobtesin-
quileb li ma̱cua'eb aj judío. Quixsiq'ueb
ru sa' xya̱nkeb li ani te'pa̱ba̱nk re. 15 Ut
a'an ajcui' li que'xtz'i̱ba chak retalil li
profeta junxil li naxye chi jo'ca'in:

16 Ut chirix a'in la̱in tincha̱lk ut tin-
cuaclesi cui'chic lix tenamit laj
David, li t'anenak anakcuan. Tinyi̱b
cui'chic li tz'ac li sutsu cui' ut tiny-
i̱b cui'chic li juq'uinbil. Tinq'ueheb
cui'chic xcuanquil laj Israel,
17 re nak tine'xpa̱b li ma̱cua'eb aj judío.
Tine'xpa̱b chixjunileb li sic'bileb ru
inban chok' cualal inc'ajol, chan li
Ka̱cua' Dios.
18 Ut li Ka̱cua' Dios li quiyehoc chak re
a'in, a'an ajcui' li ta̱ba̱nu̱nk re. (Amós
9:11-12)

19 Jo'can nak la̱in ninye nak inc'a'
takapuersi ruheb chixba̱nunquil li naxye
li chak'rab li ma̱cua'eb aj judío li
yo̱queb chixpa̱banquil li Ka̱cua'. 20 Li
tento takaba̱nu, a'an tz'i̱bac riq'uineb
ut xyebal reheb nak inc'a' te'xmux rib
riq'uin xtzacanquil li tzacae̱mk maye-
janbil chiruheb li yi̱banbil dios. Inc'a'
te'co'be̱tak te'yumbe̱tak. Ut inc'a' te'xtiu
xtibel li yatz'bil xul chi moco te'xtzaca li
quic'. 21 Jo'ca'in ajcui' naxye li chak'rab
li quiq'uehe' re laj Moisés xban li Dios.
Ut chalen chak najter cuan li ani najulti-
can re sa' eb li cab li neque'xch'utub cui'
ribeb laj judío rajlal hiloba̱l cutan, chan
laj Jacobo.

Li hu li que'xtz'i̱ba reheb li ma̱cua'eb aj judío

22 Eb li apóstol, ut eb laj c'amol
be rochbeneb chixjunileb laj pa̱banel
que'xsic' ruheb li te'xtakla Antioquía
chirixeb laj Pablo ut laj Bernabé. Ut
que'xsiq'ueb ru laj Silas ut laj Judas,
aj Barsabás neque'xye ajcui' re. Eb li
cui̱nk a'in q'uebileb xcuanquil xbaneb li
rech aj pa̱banelil. 23 Que'xtz'i̱ba jun li
hu ut que'xtakla chirixeb laj Judas ut laj

Silas. Jo'ca'in naxye sa' li hu que'xtakla: Ex herma̱n, li ma̱cua'ex aj judío, la̱o li apóstol, ut eb laj c'amol be jo'queb ajcui' chixjunileb laj pa̱banel nakatakla xsahil e̱ch'o̱l la̱ex li cuanquex sa' eb li tenamit Antioquía, Siria ut Cilicia. Sahak taxak sa' e̱ch'o̱l. 24 Xkabi resil nak cuanqueb li xe'el arin sa' kaya̱nk ut xe'co̱eb aran sa' le̱ tenamit che̱ch'i'ch'i'inquil ut chixpo'bal e̱ch'o̱l riq'uin li c'a'ru neque'xye. Abanan moco la̱o ta xotaklan reheb. 25 Jo'can nak xkach'utub kib ut xkac'u̱b ru nak takasic' ruheb li ani takatakla e̱riq'uin chirixeb laj Bernabé ut laj Pablo, li raro̱queb kaban. 26 Eb li kaherma̱n a'in ac xe'xk'axtesi ribeb chi ca̱mc sa' xc'aba' li Ka̱cua' Jesucristo. 27 Ut xkasic' ruheb laj Judas ut laj Silas ut xkataklaheb e̱riq'uin re nak te'xch'olob che̱ru li c'a'ru xkatz'i̱ba sa' li hu a'in. 28 Xc'ul xch'o̱l li Santil Musik'ej jo' ajcui' la̱o nak inc'a' texkapuersi chixba̱nunquil chixjunil li naxye sa' li chak'rab. Ca'aj cui' eb li na'leb a'in tento te̱ba̱nu. 29 Inc'a' te̱tzaca li tzacae̱mk mayejanbil chiru li yi̱banbil dios chi moco te̱tzaca li quic' chi moco te̱tzaca xtibel li yatz'bil xul. Ut inc'a' te̱mux e̱rib riq'uin co'be̱tac yumbe̱tac. Cui te̱col e̱rib chiru chixjunil a'in, us te̱ba̱nu. Cherilak e̱rib, chan laj Jacobo. 30 Eb li cui̱nk li que'takla̱c co̱eb Antioquía. Que'xch'utub chixjunileb laj pa̱banel ut que'xk'axtesi reheb li hu li que'xc'am. 31 Nak que'ril xsa' li hu, c'ajo' nak que'saho' sa' xch'o̱leb laj pa̱banel ut que'c'ojla xch'o̱leb riq'uin li c'a'ru quitakla̱c xyebal reheb. 32 Laj Judas ut laj Silas q'uebileb xma̱tan chixch'olobanquil xya̱lal li ra̱tin li Dios. Que'xch'olob xya̱lal chiruheb li ch'utch'u̱queb aran ut que'xq'ue xcacuilal xch'o̱leb ut que'xc'ojob xch'o̱leb riq'uin li a̱tin li que'xye reheb. 33 Najt que'cana sa' xya̱nkeb. Mokon chic que'chak'rabi̱c re nak te'suk'i̱k cui'chic Jerusalén riq'uineb laj pa̱banel li que'taklan reheb Antioquía. Ut que'xtz'a̱ma rusilal li Dios sa' xbe̱neb. 34 Abanan laj Silas toj quiraj cana̱c aran. 35 Laj Pablo ut laj Bernabé que'cana ajcui' aran Antioquía. Yo̱queb chixc'utbal li ra̱tin li Dios ut yo̱queb chixch'olobanquil xya̱lal li colba-ib. Ut cuanqueb ajcui' nabaleb li que'tenk'an reheb.

Laj Pablo quixjach rib riq'uin laj Bernabé ut co̱ xca' sut chirula'aninquil laj pa̱banel

36 Mokon chic laj Pablo quixye re laj Bernabé: —Toxic cui'chic sa' eb li tenamit conume' cui' chak chixyebal ra̱tin li Dios re takil chanru cuanqueb laj pa̱banel li cuanqueb sa' eb li na'ajej a'an, chan. 37 Ut laj Bernabé quiraj raj xc'ambal chirixeb laj Juan li neque'xye ajcui' Marcos re. 38 Abanan inc'a' quixc'ul xch'o̱l laj Pablo xban nak junxil laj Juan Marcos quixjach rib riq'uineb aran Panfilia ut inc'a' chic co̱ chirixeb chixba̱nunquil li c'anjel. 39 Que'xcuech'i ribeb laj Pablo ut laj Bernabé ut que'xcanab ribeb. Laj Bernabé co̱ aran Chipre chiru ha' ut quixc'am laj Juan Marcos chirix. 40 Laj Pablo quixsic' ru laj Silas re tixc'am chirix. Eb laj pa̱banel li cuanqueb aran Antioquía que'xk'axtesiheb laj Pablo ut laj Silas sa' ruk' li Ka̱cua' nak que'el aran. 41 Quilaje'xbeni li na'ajej Siria ut Cilicia. Que'xch'olob xya̱lal chiruheb laj pa̱banel ut que'cacuu xch'o̱leb sa' xpa̱ba̱leb.

Laj Timoteo co̱ chirixeb laj Pablo ut laj Silas

16 Laj Pablo quicuulac sa' eb li tenamit Derbe ut Listra. Ut aran quixtau jun aj pa̱banel aj Timoteo xc'aba'. Lix na', a'an jun aj pa̱banel aj judío ut lix yucua', a'an aj griego. Ma̱cua' aj judío. 2 Cha̱bil neque'xye chirix laj Timoteo eb laj pa̱banel li cuanqueb Listra ut Iconio. 3 Laj Pablo quiraj xc'ambal

laj Timoteo chirix. Jo'can nak quixbanu
li circuncisión re. Inc'a' quiraj nak
te'ch'inank xch'oleb laj judío li cuanqueb
sa' eb li na'ajej aran xban nak chixju-
nileb que'xnau nak lix yucua' laj Tim-
oteo macua' aj judío. 4 Ut nak yoqueb
chi numec' sa' li junjunk chi tenamit,
yoqueb chixyebal reheb laj pabanel nak
tento te'xbanu li c'a'ru que'xc'ub ru eb
li apóstol jo'queb ajcui' laj c'amol be
li cuanqueb aran Jerusalén. 5 Jo'ca'in
nak yoqueb chi q'uic laj pabanel sa'
xpabaleb. Ut rajlal cutan yoqueb chi
tamc.

Jun li cuink aj Macedonia quic'ute' chiru laj Pablo sa' visión

6 Li Santil Musik'ej quixc'ut chiruheb
nak inc'a' te'xic chixch'olobanquil resil
li colba-ib sa' li na'ajej Asia. Jo'can nak
que'coeb Frigia ut que'nume' ajcui' sa' li
na'ajej Galacia. 7 Nak que'cuulac Misia,
que'raj raj xic Bitinia. Abanan li San-
til Musik'ej inc'a' quixcanabeb re te'xic
aran. 8 Jo'can nak yal que'nume' Misia ut
coeb Troas. 9 Nak cuanqueb aran sa' jun
li k'ojyin quic'ute' jun li visión chiru laj
Pablo. Jun li cuink aj Macedonia xakxo
chiru nak quiril. Yo chixtz'amanquil
chiru ut quixye re: —Chalkat sa' katena-
mit Macedonia ut choatenk'a, chu'ux re
nak quiril. 10 Ut nak ac xc'ute' li visión
chiru laj Pablo, sa' junpat quikacauresi
kib lao chi xic Macedonia. Kanau chi
tz'akal nak li Dios yo chi taklanc ke aran
chixyebal resil li colba-ib reheb li cuan-
queb aran.

Lix Lidia quipaban nak laj Pablo quixch'olob xyalal aran Filipos

11 Co-el aran Troas ut tic coo chiru ha'
toj Samotracia. Ut cuulajak chic cocu-
ulac Neápolis. 12 Chirix a'an coo Mace-
donia sa' li nimla tenamit Filipos. Li
tenamit a'an cuan xcuent Roma. Cocuan
cuib oxib cutan sa' li tenamit a'an. 13 Ut
sa' li hilobal cutan coo chire li tena-
mit cuan cui' jun li nima' sa' li na'ajej li
neque'tijoc cui' eb laj judío. Coc'ojla ut
co-oc chixyebal resil li colba-ib reheb li
ixk li que'ch'utla aran. 14 Jun reheb li ixk
a'an xLidia xc'aba'. Tiatira xtenamit. A'an
nac'ayin chabil t'icr. Naxpab li Dios ut yo
chi abinc xban nak li Dios quixc'ut chiru
nak tixq'ue retal li yo chixyebal laj Pablo.
15 Quixc'ul li cubi ha' rochbeneb chixju-
nileb li cuanqueb sa' rochoch, ut quixye
ke: —Cui nequepab nak lain xinpab li
Kacua' chi anchal inch'ol, naru nequex-
cana chi hilanc sa' li cuochoch, chan ke.
Ut quirelaji ku chi canac.

Laj Pablo ut laj Silas que'q'uehe' sa' tz'alam aran Filipos

16 Sa' jun li cutan yoco chi xic chi
tijoc nak kac'ul jun li xka'al aj k'e.
Cuan maus aj musik'ej riq'uin. A'an jun
mos ut naxsic' nabal xtumin lix pa-
trón riq'uin k'ehinc. 17 Li xka'al a'an yo
chikatakenquil. Japjo re chixyebal: —Eb
li cuink a'in a'an xmoseb li nimajcual
Dios. Yoqueb chixch'olobanquil chiku
chanru nak taruk tocolek', chan. 18 Na-
bal cutan quixbanu chi jo'can. Nak ac
xtitz' chirabinquil, laj Pablo quixxakab
rib, ut quiril li xka'al, ut quixye re li
maus aj musik'ej: —Sa' xc'aba' li Kacua'
Jesucristo, tinye acue: Elen riq'uin li
xka'al a'in, chan. Ut sa' ajcui' li ho-
nal a'an, li maus aj musik'ej qui-el
riq'uin. 19 Nak que'xq'ue retal lix patrón
li xka'al nak inc'a' chic taruk tixsic' xtu-
mineb, que'xchap laj Pablo ut laj Silas
ut que'xc'am sa' popol chiruheb laj rakol
atin. 20 Nak que'xxakab chiru laj rakol
atin, que'xye: —Eb li cuink a'in, a'aneb
aj judío ut yoqueb chikach'i'ch'i'inquil
sa' li katenamit. 21 Yoqueb chixc'utbal
jalan na'leb sa' li katenamit. Lao inc'a'
naru nakac'ul chi moco naru takabanu
li neque'xye xban nak lao aj Roma,
chanqueb. 22 Ut que'xtub rib li tenamit

chixjitbaleb. Eb laj rakol a̲tin que'xk'ichi
li rak'eb laj Pablo ut laj Silas ut
que'xtakla xsac'baleb riq'uin che'. 23 Nak
ac xe'tacuasi̲c chi us, que'q'uehe' sa'
tz'alam. Ut eb laj rakol a̲tin que'xye re-
heb laj ilol tz'alam nak te'ril chi us laj
Pablo ut laj Silas re nak inc'a' te'e̲lelik.
24 Ut nak quiyehe' chi jo'can, que'c'ame'
ut que'q'uehe' sa' tz'alam sa' jun li na'ajej
li cuan toj chi sa' ut que'nat'e' li rok sa'
che'. 25 Tuktu chic k'ojyi̲n nak laj Pablo
ut laj Silas yo̲queb chi tijoc ut yo̲queb
chi bicha̲nc re xlok'oninquil li Dios. Ut eb
li cuanqueb chi pre̲xil yo̲queb chi abi̲nc.
26 Ma̲c'a' sa' xch'o̲leb nak quichal jun
nimla hi̲c. Qui-ec'asi̲c chi cau li tz'alam,
ut quilaje'teli lix puertil. Ut quilaje'hite'
li cadena li bac'bo̲queb cui' li pre̲x. 27 Ut
nak qui-aj ru laj ilol tz'alam, quiril nak
teto lix puertil li tz'alam. Quixchap lix
ch'i̲ch' ut oc raj re chixcamsinquil rib.
Sa' xch'o̲l a'an nak xe'e̲lelic chixjunileb
li pre̲x. 28 Ut laj Pablo quixjap re chi
cau ut quixye: —Ma̲camsi a̲cuib. Chika-
junilo cuanco arin, chan. 29 Ut laj ilol
tz'alam quixpatz' lix xam ut qui-oc chi
sa' li tz'alam chirilbal. Nasicsot xban
xxiu nak quixcut rib chi rokeb laj Pablo
ut laj Silas. 30 Laj ilol tz'alam quirisi-
heb xjuneseb laj Pablo ut laj Silas ut
quixye reheb: —¿C'a'ru us tinba̲nu re
nak tincolek'? 31 Eb a'an que'xye: —
Pa̲b li Ka̲cua' Jesucristo. Tatcolek' la̲at
jo'queb ajcui' li cuanqueb sa' la̲ cuo-
choch, chan laj Pablo. 32 Ut quixch'olob
xya̲lal li ra̲tin li Ka̲cua' chiru a'an jo'
ajcui' chiruheb li jo' q'uial li cuanqueb
sa' li rochoch. 33 Ut sa' ajcui' li ho̲-
nal a'an laj ilol tz'alam quirisiheb sa'
tz'alam laj Pablo ut laj Silas. Quixch'aj
ru lix toch'oleb xban nak que'saq'ue'.
Ut ticto quicubsi̲c xha' laj ilol tz'alam
rochbeneb chixjunileb li cuanqueb sa' li
rochoch. 34 Quixc'ameb laj Pablo ut laj
Silas sa' rochoch ut quixq'ueheb xtza-
cae̲mk. C'ajo' nak quisaho' sa' xch'o̲l
nak quixpa̲b li Dios rochbeneb li cuan-
queb sa' rochoch. 35 Nak quisake̲u, eb
laj rakol a̲tin que'xtakla xyebal re laj
ilol tz'alam nak tixcanabeb chi xic eb
li cui̲nk a'an. 36 Laj ilol tz'alam quixye
reheb: —Eb laj rakol a̲tin xe'xtakla
chak xyebal nak tex-ach'aba̲k. Jo'can nak
ayukex chi ma̲c'a' e̲c'a'ux, chan. 37 Laj
Pablo quixye reheb: —Inc'a'. Xosaq'ue'
chiruheb li tenamit chi ma̲ji' que'xrak
a̲tin sa' kabe̲n. Xoe'xq'ue sa' tz'alam
usta la̲o aj Roma. Ut anakcuan, te'raj
toe'risi chi mukmu. Inc'a' naru chi jo'can.
Cha̲lkeb ban a'an ut choe'risihak, chan.
38 Ut eb li takl que'co̲eb chixyebal re
laj rakol a̲tin li c'a'ru quixye laj Pablo.
C'ajo' nak que'xucuac nak que'rabi nak
laj Pablo ut laj Silas, a'aneb aj Roma.
39 Nak que'cuulac, que'xk'unbesiheb ut
que'xtz'a̲ma chiruheb nak te'e̲lk sa' li
tenamit. 40 Nak que'el sa' tz'alam laj
Pablo ut laj Silas, coxe'ocak sa' rochoch
lix Lidia. Nak ac xe'ril ruheb laj pa̲banel,
que'xq'ue xcacuilal xch'o̲leb ut que'co̲eb.

Li ch'a'ajquilal que'xc'ul laj Pablo ut laj Silas nak cuanqueb Tesalónica

17 Nak yo̲queb chi xic laj Pablo
ut laj Silas que'nume' Anfípolis
ut Apolonia. Ut chirix a'an, que'cuulac
Tesalónica bar cuan cui' jun li cab li
neque'xch'utub cui' ribeb laj judío. 2 Laj
Pablo qui-oc sa' li cab li neque'xch'utub
cui' ribeb laj judío jo' c'aynak chixba̲-
nunquil. Oxib li hiloba̲l cutan quixnumsi
aran ut yo̲ chixch'olobanquil chiruheb
li xya̲lal li naxye sa' li Santil Hu. 3 Yo̲
chixch'olobanquil chiruheb nak li Cristo
quixc'ul nabal li raylal jo' tenebanbil sa'
xbe̲n ut quicuacli cui'chic chi yo'yo sa'
xya̲nkeb li camenak. Quixye reheb: —
Li Jesús li yo̲quin chixyebal e̲re, a'an li
Cristo laj Colonel, chan. 4 Cuanqueb aj
judío que'pa̲ban ut que'cana chirochben-
inquil laj Pablo ut laj Silas. Jo'can
ajcui' que'xba̲nu nabaleb laj griego li

neque'xlok'oni li Dios. Ut nabaleb li ixk li na'noqueb ru que'paban. 5 Ut eb laj judío li inc'a' que'paban, c'ajo' nak que'josk'o' xban xcakaleb xch'ol. Que'ratina jun ch'utal li cuink inc'a' useb xna'leb li junes sa' be neque'cuan. Ut li jun ch'utal chi cuink a'an que'oc chixchik'bal xjosk'ileb li tenamit. Xban nak yoqueb xjosk'il, que'oc sa' rochoch laj Jasón chixsic'baleb laj Pablo ut laj Silas re te'xc'ameb chiruheb li tenamit. 6 Que'ril nak inc'a' que'xtau laj Pablo ut laj Silas. Que'xchap laj Jasón rochben cuib oxibeb laj pabanel ut que'xc'am chiruheb li neque'taklan sa' li tenamit. Japjoqueb re chixyebal: —Eb li cuink a'in, yoqueb chixpo'bal xch'oleb li tenamit sa' chixjunil li ruchich'och' ut anakcuan xe'chal arin chixpo'bal xch'oleb li katenamit. 7 Ut laj Jasón xc'uleb sa' rochoch. Yoqueb chixk'etbal lix chak'rab laj César li Acuabej. Yoqueb chixyebal nak cuan jun chic li rey, a'an li Jesús, chanqueb. 8 Li q'uila tenamit jo'queb ajcui' li neque'taklan sa' li tenamit que'sach xch'oleb chirabinquil li c'a'ru yoqueb chixyebal eb a'an. 9 Eb li neque'taklan sa' li tenamit que'xye reheb laj Jasón ut li rochben nak tento te'xtoj riq'uin tumin li reliqueb. Ut nak ac xe'xc'ul li tumin, que'ach'abac laj Jasón ut eb li rochben.

Laj Pablo ut laj Silas que'xch'olob xyalal aran Berea

10 Sa' ajcui' li k'ojyin a'an eb laj pabanel li cuanqueb aran que'risi laj Pablo ut laj Silas sa' li tenamit a'an ut que'xtaklaheb toj Berea. Nak que'cuulac aran, que'coeb sa' li cab li neque'xch'utub cui' ribeb laj judío. 11 Eb li cuanqueb aran Berea k'axal k'uneb xch'ol chiruheb li cuanqueb Tesalónica. Que'xc'ul chi sa sa' xch'oleb li ratin li Dios li yo chixyebal laj Pablo. Ut rajlal cutan que'xtzol sa' li Santil Hu re rilbal ma jo'can tana naxye. 12 Nabaleb laj judío que'paban sa' xyankeb a'an. Cuanqueb ajcui' ixk aj griego xninkaleb ru que'paban. Ut que'paban ajcui' nabaleb li cuink aj griego. 13 Que'rabi resil laj judío li cuanqueb Tesalónica nak laj Pablo yo chixjulticanquil li ratin li Dios aran Berea. Ut que'coeb aran chixpo'bal xch'oleb li tenamit. 14 A'ut eb laj pabanel sa' junpat que'xtakla laj Pablo chire li palau re nak taxic sa' jalan na'ajej. Aban laj Silas ut laj Timoteo toj que'cana Berea. 15 Eb li que'coeb chi canabanc re laj Pablo, que'xc'am toj sa' li tenamit Atenas. Nak que'suk'i Berea, laj Pablo quixtakla resil chirixeb nak laj Silas ut laj Timoteo te'xic Atenas chi junpat.

Laj Pablo quixch'olob xyalal chiruheb li tzolbileb li cuanqueb aran Atenas

16 Nak laj Pablo yo chiroybeninquileb laj Silas ut laj Timoteo sa' li tenamit Atenas, quixq'ue retal nak k'axal cui'chic nabaleb li yibanbil Dios cuanqueb sa' li tenamit a'an. C'ajo' nak quiraho' sa' xch'ol. 17 Jo'can nak qui-oc chixch'olobanquil lix yalal chi tz'akal chiruheb li tenamit sa' li cab li neque'xch'utub cui' ribeb laj judío jo'queb ajcui' li macua'eb aj judío li que'xlok'oni li Dios. Ut rajlal cutan quixch'olob li xyalal chiruheb li cuanqueb sa' c'ayil. 18 Cuanqueb cuink aj epicúreos ut eb aj estoicos xc'aba'eb li neque'xc'oxla nak k'axal cuan xna'lebeb. Eb a'an que'oc chixcuech'inquil rix li c'a'ru yo chixyebal laj Pablo. Ut yoqueb chixyebal: —¿C'a'ru yo chixyebal li cuink a'an li junes atinac naxbanu? Ut cuan cui'chic yoqueb chi yehoc re: —Jo' li xchal anchal xyebal resil jalanil dios arin sa' katenamit, chanqueb. Que'xye chi jo'can xban nak laj Pablo yo chixch'olobanquil resil li colba-ib sa' xc'aba' li Jesucristo jo' ajcui' chirix lix cuaclijiqueb cui'chic li camenak chi yo'yo. 19 Jo'can nak que'xc'am laj Pablo

sa' li na'ajej li neque'xch'utub cui' ribeb
li k'axal cuanqueb xna'leb. Areópago
xc'aba' li na'ajej a'an. Ut que'xye re:
—¿Ma ta̱ru̱k ta̱ye ke c'a'ru xya̱lal li ac'
tijleb a'in li yo̱cat chixyebal? 20 Ma̱ jun
sut kabiom li na'leb a'in. Takaj takanau
c'a'ru xya̱lal, chanqueb re. 21 Sa' eb li
cutan a'an chixjunileb laj Atenas ut eb
li jalaneb xtenamit li cuanqueb aran,
ma̱c'a' chic c'a'ak re ru neque'xc'oxla.
Ca'aj chic rabinquil ut a̱tinac chirix li
ac' na'leb neque'xba̱nu. 22 Ut laj Pablo
quixakli chiruheb li cuanqueb sa' li
na'ajej a'an, ut quixye reheb: —Ex cui̱nk
aj Atenas, yo̱quin chixq'uebal retal
nak nequepa̱b chixjunil li c'a'ak re ru.
23 Nak yo̱quin chi be̱c sa' le̱ tenamit
xebinq'ue retal li c'a'ru nequelok'oni
ut xintau ajcui' jun li artal tz'i̱banbil
chiru "Re li Dios li Inc'a' Naubil Ru".
Li Dios li nequelok'oni la̱ex chi inc'a'
nequenau ru, a'an ajcui' li yo̱quin
chixch'olobanquil xya̱lal che̱ru. 24 Ut
a'an ajcui' li Dios, li quiyi̱ban re li
ruchich'och' ut chixjunil li c'a'ak re
ru cuan. A'an laj e̱chal re li choxa ut
li ruchich'och'. A'an inc'a' nacuan sa'
junak cab yi̱banbil xban cui̱nk. 25 Chi
moco a' ta li cui̱nk naq'uehoc c'a'ak re
ru re a'an. A'an ban naq'uehoc ke li
kayu'am ut a'an naq'uehoc li kamusik'.
A'an li naq'uehoc chixjunil li c'a'ru cuan.
26 Riq'uin jun chi cui̱nk quixyo'obtesi
chixjunileb li cristian li cuanqueb sa'
ruchich'och'. Ut a'an yal re jo' najtil
te'cua̱nk li junju̱nk sa' ruchich'och'. Ut
a'an ajcui' quiq'uehoc re lix na'ajeb li
junju̱nk chi tenamit. 27 Quixba̱nu chi
jo'can re nak li junju̱nk te'xsic' li Dios
ut ma̱re te'xtau nak te'xsic'. Ut relic chi
ya̱l moco ch'a'aj ta xtaubal cui te'xsic'
chi anchaleb xch'o̱l. 28 A'an naq'uehoc
kayu'am ut sa' xc'aba' a'an nak yo'yo̱co
ut noco-ec'an. Jo' quixye jun laj
bichanel sa' e̱ya̱nk: —Relic chi ya̱l nak
la̱o ralal xc'ajol li Dios, chan. 29 Jo'can
nak cui la̱o ralal xc'ajol li Dios, inc'a'
naru takac'oxla nak li Dios chanchan ta
li oro, malaj li plata chi moco li pec li
yi̱banbil yal riq'uin xc'a'ux ut xna'lebeb
li cui̱nk. 30 Li Dios inc'a' quixq'ue sa'
xbe̱neb li tenamit lix ma̱queb sa' eb li
cutan nak inc'a' que'xtau ru li xya̱lal.
Abanan anakcuan naxjultica chiruheb
chixjunileb li tenamit nak te'xyot' xch'o̱l
te'xjal xc'a'ux. 31 Li Dios ac xxakab jun
li cutan re ta̱rakok a̱tin sa' xbe̱neb
chixjunileb li cuanqueb sa' ruchich'och'.
Ut quixxakab li ani ta̱rakok a̱tin sa'
ti̱quilal. Quixc'ut chiku nak tz'akal ya̱l
xban nak quixcuaclesi cui'chic chi yo'yo
sa' xya̱nkeb li camenak, chan laj Pablo.
32 Nak eb li cuanqueb xna'leb que'rabi
li yo̱ chixyebal chirix lix cuaclijiqueb
li camenak chi yo'yo, cuan que'se'en re
ut cuan ajcui' que'yehoc re: —Takaj
takabi cui'chic li c'a'ru yo̱cat chixyebal
sa' junak chic cutan, chanqueb. 33 Ut
chirix a'an, laj Pablo qui-el sa' xya̱nkeb.
34 Cuanqueb ajcui' li que'xc'ul xch'o̱l li
quixye laj Pablo ut que'xpa̱b li Jesús.
Sa' xya̱nkeb li que'pa̱ban cuan laj
Dionisio. A'an jun reheb li que'taklan
sa' li tenamit. Ut quipa̱ban ajcui' jun li
ixk xDámaris xc'aba'. Ut cuanqueb ajcui'
cuib oxib chic que'pa̱ban.

Eb laj pa̱banel li cuanqueb Corinto que'xtiquib xch'utubanquil ribeb chi lok'oni̱nc

18 Nak ac xc'ulman a'in, laj Pablo
qui-el Atenas. Ut co̱ Corinto. 2 Ut
aran quixtau jun li cui̱nk aj judío. Aj
Aquila xc'aba'. Ponto xtenamit. Inc'a' na-
jter xc'ulunic Italia rochben lix Priscila
li rixakil. Que'el aran Roma xban nak
laj Claudio li Acuabej quixye nak chixju-
nileb laj judío te'e̱lk sa' li tenamit
a'an. Laj Pablo co̱ chirula'anquileb. 3 Ut
quicana rochbeneb chi c'anjelac xban
nak juntak'e̱t li c'anjel neque'xba̱nu.
Neque'yi̱ban t'icr re muheba̱l. 4 Sa' li

hiloba̱l cutan rajlal naxic laj Pablo sa' li
cab li neque'xch'utub cui' ribeb laj Judío.
Aran quia̱tinac riq'uineb ut quixch'olob
xya̱lal chiruheb laj judío jo'queb ajcui'
li ma̱cua'eb aj judío. 5 Nak ac xe'suk'i
chak laj Silas ut laj Timoteo Macedo-
nia, laj Pablo quixk'axtesi rib chi ju-
naj cua chixch'olobanquil lix ya̱lal re-
heb laj judío nak li Jesús, a'an li Cristo,
laj Colonel li yechi'inbil xban li Dios.
6 Abanan eb a'an inc'a' que'cuulac chiru
li yo̱ chixyebal laj Pablo. Que'oc chi
majecua̱nc. Jo'can nak laj Pablo quix-
chik'chik'i li rak' ut quixye reheb: —
Cui la̱ex inc'a' texcolek', a' yal e̱re. Sa'
e̱be̱n la̱ex cuan li ma̱c. La̱in ma̱c'a' inma̱c
xban nak ac xinye e̱re li xya̱lal. Chalen
anakcuan la̱in tinch'olob xya̱lal reheb li
ma̱cua'eb aj judío, chan. 7 Jo'can nak laj
Pablo qui-el sa' xya̱nkeb ut co̱ chi cua̱nc
sa' rochoch jun li cui̱nk ma̱cua' aj judío.
Aj Justo xc'aba'. Li cui̱nk a'an naxlok'oni
li Dios. Li rochoch cuan chixc'atk li cab
li neque'xch'utub cui' ribeb laj judío.
8 Laj Crispo, li nac'amoc be sa' li cab
li neque'xch'utub cui' ribeb, quixpa̱b Li
Ka̱cua' rochbeneb li cuanqueb sa' li ro-
choch. Nabaleb aj Corinto que'pa̱ban nak
que'rabi resil li colba-ib. Ut que'cubsi̱c
xha'eb. 9 Sa' jun li k'ojyi̱n li Ka̱cua'
quixc'utbesi jun li visión chiru laj Pablo
ut quixye re: —Matxucuac chi a̱tinac.
Ch'olob ban li xya̱lal chiruheb li tena-
mit. 10 La̱in cua̱nkin a̱cuiq'uin. Ma̱ ani
ta̱ba̱nu̱nk raylal a̱cue xban nak nabaleb
li cualal inc'ajol sa' li tenamit a'in, chan
li Dios re laj Pablo sa' li visión. 11 Jo'can
nak laj Pablo quicana aran jun chihab
riq'uin cuakib po ut yo̱ chixch'olobanquil
xya̱lal li ra̱tin li Dios chiruheb.

Laj Galión li cuan chi taklа̱nc aran Acaya quixye nak laj Pablo ma̱c'a' xma̱c

12 Nak laj Galión cua̱nk chi takla̱nc
aran Acaya, eb laj judío que'xc'u̱b ru
chi ribileb rib nak te'xchap laj Pablo.
Que'xchap ut que'xc'am sa' po̱pol re nak
ta̱rakek' a̱tin sa' xbe̱n. 13 Ut que'xye: —
Li cui̱nk a'in yo̱ chixyebal reheb li tena-
mit chanru nak te'xlok'oni li Dios. Li
na'leb li naxye a'an, moco naxc'u̱luban
ta li chak'rab, li q'uebil ke xbaneb laj
Roma, chanqueb. 14 Oc raj re chi a̱tinac
laj Pablo nak quichak'oc chak laj Galión
ut quixye reheb laj judío: —Ex aj judío,
cui ta xk'et xchak'rabeb laj Roma malaj
ut cui ta cuan junak inc'a' us xba̱nu,
tento raj tinch'i'ch'i'i cuib che̱rabinquil.
15 Abanan cui yal chirix a̱tinac ut c'aba'ej
ut chirix le̱ chak'rab yo̱quex chi jitoc
chirix, tento nak la̱ex te̱sic' xya̱lal. La̱in
inc'a' nacuaj rakoc a̱tin chirix li c'a'ak re
ru a'in, chan. 16 Ut quirisiheb sa' li po̱pol.
17 Eb laj griego que'xchap laj Sóstenes li
nataklan sa' li cab li neque'xch'utub cui'
ribeb laj judío. Que'xsac' ut que'xtacuasi
chiru li po̱pol ut laj Galión ma̱c'a' quixye.

Laj Pablo quisuk'i cui'chic Antioquía ut co̱ cui'chic rox sut chirula'aninquileb laj pa̱banel

18 A'ut laj Pablo toj quicana aran na-
bal cutan. Tojo'nak quixchak'rabiheb laj
pa̱banel ut qui-el. Co̱ chiru ha' toj Siria
rochbeneb lix Priscila ut laj Aquila.
Aran sa' li tenamit Cencrea quixbes
li rismal. A'an retalil nak quixba̱nu
li c'a'ru quixyechi'i re li Dios. 19 Nak
que'cuulac Efeso laj Pablo quixcanabeb
lix Priscila ut laj Aquila ut co̱ sa' li
cab li neque'xch'utub cui' ribeb laj judío
chixch'olobanquil lix ya̱lal chiruheb laj
judío. 20 Ut eb a'an que'xtz'a̱ma chiru
nak toj ta̱cana̱k chic ca'ch'inak riq'uineb.
Abanan laj Pablo inc'a' quixsume cana̱c.
21 Quixchak'rabiheb ban ut quixye re-
heb: —Tento nak tinxic chixnumsin-
quil li nink'e Jerusalén xban nak cu-
ulac re xk'ehil. La̱in tincha̱lk cui'chic
e̱riq'uin cui jo'can naraj li Dios, chan. Ut
qui-el aran Efeso. 22 Nak quicuulac Ce-

sarea, co̱ Jerusalén. Ut nak ac xq'ueheb
xsahil xch'o̱leb laj pa̱banel, co̱ Antio-
quía. 23 Inc'a' najt quicuan aran nak
co̱ ut quinume' sa' eb li na'ajej Gala-
cia ut Frigia ut yo̱ chixq'uebal xcacuilal
xch'o̱leb laj pa̱banel.

Laj Apolos quixch'olob xya̱lal nak li Jesús, a'an li Cristo

24 Quicuulac Efeso jun li cui̱nk aj
judío, aj Apolos xc'aba'. Alejandría xte-
namit. K'axal naxnau a̱tinac chi cha̱bil ut
naxnau chi us li tz'i̱banbil sa' li Santil Hu.
25 Quixtzol rib chi us ut naxnau chanru
xpa̱banquil li Ka̱cua'. Ut quixq'ue xch'o̱l
chi a̱tinac chi tz'akal xch'olobanquil re-
sil li Jesús, usta ca'aj cui' quixnau chirix
li cubi ha' li quixba̱nu laj Juan. 26 Qui-
oc chi a̱tinac chi cau xch'o̱l sa' li cab li
neque'xch'utub cui' ribeb laj judío. Nak
que'rabi lix Priscila ut laj Aquila li yo̱
chixyebal, que'risi xjunes laj Apolos ut
que'xch'olob li xya̱lal chi tz'akal chiru.
27 Nak ac yo̱ xc'oxlanquil xic laj Apo-
los aran Acaya, eb laj pa̱banel que'xq'ue
xcacuil xch'o̱l re ta̱xic. Ut que'xtz'i̱ba jun
li hu ut que'xtakla reheb laj pa̱banel
li cuanqueb aran. Que'xye reheb nak
te'xc'ul chi sa sa' xch'o̱l. Ut nak quicu-
ulac aran, laj Apolos quixtenk'aheb chi
cha̱bil li ac xe'pa̱ban xban rusilal li
Dios. 28 Ut quira̱tinaheb laj judío chi cau
xch'o̱l chiruheb chixjunileb li tenamit. Ut
quixch'olob xya̱lal chiruheb chi tz'akal
nak li Jesús, a'an li Cristo, jo' tz'i̱banbil
sa' li Santil Hu.

Eb lix tzolom laj Juan que'xc'ul li Santil Musik'ej aran Efeso

19 Nak laj Apolos cuan Corinto laj
Pablo quinume' sa' eb li na'ajej toj
quicuulac Efeso. Ut aran quixtauheb jun
ch'u̱taleb laj pa̱banel. 2 Quixye reheb: —
¿Ma quec'ul li Santil Musik'ej nak quex-
pa̱ban? chan laj Pablo reheb. Ut eb a'an
que'xye: —Inc'a' nakanau nak cuan ta li
Santil Musik'ej, chanqueb. 3 Ut laj Pablo
quixye reheb: —¿Chanru nak quicub-
si̱c e̱ha'? Eb a'an que'xye: —Li cubi ha'
li xkac'ul, a'an li quixba̱nu laj Juan,
chanqueb. 4 Laj Pablo quixye reheb: —
Laj Juan quixcubsiheb xha' li que'xyot'
xch'o̱l ut que'xjal xc'a'ux. Quixye reheb
nak te'pa̱ba̱nk sa' xc'aba' li Jesucristo
li tol-e̱lk mokon, chan. 5 Nak que'rabi
a'an, que'xtz'a̱ma li cubi ha' ut quicub-
si̱c xha'eb sa' xc'aba' li Ka̱cua' Jesús.
6 Laj Pablo quixq'ue li ruk' sa' xbe̱neb
ut que'xc'ul li Santil Musik'ej. Que'a̱tinac
sa' jalan a̱tinoba̱l ut que'xye resil li
c'a'ru quic'utbesi̱c chiruheb xban li Dios.
7 Cuanqueb tana cablaju chi cui̱nk li
que'pa̱ban sa' xya̱nkeb.

Eb laj pa̱banel que'xtiquib xch'utubanquil ribeb chi lok'oni̱nc aran Efeso

8 Chiru oxib po laj Pablo quixch'olob li
xya̱lal chiruheb laj Efeso chi ma̱c'a' xxiu
sa' li cab li neque'xch'utub cui' ribeb laj
judío. Quixyal xk'e xc'utbal chi tz'akal
lix ya̱lal lix nimajcual cuanquilal li Dios.
9 Cuanqueb li que'xcacuubresi xch'o̱leb
ut inc'a' que'raj pa̱ba̱nc. Que'oc chixma-
jecuanquil li evangelio chiruheb chixju-
nileb. Jo'can nak laj Pablo quixcanab
xch'olobanquil li xya̱lal aran sa' li cab
li neque'xch'utub cui' ribeb laj judío.
Ut quixc'ameb laj pa̱banel chirix. Ra-
jlal cutan quixc'ut li xya̱lal chiruheb sa'
li cab li natzoloc cui' jun li cui̱nk aj
Tirano xc'aba'. 10 Cuib chihab quixba̱nu
chi jo'ca'in. Ut chixjunileb li cuanqueb
Asia, eb laj judío, jo'eb ajcui' li ma̱cua'eb
aj judío, que'rabi li ra̱tin li Ka̱cua' Jesús.
11 Ut li Ka̱cua' Dios quixq'ue xcuan-
quil laj Pablo chixba̱nunquil li sachba
ch'o̱lej. 12 Usta ca'aj cui' lix t'icr ut lix
sut laj Pablo neque'xq'ue sa' xbe̱neb li
yaj, neque'q'uira. Ut neque'el li ma̱us
aj musik'ej riq'uineb. 13 Cuanqueb aj
judío neque'xye nak neque'xnau risin-

quileb li ma̱us aj musik'ej ut neque'xbeni
ribeb chixba̱nunquil. Que'xyal xpatz'bal
xc'aba' li Ka̱cua' Jesús sa' xbe̱neb li cuan
ma̱us aj musik'ej riq'uineb ut que'xye:
—Sa' xc'aba' li Jesús li naxjultica laj
Pablo, tinye e̱re elenkex riq'uin li cui̱nk
a'an, chanqueb. 14 Cuukubeb chi cui̱nk li
yo̱queb chi ba̱nu̱nc re a'in. Ralaleb jun
li cui̱nk aj judío, aj Esceva xc'aba'. A'an
li xbe̱nil aj tij. 15 Sa' jun li cutan jun li
ma̱us aj musik'ej quichak'oc ut quixye
reheb: —Ninnau ani li Jesús, ut ninnau
ajcui' ani laj Pablo. Ut la̱ex, ¿anihex? Ut
¿ani xq'uehoc e̱cuanquil chi isi̱nc ma̱us
aj musik'ej? chan reheb. 16 Li cui̱nk li
cuan ma̱us aj musik'ej riq'uin, quixcut
rib sa' xbe̱neb. A'an k'axal cui'chic cau
rib chiruheb. Tacuasinbileb ut pejeleb
chic li rak'eb nak que'e̱lelic sa' li cab
a'an. 17 Chixjunileb li cuanqueb Efeso
que'rabi resil li c'a'ru quic'ulman, jo' aj
judío jo' eb ajcui' li ma̱cua'eb aj judío.
Quichal xxiuheb chixjunileb ut k'axal
cui'chic que'xq'ue xlok'al li Ka̱cua' Jesús.
18 Ut nabaleb li que'pa̱ban que'chal ut
que'xxo̱to lix ma̱queb chiru li Dios
chiruheb chixjunileb li cuanqueb aran.
19 Nabaleb laj tu̱l que'chal ut que'xc'am
chak lix huheb li nac'anjelac chiruheb re
tu̱lac ut que'xc'at chiruheb chixjunileb li
tenamit. Nak que'xbir rix lix tz'ak chixju-
nil li que'xc'at, qui-el laje̱b roxc'a̱l mil
(50,000) chi tumin plata. 20 Ut li ra̱tin
li Ka̱cua' yo̱ chi e̱lc resil yalak bar ut
yo̱ ajcui' chi c'utu̱nc xcuanquil li Dios.
21 Nak ac xnume' chixjunil a'in, laj Pablo
quixc'oxla xic toj Jerusalén, nak acak
xbeni chak Macedonia ut Acaya. Quixye:
—Nak acak xinnume' aran, tento ajcui'
tinxic Roma chirilbaleb laj pa̱banel li
cuanqueb aran, chan. 22 Jo'can nak quix-
taklaheb Macedonia laj Timoteo ut laj
Erasto, li neque'tenk'an re. Ut laj Pablo
toj quicana aran Asia.

Laj tenol ch'i̱ch' xic' que'rabi li c'a'ru quixye laj Pablo

23 Ut sa' eb li cutan a'an quiticla jun
nimla ch'a'ajquilal xban nak nabaleb
yo̱queb chixpa̱banquil li Dios. 24 Jun
li cui̱nk aj tenol plata, aj Demetrio
xc'aba'. A'an naxyi̱b riq'uin plata li coc'
ochoch re lix Diana lix dioseb. Ut na-
bal li tumin neque'xc'ul li neque'trabajic
rochben. 25 Quixch'utubeb chixjunileb
li neque'c'anjelac chiru jo'queb ajcui'
chixjunileb laj tenol plata ut quixye
reheb: —La̱ex nequenau nak riq'uin
li c'anjel a'in nakaba̱nu, nakac'ul na-
bal li katumin. 26 Ac e̱rabiom resil nak
laj Pablo ac xtacchi'i nabaleb li cuan-
queb aran Efeso jo' ajcui' sa' chixju-
nil li tenamit xcue̱nt Asia. Ac neque-
nau nak yo̱ chixyebal reheb nak moco
dioseb ta li yal yi̱banbil xban cui̱nk.
27 Ma̱re anchal ta̱sachk li kac'anjel xban
a'an. Ut ma̱re anchal ta̱tz'ekta̱na̱k ajcui'
xlok'al li rochoch lix Diana li kalok'laj
dios. Ma̱re ta̱sachk lix cuanquilal li ka-
dios li neque'xlok'oni chixjunileb aran
Asia, jo' ajcui' li cuanqueb sa' chixju-
nil li ruchich'och', chan laj Demetrio.
28 Ut eb li ch'utch'u̱queb aran c'ajo'
nak que'josk'o' nak que'rabi li c'a'ru
quixye. Que'xjap reheb chixyebal: —
¡Nim xcuanquil lix Diana li kadios la̱o aj
Efeso! chanqueb. 29 C'ajo' nak que'josk'o'
li tenamit. Inc'a' chic jultiqueb re c'a'ru
neque'xba̱nu. Jun xiquiqueb nak co̱eb
chixsic'bal laj Gayo ut laj Aristarco li
que'chal chak Macedonia rochben laj
Pablo. Ut quelonbileb nak que'c'ame'
toj sa' li na'ajej li neque'xch'utub cui'
ribeb. 30 Ut laj Pablo quiraj raj xic
chi a̱tinac riq'uineb li tenamit, abanan
eb laj pa̱banel inc'a' que'xcanab chi
xic. 31 Cuanqueb cuib oxib li rami̱g laj
Pablo li neque'c'amoc be sa' li tena-
mit. A'aneb aj Roma. Eb a'an que'xtakla
xyebal re laj Pablo nak inc'a' ta̱xic sa'

li na'ajej li neque'xch'utub cui' ribeb li
tenamit. 32 Chixjunileb li que'xch'utub
ribeb aran yo̲queb chixjapbal reheb ut
inc'a' chic jultiqueb re li c'a'ru neque'xye.
Lix q'uialeb li tenamit inc'a' que'xnau
c'a'ut nak que'xch'utub ribeb aran. 33 Ut
que'risi sa' xya̲nkeb li tenamit laj Alejan-
dro. A'an quixtaksi li ruk' re te'xcanab
choki̲nc. Quiraj raj a̲tinac re xcolbal rib
chiruheb li tenamit. 34 Nak que'ril nak
a'an aj judío junaj xya̲b xcuxeb chixju-
nileb chixyebal: —¡Nim xcuanquil lix Di-
ana li kadios la̲o aj Efeso! chanqueb. Ut
ca'ch'in chic ma̲ cuib o̲r que'xjap reheb
chixyebal a'an. 35 Nak ac xk'unbesiheb
li tenamit laj tz'i̲b li nac'anjelac sa'
po̲pol, quixye reheb: —La̲ex aj Efeso,
¿ma cuan ta bi' junak inc'a' naxnau nak
li katenamit Efeso, a'an li nac'ac'alen re
li rochoch lix Diana, li kalok'laj dios?
Chixjunileb neque'xnau nak li jalam u̲ch
a'an chalenak chak sa' choxa. 36 Li ka-
dios inc'a' ta̲ru̲k xsachbal ru. Jo'can
nak me̲q'ue e̲josk'il. C'oxlahomak rix
chi us li c'a'ru te̲ba̲nu. 37 ¿C'a'ut nak
xec'ameb chak li cui̲nk a'in arin? Eb
a'an inc'a' yo̲queb chixmuxbal ru le̲ dios,
chi moco yo̲queb ta chixmajecuanquil.
38 Cui ut laj Demetrio ut eb laj tenol
ch'i̲ch' li neque'c'anjelac riq'uin cuan ju-
nak ani te'xjit, teto li po̲pol ut cuan-
queb aj rakol a̲tin. Te'jitok aran re nak
ta̲ru̲k ta̲yi̲ba̲k ru lix ch'a'ajquilaleb. 39 Cui
ut te̲raj xc'u̲banquil junak c'a'ak re ru,
takach'utub kib ut sa' xya̲lal takac'u̲b
ru. 40 Anakcuan xiu xiu cuanco. Cui no-
coe'xjit riq'uin li mululij ib yo̲co, ut cui
eb laj Roma li neque'taklan sa' kabe̲n
te'xpatz' ke c'a'ut nak yo̲co chixmululin-
quil kib, ma̲c'a' naru takacol cui' kib,
chan. 41 Ut nak quirake' chixyebal a'in,
quixchak'rabiheb li tenamit.

Laj Pablo co̲ Macedonia ut Grecia

20 Ut nak ac xnume' li mululij
ib, laj Pablo quixbokeb laj
pa̲banel riq'uin. Quixq'ueheb xna'leb,
quixk'aluheb, quixchak'rabiheb ut co̲
Macedonia. 2 Nak ac xrula'aniheb li
cuanqueb sa' li na'ajej Macedonia, ut
nak ac xq'ueheb xna'leb chi cha̲bil,
co̲ aran Grecia. 3 Oxib po quicuan
aran Grecia ut xic raj re Siria chiru
ha' nak quirabi resil nak eb laj judío
te'xram sa' xbe. Jo'can nak co̲ cui'chic
Macedonia. 4 Qui-ochbeni̲c toj Asia
xbaneb laj Sópater li ralal laj Pirro,
Berea xtenamit; laj Aristarco ut laj
Segundo, Tesalónica xtenamiteb; ut laj
Gayo, Derbe xtenamit; rochbeneb laj
Timoteo, laj Tíquico ut laj Trófimo,
Asia xtenamiteb. 5 Eb a'an co̲eb chi ubej
ut aran Troas coe'roybeni. 6 La̲o toj
kanumsi li nink'e nak nacua'e' li caxlan
cua ma̲c'a' xch'amal. Chirix a'an co̲o
aran Filipos chiru ha'. Nak ac xnume' o̲b
cutan coxe'katau aran Troas, ut cocana
cuukub cutan aran. 7 Ut sa' xbe̲n li cutan
re li xama̲n, ch'utch'u̲queb laj pa̲banel
chi cua'ac sa' comonil. Laj Pablo yo̲
chixtzolbaleb. Ac cuulajak naxic. Tuktu
k'ojyi̲n toj yo̲ chi a̲tinac. 8 Cuanqueb
nabal li xam lochlo̲queb sa' li na'ajej bar
ch'utch'u̲co cui' toj sa' xbe̲n li cab. 9 Jun
li sa̲j al, aj Eutico xc'aba', c'ojc'o sa' li
ventana. Xban nak quinajto' k'ojyi̲n laj
Pablo chi a̲tinac, quicube xcuara laj
Eutico, ut quit'ane' chak sa' rox tasal li
cab. Toj tak'a quinak. Ut camenak chic
nak que'xcuaclesi. 10 Laj Pablo quicube
tak'a, quixc'utzub rib sa' xbe̲n li al,
quixk'alu ut quixye reheb: —Me̲q'ue
e̲c'a'ux. Yo'yo, chan. 11 Quitake' cui'chic,
quixjachi li caxlan cua, ut que'cua'ac.
Ut qui-oc cui'chic chi a̲tinac. Ac xsake̲u
chic nak quixcanab a̲tinac. Chirix a'an
qui-el sa' xya̲nkeb ut co̲. 12 Ut li al yo'yo
nak que'xc'am. Ut c'ajo' nak quisaho'
sa' xch'o̲leb. 13 La̲o co̲o toj Asón chiru
ha' chixc'ulbal laj Pablo. A'an co̲ chi
ch'och'el xban nak jo'can quiraj. 14 Nak
cocuulac Asón kanume'c'am laj Pablo

ut coo Mitilene. 15 Sa' xcab li cutan
coo chiru ha' ut cocuulac sa' xca'yabal
Quío. Jo' cuulajak chic co-el aran ut
cocuulac aran Samos. Ut coxohilank
sa' li tenamit Trogilio. Toj sa' li cutan
jun chic cocuulac Mileto. 16 Laj Pablo
ac cuan sa' xch'ol nak inc'a' tanumek'
Efeso re nak inc'a' tabayk Asia. Yo
chixsebanquil rib xban nak taraj cuanc
sa' li nink'e Pentecostés aran Jerusalén.

Laj Pablo quixchak'rabiheb li neque'c'amoc be sa' xyankeb laj pabanel aran Efeso

17 Nak toj cuan Mileto quixtakla
chak xbokbaleb li neque'c'amoc be sa'
xyankeb laj pabanel aran Efeso re te'xic
riq'uin. 18 Ut nak que'cuulac riq'uin aran
Mileto, quixye reheb: —Laex nequenau
nak chalen cuoquic Asia sa' xyalal
cuanquin sa' eyank. 19 Nak yoquin
chi c'anjelac chiru li Kacua' quincubsi
incuanquil ut quinyabac xban li raylal
ut li yalec' li quichal sa' inben xbaneb
laj judío. 20 Lain xinch'olob chi tz'akal
li xyalal cheru. Mac'a' xinmuk cheru.
Quinch'olob ban xyalal chiruheb li
tenamit jo' ajcui' sa' eb li cab. 21 Yoquin
chixjulticanquil chiruheb laj judío ut
chiruheb li macua'eb aj judío, nak
te'xyot' xch'ol ut te'xjal xc'a'ux chiru li
Dios ut te'pabank sa' xc'aba' li Kacua'
Jesucristo. 22 Anakcuan tenebanbil
sa' inben xban li Santil Musik'ej xic
Jerusalén. Ut inc'a' ninnau c'a'ru
tinc'ul aran. 23 Ca'aj cui' ninnau nak
li Santil Musik'ej quixc'ut chicuu nak
sa' li junjunk chi tenamit tinnumek'
cui', tinc'ul raylal ut tine'xq'ue sa'
tz'alam. 24 Abanan lain mac'a' ninxucua,
chi moco ninra lin yu'am chok' cue
injunes. Abanan nacuaj nak tinchoy
lin c'anjel chi sa sa' inch'ol. Ut ninnau
nak taklanbilin xban li Kacua' Jesús
chixyebal resil li evangelio li quixq'ue li
Dios xban li rusilal. 25 Lain xinch'olob
chak xyalal lix nimajcual cuanquilal li
Dios sa' eyank laex. Ut ninnau ajcui'
nak ma jun chic ere laex tailok cuu.
26 Jo'can nak anakcuan lain ninye ere
nak lain mac'a' inmac cui laex inc'a'
texcolek', 27 xban nak ac xinch'olob chi
tz'akal re ru li na'leb li taklanbilin cui'
xban li Dios. 28 Jo'can nak ilomak erib
chi us laex ut ilomakeb laj pabanel li
xe'q'uehe' cheril xban li Santil Musik'ej,
li quixlok'eb riq'uin lix lok'laj quiq'uel.
Cherilak laj pabanel jo' nak naril chi us
lix carner li pastor. 29 Lain ninnau nak
tinelk sa' eyank, chanchanakeb laj xoj
nak te'chalk li jalaneb xna'leb chixpo'bal
ru le pabal. Eb a'an inc'a' te'ril xtok'obal
eru. 30 Ut sa' eyank ajcui' laex cuankeb
li te'oc chixyebal c'a'ak re ru inc'a'
yal re xk'unbesinquileb laj pabanel
re te'xic chirixeb. 31 Yo'on cuankex ut
chijulticok' ere nak chiru oxib chihab,
chi k'ek chi cutan yoquin chi yabac
ut inc'a' xinhilan chixch'olobanquil
ena'leb chejunjunkal. 32 Anakcuan ut ex
herman, texink'axtesi sa' ruk' li Dios ut
li ratin li quixq'ue chak ere xban lix
rahom chitenk'ank ere chi q'uic sa' le
pabal. Ut a'an ajcui' taq'uehok ena'aj
sa' xyankeb li sic'bileb ru xban li Dios.
33 Laex nequenau nak lain inc'a' xinrahi
ru lix tumin jalan, chi moco lix biomal,
chi moco li rak'eb. 34 Ut nequenau ajcui'
nak lain xinc'anjelac riq'uin cuuk' re
xsic'bal li c'a'ru cue jo' ajcui' li c'a'ru
reheb li cuanqueb cuochben. 35 Riq'uin
chixjunil li xinbanu, xinc'ut cheru
chanru xtenk'anquileb li te'raj tenk'ac.
Chijulticok' ke li quixye li Kacua' Jesús:
K'axal us li q'uehoc chiru li c'uluc, chan.
36 Ut nak quirake' chixyebal chixjunil
a'in, laj Pablo quixcuik'ib rib ut qui-oc
chi tijoc rochbeneb chixjunileb. 37 C'ajo'
nak que'yabac chixjunileb. Que'xk'alu
laj Pablo ut que'rutz' ru. 38 C'ajo' xrahil
que'rec'a nak que'rabi li atin li quixye
laj Pablo nak inc'a' chic te'ril ru. Ut nak

co̱, coxe'xcanab chak chire li palau cuan
cui' li jucub.

Eb laj pa̱banel que'xye re laj Pablo nak inc'a' raj ta̱xic Jerusalén

21 Nak coe'xcanab laj pa̱banel chire
ha', co-oc sa' li jucub ut co̱o toj
Cos. Ut sa' xcab li cutan cocuulac Ro-
das. Chirix chic a'an, cocuulac Pátara.
2 Aran quikatau jun li jucub xic re Feni-
cia. Co-oc chi sa' ut co̱o. 3 Nak yo̱co
chi xic Siria conume' sa' xjayal li tena-
mit Chipre, li nacana sa' katz'e. Chirix
chic a'an cocuulac Tiro ut aran quican-
aban i̱k li jucub. 4 Aran katauheb cuib
oxib laj pa̱banel ut cocana cuukub cutan
riq'uineb. Ut eb laj pa̱banel que'xye re
laj Pablo nak quic'ute' chiruheb xban li
Santil Musik'ej nak inc'a' ta̱xic Jerusalén.
5 Nak ac xnume' li cuukub cutan, co-el
sa' li tenamit Tiro ut co̱o. Ut que'co̱eb laj
pa̱banel chikacanabanquil rochbeneb li
rixakil ut lix coc'aleb. Nak cocuulac chire
li palau, cocuik'la ut co-oc chi tijoc. 6 Nak
corake' chi tijoc, quikachak'rabiheb ut
co̱o sa' li jucub. Ut eb a'an que'suk'i
cui'chic sa' li rochocheb. 7 Nak cocuu-
lac Tiro corake' chi be̱c chiru ha' ut
co̱o sa' li tenamit Tolemaida. Quikaq'ue
xsahil xch'o̱leb laj pa̱banel li cuanqueb
aran ut cocana jun cutan riq'uineb.
8 Jo' cuulajak chic co̱o Cesarea. Nak
cocuulac aran, co̱o sa' rochoch laj Fe-
lipe laj yehol resil li colba-ib. A'an
jun reheb li cuukub li que'siq'ue' ruheb
Jerusalén re te'xtenk'aheb li apóstol.
9 A'an cuan ca̱hib xrabin toj tuk' ixeb. Eb
li xka'al a'an neque'yehoc ra̱tin profeta.
10 Ac cuan cutan kacuulajic aran Cesarea
nak quicuulac jun profeta quichal chak
Judea, aj Agabo xc'aba'. 11 Li cui̱nk a'an
quicuulac chikilbal. Quixchap lix c'a̱mal
xsa' laj Pablo. Quixbac' li ruk' ut li rok
riq'uin. —Jo'ca'in xc'ut chicuu li Santil
Musik'ej, chan. —Laj e̱chal re li c'a̱mal
sa' a'in ta̱baq'uek' li ruk' ut li rok xbaneb
laj judío aran Jerusalén ut ta̱k'axtesi̱k sa'
ruk'eb li ma̱cua'eb aj judío, chan. 12 Nak
quikabi li c'a'ru quixye, la̱o ut eb li cuan-
queb aran quikatz'a̱ma chiru laj Pablo
nak inc'a' ta̱xic Jerusalén. 13 Abanan laj
Pablo quichak'oc ut quixye ke: —¿C'a'ut
nak yo̱quex chi ya̱bac ut chixq'uebal
xrahil inch'o̱l? La̱in cau inch'o̱l, moco
ca'aj cui' ta re tinbaq'uek'. Re aj ban cui'
nak tincamsi̱k aran Jerusalén sa' xc'aba'
li Ka̱cua' Jesús, chan. 14 La̱o inc'a' coru
chixjalbal ru lix c'a'ux laj Pablo. Jo'can
nak ma̱c'a' chic kaye re. Chi-uxk ta jo'
naraj li Ka̱cua', chanco.

Laj Pablo co̱ Jerusalén chirilbal laj Jacobo li nac'amoc be chiruheb laj pa̱banel

15 Chirix chic a'an quikacauresi kib ut
co̱o Jerusalén. 16 Cuanqueb aj pa̱banel
aj Cesarea co̱eb chikix. Quikac'ameb sa'
li rochoch laj Mnasón Chipre xtena-
mit. Ac najter aj pa̱banel. Ut aran co-
hilan. 17 Nak cocuulac Jerusalén, eb laj
pa̱banel coe'xc'ul chi saheb sa' xch'o̱l.
18 Jo' cuulajak chic laj Pablo co̱ chir-
ilbal laj Jacobo ut la̱o co̱o chirix.
Ac ch'utch'u̱queb aran chixjunileb li
neque'c'amoc be sa' xya̱nkeb laj pa̱banel.
19 Ut nak ac xq'ueheb xsahil xch'o̱l,
laj Pablo quixserak'i reheb chixjunil li
quixba̱nu li Dios sa' xya̱nkeb li ma̱cua'eb
aj judío nak yo̱ chi c'anjelac sa' xya̱nkeb.
20 Nak que'rabi a'in que'xbantioxi chiru
li Dios. Ut que'xye re laj Pablo: —
La̱at nacacuil, at herma̱n, jarub mil eb
laj judío ac xe'pa̱ban. Ut chixjunileb
a'an neque'xq'ue xch'o̱l chixba̱nunquil
li naxye li chak'rab. 21 Ac xe'rabi re-
sil nak la̱at yo̱cat chixc'utbal chiruheb
laj judío, li cuanqueb sa' xya̱nkeb li
ma̱cua'eb aj judío, nak inc'a' te'xba̱nu
li circuncisión reheb li ralal xc'ajol, chi
moco te'xba̱nu li c'a'ru c'aynakeb xba̱-
nunquil laj judío. 22 ¿C'a'ru takaba̱nu?
Anakcuan te'rabi resil nak la̱at cuan-

cat arin. 23 Banu li c'a'ru yoco chixyebal acue. Cuanqueb cahib chi cuink sa' kayank te'rakek' xbanunquil li c'a'ru que'xyechi'i chiru li Dios. 24 C'ameb li cuink a'in chacuix. Acuochbenakeb nak tabanu li c'a'ru tento xbanunquil xban nak ac xe'rake' xbanunquil li c'a'ru que'xyechi'i chiru li Dios. Tach'ajobresi acuib laat ut taq'ue chi besec' li rismaleb ut tatoj lix besbaleb. Chi jo'can te'xq'ue retal nak moco yal ta li yoqueb chixyebal chacuix. Banu chi jo'can re nak te'xnau nak inc'a' yocat chixk'etbal li chak'rab. 25 Ac xotz'ibac riq'uineb li que'paban sa' xyankeb li macua'eb aj judío. Ac xkatakla xyebal reheb nak inc'a' tento te'xbanu li circuncisión. Li c'a'ru tento te'xbanu, a'an a'in: inc'a' naru te'xtzaca li tzacaemk mayejanbil chiruheb li yibanbil dios, chi moco te'xtzaca li quic', chi moco te'xtiu xtibel li yatz'bil xul. Ut inc'a' te'co'betak te'yumbetak, chanqueb re laj Pablo. 26 Cuulajak chic laj Pablo quixc'ameb li cahib chi cuink chirix. Ut quixch'ajobresi rib rochbeneb nak qui-oc sa' li templo chixyebal reheb c'a'ru cutanquil te'xq'ue lix mayej li junjunk re nak tatz'aklok ru li xch'ajobresinquil ribeb li que'xbanu.

Laj Pablo quichape' sa' li templo xbaneb laj c'amol be sa' xyankeb laj Judío

27 Nak ac numec' re li cuukub cutan, cuanqueb laj judío que'chal chak Asia. Nak que'ril laj Pablo sa' li templo, que'josk'o' ut que'xtiquib jun li ch'a'ajquilal sa' li tenamit ut que'xchap laj Pablo. 28 Japjoqueb re chixyebal: —Ex aj Israel, choetenk'a. A'an a'in li cuink li napo'oc xna'lebeb li tenamit yalak bar chixtz'ektananquil li katenamit, jo' ajcui' li chak'rab li quixq'ue ke laj Moisés. Ut naxtz'ektana li templo a'in. Jo' cui' anchal xrocsiheb li macua'eb aj judío sa' li templo ut riq'uin a'an, xmux ru li Santil Na'ajej, chanqueb. 29 Que'xye a'an xban nak que'ril ru laj Trófimo aj Efeso chirochbeninquil sa' li tenamit. Sa' xch'oleb a'an nak laj Pablo qui-ocsin re laj Trófimo sa' li templo. 30 Jo'can nak k'axal cui'chic quichal xjosk'ileb li tenamit. Japjoqueb re nak que'xchap laj Pablo ut quelonbil que'xbanu re, nak que'risi sa' li templo. Ut que'xtz'ap li oquebal chi junpat.

Eb laj Roma que'xcol laj Pablo chiruheb laj judío

31 Oqueb raj re chixcamsinquil nak quiyehe' chak re li coronel nak chixjunil li tenamit Jerusalén yoqueb chixmululinquil ribeb xbaneb xjosk'il. 32 Ut li coronel quixc'ameb nabal li soldado chirix jo' ajcui' li cuanqueb xcuanquil sa' xbeneb li soldado, ut coeb sa' anil bar ch'utch'uqueb cui' li tenamit. Nak li tenamit que'ril li coronel rochbeneb chak li soldado, que'xcanab xtacuasinquil laj Pablo. 33 Ut li coronel quixchap laj Pablo. Quixtakla xbac'bal riq'uin cuib chi cadena. Ut quixpatz' ani a'an ut c'a'ru xmac. 34 Ut li tenamit jalan jalank yoqueb chixyebal ut inc'a' nach'ola ru li c'a'ru yoqueb chixyebal. Li coronel quiril nak inc'a' quixtau c'a'ru tz'akal xmac. Quixtakla xcanabanquil laj Pablo sa' li cuartel. 35 Nak que'cuulac cuan cui' li gradas, pakpo nak quic'ame' xbaneb li soldado xban nak li tenamit yoqueb xjosk'il sa' xben ut inc'a' neque'xcanab chi numec'. 36 Li q'uila tenamit yoqueb chi xic chirixeb ut japjoqueb re chixyebal: —¡Camsihomak li cuink a'an! chanqueb.

Laj Pablo quiatinac re xcolbal rib

37 Nak ac oqueb re chirocsinquil sa' li cuartel laj Pablo, quixye re li coronel: —¿Ma taruk tatcuatina junpatak?— Ut li coronel quixye: —Nacanau pe' atinac sa' li atinobal griego. 38 ¿Ma macua'

la̲at li cui̲nk laj Egipto li quitiquiban
jun ch'a'ajquilal inc'a' mas najter? ¿Ma
ma̲cua' la̲at catc'amoc reheb li ca̲hib mil
chi cui̲nk aj camsinel sa' li chaki ch'och'?
chan. 39 Quichak'oc laj Pablo ut quixye:
—Inc'a'. La̲in aj judío. Yo'lajenakin sa'
li tenamit Tarso li cuan xcue̲nt Cilicia.
Na'no ru lin tenamit. Tintz'a̲ma cha̲cuu
nak tina̲canab chira̲tinanquileb li tena-
mit, chan. 40 Ut nak quiq'uehe' xlese̲ns
chi a̲tinac xban li coronel, laj Pablo quix-
akli sa' li gradas. Quixtaksi li ruk' re nak
te'xcanab choki̲nc. Ut nak que'xcanab
choki̲nc, laj Pablo qui-oc chi a̲tinac sa'
ra̲tinoba̲leb laj judío ut quixye reheb:
22 Ex cuas cui̲tz'in, ut la̲ex li
nequexc'amoc be sa' xya̲nkeb laj
judío. Abihomak li tinye e̲re anakcuan
re xcolbal cuib, chan. 2 Que'rabi nak
yo̲ chira̲tinanquileb sa' ra̲tinoba̲leb.
Que'xcanab choki̲nc ut que'rabi li c'a'ru
quixye. Ut laj Pablo qui-oc chi a̲tinac.
3 —Relic chi ya̲l nak la̲in aj judío.
Yo'lajenakin Tarso xcue̲nt Cilicia. Ut
arin quinq'ui Jerusalén. Quintzol cuib
riq'uin laj Gamaliel chirix li chak'rab
li quiq'uehe' chak reheb li kaxe'to̲nil
yucua'. Chi anchal inch'o̲l ninq'ue
xlok'al li Dios jo' yo̲quex la̲ex anakcuan.
4 Xic' neque'cuil li neque'pa̲ban re li
aq'uil na'leb a'in toj retal quinq'ueheb
chi camsi̲c. Quinchapeb ut quinq'ueheb
sa' tz'alam, jo' cui̲nk jo' ixk. 5 Li xbe̲nil
aj tij, jo' ajcui' eb li neque'taklan sa'
xya̲nkeb laj judío, neque'xnau nak
tz'akal ya̲l li yo̲quin chixyebal. Eb
a'an que'xq'ue jun li hu cue retalil
nak que'xq'ue inlese̲ns chixchapbaleb
laj pa̲banel li cuanqueb Damasco, ut
tinc'ameb chak chi pre̲xil arin Jerusalén
re te'rahobtesi̲k.

Laj Pablo quixserak'i reheb chanru nak quipa̲ban

6 Abanan nak ac cuulac cue Damasco,
ca'ch'in na chic ma̲ cua'leb, ma̲c'a' sa'
inch'o̲l nak quinixsut jun li chanchan
xam k'axal saken quichal chak sa' choxa.
7 Quint'ane' chi ch'och' ut quicuabi jun
xya̲b cux quixye cue, “At Saulo, at
Saulo, ¿c'a'ut nak yo̲cat chinrahobtesin-
quil?” chan cue. 8 La̲in quinchak'oc ut
quinye, “¿Anihat la̲at, Ka̲cua'?” chan-
quin. Ut a'an quixye cue, “La̲in li Jesús
laj Nazaret li yo̲cat chixrahobtesinquil,”
chan cue. 9 Li cuanqueb cuochben que'ril
chi tz'akal li chanchan xam ut c'ajo'
nak que'xucuac. Abanan inc'a' que'rabi
li a̲tin li quiyehe' cue. 10 Quinpatz' re,
“Ka̲cua', ¿c'a'ru ta̲cuaj tinba̲nu?” Ut li
Ka̲cua' quixye cue, “Cuaclin. Ayu Dam-
asco ut aran ta̲yehek' a̲cue chixjunil li
c'a'ru tenebanbil sa' a̲be̲n re ta̲ba̲nu,”
chan. 11 Ut la̲in inc'a' chic nin-iloc xban
nak k'axal nalemtz'un li chanchan xam.
Ch'ilonbilin aj chic xbaneb li cuan-
queb cuochben nak co̲in toj Damasco.
12 Jun li cui̲nk aj Ananías xc'aba' quicu-
ulac chicuilbal. Naxba̲nu jo' naxye li
chak'rab li quiq'uehe' re laj Moisés.
Cha̲bil neque'xye chirix li cui̲nk a'an
chixjunileb laj judío li cuanqueb aran.
13 Nak quicuulac cuanquin cui', quix-
akli chinc'atk ut quixye cue, “At her-
mano Saulo, chat-ilok cui'chic,” chan
cue. Ut sa' ajcui' li ho̲nal a'an qui-iloc
cui'chic li xnak' cuu ut quicuil ru laj
Ananías. 14 Ut quixye cui'chic cue, “Li
Dios li que'xlok'oni chak li kaxe'to̲nil yu-
cua', a'an quisic'oc chak a̲cuu re nak ta̲-
nau ut ta̲ba̲nu li c'a'ru naraj a'an. A'an
naraj nak ta̲cuil ru li jun li Ti̲c Xch'o̲l
ut ta̲cuabi li c'a'ru tixye a̲cue. 15 La̲at
ta̲ye reheb chixjunileb li c'a'ru xacuabi
ut li c'a'ru xacuil. 16 ¿C'a'ut nak nacabay
a̲cuib? Cuaclin. Li Dios tixcuy tixsach la̲
ma̲c nak ta̲ya̲ba lix c'aba'. Ut c'ul li cubi
ha',” chan cue. 17 Chirix chic a'an, quin-
suk'i cui'chic Jerusalén. Nak yo̲quin chi
tijoc sa' li templo, quic'utbesi̲c chicuu
jun li visión. 18 Ut quicuil li Ka̲cua'
nak quixye cue, “Se̲ba a̲cuib. Elen chi

junpa̱t arin Jerusalén xban nak arin Jerusalén inc'a' te'raj rabinquil li xya̱lal li ta̱ch'olob chiruheb chicuix la̱in," chan cue. 19 La̱in quinye re, "At Ka̱cua', chixjunileb neque'xnau nak la̱in co̱in sa' li junju̱nk chi cab li neque'xch'utub cui' ribeb laj judío chixchapbaleb laj pa̱banel re nak te'q'uehek' sa' tz'alam ut te'saq'uek'. 20 Nak que'xcamsi laj Esteban li quich'oloban li xya̱lal cha̱cuix, la̱in cuanquin ajcui' aran. Yo̱quin chirilbal ut quisaho' inch'o̱l riq'uin lix camic. Ut la̱in ajcui' quin-iloc re li rak'eb li que'camsin re," chanquin re. 21 Ut li Ka̱cua' quixye cue, "Ayu xban nak la̱in tatintakla chi najt sa' xya̱nkeb li ma̱cua'eb aj judío," chan cue, chan laj Pablo. 22 Ut nak li tenamit que'rabi nak ta̱xic riq'uineb li ma̱cua'eb aj judío, c'ajo' nak que'po'. Inc'a' chic que'xcuy rabinquil xban nak yo̱ xjosk'ileb. Ut japjo̱queb reheb chixyebal: —Camsihomak li cui̱nk a'in. Inc'a' us nak yo'yo̱k, chanqueb. 23 Yo̱queb chixjapbal reheb ut yo̱queb chixk'ichbal li rak' ut yo̱queb chixcutbal li poks sa' ik' xban xjosk'ileb. 24 Ut li coronel quixtaklaheb li soldado re te'xc'am sa' cuartel laj Pablo. Quixye reheb nak te'xsac' re nak tixye xya̱lal c'a'ut nak japjo̱queb reheb li tenamit chixyebal chi jo'can. 25 Nak ac xe'xbac', laj Pablo quixye re li capitán li cuan aran: —¿C'a'ru naxye li chak'rab? ¿Ma naru xsac'bal junak cui̱nk aj Roma chi toj ma̱ji' rakbil a̱tin sa' xbe̱n? chan. 26 Quisach xch'o̱l li capitán nak quirabi li c'a'ru quixye laj Pablo. Co̱ sa' a̱nil ut quixye re li coronel: —¿C'a'ru ta̱ba̱nu riq'uin li cui̱nk a'in? A'an tz'akal aj Roma, chan. 27 Ut quichal li coronel ut quixye re laj Pablo: —Ye cue li xya̱lal. ¿Ma la̱at aj Roma?— Ut laj Pablo quixye re: —La̱in.— 28 Quichak'oc li coronel ut quixye: —La̱in nabal li tumin xinq'ue re nak tinc'ulek' chok' aj Roma, chan. Ut laj Pablo quixye re: —A'ut la̱in chalen chak sa' inyo'lajic, la̱in ajcui' chak aj Roma, chan. 29 Jo'can nak que'xcanab laj Pablo xjunes. Inc'a' chic que'xrahobtesi. Jo'can ajcui' li coronel. Qui-oc xxiu nak quixnau nak laj Pablo a'an tz'akal aj Roma xban nak que'xbac' riq'uin cadena.

Laj Pablo quic'ame' chiruheb li neque'taklan sa' xbe̱neb laj judío

30 Jo' cuulajak chic li coronel quixtakla xhitbal lix bac'bal laj Pablo. Ut quixtakla xbokbaleb lix be̱nil aj tij ut eb li neque'taklan sa' xbe̱neb laj Judío ut quixxakab laj Pablo chiruheb. Quiraj xtaubal xya̱lal chi tz'akal c'a'ru xma̱c laj Pablo nak yo̱ xjitbal xbaneb laj judío.

23 Laj Pablo quixca'yaheb li neque'taklan sa' xbe̱neb laj judío ut quixye reheb: —Ex cuech tenamitil, la̱in c'ojc'o inch'o̱l riq'uin li xinba̱nu chiru li Dios chalen toj sa' li cutan anakcuan, chan. 2 Laj Ananías li xyucua'il aj tij quixye reheb li cuanqueb chixc'atk laj Pablo nak te'xsac' sa' re. 3 Ut laj Pablo quixye re: —A' li Dios ta̱sac'ok a̱cue la̱at. Chanchanat jun li tz'ac bonbil ru. La̱at chunchu̱cat aran chi rakoc a̱tin sa' inbe̱n jo' naxye li chak'rab. Ut la̱at xak'et li chak'rab nak xatakla insac'bal, chan. 4 Eb li cuanqueb chixc'atk que'xye re: —La̱at yo̱cat chixhobbal li xyucua'il aj tij li nac'anjelac chiru li Dios, chanqueb. 5 Quichak'oc laj Pablo ut quixye reheb: —Ex cuech tenamitil, chine̱cuy, inc'a' ninnau nak a'an ta xyucua'il aj tij. Tz'i̱banbil retalil sa' li Santil Hu naxye chi jo'ca'in: Inc'a' ta̱tz'ekta̱na li nataklan sa' le̱ tenamit. (Ex. 22:28) 6 Nak quixq'ue retal laj Pablo nak sa' xya̱nkeb li ch'utch'u̱queb aran cuanqueb aj saduceo ut cuanqueb ajcui' aj fariseo, quixye reheb chi cau xya̱b xcux: —La̱ex aj judío, cuech tenamitil, la̱in aj fariseo. Ut aj fariseo ajcui' inyucua'. Xban nak ninpa̱b nak te'cuacli̱k cui'chic chi yo'yo li camenak, jo'can nak yo̱ xrakbal a̱tin

sa' inbe̱n la̱in, chan laj Pablo. 7 Ut nak
quixye a'in, inc'a' chic junaj xc'a'uxeb
laj fariseo ut eb laj saduceo ut que'oc
chixcuech'inquil rib. 8 Eb laj saduceo
inc'a' neque'xpa̱b nak neque'cuacli
cui'chic chi yo'yo li camenak, chi moco
neque'xpa̱b nak cuan ángel, chi moco
neque'xpa̱b nak cuan Musik'ej. Abanan
eb laj fariseo neque'xpa̱b chixjunil a'
c'a'ak re ru a'in. 9 Ut neque'xejejnac
chixcuech'inquil ribeb. Ut eb laj tz'i̱b
xcomoneb laj fariseo yo̱queb chixcolbal
rix laj Pablo. —Ma̱ jun ma̱c nakatau
chirix li cui̱nk a'in. Ma̱re anchal
junak musik'ej, ma̱re anchal junak
ángel x-a̱tinan re. Inc'a' naru topletik
riq'uin li Ka̱cua', chanqueb. 10 K'axal
cui'chic que'xcuech'i ribeb. Quichal
xxiu li coronel ut quixc'oxla nak ma̱re
te'xpedasi laj Pablo. Quixbokeb li
soldado ut quixtaklaheb chirisinquil
laj Pablo chiruheb re te'xc'am cui'chic
sa' li cuartel. 11 Chiru li k'ojyi̱n a'an li
Ka̱cua' quixc'ut rib chiru laj Pablo ut
quixye re: —Cauhak a̱ch'o̱l, at Pablo.
Jo' nak xach'olob li ya̱l chicuix arin
Jerusalén, jo'can ajcui' nak toxa̱ch'olob
li ya̱l chicuix aran Roma, chan.

Eb laj c'amol be sa' xya̱nkeb laj judío que'xc'u̱b ru chanru nak te'xcamsi laj Pablo

12 Cuulajak chic cuanqueb laj judío
que'xch'utub ribeb ut que'xc'u̱b ru c'a'ru
te'xba̱nu. Que'xye riq'uin juramento nak
inc'a' te'cua'ak chi moco te'uc'ak cui inc'a'
te'xcamsi laj Pablo. 13 Numenakeb na
ca'c'a̱l chi cui̱nk li que'xc'u̱b ru xcam-
sinquil laj Pablo. 14 Que'co̱eb riq'uineb li
xbe̱nil aj tij ut riq'uineb li neque'c'amoc
be sa' xya̱nkeb laj judío ut que'xye re-
heb: —La̱o xkac'u̱b kib ut xkaba̱nu li ju-
ramento nak inc'a' totzaca̱nk cui inc'a'
takacamsi laj Pablo. 15 Jo'can nak la̱ex
rochbeneb li neque'taklan sa' xbe̱neb laj
judío yehomak re li coronel nak tix-
takla chak arin laj Pablo cuulaj. Ye re
nak te̱raj te̱nau tz'akal xya̱lal chirix. La̱o
ac xkacauresi kib re nak takacamsi nak
toj ma̱ji' nac'ulun arin, chanqueb. 16 Ut
lix yum li ranab laj Pablo quirabi li
c'a'ru yo̱queb chixc'u̱banquil. Co̱ riq'uin
laj Pablo sa' cuartel ut quixserak'i re
li c'a'ru yo̱queb chixc'u̱banquil chirix.
17 Jo'can nak laj Pablo quixbok jun li
capitán ut quixye re: —C'am li al a'in
riq'uin li coronel xban nak cuan c'a'ru
tixye re, chan. 18 Ut li capitán quixc'am
li al riq'uin li coronel ut quixye: —Laj
Pablo li pre̱x xinixbok ut xtz'a̱ma chicuu
nak tinc'am chak a̱cuiq'uin li al a'in.
Cuan c'a'ru tixye a̱cue, chan. 19 Ut li coro-
nel quixchap chi ruk'. Quixc'am xjunes ut
quixpatz' re: —¿C'a'ru ta̱cuaj xyebal cue?
chan re. 20 Ut li al quixye: —Eb laj judío
xe'xc'u̱b ribeb re xtz'a̱manquil cha̱cuu
nak ta̱takla cuulaj laj Pablo re ta̱xic
chiruheb li neque'taklan sa' li templo.
Xe'xye nak toj cuan c'a' re ru te'raj te'xtau
xya̱lal chirix. A'an moco ya̱l ta. Ray-
lal ban te'raj xba̱nunquil re. 21 Ma̱ba̱nu
c'a'ru te'xye xban nak numenak ca'c'a̱l
chi cui̱nk te'ramok re sa' be re xcamsin-
quil. Eb a'an que'xc'u̱b rib. Que'xba̱nu li
juramento ut que'xye nak inc'a' te'cua'ak
chi moco te'uc'ak cui inc'a' te'xcamsi laj
Pablo. Anakcuan yo̱queb chiroybenin-
quil c'a'ru ta̱ye la̱at, chan li al. 22 Ut li
coronel quixchak'rabi li al ut quixye re
nak ma̱ ani aj e tixye li c'a'ru quixye resil
re.

Laj Pablo quic'ame' chiru laj Félix li acuabej

23 Li Coronel quixtakla xc'ambal cuib
li capitán ut quixye reheb nak te'xcauresi
cuib ciento chi soldado, ut laje̱b xca̱c'a̱l
li te'xic chirix cacua̱y ut cuib ciento
li cuanqueb xla̱ns re te'xic toj Cesarea
sa' bele̱b o̱r re k'ojyi̱n. 24 Ut quixye
ajcui' nak te'xcauresi li cacua̱y li ta̱xic
cui' laj Pablo. Te'ril chi us re nak

ma̱c'a' tixc'ul nak te'xc'am riq'uin laj
Félix li acuabej. 25 Ut quixtz'i̱ba ajcui'
jun li hu re tixtakla chirixeb. Naxye
chi jo'ca'in: 26 La̱in laj Claudio Lisias.
Nintakla xsahil a̱ch'o̱l, at acuabej Félix.
La̱at li k'axal nim a̱cuanquil. 27 Li cui̱nk
a'in li yo̱quin chixtaklanquil a̱cuiq'uin
quichape' xbaneb laj judío. Oqueb raj
re chixcamsinquil nak quebintau ut
quinmak' chiruheb la̱in cuochbeneb li
soldado xban nak quinq'ue retal nak
a'an tz'akal aj Roma. 28 Ut quicuaj raj
xnaubal c'a'ru xma̱c nak yo̱queb chix-
chapbal. Jo'can nak quinc'am chiruheb
li neque'taklan sa' xya̱nkeb laj judío.
29 La̱in quiq'ue retal nak yo̱queb chixjit-
bal yal xban lix chak'rabeb a'an. Nin-
nau nak ma̱c'a' xma̱c re te'xcamsi, chi
moco re te'xq'ue sa' tz'alam. 30 Ut xcuabi
ajcui' resil nak eb laj judío que'xc'u̱b ru
chanru nak te'xcamsi. Jo'can nak quin-
takla chi junpa̱t a̱cuiq'uin. Xinye ajcui'
reheb li yo̱queb chi jitoc chirix nak te'xye
a̱cue c'a'ru xma̱c. Chacuil a̱cuib, chan re
li acuabej sa' li hu li quixtakla laj Clau-
dio. 31 Eb li soldado que'xc'am laj Pablo
jo' quiyehe' reheb. Que'xc'am chi k'ek toj
sa' li tenamit Antípatris. 32 Ut sa' li cutan
jun chic eb li soldado li que'co̱eb chi rok
que'suk'i cui'chic sa' li cuartel. Ut eb li
cuanqueb chirix cacua̱y que'co̱eb riq'uin
li acuabej chixcanabanquil laj Pablo.
33 Nak que'cuulac Cesarea, que'xk'axtesi
li hu re li acuabej, ut que'xk'axtesi ajcui'
laj Pablo. 34 Ut li acuabej nak quiril xsa'
li hu, quixpatz' re laj Pablo bar xtenamit.
Nak quirabi nak a'an aj Cilicia, quixye re:
35 —Cha̱lkeb cuan laj jitol a̱cue, tojo'nak
takabi c'a'ru a̱ma̱c, chan re. Ut quixtakla
laj Pablo sa' rochoch laj Herodes. Aran
que'xtz'ap sa' jun li na'ajej ut que'xc'ac'ale
re nak inc'a' ta̱e̱lelik.

Laj Pablo quia̱tinac re xcolbal rib chiru laj Félix

24 Nak ac xnume' chic o̱b cutan,
quicuulac Cesarea laj Ananías li
xyucua'il aj tij. Cuanqueb rochben cuib
oxib li neque'c'amoc be sa' xya̱nkeb laj
judío, ut cuan jun naa̱tinac chirixeb,
aj Tértulo xc'aba'. Que'cuulac riq'uin
li acuabej chixjitbal laj Pablo. 2 Nak
quic'ame' laj Pablo, laj Tértulo qui-oc
chixjitbal laj Pablo chiru laj Félix li
acuabej ut quixye: —Ka̱cua' Félix, sa'
a̱c'aba' la̱at cuanco sa' tuktu̱quil usilal.
Xban nak cha̱bil nacattaklan sa' kabe̱n,
jo'can nak yo̱co chi usa̱c sa' li katena-
mit. 3 Riq'uin a'in nasaho' kach'o̱l chika-
junilo yalak bar sa' li na'ajej a'in. Ut
nakabantioxi cha̱cuu, at acuabej Félix.
4 Nintz'a̱ma cha̱cuu nak ta̱ba̱nu usilal ke.
Ta̱cuabi taxak li oc ke chixtz'a̱manquil
cha̱cuu. Junpa̱t ajcui' tatkach'i'ch'i'i.
5 La̱o xkaq'ue retal nak li cui̱nk a'in
k'axal yibru xna'leb. Naxtiquib ra xi̱c' sa'
xya̱nkeb chixjunileb laj judío sa' chixju-
nil li ruchich'och'. Ut a'an najolomin
re li jun ch'u̱tal aj Nazareno neque'xye
re. 6 Quiraj raj xmuxbal ru li katemplo.
Jo'can nak xkachap, ut quikaj raj xrak-
bal a̱tin sa' xbe̱n jo' naxye li kachak'rab.
7 Abanan laj Lisias li coronel qui-oquen
chirix ut sa' josk'il quixmak' chiku. 8 A'an
quixye nak laj jitol re tento te'cha̱lk
a̱cuiq'uin. Taru̱k ajcui' ta̱patz' re a'an re
ta̱nau chi tz'akal li c'a'ru yo̱co chixjitbal
cui', chan. 9 Ut eb laj judío li que'cuulac
rochben, que'xye nak ya̱l li yo̱ chixye-
bal laj Tértulo. 10 Ut li acuabej quixbok
laj Pablo ut quixye re nak ta̱a̱tinak. Ut
laj Pablo quixye: —La̱in ninnau nak na-
bal chihab a̱cuoquic chok' aj rakol a̱tin
sa' li tenamit a'in. Jo'can nak chi ma̱c'a'
inc'a'ux tinye li c'a'ru tincol cui' cuib.
11 La̱at naru tattz'ilok a̱tin chirix li tinye.
Cablaju cutan anakcuan inc'ulunic chi ti-
joc aran Jerusalén. 12 La̱in inc'a' yo̱quin

chixyo'obanquil ra xic' sa' xyankeb li
tenamit. Ma ani nintacchi'i, chi moco
sa' li templo, chi moco sa' li cab li
neque'xch'utub cui' ribeb laj judío, chi
moco sa' li tenamit. 13 Ut eb laj jitol cue
inc'a' naru neque'xye nak yal li c'a'ru
yoqueb chixyebal xban nak mac'a' ju-
nak retalil naru naxc'ut nak yal. 14 Lain
tinye xyalal acue. Ninlok'oni li Dios
li que'xlok'oni chak li kaxe'tonil yu-
cua'. Ninpab li evangelio li neque'xye
nak moco yal ta. Ninpab chixjunil li
tz'ibanbil sa' li chak'rab li quiq'uehe' re
laj Moisés, jo' ajcui' li que'xtz'iba li pro-
fetas. 15 Lain cau inch'ol chixpabanquil
li Dios jo' neque'xbanu li yoqueb chi ji-
toc cue. Lain ninpab ajcui' nak te'cuaclik
cui'chic chi yo'yo li camenak, jo' li tiqueb
xch'ol jo' ajcui' li inc'a' tiqueb xch'ol.
16 Jo'can nak ninq'ue inch'ol chixbanun-
quil li us re nak mac'a'ak inmac chiru li
Dios chi moco chiruheb li cuas cuitz'in.
17 Q'uila chihab ma anihin sa' lin tenamit
Jerusalén. Jo'can nak xinsuk'i chi maye-
jac chiru li Dios ut re xq'uebal ca'ch'inak
lix tenk'anquileb li neba' li cuanqueb
aran. 18 A'an a'in li yoquin chixbanun-
quil nak quine'xtau sa' li templo laj
judío li que'chal chak Asia. Toje' xinrake'
xbanunquil li c'a'ru quinyechi'i chiru li
Dios. Ac xinbanu li nabanuman re xsan-
tobresinquil cuib. Moco nocotububnac
ta chi moco yoco ta chi yo'obanc
ch'a'ajquilal. 19 Eb laj judío li que'chal
chak Asia, a'aneb raj li xe'chal arin chin-
jitbal chacuu cui cuan ta c'a'ru tine'xjit
cui'. 20 Xyehakeb anakcuan chacuu li
neque'taklan sa' xbeneb laj judío li cuan-
queb arin cui cuan c'a'ru inc'a' us xin-
banu nak quine'xc'am chiruheb laj rakol
atin. 21 Ca'aj cui' a'in lin mac chiruheb:
Nak xakxoquin chiruheb, quinye chi cau
xyab incux nak te'cuaclik cui'chic chi
yo'yo li camenak. Sa' xc'aba' a'an nak
oc ere chixrakbal atin sa' inben, chan-
quin reheb, chan laj Pablo. 22 Laj Félix
ac rabiom resil li pabal a'an. Yal re xbay-
baleb nak quixye: —C'ulunk cuan laj
Lisias ut tinchoy xtz'ilbal rix li yoquex
chixyebal, chan. 23 Ut quixtakla cui'chic
laj Pablo sa' li na'ajej li tz'aptz'o cui'
xbaneb. Ut quixtakla ajcui' xyebal re li
capitán nak tixq'ue xlesens chiratinan-
quileb lix comon li jo' q'uial te'raj chalc
chirula'aninquil ut chixq'uebal c'a'ru re.
24 Inc'a' chic q'uila cutan chirix a'in nak
quicuulac cui'chic laj Félix rochben lix
Drusila li rixakil. Li ixk a'an aj judío.
Laj Félix quixbok laj Pablo riq'uin re nak
tixch'olob chiru chanru xpabanquil li
Kacua' Jesucristo. 25 Ut nak laj Pablo yo
chixch'olobanquil lix yalal li tiquilal, li
cuyuc ib, ut li rakba atin chalel, quichal
xxiu laj Félix. Quixye re laj Pablo. —
Anakcuan ayu. Nak tixq'ue rib chicuu
tintakla cui'chic abokbal, chan. 26 Sa'
xch'ol laj Félix nak tatuminak ru xban
laj Pablo re taisik sa' tz'alam. Jo'can nak
nabal sut quixtakla xbokbal ut quiatinac
riq'uin. 27 Xban nak quiraj nak us ta-
canak riq'uineb laj judío, jo'can nak
quixcanab chi prexil laj Pablo. Nak ac
xnume' cuib chihab, laj Félix qui-el chok'
acuabej ut qui-oc laj Porcio Festo chok'
rekaj.

Laj Pablo quic'ame' chiru laj Festo li acuabej li toj qui-oc sa' xcuanquil

25 Oxib cutan chic roquic chok'
acuabej laj Festo, nak qui-el Ce-
sarea ut co toj Jerusalén. 2 Ut que'cuulac
riq'uin laj Festo eb li xbenil aj tij ut
eb li neque'c'amoc be sa' xyankeb laj
judío re xjitbal laj Pablo. 3 Que'xtz'ama
chiru laj Festo nak tixbanu li usilal, tix-
takla cui'chic Jerusalén laj Pablo xban
nak que'xc'oxla xrambal sa' be re xcam-
sinquil. 4 Quichak'oc laj Festo ut quixye
reheb: —Laj Pablo ac cuan chi prexil
aran Cesarea ut c'ac'alenbil chi us. Ut chi
seb tinxic lain aran, chan. 5 Ut quixye
ajcui' reheb: —Eb laj c'amol be sa' eyank

te'xic chicuix. Cui cuan xma̲c li cui̲nk
a'in, che'xjitak, chan reheb. 6 Quicuan
tana chic cuakxakibak malaj ut laje̲bak
cutan chic sa' xya̲nkeb ut quisuk'i Ce-
sarea. Sa' xcab li cutan nak quic'ojla sa'
li na'ajej li narakoc cui' a̲tin, quixtakla
xc'ambal laj Pablo riq'uin. 7 Nak quicuu-
lac, quisute' xbaneb laj judío li que'chal
Jerusalén. Junes raylal que'xye chirix laj
Pablo nak que'xjit. Abanan inc'a' qui-el
chi ya̲l li c'a'ru que'xye xban nak ma̲c'a'
junak c'a'ru tixc'ut nak ya̲l li yo̲queb
chixyebal. 8 Ut laj Pablo qui-oc cui'chic
chi a̲tinac re xcolbal rib chiruheb ut
quixye: —Chi moco lix chak'rabeb laj
judío chi moco lix templo li Ka̲cua' quin-
sach xcuanquil. Chi moco cuan ta ju-
nak ma̲c xinba̲nu chiru li acuabej César,
chan. 9 Laj Festo quiraj nak us ta̲cana̲k
riq'uineb laj judío. Jo'can nak quixye re
laj Pablo: —¿Ma ta̲cuaj xic toj Jerusalén
ut aran ta̲rakma̲nk a̲tin sa' a̲be̲n chicuu?
chan re. 10 Laj Pablo quixye: —Cuanquin
chiru li rakba a̲tin li cuan sa' xcue̲nt
li acuabej César. Jo'can nak arin ajcui'
ta̲rakek' a̲tin sa' inbe̲n. Ac nacanau ajcui'
la̲at nak ma̲c'a' inma̲c chiruheb laj judío.
11 Cui ut cuan junak ma̲c xinba̲nu re
nak tento tine'xcamsi, chine'xcamsihak.
La̲in inc'a' ninxucua li ca̲mc. Abanan cui
inc'a' ya̲l li yo̲queb chixyebal chicuix,
ma̲ ani ta̲ru̲k ta̲k'axtesi̲nk cue sa' ruk'eb
a'an. La̲in tintz'a̲ma nak li acuabej César
li k'axal nim xcuanquil ta̲rakok a̲tin sa'
inbe̲n, chan laj Pablo. 12 Ut laj Festo
quia̲tinac riq'uineb laj q'uehol na'leb.
Tojo'nak quixye re laj Pablo: —Cui li
acuabej César ta̲cuaj ta̲rakok a̲tin sa'
a̲be̲n, naru ajcui' tatintakla riq'uin, chan.

Laj Festo quixserak'i re li rey Agripa li c'a'ru yo̲ chixc'ulbal laj Pablo

13 Ac xnume' na chic cuib oxib cutan
nak li rey Agripa ut lix Berenice li ranab
que'cuulac Cesarea chirula'aninquil laj
Festo. 14 Ac cuan cutan xcuulajiqueb
aran, nak laj Festo quixch'olob chiru
li rey li yo̲ chixc'ulbal laj Pablo: —
Jun li cui̲nk quicanaba̲c chi pre̲xil xban
laj Félix, chan re. 15 Ut nak quincuulac
Jerusalén que'chal cuiq'uin lix be̲nil aj
tij ut eb li neque'c'amoc be sa' xya̲nkeb
laj judío. Que'xtz'a̲ma chicuu nak tin-
rak a̲tin sa' xbe̲n ut tinteneb ca̲mc sa'
xbe̲n. 16 Abanan la̲in quinye reheb nak
eb laj Roma moco c'aynakeb ta chix-
tenebanquil ca̲mc sa' xbe̲n junak cui̲nk
yal chi jo'can. Tento nak cua̲nk chiruheb
laj jitol re, re nak tixcol rib a' yal c'a'ru
ta̲jitek' cui'. 17 Nak que'c'ulun arin eb laj
c'amol be sa' xya̲nkeb laj judío, inc'a'
quinbay. Sa' li cutan jun chic ticto co̲in
sa' li na'ajej li ninrakoc cui' a̲tin. Ut quin-
takla xc'ambal laj Pablo. 18 Sa' inch'o̲l
la̲in nak k'axal nim li ma̲c quixba̲nu.
Abanan nak que'c'ulun arin li yo̲queb
chi jitoc re, inc'a' que'jitoc chirix jo'
quinc'oxla. 19 Li c'a'ru yo̲queb cui' chixjit-
bal, a'an chirix lix pa̲ba̲leb, ut chirix jun
li cui̲nk Jesús xc'aba', ac camenak ut laj
Pablo naxye nak yo'yo. 20 La̲in inc'a' xin-
nau c'a'ru tinba̲nu riq'uin li ch'a'ajquilal
a'in. Jo'can nak xinpatz' re laj Pablo ma
ta̲raj xic Jerusalén ut aran ta̲rakma̲nk
a̲tin sa' xbe̲n. 21 Ut laj Pablo quixtz'a̲ma
chicuu nak ta̲roybeni re nak laj César li
acuabej li k'axal nim xcuanquil ta̲rakok
a̲tin sa' xbe̲n. Jo'can nak xintakla cui'chic
xtz'apbal sa' tz'alam toj ta̲cuulak xk'ehil
nak tintakla riq'uin li acuabej César,
chan laj Festo. 22 Ut li rey Agripa quixye
re laj Festo: —La̲in nacuaj raj rabinquil
li c'a'ru naxye li cui̲nk a'an, chan. Ut
laj Festo quixye re: —Cuulaj ajcui' naru
ta̲cuabi, chan. 23 Cuulajak chic que'oc sa'
li na'ajej li neque'rakoc cui' a̲tin li rey
Agripa rochben lix Berenice. K'axal cha̲-
bil xtikibanquileb. Rochbeneb li coro-
nel ut eb li ni̲nkeb xcuanquil sa' li tena-
mit. Ut laj Festo quixtakla xc'ambal laj
Pablo. 24 Quixye: —At rey Agripa ut
chixjunilex li ch'utch'u̲quex arin, cue' li

cuink li yoqueb chixjitbal chixjunileb laj
judío li cuanqueb arin Cesarea jo'queb
ajcui' li cuanqueb Jerusalén. Neque'xjap
re chixtz'amanquil chicuu nak tacamsik.
25 Abanan nak xin-oc chi rakoc atin sa'
xben xinq'ue retal nak mac'a' xmac re
tacamsik. A'an xtz'ama nak li acuabej
César tarakok atin sa' xben. Jo'can nak
xinye nak tento taxic Roma riq'uin li
acuabej. 26 ¿C'a' ta cui' ru tintakla xyebal
re li acuabej chirix li cuink a'in? Jo'can
nak xinc'am chak cheru laex ut chacuu
laat, at rey Agripa, re nak tetz'il atin
chirix. Mare chi jo'can cuan c'a'ru tin-
takla xyebal chirix. 27 Ninnau nak moco
us ta xtaklanquil junak prex chi inc'a' ta-
taklak xyebal c'a'ru xmac, chan laj Festo.

Laj Pablo quiatinac chiru laj Agripa re xcolbal rib

26 Li rey Agripa quixye re laj Pablo:
—Anakcuan naru tat-atinak re
tacol acuib, chan. Ut laj Pablo quix-
taksi li ruk' ut qui-oc chi atinac re
tixcol rib. 2 Quixye: —At rey Agripa,
nasaho' sa' inch'ol nak taruk tinati-
nak acuiq'uin re tincol cuib chiruheb
laj c'amol be sa' xyankeb laj judío li
yoqueb chi jitoc cue. 3 K'axal cui'chic
us xban nak laat nacanau chixjunil li
c'a'ru c'aynakeb xbanunquil eb laj judío
ut nacanau chanru lix na'lebeb. Jo'can
ut nak nintz'ama chacuu nak tacuy ra-
binquil li c'a'ru oc cue xyebal. 4 Chixju-
nileb laj judío neque'xnau chanru lin
yu'am nak xincuan chak sa' lin tena-
mit chalen chak sa' insajilal ut toj
anakcuan. Jo'can ajcui' aran Jerusalén
neque'xnau cuu. 5 Eb a'an neque'xnau
cuu chalen chak sa' inca'ch'inal. Cui
te'raj, taruk te'xch'olob xyalal chicuix.
Lain aj fariseo xcomoneb li neque'xq'ue
xch'ol chixbanunquil chixjunil li naxye
sa' li chak'rab jo' naraj li kapabal. 6 Ut
anakcuan laex yoquex chi rakoc atin sa'
inben yal xban nak yoquin chiroyben-
inquil li quixyechi'i chak li Dios junx-
ilaj reheb li kaxe'tonil yucua'. 7 Li ca-
blaju xtepaleb laj Israel yoqueb chiroy-
beninquil nak te'xc'ul li yechi'inbil chak
reheb xban li Dios. Chi k'ek chi cutan
neque'xlok'oni li Dios. At rey Agripa,
xban xyo'oninquil a'an nak yoqueb chin-
jitbal eb laj judío. 8 ¿C'a'ut nak laex
inc'a' nequepab nak li Dios tixcuaclesi-
heb cui'chic chi yo'yo li camenak? 9 Yal
nak junxil lain xinc'oxla nak us xra-
hobtesinquileb li neque'xpab li Jesús aj
Nazaret. 10 Lain quinq'ueheb chi tz'apec'
sa' tz'alam nabaleb laj pabanel. Ut q'uebil
incuanquil chixbanunquil a'an xbaneb
li xbenil aj tij. Ut nak neque'camsic
laj pabanel, lain quin-oquen ajcui' chir-
ixeb re te'camsik. A'in quilajinbanu
aran Jerusalén. 11 Nabal sut quintakla
xsac'baleb sa' li cab li neque'xch'utub cui'
ribeb laj judío. Quinpuersiheb chixmaje-
cuanquil xc'aba' li Jesús. Xban nak c'ajo'
injosk'il sa' xbeneb, quebintake yalak bar
sa' eb li jalanil tenamit re xbanunquil
raylal reheb. 12 A'in yoquin chixbanun-
quil nak coin Damasco. Q'uebil incuan-
quil ut taklanbilin xbaneb li xbenil aj
tij. 13 Chacuabi at rey, li yoquin xye-
bal. Cua'leb re cutan nak quinixsut jun li
chanchan xam sa' be. Li xam a'an quichal
chak sa' choxa. Nalemtz'un. Naxk'ax ru
nak nalemtz'un ru li sak'e. Quinixsut
lain ut que'sute' ajcui' li yoqueb chi
xic chicuix. 14 Nak cot'ane' chikajunil
chiru ch'och', quicuabi jun xyab cux yo
chi atinac cuiq'uin. Quixye cue sa' rati-
nobaleb laj judío, "At Saulo, at Saulo,
¿c'a'ut nak yocat chinrahobtesinquil?
Yocat chixtacuasinquil acuib ajunes jo'
naxbanu li boyx li inc'a' na-abin chiru
laj echal re nak yo chixberesinquil,"
chan cue. 15 Ut lain quinye re, "¿Ani-
hat laat, Kacua'?" Ut li Kacua' quixye
cue, "Lain li Jesús li yocat chinra-
hobtesinquil. 16 Anakcuan ut cuaclin.
Lain xinc'utbesi cuib chacuu re nak tat-

inxakab chok' aj c'anjel chicuu. La̱at
tatch'oloba̱nk xya̱lal li c'a'ak re ru xacuil
jo' ajcui' li c'a'ak re ru toj tinc'utbesi
cha̱cuu. 17 La̱in tincolok a̱cue chiruheb
li xic' neque'iloc a̱cue, jo' eb laj judío,
jo' eb li ma̱cua'eb aj judío, ut tatintakla
anakcuan sa' xya̱nkeb li ma̱cua'eb aj
judío. 18 Chanchan nak ta̱teo̱nk li xnak'
ruheb nak ta̱ch'olob li xya̱lal chiruheb.
Chanchan nak te'e̱lk sa' li k'ojyi̱n ut te'oc
sa' cutan nak te'xtau ru li xya̱lal. Te'e̱lk
rubel xcuanquil laj tza ut te'oc rubel
xcuanquil li Dios. Riq'uin inpa̱banquil
la̱in, ta̱cuyek' ta̱sachek' lix ma̱queb, ut
ta̱cua̱nk xna'ajeb sa' xya̱nkeb li sic'bileb
ru xban li Dios," chan cue li Ka̱cua'.
19 Jo'can ut nak inc'a' xink'etk'eti cuib
chiru li quixc'utbesi rib chicuu li quichal
chak sa' choxa, at rey Agripa. 20 Ut xbe̱n
cua quinch'olob xya̱lal chiruheb li cuan-
queb Damasco ut Jerusalén. Chirix a'an
quinch'olob xya̱lal chiruheb laj judío li
cuanqueb Judea, jo' ajcui' chiruheb li
ma̱cua'eb aj judío. Quinye reheb nak
tento te'yot'ek' xch'o̱leb te'xjal xc'a'uxeb
ut te'xk'axtesi ribeb re li Dios ut te'xba̱nu
li us jo' xc'ulubeb li ac xe'pa̱ban. 21 Sa'
xc'aba' a'an nak quine'xchap eb laj judío
sa' li templo ut que'raj raj incamsin-
quil. 22 Abanan la̱in tenk'anbilin xban
li Dios toj chalen anakcuan. Yo̱quin
chixch'olobanquil li ya̱l chirix li c'a'ru
ta̱c'ulma̱nk. Ninch'olob xya̱lal chiruheb
chixjunileb, li cuanqueb xcuanquil jo'
ajcui' li ma̱c'a'eb xcuanquil. Ma̱c'a' junak
aq'uil na'leb yo̱quin chixyebal. Li yo̱quin
chixyebal, a'an ajcui' li que'xch'olob
xya̱lal eb li profeta ut laj Moisés.
23 Que'xye nak tento ta̱camsi̱k li Cristo,
laj Colonel li yechi'inbil xban li Dios,
abanan a'an li xbe̱n li ta̱cuacli̱k cui'chic
chi yo'yo sa' xya̱nkeb li camenak ut
tixch'olob xya̱lal li evangelio reheb laj
judío jo'queb ajcui' li ma̱cua'eb aj judío,
chan laj Pablo. 24 Nak laj Pablo yo̱ chi
a̱tinac chi jo'can re xcolbal rib, laj Festo
quixjap re chixyebal: —Lo̱c a̱cuu la̱at,
Pablo. K'axal nabal li tzoloc xaba̱nu
ut a'an yo̱ chi lo̱cobresi̱nc a̱cuu, chan.
25 Ut laj Pablo quixye re: —At Festo,
k'axal nim a̱cuanquil. La̱in moco lo̱c ta
cuu. Li c'a'ru yo̱quin chixyebal a̱cue,
a'an tz'akal ya̱l. 26 Li rey Agripa nax-
nau chixjunil li c'a'ak re ru a'in. Jo'can
nak yo̱quin chi a̱tinac chiru chi ma̱c'a'
inxiu. A'an naxnau chixjunil a'in xban
nak moco quic'ulman ta chi mukmu,
chan. 27 Ut laj Pablo quixye re li rey
Agripa: —At rey Agripa, ¿ma naca-
pa̱b li c'a'ru que'xtz'i̱ba li profeta? La̱in
ninnau nak nacapa̱b, chan laj Pablo.
28 Li rey Agripa quichak'oc ut quixye
re: —Riq'uin li c'a'ru xaye xak'unobresin
inch'o̱l. Ca'ch'in chic ma̱ xinpa̱ban a̱ban,
chan. 29 Ut laj Pablo quixye: —Xq'ue
taxak a̱cue li Dios nak tatpa̱ba̱nk la̱at jo'
eb ajcui' chixjunileb li yo̱queb chi abi̱nc
cue anakcuan. Usta ch'a'aj che̱ru, usta
inc'a', texpa̱ba̱nk taxak jo' nak xinpa̱ban
la̱in, abanan inc'a' raj texbaq'uek' riq'uin
cadena, jo' nak bac'bo̱quin la̱in, chan.
30 Ut nak quirake' chixyebal li a̱tin a'in,
que'cuacli li rey ut lix Berenice jo' ajcui'
laj Festo ut eb li que'c'ojla chixc'atk. 31 Ut
nak yo̱queb chi e̱lc sa' li na'ajej a'an,
que'xye chi ribileb rib: —Li cui̱nk a'in
ma̱c'a' xma̱c. Ma̱c'a' junak ma̱c xba̱nu re
ta̱camsi̱k chi moco re cua̱nk sa' tz'alam,
chanqueb. 32 Ut laj Agripa quixye re laj
Festo: —Ta̱ru̱k raj rach'abanquil li cui̱nk
a'in cui ta inc'a' xtz'a̱ma nak ta̱rakok a̱tin
li acuabej César sa' xbe̱n, chan li rey
Agripa.

Laj Pablo quitakla̱c aran Roma

27 Nak quich'ola li kaxiquic chiru
ha' toj Italia, laj Pablo rochbeneb
li jun ch'ol chic li cuanqueb chi pre̱xil,
que'k'axtesi̱c sa' ruk' jun li capitán aj
Julio xc'aba'. A'an xcomoneb li jun
ch'u̱tal chi soldado re li acuabej César.
2 Co-oc sa' jun li jucub li quichal chak

sa' li tenamit Adramitio. Li jucub a'an
ac xic re. Co̱o kochben laj Aristarco li
quichal chak Tesalónica xcue̱nt Mace-
donia. Li jucub ta̱numek' chixc'atk eb li
na'ajej xcue̱nt Asia. 3 Ut sa' li cutan jun
chic cocuulac Sidón. Laj Julio quixba̱nu
usilal re laj Pablo. Quixcanab chi xic
riq'uineb laj pa̱banel li cuanqueb aran re
nak ta̱tenk'a̱k xbaneb. 4 Co-el aran Sidón
sa' li jucub. Nak yo̱co chi xic, coxonu-
mek' nach' riq'uin Chipre xban nak chiku
yo̱ chi cha̱lc li ik'. 5 Conume' jun pac'al li
palau cuan cui' li tenamit Cilicia ut Pan-
filia. Ut cocuulac sa' li tenamit Mira li
cuan sa' xcue̱nt Licia. 6 Aran quixtau jun
li jucub li capitán re Alejandría. Ac xic re
Italia ut corocsi sa' li jucub a'an re toxic.
7 Nabal cutan cobe̱c chiru ha' chi timil.
Ra sa nak cocuulac sa' xjayal li tenamit
Gnido. Xban nak k'axal cau li ik', jo'can
nak quikajal kabe. Conume' cuan cui' li
tenamit Salmón ut co̱o sa' li na'ajej Creta
li sutsu sa' ha'. 8 K'axal ch'a'aj ut k'axal
timil cocuulac sa' jun li tenamit "Cha̱-
bil Oqueba̱l" neque'xye re. Nach' riq'uin
a'an cuan li tenamit Lasea. 9 Nabal cu-
tan cobay sa' li na'ajej a'an ut xiu xiu
chic li xic chiru ha' xban nak cuulac
re li habalk'e. Jo'can nak laj Pablo qui-
oc chixq'uebal xna'lebeb laj ch'e'ol ju-
cub. 10 Quixye reheb: —Ex cuas cui̱tz'in,
yo̱quin chixq'uebal retal nak li xic chiru
ha' k'axal ch'a'aj. Nabal li raylal takac'ul
chi jo'ca'in. Moco ca'aj cui' ta xiu xiu
re li jucub ut li ri̱k. Xiu xiu aj ban cui'
chok' ke la̱o, chan laj Pablo. 11 Abanan li
capitán inc'a' quixq'ue xcuanquil li c'a'ru
quixye laj Pablo. A' ban chic li c'a'ru
que'xye laj e̱chal re li jucub ut laj ch'e'ol
re, a'an chic li que'xba̱nu. 12 Ut xban nak
ma̱c'a' junak na'ajej bar ta̱ru̱k te'xnumsi
cui' li habalk'e chi sa sa' xch'o̱leb, li
xq'uialeb que'xye nak us li e̱lc aran cui
ta̱ru̱k te'cuulak Fenice re te'xnumsi li ha-
balk'e aran. A'an jun li tenamit xcue̱nt
Creta. Sa' li na'ajej a'an cuan cuib li oque-
ba̱l re li jucub. Jun nacana sa' li suroeste
ut li jun chic nacana sa' li noroeste.

Li cak-sut-ik' li quixq'ue nak yo̱queb chi numec' sa' li palau

13 Nak ac yo̱ li ik' li nachal sa' li sur,
que'xc'oxla nak naru te'xic. Jo'can nak
que'xtiquib xic. Yo̱queb chi xic chire
li palau nach' riq'uin li na'ajej Creta.
14 Junpa̱t na chic nak quichal jun cacuil
ik'. Lix cau ok li ha' yo̱ chixsac'bal rib
chiru li jucub. Euroclidón xc'aba' li ik'
a'an li nachal chak sa' li noroeste. 15 Inc'a'
chic que'xcuy xmetz'e̱u li cacuil ik' laj
ch'e'ol re li jucub. Jo'can nak quikacanab
kib re toxc'am. Ut li jucub quic'ame' xban
li ik'. 16 Cocuulac cuan cui' jun si̱ril li
ch'och' Clauda xc'aba' sutsu sa' ha'. Ra
sa nak coru xtaksinquil li ch'ina jucub
li yo̱ chi quelo̱c xban li nimla jucub.
17 Nak kataksi sa' li nimla jucub, c'ajo'
nak que'xucuac li cristian. Que'xc'oxla
nak ma̱re ta̱t'ilk li jucub sa' li samaib.
Que'xcubsi xt'icrul li jucub ut yo̱co chi
xic chi jo'can. 18 Jo' cuulajak chic toj cau
ajcui' li ik'. C'ajo' nak yo̱ chirec'asinquil
li jucub. Jo'can nak quikatiquib xjebbal
li ri̱k ut kacut sa' li palau. 19 Sa' rox li cu-
tan quikisi sa' li jucub li c'a'ru nac'anjelac
re li jucub, re nak inc'a' chic a̱lak li
jucub. 20 Chiru nabal cutan inc'a' qui-
iloc li sak'e chi moco li chahim chiru
k'ojyi̱n. K'axal cau li cak-sut-ik' ut xiu
xiu cuanco. Inc'a' chic nakayo'oni nak to-
colek' ta. 21 Ac xnume' nabal cutan ut
ma̱ji' nakayal cua. Jo'can nak laj Pablo
quixakli sa' xyiheb ut quixye reheb: —Ex
cuas cui̱tz'in, k'axal us raj quine̱rabi ta.
Inc'a' raj co-el chak Creta. Cui ta inc'a' xo-
el, inc'a' raj xkac'ul li raylal a'in ut inc'a'
raj xosachoc. 22 A'ut anakcuan tinye e̱re
nak mexc'oxlac. Cauhak ban e̱ch'o̱l xban
nak ma̱ ani ke ta̱ca̱mk. Ca'aj cui' li ju-
cub ta̱sachk. 23 Sa' li k'ojyi̱n a'in xc'utbesi
rib chicuu jun x-ángel li Dios laj e̱chal
cue, li ninc'anjela ru. 24 Li ángel xye cue,

“Matxucuac, at Pablo, xban nak tento
nak tatcuulak riq'uin li acuabej César.
Xban xnimal rusilal li K̲acua', ma̲ jun
reheb li cuanqueb a̲cuochben te'ca̲mk,”
chan cue. 25 Jo'can nak cauhak e̲ch'o̲l, ex
cuas cui̲tz'in. La̲in cau inch'o̲l riq'uin li
Dios nak ta̲c'ulma̲nk jo' xye cue li án-
gel. 26 Abanan tento nak tocutek' xban
li ha' sa' jun na'ajej sutsu sa' ha', chan
laj Pablo reheb. 27 Cuib xama̲n na yo̲co
chi c'uluc raylal. Li ha' yo̲ chikac'ambal
yalak bar chiru li palau Adriático xc'aba'
xban li cacuil ik'. Tuktu chic k'ojyi̲n nak
eb laj ch'e'ol jucub que'xc'oxla nak ac
cuulaqueb re chi ch'och'el. 28 Que'xcubsi
jun li c'am re xbisbal xchamal li ha'.
Toj cuan cuaklaju xca̲c'a̲l metro xchamal
nak que'xbis. Nak que'jiloc chic ca'ch'in,
que'xq'ue cui'chic li bisleb ut cuukub
xca'c'a̲l metro chic lix chamal. 29 C'ajo'
lix xiuheb xban nak que'xc'oxla nak ma̲re
ta̲cutek' li jucub sa' xya̲nk pec xban lix
cau ok li palau. Jo'can nak que'xq'ue
sa' li ha' chirix li jucub ca̲hib li ni̲nki
ch'i̲ch' ancla xc'aba' re raj xxakabanquil
li jucub. Ut neque'raj ta ac xsake̲u. 30 Ut
eb laj ch'e'ol jucub que'raj e̲lelic sa' li
jucub. Que'xq'ue li ch'ina jucub sa' ha'
ut que'xba̲nu ribeb nak te'raj xq'uebal li
ch'i̲ch' ancla sa' ha' chiru li jucub. 31 Laj
Pablo quixye re li capitán ut reheb ajcui'
li soldado: —Cui inc'a' neque'cana eb
a'in sa' li jucub, la̲ex inc'a' ta̲ru̲k tex-
colek', chan. 32 Jo'can nak eb li soldado
que'xyoc' lix c'a̲mal li ch'ina jucub ut
que'xcanab chi sachc sa' li palau. 33 Nak
qui-oc chi cutanoc', laj Pablo quixq'ue
xcacuilal xch'o̲leb chixjunileb ut quixye
reheb nak te'cua'ak. Quixye reheb: —
Cuib xama̲n anakcuan e̲roquic chi oy-
beni̲nc ut chixcuybal e̲sa' chi ma̲c'a' ne-
quetzaca. 34 Nintz'a̲ma che̲ru nak tex-
cua'ak re nak cauhakex ut ma̲ jun e̲re ta̲-
ca̲mk, chan reheb. 35 Ut nak quixye a'an,
quixchap jun li caxlan cua ut quixban-
tioxi chiru li Dios chiruheb chixjunileb
li cuanqueb aran. Ut nak quixjach, qui-
oc chixcua'bal. 36 Riq'uin a'in quic'ojla
xch'o̲leb chixjunileb ut que'oc ajcui' chi
cua'ac eb a'an. 37 Chikajunilo li cuanco
sa' li jucub, cuanco cuib ciento riq'uin
cuaklaju xca̲c'a̲l (276). 38 Nak ac xe'rake'
chi cua'ac, que'oc cui'chic chixjebbal li
ri̲k li jucub ut que'xcut chi ha' li trigo
re nak ta̲se̲bok' li ri̲k. 39 Nak quicutano'
que'xq'ue retal nak cuanqueb sa' jun
na'ajej inc'a' neque'xnau ru. Aran na-oc
jun li nima' sa' li palau ut aran cuan
jun li na'ajej sa' samaib chire li palau.
Aran que'xc'oxla nak ta̲ru̲k te'xhiltesi
li jucub. 40 Que'xyoc' lix c'a̲mal li an-
clas ut que'xcanab chi subu̲nc sa' li
ha'. Que'xcotz ajcui' lix bac'bal li ch'i̲ch'
li naberesin re li jucub. Ut que'xtaksi
cui'chic li nimla t'icr li naramoc re li ik'.
Ut yo̲queb chi xic chire li ha'. 41 Li ju-
cub quic'ame' xban li ik' bar neque'xc'ul
cui' rib li nima' ut li palau. Aran quit'il
sa' samaib li ru'uj li jucub. Inc'a' chic
qui-ec'an sa' xna'aj. Ut li jucub yo̲ chi
jorec' xban lix cau ok li palau. 42 Eb li
soldado que'xc'oxla nak us te'xcamsiheb
chixjunil li pre̲x re nak inc'a' te'xcut
rib chi numxic chiru ha' re te'xcol rib.
43 Abanan li capitán quiraj xcolbal laj
Pablo. Jo'can nak quixpo' ru lix c'a'uxeb
li soldado ut quixye reheb nak li ani
naxnau numxic xcutakeb rib xbe̲n cua
sa' ha' ut te'numxik re nak te'e̲lk chi
ch'och'el. 44 Cuan li que'el chiru tz'alam
che' ut cuan que'xchap c'a'ak re ru re li
jucub. Jo'ca'in nak que'cole' chixjunileb
ut que'el chi ch'och'el.

Laj Pablo quicuulac sa' li na'ajej Malta

28 Nak ac cuanco chic chi ch'och'el,
quikanau nak li na'ajej a'an, li
sutsu sa' ha', a'an Malta xc'aba'. 2 Li
cuanqueb aran c'ajo' li usilal que'xba̲nu
ke. Coe'xc'ul sa' xya̲lal chikajunilo ut
que'xtz'ab jun xam xban nak c'ajo' li hab
ut c'ajo' li que. 3 Laj Pablo quixxoc chak

jun k'al li ruk' che' chaki ut quixq'ue
sa' li xam. Jun li c'ambolay quielelic
xban xtikcual li xam ut quixtiu li ruk'
laj Pablo. T'uyt'u quicana. 4 Li cuan-
queb sa' li na'ajej Malta, nak que'ril li
c'ambolay t'uyt'u chi ruk', que'xye chi ri-
bileb rib: —Relic chi yal nak li cuink
a'in, a'an aj camsinel. Xcole' chak chiru
li palau, abanan inc'a' tacanabak chi
yo'yo arin chi inc'a' tixc'ul xtojbal rix
lix mac, chanqueb. 5 Ut laj Pablo quix-
chik' li ruk' ut li c'ambolay quit'ane'
sa' xam ut mac'a' quixc'ul laj Pablo.
6 Eb a'an yoqueb chiroybeninquil jok'e
tasipok laj Pablo ut tat'anek' chi came-
nak. Najt que'roybeni ut nak que'ril nak
mac'a' quixc'ul, que'xjal lix c'a'uxeb ut
que'xye: —Dios tana li cuink a'an, chan-
queb. 7 Aran cuan xc'alebal laj Publio
li cuan xcuanquil sa' li na'ajej Malta.
A'an coxc'ul sa' xyalal ut riq'uin cohilan
chiru oxib cutan. 8 Lix yucua' laj Pub-
lio t'ant'o sa' ch'at. Yo xtik ut yo xquic'
sa'. Laj Pablo qui-oc sa' li na'ajej li cuan
cui'. Quixq'ue li ruk' sa' xben nak quiti-
joc ut quiq'uirtesic. 9 Nak que'rabi resil
nak ac xq'uirtesic lix yucua' laj Publio,
nabaleb li yaj li cuanqueb sa' li na'ajej
a'an, que'cuulac riq'uin laj Pablo ut
que'q'uirtesic. 10 Riq'uin li usilal qui-ux
reheb, k'axal cui'chic coe'xra ut que'xq'ue
nabal c'a'ru ke. Ut nak ac xic ke nabal li
c'a'ru ke que'xsi ke re tac'anjelak ke chiru
be.

Laj Pablo quicuulac Roma ut quiatinac riq'uineb laj c'amol be sa' xyankeb laj judío

11 Ut nak quinume' oxib po, co-oc sa'
jun li jucub re Alejandría li yo chixnum-
sinquil li habalk'e sa' li na'ajej Malta.
Li jucub a'an cuan retalil lix dioseb
chiru. Cástor ut Pólux xc'aba'eb. 12 Cocu-
ulac sa' li tenamit Siracusa ut aran co-
hilan oxib cutan. 13 Chirix chic a'an
coo cui'chic chiru ha' ut cocuulac sa'
li tenamit Regio. Cuulajak chic quiti-
cla li ik' li nachal sa' li sur. Yo li ik'
chalen nak cocuulac sa' li na'ajej Puteoli.
14 Sa' li na'ajej a'an cuanqueb aj pabanel
katauheb. Eb a'an que'xtz'ama chiku nak
tocanak cuukubak cutan riq'uineb. Ut
chirix a'an coo cui'chic Roma. 15 Eb laj
pabanel li cuanqueb Roma que'rabi re-
sil nak cuulac ke. Cuanqueb laj pabanel
que'chal chi c'uluc ke toj cuan cui' li
c'ayil Apio xc'aba' ut cuanqueb ajcui'
que'c'uluc ke toj sa' li na'ajej Oxib
Tabernas. Nak quiril ruheb laj pabanel,
laj Pablo quixbantioxi chiru li Dios ut
quic'ojla xch'ol. 16 Nak cocuulac Roma, li
capitán quixk'axtesiheb li prex re li coro-
nel. Ut laj Pablo quicanabac chi cuanc
xjunes rochben jun li soldado li na-iloc
re. 17 Nak ac xnume' chic oxib cutan,
laj Pablo quixbokeb li neque'c'amoc be
sa' xyankeb laj judío li cuanqueb Roma.
Nak acak xe'ch'utla quiatinac riq'uineb
re xcolbal rib, ut quixye reheb: —Ex cuas
cuitz'in, lain inc'a' xinmacob chiruheb
li cuech tenamitil chi moco xink'et lix
chak'rabeb li kaxe'tonil yucua'. Abanan
xinchape' Jerusalén xbaneb laj judío, ut
xine'xk'axtesi sa' ruk'eb laj Roma. 18 Ut
eb laj Roma nak que'rakoc atin sa' inben,
ma jun inmac que'xtau re incamsinquil.
Que'raj raj cuach'abanquil. 19 Abanan eb
laj judío inc'a' que'raj quine'risi. Jo'can
nak quintz'ama chiruheb nak li acuabej
César tarakok atin sa' inben. Moco
chixjitbal ta lin tenamit xinchal. 20 A'an
aj e nak xintakla ebokbal. Xcuaj rilbal
eru ut xcuaj atinac eriq'uin. Sa' xc'aba'
li jun li nakayo'oni lao aj Israel nak
bac'boquin anakcuan riq'uin li cadena
a'in, chan reheb. 21 Ut eb a'an que'xye: —
Lao ma jun hu xkac'ul chalenak ta Judea,
ut ma jun li kas kitz'in xc'ulun chajit-
bal chi moco chixyebal junak c'a'ak re
ru inc'a' us chacuix. 22 Takaj rabinquil
c'a'ru nacac'oxla chirix a'an xban nak
kabiom nak yalak bar xic' neque'rabi li

tijleb chirix li Jesús, chanqueb. 23 Jo'can
nak que'xxakab jun li cutan re nak
te'cuulak riq'uin sa' li cab li cuan cui'. Na-
baleb que'cuulac riq'uin laj Pablo re nak
tixch'olob xya̱lal chiruheb chirix lix ni-
majcual cuanquilal li Dios. Quixnumsi li
cutan chixch'olobanquil li xya̱lal chirix
li Jesús jo' tz'i̱banbil sa' lix chak'rab laj
Moisés jo' ajcui' li que'xtz'i̱ba li profeta re
nak te'xpa̱b li Jesús. 24 Cuan que'pa̱ban
re li c'a'ru yo̱ chixyebal. Abanan cuan
ajcui' li inc'a' que'xpa̱b. 25 Cuanqueb li
inc'a' que'cuulac chiruheb li c'a'ru yo̱
chixyebal laj Pablo, ut que'oc chi e̱lc.
Nak ac xiqueb re, laj Pablo quixye li a̱tin
a'in: —Ya̱l ajcui' li quixc'utbesi li Santil
Musik'ej chiru li profeta Isaías chirixeb li
kaxe'to̱nil yucua' nak quixye:
26 Ayu ut ta̱ye reheb li tenamit chi
jo'ca'in: Yo̱kex chirabinquil, abanan
moco te̱tau ta ru lix ya̱lal li c'a'ru
te̱rabi; ut yo̱kex chirilbal, abanan
inc'a' te̱q'ue retal c'a'ru xya̱lal li c'a'ru
te̱ril.
27 Xban nak cacuubresinbil lix ch'o̱leb li
tenamit a'in, jo'can nak inc'a' te'xtau
xya̱lal. Inc'a' saken te'abi̱nk ut inc'a'
saken te'ilok re nak inc'a' te'xtau
xya̱lal li c'a'ru te'ril ut inc'a' te'xtau
xya̱lal li te'rabi. Inc'a' te'xtau xya̱lal,
chi moco te'xjal xc'a'ux, chi moco
tebinq'uirtesi, chan li Dios. (Is. 6:9-
10.)
28 Jo'can nak chenauhak nak li resil
li colba-ib li naxq'ue li Dios quiq'uehe'
reheb li ma̱cua'eb aj judío. A'an eb
chic te'abi̱nk re, chan laj Pablo. 29 Nak
que'rabi a'in, eb laj judío que'co̱eb ut
yo̱queb chixcuech'inquil rib. 30 Cuib chi-
hab quicuan aran Roma laj Pablo sa' li
cab li quixto'oni. Ut quixc'uleb chi sa sa'
xch'o̱l chixjunileb li que'cuulac riq'uin.
31 Yo̱ chixch'olobanquil lix ya̱lal lix ni-
majcual cuanquilal li Dios ut yo̱ chixye-
bal resil li Ka̱cua' Jesucristo chi ma̱c'a'
xxiu. Ut ma̱ ani quiramoc chiru xyebal.

Li Hu li Quixtz'i̱ba li San Pablo reheb laj Roma

Xq'uebal xsahileb xch'o̱l

1 La̱in laj Pablo laj c'anjel chiru li Ka̱cua' Jesucristo. Sic'bil chak cuu xban li Dios chok' x-apóstol ut taklanbilin chixyebal resilal li colba-ib. 2 Li Dios quixyechi'i li colba-ib a'in chalen chak najter ut eb li profetas que'xtz'i̱ba retalil sa' li Santil Hu. 3 A'an a'in resilal li Ka̱cua' Jesucristo li Ralal li Dios. Li Ka̱cua' Jesucristo tz'akal cui̱nk xban nak quiyo'la arin sa' ruchich'och' riq'uin jun reheb li ralal xc'ajol laj David. 4 Li Ka̱cua' Jesucristo a'an tz'akal Dios. Numtajenak lix santilal. Riq'uin lix nimal xcuanquil, li Dios quixcuaclesi cui'chic chi yo'yo sa' xya̱nkeb li camenak re xc'utbal chiku nak a'an tz'akal Ralal li Dios. 5 Sa' xc'aba' li Ka̱cua' Jesucristo q'uebilin chok' apóstol xban li Dios re xch'olobanquil xya̱lal chiruheb li tenamit yalak bar re nak te'xpa̱b li Jesucristo ut te'xba̱nu li c'a'ru naraj. 6 Jo'can ajcui' la̱ex sic'bil ajcui' e̱ru, ut la̱ex chic ralal xc'ajol li Ka̱cua' Jesucristo. 7 Yo̱quin chi tz'i̱bac e̱riq'uin la̱ex li cuanquex aran sa' li tenamit Roma. Raro̱quex ut bokbilex xban li Dios ut la̱ex aj santil pa̱banel. Li usilal ut li tuktu̱quilal chi cua̱nc e̱riq'uin xban li Dios Acuabej ut xban li Ka̱cua' Jesucristo.

Laj Pablo naraj xic Roma

8 Xbe̱n cua ninbantioxi chiru li Dios sa' xc'aba' li Ka̱cua' Jesucristo xban nak yalak bar na-abiman resil nak tz'akal nequepa̱b li Cristo. 9 Ninc'anjelac chiru li Dios ut chi anchal inch'o̱l ninye resil li Ka̱cua' Jesucristo li Ralal li Dios. Li Dios naxnau nak junelic yo̱quin chi tijoc che̱rix. 10 Cui li Dios naxq'ue cue, chi se̱b tincuulak e̱riq'uin. A'an li nintz'a̱ma junelic chiru li Dios. 11 Nacuaj rilbal e̱ru ut nacuaj e̱tenk'anquil re nak cauhakex sa' le̱ pa̱ba̱l. 12 Ut nacuaj rilbal e̱ru re nak takatenk'a kib sa' li kapa̱ba̱l, la̱ex jo' ajcui' la̱in, xban nak junaj li kapa̱ba̱l. 13 Ex herma̱n, nacuaj nak te̱nau nak nabal sut ninc'oxla raj xic e̱riq'uin, abanan toj ma̱ji' naru ninxic. Ma̱re cuan raj te'pa̱ba̱nk aran nak te'rabi ra̱tin li Dios li tinch'olob xya̱lal chiruheb jo' nak que'pa̱ban chak chicuu sa' eb li tenamit quinnume' cui' chak. 14 Tenebanbil sa' inbe̱n c'anjelac sa' xya̱nkeb laj griego jo' ajcui' li ma̱cua'eb aj griego. Tinc'anjelak sa' xya̱nkeb li tzolbileb jo' ajcui' li inc'a' tzolbileb. 15 Jo'can nak nacuaj tinch'olob xya̱lal li colba-ib che̱ru la̱ex li cuanquex Roma.

Lix cuanquil li colba-ib

16 Inc'a' ninxuta̱nac chixch'olobanquil xya̱lal li colba-ib xban nak a'an lix nimal xcuanquil li Dios re xcolbal chixjunil li te'pa̱ba̱nk re. Li colba-ib xbe̱n cua q'uebil reheb laj judío ut q'uebil ajcui' reheb li ma̱cua'eb aj judío. 17 Lix ya̱lal li colba-ib naxc'ut chiku nak ca'aj cui' riq'uin xpa̱banquil li Dios ti̱c chic li kach'o̱l chiru ut cua̱nko chi sum a̱tin riq'uin, jo' naxye sa' li Santil Hu:

Li ti̱c xch'o̱l riq'uin xpa̱banquil li Dios
cuan xyu'am chi junelic. (Hab. 2:4)

18 Li Dios yo̱ chak xjosk'il toj sa' choxa sa' xbe̱neb laj ma̱c. Riq'uin lix ma̱usilaleb neque'xtz'ekta̱na lix ya̱lal ut neque'xmuk ajcui' chiruheb li ras ri̱tz'in. 19 Chixjunil li c'a'ak re ru nanauman chirix li Dios, ac ch'olch'o chiruheb. A' li Dios ajcui' quic'utbesin chiruheb. Aban inc'a' neque'xq'ue xcuanquil li xya̱lal. 20 Chalen chak sa' xticlajic li ruchich'och' nac'utun xcuanquil ut xlok'al li Dios riq'uin li c'a'ak re ru quilajxyi̱b. Nac'utun nak a'an li tz'akal Dios ut k'axal nim xcuanquil chi junelic. Jo'can nak ma̱c'a' junak a̱tin te'xcol cui' rib chiru xjosk'il li

Dios. 21 Neque'xnau nak cuan li Dios,
aban inc'a' que'xq'ue xlok'al chi moco
que'bantioxin chiru. Ca'aj cui' li jo'
ma̲jo'il na'leb neque'xc'oxla ut xban
a'an nak quik'ojyi̲no' ru lix c'a'uxeb.
22 Eb a'an neque'xye nak cuanqueb
xna'leb abanan ma̲c'a'eb xna'leb. 23 Inc'a'
neque'xlok'oni li yo'yo̲quil Dios. A' chic
lix jalam u̲ch li cui̲nk li nacam, a'an
chic neque'xlok'oni. Ut lix jalam u̲ch li
xul neque'xq'ue chok' xdioseb jo' li xul
li neque'rupupic ut li xul li neque'be̲c,
jo'queb ajcui' li neque'xjucuqui rib
chiru ch'och'. 24 Jo'can nak li Dios
quixtz'ekta̲naheb sa' xyibal ru lix
ma̲usilaleb toj retal neque'xc'ut
xxuta̲neb chi ribileb rib xban nak
neque'xba̲nu li jo' ma̲jo'il na'leb. 25 Inc'a'
que'xpa̲b li tz'akal Dios. A' chic li tic'ti'
que'xq'ue xcuanquil. Que'xnima ru ut
que'xq'ue xlok'al li c'a'ak re ru yi̲banbil
xban li Dios ut inc'a' que'xlok'oni li
tz'akal Dios. Ca'aj cui' li tz'akal Dios a'an
xc'ulub li lok'oni̲c chi junelic. Jo'can
taxak. 26 Li Dios quixtz'ekta̲naheb sa' lix
xuta̲nalil na'leb xban lix ma̲usilaleb.
Ut eb li ixk inc'a' chic que'raj cua̲nc
riq'uineb lix be̲lom. Riq'uin ban chic li
rech ixkilal que'xba̲nu li moco uxc ta
naraj. 27 Ut jo'can ajcui' li cui̲nk inc'a'
chic que'raj li ixk li quicanaba̲c reheb
xban li Dios. Que'tikcuo' xjolomeb xban
lix ma̲usilaleb chi ribileb rib ut yo̲queb
chixba̲nunquil li tz'ekbe̲tal aj na'leb
riq'uin rech cui̲nkilal. Ut que'xc'ul ajcui'
xtojbal rix lix ma̲usilaleb jo' xc'ulubeb.
28 Xban nak inc'a' neque'xc'oxla li Dios,
jo'can nak que'tz'ekta̲na̲c xban li Dios
sa' li tz'ekbe̲tal aj na'leb chixba̲nunquil
li moco uxc ta naraj. 29 Numtajenakeb
xyibal ru lix na'lebeb ut lix ma̲usilaleb.
Aj yumbe̲teb ut aj co'be̲teb. Neque'xra
ru li c'a'ru cuan reheb li ras ri̲tz'in ut
k'axal josk'eb. Numtajenakeb chi aj
cakal, aj camsihomeb ras ri̲tz'in, aj
ple̲teb, aj balak'eb ut aj molol a̲tineb.
30 Junes yo'oba̲nc a̲tin neque'xba̲nu
chirixeb li ras ri̲tz'in. Xic' neque'ril li
Dios. Neque'hoboc. Neque'xnimobresi
rib ut k'etk'eteb. Aj k'abaneleb ut aj
k'etoleb ra̲tin xna' xyucua'. 31 Inc'a'
neque'xtau xya̲lal. Inc'a' neque'xba̲nu
li c'a'ru neque'xsume xba̲nunquil.
Inc'a' neque'rahoc. Inc'a' neque'cuyuc
ma̲c, ut inc'a' neque'uxta̲nan u. 32 Ac
ch'olch'o chiruheb li c'a'ru quixye li
Dios. Neque'xnau nak lix tojbal rix li
ma̲c, a'an li ca̲mc. Aban toj yo̲queb
ajcui' chixba̲nunquil li ma̲c. Ut ma̲cua'
ca'aj cui' a'an neque'xba̲nu. Neque'saho'
ajcui' sa' xch'o̲l chirilbaleb li ras ri̲tz'in
nak yo̲queb chixba̲nunquil li inc'a' us.

Li Dios narakoc a̲tin sa' ti̲quilal

2 ¿Anihat la̲at nak tatrakok a̲tin
sa' xbe̲neb la̲ cuas a̲cui̲tz'in? Cui
nacarak a̲tin sa' xbe̲neb la̲ cuas a̲cui̲tz'in
ut toj yo̲cat ajcui' chixba̲nunquil li
inc'a' us la̲at jo' yo̲queb a'an, raylal
ajcui' yo̲cat chixbokbal sa' a̲be̲n ut
ta̲rakek' a̲tin sa' a̲be̲n. 2 Nakanau nak
li Dios ti̲c xch'o̲l ut a'an ta̲rakok a̲tin
chi tz'akal sa' xbe̲neb li neque'ba̲nun re
li ma̲usilal. 3 La̲at nacatrakoc a̲tin sa'
xbe̲neb li neque'ba̲nun re li ma̲usilal ut
nacaba̲nu ajcui' li ma̲usilal la̲at. ¿C'a'ru
nacaye? ¿Ma inc'a' ta bi' tatxq'ue li
Dios chixtojbal rix a̲ma̲c la̲at? 4 ¿Ma
ta̲tz'ekta̲na lix nimal ruxta̲n li Dios?
¿Ma ta̲tz'ekta̲na lix cuyum ut lix k'unil
xch'o̲l? ¿Ma inc'a' nacaq'ue retal nak
xban lix nimal rusilal li Dios naraj nak
ta̲yot' a̲ch'o̲l ta̲jal a̲c'a'ux? 5 Aban la̲at
cau a̲ch'o̲l. Jo'can nak inc'a' nacayot'
a̲ch'o̲l inc'a' nacajal a̲c'a'ux. Ut riq'uin
a'an yo̲cat chixbokbal xjosk'il li Dios sa'
a̲be̲n. Toxa̲cuil xjosk'il nak ta̲cuulak
xk'ehil nak li Dios ta̲rakok a̲tin sa'
ti̲quilal. 6 Sa' li cutan a'an li Dios
tixq'ue xk'ajca̲munquil li junju̲nk a'
yal chanru lix yehom xba̲nuhomeb.
7 Li Dios tixq'ue xyu'am chi junelic li

ani naxq'ue xch'o̱l chixba̱nunquil li
cha̱bilal li naraj li Dios re nak tixtau lix
lok'al, lix nimanquil ru, ut lix yu'am
chi junelic. 8 Aban riq'uin xjosk'il li
Dios tixq'ueheb chixtojbal xma̱queb li
neque'xnimobresi rib ut inc'a' neque'raj
xpa̱banquil li xya̱lal. Eb a'an ca'aj cui'
li inc'a' us neque'xc'oxla. 9 Raylal ut ra
xi̱c' ta̱cha̱lk sa' xbe̱neb chixjunileb li
neque'ba̱nun re li inc'a' us. Xbe̱n cua
ta̱cha̱lk sa' xbe̱neb laj judío ut ta̱cha̱lk
ajcui' sa' xbe̱neb li ma̱cua'eb aj judío.
10 Aban li Dios tixq'ue xcuanquil, xlok'al
ut tuktu̱quil usilal reheb chixjunileb
li neque'ba̱nun re li cha̱bilal. Tixq'ue
xbe̱n cua reheb laj judío ut tixq'ue ajcui'
reheb li ma̱cua'eb aj judío. 11 Li Dios
inc'a' naxsic' ru li junju̱nk. Junajo ban
chiru. 12 Li ani neque'ma̱cob chi inc'a'
neque'xnau li chak'rab li quiq'uehe'
re laj Moisés xban li Dios, ta̱rakek'
a̱tin sa' xbe̱neb ut te'sachk usta inc'a'
neque'xnau li chak'rab. Ut chixjunileb li
neque'xnau li chak'rab ut neque'ma̱cob,
ta̱rakek' ajcui' a̱tin sa' xbe̱neb jo' naxye
sa' li chak'rab. 13 Chiru li Dios inc'a'
ti̱c xch'o̱l junak yal riq'uin xnaubal
li chak'rab. Aban li neque'ba̱nun re li
naxye li chak'rab ti̱queb xch'o̱l chiru
li Dios. 14 Li ma̱cua'eb aj judío inc'a'
neque'xnau li chak'rab li quiq'uehe'
re laj Moisés. Abanan usta ma̱c'a' li
chak'rab, cuan ajcui' nak neque'xba̱nu
jo' naxye sa' li chak'rab xban nak
neque'rec'a sa' xch'o̱l c'a'ru li us ut
c'a'ru li inc'a' us. 15 Nac'utun riq'uin lix
yehom xba̱nuhomeb nak ac neque'xnau
c'a'ru naxye sa' li chak'rab usta ma̱ jun
sut rabiomeb li chak'rab. Neque'rec'a
sa' xch'o̱leb ma us malaj inc'a' us li
yo̱queb chixba̱nunquil. 16 Xakabanbil li
Jesucristo xban li Dios re ta̱rakok a̱tin
sa' xbe̱neb chixjunileb nak ta̱cuulak
xk'ehil. Li Cristo naxnau chanru lix ch'o̱l
li junju̱nk usta mukmu chiku la̱o. Jo'can
naxye resilal li colba-ib li ninjultica
la̱in.

Eb laj judío ut lix chak'rab laj Moisés

17 La̱at aj judío, ut riq'uin a'an nacani-
mobresi a̱cuib, ut nacaye nak li Dios a'an
aj e̱chal a̱cue. Ut nacac'ojob a̱ch'o̱l riq'uin
lix chak'rab laj Moisés. 18 Xban nak xat-
zol li chak'rab, nacanau c'a'ru naraj li
Dios. Nacanau c'a'ru li us ut nacanau
c'a'ru li inc'a' us. 19 Nacaq'ue a̱cuib jo' aj
c'utul xbeheb li mutz'. Nacaye nak la̱at
xcutaneb li cuanqueb sa' k'ojyi̱n. Ninc'ut
li xya̱lal chiruheb, chancat. 20 Nacaye
nak la̱at aj tzolol reheb li inc'a' tzolbileb
ut li inc'a' neque'xnau xya̱lal. Nacaye
nak sa' li chak'rab nacatau a̱na'leb chi
tz'akal ut aran nacatau xya̱lal. 21 Cui la̱at
nacatzoleb li jalan chic, ¿c'a'ut nak inc'a'
nacatzol a̱cuib la̱at? La̱at nacach'olob
xya̱lal nak inc'a' us li elk'ac. ¿C'a'ut
nak toj yo̱cat ajcui' chi elk'ac la̱at?
22 La̱at nacaye nak inc'a' us li muxuc
caxa̱r. ¿C'a'ut nak toj nacatmuxuc cax-
a̱r la̱at? Cui xic' nacacuil eb li yi̱ban-
bil dios, ¿c'a'ut nak nacatxic chi elk'ac
sa' li rochocheb? 23 K'axal nim a̱cuanquil
nak nacacuec'a a̱cuib xban nak nacanau
li chak'rab li quiq'uehe' re laj Moisés.
Abanan nacatz'ekta̱na li Dios riq'uin nak
nacak'et lix chak'rab. 24 Jo' naxye sa'
li Santil Hu: Sa' e̱c'aba' la̱ex aj judío,
neque'xmajecua li Dios li ma̱cua'eb aj
judío. (Is. 52:5) 25 Relic chi ya̱l li cir-
cuncisión cuan xya̱lal cui nacapa̱b li
chak'rab li quiq'uehe' re laj Moisés xban
li Dios. Aban cui nacak'et lix chak'rab
ma̱c'a' na-oc cui' nak xac'ul li circun-
cisión. 26 Cui junak cui̱nk ma̱cua' aj
judío inc'a' naxc'ul li circuncisión, aban
naxpa̱b ut naxba̱nu li c'a'ru naxye li
chak'rab, li cui̱nk a'an ta̱q'uehek' ajcui'
sa' ajl sa' xya̱nkeb li que'xc'ul li cir-
cuncisión. 27 Usta inc'a' xc'ul li circun-
cisión cui naxba̱nu tz'akal li tz'i̱banbil
sa' li chak'rab, li cui̱nk a'an naxc'ut

a̲xuta̲n ut ta̲rakek' a̲tin sa' a̲be̲n xban
nak nacak'et li chak'rab. Ma̲c'a' na-oc
cui' a̲cue nak xac'ul li circuncisión, chi
moco nak nacanau li tz'i̲banbil sa' li
chak'rab cui inc'a' nacaba̲nu li c'a'ru
naxye. 28 Li tz'akal aj judío ma̲cua' aj
judío yal xban xc'ulbal li circuncisión.
Riq'uin ban xpa̲banquil li chak'rab. Lix
ya̲lal li circuncisión ma̲cua' ca'aj cui' li
na-ux riq'uin li tz'ejcualej. 29 Li tz'akal
aj judío naxpa̲b chi tz'akal lix chak'rab
li Dios. Ut li tz'akal circuncisión inc'a'
nac'ulman riq'uin xba̲nunquil li chak'rab.
A'an ban li naxba̲nu li Santil Musik'ej sa'
li ra̲m li junju̲nk. Ut lix lok'al laj pa̲banel
inc'a' naq'uehe' xbaneb li cui̲nk. Li Dios
ban naq'uehoc xlok'al.

3 ¿C'a'ru rusil li cua̲nc chok' aj judío?
Ut, ¿c'a'ru rajbal xc'ulbal li circun-
cisión? 2 Li cua̲nc chok' aj judío, a'an a'in
li rusil: nak li Dios quixq'ue li ra̲tin re-
heb xbe̲n cua. 3 Cuanqueb laj judío inc'a'
que'xba̲nu li quixye li Dios. ¿Ma yal sa'
xma̲queb ta bi' a'an nak li Dios inc'a'
tixq'ue li quixyechi'i? 4 ¡Ma̲ jok'e bi'an! Li
Dios ya̲l naa̲tinac usta chixjunileb li cris-
tian aj tic'ti'eb. Jo' tz'i̲banbil sa' li Santil
Hu li quixye laj David re li Dios. Quixye
chi jo'ca'in: Junelic ya̲l nacata̲tinac. Usta
nacate'xk'aba, aban ma̲c'a' a̲ma̲c. 5 Cuan-
queb neque'yehoc nak riq'uin li ma̲usilal
nac'utun chi us li rusilal li Dios. Jo'can
nak us xba̲nunquil li ma̲usilal re nak
ta̲c'utu̲nk xcha̲bilal li Dios. Inc'a' us cui
li Dios nocoxq'ue chi xtojbal li kama̲c,
chanqueb. Aban ma̲cua' a'an li naxye
li Dios. Inc'a' naru nakaye nak inc'a'
toxq'ue chixtojbal li kama̲c xban nak
nakanau nak ti̲c xch'o̲l li Dios. Jo'can nak
tixq'ue chixtojbal xma̲c laj ma̲c. 6 Relic
chi ya̲l nak ti̲c xch'o̲l li Dios. Cui ta inc'a',
¿chan raj ru nak tixrak a̲tin sa' xbe̲neb
li cuanqueb sa' ruchich'och'? 7 Ut cuan-
queb ajcui' li neque'yehoc nak riq'uin
li tic'ti'ic neque'xba̲nu, ta̲q'uehek' xcuan-
quil li ya̲l li naxye li Dios ut k'axal
cui'chic ta̲lok'oni̲k ru li Dios. Ut cui
riq'uin li katic'ti' nalok'oni̲c ru li Dios,
¿c'a'ut nak naxye nak la̲o aj ma̲c chi
jo'canan? 8 Us cui nakaba̲nu li ma̲usi-
lal re nak ta̲nima̲k xlok'al li Dios, chan-
queb. ¿C'a'ru nequeye la̲ex? ¿Ma tak-
aba̲nu li inc'a' us re nak ta̲nima̲k xlok'al
li Dios? Ma̲ jaruj ta̲ru̲k ta̲q'uema̲nk
xlok'al li Dios riq'uin li kama̲usilal. Cuan
li neque'yehoc nak a'an a'in li tijleb
ninch'olob xya̲lal, abanan moco jo'can ta
li yo̲quin chixyebal. Li neque'yehoc re
a'an xc'ulubeb nak te'xtoj rix lix ma̲queb.

Ma̲ ani ti̲c xch'o̲l

9 ¿C'a'ru takaye chirix a'in? ¿Ma k'axal
cha̲bilo ta bi' la̲o aj judío chiruheb li
ma̲cua'eb aj judío? Relic chi ya̲l nak
inc'a'. Chikajunilo ban la̲o aj ma̲co, la̲o aj
judío jo'queb ajcui' li ma̲cua'eb aj judío.
10 Jo' tz'i̲banbil sa' li Santil Hu:
Ma̲ ani ti̲c xch'o̲l chiru li Dios. Yal ta jun.
11 Ma̲ ani nata'oc ru li xya̲lal. Ma̲ ani
naraj xsic'bal li Dios. (Sal. 14:2)
12 Chixjunileb xe'xtz'ekta̲na li Dios, ut
jun xiquiqueb nak xe'xba̲nu li ma̲usi-
lal. Jo'can nak ma̲ jun naba̲nun re li
us. Yal ta jun.
13 C'ajo' xyibal ru neque'a̲tinac.
Chanchan xchuhil li camenak sa'
li muklebal. Ut junes balak'i̲nc
neque'xba̲nu. Li c'a'ak re ru
neque'xye chanchan xmay c'anti' li
nacamsin. (Sal. 5:9; 140:3)
14 Riq'uin xtz'u̲maleb re neque'majecuan
ut junes xic' aj a̲tin na-el sa' reheb.
(Sal. 10:7)
15 Sa' junpa̲t neque'chal xjosk'il.
Neque'xrahobtesi ut neque'xcamsi li
ras ri̲tz'in.
16 Yalak bar neque'xic junes raylal ut ra
xi̲c' neque'xba̲nu chak reheb li ras
ri̲tz'in.
17 Ut inc'a' neque'cuan sa' usilal. Junes
pletic neque'xba̲nu. (Is. 59:7-8)

18 Inc'a' neque'xxucua ru li Dios chi moco
neque'x-oxlok'i. (Sal. 36:1)
19 Nakanau nak chixjunil li tz'i̲banbil
sa' li chak'rab, a'an reheb li cuanqueb
rubel xcuanquil li chak'rab. A'an aj e
nak cuan li chak'rab re nak chixjunileb
te'xnau nak cuanqueb xma̲c ut ma̲c'a'
chic naru te'xye, re te'xcol cui' rib chiru li
Dios nak ta̲rakek' a̲tin sa' xbe̲neb. 20 Ma̲
jun ti̲c xch'o̲l chiru li Dios yal riq'uin
xba̲nunquil li c'a'ru naxye li chak'rab.
Li chak'rab nac'anjelac re xc'utbal chiku
nak la̲o aj ma̲c.

Riq'uin li kapa̲ba̲l nati̲co' li kach'o̲l

21 Li Dios quixc'utbesi chiku chanru
nak ta̲ru̲k ta̲ti̲cok' li kach'o̲l. Moco
riq'uin ta xba̲nunquil li c'a'ru naxye li
chak'rab. Ch'olobanbil li xya̲lal xban
li chak'rab ut xbaneb ajcui' li pro-
feta nak ma̲cua' riq'uin xba̲nunquil li
c'a'ru naxye li chak'rab ta̲ti̲cok' li kach'o̲l
chiru li Dios. 22 Ta̲ti̲cobresi̲k ban li
kach'o̲l chiru li Dios riq'uin xpa̲ban-
quil li Ka̲cua' Jesucristo. Chixjunileb
li te'pa̲ba̲nk re, li Dios tixti̲cobresi lix
ch'o̲leb. Moco jalan ta li junju̲nk chiru
li Dios. 23 Chixjunileb xe'ma̲cob ut inc'a'
neque'xc'ul li lok'al li naxq'ue li Dios.
24 Ut xban li rusilal li Dios, chixjunileb
li neque'pa̲ban, neque'xma̲tani xti̲quilal
xch'o̲leb sa' xc'aba' li Ka̲cua' Jesucristo
laj Colonel. 25 Li Dios quixtakla chak
li Ka̲cua' Jesucristo chi ca̲mc re xcuy-
bal xma̲queb li te'pa̲ba̲nk re. Riq'uin
li quixba̲nu quic'utun lix ti̲quilal xch'o̲l
li Dios. Xban lix nimal xcuyum, inc'a'
quixq'ue sa' xch'o̲l lix ma̲queb li tena-
mit li que'ma̲cob chak junxil. 26 Ut
anakcuan sa' eb li cutan a'in, nac'utun
lix ti̲quilal xch'o̲l li Dios riq'uin nak
naxti̲cobresi xch'o̲l li ani napa̲ban sa'
xc'aba' li Jesucristo. 27 ¿C'a'ru takanimo-
bresi cui' kib? Ma̲c'a'. Inc'a' naru takan-
imobresi kib xban nak ma̲cua' riq'uin
xba̲nunquil li naxye li chak'rab nati̲co'
li kach'o̲l. Nati̲co' ban li kach'o̲l riq'uin
xpa̲banquil li Cristo. 28 Nakanau nak
ta̲ti̲cok' li kach'o̲l riq'uin xpa̲banquil
li Cristo. Ma̲cua' riq'uin xba̲nunquil li
naxye li chak'rab. 29 ¿Ma ca'aj cui' eb
laj judío te'colek' xban li Dios? Inc'a'.
Li Dios tixcoleb ajcui' li ma̲cua'eb aj
judío. 30 Nakanau nak jun ajcui' li Dios.
Ut a'an naxti̲cobresi xch'o̲leb laj judío
xban lix pa̲ba̲leb jo' ajcui' li ma̲cua'eb
aj judío. 31 ¿Ma nakasach xcuanquil
li chak'rab xban xpa̲banquil li Cristo?
Inc'a'. Riq'uin ban xpa̲banquil li Cristo
yo̲co chixq'uebal xcuanquil li chak'rab.

Xban nak cuan xpa̲ba̲l laj Abraham, jo'can nak quiti̲cobresi̲c xch'o̲l xban li Dios

4 Anakcuan tina̲tinak chirix laj Abra-
ham li kaxe'to̲nil yucua'. ¿Ma quiti̲-
cobresi̲c xch'o̲l chiru li Dios riq'uin lix
yehom xba̲nuhom? Inc'a'. 2 Cui ta riq'uin
xyehom xba̲nuhom quiti̲cobresi̲c xch'o̲l
laj Abraham, cuan raj c'a'ru quixnimo-
bresi cui' rib. Abanan ma̲cua' raj chiru li
Dios. 3 Tz'i̲banbil sa' li Santil Hu nak laj
Abraham quixpa̲b li c'a'ru quixye li Dios.
Ut xban lix pa̲ba̲l, li Dios quixye nak laj
Abraham a'an jun cui̲nk ti̲c xch'o̲l. (Gn.
15:6) 4 Li ani natrabajic naxc'ul xtojbal.
Lix tojbal naxc'ul a'an moco yal xma̲-
tan ta xban nak ac xtoj rix. 5 Aban li
colba-ib inc'a' natojman rix. A'an yal jun
ma̲tan naxq'ue li Dios reheb laj ma̲c li
neque'pa̲ban re. Xban nak neque'pa̲ban,
ti̲cobresinbileb xch'o̲l xban li Dios. 6 Laj
David quixye nak us xak re li naxma̲tani
xti̲quilal xch'o̲l riq'uin li Dios chi ma̲cua'
xban xyehom xba̲nuhom. Yal chi ma̲tan
ban naxc'ul lix ti̲quilal xch'o̲l. 7 Laj David
quixye chi jo'ca'in:

Us xak reheb li cuybil sachbil xma̲queb,
xban nak inc'a' chic nanak sa' xch'o̲l
li Dios lix ma̲usilaleb.

8 Us xak reheb li inc'a' chic neque'c'oxla̱c
lix ma̱queb xban li Dios. (Sal. 32:1-
2)
9 ¿Ut aniheb li te'cuyek' te'sachek' lix
ma̱c? ¿Ma ca'aj cui' li que'xc'ul li circun-
cisión? Inc'a'. Reheb aj ban cui' li inc'a'
que'xc'ul li circuncisión. Ac xinye li c'a'ru
tz'i̱banbil sa' li Santil Hu chirix laj Abra-
ham. Xban nak cuan xpa̱ba̱l laj Abra-
ham, li Dios quixye nak a'an jun cui̱nk ti̱c
xch'o̱l. (Gn. 15:6) 10 Laj Abraham ma̱ji'
naxc'ul li circuncisión nak li Dios quixye
nak li cui̱nk a'an ti̱c xch'o̱l. 11 Mokon
chic laj Abraham quixc'ul li circuncisión
jo' retalil nak a'an jun cui̱nk ti̱c xch'o̱l
chiru li Dios xban lix pa̱ba̱l. Laj Abra-
ham quixpa̱b li Dios nak ma̱ji' naxc'ul
li circuncisión. Jo'can nak nayeman nak
laj Abraham a'an xyucua'eb chixjunileb
li neque'xpa̱b li Dios ut neque'q'uehe'
sa' ajl sa' xya̱nkeb li ti̱queb xch'o̱l usta
inc'a' neque'xc'ul li circuncisión. 12 Ut laj
Abraham xyucua'eb ajcui' li que'xc'ul li
circuncisión. Ma̱cua' ca'aj cui' xban nak
que'xc'ul li circuncisión. Xyucua'eb aj
ban cui' xban nak que'xpa̱b li Dios jo' nak
quixpa̱b li Dios laj Abraham nak toj ma̱ji'
naxc'ul li circuncisión.

Xban li pa̱ba̱l nac'ulman li naxyechi'i li Dios

13 Li Dios quixyechi'i re laj Abra-
ham jo' ajcui' reheb li ralal xc'ajol nak
eb a'an te'e̱chani̱nk re li ruchich'och'.
Ma̱cua' riq'uin xba̱nunquil li naxye li
chak'rab nak te're̱chani. Quiyechi'i̱c ban
reheb xban nak quipa̱ban laj Abra-
ham ut li Dios quixye nak laj Abra-
ham a'an jun cui̱nk ti̱c xch'o̱l. 14 Cui
ta ca'aj cui' li cuanqueb rubel xcuan-
quil li najter chak'rab li te'e̱chani̱nk re
li yechi'inbil xban li Dios, ma̱c'a' raj na-
oc cui' li kapa̱ba̱l. Ut ma̱c'a' raj na-oc
cui' li yechi'inbil xban li Dios. 15 Nachal
xjosk'il li Dios sa' xbe̱neb li neque'k'etoc
re li chak'rab. Xban nak cuan li chak'rab,
cuan li k'etoc a̱tin. Cui ta ma̱c'a' li
chak'rab, ma̱c'a' raj k'etoc a̱tin. 16 Xban
nak cuan xpa̱ba̱l laj Abraham, li Dios
quixyechi'i li ma̱tan re xban xnimal rusi-
lal. Ut quixyechi'i ajcui' reheb chixju-
nileb li ralal xc'ajol. Li yechi'inbil ma̱cua'
ca'aj cui' reheb li cuanqueb rubel xcuan-
quil li chak'rab. Reheb aj ban cui' chixju-
nileb li neque'pa̱ban jo' nak quipa̱ban
laj Abraham. Jo'can nak nayeman nak
laj Abraham a'an li kayucua' chikajunilo
xban nak a'an laj c'amol be chiku sa' li
kapa̱ba̱l. 17 Tz'i̱banbil sa' li Santil Hu li
quixye li Dios re laj Abraham: Xatinq'ue
chok' xxe'to̱nil yucua' li q'uila tenamit.
(Gn. 17:5)

Ut chiru li Dios toj cuan ajcui' xcuan-
quil li c'a'ru quixyechi'i re laj Abraham.
Laj Abraham quixpa̱b li Dios li nacua-
clesin cui'chic reheb li camenak chi yo'yo
ut yal riq'uin ra̱tin naxyo'obtesiheb li
c'a'ak re ru toj ma̱c'a'. 18 Laj Abraham
quixpa̱b li quixye li Dios ut quiroybeni li
quiyechi'i̱c re usta inc'a' naxnau chanru
nak ta̱q'uehek' re li ralal xc'ajol. Jo'can
nak a'an xyucua'eb li q'uila tenamit jo'
quiyehe' re xban li Dios, —Te'q'uia̱nk
la̱ cualal a̱c'ajol, chu'ux re xban li Dios.
(Gn. 15:5) 19 Ca'ch'in chic ma̱ o'c'a̱l chi-
hab cuan re laj Abraham. A'an naxnau
nak xban xti̱xilal inc'a' raj chic ta̱cua̱nk
ralal xc'ajol. Ut naxnau ajcui' nak lix Sara
inc'a' naq'uiresin. Aban inc'a' quich'inan
xch'o̱l laj Abraham. Quixpa̱b ban chi
tz'akal nak ta̱cua̱nk ralal xc'ajol. 20 Inc'a'
quixcuiba xch'o̱l chi moco quixcanab
roybeninquil lix ma̱tan li quiyechi'i̱c re
xban li Dios. Cacuu̱c ban chic quixba̱nu
sa' lix pa̱ba̱l ut quixlok'oni li Dios. 21 Laj
Abraham quixpa̱b chi anchal xch'o̱l nak
li Dios k'axal nim xcuanquil ut tixq'ue
li c'a'ru naxyechi'i. 22 Ut xban lix pa̱ba̱l
laj Abraham, li Dios quixye nak a'an jun
cui̱nk ti̱c xch'o̱l. 23 Ut moco ca'aj cui' ta
sa' xc'aba' laj Abraham nak quitz'i̱ba̱c
retalil nak ti̱c xch'o̱l xban lix pa̱ba̱l.

24 Quitz'i̱ba̱c aj ban cui' sa' kac'aba' la̱o. Li Dios naxye nak ti̱c ajcui' li kach'o̱l la̱o cui takapa̱b chi tz'akal li quicuaclesin re li Ka̱cua' Jesucristo chi yo'yo sa' xya̱nkeb li camenak. 25 Li Jesucristo quixk'axtesi rib chi ca̱mc xban li kama̱c ut quicuacli cui'chic chi yo'yo sa' xya̱nkeb li camenak re xti̱cobresinquil li kach'o̱l chiru li Dios.

Chanru nak natauman li ti̱quil ch'o̱lej

5 Jo'can ut nak ti̱cobresinbil chic li kach'o̱l chiru li Dios xban li kapa̱ba̱l, ut cuanco chic sa' usilal riq'uin li Dios xban li Ka̱cua' Jesucristo. 2 Xban nak nakapa̱b li Jesucristo nakac'ul lix nimal rusilal li Dios. Jo'can nak cau kach'o̱l sa' li kapa̱ba̱l. Ut nasaho' kach'o̱l xban nak nakanau nak totz'ako̱nk ajcui' sa' lix nimal xlok'al li Dios. 3 Ut moco ca'aj cui' ta nasaho' kach'o̱l nak totz'ako̱nk sa' lix lok'al li Dios. Nasaho' aj ban cui' sa' kach'o̱l nak nakac'ul li raylal. Nakanau nak riq'uin xc'ulbal li raylal nakatzol li cuyuc. 4 Ut xban li cuyuc nacacuu kach'o̱l sa' li kapa̱ba̱l, ut xban xcacuilal kach'o̱l nakayo'oni li yechi'inbil ke xban li Dios. 5 Li c'a'ru nakayo'oni nakanau nak takac'ul, xban nak k'axal nocoxra li Dios ut naxc'ut chiku lix nimal xrahom xban li Santil Musik'ej li q'uebil chak ke. 6 La̱o inc'a' naru nakacol kib yal kajunes. Abanan quicuulac xk'ehil nak quicam li Ka̱cua' Jesucristo re kacolbal la̱o aj ma̱c. 7 Moco yalak ani ta tixq'ue rib chi ca̱mc sa' xc'aba' junak ras ri̱tz'in usta cha̱bil li ras ri̱tz'in chiru. Abanan cui k'axal ti̱c xch'o̱l li ras ri̱tz'in, ma̱re cuan ajcui' junak tixq'ue rib chi ca̱mc sa' xc'aba' a'an. 8 A'ut li Dios naxc'utbesi chiku nak k'axal nocoxra xban nak toj aj ma̱co chak nak quicam li Cristo sa' kac'aba'. 9 Ut anakcuan ti̱c chic li kach'o̱l chiru li Dios xban xcamic li Jesucristo. Jo'can nak relic chi ya̱l nak sa' xc'aba' li Cristo tocolek' chiru lix josk'il li Dios sa' xk'ehil li rakba a̱tin. 10 Nak toj aj ma̱co chak xic' nakil li Dios. Aban li Dios xoxc'am sa' usilal riq'uin sa' xc'aba' lix camic li Ralal. Ut anakcuan nakanau chic nak cuanco sa' usilal riq'uin li Dios ut colbilo xban nak li Cristo quicuacli cui'chic chi yo'yo. 11 Ut moco ca'aj cui' ta li kacolbal quixq'ue li Dios. Naxq'ue aj ban cui' lix sahilal kach'o̱l sa' xc'aba' li Ka̱cua' Jesucristo li quic'amoc ke sa' usilal riq'uin li Dios. 12 Jo'ca'in nak quiticla li ma̱c sa' ruchich'och', yal xban jun chi cui̱nk aj Adán xc'aba'. Ut xban li ma̱c cuan li ca̱mc ut chixjunileb neque'cam xban nak chixjunileb xe'ma̱cob. 13 Nak toj ma̱ji' quiq'uehe' li chak'rab re laj Moisés, ac cuan li ma̱c sa' ruchich'och'. Aban inc'a' nayeman nak cuanqueb xma̱c xban nak toj ma̱c'a' li chak'rab re xc'utbal chiruheb nak a'an eb aj ma̱c. 14 Chalen nak quicuan chak laj Adán toj nak quiq'uehe' lix chak'rab laj Moisés, chixjunileb quilaje'cam usta inc'a' que'ma̱cob riq'uin xk'etbal xchak'rab li Dios jo' quixba̱nu laj Adán nak quixk'et li a̱tin li quiyehe' re xban li Dios. Xban laj Adán quiticla chak li ma̱c ut li ca̱mc, ut xban li Cristo cuan li colba-ib ut li yu'am chi junelic. 15 A'ut li ma̱tan naxq'ue li Dios moco juntak'e̱t ta riq'uin li ma̱c quixba̱nu laj Adán li xbe̱n cui̱nk. Li ca̱mc cuan sa' xbe̱neb chixjunileb xban nak quik'etoc a̱tin laj Adán. Aban sa' xc'aba' li Jesucristo nabaleb neque'xc'ul li colba-ib li naxq'ue li Dios. Ut k'axal cui'chic numtajenak li rusilal naxq'ue ke. 16 Li ma̱c quixba̱nu laj Adán inc'a' naru xjuntak'e̱tanquil riq'uin li colba-ib quixq'ue li Dios xban nak k'axal nim xcuanquil li colba-ib. Xban nak quima̱cob laj Adán, jo'can nak cuan li tojba ma̱c. Aban li ma̱tan li naxq'ue li Dios naxti̱cobresi li kach'o̱l ut sa' xc'aba' li Jesucristo nabaleb te'colek'. 17 Xban lix ma̱c laj Adán, chixjunileb cuanqueb rubel xcuanquil li ca̱mc. Aban xban xnimal rusilal li Dios, nabaleb te'xc'ul li ma-

tan li naxq'ue li Dios, a' li ti̱quil ch'o̱lej, ut
ta̱cua̱nk xcacuil xch'o̱leb sa' lix pa̱ba̱leb
sa' xc'aba' li Ka̱cua' Jesucristo. 18 Xban
lix k'etba a̱tin laj Adán cuan li tojba
ma̱c sa' xbe̱neb chixjunileb li cuanqueb
sa' ruchich'och'. A'ut xban lix ti̱quilal
xch'o̱l li Cristo, ma̱c'a' chic xcuanquil li
tojba ma̱c sa' xbe̱neb. Cua̱nk ban chic
xyu'ameb chi junelic. 19 Jo'can nak xban
lix k'etba a̱tin laj Adán, nabaleb que'cana
chok' aj ma̱c. Ut xban nak li Jesucristo
quixba̱nu li c'a'ru quixye li Dios, na-
baleb te'ti̱cok' xch'o̱l chiru li Dios. 20 Li
chak'rab quiq'uehe' re xc'utbal nak num-
tajenak li ma̱c. Ut nak quinumta li ma̱c,
k'axal cui'chic quinumta li rusilal li Dios
sa' xbe̱n li ma̱c. 21 Xban nak cuan li ma̱c,
cuan ajcui' li ca̱mc. Abanan xban xnimal
rusilal, li Dios naxq'ue xti̱quilal li kach'o̱l
ut li kayu'am chi junelic sa' xc'aba' li
Ka̱cua' Jesucristo.

Camenako xban li ma̱c, aban yo'yo̱co sa' xc'aba' li Jesucristo

6 ¿C'a'ru takaye chirix chixjunil a'in?
¿Ma toj yo̱ko ajcui' chixba̱nunquil
li ma̱c re nak k'axal cui'chic ta̱numta̱k
li rusilal li Dios sa' kabe̱n? 2 ¡Ma̱ jok'e!
Ma̱min ta̱ru̱k. Chanchan nak ac came-
nako la̱o xban nak moco cuan ta chic
xcuanquil li ma̱c sa' kabe̱n. Cui ma̱c'a'
chic xcuanquil li ma̱c sa' kabe̱n, ¿c'a'ut
nak toj yo̱ko chi ma̱cobc? 3 Relic chi ya̱l
nequenau nak la̱o xkac'ul li cubi ha' xban
nak xkapa̱b li Jesucristo. Nak xkac'ul li
cubi ha' chanchan nak xocam kochben
li Jesucristo xban nak xkacanab xba̱-
nunquil li kanajter na'leb. 4 Jo'can nak
riq'uin xc'ulbal li cubi ha', chanchan nak
ac xocam ut xomuke' kochben li Cristo
re nak tocuacli̱k cui'chic chi yo'yo ut
tocua̱nk sa' li aq'uil yu'am, jo' nak li
Jesucristo quicuacli cui'chic chi yo'yo
sa' xya̱nkeb li camenak riq'uin xnimal
xlok'al ut xcuanquilal li Dios Acuabej.
5 Cui la̱o xotz'akon kochben li Cristo sa'
lix camic, jo'can ajcui' nak totz'ako̱nk sa'
lix cuaclijic cui'chic chi yo'yo sa' li ac'
yu'am. 6 Nakanau nak li kanajter na'leb
quiq'uehe' chiru cruz rochben li Cristo.
Naraj naxye nak quisache' xcuanquil li
kanajter na'leb nak quicam li Cristo. Ut
anakcuan inc'a' chic cuanco rubel xcuan-
quil li ma̱c jo' nak xocuan chak junxil nak
xkac'anjela chak ru li ma̱c. 7 Li ac xcam
inc'a' chic nama̱cob. Jo'can ajcui' la̱o cui
camenak chic li kanajter na'leb, inc'a'
chic yo̱ko chixba̱nunquil li ma̱c. 8 Cui ac
xocam kochben li Cristo, nakanau nak
yo'yo̱co ajcui' kochben sa' li ac' yu'am.
9 La̱o nakanau nak li Jesucristo quicua-
cli cui'chic chi yo'yo sa' xya̱nkeb li ca-
menak. Li Cristo inc'a' chic ta̱ca̱mk xban
nak ma̱c'a' chic xcuanquil li ca̱mc sa'
xbe̱n. 10 Jun sut ajcui' quicam li Cristo ut
anakcuan yo'yo chic. Quicam re xsach-
bal xcuanquil li ma̱c. Ut anakcuan yo'yo
chic li Cristo re xq'uebal xlok'al li Dios.
11 Jo'can ajcui' la̱ex. Cheq'uehak retal
nak chanchan ajcui' nak camenakex ut
ma̱c'a' chic xcuanquil li ma̱c sa' e̱be̱n.
Ac' chic le̱ yu'am q'uebil e̱re xban li
Ka̱cua' Jesucristo ut junajex chic riq'uin.
Yo'yo̱quex re nak texc'anjelak chiru li
Dios. 12 Jo'can nak me̱q'ue chic e̱rib
rubel xcuanquil li ma̱c ut me̱ba̱nu chic
li c'a'ru naxrahi ru le̱ ch'o̱l. 13 Chi moco
cheq'ue e̱rib chixba̱nunquil li ma̱usilal.
Chek'axtesi ban e̱rib sa' ruk' li Dios. Xban
nak ac xec'ul li ac' yu'am chanchan nak
xexcuacli cui'chic chi yo'yo sa' xya̱nkeb li
camenak. Jo'can nak cheq'ue le̱ rok e̱ruk'
chi c'anjelac chiru li Dios re xba̱nun-
quil li us. 14 Inc'a' chic cheq'ue e̱rib rubel
xcuanquil li ma̱c. Anakcuan cuanquex
rubel xcuanquil lix nimal rusilal li Dios.
Moco cuanquex ta chic rubel xcuanquil
li chak'rab li quiq'uehe' re laj Moisés.

Inc'a' chic toc'anjelak chiru li ma̱c

15 Anakcuan cuanco sa' rusilal li Dios.
Moco cuanco ta chic rubel xcuanquil

li chak'rab. ¿Ma yal xban nak inc'a' cuanco rubel xcuanquil li chak'rab nak toma̱cobk? ¡Inc'a' bi'an! 16 Ac nequenau nak cui te̱q'ue e̱rib chi c'anjelac chiru junak patrón, a'an chic ta̱takla̱nk e̱re. Jo'can ajcui' cui te̱q'ue li ma̱c chok' e̱patrón ut te̱q'ue e̱rib chok' aj c'anjel chiru, texca̱mk. Aban cui te̱q'ue e̱rib chi takla̱c xban li Dios, ta̱ti̱cobresi̱k le̱ ch'o̱l. 17 Junxil cuanquex rubel xcuanquil li ma̱c. A'ut anakcuan, bantiox re li Dios, chi anchal e̱ch'o̱l nequepa̱b li tijleb li xek'axtesi cui' e̱rib. 18 Anakcuan colbilex chic chiru li ma̱c. Ut xek'axtesi e̱rib jo' aj c'anjel chiru li Dios chixba̱nunquil li ti̱quilal. 19 Ninch'olob xya̱lal che̱ru riq'uin xserak'inquil chirix li nakac'ul arin sa' ruchich'och' re nak te̱tau ru li ninye. Junxil xek'axtesi e̱rib chixba̱nunquil li jo' ma̱jo'il na'leb ut li c'a'ak re ru chi ma̱usilal. A'ut anakcuan, chek'axtesihak e̱rib chixba̱nunquil li ti̱quilal re nak texcua̱nk sa' santilal chiru li Dios. 20 Nak toj nequec'anjela chak ru li ma̱c, ma̱c'a' na-oc cui' e̱re li ti̱quilal. 21 ¿C'a'ru le̱ k'ajca̱munquil xec'ul nak xeba̱nu chak li ma̱usilal? Ma̱c'a'. Ca'aj cui' xec'ut chak e̱xuta̱n. Li c'a'ru naxq'ue li ma̱c, a'an li ca̱mc. 22 Anakcuan colbilex chic chiru li ma̱c ut k'axtesinbilex chic chi c'anjelac chiru li Dios. Ut le̱ k'ajca̱munquil a'an le̱ santobresinquil ut le̱ yu'am chi junelic. 23 Lix tojbal rix li ma̱c, a'an li ca̱mc. Aban li ma̱tan naxq'ue ke li Dios, a'an li junelic yu'am sa' xc'aba' li Ka̱cua' Jesucristo laj Colol ke.

Li chak'rab naxc'ut chiku c'a'ru li ma̱c

7 Ex herma̱n, la̱ex nequenau c'a'ru naxye sa' li chak'rab. Nequenau nak li chak'rab cuan xcuanquil sa' xbe̱neb li toj yo'yo̱queb. 2 Nak nasumla junak ixk junaj chic ru riq'uin lix be̱lom. Tz'i̱banbil sa' li chak'rab nak inc'a' chic naru neque'xjach rib a' yal jo' najtil yo'yo̱k li be̱lomej. Aban cui nacam li be̱lomej, li ca̱mc najachoc reheb ut li ixk nacana xjunes. 3 Cui toj yo'yo lix be̱lom ut naxsume jalan chic cui̱nk, a'an naxmux ru lix sumlajic. Cui nacam li be̱lomej, ma̱c'a' chic xcuanquil li chak'rab a'an sa' xbe̱n li ixk. Moco tixmux ta chic ru lix sumlajic cui nasumla riq'uin jalan chic cui̱nk. 4 Jo'can ajcui' la̱o, ex inherma̱n. Xban nak xkapa̱b li Jesucristo chanchan kochben nak quicam li Cristo. Ut ma̱c'a' chic xcuanquil lix chak'rab laj Moisés sa' kabe̱n. Ut ma̱c'a'o chic rubel xcuanquil li chak'rab. La̱o reho chic li Cristo li quicuacli cui'chic chi yo'yo sa' xya̱nkeb li camenak re nak toc'anjelak chiru li Dios. 5 Junxil xkaba̱nu chak li c'a'ru inc'a' us li quixrahi chak ru li kach'o̱l. Li chak'rab quixc'ut chiku c'a'ru li inc'a' us ut a' chic li inc'a' us quicuulac chiku xba̱nunquil. Ut riq'uin xba̱nunquil a'an cuan li ca̱mc. 6 A'ut anakcuan chanchan li camenako xban nak li najter chak'rab ma̱c'a' chic xcuanquil chok' ke la̱o. Ma̱cua' chic li chak'rab yal re sa' kabe̱n. Ut inc'a' chic yo̱co chi c'anjelac rubel xcuanquil li chak'rab tz'i̱banbil chak najter. Anakcuan nococ'anjelac chiru li Dios sa' li ac' yu'am li naxq'ue ke li Santil Musik'ej.

Li chak'rab ut li ma̱c

7 ¿C'a'ru takaye chirix a'in? ¿Ma takaye nak inc'a' us li chak'rab? Inc'a'. Ma̱ jok'e takaye chi jo'can. Ninye e̱re nak cui ta ma̱c'a' li chak'rab, inc'a' raj xinnau c'a'ru li ma̱c. Moco xinnau ta raj nak inc'a' us xra̱bal ru li jalan aj e, cui ta inc'a' tz'i̱banbil sa' li chak'rab chi jo'ca'in: Ma̱ra ru li c'a'ru re la̱ cuas a̱cui̱tz'in. 8 Li chak'rab quic'utuc chicuu c'a'ru li ma̱c. Xban nak ac ninnau chic c'a'ru li ma̱c, k'axal cui'chic quinq'ue inch'o̱l chixba̱nunquil. Cui ta ma̱c'a' li chak'rab ma̱c'a' raj li ma̱c. 9 Nak toj ma̱ji' ninnau c'a'ru naxye li chak'rab, moco ninc'oxla ta nak la̱in aj ma̱c ut inc'a' xinnau nak

inc'ulub ta li c̱amc. Aban nak xinnau li chak'rab, xinnau nak ḻain aj ṯac. Ut cue li c̱amc. [10] Li chak'rab xq'ue raj inyu'am, abanan nak quicuabi chanchan incamsinquil quixḇanu. [11] Li chak'rab cẖabil ut xq'ue raj cue li yu'am, abanan li ṯac xinixbalak'i. Ut xban li chak'rab, li ṯac xinḇanu xq'ue li c̱amc sa' inḇen. [12] Relic chi yaḻ nak li chak'rab q'uebil chak xban li Dios, a'an santil chak'rab, ut li kataklanquil xban li Dios santo ajcui', ṯic ut cẖabil. [13] ¿Ma ṯaruḵ tinye nak li cẖabil chak'rab quic'amoc chak li c̱amc sa' inḇen? Inc'a'. Inc'a' naru tinye chi jo'can xban nak ṯacua' li chak'rab quic'amoc chak re li c̱amc. Aban li ṯac quic'amoc chak re li c̱amc sa' inḇen. Li chak'rab quixc'ut chicuu lix yibal ru li ṯac. Jo'can nak li cẖabil quixc'ut chicuu li inc'a' us. Ut li inc'a' us a'an li ṯac. [14] Nakanau nak li chak'rab musik'anbil xban li Dios. Aban ḻain yal cuịnkin. Jo'can nak ninṯacob. [15] Inc'a' nintau ru c'a'ut nak ninḇanu li inc'a' us. Nacuaj raj xḇanunquil li us, abanan a' chic li inc'a' us li ninḇanu. Xic' raj nacuil li inc'a' us aban a'an chic li ninḇanu. [16] A' chic li inc'a' nacuaj xḇanunquil, a'an chic li ninḇanu ut riq'uin a'an ninq'ue retal nak li chak'rab cẖabil xban nak naxc'ut chicuu nak inc'a' us li ninḇanu. [17] Jo'can nak ṯacua' chic ḻain li ninḇanun re li inc'a' us, aban li ṯac li cuan cuiq'uin, a'an nataklan cue. [18] Ḻain ninnau nak moco cẖabilin ta. Chalen sa' inyo'lajic ḻain chak aj ṯac. Nacuaj raj xḇanunquil li us, abanan inc'a' ninru chixḇanunquil. [19] Ḻain nacuaj raj xḇanunquil li us, aban inc'a' ninḇanu. A' chic li ṯausilal ninḇanu, li inc'a' raj nacuaj xḇanunquil. [20] Cui ḻain ninḇanu li inc'a' nacuaj xḇanunquil, ṯacua' chic ḻain ninḇanun re; aban li ṯac li cuan cuiq'uin, a'an li nataklan cue. [21] A'an a'in li ninc'ul: Nak nacuaj raj xḇanunquil li us, a' chic li inc'a' us li ninḇanu. [22] Nasaho' sa' lin ch'ọl riq'uin lix chak'rab li Dios ut a'an li nacuaj xḇanunquil. [23] Aban xban nak yal cuịnkin, nacuec'a nak cuan jun li ch'a'ajquilal sa' li cuạm naramoc re chicuu li us li nacuaj raj xḇanunquil. Ut li ch'a'ajquil a'an, a'an li ṯac li toj cuan cuiq'uin, ut chanchan li cuanquin chi pṟexil xban. [24] ¡C'ajo' xtok'oḇal cuu! ¿Ani ṯacolok cue chiru lin najter na'leb li nac'amoc chak re li c̱amc sa' inḇen? [25] Ca'aj cui' li Ḵacua' Jesucristo ṯacolok cue chiru lin najter na'leb. Ac xink'axtesi cuib rubel xcuanquil lix chak'rab li Dios ut ac' chic lin na'leb. Ninq'ue inch'ọl chixp̱abanquil li Dios, aban xban nak yal cuịnkin, toj cuan lin najter na'leb cuiq'uin. Abanan ninbantioxi chiru li Dios xban nak li Ḵacua' Jesucristo ṯatenk'ạnk cue re nak tincanab xḇanunquil lin najter na'leb.

Li Santil Musik'ej nocoxtenk'a chi cuạnc sa' ṯiquilal

8 Anakcuan ut ṯac'a' chic li tojba ṯac sa' xḇeneb li neque'p̱aban re li Cristo, li inc'a' chic neque'xḇanu li neque'xrahi ru lix ch'ọleb. Neque'xḇanu ban li naraj li Santil Musik'ej. [2] Lix cuanquil li Santil Musik'ej li naq'uehoc yu'am sa' xc'aba' li Jesucristo, a'an nacoloc cue chiru lix cuanquil li ṯac ut li c̱amc. [3] Li najter chak'rab inc'a' naru toxcol chiru li ṯac ut li c̱amc. Ṯac'a' xcuanquil re kacolbal xban nak inc'a' nocoru chixḇanunquil li naxye. Inc'a' nocoru chixḇanunquil li naxye xban nak chalen chak sa' kayo'lajic ḻao aj ṯac. Aban li Dios xoxcol chiru li ṯac. Quixtakla chak li Jesucristo li Ralal chi tz'ejcualoc' sa' ruchich'och'. Li Ḵacua' Jesucristo quixmayeja rib re xsachbal xcuanquil li ṯac. [4] Li Cristo quixsach xcuanquil li ṯac re nak naru takaḇanu li ṯiquilal jo' naxye sa' li chak'rab. Inc'a' chic takaḇanu li naxrahi ru li kach'ọl. Anakcuan takaḇanu li c'a'ru naxye li Santil Musik'ej. [5] Ut eb li toj neque'xḇanu li najter na'leb,

ca'aj cui' li c'a'ru naxrahi ru lix ch'o̱leb neque'xc'oxla xba̱nunquil. Abanan eb li neque'cuan jo' naxye li Santil Musik'ej, eb a'an neque'xq'ue xch'o̱l chixba̱nunquil li c'a'ru naraj li Santil Musik'ej. 6 Cui ca'aj cui' li naxrahi ru li kach'o̱l nakac'oxla, a'an naxc'am chak li ca̱mc sa' kabe̱n. Cui nakaq'ue kach'o̱l chixba̱nunquil li naraj li Santil Musik'ej, a'an naxq'ue ke li kayu'am chi junelic ut naxq'ue ajcui' ke li tuktu̱quil usilal. 7 Li toj yo̱queb chixba̱nunquil li naxrahi ru lix ch'o̱leb, cuanqueb sa' xi̱q'uilal riq'uin li Dios ut inc'a' neque'raj xcubsinquil rib rubel xcuanquil lix chak'rab li Dios chi moco neque'ru chixba̱nunquil. 8 Jo'can nak li toj neque'xba̱nu li naxrahi ru lix ch'o̱leb, inc'a' nasaho' xch'o̱l li Dios riq'uin li neque'xba̱nu. 9 Abanan la̱ex inc'a' chic yo̱quex chixba̱nunquil li naxrahi ru le̱ ch'o̱l. Yo̱quex ban chixba̱nunquil li c'a'ru naraj li Santil Musik'ej cui ya̱l nak cuan li Santil Musik'ej e̱riq'uin. Li ani ma̱c'a' li Santil Musik'ej riq'uin, a'an ma̱cua' re li Cristo. 10 Cui li Cristo cuan e̱riq'uin, usta ac tenebanbil li ca̱mc sa' e̱be̱n xban li ma̱c, yo'yo le̱ musik' xban nak ti̱cobresinbil chic le̱ ch'o̱l xban li Dios. 11 Li Santil Musik'ej, a'an li quicuaclesin cui'chic re chi yo'yo li Cristo sa' xya̱nkeb li camenak. Cui li Santil Musik'ej quicuaclesin re li Cristo, a'an ajcui' ta̱cuaclesi̱nk re le̱ tz'ejcual chi yo'yo re li junelic yu'am xban nak li Santil Musik'ej cuan e̱riq'uin. 12 Jo'can ut ex inherma̱n, tento nak te̱ba̱nu li naraj li Santil Musik'ej ut ma̱cua' li c'a'ru naxrahi ru le̱ ch'o̱l. 13 Cui toj yo̱quex chixba̱nunquil li naxrahi ru le̱ ch'o̱l, texca̱mk. Aban cui riq'uin e̱tenk'anquil xban li Santil Musik'ej, te̱canab xba̱nunquil le̱ yehom e̱ba̱nuhom li quilaje̱ba̱nu chak junxil, ta̱cua̱nk e̱yu'am chi junelic. 14 Chixjunileb li neque'ba̱nun re li c'a'ru naraj li Santil Musik'ej, a'aneb tz'akal ralal xc'ajol li Dios. 15 La̱ex xec'ul li Santil Musik'ej ut ma̱c'a' chic e̱xiu. Moco jo'quex ta junak li mo̱s naxxucua ru lix patrón. Xban nak li Santil Musik'ej cuan kiq'uin, la̱o ban tz'akal ralal xc'ajol li Dios. Jo'can nak nakaye “at inYucua'” re nak nocotijoc. 16 Li Santil Musik'ej naxch'olob xya̱lal chiku, ut nakec'a sa' li ka̱m nak la̱o chic ralal xc'ajol li Dios. 17 Ut xban nak la̱o ralal xc'ajol li Dios, kochben li Cristo nak take̱chani chixjunil li quixyechi'i ke li Dios. Cui totz'ako̱nk riq'uin li raylal li quixc'ul li Cristo, jo'can nak toxotz'ako̱nk ajcui' kochben sa' lix nimal xlok'al. 18 La̱in ninye nak li raylal yo̱co chixc'ulbal anakcuan inc'a' takaq'ue sa' kach'o̱l xban nak moco juntak'e̱t ta riq'uin li usilal takac'ul mokon xban nak numtajenak cui'chic lix nimal xlok'al li rusilal li Dios tixq'ue ke. 19 Chixjunil li c'a' re ru yibanbil xban li Dios yo̱queb chi xyo'oninquil nak ta̱cuulak xk'ehil nak li Dios tixq'ue xlok'aleb li ralal xc'ajol. 20 Li ruchich'och' tz'ekta̱nanbil xban li Dios. Moco yal quiraj ta nak quitz'ekta̱na̱c. Xban nak ac jo'can chak sa' xch'o̱l li Dios. Abanan li ruchich'och' toj yo̱ chixyo'oninquil nak ta̱colek'. 21 Jo'can nak li ruchich'och' ta̱colek' chiru li tz'ekta̱na̱c. Ut xban xnimal rusilal li Dios, ta̱colek' li ruchich'och', jo' nak te'colek' li ralal xc'ajol li Dios. 22 Nakanau nak li ruchich'och' chalen anakcuan cuan sa' raylal ut yo̱ chiroybeninquil nak ta̱usa̱k. Li ruchich'och', a'an jo' jun li ixk yo̱ chixc'ulbal li raylal nak ac q'uira̱c re. 23 Ma̱cua' ca'aj cui' li ruchich'och' naxc'ul li raylal. Nayot'e' ajcui' li kach'o̱l la̱o aj pa̱banel xban li raylal nakac'ul, usta ac xkac'ul li Santil Musik'ej. Li Santil Musik'ej a'an xbe̱n li kama̱tan naxq'ue ke li Dios. Yo̱co chiroybeninquil nak li Dios toxc'ul jo' tz'akal ralal xc'ajol ut ta̱jala̱k li katz'ejcual ut tixq'ue li kalok'al. 24 Xban nak nocopa̱ban, colbilo. Aban cuan ajcui' li ma̱tan toj ma̱ji' nakac'ul ut a'an li toj yo̱co chiroybeninquil. Cui ta ac xkac'ul

chixjunil, inc'a' raj chic yoco chi oy-
beninc. 25 Aban li c'a'ru nakoybeni inc'a'
nakil ru ut tento takacuy roybeninquil.
26 Ut li Santil Musik'ej nocoxtenk'a xban
nak mac'a' naru nakabanu kajunes. Inc'a'
nakanau chanru nak totijok chi moco
nakanau c'a'ru takatz'ama. Aban li Santil
Musik'ej natz'aman chikix chiru li Dios
riq'uin yot'ba ch'olej inc'a' naru xyebal
yal riq'uin atin. 27 Li Dios naxnau c'a'ru
cuan sa' kach'ol ut naxnau ajcui' lix c'a'ux
li Santil Musik'ej. Ut li Santil Musik'ej
natz'aman chikix lao aj pabanel jo' naraj
li Dios.

Li Jesucristo naxc'ut chiku nak li Dios nocoxra

28 Li Dios naxsuk'isi chok' usilal
chixjunil li c'a'ak re ru neque'xc'ul li
neque'rahoc re li Dios, a' li bokbileb
chixbanunquil li c'a'ru naraj li Dios.
29 Chalen sa' xticlajic li Dios quixnau
aniheb li te'pabank re. Jo'can nak
quixsiq'ueb ru ut quixc'uleb chok' ralal
xc'ajol. Quixxakab li Jesucristo li Ralal
re nak a'anak li xben alalbej sa' xyankeb
li ralal xc'ajol. 30 Najter chak k'e cutan li
Dios ac cuan sa' xch'ol ani li sic'bileb ru
xban, ut li sic'bileb ru a'an li quixbokeb;
ut li quixbokeb, quixticobresi lix ch'oleb
ut naxq'ueheb ajcui' xlok'al. 31 ¿C'a'ru
takaye chirix a'in? Cui li Dios cuan
kiq'uin, eb li xic' neque'iloc ke inc'a'
te'numtak sa' kaben. 32 Usta li Acuabej
Dios k'axal raro li Ralal xban, inc'a'
quixcol chiru li camc. Quixk'axtesi
ban chi camc sa' kac'aba' lao. Cui
quixq'ue li Ralal re camc, ¿ma inc'a' ta
bi' tixq'ue ke chixjunil li c'a'ak re ru
quixyechi'i ke? 33 ¿Ani taruk tayehok re
nak cuanqueb xmac li sic'bileb ru xban
li Dios? Ma ani, xban nak li sic'bileb ru
ticobresinbileb chic lix ch'ol chiru li
Dios. 34 ¿Ani taruk taq'uehok reheb laj
pabanel sa' tojba mac? Ma ani xban
nak li Jesucristo quicam sa' kac'aba' ut
li Dios quixcuaclesi cui'chic chi yo'yo
sa' xyankeb li camenak. Anakcuan a'an
cuan sa' xnim uk' li Dios ut yo chi atinac
chikix chiru li Dios. 35 ¿C'a'ru taruk
taisink ke riq'uin li Cristo li narahoc ke?
Mac'a'. Li ra xic' inc'a' naru torisi, chi
moco li raylal, chi moco li ch'a'ajquilal,
chi moco li xic' ilec', chi moco li cue'ej,
chi moco li cuanc sa' neba'il, chi moco li
camsic. Mac'a' naru taisink ke riq'uin li
Cristo li narahoc ke. 36 Jo'ca'in tz'ibanbil
sa' li Santil Hu:

Cuulaj cuulaj yoqueb chixc'oxlanquil ka-
camsinquil sa' ac'aba'. Chiruheb a'an
chanchano li carner li neque'c'ame'
chi camsic. (Sal. 44:22)

37 Aban li Jesucristo nocoxra ut no-
coxtenk'a chixcuybal ut chixnumsinquil
chixjunil li raylal nakac'ul. 38 Ninnau
chi tz'akal nak mac'a' naru taisink ke
riq'uin lix rahom li Dios. Li camc inc'a'
naru torisi riq'uin lix rahom chi moco li
c'a'ak re ru nakac'ul sa' li kayu'am. Eb
li ángel inc'a' naru toe'risi chi moco eb
li cuanqueb xcuanquil sa' ruchich'och',
chi moco lix cuanquil li c'a'ak re ru
chi musik'ejil. Li c'a'ak re ru nakac'ul
anakcuan inc'a' naru torisi riq'uin xra-
hom li Dios chi moco li c'a'ak re ru
tachalk. 39 Li c'a'ak re ru cuan takec',
chi moco li c'a'ak re ru cuan tak'a sa'
ruchich'och' inc'a' naru torisi riq'uin lix
rahom li Dios. Chi yal, mac'a' naru
taisink ke riq'uin lix rahom li Dios.
Quixc'ut chiku nak nocoxra nak quixq'ue
li Jesucristo chi camc re kacolbal.

Li Dios quixsiq'ueb ru laj Israel

9 Yoquin chixyebal li xyalal xban nak
ninpab li Jesucristo. Inc'a' nintic'ti'ic.
Nacuec'a sa' lin ch'ol nak yal li ninye
ut li Santil Musik'ej nac'utuc chicuu
nak yal. 2 Ra nacuec'a ut nayot'e' inch'ol
xban nak eb laj judío lin tenamit inc'a'
neque'raj xpabanquil li Cristo. 3 Tinq'ue
raj cuib chi tz'ektanac ut chi isic riq'uin

li Cristo cui ta riq'uin a'an taruk tebin-
tenk'a re te'colek'. 4 A'an eb li ralal
xc'ajol laj Israel. Li Dios quixsiq'ueb ru ut
quixc'uleb chok' ralal xc'ajol, ut quixc'ut
lix lok'al chiruheb retalil nak cuan
riq'uineb. Quixbanu li contrato riq'uineb
ut quixq'ue lix chak'rab reheb. Quic'ute'
chiruheb chanru te'xlok'oni li Dios sa'
xyalal ut cuan c'a' re ru quixyechi'i li
Dios reheb. 5 A'aneb li ralal xc'ajol li
kaxe'tonil yucua' laj Abraham, laj Isaac
ut laj Jacob. Ut sa' xyankeb a'an quiyo'la
li Cristo nak quitz'ejcualo' ut quic'ulun
sa' ruchich'och'. Lok'oninbil taxak chi
junelic li Cristo li k'axal nim xcuanquil
sa' xbeneb chixjunileb. Jo'can taxak. 6 Li
Dios quixq'ue li quixyechi'i reheb laj Is-
rael. Aban moco chixjunileb ta que'xc'ul
li yechi'inbil xban li Dios xban nak moco
chixjunileb ta tz'akaleb aj Israel. Aban
inc'a' ninye nak li Dios inc'a' quixq'ue li
quixyechi'i reheb laj Israel. 7 Cuanqueb li
ralal xc'ajol laj Abraham inc'a' que'xc'ul
li quixyechi'i li Dios xban nak macua'eb
a'an li ralal xc'ajol li yechi'inbil re laj
Abraham najter xban li Dios nak quixye
re: Sa' xc'aba' laj Isaac te'cuank la cualal
ac'ajol li xinyechi'i acue. (Gn. 21:9-12)
8 A'in naraj naxye nak moco chixjunileb
ta li ralal xc'ajol laj Abraham sic'bileb
ru xban li Dios. Ca'aj cui' li yechi'inbil
re xban li Dios, a'aneb li tz'akal ralal
xc'ajol li Dios. 9 A'an a'in li quixyechi'i
li Dios re laj Abraham nak quixye re:
Nak tolinelk sa' li chihab jun chic, lix
Sara cuank chic lix c'ula'al telom. (Gn.
18:10) 10 Lix Rebeca quicuan cuib lix
coc'al ut junaj lix yucua'eb. Lix yucua'eb
a'an, a'an laj Isaac li kaxe'tonil yucua'.
11 Toj maji' neque'yo'la lix coc'al lix Re-
beca nak quisiq'ue' ru li jun xban li Dios.
Moco riq'uin ta lix yehom xbanuhom nak
quisiq'ue' ru xban nak maji' neque'xbanu
li us chi moco li inc'a' us. Riq'uin
a'an nakanau nak li Dios inc'a' naxsic'
ru junak riq'uin lix yehom xbanuhom.
Naxsic' ban ru jo' naraj a'an. 12 Li Dios
quiatinac riq'uin lix Rebeca ut quixye re
nak li asbej tac'anjelak chiru li itz'inbej.
13 Tz'ibanbil sa' li Santil Hu li ratin li
Dios li quixye: Lain xinsic' ru laj Ja-
cob, ut laj Esaú xintz'ektana. (Mal. 1:2)
14 ¿C'a'ru takaye chirix a'an? ¿Ma takaye
nak macua' tiquilal li naxbanu li Dios?
Ma jok'e takaye chi jo'can. 15 Inc'a' naru
takaye a'an xban nak a'in li quixye li Dios
re laj Moisés: Lain tincuil xtok'obaleb ru
li ani nacuaj xtok'obanquil ru, ut tincu-
uxtana ajcui' ru li ani nacuaj ruxtanan-
quil ru. (Ex. 33:19) 16 Li sic'bil ruheb
moco sic'bileb ta ru xban nak jo'can
neque'raj eb a'an chi moco riq'uin ta xye-
hom xbanuhomeb. Yal riq'uin ban xn-
imal ruxtan li Dios nak sic'bil ruheb.
17 Jo'ca'in nak tz'ibanbil sa' li Santil Hu li
atin li quixye li Dios re laj Faraón: Xat-
inxakab chok' xreyeb laj Egipto re nak
tac'utunk lin cuanquilal aban. Chi jo'can
tayemank cuesilal yalak bar sa' chixju-
nil li ruchich'och'. (Ex. 9:16) 18 Jo'can
nak li Dios naril xtok'obal ru li ani naraj
xtok'obanquil ru ut naxcacuubresi xch'ol
li ani naraj xcacuubresinquil xch'ol sa' li
mausilal.

Li Dios naq'uehoc sa' tojba mac ut na-uxtanan u

19 Mare nacaye chi jo'ca'in, Cui li Dios
naxcacuubresi xch'ol junak sa' li mausi-
lal, ¿chanru nak li Dios tixye nak cuan
xmac junak? Cui jo'can naraj li Dios, ¿ani
taruk tapo'ok ru li c'a'ru naraj li Dios?
mare chancat. 20 Aban lain tinye acue,
¿anihat laat nak tacuech'i rix li c'a'ru
naxbanu li Dios? Junak li cuc inc'a' taruk
tixye re laj pac'ol re, ¿C'a'ut nak xinay-
ib chi jo'ca'in? 21 A' yal re laj pac'onel
chanru nak tixyib li tixpac'. Cui naraj
naru tixyib cuib chi uc'al riq'uin junaj
chi seb. Naru tixpac' junak sec' chabil,
sic'bil ru lix c'anjel, ut li jun chic mare
re tac'anjelak re yalak c'a'ru. 22 Chan-

chan a'an li naxba̱nu li Dios. A'an yal
re c'a'ru tixba̱nu. Xc'ulubeb raj li cuan-
queb sa' ruchich'och' li rakba a̱tin ut li
ca̱mc. Li Dios quixc'ut raj lix josk'il ut lix
cuanquilal. Abanan k'axal nim xcuyum
sa' xbe̱neb. 23 Ut riq'uin lix nimal rusi-
lal quiruxta̱na ku ut quixc'ut chiku lix
lok'al. Junxil sic'bil chak ku xban re
nak totz'ako̱nk sa' lix lok'al. 24 La̱o sic'bil
ku xban li Dios. Cuan sic'bileb chak ru
sa' xya̱nkeb laj judío ut cuan sic'bileb
chak ru sa' xya̱nkeb li ma̱cua'eb aj judío.
25 Jo'ca'in quixye li Dios jo' tz'i̱banbil sa'
li Santil Hu xban laj Oseas:

Ta̱cuulak xk'ehil nak la̱in tinye "cualal inc'ajol" reheb li ma̱cua'eb cualal inc'ajol. Eb a'an inc'a' sic'bileb chak ru inban. Anakcuan tinye reheb: "raro̱quex inban". (Os. 2:23)

26 Ut sa' li na'ajej bar quiyehe' cui' reheb: "La̱ex ma̱cua'ex cualal inc'ajol", aran ajcui' ta̱yehek' reheb: "La̱ex tz'akal ralal xc'ajol li yo'yo̱quil Dios". (Os. 1:10)

27 Jo'ca'in quixye laj Isaías chirixeb laj
Israel:

Usta nabaleb li ralal xc'ajol laj Israel jo' xq'uial li samaib chire li palau, aban moco q'uiheb ta li te'colek'.

28 Xban nak li Ka̱cua' chi se̱b ta̱rakok a̱tin chi tz'akal sa' xbe̱neb li ralal xc'ajol laj Israel. (Is. 10:22-23)

29 Quixye ajcui' laj Isaías chi jo'ca'in:

Cui ta inc'a' quixcanab kalal kac'ajol nak quixsach ru li katenamit li Ka̱cua' Dios, li k'axal nim xcuanquil, jo' raj li Sodoma ut li Gomorra nak co-oso'. (Is. 1:9)

Eb laj judío ut li colba-ib

30 A'an a'in xya̱lal li yo̱co chixyebal:
Eb li ma̱cua'eb aj judío inc'a' yo̱queb
chixsic'bal li ti̱quil ch'o̱lej riq'uin xba̱-
nunquil li naxye li chak'rab, ut xban nak
que'pa̱ban, que'ti̱cobresi̱c xch'o̱leb. 31 Ut
eb laj judío yo̱queb chixsic'bal li ti̱quil
ch'o̱lej riq'uin xba̱nunquil li naxye li
chak'rab, aban inc'a' que'xtau. 32 ¿C'a'ut
nak inc'a' que'xtau? Xban nak moco
yo̱queb ta chixsic'bal li ti̱quil ch'o̱lej
riq'uin xpa̱banquil li Cristo. Que'xsic' ban
li ti̱quilal riq'uin xba̱nunquil li naxye
li chak'rab. Ut xban a'an, chanchan
que'xtich rib chiru jun li pec. Ut li pec
a'an retalil li Cristo. Ut li neque'xtich
rib chiru, a'an li neque'tz'ekta̱nan re li
Cristo. 33 Tz'i̱banbil sa' li Santil Hu li
quixye li Dios:

Q'uehomak retal xban nak la̱in tinq'ue jun li pec aran Sión. Nabaleb li tenamit te'xtich rokeb chiru ut te'tanek'. Abanan li ani ta̱pa̱ba̱nk re a'an, inc'a' ta̱rahok' xch'o̱l mokon xban nak tixc'ul li c'a'ru yechi'inbil re xban li Dios. (Is. 28:16)

10 Ex inherma̱n, relic chi ya̱l nacuaj
nak eb laj Israel te'colek'. A'an
li nintz'a̱ma junelic chiru li Dios. 2 La̱in
ninnau nak neque'x-oxlok'i li Dios,
abanan toj ma̱ji' neque'xnau chanru
xpa̱banquil li Dios. 3 Ut inc'a' neque'xnau
chanru nak nati̱co' li kach'o̱l chiru li
Dios. Que'xyal xti̱cobresinquil xch'o̱leb
chiru li Dios yal xjuneseb rib. Ut inc'a'
que'raj xba̱nunquil li yebil xban li Dios.
4 Nak quic'ulun li Cristo sa' ruchich'och',
quirake' xc'anjel li chak'rab li quiq'uehe'
re laj Moisés xban li Dios. Ut chixjunileb
li te'pa̱ba̱nk re li Cristo te'ti̱cok' xch'o̱leb
chiru li Dios.

Chikajunilo naru tocolek'

5 Laj Moisés quitz'i̱bac chirix li
chak'rab ut quixye: Cui ani tixpa̱b li
chak'rab ut tixba̱nu chi tz'akal li c'a'ru
naxye, a'an ti̱c xch'o̱l chiru li Dios
ut ta̱cua̱nk xyu'am. 6 Anakcuan la̱o
ti̱cobresinbil chic li kach'o̱l chiru li
Dios riq'uin xpa̱banquil li Cristo. Sa'
li Santil Hu naxye chi jo'ca'in: Inc'a'
ta̱ye sa' a̱ch'o̱l ¿ani ta̱takek' sa' choxa re
xtz'a̱manquil chiru li Cristo nak ta̱cubek

chak sa' ruchich'och'? Ma̲ye chi jo'can xban nak ac c'ulujenak sa' ruchich'och'. 7 Chi moco ta̲ye ¿ani ta̲cubek cuanqueb cui' li camenak re xcuaclesinquil li Cristo sa' xya̲nkeb li camenak? Inc'a' naru ta̲ye chi jo'can xban nak ac cuaclijenak chi yo'yo. 8 Jo'ca'in naxye li Santil Hu: Ac nequenau lix ya̲lal ut nequeserak'i resilal li quixye li Dios ut cuan ajcui' sa' le̲ ch'o̲l. Lix ya̲lal a'an nak tento takapa̲b li Cristo ut a'an li pa̲ba̲l li nakach'olob xya̲lal che̲ru. 9 Cui riq'uin xtz'u̲mal a̲cue ta̲ch'olob xya̲lal nak li Jesús a'an li Cristo li Ralal li Dios, ut cui ta̲pa̲b chi anchal a̲ch'o̲l nak li Dios quicuaclesin cui'chic re chi yo'yo sa' xya̲nkeb li camenak, tatcolek'. 10 Li ani naxpa̲b li Cristo chi anchal xch'o̲l ut naxch'olob xya̲lal riq'uin xtz'u̲mal re, a'an nati̲co' xch'o̲l chiru li Dios ut ta̲colek'. 11 Jo'ca'in tz'i̲banbil sa' li Santil Hu: Li ani ta̲pa̲ba̲nk re a'an, inc'a' ta̲rahok' xch'o̲l mokon xban nak tixc'ul li c'a'ru yechi'inbil re xban li Dios. (Is. 28:16) 12 Chiru li Dios juntak'e̲teb laj judío riq'uin li ma̲cua'eb aj judío xban nak jun ajcui' li Ka̲cua' sa' xbe̲neb chixjunileb. Ut nim li ruxta̲n sa' xbe̲neb chixjunileb li neque'ya̲ban re lix c'aba'. 13 Jo'ca'in tz'i̲banbil sa' li Santil Hu: Yalak ani ta̲ya̲ba̲nk re xc'aba' li Ka̲cua', a'an ta̲colek'. 14 Abanan ¿chanru nak te'xya̲ba xc'aba' li Ka̲cua' cui toj ma̲ji' neque'xpa̲b? Ut ¿chanru nak te'xpa̲b cui toj ma̲ji' neque'rabi resil? Ut ¿chanru nak te'rabi resil li Ka̲cua' cui ma̲ ani nach'oloban xya̲lal chiruheb? 15 Ut ¿chanru nak ta̲ch'oloba̲k chak xya̲lal chiruheb cui ma̲ ani taklanbil xban li Ka̲cua'? Jo'ca'in tz'i̲banbil sa' li Santil Hu: C'ajo' xlok'al eb li neque'xic yalak bar chixyebal resil li colba-ib, li naq'uehoc tuktu̲quil usilal. (Is. 52:7) 16 Aban moco chixjunileb ta que'pa̲ban re li resil li colba-ib. Laj Isaías quixye: At Ka̲cua', moco q'uiheb ta li xe'pa̲ban li resil li colba-ib li nakajultica chiruheb. (Is. 53:1) 17 Jo'can nak li pa̲ba̲l natauman riq'uin rabinquil resil li Jesucristo. 18 Ut la̲in ninye, ¿ma ya̲l ta bi' nak eb laj Israel inc'a' que'rabi chak resil junxil? Que'rabi. ¿C'a'ut nak inc'a'? Xban nak tz'i̲banbil chi jo'ca'in sa' li Santil Hu: Sa' chixjunil li ruchich'och' qui-el resil ut jun sut rubel choxa quicuulac li ra̲tineb. (Sal. 19:4) 19 Ut ninye ajcui', ¿ma inc'a' ta bi' que'xtau xya̲lal a'in eb laj Israel? Que'xtau raj aban inc'a' que'raj. Laj Moisés quixye reheb li c'a'ru quixye li Dios. Quixye chi jo'ca'in:

Sa' inc'aba' la̲in te̲cakali jun li tenamit ma̲cua'eb intenamit. Ut tinchik' e̲josk'il sa' xbe̲neb a'an, li inc'a' neque'xnau xya̲lal, xban nak eb a'an li te'cuuxta̲na ru. (Dt. 32:21)

20 Laj Isaías cau xch'o̲l chixyebal li c'a'ru quixye li Dios nak quixye:

A' chic li inc'a' yo̲queb chinsic'bal, a'aneb chic li xe'ta'oc cue. Quinc'utbesi cuib chiruheb li inc'a' yo̲queb chinsic'bal. (Is. 65:1)

A'an li quixye li Dios chirixeb li ma̲cua'eb aj judío.

21 Ut chirixeb laj judío li Dios quixye:

Junelic yo̲quin chixbokbaleb laj Israel re nak te'cha̲lk cuiq'uin. Abanan eb a'an inc'a' neque'abin chicuu. Neque'xk'et ban li cua̲tin. (Is. 65:2)

Moco q'uiheb ta li que'cole' sa' xya̲nkeb laj Israel

11 Tinpatz' e̲re, ¿ma xe'tz'ekta̲na̲c laj Israel xban li Dios chi jo'canan? ¡Chi ya̲l nak inc'a'! La̲in ajcui' aj Israel la̲in ut la̲in ralal xc'ajol laj Benjamín ut laj Abraham. 2 Li Ka̲cua' Dios inc'a' quixtz'ekta̲na lix tenamit, li quixsiq'ueb ru junxil chok' ralal xc'ajol. ¿Ma inc'a' nequenau c'a'ru tz'i̲banbil sa' li Santil Hu chirix laj Elías nak quitijoc chiru li Dios chixjitbaleb laj Israel? Quixye:

3 At Kacua', quilaje'xcamsi la profetas
ut quilaje'xjuc' la artal; lain xincana in-
junes ut jo'can ajcui' lain, te'raj incam-
sinquil. 4 Li Dios quichak'oc ut quixye re:
Sic'bileb ru inban cuukub mil chi cuink
chok' cue. Eb a'an inc'a' que'xcuik'ib
ribeb chixlok'oninquil li yibanbil dios aj
Baal, chan. 5 Jo'can ajcui' sa' eb li cu-
tan a'in. Cuan ajcui' li quixsiq'ueb ru
li Dios riq'uin lix nimal ruxtan usta
moco q'uiheb ta. 6 Moco riq'uin ta xye-
hom xbanuhomeb nak quixsiq'ueb ru.
Yal riq'uin ban lix nimal ruxtan li Dios
nak quixsiq'ueb ru. Cui ta quixsiq'ueb
ru sa' xc'aba' xyehom xbanuhomeb, a'an
macua' raj chic xban xnimal ruxtan li
Dios. 7 Nakaq'ue retal nak moco chixju-
nileb ta laj Israel que'xtau rusilal li
Dios li yoqueb chixsic'bal. Ca'aj cui' li
sic'bileb ru que'xtau, usta moco q'ui eb
ta. Ut li jun ch'ol chic que'cacuubresic
lix ch'oleb ut inc'a' que'xbanu li quiraj li
Dios. 8 Jo'ca'in tz'ibanbil sa' li Santil Hu:

Que'canabac xban li Dios jo' eb li aleb xch'ol li inc'a' neque'xtau xyalal. Cuanqueb xnak' ru ut inc'a' neque'ril c'a'ru li us. Cuanqueb xxic ut inc'a' neque'raj rabinquil lix yalal. Chalen anakcuan inc'a' neque'raj xtaubal xyalal. (Is. 29:10)

9 Tz'ibanbil ajcui' sa' li Santil Hu li
quixye laj David nak quitijoc:

Eb li nink'e neque'xbanu chisuk'ik taxak chok' raylal sa' xbeneb. Raylal taxak tachalk sa' xbeneb re nak te'xtoj rixeb lix maqueb li yoqueb chixbanunquil.

10 Che'moyk ta li xnak'eb ru re nak inc'a' chic te'ilok, ut inc'a' te'xtau xyalal. Che'c'utzlak ta li rixeb chi junaj cua xban li raylal li yokeb chixc'ulbal. (Sal. 69:23)

Lix colbaleb li macua'eb aj judío

11 Lain ninye nak usta que'xtich rib
laj judío, inc'a' que't'ane' chi junaj cua.
Naraj naxye nak usta que'xtz'ektana li
Cristo eb laj judío toj naru te'pabank
ut te'colek'. Xban nak que'xk'et ratin li
Dios eb laj judío, jo'can nak li colba-ib
quiq'uehe' reheb li macua'eb aj judío re
nak eb laj judío te'xrahi ru li colba-ib ut
te'xpab li Cristo. 12 Xban nak que'xk'et li
ratin li Dios eb laj judío, li rusilal li Dios
quiq'uehe' reheb chixjunileb li cuanqueb
sa' ruchich'och'. Reheb raj laj judío li os-
obtesic, aban que'xtz'ektana. Jo'can nak
quiq'uehe' reheb li macua'eb aj judío. Ut
k'axal cui'chic li sahil ch'olejil takac'ul
nak te'pabank lix q'uialeb laj judío ut
te'q'uehek' sa' ajl sa' kayank lao li ac
colbilo. 13 Anakcuan tinatinak eriq'uin
laex li macua'ex aj judío. Lain taklanbilin
xban li Dios chixyebal resil li colba-ib
ere. Ut ninq'ue xlok'al lin c'anjel. 14 Mare
chi jo'can te'yot'ek' xch'oleb laj judío
li cuech tenamitil ut te'xpab li Cristo
jo' xebanu laex ut te'colek'. 15 Xban nak
que'tz'ektanac laj judío, li macua'eb aj
judío que'c'ame' sa' usilal riq'uin li Dios.
Ut k'axal numtajenak li xlok'al nak eb
laj judío te'colek'. Chanchan te'cuaclik
chak chi yo'yo sa' xyankeb li came-
nak. 16 Cui k'axtesinbil sa' ruk' li Dios
li xben caxlan cua na-el, k'axtesinbil
ajcui' lix comon. Ut cui k'axtesinbil sa'
ruk' li Dios lix xe' li che', k'axtesinbil
ajcui' chixjunil li ruk'. A'in naraj naxye:
Xban nak li Dios quixsic' ru laj Abra-
ham, jo'can nak sic'bil ajcui' ruheb li
ralal xc'ajol. 17 Texinjuntak'eta riq'uin li
che' olivo. Eb laj judío chanchan li cha-
bil che' aubil ut ch'olaninbil chi us.
Aban cuan li ruk' qui-isic ut a'an re-
talil eb laj judío li que'tz'ektanan re li
Cristo. Ut laex li macua'ex aj judío chan-
chanex li ruk' li che' li moco aubil ta.
Yal xjunes quimok chak. Ut anakcuan
yoquex chi tz'akonc riq'uin li usilal li
quiyechi'ic re laj Abraham xban li Dios.
18 Jo'can nak mexnumta chiru li ruk'
li che' li que'isic xban nak laex yal

ruk'ex ajcui' li che'. Chenauhak nak moco la̱ex ta nequexq'uehoc xyu'am lix xe' li che', aban lix xe' naq'uehoc e̱yu'am la̱ex. 19 Ma̱re te̱ye la̱ex, que'isi̱c li ruk' li che' re nak la̱o toletzek' sa' xna'ajeb. 20 Ya̱l ajcui' nequeye, aban xban nak inc'a' neque'pa̱ban jo'can nak que'isi̱c. Ut la̱ex chic quexletze' sa' xna'ajeb a'an xban nak nequexpa̱ban. Jo'can nak chexucua ru li Dios ut me̱nimobresi e̱rib. 21 Cui li Dios quirisi eb laj judío, li tz'akal ruk' li che', ¿ma toja' ta chic la̱ex inc'a' texrisi cui inc'a' texpa̱ba̱nk? 22 Cheq'uehak retal nak k'axal cha̱bil li Dios, abanan najosk'o' ajcui' sa' xbe̱neb li neque'tz'ekta̱nan re li Cristo. Riq'uin cacuil a̱tin narakoc a̱tin sa' xbe̱neb li neque'k'etoc re li ra̱tin. Cha̱bilak e̱riq'uin la̱ex cui texcua̱nk junelic sa' li rusilal. Cui inc'a' nequexcuan sa' li rusilal texisi̱k ajcui' la̱ex. 23 Jo'can nak cui eb laj judío te'pa̱ba̱nk, eb a'an te'letzek' cui'chic sa' lix to̱naleb. Li Dios nim xcuanquil chixc'ulbaleb cui'chic ut chixcuybal lix ma̱queb. 24 La̱ex ma̱cua'ex aj judío, nequexinjuntak'e̱ta riq'uin li che' olivo li yal quimok chak. Quex-isi̱c riq'uin li che' a'an ut quexletze' sa' li aubil che'. Eb laj judío nequebinjuntak'e̱ta riq'uin li tz'akal ruk' li che' olivo li aubil. Inc'a' ch'a'aj nak te'letzek' cui'chic xban li Dios riq'uin li aubil che' xban nak a'aneb tz'akal ruk' li che'.

Li Dios naruxta̱na ruheb chixjunileb

25 Ex herma̱n, nacuaj nak te̱nau jun li na'leb mukmu nak quicuan, li quic'utbesi̱c chak xya̱lal chicuu. Cui te̱nau a'in inc'a' te̱nimobresi e̱rib riq'uin xc'oxlanquil nak cuan e̱na'leb. Eb laj judío li inc'a' que'pa̱ban que'cacuubresi̱c lix ch'o̱leb. Abanan eb a'an te'pa̱ba̱nk ajcui' nak talaje'pa̱ba̱nk lix q'uialeb li ma̱cua'eb aj judío. 26 Jo'can nak te'colek' chixjunileb laj Israel jo' tz'i̱banbil retalil sa' li Santil Hu li quixye li Dios:

Aran Sión ta̱cha̱lk chak laj Colonel ut a'an tixcuy xma̱queb li ralal xc'ajol laj Israel. (Is. 59:20-21)

27 Ut la̱in tincuyeb xma̱c jo' quinye reheb nak quinq'ue li contrato reheb junxil. (Is. 27:9)

28 Xban nak eb laj judío que'xtz'ekta̱na li colba-ib, moco cuanqueb ta sa' usilal riq'uin li Dios. A'an quic'ulman re nak texpa̱ba̱nk la̱ex li ma̱cua'ex aj judío. Abanan li Dios naxraheb laj judío sa' xc'aba'eb lix xe'to̱nil yucua'eb xban nak eb a'an ac sic'bileb chak ru xban li Dios. 29 Li Dios inc'a' naxjal xc'a'ux riq'uin li c'a'ru naxyechi'i ke, chi moco naxjal xc'a'ux nak quixsic' ku. 30 Ut la̱ex, li ma̱cua'ex aj judío, la̱ex aj k'etol ra̱tin li Dios nak quexcuan chak. Ut eb laj judío que'xk'et ajcui' chak ra̱tin li Dios. Jo'can nak la̱ex chic x-uxta̱na̱c e̱ru xban li Dios. 31 Eb laj judío que'xk'et chak ra̱tin li Dios. Abanan ta̱cuulak xk'ehil nak te'pa̱ba̱nk ut te'uxta̱na̱k ajcui' ruheb xban li Dios jo' nak x-uxta̱na̱c e̱ru la̱ex. 32 Li Dios quiril nak chixjunileb li cuanqueb sa' ruchich'och' aj ma̱queb. Jo'can nak quixcanabeb chixba̱nunquil lix ma̱usilaleb xbaneb lix k'etba a̱tin. Aban toj cuan ajcui' ruxta̱n li Dios sa' xbe̱neb. 33 Relic chi ya̱l nak k'axal numtajenak li ruxta̱n li Dios. A'an naxnau chixjunil. Numtajenak cui'chic lix na'leb. Ma̱ ani nata'oc ru chanru nak narakoc a̱tin. Ut ma̱ ani nata'oc ru li naxba̱nu. 34 Jo'ca'in tz'i̱banbil sa' li Santil Hu: Ma̱ ani nana'oc re xc'a'ux li Ka̱cua'. Ma̱ ani naru naq'uehoc xna'leb. (Is. 40:13-14) 35 Ma̱ ani naru naq'uehoc c'a'ru re li Dios re nak ta̱q'uehek' ta cui'chic re̱kaj re xban li Dios. (Job 35:7; 41:11) 36 Chixjunil li c'a' re ru cuan, riq'uin li Dios nachal chak. Li Dios quiyi̱ban re chixjunil ut a'an aj e̱chal re chixjunil. Lok'oninbil taxak li Ka̱cua' Dios chi junelic k'e cutan. Jo'can taxak.

Chikak'axtesihak li kayu'am re li Dios

12 Ex herman, sa' xc'aba' xnimal
ruxtan li Dios nintz'ama cheru
nak chek'axtesi erib rubel rok ruk' li
Kacua' jo' jun yo'yoquil mayej santo-
bresinbil xban li Dios, ut chi anchal
ech'ol chexc'anjelak chiru re nak sahak
xch'ol li Kacua' eriq'uin. Ut riq'uin xba-
nunquil a'an, yokex chixlok'oninquil li
Dios chi tz'akal re ru. 2 Mebanu chic
jo' neque'xbanu li toj maji' neque'paban.
K'axtesihomak ban erib rubel rok ruk' li
Dios re nak a'an tix-ac'obresi le ch'ol ut le
c'a'ux, ut tenau chic li c'a'ru naraj li Dios.
Chexcuank sa' chabilal, ut chi tz'akalak
re ru le yu'am re nak sahak xch'ol li Dios
eriq'uin. 3 Xban ruxtan li Dios nak q'uebil
cue lin c'anjel. Jo'can nak ninch'olob
xyalal cheru re nak inc'a' tenimobresi
erib. Cheq'uehak ban xcuanquil le c'anjel
q'uebil ere xban li Dios sa' xc'aba' le
pabal. 4 Nabal pay ru xcha'al li junjunk
chi tz'ejcualej, ut jalan jalank xc'anjel li
junjunk. 5 Jo'can ajcui' lao aj pabanel.
Junajo chi tz'ejcualej nak cuanco riq'uin
li Cristo. Nabalo, abanan junajo sa' li
kapabal. Ut chikajunilo kacha'al kib
chi kibil kib. 6 Jalan jalank li kamatan
q'uebil ke re toc'anjelak xban xnimal
rusilal li Dios. Chikaq'uehak chi c'anjelac
eb li matan a'in. Li ani q'uebil xma-
tan chixch'olobanquil xyalal li colba-
ib, tento tixch'olob xyalal. Chic'anjelak
jo' naraj lix pabal q'uebil re xban
li Dios. 7 Li ani q'uebil xmatan re
tenk'anc, chitenk'ank chi sa sa' xch'ol.
Li ani q'uebil xmatan chixtzolbaleb li
ras ritz'in, chixtzolakeb sa' xyalal. 8 Li
ani cuan xmatan re q'uehoc na'leb,
chiq'uehok na'leb sa' xyalal. Li ani cuan
xmatan re sihinc, chisihink chi anchal
xch'ol. Li ani cuan xmatan chi c'amoc
be chiruheb li ras ritz'in, chixq'uehak
xch'ol chixbanunquil sa' xyalal. Li ani
cuan xmatan re uxtananc u, chiruxtana-
hak ru li ras ritz'in chi anchal xch'ol.

Lix c'anjeleb laj pabanel

9 Mexrahoc chi yal xcab rix ech'ol.
Chera ban erib chi ribil erib chi an-
chal ech'ol. Chetz'ektana chi junaj cua li
inc'a' us ut cheq'uehak ech'ol chixbanun-
quil li us. 10 Cherahak erib chi ribil erib
chi anchal ech'ol xban nak ecomon erib
sa' le pabal. Ut che-oxlok'i erib chi ribil
erib. 11 Q'uehomak ech'ol chi c'anjelac
chiru li Kacua'. Mexc'anjelac chi yal
minbil eru. Chexc'anjelak ban chiru li
Kacua' chi anchal ech'ol. 12 Chisahok' sa'
ech'ol xban nak cuan c'a'ru nequeroy-
beni. Checuyak li raylal li nachal sa'
eben. Ut junelic chextijok. 13 Chetenk'a
le rech aj pabanelil li cuanqueb sa' ray-
lal ut cheq'uehak rochochnal laj c'anjel
chiru li Dios, li yal numequeb re.
14 Chetz'ama rusilal li Dios sa' xbeneb li
xic' neque'iloc ere. Metz'ama raylal sa'
xbeneb. 15 Chisahok' sa' ech'ol riq'uineb
li saheb sa' xch'ol. Ut chiyot'ek' ajcui'
ech'ol riq'uineb li neque'yot'e' xch'ol
xban li raylal li yoqueb chixc'ulbal. 16 Ju-
najak ech'ol chi ribil erib. Menimobresi
erib chiruheb le ras eritz'in, ut mec'oxla
nak numtajenak ena'leb. 17 Cui na-ux
raylal ere, meq'ue rekaj riq'uin ray-
lal. Cheq'uehak ban ech'ol chixbanun-
quil li c'a'ru us, li nanauman nak a'an
li tz'akal chabil. 18 Li jo' q'uial texruk
chixbanunquil, chebanuhak re nak tex-
cuank sa' usilal riq'uineb le ras eritz'in.
19 Ex herman, macua' laex texq'uehok
rekaj li raylal na-ux ere. Checanabak
ban chixjunil sa' ruk' li Dios. Ca'aj cui'
a'an laj rakol atin xban nak jo'ca'in
tz'ibanbil sa' li Santil Hu: Ca'aj cui' lain
naru tinq'uehok rekaj. Ut lain tinra-
hobtesiheb riq'uin li c'a'ru quilaje'xbanu,
chan li Dios. (Dt. 32:35) 20 Jo'can nak
cui li xic' na-iloc ere tatz'ocak, cheq'ue
chi cua'ac. Cui tachakik re, q'uehomak

chi uc'ac. Cheba̱nuhak usilal reheb ut
riq'uin a'an te'xq'ue retal nak xuta̱nal
li yo̱queb chixba̱nunquil. 21 Me̱ch'inan
e̱ch'o̱l riq'uin li inc'a' us li neque'xba̱nu
e̱re. Q'uehomak ban e̱ch'o̱l chixba̱nun-
quil li us. Chi jo'can te̱co̱loni xnumsin-
quil li inc'a' us.

Tento takaq'ueheb sa' xnak' ku li q'uebileb sa' xc'anjel

13 Chexpa̱ba̱nk chiruheb li
neque'taklan sa' xbe̱n li tenamit.
Ma̱ ani cuan xcuanquil chi takla̱nc
cui inc'a' ta q'uebil re xban li Dios.
Eb li cuanqueb xcuanquil sa' xbe̱n li
tenamit, a' li Dios quixakaban reheb.
2 Jo'can nak li ani inc'a' napa̱ban
chiruheb li cuanqueb xcuanquil,
naxk'et li c'a'ru xakabanbil xban li
Dios. Ut yo̱ chixbokbal li tojba ma̱c
sa' xbe̱n. 3 Li neque'ba̱nun re li us
moco xiu xiu ta cuanqueb chiruheb li
cuanqueb xcuanquil. A' li neque'ba̱nun
ma̱usilal xiu xiu cuanqueb chiruheb li
neque'taklan sa' xbe̱n li tenamit. Cui
inc'a' nequeraj nak xiu xiu cua̱nkex
chiruheb li cuanqueb xcuanquil,
cheba̱nuhak li us, ut eb a'an te'xye
nak cha̱bilex. 4 Eb a'an cuanqueb sa'
xc'anjel xban li Dios re e̱tenk'anquil. Cui
nequeba̱nu li inc'a' us, chexxucuak xban
nak cuanqueb xcuanquil re te'rakok a̱tin
sa' e̱be̱n xban nak a'an xakabanbileb
xban li Dios ut neque'xrahobtesi li
neque'k'etoc re li chak'rab. 5 Jo'can nak
tento texpa̱ba̱nk chiruheb li cuanqueb
xcuanquil sa' xbe̱n li tenamit. Ma̱cua'
yal re nak inc'a' texq'uehek' chixtojbal
rix le̱ ma̱c; re aj ban cui' nak c'ojc'o̱k
e̱ch'o̱l riq'uin xba̱nunquil li c'a'ru us.
6 Jo'can nak tento xtojbal li naxpatz'
li po̱pol. Tento xtojbal xban nak li
cuanqueb sa' xc'anjel xakabanbileb
xban li Dios, ut a'an lix c'anjeleb.
7 Chetojak li c'a'ak re ru tento xtojbal.
Cheq'uehak xcuanquileb li cuanqueb sa'
xcuanquil ut che-oxlok'iheb li cuanqueb
sa' xc'anjel.

Chocua̱nk sa' xya̱lal riq'uineb li kas ki̱tz'in

8 Ma̱ ani aj iq'uin chicua̱nk e̱c'as. Ut
cherahak e̱rib chi ribil e̱rib xban nak li
ani naxra li ras ri̱tz'in naxba̱nu li c'a'ru
naxye li chak'rab. 9 Jo'ca'in naxye sa'
li chak'rab: Matmuxuc caxa̱r; ma̱camsi
a̱cuas a̱cui̱tz'in; mat-elk'ac, matyo'oban
a̱tin chirix la̱ cuas a̱cui̱tz'in; ma̱rahi ru li
jalan aj e. Ut cui ta̱ra la̱ cuas a̱cui̱tz'in
jo' nak nacara a̱cuib la̱at, riq'uin a'an yo̱-
cat chixba̱nunquil chixjunil li naxye li
chak'rab. 10 Li ani narahoc inc'a' naxba̱nu
raylal re li ras ri̱tz'in. Li narahoc naxba̱nu
chi tz'akal li naxye li chak'rab. 11 Chik-
aba̱nu chixjunil a'in xban nak nakanau
nak yo̱ chak chi nach'oc xk'ehil nak
ta̱tz'aklok ru li kacolbal nak tol-e̱lk
cui'chic li Jesucristo. Yo'on taxak cua̱nko
xban nak yo̱ chak chi nach'oc lix c'ulunic
chiru nak copa̱ban chak la̱o. 12 Chan-
chan nak yo̱ chi numec' li k'ojyi̱n ut
yo̱ chi sake̱uc. Chikacanabak xba̱nunquil
li inc'a' us li neque'xba̱nu li toj cuan-
queb sa' xk'ojyi̱nal ru li ma̱c. Chikaco-
lak kib chiru li inc'a' us riq'uin xcuanquil
li Jesucristo. 13 Xban nak cuanco chic
sa' xcutan saken li Jesucristo, chocua̱nk
sa' xya̱lal jo' junak tz'akal aj pa̱banel.
Inc'a' chic toma̱cobk riq'uin li cala̱c,
chi moco riq'uin li num cua'ac num
uc'ac, chi moco riq'uin muxuc caxa̱r,
chi moco riq'uin co'be̱tac yumbe̱tac, chi
moco riq'uin li c'a'ak chic re ru chi ma̱usi-
lalil. Ut inc'a' chic topletik chi moco to-
cakcali̱nk. 14 Kak'axtesihak ban kib chi
tz'akal rubel rok ruk' li Ka̱cua' Jesucristo
re nak a'an chic ta̱tenk'a̱nk ke riq'uin lix
nimal xcuanquil. Ut inc'a' chic takaba̱nu
li ma̱usilal li naxrahi ru li kach'o̱l nak toj
ma̱ji' nakapa̱b li Cristo.

Chetenk'aheb li k'uneb xch'o̱l sa' lix pa̱ba̱leb

14 Chec'ulakeb chi sa sa' e̱ch'o̱l li toj k'uneb xch'o̱l sa' lix pa̱ba̱leb ut me̱cuech'i rix lix c'a'uxeb. 2 Cuan neque'xc'oxla nak moco ma̱c ta xtzacanquil chixjunil li c'a'ak re ru natzacaman. Cuanqueb ajcui' li toj k'uneb xch'o̱l sa' lix pa̱ba̱leb neque'xc'oxla nak ma̱c xtzacanquil li tib. 3 Li ani naxtzaca chixjunil li c'a'ak re ru natzacaman inc'a' naru tixtz'ekta̱na li ani inc'a' naxtzaca chixjunil li c'a'ak re ru. Ut li ani inc'a' naxtzaca chixjunil li c'a'ak re ru inc'a' naru naxcuech'i rix li jun chic li naxtzaca chixjunil xban nak a'an ac xc'ule' ajcui' xban li Dios. 4 La̱at inc'a' naru nacatrakoc a̱tin sa' xbe̱n lix mo̱s la̱ cuas a̱cui̱tz'in. A' lix patrón ta̱yehok re ma us malaj inc'a' us li yo̱ chixba̱nunquil. Jo'can nak li nimajcual Dios a'an nataklan re li junju̱nk ut a'an nayehoc reheb ma us malaj inc'a' us li yo̱queb chixba̱nunquil. Ut li Dios ta̱tenk'a̱nk reheb chixba̱nunquil li us. 5 Cuan neque'c'oxlan nak k'axal lok' junak cutan chiruheb li cutan jun ch'o̱l chic. Ut cuan ajcui' neque'c'oxlan re nak juntak'e̱t xlok'al chixjunileb li cutan. Abanan tento nak li junju̱nk tixc'oxla chi us chanru tixba̱nu. 6 Li ani naxq'ue xlok'al junak li cutan, a'an naxba̱nu re xlok'oninquil li Dios. Ut jo'can ajcui' li nati'oc tib naxba̱nu a'an re xlok'oninquil li Dios ut naxbantioxi ajcui' chiru li Dios. Ut li ani inc'a' nati'oc tib, xlok'oninquil ajcui' li Dios naxba̱nu nak inc'a' nati'oc tib, ut naxbantioxi ajcui' chiru li Dios. 7 Ma̱ ani yo'yo ta yal xjunes rib. Ut ma̱ ani ajcui' nacam chi yal xjunes rib xban nak ma̱cua' la̱o yal ke sa' xbe̱n li kayu'am. 8 Nak yo'yo̱co nakaq'ue xlok'al li Ka̱cua' Dios riq'uin li kayu'am. Ut nak nococam, nakaq'ue ajcui' xlok'al riq'uin li kacamic. Jo'can ut cui yo'yo̱co ut cui nococam a' yal re li Dios sa' kabe̱n xban nak a'an chic laj e̱chal ke. 9 Jo'can nak quicam li Jesucristo, ut quicuacli cui'chic chi yo'yo re nak a'anak li Ka̱cua' reheb li yo'yo̱queb jo' eb ajcui' li camenakeb. 10 ¿C'a'ut nak nacatrakoc a̱tin sa' xbe̱n la̱ cuech aj pa̱banelil? Ut ¿c'a'ut nak nacatz'ekta̱naheb aj pa̱banel? Inc'a' naru ta̱ba̱nu chi jo'can xban nak sa' jun cutan li Cristo ta̱rakok a̱tin sa' kabe̱n chikajunilo. 11 Tz'i̱banbil sa' li Santil Hu li quixye li Dios:

Relic chi ya̱l ninye e̱re nak chixjunileb
te'xcuik'ib rib chicuu ut tine'xlok'oni
ut chixjunileb te'xye riq'uin xtz'u̱mal
re nak la̱in li tz'akal Dios. (Is. 45:23)

12 Jo'can nak chikajunilo toxkak'axtesi li kayehom kaba̱nuhom chiru li Dios.

Inc'a' taxak ta̱ch'ina̱nk xch'o̱l la̱ herma̱n a̱ban la̱at

13 Chikacanabak xcuech'inquil kib chi kibil kib ut chikaba̱nu li us re nak li kech aj pa̱banelil inc'a' te'ch'ina̱nk xch'o̱leb sa' lix pa̱ba̱leb chi moco te'oc cui'chic chi ma̱cobc kaban. 14 Xban nak ninpa̱b li Cristo, jo'can nak ninnau nak ma̱c'a' re̱c' xtzacanquil li c'a'ak re ru. Abanan cui junak narec'a sa' xch'o̱l nak ma̱c xtzacanquil junak tzacae̱mk, us cui inc'a' tixba̱nu. 15 Cui riq'uin li c'a'ru nacatzaca nach'inan xch'o̱l la̱ cuech aj pa̱banelil, a'an naraj naxye nak inc'a' nacara la̱ cuech aj pa̱banelil. Ma̱po' xch'o̱leb la̱ cuech aj pa̱banelil riq'uin li c'a'ru nacatzaca xban nak li Jesucristo quicam ajcui' sa' xc'aba' eb a'an. 16 La̱at nacanau nak us li yo̱cat chixba̱nunquil, abanan chaq'uehak retal li c'a'ru ta̱ba̱nu re nak ma̱ ani ta̱yehok nak inc'a' us li yo̱cat chixba̱nunquil. 17 Lix cuanquilal li Dios inc'a' nakatau riq'uin c'a'ru nakatzaca chi moco riq'uin li c'a'ru nakuc'; natauman ban riq'uin li ti̱quilal, li tuktu̱quil usilal ut li sahil ch'o̱lejil li naxq'ue ke li Santil Musik'ej. 18 Jo'can nak li ani nac'anjelac chiru li Cristo

sa' ti̱quilal ut chi sa sa' xch'o̱l, li Dios
nasaho' xch'o̱l riq'uin. Ut naq'uehe' ajcui'
xlok'al xbaneb li ras ri̱tz'in. 19 Jo'can
nak chikaq'uehak kach'o̱l chi cua̱nc sa'
tuktu̱quil usilal riq'uineb li kas ki̱tz'in.
Ut chikatenk'a kib chi kibil kib re nak
toq'ui̱k sa' li kapa̱ba̱l. 20 Ma̱po' xc'anjel li
Dios riq'uin li c'a'ak re ru nacatzaca. Ya̱l
nak chixjunil naru xtzacanquil. Abanan
cui la̱ herma̱n nach'inan xch'o̱l riq'uin
li nacatzaca, inc'a' us li yo̱cat chixba̱-
nunquil. 21 Li us xba̱nunquil, a'an a'in:
cui nach'inan xch'o̱l la̱ herma̱n xban
nak nacatti'oc tib ut nacat-uc'ac vino,
matti'oc tib ut mat-uc'ac vino. Inc'a'
ta̱ba̱nu li c'a'ak re ru ta̱ch'ina̱nk cui'
xch'o̱l la̱ herma̱n re nak inc'a' ta̱ma̱-
cobk a̱ban. 22 Cui nacanau chi tz'akal
nak us yo̱cat chixba̱nunquil, canab sa'
ruk' li Dios. Us xak re li ani narec'a sa'
xch'o̱l nak moco ma̱c ta li yo̱ chixba̱-
nunquil. 23 Cui junak narec'a sa' xch'o̱l
nak ma̱c xtzacanquil junak tzacae̱mk, ut
cui naxtzaca, a'an cuan xma̱c chiru li
Dios. Cui nakec'a sa' li ka̱m nak inc'a'
us xba̱nunquil li c'a'ru nakaba̱nu, ut cui
nakaba̱nu, yo̱co chi ma̱cobc.

Chikatenk'aheb li kas ki̱tz'in

15 La̱o, li ac cau kach'o̱l sa' li
kapa̱ba̱l, chikacuyeb xma̱c
li toj k'uneb xch'o̱l sa' xpa̱ba̱leb ut
takatenk'aheb sa' li ch'a'ajquilal. Inc'a'
chikasic' li us ca'aj cui' chok' ke la̱o.
2 Tento takaba̱nu li us reheb li kech
aj pa̱banelil re nak te'q'ui̱k sa' lix
pa̱ba̱l ut re nak sahak sa' xch'o̱leb. 3 Li
Cristo inc'a' quixba̱nu li quiraj xjunes
rib. Quixba̱nu ban li naraj li Dios.
Quixtenk'aheb chixjunileb. Jo'can nak
quixc'ul jo' tz'i̱banbil sa' li Santil Hu:
Sa' inbe̱n quinak la̱ majecuanquil li
que'xba̱nu eb li que'hoboc a̱cue. (Sal.
69:9) 4 Chixjunil li c'a'ak re ru quitz'i̱ba̱c
chak najter sa' li Santil Hu, re katzolbal
nak quitz'i̱ba̱c chak. Nocoxtenk'a re nak
inc'a' ta̱ch'ina̱nk li kach'o̱l ut naxc'ojob
li kach'o̱l re nak takacuy roybeninquil
nak ta̱tz'aklok ru li kacolbal. 5 Li Dios
chitenk'a̱nk e̱re re nak inc'a' ta̱ch'ina̱nk
e̱ch'o̱l ut a'an chiq'uehok xcacuil le̱
ch'o̱l. A'an chitenk'a̱nk e̱re chi cua̱nc sa'
usilal chi ribil e̱rib ut junajak le̱ ch'o̱l jo'
naraj li Jesucristo. 6 Li Dios chitenk'a̱nk
e̱re re nak junajak le̱ ch'o̱l nak te̱lok'oni
li Acuabej Dios, lix Yucua' li Jesucristo.

Li colba-ib reheb ajcui' li ma̱cua'eb aj judío

7 Chec'ulak sa' e̱ya̱nk chi sa sa' e̱ch'o̱l le̱
rech aj pa̱banelil jo' nak li Cristo coxc'ul
la̱o. Jo'can cheba̱nuhak re xq'uebal
xlok'al li Dios. 8 La̱in ninye e̱re nak li
Cristo quic'ulun chi c'anjelac chiku la̱o aj
judío. Riq'uin a'in naxc'utbesi chiku nak
li Dios xq'ue li quixyechi'i chak reheb li
kaxe'to̱nil yucua'. 9 Quic'ulun ajcui' chix-
tenk'anquileb li ma̱cua'eb aj judío re nak
te'xlok'oni li Dios xban nak k'axal nim li
ruxta̱n. Tz'i̱banbil chi jo'ca'in sa' li Santil
Hu:

Jo'can nak la̱in tatinlok'oni sa' xya̱nkeb
li ma̱cua'eb aj judío. Ut tinbicha̱nk
ajcui' re a̱lok'oninquil. (Sal. 18:49)

10 Ut naxye ajcui' sa' li Santil Hu chi
jo'ca'in:

Chisahok' taxak e̱ch'o̱l, la̱ex li ma̱cua'ex
aj judío, e̱rochbeneb laj judío lix
tenamit li Dios. (Dt. 32:43)

11 Ut naxye cui'chic sa' li Santil Hu:

La̱ex li ma̱cua'ex aj judío, chelok'oni li
Ka̱cua' ut chixjunileb taxak li tena-
mit che'xnima̱k ru li Dios. (Sal.
117:1)

12 Tz'i̱banbil ajcui' sa' li Santil Hu li
quixye laj Isaías:

Sa' xya̱nkeb li ralal xc'ajol laj David li
ralal laj Isaí ta̱c'ulu̱nk laj Colonel,
li xakabanbil xban li Dios. Ut a'an
ta̱cua̱nk xcuanquil sa' xbe̱neb li
ma̱cua'eb aj judío. Ut a'an li yo̱keb
chixyo'oninquil. (Is. 11:10)

13 Li Dios a'an li kayo'on. A'an taxak
chiq'uehok xsahil e̱ch'o̱l chi nabal ut
tixq'ue ajcui' e̱re li tuktu̱quil usilal xban
nak nequexpa̱ban. Xban nak cuan xcuan-
quil li Santil Musik'ej e̱riq'uin, cauhak
taxak e̱ch'o̱l chi oybeni̱nc. 14 Ex herma̱n,
la̱in ninnau nak cha̱bilex ut nequenau
li xya̱lal ut nequeq'ue ajcui' e̱na'leb chi
ribil e̱rib. 15 Abanan sa' li hu a'in cau
ca'ch'in li a̱tin xintz'i̱ba e̱riq'uin re nak
inc'a' ta̱sachk sa' e̱ch'o̱l li xinye. Nin-
ba̱nu a'in sa' xc'aba' lin c'anjel li quixq'ue
cue li Dios. 16 La̱in ninc'anjelac chiru
li Jesucristo sa' xya̱nkeb li ma̱cua'eb
aj judío. Lin c'anjel a'an xch'olobanquil
xya̱lal li colba-ib re nak eb li ma̱cua'eb
aj judío te'xk'axtesi rib chiru li Dios.
Ut li Dios ta̱sahok' sa' xch'o̱l riq'uineb,
ut te'santobresi̱k xban li Santil Musik'ej.
17 Ninq'ue xlok'al lin c'anjel xban nak
a'an xc'anjel li Dios. Moco injunes
ta ninc'anjelac. A' li Cristo natenk'an
cue. 18 Ma̱c'a' inxiu chixyebal resil li
c'anjel xinba̱nu sa' xc'aba' li Cristo nak
xinc'anjelac sa' xya̱nkeb li ma̱cua'eb
aj judío xban nak ma̱cua' injunes
xinc'anjelac. Li Jesucristo xtenk'an cue
nak xinc'ameb xbe re nak te'xpa̱b li Dios
riq'uin lin yehom inba̱nuhom. 19 Xinjul-
tica resil li Jesucristo chiruheb riq'uin li
milagros ut li sachba ch'o̱lej ut riq'uin
xcuanquil li Santil Musik'ej. Yalak bar
quinbeni xyebal resil li colba-ib. Quin-
tiquib Jerusalén, ut quinsuti chixjunileb
li na'ajej toj retal quincuulac Ilírico.
20 Jo'can nak quinq'ue inch'o̱l chixyebal
resil li Jesucristo bar toj ma̱ji' rabiomeb
resil xban nak inc'a' nacuaj c'anjelac sa' li
na'ajej ac tiquibanbil cui' c'anjelac junxil.
21 Jo'ca'in tz'i̱banbil sa' li Santil Hu: Li
ma̱ jun sut yebil resilal li Cristo reheb,
te'rabi. Ut nak te'rabi resil, te'xtau xya̱lal.

Laj Pablo naxc'oxla xic sa' li tenamit Roma

22 Q'uila sut xcuaj raj xic e̱riq'uin
abanan xban nak nabal inc'anjel toj ma̱ji'
naxq'ue rib chicuu. 23 Ac cuan nabal chi-
hab cuoquic chixc'oxlanquil xic e̱riq'uin.
Ut anakcuan xinchoy lin c'anjel arin sa'
li na'ajej cuanquin cui'. 24 Ninc'oxla nak
toxinnumek' che̱rilbal nak tinxic España.
Nacuaj rilbal e̱ru re nak ta̱sahok' inch'o̱l
ut nacuaj ajcui' nak tine̱tenk'a re nak
ta̱ru̱k tinxic España. 25 Ut anakcuan xic
cue chi rilbaleb laj pa̱banel li cuanqueb
aran Jerusalén. Ut tinc'am jun ma̱tan
re xtenk'anquileb. 26 Eb laj pa̱banel li
cuanqueb aran Macedonia ut Acaya x-
ala sa' xch'o̱leb xtaklanquil jun li ma̱-
tan chok' reheb li neba' li cuanqueb
sa' xya̱nkeb li herma̱n aran Jerusalén.
27 Qui-ala sa' xch'o̱leb xtenk'anquileb ut
us ajcui' nak te'xba̱nu xban nak eb a'an
ma̱cua'eb aj judío ut sa' xc'aba'eb laj
judío nak que'xc'ul li colba-ib. Jo'can
nak us nak te'xtenk'aheb laj pa̱banel
aj judío riq'uin xq'uebal reheb li c'a'ak
re ru nac'anjelac chiruheb. 28 Ut ca'aj
cui' toxink'axtesi li tumin a'in, toxinnu-
mek' e̱riq'uin ut tinxic España. 29 Nak
tincuulak e̱riq'uin, ninnau nak numta-
jenak li kosobtesinquil takac'ul xban li
Cristo. 30 Ex herma̱n, nintz'a̱ma che̱ru
nak tine̱tenk'a sa' le̱ tij sa' xc'aba' li
Jesucristo ut sa' xc'aba' ajcui' li rahoc
ib li q'uebil ke xban li Santil Musik'ej.
31 Chextijok chicuix re nak li Dios ta̱-
colok cue chiruheb li inc'a' neque'raj
pa̱ba̱nc aran Judea. Ut chextijok ajcui'
re nak eb laj pa̱banel aran Jerusalén
te'xc'ul lix tenk'anquileb chi saheb sa'
xch'o̱l. 32 Cui li Dios naraj, chincuulak
ta e̱riq'uin chi sa sa' inch'o̱l. Ut chisa-
hok' taxak kach'o̱l sa' comonil riq'uin
xjulticanquil li Cristo nak toxincua̱nk
e̱riq'uin. 33 A' taxak li Dios, li naq'uehoc

tuktuquil usilal, chicuank eriq'uin cheju-
nilex. Jo'can taxak.

Laj Pablo naxtakla xsahileb xch'ol

16 Nacuaj tinye ere nak li kaherman
lix Febe, a'an tz'akal aj pabanel
ut a'an aj tenk'anel sa' li iglesia li
cuan aran Cencrea. 2 Ut nak tacuulak
aran eriq'uin, chec'ulak a'an sa' xc'aba'
li Kacua' jo' xc'ulubeb laj pabanel. Ut
chetenk'ahak riq'uin c'a'ak re ru taraj cui'
tenk'ac xban nak ac xtenk'aheb ajcui' na-
bal li herman ut xinixtenk'a ajcui' lain.
3 Cheq'uehak xsahil xch'ol laj Aquila
ut lix Priscila, eb li cuech aj c'anjelil
sa' xc'aba' li Jesucristo. 4 Usta xiu xiu
chok' reheb xcolbal rix lin yu'am, aban
que'xq'ue xch'oleb chintenk'anquil. Nin-
bantioxi chiruheb. Macua' ca'aj cui' lain
ninbantioxin chiruheb. Neque'bantioxin
aj ban cui' laj pabanel li macua'eb aj
judío. 5 Cheq'ue ajcui' xsahil xch'oleb li
herman li neque'xch'utub rib sa' li ro-
choch laj Aquila ut lix Priscila. Cheq'ue
xsahil xch'ol laj Epeneto, li raro inban.
A'an li xben li quixpab li Jesucristo
aran Acaya. 6 Cheq'ue xsahil xch'ol lix
María. A'an k'axal nac'anjelac sa' eyank
laex. 7 Cheq'ue xsahil xch'oleb laj An-
drónico ut laj Junias. A'aneb aj judío
jo' lain. Cuochbeneb nak cocuan chi
prexil. Na'no ruheb xbaneb li apóstol.
Eb a'an que'xpab chak li Cristo nak
toj maji' ninpaban lain. 8 Cheq'ue xsahil
xch'ol laj Amplias. A'an ninra ajcui' sa'
xc'aba' li Kacua'. 9 Ut cheq'ue xsahil
xch'ol laj Urbano li kech aj c'anjelil
sa' xc'aba' li Cristo, ut laj Estaquis li
ninra. 10 Cheq'ue xsahil xch'ol laj Ape-
les. A'an inc'a' quich'inan xch'ol sa' lix
pabal nak quiyale' ralenquil. Ut cheq'ue
xsahil xch'oleb li cuanqueb sa' rochoch
laj Aristóbulo. 11 Cheq'ue xsahil xch'ol
laj Herodión. A'an cuech tenamitil xban
nak a'an aj judío ajcui'. Ut cheq'ue ajcui'
xsahil xch'oleb li cuanqueb sa' rochoch
laj Narciso li ac xe'paban. 12 Cheq'ue
xsahil xch'oleb lix Trifena ut lix Tri-
fosa li yoqueb chi c'anjelac sa' xc'aba'
li Kacua'. Ut cheq'ue xsahil xch'ol lix
Pérsida, li nakara sa' xc'aba' li Cristo
xban nak a'an naxq'ue xch'ol chi c'anjelac
chiru li Dios. 13 Cheq'ue xsahil xch'ol laj
Rufo, li sic'bil ru chi c'anjelac chiru li
Kacua', ut cheq'ue xsahil xch'ol lix na'.
A'an chanchan ajcui' inna' chicuu lain.
14 Cheq'ue xsahil xch'ol laj Asíncrito, laj
Flegonte, laj Hermas, laj Patrobas, laj
Hermes, jo'queb ajcui' chixjunileb laj
pabanel, li neque'xch'utub rib riq'uineb
chi xlok'oninquil li Dios. 15 Cheq'ue
xsahil xch'ol laj Filólogo ut lix Ju-
lia, laj Nereo ut li ranab. Ut cheq'ue
xsahil xch'ol laj Olimpas jo' eb ajcui'
chixjunileb laj pabanel li neque'xch'utub
rib riq'uineb chixlok'oninquil li Dios.
16 Q'uehomak xsahil ech'ol chi ribil erib
riq'uin santil utz'uc u. Chixjunileb laj
pabanel neque'xtakla xsahil ech'ol sa'
xc'aba' li Jesucristo. 17 Ut nintz'ama
cheru, ex herman, nak cheq'uehak re-
tal li neque'yo'oban jachoc ib sa' eyank
ut neque'raj xpo'bal ru le pabal, li tzol-
bilex cui'. Mejunaji erib riq'uineb a'an.
18 Eb a'an inc'a' neque'xbanu li c'a'ru
naraj li Kacua' Jesucristo. Ca'aj cui' li
c'a'ru neque'xrahi ru lix ch'oleb, a'an
li neque'xbanu. Ut riq'uin k'unil atin
neque'k'unbesin ut neque'xbalak'i li inc'a'
cauheb xch'ol sa' xpabaleb. 19 Chixju-
nileb neque'na'oc re nak laex cau ech'ol
sa' le pabal. Jo'can nak nasaho' inch'ol
eriq'uin. Aban nacuaj nak teq'ue ech'ol
chixbanunquil li us ut mebanu li inc'a'
us. 20 Ut li Kacua' Dios, li naq'uehoc
li tuktuquil usilal, a'an tixsach xcuan-
quil laj tza ut textenk'a re nak laex chic
texnumtak sa' xben. Li rusilal li Kacua'
Jesucristo chicuank eriq'uin. 21 Naxtakla
xsahil ech'ol laj Timoteo, li cuech aj
c'anjelil. Ut neque'xtakla xsahil ech'ol
laj Lucio, laj Jasón ut laj Sosípater. Eb

a'an cuech tenamitil. 22 La̱in laj Ter-
cio. Yo̱quin chixtz'i̱banquil li hu a'in
li tixtakla e̱re laj Pablo. Ut nintakla
ajcui' xsahil e̱ch'o̱l sa' xc'aba' li Cristo.
23 Naxtakla ajcui' xsahil e̱ch'o̱l laj Gayo,
li naq'uehoc cuochochnal. Ut sa' ajcui'
li rochoch a'an neque'xch'utub rib laj
pa̱banel. Laj Erasto, laj c'ulul tumin sa'
li tenamit, naxtakla xsahil e̱ch'o̱l. Ut
naxtakla ajcui' xsahil e̱ch'o̱l laj Cuarto.
24 A' taxak li rusilal li Ka̱cua' Jesucristo
chicua̱nk e̱riq'uin che̱junilex la̱ex. Jo'can
taxak.

Laj Pablo naxlok'oni li Ka̱cua' Dios

25 Chikalok'onihak taxak li Ka̱cua'
Dios, li cuan xcuanquil re xq'uebal
xcacuilal kach'o̱l sa' li kapa̱ba̱l.
Ninch'olob xya̱lal che̱ru chirix li
colba-ib sa' xc'aba' li Jesucristo. Najter
k'e cutan mukmu chak li xya̱lal chiku;
aban anakcuan c'utbesinbil chic lix
ya̱lal chiku. 26 Anakcuan xcutano'
xya̱lal chiku xban li Santil Hu li
tz'i̱banbil chak junxil xbaneb li profeta.
Que'xtz'i̱ba chak li a̱tin jo' quiyehe'
reheb xban li Dios, li ma̱c'a' roso'jic.
Ut a'in yo̱ xch'olobanquil xya̱lal yalak
bar sa' chixjunil li ruchich'och' re
nak chixjunileb li tenamit te'rabi ut
te'pa̱ba̱nk. 27 Li jun chi Dios, li naxnau
chixjunil, chicua̱nk xlok'al sa' xc'aba'
li Ka̱cua' Jesucristo anakcuan ut chi
junelic k'e cutan. Jo'can taxak.

Li Xbe̱n Hu li Quixtz'i̱ba li San Pablo reheb laj Corinto

Xq'uebal xsahileb xch'o̱l

1 La̱in laj Pablo. Sic'bil chak cuu xban li Dios re nak tinc'anjelak chok' x-apóstol li Jesucristo xban nak jo'can quiraj li Dios. Cuochben laj Sóstenes li cuech aj pa̱banelil. 2 Yo̱quin chixtz'i̱banquil li hu a'in e̱riq'uin la̱ex aj pa̱banel li cuanquex sa' li tenamit Corinto. Santobresinbilex sa' xc'aba' li Jesucristo ut sic'bil e̱ru xban li Dios chok' ralal xc'ajol. Ut sic'bil ajcui' ruheb chixjunileb li cuanqueb yalak bar li neque'xya̱ba xc'aba' li Jesucristo. A'an li kaDios chikajunilo la̱o li nocopa̱ban re. 3 Chicua̱nk taxak e̱riq'uin li usilal ut li tuktu̱quilal li nachal riq'uin li Dios li kaYucua' ut riq'uin li Ka̱cua' Jesucristo.

Li rusilal li Dios nequec'ul sa' xc'aba' li Cristo

4 Junelic ninbantioxi chiru li Dios nak nintijoc che̱rix la̱ex ut ninbantioxi ajcui' chiru li Dios nak xema̱tani li rusilal li Dios sa' xc'aba' li Jesucristo. 5 Xban nak junajex chic riq'uin li Cristo, xema̱tani li rusilal li Dios. Cha̱bil chic nequex-a̱tinac ut cha̱bil chic le̱ na'leb xban nak nequenau chic li xya̱lal. 6 Ac xema̱tani li rusilal li Dios ut nac'utun nak ya̱l li quinye e̱re chirix li Cristo. 7 Ac xema̱tani li usilal li naxq'ue li Santil Musik'ej ut ma̱c'a' chic nequeroybeni. Ca'aj chic lix c'ulunic li Ka̱cua' Jesucristo nequeroybeni. 8 Li Dios yo̱k chixq'uebal xcacuub le̱ ch'o̱l chalen toj sa' roso'jic li cutan re nak ma̱c'a'ak e̱ma̱c sa' li cutan nak tol-e̱lk li Ka̱cua' Jesucristo. 9 Li Dios junelic naxq'ue li naxyechi'i ut a'an ajcui' li quisic'oc e̱ru re nak texcua̱nk chi sum a̱tin riq'uin li Ralal, a' li Ka̱cua' Jesucristo.

Xq'uebal xna'lebeb laj pa̱banel re nak junajakeb xch'o̱l

10 Ex inherma̱n, sa' xc'aba' li Ka̱cua' Jesucristo nintz'a̱ma che̱ru nak junajak le̱ na'leb. Ma̱c'a'ak li jachoc ib sa' e̱ya̱nk. Junajak ban le̱ c'a'ux ut junajak le̱ ch'o̱l. 11 Ninye e̱re chi jo'ca'in xban nak lix comoneb lix Cloé xe'yehoc resil cue nak cuan cuech'i̱nc ib sa' e̱ya̱nk. 12 ¿C'a'ut nak jalan jala̱nk nequec'oxla che̱ju̱nkal? Cuan neque'xye: La̱o xtzolom laj Pablo. Ut cuan neque'xye: La̱o xtzolom laj Apolos. Ut cuan ajcui' li neque'xye: La̱o xtzolom laj Pedro ut cuan cui'chic neque'xye: La̱o xtzolom li Cristo. 13 Abanan la̱in tinpatz' e̱re, ¿ma nabal ta bi' li Cristo? Inc'a'. Jun ajcui'. ¿Ma quinq'uehe' ta bi' la̱in chiru cruz sa' e̱c'aba' la̱ex? ¿Ma sa' inc'aba' ta bi' la̱in quec'ul li cubi ha'? 14 Ninbantioxi chiru li Dios nak ma̱cua' la̱in quincubsin e̱ha'. Ca'aj cui' laj Crispo ut laj Gayo quincubsi xha'eb. 15 Cui ta la̱in quincubsin e̱ha', ma̱re raj quec'oxla nak quinba̱nu sa' inc'aba' la̱in. 16 Ut quincubsi ajcui' xha'eb li cuanqueb sa' rochoch laj Estéfanas. Inc'a' chic jultic cue ma cuan chic quincubsiheb xha'. 17 Li Cristo inc'a' quinixtakla chak chi cubsi̱nc ha'. Quinixtakla ban chak chixjulticanquil resil li colba-ib. Abanan ma̱cua' riq'uin a̱tin ch'a'aj xtaubal ru xya̱lal quina̱tinac. Cui ta riq'uin a̱tin ch'a'aj xtaubal ru quina̱tinac, cuan raj inc'a' que'ta'oc ru ut ta̱cana̱k raj chi ma̱c'a' rajbal xcamic li Cristo chiruheb.

Xjulticanquil Xcamic li Cristo

18 Nak neque'rabi resil lix camic li Cristo chiru li cruz, ma̱c'a' na-oc cui' chiruheb li te'xic sa' xbalba. To̱ntil na'leb a'an chanqueb. Aban chiku la̱o li ac xocole' k'axal lok' a'an xban nak a'an xcuanquil li Dios. 19 Jo'ca'in tz'i̱banbil retalil sa' li Santil Hu:

Tinsacheb xcuanquil li cuanqueb xna'leb
xjuneseb rib.
Tintz'ekta̲na xc'a'uxeb li neque'rec'a rib
nak cuanqueb xna'leb.
20 Chiru li Dios ma̲c'a' neque'oc cui'
li cuanqueb xna'leb xjuneseb. Ma̲c'a'
neque'oc cui' laj tzolonel. Ut ma̲c'a'
neque'oc cui' li neque'xnau a̲tinac chirix
lix na'leb li ruchich'och'. Lix na'leb li
ruchich'och' to̲ntil na'leb ut ma̲c'a' na-oc
cui' chiru li Dios. 21 Li Dios naxnau
chixjunil. Ac cuan sa' xch'o̲l li Dios nak
li cuanqueb sa' ruchich'och' ma̲ jaruj
te'xtau ru xna'leb li Dios yal xjuneseb
rib. Jo'can nak quiraj xcolbaleb li
te'pa̲ba̲nk re li resil li colba-ib usta
cuan li neque'yehoc re nak to̲ntil na'leb
li yo̲co chixjulticanquil che̲ru chirix
li Cristo. 22 A'in to̲ntil na'leb chiruheb
laj judío xban nak te'raj nak ta̲c'utek'
junak milagro chiruheb. To̲ntil na'leb
chiruheb li ma̲cua'eb aj judío xban
nak ca'aj cui' xna'leb li ruchich'och'
neque'xq'ue xcuanquil. 23 Aban la̲o
nakach'olob xya̲lal nak li Cristo quicam
chiru li cruz re kacolbal. Abanan li ca̲mc
chiru cruz xuta̲nal chiruheb laj judío ut
inc'a' neque'raj xtaubal xya̲lal lix camic
li Cristo. Jo'can nak chiruheb laj judío
li xya̲lal lix camic li Cristo chanchan
jun li pec neque'xtich rokeb chiru.
Jo'can ajcui' chiruheb li ma̲cua'eb aj
judío, li xya̲lal lix camic li Cristo to̲ntil
na'leb chiruheb. 24 Abanan chiku la̲o li
sic'bil ku xban li Dios, usta la̲o aj judío
usta ma̲cua'o aj judío, riq'uin xcamic
li Cristo chiru cruz nakil xcuanquil
li Dios nak coxcol ut nakanau chic
chanru xna'leb li Dios. 25 K'axal cui'chic
cuan xna'leb li Dios chiruheb li cui̲nk
usta yal to̲ntil na'leb chiruheb li inc'a'
neque'pa̲ban. Usta neque'xye nak ma̲c'a'
xcuanquil li Dios, k'axal cui'chic nim
xcuanquil chiru xcuanquileb li cui̲nk.
26 Ex herma̲n, cheq'ue retal chanru
cuanquex nak quisiq'ue' e̲ru xban li
Dios. Moco nabalex ta cuan e̲na'leb jo'
xna'leb li ruchich'och'. Moco nabalex ta
li cuan e̲lok'al ut inc'a' nabaleb sa' e̲ya̲nk
cuanqueb xcuanquil sa' xc'aba'eb lix na'
xyucua'. 27 Li ma̲c'a'eb xna'leb chiruheb
li cui̲nk, li Dios quixsiq'ueb ru re nak
te'c'utek' xxuta̲neb li cuanqueb xna'leb
sa' ruchich'och'. Ut li ma̲c'a'eb xcuanquil
sa' ruchich'och' li Dios quixsiq'ueb ru
re nak te'c'utek' xxuta̲neb li cuanqueb
xcuanquil sa' ruchich'och'. 28 Li Dios
quixsiq'ueb ru li tz'ekta̲nanbileb li
ma̲c'a'eb xlok'al ut li inc'a' neque'q'uehe'
xcuanquil xbaneb li cuanqueb sa' li
ruchich'och'. Quixsiq'ueb ban ru re
xcubsinquil xcuanquileb li cuanqueb
xna'leb sa' ruchich'och'. 29 Quixba̲nu
chi jo'ca'in re nak ma̲ ani tixnimobresi
rib chiru li Ka̲cua'. 30 Yal xban rusilal
li Dios nak junajex chic riq'uin li
Jesucristo. Li Jesucristo quixakaba̲c
xban li Dios re xq'uebal kana'leb.
Quixakaba̲c chixti̲cobresinquil li kach'o̲l
chiru li Dios ut chikasantobresinquil.
Ut sa' xc'aba' li Cristo cuybil sachbil li
kama̲c. 31 Jo'can nak ca'aj cui' li Ka̲cua'
takanimobresi. Jo'ca'in tz'i̲banbil retalil
sa' li Santil Hu: Mikanimobresi kib.
Chikanimobresihak ban xcuanquil li
Ka̲cua'.

2 Jo'can ut ex herma̲n, nak xincuu-
lac e̲riq'uin chixch'olobanquil xya̲lal
li ra̲tin li Dios, inc'a' xina̲tinac riq'uin
a̲tin ch'a'aj xtaubal ru ut inc'a' xi-
na̲tinac re xc'utbal nak cuan inna'leb.
2 Xban nak inc'a' xcuaj xc'utbal nak
cuan inna'leb, jo'can nak ca'aj cui' chirix
lix camic li Cristo chiru li cruz xi-
na̲tinac. 3 Nak cuanquin e̲riq'uin ninsic-
sot xban inxiu nak yo̲quin chi a̲tinac
e̲riq'uin xban nak inc'a' cau inch'o̲l. 4 Nak
xinch'olob xya̲lal che̲ru inc'a' xina̲tinac
riq'uin a̲tin jo' neque'xba̲nu li cuanqueb
xna'leb sa' ruchich'och'. Xinch'olob ban
xya̲lal che̲ru jo' quixc'ut chicuu li Santil
Musik'ej, ut li Santil Musik'ej quiq'uehoc

xcuanquil li cuatin. [5]Lain inc'a' xi-
natinac eriq'uin jo' neque'xbanu li cuan-
queb xna'leb xban nak inc'a' nacuaj nak
tacuank epabal sa' xc'aba' xna'lebeb li
cuink; sa' xc'aba' ban xcuanquil li Dios
xexpaban.

Li Dios naxc'ut chiku li xyalal

[6]Li ac cauheb xch'ol sa' lix pabaleb,
neque'katina riq'uin atin moco yalak
ani ta tata'ok ru. A'in macua' xna'leb
li ruchich'och' chi moco xna'lebeb
li neque'taklan sa' ruchich'och'. Lix
na'lebeb na-oso' jo' nak neque'oso' eb
a'an. [7]Abanan lain ninch'olob xyalal li
na'leb li quixq'ue li Dios. Li na'leb a'an
mukmu nak quicuan chak junxil. Inc'a'
natauman ru nak quicuan. Abanan
chalen chak najter k'e cutan nak toj
maji' quixyib li ruchich'och' ac cuan
chak sa' xch'ol li Dios nak tixq'ue li
kalok'al ut li kalok'al, a'an li kacolbal.
[8]Ma jun li neque'taklan sa' ruchich'och'
que'xtau ru li na'leb a'in. Cui ta que'xtau
ru, inc'a' raj que'xcamsi chiru cruz li
Kacua' Jesucristo, laj echal re li lok'al.
[9]Jo'ca'in tz'ibanbil sa' li Santil Hu chirix
li kalok'al:

Li inc'a' na-ilman ru chi moco na-abic
chi moco nac'oxlac xbaneb li cuink,
a'an li quixc'ub li Dios chok' reheb li
neque'rahoc re. (Is. 64:4; 65:17)

[10]Aban li Dios quixc'utbesi chiku li
na'leb a'in xban li Santil Musik'ej. Li San-
til Musik'ej naxnau chixjunil lix na'leb
li Dios li k'axal ch'a'aj xtaubal ru. [11]Ma
ani nana'oc re c'a'ru cuan sa' xch'ol li
junjunk. Ca'aj cui' li junjunk nana'oc re.
Jo'can ajcui' lix c'a'ux li Dios. Ma ani
nana'oc re. Ca'aj cui' li Santil Musik'ej
nana'oc re. [12]Li Dios quixq'ue ke jun
li Musik'ej. Macua' yal xmusik' cuink li
cuan kiq'uin. A' lix Santil Musik' li Dios,
a'an li cuan kiq'uin. Li Dios quixq'ue ke
li Santil Musik'ej re nak takatau ru li
c'a'ru naxq'ue ke riq'uin xnimal rusilal.
[13]Inc'a' yoco chi atinac chirix li na'leb
a'in riq'uin atin xkac'oxla kajunes. Yoco
ban chi atinac riq'uin atin quic'utbesic
chiku xban li Santil Musik'ej. Li xyalal
li naxc'ut chiku li Santil Musik'ej lao
nakach'olob chiruheb li cuan li Santil
Musik'ej riq'uineb. [14]Li ani mac'a' li San-
til Musik'ej riq'uin inc'a' naxc'uluban li
xyalal li naxc'ut li Santil Musik'ej. A'an
tontil na'leb chiru xban nak inc'a' nax-
tau ru. Ca'aj cui' li ani cuan li San-
til Musik'ej riq'uin naru tixtau ru xban
nak li Santil Musik'ej a'an li nac'utuc re
li xyalal chiru. [15]Li ani cuan li Santil
Musik'ej riq'uin naxnau bar cuan li yal
ut naxnau ajcui' bar cuan li inc'a' yal.
Ut li ani mac'a' li Santil Musik'ej riq'uin
inc'a' naxtau ru lix na'leb li cuan li San-
til Musik'ej riq'uin. [16]Jo'ca'in tz'ibanbil
sa' li Santil Hu: Ma ani nana'oc re lix
c'a'ux li Kacua'. Ma ani naru naq'uehoc
xna'leb. Ma ani naxnau lix c'a'ux li Dios
yal xjunes. Abanan xban nak lao cuan
li Santil Musik'ej kiq'uin, cuan ajcui' lix
c'a'ux li Cristo kiq'uin.

Yal aj c'anjelo chiru li Dios

3 Ex inherman, nak cuanquin eriq'uin
inc'a' quiru quinatinac eriq'uin jo' ni-
natinac riq'uineb li ac cauheb xch'ol sa'
lix pabaleb. Laex chanchan mac'a' li San-
til Musik'ej eriq'uin. Jo'can nak ninatinac
eriq'uin jo' nak ninatinac riq'uineb li
toj k'un xch'oleb sa' lix pabaleb. [2]Li
xyalal xinch'olob cheru chanchan nak
leche xinq'ue cheruc'. Moco cacuil tza-
caemk ta xinq'ue ere xban nak laex toj
maji' nequexq'ui. Naraj naxye nak toj
maji' ninch'olob cheru li na'leb li ch'a'aj
xtaubal ru xban nak toj maji' nequexq'ui
sa' le pabal ut mamin tetau ru. [3]Inc'a'
texruk xtaubal ru anakcuan xban nak toj
nequebanu li c'a'ru naxrahi ru le ch'ol.
Nak toj cuan li cakalinc ib ut li cuech'inc
ib sa' eyank, ¿ma inc'a' ta bi' yoquex chi
xbanunquil li c'a'ru naxrahi ru le ch'ol?

Ut la̱ex nequejuntak'e̱ta e̱rib riq'uineb li toj ma̱c'a' li Santil Musik'ej riq'uineb. 4 La̱ex toj ma̱ji' junaj le̱ ch'o̱l. Cuan li neque'xye, “la̱in ninta̱ke laj Pablo”. Ut cuan cui'chic li neque'xye, “la̱in ninta̱ke laj Apolos”. Cui jo'can yo̱quex chixyebal, ¿ma inc'a' ta bi' toj yo̱quex chixjuntak'e̱tanquil e̱rib riq'uineb li toj ma̱ji' neque'pa̱ban? 5 ¿Ani ta bi' laj Apolos? Ut, ¿anihin ta bi' la̱in? La̱o yal aj c'anjelo chiru li Ka̱cua'. Xkach'olob xya̱lal che̱ru nak xepa̱b li Ka̱cua'. Ut chi kacabichalo nococ'anjelac jo' taklanbilo cui' xban li Ka̱cua'. 6 Chanchano aj acuinel nak nococ'anjelac chiru li Dios. Chanchan a̱uc xinba̱nu nak xinye resil li colba-ib e̱re. Ut chanchan t'akresi̱nc quixba̱nu laj Apolos nak quixch'olob lix ya̱lal che̱ru. Abanan a' li Dios quiq'uehoc lix mokic. 7 Jo'can nak chi moco laj acuinel chi moco laj t'akresinel cuan xcuanquil. Ca'aj cui' li Dios li naq'uehoc xmokic cuan xcuanquil. 8 Laj acuinel ut laj t'akresinel juntak'e̱teb xcuanquil chiru li Dios ut chi xju̱nkaleb te'xc'ul xk'ajca̱munquil a' ya̱l chanru lix c'anjeleb. 9 La̱o kech aj c'anjelil kib chiru li Dios. Ut la̱ex chanchanex li ch'och' li nakac'anjela ru. Ut li Dios a'an laj e̱chal re li ch'och'. Ut chanchanex ajcui' jun li cab yo̱co chixyi̱banquil ut li Dios, a'an laj e̱chal re li cab a'an. 10 Xban nak sic'bil cuu xban li Dios chi c'anjelac chiru jo' jun aj tz'ac cha̱bil, jo'can nak xinnau xjolominquil li c'anjel. Chanchan nak xinyi̱b xcimiento li cab nak xinye resil li colba-ib ut jalan chic te'cablak sa' xbe̱n nak te'xch'olob li xya̱lal che̱ru. Ut li junju̱nk chixq'uehak retal nak tz'akal re ru lix c'anjel tixba̱nu. 11 Tixq'ue retal chanru lix c'anjel xban nak ac q'uebil lix cimiento li cab. Ut ma̱ ani naru tixq'ue junak chic li cimiento chiru li ac q'uebil. Ut a'an li Ka̱cua' Jesucristo. 12 Cuan li te'cablak sa' xbe̱n li cimiento a'an riq'uin li c'a'ak re ru najt naxcuy jo' li oro, li plata ut li terto̱quil pec. Ut cuan li te'cablak sa' xbe̱n riq'uin li inc'a' naxcuy jo' li che', li cu̱c ut li q'uim. Lix ya̱lal a'an, a'in: nak cuan li te'c'anjelak chi cha̱bil chiru li Dios ut cuan inc'a'. 13 Lix c'anjel li junju̱nk ta̱c'utu̱nk nak tol-e̱lk cui'chic li Ka̱cua' Jesucristo chi rakoc a̱tin. Chanchan nak ta̱numsi̱k sa' xam lix c'anjel naxba̱nu re rilbal ma ta̱osok' malaj inc'a'. 14 Cui lix c'anjel inc'a' ta̱sachek', nac'utun nak us lix c'anjel ut li jun a'an tixc'ul lix k'ajca̱munquil. 15 Cui ut lix c'anjel junak inc'a' tz'akal re ru, lix c'anjel ta̱sachk chanchan c'atbil nak ta̱osok'. Ut li jun a'an ta̱colek', abanan chanchan ta̱numek' sa' xam nak ta̱colek'. 16 ¿Ma inc'a' ta bi' nequenau nak la̱ex rochochex li Dios? ¿Ma inc'a' ta bi' nequenau nak li Santil Musik'ej cuan e̱riq'uin? 17 Li rochoch li Dios a'an santo. Cui ani naxtiquib li jachoc ib sa' e̱ya̱nk, li jun a'an yo̱ chixjuc'bal rochoch li Dios xban nak la̱ex aj pa̱banel rochochex chic li Dios. Ut li Dios tixsach li ani naxtiquib xjachbal ruheb laj pa̱banel. 18 Ma̱ ani taxak tixbalak'i rib xjunes. Cui cuan junak sa' e̱ya̱nk narec'a nak cuan xna'leb sa' li ruchich'och' a'in, chixcubsihak rib ut tixba̱nu jo' li ma̱c'a' naxnau re nak tixtau xna'leb chi tz'akal. 19 Lix na'leb li ruchich'och', a'an to̱ntil na'leb chiru li Dios. Jo'ca'in tz'i̱banbil sa' li Santil Hu:

Li Dios naxcanabeb chixsachbaleb rib xban lix se̱baleb xch'o̱l li ani neque'rec'a nak cuanqueb xna'leb xjuneseb rib. (Job 5:13)

20 Ut tz'i̱banbil ajcui' sa' li Santil Hu li naxye:

Li Dios naxnau nak ma̱c'a' na-oc cui' lix c'a'uxeb li neque'xye nak cuanqueb xna'leb xjuneseb rib. (Sal. 94:11)

21 Jo'can nak ma̱ ani tixnimobresi ru junak cui̱nk riq'uin li c'a'ru naxba̱nu xban nak chixjunil li c'a'ak re ru q'uebil e̱re xban li Dios re nak ta̱c'anjelak che̱ru. 22 Usta laj Apolos, usta la̱in, usta laj

Pedro, lao yal aj c'anjelo cheru. Usta li ruchich'och', usta li yu'am, usta li camc, ere ajcui' re nak te'c'anjelak cheru. Chixjunil li cuan anakcuan ere laex ut ere ajcui' li toj chalel chiku. 23 Chixjunil li c'a'ak re ru, ere laex. Abanan laex rehex li Cristo ut li Cristo, a'an re li Dios.

Q'uebilo chi c'anjelac chiru li Kacua'

4 Jo'can nak chenauhak nak lao yal aj c'anjelo chiru li Cristo ut q'uebil sa' kaben xch'olobanquil lix yalal li colbaib li quiq'uehe' ke xban li Dios. Li xyalal a'in mukmu nak quicuan chak junxil. 2 Li ani sic'bil ru chixch'olobanquil li xyalal tento nak ticak xch'ol. 3 Lain mac'a' nacuaj re cui yoquex chixsic'bal atin chicuix ut mac'a' nacuaj re cui junak aj rakol atin tatz'ilok atin chicuix. Chi moco lain naru tincuech' rix lin c'anjel. 4 Lain nacuec'a nak mac'a' inmac. Abanan moco xban ta a'an nak tinye nak tic inch'ol. A' li tarakok atin sa' inben a'an li Kacua', ut a'an tayehok re ma us xinbanu malaj inc'a'. 5 Jo'can nak mexrakoc atin chirix le ras eritz'in. Cheroybeni toj tacuulak xk'ehil nak tolelk cui'chic li Kacua' Jesucristo ut a'an tixc'utbesi li inc'a' nanauman anakcuan. Tixc'utbesi li c'a'ru nanume' sa' xch'ol li junjunk. Ut li Dios tixq'ue xlok'al li junjunk a' yal chanru lix yehom xbanuhom. 6 Ex herman, chixjunil li xinye chirix laj Apolos ut chicuix re etenk'anquil nak xinye. Nacuaj nak tetau ru li c'a'ru xinye. Chetzol erib kiq'uin re nak tebanu jo' tz'ibanbil sa' li Santil Hu. Inc'a' naru tenimobresi erib xban nak nequetake li jun ut nequetz'ektana li jun chic. 7 ¿Ma jalanex ta bi' laex chiruheb li jun ch'ol chic nak nequerec'a erib? ¿Ma macua' ta bi' li Dios quiq'uehoc ere li c'a'ru cuan ere? ¿C'a'ut nak nequenimobresi erib chixyebal nak cuan c'a'ru ere? Inc'a' naru tenimobresi erib xban nak yal xematani li c'a'ru cuan ere riq'uin li Dios. 8 Ac xc'ojla ech'ol xban nak sa' ech'ol laex nak ac xetau ena'leb. Chanchanex li biom sa' le pabal nak nequec'oxla. ¿Ma laex chic rey nak nequec'oxla? Sa' ech'ol laex nak mac'a' kacuanquil. Us raj ac ta cuan xetau ena'aj chok' rey, re nak tocuank ajcui' raj lao chi taklanc erochben. 9 Nak ninc'oxla lain li Dios xoxq'ue lao li apóstol chi mac'a' kacuanquil. Chanchano junak aj mac li ac xtenebac camc sa' xben ut q'uebilo chiruheb li ángel ut chiruheb li cuink re toe'ril. 10 Laex nequec'oxla nak mac'a' kana'leb xban nak nakach'olob resil li Cristo ut laex cuan ena'leb xban nak nequenau nabal chirix li Cristo nak nequec'oxla. Lao mac'a' kacuanquil ut laex cuan ecuanquil nak nequec'oxla. Sa' ech'ol laex nak laex nequex-oxlok'ic ut lao tz'ektananbilo. 11 Toj chalen anakcuan yoco chixcuybal kasa' ut tachakik ke. Mac'a' chic kak'. Sac'bilo ut mac'a' kochoch. 12 Cau nocotrabajic re xnumsinquil li cutan junjunk. Nak neque'xbanu mausilal ke, lao nakabanu usilal reheb. Ra neque'xbanu ke li xic' neque'iloc ke ut nakacuy xnumsinquil li raylal li neque'xbanu ke. 13 Nak nocohobe' inc'a' nakasume ru. Neque'katina ban sa' usilal. Chalen anakcuan tz'ektananbilo xbaneb chixjunileb. Mac'a' noco-oc cui' nak nocoe'ril. Chanchano li mul chiruheb. 14 Macua' re xc'utbal exutan nak yoquin chixyebal ere chi jo'ca'in. Re ban xq'uebal ena'leb xban nak chanchanex li cualal inc'ajol chicuu ut raroquex inban. 15 Usta cuan lajebak mil li neque'ch'oloban xyalal li Cristo cheru, abanan lain li xinyehoc ere resil li colba-ib junxil nak xexpaban. Jo'can nak lain le yucua' sa' xc'aba' li Jesucristo. 16 Jo'can ut nak nintz'ama cheru nak tetzol erib cuiq'uin ut tebanu jo' ninbanu lain. 17 A'an aj e nak xintakla eriq'uin laj Timoteo. A'an tixjultica ere nak li c'a'ru yoquin chixch'olobanquil chirix li Cristo, a'an ajcui' li yoquin chixbanun-

quil. Ninch'olob chi tz'akal lix ya̱lal yalak bar chiruheb chixjunileb laj pa̱banel. Laj Timoteo chanchan li cualal ut raro inban. Tz'akal re ru lix pa̱ba̱l sa' xc'aba' li Jesucristo. 18 Cuan li xe'k'etk'eto' sa' e̱ya̱nk. Eb a'an neque'xye nak ninxucuac. Jo'can nak inc'a' chic ninxic e̱riq'uin. 19 A'an moco ya̱l ta. Cui li Dios naxq'ue cue, chi se̱b tincuulak e̱riq'uin. Aran toxintau xya̱lal. Tincuil ma ca'aj cui' a̱tinac neque'xnau li k'etk'eteb. Toj aran tincuil ma ya̱l na nak cuan xcuanquil li Dios riq'uineb. 20 Lix nimajcual cuanquilal li Dios, tento ta̱c'utu̱nk sa' li kayu'am. Moco ca'aj cui' ta riq'uin ka̱tin ta̱c'utu̱nk xcuanquil li Dios. 21 La̱in ninpatz' e̱re c'a'ru te̱raj. ¿Ma te̱raj nak texink'us chi cau nak tincuulak e̱riq'uin? ¿Malaj ut te̱yi̱b le̱ yu'am re nak tincuulak riq'uin rahoc ut tu̱lanil?

Li rakoc a̱tin sa' xbe̱neb laj co'be̱t ut laj yumbe̱t

5 Yalak bar x-abiman resil nak cuan li jo' ma̱jo'il na'leb sa' e̱ya̱nk xban nak jun li cui̱nk quixmak' rixakil lix yucua'. C'ajo' xyibal ru li yo̱queb chixba̱nunquil sa' e̱ya̱nk. Eb li ma̱cua'eb aj pa̱banel inc'a' neque'xba̱nu chi jo'can. ¿Ma toja' ta chic la̱ex texba̱nu̱nk re chi jo'can? 2 La̱ex nequek'etk'eti e̱rib ut toj cuan li ma̱c sa' e̱ya̱nk. Naraho' raj e̱ch'o̱l ut nayot'e' raj e̱ch'o̱l xban xyibal ru li ma̱c li yo̱ xba̱nunquil sa' e̱ya̱nk. Li ani xma̱cob chi jo'can xerisi raj sa' e̱ya̱nk. 3 Usta najt cuanquin e̱riq'uin junelic yo̱quin che̱c'oxlanquil. La̱in ninnau nak li cui̱nk a'an cuan xma̱c. Usta ma̱ anihin chak e̱riq'uin, abanan li Cristo quixc'ut chicuu nak li jun a'an cuan xma̱c ut tento nak tixtoj rix lix ma̱c. 4 K'axal us raj nak te̱ch'utub e̱rib sa' xc'aba' li Jesucristo ut te̱c'u̱b c'a'ru te̱ba̱nu chirix a'an. Chanchan nak cua̱nkin e̱riq'uin xban nak yo̱quin chi tijoc che̱rix. Ut lix nimal xcuanquil li Jesucristo chicua̱nk e̱riq'uin ut chextenk'a. 5 Isihomak li cui̱nk a'an sa' e̱ya̱nk. Nak cua̱nk chic sa' ruk' laj tza tixc'ul li raylal ut riq'uin li raylal tixc'ul, tixcanab taxak xba̱nunquil li ma̱usilal re nak naru ta̱colek' nak tole̱lk cui'chic li Jesucristo. 6 Me̱nimobresi e̱rib riq'uin xc'oxlanquil nak us yo̱quex chixba̱nunquil. La̱ex nequexinjuntak'e̱ta riq'uin xk'emal li caxlan cua. La̱ex nequenau nak usta ca'ch'in ajcui' lix ch'amal naq'ueman, naxch'amobresi chixjunil li k'em. Naraj naxye nak inc'a' naru nacuan li ma̱c sa' xya̱nkeb laj pa̱banel re nak inc'a' te'xc'am xbeheb li jun ch'o̱l chic chi ma̱cobc. 7 Canabomak chi junaj cua li najteril na'leb re nak ma̱c'a'ak chic li ma̱c e̱riq'uin. Chanchanakex chic lix k'emal li caxlan cua ma̱c'a' xch'amal xban nak li Jesucristo quirisi le̱ ma̱c. Eb laj judío que'xmayeja li carner re xjulticanquil li pascua ut jo'can ajcui' li Jesucristo a'an lix carner li Dios li quixmayeja rib re risinquil li kama̱c. 8 Jo'can nak chikacanabak li najter na'leb li naq'uehoc ke chi ma̱cobc. Li najter na'leb a'an chanchan lix ch'amal li caxlan cua. Ut la̱o chanchanako li xk'emal li caxlan cua ma̱c'a' xch'amal. Naraj naxye nak ti̱cak chic li kach'o̱l ut tz'akal re ru li kayu'am. 9 Sa' li hu li quintz'i̱ba e̱riq'uin junxil, la̱in xinye e̱re nak inc'a' te̱junaji e̱rib riq'uineb laj co'be̱t ut laj yumbe̱t. 10 Nak xinye e̱re chi jo'can moco yo̱quin ta chi a̱tinac chirixeb laj co'be̱t ut laj yumbe̱t li toj ma̱ji' neque'pa̱ban. Yo̱quin ban chi a̱tinac chirixeb li neque'xye rib nak aj pa̱baneleb ut toj neque'xra ru biomal ut neque'elk'ac ut toj neque'lok'onin jalanil dios. Cui ta xinye e̱re nak inc'a' texcua̱nk sa' xya̱nkeb li toj ma̱ji' neque'pa̱ban, inc'a' raj naru texcua̱nk sa' ruchich'och'. 11 Li c'a'ru xinye, a'an chirixeb li neque'xye rib nak aj pa̱baneleb ut yo̱queb chixba̱nunquil li moco uxc ta naraj. Ma̱re naxye rib nak aj pa̱banel ut a'an aj yumbe̱t ut aj co'be̱t malaj aj rahol ru biomal.

Ma̱re nalok'onin jalanil dios, malaj aj
hobonel. Ma̱re aj calajenak malaj aj
e̱lk'. Inc'a' texcua̱nk sa' xya̱nkeb a'an
chi moco texcua'ak rochbeneb. 12 Ma̱cua'
la̱in tinrakok a̱tin sa' xbe̱neb li toj ma̱ji'
neque'pa̱ban. A' li Dios, a'an li ta̱rakok
a̱tin sa' xbe̱neb. 13 Abanan la̱o torakok
a̱tin sa' xbe̱neb li kech aj pa̱banelil li
yo̱queb chi ma̱cobc sa' kaya̱nk. Jo'can
nak tento te̱risi sa' e̱ya̱nk li cui̱nk a'an li
yo̱ chi ma̱cobc.

Me̱c'ameb le̱ rech aj pa̱banelil sa' rakleb a̱tin

6 Cui cuan junak sa' e̱ya̱nk cuan
xch'a'ajquilal riq'uin junak xherma̱n,
¿ma ta̱ru̱k ta bi' ta̱xic chiruheb laj rakol
a̱tin re li ruchich'och'? ¿Ma inc'a' raj us
nak riq'uineb laj pa̱banel ta̱xic? 2 ¿Ma
inc'a' nequenau nak sa' jun cutan la̱o aj
pa̱banel torakok a̱tin sa' xbe̱neb chixju-
nileb li cuanqueb sa' ruchich'och'? Ut
cui la̱o torakok a̱tin sa' xbe̱neb li cuan-
queb sa' ruchich'och', ¿c'a'ut nak inc'a'
ta̱ru̱k takayi̱b ru li kach'a'ajquilal sa'
xya̱lal chi kibil kib? 3 ¿Ma inc'a' neque-
nau nak sa' jun cutan torakok a̱tin sa'
xbe̱neb li ángel? Ut cui torakok a̱tin sa'
xbe̱neb li ángel, ¿c'a'ut nak inc'a' ta̱ru̱k
torakok a̱tin sa' xbe̱n li kach'a'ajquilal
arin sa' ruchich'och'? 4 Cui cuan li ple̱t sa'
e̱ya̱nk, ¿c'a'ut nak nequeq'ue chi rakoc
a̱tin sa' e̱be̱n li ma̱cua'eb aj pa̱banel?
5 Nequec'ut e̱xuta̱n nak nequeq'ue chi
rakoc a̱tin sa' e̱be̱n li ma̱cua'eb aj
pa̱banel. ¿Ma ma̱c'a' ta bi' junak sa'
e̱ya̱nk cuan xna'leb re ta̱rakok a̱tin sa'
e̱be̱n la̱ex aj pa̱banel? 6 Abanan la̱ex
nequec'am le̱ rech aj pa̱banelil chiru ju-
nak aj rakol a̱tin ma̱cua' aj pa̱banel.
7 Nak nequec'am le̱ rech aj pa̱banelil sa'
rakleb a̱tin nac'utun nak toj ma̱ji' ne-
quetau xya̱lal. K'axal us raj nak te̱cuy
li rahobtesi̱c ut li elk'a̱c ut inc'a' texxic
riq'uin aj rakol a̱tin. 8 Abanan la̱ex inc'a'
nequecuy. La̱ex ban chic li nequex-
elk'ac ut nequeba̱nu li ma̱usilal reheb
le̱ rech aj pa̱banelil. 9 ¿Ma inc'a' neque-
nau nak eb li inc'a' ti̱queb xch'o̱l inc'a'
te're̱chani lix nimajcual cuanquilal li
Dios? Me̱balak'i e̱rib. Eb laj co'be̱t ut
eb laj yumbe̱t inc'a' te're̱chani lix ni-
majcual cuanquilal li Dios, chi moco
li neque'lok'onin re li jalanil dios, chi
moco eb laj muxul caxa̱r. Ut eb li cui̱nk
li neque'ma̱cob riq'uineb li rech cui̱nki-
lal inc'a' ajcui' te're̱chani lix nimajcual
cuanquilal li Dios. Jo'can nak me̱balak'i
e̱rib chi xc'oxlanquil nak us yo̱quex cui
toj yo̱quex chixba̱nunquil li ma̱usilal
a'in. 10 Eb laj e̱lk' ut eb li neque'xrahi
ru li biomal inc'a' te're̱chani lix nima-
jcual cuanquilal li Dios, chi moco laj
calajenak, chi moco laj majecuanel, chi
moco laj balak' te'rechani lix nimajcual
cuanquilal li Dios. 11 Usta cuanqueb jun-
ju̱nk sa' e̱ya̱nk jo'can que'xba̱nu chak,
abanan anakcuan cuybil sachbil chic
lix ma̱queb. Santobresinbileb chic ut ti̱-
cobresinbileb chic lix ch'o̱l sa' xc'aba'
li Ka̱cua' Jesucristo ut xban li Santil
Musik'ej.

Chenima ru li Dios riq'uin le̱ yehom e̱ba̱nuhom

12 Cuan li neque'yehoc: La̱in naru tin-
ba̱nu chixjunil li c'a'ru tincuaj xba̱nun-
quil. Ya̱l nak naru xba̱nunquil chixjunil
abanan moco chixjunil ta us xba̱nunquil.
La̱in naru ninba̱nu chixjunil li nacuaj,
abanan inc'a' tinba̱nu cui nacuec'a nak
junes a'an ta̱xic inch'o̱l chirix. 13 Li Dios
quixyi̱b li tzacae̱mk re li kasa' ut quixy-
i̱b li kasa' re li tzacae̱mk. Ya̱l ajcui',
aban ta̱cuulak xk'ehil nak li Dios tixsach
li tzacae̱mk jo' ajcui' li katibel. Li Dios
inc'a' coxyo'obtesi re li co'be̱tac yumbe̱-
tac. Coxyo'obtesi ban re nak toc'anjelak
chiru li Ka̱cua'. Ut li Ka̱cua' a'an li na-
iloc ke. 14 Li Dios li quicuaclesin re li
Ka̱cua' Jesucristo chi yo'yo sa' xya̱nkeb
li camenak, a'an ajcui' ta̱cuaclesi̱nk ke

chi yo'yo riq'uin lix cuanquil. 15 ¿Ma inc'a' nequenau nak la̱o aj pa̱banel jo' li rok ruk' li Ka̱cua' Jesucristo? ¿Ma ta̱ru̱k ta bi' takajunaji kib riq'uineb li ixk li neque'xc'ayi rib? Ma̱ jok'e naru xban nak la̱o rok ruk' li Cristo ut junajo chic riq'uin nak cuanco. 16 ¿Ma inc'a' nequenau nak li ani nama̱cob riq'uin junak ixk aj ma̱c junajeb chi tz'ejcualej neque'cana? Tz'i̱banbil sa' li Santil Hu nak junajakeb chi tz'ejcualej chi xcabichaleb. 17 Ut ani naxjunaji rib riq'uin li Ka̱cua', a'an junaj chic riq'uin sa' musik'ej. 18 Me̱ba̱nu chic li ma̱usilal. Chixjunil li c'a'ak re ru chi ma̱quil k'axal yibru. Abanan li co'be̱tac yumbe̱tac k'axal cui'chic yibru xban nak li ani nama̱cob chi toj ma̱ji' sumsu, li jun a'an naxmux rib xjunes rib. 19 ¿Ma inc'a' nequenau nak la̱ex rochochex li Santil Musik'ej xban nak li Santil Musik'ej li quixq'ue e̱re li Dios cuan e̱riq'uin? Jo'can nak moco la̱ex ta nequetakla e̱rib e̱junes. La̱ex rehex chic li Dios. 20 Lok'bilex chic chi terto e̱tz'ak. Jo'can nak ti̱cak le̱ yu'am ut chelok'oni li Dios xban nak rehex chic.

Xch'olobanquil xya̱lal chirix li sumla̱c ut li cua̱nc chok' aj pa̱banel

7 Xetakla chak xpatz'bal cue chirix li sumla̱c ut anakcuan tinsume le̱ hu. Us raj chok' re li cui̱nk nak ma̱c'a'ak rixakil. 2 Abanan us cui ta̱sumla̱k re nak inc'a' ta̱ma̱cobk. Te'sumla̱k re nak li cui̱nk te'cua̱nk rixakil chi xju̱nkaleb ut li ixk te'cua̱nk xbe̱lom chi xju̱nkaleb. 3 Tento nak li cui̱nk ta̱cua̱nk riq'uin li rixakil ut li ixk ta̱cua̱nk riq'uin lix be̱lom jo' neque'raj chi ribileb rib. 4 Li ixakilbej moco a'an ta yal re sa' xbe̱n xjunes rib; aban chic lix be̱lom yal re sa' xbe̱n. Jo'can ajcui' li be̱lomej. Moco a'an ta yal re sa' xbe̱n xjunes rib; a' ban chic li rixakil yal re sa' xbe̱n. 5 Cui li be̱lomej naraj cua̱nc riq'uin li rixakil, li ixakilbej inc'a' naru tixye inc'a'. Ut cui li ixakilbej naraj cua̱nc riq'uin lix be̱lom, li be̱lomej inc'a' naru tixye inc'a'. Naru te'xc'u̱b chi ribileb rib nak te'xoxlok'i rib chi ribileb rib jarubak cutan re nak te'xq'ue xch'o̱leb chi tijoc. Abanan te'cua̱nk cui'chic mokon chi ribileb rib re nak inc'a' te'a̱le̱k xban laj tza xban nak inc'a' te'xcuy cua̱nc xjuneseb. 6 La̱in yal e̱na'leb yo̱quin chixq'uebal. Moco yo̱quin ta chixyebal e̱re nak tento te̱ba̱nu. La̱ex yal e̱re chanru te̱raj te̱ba̱nu. 7 La̱in nacuaj raj nak ma̱c'a'ak e̱rixakil jo' la̱in ma̱c'a' cuixakil. Abanan moco juntak'e̱to ta chikajunilo. Li junju̱nk cuan xma̱tan q'uebil re xban li Dios. Jo'can nak cuan li neque'sumla xban nak jo'can naraj li Dios ut cuan li inc'a' neque'sumla ut saheb sa' xch'o̱l xjuneseb xban nak jo'can naraj li Dios. 8 Ut ninye reheb li inc'a' sumsu̱queb ut reheb li xma̱lca'an nak us raj chok' reheb nak te'cana̱k xjuneseb jo' la̱in. 9 Ut cui inc'a' naru neque'xcuy rib, sumla̱keb. K'axal us nak ta̱sumla̱k junak chiru nak yo̱k chixrabal ru junak re nak ta̱cua̱nk riq'uin chi inc'a' sumsu̱queb. 10 Anakcuan tinye reheb li ac sumsu̱queb nak li ixakilbej inc'a' naru tixjach rib riq'uin lix be̱lom. Li chak'rab a'in ma̱cua' la̱in xinyehoc re injunes. Q'uebil ban xban li Ka̱cua'. 11 Ut cui li ixakilbej tixjach rib riq'uin lix be̱lom, li ixk a'an ta̱cua̱nk xjunes ut inc'a' chic tixsic' jalan cui̱nk. Abanan us raj cui tixc'am cui'chic rib sa' usilal riq'uin lix be̱lom. Ut jo'can ajcui' li be̱lomej, inc'a' ajcui' naru tixjach rib riq'uin li rixakil. 12 La̱in nacuaj xq'uebal ca'ch'inak chic le̱ na'leb. A'in ma̱cua' xyehom li Ka̱cua', aban la̱in ninnau nak us xba̱nunquil. Cui junak cui̱nk naxpa̱b li Dios ut li rixakil toj ma̱ji' napa̱ban ut naxc'ul xch'o̱l li ixk cua̱nc riq'uin, li cui̱nk a'an inc'a' naru tixcanab chi moco tixjach rib riq'uin li rixakil. 13 Ut cui junak ixk naxpa̱b li Dios ut lix be̱lom toj ma̱ji' napa̱ban, ut naxc'ul xch'o̱l li cui̱nk cua̱nc riq'uin, li ixk a'an inc'a' naru tixcanab

chi moco tixjach rib riq'uin lix be̱lom.
14 Us cui inc'a' te'xjach rib. Li be̱lomej li
toj ma̱ji' napa̱ban, a'an lok' chiru li Dios
sa' xc'aba' li rixakil. Ut li ixakilbej li toj
ma̱ji' napa̱ban, a'an lok' chiru li Dios sa'
xc'aba' lix be̱lom li napa̱ban. Cui ta inc'a'
jo'can, lix coc'al eb a'an chanchaneb raj
lix coc'aleb li ma̱cua'eb ralal xc'ajol li
Dios. Abanan cui inc'a' te'xjach rib, lix
coc'aleb lok' chiru li Dios sa' xc'aba' li jun
li napa̱ban. 15 Cui li be̱lomej ma̱cua' aj
pa̱banel ut inc'a' chic naraj cua̱nc riq'uin
li rixakil xban nak aj pa̱banel chic li
ixk, naru te'xjach rib. Ut cui li ixakil-
bej ma̱cua' aj pa̱banel ut inc'a' chic naraj
cua̱nc riq'uin lix be̱lom xban nak li cui̱nk
aj pa̱banel chic, naru ajcui' te'xjach rib.
Chi jo'can ta̱cana̱k laj pa̱banel chi ma̱c'a'
chic ta̱ch'i'ch'i'i̱nk re xban nak li Dios
naraj nak tocua̱nk sa' xya̱lal. 16 At ixak-
ilbej, la̱at inc'a' nacanau ma ta̱pa̱ba̱nk la̱
be̱lom a̱ban. Jo'can ajcui' la̱at, be̱lomej,
inc'a' nacanau ma ta̱pa̱ba̱nk la̱ cuixakil
a̱ban. 17 Li junju̱nk chicua̱nk jo' naraj
li Dios. Us cui cuan a̱cuixakil nak xa-
pa̱b li Cristo. Cui ma̱c'a' a̱cuixakil, us
ajcui'. Tatcana̱k jo' nak cuancat nak xat-
pa̱ban. A'an a'in li nequebinchak'rabi cui'
chixjunileb laj pa̱banel yalak bar. 18 Cui
junak ac xc'ul li circuncisión nak ta̱-
pa̱ba̱nk, li jun a'an inc'a' tixc'oxla xjal-
bal li retalil li circuncisión. Ut cui junak
ta̱pa̱ba̱nk ut toj ma̱ji' naxc'ul li circun-
cisión, li jun a'an inc'a' ajcui' tento nak
tixc'ul li circuncisión. 19 Li ani naxc'ul
li circuncisión juntak'e̱t riq'uin li ani
inc'a' naxc'ul xban nak li circuncisión
ma̱c'a' xcuanquil. Li k'axal us xba̱nun-
quil, a'an xpa̱banquil lix chak'rab li Dios.
20 Jo' nak cuan junak nak quisiq'ue' ru
xban li Dios, jo'can ajcui' ta̱cana̱k. 21 Cui
cuancat rubel xcuanquil la̱ patrón nak
li Dios quixsic' a̱cuu, matc'oxlac chirix
a'an. Abanan cui naxq'ue rib nak tat-e̱lk
rubel xcuanquil la̱ patrón, naru nacat-
el sa' xya̱lal. 22 Li ani cuan rubel xcuan-
quil lix patrón nak quisiq'ue' ru xban li
Ka̱cua', li jun a'an libre chic cuan chiru
li Dios. Ut li jun li inc'a' cuan rubel
xcuanquil lix patrón nak quisiq'ue' ru,
lok'bil chic xban li Cristo chi c'anjelac
chiru. 23 Jo'can ajcui' la̱ex. Lok'bilex chic
xban li Cristo chi terto e̱tz'ak. Jo'can nak
me̱q'ue chic e̱rib rubel xcuanquil li inc'a'
useb xna'leb. Me̱q'ue e̱rib chi takla̱c re
xba̱nunquil li inc'a' naraj li Dios. 24 Ex
herma̱n, jo' nak cuanquex nak quisiq'ue'
e̱ru xban li Dios, jo'can ajcui' texcana̱k.
25 La̱in tinye e̱re li ninc'oxla chirixeb li
sa̱j ixk ut li sa̱j cui̱nk. Usta ma̱cua' ra̱tin li
Ka̱cua', us cui tex-abi̱nk chicuu xban nak
riq'uin xnimal ruxta̱n li Ka̱cua' naxq'ue
inna'leb chixyebal e̱re lix ya̱lal. 26 Xban
li rahobtesi̱c cuan sa' kabe̱n, ninc'oxla
nak us cui inc'a' te'sumla̱k li toj ma̱ji'
sumsu̱queb. 27 Abanan cui sumsu̱quex,
me̱canab le̱ rixakil. Ut cui inc'a' sum-
su̱quex, us ajcui' cui inc'a' te̱sic' e̱rixakil.
28 Abanan cui texsumla̱k moco ma̱c ta
a'an. Ut jo'caneb ajcui' li sa̱j ixk. Moco
ma̱c ta cui te'sumla̱k. Abanan k'axal
cui'chic nabal li raylal sa' xbe̱neb li sum-
su̱queb. La̱in inc'a' raj nacuaj nak te̱c'ul
li raylal. 29 Ex inherma̱n, li bar cuan
nacuaj xyebal, a'an a'in: Yo̱queb chi nu-
mec' li cutan sa' junpa̱t. Jo'can nak la̱ex
li cuan e̱rixakil ma̱cua' ca'aj cui' le̱ rix-
akil te̱c'oxla. Cheq'uehak ban e̱ch'o̱l chi
c'anjelac chiru li Ka̱cua'. 30 Usta sa sa'
kach'o̱l, usta ra sa' kach'o̱l, usta cuan
kabiomal usta ma̱c'a', chikaq'uehak ban
kach'o̱l chi c'anjelac chiru li Ka̱cua' Dios.
31 Me̱q'ue e̱ch'o̱l chirix li c'a'ru cuan e̱re
sa' li ruchich'och' a'in, xban nak chixju-
nil li c'a'ru cuan sa' ruchich'och' ta̱osok'.
32 Nacuaj raj nak ma̱c'a' c'a'ru ta̱xic cui'
e̱ch'o̱l. Li cui̱nk li ma̱c'a' rixakil naxq'ue
xch'o̱l chi c'anjelac chiru li Ka̱cua' Dios
ut chixba̱nunquil li bar cuan naraj li
Ka̱cua' Dios. 33 Ut li cui̱nk cuan rixakil
tento nak tixq'ue xch'o̱l chi c'anjelac re
nak ta̱cua̱nk c'a'ru reheb ut tixq'ue xch'o̱l

chixbanunquil li naraj li rixakil re nak
sahak sa' xch'ol. Jo'can nak cuib ru lix
c'a'ux xban nak naxc'oxla li Kacua' Dios
ut naxc'oxla li rixakil. 34 Jo'can ajcui' li
ixk li cuan xbelom. Cuib ru lix c'a'ux
xban nak naxc'oxla li Kacua' Dios ut
tento ajcui' nak tixc'oxla lix c'anjel sa' ro-
choch ut naxbanu c'a'ru naraj lix belom.
Ut li ixk li mac'a' xbelom naxq'ue xch'ol
chi c'anjelac chiru li Kacua' Dios ut
naxbanu jo' naraj li Dios. 35 Moco re ta
nak inc'a' texsumlak nak ninye ere chi
jo'ca'in. Re ban etenk'anquil. Lain nacuaj
nak tebanu li us. Nacuaj nak tek'axtesi
erib chi c'anjelac chiru li Kacua' chi
anchal ech'ol. 36 Cui junak yucua'bej
naxc'oxla nak us tasumlak lix rabin xban
nak ac cuan xchihab, us nak tixbanu li
naxc'oxla xbanunquil. Tixsumub lix ra-
bin. Moco mac ta cui tasumlak. 37 Li yu-
cua'bej ma ani naminoc ru. Naru tixbanu
li naxc'oxla nak us xbanunquil. Ut cui
na-ala sa' xch'ol nak inc'a' tixsumub lix
rabin, chabil ajcui' naxbanu nak inc'a'
tixsumub. 38 Jo'can nak li ani naxsumub
lix rabin, chabil naxbanu. Ut li inc'a'
naxsumub lix rabin, k'axal cui'chic us
naxbanu. 39 Li ixk li sumsu tento nak
tacuank riq'uin lix belom a' yal jo' na-
jtil yo'yok lix belom. Ut cui nacam lix
belom a'an chic yal re ani aj iq'uin ta-
sumlak. Abanan cui naraj sumlac, tento
nak riq'uin junak aj pabanel tasumlak.
40 Abanan ninc'oxla lain nak k'axal us raj
nak li xmalca'an tacanak xjunes ut inc'a'
chic tasumlak. Li na'leb a'in li xinye ere,
a'an q'uebil cue xban li Santil Musik'ej.

Xq'uebal xna'lebeb chirix li tzacaemk mayejanbil chiruheb li yibanbil Dios

8 Cuan cuib oxib cuatin tinye ere
chirix li tzacaemk mayejanbil
chiruheb li yibanbil dios. Nakanau nak
chikajunilo ac xkatzol kib chirix a'in.
Abanan toj cuan sa' eyank neque'xc'oxla
nak neque'xnau chixjunil ut riq'uin a'an
neque'xk'etk'eti rib. Aban li ani narahoc,
a'an naxtenk'a li rech aj pabanelil
chi q'uic sa' lix pabal. 2 Li ani narec'a
nak cuan xna'leb, li jun a'an toj maji'
naxtau li xyalal chi tz'akal. 3 Abanan li
ani narahoc re li Dios, li Dios naxnau
nak a'an li ralal xc'ajol. 4 Anakcuan
tinatinak chirix li tzacaemk mayejanbil
chiruheb li yibanbil dios. Lao nakanau
nak li yibanbil dios mac'a' neque'oc cui'
xban nak moco dioseb ta. Nakanau
nak jun ajcui' li Dios cuan. 5 Cuan
neque'yehoc re nak cuan nabal li dios
jo' sa' choxa jo' sa' ruchich'och'. Dios
ut Kacua' neque'xye reheb. Ut yal nak
cuan nabaleb li yibanbil dios. 6 Abanan
lao aj pabanel nakanau nak jun ajcui'
li Dios cuan. Ut li Dios Acuabej a'an
li quiyiban re chixjunil li c'a'ru cuan.
Coxyo'obtesi lao re nak takalok'oni
a'an. Ut jun ajcui' li Kacua' cuan, a'
li Jesucristo. Ut sa' xc'aba' a'an cuan
chixjunil ut sa' xc'aba' a'an nak cuan li
colba-ib. 7 Abanan moco chixjunileb
ta neque'xtau ru li xyalal a'in chirix li
mayejanbil tzacaemk. C'aynakeb chalen
chak najter chixpabanquil li yibanbil
dios, ut anakcuan nak neque'xtzaca
li tzacaemk mayejanbil chiru li
yibanbil dios neque'xc'oxla nak yoqueb
chixq'uebal xlok'al li yibanbil dios. Ut
xban nak toj k'uneb xch'ol sa' lix pabal,
neque'xc'oxla nak neque'xmux ru lix
pabaleb. 8 Moco xban ta li katzacaemk
nak tocuank chi sum atin riq'uin li
Dios. Li tzacaemk inc'a' naxnimobresi
xcuanquil li kapabal chi moco naxpo'
li kapabal. 9 Naru tetzaca li mayejanbil
tzacaemk. Abanan cheq'uehak retal nak
inc'a' teluctasi xch'ol li toj k'uneb xch'ol
sa' lix pabaleb xban nak nequetzaca
a'an. Cheq'uehak retal nak inc'a' taoc
cui'chic chi macobc eban laex. 10 Laex
nequenau li xyalal a'in. Nequenau nak
moco mac ta xtzacanquil li tzacaemk
mayejanbil. Abanan cui junak aj

pabanel toj k'un xch'ol sa' xpabal
tailok ere nak c'ojc'oquex sa' mex chi
cua'ac cuan cui' li yibanbil dios, mare
a'an tixtzaca li mayejanbil chiruheb
li yibanbil dios ut tixc'oxla nak xmux
ru lix pabal. 11 Laex nequenau nak
naru tetzaca li mayejanbil tzacaemk.
Abanan, mare yal emac laex nak
taoc cui'chic chi macobc li toj maji'
nacacuu sa' xpabal. Laex nequenau nak
li Cristo quicam ajcui' sa' xc'aba' eb
a'an. 12 Cui eban laex nak yoqueb chi
luctac xch'oleb le rech aj pabanelil li toj
k'uneb xch'ol sa' lix pabal, yoquex chi
macobc chiruheb a'an. Ut yoquex ajcui'
chi macobc chiru li Cristo. 13 Jo'can nak
cui li nintzaca naxq'ue chi macobc li
cuech aj pabanelil, ma jok'e chic tintiu
li mayejanbil tib xban nak inc'a' nacuaj
nak te'macobk inban lain.

Tento nak tixc'ul xtojbal laj c'anjel chiru li Dios

9 ¿Ma inc'a' ta bi' naru tinbanu li c'a'ru
nacuaj lain? ¿Ma inc'a' ta bi' lain
apóstol? Lain quicuil ru li Kacua' Jesu-
cristo. Ut sa' inc'aba' lain nak xexpaban
xban nak lain xinyehoc ere resil li colba-
ib. 2 Mare cuan li inc'a' neque'q'uehoc in-
cuanquil nak lain apóstol. Abanan relic
chi yal nak lain apóstol xban nak lain
xinyehoc ere resil li colba-ib. Jo'can
nak xepab li Cristo. 3 Riq'uin li atin
a'in nequebinsume li neque'yehoc re nak
macua'in apóstol. 4 ¿Ma inc'a' ta bi' raj
tento ajcui' nak tinetenk'a lain riq'uin lin
tzacaemk? 5 Eb li ritz'in li Kacua' Jesu-
cristo cuanqueb rixakil ut neque'xc'am
chirixeb bar neque'xic. Ut jo'can ajcui'
naxbanu li apóstol Pedro. ¿Ma inc'a' ta
bi' raj taruk tinsumlak riq'uin junak ixk
aj pabanel lain ut tinc'am chicuix bar
tinxic jo' neque'xbanu eb li apóstol jun
ch'ol chic? 6 Malaj ut nequec'oxla nak
ca'aj cui' lain ut laj Bernabé cau totraba-
jik re nak takasic' katzacaemk. 7 Junak
soldado, ¿ma inc'a' ta bi' tixc'ul lix to-
jbal? Ut junak aj acuinel, ¿ma inc'a' ta
bi' tixtzaca li ru li racuimk? Ut junak aj
q'uirisinel cuacax, ¿ma inc'a' ta bi' taruc'
re lix leche lix cuacax? 8 Li c'a'ru yoquin
chixyebal macua' yal xc'a'ux cuink. A'an
tz'ibanbil sa' li chak'rab li quiq'uehe' re
laj Moisés. 9 Tz'ibanbil sa' lix chak'rab
laj Moisés chi jo'ca'in: Mabac' xtz'umal
re li boyx nak yo chi c'anjelac re risin-
quil rix li trigo. Li Dios macua' ca'aj cui'
chirix li boyx naatinac. 10 ¿Ma macua' ta
bi' chikix lao aj c'anjel chiru li Dios yo
chi atinac? ¿Ma inc'a' ta bi' taruk takac'ul
katojbal lao aj c'anjel chiru li Dios? Li
ani na-au naroybeni ru li racuimk ut
jo'can ajcui' laj k'olonel naroybeni ajcui'
nak tatz'ak ru li acuimk. 11 Lao xoye-
hoc resil li colba-ib ere. ¿Ma inc'a' ta
bi' naru nocoetenk'a' laex riq'uin li c'a'ru
takaj lao re xnumsinquil li cutan jun-
junk? 12 Cui laex nequetenk'a li jun ch'ol
chic li kech aj c'anjelil, ¿ma toja' ta chic
lao inc'a' toetenk'a? Lao inc'a' xkatz'ama
ere nak toetenk'a. Xkacuy ban xnum-
sinquileb li cutan yal chi jo'can xban
nak lao inc'a' xkaj nak tach'inank ech'ol
chirabinquil li resil li Cristo. 13 ¿Ma
inc'a' ta bi' nequenau nak eb laj judío
li neque'c'anjelac sa' rochoch li Dios,
tento ajcui' nak neque'tz'ak li c'a'ru na-
mayejac sa' rochoch li Dios? A'an naraj
naxye nak eb li neque'c'anjelac sa' li artal
neque'tz'ak ajcui' lix tibel li mayejanbil
xul. 14 Jo' nak neque'tenk'ac eb laj judío
li neque'c'anjelac sa' rochoch li Dios,
jo'can ajcui' nak te'xc'ul lix tenk'anquileb
li yoqueb chi c'anjelac chiru li Dios
anakcuan xban nak jo'can quixye li
Kacua'. 15 Abanan lain inc'a' xintz'ama
ere nak tinetenk'a, chi moco yoquin ta
chixyebal a'in re nak tinetenk'a. Inc'a'
nacuaj tintojek' xban nak nasaho' sa'
inch'ol nak ninye resil li colba-ib chi
mac'a' intojbal. Us raj nak tincamk
xban tz'ocac chiru nak tinetoj ut tin-

sach li sahil ch'olejil li ninc'ul xban
xyebal resil li colba-ib chi mac'a' in-
tojbal. 16 Lain inc'a' ninnimobresi cuib
xban nak ninch'olob xyalal li colba-ib.
Taklanbilin chi c'anjelac xban li Dios.
K'axal ra raj chok' cue cui ta inc'a' nin-
jultica resil. 17 Cui ta yoquin chixbanun-
quil yal xban nak nacuaj lain, tinyo'oni
raj intojbal. Abanan yoquin chixba-
nunquil lin c'anjel xban nak teneban-
bil sa' inben xban li Dios xyebal re-
sil li colba-ib. 18 ¿C'a'ru ink'ajcamunquil
yoquin chixc'ulbal? Ca'aj cui' li sahil
ch'olejil naxq'ue cue li Dios xban nak
ninjultica resil li colba-ib chi mac'a' in-
tojbal. Lain taruk raj tinc'ul intojbal
eriq'uin abanan inc'a' nacuaj.

Laj Pablo quixnau c'anjelac sa' xyankeb li jalan jalank xna'lebeb

19 Lain moco taklanbilin ta xban
cuink, abanan ninq'ue cuib chi c'anjelac
chiruheb chixjunileb re nak te'xpab
li Cristo inban lain. 20 Nak cuanquin
sa' xyankeb laj judío lain ninbanu jo'
neque'xbanu laj judío re nak te'xpab li
Cristo. Cuan li toj neque'xq'ue xcuan-
quil lix chak'rab laj Moisés. Nak cuan-
quin sa' xyankeb a'an, ninbanu li naxye
lix chak'rab laj Moisés re nak te'xpab li
Cristo inban lain. 21 Eb li macua'eb aj
judío moco cuanqueb ta rubel xcuanquil
lix chak'rab laj Moisés. Nak cuanquin sa'
xyankeb a'an, ninbanu jo' neque'xbanu
eb a'an re nak te'xpab li Cristo inban
lain. Abanan a'an inc'a' naraj naxye nak
inc'a' ninbanu li naxye li Dios. Inc'a' nin-
banu li inc'a' us. Lain ninbanu li naxye
li Cristo. 22 Nak cuanquin sa' xyankeb li
toj k'uneb xch'ol sa' lix pabal, nincubsi
cuib chiruheb re nak te'cacuuk xch'ol sa'
xpabaleb inban lain. Naraj naxye nak
ninjuntak'eta cuib riq'uin chixjunileb re
nak naru tinch'olob xyalal chiruheb.
Ninbanu chi jo'can re nak te'colek'.
23 Chixjunil a'in nalajinbanu re nak naru
tinch'olob xyalal li colba-ib chiruheb li
cuas cuitz'in ut re nak tintz'akonk ajcui'
lain riq'uin li naxyechi'i li Dios.

Laj Pablo quixq'ue xch'ol chi c'anjelac chiru li Dios

24 Nequexinjuntak'eta riq'uineb li
neque'xyal xk'e chi alinac. ¿Ma inc'a'
ta bi' nequenau nak eb li neque'alinac
chixjunileb neque'xyal xk'e chi alinac?
Abanan jun ajcui' naxc'ul xmatan.
Jo'can ut laex cheq'uehak ech'ol chi
pabanc re nak tec'ul ematan riq'uin li
Dios. 25 Li ani naxyal xk'e chi alinac
naxcuy li raylal re nak tacacuuk
xmetz'eu. Neque'xbanu a'an re xc'ulbal
junak matan na-oso'. Jo'can ajcui' lao
aj pabanel nakacuy li raylal ut nakac'ul
ajcui' kamatan. Abanan li matan
nakac'ul lao inc'a' na-oso'. A'an cuan chi
junelic. 26 Li ani naalinac naxyal xk'e
re nak tixc'ul lix matan. Jo'can ajcui'
lain. Ninq'ue inch'ol chi c'anjelac chiru
li Dios re nak tinc'ul inmatan. Moco
yoquin ta chixyalbal inmetz'eu jo' li
nasac'oc sa' ik' chi mac'a' rajbal. Ninq'ue
ban inch'ol chi c'anjelac sa' xyalal chiru
li Dios. 27 Nintacuasi cuib ut ninq'ue
inch'ol chi c'anjelac. Inc'a' ninbanu li
nacuaj lain. Ninbanu ban li naraj li
Dios. Inc'a' nacuaj nak lain chic inc'a'
tinc'ul lin matan mokon nak acak xinye
resil li colba-ib reheb li cuas cuitz'in.

Eb laj Israel que'xtz'ek xmataneb

10 Ex inherman, lain nacuaj nak
texc'oxlak ca'ch'inak chirix li
c'a'ru que'xc'ul li kaxe'tonil yucua' nak
que'el sa' li tenamit Egipto. Li Dios quix-
takla li chok chi c'amoc be chiruheb
ut chixjunileb que'nume' jun pac'al li
Caki Palau nak quixjach rib re te'numek'.
2 Chanchan nak que'cube xha'eb sa' li
chok ut sa' li Caki Palau ut riq'uin
a'an que'xc'ul xch'oleb nak laj Moisés
tac'amok be chiruheb. 3 Ut chixjunileb

que'xcua' li maná li choxahil cua li quix-
takla chak li Dios. 4 Chixjunileb que'ruc'
li ha' li quiq'uehe' reheb xban li Dios.
Li ha' a'an qui-el chak sa' li sako̱nac. Ut
li sako̱nac a'an, a'an retalil li Cristo li
qui-ochbenin reheb nak yo̱queb chi nu-
mec' sa' li chaki ch'och'. 5 Abanan moco
chixjunileb ta que'xba̱nu jo' naraj li Dios.
Lix q'uialeb que'xk'et ra̱tin li Dios ut xban
nak inc'a' que'xba̱nu jo' naraj li Dios,
jo'can nak que'cam sa' li chaki ch'och'
ut inc'a' que'oc sa' li tenamit Canaán.
6 Chixjunil a'an nac'utuc chiku nak inc'a'
takarahi ru li inc'a' us jo' que'xba̱nu
eb a'an. 7 A'an naxc'ut chiku nak inc'a'
takalok'oni li yi̱banbil dios jo' que'xba̱nu
eb a'an. Jo'ca'in tz'i̱banbil sa' li Santil
Hu chirixeb: Eb li tenamit que'cua'ac ut
que'uc'ac ut que'xajoc re xlok'oninquil
li cuacax oro. (Ex. 32:6) 8 Ut naxc'ut
ajcui' chiku nak inc'a' us li co'be̱tac yum-
be̱tac jo' que'xba̱nu eb a'an ut chiru
jun cutan quilaje'cam oxib xca'c'a̱l mil
(23,000) chi tenamit xban li ma̱usilal
que'xba̱nu. 9 Mikaq'ue xjosk'il li Ka̱cua'
Dios jo' que'xba̱nu eb a'an nak que'xba̱nu
li ma̱usilal ut que'ti'e' xbaneb li c'anti'
li quixtakla li Ka̱cua' Dios ut que'cam.
10 Chi moco tocuech'ok, jo' que'xba̱nu eb
a'an. Ut xbaneb lix ma̱usilal que'camsi̱c
xban li ángel li quixtakla chak li Dios.
11 Li c'a'ru que'xc'ul li kaxe'to̱nil yucua'
a'an tz'i̱banbil retalil sa' li Santil Hu
re nak la̱o takaq'ue retal ut inc'a' tak-
aba̱nu jo' que'xba̱nu eb a'an xban nak
cuulac re li roso'jic li cutan. 12 Jo'can
nak li ani narec'a nak cau xch'o̱l sa'
lix pa̱ba̱l chixq'uehak retal lix yu'am re
nak inc'a' ta̱oc chi ma̱cobc. 13 Moco jalan
ta chic li a̱le̱c nequec'ul la̱ex chiru li
neque'xc'ul chixjunileb. Abanan li Dios
ti̱c xch'o̱l. A'an inc'a' nocoxcanab chi a̱le̱c
cui inc'a' takacuy xnumsinquil. A'an ban
natenk'an ke chixcuybal xnumsinquil.
14 Jo'can ut ex inherma̱n, raro̱quex in-
ban, me̱lok'oni chic li jalanil dios. 15 La̱in
ninch'olob xya̱lal che̱ru xban nak cuan
e̱na'leb. Ut la̱ex naru te̱ye ma us li ninye
malaj inc'a'. 16 Nak nakaba̱nu li lok'oni̱nc
re xjulticanquil lix camic li Cristo, noco-
tioxin chiru li Dios. Nak nakuc' li xya'al
li uva, ¿ma inc'a' ta bi' junajo riq'uin li
Cristo xban nak quihoye' xquiq'uel chiru
li cruz sa' kac'aba'? Ut nak nakatzaca
li caxlan cua li najachiman, ¿ma inc'a'
ta bi' junajo riq'uin li Cristo xban nak
quicam chiru li cruz sa' kac'aba'? 17 Usta
nabalo, jun ajcui' li caxlan cua najachi-
man ut nakacuotzi. A'an retalil nak la̱o
junajo chic riq'uin li Cristo. 18 Cheq'ue
retal laj Israel. Eb a'an que'xtzaca li tib
li que'xmayeja chiru li Dios. A'an re-
talil nak cuanqueb chi sum a̱tin riq'uin
li Dios. 19 ¿C'a'ru xya̱lal li yo̱quin chixye-
bal? ¿Ma yo'yo ta bi' li yi̱banbil dios?
Inc'a'. Ut, ¿ma cuan ta bi' xcuanquil li tib
li namayeja̱c chiruheb? Ma̱c'a' xban nak
ma̱c'a' xcuanquil li yi̱banbil dios. 20 La̱in
inc'a' ninye nak cuan xcuanquil li yi̱ban-
bil dios, chi moco ninye nak li mayejan-
bil tib cuan xcuanquil. Li yo̱quin chixye-
bal, a'an a'in: eb li inc'a' neque'xpa̱b li
tz'akal Dios neque'mayejac, aban ma̱cua'
chiru li Dios neque'mayejac. Chiru ban
li ma̱us aj musik'ej. Ut la̱in inc'a' nacuaj
nak yo̱kex chi oque̱nc sa' lix na'lebeb
li ma̱us aj musik'ej. 21 Inc'a' naru te̱ruc'
xsa' li sec' re xjulticanquil xcamic li
Ka̱cua' Jesús, ut te̱ruc' ajcui' xsa' li sec' re
xq'uebal xlok'al li ma̱us aj musik'ej. Chi
moco naru te̱cua' li caxlan cua re xjul-
ticanquil xcamic li Ka̱cua' Jesucristo ut
te̱cua' ajcui' li cua mayejanbil chiruheb li
ma̱us aj musik'ej. 22 Inc'a' us cui takaq'ue
xjosk'il li Ka̱cua' riq'uin xlok'oninquil li
yi̱banbil dios. ¿Ma la̱o ta bi' nim kacuan-
quil chiru li Ka̱cua'? Ma̱ jok'e xban nak
la̱o ma̱c'a' kacuanquil.

Chixjunil li c'a'ak re ru takaba̱nu rehak xlok'oninquil li Dios

23 Cuan li neque'yehoc re nak naru
nakaba̱nu chixjunil li nakaj. Ya̱l nak
naru nakaba̱nu, abanan moco chixju-
nil ta us xba̱nunquil. Ya̱l nak naru xba̱-
nunquil chixjunil, abanan moco chixju-
nil ta li c'a'ru nakaba̱nu nocoxtenk'a chi
q'ui̱c sa' li kapa̱ba̱l. 24 Me̱sic' li us ca'aj
cui' chok' e̱re la̱ex. Chesic' aj ban cui'
li us chok' reheb le̱ ras e̱ri̱tz'in. 25 Naru
te̱tzaca chixjunil li tib nac'ayiman sa'
li c'ayiba̱l, ut me̱patz' ma mayejanbil
chiru li yi̱banbil dios re nak ma̱c'a'ak
e̱c'a'ux nak te̱tzaca. 26 Naru te̱tzaca xban
nak li Ka̱cua' Dios a'an laj e̱chal re li
ruchich'och' ut a'an ajcui' laj e̱chal re
chixjunil li cuan sa' ruchich'och'. 27 Cui
junak ma̱cua' aj pa̱banel tatxbok chi
cua'ac riq'uin ut cui naxc'ul a̱ch'o̱l xic
riq'uin, li c'a'ru tixq'ue chatzaca, chac'ul.
Abanan inc'a' ta̱patz' ma mayejanbil li
tzacae̱mk a'an re nak ma̱c'a'ak a̱c'a'ux
nak ta̱tzaca. 28 A'ut cui junak naxye a̱cue
nak li tzacae̱mk a'an mayejanbil chiru
li yi̱banbil dios, inc'a' ta̱tzaca a'an re
nak inc'a' ta̱ch'ina̱k xch'o̱l li xyehoc a̱cue
nak mayejanbil tzacae̱mk ut re ajcui' nak
inc'a' ta̱oc xc'a'ux. 29 Inc'a' yo̱quin chixye-
bal a'in chirix la̱ c'a'ux la̱at. Yo̱quin chi
a̱tinac re nak inc'a' ta̱ch'ina̱nk xch'o̱l li
jun chic a̱ban la̱at.

Ma̱re junak e̱re ta̱chak'ok ut tixye cue,
¿c'a'ut nak inc'a' tinba̱nu li naru tin-
ba̱nu yal xban nak jalan chic naxye nak
inc'a' us xba̱nunquil? 30 Ut cui la̱in nin-
tioxin chirix li c'a'ru nintzaca, ¿c'a'ut nak
ta̱cuech'i̱k rix li c'a'ru tintzaca? cha'ak.
31 La̱in tinye e̱re li xya̱lal. Chixjunil li
c'a'ru te̱tzaca ut chixjunil li c'a'ru te̱ba̱nu,
cheba̱nuhak re xq'uebal xlok'al li Ka̱cua'
Dios. 32 Me̱ba̱nu li c'a'ak re ru napo'oc
xch'o̱leb le̱ ras e̱ri̱tz'in usta aj judío, usta
ma̱cua'eb aj judío. Chi moco te̱ba̱nu li
c'a'ru ta̱po'ok xch'o̱l le̱ rech aj pa̱banelil.
33 Jo'can nak la̱in ninyal ink'e chixba̱-
nunquil li us re xtenk'anquil chixjunileb.
La̱in inc'a' yo̱quin chixsic'bal li us chok'
cue la̱in injunes. Yo̱quin ban chixsic'bal
li us chok' reheb chixjunileb re nak ta̱ru̱k
te'colek'.

11 Jo'can ut nak la̱ex chetzolak e̱rib
cuiq'uin xban nak la̱in xintzol
cuib riq'uin li Cristo. 2 Ex inherma̱n,
c'ajo' nasaho' sa' inch'o̱l nak ninjultico'
e̱re ut yo̱quex chixba̱nunquil li tijleb xex-
intzol cui'. 3 Abanan cuan chic c'a' re ru
nacuaj xyebal e̱re. A'an a'in: li be̱lomej,
a'an najolomin re li rixakil ut li Cristo,
a'an najolomin re li cui̱nk ut li Dios, a'an
najolomin re li Cristo. 4 Cui junak cui̱nk
inc'a' narisi lix punit nak na-oc chi tijoc
ut nak na-oc chixyebal ra̱tin li Dios, li
jun a'an inc'a' naxq'ue xlok'al li Cristo.
5 Ut cui junak ixk inc'a' naxtz'ap lix jolom
nak ta̱tijok ut nak tixye ra̱tin li Dios, li
ixk a'an naxc'ut xxuta̱n lix be̱lom. Chan-
chaneb li ixk li besbileb chixjunil li ris-
mal xjolom. 6 Jo'can nak cui li ixk inc'a'
naxtz'ap xjolom, chixbesak chixjunil li
rismal xjolom. Ut cui inc'a' naraj xbesbal
li rismal xjolom xban nak naxc'oxla nak
xuta̱nal chok' re, k'axal us chok' re li ixk
a'an cui tixtz'ap lix jolom. 7 Inc'a' us nak
tixtz'ap xjolom li cui̱nk xban nak li cui̱nk
yi̱banbil jo' li riloba̱l li Dios ut naxc'ut
xlok'al li Dios. A'ut li ixk naxc'ut xlok'al
lix be̱lom. 8 Li cui̱nk inc'a' quiyo'obtesi̱c
chak xban li Dios riq'uin li ixk; aban li ixk
quiyo'obtesi̱c chak riq'uin li cui̱nk. 9 Ut
li cui̱nk inc'a' quiyo'obtesi̱c sa' xc'aba' li
ixk. Li ixk ban quiyo'obtesi̱c sa' xc'aba'
li cui̱nk. 10 Jo'can nak li ixk tixtz'ap lix
jolom ut a'an retalil chiruheb li ángel
nak li cui̱nk cuan xcuanquil sa' xbe̱n.
11 Chiru li Ka̱cua' ma̱ jun cuan xcuanquil
chi moco li cui̱nk chi moco li ixk xban
nak juntak'e̱teb chiru li Dios. 12 Ut jo'
nak li ixk quiyo'obtesi̱c riq'uin li cui̱nk,
jo'can ajcui' li cui̱nk nayo'la riq'uin li ixk.
Li cui̱nk jo' ajcui' li ixk yo'obtesinbileb

xban li Dios jo' ajcui' chixjunil li c'a'ak re ru cuan. 13 ¿C'a'ru nequec'oxla laex? ¿Ma us nak li ixk tatijok chiru li Dios cui inc'a' tixtz'ap lix jolom? 14 Ac nequenau nak ac re li cuink nak inc'a' tixcanab chi chamoc' li rismal xjolom. Xutanal chok' re li cuink cui naxcanab chi chamoc' li rismal xjolom. 15 Abanan li ixk a'an xlok'al nak cham li rismal xjolom xban nak q'uebil re xban li Dios re xtz'apbal lix jolom. 16 Ut cui cuan junak ere naraj cuech'inc chirix a'in, lain tinye re a'an nak lao li apóstol jo' ajcui' eb laj pabanel c'aynako chixbanunquil chi jo'can yalak bar.

Li Lok'oninc re Xjulticanquil lix Camic li Jesucristo

17 Nacuaj ajcui' xyebal ere nak cuan li inc'a' us yoquex chixbanunquil. Nak nequech'utub erib chixlok'oninquil li Dios macua' li us nequebanu. A' chic li inc'a' us nequebanu. 18 Li xben tinye ere, a'an a'in: xcuabi resil nak inc'a' junaj le ch'ol ut junes xcuech'inquil erib nequebanu nak nequech'utub erib chi lok'oninc re xjulticanquil lix camic li Jesucristo. Ut lain ninc'oxla nak mare yal ajcui' li c'a'ru xcuabi. 19 Nak nacuan li cuech'inc ib sa' eyank, riq'uin a'an nac'utun ani li tz'akal aj pabanel ut ani inc'a'. 20 Laex nequech'utub erib chi tzacanc ut nequeye nak yoquex chixbanunquil li lok'oninc. Abanan macua' chic xjulticanquil lix camic li Kacua' nequebanu. A' ban chic le re nequebanu. 21 Cuan li neque'xseba rib chixc'ulbal lix cua ut inc'a' neque'xc'oxla li jun ch'ol chic. Xban a'an cuan li nabal neque'tz'ak ut cuan li neque'cala ut cuan li neque'cana chi te'tz'ocak xban nak inc'a' neque'tz'ak. 22 ¿Ma mac'a' ta bi' erochoch bar textzacank cui' nak nequebanu chi jo'can? Yoquex chixtz'ektananquileb le rech aj pabanelil ut yoquex chixc'utbal xxutaneb li mac'a' cuanqueb re. ¿C'a'ru tinye ere? ¿Ma tinye ere nak us yoquex chixbanunquil? Ma jok'e tinye nak us yoquex. 23 Ac xinc'ut cheru li xyalal li cua'ac re xjulticanquil lix camic li Jesucristo. A'an ajcui' li quixc'ut chicuu li Kacua'. Sa' ajcui' li k'ojyin nak toj maji' quik'axtesic li Kacua' Jesucristo quixchap li caxlan cua. 24 Ut nak quixbantioxi chiru li Dios, quixjachi li caxlan cua ut quixye reheb: Tzacahomak. A'an a'in lin tibel rahobtesinbil sa' ec'aba' laex. Chebanuhak li caxlan cua a'in re xjulticanquil li usilal xinbanu ere, chan. 25 Ut nak que'rake' chi cua'ac quixchap ajcui' li sec' ut quixye: Li uc'a a'in, a'an retalil li Ac' Contrato riq'uin li Dios. Taxakabank re xcuanquil xban lin quiq'uel tahoyek'. Rajlal nak teruc' xsa' li sec' a'in, chebanuhak re xjulticanquil lin camic sa' ec'aba' laex, chan li Jesús. 26 Jo'can nak ninye ere rajlal nak tetzaca a caxlan cua a'in ut teruc' xsa' li sec' a'in, tejultica xcamic li Cristo. Chebanuhak a'an toj tac'ulunk cui'chic li Kacua' Jesucristo. 27 Jo'can ut li ani tixcua' li caxlan cua ut taruc' li uc'a re xjulticanquil lix camic li Kacua' Jesucristo ut inc'a' naxq'ue xlok'al li Cristo, li jun a'an yo chi macobc chiru li Kacua' ut yo chixtz'ektananquil xcuanquil lix camic li Kacua' Jesucristo. 28 Jo'can ut li junjunk tento tixq'ue retal ma tic lix yu'am sa' lix pabal nak toj maji' naxc'ul li caxlan cua ut li uc'a. 29 Li ani naxc'ul li caxlan cua ut li uc'a chi inc'a' naxq'ue xcuanquil lix camic li Kacua' Jesucristo, tojba mac naxbok sa' xben. 30 A'in ut xyalal nak nabal yajeb ut mac'a'eb xmetz'eu sa' eyank ut cuanqueb ajcui' ac xe'cam. 31 Abanan cui nakec'a kib nak tic li kayu'am nak nakatzaca inc'a' tento nak li Kacua' tixrak atin sa' kaben. 32 Ut nak narakman atin sa' kaben xban li Kacua' nocok'use' re nak inc'a' tz'ektananbilako kochbeneb li inc'a' neque'paban. 33 Jo'can ut ex inherman, nak tech'utub erib chixbanunquil

li lok'oni̱nc re xjulticanquil lix camic li Ka̱cua' Jesucristo, cheroybeni e̱rib chi ribil e̱rib re nak sa' comonil te̱ba̱nu. 34 Cui cuan junak sa' e̱ya̱nk ta̱tz'oca̱k, chicua'ak chak sa' rochoch re nak inc'a' te̱bok raylal sa' e̱be̱n nak te̱ch'utub e̱rib. Toj cuan chic c'a'ak re ru inc'a' xinye e̱re. Nak tincuulak che̱rilbal tinch'olob xya̱lal che̱ru li toj ma̱ji' xinye e̱re.

Li kama̱tan q'uebil ke xban li Santil Musik'ej

12 Ex inherma̱n, la̱in nacuaj nak te̱tau ru li xya̱lal li ma̱tan li naxq'ue li Santil Musik'ej re li junju̱nk re nak ta̱c'anjelak chiru li Dios. 2 Nak toj ma̱ji' nequexpa̱ban chak queq'ue chak xcuanquil li yi̱banbil dios li inc'a' neque'a̱tinac ut queq'ue e̱rib chi balak'i̱c riq'uin xpa̱banquileb. 3 Jo'can nak nacuaj te̱nau nak li ani cuan li Santil Musik'ej riq'uin, ma̱ jok'e tixmajecua li Jesús. Ut ma̱ ani ta̱ru̱k tixye chi anchal xch'o̱l nak li Jesús a'an li Ka̱cua' cui ma̱c'a' li Santil Musik'ej riq'uin. 4 Jalan jala̱nk li kama̱tan naxq'ue ke li Santil Musik'ej re nak toc'anjelak chiru li Ka̱cua'. Abanan li Santil Musik'ej jun ajcui' ut a'an naq'uehoc re chixjunil. 5 Jalan jala̱nk li kac'anjel chiru li Ka̱cua' abanan jun ajcui' li Ka̱cua' cuan sa' kabe̱n ut ca'aj cui' chiru a'an nococ'anjelac. 6 Jalan jala̱nk li c'anjel nocoxq'ue cui' li Dios. Abanan jun ajcui' li Dios ut a'an li natenk'an ke chi xba̱nunquil li c'anjel li naxq'ue ke. 7 Riq'uin li ma̱tan q'uebil re li junju̱nk nac'utun nak cuan li Santil Musik'ej riq'uin, ut li ma̱tan a'an q'uebil re, re xtenk'anquileb chixjunileb laj pa̱banel. 8 Cuan li q'uebileb xma̱tan xban li Santil Musik'ej re q'uehoc cha̱bil na'leb ut cuan li q'uebileb xma̱tan xban li Santil Musik'ej re xch'olobanquil li ya̱l. Abanan jun ajcui' li Santil Musik'ej li naq'uehoc re xma̱tan li junju̱nk. 9 Cuan li q'uebileb xma̱tan xban li Santil Musik'ej chi xpa̱banquil nak te'xc'ul li c'a'ru neque'xtz'a̱ma chiru li Dios. Ut cuan ajcui' q'uebileb xma̱tan xban li Santil Musik'ej re xq'uirtesinquileb li yaj. Abanan jun ajcui' li Santil Musik'ej li naq'uehoc xma̱tan li junju̱nk. 10 Cuan q'uebileb xma̱tan chi ba̱nu̱nc milagro ut cuan q'uebileb xma̱tan chi xch'olobanquil resil li c'a'ru quic'utbesi̱c chiru xban li Dios. Ut cuan q'uebileb xma̱tan re xtaubal ru cui li Santil Musik'ej cuan riq'uin junak malaj ut cuan li ma̱us aj musik'ej riq'uin. Ut cuan q'uebileb xma̱tan chi a̱tinac sa' jalan a̱tin inc'a' natauman ru ut cuan ajcui' q'uebileb xma̱tan chi jaloc ru li jalanil a̱tin. 11 Abanan chixjunil li ma̱tan a'in q'uebil ke xban li jun chi Santil Musik'ej. A'an naq'uehoc xma̱taneb li junju̱nk jo' naraj a'an.

Junajo nak cuanco riq'uin li Cristo

12 Li jun chi tz'ejcualej tz'akal re ru. Cuan rok ruk'. Cuan chixjunil. Usta jalan jala̱nk lix cha'al cuan, abanan jun ajcui' chi tz'ejcualej nak cuan. Jo'can ajcui' la̱o aj pa̱banel. Nabalo, abanan junajo chi tz'ejcualej riq'uin li Cristo. 13 Chikajunilo junajo riq'uin li Cristo usta aj judío, usta ma̱cua' aj judío, usta lok'bil mo̱s, usta inc'a'. Xkac'ul li cubi ha' sa' xc'aba' li jun chi Santil Musik'ej ut chikajunilo cuan li Santil Musik'ej kiq'uin. Jo'can nak junajo riq'uin li Cristo. 14 Li jun chi tz'ejcualej moco jun ta ajcui' lix cha'al cuan. Nabal pa̱y ru lix cha'al cuan re ut jalan jala̱nk xc'anjel li junju̱nk. 15 Cui naru raj ta̱atinak li rok junak li tz'ejcualej, ¿ma naru tixye ma̱cua'in xcomon li tz'ejcualej xban nak ma̱cua'in li ruk'? ¿Ma yal xban ta bi' nak ma̱cua' uk'ej nak ma̱cua'ak xcomon li tz'ejcualej? 16 Cui lix xic junak li tz'ejcualej tixye: ma̱cua'in xcomon li tz'ejcualej xban nak ma̱cua'in li xnak' ru, ¿ma yal ta bi' xban nak ma̱cua' xnak' u nak ma̱cua'ak xcomon li tz'ejcualej? 17 Cui ta chixjunil li tz'ejcualej xnak' u,

¿chan raj ru nak to-abi̱nk? Ut cui ta
chixjunil li tz'ejcualej xic, ¿chan raj ru
nak takutz' li c'a'ak re ru? 18 Abanan li
Dios quixq'ue sa' xna'aj chi tz'akal re ru
lix cha'al li katz'ejcual jo' quiraj a'an.
19 Cui ta jun pa̱y ajcui' ru lix cha'al li
tz'ejcualej, li tz'ejcualej a'an inc'a' raj
tz'akal re ru nak cuan. 20 Abanan na-
bal pa̱y xcha'al li tz'ejcualej cuan, ut li
tz'ejcualej jun ajcui'. 21 Cui naru raj ta̱a̱ti-
nak li xnak' u inc'a' naru tixye re li uk'ej:
la̱at inc'a' nacatc'anjelac chicuu. Chi
moco naru tixye li jolomej re li okej: la̱ex
inc'a' nequexc'anjelac chicuu. 22 K'axal
ban chic nabal xc'anjeleb lix cha'al li
katz'ejcual li chanchan ma̱c'a'eb xc'anjel.
23 Cuan xcha'al li katz'ejcual naka-oxlok'i
ut cuan ajcui' xcha'al li katz'ejcual no-
coxuta̱na̱c xban ut nakatz'ap re xq'uebal
xlok'al. 24 Ut lix cha'al li katz'ejcual
li inc'a' nocoxuta̱na̱c xban, a'an inc'a'
nakatz'ap. Abanan li Dios quixq'ue
chixjunil lix cha'al li katz'ejcual ut
quixq'ue xlok'al li junju̱nk. 25 Quixq'ue
xlok'al chixjunil xcha'al li tz'ejcualej re
nak ma̱c'a'ak xch'a'ajquilal li tz'ejcualej.
Chixjunil ban lix cha'al li tz'ejcualej
te'xtenk'a rib chi ribileb rib. 26 Cui ju-
nak xcha'al li tz'ejcualej ra naxc'ul,
naraho' ajcui' chixjunil li tz'ejcualej. Ut
cui junak xcha'al li tz'ejcualej naq'uehe'
xlok'al, chixjunil li tz'ejcualej naq'ueman
ajcui' xlok'al. 27 Jo'can ajcui' la̱o aj
pa̱banel. Junajo chi tz'ejcualej riq'uin
li Cristo. Chikaju̱nkalo la̱o rok ruk'
li Cristo ut li junju̱nk cuan xc'anjel
chiru li Dios. 28 Li xchalal li tz'ejcualej
jalan jala̱nk xc'anjel li junju̱nk. Jo'can
ajcui' nak jalan jala̱nk xma̱taneb laj
pa̱banel q'uebileb re xban li Dios re
nak te'c'anjelak chiru. Xbe̱n, cuanqueb
li q'uebileb xma̱tan chi c'anjelac chok'
apóstol. Xcab, cuanqueb li q'uebileb
xma̱tan chi c'anjelac chok' profeta.
Rox, cuanqueb li q'uebileb xma̱tan chi
c'anjelac chok' aj tzolonel. Ut cuanqueb
li q'uebileb xma̱tan chixba̱nunquileb li
milagro. Cuanqueb li q'uebileb xma̱tan
chixq'uirtesinquileb li yaj; cuanqueb li
q'uebileb xma̱tan chixtenk'anquileb li
ras ri̱tz'in. Cuanqueb li q'uebileb xma̱-
tan chi takla̱nc; ut cuanqueb ajcui'
q'uebileb xma̱tan chi a̱tinac sa' jalanil
a̱tin inc'a' natauman ru. 29 ¿Ma chixju-
nileb ta bi' apostoleb? ¿Ma chixju-
nileb ta bi' profeteb? ¿Ma chixju-
nileb ta bi' neque'xch'olob xya̱lal li
ra̱tin li Dios? ¿Ma chixjunileb ta bi'
neque'ba̱nun milagro? 30 ¿Ma chixju-
nileb ta bi' neque'q'uirtesin yaj? ¿Ma
chixjunileb ta bi' neque'a̱tinac sa' jalanil
a̱tin? ¿Ma chixjunileb ta bi' neque'jaloc
ru li jalanil a̱tin? 31 Moco juntak'e̱t
ta xma̱taneb li junju̱nk. Jalan jala̱nk
ban xma̱taneb. Chesic'ak le ma̱tan li
k'axal cha̱bil re xtenk'anquileb le̱ rech
aj pa̱banelil. Anakcuan tinye e̱re jun li
na'leb k'axal cui'chic tento xba̱nunquil.
Ut a'an a'in: nak te̱ra e̱rib chi ribil e̱rib.

Li rahoc, a'an li k'axal lok'

13 Cui ta la̱in q'uebil inma̱tan xban
li Dios chi a̱tinac sa' ra̱tinoba̱leb li
cui̱nk ut cui ta cuan inma̱tan chi a̱tinac
sa' ra̱tinoba̱leb li ángel, abanan cui inc'a'
ninraheb li cuas cui̱tz'in, la̱in chanchanin
li ch'i̱ch' natamba̱c xya̱b ut chanchanin li
campana natzintzot xya̱b chi ma̱c'a' ra-
jbal. 2 Ut cui ta q'uebil inma̱tan xban li
Dios chixyebal li naxc'ut chicuu, ut cui
ta ninnau chixjunil li c'a'ak re ru ut cui
ta nintau ru li xya̱lal, abanan cui inc'a'
ninraheb li cuas cui̱tz'in ma̱c'a' nin-oc
cui'. Ut cui ta cuan tz'akal inpa̱ba̱l re
nak ta̱jalek' xna'aj junak li tzu̱l, abanan
cui inc'a' ninraheb li cuas cui̱tz'in, ma̱c'a'
nin-oc cui'. 3 Cui ta tinsi chixjunil li
c'a'ru cuan cue re tinq'ueheb chi cua'ac
li neba' ut cui ta tink'axtesi cuib chi
c'atec' xban lin pa̱ba̱l, ut cui inc'a' nin-
raheb li cuas cui̱tz'in, ma̱c'a' na-oc cui'
li ninba̱nu. 4 Li ani narahoc, naxcuy li

raylal ut k'axal cha̱bil. Li ani narahoc inc'a' nacakalin, inc'a' naxnimobresi rib ut inc'a' naxk'etk'eti rib. 5 Li ani narahoc inc'a' nahoboc. Inc'a' naxsic' xcha̱bilal xjunes rib. Li ani narahoc inc'a' najosk'o' ut inc'a' naxq'ue sa' xch'o̱l li c'a'ru naxc'ul. 6 Li ani narahoc inc'a' nasaho' xch'o̱l nak eb li ras ri̱tz'in neque'xba̱nu li inc'a' us. Nasaho' ban xch'o̱l nak cuanqueb sa' xya̱lal. 7 Li ani narahoc inc'a' naraho' xch'o̱l xban li c'a'ru na-ux re xbaneb li ras ri̱tz'in. Junelic ban cau xch'o̱l chirixeb. Li ani narahoc inc'a' nach'inan xch'o̱l. Naxcuy ban xnumsinquil chixjunil li raylal. 8 Li rahoc ta̱cua̱nk chi junelic. Ta̱cuulak xk'ehil nak inc'a' chic ta̱c'anjelak li ma̱tan re cua̱nc chi profetil ut ta̱cuulak xk'ehil nak inc'a' chic ta̱c'anjelak li ma̱tan re a̱tinac sa' jalanil a̱tin. Ut ta̱cuulak xk'ehil nak inc'a' chic ta̱c'anjelak li ma̱tan re xtaubal ru chixjunil. Abanan li rahoc inc'a' nalaj, inc'a' na-oso'. Cua̱nk ban chi junelic. 9 Usta cuanqueb li cuan xma̱taneb anakcuan re xnaubal li c'a'ak re ru, abanan ca'ch'in ajcui' neque'xnau. Usta cuanqueb li cuan xma̱taneb chixyebal li c'a'ru nac'utbesi̱c chiruheb xban li Dios, abanan ca'ch'in ajcui' li nac'ute' chiruheb. 10 Ut nak ta̱tz'aklok ru chixjunil li naraj xba̱nunquil li Dios, inc'a' chic te'c'anjelak eb li ma̱tan a'in li inc'a' tz'akal re ru. 11 Nak toj ca'ch'inin chak quina̱tinac jo' neque'a̱tinac li coc'al. Quinc'oxlac jo' neque'c'oxlac li coc'al. Ut quinba̱nu jo' neque'xba̱nu li coc'al. Abanan nak quincui̱nkilo' quincanab xba̱nunquil lix na'lebeb li coc'al. 12 Anakcuan ca'ch'in ajcui' nakanau. Chanchan nak noco-iloc sa' junak lem moymoy ru. Abanan sa' jun cutan takil ru li Dios ut takanau chic chixjunil chi tz'akal jo' nak li Dios naxnau ku la̱o. 13 Jo'can nak li pa̱ba̱l, li yo'oni̱nc ut li rahoc cua̱nk chi junelic. Abanan li k'axal nim xcuanquil sa' xya̱nkeb li oxib a'in, a'an li rahoc.

Li a̱tinac sa' jalanil a̱tin li inc'a' natauman ru

14 Jo'can nak ninye e̱re, cheq'uehak e̱ch'o̱l chi rahoc ut chesic'ak le̱ ma̱tan li naxq'ue li Santil Musik'ej. Li ma̱tan li k'axal lok', a'an xyebal resil li c'a'ru yo̱ chi xc'utbal che̱ru li Dios. 2 Li ani naa̱tinac sa' jalanil a̱tin inc'a' naa̱tinac riq'uin li rech cristianil. Riq'uin ban li Dios naa̱tinac. Ut ma̱ ani nata'oc ru li c'a'ru naxye. Riq'uin xcuanquil li Santil Musik'ej naxye li xya̱lal li inc'a' natauman ru. 3 Ut li ani naxye resil li nac'ute' chiru xban li Dios, li jun a'an naxtenk'aheb li rech aj pa̱banelil sa' lix pa̱ba̱leb. Naxch'olob xya̱lal chiruheb ut naxc'ojobeb xch'o̱l. 4 Li ani naa̱tinac sa' jalanil a̱tin naxtenk'a rib xjunes rib. Abanan li ani naxch'olob xya̱lal li ra̱tin li Dios, li jun a'an naxtenk'aheb li rech aj pa̱banelil sa' lix pa̱ba̱leb. 5 Nacuaj raj nak che̱junilex tex-a̱tinak ta sa' jalanil a̱tin li inc'a' natauman ru. Abanan k'axal cui'chic nacuaj raj nak che̱junilex te̱ye resil reheb le̱ ras e̱ri̱tz'in sa' le̱ ra̱tinoba̱l c'a'ru quic'ute' che̱ru xban li Dios. K'axal us nak te̱ye li ra̱tin li Dios sa' le̱ ra̱tinoba̱l chiru li a̱tinac sa' jalanil a̱tin li inc'a' natauman ru. Abanan cui junak naa̱tinac sa' jalanil a̱tin, tento nak ta̱jalma̱nk ru li ra̱tin re nak eb laj pa̱banel te'xtau ru li c'a'ru tixye ut te'tenk'a̱k xban. 6 Ex inherma̱n, ¿c'a'ru ta̱oc cui' e̱re nak tincuulak e̱riq'uin ut tina̱tinak e̱riq'uin sa' jalanil a̱tin li inc'a' natauman ru? Ma̱c'a' aj e. Abanan cui tina̱tinak e̱riq'uin sa' le̱ ra̱tinoba̱l, texintenk'a nak tinch'olob xya̱lal che̱ru jo' quic'ute' chicuu xban li Dios. Ut ta̱c'anjelak che̱ru cui tinye e̱re li ra̱tin li Dios ut tinye e̱re c'a'ru ta̱c'ulma̱nk jo' tz'i̱banbil sa' li Santil Hu. 7 Ut jo'can ajcui' li c'a'ak re ru inc'a' yo'yo jo' li xo̱lb ut li arpa. Cui inc'a' nach'e'man chi tz'akal inc'a' nac'utun li c'a'ru yo̱ chixya̱basinquil ut

ma̱c'a' rajbal nak nach'e'man. 8 Ut nak
ta̱ya̱basi̱k li trompeta re xbokbaleb li sol-
dado, cui inc'a' ch'olch'o ru lix ya̱b, ¿ma
te'xcauresi ta bi' rib chi xic chi pletic?
9 Ut jo'can ajcui' la̱ex cui inc'a' nequex-
a̱tinac chi tz'akal re ru, ¿chanru nak
ta̱tauma̱nk ru li c'a'ru yo̱quex chixye-
bal? Yal na-oso' sa' ik' ut ma̱c'a' rajbal
li te̱ye. 10 Ya̱l nak q'uila pa̱y chi a̱ti-
noba̱l cuan sa' ruchich'och' ut chixjunil
cuan xya̱lal ut natauman ru. 11 Abanan
cui la̱in inc'a' nintau ru li ra̱tinoba̱l ju-
nak, li jun a'an ma̱c'a' rajbal nak yo̱k
chi a̱tinac cuiq'uin ut ma̱c'a' ajcui' rajbal
nak yo̱kin chi a̱tinac riq'uin. 12 La̱ex ne-
queraj xc'ulbal li ma̱tan naxq'ue li Santil
Musik'ej. Abanan la̱in ninye e̱re chesic'ak
li ma̱tan li natenk'an reheb chixjunileb
laj pa̱banel. 13 Ut li ani cuan xmatan chi
a̱tinac sa' jalanil a̱tin, li inc'a' natauman
ru, chixtz'a̱mahak chiru li Dios re nak
ta̱ru̱k tixye xya̱lal li c'a'ru quixye sa' li
jalanil a̱tin re nak ta̱ru̱k tixch'olob xya̱lal
chiruheb li rech aj pa̱banelil. 14 Cui la̱in
tintijok sa' jalanil a̱tin lin musik' ta̱tijok
ut la̱in inc'a' nintau ru li c'a'ru tinye chi
moco tixtenk'aheb li cuech aj pa̱banelil.
15 ¿C'a'ru tinba̱nu chi jo'canan? Tinti-
jok riq'uin lin musik' chi inc'a' tintau
ru li tinye ut tento ajcui' nak tintijok
riq'uin lin c'a'ux re nak ta̱tauma̱nk ru
li c'a'ru tinye. Ut tinbicha̱nk riq'uin lin
musik' chi inc'a' tintau ru li tinye ut tin-
bicha̱nk ajcui' riq'uin lin c'a'ux re nak ta̱-
tauma̱nk ru li c'a'ru tinye. 16 Cuan li inc'a'
neque'xtau ru li xya̱lal chirix li jalanil
a̱tin. Cui yo̱cat chixlok'oninquil li Dios
ca'aj cui' riq'uin la̱ musik', eb a'an inc'a'
te'xtau ru li ta̱ye xban nak yo̱cat chi
a̱tinac sa' jalanil a̱tin. ¿Chan put ru nak
te'xye "jo'can taxak" cui inc'a' neque'xtau
ru li yo̱cat chixyebal? 17 Ya̱l nak yo̱cat
chixlok'oninquil li Dios, abanan li jun
chic inc'a' ta̱tenk'a̱k xban la̱ tij xban nak
inc'a' naxtau ru li c'a'ru yo̱cat chixye-
bal. 18 Ninbantioxi chiru li Dios nak na-
bal sut nina̱tinac sa' jalanil a̱tin. La̱ex
inc'a' quex-a̱tinac nabal sut sa' jalanil
a̱tin jo' la̱in. 19 Aban la̱in ninye nak sa'
xya̱nkeb laj pa̱banel k'axal us raj nak
tinye cuib oxibak chi a̱tin li te'xtau ru re
nak tebintzol chi tz'akal chiru nak tinye
laje̱bak mil chi a̱tin sa' jalanil a̱tin ut
inc'a' te'xtau ru li tinye. 20 Ex inherma̱n,
chanchanakex li c'ula'al xban nak eb li
c'ula'al inc'a' neque'xba̱nu li ma̱usilal.
Abanan mexc'oxlac jo' neque'c'oxlac li
coc'al. Tz'akalak ban re ru le̱ c'a'ux xban
nak moco coc'alex ta chic. 21 Jo'ca'in
tz'i̱banbil sa' li Santil Hu li quixye li Dios
najter chirixeb laj Israel:

Eb lin tenamit inc'a' neque'raj rabinquil
li cua̱tin. Jo'can nak sa' jalan a̱ti-
noba̱l tincua̱tinaheb. Tintakla jalan
xtenamit chixyebal li cua̱tin re-
heb. Abanan chi moco chi jo'can
tine'rabi, chan li Ka̱cua'. (Is. 28:11-
12)

22 Riq'uin a a̱tin a'in nakanau nak li
ma̱tan re a̱tinac sa' jalan a̱tinoba̱l, a'an
q'uebil jo' retalil lix cuanquilal li Dios
chiruheb li ma̱cua'eb aj pa̱banel. Ut li
ma̱tan re xyebal li c'a'ru naxc'utbesi
li Dios, a'an q'uebil re xtenk'anquileb
laj pa̱banel. 23 Nak eb laj pa̱banel
te'xch'utub ribeb ut cui chixjunileb te'oc
chi a̱tinac sa' jalan a̱tin inc'a' natau-
man ru, cui te'oc aran li ma̱cua'eb
aj pa̱banel malaj te'oc aran li inc'a'
neque'xtau ru li na'leb a'in, te'xye nak
lo̱queb ru. 24 Abanan cui eb laj pa̱banel
te'xch'olob xya̱lal li c'a'ru quiyehe' reheb
xban li Dios, nak tox-oc sa' xya̱nkeb ju-
nak ma̱cua' aj pa̱banel malaj li toj ma̱ji'
naxtau ru li xya̱lal a'an, li jun a'an tixq'ue
retal nak a'an aj ma̱c ut tixq'ue ajcui'
retal li c'a'ru yo̱ chirabinquil. 25 Li Dios
tixc'ut chiru chi tz'akal c'a'ru cuan sa'
xch'o̱l. Ut li jun a'an tixcuik'ib rib ut
tixlok'oni li Dios ut tixye nak relic chi ya̱l
li Dios cuan sa' xya̱nkeb laj pa̱banel.

Tz'akal re ru tebanu nak tech'utub erib

26 Ex herman, a'an a'in li nacuaj xyebal
ere. Nak tech'utub erib chixlok'oninquil
li Dios, jalan jalank tebanu chejunkalex.
Cuan tixc'am chak junak bich; cuan li
taq'uehok na'leb; cuan li tayehok re li
quic'ute' chiru xban li Dios; cuan li taye-
hok junak na'leb riq'uin jalanil atin ut
cuan ajcui' li tajalok ru li tayemank
sa' li jalanil atin. Abanan chixjunil li
tebanu, chebanuhak re xtenk'anquileb
laj pabanel chi q'uic sa' lix pabaleb.
27 Cui cuanqueb li te'raj atinac sa' jalanil
atin, naru neque'atinac cuibak malaj ox-
ibak ut chixjunkaleb te'atinak. Ut cuank
ajcui' junak chic li tajalok ru li te'xye.
28 Abanan cui ma ani naru tajalok ru
li jalanil atin, inc'a' te'atinak sa' jalanil
atin sa' li ch'utubaj ib. Yal sa' xch'oleb
ban te'atinak chiru li Dios. 29 Cheq'ueheb
chi atinac cuibak malaj oxibak li pro-
feta li neque'yehoc resil li c'a'ru quic'ute'
chiruheb xban li Dios, ut li jun ch'ol chic
te'tz'ilok atin chirix re xnaubal ma riq'uin
na li Dios xchal chak li xe'xye. 30 Ut cui
cuan c'a'ru tac'utek' xban li Dios chiru li
ani c'ojc'o aran sa' li ch'utubaj ib, li jun
a'an tixtz'ama chiru li yo chi atinac nak
tixye li c'a'ru xc'ute' chiru xban li Dios.
Ut li ani yo chi atinac chixq'uehak xna'aj
re taatinak. 31 Chejunjunkalex taruk teye
li c'a'ru xc'ute' cheru xban li Dios re
nak chixjunileb laj pabanel te'xtzol rib
ut tacacuuk xch'oleb sa' lix pabaleb.
32 Cui yal nak li Dios xc'utuc cheru
li c'a'ru teye, li Dios textenk'a chi-
roybeninquil jok'e tex-oc chi atinac re
nak chi jo'can chejunjunkalex tex-atinak.
33 Li Dios inc'a' naraj nak tacuank li
po'oj ib sa' xyankeb laj pabanel. Naraj
ban nak cuank li tuktuquil usilal sa'
xyankeb. 34 Eb li ixk inc'a' te'atinak sa'
li ch'utubaj ib re xlok'oninquil li Dios.
Te'xpab a'in xban nak jo'can tz'ibanbil
sa' lix chak'rabeb laj judío. Jo'ca'in
na-uxman sa' xyankeb chixjunileb laj
pabanel yalak bar. 35 Cui cuan c'a' re
ru te'raj xnaubal che'xpatz'ak reheb lix
belom nak te'cuulak sa' rochocheb ut
a'an tixch'olob xyalal. Xutanal chok' re-
heb cui taatinak junak ixk sa' xyankeb
nak ch'utch'uqueb chixlok'oninquil li
Dios. 36 Chijulticok' ere nak macua'ex
laex quextiquiban chak re li ratin li Dios.
Ac cuan ajcui' chalen chak junxil. Ut
moco ca'aj cui' ta laex quex-abin re.
37 Mare cuan sa' eyank li naxc'oxla nak
a'an profeta malaj naxc'oxla nak cuan
jun chic xmatan q'uebil re xban li San-
til Musik'ej. Cui jo'can naxc'oxla, chix-
nauhak nak li yoquin chixtz'ibanquil sa'
li hu a'in, a'an ajcui' li chak'rab q'uebil
cue xban li Dios. 38 Ut cui cuan junak
inc'a' naxpab li yoquin chixtz'ibanquil,
laex inc'a' ajcui' tepab li c'a'ru tixye a'an.
39 Jo'can ut ex inherman, cheq'uehak
ech'ol chixch'olobanquil xyalal li c'a'ru
quic'ute' cheru xban li Dios ut meram
chiru li ani naraj atinac sa' jalanil atin.
40 Abanan li c'a'ru tebanu nak tech'utub
erib, chebanuhak chixjunil chi tz'akal re
ru ut sa' xyalal.

Lix cuaclijic chi yo'yo li Jesucristo sa' xyankeb li camenak

15 Anakcuan ex inherman,
tinch'olob cui'chic cheru li
resil li colba-ib. Li resil a'an, a'an li
ac xinye ere ut xec'uluban sa' ech'ol
ut riq'uin a'an cau chic ech'ol sa' le
pabal. 2 A'an a'in li xyalal li xinch'olob
cheru, li xexcole' cui'. Laex colbilex
chic cui nequexpaban chi tz'akal ut
inc'a' nequecanab xpabanquil. Abanan
cui inc'a' nequepab chi anchal ech'ol,
mac'a' rajbal nak xexpaban. 3 Li c'a'ru
quixc'ut li Kacua' chicuu, a'an ajcui'
li xinch'olob cheru. Lix yalal a'an
k'axal nim xcuanquil ut a'an a'in: nak
li Kacua' Jesucristo quicam re xtojbal

rix li kama̲c jo' tz'i̲banbil najter sa'
li Santil Hu xbaneb li profeta. 4 Jo'
nak que'xtz'i̲ba chak li profeta najter,
jo'can quic'ulman. Li Ka̲cua' Jesucristo
quimuke' ut quicuacli cui'chic chi yo'yo
sa' rox li cutan. 5 Chirix a'an li Ka̲cua'
Jesucristo quixc'ut rib chiru li apóstol
Pedro ut quixc'ut ajcui' rib chiruheb
chixjunileb li apóstol. 6 Ut chirix chic
a'an quixc'ut rib chiruheb numenak o̲b
ciento chi aj pa̲banel nak ch'utch'u̲queb.
Sa' xya̲nkeb a'an cuanqueb nabaleb
toj yo'yo̲queb anakcuan ut cuanqueb
ajcui' li ac camenakeb. 7 Ut mokon li
Ka̲cua' Jesucristo quixc'ut rib chiru laj
Jacobo ut quixc'ut ajcui' rib chiruheb
chixjunileb li apóstol. 8 Ut chirix
chixjunil a'an, quixc'ut ajcui' rib chicuu
la̲in, usta la̲in chanchanin jun c'ula'al
toj ma̲ji' naxtau xk'ehil xyo'lajic xban
nak la̲in toj ma̲ji' ninyo'la sa' lin pa̲ba̲l
nak quixc'ut rib chicuu. 9 La̲in cubenak
incuanquil chiruheb chixjunileb li
apóstol ut ma̲cua' raj inc'ulub nak la̲inak
apóstol xban nak la̲in xinrahobtesiheb
chak laj pa̲banel. 10 Abanan xban
rusilal li Dios nak la̲in apóstol. Ut li
rusilal li Dios inc'a' quicana chi ma̲c'a'
rajbal xban nak k'axal cau cui'chic
ninc'anjelac chiru chixjunileb li apóstol.
Aban ma̲cua' injunes ninc'anjelac.
Li Dios natenk'an cue xban xnimal
rusilal li xinma̲tani. 11 Ma̲c'a' naxye
cui xerabi resil li colba-ib riq'uineb li
apóstol jun ch'ol malaj cuiq'uin la̲in.
Juntak'e̲t li resil li colba-ib li nakajultica
chikajunilo ut a'an li xepa̲b la̲ex.

Eb li camenak te'cuacli̲k cui'chic chi yo'yo

12 Ac xkach'olob xya̲lal che̲ru nak li
Cristo quicuacli cui'chic chi yo'yo sa'
xya̲nkeb li camenak. Abanan toj cuan
sa' e̲ya̲nk li neque'yehoc re nak inc'a'
te'cuacli̲k cui'chic chi yo'yo li came-
nak. 13 Cui inc'a' te'cuacli̲k cui'chic chi
yo'yo eb li camenak, inc'a' raj ya̲l nak
quicuacli cui'chic chi yo'yo li Jesucristo
sa xya̲nkeb li camenak. 14 Cui ta inc'a'
quicuacli cui'chic chi yo'yo li Jesucristo,
ma̲c'a' raj xya̲lal li nakajultica resil, ut
ma̲c'a' raj rajbal li xepa̲b. 15 Ut cui ta
inc'a' quicuacli chi yo'yo li Cristo sa'
xya̲nkeb li camenak, xocana raj la̲o chok'
aj balak' riq'uin li xkaye chirix li Dios
xban nak xkach'olob xya̲lal nak li Dios
quixcuaclesi cui'chic chi yo'yo li Cristo.
Abanan inc'a' raj quixcuaclesi chi yo'yo
cui ya̲l nak inc'a' te'cuacli̲k cui'chic chi
yo'yo li camenak. 16 Cui ta inc'a' ya̲l nak
te'cuacli̲k cui'chic chi yo'yo li camenak,
inc'a' raj ya̲l nak quicuacli cui'chic chi
yo'yo li Cristo. 17 Cui ta li Cristo inc'a'
quicuacli cui'chic chi yo'yo, ma̲c'a' raj ra-
jbal le̲ pa̲ba̲l. Toj cua̲nkex raj ajcui' sa'
le̲ ma̲c. 18 Cui ta jo'can, eb li que'xpa̲b
li Cristo li que'cam sachenakeb raj ajcui'
xban lix ma̲queb. 19 Cui ta ca'aj cui' re
li kayu'am arin sa' ruchich'och' nak xka-
pa̲b li Cristo, xkabalak'i raj kib ut k'axal
tok'oba̲l raj ku tocana̲k chiruheb chixju-
nileb li kas ki̲tz'in. 20 Abanan relic chi
ya̲l nak li Cristo quicuaclesi̲c cui'chic
chi yo'yo sa' xya̲nkeb li camenak. A'an
li xbe̲n li quicuacli chi yo'yo chiruheb
chixjunileb li te'cuaclesi̲k cui'chic chi
yo'yo. 21 Xban nak quima̲cob laj Adán,
jo'can nak chikajunilo nococam. Abanan
xban nak quicuacli cui'chic chi yo'yo
li Jesucristo, cuan ajcui' xcuaclijiqueb
li camenak chi yo'yo. 22 Jo'can nak sa'
xc'aba' laj Adán li kaxe'to̲nil yucua' nak
chikajunilo nococam. Ut sa' xc'aba' li Je-
sucristo, chixjunileb li neque'pa̲ban re
te'cuacli̲k cui'chic chi yo'yo ut te'q'uehek'
xyu'am chi junelic. 23 Ut nak te'cuacli̲k
cui'chic chi yo'yo eb li camenak, moco
jun cuaclijiqueb ta nak te'cuacli̲k chak.
Li xbe̲n li quicuacli chak chi yo'yo,
a'an li Jesucristo. Ut mokon nak tol-e̲lk
cui'chic li Jesucristo, te'cuacli̲k chak eb
li que'pa̲ban re. 24 Ut chirix chic a'an

aca' chic li roso'jic li ruchich'och' ut li
Cristo tixsacheb xcuanquil chixjunileb li
neque'taklan sa' ruchich'och' ut tixsach
ajcui' xcuanquileb li Musik'ej. Ut chirix
a'an li Cristo tixk'axtesi lix cuanquil sa'
ruk' li Dios Acuabej. 25 Li Cristo cua̱nk
xcuanquil chi takla̱nc toj retal tixq'ueheb
rubel rok chixjunileb li xic' neque'iloc
re. 26 Ut li ta̱sachek' xcuanquil toj sa'
roso'jic, a'an li ca̱mc. 27 Tz'i̱banbil re-
talil sa' li Santil Hu nak li Acuabej Dios
quixq'ue chixjunil li c'a'ak re ru rubel
xcuanquil li Cristo. Abanan li Cristo
inc'a' nataklan sa' xbe̱n li Acuabej Dios
xban nak li Dios, a'an li quiq'uehoc re
lix cuanquilal. 28 Ut nak acak xcanaba̱c
xban li Dios chixjunil li c'a'ak re ru rubel
xcuanquil li Cristo li Alalbej, tojo'nak li
Cristo tixk'axtesi ajcui' rib rubel xcuan-
quil li Acuabej Dios, li quiq'uehoc xcuan-
quil li Cristo sa' xbe̱n chixjunil, ut li
Dios a'anak chic yal re sa' xbe̱n chixju-
nil. 29 Cuan ca'ch'in chic tinye chirix lix
cuaclijiqueb chi yo'yo li camenak. Cuan-
queb sa' e̱ya̱nk li neque'cubsi̱c xha'eb
chok' ru̱chil xcubi ha' li camenak. Cui
inc'a' neque'xpa̱b nak te'cuacli̱k li came-
nak, ¿c'a'ut nak neque'xba̱nu chi jo'can?
30 Ut cui inc'a' te'cuacli̱k chi yo'yo li ca-
menak, ¿c'a'ut nak la̱o aj yehol resil
li colba-ib nakaq'ue kib chi rahobtesi̱c
cui ma̱c'a' xya̱lal li yo̱co chixba̱nunquil?
31 Ex inherma̱n, relic chi ya̱l ninye e̱re
nak rajlal cutan cuan li neque'raj incam-
sinquil xban nak ninye resil li colba-
ib. Abanan nasaho' sa' inch'o̱l xban nak
xepa̱b li Cristo. 32 Ut cui inc'a' te'cuacli̱k
chi yo'yo li camenak, ¿c'a' raj ru tinra
nak tinc'ul li raylal arin Efeso? Chanchan
nak yo̱quin chi pletic riq'uineb li josk'
aj xul nak cuanquin arin sa' xya̱nkeb
li tenamit. Ma̱c'a' raj rajbal a'an cui
inc'a' takac'ul kak'ajca̱munquil chirix li
kacamic. K'axal us raj cui takaba̱nu jo'
li inc'a' neque'xpa̱b nak te'cuacli̱k chi
yo'yo li camenak li neque'xye cua'ako,
uc'ako xban nak cuulaj ca'bej nococam.
33 Me̱q'ue e̱rib chi balak'i̱c xbaneb li
neque'a̱tinac chi jo'can. Me̱junaji e̱rib
riq'uineb li inc'a' useb xna'leb xban nak
li inc'a' useb xna'leb neque'xpo' xch'o̱leb
li cha̱bileb xna'leb. 34 Chec'oxla chi us
li yo̱quex chixba̱nunquil ut mexma̱cob
chic. Cuanqueb sa' e̱ya̱nk li toj ma̱ji'
neque'xpa̱b li Dios. Re xc'utbal e̱xuta̱n
nak ninye e̱re chi jo'ca'in. 35 Ma̱re cuan
li neque'yehoc, ¿chanru nak te'cuacli̱k
cui'chic chi yo'yo li camenak? ¿Chanru
te'c'utu̱nk nak te'cuacli̱k? ¿Ma te'cuacli̱k
cui'chic chi tz'akal re ruheb? chanqueb.
36 Ma̱c'a' e̱na'leb. C'oxlankex ca'ch'inak
chirix li a̱uc. Li iyaj na-auman inc'a'
namok cui inc'a' nak'a li rix xbe̱n cua.
37 Ma̱cua' li ratz'um li acui̱mk na-auman.
A' li riyajil ban na-auman usta trigo
malaj c'a' chic ru chi iyajil. 38 Ut li Dios
naxq'ue li ratz'um chi ch'ina'us jo' naraj
a'an. A' yal c'a'ru li iyaj ta̱rau junak, a'an
ajcui' li ratz'um tixq'ue. 39 Nabal pa̱y ru li
iyaj ut nabal pa̱y ajcui' ru li ratz'um na-
el. Ut jo'can ajcui' nabal pa̱y ru li tibelej.
Jalan xtibel li cristian chiru xtibel li
xul. Ut jalan xtibel li car chiru xtibel li
xul li neque'rupupic. 40 Ut jalaneb ajcui'
li ángel sa' choxa chiku la̱o ut jalaneb
lix lok'al chiru li kalok'al la̱o arin sa'
ruchich'och'. 41 Jalan cui' xlok'al li sak'e
ut jalan cui' xlok'al li po ut jalan ajcui'
xlok'al li chahim ut jalan jala̱nk lix lok'al
li junju̱nk chi chahim. 42 Jo'can ajcui'
la̱o. Jalan chic li kalok'al nak tocua-
cli̱k cui'chic chi yo'yo chirix li kacamic.
Nak nococam, nocomuke' ut nak'a li kat-
ibel, abanan nak tocuacli̱k cui'chic chi
yo'yo jalanako chic ut inc'a' chic toca̱mk.
43 Nak namuke' junak camenak ma̱c'a'
xcacuilal chi moco xlok'al. Abanan nak
ta̱cuacli̱k cui'chic chi yo'yo, k'axal nimak
xlok'al ut cua̱nk chic xcuanquil. 44 Nak
nococam namuke' li katibel xban nak yal
ch'och' oquenak. Abanan nak tocuacli̱k
cui'chic chi yo'yo, musik'ejo chic. Nak

cuanco sa' ruchich'och' cuan li katibel
nak'a na-oso'. Abanan sa' choxa jalanako
chic ut ta̱cua̱nk li kayu'am chi junelic.
45 Tz'i̱banbil sa' li Santil Hu chi jo'ca'in:

Laj Adán li xbe̱n cui̱nk quiq'uehe'
xmusik' nak quiyo'obtesi̱c xban li
Dios. Abanan li xcab Adán, a'
li Ka̱cua' Jesucristo, a'an musik'ej
ut a'an li naq'uehoc kayu'am chi
junelic.

46 Jo'can nak li katibel arin sa'
ruchich'och', a'an na-oso'. Abanan li
kamusik' li naxq'ue ke li Dios, a'an inc'a'
na-oso'. Cuan ban chi junelic. 47 Nak
quiyo'obtesi̱c laj Adán xban li Dios,
ch'och' qui-oc. Abanan li Jesucristo
moco yo'obtesinbil ta. A'an musik'ej ut
sa' choxa quichal chak. 48 Jo'can nak
chikajunilo arin sa' ruchich'och' yal
tibelo jo' laj Adán. Ut nak tocuacli̱k
cui'chic chi yo'yo, la̱ako chic musik'ej
jo' li Cristo li quichal chak sa' choxa.
49 Anakcuan cuan katibel jo' li re laj
Adán. Li tibelej a'an ch'och' oquenak.
Abanan sa' jun cutan la̱ako chic jo' li
Cristo li quichal chak sa' choxa. 50 Ex
inherma̱n, li nacuaj xyebal e̱re, a'an
a'in: li katibel ut li kaquiq'uel inc'a' ta̱oc
sa' lix nimajcual cuanquilal li Dios xban
nak a'an nak'a. Li bar cuan nak'a inc'a'
naru ta̱re̱chani lix nimajcual cuanquilal
li Dios xban nak a'an inc'a' nak'a.
51 Nacuaj ajcui' nak te̱nau lix ya̱lal li
mukmu nak quicuan chak junxil. A'an
a'in: moco chikajunilo ta la̱o aj pa̱banel
toca̱mk, abanan chikajunilo tojalanok'.
52 Sa' roso'jic li cutan nak ta̱ec'a̱nk
chak li trompeta, tojalanok' sa' junpa̱t
sa' jun mutz'il u. Nak ta̱ec'a̱nk chak li
trompeta eb laj pa̱banel li ac camenakeb
te'cuacli̱k cui'chic chi yo'yo ut inc'a'
chic te'ca̱mk. Ut eb laj pa̱banel li toj
yo'yo̱queb te'jalanok'. 53 Li katibel arin
sa' ruchich'och' nak'a. Tento nak ta̱jala̱k
re nak inc'a' chic ta̱k'a̱k. Ut li kayu'am li
na-oso' sa' ruchich'och' ta̱jala̱k riq'uin
jun ac' yu'am inc'a' chic ta̱osok'. 54 Nak
acak xjalano' li katibel li nak'a, ut nak
acak xjalano' li kayu'am li na-oso', aran
ta̱tz'aklok ru li quitz'i̱ba̱c chak najter
xbaneb li profeta nak que'xye chak chi
jo'ca'in:

Sachbil xcuanquil li ca̱mc chi junaj cua
xban nak xnumta xcuanquil li Cristo
sa' xbe̱n. (Is. 25:8)
55 Li ca̱mc ma̱c'a'ak chic xcuanquil sa'
kabe̱n.
Ma̱c'a' chic li raylal takac'ul xban li ca̱mc.
(Os. 13:14)

56 Xban nak cuan li ma̱c, jo'can nak
cuan li ca̱mc. Nak ma̱c'a'ak chic li
ma̱c, ma̱c'a'ak chic li ca̱mc. Ut li
chak'rab ma̱c'a'ak chic xcuanquil sa'
kabe̱n. 57 Jo'can ut chikabantioxi re
li Dios nak ma̱c'a' chic xcuanquil li
ca̱mc sa' kabe̱n sa' xc'aba' li Ka̱cua'
Jesucristo. 58 Jo'can ut ex inherma̱n,
raro̱quex inban, cauhak taxak e̱ch'o̱l sa'
le̱ pa̱ba̱l. Mich'inan le̱ ch'o̱l. Cheq'uehak
ban e̱ch'o̱l chi c'anjelac chiru li Ka̱cua'.
Ut chenauhak nak li jo' q'uial te̱ba̱nu sa'
xc'aba' li Ka̱cua' cuan rajbal.

Li xtenk'anquileb laj pa̱banel li cuanqueb Jerusalén

16 Anakcuan nacuaj xyebal e̱re
chanru te̱ba̱nu riq'uin li tumin
li yo̱quex chixxocbal re xtenk'anquileb
le̱ rech a̱j pa̱banelil li cuanqueb aran
Jerusalén. Jo' xinye reheb laj pa̱banel
aran Galacia, jo'can ajcui' tinye e̱re
la̱ex. 2 Rajlal xama̱n, sa' li xbe̱n cutan
re li xama̱n, che̱junju̱nkalex te̱q'ue li jo'
q'uial texru̱k a' yal jo' nimal le̱ tojbal
te̱c'ul. Ut li tumin a'in ac xocbilak e̱ban
nak tincuulak e̱riq'uin re nak inc'a'
yo̱kex chi xococ tumin nak tincuulak
la̱in. 3 Ut te̱sic' ruheb li ani te'xic
Jerusalén chixcanabanquil li tumin.
Ut nak tincuulak e̱riq'uin, tintz'i̱ba
li hu te'xc'am nak te'xic Jerusalén
chixk'axtesinquil li tumin reheb laj

pa̱banel. 4 Cui naxq'ue rib nak tinxic la̱in, cuochbeneb nak toxic.

Laj Pablo yo̱ chixcauresinquil lix xiquic Corinto

5 Nak tinxic e̱riq'uin, xbe̱n cua toxinnumek' Macedonia. 6 Ma̱re tinba̱yk ca'ch'inak e̱riq'uin. Ma̱re toj tinnumsi li habalk'e e̱riq'uin re nak cua̱nk sa' e̱ch'o̱l nak tine̱tenk'a chi xic toja' yal na bar tinxic. 7 Inc'a' nacuaj nak yal numec' cue nak tincuulak e̱riq'uin. Nacuaj ban tincua̱nk jarubak cutan e̱riq'uin cui jo'can naraj li Ka̱cua' Dios. 8 Abanan toj tinnumsi li nink'e Pentecostés arin Efeso tojo'nak tinxic e̱riq'uin. 9 Yo̱ chi e̱lc chi us lin c'anjel arin xban nak nabaleb neque'raj rabinquil resil li colba-ib. Abanan cuan ajcui' li xic' neque'rabi resil li colba-ib. 10 Cui ta̱cuulak laj Timoteo e̱riq'uin, chec'ulak chi sa sa' e̱ch'o̱l re nak sahak sa' xch'o̱l a'an ut ma̱c'a'ak xc'a'ux nak cua̱nk sa' e̱ya̱nk. A'an yo̱ chi c'anjelac chiru li Ka̱cua' jo' nak ninc'anjelac la̱in. 11 Jo'can ut ma̱ ani chitz'ekta̱na̱nk re. Chetenk'a riq'uin li c'a'ru re, re nak ta̱cha̱lk cui'chic cuiq'uin sa' xya̱lal. La̱in yo̱quin chiroybeninquil nak ta̱cha̱lk cui'chic cuiq'uin rochbeneb li herma̱n. 12 Nabal sut xintz'a̱ma chiru li hermano Apolos nak ta̱xic e̱riq'uin rochbeneb li herma̱n. Abanan a'an quirec'a sa' xch'o̱l nak toj ma̱ji' ta̱ru̱k chi xic. Nak tixq'ue rib ta̱cuulak aran che̱rilbal.

Laj Pablo naxrak lix hu

13 Mich'inan e̱ch'o̱l sa' le̱ pa̱ba̱l. Cauhak taxak e̱ch'o̱l chi pa̱ba̱nc ut me̱q'ue e̱rib chi a̱le̱c. Yo'on cua̱nkex ut chepa̱bak li Ka̱cua' chi anchal e̱ch'o̱l, usta nachal raylal sa' e̱be̱n. 14 Ut chixjunil li c'a'ru te̱ba̱nu, cheba̱nuhak chi anchal e̱ch'o̱l xban nak nequera le̱ ras e̱ri̱tz'in. 15 Ex inherma̱n, la̱ex ac nequenau nak laj Estéfanas ut li rixakil jo'queb ajcui' li ralal xc'ajol, a'aneb li xbe̱n que'pa̱ban aran Acaya. Eb a'an que'xq'ue xch'o̱l chi c'anjelac chiruheb li rech aj pa̱banelil. 16 Jo'can nak tintz'a̱ma che̱ru nak tex-abi̱nk chiru laj Estéfanas jo'queb ajcui' chixjunileb li neque'tenk'an ut neque'c'anjelac sa' e̱ya̱nk. 17 Nasaho' sa' inch'o̱l nak xe'c'ulun cuiq'uin laj Estéfanas ut laj Fortunato ut laj Acaico. Eb a'an xe'tenk'an cue chok' e̱ruchil la̱ex nak ma̱ anihex cuiq'uin. 18 Que'xq'ue xcacuil inch'o̱l. Chanru nak xextenk'a̱c la̱ex xbaneb, jo'can ajcui' nak xine'xtenk'a la̱in. Jo'can nak che-oxlok'iheb li herma̱n a'an. 19 Chixjunileb laj pa̱banel li cuanqueb Asia neque'xtakla xsahil e̱ch'o̱l sa' xc'aba' li Ka̱cua'. Neque'xtakla ajcui' nabal xsahil e̱ch'o̱l eb li herma̱n laj Aquila ut lix Priscila. Ut neque'xtakla ajcui' nabal xsahil e̱ch'o̱l chixjunileb laj pa̱banel li neque'xch'utub rib sa' rochoch laj Aquila. 20 Chixjunileb laj pa̱banel li cuanqueb arin neque'xtakla xsahil e̱ch'o̱l. Ut jo'can ajcui' la̱ex, cheq'uehak xsahil e̱ch'o̱l che̱ribil e̱rib riq'uin santil utz'uc u. 21 La̱in laj Pablo. Riq'uin cuuk' yo̱quin chixtz'i̱banquil li a̱tin a'in re xq'uebal xsahil e̱ch'o̱l. 22 Li Ka̱cua' Jesucristo chi se̱b ta̱cha̱lk. Cui cuan junak sa' e̱ya̱nk inc'a' naxra li Jesucristo, chi cha̱lc ta raylal sa' xbe̱n. 23 A' taxak li rusilal li Ka̱cua' chicua̱nk e̱riq'uin. 24 K'axal nequexinra che̱junilex xban nak junajo chic sa' xc'aba' li Ka̱cua' Jesucristo. Jo'can taxak.

Li Xcab Hu li Quixtz'i̱ba li San Pablo reheb laj Corinto

Xq'uebal xsahileb xch'o̱l

1 La̱in laj Pablo. Sic'bil cuu xban li Dios chok' x-apóstol li Jesucristo xban nak jo'can quiraj li Dios. Cuochben laj Timoteo li kech aj pa̱banelil. Yo̱quin chixtz'i̱banquil li hu a'in e̱riq'uin la̱ex aj pa̱banel li cuanquex sa' li tenamit Corinto ut reheb ajcui' chixjunileb laj pa̱banel li cuanqueb sa' chixjunil li na'ajej Acaya. 2 Chicua̱nk taxak e̱riq'uin li usilal ut li tuktu̱quilal li nachal chak riq'uin li Dios li kaYucua' ut riq'uin li Ka̱cua' Jesucristo.

Laj Pablo nabantioxin chiru li Dios

3 Lok'oninbil taxak li Dios lix Yucua' li Ka̱cua' Jesucristo. Li Dios, a'an li kaYucua' ut junelic naruxta̱na ku ut naxc'ojob kach'o̱l. 4 Naxc'ojob kach'o̱l sa' chixjunil li karaylal re nak ta̱ru̱k takac'ojob xch'o̱leb li cuanqueb sa' raylal. Jo' nak naxc'ojob kach'o̱l li Dios la̱o, jo'can ajcui' nak takac'ojob xch'o̱leb li cuanqueb sa' raylal. 5 Jo' nak nocotz'akon riq'uin li q'uila raylal li quixc'ul li Cristo, jo'can ajcui' nak nac'ojoba̱c kach'o̱l xban li Cristo, re nak naru takac'ojob xch'o̱leb li kech aj pa̱banelil. 6 La̱o nocorahobtesi̱c re nak la̱ex texcolek' ut ta̱c'ojoba̱k e̱ch'o̱l. Naxc'ojob kach'o̱l li Dios re nak la̱o takac'ojob e̱ch'o̱l la̱ex nak yo̱quex chixcuybal xnumsinquil li raylal jo' li nakacuy la̱o. 7 La̱o nakanau nak cau e̱ch'o̱l sa' le̱ pa̱ba̱l. Nakanau nak te̱c'ul li raylal jo' yo̱co chixc'ulbal la̱o. Abanan nakanau ajcui' nak ta̱c'ojoba̱k e̱ch'o̱l nak yo̱kex chixc'ulbal li raylal jo' nak nac'ojoba̱c kach'o̱l la̱o. 8 Ex inherma̱n, nacuaj nak te̱nau jo' q'uial li raylal xkac'ul sa' li na'ajej Asia. K'axal ra xkac'ul chak ut xkac'oxla nak inc'a' chic takacuy xnumsinquil. La̱o xkac'oxla nak inc'a' chic toe'xcanab chi yo'yo. 9 Xkac'oxla nak ac tenebanbil ca̱mc sa' kabe̱n. Us ajcui' nak quikac'ul chi jo'can re nak cua̱nk xcacuilal kach'o̱l riq'uin li Dios li nacuaclesin re li camenak chi yo'yo ut inc'a' takac'oxla nak cuan xcacuilal kach'o̱l kajunes kib. 10 Li Dios, a'an li quicoloc chak ke chiru li ca̱mc nak corahobtesi̱c. Ut nakanau chi tz'akal nak a'an ta̱colok ke chi junelic. 11 Abanan nakatz'a̱ma ajcui' che̱ru nak junelic textijok chikix. Cui nabaleb li neque'tijoc chikix, nabaleb ajcui' li te'bantioxi̱nk chiru li Dios nak torosobtesi. 12 K'axal nasaho' kach'o̱l xban nak nakanau nak sa' ti̱quilal nococuan sa' ruchich'och'. Ut chi anchal kach'o̱l xocuan sa' ti̱quilal nak xocuan e̱riq'uin la̱ex. Moco xban ta nak cuan kana'leb kajunes la̱o nak cuanco sa' ti̱quilal. Li Dios ban natenk'an ke riq'uin lix nimal ruxta̱n. 13 Moco sa' jaljo̱quil ru a̱tin ta nintz'i̱bac e̱riq'uin. Tz'akal re ru li nintz'i̱ba. Nacuaj nak te̱tau ru chi tz'akal li nintz'i̱ba e̱riq'uin chicuix la̱in. 14 Cuan tana li xetau ru ut cuan tana inc'a'. Abanan nacuaj nak te̱tau ru chi tz'akal nak la̱in x-apóstol li Jesucristo re nak sahak sa' e̱ch'o̱l cuiq'uin nak tol-e̱lk li Jesucristo ut sahak ajcui' inch'o̱l la̱in e̱riq'uin la̱ex. 15 Ca' sut raj xinc'oxla numec' e̱riq'uin xban nak ninnau nak xine̱c'ul raj chi sa sa' e̱ch'o̱l. Jo'can nak xinnume' raj e̱riq'uin nak xinchal arin Macedonia. 16 Ut ninc'oxla numec' e̱riq'uin nak tinsuk'i̱k. Ut ninnau nak tine̱tenk'a la̱ex chi xic aran Judea. 17 ¿C'a'ru nequec'oxla chirix a'in? ¿Ma inc'a' ta bi' ninc'oxla chi us li c'a'ru ninye? ¿Ma yal xcab rix inch'o̱l ta bi' li c'a'ru yo̱quin chixba̱nunquil? ¿Ma ho̱n ta bi' ninye us ut junpa̱t chic tinye inc'a' jo' neque'xba̱nu li ma̱ji' neque'xpa̱b li Cristo? 18 Li Dios naxnau nak inc'a' yo̱quin chixyebal e̱re us cui nacuec'a nak inc'a' ta̱ru̱k tinba̱nu. 19 Li Jesucristo li

Ralal li Dios ma̱ jun sut quixye us cui a'an
naxnau nak inc'a' tixba̱nu. A'an junelic
ya̱l li c'a'ru naxye. Ut la̱in cuochbeneb
laj Silvano ut laj Timoteo nakach'olob
xya̱lal li Cristo che̱ru la̱ex. 20 Chixjunil li
yechi'inbil ke xban li Dios, nakac'ul sa'
xc'aba' li Jesucristo. Jo'can nak sa' xc'aba'
li Jesucristo nakaye "jo'can taxak" re
xq'uebal xlok'al li Dios. 21 Sa' xc'aba' li Je-
sucristo, li Dios naxq'ue xcacuilal kach'o̱l
sa' li kapa̱ba̱l la̱o jo' ajcui' la̱ex. Ut a'an
ajcui' quisic'oc chak ku re nak toc'anjelak
chiru. 22 Ut li Dios quixtakla chak li San-
til Musik'ej chi cua̱nc kiq'uin chok' re-
talil nak reho chic. Xban nak li San-
til Musik'ej cuan kiq'uin, nakanau chi
ya̱l nak takac'ul chixjunil li quixyechi'i
ke. 23 La̱in inc'a' xcuaj e̱k'usbal. Jo'can
nak inc'a' xco̱in e̱riq'uin aran Corinto. Li
Dios naxnau nak ya̱l li yo̱quin chixye-
bal. 24 Moco yo̱co ta xminbal e̱ru sa' le̱
pa̱ba̱l. Ac cau e̱ch'o̱l sa' le̱ pa̱ba̱l. Yo̱co
ban che̱tenk'anquil re nak sahak e̱ch'o̱l
sa' le̱ pa̱ba̱l.

2 Jo'can nak xinc'oxla nak toj ma̱ji'
chic tinxic e̱riq'uin xban nak inc'a'
nacuaj xq'uebal xrahil e̱ch'o̱l. 2 Cui in-
ma̱c la̱in nak ta̱rahok' e̱ch'o̱l, ¿ani ta chic
ta̱q'uehok xsahil inch'o̱l la̱in xban nak
ca'aj cui' la̱ex nequeq'ue xsahil inch'o̱l?
Cui ta xincuulac e̱riq'uin xinq'ue raj
xrahil e̱ch'o̱l. 3 Jo'can nak xintz'i̱ba li hu
li xintakla e̱riq'uin. Inc'a' xco̱in e̱riq'uin
xban nak inc'a' xcuaj xraho' inch'o̱l e̱ban
la̱ex li xeq'ue raj xsahil inch'o̱l. Nin-
nau nak nasaho' ajcui' e̱ch'o̱l la̱ex cui sa
sa' inch'o̱l la̱in. 4 Nak xintz'i̱bac e̱riq'uin
xinyot'e' ut xinya̱bac xban nak xraho'
sa' inch'o̱l. Inc'a' xintz'i̱bac e̱riq'uin re
xq'uebal xrahil e̱ch'o̱l. Re ban nak te̱nau
nak k'axal raro̱quex inban.

Checuyak xma̱c li quixba̱nu li inc'a' us

5 Li ani quixq'ue xrahil inch'o̱l xban li
inc'a' us quixba̱nu, moco ca'aj cui' la̱in ta
quixq'ue xrahil inch'o̱l. Quixq'ue aj ban
cui' xrahil e̱ch'o̱l la̱ex. Aban ma̱re cuan
ajcui' inc'a' quiraho' xch'o̱l xban. Abanan
ninnau nak cuan ajcui' que'raho' xch'o̱l
xban. Inc'a' nacuaj xk'usbal chi k'axal
cau. 6 Tz'akal lix k'usbal li yo̱ chixc'ulbal
e̱riq'uin. 7 Us cui te̱cuy xma̱c anakcuan ut
te̱c'ojob xch'o̱l xban nak naru nach'inan
cui'chic xch'o̱l. 8 Nintz'a̱ma che̱ru nak
chec'utak chiru nak nequera. 9 Xban
a'an nak xintz'i̱bac e̱riq'uin junxil. Ut
xintz'i̱bac ajcui' xban nak nacuaj xnaubal
ma te̱ba̱nu chixjunil li c'a'ru ninye e̱re.
10 Cui te̱cuy xma̱c a'an la̱in tincuy ajcui'
xma̱c. Li ani te̱cuy xma̱c la̱ex, tincuy
ajcui' xma̱c la̱in. Cui ani nincuy xma̱c,
a'an ninba̱nu re e̱tenk'anquil ajcui' la̱ex.
Ut li Cristo naxnau nak ninba̱nu chi an-
chal inch'o̱l. 11 Takacuy xma̱c re nak laj
tza inc'a' ta̱numta̱k sa' kabe̱n xban nak
chikajunilo ac nakanau nak a'an cuan
xna'leb chi balak'ic.

Laj Pablo ra sa' xch'o̱l xban nak ma̱ ani laj Tito aran Troas

12 Nak quincuulac sa' li tenamit
Troas chi c'anjelac chiru li Ka̱cua',
k'axal que'xq'ue xch'o̱l chirabinquil nak
quinch'olob xya̱lal li colba-ib sa' xc'aba'
li Jesucristo. 13 Abanan nak quincuulac
Troas quiraho' inch'o̱l xban nak ma̱
ani aran li kaherma̱n Tito chixyebal
cue chanru cuanquex. Jo'can nak
quinchak'rabiheb ut quinc'ulun arin sa'
li na'ajej Macedonia.

La̱o taklanbilo xban li Dios chixch'olobanquil xya̱lal chirix li Jesucristo

14 Nakabantioxi re li Dios xban nak
yalak bar nocoxic li Cristo nac'amoc be
chiku ut naxq'ue kacuanquilal chi e̱lc
chi us riq'uin chixjunil. Nak nakach'olob
xya̱lal li Cristo, chanchan xbo̱c li su-
nunquil ban li naxic yalak bar. 15 Chan-
chano li sununquil ban li quixmayeja li
Cristo chiru li Dios. Lix bo̱c nacuulac

riq'uineb li neque'cole' ut nacuulac ajcui' riq'uineb li neque'sach. 16 Chiruheb li neque'sach chanchan xchuhil li camenak li nacamsin. Abanan chiruheb li neque'cole' chanchan jun sununquil ban li naq'uehoc yu'am. ¿Ani tz'akal cuan xna'leb chixch'olobanquil li xyalal li colba-ib? 17 Ca'aj cui' lao li taklanbilo xban li Dios. Chi anchal kach'ol nococ'anjelac chiru li Dios sa' xc'aba' li Cristo xban nak reho chic. Moco juntak'eto ta riq'uineb li jun ch'ol chic li inc'a' neque'xq'ue xlok'al li ratin li Dios. Chanchaneb aj yaconel nak neque'xsic' xtumineb riq'uin xyebal li ratin li Dios.

Li xyalal chirix li ac' contrato

3 ¿Ma yoquin ta bi' chixnimobresinquil cuib nak nequec'oxla laex nak ninye nak lain aj c'anjel chiru li Dios? ¿Ma tento ta bi' nak cuank li kahu jo' neque'xbanu li jun ch'ol chic re xyebal resil aniheb re nak tepab li c'a'ru neque'xye? ¿Ma naru ta bi' takapatz' li kahu ere laex? 2 Laex chanchanex li kahu tz'ibanbil sa' li kach'ol ut chixjunileb naru te'ril. Nak te'ril le chabilal te'xq'ue retal nak chabil li kac'anjel. 3 Le yu'am laex chanchan jun li hu tz'ibanbil xban li Cristo. Ut lao xkach'olob li xyalal cheru. Li hu a'in moco tz'ibanbil ta chiru pec chi moco tz'ibanbil ta riq'uin tinta. Tz'ibanbil ban sa' le ram xban lix Musik' li yo'yoquil Dios. 4 Naru nakaye a'in xban nak cau kach'ol riq'uin li Dios sa' xc'aba' li Jesucristo. 5 Ma jun c'anjel naru nakayo'ob kajunes, chi moco naru nakac'oxla xbanunquil. Li Dios ban naxq'ue kacuanquil chixbanunquil li c'a'ru nakabanu. 6 Li Dios naxq'ue kacuanquilal chixch'olobanquil li xyalal li ac' contrato, li natauman cui' li ac' yu'am. Li ac' yu'am inc'a' natauman riq'uin xbanunquil li c'a'ru tz'ibanbil sa' li chak'rab xban nak li chak'rab naxteneb li camc sa' kaben. Li ac' yu'am q'uebil ke xban li Santil Musik'ej. 7 Li chak'rab li quiq'uehe' re laj Moisés tz'ibanbil chiru pec ut quic'utun xlok'al li Dios nak quixq'ue li chak'rab a'in. Quilemtz'un li rilobal laj Moisés ut eb laj Israel inc'a' que'xcuy rilbal usta junpat ajcui' quicuan sa' li rilobal laj Moisés lix lok'al li Dios. Li najter chak'rab a'in li quic'amoc chak re li camc sa' kaben quic'ulun riq'uin xlok'al li Dios. 8 Abanan k'axal numtajenak cui'chic xlok'al li c'anjel li naxbanu kiq'uin li Santil Musik'ej. 9 Cui cuan xlok'al li najter chak'rab li quic'amoc chak li tojba mac sa' kaben, k'axal cui'chic numtajenak xlok'al li ac' yu'am li naxq'ue ke li Santil Musik'ej li naq'uehoc xtiquilal li kach'ol chiru li Dios. 10 Li chak'rab cuan xlok'al junxil. Abanan inc'a' naxtau xlok'al li ac' yu'am xban nak numtajenak cui'chic xlok'al. 11 Cui cuan xlok'al li najter chak'rab li quinume' xcuanquil, k'axal cui'chic nim xlok'al li ac' yu'am li cuan chi junelic. 12 Xban nak nakanau nak lix lok'al li ac' yu'am mac'a' roso'jic, jo'can nak k'axal cau kach'ol chixch'olobanquil li xyalal ut mac'a' nakamuk cheru. 13 Inc'a' nakabanu jo' quixbanu laj Moisés najter nak quixtz'ap li rilobal riq'uin t'icr re nak eb laj Israel inc'a' te'ril nak yo chi elc lix lok'al. 14 Xban xcacuilal xch'oleb inc'a' que'xtau ru nak lix lok'al li najter chak'rab taelk. Ut chalen anakcuan inc'a' ajcui' neque'xtau ru. Chanchan nak li t'icr a'an toj yo chi ramoc chiruheb li xyalal nak neque'rabi li najter chak'rab. Ut li t'icr a'an na-el ca'aj cui' riq'uin xpabanquil li Cristo. 15 Chalen anakcuan nak neque'rabi lix chak'rab laj Moisés, chanchan nak junak t'icr naramoc re li xyalal chiruheb ut inc'a' neque'xtau ru. 16 Abanan li t'icr a'an na-el nak junak tixpab li Kacua' Jesucristo. 17 Ut li Kacua', a'an ajcui' li Santil Musik'ej. Li ani cuan li Santil Musik'ej riq'uin, a'an moco cuan ta chic rubel xcuanquil li chak'rab chi

moco li ma̱c. Libre ban chic cuan. 18 La̱o
aj pa̱banel moco tz'aptz'o ta li kiloba̱l
riq'uin t'icr re xtz'apbal xlok'al li Dios jo'
quixba̱nu laj Moisés. Chanchano ban jun
lem nak nakac'ut xlok'al li Ka̱cua'. Ut li
Ka̱cua' a'an ajcui' li Santil Musik'ej li no-
coxjalanobresi ut naxq'ue kalok'al re nak
yo̱ko xc'utbal xlok'al li Cristo.

Li c'anjel q'uebil ke xban li Dios k'axal lok'

4 Yal xban rusilal li Dios nak quixq'ue
ke li c'anjel a'in re xch'olobanquil
xya̱lal li ac' contrato. Jo'can nak inc'a'
nach'inan kach'o̱l. 2 Nakatz'ekta̱na chi ju-
naj cua xba̱nunquil li ma̱usilal li moco
uxc ta naraj li neque'xba̱nu li jun
ch'ol chic. Inc'a' nocobalak'in. Ut inc'a'
nakapo' ru li ra̱tin li Dios. Nakach'olob
ban chi tz'akal li xya̱lal re nak chixju-
nileb te'xq'ue retal nak sa' xya̱lal cuanco
chiru li Dios. 3 Cui inc'a' natauman
ru li xya̱lal li colba-ib li nakach'olob
la̱o, a' li inc'a' neque'xtau ru, a'an
eb li neque'sach. 4 Inc'a' neque'xtau ru
xban nak laj tza naramoc re lix ya̱lal
chiruheb li inc'a' neque'pa̱ban. Naxba̱nu
a'an re nak inc'a' te'xtau ru li xya̱lal li
colba-ib li nac'utuc chiku lix lok'al li
Cristo, ut lix lok'al li Dios. 5 Inc'a' yo̱co
chixch'olobanquil che̱ru nak la̱o toe̱pa̱b.
Yo̱co ban chixch'olobanquil xya̱lal nak
li Jesucristo a'an li Ka̱cua'. Ut la̱o yal
aj c'anjelo che̱ru sa' xc'aba' li Jesucristo.
6 Nak toj k'ojyi̱n chak ru li ruchich'och',
li Dios quixye, "Chicua̱nk li cutan re
xcutanobresinquil ru li ruchich'och'." Ut
a'an ajcui' li nacutanobresin re li kac'a'ux
re nak naru takanau chanru lix lok'al li
Dios. Ut li Jesucristo naxc'ut chiku lix
lok'al li Dios. 7 La̱o chanchano li ch'och'
uc'al li naxocman cui' li terto xtz'ak.
La̱o yal tz'ejcualo. Abanan li Dios naxcu-
tanobresi li kac'a'ux re nak ta̱c'utu̱nk nak
lix nimajcual cuanquilal li Dios li cuan
kiq'uin, moco ke ta. Re ban li Dios.

Cauhak kach'o̱l sa' li kapa̱ba̱l re nak takacuy xnumsinquil li raylal nakac'ul

8 Q'uila pa̱y chi raylal nachal sa'
kabe̱n, abanan nakacuy xnumsinquil.
Cuan nak inc'a' nakatau ru li yo̱co
chixc'ulbal abanan inc'a' nach'inan
kach'o̱l. 9 Nocorahobtesi̱c, abanan li
Dios inc'a' nocoxcanab kajunes. Cuan
nak nocoe'xsac' xban nak neque'raj
kacamsinquil. Abanan li Dios nacoloc
ke chiruheb. 10 Yalak bar nocoxic cuan
ketalil chiru li katibel nak neque'xyal
kacamsinquil jo' que'xba̱nu re li
Cristo. Nakacuy a'an re nak ta̱c'utu̱nk
chiruheb chixjunileb nak li Cristo
yo'yo ut a'an nacoloc ke chiru li ca̱mc.
11 Junelic neque'raj kacamsinquil xban
nak nococ'anjelac chiru li Jesucristo.
Abanan inc'a' nocoe'xcamsi xban nak li
Cristo yo'yo ut cuan xcuanquil sa' kabe̱n
usta yal cui̱nko. 12 Abanan xban nak
nakacuy li raylal, la̱ex ta̱cua̱nk le̱ yu'am
chi junelic. 13 Cau kach'o̱l sa' li kapa̱ba̱l.
Jo'ca'in tz'i̱banbil sa' li Santil Hu li
quixye laj David. "Cuan inpa̱ba̱l. Jo'can
nak nina̱tinac chirix", chan. Jo'can
ajcui' la̱o, cuan ajcui' kapa̱ba̱l. Jo'can
nak nocoa̱tinac chirix. 14 Nakanau nak
li Dios quicuaclesin cui'chic re chi yo'yo
li Ka̱cua' Jesucristo. Jo'can ajcui' la̱o.
Nakanau nak toxcuaclesi cui'chic chi
yo'yo jo' nak quixcuaclesi li Jesucristo
ut toxc'am riq'uin kochbenakex la̱ex.
15 Chixjunil li raylal nakac'ul, a'an re
e̱ra̱bal la̱ex re nak te̱c'ul li rusilal li
Dios. Cui nabaleb te'c'uluk re li rusilal
li Dios, nabaleb ajcui' te'bantioxi̱nk
chiru li Dios ut te'xq'ue xlok'al. 16 Jo'can
nak inc'a' nach'inan kach'o̱l. Li katibel
yo̱ chi lajc, yo̱ chi osoc'. Abanan li
ka̱m ac'obresinbil rajlal cutan xban
li Dios. 17 Li raylal li nakac'ul arin
sa' ruchich'och', a'an junpa̱t ajcui' ut
nakacuy xnumsinquil. Li raylal nakac'ul,

yo̱ chikacauresinquil re jun li kalok'al
ma̱c'a' jo' xchak'al ru ut ta̱cua̱nk chi
junelic. 18 Inc'a' nakaq'ue kach'o̱l chirix
li cuan arin sa' ruchich'och', li na-ilman
ru. Nakaq'ue ban kach'o̱l chirix li cuan
aran sa' choxa, li inc'a' na-ilman ru. Li
c'a'ru na-ilman ru nalaj na-oso'. Abanan
li inc'a' na-ilman ru cuan chi junelic.

Ac' chic li katz'ejcual takac'ul sa' choxa

5 Li katz'ejcual arin sa' ruchich'och'
chanchan jun li ochoch li na-oso'.
La̱o nakanau nak li katz'ejcual arin sa'
ruchich'och' na-oso'. Abanan ta̱cua̱nk
chic jun katz'ejcual sa' choxa li tixq'ue
ke li Dios. Moco jo' ta li ochoch arin sa'
ruchich'och' li na-oso' xban nak yi̱ban-
bil xban cui̱nk. Li katz'ejcual aran sa'
choxa inc'a' ta̱osok'. Cua̱nk ban chi
junelic. 2 Nak cuanco sa' li tz'ejcualej
a'in, noco-ayaynac ut nakaj ta ac xkatau
li katz'ejcual sa' li choxa li tixq'ue
ke li Dios. 3 Ma̱cua'ako musik'ej chi
ma̱c'a' li katz'ejcual. Ta̱cua̱nk ban li
katz'ejcual li tixq'ue ke li Dios. 4 Nak
cuanco arin sa' ruchich'och' riq'uin li
katz'ejcual a'in, noco-ayaynac xban li
raylal nakac'ul. Inc'a' raj chic nakaj li
katz'ejcual li na-oso'. Ma̱cua' xban nak
nakaj ca̱mc. Xban nak nakaj ta ac xkatau
li katz'ejcual sa' choxa li ta̱cua̱nk chi
junelic. 5 A' li Dios a'an li coxcauresi
re nak naru takac'ul li katz'ejcual sa'
choxa. Ut quixq'ue ke li Santil Musik'ej
re nak takanau chi tz'akal nak takac'ul
li c'a'ru naxyechi'i ke. 6 Jo'can nak
junelic cau kach'o̱l riq'uin li Dios nak
cuanco sa' ruchich'och'. Nakanau nak
jo' najtil cuanco sa' ruchich'och', moco
cuanco ta chak riq'uin li Ka̱cua' Jesu-
cristo sa' choxa. 7 Nak yo'yo̱co arin sa'
ruchich'och', toj ma̱ji' nakil ru li Ka̱cua'.
Abanan cau kach'o̱l nak li Ka̱cua' cuan
kiq'uin. 8 La̱in ninye nak cau kach'o̱l
riq'uin li Dios. Nakaj raj ca̱mc ut xcan-
abanquil li katz'ejcual a'in re nak naru
toxic sa' choxa chi cua̱nc riq'uin li Ka̱cua'
Jesucristo. 9 Jo'can nak junelic nakaq'ue
kach'o̱l chixba̱nunquil li c'a'ru naraj li
Ka̱cua' usta cuanco arin sa' ruchich'och'
malaj sa' li Santil Choxa. 10 Nakanau nak
chikajunilo toxkac'ut kib chiru li Cristo
re nak a'an ta̱rakok a̱tin sa' kabe̱n. Ut
li junju̱nk tixc'ul lix k'ajca̱munquil a' yal
chanru lix yehom xba̱nuhom nak xcuan
sa' ruchich'och', ma us malaj inc'a' us
quixba̱nu.

Chocua̱nk chi sum a̱tin riq'uin li Dios

11 Jo'can nak nakaxucua ru li Dios ut
nakaq'ue kach'o̱l chixch'olobanquil lix
ya̱lal. Ut li Dios naxnau chi tz'akal nak
ti̱c li kach'o̱l. Ut la̱in nacuaj nak te̱-
nau ajcui' la̱ex. 12 Inc'a' yo̱quin chixyebal
a'in e̱re re xnimobresinquil cuib. Yo̱quin
ban chixq'uebal e̱na'leb re nak ta̱sahok'
e̱ch'o̱l cuiq'uin ut re nak te̱nau xsumen-
quil li yo̱queb chixnimobresinquil rib
riq'uin lix yehom xba̱nuhomeb ut inc'a'
neque'xq'ue xcuanquil li ti̱quil ch'o̱lej.
13 Cuan neque'yehoc nak inc'a' tuktu
kajolom. Abanan li c'a'ru nakaba̱nu,
a'an re xq'uebal xlok'al li Dios. Cui
la̱ex nequec'oxla nak tuktu kajolom, us,
xban nak us chok' e̱re la̱ex li c'a'ru
nakaba̱nu. 14 Xban nak k'axal nocoxra
li Cristo, jo'can nak nakaq'ue kach'o̱l
chi c'anjelac chiru. Nakanau chi tz'akal
nak li Cristo quicam sa' kac'aba' la̱o
chikajunilo. Ut xban nak quicam a'an,
chikajunilo camenako chic chiru li ma̱c.
15 Quicam sa' kac'aba' chikajunilo la̱o
re nak inc'a' yo'yo̱ko yal chi jo'can
chixba̱nunquil li c'a'ru nakaj kajunes kib.
Yo'yo̱ko ban re nak takaba̱nu li c'a'ru
naraj li Cristo li quicam ut quicua-
cli cui'chic chi yo'yo sa' kac'aba' la̱o.
16 Inc'a' chic nakaq'ue retal chanru nak
cuanqueb li junju̱nk sa' ruchich'och'.
Anakcuan la̱o chic aj pa̱banel ut jalan
chic li kana'leb. Junxil nak toj ma̱ji'

nocopa̲ban inc'a' xkaq'ue xcuanquil li
Cristo xban nak xkac'oxla nak yal cui̲nk.
Abanan anakcuan nakanau chic lix ya̲lal.
17 Jo'can ut cui junak xpa̲b li Cristo,
ac'obresinbil a'an. Lix yu'am quicuan
junxil xnume' ut anakcuan ac' chic
lix yu'am. 18 Chixjunil a'in xkama̲tani
riq'uin li Dios ut a'an ajcui' li quic'amoc
ke sa' usilal riq'uin sa' xc'aba' li Jesu-
cristo. Ut a'an ajcui' li quixakaban ke
chixch'olobanquil xya̲lal li colba-ib re
nak cuan li te'pa̲ba̲nk ut te'cua̲nk sa' usi-
lal riq'uin li Dios. 19 A'an a'in li yo̲quin
chixyebal: Li Dios coxc'am cui'chic sa'
usilal riq'uin sa' xc'aba' li Cristo. Ut
inc'a' chic naxq'ue sa' xch'o̲l li kama̲c.
Li Dios quixk'axtesi ke li c'anjel a'in
re nak takach'olob xya̲lal re nak li ani
te'pa̲ba̲nk te'c'amek' sa' usilal riq'uin li
Dios. 20 Jo'can ut nak la̲o taklanbilo sa'
xc'aba' li Jesucristo. Li Dios naxto'oni
lix tz'u̲mal ke re nak ta̲a̲tinak e̲riq'uin.
Sa' xc'aba' li Jesucristo nakatz'a̲ma che̲ru
nak chec'amak e̲rib sa' usilal riq'uin li
Dios. 21 Li Jesucristo ma̲ jun sut quima̲-
cob. Abanan li Dios quixq'ue li kama̲c sa'
xbe̲n li Cristo re nak sa' xc'aba' a'an, la̲o
takatau lix ti̲quilal kach'o̲l li naxq'ue li
Dios.

6 La̲o aj c'anjelo chiru li Dios ut a'an
natenk'an ke chixch'olobanquil lix
ya̲lal che̲ru. La̲ex li ac xec'ul li rusilal li
Dios. Nintz'a̲ma che̲ru nak inc'a' te̲canab
chi ma̲c'a' rajbal. Cheq'uehak ban xcuan-
quil. 2 Jo'ca'in tz'i̲banbil sa' li Santil Hu:
Nak xcuulac xk'ehil, xaya̲ba inc'aba' ut
xatcuabi. Sa' xk'ehil xc'ulbal li colba-ib,
xatintenk'a, chan li Dios. (Is. 49:8) Jo'can
nak la̲in ninye e̲re nak anakcuan xk'ehil
xc'ulbal li rusilal li Dios. Anakcuan ajcui'
naru texcolek'. 3 La̲o inc'a' nakaj xba̲-
nunquil li c'a'ak re ru li ta̲ramok re
chiruheb li ani te'raj pa̲ba̲nc re nak
ma̲ ani ta̲cuech'ok rix li c'anjel li yo̲co
chixba̲nunquil. 4 Chixjunil li nakaba̲nu,
a'an nac'utuc re nak la̲o aj c'anjelo chiru
li Dios. Nakacuy xnumsinquil chixju-
nil li raylal, li rahobtesi̲c ut li rahil
ch'o̲lejil li nakac'ul. 5 Xosaq'ue', xoq'uehe'
sa' tz'alam, xe'xtu̲b rib sa' kabe̲n re ka-
camsinquil, xkatacuasi kib chi c'anjelac,
xoyo'lec, ut xkacuy kasa' xban nak ma̲c'a'
katzacae̲mk. 6 Riq'uin a'in nequenau nak
la̲o aj c'anjelo chiru li Dios. Sa' ti̲quilal
yo̲co chixba̲nunquil. Nakanau li xya̲lal.
Nabal li raylal nakacuy ut cuanco sa' usi-
lal. Li Santil Musik'ej cuan kiq'uin ut chi
anchal kach'o̲l nocorahoc. 7 Nakach'olob
li xya̲lal che̲ru. Chixjunil li nakaba̲nu,
nakaba̲nu riq'uin lix cuanquil li Dios. Ju-
nak li soldado cuan xch'i̲ch' re pletic sa'
lix nim uk' ut cuan xch'i̲ch' sa' lix tz'e
re xcolbal rib. Ut li kach'i̲ch' la̲o, a'an
xti̲quilal li kach'o̲l. 8 Cuan li neque'xq'ue
kalok'al ut cuan ajcui' li neque'xsach
kacuanquil. Cuan li neque'hoboc ke ut
cuan ajcui' li neque'oxlok'in ke. Ut cuan
ajcui' li neque'yehoc re nak la̲o aj
balak'. Abanan la̲o junelic nocoa̲tinac
sa' xya̲lal. 9 Cuan li neque'xba̲nu jo' li
inc'a' neque'xnau ku, abanan chixju-
nileb neque'xnau ku. Ca'ch'in chic ma̲
xocam, abanan toj yo'yo̲co. K'axal ra
xkac'ul abanan li Dios inc'a' nocoxcanab
chi camsi̲c. 10 K'axal ra cuanco, abanan
junelic sa sa' kach'o̲l. Neba'o, abanan na-
bal neque'xc'ul xbiomal nak nakach'olob
chiruheb li xya̲lal. Ma̲c'a' cuan ke arin sa'
ruchich'och', abanan nakanau nak biomo
xban nak cuan li rusilal li Dios kiq'uin.
11 Ex herma̲n, la̲ex li cuanquex Corinto,
nequexinra. Jo'can nak xinye e̲re chixju-
nil li cuan sa' inch'o̲l. 12 La̲in nequex-
inra la̲ex, abanan la̲ex nac'utun che̲ru
nak inc'a' niquine̲ra. 13 Yo̲quin chi a̲tinac
e̲riq'uin jo' nak naa̲tinac junak li yu-
cua'bej riq'uin li ralal xc'ajol. Nintz'a̲ma
che̲ru nak tine̲ra jo' nak nequexinra la̲in.

Me̲lok'oni chic li yi̲banbil dios

14 Me̲junaji e̲rib riq'uineb li toj ma̲ji'
neque'pa̲ban. ¿Ma naru ta bi' ta̲cua̲nk

sa' comonil li ṯiquilal riq'uin li ma̱usi-
lal? ¿Ma naru ta bi' ṯacua̱nk chi sum a̱tin
li santilal riq'uin li ma̱c? 15 ¿Ma naru ta
bi' ṯacua̱nk chi sum a̱tin li Cristo riq'uin
laj tza? ¿Ma naru ta bi' te'cua̱nk chi
sum a̱tin laj pa̱banel riq'uineb li toj ma̱ji'
neque'pa̱ban? 16 ¿Ma xc'ulubeb ta bi' li
yi̱banbil dios nak te'cua̱nk sa' rochoch li
yo'yo̱quil Dios? Ma̱min ṯaru̱k. La̱in ninye
e̱re nak la̱o aj pa̱banelo, la̱o li rochoch li
yo'yo̱quil Dios. Li Dios, a'an li quixye chi
jo'ca'in:

La̱in tincua̱nk riq'uineb ut tincuochbeni-heb. La̱inak lix Dioseb a'an, ut a'anakeb li cualal inc'ajol, chan. (Lv. 26:12)

17 Ut li Ka̱cua' quixye cui'chic chi
jo'ca'in:

Jo'can utan chex-e̱lk sa' xya̱nkeb li neque'xlok'oni li yi̱banbil dios. Me̱ba̱nu chic li neque'xba̱nu li jun ch'ol chic nak neque'xlok'oni li yi̱banbil dios. Checanabak chi junaj cua ut la̱in texinc'ul chi sa sa' inch'o̱l.

18 Ut la̱inak chic le̱ Yucua' ut la̱exak chic li cualal inc'ajol, chan li Ka̱cua' li k'axal nim xcuanquil. (Is. 52:11)

7 Jo'can ut ex inherma̱n, chixjunil a'in
yechi'inbil ke la̱o. Jo'can nak chika-
canabak chixjunil li ma̱usilal li namuxuc
ru li katibel ut li ka̱m. Xban nak nakaxu-
cua ru li Dios chikaq'ue kach'o̱l chi cua̱nc
sa' santilal.

Laj Pablo quisaho' sa' xch'o̱l nak que'xjal xc'a'uxeb laj Corinto

2 Nintz'a̱ma che̱ru nak choe̱ra. Ma̱c'a'
xkaba̱nu e̱re. Ma̱ ani xkaba̱nu raylal re
ut ma̱ ani xkapo' xch'o̱l ut ma̱ ani xk-
abalak'i. 3 Inc'a' xinye a'in re e̱k'usbal.
Ac xinye e̱re nak junelic nequexinra.
Junelic cua̱nkex sa' inch'o̱l nak yo'yo̱kin
ut chalen toj sa' lin camic. 4 Cau inch'o̱l
e̱riq'uin ut nasaho' inch'o̱l xyebal e̱re-
silal. C'ojc'o inch'o̱l e̱ban. Usta yo̱quin
chixc'ulbal li raylal, abanan k'axal sa sa'
inch'o̱l. 5 Chalen kac'ulunic arin Mace-
donia ma̱ bar naru nocohilan. Yalak
bar nocorahobtesi̱c ut neque'raj pletic
kiq'uin. Ut yo̱ ajcui' kac'a'ux che̱rix
la̱ex. 6 Abanan li Dios naxc'ojob xch'o̱leb
li raheb sa' xch'o̱l. Ut a'an quixq'ue
xcacuilal kach'o̱l riq'uin lix c'ulunic laj
Tito. 7 Moco ca'aj cui' ta riq'uin xc'ulunic
laj Tito nak quisaho' inch'o̱l. Riq'uin
ban ajcui' rabinquil nak laj Tito sa
sa' xch'o̱l e̱riq'uin. Quixserak'i ke nak
la̱ex te̱raj rilbal cuu ut quixye cue nak
xyot'e' e̱ch'o̱l nak xraho' inch'o̱l e̱ban.
Ut quixye ajcui' cue nak niquine̱c'oxla.
K'axal cui'chic quisaho' inch'o̱l chirabin-
quil a'an. 8 Usta xraho' inch'o̱l junxil nak
xraho' e̱ch'o̱l la̱ex xban li hu quintakla
e̱riq'uin, abanan inc'a' nayot'e' inch'o̱l
nak quintakla xban nak ninnau nak jun-
pa̱t ajcui' xraho' e̱ch'o̱l xban. 9 Anakcuan
nasaho' sa' inch'o̱l. Moco xban ta nak
xraho' e̱ch'o̱l inban. Riq'uin ban nak
xyot'e' e̱ch'o̱l ut xejal e̱c'a'ux. Xecuy li
raylal a'an jo' naraj li Dios. Anakcuan ne-
quetau ru nak moco ra ta xkaba̱nu e̱re.
10 Cui junak naraho' xch'o̱l xban li inc'a'
us naxba̱nu, li jun a'an naxtau lix col-
bal xban nak nayot'e' xch'o̱l ut naxjal
xc'a'ux jo' naraj li Dios. Ut ma̱ ani naraho'
xch'o̱l xban li colba-ib. Abanan cui junak
naraho' xch'o̱l xban li inc'a' us naxba̱nu
ut inc'a' nayot'e' xch'o̱l, li jun a'an inc'a'
naxtau li colba-ib. 11 Q'uehomak retal
chanru nak xextenk'a̱c xban nak xecuy li
raylal jo' naraj li Dios. Quixq'ue xcacuil
e̱ch'o̱l sa' le̱ pa̱ba̱l. Anakcuan nequeraj
rilbal cuu ut nequeraj xpatz'bal xcuy-
bal le̱ ma̱c. Nachal chic e̱josk'il ut e̱xiu
xban li inc'a' us li neque'xba̱nu li cuan-
queb sa' e̱ya̱nk. Nequeraj nak laj ma̱c
te'xtoj rix lix ma̱queb. Riq'uin chixju-
nil a'in nac'utun nak la̱ex ma̱c'a' e̱ma̱c
riq'uin li c'a'ru quic'ulman. 12 Jo'can ut
nak xintz'i̱ba li hu a'an inc'a' xinba̱nu sa'
xc'aba' li quiba̱nun ma̱usilal chi moco

sa' xc'aba' li quic'uluc raylal. Xinba̱nu
ban re nak chic'utu̱nk chiru li Dios nak
c'ojc'o e̱ch'o̱l cuiq'uin. 13 Xban nak xe-
ba̱nu li c'a'ru xinye e̱re, quic'ojla lin ch'o̱l.
Ut k'axal cui'chic nasaho' lin ch'o̱l riq'uin
lix sahil xch'o̱l laj Tito e̱riq'uin la̱ex
nak xeq'ue xcacuilal xch'o̱l. 14 Nequenau
nak junelic ninye e̱re li xya̱lal. Ut inc'a'
xinc'ut inxuta̱n nak xinye re laj Tito nak
la̱ex cha̱bilex xban nak x-el ajcui' chi ya̱l
li c'a'ru xinye re laj Tito nak xec'ut le̱ cha̱-
bilal chiru. 15 Ut laj Tito k'axal cui'chic
nequexra nak najultico' re chanru nak
xec'ul a'an sa' xya̱lal ut xeq'ue xcuan-
quil nak xeba̱nu li c'a'ru quixye e̱re.
16 Nac'ojla inch'o̱l riq'uin li c'a'ru neque-
ba̱nu ut sa inch'o̱l e̱riq'uin.

Chosihi̱nk chi sa sa' kach'o̱l

8 Anakcuan, ex inherma̱n, nacuaj
nak tinserak'i e̱re chanru nak
li Dios riq'uin xnimal ruxta̱n yo̱
chixtenk'anquileb laj pa̱banel li
cuanqueb Macedonia chixba̱nunquil
li usilal. 2 Quiyale' rix lix pa̱ba̱leb
xban li q'uila raylal xe'xc'ul. Abanan
numtajenak lix sahil xch'o̱leb. Usta
k'axal neba'eb, abanan chanchan
biomeb xban nak nabal xe'xsi re
xtenk'anquileb li rech aj pa̱banelil.
3 La̱in ninnau nak que'xq'ue li jo' q'uial
que'ru xq'uebal ut toj que'xq'ue cui'chic
xtz'akob chi anchaleb xch'o̱l. 4 Qui-ala
sa' xch'o̱leb tenk'a̱nc. Ut que'xye
ke nak chi anchaleb xch'o̱l que'raj
xtenk'anquileb li rech aj pa̱banelil li
cuanqueb Jerusalén. 5 Inc'a' xkac'oxla
nak nabal ta te'xq'ue. Que'xk'axtesi
rib chiru li Dios ut que'xyechi'i ajcui'
rib chikatenk'anquil jo' naraj li Dios.
6 Jo'can nak xkatz'a̱ma chiru laj Tito
nak ta̱xic cui'chic e̱riq'uin re nak
textenk'a xchoybal li c'anjel xetiquib
xban xcha̱bilal e̱ch'o̱l. A'an ajcui' li
quitiquiban re xxocbal li mayej a'in.
7 La̱ex cau e̱ch'o̱l sa' le̱ pa̱ba̱l. Nequenau
li xya̱lal ut nequenau xch'olobanquil li
ya̱l. Nequeq'ue e̱ch'o̱l chi c'anjelac jo'
naraj li Dios, ut nocoe̱ra. Jo'can nak
nakatz'a̱ma che̱ru nak cheq'ue le̱ mayej
chi anchal e̱ch'o̱l. 8 La̱in inc'a' yo̱quin
xminbal e̱ru. Yo̱quin ban chixyebal
e̱re chanru nak eb laj Macedonia
neque'xq'ue xmayej chi anchaleb xch'o̱l
ut nacuaj ajcui' xnaubal ma chi anchal
e̱ch'o̱l nequexrahoc la̱ex. 9 La̱ex ac
nequenau nak k'axal nim li rusilal
li Ka̱cua' Jesucristo. A'an quixcanab
chak lix biomal sa' choxa ut quicuan
sa' neba'il arin sa' ruchich'och' yal
e̱ban la̱ex. Quixba̱nu chi jo'ca'in yal
re nak la̱ex te̱c'ul li biomal li naxq'ue
li Dios. 10 Nacuaj xyebal e̱re c'a'ru
ninc'oxla chirix le̱ mayej. Us cui te̱choy
xba̱nunquil li xetiquib jun haber. La̱ex
li xbe̱n li queye nak textenk'a̱nk. Ut la̱ex
ajcui' li xbe̱n li quetiquib xba̱nunquil.
11 Jo'can nak us cui te̱choy xba̱nunquil
li xetiquib junxil. Chi anchal e̱ch'o̱l
xetiquib tenk'a̱nc. Anakcuan te̱q'ue li jo'
nimal jo' ch'inal naxq'ue rib che̱ru. 12 Li
ani na-ala sa' xch'o̱l xq'uebal xmayej, li
Dios naxc'ul lix mayej a' yal jo' nimal
cuan chiru. Li Dios inc'a' naxpatz' li
ma̱c'a' chiru. 13 Inc'a' yo̱quin chixyebal
a'in re nak li jun ch'o̱l te'tenk'a̱k chi
nabal ut la̱ex texcana̱k chi ma̱c'a' chic
cuan e̱re. Nacuaj ban nak cua̱nk e̱re la̱ex
ut cua̱nk ajcui' reheb li jun ch'ol chic
re nak ma̱ ani ta̱cana̱k chi ma̱c'a' cuan
re. 14 Anakcuan riq'uin li jo' q'uial cuan
e̱re, chetenk'aheb li ma̱c'a' cuan reheb.
Ma̱re sa' jun cutan ma̱c'a' cua̱nk e̱re la̱ex
ut a'an eb chic te'tenk'a̱nk e̱re riq'uin li
jo' q'uial cuan reheb a'an. 15 Jo'ca'in
tz'i̱banbil sa' li Santil Hu chirix li maná
li quixq'ue li Dios: Li ani quixxoc nabal,
ma̱c'a' qui-ela'an chiru. Ut li ani ca'ch'in
quixxoc, quitz'akloc ajcui' chiru. (Ex.
16:18)

Laj Tito quitakla̱c chixtenk'anquileb laj Corinto

[16] Ninbantioxi chiru li Dios xban nak laj Tito naxq'ue xch'o̱l che̱tenk'anquil jo' nak ninq'ue inch'o̱l la̱in. [17] Quintz'a̱ma chiru laj Tito nak ta̱xic e̱riq'uin ut quixc'ul xch'o̱l. Toj ma̱ji' ajcui' nintz'a̱ma chiru nak a'an ac x-ala sa' xch'o̱l nak ta̱xic e̱riq'uin. [18] Yo̱co chixtaklanquil jun chic li herma̱n e̱riq'uin rochben laj Tito. A'an na'no ru xbaneb chixjunileb laj pa̱banel yalak bar xban nak cha̱bil li c'anjel naxba̱nu re xch'olobanquil li xya̱lal li colba-ib. [19] A'an li quixakaba̱c xbaneb laj pa̱banel re ta̱xic chikix nak toxic chixcanabanquil li ma̱tan a'in. Li ma̱tan a'in, a'an re xq'uebal xlok'al li Ka̱cua' ut re nak te'xnau li kech aj pa̱banelil nak nakaj xtenk'anquileb. [20] Yo̱co chixba̱nunquil li c'anjel a'in chi us re nak ma̱ ani ta̱cuech'ok rix li kac'anjel nak toxic chixcanabanquil li nimla ma̱tan a'in. [21] Nakaq'ue kach'o̱l chixba̱nunquil li c'a'ru us; moco ca'aj cui' ta chiru li Dios. Chiruheb aj ban cui' li cui̱nk. [22] Ut yo̱co chixtaklanquil jun chic li kaherma̱n chirixeb. Q'uila cua xkaq'ue retal nak naxq'ue xch'o̱l chixba̱nunquil li c'a'ak re ru re xtenk'anquil li rech aj pa̱banelil. Xban nak a'an cau xch'o̱l e̱riq'uin, jo'can nak sa xch'o̱l chi xic e̱riq'uin. [23] Cui ani te'patz'ok chirix laj Tito, te̱ye reheb nak a'an cuech aj c'anjelil. Cuochben che̱tenk'anquil. Ut eb li cuib chic chi herma̱n, a'an taklanbileb xbaneb laj pa̱banel. Xban nak ti̱queb xch'o̱l sa' lix pa̱ba̱l, neque'xq'ue xlok'al li Cristo. [24] Nak te'cuulak e̱riq'uin chec'ulakeb sa' xya̱lal. Chec'ut chiruheb nak nequera le̱ rech aj pa̱banelil. Chi jo'can yalak bar ta̱q'uehek' retal nak ya̱l li cha̱bil esil li xinye che̱rix.

9 Inc'a' tento tintz'i̱bak e̱riq'uin chirix li ma̱tan li te̱takla riq'uineb laj pa̱banel aran Jerusalén. [2] Ninnau nak chi anchal e̱ch'o̱l nequeraj xtenk'anquileb. Ut xinye e̱resilal reheb laj Macedonia. Xinye chi jo'ca'in: Laj pa̱banel li cuanqueb Acaya chalen jun haber quiala sa' xch'o̱leb xtenk'anquileb li rech aj pa̱banelil, chanquin reheb. Ut xban nak la̱ex yo̱quex chixq'uebal e̱ch'o̱l chi tenk'a̱nc eb a'an te'raj ajcui' tenk'a̱nc. [3] Ut yo̱quin chixtaklanquileb li herma̱n a'in e̱riq'uin re nak textenk'a chixcauresinquil le̱ mayej re nak ta̱e̱lk chi ya̱l li c'a'ru xinye che̱rix. [4] Cui ma̱ji' cauresinbil le̱ mayej nak tincuulak cuochbeneb li herma̱n aj Macedonia, te̱c'ut inxuta̱n la̱in xban nak ac xinserak'i reheb nak cauresinbil le̱ mayej ut te̱c'ut ajcui' e̱xuta̱n la̱ex. [5] Jo'can nak xinc'oxla nak us xtaklanquileb li herma̱n xbe̱n cua nak toj ma̱ji' ninxic la̱in. Textenk'a xcauresinquil li mayej li xeyechi'i. Ut nak tincuulak, ac xocbilak e̱ban, re nak ta̱c'utu̱nk nak moco minbil ta e̱ru chixq'uebal. Xeq'ue ban xban nak nequeraj xba̱nunquil. [6] Cheq'uehak retal li na'leb a'in: li ani ca'ch'in narau, ca'ch'in ajcui' li tixk'ol. Ut li ani nabal narau, nabal ajcui' tixk'ol. [7] Li junju̱nk tixq'ue li jo' q'uial ta̱la̱k sa' xch'o̱l xq'uebal. Inc'a' tixq'ue chi ra sa' xch'o̱l, chi moco minbilak ta ru xban nak li Ka̱cua' naxra li ani naxq'ue chi sa sa' xch'o̱l. [8] Nim xcuanquil li Dios. Ut a'an tixq'ue e̱re chixjunil re nak junelic ta̱tz'aklok e̱re li c'a'ak re ru nac'anjelac e̱re ut re ajcui' nak ta̱ru̱k textenk'a̱nk riq'uin chixjunil li cha̱bil c'anjel. [9] Jo'ca'in tz'i̱banbil sa' li Santil Hu: Li ani naxtenk'a li neba' chi anchal xch'o̱l, lix cha̱bilal a'an cuan chi junelic. (Sal. 112:9) [10] Li Dios junelic naxq'ue li iyaj re laj acuinel ut naxq'ue li kacua. Ut a'an tixq'ue ajcui' li c'a'ru ta̱c'anjelak ke. Ut tixq'ue re̱kaj ut tixtambresi a' yal chanru nocosihin. [11] Li Dios junelic naxq'ue chi nabal li c'a'ru e̱re re nak ta̱ru̱k te̱tenk'aheb chi anchal e̱ch'o̱l li ma̱c'a' cuanqueb re. Ut

nabaleb ajcui' li te'bantioxi̱nk chiru li
Dios riq'uin li ma̱tan li xetakla chikix.
12 Ma̱cua' ca'aj cui' xtenk'anquileb li her-
ma̱n yo̱quex nak nequeba̱nu li usilal a'in.
Yo̱quex ban ajcui' xq'uebal xlok'al li Dios
xban nak eb li herma̱n neque'bantioxin
chiru li Dios e̱ban la̱ex. 13 Ut neque'xq'ue
ajcui' xlok'al li Dios xban nak cau e̱ch'o̱l
la̱ex sa' le̱ pa̱ba̱l. Moco ca'aj cui' ta
riq'uin nak nequeye nak nequexpa̱ban
nak nac'utun le̱ pa̱ba̱l. Nac'utun ban
ajcui' xban nak nequeq'ue e̱ch'o̱l chix-
tenk'anquileb li ma̱c'a' cuanqueb re. Ut
chi jo'can nequetenk'a chixjunileb laj
pa̱banel. 14 Te'xq'ue retal nak lix ni-
mal rusilal li Dios cuan e̱riq'uin. Jo'can
nak la̱ex raro̱quex xbaneb li herma̱n ut
te'tijok che̱rix. 15 Bantiox re li Dios nak
quixq'ue ke li ma̱tan li k'axal numtajenak
xlok'al. Ut li ma̱tan a'in, a'an li Ka̱cua'
Jesucristo.

Laj Pablo naxch'olob xya̱lal lix cuanquil q'uebil re xban li Dios

10 Anakcuan cuan c'a'ak re ru
nacuaj xyebal e̱re chirixeb
li neque'a̱tinac chicuix. Cuan li
neque'yehoc chi jo'ca'in: Laj Pablo
tu̱lan nak cuan e̱riq'uin; abanan nak
ma̱ ani sa' e̱ya̱nk jalan chic lix na'leb
ut nak natz'i̱bac chak e̱riq'uin, k'axal
cau naa̱tinac, chanqueb chicuix. Ut
la̱in nintz'a̱ma che̱ru nak chexc'oxlak
bayak chirix li Jesucristo. A'an tu̱lan
ut k'un xch'o̱l. 2 Jo'can nak inc'a'
nacuaj a̱tinac chi cau. Usan cui nak
tincuulak e̱riq'uin inc'a' tento nak toj
tina̱tinak e̱riq'uin chi cau. La̱in naru
ajcui' nequebinsume li neque'a̱tinac
chicuix ut neque'xye nak li c'a'ru
yo̱quin chixba̱nunquil, a'an yal xna'leb
cui̱nk. 3 Ya̱l nak cui̱nko. Abanan inc'a'
yo̱co chi pletic jo' neque'xba̱nu li kech
cui̱nkilal arin sa' ruchich'och'. Riq'uin
ban li ma̱usilal yo̱co chi pletic. 4 Ut li
kac'anjeleba̱l re pletic riq'uin li ma̱usilal
ma̱cua' jo' li c'anjeleba̱l re ruchich'och'.
Re ban li Dios ut k'axal nim xcuanquil
re xsachbal chixjunil lix c'anjel li
ma̱usilal. 5 Nakasach xcuanquileb li
neque'cuech'in rix lix c'anjel li Dios. Ut
nakasach ajcui' xcuanquil chixjunil lix
yehom xba̱nuhom li cui̱nk li naramoc re
chiruheb li kas ki̱tz'in li rusilal li Dios.
Nakacanab sa' ruk' li Dios lix na'lebeb
a'an re nak chijala̱k lix na'lebeb xban
li Cristo ut te'xba̱nu li c'a'ru naraj a'an.
6 Ninnau nak tincuulak e̱riq'uin naru
tink'useb li toj yo̱queb chixba̱nunquil li
inc'a' us. Abanan inc'a' nacuaj texink'us
la̱ex. Nacuaj ban nak te̱jal le̱ c'a'ux ut
te̱ba̱nu li naraj li Dios. 7 La̱ex nequeq'ue
retal ca'aj cui' li c'a'ru na-ilman ru
ut inc'a' nequexc'oxlac chirix li c'a'ru
cuan sa' li ra̱meb li junju̱nk. ¿Ma
cuan junak sa' e̱ya̱nk naxye nak a'an
aj c'anjel chiru li Cristo? Cui cuan,
us ajcui'. Abanan tento nak tixq'ue
retal nak jo'can ajcui' la̱o aj c'anjelo
chiru li Cristo. 8 Ma̱re nequec'oxla nak
yo̱quin chixnimobresinquil cuib riq'uin
lin c'anjel. Abanan lin c'anjel q'uebil
cue xban li Ka̱cua' re nak texintenk'a.
Ma̱cua' re e̱sachbal. Inc'a' ninc'oxlac
riq'uin li c'a'ru ninba̱nu xban nak li
Dios xq'ue incuanquil chixba̱nunquil.
9 Inc'a' nacuaj nak te̱c'oxla nak yal re
xq'uebal e̱xiu nak nintz'i̱bac e̱riq'uin.
10 Cuan li neque'a̱tinac chicuix ut
neque'xye chi jo'ca'in: Laj Pablo
naxtz'i̱ba lix hu riq'uin cacuil a̱tin
re nak toxucuak xban. Abanan nak
cuan sa' kaya̱nk, yo̱ xxiu ut ma̱c'a'
na-oc cui' li c'a'ru naxye, chanqueb
chicuix. 11 Li neque'a̱tinac chi jo'can
che'xq'uehak retal nak cau xina̱tinac
nak xintz'i̱ba li hu a'in e̱riq'uin. Ut
jo'can ajcui' tinba̱nu nak tincuulak
e̱riq'uin. 12 Inc'a' nakaj xba̱nunquil jo'
neque'xba̱nu li neque'xnimobresi rib
riq'uin li c'a'ru neque'xba̱nu. Ma̱c'a'
xna'lebeb. Neque'xnimobresi rib riq'uin

lix na'lebeb xjuneseb rib. 13 La̱o inc'a'
nakanimobresi kib riq'uin li moco
q'uebil ta ke xba̱nunquil. Li c'a'ru
nocoa̱tinac chirix, a'an li c'anjel q'uebil
ke xban li Dios re toc'anjelak ajcui'
e̱riq'uin la̱ex aj Corinto. 14 La̱in li xbe̱n
quincuulac e̱riq'uin chixch'olobanquil
resil li colba-ib sa' xc'aba' li Jesucristo.
Ut inc'a' xinba̱nu li ma̱cua' cue
xba̱nunquil. Tenebanbil sa' inbe̱n
xban li Dios xyebal resil li colba-ib
e̱re. 15 Inc'a' ninnimobresi cuib riq'uin
li c'anjel li neque'xba̱nu li jun ch'ol
chic. La̱in nacuaj raj nak texq'ui̱k sa'
le̱ pa̱ba̱l re nak tine̱tenk'a chixyebal
resil li colba-ib yalak bar. Abanan
inc'a' tinxic bar moco q'uebil ta cue re
tinxic. 16 Nacuaj xic sa' jalan na'ajej
chixch'olobanquil xya̱lal li colba-ib bar
toj ma̱ji' xrabiomeb resil li colba-ib.
Inc'a' nacuaj xnimobresinquil cuib
riq'uin li c'anjel ac tiquibanbil xban
jalan chic aj c'anjel. 17 Jo'ca'in tz'i̱banbil
sa' li Santil Hu: Inc'a' takanimobresi
kib. Chikanimobresihak ban xlok'al li
Ka̱cua'. 18 Cuan li neque'xye ribeb nak
cha̱bileb. Abanan ma̱c'a' na-oc cui' li
neque'xye. A' li k'axal lok', a'an nak li
Dios tixye nak li jun a'an cha̱bil.

Laj Pablo naxch'olob xya̱lal chirixeb li neque'xq'ue rib chok' apóstol

11 Usan cui tine̱cuy chic ca'ch'inak
usta to̱ntil a̱tin che̱ru la̱ex li c'a'ru
tinye ut cherabihak li c'a'ru tinye e̱re.
2 La̱in k'axal nequexinc'oxla jo' nak li
Dios nequexc'oxla. Ut nacuaj nak ca'aj
cui' li Cristo te̱ta̱ke. Jo' nak li yu-
cua'bej naxk'axtesi lix rabin chi sumla̱c
riq'uin jun chi cui̱nk, jo'can ajcui' nak
xexink'axtesi riq'uin li Cristo. A'an jo'
li be̱lomej. 3 Abanan yo̱quin chi c'oxlac
che̱rix xban nak ninnau chanru nak
quibalak'i̱c lix Eva xban li c'anti'. Ma̱re
anchal texbalak'i̱k la̱ex ut ma̱re inc'a'
chic te̱pa̱b li Cristo chi anchal e̱ch'o̱l ut
ma̱re inc'a' chic te̱lok'oni. 4 Ninc'oxlac
che̱rix xban nak cuan li neque'cuulac
sa' e̱ya̱nk ut nequeq'ue e̱ch'o̱l chirabin-
quil li c'a'ru neque'xye, usta jalan
neque'xc'ut che̱ru chirix li Jesucristo.
Ut nequepa̱b li c'a'ru neque'xye usta
jalan neque'xye chirix li Santil Musik'ej.
Ut naxc'ul e̱ch'o̱l nak jalan neque'xc'ut
che̱ru chirix li colba-ib li ac xepa̱b xbe̱n
cua. 5 Eb a'an neque'xye nak apostoleb ut
neque'xnimobresi rib ut neque'xye nak
k'axal cha̱bileb. ¿Ma cubenak ta bi' in-
cuanquil la̱in chiruheb a'an? 6 Ma̱re inc'a'
ninnau a̱tinac chi cha̱bil, abanan ninnau
chi tz'akal li xya̱lal li ra̱tin li Dios. Ut
junelic ninc'ut che̱ru chi tz'akal li xya̱lal.
7 La̱in xinch'olob che̱ru li xya̱lal li ra̱tin
li Dios ut ma̱c'a' c'a'ru xexinch'i'ch'i'i
cui'. Yal chi ma̱tan xinch'olob li xya̱lal
li colba-ib che̱ru ut xincubsi incuanquil
re nak texcolek'. ¿Ma ra ta bi' xinba̱nu
e̱re? 8 Cuan nak xinc'ul intenk'anquil re
xnumsinquil li cutan riq'uin li kech aj
pa̱banelil li cuanqueb sa' jalan tena-
mit. Jo'can nak xru xinc'anjelac e̱riq'uin
la̱ex. ¿Ma inc'a' ta bi' us li xinba̱nu?
9 Nak quincuan chak e̱riq'uin, cuan
nak ma̱c'a' cuan cue. Abanan inc'a'
xexinch'i'ch'i'i riq'uin intzacae̱mk. Nak
que'cuulac li herma̱n aj Macedonia, a'an
eb que'q'uehoc intumin. Jo'can nak inc'a'
quinq'ue sa' e̱be̱n xq'uebal intzacae̱mk
chi moco tinq'ue sa' e̱be̱n anakcuan.
10 Xban nak li Cristo cuan cuiq'uin, jo'can
nak ninye li ya̱l ut sa' chixjunil li na'ajej
Acaya, chixjunileb te'na'ok re nak inc'a'
xinq'ue sa' e̱be̱n intenk'anquil. 11 ¿C'a'ru
xya̱lal a'in? ¿Ma naraj ta bi' naxye nak
inc'a' nequexinra? Li Dios naxnau nak
nequexinra. 12 Ut inc'a' tincanab xba̱-
nunquil li yo̱quin chixba̱nunquil xban
nak cuan li neque'xye nak juntak'e̱t lix
c'anjeleb riq'uin lin c'anjel la̱in. Inc'a'
tincanab c'anjelac chi ma̱tan xban nak
inc'a' nacuaj nak te'xjuntak'e̱ta ribeb
cuiq'uin. 13 Eb li cui̱nk a'in neque'xq'ue

rib chok' apóstol. Abanan ma̲cua' li Cristo quiq'uehoc reheb chok' apóstol. Eb a'an aj balak' ut junes balak'i̲nc neque'xba̲nu. 14 Misach e̲ch'o̲l chirabinquil a'an. Jo'can ajcui' naxba̲nu laj tza. Cuan nak naxc'utbesi rib jo' ángel ut chanchan naxcutanobresi li kana'leb. 15 Chi moco chisachk e̲ch'o̲l chirabinquil nak eb laj c'anjel chiru laj tza neque'xc'utbesi rib jo' aj c'anjel sa' ti̲quilal. Abanan ta̲cuulak xk'ehil nak te'xtoj rix lix ma̲usilaleb.

Li raylal quixc'ul laj Pablo sa' xc'aba' lix c'anjel

16 Jun sut chic tinye e̲re nak cherabihak li c'a'ru tinye. Ma̲ jun taxak e̲re tixc'oxla nak ma̲c'a' inna'leb. Abanan cui nequec'oxla nak ma̲c'a' inna'leb, cherabi li cua̲tin jo' nak nequex-abin chiruheb li ma̲c'a'eb xna'leb. ¿Ma inc'a' ta bi' raj ta̲ru̲k tina̲tinak chirix lin cuanquil la̲in? 17 Li c'a'ru yo̲quin chixyebal anakcuan moco q'uebil ta cue xban li Ka̲cua'. Abanan tinye xban nak la̲ex inc'a' nequetau xya̲lal. Yo̲quin chi a̲tinac anakcuan jo' neque'xba̲nu li cui̲nk li neque'xnimobresi rib. 18 Nabaleb neque'xnimobresi rib riq'uin li c'a'ru neque'xba̲nu arin sa' ruchich'och'. ¿Ma inc'a' ta bi' raj ta̲ru̲k tinnimobresi ajcui' cuib la̲in? 19 La̲ex cuan raj e̲na'leb nak nequerec'a e̲rib. Abanan nequeq'ue e̲ch'o̲l chirabinquil li c'a'ru neque'xye li ma̲c'a'eb xna'leb. 20 Cui nequexrahobtesi̲c yal nequecuy. Cui namak'e' li c'a'ru e̲re che̲ru, ma̲c'a' nequeye. Cui nequexbalak'i̲c, yal nequecanab chi jo'can. Ut cui neque'xk'etk'eti rib che̲ru, a'an chic li nacuulac che̲ru. Ut cui nasaq'ue' sa' xnak' e̲ru, yal nequecuy. 21 ¿Ma xuta̲nal ta bi' chok' cue nak inc'a' naru ninba̲nu e̲re jo' neque'xba̲nu eb a'an? Anakcuan tina̲tinak e̲riq'uin jo' neque'xba̲nu li ma̲c'a'eb xna'leb ut tinye e̲re a'in: Cui cuan li neque'xnimobresi rib riq'uin lix yehom xba̲nuhom, ta̲ru̲k raj ajcui' tinnimobresi cuib la̲in. 22 Neque'xnimobresi rib xban nak a'an eb aj hebreo. La̲in ajcui' aj hebreo la̲in. Neque'xnimobresi rib xban nak a'aneb aj Israel. Ut la̲in ajcui' aj Israel la̲in. Neque'xnimobresi rib xban nak a'aneb ralal xc'ajol laj Abraham ut jo'can ajcui' la̲in. La̲in ajcui' ralal xc'ajol laj Abraham. 23 Tinnimobresi ca'ch'inak cuib anakcuan ut tina̲tinak jo' neque'xba̲nu li ma̲c'a'eb xna'leb. Neque'xye nak aj c'anjeleb chiru li Cristo. ¿Ma a'aneb ta bi' li k'axal aj c'anjel chiru li Cristo chicuu la̲in? Inc'a', xban nak la̲in tz'akalin x-apóstol li Jesucristo. Nabal li raylal ninc'ul sa' xc'aba' li Cristo. Nintacuasi cuib chi c'anjelac. Nabal sut xinq'uehe' sa' tz'alam. Nabal sut xinsaq'ue' ut cuanqueb li neque'raj incamsinquil. 24 Eb laj judío quine'xq'ue chi tz'u̲m. Jun chic ma̲ ca'c'a̲l chi tz'u̲m ninc'ul chiru li jun sut. Ut o̲b sut quinc'ul chi jo'can. 25 Oxib sut quinsaq'ue' riq'uin che' ut jun sut quine'xcuti chi pec. Oxib sut quijache' li jucub li cuanquin cui' nak yo̲quin chi xic jun pac'al li palau. Tz'akal jun cutan ut jun k'ojyi̲n quincuan sa' li ha' sa' xyi li palau. 26 Yalak bar ninxic xyebal resil li Cristo, xiu xiu cuanquin. Xiu xiu cuanquin nak ninnume' sa' eb li nima'. Xiu xiu cuanquin xbaneb laj e̲lk' ut xbaneb li cuech tenamitil ut xbaneb li ma̲cua'eb aj judío. Xiu xiu cuanquin sa' eb li tenamit jo' ajcui' sa' li q'uiche'. Xiu xiu cuanquin nak ninnume' sa' li palau. Xiu xiu cuanquin xbaneb li neque'xq'ue rib jo' aj pa̲banel. 27 Cau ninc'anjelac ut xincuy li raylal. Xincuy li yo'lec' ut cuan nak ma̲c'a' intzacae̲mk. Xincuy intz'ocajic ut xincuy inchaki el. Xincuy li que chi inc'a' tz'akal li cuak'. 28 Cuan chic nabal li raylal xinc'ul. Ut chirix chixjunil a'an, k'axal cui'chic ninc'oxlac cuulaj cuulaj chirixeb chixjunileb laj pa̲banel li cuanqueb

yalak bar. 29 Cui cuan li k'un xch'o̱l li
ma̱c'a' xmetz'e̱u, k'axal nintok'oba ruheb.
Cui cuan li neque'ch'inan xch'o̱leb sa'
lix pa̱ba̱leb, c'ajo' nak naraho' inch'o̱l ut
ninc'oxlac chirixeb. 30 Cui tento tina̱ti-
nak chirix lin c'anjel, tina̱tinak chirix li
c'a' re ru li naxc'ut nak ma̱c'a' incuanquil
injunes re nak inc'a' ta̱nima̱k cuu la̱in.
31 Li Acuabej Dios, lix Yucua' li Ka̱cua'
Jesucristo naxnau nak inc'a' nintic'ti'ic.
Lok'oninbil taxak li Dios chi junelic k'e
cutan. 32 Laj Aretas, a'an li acuabej sa'
li tenamit Damasco. Nak cuanquin aran,
jun li cui̱nk li nac'anjelac chiru laj Are-
tas, quixtakla xc'ac'alenquil li oqueba̱l
sa' li tenamit xban nak quiraj inchapbal.
33 Abanan xincole' sa' ruk'eb. Li tz'ac li
sutbil cui' li tenamit cuan jun lix ven-
tanil. Ut aran quine'xcubsi chak sa' jun
nimla chacach. Jo'can nak quincole'.

Li c'a'ru quic'utbesi̱c chiru laj Pablo xban li Dios

12 Ninnau nak ma̱c'a' tinra
chirix nak tinnimobresi cuib.
Abanan cui tento nak tinba̱nu, nacuaj
xserak'inquil e̱re c'a'ru quicuil chanchan
matq'uenbil quinba̱nu. Ut nacuaj
xserak'inquil c'a'ru quixc'utbesi chicuu
li Ka̱cua'. 2 Ca̱laju chihab anakcuan nak
quinc'ame' toj sa' li rox tasal li choxa.
Inc'a' ninnau ma matq'uenbil quinba̱nu
malaj quinc'ame' chi tz'akal. Ca'aj cui' li
Dios naxnau. 3 Inc'a' ninnau chan ta cui'
ru nak co̱in sa' choxa. Abanan ninnau
nak quinc'ame' ut li Dios naxnau chanru
quixba̱nu nak quinixc'am sa' choxa.
4 Ut li c'a'ru quicuabi aran inc'a' naru
nina̱tinac chirix xban nak moco xc'ulub
ta junak cui̱nk a̱tinac chirix ut inc'a'
natauman junak a̱tin re xyebal xban
nak k'axal numtajenak xlok'al. 5 Naru
raj tinnimobresi cuib riq'uin li c'a'ru
quicuabi chak sa' choxa. Abanan ca'aj
cui' tina̱tinak chirix li c'a'ru naxc'ut nak
ma̱c'a' incuanquil injunes xban nak yal
cui̱nkin. 6 La̱in naru raj tinnimobresi
cuib xban nak ya̱l li c'a'ru quicuabi
chak, abanan inc'a' ninba̱nu re nak ma̱
ani tixc'oxla nak k'axal nim incuanquil.
Ca'aj cui' li nacuaj, a'an nak la̱ex te̱q'ue
retal lin yehom inba̱nuhom. 7 Li Dios
inc'a' quiraj nak tinnimobresi cuib
xban li k'axal lok' quilajxc'utbesi chak
chicuu. Jo'can nak quiq'uehe' jun li
raylal sa' inbe̱n. Chanchan li cuan q'uix
sa' intibel nak nacuec'a. A'an xtakl laj
tza re inrahobtesinquil. Cuan li raylal
a'in re nak inc'a' tinnimobresi cuib.
8 Oxib sut xintijoc ut xintz'a̱ma chiru
li Ka̱cua' nak chirisihak li raylal a'in
li yo̱ chi rahobtesi̱nc cue. 9 Abanan
li Ka̱cua' quixye cue: Inc'a' nacuisi
la̱ raylal. Abanan tatintenk'a re nak
tacuy xnumsinquil. La̱in ninq'ue lin
cuanquil re li ani naxnau nak ma̱c'a'
xcuanquil xjunes, chan cue. Jo'can
nak nasaho' sa' inch'o̱l riq'uin li raylal
re nak lix cuanquil li Cristo cua̱nk
cuiq'uin. 10 Jo'can nak nasaho' sa' inch'o̱l
nak ma̱c'a' incuanquil injunes ut nak
ninhobe' jo' ajcui' nak ninc'ul li raylal, li
ch'a'ajquilal ut li rahobtesi̱c sa' xc'aba'
li Jesucristo. Nasaho' sa' inch'o̱l xban
nak cui ma̱c'a' incuanquil injunes cuib,
ninnau nak cuan incuanquil sa' xc'aba'
li Jesucristo.

Laj Pablo yo̱ xc'a'ux chirixeb laj pa̱banel li cuanqueb Corinto

11 Chanchan nak ma̱c'a' inna'leb nak
ninserak'i e̱re chixjunil li xinc'ul. Inc'a'
raj xinye e̱re. Abanan e̱ban la̱ex nak
xinba̱nu xban nak la̱ex inc'a' nequeq'ue
incuanquil chok' apóstol. La̱ex raj li
xexq'uehoc incuanquil. Moco cubenak ta
incuanquil la̱in chiruheb li neque'xq'ue
rib chok' apóstol usta ma̱c'a' incuan-
quil injunes. 12 Nak cuanquin e̱riq'uin
nabal quincuy ut riq'uin xcuanquil li
Dios quilajinba̱nu li milagro ut li sachba
ch'o̱lej li nac'utuc re nak la̱in tz'akal

apóstol. 13 Jo' quinba̱nu chak sa' xya̱nkeb laj pa̱banel li quinnume' cui' chak, jo'can ajcui' quinba̱nu nak cuanquin e̱riq'uin. Li c'a'ru inc'a' xinq'ue sa' e̱be̱n, a'an lin tenk'anquil. ¿Ma ma̱c ta bi' li xinba̱nu? Checuy inma̱c cui inc'a' us xinba̱nu. 14 Anakcuan ac xincauresi cuib re nak tinxic e̱riq'uin sa' rox sut. Abanan inc'a' texinch'i'ch'i'i riq'uin c'a'ru cue. Ma̱cua' li c'a'ru e̱re ninra. La̱ex ban li nequexinra. Ma̱cua'eb li coc'al li neque'ch'olanin re li yucua'bej. A' li yucua'bej, a'an li nach'olanin reheb li ralal xc'ajol. 15 Jo'can nak chixjunil li c'a'ru cuan cue chi anchal inch'o̱l tinsach re e̱tenk'anquil ut tintacuasi cuib re nak texcolek'. Cui k'axal nequexinra, ¿ma inc'a' ta bi' ta̱ru̱k tine̱ra la̱in? 16 Chi yal inc'a' xexinch'i'ch'i'i. Abanan ma̱re cuan sa' e̱ya̱nk te'xc'oxla nak e̱balak'inquil yo̱quin. 17 ¿Chanru nak xexinbalak'i? ¿Ma xexbalak'i̱c ta bi' xbaneb li ani xintakla e̱riq'uin? 18 La̱in xintz'a̱ma chiru laj Tito nak ta̱xic e̱riq'uin ut xintakla li herma̱n chirix. ¿Ma xexbalak'i ta bi' laj Tito? ¿Ma inc'a' ta bi' junaj li kac'a'ux cuochben laj Tito? ¿Ma inc'a' ta bi' junaj li kana'leb? 19 Ma̱re yal re xcolbal cuib che̱ru nak neque'c'oxla. Abanan moco jo'can ta. Li Dios naxnau chi tz'akal nak sa' xc'aba' li Cristo nina̱tinac. Ex inherma̱n, chixjunil li ninba̱nu, a'an re e̱tenk'anquil re nak texq'ui̱k sa' le̱ pa̱ba̱l. 20 Ninc'oxla nak tincuulak e̱riq'uin ma̱re inc'a' sahak e̱ch'o̱l cuiq'uin, ut la̱in ma̱re inc'a' sahak inch'o̱l e̱riq'uin xban nak toj cuan li c'a'ak re ru inc'a' us sa' e̱ya̱nk. Ma̱re toj cuan li pletic ut li cakali̱nc sa' e̱ya̱nk ut ma̱re toj cuan li josk'il ut li nimobresi̱nc ib, malaj ut li k'aba̱nc ut li xic' iloc ut ma̱re toj cuan li k'etk'etil e̱riq'uin malaj ut li po'oj ib. 21 Ninc'oxla nak tincuulak e̱riq'uin, te̱c'ut inxuta̱n chiru li Dios xban li c'a'ru yo̱quex chixba̱nunquil. Ma̱re tinya̱bak chirixeb li que'xba̱nu li inc'a' us ut toj ma̱ji' neque'xyot' xch'o̱l ut toj ma̱ji' xe'xjal xc'a'ux riq'uin li ma̱usilal li que'xba̱nu jo' li muxuc caxa̱r, li co'be̱tac yumbe̱tac ut li c'a'ak chic ru chi ma̱usilal.

Laj Pablo naxye c'a'ru tixba̱nu nak ta̱cuulak riq'uineb laj Corinto

13 A'in li rox sut nak tincuulak e̱riq'uin. Cui cuan li ta̱jitek' nak tincuulak, tento nak cua̱nk cuib malaj oxib li testigo chixyebal nak ya̱l lix ma̱c, jo' tz'i̱banbil sa' li Santil Hu. 2 Nak quincuulac xca' sut e̱riq'uin, quinq'ueheb chak xna'lebeb li yo̱queb chi ma̱cobc jo' ajcui' che̱junilex. Ut anakcuan ma̱ anihin sa' e̱ya̱nk ut tinch'olob cui'chic xya̱lal che̱ru. Nak tincuulak cui'chic e̱riq'uin, la̱in tebink'us chi cau li ani inc'a' us yo̱queb chixba̱nunquil. Inc'a' chic te'cuil xtok'oba̱l ru. 3 Riq'uin a'in te̱nau nak nina̱tinac riq'uin li cuanquil q'uebil cue xban li Cristo. Moco ma̱c'a' ta xcuanquil li Cristo re e̱k'usbal. K'axal nim ban xcuanquil che̱k'usbal. 4 Cubenak xcuanquil li Cristo nak quicamsi̱c chiru li cruz. Abanan quicuaclesi̱c cui'chic sa' xya̱nkeb li camenak chi yo'yo xban xcuanquil li Dios. Jo' nak quixcubsi xcuanquil li Cristo, jo'can ajcui' takacubsi kacuanquil la̱o. Abanan yo'yo̱co xban xcuanquil li Dios ut q'uebil ke li kacuanquil xban li Dios re xk'usbaleb li neque'xba̱nu li inc'a' us. 5 Q'uehomak retal le̱ yu'am. ¿Ma tz'akal re ru le̱ yu'am? ¿Ma chi anchal e̱ch'o̱l nequexpa̱ban? ¿Ma inc'a' ta bi' nequenau chi tz'akal nak li Cristo cuan e̱riq'uin? ¿Malaj ut toj ma̱ji' nequexpa̱ban? 6 Usan cui nak tincuulak e̱riq'uin, te̱q'ue retal nak la̱in tz'akalin x-apóstol li Jesucristo. 7 La̱in junelic nintz'a̱ma chiru li Dios nak inc'a' te̱ba̱nu li inc'a' us. Inc'a' nintz'a̱ma a'an re nak ta̱c'utu̱nk nak cha̱bil li c'anjel ninba̱nu sa' e̱ya̱nk. Re ban nak tz'akalak re ru le̱ yu'am. Nacuaj nak te̱ba̱nu li us usta inc'a' naq'uehe' xcuanquil li c'anjel li ninba̱nu sa' e̱ya̱nk.

8 La̱o inc'a' naru nakapo' ru li ya̱l. No-
coc'anjelac ban re xq'uebal xcuanquil li
ya̱l. 9 Jo'can nak k'axal raj ta̱sahok' sa'
inch'o̱l nak tincuulak e̱riq'uin cui cha̱-
bilak chic le̱ yu'am re nak inc'a' tento
tinc'ut che̱ru nak cuan incuanquil re
e̱k'usbal. Nintijoc che̱rix re nak tz'akalak
re ru le̱ yu'am sa' le̱ pa̱ba̱l. 10 Jo'can
nak yo̱quin chixtz'i̱banquil li hu a'in
e̱riq'uin nak toj ma̱ji' ninxic e̱riq'uin.
Nak cua̱nkin cui'chic sa' e̱ya̱nk la̱in inc'a'
nacuaj texink'us chi cau usta cuan in-
cuanquil re e̱k'usbal. Li Ka̱cua' inc'a'
quixq'ue lin cuanquil re e̱sachbal. Re ban
e̱tenk'anquil sa' le̱ pa̱ba̱l.

Laj Pablo naxq'ueheb xsahil xch'o̱l ut naxchak'rabiheb

11 Anakcuan ex inherma̱n,
texinchak'rabi riq'uin a a̱tin a'in:
Jalomak le̱ c'a'ux re nak tz'akalak
e̱re e̱ru. Cheq'uehak retal li jo' q'uial
xinye e̱re. Junajak taxak le̱ c'a'ux ut
chexcua̱nk sa' xya̱lal chi ribil e̱rib.
Ut cua̱nk e̱riq'uin li Dios li narahoc
ke ut naxq'ue ke li tuktu̱quil usilal.
12 Cheq'uehak xsahil e̱ch'o̱l chi ribil e̱rib
riq'uin santil utz'uc u. 13 Chixjunileb laj
pa̱banel li cuanqueb arin neque'xtakla
xsahil e̱ch'o̱l. 14 Chicua̱nk taxak e̱riq'uin
li rusilal li Ka̱cua' Jesucristo, ut
chicua̱nk taxak e̱riq'uin li rahoc ib li
naxq'ue li Ka̱cua' Dios, ut a' taxak li
Santil Musik'ej chicua̱nk e̱riq'uin. Jo'can
taxak.

Li Hu li Quixtz'i̱ba li San Pablo reheb laj Galacia

Xq'uebal xsahileb xch'o̱l

1 La̱in laj Pablo. La̱in x-apóstol li Je-
sucristo. Moco taklanbilin ta xban
cui̱nk, chi moco sa' xc'aba' junak cui̱nk.
Taklanbilin ban xban li Jesucristo ut
xban li Acuabej Dios, li quicuaclesin
cui'chic re chi yo'yo li Jesucristo sa'
xya̱nkeb li camenak. 2 La̱in yo̱quin chix-
taklanquil li hu a'in e̱riq'uin che̱ju-
nilex la̱ex li cuanquex sa' li junju̱nk
chi iglesia aran Galacia. Ut eb li her-
ma̱n li cuanqueb cuochben yo̱queb ajcui'
chixtaklanquil xsahil e̱ch'o̱l. 3 Chicua̱nk
taxak e̱riq'uin li usilal ut li tuktu̱quilal
li naxq'ue li Dios li kaYucua' ut li
naxq'ue li Ka̱cua' Jesucristo. 4 Li Je-
sucristo quixk'axtesi rib chi ca̱mc sa'
xc'aba' li kama̱c xban nak jo'can quiraj
li Dios Acuabej. Quixba̱nu a'an re kacol-
bal chiru li ma̱usilal sa' li ruchich'och'.
5 Lok'oninbil taxak ru li Acuabej Dios chi
junelic k'e cutan. Jo'can taxak.

Jun ajcui' li tz'akal evangelio

6 Nasach inch'o̱l e̱ban xban nak k'axal
junpa̱t yo̱quex chixcanabanquil li tz'akal
Dios li quisic'oc e̱ru xban li rusilal li Je-
sucristo. Ut yo̱quex chixpa̱banquil jalan
tijleb chirix li evangelio li moco ya̱l ta.
7 A'in moco naraj ta naxye nak cuan
jun chic li evangelio. Lix ya̱lal a'an,
a'in: cuanqueb li neque'raj xpo'bal ru li
evangelio li naxq'ue li Ka̱cua' Jesucristo.
8 Usta la̱o, usta junak ángel ta̱cha̱lk sa'
choxa chixyebal e̱re jalan tijleb chirix li
evangelio chiru li ac xkach'olob che̱ru,
tz'ekta̱nanbilak taxak xban li Dios li ani
ta̱ba̱nu̱nk re chi jo'ca'in. 9 Ac xkaye a'in
e̱re ut nakaye cui'chic e̱re, cui junak
tixye e̱re jalan tijleb chirix li evange-
lio chiru li ac xerabi, tz'ekta̱nanbilak
taxak xban li Dios li ani ta̱ba̱nu̱nk re
chi jo'ca'in. 10 ¿Ma yal re ta bi' nak
te'sahok' xch'o̱l li cui̱nk cuiq'uin nak
yo̱quin chixyebal chi jo'ca'in? ¿Ma inc'a'
ta bi' yo̱quin chixyebal chi jo'ca'in re nak
sahak xch'o̱l li Dios cuiq'uin? ¿Ma tincuaj
ta bi' tinc'ojob xch'o̱leb li cui̱nk? Ma̱ jok'e
xban nak cui ta toj nacuaj xc'ojobanquil
xch'o̱leb li cui̱nk ma̱cua'in raj aj c'anjel
chiru li Jesucristo.

Nak quisiq'ue' ru laj Pablo chok' apóstol

11 Ex inherma̱n, nacuaj nak te̱nau
nak li evangelio li xinch'olob che̱ru,
a'an ma̱cua' yal xc'a'ux cui̱nk. 12 Ma̱cua'
yal riq'uin junak cui̱nk quicuabi, chi
moco riq'uin ta junak cui̱nk quintzol
cuib. A' ban li Ka̱cua' Jesucristo, a'an
li quic'utbesin re chicuu. 13 Ac e̱rabiom
ajcui' resil chanru nak quincuan chak sa'
lix pa̱ba̱leb laj judío. La̱ex nequenau nak
k'axal nabal li raylal quinba̱nu reheb li
neque'pa̱ban re li Dios ut quinyal ink'e
chixsachbal ruheb laj pa̱banel. 14 La̱in li
k'axal cui'chic quinq'ue inch'o̱l chiruheb
li cuech sa̱jilal chixba̱nunquil li c'a'ru
naxye lix pa̱ba̱leb laj judío. Ut k'axal
cui'chic quinba̱nu li na'leb canabanbil ke
xbaneb li kaxe' kato̱n. 15 Nak toj ma̱ji'
ninyo'la, xban xnimal rusilal, li Dios ac
xsic' chak cuu re tinc'anjelak chiru. 16 Ut
nak li Dios quiraj xc'utbesinquil li Ralal
chicuu re nak tinch'olob resil chiruheb li
ma̱cua'eb aj judío, inc'a' xinpatz' inna'leb
re junak cui̱nk. 17 Chi moco co̱in ta
Jerusalén chi a̱tinac riq'uineb li apóstol
li quisiq'ue' ruheb junxil chicuu. Ti̱c ban
co̱in Arabia ut mokon quinsuk'i cui'chic
Damasco. 18 Oxib chihab xpa̱banquil li
Dios inban nak co̱in Jerusalén re nak
tinnau ru laj Pedro. O'laju cutan quin-
cuan chak riq'uin. 19 Ut quicuil ru laj Ja-
cobo ri̱tz'in li Ka̱cua' Jesucristo. Ut chirix
chic a'an, ma̱ jun chic reheb li após-
tol quicuileb ru. 20 Li Dios naxnau nak

tz'akal ya̱l li c'a'ru yo̱quin chixtz'i̱banquil
sa' li hu a'in. 21 Chirix chic a'an co̱in sa' eb
li na'ajej xcue̱nt Siria ut Cilicia. 22 Ut toj
ma̱ji'ak neque'xnau cuu eb laj pa̱banel
sa' xc'aba' li Cristo, li cuanqueb aran
Judea. 23 Yal resil neque'rabi li nayeman
chicuix: Li cui̱nk li quirahobtesin reheb
laj pa̱banel junxil, anakcuan a'an chic yo̱
chi yehoc resil li colba-ib li quiraj raj
xsachbal junxil, chanqueb. 24 Ut eb a'an
que'xlok'oni ru li Dios nak que'rabi resil
nak quinpa̱b li Cristo.

Eb li apóstol que'xc'ul laj Pablo chok' rech apostolil

2 Mokon chic nak ac xnume' ca̱laju
chihab, co̱in cui'chic Jerusalén
cuochben laj Bernabé. Ut kac'am
laj Tito chikix. 2 Co̱in xban nak li
Dios quixc'utbesi chicuu nak tento
tinxic Jerusalén. Ut que'xch'utub
rib li neque'c'amoc be chiruheb laj
pa̱banel. Ut quinserak'i reheb li resilal
li evangelio li yo̱quin chixjulticanquil
reheb li ma̱cua'eb aj judío. Quinch'olob
xya̱lal chiruheb re nak inc'a' ta̱cana̱k chi
ma̱c'a' rajbal chiruheb li c'a'ru yo̱quin
chixba̱nunquil jo' ajcui' li ac xinba̱nu.
3 Laj Tito ma̱cua' aj judío. Abanan eb laj
c'amol be inc'a' que'xmin ru chixc'ulbal
li circuncisión. 4 Abanan cuan ajcui'
junju̱nk que'raj raj xminbal ru xc'ulbal
li circuncisión. Eb a'an neque'xye rib
nak aj pa̱baneleb. Que'oc sa' kaya̱nk
sa' mukmu re xq'uebal retal li usilal
cuanco cui' sa' xc'aba' li Jesucristo
ma yo̱co chixpa̱banquil li najter
chak'rab malaj inc'a'. Eb a'an que'raj
raj cui'chic kaq'uebal rubel xcuanquil
li najter chak'rab. 5 Abanan la̱o ma̱
jok'e kaba̱nu li c'a'ru que'xye ke xban
nak la̱o inc'a' quikaj nak te'xpo' ru li
evangelio, li tz'akal ya̱l li ac xerabi. 6 Ut
eb li ni̱nkeb xcuanquil sa' xya̱nkeb laj
pa̱banel ma̱c'a' que'xye chirix li c'a'ru
yo̱quin chixba̱nunquil. Ma̱c'a' nacuaj re
usta ni̱nkeb xcuanquil. Chiru li Dios
juntak'e̱to. 7 Ma̱c'a' que'xye li ni̱nkeb
xcuanquil. Que'xq'ue ban retal nak
tenebanbil sa' inbe̱n xban li Dios xyebal
resil li evangelio reheb li ma̱cua'eb
aj judío jo' nak quitenebа̱c sa' xbe̱n
laj Pedro xban li Dios xyebal resil li
evangelio reheb laj judío. 8 Li Dios
quixsic' cuu chok' apóstol re tinc'anjelak
sa' xya̱nkeb li ma̱cua'eb aj judío jo'
nak quixsic' ru laj Pedro re ta̱c'anjelak
sa' xya̱nkeb laj judío. 9 Laj Jacobo, laj
Pedro ut laj Juan, a'aneb aj c'amol be sa'
xya̱nkeb laj pa̱banel. Nak que'xq'ue retal
nak sic'bil cuu xban li Dios, que'xq'ue
li ruk'eb cue ut re laj Bernabé. A'an
retalil nak kacomon kib chi c'anjelac
chiru li Dios. Ut xkac'u̱b ru nak la̱in ut
laj Bernabé toc'anjelak sa' xya̱nkeb li
ma̱cua'eb aj judío ut eb a'an te'c'anjelak
sa' xya̱nkeb laj judío. 10 Ca'aj cui' li
que'xtz'a̱ma chiku nak che'julticok' ke
eb li neba' li cuanqueb Jerusalén, ut
a'an li ninq'ue inch'o̱l chixba̱nunquil.

Laj Pablo quixye nak inc'a' us yo̱ chixba̱nunquil laj Pedro aran Antioquía

11 Nak quicuulac laj Pedro Antio-
quía, la̱in quink'us xban nak inc'a' us
li yo̱ chixba̱nunquil. 12 Nak toj ma̱ji'
neque'cuulac li taklanbileb xban laj Ja-
cobo, laj Pedro nacua'ac riq'uineb li
ma̱cua'eb aj judío. Aban nak que'cuulac
eb a'an, quirisi rib sa' xya̱nkeb li
ma̱cua'eb aj judío xban nak quixxucua-
heb ru laj judío li neque'yehoc re nak
tento xc'ulbal li circuncisión. 13 Eb laj
pa̱banel aj judío que'oc chixba̱nunquil li
ca' pac'alil na'leb li quixba̱nu laj Pedro
toj retal nak qui-oc ajcui' chixba̱nunquil
laj Bernabé xban nak jo'can quic'ame'
cui' xbe xbaneb. 14 Nak quinq'ue retal
nak inc'a' yo̱queb chixba̱nunquil jo' naraj
li evangelio, chiruheb chixjunileb laj
pa̱banel quinye re laj Pedro: Ya̱l nak

la̲at aj judío chalen chak sa' la̲ yo'lajic,
abanan ac junxil xacanab xba̲nunquil
li c'aynakeb chixba̲nunquil laj judío.
¿C'a'ut nak nacamineb ru li ma̲cua'eb laj
judío chixba̲nunquil jo' neque'xba̲nu laj
judío? chanquin re.

Ca'aj cui' riq'uin xpa̲banquil li Cristo natauman li colba-ib

15 La̲o aj judío chalen chak sa'
kayo'lajic ut ma̲cua'o xcomoneb li
ma̲cua'eb aj judío, li neque'xye "aj ma̲c"
reheb. 16 Abanan nakanau nak ma̲ ani
ta̲ti̲cobresi̲k xch'o̲l chiru li Dios riq'uin
xba̲nunquil li c'a'ru naxye li chak'rab.
Riq'uin ban xpa̲banquil li Jesucristo.
La̲o xkapa̲b li Ka̲cua' Jesucristo re
ta̲ti̲cobresi̲k kach'o̲l chiru li Dios riq'uin
xpa̲banquil li Cristo ut ma̲cua' riq'uin
xba̲nunquil li naxye li chak'rab cocole'.
Riq'uin xba̲nunquil li naxye li chak'rab,
ma̲ ani ta̲ti̲cobresi̲k xch'o̲l chiru li Dios.
17 Cui yo̲co chixsic'bal xti̲cobresinquil
kach'o̲l chiru li Dios sa' xc'aba' li Cristo,
ut nak la̲o chic tota'li̲k chi cuan kama̲c,
¿ma a'an ta bi' naraj naxye nak a' li
Cristo yo̲ chi q'uehoc ke chi ma̲cobc?
Ma̲ jok'e bi'an. 18 Cui la̲in tin-oc cui'chic
xpa̲banquil nak ta̲ti̲cobresi̲k inch'o̲l
chiru li Dios riq'uin xba̲nunquil li naxye
li chak'rab, a'an naraj naxye nak chi ya̲l
la̲in aj ma̲c xban nak ac junxil xincanab
xpa̲banquil li na'leb a'an. 19 Chanchan
nak li najter chak'rab xq'uehoc cue chi
ca̲mc xban nak a'an xc'utuc re chicuu
nak la̲in aj ma̲c. Anakcuan camenakin
chic chiru lix cuanquil li chak'rab re
nak yo'yo̲kin rubel xcuanquil li Dios.
20 Li Jesucristo quicam chiru li cruz ut
chanchan nak quinq'uehe' ajcui' la̲in
cuochben. Ma̲cua' chic la̲in li yo'yo̲quin.
A' chic li Cristo cuan cuiq'uin. Ut ac'
chic lin yu'am xban nak xinpa̲b li
Jesucristo li Ralal li Dios li quirahoc
cue ut quixk'axtesi rib chi ca̲mc sa'
inc'aba'. 21 Jo'can nak inc'a' nintz'ekta̲na
xcuanquil li rusilal li Dios. Cui ta sa'
xc'aba' li chak'rab nati̲cobresi̲c kach'o̲l,
ma̲c'a' raj rajbal nak quicam li Cristo.

Li chak'rab ut li pa̲ba̲l

3 La̲ex aj Galacia, ma̲c'a' e̲na'leb. ¿Ani
xbalak'in e̲re nak inc'a' chic yo̲quex
xpa̲banquil li xya̲lal? Nak xkach'olob
che̲ru chanru nak quiq'uehe' li Jesucristo
chiru cruz, chanchan nak tz'akal yo̲quex
chirilbal. 2 Ca'aj cui' a'in nacuaj xpatz'bal
e̲re. ¿Ma riq'uin ta bi' xba̲nunquil li
naxye sa' li chak'rab nak xec'ul li Santil
Musik'ej? Ma̲ jok'e. La̲ex xec'ul li Santil
Musik'ej nak xepa̲b li Cristo. 3 ¿Ma k'axal
cui'chic ma̲c'a' e̲na'leb? Cui riq'uin li San-
til Musik'ej xetiquib chak xpa̲banquil li
Jesucristo, ¿ma nequec'oxla anakcuan
nak ta̲tz'aklok ru le̲ pa̲ba̲l yal riq'uin li
c'a'ak re ru nequeba̲nu e̲junes? 4 ¿Ma
te̲canab chi ma̲c'a' rajbal chixjunil li
quec'ul chi jo'canan? La̲in ninye nak
inc'a' te̲ba̲nu chi jo'can. 5 Li Dios naxq'ue
li Santil Musik'ej ut naxba̲nu li mila-
gros e̲riq'uin. Nacuaj tinpatz' e̲re a'in:
¿ma naxba̲nu a'an xban nak nequepa̲b
li chak'rab malaj ut xban nak xepa̲b li
Cristo li quiyehe' resil e̲re? 6 C'oxlankex
ca'ch'inak chirix laj Abraham. Jo' naxye
sa' li Santil Hu, laj Abraham quixpa̲b
li Dios ut xban nak quipa̲ban, li Dios
quixye nak ti̲c chic lix ch'o̲l. 7 Nacuaj nak
te̲nau nak li tz'akal ralal xc'ajol laj Abra-
ham, a'aneb li neque'pa̲ban re li Dios.
8 Najter k'e cutan nak toj ma̲ji' nac'ulun
resil li evangelio sa' ruchich'och', ac
cuan sa' xch'o̲l li Dios nak ta̲ti̲cobre-
si̲k xch'o̲leb li ma̲cua'eb aj judío nak
te'pa̲ba̲nk. Jo'can nak tz'i̲banbil sa' li San-
til Hu li quixye li Dios re laj Abraham:
Sa' a̲c'aba' la̲at osobtesinbilakeb chixju-
nileb li tenamit. (Gn. 12:3) 9 Jo'can
nak li ani neque'pa̲ban, osobtesinbileb
jo' nak qui-osobtesi̲c laj Abraham xban
nak quixpa̲b li Dios. 10 Chixjunileb li
neque'xsic' xti̲quilal xch'o̲l riq'uin xba̲-

nunquil li naxye sa' li najter chak'rab,
tenebanbil li tojba ma̱c sa' xbe̱neb xban
nak jo'ca'in tz'i̱banbil sa' li Santil Hu:
Tenebanbil li tojba ma̱c sa' xbe̱neb li ani
inc'a' neque'xba̱nu chixjunil li tz'i̱banbil
retalil sa' li chak'rab. (Dt. 27:26) 11 Ac
ch'olch'o nak ma̱ ani ta̱ti̱cobresi̱k xch'o̱l
chiru li Dios yal riq'uin xba̱nunquil li
naxye sa' li najter chak'rab xban nak
tz'i̱banbil sa' li Santil Hu nak ani naxpa̱b
li Dios, ta̱ti̱cobresi̱k xch'o̱l chiru li Dios
ut ta̱cua̱nk xyu'am chi junelic. (Hab. 2:4)
12 Li chak'rab inc'a' naxye nak topa̱ba̱nk.
Ca'aj cui' naxye nak tento xba̱nunquil
li naxye re nak ta̱cua̱nk li kayu'am.
Jo'ca'in tz'i̱banbil sa' li chak'rab: Li ani
naxba̱nu chixjunil li naxye li chak'rab,
li jun a'an ta̱cua̱nk xyu'am. (Lv. 18:5)
13 Abanan li Jesucristo coxcol chiru
li tojba ma̱c li tenebanbil sa' kabe̱n
xban li chak'rab. A'an quicoloc ke nak
quixq'ue rib chi ca̱mc re xtojbal rix
li kama̱c. Jo'ca'in tz'i̱banbil sa' li San-
til Hu: Tz'ekta̱nanbileb chixjunileb li
neque'camsi̱c chi t'uyt'u chiru li che'.
(Dt. 21:23) 14 Li Jesucristo quixtoj rix
li kama̱c nak quicam chiru li cruz re
nak sa' xc'aba' a'an li ma̱cua'eb aj judío
te'xc'ul li rosobtesinquil riq'uin li Dios jo'
li quixc'ul laj Abraham ut re ajcui' nak
riq'uin xpa̱banquil li Jesucristo takac'ul
li Santil Musik'ej li quiyechi'i̱c ke xban li
Dios.

Li chak'rab ut li yechi'inbil xban li Dios

15 Ex inherma̱n, nacuaj xch'olobanquil
lix ya̱lal a'in che̱ru riq'uin li c'a'ru
nac'ulman sa' li kayu'am arin sa'
ruchich'och'. Junak cui̱nk nak tixba̱nu
xcontrato, chi acak xakxo xcuanquil,
ma̱ ani chic naru nasachoc re, chi
moco tixtik ru. 16 Jo' tz'i̱banbil sa' li
Santil Hu, li c'a'ru quiyechi'i̱c re laj
Abraham xban li Dios, quiyechi'i̱c
ajcui' reheb li ralal xc'ajol. Moco yo̱
ta chi a̱tinac chirixeb chixjunileb li
ralal xc'ajol. Yo̱ ban chi a̱tinac chirix
jun ajcui'. Ut li jun a'an, a'an li Cristo.
17 A'in ut tinye: Li Dios quixba̱nu jun li
contrato najter riq'uin laj Abraham ut
quixxakab xcuanquil sa' xc'aba' li Cristo.
Li chak'rab li quiq'uehe' re laj Moisés
ca̱hib ciento riq'uin laje̱b xca'c'a̱l (430)
chihab mokon inc'a' naxsach xcuanquil
li contrato li ac xakabanbil xcuanquil,
chi moco tixcanab ta chi ma̱c'a' rajbal li
yechi'inbil re laj Abraham xban li Dios.
18 Cui ta naru xc'ulbal li colba-ib riq'uin
xba̱nunquil li naxye li chak'rab, ma̱c'a'
raj rajbal li quiyechi'i̱c re laj Abraham
xban li Dios. Abanan li c'a'ru quixyechi'i
li Dios re laj Abraham, a'an yal chi
ma̱tan quixq'ue. 19 ¿C'a'ru aj e nak
quiq'uehe' li chak'rab? A'an quiq'uehe'
re nak tixc'ut chiruheb li tenamit nak
a'aneb aj k'etol chak'rab. Ut li chak'rab
a'an quicuan xcuanquil toj quic'ulun li
Jesucristo li quiyo'la sa' xya̱nkeb li ralal
xc'ajol laj Abraham, li yechi'inbil xban
li Dios. Eb li ángel que'c'anjelac chiru
li Dios nak que'xye li chak'rab re laj
Moisés; ut laj Moisés, a'an li quiyehoc
re chiruheb li tenamit. 20 Abanan ma̱
ani quijaloc a̱tin nak li Dios quixyechi'i
li ma̱tan re laj Abraham. A' li Dios,
a'an li quiba̱nun re. 21 ¿Ma a'in ta bi'
naraj naxye nak li chak'rab naxsach
xcuanquil li c'a'ru quixyechi'i li Dios?
¡Ma̱ jok'e! Cui ta naru ta̱cua̱nk li
kayu'am chi junelic riq'uin xba̱nunquil
li naxye li chak'rab, ta̱ti̱cok' aj raj cui' li
kach'o̱l chiru li Dios xban li chak'rab.
22 Li Santil Hu naxye nak chixjunil li
ruchich'och' cuan rubel xcuanquil li
ma̱c re nak chixjunileb li te'pa̱ba̱nk
re li Ka̱cua' Jesucristo te'xc'ul ajcui'
li colba-ib li quiyechi'i̱c xban li Dios.
23 Nak toj ma̱ji' nac'ulun li Jesucristo sa'
ruchich'och', toj cuanco rubel xcuanquil
li chak'rab. Chanchan cuanco chi pre̱xil.
Yo̱co chiroybeninquil nak li Dios

tixtakla chak li Jesucristo li yechi'inbil
xban, re nak riq'uin xpa̱banquil a'an
tocolek'. 24 Jo'can nak li chak'rab, a'an
nac'utuc xya̱lal chiku ut a'an nac'amoc
ke riq'uin li Cristo re nak ti̱cobresinbilak
kach'o̱l riq'uin xpa̱banquil li Cristo.
25 Anakcuan ut ac xcuulac xk'ehil
xpa̱banquil li Jesucristo. Jo'can nak
ma̱c'a' chic xcuanquil li najter chak'rab
sa' kabe̱n. 26 Anakcuan la̱ex chic ralal
xc'ajol li Dios che̱junilex xban nak
xepa̱b li Jesucristo. 27 La̱ex xec'ul li cubi
ha' ut rehex chic li Cristo. Jalbil chic le̱
yu'am ut cha̱bil chic le̱ na'leb sa' xc'aba'
li Jesucristo. 28 Anakcuan ut moco jalan
ta chic laj griego chiruheb laj judío, chi
moco jalan ta li mo̱s chiru li patrón,
chi moco jalan ta li cui̱nk, chi moco
jalan ta li ixk. Junaj ban chic ku sa'
xc'aba' li Jesucristo. 29 Cui la̱ex rehex
chic li Cristo, la̱ex ajcui' ralal xc'ajol laj
Abraham ut la̱ex te̱re̱chani ajcui' li c'a'ru
quiyechi'i̱c re laj Abraham xban li Dios.

4 Li nacuaj xyebal e̱re a'an a'in: nak
toj ca'ch'in, li ta̱echani̱nk re li jun
cablal chanchan junak mo̱s. Ma̱c'a' naru
naxch'e' xban nak ma̱ji' natz'akloc xchi-
hab usta a'an laj e̱chal re chixjunil. 2 Toj
cuan rubel xcuanquil li na-iloc re ut li
nataklan re toj ta̱tz'aklok ru lix chihab
jo' quixye lix yucua'. 3 Jo'can ajcui' la̱o.
Junxil chanchano coc'al. Cocuan rubel
xcuanquil li najter na'leb nak toj ma̱ji'
nakanau bar cuan li ya̱l. 4 Abanan nak
quicuulac xk'ehil, li Dios quixtakla li
Ralal chi yo'la̱c sa' ruchich'och' riq'uin
jun li ixk. Ut quicuan ajcui' rubel xcuan-
quil li najter chak'rab. 5 Li Dios quix-
takla li Ralal re nak a'an ta̱colok reheb
li cuanqueb rubel xcuanquil li chak'rab.
Quixba̱nu a'in re nak la̱o naru to-oc chok'
ralal xc'ajol. 6 Re xc'utbal chiku nak la̱o
chic ralal xc'ajol, li Dios quixtakla li San-
til Musik'ej re nak ta̱cua̱nk kiq'uin. Ut
xban nak cuan li Santil Musik'ej kiq'uin,
jo'can nak naru nakaye re li Dios, "at in-
Yucua'." 7 Jo'can ut anakcuan ma̱cua'ex
chic lok'bil mo̱s. La̱ex ban chic ralal
li Dios. Ut xban nak la̱ex chic ralal li
Dios, te̱re̱chani ajcui' li yechi'inbil reheb
li ralal xc'ajol xban nak jo'can quiraj li
Dios.

Laj Pablo yo̱ chi c'oxlac chirixeb laj pa̱banel li cuanqueb Galacia

8 Nak toj ma̱ji' nequepa̱b chak li
Dios, quelok'oniheb li ma̱cua'eb tz'akal
dios ut quexc'anjelac chak chiruheb.
9 Anakcuan ac xexpa̱ban ut rehex chic
li Dios. ¿C'a'ut nak te̱raj cui'chic suk'i̱c
chi c'anjelac sa' le̱ najteril na'leb li
ma̱c'a' na-oc cui'? Ut ¿c'a'ut nak te̱raj
cui'chic xq'uebal e̱rib rubel xcuanquil li
najter chak'rab? 10 La̱ex yo̱quex cui'chic
chixba̱nunquil le̱ najteril na'leb nak
nequenink'ei eb li cutan, li po ut li chi-
hab ut li c'a'ak chic re ru chi nink'ehil.
11 Nachal inc'a'ux e̱ban. Ma̱re yal ma̱c'a'
rajbal nak xinc'anjelac sa' e̱ya̱nk. 12 Ex
inherma̱n, usta la̱in aj judío, xcuisi cuib
rubel xcuanquil li chak'rab. Nintz'a̱ma
che̱ru nak te̱ba̱nu jo' xinba̱nu la̱in.
Me̱q'ue chic e̱rib rubel xcuanquil li
chak'rab. La̱ex ma̱c'a' junak raylal xe-
ba̱nu cue. 13 La̱ex nequenau nak xban
nak quinyajer, quincana Galacia. Jo'can
nak quiru quinye resil li evangelio e̱re
xbe̱n cua. 14 La̱in ninnau nak ch'a'aj raj
chok' e̱re cuilbal sa' lin yajel. Abanan
inc'a' xine̱tz'ekta̱na ut inc'a' xic' quine̱ril.
Xine̱ril ban jo' junak x-ángel li Dios ut
xine̱c'ul jo' nak xec'ul raj li Jesucristo.
15 ¿Bar cuan lix sahil sa' le̱ ch'o̱l querec'a
nak quincuan e̱riq'uin junxil? Li Dios
naxnau nak cui ta quiru xba̱nunquil,
querisi raj xnak' le̱ ru ut queq'ue raj cue.
16 ¿Ma xic' chic niquine̱ril anakcuan yal
xban nak xinye e̱re li xya̱lal chi jo'canan?
17 Chanchan k'axal nequera eb laj balak'.
Abanan ma̱cua' usilal li te'raj e̱riq'uin.
E̱balak'inquil ban li te'raj. Eb a'an te'raj
nak te̱risi e̱rib cuiq'uin re nak eb a'an

chic li te̱ta̱ke. 18 Us cui te'raj e̱tenk'anquil
cui chi anchal xch'o̱leb te'xba̱nu. Abanan
tento te'xba̱nu chi junelic ut ma̱cua' ca'aj
cui' nak cuanquin e̱riq'uin. 19 Ex inher-
ma̱n, chanchanex incoc'al nak nequex-
cuil. C'ajo' nak nayot'e' inch'o̱l sa' e̱c'aba'
la̱ex. Chanchan li raylal li naxc'ul li ixk
li cua̱nc re xc'ula'al. C'ajo' naraho' inch'o̱l
nak toj ma̱ji' nequek'axtesi e̱rib chi
tz'akal rubel rok ruk' li Cristo. 20 Nacuaj
ta ac cuanquin e̱riq'uin anakcuan re nak
tinnau chanru tina̱tinak e̱riq'uin. C'ajo'
inc'a'ux che̱rix xban nak inc'a' ninnau
chanru cuanquex.

Lix Agar ut lix Sara

21 La̱ex li toj te̱raj cua̱nc rubel xcuan-
quil li najter chak'rab, ¿c'a'ut nak
inc'a' nequeq'ue retal li c'a'ru naxye?
22 Tz'i̱banbil retalil nak laj Abraham
quicuan cuib li ralal, jun riq'uin li lok'bil
mo̱s ut li jun chic riq'uin li tz'akal rix-
akil. (Gn. 21:2-9) 23 Ut li ralal laj Abra-
ham li quicuan riq'uin li lok'bil mo̱s,
a'an moco yechi'inbil ta xban li Dios.
Quiyo'la jo' neque'yo'la chixjunileb sa'
ruchich'och'. Abanan li ralal li quiyo'la
riq'uin li tz'akal rixakil, a'an quiyo'la
xban nak yechi'inbil reheb xban li Dios.
24 Cuan xya̱lal nak quixc'ul chi jo'ca'in
laj Abraham. A'an a'in lix ya̱lal: Li cuib
chi ixk, a'aneb retalil li cuib chi contrato
li quixba̱nu li Dios riq'uineb laj Abra-
ham ut laj Moisés. Lix Agar, li lok'bil
mo̱s, a'an retalil li contrato quixba̱nu li
Dios sa' li tzu̱l Sinaí. Ut li toj cuanqueb
rubel xcuanquil li najter chak'rab chan-
chaneb li lok'bil mo̱s jo' li ralal xc'ajol
lix Agar. 25 Lix Agar, a'an retalil li tzu̱l
Sinaí li cuan Arabia. A'an ajcui' retalil
li tenamit Jerusalén. Ut eb laj Jerusalén
chanchaneb li lok'bil mo̱s nak cuanqueb,
xban nak toj cuanqueb rubel xcuanquil li
najter chak'rab. 26 Abanan lix Sara, a'an
retalil li Jerusalén li cuan sa' choxa. Ut
la̱o ralal xc'ajol a'an. 27 Jo'ca'in tz'i̱banbil
sa' li Santil Hu:

Chisahok' taxak sa' a̱ch'o̱l, at ixk, li inc'a' nacatq'uiresin. Jap a̱cue xban xsahil a̱ch'o̱l la̱at li inc'a' a̱cuec'ahom xrahil li ala̱nc, la̱at li tz'ektа̱nanbilat xban la̱ be̱lom. Chisahok' taxak sa' a̱ch'o̱l xban nak k'axal nabal cui'chic la̱ cualal a̱c'ajol ta̱cua̱nk chiruheb li ralal xc'ajol li lok'bil mo̱s. (Is. 54:1)

28 Ex inherma̱n, la̱o jo' laj Isaac. La̱o
chic ralal xc'ajol li Dios xban li c'a'ru
quiyechi'i̱c re laj Abraham xban li Dios.
29 Najter li alalbej li quiyo'la riq'uin
li mo̱s, a'an quirahobtesin re li alal-
bej li quiyo'la xban xcuanquil li San-
til Musik'ej. Ut chalen anakcuan jo'can
ajcui' nac'ulman. 30 Aban, ¿c'a'ru naxye
sa' li Santil Hu? Naxye chi jo'ca'in: Isi
li lok'bil mo̱s rochben lix yum xban nak
li alalbej a'an inc'a' naru natz'ak lix jun
cablal li yucua'bej. A' ban li alalbej li
quiyo'la riq'uin li tz'akal ixakilbej, a'an li
ta̱e̱chani̱nk re. (Gn. 21:10) 31 Jo'can ut,
ex inherma̱n, la̱o ma̱cua'o ralal xc'ajol li
lok'bil mo̱s. La̱o ban ralal xc'ajol li tz'akal
ixakilbej.

Me̱q'ue chic e̱rib rubel xcuanquil li najter na'leb

5 Ma̱cua'o chic jo' li lok'bil mo̱s xban
nak moco cuanco ta chic rubel
xcuanquil li najter chak'rab. Libre ban
chic cuanco xban nak li Cristo quicoloc
ke chiru xcuanquil li najter chak'rab.
Chexcua̱nk ut chi cau e̱ch'o̱l sa' le̱ pa̱ba̱l
ut me̱q'ue chic e̱rib rubel xcuanquil li
chak'rab. 2 La̱in laj Pablo. Q'uehomak
retal li yo̱quin chixyebal e̱re. Cui toj
nequec'ul li circuncisión re nak ta̱ti̱-
cobresi̱k e̱ch'o̱l, a'an naraj naxye nak
ma̱c'a' na-oc cui' che̱ru li Cristo. 3 Jun
sut chic ninch'olob li xya̱lal che̱ru. Li
ani naxc'ul li circuncisión re nak ta̱ti̱co-
bresi̱k xch'o̱l, tento nak tixba̱nu chixju-
nil li naxye sa' li najter chak'rab. 4 La̱ex

li nequeraj xti̱cobresinquil e̱ch'o̱l chiru
li Dios riq'uin xba̱nunquil li naxye sa' li
chak'rab, nequerisi e̱rib riq'uin li Cristo
ut nequerisi ajcui' e̱rib riq'uin li rusi-
lal li Dios. 5 Abanan la̱o yo̱co chiroyben-
inquil lix ti̱cobresinquil kach'o̱l chiru li
Dios riq'uin xpa̱banquil li Cristo xban
nak jo'can quic'utbesi̱c chiku xban li
Santil Musik'ej. 6 Cui la̱o reho chic li
Jesucristo, ma̱c'a' naxye cui takac'ul li
circuncisión malaj ut inc'a'. Li k'axal
tento xba̱nunquil, a'an xpa̱banquil li Je-
sucristo. Ut cui ya̱l nak nakapa̱b li Cristo,
ta̱c'utu̱nk li kapa̱ba̱l xban nak nocora-
hoc. 7 Us nak quetiquib chak pa̱ba̱nc
junxil. ¿Ani xtacchi'in e̱re nak inc'a' chic
yo̱quex chixpa̱banquil li ya̱l? 8 Li tac-
chi' a'an inc'a' nachal riq'uin li Dios
li quisic'oc e̱ru. 9 Usta yal ca'ch'in li
levadura li nach'amobresin naq'ueman,
a'an naxch'amobresi chixjunil li k'em.
10 La̱in cau inch'o̱l sa' xc'aba' li Ka̱cua'
Jesucristo nak la̱ex moco jalan ta le̱
c'a'ux chiru lin c'a'ux la̱in. Li ani yo̱ chi
po'oc ru le̱ pa̱ba̱l tixc'ul xtojbal xma̱c
a' yal ani. 11 Cui ta toj yo̱quin chixjul-
ticanquil nak tento xc'ulbal li circun-
cisión inc'a' raj chic tine'xrahobtesi. Cui
ta toj yo̱quin chixba̱nunquil a'an, yo̱quin
raj risinquil xcuanquil xcamic li Cristo
chiru li cruz ut inc'a' raj chic te'josk'ok
sa' inbe̱n. 12 Li ani yo̱queb chi po'oc ru
le̱ pa̱ba̱l ut yo̱queb chixyebal nak tento
xc'ulbal li circuncisión, us raj cui te'xc'ul
eb a'an ut te'xset raj ribeb chi junaj cua
re nak te'xcanab ch'i'ch'i'i̱nc sa' e̱ya̱nk.
13 Ex inherma̱n, la̱ex sic'bil e̱ru re nak
libre chic cua̱nkex. Abanan moco xban
ta nak libre chic cuanquex nak tex-
oc chixba̱nunquil li naxrahi ru le̱ ch'o̱l.
Chera ban e̱rib ut chetenk'a e̱rib chi ri-
bil e̱rib. 14 Chixjunil li chak'rab natau-
man ru riq'uin xba̱nunquil li jun a'in:
Chara la̱ cuas a̱cui̱tz'in jo' nak nacara
a̱cuib la̱at. (Lv. 19:18) 15 Ut cui yo̱quex
chixjosk'inquil e̱rib ut yo̱quex chixra-
hobtesinquil e̱rib, chexc'oxlak ca'ch'inak.
Ma̱re anchal te̱po' ru le̱ pa̱ba̱l chi ribil
e̱rib.

Chikacanabak kib rubel xcuanquil li Santil Musik'ej

16 Li nacuaj xyebal e̱re, a'an a'in:
Checanabak e̱rib rubel xcuanquil li San-
til Musik'ej re nak a'an ta̱beresi̱nk e̱re.
Cui te̱ba̱nu a'an, inc'a' chic te̱ba̱nu li
inc'a' us li nequerahi ru xba̱nunquil. 17 Li
c'a'ru inc'a' us li nakarahi ru xba̱nunquil
kajunes, a'an xic' na-ile' xban li Santil
Musik'ej. Ut li c'a'ru us li naxrahi chok'
ke li Santil Musik'ej, a'an inc'a' naxc'am
rib riq'uin li nakaj xba̱nunquil kajunes.
Xic' neque'ril rib chi ribil rib ut xban a'an
inc'a' nakaba̱nu li us li nakaj raj xba̱nun-
quil. 18 Ut cui la̱ex beresinbilex xban li
Santil Musik'ej, moco cuanquex ta chic
rubel xcuanquil li najter chak'rab. 19 Cu-
tan saken c'a'ru li inc'a' us li naka-rahi ru
xba̱nunquil kajunes. A'an eb a'in: muxuc
caxa̱r, co'be̱tac yumbe̱tac, ut li xuta̱-
nalil na'leb, 20 lok'oni̱nc yi̱banbil dios,
tu̱lac, xi̱q'uil u̱chi̱nc, pletic, cakali̱nc,
josk'i̱nc, yo'oba̱nc ra xi̱c', cuech'ij ib,
po'oc ru pa̱ba̱l, 21 socue̱nc, camsi̱nc ras
ri̱tz'in, cala̱c, num cua'ac num uc'ac,
ut c'a'ak chic re ru jo' eb a'in. Yo̱quin
cui'chic xyebal e̱re a'in, usta ac inye-
hom ajcui' e̱re, nak li neque'ba̱nun re
li c'a'ak re ru a'in inc'a' te're̱chani lix
nimajcual cuanquilal li Dios. 22 Abanan
li c'a'ru naxq'ue li Santil Musik'ej sa' li
kayu'am, a'an li rahoc, sahil ch'o̱lejil,
tuktu̱quil usilal, cuyuc, cha̱bilal, usi-
lal, ti̱quil ch'o̱lej, 23 tu̱lanil ut cuyuc ib.
Ma̱c'a' junak chak'rab naxye nak inc'a' us
xba̱nunquil a'in. 24 Li ani re chic li Je-
sucristo, chanchan nak quiq'uehe' chiru
cruz lix najter na'leb xban nak ac xcanab
xba̱nunquil chi junaj cua li najter na'leb
li quixrahi ru xba̱nunquil junxil. 25 Cui
ac' chic li kayu'am q'uebil ke xban li
Santil Musik'ej, chikacanabak kib rubel

xcuanquil re nak a'an chic ta̱beresi̱nk ke.
26 Mikaba̱nu kib nak k'axal nim kacuan-
quil ut inc'a' chic chikajosk'i kib ut inc'a'
chic chikacakali kib.

Chikatenk'a kib chi kibil kib chixnumsinquil li ch'a'ajquilal

6 Ex inherma̱n, ma̱re cuan junak e̱rech
aj pa̱banelil ta̱oc cui'chic chi ma̱-
cobc. La̱ex li cuanquex chic rubel xcuan-
quil li Santil Musik'ej te̱tenk'a sa' tu̱lanil
re nak ta̱cacuu̱k xch'o̱l sa' xpa̱ba̱l. Ut
cheq'uehak retal chi us le̱ yu'am re
nak la̱ex inc'a' tex-a̱le̱k. 2 Chetenk'ahak
e̱rib chi ribil e̱rib chixnumsinquil li
ch'a'ajquilal nachal sa' e̱be̱n. Chi jo'can
yo̱kex chixba̱nunquil li c'a'ru taklanbilex
cui' xban li Jesucristo. 3 Li ani naxc'oxla
nak nim xcuanquil xjunes rib, li jun a'an
yo̱ chixbalak'inquil rib xjunes. 4 Li jun-
ju̱nk chixq'uehak retal li c'a'ru naxba̱nu.
Cui us li naxba̱nu, chisahok' xch'o̱l
riq'uin li c'a'ru naxba̱nu ut inc'a' ta̱c'oxlak
chirix li naxba̱nu li jun chic. 5 Teneban-
bil sa' xbe̱n li junju̱nk rilbal chanru lix
yu'am. 6 Li ani yo̱ chixtzolbal li ra̱tin li
Dios, tento ajcui' nak tixtenk'a li ani yo̱
chi tzoloc re. 7 Me̱balak'i e̱rib. Li Dios
inc'a' naru xbalak'inquil. Li c'a'ru narau
li junju̱nk, a'an ajcui' li tixk'ol. 8 Jo'can
ajcui' sa' li kayu'am. Li ani naxba̱nu li
inc'a' us li naxrahi ru xba̱nunquil xjunes
rib, li jun a'an ta̱sachk. Abanan li ani
naxba̱nu li c'a'ru naraj li Santil Musik'ej,
li jun a'an ta̱cua̱nk xyu'am chi junelic.
9 Jo'can nak mextitz' chixba̱nunquil li us.
Cui inc'a' nach'inan kach'o̱l nak ta̱cuulak
xk'ehil la̱o take̱chani li kak'ajca̱munquil.
10 Jo'can ut chikaba̱nuhak usilal reheb
chixjunileb li kas ki̱tz'in nak toj naru
xba̱nunquil, ut k'axal cui'chic takaba̱nu
reheb li kech aj pa̱banelil.

Laj Pablo naxq'ue xcuanquil xcamic li Cristo chiru li cruz

11 Anakcuan riq'uin cuuk' yo̱quin chi
tz'i̱bac e̱riq'uin. Ilomak xni̱nkal li letra li
yo̱quin chixtz'i̱banquil re nak te̱nau nak
la̱in xintz'i̱ban re. 12 Eb li neque'raj xmin-
bal e̱ru xc'ulbal li circuncisión yo̱queb
chixba̱nunquil a'an re xnimobresinquil
ribeb. Yo̱queb chixba̱nunquil a'an xban
nak inc'a' neque'raj te'rahobtesi̱k sa'
xc'aba' xcamic li Jesucristo chiru li cruz.
13 Ma̱ jun reheb li neque'c'uluc re li
circuncisión neque'xba̱nu ta chi tz'akal
li naxye sa' li najter chak'rab. Abanan
eb a'an te'raj nak la̱ex te̱c'ul li circun-
cisión ut neque'xmin e̱ru chixc'ulbal. Cui
te̱ba̱nu li c'a'ru neque'xye, te'xnimobresi
ribeb xban nak te'xc'oxla nak cuan
xcuanquileb sa' e̱be̱n. 14 A'ut la̱in ma̱
jok'e tinnimobresi cuib injunes. Li c'a'ru
ninnimobresi xcuanquil la̱in, a'an lix
camic li Ka̱cua' Jesucristo chiru li cruz.
Sa' xc'aba' lix camic li Cristo, camenak
chic lix na'leb li ruchich'och' chicuu, ut
chanchan nak camenakin la̱in chiru li
ruchich'och'. 15 Usta takac'ul li circun-
cisión, usta inc'a', ma̱c'a' chic na-oc cui'
chiku xban nak reho chic li Jesucristo. Li
k'axal lok' a'an li ac' yu'am li naxq'ue ke li
Dios. 16 A' taxak li tuktu̱quilal ut li uxta̱-
na̱nc u chicua̱nk e̱riq'uin la̱ex li nequex-
pa̱ban re li xya̱lal li yo̱quin chixye-
bal. La̱ex li tz'akal ralal xc'ajol li Dios.
17 Ut chirix chixjunil a'in ma̱ ani ta chic
chich'i'ch'i'i̱nk cue xban nak cuan retalil
chicuix li rahobtesi̱c li quinc'ul sa' xc'aba'
li Ka̱cua' Jesús. 18 Ex inherma̱n, a' taxak
li rusilal li Ka̱cua' Jesucristo chicua̱nk
e̱riq'uin che̱junilex. Jo'can taxak.

Li Hu li Quixtz'iba li San Pablo reheb laj Efeso

Laj Pablo quixtakla xsahil xch'oleb

1 Lain laj Pablo. Lain x-apóstol li Jesucristo xban nak jo'can quiraj li Dios. Yoquin chixtz'ibanquil li hu a'in eriq'uin laex laj pabanel li cuanquex Efeso. Yoquin chi tz'ibac eriq'uin chejunilex laex li nequeq'ue ech'ol chixpabanquil li Jesucristo. 2 Chicuank taxak eriq'uin li ruxtan ut li tuktuquil usilal li naxq'ue li Dios li kaYucua' ut li naxq'ue li Kacua' Jesucristo.

Li Cristo na-osobtesin ke

3 Lok'oninbil taxak li Dios lix Yucua' li Kacua' Jesucristo. Xban nak junajo chic riq'uin li Cristo, li Dios naxq'ue chak ke chixjunil li kosobtesinquil li nachal chak sa' choxa. 4 Nak toj maji' naxyib chak li ruchich'och' li Dios, ac sic'bil chak ku xban sa' xc'aba' li Jesucristo, re nak ticak li kayu'am ut mac'a'ak chic kamac. 5 Xban nak nocoxra, jo'can nak quixsic' chak ku re nak laako chic li ralal xc'ajol sa' xc'aba' li Jesucristo. Quixbanu chi jo'can xban nak jo'can quiraj. 6 Jo'can nak chikalok'onihak ru li Dios xban nak yal chi matan quiruxtana ku nak quixtakla chak li Ralal li k'axal raro xban. 7 K'axal numtajenak li rusilal li Dios li quixq'ue ke xban nak riq'uin xcamic li Jesucristo, cuan kacolbal ut cuybil sachbil chic li kamac. 8 Li rusilal quixq'ue ke chi numtajenak xq'uial ut quixq'ue kana'leb re nak takatau ru li xyalal. 9 Ut quixc'utbesi chiku li na'leb li mukmu nak quicuan chak junxil, a' li qui-ala sa' xch'ol xbanunquil nak quixtakla chak li Jesucristo. 10 Tacuulak xk'ehil nak tatz'aklok ru chixjunil jo' naraj li Dios. Tixjunaji chixjunil li c'a'ru cuan jo' sa' choxa jo' sa' ruchich'och'. Ut a' chic li Cristo tajolomink re chixjunil. 11 Lao aj judío sic'bil ku xban li Dios chok' ralal xc'ajol sa' xc'aba' li Cristo. A'in qui-uxman xban nak jo'can quiraj li Dios ut xban nak a'an yal re sa' xben chixjunil. 12 Quixbanu chi jo'can re nak lok'oninbilak ru kaban lao li co-oybenin re li Cristo nak toj maji' nac'ulun sa' ruchich'och'. 13 Ut jo'can ajcui' laex li macua'ex aj judío. Nak xerabi li xyalal li colba-ib, laex xepab li Cristo ut xec'ul li Santil Musik'ej, li quiyechi'ic ere chok' retalil nak laex chic li ralal xc'ajol. 14 Li Santil Musik'ej quiq'uehe' ke chok' retalil nak takac'ul chixjunil li yechi'inbil ke xban li Dios ut tatz'aklok ru li kacolbal. Jo'can nak lok'oninbilak ru riq'uin lix nimal xcuanquilal.

Laj Pablo natijoc chirixeb laj pabanel

15 Lain xcuabi resil nak chi anchal ech'ol nequepab li Kacua' Jesucristo ut xcuabi resil nak nequera le rech aj pabanelil. 16 Jo'can nak junelic ninbantioxin chiru li Dios ut yoquin chi tijoc cherix. 17 Nintijoc chiru li nimajcual Dios, lix yucua' li Kacua' Jesucristo, ut nintz'ama chiru nak tixq'ue ena'leb re nak tetau ru chi tz'akal lix na'leb li Dios ut re nak tetau ru li xyalal chi us. 18 Nintz'ama chiru li Dios nak tixq'ue ena'leb re nak tetau ru c'a'ru le lok'laj matan li yoquex chiroybeninquil xban nak sic'bil eru xban li Dios. Tec'ul le matan erochbeneb chixjunileb laj pabanel. 19 Ut nintz'ama ajcui' chiru li Dios nak tixq'ue ena'leb re nak tenau nak k'axal nim lix cuanquil sa' kaben lao li nocopaban re. 20 Ut a'an ajcui' lix nimal xcuanquil li quicuaclesin re li Cristo chi yo'yo sa' xyankeb li camenak ut quixc'ojob sa' xnim uk' li Dios aran sa' li santil choxa ut quixq'ue xcuanquil. 21 K'axal nim xcuanquil li Cristo sa' xbeneb chixjunileb li ángel ut li maus aj musik'ej ut sa' xbeneb li cuanqueb

xcuanquil chi takla̲nc sa' choxa jo' sa'
ruchich'och'. K'axal nim sa' xbe̲n chixju-
nil li c'a'ak re ru li cuanqueb xcuanquil
anakcuan ut chi junelic k'e cutan. 22 Li
Dios quixq'ue chixjunil rubel xcuanquil
li Cristo ut quixq'ue li Cristo chi jolomi̲nc
reheb laj pa̲banel ut a'an chic yal re
sa' xbe̲neb. 23 Li Cristo a'an li najolomin
ke la̲o aj pa̲banel. Ut la̲o chanchano li
rok ruk' nak cuanco. Junak li tz'ejcualej
moco tz'akal ta re ru cui ma̲c'a' lix jolom.
Jo'can ajcui' junak li jolomej, cui ma̲c'a'
li rok ruk' inc'a' tz'akal re ru. Jo'can nak
tento nak li Cristo ta̲jolomi̲nk ke la̲o aj
pa̲banel ut la̲o cua̲nko jo' li rok ruk' li
Cristo.

Colbilo xban xnimal ruxta̲n li Dios

2 Junxil la̲ex li ma̲cua'ex aj judío chan-
chan camenakex xban li ma̲usilal ut
li ma̲c li xeba̲nu chak. 2 Xeba̲nu chak li
ma̲usilal sa' ruchich'och' ut xeq'ue e̲rib
chi takla̲c xban laj tza li nataklan sa'
xbe̲neb li ma̲us aj musik'ej. A'an li natak-
lan sa' xbe̲neb li neque'k'etoc ra̲tin li
Dios. 3 Jo'can ajcui' la̲o aj judío. Junxil
xkaba̲nu chak li ma̲usilal li naxrahi ru li
kach'o̲l xba̲nunquil. Xkaba̲nu li inc'a' us
li xkaj xba̲nunquil kajunes. Jo'can nak
tento raj takac'ul xtojbal li kama̲c jo'
eb chixjunileb li inc'a' neque'raj pa̲ba̲nc.
4 Abanan k'axal nim li ruxta̲n li Dios sa'
kabe̲n xban nak k'axal nocoxra. 5 Nak
toj camenako chak sa' li kama̲c, riq'uin
lix cuaclijic cui'chic chi yo'yo li Cristo,
li Dios quixq'ue ke jun ac' yu'am. Yal
xban rusilal li Dios nak colbilo. 6 Li Dios
corisi chak sa' li najter yu'am nak quix-
cuaclesi chi yo'yo li Jesucristo ut coxq'ue
chi tz'ako̲nc sa' lix nimal xlok'al sa' li san-
til choxa xban nak reho chic li Cristo.
7 Chixjunil li usilal a'in quilajxba̲nu ke
sa' xc'aba' li Jesucristo re nak ta̲c'utu̲nk
chi junelic k'e cutan nak k'axal nim li
ruxta̲n. 8 Ya̲l nak xepa̲b li Jesucristo ut
colbilex chic. Abanan yal xban rusilal li
Dios nak colbilex. Ma̲cua' xban e̲yehom
e̲ba̲nuhom. Yal e̲ma̲tan ban xban li Dios.
9 Ma̲ ani chixnimobresi rib xban nak
ma̲cua' xban e̲yehom e̲ba̲nuhom nak col-
bilex. 10 Li Dios coxyo'obtesi ut quixq'ue
ke li ac' yu'am sa' xc'aba' li Jesucristo
re nak cha̲bilak li kayu'am xban nak ac
jo'can c'u̲banbil chak xban li Dios junxil
re nak cha̲bilak li kayehom kaba̲nuhom.

Junaj chic ku la̲o sa' xc'aba' li Cristo

11 Chijulticok' e̲re chanru nak
quexcuan chak junxil. La̲ex li ma̲cua'ex
aj judío tz'ekta̲nanbilex xbaneb laj
judío li que'xc'ul li circuncisión, ut eb
a'an que'xye nak inc'a' tz'akal e̲re e̲ru
xban nak inc'a' quec'ul li circuncisión.
12 Junxil moco cuan ta li Cristo e̲riq'uin
ut ma̲cua'ex xcomoneb laj Israel. Inc'a'
querabi resil li contrato li quiyehoc
resil lix c'ulunic laj Colonel. Cuanquex
arin sa' ruchich'och' chi ma̲c'a' c'a'ru
yo̲quex chiroybeninquil ut chi ma̲c'a' li
Dios e̲riq'uin. 13 Junxil li Dios ma̲c'a'
e̲riq'uin. Abanan anakcuan rehex chic
xban nak li Cristo quicam chiru li
cruz sa' e̲c'aba'. 14 Li Cristo, a'an li
naq'uehoc ke li tuktu̲quil usilal. Xban li
Cristo junaj chic ku la̲o aj judío e̲riq'uin
la̲ex li ma̲cua'ex aj judío. Xban nak
quixmayeja rib sa' kac'aba', li Cristo
quirisi li kajosk'il li naramoc re chiku li
cua̲nc sa' xya̲lal chi kibil kib. 15 Xban
nak quixk'axtesi rib chi ca̲mc, li Cristo
quirisi xcuanquil li najter chak'rab.
Quixba̲nu a'an re nak tixjunajiheb ru
laj judío riq'uin li ma̲cua'eb aj judío
ut junajakeb chic riq'uin li Cristo ut
cua̲nkeb chic sa' xya̲lal chi ribileb rib.
16 Riq'uin lix camic chiru li cruz li Cristo
quirisi lix josk'inquil kib chi kibil kib
ut coxc'am cui'chic sa' usilal riq'uin li
Dios ut junaj chic ku. 17 Nak quic'ulun li
Cristo sa' ruchich'och' quixch'olob xya̲lal
li colba-ib li naq'uehoc tuktu̲quil usilal.
Quixch'olob xya̲lal chiku la̲o aj judío li

ac nakanau xyalal. Ut quixch'olob ajcui'
xyalal cheru laex li macua'ex aj judío li
toj maji' nequenau xyalal. 18 Anakcuan
chikajunilo, usta lao aj judío usta
macua'o aj judío, naru nococuan chi
sum atin riq'uin li Yucua'bej Dios sa'
xc'aba' li Cristo. Ut li junaj chi Santil
Musik'ej natenk'an ke. 19 Ut moco
jalanex ta chic anakcuan riq'uineb laj
judío. Laex ban chic xcomoneb. Junaj
chic eru riq'uineb. Laex chic ralal xc'ajol
li Dios. 20 Lao aj pabanel chanchano
li rochoch li Dios. Chanchano li pec
li na-oc sa' xben li cimiento. Ut li
cimiento, a'aneb li apóstol ut li profeta.
Abanan li tz'akal xakxo cui' li cab, a'an li
Jesucristo. 21 Lao aj pabanel chanchano
li rochoch li Dios. Junajo chic sa' xc'aba'
li Jesucristo li tz'akal xakxo sa' kaben
re nak tz'akalak ke ku ut k'axtesinbilo
chiru li Dios. 22 Jo'can ajcui' laex. Xban
nak rehex chic li Cristo, junajex chic
riq'uineb laj pabanel. Ut laex ajcui'
li rochoch li Dios xban nak li Santil
Musik'ej cuan eriq'uin.

Laj Pablo bokbil xban li Dios chi c'anjelac sa' xyankeb li macua'eb aj judío

3 Lain laj Pablo. Cuanquin chi prexil
xban nak ninc'anjelac chiru li Cristo,
ut xban nak ninye resil li colba-ib ere
laex li macua'ex aj judío. 2 Ac xerabi
ta na resil nak tenebanbil sa' inben
xban li Dios xyebal ere nak li ruxtan
li Dios ere ajcui' laex li macua'ex aj
judío. 3 Li Dios, a'an quic'utuc re chicuu
li na'leb a'an, li mukmu nak quicuan
chak junxil. Ac xintz'iba ca'ch'in resil
ere chirix li na'leb a'in. 4 Nak teril xsa'
li hu li xintz'iba eriq'uin, tenau nak
ninnau chi tz'akal li xyalal chirix li
Cristo, li mukmu nak quicuan. 5 Junxil
ma ani nata'oc ru lix yalal li mukmu nak
quicuan chak. Abanan anakcuan li San-
til Musik'ej quixc'ut li xyalal chiruheb
li profeta ut chiku ajcui' lao lix após-
tol. 6 Li xyalal li na'leb li mukmu nak
quicuan chak junxil, a'an a'in: nak laex
li macua'ex aj judío, textz'akonk li colba-
ib li naxq'ue li Dios kochben lao aj
judío. Laex ralal xc'ajolex ajcui' li Dios
ut textz'akonk ajcui' riq'uin li yechi'inbil
ke xban li Dios xban nak colbilex chic
sa' xc'aba' li Cristo. 7 Yal rusilal li Dios
nak quixq'ue sa' inben xyebal resil li
colba-ib ut quixq'ue incuanquil re tin-
banu lix c'anjel. 8 Lain li k'axal cube-
nak incuanquil sa' xyankeb chixjunileb
li ralal xc'ajol li Dios. Abanan yal xban
lix nimal ruxtan li Dios quixq'ue cue li
c'anjel a'in re xch'olobanquil cheru lix
yalal chirix lix nimal ruxtan li Cristo ut
li lok'laj colba-ib sa' xc'aba' a'an. 9 Jo'can
nak tento tinch'olob yalak bar li xyalal
li na'leb li mukmu nak quicuan chak
junxil. Chalen chak sa' xticlajic chixju-
nil li na'leb a'in mukmu chak xban li
Dios li quiyiban re chixjunil. 10 Li Dios
quixbanu chi jo'ca'in re xc'utbal chiruheb
li cuanqueb xcuanquil sa' choxa nak
numtajenak xna'leb li Dios. Te'xnau nak
numtajenak xna'leb nak te'xq'ue retal
nak quixjunaji ruheb laj judío riq'uineb
li macua'eb aj judío chok' ralal xc'ajol.
11 Ac c'ubanbil chak junxil chi jo'ca'in
xban li Dios nak li Kacua' Jesucristo
tixjunajiheb ru li ralal xc'ajol. 12 Xban
nak ac xkapab li Cristo, junajo chic
riq'uin. Jo'can nak nakanau chi tz'akal
nak naru chic tocuank chi sum atin
riq'uin li Dios. 13 Jo'can nak nintz'ama
cheru nak inc'a' tach'inank ech'ol xban
nak yoquin chixc'ulbal li raylal xban xye-
bal ere xyalal li colba-ib. Chisahok' ban
ech'ol xban nak re etenk'anquil xinc'ul li
raylal.

C'ajo' nocoxra li Cristo

14 Nak ninc'oxlac chirix lix na'leb
li Dios riq'uin chixjunil li quixbanu,
nincuik'ib cuib ut ninbantioxin chiru

li Acuabej Dios. 15 Li Acuabej Dios
a'an xyucua'eb chixjunil li cuanqueb
sa' choxa, jo' ajcui' sa' ruchich'och'.
16 K'axal nim li rusilal li Dios. Jo'can
nak nintz'a̲ma chiru nak li Santil
Musik'ej chiq'uehok e̲cuanquilal ut
xcacuilal e̲ch'o̲l sa' le̲ pa̲ba̲l. 17 Ut
nintz'a̲ma ajcui' chiru nak chicua̲nk le̲
pa̲ba̲l re nak cua̲nk li Cristo e̲riq'uin
chi tz'akal. Te̲tau taxak xcacuil le̲ ch'o̲l
riq'uin xra̲bal li Dios jo' eb ajcui' le̲
ras e̲ri̲tz'in. 18 Nintz'a̲ma chiru li Dios
nak chetauhak taxak ru, jo' ajcui'
chixjunileb laj pa̲banel, nak k'axal nim
li kara̲bal xban li Cristo. Numtajenak
lix rahom li Cristo. Ma̲c'a' xbisbal ut
ma̲ ani ta̲ta'ok ru lix lok'al lix rahom
li Cristo. 19 Ma̲ jok'e ta̲ru̲k takatau ru
chi tz'akal lix rahom xban nak ma̲c'a'
roso'jic ut k'axal lok'. Nintz'a̲ma chiru
li Dios nak tixc'ut che̲ru nak c'ajo'
nequexra li Cristo, ut chinujak taxak
le̲ ch'o̲l riq'uin xnimajcual xcuanquil.
20 Lok'oninbil taxak li Dios li k'axal nim
xcuanquil chixba̲nunquil nabal chiru li
nakatz'a̲ma. Riq'uin xnimal xcuanquil
nac'anjelac sa' li ka̲m ut k'axal nim
xcuanquil chixba̲nunquil nabal chiru li
nakoybeni. 21 Lok'oninbil taxak li Dios
anakcuan ut chi junelic k'e cutan kaban
la̲o aj pa̲banel xban nak junajo chic
riq'uin li Cristo. Jo'can taxak.

Sa' xc'aba' li Cristo junajo chic la̲o aj pa̲banel

4 La̲in cuanquin chi pre̲xil xban xyebal
resil li Ka̲cua' Jesucristo. La̲in xinti-
joc che̲rix ut anakcuan nintz'a̲ma che̲ru
nak cha̲bilak le̲ yu'am jo' xc'ulubeb li
ralal xc'ajol li Dios. 2 Checubsihak e̲rib
ut chexcua̲nk sa' tu̲lanil ut cha̲bilakex.
Checuyak e̲rib chi ribil e̲rib ut cherahak
e̲rib chiribil e̲rib. 3 Junajak chic e̲ru xban
li Santil Musik'ej. Jo'can nak q'uehomak
e̲ch'o̲l chi cua̲nc sa' usilal chi ribil e̲rib
re nak chexcua̲nk chi junaj e̲ru. 4 La̲o
li ralal xc'ajol li Dios chanchan nak jun
chi tz'ejcualej nak cuanco ut jun ajcui' li
Santil Musik'ej naberesin ke. Jun ajcui'
li kama̲tan li nakayo'oni sa' comonil,
la̲o li sic'bil ku. 5 Jun ajcui' li Ka̲cua'
cuan ut jun ajcui' li kapa̲ba̲l cuan ut
jun ajcui' li cubi ha' nakac'ul sa' xc'aba'
li Cristo. 6 Jun ajcui' li Dios cuan ut
a'an li kaYucua' chikajunilo. A'an li cuan
sa' kabe̲n chikajunilo. A'an li nac'anjelac
sa' li ka̲m chikajunilo ut a'an ajcui' li
cuan kiq'uin chikajunilo. 7 Abanan jalan
jala̲nk li kalok'laj ma̲tan li naq'uehe' ke
chikaju̲nkal xban li Cristo, a' yal chanru
naraj a'an. 8 A'in qui-uxman jo' tz'i̲banbil
sa' li Santil Hu, li naxye chi jo'ca'in:

Nak quitake' sa' choxa li Ka̲cua',
quixc'utbesi nak a'an k'axal nim
xcuanquil sa' xbe̲n laj tza jo' ajcui'
sa' xbe̲neb li neque'c'anjelac chiru.
Ut li Ka̲cua' quixq'ue xma̲taneb li
ralal xc'ajol. (Sal. 68:18)

9 ¿C'a'ru xya̲lal nak naxye nak li Ka̲cua'
quitake' sa' choxa? Naraj naxye nak xbe̲n
cua quicube tak'a sa' li ruchich'och'.
10 Quicube sa' ruchich'och' ut quitake'
ajcui' toj sa' li Santil Choxa re nak
ta̲cua̲nk xcuanquil sa' xbe̲n chixjunil sa'
choxa jo' ajcui' sa' ruchich'och'. 11 ¿C'a'ru
xya̲lal nak tz'i̲banbil nak quixq'ue xma̲-
taneb li ralal xc'ajol li Dios? Naraj
naxye nak cuan li quiq'uehe' xma̲-
taneb chi c'anjelac jo' apóstol. Cuan
li quiq'uehe' xma̲taneb chi c'anjelac
jo' profeta. Cuan li quiq'uehe' xma̲-
taneb chixyebal resil li colba-ib. Cuan
li quiq'uehe' xma̲taneb chi c'amoc be
chiruheb laj pa̲banel ut cuan ajcui' li
quiq'uehe' xma̲taneb chixc'utbal lix ya̲lal
chiruheb laj pa̲banel. 12 Quiq'uehe' xma̲-
taneb re nak tz'akalakeb ru sa' xpa̲ba̲leb
ut re nak te'c'anjelak chiru li Dios ut re
nak te'xtenk'aheb laj pa̲banel chi q'ui̲c
sa' xpa̲ba̲leb. 13 Q'uebil ke li kama̲tan re
nak takatenk'aheb laj pa̲banel chi cacu-
u̲c sa' lix pa̲ba̲leb toj ta̲cuulak xk'ehil nak

ṯatz'aklok ke ku riq'uin lix cuanquil li
Cristo ut junajak chic ku xban nak naka-
pa̱b li Ralal li Dios. Tz'akalak ke ku jo'
li Cristo tz'akal re ru. [14] Moco jo'cakex ta
chic li coc'al. Li coc'al neque'xpa̱b li c'a'ak
re ru neque'yehe' re. La̱ex ma̱cua'ex
chic coc'al. Jo'can nak me̱q'ue e̱rib chi
balak'i̱c xbaneb li neque'balak'in riq'uin
jalanil tijleb. [15] Ut chixjunil li nakaba̱nu,
chikaba̱nu xban nak nocorahoc. Ut ju-
najak chic ku riq'uin li Cristo. [16] Li
Cristo, a'an najolomin ke la̱o aj pa̱banel
ut la̱o jo' li rok ruk'. Li Cristo, a'an
nac'amoc be chiku ut junajo chic. Chika-
junilo chikatenk'a kib chi kibil kib re nak
toq'ui̱k sa' li kapa̱ba̱l xban nak nakara
kib chi kibil kib. [17] A'an a'in li tento
tinye e̱re. Sa' xc'aba' li Ka̱cua' ninye
e̱re nak me̱ba̱nu chic jo' neque'xba̱nu li
inc'a' neque'pa̱ban. Eb a'an neque'xq'ue
xch'o̱l chirix li ma̱c'a' na-oc cui'. [18] Inc'a'
neque'xtau xya̱lal. Ma̱c'a' riq'uineb li
junelic yu'am li naxq'ue li Dios xban
nak inc'a' neque'raj xnaubal li xya̱lal ut
k'axal cauheb xch'o̱l. [19] Inc'a' neque'xnau
xuta̱nac ut neque'xq'ue rib chixba̱nun-
quil li ma̱usilal. Neque'xba̱nu chixjunil
li jo' ma̱jo'il aj na'leb. [20] Abanan la̱ex aj
pa̱banel ma̱cua' li na'leb a'an li xetzol
riq'uin li Cristo. [21] La̱ex xerabi li quixye li
Cristo ut xetzol li xya̱lal li quixc'ut che̱ru.
[22] Jo'can nak chetz'ekta̱na chi junaj cua
le̱ najter na'leb. Me̱q'ue chic e̱rib chi
balak'i̱c xban li ma̱usilal li quixrahi ru le̱
ch'o̱l junxil. [23] Ut ac'obresinbilak taxak
le̱ ra̱m ut le̱ c'a'ux. [24] Ac'obresinbilak le̱
yu'am ut chexcua̱nk taxak jo' naraj li
Dios. Santakex ut cha̱bilakex xban nak
nequenau chic li xya̱lal. [25] Inc'a' chic
chextic'ti'ik. Sa' xya̱lal ban tex-a̱tinak chi
ribil e̱rib xban nak junaj chic ku ut
kacha'al chic kib chi kibil kib. [26] Cuan
nak nequexjosk'o'. Abanan me̱numsi li
cutan chi toj cuan le̱ josk'il sa' le̱ ch'o̱l
re nak inc'a' texma̱cobk xban. [27] Moco
yal xban ta le̱ josk'il nak te̱q'ue e̱rib
chi a̱le̱c xban laj tza. [28] Li ani na-elk'ac
inc'a' chic chi elk'ac. Chi c'anjelac ban
sa' xya̱lal re nak cua̱nk li c'a'ru tixsi re-
heb li ma̱c'a' cuanqueb re. [29] Mex-a̱tinac
yibru aj a̱tin. Riq'uin ban cha̱bil a̱tin tex-
a̱tinak re nak te'xq'ue retal li ani yo̱quex
cui' chi a̱tinac ut te̱tenk'aheb. [30] Me̱ba̱nu
chic li inc'a' us re nak inc'a' ta̱rahok'
xch'o̱l li Santil Musik'ej e̱ban. Li Dios
quixq'ue e̱re li Santil Musik'ej chok' e̱re-
talil nak rehex chic a'an toj sa' li cutan
nak tixtz'akobresi le̱ colbal. [31] Isihomak
sa' le̱ ch'o̱l chi junaj cua li c'ahi̱nc, li
josk'il, ut li po'oc ib. Jo'can ajcui' li chok-
i̱nc ib ut li majecua̱nc. Checanabak chi
junaj cua chixjunil li ma̱usilal. [32] Cha̱bi-
lakex che̱ribil e̱rib. Cheruxta̱na e̱ru chi
ribil e̱rib. Ut checuyak e̱ma̱c chi ribil e̱rib
jo' nak li Dios quixcuy e̱ma̱c sa' xc'aba' li
Cristo.

Tento te'cua̱nk sa' xya̱lal li ralal xc'ajol li Dios

5 La̱ex chic li ralal xc'ajol li Dios ut
raro̱quex xban. Jo'can nak chetzo-
lak e̱rib riq'uin li Dios re nak te̱ba̱nu jo'
naraj a'an. [2] Cherahak e̱rib chi ribil e̱rib
jo' nak coxra la̱o li Cristo ut quixmayeja
rib chiru li cruz re kacolbal. Ut li Dios
quisaho' xch'o̱l riq'uin xban nak chan-
chan li sununquil ban chiru. [3] La̱ex chic li
ralal xc'ajol li Dios. Jo'can nak inc'a' chic
chi cua̱nk li co'be̱tac yumbe̱tac sa' e̱ya̱nk
chi moco tex-a̱tinak chirix. Inc'a' ta̱cua̱nk
li ma̱usilal sa' e̱ya̱nk. Ut inc'a' te̱rahi ru
li jalan aj e. Moco xc'ulub ta chic laj
pa̱banel xba̱nunquil a'an. [4] Inc'a' ta̱ye-
ma̱nk sa' e̱ya̱nk li yibru aj a̱tin chi moco
li to̱ntil a̱tin chi moco cheye li ma̱ye-
hec' naraj xban nak inc'a' us. Chexban-
tioxi̱nk ban chiru li Dios. [5] Te̱nau chi
tz'akal nak li neque'xba̱nu ma̱usilal inc'a'
te'tz'ako̱nk sa' lix nimajcual xcuanquilal
li Cristo ut li Dios. Chi moco eb laj
co'be̱t ut eb laj yumbe̱t chi moco li
neque'xrahi li jalan aj e xban nak li

ma̱c a'an juntak'e̱t riq'uin xlok'oninquil
li jalanil dios. 6 Me̱q'ue e̱rib chi balak'i̱c
xbaneb li neque'a̱tinac ut neque'xye nak
moco nimla ma̱c ta xba̱nunquil li c'a'ak
re ru a'in, xban nak nachal xjosk'il li
Dios sa' xbe̱neb li neque'k'etoc re li ra̱tin.
7 Me̱junaji e̱rib riq'uineb a'an xban nak
inc'a' useb xna'leb. 8 Junxil quexcuan
chak sa' xk'ojyi̱nal ru li ma̱c. Abanan,
anakcuan rehex chic li Ka̱cua' ut cuan-
quex chic sa' xcutan saken. Jo'can nak
chexcua̱nk sa' xya̱lal. 9 Li ani quicu-
tanobresi̱c lix ch'o̱l xban li Dios nax-
nau lix ya̱lal ut nacuan sa' cha̱bilal ut
sa' ti̱quilal. 10 Chetauhak xya̱lal li c'a'ru
naraj li Ka̱cua'. 11 Me̱junaji chic e̱rib
riq'uineb li inc'a' neque'xnau xya̱lal ut
neque'xba̱nu li c'a'ak re ru ma̱c'a' na-
oc cui'. La̱ex ban chic texch'oloba̱nk re
li xya̱lal chiruheb nak inc'a' us yo̱queb.
12 Xuta̱nal chok' ke la̱o a̱tinac chirix
li inc'a' us li neque'xba̱nu chi mukmu.
13 Nak ta̱ch'oloba̱k li xya̱lal chiruheb na-
el chi cutanquil nak inc'a' us li yo̱queb
ut neque'xq'ue ajcui' retal eb a'an nak
inc'a' us li neque'xba̱nu. 14 Nak ta̱cu-
tanobresi̱k lix ch'o̱leb cutan saken chic
chanru nak cuanqueb. Jo'ca'in tz'i̱banbil
sa' li Santil Hu: Ajsi a̱cuu, la̱at li yo̱cat
chi cua̱rc. Matcana chi camenak sa' la̱
ma̱c, ut li Cristo tixcutanobresi la̱ c'a'ux.
(Is. 60:1) 15 Cheq'uehak retal chanru
le̱ yu'am. Me̱ba̱nu jo' neque'xba̱nu li
inc'a' useb xna'leb. Cheba̱nuhak ban
jo' neque'xba̱nu li cuanqueb xna'leb.
16 Me̱numsi li cutan chi ma̱c'a' xya̱lal.
Cheba̱nu ban li us nak ta̱ru̱k te̱ba̱nu xban
nak ch'a'aj li cua̱nc sa' eb li cutan a'in.
17 Jo'can nak moco jo'cakex ta li ma̱c'a'eb
xna'leb. Chetauhak ban ru li c'a'ru naraj
li Ka̱cua'. 18 Mexcala chic xban nak
napo'oc ch'o̱lej. Chinujak ban le̱ ch'o̱l
riq'uin li Santil Musik'ej. 19 Cheserak'i
chi ribil e̱rib lix lok'al li Dios, ut te̱ye
li salmos ut texbicha̱nk re xlok'oninquil
li Ka̱cua'. Chexbicha̱nk ut chelok'oni li
Ka̱cua' chi anchal e̱ch'o̱l. 20 Ut junelic
chexbantioxi̱nk chiru li Acuabej Dios sa'
xc'aba' li Ka̱cua' Jesucristo riq'uin chixju-
nil li c'a'ru nequec'ul.

Chepa̱bak e̱rib chi ribil e̱rib

21 Chepa̱bak e̱rib chi ribil e̱rib re
xq'uebal xlok'al li Cristo. 22 Ex ixakilbej,
chepa̱bak le̱ be̱lom jo' nak nequepa̱b li
Ka̱cua' Jesucristo. 23 Chexpa̱ba̱nk chiru
xban nak a'an li najolomin re li rix-
akil jo' nak li Cristo najolomin reheb
laj pa̱banel. Abanan li Cristo, a'an ajcui'
laj Colol reheb laj pa̱banel ut eb laj
pa̱banel jo' li rok ruk' li Cristo. 24 Jo' nak
neque'pa̱ban laj pa̱banel chiru li Cristo,
jo'can ajcui' nak li ixakilbej te'pa̱ba̱nk
chiruheb lix be̱lom riq'uin chixjunil.
25 Jo'can ajcui' la̱ex be̱lomej, cherahak
le̱ rixakil jo' nak li Cristo quixraheb laj
pa̱banel nak quixk'axtesi rib chi ca̱mc
re xcolbaleb. 26 Li Jesucristo quixmayeja
rib re xsantobresinquileb laj pa̱banel
riq'uin nak te'xc'ul li cubi ha' sa' xc'aba'
li Cristo ut riq'uin li ra̱tin li Dios. 27 Li
Cristo quixba̱nu a'an re nak tixc'uleb li
ralal xc'ajol chi k'axal nim xlok'al, chi
ma̱c'a' xma̱c ut chi ma̱c'a' xpaltil chiru.
28 Jo'can ajcui' eb li be̱lomej, tento nak
te'xra li rixakil jo' nak neque'xra ribeb
a'an. Li ani naxra li rixakil, naxra ajcui'
rib a'an. 29 Ma̱ ani xic' naril rib. Naxra
ban rib ut naxch'olani rib jo' nak li Cristo
naxra ut naxch'olani li ralal xc'ajol.
30 Nocoxra ut nocoril xban nak la̱o jo' rok
ruk' li Cristo. La̱o jo' lix quiq'uel ut jo'
lix bakel. 31 Li be̱lomej ut li ixakilbej ju-
naj chic ruheb jo' tz'i̱banbil sa' li Santil
Hu li naxye chi jo'ca'in: Nak ta̱sumla̱k,
li cui̱nk tixcanab lix na' xyucua' re nak
tixlak'ab rib riq'uin li rixakil. Ut juna-
jak chic ruheb chi xca'bichaleb. 32 K'axal
lok' li xya̱lal li na'leb a'in. Abanan la̱in
ninye e̱re nak naxc'ut ajcui' chiku nak la̱o
aj pa̱banel junajo chic riq'uin li Cristo.
33 Jo'can nak tinye cui'chic e̱re nak li

be̱lomej chixrahak li rixakil jo' nak naxra
rib a'an. Ut li ixakilbej chix-oxlok'i lix
be̱lom.

6 Jo'can ajcui' la̱ex, alalbej. Chex-
abi̱nk chiru le̱ na' e̱yucua' sa' xc'aba'
li Ka̱cua' xban nak a'an k'axal us xba̱-
nunquil. [2] Che-oxlok'i le̱ na' e̱yucua'. A'an
a'in lix be̱n kataklanquil cuan c'a'ru
yechi'inbil ke cui takaba̱nu a'an. [3] Ut
li yechi'inbil ke, a'an a'in: Cui neque-
oxlok'i le̱ na' e̱yucua', k'axal us tex-e̱lk
ut ta̱najtok' ru le̱ yu'am li tixq'ue li Dios
arin sa' ruchich'och'. [4] Ex na'bej ex yu-
cua'bej, me̱chik' xjosk'ileb le̱ ralal e̱c'ajol
chi ma̱c'a' rajbal. Cheq'uiresihakeb ban
sa' xya̱lal riq'uin xk'usbaleb ut riq'uin
xtijbaleb sa' xc'aba' li Ka̱cua' Jesucristo.
[5] Ex aj c'anjel, chex-abi̱nk chiruheb le̱ pa-
trón arin sa' ruchich'och'. Chexc'anjelak
chiruheb chi anchal e̱ch'o̱l ut sa' xya̱lal
jo' nak nequexc'anjelac chiru li Cristo.
[6] Moco toj yo̱keb ta che̱rilbal nak te̱ba̱nu
le̱ c'anjel re nak sahak xch'o̱l le̱ patrón
e̱riq'uin. Chexc'anjelak ban chiru le̱ pa-
trón jo' nak yo̱kex chi c'anjelac chiru li
Cristo. Chi anchal e̱ch'o̱l cheba̱nuhak li
naraj li Dios. [7] Chexc'anjelak chi anchal
e̱ch'o̱l jo' nak yo̱quex chi c'anjelac chiru
li Ka̱cua' ut ma̱cua' chiruheb li cui̱nk.
[8] La̱ex nequenau nak cui cha̱bil te̱ba̱nu
che̱junju̱nkal a'an ajcui' li re̱kaj te̱c'ul
riq'uin li Ka̱cua' usta cuan e̱patrón usta
ma̱c'a'. [9] Jo'can ajcui' la̱ex patrón, jo' nak
laj c'anjel nac'anjelac chi anchal xch'o̱l
che̱ru, jo'can ajcui' nak la̱ex te̱taklaheb
sa' xya̱lal. Canabomak xtaklanquileb sa'
josk'il. Nequenau nak la̱ex cuan e̱patrón
sa' choxa jo' ajcui' eb a'an. Li patrón, a'an
li Ka̱cua' Dios ut a'an moco jun ta sa ta̱ril
ut jun ta xic' ta̱ril.

Li kac'anjeleba̱l q'uebil ke xban li Dios

[10] Toj cuan c'a'ru nacuaj xyebal e̱re
ut a'an a'in: Che'cacuubresi̱k le̱ ch'o̱l
sa' le̱ pa̱ba̱l riq'uin lix nimal xcuan-
quilal li Ka̱cua' li cuan e̱riq'uin. [11] Jo'can
ut chetikibak e̱rib riq'uin chixjunil lix
c'anjeleba̱l li Dios re nak xakxo̱kex chi
tz'akal ut yo̱kex chixcolbal e̱rib chiru
laj tza nak yo̱k che̱balak'inquil. [12] Moco
yo̱co ta chixyalbal kak'e riq'uin cui̱nk.
Yo̱co ban chi pletic riq'uin q'uila pa̱y ru
chi ma̱us aj musik'ej li cuanqueb xcuan-
quil sa' eb li cutan a'in, li neque'taklan
sa' ik' ut sa' li ruchich'och' li cuan
sa' xk'ojyi̱nal ru li ma̱c. [13] Xban nak
nocopletic riq'uin li ma̱us aj musik'ej,
jo'can nak cua̱nk e̱riq'uin chixjunil le̱
c'anjeleba̱l li q'uebil e̱re xban li Dios re
nak cauhak e̱rib chixcolbal e̱rib chiru laj
tza yalak jok'e tixyal e̱ra̱lenquil. [14] Xakx-
o̱kex bi' chi cau. A'an a'in li ta̱c'anjelak
che̱ru re xcolbal e̱rib chiru laj tza. Li
ya̱l ta̱c'anjelak jo' xc'a̱mal e̱sa' ut li ti̱quil
ch'o̱lej ta̱c'anjelak jo' li ch'i̱ch' naramoc
re le̱ ch'o̱l. [15] Cauresinbilakex re xye-
bal resil li colba-ib ut a'an ta̱c'anjelak
e̱re jo' e̱xa̱b che̱rok. [16] Chirix chixjunil
a'in chicua̱nk ajcui' le̱ pa̱ba̱l. Ut a'an
ta̱c'anjelak e̱re jo' le̱ ramleb ch'i̱ch'. Le̱
pa̱ba̱l ta̱c'anjelak re xcolbal e̱rib chiru
laj tza nak tixyal e̱ra̱lenquil. Riq'uin
a'in ta̱ru̱k te̱chup xxamlel lix tzimaj laj
tza. [17] Li colba-ib ta̱c'anjelak e̱re jo' nak
nac'anjelac re li soldado lix tz'apbal
xjolom. Li Santil Musik'ej tixc'ut che̱ru
li ra̱tin li Dios. A'an ta̱c'anjelak che̱ru
jo' nak nac'anjelac li ch'i̱ch' chiru li sol-
dado. [18] Ut yo'on cua̱nkex. Junelic chex-
tijok jo' naxc'ut che̱ru li Santil Musik'ej.
Junelic chextz'a̱ma̱nk chiru chi anchal
e̱ch'o̱l nak li Dios ta̱tenk'a̱nk e̱re. Ut
chetz'a̱ma chiru nak tixtenk'aheb chixju-
nileb li ralal xc'ajol li Dios. [19] Ut chex-
tijok ajcui' chicuix la̱in re nak chixq'ue
taxak cua̱tin li Dios re xyebal resil
li colba-ib ut chixq'ue taxak xcacuilal
inch'o̱l chixyebal resil nak li colba-ib re-
heb ajcui' li ma̱cua'eb aj judío. [20] Tak-
lanbilin xban li Dios chixyebal li resilal
a'an. Ut xban xyebal resil li colba-ib nak
cuanquin chi pre̱xil anakcuan. Chextijok

chicuix re nak tinch'olob xyalal li colba-
ib chi cau inch'ol jo' q'uebil cue xbanun-
quil xban li Dios.

Laj Pablo naxq'ue xsahil xch'oleb

21 Ninc'oxla nak teraj tenau chanru
cuanquin ut c'a'ru yoquin chixbanun-
quil. Jo'can nak yoquin chixtaklanquil
laj Tíquico eriq'uin. A'an jun li her-
man k'axal raro kaban, ut chabil aj
c'anjel chiru li Dios. A'an tixye ere
chanru cuanquin. 22 Yoquin chixtaklan-
quil laj Tíquico eriq'uin re xserak'inquil
ere chanru cuanco arin. Ut nak tenau
chanru cuanco, chic'ojlak taxak ech'ol
riq'uin a'an. 23 A' taxak li tuktuquil usilal
li naxq'ue li Acuabej Dios ut li naxq'ue
li Kacua' Jesucristo chi cuank eriq'uin
laex chejunilex aj pabanel. Ut chi cuank
taxak eriq'uin li rahoc ib ut lix cacuilal
ech'ol sa' le pabal. 24 Chi cuank taxak li
rusilal li Dios eriq'uin chejunilex laex li
nequexrahoc re li Kacua' Jesucristo chi
anchal ech'ol ut chi junelic. Jo'can taxak.

Li Hu li Quixtz'i̱ba li San Pablo reheb laj Filipos

Laj Pablo quixtakla xsahil xch'o̱leb

1 La̱in laj Pablo. Yo̱quin
chixtz'i̱banquil li hu a'in cuochben
laj Timoteo. La̱o aj c'anjel chiru li
Jesucristo. Li hu a'in, a'an e̱re la̱ex
li nequexc'amoc be sa' xya̱nkeb laj
pa̱banel aran Filipos ut e̱re ajcui' la̱ex
li nequextenk'an sa' li c'anjel aran. Ut
e̱re ajcui' che̱junilex la̱ex aj pa̱banel
aran Filipos, li junaj chic e̱ru riq'uin li
Jesucristo. 2 Chicua̱nk taxak e̱riq'uin
li usilal ut li tuktu̱quilal li naxq'ue li
Dios li kaYucua' ut li naxq'ue li Ka̱cua'
Jesucristo.

Laj Pablo quitijoc chirixeb laj pa̱banel

3 Rajlal nak nequexjultico' cue, nin-
bantioxi chiru li Dios. 4 Ut junelic nin-
tijoc che̱rix chi sa sa' inch'o̱l. 5 Nasaho'
sa' inch'o̱l xban nak chalen nak xex-
pa̱ban xeq'ue e̱ch'o̱l chintenk'anquil xye-
bal resil li colba-ib toj chalen anakcuan.
6 Chalen nak xexpa̱ban, li Dios yo̱ chi
c'anjelac e̱riq'uin. Ut ninnau nak junelic
textenk'a toj ta̱tz'aklok ru le̱ pa̱ba̱l sa' li
cutan nak tol-e̱lk cui'chic li Jesucristo.
7 Xban nak nequeq'ue e̱ch'o̱l chi c'anjelac
chiru li Cristo, jo'can nak junelic nequex-
inc'oxla ut k'axal sa sa' inch'o̱l e̱riq'uin.
La̱ex xextz'akon cuochben riq'uin li usi-
lal li naxq'ue li Cristo. Xextz'akon ajcui'
cuiq'uin riq'uin rahil ch'o̱lej nak cuan-
quin chi pre̱xil ut xextz'akon ajcui'
cuiq'uin nak yo̱quin chixch'olobanquil
xya̱lal li colba-ib reheb li cuanqueb
xcuanquil re nak te'xnau nak tz'akal ya̱l
li c'a'ru yo̱co chixch'olobanquil. 8 Li Dios
naxnau nak c'ajo' nequexinra. Ut li ra-
hoc a'in, a'an q'uebil cue xban li Cristo.
9 Ut li nintz'a̱ma chiru li Dios nak ninti-
joc che̱rix, a'an a'in: nak k'axal cui'chic
cherahak e̱rib chi ribil e̱rib. Ut chinum-
ta̱k taxak li rahoc ut chiq'uehek' taxak
e̱na'leb re xtaubal bar cuan li tz'akal ya̱l.
10 Nintz'a̱ma chiru li Dios nak textenk'a
re nak junelic te̱nau c'a'ru li us ut c'a'ru
li inc'a' us. Ut ti̱cak taxak le̱ ch'o̱l re nak
ma̱ ani ta̱cuech'i̱nk e̱rix chalen nak tol-
e̱lk cui'chic li Jesucristo. 11 Ut riq'uin li
cha̱bilal li q'uebil e̱re xban li Jesucristo,
nequeq'ue xlok'al li Dios.

Li Dios quixsuk'isi chok' usilal li raylal li quixc'ul laj Pablo

12 Ex inherma̱n, nacuaj nak te̱nau nak
chixjunil li yo̱quin chixc'ulbal, a'an yo̱
chi c'anjelac re xyebal resil li colba-ib
yalak bar. 13 Cuan xya̱lal nak xine'xq'ue
sa' tz'alam. Eb laj ilol pre̱x jo'queb ajcui'
chixjunileb li cuanqueb sa' li palacio
neque'xnau nak cuanquin sa' tz'alam
xban nak ninc'anjelac chiru li Cristo.
14 Ut nabaleb laj pa̱banel xe'xcacuubresi
xch'o̱leb sa' xpa̱ba̱leb sa' xc'aba' li Ka̱cua'
xban nak xe'xq'ue retal nak cau inch'o̱l
usta cuanquin chi pre̱xil sa' xc'aba' li Je-
sucristo. Ut neque'xch'olob xya̱lal li ra̱tin
li Dios chi ma̱c'a' xxiuheb. 15 Ya̱l nak
cuan li neque'xye resil li Cristo yal xban
nak niquine'xcakali ut niquine'xcuech'i.
Abanan cuan ajcui' li neque'xye re-
sil li Cristo chi anchal xch'o̱leb ut sa'
xya̱lal. 16 Neque'xch'olob xya̱lal xban
nak niquine'xra ut neque'xnau nak cuan-
quin chi pre̱xil xban nak ninq'ue xcuan-
quil li colba-ib. 17 Aban li jun ch'ol chic
neque'xye resil li Cristo yal xban nak
cuan c'a'ru neque'xra ut moco chi anchal
ta xch'o̱leb neque'xba̱nu. Neque'xba̱nu
chi jo'can yal re xq'uebal xrahil inch'o̱l
nak cuanquin chi pre̱xil. 18 Abanan
ma̱c'a' naxye. Usta chi anchal xch'o̱leb,
usta inc'a', yo̱queb chixyebal resil li Je-
sucristo. Ut nasaho' inch'o̱l riq'uin a'an.
19 Ut junelic ta̱sahok' inch'o̱l xban nak
ninnau nak yo̱quex chi tijoc chicuix. Ut li
Santil Musik'ej natenk'an cue. Jo'can nak

nasaho' sa' inch'o̲l xban nak ninnau nak
chixjunil li ninc'ul, li Dios tixsuk'isi chok'
usilal chok' cue. 20 Inc'a' nacuaj xxu-
ta̲nobresinquil cuib riq'uin xba̲nunquil
li c'a'ak re ru inc'a' us. Nacuaj ban nak
junelic cua̲nk xcacuilal inch'o̲l re xyebal
resil li Jesucristo. Nacuaj xq'uebal xlok'al
li Cristo anakcuan ut chi junelic riq'uin
li ninba̲nu ut riq'uin ajcui' lin camic.
21 La̲in, nak toj yo'yo̲quin, cuanquin chi
sum a̲tin riq'uin li Cristo. Abanan k'axal
raj cui'chic us li ca̲mc chok' cue xban nak
ninnau nak tinxic riq'uin. 22 Abanan cui
li Dios toj tixq'ue inyu'am sa' ruchich'och'
re nak tinc'anjelak chiru li Ka̲cua', inc'a'
ninnau bar cuan li k'axal us chok' cue.
¿Ma us nak yo'yo̲quin malaj ut us nak
tinca̲mk? 23 Ch'a'aj chok' cue xnaubal bar
cuan li k'axal us. Nacuaj raj ca̲mc re
nak tinxic riq'uin li Cristo. A'an raj li
k'axal us chok' cue la̲in. 24 Abanan chok'
e̲re la̲ex, us nak yo'yo̲kin. 25 Ninnau
chi tz'akal nak naru texintenk'a. Jo'can
nak ninnau nak tincua̲nk sa' e̲ya̲nk re
e̲tenk'anquil. Texintenk'a re nak sahak
sa' e̲ch'o̲l nak yo̲kex chi q'ui̲c sa' le̲
pa̲ba̲l. 26 Ninc'oxla nak tincuulak cui'chic
e̲riq'uin ut nak te̲ril cui'chic cuu, ta̲sahok'
sa' le̲ ch'o̲l sa' xc'aba' li Jesucristo. 27 Li
k'axal lok' xba̲nunquil, a'an a'in: Chex-
cua̲nk sa' xya̲lal riq'uineb le̲ ras e̲ri̲tz'in
jo' e̲c'ulub xban nak la̲ex ac xepa̲b li Je-
sucristo. Usta cuanquin e̲riq'uin, usta ma̲
anihin, nacuaj rabinquil resil nak cau
e̲ch'o̲l sa' le̲ pa̲ba̲l. Ut nacuaj ajcui' ra-
binquil nak junaj le̲ ch'o̲l ut junaj e̲c'a'ux
chixyebal resil li colba-ib sa' xc'aba' li Je-
sucristo. 28 Inc'a' texxucuak chiruheb li
xic' neque'iloc e̲re. Cui la̲ex inc'a' texxu-
cuak, eb a'an te'xq'ue retal nak la̲ex tex-
colek' ut eb a'an te'sachek'. Ut li Ka̲cua'
Dios, a'an li ta̲c'utuk re li na'leb a'in
chiruheb. 29 Q'uebil e̲re le̲ ma̲tan xban
li Dios re xpa̲banquil li Cristo. Ut moco
ca'aj cui' ta te̲c'ul li rusilal re xpa̲ban-
quil. Usilal aj ban cui' nak q'uebil e̲re
xc'ulbal li raylal sa' xc'aba' li Cristo. 30 Ac
xeril chanru nak ninyal ink'e chixq'uebal
xcuanquil li colba-ib ut nequerabi resil
nak toj yo̲quin ajcui' xyalbal ink'e. Ut
nequeyal ajcui' e̲k'e la̲ex xq'uebal xcuan-
quil li colba-ib cuochbenex.

Chetzolak e̲rib riq'uin li Cristo

2 Anakcuan nacuaj xpatz'bal e̲re: ¿Ma
cuan xya̲lal chok' e̲re la̲ex nak xepa̲b
li Cristo? ¿Ma c'ojc'o e̲ch'o̲l xban nak
raro̲quex xban li Cristo? ¿Ma junaj ru le̲
ch'o̲l che̲junilex xban li Santil Musik'ej
li cuan e̲riq'uin? ¿Ma nequera e̲rib chi
ribil e̲rib? ¿Ma nequeruxta̲na e̲ru chi
ribil e̲rib? 2 Anakcuan nintz'a̲ma ajcui'
che̲ru nak junajak taxak e̲ch'o̲l re nak
junelic sahak sa' inch'o̲l e̲riq'uin. Cher-
ahak e̲rib chi ribil e̲rib ut chexcua̲nk
sa' xya̲lal chi ribil e̲rib ut junajak taxak
le̲ c'a'ux. 3 Inc'a' te̲ba̲nu c'a'ak re ru
yal xban nak cuan li c'a'ru te̲ra, chi
moco te̲ba̲nu yal re xnimobresinquil
e̲rib. Checubsihak ban e̲rib. Me̲c'oxla
nak k'axal nim e̲cuanquil chiruheb le̲
ras e̲ri̲tz'in. 4 Mexc'oxlac ca'aj cui' chirix
c'a'ru us chok' e̲re la̲ex. Chexc'oxlak
aj ban cui' chirix li us ta̲e̲lk chok'
reheb le̲ ras e̲ri̲tz'in. 5 Chetzolak e̲rib
riq'uin li Jesucristo re nak juntak'e̲tak le̲
na'leb riq'uin lix na'leb a'an. 6 Li Jesu-
cristo tz'akal Dios, aban inc'a' quic'oxlac
xcanabanquil lix lok'al. 7 Quixcanab ban
lix lok'al nak quic'ulun sa' ruchich'och'.
Tz'akal cui̲nk jo' la̲o nak quiyo'la sa'
ruchich'och' ut quic'anjelac sa' kaya̲nk.
8 Ut nak quicuan sa' ruchich'och' quix-
cubsi rib ut quixba̲nu li quiraj li Dios
toj retal nak quicam chiru li cruz.
9 Ut xban nak quixba̲nu chi jo'can, li
Dios quixq'ue xnimal xlok'al. "Ka̲cua'"
quixq'ue chok' xc'aba' xban nak a'an li
k'axal lok' ut li k'axal nim xcuanquil.
10 Li Dios quixba̲nu a'an re nak chixju-
nileb te'xcuik'ib rib chixlok'oninquil li
Ka̲cua' Jesucristo nak te'rabi lix c'aba'.

Te'xcuik'ib ribeb chixlok'oninquil chixju-
nileb li cuanqueb sa' choxa ut li cuan-
queb sa' ruchich'och' jo'queb ajcui' li ca-
menakeb. 11 Li Dios quixq'ue xlok'al li
Jesucristo re nak chixjunileb te'xch'olob
xya̲lal riq'uin xtz'u̲mal re nak li Jesu-
cristo, a'an li Ka̲cua' ut te'xq'ue xlok'al li
Acuabej Dios.

Eb laj pa̲banel, a'anakeb lix cutan xsaken li ruchich'och'

12 Ex inherma̲n, raro̲quex inban,
junelic xexpa̲ban chicuu nak cuanquin
chak e̲riq'uin. Jo'can ajcui' te̲ba̲nu
anakcuan nak ma̲ anihin e̲riq'uin.
Junelic chexc'oxlak chirix le̲ colbal.
Cheq'uehak taxak e̲ch'o̲l chixba̲nunquil
li c'a'ru naraj li Ka̲cua' re nak ta̲tz'aklok
ru le̲ colbal. 13 Li Dios yo̲ chi c'anjelac
e̲riq'uin ut yo̲ che̲tenk'anquil re nak
sa' le̲ ch'o̲l ta̲ala̲k chak xba̲nunquil li
c'a'ru naraj ut a'an ajcui' naq'uehoc
e̲cuanquil chixba̲nunquil. 14 Me̲choki
e̲rib ut me̲cuech'i e̲rib. Cheba̲nuhak
ban chixjunil sa' xya̲lal. 15 Cheba̲nuhak
chixjunil sa' xya̲lal re nak chic'utu̲nk
nak chi anchal e̲ch'o̲l nequexpa̲ban ut re
nak ma̲ ani ta̲atinak che̲rix. La̲ex ralal
xc'ajol li Dios ut ma̲c'a'ak e̲ma̲c usta
cuanquex sa' xya̲nkeb laj ma̲c, li inc'a'
useb xna'leb. Ut xban nak ti̲c e̲ch'o̲l,
nak yo̲kex chixyebal resil li colba-ib
chiruheb, chiruheb chanchanakex li
chahim li nalemtz'un chiru k'ojyi̲n.
16 Cui jo'can yo̲kex, c'ajo' nak ta̲sahok'
sa' inch'o̲l e̲riq'uin nak tol-e̲lk cui'chic
li Jesucristo. Ta̲sahok' inch'o̲l xban
nak tinnau nak cuan rajbal chixjunil
li xinba̲nu nak xinc'anjelac sa' e̲ya̲nk.
17 Cui tincamsi̲k xban nak xexintenk'a
sa' le̲ pa̲ba̲l, ma̲c'a' naxye. Ta̲sahok' sa'
inch'o̲l nak textz'ako̲nk la̲ex riq'uin li
sahil ch'o̲lejil li tinc'ul la̲in. 18 Chisahok'
taxak sa' kach'o̲l sa' comonil.

Laj Timoteo ut laj Epafrodito taklanbileb xban laj Pablo riq'uineb laj Filipos

19 Cui li Ka̲cua' Jesucristo naraj, chi
se̲b tintakla laj Timoteo che̲rilbal.
Ta̲c'ojla̲k inch'o̲l nak tincuabi e̲resil.
20 Ma̲ jun chic cuan juntak'e̲t xc'a'ux
cuiq'uin jo' laj Timoteo. A'an k'axal
nac'oxlac ajcui' che̲rix la̲ex. 21 Eb li jun
ch'ol chic junes li us chok' reheb a'an
neque'xc'oxla ut inc'a' neque'xc'oxla
xba̲nunquil li naraj li Jesucristo.
22 Ac nequenau nak cha̲bil xna'leb laj
Timoteo. Nequenau chanru nak naxq'ue
xch'o̲l chi c'anjelac cuochben chixyebal
resil li colba-ib. Ninxtenk'a jo' junak
alalbej naxtenk'a lix yucua'. 23 Jo'can
nak nacuaj xtaklanquil laj Timoteo
e̲riq'uin nak ac xinnau chanru tincana̲k
cui' arin. 24 Ut ninnau nak li Ka̲cua'
tinixtenk'a re nak taru̲k tincuulak
chi junpa̲t e̲riq'uin. 25 Ut ninc'oxla
ajcui' nak tento tintakla li herma̲n
Epafrodito e̲riq'uin. A'an naxq'ue ajcui'
xch'o̲l chi c'anjelac cuochben ut a'an
li xetakla chak chintenk'anquil sa'
e̲c'aba' la̲ex. 26 Ta̲raj cui'chic rilbal e̲ru.
Yo̲ che̲c'oxlanquil xban nak naxnau
nak xerabi resil nak xyajer. 27 Ya̲l nak
quiyajer. Ca'ch'in chic ma̲ quicam.
Abanan li Dios quiril xtok'oba̲l ru ut
quiril ajcui' xtok'oba̲l cuu la̲in. Jo'can
nak quixq'uirtesi. Cui ta quicam, k'axal
raj cui'chic quixq'ue xrahil inch'o̲l.
28 Jo'can nak nacuaj xtaklanquil chi
junpa̲t e̲riq'uin re nak ta̲sahok' sa' e̲ch'o̲l
nak te̲ril cui'chic ru. Ut ta̲sahok' ajcui' sa'
inch'o̲l la̲in nak ta̲cuulak e̲riq'uin. La̲in
ninnau nak a'an chic ta̲tenk'a̲nk e̲re.
29 Chec'ulak chi k'axal sa sa' e̲ch'o̲l xban
nak kech aj pa̲banelil kib. Cheq'uehak
xlok'al eb laj pa̲banel jo' li jun a'an.
30 Nak yo̲ chi c'anjelac chiru li Ka̲cua',
ca'ch'in chic ma̲ quicam. Quixq'ue rib

sa' raylal re intenk'anquil xban nak ma̲
anihex la̲ex chintenk'anquil.

Li ti̲quil ch'o̲lej

3 Anakcuan ut, ex inherma̲n, chisa-
hok' taxak sa' le̲ ch'o̲l xban nak
rehex chic li Cristo. Li c'a'ru yo̲quin
chixtz'i̲banquil, ac xinye ajcui' e̲re. Usta
ac xinye e̲re, tinye cui'chic e̲re. Inc'a'
nintitz' xyebal xban nak ninnau nak
ta̲c'anjelak che̲ru. 2 Checol e̲rib chiruheb
laj balak'. Eb a'an chanchaneb li tz'i'
xban nak ma̲c'a'eb xna'leb. Neque'xye
nak inc'a' naru tocolek' cui toj ma̲ji'
nakac'ul li circuncisión. 3 La̲o ac xkac'ul
li tz'akal circuncisión xban nak la̲o
nakalok'oni li Dios jo' naxc'ut chiku li
Santil Musik'ej. A'an li tz'akal circun-
cisión. La̲o nasaho' li kach'o̲l nak ju-
najo chic riq'uin li Cristo yal xban xni-
mal rusilal. Ma̲cua' riq'uin li nakaba̲nu
la̲o kajunes. 4 La̲in xinba̲nu chixjunil li
neque'xye eb a'an nak tento xba̲nun-
quil ut naru raj tinq'ue xcacuilal inch'o̲l
riq'uin. Cui cuan junak naxc'oxla nak ac
xba̲nu chixjunil, us ajcui'. Abanan k'axal
cui'chic nabal xinba̲nu la̲in chiru a'an.
5 La̲in tz'akalin aj Israel. Cuakxakib cu-
tan cuan cue nak xinc'ul li circuncisión.
Lin na' inyucua' aj hebreo xcomoneb xte̲-
pal laj Benjamín. La̲in ajcui' xcomoneb
laj fariseo li neque'xba̲nu chixjunil li
tz'i̲banbil sa' li chak'rab li quiq'uehe' re
laj Moisés. 6 Xinq'ue inch'o̲l chixba̲nun-
quil chixjunil li chak'rab li neque'xba̲nu
laj fariseo toj retal nak quinrahobtesi-
heb laj pa̲banel. Chiruheb laj fariseo
ma̲c'a' inma̲c xban nak xinba̲nu chixju-
nil li tz'i̲banbil sa' li chak'rab. 7 Junxil
chixjunil a'in xinq'ue xcuanquil. Abanan
anakcuan ninye nak ma̲c'a' na-oc cui'
xban nak k'axal cui'chic lok' xpa̲banquil
li Cristo. 8 Relic chi ya̲l chixjunil li c'a'ak
re ru xinba̲nu chak junxil ma̲c'a' chic
na-oc cui' chicuu anakcuan xban nak
k'axal cui'chic nim xlok'al xpa̲banquil li
Ka̲cua' Jesucristo. Re nak la̲inak chic re
li Cristo, xintz'ekta̲na chixjunil li xin-
ba̲nu chak junxil. A'an yal mul aj chic
chicuu anakcuan. 9 La̲in nacuaj nak ju-
najakin riq'uin li Jesucristo. Inc'a' naru
ta̲cua̲nk xti̲quilal inch'o̲l chiru li Dios yal
riq'uin xba̲nunquil li naxye li chak'rab li
quiq'uehe' re laj Moisés. Li Dios naxq'ue
xti̲quilal inch'o̲l riq'uin xpa̲banquil li
Cristo. 10 Xincanab xba̲nunquil chixjunil
li quinba̲nu chak junxil re nak tincua̲nk
chi sum a̲tin riq'uin li Cristo. Nacuaj
xc'ulbal lix cuanquilal li Dios li quicua-
clesin cui'chic re li Cristo chi yo'yo sa'
xya̲nkeb li camenak. Nacuaj tintz'ako̲nk
riq'uin li raylal li quixc'ul ut nacuaj
nak tinba̲nu jo' quixba̲nu li Cristo nak
quixq'ue rib chi ca̲mc. 11 Ut ninyo'oni
nak li Dios tinixcuaclesi cui'chic chi
yo'yo sa' xya̲nkeb li camenak.

Chikayal kak'e re nak ta̲tz'aklok ru li kapa̲ba̲l

12 Inc'a' ninye nak ac xtz'akloc ru lin
pa̲ba̲l chi moco ninye nak ac xinc'ul
chixjunil lix cuanquilal. Abanan yo̲quin
chixyalbal ink'e re nak toxincue̲chani
chixjunil li tinma̲tani riq'uin li Jesucristo
xban nak li Jesucristo quinixq'ue chok'
ralal. 13 Ex inherma̲n, ninnau nak toj
ma̲ji' ninc'ul chixjunil li tinma̲tani riq'uin
li Cristo. Abanan li ninba̲nu, a'an a'in:
Nincanab xc'oxlanquil li ac xnume' ut
ninq'ue inch'o̲l chire̲chaninquil li ta̲cha̲lk
mokon. 14 Ninyal ink'e chire̲chaninquil
lin ma̲tan jo' nak naxyal xk'e junak chi
a̲linac re tare̲chani lix k'ajca̲munquil.
Abanan li tincue̲chani la̲in, a'an li junelic
yu'am li naxyechi'i li Dios reheb li
neque'pa̲ban re li Jesucristo. 15 A'an
taxak li chikara la̲o chikajunilo li ac
cau kach'o̲l sa' li kapa̲ba̲l. Abanan cui
la̲ex inc'a' nequec'oxla chi jo'can, li Dios
ta̲c'utuk li xya̲lal che̲ru. 16 Jo'can nak
chikac'oxlahak ut chikaba̲nuhak li jo'
q'uial nakanau nak us xba̲nunquil. 17 Ex

inherma̱n, junajak taxak le̱ ch'o̱l chixba̱-
nunquil li ninba̱nu la̱in. La̱in yo̱quin chi
c'amoc be che̱ru sa' ti̱quilal. Ut chet-
zolak ajcui' e̱rib riq'uineb li neque'xba̱nu
jo' ninba̱nu la̱in. 18 Nabal sut ac xinye e̱re
nak cuanqueb li inc'a' us yo̱queb chixba̱-
nunquil. Riq'uin li inc'a' us neque'xba̱nu,
neque'xtz'ekta̱na lix camic li Cristo chiru
li cruz. Nayot'e' inch'o̱l riq'uin li yo̱queb
chixba̱nunquil ut ninya̱bac xban xrahil
inch'o̱l nak ninye cui'chic e̱re. 19 Eb a'an
inc'a' us yo̱queb. Li c'a'ru neque'xrahi ru
xba̱nunquil, a'an chic lix dioseb chiruheb
xban nak junes a'an chic neque'xc'oxla.
Neque'xnimobresi ribeb riq'uin xba̱nun-
quil li inc'a' us, usta xuta̱nal raj chok' re-
heb. Junes li c'a'ru cuan sa' ruchich'och'
neque'xc'oxla. Eb a'an te'sachek' sa' li
tojba ma̱c. 20 Abanan la̱o nococ'oxlac
chirix li cuan sa' choxa xban nak la̱o reho
chic li tz'akal Dios ut yo̱co chiroyben-
inquil nak tol-e̱lk cui'chic li Ka̱cua' Je-
sucristo laj Colol ke. 21 A'an k'axal nim
xcuanquil sa' xbe̱n chixjunil li c'a'ak re
ru. Riq'uin lix nimal xcuanquilal, li Jesu-
cristo tixjal li katibel li ma̱c'a' xcuanquil
ut tixq'ue ke jun chic k'axal lok' jo' li re
a'an.

Junelic taxak cauhak le̱ ch'o̱l sa' le̱ pa̱ba̱l

4 Ex inherma̱n, raro̱quex inban,
nacuaj rilbal e̱ru. C'ajo' nasaho'
inch'o̱l e̱ban. Ninc'oxla nak la̱ex jo'
jun ink'ajca̱munquil riq'uin li c'anjel
xinba̱nu sa' e̱ya̱nk. Junelic taxak cauhak
e̱ch'o̱l sa' le̱ pa̱ba̱l. 2 Ut nintz'a̱ma ajcui'
chiruheb lix Evodia ut lix Síntique
nak te'xyi̱b ru lix ch'a'ajquilaleb sa'
xya̱lal re nak junajakeb chic xch'o̱leb
chiru li Ka̱cua'. 3 Laj Sícigo cha̱bil aj
c'anjel cuochben. Jo'can nak nintz'a̱ma
chiru nak tixtenk'aheb li ixk a'in. Cau
xe'c'anjelac chintenk'anquil xyebal
resil li colba-ib. Jo'can ajcui' xba̱nu laj
Clemente ut chixjunileb li cuech aj
c'anjelil. Eb a'an tz'i̱banbil xc'aba'eb
xban li Dios sa' li hu tz'i̱banbil cui'
xc'aba'eb chixjunileb li colbileb.
4 Chisahok' taxak sa' e̱ch'o̱l chi junelic
xban nak junajex chic riq'uin li Ka̱cua'.
Ut jun sut chic tinye e̱re: Chi sahok'
taxak sa' e̱ch'o̱l. 5 Junelic chexcua̱nk sa'
tu̱lanil re nak chixjunile̱b te'xq'ue retal
le̱ cha̱bilal. Ut chijulticok' ajcui' e̱re
nak chi se̱b ta̱cha̱lk li Ka̱cua'. 6 Ma̱c'a'
c'a'ak re ru yo̱k cui' e̱c'a'ux. Cheye ban
re li Ka̱cua' c'a'ru le̱ ch'a'ajquilal. Ut
junelic nak textijok ut nak textz'a̱ma̱nk
chiru li Ka̱cua', chexbantioxi̱nk ajcui'
chiru li Dios. 7 Ut li Dios ta̱q'uehok
e̱re li tuktu̱quil usilal. A'an k'axal lok'
chiru chixjunil li c'a'ru nakac'oxla la̱o.
Ut li tuktu̱quil usilal li naxq'ue li Dios
tixc'ojob le̱ ch'o̱l ut tixtukub le̱ c'a'ux
xban nak junajex chic riq'uin li Cristo.

Junelic chexc'oxlak chirix li c'a'ak re ru ya̱l ut cha̱bil

8 Ut anakcuan, jun chic nacuaj xyebal
e̱re. A'an a'in: junelic chexc'oxlak chirix
li c'a'ru ya̱l ut li c'a'ru cha̱bil. Chexc'oxlak
chirix li ti̱quilal, li santilal, ut li usilal.
Junelic chexc'oxlak chirix li k'axal cha̱-
bil ut li naru naxq'ue xlok'al li Dios. 9 Ut
chixjunil li c'a'ru xinye e̱re ut li c'a'ru xin-
ba̱nu che̱ru, a'an ajcui' te̱ba̱nu la̱ex. Chet-
zol e̱rib cuiq'uin ut cheba̱nu jo' ninba̱nu
la̱in. Ut li Ka̱cua' Dios li naq'uehoc tuk-
tu̱quil usilal ta̱cua̱nk e̱riq'uin.

Laj Pablo naxbantioxi lix ma̱tan li quiq'uehe' re xbaneb laj Filipos

10 K'axal nasaho' sa' inch'o̱l ut nin-
bantioxi chiru li Ka̱cua' nak qui-ala
chak sa' e̱ch'o̱l intenk'anquil. Ninnau
nak inc'a' xecanab inc'oxlanquil. Junxil
inc'a' quixq'ue rib che̱ru intenk'anquil.
11 Inc'a' yo̱quin chixyebal a'in e̱re xban
nak cuan li c'a'ru nacuaj. Ac xintzol
cuib chi cua̱nc chi c'ojc'o inch'o̱l riq'uin
jo' nimal jo' ch'inal cuan cue. 12 Xinc'ay

chi cuan chi ma̲c'a' c'a'ru cue ut xinc'ay ajcui' chi nabal c'a'ru cue. Ac ninnau chanru li cua̲nc. Sa sa' inch'o̲l nak cuan incua ut sa ajcui' sa' inch'o̲l nak ma̲c'a' incua. C'aynakin chi cua̲nc chi sa sa' inch'o̲l usta cuan nabal c'a'ru cue, usta ma̲c'a'. 13 La̲in nincuy xnumsinquil chixjunil li raylal xban nak li Cristo naxq'ue xcacuilal inch'o̲l re nak tincuy xnumsinquil. 14 Abanan, ninbantioxi e̲re nak niquine̲c'oxla ut nak quine̲tenk'a nak cuanquin sa' ch'a'ajquilal. 15 Ex inherma̲n, li cuanquex Filipos, ac nequenau nak junxil nak xintiquib xyebal resil li colba-ib, eb li herma̲n li cuanqueb sa' jalan na'ajej inc'a' xine'xtenk'a. Ca'aj cui' la̲ex xextenk'an cue re xk'axbal li cutan nak xin-el Macedonia. 16 Ut xine̲tenk'a ajcui' nak cuanquin Tesalónica. Cuib oxib sut xetakla intumin re nak cua̲nk li c'a'ru ta̲c'anjelak cue. 17 Inc'a' yo̲quin xtz'a̲manquil intenk'anquil e̲re. Li nacuaj la̲in, a'an a'in: nak te̲c'ul le̲ k'ajca̲munquil li tixq'ue e̲re li Dios xban nak nequextenk'an. 18 Anakcuan cuan chixjunil li c'a'ru nacuaj. Tz'akal ajcui' li c'a'ru cuan cue xban nak xinc'ul lin ra̲bal li xetakla chak cue chirix laj Epafrodito. Li ma̲tan a'an li xetakla cue, a'an jun cha̲bil mayej li nacuulac chiru li Dios. 19 Lin Dios, a'an aj e̲chal re chixjunil ut k'axal nim lix lok'al. Tixq'ue e̲re chixjunil li napalto' e̲re sa' xc'aba' li Jesucristo. 20 Lok'oninbil taxak li Dios li kaYucua' anakcuan ut chi junelic k'e cutan. Jo'can taxak.

Laj Pablo naxtakla xsahil xch'o̲leb

21 Cheq'ue xsahil xch'o̲leb chixjunileb li neque'pa̲ban re li Jesucristo. Eb li herma̲n li cuanqueb arin cuiq'uin neque'xtakla ajcui' xsahil e̲ch'o̲l. 22 Chixjunileb laj pa̲banel li cuanqueb arin neque'xtakla xsahil e̲ch'o̲l. Ut k'axal cui'chic nabal xsahil e̲ch'o̲l neque'xtakla laj pa̲banel li cuanqueb sa' rochoch li acuabej. 23 Ut chicua̲nk taxak e̲riq'uin li rusilal li Ka̲cua' Jesucristo.

Li Hu li Quixtz'iba li San Pablo reheb laj Colosas

Xq'uebal xsahileb xch'ol

1 Lain laj Pablo. Lain x-apóstol li Je-
sucristo xban nak jo'can quiraj li
Dios. Cuochben li hermano Timoteo
nak yoquin chixtz'ibanquil li hu a'in.
2 Yoquin chi tz'ibac eriq'uin laex li cuan-
quex aran Colosas. Laex ac xepab chi
tz'akal li Jesucristo. Laex chic kech aj
pabanelil ut rehex chic li Dios. A' taxak
li Dios li kaYucua' chi-osobtesink ere ut
tixq'ue taxak ere li tuktuquil usilal.

Laj Pablo quitijoc chirixeb laj pabanel

3 Nak nocotijoc cherix junelic naka-
bantioxi chiru li Dios lix Yucua' li Kacua'
Jesucristo. 4 Nakabantioxi chiru li Dios
xban nak xkabi resil nak cau ech'ol chix-
pabanquil li Jesucristo ut xkabi ajcui'
resil nak nequera chixjunileb le rech
aj pabanelil. 5 Nak xerabi resil li colba-
ib, xerabi ajcui' resil li sahil ch'olejil
c'ulanbil sa' choxa chok' ere. Xban nak
yoquex chixyo'oninquil a'an, nequex-
paban ut nequera le rech aj pabanelil.
6 Chanru nak xerabi resil li colba-ib laex,
jo'can ajcui' nak yoqueb chirabinquil sa'
chixjunil li ruchich'och'. Nabal yoqueb
chi jalac lix na'lebeb jo' nak xjala le
na'leb laex chalen nak xerabi resil li
colba-ib ut quetau ru chi tz'akal li rusi-
lal li Dios. 7 Lix yalal a'an quich'olobac
cheru xban laj Epafras. A'an kochben chi
c'anjelac chiru li Cristo ut raro kaban.
A'an jun chabil aj c'anjel cheru sa' xc'aba'
li Jesucristo. 8 Laj Epafras quiyehoc ke
nak laex nequera eras eritz'in xban nak li
Santil Musik'ej cuan eriq'uin. 9 Ut chalen
nak quikabi resil nak xexpaban, jo'can
nak junelic nocotijoc cherix. Nakatz'ama
chiru li Dios nak tixc'ut cheru c'a'ru
naraj tebanu. Ut nakatz'ama ajcui' chiru
li Dios nak li Santil Musik'ej tixq'ue
ena'leb chixtaubal ru li xyalal. 10 Nocoti-
joc cherix re nak ticak le yu'am xban nak
rehex chic li Kacua' ut sahak sa' xch'ol
li Dios eriq'uin. Junelic chebanuhak li
us ut chetauhak ru chi tz'akal lix lok'al
li Dios. 11 Nakatz'ama chiru li Dios re
nak cuank xcacuil ech'ol xban xnimal
xcuanquil li Dios. Chisahok' sa' ech'ol
ut checuyak xnumsinquil li c'a'ak re
ru nachal sa' eben ut inc'a' tach'inank
ech'ol. 12 Chebantioxi chiru li Acuabej
Dios li quiq'uehoc ke chitz'akonk riq'uin
li sahil ch'olejil kochbeneb laj pabanel li
ac xe'xtau xyalal. 13 Li Dios corisi rubel
xcuanquil laj tza ut coxk'axtesi rubel
xcuanquil li C'ajolbej li k'axal raro xban
li Dios. 14 Li Ralal li Dios quicam chiru
li cruz re kacolbal ut quixcuy quixsach li
kamac.

Xban xcamic li Jesucristo, cuanco chic sa' usilal riq'uin li Dios

15 Li Dios inc'a' na-ilman ru. Abanan
nakanau chanru li Dios xban nak
li Ralal quic'ulun sa' ruchich'och'
chixc'utbal chiku. Li Jesucristo a'an li
k'axal nim xcuanquil chiruheb chixjunil
li que'yo'obtesic. 16 Sa' xc'aba' a'an, li
Dios quixyo'obtesi chixjunil li c'a'ak
re ru cuan sa' choxa, jo' ajcui' li cuan
sa' ruchich'och'. Li Dios quixyo'obtesi
chixjunil li na-ilman ru, jo'queb ajcui'
chixjunileb li musik'ej, li inc'a' na-ilman
ru. A' yal chanru lix c'anjel li junjunk
ut lix cuanquileb, li Dios quiyo'obtesin
reheb sa' xc'aba' li Jesucristo ut a'an laj
echal reheb. 17 Li Cristo ac cuan ajcui'
chak nak toj maji' neque'yo'obtesic li
c'a'ak re ru. Ut chixjunil li c'a'ak re ru
quiyo'obtesic q'uebil sa' xna'aj ut aran
quicana xban nak li Cristo a'an yal re
sa' xben. 18 Ut a'an ajcui' najolomin ke
lao aj pabanel ut junajo chic riq'uin li
Cristo. A'an li naq'uehoc re li kayu'am.
A'an li xben quicuacli cui'chic chi yo'yo

sa' xya̲nkeb li camenak ut a'an li k'axal
nim xcuanquil sa' xbe̲n chixjunil. 19 Li
Jesucristo, a'an tz'akal Dios ut riq'uin
a'an cuan chixjunil li cuanquilal xban
nak jo'can quiraj li Acuabej Dios.
20 Xban xcamic li Jesucristo, chixjunil
li cuan sa' choxa jo' ajcui' li cuan sa'
ruchich'och' naru ta̲cua̲nk chi sum a̲tin
riq'uin li Dios. Ut xban lix quiq'uel li
quihoye' chiru li cruz, li Jesucristo
quixq'ue li tuktu̲quil usilal. 21 Junxil
inc'a' nequepa̲b li Dios. Ut xban li
ma̲usilal cuan sa' le̲ ch'o̲l, xic' nequeril
li Dios ut junes li inc'a' us nequeba̲nu.
22 Abanan anakcuan xban lix camic li
Cristo quexc'am sa' usilal riq'uin li Dios.
Xban nak li Cristo quicam sa' kac'aba',
naru toxk'axtesi chiru li Dios chi ac
santobresinbilo ut chi ma̲c'a'ak chic
kama̲c ut chi tz'akalak re ru li kapa̲ba̲l.
23 Abanan tento nak texpa̲ba̲nk chi
tz'akal ut cauhak e̲ch'o̲l riq'uin li Dios
sa' le̲ pa̲ba̲l. Me̲canab xyo'oninquil li
yechi'inbil e̲re sa' xc'aba' li colba-ib
xban nak la̲ex ac nequenau nak sa'
e̲c'aba' quicam li Jesucristo. Ut li resil li
ac xerabi la̲ex yo̲queb chirabinquil sa'
chixjunil li ruchich'och'. La̲in laj Pablo,
tenebanbil sa' inbe̲n xyebal resilal li
colba-ib.

Laj Pablo cau xch'o̲l chi c'anjelac sa' xya̲nkeb li ma̲cua'eb aj judío

24 La̲in nasaho' sa' inch'o̲l nak yo̲quin
chixc'ulbal li raylal sa' e̲c'aba'. Li Cristo
quixye nak te'xc'ul li raylal li ralal
xc'ajol. Jo'can nak nasaho' sa' inch'o̲l
nak yo̲quin chi tz'ako̲nc riq'uin li ray-
lal jo' quixc'ul li Cristo sa' xc'aba'eb
chixjunileb li neque'pa̲ban re. 25 Li Dios
xinixq'ue chi c'anjelac chiruheb laj
pa̲banel. Jo'can nak re e̲tenk'anquil nak
ninc'anjelac che̲ru re xch'olobanquil chi
tz'akal lix ya̲lal li ra̲tin li Dios. 26 Li
xya̲lal a'an mukmu chiruheb chixju-
nileb nak quicuan chak junxil. Abanan
anakcuan moco mukmu ta chic. Li
Dios yo̲ chixc'utbesinquil chiruheb li
neque'pa̲ban re. 27 Li Dios quiraj nak
la̲ex li ma̲cua'ex aj judío, te̲nau nak e̲re
ajcui' li colba-ib. Li resil a'an mukmu nak
quicuan chak. Abanan anakcuan nanau-
man nak lix ya̲lal li lok'laj esil, a'an a'in:
Nak li Cristo cuan e̲riq'uin ut sa' xc'aba'
a'an textz'ako̲nk riq'uin lix nimal xlok'al
li Dios. 28 A' li Cristo, a'an li nakach'olob
xya̲lal. Nakaq'ue xna'lebeb chixjunil ut
nakac'ut xya̲lal chiruheb chi anchal li
kach'o̲l ut chi anchal li kac'a'ux re nak
tz'akalak ru lix pa̲ba̲leb sa' xc'aba' li Je-
sucristo. 29 Jo'can nak ninyal ink'e chi
c'anjelac chi anchal inch'o̲l ut li Cristo
naq'uehoc incacuilal chixba̲nunquil lin
c'anjel chiru li Dios.

2 Nacuaj nak te̲nau nak junelic ninq'ue
inch'o̲l chi tijoc che̲rix la̲ex jo'can
ajcui' chirixeb laj pa̲banel li cuanqueb
aran Laodicea. Nintijoc chirixeb chixju-
nileb laj pa̲banel, li ac neque'xnau cuu,
jo' ajcui' li inc'a' neque'xnau cuu. 2 Ut
nintz'a̲ma ajcui' chiru li Dios nak cauhak
le̲ ch'o̲l sa' le̲ pa̲ba̲l. Cherahak taxak e̲rib
che̲ribil e̲rib re nak junajak e̲ch'o̲l. Lix
naubal li na'leb a'in naxq'ue xcacuilal le̲
ch'o̲l. Chetauhak taxak ru chi tz'akal li
xya̲lal li mukmu nak quicuan chak. Li
xya̲lal li mukmu nak quicuan chak, a'an
nak li Cristo cuan e̲riq'uin. 3 Riq'uin li
Cristo naru nakatau li kana'leb xban nak
ca'aj cui' riq'uin li Cristo cuan li tz'akal
ya̲l ut a'an naxnau chixjunil. 4 Nintakla
xyebal e̲re a'in re nak inc'a' texbalak'i̲k
xbaneb li neque'tacchi'in e̲re. Chanchan
cha̲bil a̲tin neque'xye, abanan moco ya̲l
ta li neque'xye. 5 Usta ma̲ anihin chak sa'
e̲ya̲nk, abanan junelic nequexinc'oxla.
Nasaho' sa' inch'o̲l chirabinquil nak ju-
naj le̲ ch'o̲l ut cuanquex sa' ti̲quilal.
Nasaho' ajcui' sa' inch'o̲l chirabinquil nak
anchal e̲ch'o̲l nak nequepa̲b li Cristo.
6 La̲ex xepa̲b li Cristo ut a'an chic yal
re sa' e̲be̲n. Jo'can nak junajakex taxak

riq'uin li Cristo, ut texcua̱nk jo' naraj a'an. 7 Chexpa̱ba̱nk chi anchal e̱ch'o̱l ut chetzolak e̱rib riq'uin li Cristo. Cauhak e̱ch'o̱l chixpa̱banquil li c'a'ru tzolbilex cui' ut junelic chexbantioxi̱nk chiru li Dios.

Li ac' yu'am sa' xc'aba' li Cristo

8 Me̱q'ue e̱rib chi balak'i̱c xbaneb li neque'xye nak cuan xna'lebeb. Ma̱c'a' naoc cui' li c'a'ru neque'xye xban nak lix na'lebeb moco riq'uin li Cristo ta nachal. A'an yal xna'leb li ruchich'och' ut yal xna'lebeb li kaxe' kato̱n. 9 Me̱q'ue e̱rib chi balak'i̱c xbaneb a'an. Nakanau nak chixjunil lix lok'al li Dios ut lix cuanquil cuan riq'uin li Cristo. Lix lok'al ut lix cuanquilal quixc'utbesi nak quic'ulun sa' ruchich'och'. 10 K'axal nim xcuanquil li Cristo sa' xbe̱neb li neque'taklan ut k'axal nim ajcui' xcuanquil sa' xbe̱neb li musik'ej. Ut xban nak li Cristo cuan e̱riq'uin, nim ajcui' e̱cuanquil la̱ex ut tz'akal re ru le̱ yu'am xban nak q'uebil e̱re xban li Cristo. 11 Xban nak xepa̱b li Jesucristo, junajex chic riq'uin ut chanchan nak xec'ul li circuncisión, aban ma̱cua' jo' li circuncisión neque'xba̱nu laj judío. Li xec'ul la̱ex, a'an nak li Jesucristo quirisi sa' le̱ ch'o̱l lix rahinquil ru li ma̱usilal. 12 Nak xec'ul li cubi ha' chanchan nak quexmuke' e̱rochben li Cristo ut quexcuacli cui'chic chi yo'yo xban nak ac' chic le̱ yu'am nak xepa̱b li nimajcual Dios li quicuaclesin cui'chic re li Jesucristo chi yo'yo sa' xya̱nkeb li camenak. 13 Junxil camenakex nak quexcuan chak xban li ma̱c ut xban nak ma̱ji' isinbil sa' le̱ ch'o̱l lix rahinquil ru li ma̱usilal. Aban anakcuan yo'yo̱quex chic. Li Dios quicuaclesin cui'chic re li Jesucristo chi yo'yo. Ut jo'can ajcui' la̱ex, yo'yo̱quex chic xban nak ac' chic le̱ yu'am q'uebil e̱re xban li Dios ut cuybil sachbil chixjunil le̱ ma̱c. 14 Cuan tojba ma̱c sa' kabe̱n xban nak xkak'et li chak'rab tz'i̱banbil chak najter. Abanan li Dios quixye nak tojbil chic rix chixjunil li kama̱c xban nak li Jesucristo quicam chiru li cruz sa' kac'aba' la̱o. 15 Nak quicam chiru li cruz li Jesucristo, li Dios quirisi xcuanquileb li neque'taklan ut quirisi ajcui' xcuanquileb li ma̱us aj musik'ej. Ut quixc'ut xxuta̱neb nak quinumta sa' xbe̱neb. 16 Mich'inan e̱ch'o̱l cui ani nacuech'in e̱re riq'uin li c'a'ru nequetzaca ut li c'a'ru nequeruc'. Chi moco ta̱ch'ina̱nk e̱ch'o̱l cui ani nacuech'in e̱re xban nak inc'a' nequenink'ei lix nink'eheb. Cuan li neque'xnink'ei lix yo'lajic li po ut li hiloba̱l cutan. 17 Chixjunil li c'a'ru que'xba̱nu, a'an yal retalil li c'a'ru ta̱c'ulma̱nk. Abanan, nak quic'ulun li Cristo, quitz'akloc ru li c'a'ru que'xba̱nu eb a'an. 18 Cuan li neque'xye nak cha̱bileb ut chanchan nak neque'xcubsi ribeb. Abanan moco ya̱l ta. Lix na'lebeb moco q'uebil ta xban li Dios. Li c'a'ru neque'xba̱nu, a'an yal c'oxlanbil. Neque'xlok'oni li ángel ut neque'xye cui inc'a' te̱ba̱nu jo' neque'xba̱nu eb a'an, inc'a' te̱c'ul li yechi'inbil e̱re xban li Dios. Abanan me̱pa̱b li c'a'ru neque'xye xban nak moco ya̱l ta. 19 Eb a'an moco cuanqueb ta rubel xcuanquil li Cristo. Jo'can nak neque'xba̱nu li bar cuan neque'raj eb a'an. Abanan la̱o aj pa̱banel, junajo riq'uin li Cristo ut cau kach'o̱l riq'uin xban nak a'an najolomin ke. Ut a'an ajcui' natenk'an ke chi q'ui̱c sa' li kapa̱ba̱l jo' naraj li Dios. 20 Chanchan nak quexcam e̱rochben li Cristo nak xexpa̱ban. Ac' chic le̱ yu'am ut li c'a'ru tzolbilex cui' chak junxil sa' ruchich'och' ma̱c'a' chic xcuanquil sa' e̱be̱n. ¿C'a'ut nak toj nequeq'ue e̱rib chi balak'i̱c ut chixba̱nunquil le̱ najter na'leb? 21 Cuan li neque'xye e̱re: —Me̱chap a'an chi moco te̱ch'e' ut me̱tzaca, xban nak ma̱c xba̱nunquil a'an, chanqueb. ¿C'a'ut nak nequepa̱b li c'a'ru neque'xye? 22 Chixjunil li c'a'ak re ru a'an nalaj na-oso'. Eb li na'leb

a'an yal c'oxlanbil ut xna'lebeb li cuink.
23 Chanchan chabil na'leb li neque'xye.
Neque'xtacuasi rib nak neque'lok'onin
ut neque'xrahobtesi rib. Chanchan nak
neque'xcubsi xcuanquileb chi ribileb rib.
Aban a'an inc'a' naxjal lix na'leb xban
nak moco neque'xcanab ta xrahinquil ru
li mausilal.

3 Chanchan nak xexcuacli cui'chic chi
yo'yo erochben li Cristo nak xex-
paban. Ac' chic le yu'am. Jo'can nak
q'uehomak ech'ol chixbanunquil li cha-
bil na'leb ut chexc'oxlak chirix li cuan
sa' choxa bar cuan cui' li Cristo c'ojc'o
sa' xnim uk' li Dios xban nak k'axal nim
xcuanquil. 2 Junelic chec'oxla li Dios ut
mec'oxla chic lix mausilal li ruchich'och'.
3 Lix mausilal li ruchich'och' mac'a' chic
xcuanquil sa' eben. Chanchan came-
nakex chiru. Ac colbilex chic chiru li
mausilal xban nak junajex chic riq'uin
li Cristo, ut li Cristo junaj riq'uin li
Dios. 4 Ca'aj cui' riq'uin li Jesucristo cuan
kayu'am. Ut nak tol-elk cui'chic li Jesu-
cristo tixc'utbesi nak lao li ralal xc'ajol,
ut totz'akonk riq'uin lix lok'al.

Mebanu chic li najter na'leb

5 Xban nak ac' chic le yu'am, can-
abomak chi junaj cua xrahinquil ru li
inc'a' us jo' li co'betac yumbetac, ut li
maus aj na'leb. Ut canabomak xrahinquil
ru li mausilal. Ut merahi ru li biomal
xban nak li xrahinquil ru li biomal, a'an
chanchan ajcui' xlok'oninquil li jalanil
dios. 6 Riq'uin xbanunquil li mausilal a'in
nachal xjosk'il li Dios ut naxteneb li to-
jba mac sa' xbeneb li neque'k'etoc re li
ratin. 7 Jo'can ajcui' quebanu chak laex
junxil nak toj cuanquex chak sa' li mac.
8 Aban anakcuan mebanu chic chixju-
nil li c'a' re ru a'in: mexjosk'o', mepo'
erib chi ribil erib, mebanu li mausi-
lal, mexk'aban, ut mex-atinac sa' yibru
atin. 9 Mextic'ti'ic. Mebanu chic chixju-
nil li mausilal a'in xban nak chixjunil
li c'a'ak re ru quebanu chak najter ac
xerisi sa' le ch'ol. 10 Anakcuan ac' chic
le yu'am. Li Dios, a'an li quijaloc re
le yu'am ut a'an tatenk'ank ere cuulaj
cuulaj chixtzolbal erib riq'uin re nak
tetau ru chi tz'akal chanru li Dios ut
tebanu li naraj a'an. 11 Lao aj pabanel
juntak'eto chiru li Dios xban nak ju-
najo sa' li ac' yu'am. Moco jalaneb ta laj
griego chiruheb laj judío. Moco jalaneb
ta li tzolbileb chiruheb li inc'a' tzolbileb.
Moco jalaneb ta li xe'xbanu li circun-
cisión chiruheb li inc'a' xe'xbanu. Moco
jalan ta li junjunk usta jalan xtenamit.
Moco jalaneb ta li cuanqueb xpatrón
chiruheb li mac'a'eb xpatrón. Li k'axal
lok' xc'oxlanquil a'an a'in: Li Jesucristo
cuan riq'uineb li junjunk li neque'paban
re ut junajo chic sa' xc'aba' li Jesucristo.
12 Li Dios k'axal nequexra ut quixsic'
eru chok' ralal xc'ajol. Jo'can nak chex-
cuank sa' tiquilal. Chetok'oba ruheb le
ras eritz'in ut chetenk'aheb. Mek'etk'eti
erib. Chexcuank sa' tulanil ut checuyak
li raylal. 13 Checuyak erib chiribil erib.
Ut cui cuan junak cuan xmac cheru,
checuyak xmac. Jo' nak quixcuy emac li
Kacua', jo'can ajcui' chebanu laex. 14 Li
k'axal lok' xbanunquil chiru chixjunil li
c'a'ak re ru a'in, a'an li rahoc ib xban
nak riq'uin a'an junajak li kac'a'ux ut
tz'akalak re ru li takabanu. 15 Junajakex
taxak sa' le pabal xban nak sic'bil eru
xban li Dios. Chicuank li tuktuquilal sa'
le ch'ol li naxq'ue li Cristo re nak tex-
cuank sa' xyalal. Ut junelic chebantioxi
chiru li Dios li usilal xbanu ere. 16 Li ratin
li Cristo chicanak sa' ech'ol chi junelic re
nak cuank ena'leb. Chetzolak erib cheri-
bil erib ut chetenk'a erib cheribil erib sa'
le pabal. Chexbichank re xlok'oninquil
li Dios. Chexbichank jo' naxc'ut cheru li
Santil Musik'ej ut junelic chexbantiox-
ink chiru li Dios. 17 Ut chixjunil li c'a'ru
teye ut tebanu, chebanuhak re xq'uebal
xlok'al li Jesucristo. Ut junelic chexban-

tioxink chiru li Acuabej Dios sa' xc'aba' li Kacua' Jesucristo.

Chexcuank sa' xyalal riq'uineb le ras eritz'in

18 Ex ixakilbej, chepabak le belom jo' ec'ulub xbanunquil xban nak laex chic aj pabanel. 19 Ut laex belomej, cherahak le rixakil ut mexjosk'o' riq'uineb. 20 Ut jo'can ajcui' laex alalbej, junelic chexpabank chiruheb le na' eyucua' xban nak a'an li nacuulac chiru li Kacua' Dios. 21 Ex yucua'bej, mech'ila le ralal ec'ajol chi mac'a' rajbal re nak inc'a' tach'inank xch'oleb. 22 Ex aj c'anjel, junelic chexpabank chiruheb le patrón. Chanru nak nequexc'anjelac nak yo cherilbal le patrón, jo'can ajcui' texc'anjelak nak inc'a' yo cherilbal. Mexc'anjelac re xnimobresinquil erib. Chexc'anjelak ban chi anchal le ch'ol xban nak laex nequera li Kacua' Dios. 23 Nak yoquex chi c'anjelac chiru le patrón, yoquex ajcui' chi c'anjelac chiru li Kacua' Dios xban nak laex rehex chic li Dios. Jo'can nak chixjunil li c'a'ru tebanu, chebanuhak chi anchal ech'ol. 24 Jo'can chebanu xban nak laex ac nequenau nak li Kacua' Dios taq'uehok le k'ajcamunquil li yechi'inbil ere xban nak li Kacua' Jesucristo, a'an li tz'akal patrón sa' eben ut yoquex chi c'anjelac chiru. 25 Li ani tixbanu li inc'a' us tixc'ul xtojbal xmac a' yal c'a'ru lix mac xban nak li Dios inc'a' naxsic' ru ani tixq'ue chixtojbal xmac.

4 Ex patrón, chexcuank sa' usilal riq'uineb laj c'anjel cheru ut sa' xyalal chetaklaheb xban nak laex nequenau nak cuan epatrón sa' choxa. 2 Mecanab tijoc. Chextijok chi anchal ech'ol ut junelic chexbantioxink chiru li Dios. 3 Ut nak yokex chi tijoc, chextijok ajcui' chak chikix lao re nak tixq'ue ke li Dios xyebal resil li colba-ib sa' xc'aba' li Cristo. Li xyalal li colba-ib, a'in mukmu nak quicuan chak. Laex nequenau nak cuanquin chi prexil xban xyebal resil li colba-ib. 4 Ut chextijok ajcui' chak chicuix re nak tinruk chixch'olobanquil chi tz'akal li xyalal jo' naraj li Dios. 5 Chexcuank sa' xyalal riq'uineb li macua'eb aj pabanel ut yalak bar cuankex chi k'ek chi cutan junelic tech'olob xyalal li colba-ib chiruheb. 6 Junelic chabil chex-atinak. Sic'omak chanru tex-atinak riq'uineb re nak te'xq'ue xch'ol chirabinquil. Ut chenauhak chanru xsumenquil li c'a'ru te'xpatz' ere.

Xq'uebal xsahileb xch'ol laj pabanel

7 Li hermano Tíquico raro kaban ut chabil aj c'anjel chiru li Dios cuochben lain. A'an tayehok resil ere chanru cuanquin arin. 8 A'an aj e nak tintakla eriq'uin. Tixye ere chanru nak cuanco arin ut tixq'ue ajcui' xcacuil ech'ol sa' le pabal. 9 Taxic ajcui' li kaherman Onésimo rochben. A'an erech tenamitil. A'an tic xch'ol ut raro kaban. Ut a'aneb te'yehok resil ere li c'a'ru yoco chixc'ulbal arin. 10 Laj Aristarco li cuochben nak cuanco sa' tz'alam naxtakla ajcui' xsahil ech'ol. Naxtakla ajcui' xsahil ech'ol laj Marcos li rech'alal laj Bernabé. Ac xintakla xyebal ere nak tacuulak laj Marcos eriq'uin. Nak tacuulak eriq'uin, chec'ulak sa' xyalal chi sa sa' ech'ol. 11 Ut naxtakla xsahil ech'ol laj Justo. Aj Jesús ajcui' nayeman re. Ca'aj eb cui' li oxib a'an sa' xyankeb laj pabanel aj judío li yoqueb chi tenk'anc cue chixyebal resil li colba-ib. Ut neque'xc'ojob inch'ol. 12 Jo'can ajcui' laj Epafras naxtakla ajcui' xsahil ech'ol. A'an erech tenamitil ut a'an aj c'anjel chiru li Cristo. Junelic yo chi tijoc cherix re nak texcuank sa' xyalal ut cauhak ech'ol sa' le pabal chixbanunquil chi tz'akal jo' naraj li Dios. 13 Lain nacuaj nak tenau nak laj Epafras junelic nequexc'oxla ut junelic yo chi ti-

joc che̱rix. Ut natijoc ajcui' chirixeb li
cuanqueb Laodicea jo'queb ajcui' li cuan-
queb aran Hierápolis. 14 Naxtakla ajcui'
xsahil e̱ch'o̱l laj Lucas, laj banonel li
k'axal raro kaban. Jo'can ajcui' laj Demas
naxtakla xsahil e̱ch'o̱l. 15 Cheq'ue xsahil
xch'o̱leb laj pa̱banel li cuanqueb aran
Laodicea. Ut cheq'ue ajcui' xsahil xch'o̱l
li xNinfas, jo'queb ajcui' laj pa̱banel
li neque'xch'utub rib sa' li rochoch
chixlok'oninquil li Dios. 16 Nak acak xeril
xsa' li hu a'in la̱ex, te̱takla riq'uineb
laj pa̱banel li cuanqueb Laodicea, re
nak te'ril ajcui' xsa' li hu eb a'an. Ut
nacuaj nak la̱ex te̱ril xsa' li hu li xin-
takla riq'uineb a'an. 17 Ut cheyehak ajcui'
re laj Arquipo nak chixq'uehak xch'o̱l
chixba̱nunquil li c'anjel li quiq'uehe' re
xban li Ka̱cua' Dios. 18 La̱in laj Pablo.
Riq'uin cuuk' yo̱quin chixtz'i̱banquil li
cuib oxib chi a̱tin a'in re xq'uebal xsahil
sa' e̱ch'o̱l. Nintz'a̱ma che̱ru nak misach
sa' e̱ch'o̱l nak cuanquin chi pre̱xil. A'
taxak li Ka̱cua' Dios chi-osobtesi̱nk e̱re.
Jo'can taxak.

Li Xben Hu li Quixtz'iba li San Pablo reheb laj Tesalónica

Xq'uebal xsahil xch'oleb

1 Lain laj Pablo. Cuochben laj Sil-
vano ut laj Timoteo. Yoco chi tz'ibac
eriq'uin laex laj pabanel li cuanquex aran
Tesalónica. Laex rehex chic li Yucua'bej
Dios ut li Kacua' Jesucristo. A' taxak li
usilal ut li tuktuquilal chicuank eriq'uin,
li naxq'ue li Dios li kaYucua' ut li Kacua'
Jesucristo.

Tz'akal re ru lix pabaleb laj Tesalónica

2 Junelic nocotioxin chiru li Dios
nak nocotijoc cherix chejunilex laex.
3 Nak nocotijoc chiru li Dios, junelic
cuan sa' kach'ol chanru le chabilal xban
le pabal. Cuan sa' kach'ol le chabil
c'anjel xban nak nequexrahoc ut cuan
ajcui' sa' kach'ol nak k'axal cau ech'ol
chixyo'oninquil li Kacua' Jesucristo.
4 Ex inherman, raroquex xban li Dios ut
nakanau nak sic'bil eru xban. 5 Nakanau
a'an xban nak macua' ca'aj cui' riq'uin
atin quicuulac li resil li evangelio
eriq'uin. Riq'uin aj ban cui' lix cuanquil
li Santil Musik'ej ut xenau nak tz'akal
yal li xkach'olob cheru. Ac xeq'ue retal
chanru li kana'leb nak xocuan sa' eyank
chetenk'anquil. 6 Xetzol erib kiq'uin ut
riq'uin li Kacua' Jesucristo. Usta nabal
li raylal xec'ul, abanan xerabi li resilal
riq'uin li sahil ch'olejil li quiq'uehe' ere
xban li Santil Musik'ej. 7 Jo'can nak laex
chic aj c'amol be chiruheb chixjunileb
laj pabanel li cuanqueb sa' li na'ajej
Macedonia ut Acaya. 8 Anakcuan eban
laex nak yalak bar qui-abic resil ratin
li Dios. Macua' ca'aj cui' Macedonia ut
Acaya. Qui-abic ban ajcui' sa' chixjunil li
na'ajej. Yalak bar qui-abic resil nak laex
xepab li Dios. Jo'can nak lao inc'a' chic
tento nak takaye resil le pabal. 9 Yalak
bar yoqueb chixserak'inquil chanru
nak coec'ul nak cocuulac eriq'uin ut
yoqueb chixserak'inquil chanru nak
quecanab xlok'oninquil li yibanbil dios
ut quepab ut nequexc'anjelac chic chiru
li tz'akal Dios, li yo'yo. 10 Ut yoqueb
ajcui' xserak'inquil chanru nak yoquex
chiroybeninquil nak tachalk chak toj
sa' choxa li Jesucristo li Ralal li Dios,
li quicuaclesic cui'chic chi yo'yo sa'
xyankeb li camenak xban li Dios ut
a'an li tacolok ke chiru li rakba atin li
tachalk sa' kaben.

Lix c'anjel laj Pablo aran Tesalónica

2 Ex inherman, laex ac nequenau
nak moco xcana ta chi mac'a' rajbal
nak xocuulac eriq'uin. 2 Usta ac xkac'ul
li rahobtesic ut usta ac xohobe' aran
Filipos, abanan li Dios xq'uehoc xcacuil
kach'ol chixyebal resil li colba-ib ere
laex. Inc'a' xoxucuac usta cuanqueb li
k'axal xic' neque'iloc ke. 3 Moco yoco
ta chixbalak'inquil kib. Tz'akal yal
ban li yoco xyebal ere. Moco cuan
ta junak kac'a'ux inc'a' us sa' eben,
chi moco yoco ta chebalak'inquil.
4 Nakach'olob ban xyalal jo' naraj li
Dios xban nak a'an c'ojc'o xch'ol sa'
kaben ut a'an quixakaban ke re xyebal
resil li evangelio. Inc'a' nakabanu jo'
neque'cuulac chiru li cristian. Nakabanu
ban jo' nacuulac chiru li Dios li nana'oc
re chanru li kac'a'ux. 5 Laex nequenau
nak ma jun cua xoatinac eriq'uin yal re
ek'unbesinquil. Li Dios naxnau nak lao
inc'a' xoatinac eriq'uin yal xban nak
cuan li c'a'ru nakaj. 6 Chi moco xkasic'
ta kalok'al riq'uineb li cristian, chi moco
eriq'uin chi moco riq'uineb jalan, usta
xru raj xkaye ere nak teq'ue kalok'al
xban nak lao x-apóstol li Jesucristo.
7 Sa' tulanil ban xocuan sa' eyank jo'
junak na'bej naxq'uiresiheb sa' tulanil
lix coc'al. 8 K'axal nequexkara. Macua'

raj ca'aj cui' xyebal resil li colba-ib li
naxq'ue li Dios li xkaba̱nu. Xru aj raj
cui' xkak'axtesi li kayu'am sa' e̱c'aba'
la̱ex xban nak k'axal nequexkara.
9 La̱ex herma̱n, ac nequenau chanru
nak xoc'anjelac chi k'ek chi cutan
re nak inc'a' texkach'i'ch'i'i riq'uin li
c'a'ru ke ut re nak xru xkaye e̱re resil
li colba-ib li naxq'ue li Dios. 10 La̱ex
nequenau chi tz'akal, ut naxnau ajcui'
li Dios, chanru nak cocuan sa' santilal
ut sa' ti̱quilal sa' e̱ya̱nk. Ma̱c'a' c'a'ru
cok'use' cui' nak cocuan sa' e̱ya̱nk la̱ex
aj pa̱banel. 11 Jo' naxba̱nu junak li
yucua'bej riq'uineb li ralal xc'ajol,
jo'can ajcui' xkaba̱nu la̱o e̱riq'uin
nak xkaq'ue e̱na'leb che̱junju̱nkalex.
12 Xkaq'ue xcacuilal e̱ch'o̱l ut xkatz'a̱ma
ajcui' che̱ru nak texcua̱nk sa' xya̱lal
jo' xc'ulubeb li ralal xc'ajol li Dios li
quisic'oc e̱ru re nak textz'ako̱nk ajcui'
la̱ex riq'uin lix nimajcual cuanquilal
ut lix lok'al. 13 Junelic nakabantioxi
chiru li Dios nak quepa̱b li ra̱tin li
Dios li xkach'olob che̱ru. Moco ra̱tin
cui̱nk ta quepa̱b. Ra̱tin li Dios ban
quepa̱b. Ut ya̱l ajcui' nak a'an ra̱tin li
Dios. Ut a'an li yo̱ chi jaloc re le̱ yu'am
la̱ex aj pa̱banel. 14 Ut la̱ex herma̱n
xec'ul ajcui' li raylal jo' que'xc'ul li
ralal xc'ajol li Dios li neque'pa̱ban sa'
xc'aba' li Jesucristo li cuanqueb Judea.
Xexrahobtesi̱c xban le̱ rech tenamitil jo'
que'xc'ul eb a'an xbaneb laj judío, li rech
tenamitil. 15 Eb laj judío que'xcamsi li
Ka̱cua' Jesucristo ut que'xcamsi ajcui'
eb li profeta ut coe'xyo̱lesi la̱o. Inc'a'
neque'xba̱nu li nacuulac chiru li Dios
ut k'axal xic' neque'ril li ras ri̱tz'ineb.
16 Xic' neque'rec'a nak nakach'olob
xya̱lal chiruheb li ma̱cua'eb aj judío
re nak te'colek'. Ut riq'uin li ma̱usilal
neque'xba̱nu rajlal, k'axal cui'chic
nanumta lix ma̱queb. Abanan yal jun
nak quichal xjosk'il li Dios sa' xbe̱neb.

Laj Pablo ta̱raj cui'chic xic chirilbaleb laj pa̱banel li cuanqueb Tesalónica

17 Ex herma̱n, usta ma̱ aniho sa' e̱ya̱nk,
abanan junelic nequexkac'oxla. Toje'
ajcui' xo-el e̱riq'uin nak ac takaj cui'chic
rilbal e̱ru. 18 Xkaj raj xic e̱riq'uin. La̱in laj
Pablo. Cuib oxib sut xinyal xic che̱rilbal.
Abanan laj tza quiramoc chiku. Jo'can
nak inc'a' co̱o. 19 ¿C'a'ru nakoybeni ut
c'a'ru lix saylal li kach'o̱l? ¿Ut c'a'ru li
tok'ajca̱mu̱k cui' nak tol-e̱lk cui'chic li
Ka̱cua' Jesucristo? ¿Ma inc'a' ta bi' sa'
e̱c'aba' la̱ex takac'ul li kak'ajca̱munquil?
20 La̱ex li kalok'al ut lix saylal li kach'o̱l.
3 Xban a'an nak k'axal takaj raj rabin-
quil e̱resil. Inc'a' chic xkacuy royben-
inquil. Jo'can nak la̱o xocana arin Ate-
nas kajunes. 2 Ut xkatakla li hermano
Timoteo e̱riq'uin. A'an laj c'anjel chiru li
Dios chixyebal resil li colba-ib sa' xc'aba'
li Cristo. Laj Timoteo tixq'ue xcacuilal
e̱ch'o̱l sa' le̱ pa̱ba̱l ut tixq'ue ajcui' e̱na'leb.
3 Inc'a' nakaj nak ta̱ch'ina̱k e̱ch'o̱l xban li
raylal a'in. La̱ex nequenau nak takac'ul
li raylal. 4 Nak toj cuanco chak sa' e̱ya̱nk
xkaye resil e̱re nak takac'ul li raylal
la̱o aj pa̱banel. Ac nequenau la̱ex nak
jo'can quic'ulman. 5 Jo'can nak xintakla
laj Timoteo e̱riq'uin xban nak inc'a' chic
xincuy roybeninquil resil chanru cuan-
quex sa' le̱ pa̱ba̱l. Ma̱re anchal xex-a̱le̱c
xban laj tza ut li kac'anjel ma̱re chicana̱k
chi ma̱c'a' rajbal. 6 Toje' xsuk'i chak laj
Timoteo e̱riq'uin ut a'an xc'am chak jun
cha̱bil esilal che̱rix chanru nak cau e̱ch'o̱l
sa' le̱ pa̱ba̱l ut chanru nak nequexrahoc.
Ut xye ajcui' ke nak rajlal nocoe̱c'oxla
jo' ajcui' nak nequexkac'oxla la̱o. La̱ex
nequeraj rilbal ku ut jo'can ajcui' la̱o
nakaj rilbal e̱ru la̱ex. 7 Riq'uin a'in, ex
herma̱n, sa' chixjunil li raylal li yo̱co
chixc'ulbal, nac'ojla kach'o̱l chirabinquil
nak cau e̱ch'o̱l sa' le̱ pa̱ba̱l. 8 Ut anakcuan
naru chic tocua̱nk chi sa sa' kach'o̱l xban
nak nakanau nak cau e̱ch'o̱l sa' e̱pa̱ba̱l

sa' xc'aba' li Jesucristo. 9 Inc'a' nakatau
chanru nak takabantioxi chiru li Dios
riq'uin lix sahil li kach'o̱l nequeq'ue ke
sa' xc'aba' le̱ pa̱ba̱l. Li Dios naxnau nak
c'ajo' xsahil li kach'o̱l e̱ban la̱ex. 10 Chi
k'ek chi cutan nakatz'a̱ma chiru li Dios
nak takil cui'chic e̱ru re nak takaq'ue
xcacuilal e̱ch'o̱l sa' le̱ pa̱ba̱l. 11 A' taxak li
Dios li kaYucua' ut a' taxak li Ka̱cua' Je-
sucristo chitenk'a̱nk ke re nak ta̱ru̱k toxic
cui'chic e̱riq'uin. 12 A' taxak li Ka̱cua'
chitenk'a̱nk e̱re re nak te̱ra e̱rib che̱ribil
e̱rib ut chi anchal e̱ch'o̱l cherahak taxak
le̱ ras e̱ri̱tz'in jo' nak nequexkara la̱ex.
13 A' taxak li Dios li kaYucua' chiq'uehok
xcacuil e̱ch'o̱l. Tz'akalak taxak re ru le̱
pa̱ba̱l. Ma̱c'a'ak taxak e̱ma̱c chiru li Dios
nak ta̱cha̱lk li Jesucristo rochbeneb li ac
colbileb.

Li Dios naraj nak tz'akalak re ru li kayu'am

4 Ut anakcuan ex inherma̱n, cuan
cui'chic c'a'ru nacuaj xtz'a̱manquil
che̱ru sa' xc'aba' li Ka̱cua' Jesucristo. A'an
a'in: nak chexcua̱nk taxak sa' ti̱quilal
jo' naraj li Dios ut rajlal yo̱kex chixba̱-
nunquil chi jo'can jo' xkac'ut che̱ru
la̱o. Ac yo̱quex chixba̱nunquil, abanan
k'axal cui'chic te̱ba̱nu. 2 La̱ex ac neque-
nau le̱ taklanquil q'uebil kaban sa' xc'aba'
li Ka̱cua' Jesucristo. 3 Li Dios naraj
nak texcua̱nk sa' santilal. Mexco'be̱tac
mexyumbe̱tac. 4 Eb laj pa̱banel tento
nak te'sumla̱k sa' xya̱lal ut che'xnauhak
cua̱nc sa' ti̱quilal chi ribileb rib ut
te'xq'ue xlok'al chi ribileb rib. 5 Eb li
inc'a' neque'xnau ru li Dios, neque'xba̱nu
li yibru na'leb li neque'xrahi ru xba̱nun-
quil. Me̱ba̱nu jo' neque'xba̱nu eb a'an.
6 Ma̱ ani tixmux rib riq'uin xmak'bal
rixakil junak cui̱nk ut ma̱ ani tixmux
rib riq'uin xmak'bal xbe̱lom junak ixk.
Inc'a' te'xba̱nu chi jo'can xban nak li
Ka̱cua' Jesucristo ta̱rakok a̱tin sa' xbe̱n
chixjunileb li neque'ba̱nun re li na'leb
a'an, jo' ac yebil e̱re kaban. 7 Li Dios
inc'a' quixsic' ku re nak yo̱ko chixba̱-
nunquil li ma̱usilal. Quixsic' ban ku re
nak tocua̱nk sa' santilal. 8 Jo'can nak li
ani natz'ekta̱nan re li tijleb a'in, ma̱cua'
cui̱nk li naxtz'ekta̱na. A' ban li Dios li
naq'uehoc ke li Santil Musik'ej, a'an li
naxtz'ekta̱na. 9 Inc'a' tento nak tintz'i̱bak
e̱riq'uin chirix chanru nak te̱ra e̱rib
che̱ribil e̱rib xban nak ac c'utbil ajcui'
che̱ru xban li Dios nak tento te̱ra e̱rib
che̱ribil e̱rib. 10 Us yo̱quex nak nequer-
aheb chixjunileb li cuanqueb Macedo-
nia. Abanan nintz'a̱ma che̱ru, ex her-
ma̱n, nak k'axal cui'chic cheba̱nu chi
jo'can. 11 Cheq'uehak e̱ch'o̱l chi cua̱nc
sa' xya̱lal. Me̱ch'i'ch'i'i li ani cuan
c'a'ru re. Chexc'anjelak re nak ta̱cua̱nk
c'a'ru e̱re re xnumsinquil li cutan jun-
ju̱nk jo' xexkatakla cui'. 12 Cui te̱ba̱nu
chi jo'can, oxlok' tex-ilek' xbaneb li
ma̱cua'eb aj pa̱banel, ut inc'a' yo̱kex
chixch'i'ch'i'inquil jalan re li c'a'ru te̱raj.

Li Ka̱cua' Jesucristo ta̱cha̱lk cui'chic

13 Nakaj ut ex herma̱n nak te̱tau xya̱lal
chirixeb li ac xe'cam re nak inc'a' ta̱ra-
hok' e̱ch'o̱l jo' neque'xba̱nu li jun ch'ol
chic li ma̱c'a' neque'roybeni. 14 La̱o naka-
pa̱b nak li Jesús quicam ut quicuacli
cui'chic chi yo'yo. Ut nakapa̱b ajcui' nak
li jo' q'uialeb que'pa̱ban re li Cristo, li
Dios tixcuaclesiheb cui'chic chi yo'yo sa'
xya̱nkeb li camenak ut tixc'ameb chak
rochben nak ta̱cha̱lk cui'chic li Jesu-
cristo. 15 A'in ra̱tin li Ka̱cua' Jesucristo
nakaye e̱re, nak cui la̱o toj yo'yo̱ko sa'
lix c'ulunic li Ka̱cua' Jesucristo, ma̱cua'
la̱o li toc'amek' xbe̱n cua. A' li ac ca-
menakeb, a'an eb li te'c'amek' xbe̱n cua
riq'uin li Ka̱cua'. 16 Ut nak ta̱cubek chak
li Ka̱cua' Jesucristo sa' choxa, tixjap re
chi takla̱nc. Li xbe̱nil ángel tixjap re chi
bokoc, ut ta̱ya̱basi̱k xtrompeta li Dios.
Ut li te'cuacli̱k xbe̱n cua, a'an eb li ac
camenakeb, li que'pa̱ban re li Cristo.

17 Aca' chic la̱o li toj yo'yo̱ko tosapu̱k takec' sa' li chok kochbenakeb a'an re xc'ulbal li Ka̱cua' Jesucristo sa' ik'. Ut cua̱nko junelic riq'uin li Ka̱cua' Jesucristo. 18 Jo'can ut nak chec'ojob e̱ch'o̱l che̱ribil e̱rib riq'uineb a a̱tin a'in.

Yo'on cua̱nko ut aj-ajak ku sa' li kapa̱ba̱l

5 Ut chirix lix k'ehil ut lix cutanquil xc'ulunic li Ka̱cua' Jesucristo, ma̱c'a' rajbal tintz'i̱bak e̱riq'uin xban nak ac nequenau chic lix ya̱lal. 2 La̱ex nequenau chi us nak lix cutanquil lix c'ulunic li Ka̱cua' Jesucristo, ta̱cha̱lk chi ma̱ ani nana'oc re jok'e, jo' nak nachal laj e̱lk' chi ma̱c'a' sa' kach'o̱l. 3 Nak eb li tenamit yo̱keb chixyebal, "Cuanco sa' tuktu̱quil usilal ut ma̱c'a' c'oxlac", tojo'nak ta̱cha̱lk roso'jiqueb sa' junpa̱t chi ma̱c'a'ak sa' xch'o̱leb jo' nak nachal xraylal li yaj aj ixk chi ma̱c'a' sa' xch'o̱l. Ut eb a'an inc'a' te'colek' chiru li raylal ta̱cha̱lk sa' xbe̱neb. 4 A'ut la̱ex herma̱n, moco sa' k'ojyi̱n ta chic cuanquex. Ac nequenau chic lix ya̱lal. Li Jesucristo inc'a' ta̱cha̱lk chi ma̱c'a'ak sa' e̱ch'o̱l jo' nak nachal laj e̱lk'. 5 La̱o aj pa̱banel moco cuanco ta chic sa' k'ojyi̱n. Cuanco ban chikajunilo sa' cutan saken ut nakanau chic li xya̱lal xban nak reho chic li Cristo. 6 Junelic yo'on taxak cua̱nko ut yo̱ko taxak chiroybeninquil lix c'ulunic li Jesucristo. Inc'a' takaba̱nu jo' neque'xba̱nu li jun ch'ol chic. Aj-ajak ban ku sa' li kapa̱ba̱l. 7 Eb li neque'cuar, chi k'ek neque'cuar ut eb li neque'cala, chi k'ek neque'cala. 8 A'ut la̱o, li ac nakanau chic xya̱lal, yo'on taxak cua̱nko. Li rahoc ut li kapa̱ba̱l, a'an taxak ta̱c'anjelak ke re kacolbal jo' nak li soldado naxcol rib riq'uin li ch'i̱ch' li naxq'ue chire xch'o̱l. Ut li kacolbal li yo̱co chiroybeninquil, a'an ta̱c'anjelak ke jo' nak nac'anjelac li punit ch'i̱ch' chiru li soldado re xcolbal rib. 9 Li Dios inc'a' quixsic' ku re nak toxq'ue chixtojbal rix li kama̱c. Quixsic' ban ku re tocolek' sa' xc'aba' li Ka̱cua' Jesucristo. 10 A'an quicam sa' kac'aba' re nak usta yo'yo̱co usta ac camenako chic nak ta̱c'ulu̱nk, ta̱cua̱nk kayu'am chi junelic kochben a'an. 11 Jo'can ut nak chec'ojob e̱ch'o̱l che̱ribil e̱rib ut cheq'uehak xcacuil e̱ch'o̱l che̱ribil e̱rib jo' li ac yo̱quex chixba̱nunquil.

Laj Pablo naxq'ue xna'lebeb laj pa̱banel

12 Ex herma̱n, nakatz'a̱ma che̱ru nak oxlok' cherileb li ani neque'c'anjelac chiru li Ka̱cua' Jesucristo sa' e̱ya̱nk. Eb a'an neque'c'amoc be che̱ru ut a'an neque'q'uehoc e̱na'leb. 13 Che-oxlok'iheb ut cherahakeb chi anchal e̱ch'o̱l xban nak neque'xq'ue xch'o̱l chi c'anjelac sa' e̱ya̱nk. Chexcua̱nk sa' usilal che̱ribil e̱rib. 14 Nakatz'a̱ma che̱ru, ex herma̱n, chek'useb li yal subuc cutan neque'xba̱nu. Cheq'uehak xcacuil xch'o̱leb li neque'ch'inan xch'o̱leb ut chetenk'a ajcui' li toj k'uneb xch'o̱l sa' xpa̱ba̱leb. Ut chicua̱nk e̱cuyum riq'uineb chixjunileb. 15 Cheq'uehak retal nak ma̱ ani junak sa' e̱ya̱nk chixq'ue re̱kaj li ma̱usilal qui-ux re riq'uin ma̱usilal. Cheba̱nuhak ban chi junelic li c'a'ru us che̱ribil e̱rib ut riq'uin chixjunileb. 16 Junelic chisahok' sa' e̱ch'o̱l. 17 Junelic chextijok. 18 Chextioxi̱nk riq'uin chixjunil li c'a'ru nequec'ul xban nak jo'can naraj li Dios e̱riq'uin la̱ex xban nak junajex chic riq'uin li Jesucristo. 19 Me̱risi xcuanquil li Santil Musik'ej e̱riq'uin. Cheq'uehak ban chi c'anjelac e̱riq'uin, jo' naraj a'an. 20 Me̱tz'ekta̱na li esil li neque'xye li profeta. 21 Cheq'uehak ban retal chixjunil ut chec'u̱lahak sa' e̱ch'o̱l li c'a'ru us. 22 Ut chetz'ekta̱na chixjunil li ma̱usilal. 23 A' taxak li Dios li naq'uehoc tuktu̱quil usilal chisantobresi̱nk e̱re chi tz'akal ut a'an taxak chi-osobtesi̱nk

re le̲ ra̲m, le̲ c'a'ux ut le̲ rok e̲ruk' re
nak texcua̲nk chi tz'akal e̲re e̲ru chi
ma̲c'a'ak e̲k'usbal sa' xc'ulunic li Ka̲cua'
Jesucristo. 24 Li Dios, li quisic'oc e̲ru,
a'an ti̲c xch'o̲l chixba̲nunquil li c'a'ru
naxye ut a'an ta̲santobresi̲nk e̲re.

Laj Pablo naxchak'rabiheb

25 Ex herma̲n, chextijok chikix la̲o.
26 Ut cheq'uehak xsahileb xch'o̲l chixjunileb li herma̲n riq'uin santil utz'uc u.
27 Chi anchal inch'o̲l nintz'a̲ma che̲ru sa'
xc'aba' li Jesucristo nak chi-ilek' xsa' li hu
a'in chiruheb chixjunileb li herma̲n. 28 A'
taxak li usilal li naxq'ue ke li Ka̲cua' Jesucristo, chicua̲nk e̲riq'uin. Jo'can taxak.

Li Xcab Hu li Quixtz'i̱ba li San Pablo reheb laj Tesalónica

Xq'uebal xsahileb xch'o̱l

1 La̱in laj Pablo. Cuochben laj Silvano ut laj Timoteo nak yo̱co chixtz'i̱banquil li hu a'in e̱riq'uin la̱ex laj pa̱banel li cuanquex aran Tesalónica. La̱ex rehex chic li Dios li kaYucua' ut rehex chic li Ka̱cua' Jesucristo. 2 A' taxak li usilal ut li tuktu̱quilal chicua̱nk e̱riq'uin, li naxq'ue li Dios li kaYucua' ut li Ka̱cua' Jesucristo.

Li Ka̱cua' Jesucristo ta̱cha̱lk chi rakoc a̱tin

3 Ex inherma̱n, inc'a' nakacanab xbantioxinquil chiru li Dios sa' e̱c'aba' la̱ex. Tento takabantioxi chiru li Dios xban nak yo̱ chi cacuu̱c e̱ch'o̱l sa' le̱ pa̱ba̱l ut k'axal cui'chic nequera e̱rib che̱ribil e̱rib. 4 Jo'can nak k'axal sa sa' kach'o̱l chixserak'inquil resil le̱ pa̱ba̱l reheb li neque'pa̱ban re li Dios yalak bar. Nakaye reheb chanru nak nequexpa̱ban chi anchal e̱ch'o̱l ut cau e̱ch'o̱l nak yo̱quex chixcuybal xnumsinquil li raylal ut li ra xi̱c'. 5 Xban nak nequecuy xnumsinquil li raylal nac'utun nak li Dios yo̱ che̱tenk'anquil. Li Dios ta̱rakok a̱tin sa' ti̱quilal. Tento nak te̱cuy li raylal re nak li Dios tixye nak e̱c'ulub oc sa' lix nimajcual cuanquilal ut sa' xc'aba' ajcui' a'an nak yo̱quex chixc'ulbal li raylal. 6 K'axal ti̱c xch'o̱l li Dios. Jo'can nak tixq'ue raylal sa' xbe̱neb li neque'rahobtesin e̱re. 7 Abanan la̱ex li yo̱quex chixc'ulbal raylal, li Dios texq'ue chi hila̱nc kochben la̱o ut inc'a' chic takac'ul raylal. A'in ta̱c'ulma̱nk nak li Ka̱cua' Jesucristo tixc'utbesi chak rib nak ta̱cha̱lk toj sa' choxa. Ta̱cha̱lk rochbenakeb chak lix ángel li cuanqueb xcuanquil. 8 Chanchan li rak' xam nak ta̱cha̱lk li Ka̱cua' Jesucristo riq'uin xnimal xlok'al chi rakoc a̱tin. Tixq'ueheb chixtojbal xma̱queb li ani inc'a' neque'pa̱ban re li Dios jo' ajcui' li ani inc'a' neque'raj rabinquil resilal li colba-ib li naxq'ue li Ka̱cua' Jesucristo. 9 Lix tojbal rixeb lix ma̱c li tixq'ue, a'an li sachc chi junelic nak te'isi̱k chiru li Ka̱cua' Jesucristo ut chiru lix nimal xlok'al ut lix cuanquilal. 10 Chixjunil a'in ta̱c'ulma̱nk sa' li cutan nak tol-e̱lk cui'chic li Ka̱cua' Jesucristo. Sa' li cutan a'an li Jesucristo ta̱lok'oni̱k xbaneb chixjunileb li neque'pa̱ban re. La̱ex cuanquex sa' xya̱nkeb a'an. Rehex chic li Cristo xban nak ac xepa̱b li xya̱lal li xkach'olob che̱ru. 11 Jo'can nak junelic nocotijoc che̱rix ut nakatz'a̱ma chiru li Dios nak cha̱bilakex taxak re nak e̱c'ulubak cua̱nc chok' ralal xc'ajol li Dios. Nakatz'a̱ma chiru nak riq'uin taxak xnimal xcuanquil, textenk'a chixba̱nunquil li us re nak tz'akalak re ru le̱ yehom e̱ba̱nuhom sa' xc'aba' le̱ pa̱ba̱l. 12 Nocotijoc che̱rix re nak la̱ex junelic te̱nima xlok'al li Ka̱cua' Jesucristo. Ut la̱ex texoxlok'i̱k ajcui' xban nak rehex chic li Cristo. A' taxak li Dios ut li Ka̱cua' Jesucristo riq'uin xnimal rusilal chitenk'a̱nk e̱re re nak jo'can taxak chi-uxma̱nk.

2 Ex inherma̱n, anakcuan tinch'olob xya̱lal che̱ru chirix lix c'ulunic li Ka̱cua' Jesucristo ut lix ch'utubanquil kib riq'uin. 2 Nintz'a̱ma che̱ru nak me̱q'ue e̱rib chi balak'i̱c xbaneb li te'yehok nak ac xcuulac xk'ehil lix c'ulunic li Ka̱cua' Jesucristo. Ma̱re ta̱yehek' e̱re xban junak li profeta, malaj xban junak cui̱nk ta̱atinak e̱riq'uin, malaj xban junak ta̱tz'i̱bak e̱riq'uin ut tixye nak la̱o xkatz'i̱ba li hu a'an. Abanan me̱pa̱b li c'a'ru te'xye eb a'an xban nak moco ya̱l ta. 3 Ma̱c'a' ta c'a'ru chexbalak'i̱k cui'. Li Ka̱cua' Jesucristo inc'a' ta̱cha̱lk chi ma̱ji'ak natz'ektana̱c li Dios xbaneb nabal chi tenamit. Ut ta̱cha̱lk ajcui' li cui̱nk laj k'etol chak'rab. A'an li ta̱c'uluk re li

sachc chi junaj cua. 4 A'an tixq'ue xcuan-
quil xjunes rib ut xic' ta̲ril yalak c'a' chi
diosil ut li c'a'ak re ru nalok'oniman sa'
ruchich'och'. Tixnimobresi rib sa' xbe̲n
chixjunil toj retal nak ta̲c'ojla̲k sa' ro-
choch li Dios ut a'an chic tixq'ue rib
chok' dios. 5 ¿Ma inc'a' jultic e̲re nak
quinye chak e̲re chixjunil a'in nak toj
cuanquin chak e̲riq'uin? 6 La̲ex ac neque-
nau c'a'ru li naramoc re nak toj ma̲ji'
nachal laj k'etol chak'rab. Abanan nak
ta̲cuulak xk'ehil, ta̲c'ulu̲nk. 7 Li ma̲usilal
ac cuan sa' ruchich'och', abanan toj ma̲ji'
nanumta chi us. Ta̲cuulak xk'ehil nak li
Dios inc'a' chic tixram li ma̲usilal ut li
ma̲usilal ta̲numta̲k arin sa' ruchich'och'.
8 Sa' eb li cutan a'an ta̲c'utbesi̲k laj k'etol
chak'rab. Tojo'nak li Ka̲cua' Jesucristo
ta̲c'ulu̲nk riq'uin xnimal xlok'al. Ta̲a-
pusi̲k laj k'etol chak'rab xban li Ka̲cua' ut
aran ta̲osok'. Chi jo'can ta̲sachek' chixju-
nil lix cuanquil sa' xc'ulunic li Ka̲cua'
Jesucristo. 9 Laj k'etol chak'rab ta̲cha̲lk
riq'uin xcuanquil laj tza. Tixc'utbesi nak
cuan xcuanquil chixba̲nunquil li mila-
gros ut sachba ch'o̲lej re xbalak'inquil
li cristian. 10 Tixbalak'iheb li te'sachek'
xban nak que'xtz'ekta̲na li xya̲lal li qui-
coloc raj reheb. 11 Jo'can nak li Dios
tixq'ueheb chixpa̲banquil li moco ya̲l ta.
12 Li Dios quixba̲nu chi jo'ca'in riq'uineb
re nak te'xc'ul xtojbal xma̲queb chixju-
nileb li inc'a' que'pa̲ban re li ya̲l. A'
ban chic li ma̲usilal quicuulac chiruheb
xba̲nunquil.

Li Dios quixsic' ku re nak tocolek'

13 Ex inherma̲n, tento nak la̲o to-
bantioxi̲nk chiru li Dios che̲rix la̲ex.
Raro̲quex xban li Ka̲cua' Jesucristo. Li
Dios quisic'oc chak e̲ru chalen chak sa'
xticlajic re nak texcolek' xban nak santo-
bresinbilex chic xban li Santil Musik'ej
ut xban nak nequepa̲b li ya̲l. 14 A'an
aj e nak li Dios quixsic' e̲ru re nak
te̲pa̲b li evangelio li xkach'olob che̲ru
re nak textz'ako̲nk riq'uin lix nimal
xlok'al li Ka̲cua' Jesucristo. 15 Jo'can ut
ex herma̲n, cauhak taxak e̲ch'o̲l sa' le̲
pa̲ba̲l. Me̲canab xpa̲banquil le̲ tijbal li
xkach'olob che̲ru nak xoa̲tinac e̲riq'uin.
Chi moco te̲canab xpa̲banquil li c'a'ru
xkatakla xyebal e̲re sa' li hu li xkatakla
e̲riq'uin. 16 Li Ka̲cua' Jesucristo ut li Dios
li kaYucua', li narahoc ke, xban xnimal
rusilal naxc'ojob kach'o̲l chi junelic ut
naxq'ue xcacuilal kach'o̲l chi oybeni̲nc.
17 A'an ta ajcui' chic'ojoba̲nk e̲ch'o̲l ut
chiq'uehok e̲cacuilal re xyebal ut re xba̲-
nunquil li c'a'ru us.

Laj Pablo naxtz'a̲ma chiruheb nak te'tijok chirix

3 Ut anakcuan ex inherma̲n, cuan
cui'chic c'a'ru nacuaj xtz'a̲manquil
che̲ru. Nintz'a̲ma che̲ru nak textijok
chikix re nak ta̲yema̲nk li ra̲tin li Ka̲cua'
Jesucristo yalak bar ut che'xq'ue xlok'al
ut che'pa̲ba̲nk taxak jo' nak quexpa̲ban
la̲ex. 2 Chextijok ajcui' chikix re nak
li Dios ta̲colok ke chiruheb li cui̲nk
li inc'a' useb xna'lebeb ut neque'ba̲nun
re li ma̲usilal xban nak moco chixju-
nileb ta neque'pa̲ban re li Dios. 3 A'ut
li Ka̲cua' Jesucristo, a'an ti̲c xch'o̲l ut
junelic naxba̲nu li c'a'ru naxye. A'an
ta̲q'uehok xcacuil e̲ch'o̲l ut a'an ajcui' ta̲-
colok e̲re chiru laj tza. 4 Ut c'ojc'o kach'o̲l
sa' e̲be̲n la̲ex sa' xc'aba' li Ka̲cua' Jesu-
cristo nak yo̲quex chixba̲nunquil li xka-
jultica che̲ru ut nakanau nak te̲ba̲nu li
bar cuan takaye e̲re. 5 A' taxak li Ka̲cua'
Jesucristo chitenk'a̲nk e̲re chixnaubal
nak raro̲quex xban li Dios ut chicua̲nk
taxak e̲riq'uin li cuyuc li naxq'ue li
Cristo.

Tento nak totrabajik re nak cua̲nk c'a'ru ke

6 Ut nakajultica che̲ru ex herma̲n, sa'
xc'aba' li Jesucristo nak cherisi e̲rib
riq'uineb li herma̲n li yal subuc cu-

tan neque'xba̱nu ut inc'a' neque'xpa̱b
le̱ tijbal q'uebil e̱re kaban. 7 La̱ex ac
nequenau ajcui' chanru xkaba̱nu nak
xocuan e̱riq'uin. Cheba̱nu jo' xkaba̱nu
la̱o. Inc'a' xosubuc cutan nak xocuan
e̱riq'uin. 8 Inc'a' xocua'ac yal chi ma̱-
tan. Inc'a' xkac'ul katenk'anquil nak
xocuan sa' e̱ya̱nk. Xkatacuasi ban kib
chi c'anjelac chi k'ek chi cutan re nak
ta̱cua̱nk c'a'ru ke re xnumsinquil li cu-
tan junju̱nk ut ma̱ ani xkach'i'ch'i'i sa'
e̱ya̱nk. 9 Moco xban ta nak ma̱cua' ta
kac'ulub xc'ulbal katenk'anquil nak xk-
aba̱nu a'an. Xkaba̱nu chi jo'can yal re
nak te̱tzol e̱rib kiq'uin. 10 Ut nak toj
cuanco chak e̱riq'uin, xkajultica li xya̱lal
a'in che̱ru: li ani inc'a' naraj trabajic,
inc'a' ta̱q'uehek' xcua. 11 Nakaye a'in e̱re
xban nak xkabi resil nak cuan jun-
ju̱nk sa' e̱ya̱nk yal subuc cutan yo̱queb.
Junes moloc a̱tin neque'xba̱nu ut inc'a'
neque'raj trabajic. 12 Sa' xc'aba' li Ka̱cua'
Jesucristo, ninye reheb li inc'a' neque'raj
trabajic nak tento te'trabajik sa' xya̱lal
re nak ta̱cua̱nk c'a'ru reheb re xnum-
sinquil li cutan junju̱nk. 13 Ut la̱ex, ex
herma̱n, inc'a' taxak textitz'k chixba̱nun-
quil li us. 14 Cui ut cuan junak sa' e̱ya̱nk
inc'a' naraj xpa̱banquil li a̱tin a'in li
xkatz'i̱ba e̱re sa' li hu a'in, cheq'uehak
retal a'an. Ut me̱rochbeni e̱rib riq'uin re
nak ta̱xuta̱na̱k. 15 Abanan inc'a' xi̱c' te̱ril.
Cheq'uehak ban xna'leb jo' nak naq'uehe'
xna'leb junak li i̱tz'inbej.

Laj Pablo naxchak'rabiheb

16 A' taxak li Ka̱cua' Jesucristo li
naq'uehoc tuktu̱quil usilal, chiq'uehok
e̱re li tuktu̱quilal chi junelic riq'uin yalak
c'a'ru nequec'ul. A' taxak li Ka̱cua' Je-
sucristo chicua̱nk e̱riq'uin che̱junilex.
17 La̱in laj Pablo. Riq'uin cuuk' yo̱quin
chixtz'i̱banquil lin c'aba' jo' c'aynakin
chixba̱nunquil rajlal nak nintz'i̱ba li hu.
A'an retalil nak la̱in xintaklan re li
hu a'in. Ut yo̱quin chixtaklanquil xsahil
e̱ch'o̱l. 18 A' taxak li usilal li naxq'ue
li Ka̱cua' Jesucristo chicua̱nk e̱riq'uin
che̱junilex. Jo'can taxak.

Li Xbe̲n Hu li Quixtz'i̲ba li San Pablo re laj Timoteo

Laj Pablo naxtakla xsahil xch'o̲l laj Timoteo

1 La̲in laj Pablo. Taklanbilin xban li Jesucristo chi c'anjelac chiru xban nak jo'can quiraj li Dios laj Colol ke. Ut jo'can ajcui' quiraj li Ka̲cua' Jesucristo li kayo'on. 2 At Timoteo, yo̲quin chi tz'i̲bac a̲cuiq'uin. Chanchanat li tz'akal cualal nak cuancat xban nak chicuu xapa̲b li Cristo. Chicua̲nk taxak a̲cuiq'uin li usilal, li uxta̲n ut li tuktu̲quilal li naxq'ue li Dios li kaYucua' ut li naxq'ue li Ka̲cua' Jesucristo.

Laj Timoteo tixch'olob xya̲lal chiruheb laj pa̲banel re nak inc'a' te'xpa̲b laj balak'

3 Nacuaj nak tatcana̲k aran Efeso jo' quintz'a̲ma cha̲cuu nak co̲in Macedonia. Tatcana̲k aran re nak ta̲k'useb li yo̲queb chi balak'i̲nc sa' xya̲nkeb laj pa̲banel. Ta̲ye reheb nak te'xcanab xc'utbal li inc'a' ya̲l. 4 Ut ta̲ye ajcui' reheb nak che'xcanabak xcuech'inquil rix aniheb lix xe' xto̲naleb xban nak li na'leb a'an ma̲c'a' roso'jic ut ma̲c'a' na-oc cui'. Ta̲ye reheb nak inc'a' chic te'xpa̲b li xe'to̲nil na'leb. Li na'leb a'in junes yo'oban cuech'i̲nc ib naxba̲nu. Inc'a' nocoxtenk'a xba̲nunquil li c'anjel q'uebil ke xban li Dios. Ca'aj cui' li kapa̲ba̲l natenk'an ke. 5 At Timoteo, lix ya̲lal li c'a'ru yo̲quin chixyebal a̲cue, a'an a'in. Xcanabakeb li balak'i̲nc. Che'xq'ue ban xch'o̲l chixrabaleb li rech aj pa̲banelil. Ut te'xraheb cui te'cua̲nk sa' ti̲quilal chi ma̲c'a'ak li c'a'ak re ru nach'i'ch'i'in reheb sa' xc'a'uxeb ut cui te'pa̲ba̲nk chi anchaleb xch'o̲l. 6 Eb a'an inc'a' neque'xq'ue retal li xya̲lal a'in. A' chic li ma̲c'a' na-oc cui' neque'xq'ue xch'o̲l chixcuech'inquil rix. 7 Neque'raj raj xch'olobanquil xya̲lal li chak'rab. Aj c'utul chak'rab nak neque'xye rib. Abanan inc'a' ajcui' neque'xtau ru li c'a'ru neque'xc'ut usta chanchan neque'xtau ru chi tz'akal li c'a'ru yo̲queb chixyebal.

Tento takanau c'a'ru aj e nak q'uebil li chak'rab

8 La̲o nakanau nak li chak'rab cha̲bil cui nakatau ru c'a'ru aj e nak q'uebil xban li Dios. 9 Jo'can nak nacuaj nak te̲q'ue retal nak li chak'rab moco q'uebil ta reheb li ti̲queb xch'o̲l. Reheb ban li inc'a' neque'abin ut li neque'k'etoc re li chak'rab. Reheb ajcui' li inc'a' useb xna'leb ut eb laj ma̲c. Reheb ajcui' li inc'a' neque'pa̲ban re li Dios chi moco cuanqueb junak xpa̲ba̲leb. Ut reheb ajcui' laj camsinel ut li neque'xcamsi xna' xyucua'eb. 10 Li chak'rab reheb laj co'be̲t laj yumbe̲t ut reheb li neque'ma̲cob riq'uin rech cui̲nkilal rech ixkilal. Reheb ajcui' li neque'elk'ac cristian. Reheb ajcui' li neque'tic'ti'ic ut li neque'xpatz' xc'aba' li Dios riq'uin yo'obanbil a̲tin. Li chak'rab reheb chixjunileb li neque'xba̲nu li c'a'ak chic re ru chi ma̲usilal li napo'oc ru li katijbal li tz'akal ya̲l. 11 Li katijbal a'an li quic'ute' chiku xban li lok'laj colba-ib li naxq'ue ke li nimajcual Dios, li tenebanbil sa' inbe̲n xyebal resilal yalak bar.

Laj Pablo naxbantioxi chiru li Cristo li rusilal

12 Ninbantioxi chiru li Ka̲cua' Jesucristo xban nak a'an xc'ojob xch'o̲l sa' inbe̲n ut xinixxakab chi c'anjelac chiru. Ut a'an naq'uehoc incuanquil chixba̲nunquil. 13 Quixq'ue cue li c'anjel a'in usta ac xinmajecua li Jesucristo ut xinrahobtesi eb laj pa̲banel ut xinhobeb. Abanan li Jesucristo quiruxta̲na cuu xban nak toj ma̲ji' ninnau bar cuan li tz'akal ya̲l ut toj ma̲ji' ninpa̲ban. 14 Ut li Ka̲cua' Jesucristo numtajenak cui'chic li cu-

osobtesinquil quixq'ue. Quixq'ue inpa̲ba̲l
ut quixq'ue cue li rahoc li nakatau nak
junajo chic riq'uin li Cristo. 15 Nakanau
nak tz'akal ya̲l ut xc'ulub nak takapa̲b
chi anchal li kach'o̲l nak li Cristo Jesús
quic'ulun sa' ruchich'och' chixcolbaleb
laj ma̲c. Ut la̲in li k'axal numtajenak in-
ma̲c sa' xya̲nkeb chixjunileb nak quin-
cuan. 16 Usta la̲in k'axalin aj ma̲c nak
quincuan, abanan li Jesucristo quirux-
ta̲na cuu re nak tixc'utbesi nak k'axal
nim lix cuyum re xcuybal xsachbal li
ma̲c. Quixc'ut chiruheb lix nimal lix
cuyum nak quixcuy inma̲c la̲in. A'an
quiraj nak la̲in tinc'amok be chiruheb li
ani te'pa̲ba̲nk re li Jesucristo ut te'xc'ul
li junelic yu'am. 17 Lok'oninbil taxak li
tz'akal Rey li cuan chi junelic k'e cu-
tan, li inc'a' nacam ut inc'a' na-ilman ru,
li junaj chi Dios li numtajenak xna'leb.
Chikalok'onihak taxak anakcuan ut chi
junelic k'e cutan. Jo'can taxak.

Laj Pablo quixye re laj Timoteo chanru ta̲c'anjelak chiru li Dios

18 At Timoteo, chanchanat li cualal
chicuu nak nacatcuil. Tinq'ue a̲cue la̲
taklanquil jo' que'xye li profeta cha̲cuix
junxil. Li a̲tin que'xye, a'an ta̲q'uehok
xcacuil a̲ch'o̲l chixba̲nunquil li c'anjel
q'uebil a̲cue. Jo'can ut nak yal a̲k'e chi
c'anjelac chiru li Ka̲cua'. 19 Cauhak taxak
a̲ch'o̲l sa' la̲ pa̲ba̲l ut ma̲c'a' taxak li c'a'ru
ta̲ch'i'ch'i'i̲nk a̲cue sa' la̲ ch'o̲l nak yo̲cat
chi c'anjelac chiru li Dios. Ninye a̲cue
a'in xban nak cuanqueb li xe'xcanab xba̲-
nunquil li ti̲quil ch'o̲lej. Inc'a' que'xq'ue
retal li c'a'ru yo̲ chi ch'i'ch'i'i̲nc re-
heb lix c'a'ux. Ut riq'uin a'an yo̲queb
chixtz'ekta̲nanquil lix pa̲ba̲leb. 20 Sa'
xya̲nkeb a'an cuan laj Himeneo ut laj
Alejandro. Ac xink'axtesiheb sa' ruk' laj
tza re xc'ajtesinquileb ru re nak inc'a'
chic te'xmajecua li Dios.

Tento nak totijok chirixeb li kas ki̲tz'in jo' ajcui' chirixeb li cuanqueb sa' xcuanquil

2 Anakcuan a'an a'in li tinye e̲re:
cheq'uehak e̲ch'o̲l chi tijoc chirixeb
chixjunileb le̲ ras e̲ri̲tz'in. Chextz'a̲ma̲nk
ut chexbantioxi̲nk chiru li Ka̲cua' nak
textijok. 2 Chextijok chirixeb li rey ut
chixjunileb li cuanqueb sa' xcuanquil re
nak cua̲nko sa' xya̲lal ut tuktu̲k kach'o̲l.
Ut ma̲c'a' taxak ta̲ch'i'ch'i'i̲nk ke sa' li ka-
pa̲ba̲l ut ti̲cak taxak li kach'o̲l. 3 Chexti-
jok chirixeb chixjunileb xban nak a'an
li us xba̲nunquil ut a'an li nacuulac
chiru li Dios laj Colol ke. 4 Li Dios
naraj nak chixjunileb te'colek' ut te'xtau
ru chi tz'akal c'a'ru li ya̲l. 5 Ut li ya̲l,
a'an a'in: nak jun ajcui' li Dios cuan
ut jun ajcui' li na-oquen ut naa̲tinac
chikix chiru li Dios. A'an li Ka̲cua' Jesu-
cristo li quitz'ejcualo' nak quic'ulun sa'
ruchich'och'. 6 Ut a'an ajcui' li quixq'ue
rib chi ca̲mc sa' kac'aba' la̲o re nak ta̲ru̲k
tocolek' chikajunilo. Ut nak quicuulac
xk'ehil, li Cristo quixc'utbesi chiku li
xya̲lal a'in nak quicam chiru li cruz. 7 Ut
la̲in li taklanbilin xban li Dios chixyebal
resil li xya̲lal a'in chiruheb li ma̲cua'eb aj
judío. Taklanbilin chixyebal resil re nak
te'xnau c'a'ru li ya̲l ut te'pa̲ba̲nk. Moco
tic'ti' ta li yo̲quin chixyebal. Tz'akal
ya̲l nak xakabanbilin chixyebal li resilal
reheb.

Che'cua̲nk sa' xya̲lal eb laj pa̲banel nak ch'utch'u̲keb chixlok'oninquil li Dios

8 Yalak bar ch'utch'u̲quex
chixlok'oninquil li Dios, nacuaj nak
eb li cui̲nk te'c'amok be chi tijoc.
Abanan, tento nak ti̲cak xch'o̲leb li
cui̲nk a'in ut ma̲c'a'ak xjosk'il chi moco
te'cuech'i̲nk. 9 Ut nacuaj ajcui' nak eb li
ixk che'xtikibak rib chi cha̲bil jo' xc'ulub
junak aj pa̲banel ut inc'a' te'xnimobresi

rib riq'uin lix tikibanquil chi moco
te'xtikib rib yal re nak te'rahek' ru.
Jo' ajcui' riq'uin xyi̱banquil li rismal
xjolom. Jo' li c'a' re ru te'xq'ue cui'
xsahob ru jo' li oro ut li terto̱quil pec.
Inc'a' te'xq'ue xcuanquil li neque'xq'ue
chok' xsahob ruheb. 10 Li ixk li napa̱ban
re li Dios, moco riq'uin ta xtikibanquil
rib cuan xch'ina'usal. Riq'uin ban lix
ti̱quilal xch'o̱l. 11 Nak te̱ch'utub e̱rib,
eb li ixk inc'a' te'serak'ik. Te'xq'ue ban
xch'o̱l chi tzoloc ut che'pa̱ba̱nk chiruheb
li cuanqueb xcuanquil. 12 La̱in inc'a'
ninq'ueheb li ixk chixch'olobanquil
xya̱lal chiruheb li che̱quel cui̱nk, chi
moco ninq'ueheb xcuanquil sa' xbe̱neb
li cui̱nk. Eb li ixk inc'a' te'a̱tinak sa' li
ch'utubaj ib. 13 Ninye a'in xban nak laj
Adán quiyo'obtesi̱c xbe̱n cua xban li
Dios ut chirix a'an quiyo'obtesi̱c lix Eva.
14 Ut ma̱cua' laj Adán li quibalak'i̱c. A'
lix Eva, a'an li quibalak'i̱c toj retal nak
quima̱cob nak quixk'et ra̱tin li Dios.
15 Li Dios quixye nak li ixk riq'uin raylal
ta̱q'uiresi̱nk. Abanan, cua̱nkeb xyu'am
chi junelic cui cauhakeb xch'o̱l sa'
lix pa̱ba̱leb ut cui neque'rahoc ut cui
cuanqueb sa' ti̱quilal ut sa' tuktu̱quilal.

Tento nak cha̱bilak lix na'leb li ta̱c'amok be sa' xya̱nkeb laj pa̱banel

3 Ya̱l li neque'xye nak cui cuan junak
na-ala sa' xch'o̱l oc chok' aj c'amol
be sa' xya̱nkeb laj pa̱banel, cha̱bil li
naxc'oxla xba̱nunquil. 2 Abanan li ani
naxc'oxla oc chok' aj c'amol be, tento nak
cua̱nk sa' xya̱lal re nak ma̱ ani ta̱atinak
chirix. Junak ajcui' li rixakil. Ma̱cua'ak
aj calajenak. Tento nak se̱bak xch'o̱l
ut cha̱bilak xna'leb re nak q'uebilak
xlok'al. A'anak aj q'uehol ochochna̱l ut
chixq'uehak xch'o̱l chixc'utbal lix ya̱lal
chi tz'akal re ru. 3 Laj c'amol be ma̱cua'ak
aj calajenak ut ma̱cua'ak aj sic'ol ple̱t.
Ma̱cua'ak aj rahol ru tumin. Tu̱lanak ban
ut cua̱nk sa' xya̱lal. 4 Tento nak tixnau
takla̱nc sa' li rochoch re nak li ralal
xc'ajol te'x-oxlok'i ut te'abi̱nk chiru. 5 Cui
junak li cui̱nk inc'a' naxnau takla̱nc sa' li
rochoch, ¿chan ta ru nak ta̱ru̱k ta̱c'amok
be sa' xya̱nkeb li rech aj pa̱banelil?
6 Tento nak laj c'amol be acak xq'ui sa'
lix pa̱ba̱l. Ma̱re anchal tixnimobresi rib
ut ta̱t'anek' sa' li tojbal ma̱c quit'ane' cui'
laj tza. 7 Ut tento ajcui' nak cha̱bilak re-
sil lix na'leb yalak bar xbaneb li toj ma̱ji'
neque'pa̱ban. Ma̱c'a'ak xk'usbal re nak
inc'a' tixq'ue rib chi a̱le̱c xban laj tza.

Tento nak cha̱bilak lix na'lebeb li neque'c'anjelac sa' xya̱nkeb laj pa̱banel

8 Ut jo'can ajcui' li neque'c'anjelac
sa' xya̱nkeb laj pa̱banel. Tento nak ti̱-
cakeb xch'o̱l. Ut li c'a'ru te'xye te'xba̱nu,
che'xba̱nuhak ajcui'. Ma̱cua'akeb aj cala-
jenak. Ut inc'a' te'xsic' xtumineb riq'uin
balak'i̱nc. 9 Ma̱c'a' ta̱ch'i'ch'i'i̱nk reheb
sa' lix c'a'uxeb ut te'xq'ue xcuanquil li
kalok'laj pa̱ba̱l li c'utbesinbil chiku xban
li Dios. 10 Jo'can nak xbe̱n cua, ta̱tz'ilek'
a̱tin chirixeb. Cui ma̱c'a' nanauman chir-
ixeb, te'q'uehek' chi c'anjelac sa' xya̱nkeb
laj pa̱banel. 11 Jo'can ajcui' li rixakileb li
neque'c'anjelac sa' xya̱nkeb laj pa̱banel.
Cha̱bilakeb lix na'leb. Ma̱cua'akeb aj
molol a̱tin. Ma̱cua'akeb aj calajenak. Ti̱-
cakeb ban xch'o̱l ut ti̱cakeb lix c'a'ux
riq'uin chixjunil. 12 Eb laj c'anjel sa'
xya̱nkeb laj pa̱banel, junak ajcui' li rix-
akil ut te'xnau takla̱nc sa' xbe̱neb li
ralal xc'ajol. Ut te'xnau ajcui' rilbal
lix jun cablal. 13 Eb li te'c'anjelak chi
cha̱bil, te'oxlok'i̱k ut te'cacuu̱k xch'o̱leb
chixyebal resil li kapa̱ba̱l sa' xc'aba' li
Jesucristo.

Lix xe' xto̱nal li kapa̱ba̱l

14 Usta yo̱quin chi tz'i̱bac a̱cuiq'uin
chirix la̱ taklanquil, at Timoteo, cuan sa'
inch'o̱l nak chi se̱b tincuulak a̱cuiq'uin.
15 Abanan ma̱re tinba̱yk chi cuulac.

Jo'can nak yo̱quin chi tz'i̱bac a̱cuiq'uin
re nak ta̱nau chanru te'c'anjelak li
te'xakaba̱k chi c'anjelac sa' xya̱nkeb li
neque'pa̱ban re li yo'yo̱quil Dios. Ut la̱o
aj pa̱banel, la̱o li nakaq'ue xcuanquil
ut nakacol rix li katijbal li tz'akal ya̱l.
16 Relic chi ya̱l k'axal lok' li katijbal li
quixc'ut chiku li Dios. Naxc'ut chiku li
xya̱lal li kapa̱ba̱l sa' xc'aba' li Jesucristo.
Li xya̱lal a'an a'in:

Li Cristo quitz'ejcualo' nak quic'ulun sa' ruchich'och'.
Xakabanbil xcuanquil xban li Santil Musik'ej.
Qui-ile' ru xbaneb li ángel.
Ut a'an li ch'olobanbil resil sa' chixjunil li ruchich'och'.
Ut nabaleb li que'pa̱ban re sa' ruchich'och'.
Ut quic'ame' sa' choxa riq'uin xnimal xlok'al.

Li ma̱us aj musik'ej naxc'ut li tijleb inc'a' ya̱l

4 Li Santil Musik'ej naxc'ut li xya̱lal
chi tz'akal nak sa' eb li cutan cha̱lel
cuan li te'xcanab xpa̱banquil li tijleb
li tz'akal ya̱l. Ut te'balak'i̱k xban li ti-
jleb li inc'a' ya̱l li neque'xq'ue li ma̱us
aj musik'ej. 2 Tic'ti' li neque'xc'ut eb
laj balak'. Inc'a' chic neque'rec'a nak
inc'a' us yo̱queb. Chanchan nak c'atbil
riq'uin ch'i̱ch' lix c'a'uxeb xban li tic'ti' li
neque'xye. Jo'can nak inc'a' neque'xq'ue
retal nak inc'a' us yo̱queb chixba̱nun-
quil. 3 Eb a'an neque'xye nak inc'a'
us li sumla̱c ut neque'xye ajcui' nak
cuan li tzacae̱mk inc'a' us xtzacanquil.
Abanan moco ya̱l ta li neque'xye. Li Dios
quiq'uehoc re li tzacae̱mk a'in re nak
ta̱tzaca̱k. Ut la̱o aj pa̱banel li nakanau li
xya̱lal, nakatzaca ut nakabantioxi chiru
li Dios nak quixq'ue ke li katzacae̱mk.
4 Chixjunil li quixyo'obtesi li Dios, a'an
cha̱bil. Ma̱c'a' xtz'ekta̱nanquil. Nakaban-
tioxi chiru li Dios ut nakatzaca. 5 Ma̱c'a'
xtz'ekta̱nanquil xban nak li Dios quixye
nak us xtzacanquil ut xban nak nocoti-
joc sa' xbe̱n. Jo'can nak osobtesinbil chic
xban.

Quiq'uehe' xna'leb laj Timoteo re nak ta̱cua̱nk sa' ti̱quilal

6 At Timoteo, cui nacach'olob xya̱lal li
tijleb a'in chiruheb laj pa̱banel, la̱akat
jun cha̱bil aj c'anjel chiru li Jesucristo.
Ut la̱at yo̱kat chi q'ui̱c sa' la̱ pa̱ba̱l riq'uin
li xya̱lal ut riq'uin li cha̱bil tijleb li
yo̱cat chixpa̱banquil. 7 Chatz'ekta̱na chi
jun aj cua chixjunil li najter serak' li
yal to̱ntil na'leb naxye, li ma̱c'a' na-
oc cui'. Ut q'ue a̱ch'o̱l chixba̱nunquil
li c'a'ru naraj li Dios. 8 Nayeman nak
us nak takatzol kib chixch'olaninquil
kib re nak cauhako. Abanan li k'axal
cui'chic lok' a'an xtzolbal kib re nak
cauhak kach'o̱l sa' li kapa̱ba̱l xban nak
riq'uin li kapa̱ba̱l cuan li rusilal li Dios
kiq'uin anakcuan arin sa' ruchich'och'
ut cua̱nk ajcui' li kayu'am chi junelic.
9 Relic chi ya̱l nak a'an li tz'akal xya̱lal
li yo̱quin chixyebal, ut chixjunileb taxak
te'pa̱ba̱nk re. 10 Xban nak li yo'yo̱quil
Dios, a'an li kayo'on, jo'can nak yo̱co
xyalbal kak'e chi c'anjelac chiru. A'an
naxyechi'i li colba-ib reheb chixjunileb.
Abanan, ca'aj cui' li ani te'pa̱ba̱nk re,
a'aneb li te'colek'. 11 A'an a'in li ti-
jleb li ta̱c'ut chiruheb la̱ cuech aj
pa̱banelil. Ta̱ch'olob lix ya̱lal chiruheb.
12 Ut la̱at, at Timoteo, chatcua̱nk sa'
xya̱lal ut chat-a̱tinak sa' xya̱lal. Chara-
heb la̱ cuas a̱cui̱tz'in. Cauhak taxak
a̱ch'o̱l sa' la̱ pa̱ba̱l ut ti̱cak taxak la̱
yu'am. Jo'can taxak ta̱ba̱nu re nak ma̱
ani chitz'ekta̱na̱nk a̱cue xban la̱ saji-
lal. Che'xtzol ban ribeb a̱cuiq'uin xban
nak yo̱kat chixc'ambaleb xbe sa' ti̱quilal.
13 Roybeninquil tincuulak e̱riq'uin, q'ue
a̱ch'o̱l chi rilbal xsa' li Santil Hu chiruheb
laj pa̱banel. Q'ueheb xna'leb ut ta̱ch'olob
xya̱lal chiruheb. 14 Chaq'ue taxak a̱ch'o̱l

chi c'anjelac jo' quiq'uehe' acue xban li Dios. Li c'anjel a'in q'uebil acue nak eb li profeta que'atinac chacuix ut nak eb laj c'amol be sa' xyankeb laj pabanel que'xq'ue li ruk'eb sa' aben. 15 Q'ue ach'ol chixbanunquil chixjunil li xinye acue re nak chixjunileb te'xq'ue retal nak tic la yu'am ut te'xq'ue ajcui' retal nak us yo chi elc li c'anjel yocat chixbanunquil. 16 Q'ue retal chi us li c'a'ru tabanu jo' ajcui' li c'a'ru tatzoleb cui'. Cui tabanu chi jo'can, tatcolek' laat ut te'colek' ajcui' li ani te'abink re li c'a'ru taye.

Laj Timoteo tixq'ue xna'lebeb laj pabanel sa' xyalal

5 Mak'useb li chequel cuink sa' josk'il. Q'ueheb ban xna'leb jo' la yucua' chacuu nak tacuileb. Ut chaq'ueheb ajcui' xna'leb li saj cuink jo'queb acuitz'in chacuu nak tacuileb. 2 Ut chaq'ueheb xna'leb li chequel ixk jo' la na' chacuu nak tacuileb. Ut chaq'ueheb ajcui' xna'leb li saj ixk jo'queb la cuanab chacuu nak tacuileb. Chaq'ueheb xna'leb riq'uin xtiquilal ach'ol.

Laj Pablo quixch'olob xyalal chanru nak te'tenk'ak li xmalca'an

3 Cha-oxlok'iheb li xmalca'an ut chatenk'aheb cui yal nak ma ani chic neque'tenk'an reheb. 4 Abanan cui cuan ralal xc'ajol, a'an eb chic te'tenk'ank reheb. Tento nak te'xtzol rib chixbanunquil chi jo'ca'in re nak te'xnau rilbal lix jun cablaleb. Te'xnau xk'ajcamunquil lix na' xyucua' jo' nacuulac chiru li Dios. 5 Li xmalca'an li jun atal, ca'aj chic riq'uin li Dios nayo'onin. Naxnumsi li cutan ut li k'ojyin chi tijoc ut naxtz'ama chiru li Dios nak tatenk'ak. 6 Abanan li xmalca'an li naxsic' xsahil xch'ol junes riq'uin li naxrahi ru, li jun a'an chanchan ac camenak xban lix mac usta toj yo'yo. 7 Tach'olob li xyalal a'in chiruheb chixjunileb laj pabanel re nak mac'a'ak xk'usbaleb. 8 Tento nak junak laj pabanel tixtenk'aheb li rech'alal. Ut k'axal cui'chic tento nak tixch'olaniheb li cuanqueb sa' li rochoch. Cui inc'a' naxbanu a'an, li jun a'an inc'a' naxq'ue xcuanquil lix pabal ut k'axal cui'chic nim lix mac chiruheb li toj maji' neque'xpab li Dios. 9 Ma ani junak xmalca'an tatz'ibak xc'aba' sa' xyankeb li neque'tenk'ac xbaneb laj pabanel cui toj maji' naxbanu oxc'al chihab. Ut macua'ak aj muxul ru xsumlajic nak quicuan. 10 Tento ajcui' nak li xmalca'an na'nok ru riq'uin li chabilal ac xbanu. Ac xq'uiresiheb lix coc'al sa' xyalal. Quixc'ul li rula' sa' xyalal nak que'cuulac sa' rochoch. Quixch'aj li rokeb li rech aj pabanelil. Quixtenk'aheb li yoqueb chixc'ulbal li raylal. Cui chabil li c'anjel quixbanu, naru tixc'ul lix tenk'anquil. 11 Abanan, li xmalca'an li toj sajeb inc'a' tatz'ibak xc'aba'eb sa' xyankeb li neque'xc'ul xtenk'anquil xban nak mare te'xra cui'chic ru li sumlac ut mare anchal inc'a' chic te'xq'ue xch'ol chi c'anjelac chiru li Cristo. 12 Ut mare anchal che'cuech'ik rix xban nak inc'a' chic te'c'anjelak chiru li Cristo jo' que'xyechi'i xbanunquil. 13 Ut jo' cui' anchal neque'xtzol ribeb chi subuc cutan nak neque'xic sa' li junjunk chi cab. Ut macua' ca'aj cui' subuc cutan neque'xbanu. Neque'xtzol aj ban cui' li moloc atin ut li q'uehoc etal ut neque'xye li moco yehec' ta naraj. 14 Jo'can nak nacuaj nak li xmalca'an li toj sajeb te'sumlak cui'chic. Che'cuank ralal xc'ajol ut che'xjolomi lix jun cablal re nak inc'a' tohobek' lao aj pabanel xbaneb li xic' neque'iloc ke. 15 Ninye a'in xban nak cuanqueb li xmalca'an li ac que'risi ribeb sa' kayank ut yoqueb chixbanunquil li c'a'ru naraj laj tza. 16 Cui junak aj pabanel usta ixk usta cuink, cuan junak rech'alal xmalca'an,

tento nak tixtenk'a. Inc'a' tixq'ue nabal li i̱k sa' xbe̱neb li rech aj pa̱banelil li neque'tenk'an reheb li xma̱lca'an li ma̱c'a'eb ralal xc'ajol.

Laj Pablo quixye chanru te'xba̱nu laj pa̱banel li te'c'amok be sa' xya̱nkeb

17 Oxlok'inbilakeb li neque'c'amoc be chi cha̱bil sa' xya̱nkeb laj pa̱banel. Ut xc'ulub ajcui' nak te'xc'ul xk'ajca̱munquil xban nak neque'xq'ue xch'o̱l chixch'olobanquil xya̱lal li ra̱tin li Dios ut chixtzolbaleb laj pa̱banel. 18 Jo'ca'in tz'i̱banbil sa' li Santil Hu: Ma̱bac' xtz'u̱mal re li bo̱yx nak yo̱ chixyek'inquil ru li trigo re risinquil sa' rix. Canab ban chixcua'bal ca'ch'inak re, nak yo̱ chi c'anjelac. (Dt. 25:4) Jo'can ajcui' laj c'anjel. Tz'i̱banbil ajcui' retalil nak tento ajcui' nak tixc'ul lix tojbal. 19 Ma̱pa̱b li ani ta̱jitok re junak aj c'amol be sa' xya̱nkeb laj pa̱banel cui yal jun ajcui' li najitoc re. Cua̱nk ban cuib oxibak li te'jitok re, re nak ta̱pa̱ba̱k nak ya̱l lix ma̱c. 20 Ut li ani cuan xma̱c, us xk'usbal chiru chixjunileb laj pa̱banel re nak li jun ch'ol chic aj c'amol be te'xucuak ut te'xc'oxla chi us li c'a'ru te'xba̱nu. 21 Jo' chiru li Dios, jo' chiru li Ka̱cua' Jesucristo, jo' ajcui' chiruheb li santil ángel, la̱in nintz'a̱ma cha̱cuu nak ta̱ba̱nu la̱ taklanquil yo̱quin chixyebal a̱cue. Ut inc'a' ta̱sic' ru junak. Juntak'e̱takeb ban chixjunileb nak ta̱cuileb. Jun xxiquic nak ta̱k'useb li ani cuanqueb xma̱c. 22 Ma̱q'ue junak chi c'amoc be sa' junpa̱t sa' xya̱nkeb laj pa̱banel. Xbe̱n cua ta̱cuil chanru lix yu'am xban nak cui la̱at ta̱xakab chi c'anjelac chi junpa̱t ut na-oc chi ma̱cobc, cuan ajcui' ma̱c sa' a̱be̱n la̱at. Chatcua̱nk ban chi ti̱c la̱ ch'o̱l. 23 Xban nak cuan xyajel la̱ sa', ma̱cuuc' junes ha'. Naru ta̱cuuc' ca'ch'inak li vino re xbanbal. 24 Ma̱xakab junak aj c'amol be chi junpa̱t chi c'anjelac xban nak cuanqueb li cui̱nk nac'utun c'a'ru lix ma̱queb ut cuan li rakba a̱tin sa' xbe̱neb. Ut cuanqueb cui'chic toj mokon nac'utun c'a'ru lix ma̱queb. 25 Ut cuan ajcui' li neque'ba̱nun re li cha̱bilal. Cuan nak nac'utun li cha̱bilal neque'xba̱nu ut cuan nak inc'a' nac'utun. Abanan, toj mokon chic ta̱c'utu̱nk li us neque'xba̱nu.

Laj Pablo quixye chanru te'xba̱nu li mo̱s riq'uineb lix patrón

6 Eb li mo̱s aj pa̱baneleb te'x-oxlok'i lix patroneb re nak ma̱ ani ta̱majecua̱nk re lix c'aba' li Dios chi moco te'xtz'ekta̱na li katijbal. 2 Moco xban ta nak rech aj pa̱baneleb lix patrón nak inc'a' te'xq'ue sa' xnak'eb ru. Tento aj ban cui' nak te'xq'ue xch'o̱l chi trabajic xban nak rech aj pa̱banelil li neque'c'uluc re li cha̱bil c'anjel neque'xba̱nu ut xban nak raro̱queb ajcui' xban li Dios. At Timoteo, a'an a'in li ta̱ch'olob xya̱lal chiruheb laj pa̱banel.

Eb laj balak' inc'a' us xna'lebeb

3 Cuan li neque'c'utuc re jalan tijleb li moco ya̱l ta. Moco neque'xpa̱b ta li ya̱l li quixc'ut chiku li Ka̱cua' Jesucristo. Jalan cui' lix pa̱ba̱leb. 4 Eb li cui̱nk a'an ma̱c'a' neque'xnau. Junes xnimobresinquil rib neque'xba̱nu. Ca'aj cui' xcuech'inquil ribeb chirix a̱tin nacuulac chiruheb. Ut riq'uin a'an nachal li cakali̱nc, li hoboc, li k'aba̱nc ut li cuiba̱nc ch'o̱lej. 5 Eb li cui̱nk a'in, junes cuech'i̱nc neque'xba̱nu. Moco tuktu ta xc'a'uxeb ut moco ya̱l ta li neque'xye. Neque'xc'oxla nak riq'uin lix pa̱ba̱leb te'xtau xtumineb. Ma̱junaji a̱cuib riq'uineb a'an. 6 Ya̱l nak k'axal lok' li pa̱ba̱l chok' reheb li neque'xc'ojob xch'o̱l riq'uin li jo' nimal jo' ch'inal cuan reheb. 7 Ma̱c'a' cuan ke nak coyo'la sa' ruchich'och' ut ma̱c'a' ajcui' takac'am nak toca̱mk. 8 Jo'can nak cui cuan katzacae̱mk ut cui cuan kat'icr re xtz'apbal kib, c'ojc'o̱k

kach'o̱l riq'uin a'an. 9 Abanan eb li
neque'rahoc ru li biomal, neque'xq'ue
rib chi a̱le̱c ut neque'xba̱nu li yibru aj
na'leb. A'an napo'oc ru lix c'a'uxeb ut
riq'uin chixjunil li inc'a' us neque'xba̱nu,
neque'xsach lix pa̱ba̱leb. 10 Li xrahinquil
ru li tumin, a'an xxe' xto̱nal chixjunil
li ma̱usilal. Cuanqueb li que'xtz'ekta̱na
lix pa̱ba̱l xban xrahinquil ru li tumin.
Ut q'uila raylal que'xbok sa' xbe̱neb. Ut
neque'yot'ot'nac sa' xch'o̱leb riq'uin li
inc'a' us neque'xba̱nu.

Laj Pablo quixye re laj Timoteo chanru nak ta̱c'anjelak chiru li Dios

11 Ut la̱at, at Timoteo, la̱at aj c'anjel
chiru li Dios. Ma̱ba̱nu li ma̱usilal li
neque'xba̱nu eb a'an. Q'ue ban a̱ch'o̱l
chi cua̱nc sa' ti̱quilal. Chara li Dios
ut chatpa̱ba̱nk chiru. Charaheb la̱ cuas
a̱cui̱tz'in. Chacuy li raylal ut chatcua̱nk
sa' tu̱lanil. 12 Yal a̱k'e chi q'ui̱c sa' la̱ pa̱ba̱l
ut q'ue a̱ch'o̱l chire̱chaninquil li junelic
yu'am, li bokbilat cui' xban li Dios. La̱at
xaye ut xac'utbesi chi tz'akal la̱ pa̱ba̱l
chiruheb nabal. 13 Sa' xc'aba' li Dios li
naq'uehoc yu'am, la̱in nintz'a̱ma cha̱cuu
nak ta̱ba̱nu la̱ taklanquil. Ut nintz'a̱ma
ajcui' cha̱cuu sa' xc'aba' li Jesucristo li
quich'oloban xya̱lal chi ma̱c'a' xxiu chiru
laj Poncio Pilato. 14 Ut la̱ taklanquil, a'an
a'in: chaba̱nu chixjunil li taklanbilat cui'
xban li Ka̱cua'. Ti̱cak la̱ ch'o̱l ut ma̱c'a'ak
a̱k'usbal toj retal ta̱c'ulu̱nk cui'chic li
Ka̱cua' Jesucristo.

Lok'oninbilak taxak li Dios anakcuan ut chi junelic

15 Nak tixtau xk'ehil li Dios tixc'utbesi
cui'chic chiku li Jesucristo. Li Dios, a'an
k'axal lok' ut junaj ajcui'. A'an li Rey li
k'axal nim xcuanquil sa' xbe̱neb chixjunileb li rey li cuanqueb sa' ruchich'och'.
Ut a'an ajcui' li Ka̱cua' li k'axal nim
xcuanquil sa' xbe̱neb chixjunileb li cuan-
queb xcuanquil. 16 Li Dios yo'yo chi
junelic. Ma̱c'a' xticlajic ut ma̱c'a' roso'jic.
A'an cutan saken chi junelic ut ma̱ ani
naru na-oc riq'uin xban nak k'axal lok'.
Inc'a' ilbil ru chi moco na-ile' ru sa'
ruchich'och'. Chikaq'uehak taxak xlok'al
ut chikalok'onihak taxak xban nak k'axal
nim lix cuanquilal anakcuan ut chi
junelic. Jo'can taxak.

Laj Timoteo tixq'ue xna'lebeb li biom

17 Ta̱ch'olob xya̱lal chiruheb li
biom nak inc'a' te'xk'etk'eti ribeb chi
moco te'xc'ojob xch'o̱l sa' xbe̱n li
biomal li na-oso'. Che'xq'ue ban xch'o̱l
chixyo'oninquil li yo'yo̱quil Dios. A'an
naq'uehoc ke chi nabal chixjunil li c'a'ak
re ru. 18 Chaye reheb nak che'xba̱nu
li us. Chinumta̱k lix cha̱bilaleb.
Che'xnauhak sihi̱nc chi nabal ut chi
anchaleb xch'o̱l. 19 Cui neque'xba̱nu
chi jo'can yo̱queb chixc'u̱lanquil lix
ra̱baleb sa' choxa ut riq'uin a'an c'ojc'o̱k
xch'o̱leb. Che'xba̱nuhak chi jo'can re
nak ta̱cua̱nk lix yu'ameb chi tz'akal re
ru ut chi numtajenak xsahil xch'o̱leb.

Laj Pablo quixrak lix hu riq'uin xq'uebal xna'leb laj Timoteo

20 At Timoteo, cua̱nk sa' a̱ch'o̱l li ti-
jleb q'uebil a̱cue xban li Dios. Ma̱q'ue
xcuanquil li jo' ma̱jo'il serak' ut li cuech'ij
ib xban nak ma̱c'a' na-oc cui'. Cuan li
neque'yehoc re nak cha̱bil na'leb, abanan
moco ya̱l ta. 21 Ninye a'in xban nak cuan
li que'pa̱ban re li na'leb a'in ut xban a'an,
que'xcanab xpa̱banquil li tz'akal ya̱l. A'
taxak li rusilal li Dios chicua̱nk e̱riq'uin.

Li Xcab Hu li Quixtz'i̱ba li San Pablo re laj Timoteo

Laj Pablo naxtakla xsahil xch'o̱l laj Timoteo

1 La̱in laj Pablo. La̱in x-apóstol li Jesucristo xban nak jo'can quiraj li Dios. Taklanbilin chixyebal resil li ac' yu'am li yechi'inbil ke xban li Dios, li yu'am li naxq'ue ke li Jesucristo. 2 Yo̱quin chixtz'i̱banquil li hu a'in a̱cuiq'uin, at Timoteo. Raro̱cat inban ut chanchanat tz'akal cualal chicuu nak cuancat. Chicua̱nk taxak a̱cuiq'uin li usilal, li uxta̱n, ut li tuktu̱quilal, li nachal chak riq'uin li Dios li kaYucua' ut riq'uin li Ka̱cua' Jesucristo.

Inc'a' toxuta̱na̱k chixyebal resil li evangelio

3 Junelic ninbantioxi chiru li Dios nak nacatinjultica sa' lin tij chi k'ek chi cutan. Ut ma̱c'a' nach'i'ch'i'in cue sa' li cua̱m nak ninc'anjelac chiru li Dios jo' que'xba̱nu lin xe'to̱nil yucua'. 4 Nacuaj raj rilbal cui'chic a̱cuu. Jultic cue chanru nak xatya̱bac xban xrahil a̱ch'o̱l ut nacuaj nak ta̱sahok' cui'chic inch'o̱l nak tincuil a̱cuu. 5 Nak nintijoc najultico' cue nak chi anchal a̱ch'o̱l xatpa̱ban. Junxil la̱ na'chin lix Loida jo' ajcui' lix Eunice la̱ na' que'pa̱ban chi anchaleb xch'o̱l ut ninnau nak jo'can ajcui' nak xatpa̱ban la̱at. 6 Jo'can nak ninjultica cha̱cuu nak chaq'uehak chi c'anjelac la̱ ma̱tan q'uebil a̱cue xban li Dios nak quinq'ue li cuuk' sa' a̱be̱n. 7 Ma̱cua' li xucuac li xkama̱tani chak riq'uin li Dios. Kacuanquil ban xkama̱tani riq'uin. Li Dios nocoxtenk'a chixrabaleb li kas ki̱tz'in ut a'an naq'uehoc ke li cha̱bil na'leb. 8 Jo'can ut nak matxuta̱nac chixch'olobanquil resil li Ka̱cua' Jesucristo chi moco tatxuta̱na̱k inban la̱in xban nak cuanquin chi pre̱xil xban xyebal resil li Ka̱cua'. Chaq'ue ban a̱cuib chi tz'ako̱nc riq'uin li raylal nac'ulman sa' xc'aba' li evangelio. Ut li Dios ta̱q'uehok a̱cuanquil chixcuybal. 9 A'an quicoloc ke ut quixsic' chak ku re nak toc'anjelak sa' ti̱quilal. Ma̱cua' xban kayehom kaba̱nuhom nak quixsic' ku. Yal xban li rusilal ban, xban nak jo'can quiraj. Sa' xc'aba' li Jesucristo nak quiruxta̱na ku, xban nak ac jo'can chak sa' xch'o̱l junxilaj nak toj ma̱ji' quixyi̱b li ruchich'och'. 10 Li usilal a'in quic'utbesi̱c chiku riq'uin lix c'ulunic sa' ruchich'och' li Ka̱cua' Jesucristo laj Colol ke. Ut a'an qui-isin re xcuanquil li ca̱mc ut quixc'ut chiku li ac' yu'am li ma̱c'a' roso'jic. 11 Li Dios quixakaban cue chi c'anjelac chok' apóstol ut chok' aj tzolol reheb li ma̱cua'eb aj judío re nak tinye resil li colba-ib reheb. 12 Jo'can nak nincuy chixjunil li raylal ut inc'a' ninxuta̱nac xban nak c'ojc'o inch'o̱l riq'uin li Ka̱cua'. A'an li ninpa̱b ut xink'axtesi cuib sa' ruk'. Ninnau nak a'an ta̱tenk'a̱nk cue toja' yal nak ta̱c'ulu̱nk cui'chic li Jesucristo. 13 Chicua̱nk sa' a̱ch'o̱l li tijleb li tz'akal ya̱l li xinc'ut cha̱cuu. Ut chicua̱nk la̱ pa̱ba̱l ut chatrahok xban nak rehat chic li Cristo. 14 Riq'uin xcuanquil li Santil Musik'ej li cuan a̱cuiq'uin, chac'ulahak sa' a̱ch'o̱l li xya̱lal li lok'laj colba-ib k'axtesinbil a̱cue xban li Dios. 15 La̱at nacanau nak chixjunileb laj pa̱banel li cuanqueb Asia xine'xcanab injunes. Sa' xya̱nkeb a'an cuanqueb laj Figelo ut laj Hermógenes. 16 Ca'aj chic laj Onesíforo q'uila sut colinril sa' tz'alam ut quixc'ojob inch'o̱l ut inc'a' quixuta̱nac xban nak bac'bo̱quin chi cadena. A' taxak li Ka̱cua' Dios chi-osobtesi̱nk re li jun cabal a'an. 17 Nak quic'ulun arin Roma, laj Onesíforo quinixsic' chi anchal xch'o̱l toj retal quinixtau. 18 La̱at nacanau chi tz'akal nak quixq'ue xch'o̱l chi tenk'a̱nc aran Efeso. A' taxak li Ka̱cua' Dios chi-

uxtanank ru sa' xk'ehil xc'ulunic li Kacua'
Jesucristo.

Tento xcuybal xnumsinquil li raylal sa' xc'aba' li Jesucristo

2 A'ut anakcuan, at Timoteo, cauhak
ach'ol riq'uin li usilal q'uebil ke xban
nak reho chic li Cristo Jesús. 2 Li xyalal li
xinc'ut chacuu chiruheb nabaleb li cris-
tian, a'an ajcui' chajultica chiruheb li
cuink li tiqueb xch'oleb re nak eb a'an
chic te'c'utuk re chiruheb jalaneb chic.
3 Chattz'akonk riq'uin li raylal li nakac'ul
ut chacuyak xnumsinquil chixjunil li
raylal jo' jun xchabil soldado li Jesu-
cristo. 4 Junak soldado inc'a' naru naxsic'
jalan xc'anjel xban nak ac sic'bil ru chok'
soldado. Naxq'ue ban xch'ol chixba-
nunquil li nacuulac chiru li nataklan
re. 5 Ut jo'can ajcui' li naxyal xk'e chi
alinac, inc'a' naxc'ul lix matan cui inc'a'
naxbanu chi tz'akal re ru. 6 Laj c'alom li
nac'anjelac chi cau tento nak a'an li xben
li tatz'ak ru li racuimk. 7 C'oxlan chirix li
oxib chi na'leb li xinye acue ut a' taxak li
Kacua' Jesucristo chitenk'ank acue chix-
taubal ru li xyalal. 8 Chijulticok' acue
nak li Jesucristo, a'an xcomoneb li ralal
xc'ajol li rey David ut a'an li quicua-
cli cui'chic chi yo'yo sa' xyankeb li ca-
menak. A'an a'in li resilal li evange-
lio li yoquin chixyebal lain. 9 Sa' xc'aba'
li evangelio yoquin chixc'ulbal li raylal
a'in, ut bac'boquin chi cadena. Chanchan
na-ux re junak k'axal nim xmac. Usta
bac'boquin, abanan li resil li evangelio
tayemank yalak bar xban nak li ratin li
Dios inc'a' naru xmukbal. 10 Jo'can nak
nincuy xnumsinquil chixjunil li raylal li
ninc'ul sa' xc'aba'eb li sic'bileb ru xban
li Dios re nak eb a'an naru te'xtau li
lok'laj colba-ib li naxq'ue li Jesucristo
ut te'xtau ajcui' lix lok'al chi junelic.
11 Li atin a'in li oc cue xyebal acue, a'an
tz'akal yal: Cui cocam kochben li Cristo,
tacuank ajcui' kayu'am kochben. 12 Cui
takacuy xnumsinquil li raylal, taq'uehek'
ajcui' kacuanquil xban li Dios kochben
li Cristo. Ut cui lao nakatz'ektana, a'an
toxtz'ektana ajcui' lao. 13 Cuan nak lao
inc'a' nakabanu li c'a'ru nakaye, abanan
li Dios tic xch'ol ut junelic naxbanu li
c'a'ru naxye. A'an inc'a' nacuiban xch'ol.

Laatak jun chabil aj c'anjel chiru li Dios chi mac'a' c'a'ru tatxutanak cui'

14 Chajultica li xyalal chiruheb laj
pabanel. Sa' xc'aba' li Kacua' Dios
chayehak reheb nak che'xcanabak
xcuech'inquil ribeb chirix atin xban
nak a'an mac'a' na-oc cui'. Ca'aj cui'
xpo'baleb xch'ol li neque'abin re
naxbanu. 15 Chaq'uehak ach'ol chi
c'anjelac chiru li Dios jo' junak tz'akal
aj c'anjel mac'a' c'a'ru taxutanak cui'.
Chach'olobak chi tz'akal resil li colba-ib
chiruheb. 16 Mat-oquen riq'uin jo'
majo'il serak', li mac'a' na-oc cui'. Li
neque'banun re chi jo'can k'axal cui'chic
neque'xq'ue xch'ol chixbanunquil li
mausilal. 17 Naniman ru li tijleb li
neque'xc'ut. Chanchan nak naniman
ru junak yajel jo' li cáncer xc'aba'.
Jo'can que'xbanu laj Himeneo ut laj
Fileto. 18 Eb a'an que'xcanab xpabanquil
li tz'akal yal ut que'xpab li tic'ti'.
Neque'xye nak ac que'cuacli chi yo'yo
eb li camenak, chanqueb. Ut riq'uin
a'an cuan li yoqueb chixpo'bal ruheb
lix pabaleb. 19 Abanan li xyalal q'uebil
ke xban li Dios inc'a' naru najalman
ru. Jo'ca'in tz'ibanbil sa' li Santil Hu:
li Dios naxnau ruheb li ralal xc'ajol,
ut chixjunileb li te'xc'aba'in xc'aba' li
Kacua', tento nak te'xcanab chi junaj
cua li mausilal. 20 Sa' junak xnimal
ru cab cuan li sec' yibanbil riq'uin
oro ut plata. Ut cuan li ch'och' sec'
ut cuan ajcui' li sec' yibanbil riq'uin
che'. Cuan li chabil xc'anjel ut cuan
li yalak c'a'ru nac'anjelac cui'. 21 Cui
junak aj pabanel naraj taq'uehek' re

jun lix chabil c'anjel xban li Dios, tento
nak li jun a'an tixcanab chi junaj cua
chixjunil li mausilal. Cui tixbanu chi
jo'can, li jun a'an k'axtesinbilak chic chi
c'anjelac chiru li Kacua' ut cauresinbilak
chic chixbanunquil li chabil c'anjel.
22 Jo'can utan chatz'ektana chi junaj cua
li inc'a' us li neque'xrahi ru li toj sajeb.
Ut q'ue ach'ol chicuank sa' tiquilal ut
chatpabank chi tz'akal. Charahakeb la
cuas acuitz'in ut chatcuank sa' usilal
riq'uineb chixjunileb. Laakat jun sa'
xyankeb li tiqueb xch'ol li neque'tijoc
chiru li Dios. 23 Macua'akat jun sa'
xyankeb li neque'xcuech'i rib chirix
tontil atin li mac'a' aj e. Laat ac nacanau
nak li cuech'inc ib junes ra xic' naxq'ue.
24 Junak aj c'anjel chiru li Kacua'
macua'ak aj sic'ol ra xic'. Tulanak ban
riq'uineb chixjunileb. Cuank xna'leb
re xc'utbal li xyalal chiruheb li ras
ritz'in ut nimak xcuyum. 25 Ut sa'
tulanil chixch'olobak xyalal reheb li
neque'cuech'in rix li xyalal. Mare chan
nak li Dios tatenk'ank reheb chixyot'bal
xch'oleb, chixjalbal xc'a'uxeb re te'xnau
ru li yal. 26 Ut te'risi rib sa' ruk' laj tza
li yo chi alenc reheb re nak inc'a' chic
te'xbanu li c'a'ru naraj a'an. Ut te'suk'ik
taxak sa' li tz'akal xyalal.

Tanumtak li mausilal sa' ruchich'och' sa' roso'jiqueb li cutan

3 Nacuaj ajcui' nak tanau nak k'axal
xiu xiu li cutan te'chalk chiku nak
tanach'ok chak roso'jiqueb li cutan.
2 Eb li cristian junes reheb te'raj.
Te'xrahi ru li tumin. Te'xnimobresi
xcuanquil xjuneseb rib. Te'xk'etk'eti
ribeb. Te'hobok ut te'xk'et ratin xna'
xyucua'. Inc'a' te'tioxink ut inc'a' te'xq'ue
xcuanquil xpabanquil li Dios. 3 Mac'a'ak
rahoc riq'uineb. Mac'a'ak usilal
riq'uineb. Telaje'xyo'ob atin chi ribileb
rib. Aj k'abanelakeb. Inc'a' te'xcuy
rib. Josk'akeb ut xic' te'ril li chabilal.
4 Te'xk'axtesi li ras ritz'in sa' ruk'eb li
xic' neque'iloc reheb. Cauhakeb rib
chixbanunquil li inc'a' us. Tanumtak lix
k'etk'etileb. Inc'a' te'xra li Dios. A' ban
chic lix saylal li ruchich'och', a'an chic
li te'xra. 5 Te'xye rib nak aj pabaneleb,
abanan inc'a' te'xq'ue xcuanquil li pabal.
At Timoteo, majunaji acuib riq'uineb
a'an. 6 Sa' xyankeb a'an cuanqueb li
cuink li neque'xsic' chanru te'oc sa'
eb li cab chi balak'inc ut neque'xc'ut
lix tijleb chiruheb li ixk li mac'a'eb
xna'leb, li neque'rec'a nak aj maqueb,
ut junes li c'a'ak re ru neque'xrahi ru,
a'an li neque'xbanu. 7 Ut eb li ixk a'in
junelic yoqueb chixtzolbal li c'a'ak re
ru chi tijleb, abanan inc'a' neque'xtau
ru li xyalal. 8 Eb a cuink a'an yoqueb
chixbanunquil jo' que'xbanu laj Janes
ut laj Jambres nak que'xcuech'i rix laj
Moisés. Neque'xtz'ektana li yal. Inc'a'
useb lix na'lebeb ut mac'a' neque'oc
cui' xban nak tz'ektananbil li pabal
xbaneb. 9 Aban inc'a' ajcui' us taelk
chiruheb xban nak ch'olch'ok chiruheb
chixjunileb nak xmajelil xna'lebeb
te'xbanu cui', jo' que'xc'ul laj Janes ut laj
Jambres nak que'xcuech'i rix laj Moisés.

Laj Pablo naxq'ue xna'leb laj Timoteo

10 Abanan laat, Timoteo, ac nacanau
li tijleb ninch'olob xyalal. Xaq'ue re-
tal chanru nincuan ut li c'a'ru ninc'oxla
xbanunquil. Xaq'ue retal lin pabal ut
chanru nak nincuyuc ut chanru nin-
rahoc. Ut xaq'ue ajcui' retal chanru
xcacuilal lin ch'ol. 11 Ac xaq'ue retal
chanru nak xincuy xnumsinquil li ra xic'
ut li raylal li xinc'ul xban xyebal resil li
evangelio aran sa' eb li tenamit Antio-
quía, Iconio ut Listra. Chixjunil li ray-
lal quilajincuy xnumsinquil ut li Kacua'
xcoloc cue chiruheb chixjunil li raylal
a'an. 12 Ut yal ajcui' nak te'rahobtesik
li jo' q'uialeb li te'raj cuanc sa' tiquilal
sa' xc'aba' li Jesucristo. 13 Ut tanum-

ta̲k lix ma̲usilaleb laj balak' li inc'a'
useb xna'leb. Yo̲keb chi balak'i̲nc ut yo̲k
ajcui' xbalak'inquileb a'an. 14 A'ut la̲at,
Timoteo, junelic taxak cauhak a̲ch'o̲l
chixpa̲banquil li xya̲lal li xatzol cui'
chak a̲cuib. Ac nacanau nak tz'akal ya̲l
ut nacanau aniheb li xatzol cui' chak
a̲cuib. 15 Chalen chak toj sa' a̲ca'ch'inal
ac nacanau xsa' li Santil Hu. Nacanau
nak a'an li nac'utuc li xya̲lal chiku nak
li colba-ib natauman riq'uin xpa̲banquil
li Jesucristo. 16 Chixjunil li tz'i̲banbil sa'
li Santil Hu, a'an musik'anbil xban li
Dios ut nac'anjelac re xc'utbal chiku
li xya̲lal. Nac'anjelac re kak'usbal ut
re xq'uebal kana'leb ut naxc'ut chiku
chanru nak tocua̲nk sa' ti̲quilal. 17 Li San-
til Hu naxc'ut chiru li nac'anjelac chiru
li Dios chanru nak ta̲cua̲nk chi tz'akal
re ru lix yu'am ut naxtenk'a a'an re nak
cauresinbilak chi tz'akal re xba̲nunquil
chixjunil li cha̲bil c'anjel.
4 Nintz'a̲ma cha̲cuu sa' xc'aba' li Dios
nak ta̲ch'olob li xya̲lal. Ut nintz'a̲ma
ajcui' sa' xc'aba' li Ka̲cua' Jesucristo, li
ta̲rakok a̲tin sa' xbe̲neb li yo'yo̲queb ut li
camenakeb nak ta̲cha̲lk cui'chic riq'uin
lix nimal xcuanquil. 2 La̲in nintz'a̲ma
cha̲cuu nak ta̲ch'olob xya̲lal li ra̲tin
li Dios. Chayal a̲k'e chixba̲nunquil chi
junelic usta naxq'ue rib cha̲cuu usta
inc'a'. Chatijeb ut chak'useb. Chaq'ue
xcacuilal xch'o̲leb ut chicua̲nk a̲cuyum
ut inc'a' ta̲canab xc'utbal li xya̲lal
chiruheb. 3 Tento nak ta̲c'ut li xya̲lal
chiruheb xban nak ta̲cuulak xk'ehil nak
inc'a' chic te'raj rabinquil li tijleb tz'akal
ya̲l. A' chic li jun tu̲beb chi aj tzolonel,
a'an chic li te'xta̲ke re nak ta̲yehek' re-
heb c'a'ru li te'raj rabinquil ut a'an chic
li te'xq'ue xch'o̲l chirabinquil. 4 Inc'a' chic
te'raj rabinquil lix ya̲lal. A' chic li serak'
li ma̲c'a' na-oc cui', a'an chic li te'raj ra-
binquil. 5 A'ut la̲at, Timoteo, chaq'uehak
retal chi us li c'a'ru ta̲ba̲nu. Chacuyak
xnumsinquil li raylal ut chajultica̲k re-
sil li santil evangelio ut chaba̲nuhak la̲
c'anjel chi tz'akal. 6 Ut la̲in, sa' xc'aba' li
Ka̲cua' ta̲osok' lin yu'am jo' jun li mayej
chiru. Yo̲ chi cuulac xk'ehil nak tincam-
si̲k. 7 Xinyal ink'e chixba̲nunquil li cha̲-
bil c'anjel. Xinq'ue inch'o̲l chixba̲nunquil
chi tz'akal li tenebanbil sa' inbe̲n xba̲-
nunquil ut chi anchal inch'o̲l xinpa̲ban.
8 Anakcuan ca'aj chic lin ma̲tan nacuoy-
beni li naq'uehe' reheb li ti̲queb xch'o̲l.
Li Ka̲cua' li narakoc a̲tin sa' ti̲quilal, a'an
ta̲q'uehok cue sa' li cutan nak tol-e̲lk
cui'chic. Ut moco ca'aj cui' ta cue la̲in
tixq'ue. Tixq'ue aj ban cui' reheb chixju-
nileb li yo̲keb chi oybeni̲nc re lix c'ulunic
chi anchaleb xch'o̲l.

Laj Pablo naxye re laj Timoteo c'a'ru tixba̲nu

9 Cha̲lkat chicuilbal chi junpa̲t.
10 Cuanquin injunes arin. Laj Demas
xinixcanab xban xrahinquil ru li c'a'ak
re ru cuan sa' ruchich'och' ut xco̲ sa' li
tenamit Tesalónica. Laj Crescente xco̲
Galacia chi c'anjelac ut laj Tito xco̲ sa'
li na'ajej Dalmacia. 11 Chixjunileb li
neque'tenk'an cue ma̲ aniheb chic. Ca'aj
chic laj Lucas cuan cuiq'uin. Jo'can nak
nintz'a̲ma cha̲cuu nak ta̲nume'bok chak
laj Marcos ut ta̲c'am chak cha̲cuix nak
tatcha̲lk. A'an tinixtenk'a chi cha̲bil
sa' li c'anjel. 12 Ut laj Tíquico xintakla
sa' li tenamit Efeso. 13 Nak tatcha̲lk,
chac'amak chak cue li capa quincanab
chak sa' li tenamit Troas sa' rochoch
laj Carpo. Ut chac'amak ajcui' chak li
hu. Li k'axal nacuaj ru, a'an li tz'u̲m li
tz'i̲banbil ru. 14 Laj Alejandro, laj tenol
ch'i̲ch', nabal chi raylal xba̲nu cue. Li
Ka̲cua', a'an li ta̲k'ajca̲mu̲nk re riq'uin
li c'a'ru naxba̲nu. 15 Chacolak ajcui'
a̲cuib la̲at chiru a'an xban nak k'axal xi̲c'
narabi resil li colba-ib li nakaye. 16 Nak
quinboke' xbe̲n cua riq'uin laj rakol a̲tin,
ma̲ ani quia̲tinac chicuix. Quine'xcanab
injunes chixjunileb. Miq'uehe' ta li ma̲c

a'in sa' xbe̱neb. 17 Abanan li Ka̱cua'
quitenk'an cue ut quixq'ue xcacuilal
inch'o̱l re xjulticanquil chi tz'akal resil li
colba-ib re nak chixjunileb li ma̱cua'eb
aj judío te'rabi resil li evangelio.
Jo'can nak quincole' sa' ruk' li cakcoj.
18 Ut li Ka̱cua' ta̱colok cue chiru li
ma̱usilal neque'xc'oxla xba̱nunquil
cue ut tinixc'am sa' lix nimajcual
cuanquilal aran sa' choxa. A'an taxak
chilok'onima̱nk chi junelic k'e cutan.
Jo'can taxak.

Laj Pablo naxtakla xsahil xch'o̱leb laj pa̱banel li cuanqueb Efeso

19 Chaq'ueheb xsahil xch'o̱leb lix
Prisca ut laj Aquila jo'queb ajcui'
chixjunileb li cuanqueb sa' rochoch laj
Onesíforo. 20 Laj Erasto quicana chak
aran Corinto. Ut laj Trófimo toj yaj
nak quincanab sa' li tenamit Mileto.
21 K'axal us cui tatcha̱lk nak toj ma̱ji'
naticla li habalk'e. Xtakla xsahil a̱ch'o̱l
laj Eubulo, jo'queb ajcui' laj Pudente,
laj Lino, lix Claudia ut chixjunileb li
herma̱n li cuanqueb arin. 22 A' taxak li
Ka̱cua' chicua̱nk a̱cuiq'uin. Ut a' taxak
li rusilal li Dios chicua̱nk e̱riq'uin la̱ex
che̱junilex. Jo'can taxak.

Li Hu li Quixtz'iba li San Pablo re laj Tito

Laj Pablo naxq'ue xsahil xch'ol laj Tito

1 Lain laj Pablo. Yoquin chi tz'ibac
acuiq'uin, at Tito. Ninc'anjelac chiru
li Dios ut lain x-apóstol li Jesucristo.
Xakabanbilin xban li Jesucristo re
xtenk'anquileb li sic'bileb ru xban li Dios
re nak tz'akalak re ru lix pabaleb. Ut
xakabanbilin re xtenk'anquileb re nak
te'xtau ru chi tz'akal li xyalal li colba-ib
ut taticobresik lix ch'oleb. 2 Ninch'olob
li xyalal a'in chiruheb re nak te'pabank
ut te'xyo'oni li junelic yu'am. Najter
k'e cutan li Dios quixyechi'i chak li
junelic yu'am. Li Dios inc'a' natic'ti'ic.
3 Nak quicuulac xk'ehil li Dios laj Colol
ke quixc'utbesi li xyalal li colba-ib
chiku. Tenebanbil sa' inben xban li
Dios xch'olobanquil xyalal li colba-ib
yalak bar. 4 Yoquin chi tz'ibac acuiq'uin,
at Tito. Laat chanchanat tz'akal cualal
sa' xc'aba' li kapabal. Chicuank taxak
acuiq'uin li usilal ut li tuktuquilal li
naxq'ue li Dios li kaYucua' ut li naxq'ue
li Jesucristo laj Colol ke.

Li c'anjel tenebanbil sa' xben laj Tito

5 Xatincanab aran sa' li tenamit Creta
re nak tac'ub ru li c'a'ru toj yibac naraj
ut re nak taxakabeb li te'c'amok be
chiruheb laj pabanel sa' li junjunk chi
tenamit. Jo' xinye acue, jo'can tabanu.
6 Ticak xch'ol li ani taxakab re nak mac'a'
tayehek' chirixeb. Junak ajcui' li rix-
akil ut aj pabanelakeb li ralal xc'ajol.
Chabilakeb xna'leb ut te'abink chiruheb
lix na' xyucua'. 7 Li ani nac'amoc be
chiruheb laj pabanel, li jun a'an aj c'anjel
chiru li Dios. Jo'can nak tento nak ti-
cak xch'ol re nak ma ani taatinak chirix.
Moco k'etk'etak ta ut moco ch'inpo'ak
ta, chi moco tacalak, chi moco tapletik.
Ut macua'ak aj rahol ru biomal, chi
moco tixsic' xtumin riq'uin balak'ic. 8 Ju-
nak aj c'anjel chiru li Dios naxc'uleb li
rula' chi sa sa' xch'ol ut nasaho' ajcui'
sa' xch'ol riq'uineb li neque'banun re li
us. Laj c'anjel chiru li Dios toj naxc'oxla
chi us li c'a'ru naxbanu ut junelic cuank
sa' usilal riq'uineb li ras ritz'in. Tic
xch'ol ut naxcuy xnumsinquil li raylal
ut li alec. 9 Inc'a' nach'inan xch'ol sa'
lix pabal. Naxpab ban chi anchal xch'ol
li xyalal li quic'ute' chiru re nak tix-
nau xch'olobanquil li xyalal chiruheb
li rech aj pabanelil ut tixnau xq'uebal
xna'lebeb li neque'cuech'in re li c'a'ru
naxye. 10 Chaq'uehak retal ani taxakab
chok' aj c'amol be xban nak nabaleb
li inc'a' neque'xtau xyalal. Neque'atinac
chi mac'a' rajbal ut neque'xbalak'i li
tenamit. K'axal cui'chic nabaleb jo'caneb
xna'leb sa' xyankeb li kech aj pabanelil
aj judío. 11 Eb a'an tento xk'usbaleb
re nak te'xcanab li balak'inc. Yoqueb
xpo'bal xch'oleb li junk cabal riq'uin
xc'utbal li moco yal ta. Riq'uin balak'inc
neque'xtau lix tumineb. 12 Eb laj Creta
que'xq'ue jun li cuink aj k'e chok' xpro-
feteb. Li cuink a'an quixye chi jo'ca'in
chirixeb li rech tenamitil: laj Creta
junes tic'ti'ic neque'xbanu. Chanchaneb
li josk' aj xul. Eb a'an aj num cua'ineleb
ut inc'a' neque'raj trabajic, chan. 13 Ut
yal ajcui' li quixye. Jo'can nak cau
chak'useb re nak te'cacuuk xch'oleb sa'
lix pabaleb. 14 Chak'useb re nak inc'a'
te'xpab li tic'ti' li neque'xyo'ob laj judío
chi moco che'xpab lix chak'rabeb li cuink
li neque'tz'ektanan re li tz'akal yal. 15 Li
tiqueb xch'ol, chixjunil li c'a'ak re ru cha-
bil chiruheb xban nak neque'xsic' li c'a'ru
chabil. A'ut eb li inc'a' tiqueb xch'ol,
mac'a' c'a'ru us chiruheb xban nak num-
tajenak xyibal ru lix na'lebeb ut inc'a' us
lix c'a'uxeb. 16 Neque'xye nak neque'xpab
li Dios, aban riq'uin li c'a'ru neque'xbanu
nac'utun nak moco yal ta. Aj k'etoleb

ra̱tin li Dios ut k'axal yibru lix na'lebeb.
Inc'a' useb. Ma̱c'a' junak cha̱bil c'anjel
ta̱ru̱k te'xba̱nu.

Laj Tito tenebanbil sa' xbe̱n xq'uebal xna'leb laj pa̱banel

2 Abanan li c'a'ru ta̱ch'olob chiruheb
laj pa̱banel, chaq'uehak retal re
nak a'an tz'akal lix ya̱lal li ta̱ch'olob
chiruheb. 2 Chaq'ueheb xna'leb li
che̱quel cui̱nk re nak inc'a' te'cala̱k ut
cha̱bilakeb xna'leb. Toj che'xc'oxla chi
us li c'a'ru te'xba̱nu ut che'pa̱ba̱nk chi
anchaleb xch'o̱l. Chixjunil li te'xba̱nu,
che'xba̱nuhak xban nak neque'xra li
ras ri̱tz'in ut che'xcuyak li raylal. 3 Ut
chaq'ueheb ajcui' xna'lebeb li che̱quel
ixk. Chic'utu̱nk lix lok'aleb riq'uin lix
ti̱quilal xch'o̱leb. Inc'a' te'xyo'ob a̱tin
chirixeb li ras ri̱tz'in ut inc'a' te'cala̱k.
A'anakeb ban chic aj c'amol be sa'
li ti̱quilal. 4 Riq'uin lix cha̱bilal li
che̱quel ixk te'xc'ut chiruheb li ixakilbej
li toj sa̱jeb nak te'xra lix be̱lom jo'
ajcui' lix coc'aleb. 5 Te'xc'ut chiruheb
nak cha̱bilakeb xna'leb, ti̱cakeb lix
ch'o̱leb ut te'ril lix jun cablal chi us.
Cha̱bilakeb ut che'pa̱ba̱nk chiru lix
be̱lomeb. Che'cua̱nk sa' xya̱lal re nak
inc'a' ta̱sachma̱nk xcuanquil li colba-ib
q'uebil ke xban li Dios. 6 Ut chaq'ueheb
ajcui' xna'lebeb li sa̱j cui̱nk re nak
te'xc'oxla chi us li c'a'ru te'xba̱nu re
nak te'cua̱nk sa' ti̱quilal. 7 Ut riq'uin
chixjunil li c'a'ak re ru ta̱ba̱nu, la̱at
tatc'amok be chiruheb sa' ti̱quilal.
Chi anchalak a̱ch'o̱l ut cha̱bilak la̱
yu'am nak ta̱c'ut li xya̱lal chiruheb.
8 Ut nak tat-a̱tinak, tz'akal re ru li
c'a'ru ta̱ye re nak ma̱ ani ta̱cuech'i̱nk
rix li c'a'ru ta̱ye. Chi jo'can te'xuta̱na̱k
li xic' neque'iloc ke ut ma̱c'a' c'a' re
ru naru te'xye chikix la̱o aj pa̱banel.
9 Chaq'ueheb ajcui' xna'lebeb li mo̱s re
nak che'abi̱nk chiruheb lix patroneb.
Inc'a' te'sume̱nk. Che'xba̱nuhak ban li
c'a'ru ta̱yehek' reheb re nak sahakeb
sa' xch'o̱l lix patrón riq'uineb. 10 Inc'a'
che'relk'a li c'a'ru reheb lix patroneb.
Che'xba̱nuhak ban lix c'anjel chi
cha̱bil ut chi anchalakeb xch'o̱l re nak
ta̱q'uehek' xlok'al li resilal li Dios li
kaColonel riq'uin chixjunil li te'xba̱nu.
11 Li Dios quixc'utbesi lix nimal ruxta̱n
re xcolbaleb chixjunileb li cuanqueb
jun sut rubel choxa. 12 Lix nimal
ruxta̱n li Dios naxc'ut chiku nak li
Dios naraj nak takacanab xba̱nunquil
li ma̱usilal. Chikacanab xba̱nunquil li
inc'a' us li naxrahi ru li kach'o̱l. Sa'
xya̱lal ban chikanumsihak li cutan sa'
li ruchich'och' a'in. Tocua̱nk sa' ti̱quilal
riq'uineb li kas ki̱tz'in ut chikaba̱nuhak
taxak li naraj li Dios. 13 Jo'can taxak
yo̱ko nak yo̱ko chiroybeninquil li lok'laj
cutan nak tol-e̱lk cui'chic li Jesucristo li
nakayo'oni. Sa' li cutan a'an ta̱c'utbesi̱k
chiku lix lok'al li kanimajcual Dios,
li Jesucristo laj Colol ke. 14 A'an
quixk'axtesi rib chi ca̱mc sa' kac'aba'
la̱o re nak tocolek' chiru li ma̱usilal.
Quixba̱nu a'an re xti̱cobresinquil li
kach'o̱l ut re nak chikaq'uehak kach'o̱l
chixba̱nunquil li us. 15 Chixjunil li
na'leb a'in li yo̱quin xtz'i̱ban-quil
a̱cuiq'uin, a'an li ta̱ch'olob chiruheb.
Chaq'ueheb xna'leb ut chak'useb cui
inc'a' us yo̱queb xban nak tenebanbil sa'
a̱be̱n xban li Dios xba̱nunquil. Ut ma̱
ani chitz'ekta̱na̱nk a̱cue.

Li c'a'ru us te'xba̱nu laj pa̱banel

3 Chajultica ajcui' chiruheb nak
che'pa̱ba̱nk chiru li acuabej. Ut
che'pa̱ba̱nk ajcui' chiruheb chixjunileb
li cuanqueb sa' xcuanquil. Ut se̱bak
xch'o̱leb chixba̱nunquil li cha̱bil c'anjel.
2 Ut chaye ajcui' reheb nak inc'a'
te'xyo'ob a̱tin chirixeb li ras ri̱tz'in
ut inc'a' te'cuech'i̱nk. K'unakeb ban
xch'o̱l ut cha̱bilakeb. Ut che'cua̱nk sa'
usilal riq'uineb chixjunileb li ras ri̱tz'in.

3 La̱o junxil inc'a' us li kana'leb nak
xocuan chak. Xkak'et ra̱tin li Dios ut
inc'a' xo-abin chiruheb li cuanqueb
xcuanquil. Xkaq'ue kib chi balak'i̱c.
Xkaba̱nu chak li ma̱usilal li naxrahi ru li
kach'o̱l. Xkanumsi li cutan xba̱nunquil li
ma̱usilal. Xocakalin ut xic' nakil kib chi
kibil kib. 4 Abanan quicuulac xk'ehil nak
li Dios laj Colol ke quixc'utbesi chiku
li rusilal ut li ruxta̱n. 5 Li Dios xoxcol
ut xorisi sa' li kanajter na'leb. Ma̱cua'
xban kayehom kaba̱nuhom chi moco
xban lix ti̱quilal li kach'o̱l. Yal xban lix
nimal ruxta̱n li Dios nak coxcol. Cuybil
sachbil chic li kama̱c ut ac'obresinbil
chic li kayu'am xban li Santil Musik'ej.
6 Xban nak li Jesucristo quicam re
kacolbal, numtajenak li kosobtesinquil
xban li Dios nak quixq'ue chak li Santil
Musik'ej chi cua̱nc kiq'uin. 7 Jo'ca'in
quixba̱nu re nak ta̱ti̱cok' li kach'o̱l xban
xnimal rusilal li Dios ut take̱chani li
junelic yu'am li yo̱co chiroybeninquil.
8 Li a̱tin a'in li xinye a̱cue, a'an li tz'akal
ya̱l. La̱in nacuaj nak ta̱ch'olob li xya̱lal
a'in chiruheb li ac xe'xpa̱b li Dios re nak
te'xq'ue xch'o̱l chi c'anjelac sa' cha̱bilal.
Li xya̱lal a'in k'axal cha̱bil ut ta̱c'anjelak
chiruheb chixjunileb. 9 Ma̱tz'il rix li
c'a'ak re ru chi a̱tinul li ma̱c'a' rajbal ut
ma̱cuech'i rix lix xe' xto̱nal li junju̱nk.
Ut ma̱cuech'i rix li chak'rab li quiq'uehe'
re laj Moisés. Ma̱c'a' aj e xba̱nunquil
a'an xban nak li cuech'i̱nc ma̱c'a' na-oc
cui'. 10 Ut cui junak cui̱nk aj po'ol
ch'o̱lej yo̱ chi tacchi'i̱nc sa' xya̱nkeb laj
pa̱banel, ta̱q'ue xna'leb jun sut malaj
cuib sut ut cui inc'a' na-abin cha̱cuu,
inc'a' chic texcua̱nk sa' comonil riq'uin.
11 Nanauman nak li jun a'an ac xpo'
xch'o̱l ut nama̱cob xban nak naraj
tixpo' xch'o̱leb laj pa̱banel. A'an raylal
naxc'am chak sa' xbe̱n xjunes rib.

Laj Tito quiyehe' re c'a'ru tixba̱nu

12 Tintakla a̱cuiq'uin laj Artemas malaj
ut laj Tíquico. Nak ta̱cuulak a̱cuiq'uin,
tatxic chi junpa̱t Nicópolis. Aran toxina̱-
tau xban nak ninc'oxla nak us tinnumsi
li habalk'e aran. 13 Chaq'ue a̱ch'o̱l chix-
tenk'anquileb nak te'e̱lk aran laj Apo-
los jo' ajcui' laj Zenas laj na'ol chak'rab.
Chatenk'aheb nak te'xic re nak cua̱nk
c'a'ru reheb ut ma̱c'a' chipaltok reheb.
14 Eb li kech aj pa̱banelil tento nak
te'xtzol rib xba̱nunquil li usilal ut te'xtzol
ajcui' xtenk'anquileb li tenk'a̱c te'raj re
nak inc'a' ta̱cana̱k chi ma̱c'a' rajbal lix
pa̱ba̱leb.

Xq'uebal xsahil xch'o̱leb laj pa̱banel

15 Chixjunileb li cuanqueb cuochben
neque'xtakla xsahil a̱ch'o̱l. Ut chaq'ue
ajcui' xsahileb xch'o̱l li kech aj pa̱banelil.
Nakara kib chi kibil kib xban nak ju-
naj li kapa̱ba̱l. A' taxak li rusilal li
Dios chicua̱nk e̱riq'uin che̱junilex. Jo'can
taxak.

Li Hu li Quixtz'iba li San Pablo re laj Filemón

Xq'uebal xsahileb xch'ol

1 Lain laj Pablo. Cuanquin chi
prexil sa' xc'aba' li Jesucristo.
Cuochben li kaherman Timoteo yoquin
chixtz'ibanquil li hu a'in, at Filemón.
Laat kech aj c'anjelil chiru li Cristo ut
rarocat kaban. 2 Li hu a'in re ajcui' lix
Apia, li kech aj pabanelil ut reheb ajcui'
laj pabanel li neque'xch'utub rib sa' la
cuochoch chixlok'oninquil li Dios, ut re
ajcui' laj Arquipo li kech aj pabanelil.
A'an li qui-ochbenin chak ke sa' li c'anjel
chixyebal resil li colba-ib. 3 Chicuank
taxak eriq'uin li usilal ut li tuktuquilal li
naxq'ue chak ke li Dios li kaYucua' ut li
naxq'ue li Kacua' Jesucristo.

Tz'akal re ru lix pabal laj Filemón

4 Junelic ninbantioxi chiru lin Dios
nak nintijoc chacuix. 5 Ninbantioxi chiru
li Dios nak nacuabi resil nak naca-
pab chi tz'akal li Jesucristo ut ninban-
tioxi chiru nak nacaraheb chixjunileb
laj pabanel. 6 Ut nintz'ama ajcui' chiru
li Dios nak tatxtenk'a re nak tac'utunk
chanru la pabal. Ut nak te'ril li rusi-
lal li Jesucristo cuan acuiq'uin, te'q'uik
sa' xpabaleb. 7 At inherman, c'ajo' nak
nasaho' ut nac'ojla inch'ol nak xcuabi re-
sil chanru nak nacaraheb laj pabanel ut
nacaq'ue xcacuilal xch'oleb.

Laj Pablo quixtz'ama chiru laj Filemón nak tixcuy xmac laj Onésimo

8 Anakcuan nacuaj xtz'amanquil jun
usilal chacuu. Lain la herman sa' xc'aba'
li Cristo ut cuan incuanquil chixyebal
acue c'a'ru tabanu. 9 Abanan inc'a' tin-
min acuu chixbanunquil. Tintz'ama ban
li usilal chacuu xban nak nakara kib.
Lain ac xintix ut cuanquin chi prexil
sa' xc'aba' li Cristo. 10 Li usilal nintz'ama
chacuu, a'an chirix laj Onésimo. Chan-
chan li cualal chicuu nak cuan xban nak
chicuu quixpab li Jesucristo nak cuan-
quin chi prexil. 11 Junxil laj Onésimo
inc'a' quic'anjelac chi us chacuu. Abanan
anakcuan chabil aj c'anjel chic chacuu
laat ut chicuu ajcui' lain. 12 Tintakla
cui'chic acuiq'uin ut nak tac'ul a'an,
chanchan ajcui' nak tinac'ul lain. 13 Lain
xcuaj raj nak xcana ta cuiq'uin. Naru
raj tac'anjelak chicuu chok' acuuchil laat
nak cuanquin chi prexil xban xyebal resil
li colba-ib. 14 Abanan inc'a' nacuaj xmin-
bal acuu chixbanunquil li usilal a'in.
Nacuaj ban nak tabanu a'an chi an-
chal ach'ol. Jo'can nak mac'a' xinbanu
chi inc'a' ta tanau laat. 15 Cuan xyalal
nak qui-el jarubak cutan acuiq'uin. Mare
lix yalal a'an nak quijala lix yu'am ut
anakcuan tacuank acuiq'uin chi junelic.
16 Anakcuan macua' chic jo' lok'bil mos
nak tacuank acuiq'uin. Anakcuan k'axal
lok' chic chiru junak mos xban nak
anakcuan aherman chic sa' xc'aba' li Je-
sucristo. Raro inban lain, ut laat k'axal
cui'chic nak tara xban nak amos ut aher-
man ajcui' sa' xc'aba' li Kacua'. 17 Laat
nacanau nak lain acuech aj c'anjelil.
Jo'can nak chac'ulak laj Onésimo jo' nak
niquinac'ul lain. 18 Ut cui cuan junak
xmac chacuu, chaq'uehak sa' inben lain.
Ut cui cuan xc'as acuiq'uin, lain tintoj lix
c'as chacuu. 19 Lain laj Pablo. Ut riq'uin
cuuk' yoquin chixtz'ibanquil li atin a'in.
Lain tintojok re chacuu. Ut lain naru raj
tinye acue nak k'axal cui'chic cuan la c'as
chicuu. Laat cuan la yu'am chi junelic
xban nak lain xinch'olob xyalal chacuu.
20 Jo'can ut herman, banu li usilal a'in sa'
xc'aba' li Kacua'. Ut li usilal nintz'ama
chacuu, a'an nak tac'ul laj Onésimo
sa' xyalal. Chac'ojob taxak inch'ol xban
nak lao aj pabanel ut kacomon kib
sa' xc'aba' li Jesucristo. 21 Nintz'ibac
acuiq'uin xban nak ninnau chi yal nak

ta̱ba̱nu li usilal cue. Ut ninnau ajcui'
nak li ta̱ba̱nu, a'an k'axal cui'chic na-
bal chiru li nintz'a̱ma cha̱cuu.
22 Ut
nintz'a̱ma ajcui' cha̱cuu nak ta̱cauresi
li cuochochnal. Yo̱quin chixyo'oninquil
nak tinxic cui'chic e̱riq'uin jo' yo̱quex
chixtz'a̱manquil chiru li Dios.

Eb laj pa̱banel neque'xtakla xsahil xch'o̱l laj Filemón

23 Laj Epafras cuochben chi pre̱xil sa'
xc'aba' li Jesucristo. A'an naxtakla ajcui'
xsahil a̱ch'o̱l.
24 Ut neque'xtakla ajcui'
xsahil a̱ch'o̱l laj Marcos, laj Aristarco,
laj Demas ut laj Lucas. Cuochbeneb a'an
nak yo̱co chi c'anjelac chiru li Jesucristo.
25 A' taxak li rusilal li Ka̱cua' Jesucristo
chicua̱nk e̱riq'uin. Jo'can taxak.

Li Hu reheb laj Hebreo

Li C'ajolbej naxcutanobresi chiku li xlok'al li Acuabej Dios

1 Najter k'e cutan li Ka̱cua' Dios q'uila sut quixtaklaheb chak li profeta chixyebal li ra̱tin riq'uineb li kaxe'to̱nil yucua'. Quixsiq'ui xya̱lal chanru nak tixch'olob xya̱lal chiruheb. 2 Aban anakcuan ma̱cua'eb chic li profeta neque'yehoc re li ra̱tin li Dios. A' chic li Dios C'ajolbej. Sa' xc'aba' a'an, li Dios quixyi̱b li ruchich'och' ut chixjunil li c'a'ak re ru cuan. Chixjunil li quixyi̱b quicana sa' ruk' li Dios C'ajolbej. 3 Li Ralal li Dios, a'an nacutanobresin re lix lok'al li Acuabej Dios. Ut a'an ajcui' nac'utuc chiku chanru lix na'leb. Li Ralal li Dios, a'an nacu̱tun re li ruchich'och' riq'uin lix cuanquilal li ra̱tin xban nak a'an yal re sa' xbe̱n li ruchich'och'. Ut nak ac xmayeja rib re risinquil li kama̱c, li Ralal li Dios co̱ sa' choxa ut quic'ojla sa' xnim uk' li Dios Acuabej, li k'axal nim xcuanquil.

Li Dios C'ajolbej k'axal nim xcuanquil chiruheb li ángel

4 Li cuanquil quiq'uehe' re k'axal nim cui'chic chiru xcuanquileb li ángel xban nak a'an li Ralal li Dios. Lix c'aba' quiq'uehe' xban li Acuabej Dios, a'an k'axal lok' cui'chic chiru lix c'aba'eb li ángel. 5 Nakanau nak k'axal lok' xban nak li Dios ma̱ jun cua quixye re junak ángel:

La̱at li cualal; anakcuan xinq'ue a̱cuanquil. (Sal. 2:7)

Chi moco quixye ta chirix junak ángel:

La̱inak lix yucua' ut a'anak li cualal. (2 Sam. 7:14)

6 Nak quixtakla chak li junaj chi Ralal sa' ruchich'och', li Dios quixye:

Chilok'oni̱k ru xbaneb chixjunileb li ángel.

7 Quixye cui'chic li Dios chirixeb li ángel:

Xinyi̱beb lin ángel chanchaneb li ik' ut chanchaneb ajcui' li rak' xam nak neque'c'anjelac chicuu. (Sal. 104:4)

8 Aban li Dios quixye re li C'ajolbej:

La̱ nimajcual cuanquilal, at Dios, xakxo̱k chi junelic k'e cutan. Junelic sa' ti̱quilal nacattaklan.
9 Li ti̱quilal nacuulac cha̱cuu ut li ma̱usilal xic' nacacuil. Jo'can nak sic'bil a̱cuu inban la̱in li nimajcual Dios. La̱in la̱ Dios. K'axal numtajenak li sahil ch'o̱lej xinq'ue a̱cue la̱at chiru li xinq'ue reheb chixjunileb la̱ cuech aj c'anjelil. (Sal. 45:6-7)

10 Li Dios quixye cui'chic re li C'ajolbej:

La̱at, at Ka̱cua', sa' xticlajic cayi̱b li ruchich'och' ut riq'uin ajcui' a̱cuuk' cayi̱b li choxa.
11 Eb a'an te'osok' aban la̱at cua̱nkat chi junelic. Chixjunil a'an te'k'elok' jo' li t'icr.
12 Junak t'icr na-oso' ut najalman. Jo'can ajcui' nak ta̱osok' li ruchich'och' ut li choxa.
Aban la̱at inc'a' nacatjale'. Cua̱nkat ban chi junelic k'e cutan. (Sal. 102:25-27)

13 Li Dios ma̱ jun cua quixye re junak ángel jo' quixye re li Ralal:

Tatc'ojla̱k sa' innim uk' toj retal tinq'ueheb rubel la̱ cuok li xic' neque'iloc a̱cue. (Sal. 110:1)

14 Inc'a' quixye a'an reheb li ángel xban nak li ángel yal musik'ejeb chi c'anjelac chiru li Dios. Li Dios nataklan chak reheb chixtenk'anquileb li te'e̱chani̱nk re li colba-ib.

Li colba-ib k'axal lok'

2 Xban nak li Cristo k'axal lok' chiruheb li ángel, jo'can nak takaq'ue kach'o̱l chixpa̱banquil li c'a'ru xkabi, re nak inc'a' ta̱sachk sa' kach'o̱l lix ya̱lal. 2 Li esilal yebil xbaneb li ángel

tz'akal ya̲l ut eb li inc'a' que'pa̲ban ut
eb li que'xk'et li chak'rab, que'xc'ul
xtojbal xma̲queb jo' xc'ulubeb. 3 Cui
eb a'an que'xc'ul xtojbal xma̲c, ¿chan
put ru nak tocolek' la̲o chiru li tojba
ma̲c cui nakatz'ekta̲na li lok'laj colba-ib
li quixyechi'i ke li Ka̲cua' Jesucristo?
Li Jesucristo quixyechi'i ke li kacolbal
k'axal lok'. Ut chirix a'an, eb li que'abin
re li ra̲tin, a'an eb ajcui' que'ch'oloban
lix ya̲lal chiku. 4 Li Dios quixc'ut chiku
nak tz'akal ya̲l a'an riq'uineb li retalil
ut li milagro li quilajxba̲nu riq'uin lix
nimal xcuanquilal. Ut naxc'ut ajcui'
chiku nak ya̲l xban nak naxq'ue li Santil
Musik'ej reheb li junju̲nk. Jo'can nak ac
xma̲tan xma̲tan li junju̲nk jo' naraj li
Dios.

Li Ka̲cua' Jesucristo quitz'ejcualo' re kacolbal

5 Yo̲co chi a̲tinac chirix li ac'
ruchich'och' li ta̲cha̲lk. Li Dios inc'a'
quixq'ue xcuanquileb li ángel re nak
te'takla̲nk sa' xbe̲n a'an. 6 Jo'ca'in
tz'i̲banbil sa' li Santil Hu:

At inDios, li cui̲nk ma̲c'a' xcuanquil.
¿C'a'ut nak nacac'oxlaheb? Li cui̲nk
ma̲c'a'eb xcuanquil. ¿C'a'ut nak
nacaq'ue a̲ch'o̲l chirixeb?
7 Xacubsi ca'ch'in xcuanquil chiruheb li
ángel. Abanan xaq'ue xnimal xlok'al.
Ut xaxakab xcuanquil sa' xbe̲neb la̲
c'anjel xaba̲nu riq'uin a̲cuuk'.
8 La̲at xaq'ue chixjunil li c'a'ak re ru rubel
xcuanquil li cui̲nk. (Sal. 8:4-6)

Ut nak li Dios quixq'ue chixjunil li
c'a'ak re ru rubel xcuanquil li cui̲nk,
ma̲c'a' cuan inc'a' ta napa̲ban chiru. A'ut
anakcuan toj ma̲ji' nakil nak chixjunil
li c'a'ak re ru cuan neque'pa̲ban chiru.
9 Abanan nakaq'ue retal chanru nak li
Jesucristo quinima̲c ru ut quiq'uehe'
xlok'al. Usta quicubsi̲c xcuanquil
jarubak cutan chiruheb li ángel,
nak quitz'ejcualo', quiq'uehe' xlok'al
xban li raylal quixc'ul nak quicam sa'
kac'aba' la̲o. Xban lix nimal rusilal li
Dios, li Jesucristo quicam re xcolbal
chixjunileb li cuanqueb sa' ruchich'och'.
10 Riq'uin xc'ulbal li raylal, li Jesucristo
quitz'akobresi̲c ru chiru li Dios. Li
Ka̲cua' Dios quiyi̲ban re chixjunil li
c'a'ak re ru. Xban a'an nak a' li Dios
yal re sa' xbe̲n. Jo'can nak quixtakla
chak li Jesucristo chi xc'ulbal li raylal
ut quicam re xtojbal rix li kama̲c. Ut
a'an ajcui' laj c'amol be chiruheb li
ralal xc'ajol li te'tz'ako̲nk sa' lix lok'al.
11 La̲o nocosantobresi̲c xban li Ka̲cua'
Jesucristo. La̲o ut li Jesucristo junaj
ajcui' li kachoxahil Yucua'. Xban a'an
li Jesucristo inc'a' naxuta̲na̲c chixyebal
nak la̲o lix herma̲n. 12 Quixye chi
jo'ca'in:

At inYucua', tinch'olob a̲cuesilal
chiruheb lin herma̲n. Sa' xya̲nkeb
li ch'utch'u̲queb tinbicha la̲ lok'al.
(Sal. 22:22) 13 Ut quixye cui'chic:
Cauhak inch'o̲l riq'uin li Dios.

Ut quixye ajcui':

Cue'quin arin la̲in, cuochbeneb li ralal
xc'ajol li Dios li xk'axtesi sa' cuuk'.
(Is. 8:17-18)

14 Ya̲l nak la̲o ut li Jesucristo ju-
naj li kachoxahil Yucua'. Li Jesucristo
quitz'ejcualo' jo' la̲o. Quicuan xquiq'uel.
Quicuan xbakel ut xtibel. Li Jesucristo
quicam. Riq'uin lix camic, li Ka̲cua' Je-
sucristo quixsach xcuanquil laj tza, xban
nak sa' xc'aba' laj tza nak cuan li ca̲mc.
15 Chalen chak sa' kayo'lajic, nakaxucua
ru li ca̲mc. Aban riq'uin lix camic li
Ka̲cua' Jesucristo quirisi li kaxiu chiru
li ca̲mc. 16 Relic chi ya̲l li Ka̲cua' Je-
sucristo inc'a' quichal chixtenk'anquileb
li ángel. Quichal ban chixtenk'anquileb
li ralal xc'ajol laj Abraham. (Ut la̲o
ajcui' ralal xc'ajol laj Abraham, xban
nak nakapa̲b li Cristo.) 17 Xban nak
li Jesucristo quic'ulun chixtenk'anquileb
li cuanqueb sa' ruchich'och' tento nak

quitz'ejcualo' jo' eb lix herma̱n. Chi ya̱l
nak quitz'ejcualo' re nak ta̱ruxta̱na ku
ut tixtoj rix li kama̱c. Li Jesucristo
a'an lix yucua'il aj tij chi c'anjelac
chiru li Dios. 18 Li Ka̱cua' Jesucristo
quixc'ul li raylal ut quiyale' ra̱lenquil.
Aban, inc'a' quixq'ue rib chi a̱le̱c. Jo'can
nak nim xcuanquil chixtenk'anquileb li
neque'yale' ra̱lenquil.

K'axal nim xcuanquil li Ka̱cua' Jesucristo chiru xcuanquil laj Moisés

3 Ex herma̱n, la̱ex sic'bil e̱ru xban li
Dios chok' ralal xc'ajol. Cheq'uehak
e̱ch'o̱l chixc'oxlanquil li Jesucristo. A'an
li quitakla̱c chak xban li Dios chi
c'anjelac jo' xyucua'il aj tij sa' li kapa̱ba̱l.
2 Li Jesucristo quipa̱ban chi tz'akal chiru
li Dios li quixakaban chak re chi c'anjelac
jo' xyucua'il aj tij. Ut laj Moisés quipa̱ban
ajcui' chiru li Dios nak quic'anjelac chi
c'amoc be chiruheb laj Israel. 3 Abanan
li Jesucristo numtajenak cui'chic xlok'al
chiru xlok'al laj Moisés. Li Jesucristo,
a'an chanchan jun aj cablanel. Li ani nay-
i̱ban junak cab, a'an k'axal nim xcuan-
quil sa' xbe̱n usta k'axal cha̱bil li cab li
naxyi̱b. 4 Li junju̱nk chi ochoch cuan ani
nayi̱ban re; a'ut li quiyi̱ban re chixjunil
li c'a'ak re ru cuan, a'an li Ka̱cua' Dios.
5 Relic chi ya̱l nak laj Moisés quipa̱ban
chiru li Dios ut quic'amoc be chiruheb
laj Israel. Quixch'olob xya̱lal li c'a'ru
ta̱c'ulma̱nk mokon. Laj Moisés yal aj
c'anjel chiru li Dios. 6 Aban li Ka̱cua' Je-
sucristo, a'an tz'akal Ralal li Dios ut cuan
xcuanquil chi takla̱nc sa' xbe̱neb li ralal
xc'ajol li Dios. La̱o li ralal xc'ajol li Dios
cui ca'aj cui' riq'uin li Dios nocoyo'onin
ut cauhak kach'o̱l sa' li kapa̱ba̱l toj sa'
roso'jic li cutan.

Naru to-oc chi hila̱nc riq'uin li Dios

7 Li Ka̱cua' Jesucristo k'axal nim
xcuanquil. Jo'can nak takabi li ra̱tin li
naxye li Santil Musik'ej:
Cherabihak anakcuan li cua̱tin.
8 Me̱ba̱nu jo' que'xba̱nu le̱ xe'to̱nil yu-
cua' nak que'xk'et chak li cua̱tin.
Que'cuech'oc ut neque'ayaynac ut
que'xyal inch'i'ch'i'inquil nak cuan-
queb chak sa' li chaki ch'och'.
9 Aran que'xq'ue injosk'il le̱ xe'to̱nil yu-
cua'. Chiru ca'c'a̱l chihab que'ril li
usilal li quilajinba̱nu reheb. Abanan
junelic yo̱queb chixq'uebal injosk'il.
10 Xban a'an nak quinpo' inch'o̱l sa'
xbe̱neb li tenamit a'in. Ut quinye:
Junelic neque'xcuiba xch'o̱leb ut
inc'a' neque'raj xba̱nunquil lix ya̱lal.
Inc'a' neque'xba̱nu li c'a'ru nacuaj.
11 Nak quichal injosk'il ut quinye, relic
chi ya̱l nak ma̱ jok'e te'oc chi hila̱nc
sa' li cha̱bil na'ajej c'u̱banbil inban,
chan li Dios. (Sal. 95:7-11)
12 Ex herma̱n, cheq'uehak retal nak
ma̱ jun taxak sa' e̱ya̱nk inc'a' tix-
pa̱b li Dios xma̱c lix ma̱usilal. Ma̱re
anchal tixtz'ekta̱na li yo'yo̱quil Dios.
13 Cheq'uehak ban e̱na'leb che̱ribil e̱rib
rajlal cutan nak toj naru xba̱nunquil.
Chetenk'a e̱rib che̱ribil e̱rib re nak
ma̱ jun ta̱balak'i̱k xban li ma̱c, xban
nak li nabalak'i̱c xban li ma̱c inc'a'
chic naraj xba̱nunquil li c'a'ru naraj li
Dios. 14 Totz'ako̱nk riq'uin xlok'al li Je-
sucristo cui nakaq'ue kach'o̱l chixpa̱ban-
quil. Chanru nak xkatiquib chak xpa̱ban-
quil li Ka̱cua', jo'can taxak toj chalen sa'
roso'jic li cutan. 15 Jo'ca'in tz'i̱banbil sa'
li Santil Hu li quixye li Dios:
Cherabihak li cua̱tin anakcuan. Me̱cacu-
ubresi e̱ch'o̱l jo' que'xba̱nu chak le̱
xe'to̱nil yucua' nak que'xk'et chak li
cua̱tin. (Sal. 95:7-8)
16 ¿Aniheb li que'k'etoc chak re li ra̱tin
li Dios li quixye reheb? A'aneb chixju-
nileb li que'el chak Egipto nak laj Moisés
quic'amoc be chiruheb. 17 ¿Ani sa' aj be̱n
quijosk'o' li Dios chiru li ca'c'a̱l chihab?
Sa' xbe̱neb li que'ma̱cob ut que'cam sa' li
chaki ch'och'. 18 Ut, ¿aniheb aj e quixye

li Dios nak relic chi ya̱l inc'a' te'oc chi hi-
la̱nc riq'uin sa' li cha̱bil na'ajej? Reheb li
que'k'etoc re lix chak'rab. 19 Ut relic chi
ya̱l xbaneb lix k'etba a̱tin, inc'a' que'oc
chi hila̱nc sa' li cha̱bil na'ajej.

4 Li Dios toj yo̱ ajcui' chixyechi'inquil
li oc chi hila̱nc sa' li cha̱bil na'ajej.
Abanan chikaba̱nu cue̱nt re nak ma̱ jun
taxak sa' kaya̱nk inc'a' ta̱oc sa' li hiloba̱l
a'an. 2 La̱o xkabi resil li colba-ib jo' nak
que'rabi resil najter. Abanan ma̱c'a' qui-
oc cui' reheb nak que'rabi xban nak
inc'a' que'pa̱ban. 3 Xban nak la̱o xka-
pa̱b li Dios, to-oc chi hila̱nc riq'uin sa'
li cha̱bil na'ajej. Li Dios quia̱tinac chir-
ixeb li kaxe'to̱nil yucua' nak quixye: Nak
quichal injosk'il, quinye nak relic chi ya̱l
ma̱ jok'e te'oc chi hila̱nc cuiq'uin. Quixye
a'an us ta ac ch'olch'o nak cuan li na'ajej
re hila̱nc chalen nak li Dios quixrak
lix c'anjel nak quixyi̱b li ruchich'och'.
4 Tz'i̱banbil sa' li Santil Hu chirix li xcuuk
li cutan li naxye chi jo'ca'in: Ut li Dios
quixrak lix c'anjel ut quihilan sa' xcuuk
li cutan. (Gn. 2:2) 5 Ut tz'i̱banbil ajcui' sa'
li Santil Hu chirixeb li inc'a' que'pa̱ban:
Inc'a' te'oc chi hila̱nc cuiq'uin. (Sal.
95:11) 6 Que'rabi li ra̱tin li Dios najter
ut cuan li inc'a' que'oc chi hila̱nc riq'uin
xban nak inc'a' que'pa̱ban. Aban li ani
napa̱ban anakcuan toj naru ta̱oc chi hi-
la̱nc riq'uin. 7 Najter cuanqueb laj Is-
rael inc'a' que'pa̱ban. Ut nak ac xnume'
q'uila chihab, li Dios quixyechi'i cui'chic
li hiloba̱l nak quia̱tinac riq'uin laj David.
Ut laj David quixtz'i̱ba li quiyehe' re
li naxye chi jo'ca'in: Anakcuan cherabi
taxak li cua̱tin ut me̱cacuubresi le̱ ch'o̱l,
chan. 8 Eb li que'pa̱ban sa' xya̱nkeb laj Is-
rael que'oc chi hila̱nc sa' li na'ajej Canaán
nak laj Josué quic'amoc be chiruheb.
Abanan ma̱cua' a'an li tz'akal na'ajej
re hila̱nc chi junelic. Cui ta a'an li
tz'akal hiloba̱l, inc'a' raj chic quixye
li Dios nak toj naru to-oc chi hila̱nc
riq'uin. 9 Jo'can nak toj cuan li lok'laj
na'ajej re hila̱nc reheb li neque'pa̱ban
re li Dios. 10 Li ani ac x-oc chi hila̱nc
riq'uin li Dios, a'an ac xhilan chi tz'akal,
jo' nak li Dios quihilan nak quixrak
lix c'anjel. 11 Chikaq'uehak kach'o̱l chix-
pa̱banquil li Dios re nak to-oc chi hila̱nc
riq'uin. Ma̱ ani taxak ke inc'a' ta̱oc xban
xk'etba a̱tin jo' que'xba̱nu chak junxil
nak inc'a' que'pa̱ban. 12 Li ra̱tin li Dios
yo'yo ut k'axal nim xcuanquil. Chanchan
jun ch'i̱ch' ca' pac'al xk'esnal. Riq'uin lix
nimal xcuanquil, li ra̱tin li Dios nacuu-
lac toj sa' xchamal li ka̱m. Ut naxc'utbesi
chiku chanru li kana'leb ut chanru li
kac'a'ux. 13 Ma̱ ani naru tixmuk rib chiru
li Dios xban nak a'an quiyi̱ban re chixju-
nil li c'a'ak re ru cuan. Cutan saken chiru
li Dios li kayehom kaba̱nuhom. Ma̱c'a'
mukmu chiru li Dios li toxkach'olob cui'
kayehom kaba̱nuhom.

Li Ka̱cua' Jesucristo, a'an tz'akal xyucua'il aj tij

14 Li Ka̱cua' Jesucristo, li Ralal li Dios,
a'an lix yucua'il aj tij chok' ke. Quitake'
sa' choxa ut cuan chak riq'uin li Dios
Acuabej. Yo̱ chak chi oque̱nc chikix
chiru li Dios. Jo'can nak cauhak taxak
kach'o̱l sa' li kapa̱ba̱l. 15 Li Jesucristo a'an
xyucua'il aj tij chok' ke la̱o. Naxtok'oba
ku xban nak naxnau nak moco k'axal
cau ta li kach'o̱l. Nak quicuan arin sa'
ruchich'och', li Jesucristo quiyale' ra̱len-
quil jo' nak nayale' ka̱lenquil la̱o. Aban
li Jesucristo inc'a' quima̱cob. 16 Choti-
jok chi anchal kach'o̱l chiru li nimajcual
Dios. A'an ta̱ril xtok'oba̱l ku ut riq'uin xn-
imal rusilal toxtenk'a nak cua̱nko sa' ju-
nak raylal.

5 Sa' xya̱nkeb laj judío cuanqueb xyu-
cua'il aj tij. Li junju̱nk sic'bil ru
sa' xya̱nkeb li cui̱nk chi c'anjelac chiru
li Dios. Naxtenk'aheb li tenamit riq'uin
xq'uebal li mayej quic' ut li c'a'ak chic re
ru chi mayejil re xtojbal rix lix ma̱queb.
2 Li xyucua'il aj tij, a'an yal cui̱nkeb jo'

la̱o. Jo'can nak naxtok'oba ruheb ut nax-
tenk'aheb sa' usilal li neque'ma̱cob xban
nak inc'a' neque'xnau xya̱lal li yo̱queb
chixba̱nunquil. 3 Xban nak yal cui̱nk li
xyucua'il aj tij, jo'can nak rajlal namaye-
jac re xtojbal rix lix ma̱c a'an. Ut na-
mayejac ajcui' re xtojbal rix lix ma̱queb
chixjunileb li tenamit. 4 Lix c'anjel li xyu-
cua'il aj tij k'axal lok', aban ma̱ jun
naxyo'ob xc'anjel yal xjunes rib. Eb a'an
sic'bil ruheb xban li Dios. Li Dios naxxak-
abeb chi c'anjelac jo' nak quixakaba̱c laj
Aarón najter. 5 Jo'can ajcui' li Jesucristo.
Moco yal xjunes ta quixxakab rib chi
c'anjelac chok' xyucua'il aj tij. Aban li
Dios quiq'uehoc re lix lok'al ut quixq'ue
chi c'anjelac nak quixye re: At cualal,
anakcuan xinq'ue a̱cuanquil. (Sal. 2:7)
6 Quiyehe' cui'chic re xban li Dios jo'
naxye sa' li Santil Hu: La̱at aj tij chi
junelic jo' nak quicuan laj Melquisedec.
(Sal. 110:4) 7 Nak li Jesucristo quicuan
arin sa' ruchich'och' quiya̱bac nak quiti-
joc. Chi cau xya̱b xcux quitz'a̱man chiru
li Dios, li cuan xcuanquil chi coloc re
chiru li ca̱mc. Ut li Dios quirabi lix tij
xban nak quixk'axtesi rib re xba̱nun-
quil lix c'anjel li Dios. 8 Usta Ralal li
Dios li Jesucristo, quixc'ul ajcui' li ray-
lal ut quixc'ut chiku chanru li pa̱ba̱nc
riq'uin li raylal quixc'ul. 9 Riq'uin li ray-
lal li quixc'ul li Jesucristo quitz'akobresi̱c
ru chi c'anjelac chok' xyucua'il aj tij.
Ut sa' xc'aba' a'an cuan li colba-ib chi
junelic reheb li te'pa̱ba̱nk re. 10 Li Dios
quixxakab li Jesucristo chok' xyucua'il aj
tij jo' nak quicuan laj Melquisedec.

K'axal xiu xiu chok' ke cui ta̱cuiba̱nk li kach'o̱l

11 Toj cuan raj chic nabal naraj
ch'oloba̱c xya̱lal che̱ru chirix a'in.
Abanan ch'a'aj xch'olobanquil xya̱lal
xban nak inc'a' chic nequeraj rabinquil.
12 Anakcuan la̱ex raj chic aj tzolonel
xban nak ac junxil nequexpa̱ban.
Abanan ta̱raj toj ta̱c'utek' cui'chic che̱ru
li ac xetzol chak junxil nak xepa̱b chak
li Dios. Chanchanex chic li c'ula'al li toj
natu'uc li toj ma̱ji' natzacan. 13 La̱ex
nequenau nak junak c'ula'al toj natu'uc
toj ma̱c'a' xna'leb. Inc'a' naxnau bar
cuan li us ut bar cuan li inc'a' us. 14 Eb
li che̱quel cristian jalan xtzacae̱mkeb.
Moco sic'bil ta ru li neque'xtzaca. A'an
retalil nak ac xe'q'ui sa' xpa̱ba̱leb ut
neque'xnau chic bar cuan li us ut bar
cuan li inc'a' us.

6 Jo'can nak inc'a' yo̱kex chi c'oxlac
junes chirix li xetzol chak sa' xti-
clajic le̱ pa̱ba̱l. Toj cuan ban nabal
te̱tzol chirix li Cristo re nak texq'ui̱k
sa' le̱ pa̱ba̱l. Ac nequenau nak ma̱cua'
riq'uin kayehom kaba̱nuhom natauman
li colba-ib. Riq'uin ban xpa̱banquil li
Dios. 2 Ac nequenau xya̱lal li cubi ha'.
Nequenau xya̱lal li xq'uebal li kuk' sa'
xbe̱neb laj pa̱banel. Ac nequenau nak
te'cuacli̱k cui'chic chi yo'yo li came-
nak. Ut nequenau ajcui' nak ta̱cuu-
lak xk'ehil nak ta̱rakek' a̱tin chi junaj
cua sa' xbe̱neb li ma̱ji' neque'pa̱ban.
3 Anakcuan chikaq'ue kach'o̱l chixtzol-
bal kib re nak toq'ui̱k sa' li kapa̱ba̱l.
Jo'can takaba̱nu cui li Dios naxq'ue
ke. 4 Cuanqueb li ac xe'xtau xya̱lal.
Xe'xc'ul li rusilal li Dios. Xe'xc'ul li San-
til Musik'ej. 5 Neque'xnau nak ya̱l li ra̱tin
li Dios. Ac xe'tz'akon ca'ch'in riq'uin lix
cuanquil li ac' ruchich'och' li ta̱cha̱lk.
6 Cuan li ac xe'tz'akon riq'uin li rusi-
lal li Dios ut neque'xtz'ekta̱na chirix
xch'o̱l. Chanchan nak yo̱queb cui'chic
chixq'uebal chiru cruz li Jesucristo, li
Ralal li Dios. Yo̱queb chixq'uebal chi
hobec' ut chi se'e̱c xbaneb li tenamit. Eb
a'an inc'a' chic naru te'yot'ek' xch'o̱l ut
inc'a' chic te'xjal xc'a'ux xban nak yo̱queb
chixtz'ekta̱nanquil li Jesucristo. 7 Li ani
naxba̱nu li naxye li ra̱tin li Dios, a'an
chanchan li ch'och' naruc' li ha'. Cha̱bil
li acui̱mk na-el chiru ut nac'anjelac re laj

acuinel. Li ch'och' a'an osobtesinbil xban
li Dios. Li ani naxba̱nu li naraj li Dios
osobtesinbil xban li Dios. 8 Aban li ani
inc'a' naxba̱nu re li naxye li ra̱tin li Dios,
a'an chanchan li ch'och' junes q'uix ut yi-
bru pim na-el chiru; ma̱c'a' na-oc cui' li
ch'och' a'an. Li ani inc'a' naxba̱nu li naraj
li Dios, tz'ekta̱nanbileb xban li Dios ut
c'atbil nak te'osok'.

Li Cristo nocoxtenk'a re nak inc'a' ta̱ch'ina̱nk li kach'o̱l

9 Ex inherma̱n, usta xkaye chi jo'can,
ninnau nak la̱ex moco jo'canex ta chic
anakcuan. Cha̱bil chic le̱ na'leb xban
nak colbilex. 10 Li Dios ti̱c xch'o̱l. Nax-
nau chanru le̱ c'anjel. Li Dios naxnau
nak nequera a'an. Nac'utun ajcui' nak ne-
quera li Dios xban nak xetenk'a le̱ rech aj
pa̱banel junxil ut toj yo̱quex ajcui' chix-
tenk'anquileb anakcuan. Inc'a' nasach sa'
xch'o̱l li Dios le̱ c'anjel li nequeba̱nu.
11 Takaj nak che̱junju̱nkalex te̱q'ue e̱ch'o̱l
chixba̱nunquil li usilal chalen toj sa'
roso'jic le̱ yu'am. Chi jo'can te̱c'ul chi
tz'akal le̱ k'ajca̱munquil li yechi'inbil e̱re
xban li Dios. 12 Inc'a' nakaj nak te̱cuiba
e̱ch'o̱l. Cheba̱nu ban jo' neque'xba̱nu
li neque'pa̱ban chi anchal xch'o̱l. Inc'a'
neque'titz'. Neque'xcuy ut neque're̱chani
li yechi'inbil xban li Dios. 13 Ma̱c'a' ju-
nak mas nim xcuanquil chiru li Dios.
Jo'can nak li Dios quixpatz' xc'aba' chi
ribil rib nak quixyechi'i li rosobtesin-
quil laj Abraham. 14 Quixye re: Relic
chi ya̱l tatcuosobtesi ut tinq'ue chi
q'uia̱nc la̱ cualal a̱c'ajol. (Gn. 22:16-17)
15 Jo'can nak laj Abraham najt quixcuy
roybeninquil ut inc'a' quititz' toj retal
quixc'ul lix ma̱tan quiyechi'i̱c re xban
li Dios. 16 Nak na-uxman li juramento
napatz'man xc'aba' junak li k'axal nim
xcuanquil re nak nach'ola ru li ya̱l ut
narake' ajcui' li cuech'i̱nc ib. 17 Jo'can
nak li Dios quixyechi'i li ma̱tan riq'uin
juramento. Quiraj xc'utbal chiruheb li
te'e̱chani̱nk re nak tz'akal ya̱l li yo̱
chixyebal. Ut inc'a' tixjal ru li ra̱tin.
18 Jo'can utan nak li cuib chi na'leb
a'in inc'a' naru xjalbal ru. A'aneb a'in:
xbe̱n, nak li Dios quixyechi'i li ma̱tan; ut
xcab, nak quixba̱nu li juramento. Riq'uin
a'an nakanau nak li Dios inc'a' natic'ti'ic.
Jo'can nak cauhak taxak li kach'o̱l. La̱o
xkasic' li kacolbal riq'uin li Dios ut
nakanau nak take̱chani li quixyechi'i ke.
A'an li nakayo'oni. 19 Nakayo'oni nak
takac'ul li junelic yu'am. A'an naxq'ue
xcacuil li kach'o̱l jo' nak li ancla nax-
chap li jucub chiru li ha'. Cau rib ut
inc'a' na-ec'an sa' xna'aj. Xban nak naka-
pa̱b li Jesucristo, cuanco chi sum a̱tin
riq'uin li Dios. 20 Li Jesucristo ac xco̱ sa'
li santil choxa chi jaloc a̱tin chikix. A'an
laj c'amol be chiku. Li Jesucristo, a'an
tz'akal xyucua'il aj tij chi junelic jo' nak
quicuan laj Melquisedec.

Laj Melquisedec

7 Laj Melquisedec a'an li rey re li
tenamit Salem. A'an ajcui' laj tij
chiru li nimajcual Dios. Laj Melquisedec
qui-el chak chixc'ulbal laj Abraham ut
quirosobtesi nak quisuk'i chak chixsach-
bal ruheb li rey. 2 Ut li jo' q'uial
quire̱chani chak laj Abraham sa' li
ple̱t riq'uineb li rey, quixq'ue li jun-
ju̱nk sa' xlaje̱tkil re laj Melquisedec. Li
c'aba'ej Melquisedec naraj naxye "rey re
li ti̱quilal". Ut li c'aba'ej Salem naraj
naxye "tukṯuquil usilal". Jo'can nak laj
Melquisedec, a'an rey re li ti̱quilal ut rey
re li tukṯuquil usilal. 3 Inc'a' nanauman
ani lix yucua' laj Melquisedec chi moco
lix na' chi moco lix xe'to̱nil yucua'. Inc'a'
nanauman chirix lix yo'lajic chi moco
lix camic. Laj Melquisedec, a'an retalil
li Jesucristo ut a'an laj tij chi junelic.
4 Q'uehomak retal nak laj Melquisedec,
k'axal nim xcuanquil chiru laj Abraham.
Laj Abraham, a'an xyucua'eb laj Israel,
abanan quixq'ue re laj Melquisedec li

junjunk sa' xlajetkil li quirechani chak
sa' li plet. 5 Tz'ibanbil sa' li chak'rab li
quiq'uehe' re laj Moisés nak eb li cristian
te'xq'ue reheb laj tij li junjunk sa' xla-
jetkil li c'a'ru cuan reheb. Eb laj tij, a'an
eb li ralal xc'ajol laj Leví. Que'xbanu chi
jo'can usta laj Abraham, a'an lix xe'tonil
yucua' chixjunileb, laj tij jo'queb ajcui'
li cristian. 6 Laj Melquisedec macua'
xcomoneb li ralal xc'ajol laj Leví aban
laj Abraham quixq'ue li junjunk sa' xla-
jetkil re laj Melquisedec. Nim xcuan-
quil laj Abraham xban nak ac yechi'inbil
re li rosobtesinquil xban li Dios. Aban
laj Melquisedec k'axal nim cui'chic lix
cuanquil. Jo'can nak quirosobtesi laj
Abraham. 7 Nakanau chi tz'akal nak
li na-osobtesin, a'an li nim xcuanquil
chiru li na-osobtesic. Jo'can nak nakanau
nak nim xlok'al laj Melquisedec chiru
xlok'al laj Abraham. 8 Eb laj tij aj Is-
rael que'xc'ul ajcui' li junjunk sa' xla-
jetkil. A'aneb yal cuinkeb ut que'cam.
Abanan laj Melquisedec moco quicam ta.
Jo'can tz'ibanbil sa' li Santil Hu. 9 Eb li
ralal xc'ajol laj Leví, a'an eb laj tij. Eb
a'an li que'c'uluc re li junjunk sa' xla-
jetkil li que'xq'ue laj Israel. Laj Abra-
ham a'an lix xe'tonil yucua' laj Leví.
Jo'can nak naru xyebal nak eb li ralal
xc'ajol laj Leví que'xq'ue li junjunk sa'
xlajetkil re laj Melquisedec xban nak laj
Abraham quixq'ue li junjunk sa' xlajetkil
sa' xc'aba'eb a'an. 10 Naru xyebal chi
jo'can usta toj maji' neque'yo'la li ralal
xc'ajol laj Leví xban nak laj Abraham,
a'an lix xe'tonil yucua'eb. Riq'uin a'an
nakanau nak laj Melquisedec nim xcuan-
quil chiruheb li ralal xc'ajol laj Leví.
11 Li ralal xc'ajol laj Leví ut laj Aarón,
a'aneb li neque'ch'oloban chiruheb laj
Israel lix yalal lix chak'rab li Dios li
quixye laj Moisés. Abanan chi moco li
chak'rab chi moco eb laj tij li taruk ta-
colok ke. Cui ta eb laj tij ut li chak'rab,
inc'a' raj chic quitaklac chak junak aj
tij k'axal nim xcuanquil jo' nak quicuan
laj Melquisedec. Laj tij li quitaklac chak
macua' xcomoneb laj Aarón. 12 Laj tij
li quitaklac chak jalan chic lix c'anjel.
Jo'can nak quijala ajcui' ru li chak'rab.
13 Li atin a'in tz'ibanbil chirix li Jesu-
cristo. A'an macua' ralal xc'ajol laj Leví.
A'an ralal xc'ajol laj Judá. Ma jun ralal
xc'ajol laj Judá xakabanbil chok' aj tij
chi mayejac. 14 Laj Moisés, nak quiatinac
chirixeb laj tij, ma jun cua quixye nak sa'
xyankeb ta li ralal xc'ajol laj Judá taelk
chak junak aj tij. Ut li Jesucristo quiyo'la
sa' xyankeb li ralal xc'ajol laj Judá.

K'axal nim xcuanquil li Jesús chiru xcuanquil laj Melquisedec

15 Riq'uin a'in nanauman nak li Jesu-
cristo nim xcuanquil chiruheb laj tij li
que'cuan sa' xyankeb aj Israel. Li Je-
sucristo, a'an aj tij jo' nak quicuan laj
Melquisedec ut a'an macua' ralal xc'ajol
laj Leví. 16 Li Jesucristo inc'a' quixak-
abac chok' aj tij jo' quixye li chak'rab.
Xakabanbil ban chok' aj tij xban nak
nim xcuanquil ut yo'yo chi junelic.
17 Jo'ca'in tz'ibanbil sa' li Santil Hu chirix
li Kacua' Jesucristo: Laat aj tij chi
junelic jo' nak quicuan laj Melquisedec.
(Sal. 110:4) 18 Jo'can nak li chak'rab li
quicuan junxil mac'a' chic rajbal xban
nak mac'a' chic xcuanquil. 19 Ma ani na-
cole' xban li chak'rab li quicuan chak
junxil. Abanan cuan kayo'on anakcuan
k'axal nim xcuanquil chiru li chak'rab.
Li kayo'on, a'an li Jesucristo. Ut xban
a'an cuanko chi sum atin riq'uin li
Dios. 20 Li Jesucristo xakabanbil chok'
aj tij xban li Dios riq'uin juramento.
21 Abanan macua' riq'uin juramento nak
que'xakabac chok' aj tij li ralal xc'ajol laj
Leví. A'ut li Kacua' Jesucristo xakaban-
bil chok' aj tij xban li Dios riq'uin ju-
ramento. Tz'ibanbil sa' li Santil Hu chi
jo'ca'in:

Li Dios quia̱tinac riq'uin li Ralal ut
quixye re: Sa' inc'aba' la̱in tinye
a̱cue: La̱at laj tij chi junelic jo'
nak quicuan laj Melquisedec, chan.
Li Dios inc'a' tixjal lix c'a'ux xban
nak quixpatz' lix lok'laj c'aba'. (Sal.
110:4)

22 Riq'uin li juramento a'in, sa' xc'aba'
li Jesucristo, nim xcuanquil li ac' con-
trato, ut k'axal lok' chiru li quicuan
junxil. 23 Najter nabaleb laj tij que'cuan
chak. Inc'a' que'cana sa' xc'anjel chi
junelic li junju̱nk xban nak neque'cam
ut jalan chic nacana chok' re̱kaj. 24 Aban
li Ka̱cua' Jesucristo a'an chic li tz'akal
laj tij. Ma̱ jaruj chic ta̱sic'ma̱nk junak
re̱kaj xban nak a'an yo'yo chi junelic.
25 Li Jesucristo a'an tz'akal ta̱colok re-
heb chixjunileb li neque'pa̱ban re li Dios
sa' xc'aba' a'an. Li Jesucristo yo'yo chi
junelic ut naa̱tinac chirixeb chiru li Dios.
26 Li Ka̱cua' Jesucristo, a'an li tz'akal
xyucua'il aj tij. Ut a'an li natenk'an ke
chi tz'akal. Moco juntak'e̱t ta lix yu'am
riq'uineb laj ma̱c. Li Jesucristo santo ut
ma̱c'a' xma̱c. A'an co̱ sa' choxa ut aran
quiq'uehe' xnimal xlok'al. 27 Li Jesucristo
ma̱cua' jo'queb lix yucua'ileb aj tij li
que'cuan sa' xya̱nkeb laj Israel. Eb a'an
cuulaj cuulaj neque'xmayeja li xul re xto-
jbal rix lix ma̱queb jo' ajcui' lix ma̱queb li
tenamit. Aban li Jesucristo jun sut ajcui'
quixmayeja rib re xtojbal rix li kama̱c.
28 Jo' tz'i̱banbil sa' li chak'rab najter, eb li
xakabanbil chok' xyucua'il aj tij, a'an yal
cui̱nkeb. Abanan mokon, nak quisache'
xcuanquil li chak'rab, li Dios quixxakab
riq'uin juramento li Ralal chok' xyucua'il
aj tij. Riq'uin ut a'an li Jesucristo tz'akal
re ru chi c'anjelac chi junelic.

Li Jesucristo, a'an xyucua'il aj tij chok' ke la̱o

8 A'an a'in xya̱lal li yo̱co chixyebal e̱re:
ya̱l nak cuan jun tz'akal xyucua'il aj
tij nac'anjelac chikix. A'an li Jesucristo
li c'ojc'o chak sa' xnim uk' li Dios sa' lix
nimajcual xcuanquilal sa' choxa. 2 Li Je-
sucristo nac'anjelac sa' li Santil Na'ajej
sa' choxa li yi̱banbil xban li Dios, ut
ma̱cua' sa' li na'ajej yi̱banbil xbaneb li
cui̱nk. 3 Chixjunileb li xyucua'il laj tij
xakabanbileb chi mayejac xul ut c'a'ak
chic re ru chi mayejil. Jo'can ajcui' li Je-
sucristo tento tixq'ue junak mayej. 4 Cui
toj cuan ta arin sa' ruchich'och' inc'a'
ajcui' ta̱c'anjelak jo' junak reheb laj tij
xban nak eb laj tij neque'mayejac jo'
naxye lix chak'rab laj Moisés. 5 Li c'a'ru
neque'xba̱nu eb laj tij yal jun retalil li na-
uxman sa' li choxa. Nakanau nak yal re-
talil xban li c'a'ru quiyehe' re laj Moisés
nak oc re chixyi̱banquil li tabernáculo. Li
Dios quixye re: Chaq'ue retal ut chaba̱nu
chixjunil jo' li retalil quinc'ut cha̱cuu sa'
xbe̱n li tzu̱l Sinaí. (Ex. 25:40) 6 A'ut lix
c'anjel li Jesucristo numtajenak xcuan-
quil chiru li que'xba̱nu chak eb laj tij
junxil. Sa' li ac' contrato li Jesucristo
chic naa̱tinac chikix chiru li Dios. K'axal
cha̱bil li ac' contrato xban nak riq'uin
a'an k'axal lok' cui'chic li yechi'inbil ke
xban li Dios. 7 Cui ta tz'akal re ru li
contrato quixba̱nu chak junxil inc'a' raj
chic quixq'ue junak ac' contrato. 8 Aban
li Dios quiril nak inc'a' us yo̱queb chixba̱-
nunquil li tenamit li cuanqueb rubel
xcuanquil li xbe̱n contrato. Jo'can nak
quixye reheb li tz'i̱banbil sa' li Santil Hu:
Ta̱cuulak xk'ehil nak tinba̱nu junak chic
li ac' contrato riq'uineb li tenamit Is-
rael ut Judá.

9 Li contrato a'in ma̱cua' jo' li quinba̱nu
chak reheb lix xe'to̱nil yucua'eb
nak quicuisiheb chak sa' li tenamit
Egipto. Inc'a' que'xba̱nu li naxye li
contrato. Xban a'an quebintz'ekta̱na.

10 A'in li contrato tinba̱nu riq'uineb re-
heb laj Israel. Ta̱cuulak xk'ehil nak
tinq'ue lin chak'rab sa' lix c'a'uxeb ut
tinq'ue ajcui' sa' li ra̱meb. La̱inak lix
Dios ut a'anakeb lin tenamit.

[11] Inc'a' chic te'xch'olob xyalal chicuix
chiruheb li ras ritz'in xban nak chi
coc' chi nink te'xnau chic anihin.
[12] Tincuy lix maqueb ut ma jun cua chic
tinc'oxla lix mausilaleb, chan li Dios.
(Jer. 31:31-34)
[13] Nak li Dios quixye nak tixbanu jun
chic li ac' contrato a'an naraj naxye nak
li najter contrato yo chi sachc xcuanquil
ut mac'a' chic xc'anjel tacanak.

Li Tabernáculo a'an retalil li choxa

9 Li xben contrato cuan xchak'rab
naxye chanru nak nalok'oniman li
Dios ut cuan jun li muhebal re lok'oninc
yibanbil xbaneb li cuink tabernáculo
xc'aba'. [2] Jo'ca'in nak yibanbil li na'ajej.
Tasbil sa' xyi riq'uin jun nimla t'icr. Sa' li
xben tasal cuan li candil cuukub xxamlel
ut cuan ajcui' li mex bar naq'ueman cui'
li mayejanbil caxlan cua. Li xben tasal
a'an Santil Na'ajej xc'aba'. [3] Li na'ajej
li cuan jun pac'al li t'icr, a'an Lok'laj
Santil Na'ajej xc'aba'. [4] Aran cuan jun
xc'atbal li pom yibanbil riq'uin oro, ut
cuan ajcui' jun li Lok'laj Cax letzbil oro
chirix. Chi sa' li Lok'laj Cax a'an cuan
li xar oro bar cui' c'ulanbil li maná.
C'ulanbil ajcui' sa' li cax lix xuk' laj
Aarón li quituxmec ut qui-atz'umac. Ut
c'ulanbil ajcui' aran li cuib chi pec tic
ru li tz'ibanbil cui' li lajeb chi chak'rab.
[5] Ut sa' xben li Lok'laj Cax cuan cuib li
querubines yibanbileb riq'uin oro chan-
chaneb li ángel. A'an retalil nak cuan li
Dios aran. Lix xiq'ueb naxc'ul rib sa' xben
lix tz'apbal re li cax bar naq'ueman cui'
li mayej quic' re xcuybal li mac. Abanan
anakcuan inc'a' takach'olob nabal chic
chirix a'an. [6] Jo'ca'in nak que'c'anjelac sa'
li na'ajej li que'xlok'oni cui' li Dios. Ra-
jlal cutan que'oc laj tij sa' li xben tasal
chixbanunquil lix c'anjel. [7] Aban sa' lix
cab tasal ca'aj cui' li xyucua'il aj tij na-
oc jun sut chiru li jun chihab. Ut nak
na-oc sa' li Lok'laj Santil Na'ajej a'an,
naxc'am xquiq'uel li xul ut naxmayeja
re tacuyek' lix mac a'an ut re ajcui' nak
tacuyek' xmaqueb li tenamit. [8] Riq'uin
li atin a'in, chirix li lok'oninc junxil sa'
li tabernáculo, li Santil Musik'ej naxc'ut
chiku nak moco yalak ani ta naru na-oc
toj chi sa' li Lok'laj Santil Na'ajej riq'uin
li Dios xban nak toj cuan xc'anjel li na-
jter chak'rab chiruheb ut toj yoqueb chi
c'anjelac sa' li xben tasal. Jo'can nak
li xben tasal a'an naramoc re li oque-
bal chiruheb sa' li Lok'laj Santil Na'ajej.
[9] Chixjunil a'in, a'an jun retalil chok'
ke anakcuan nak junxil quilaje'mayejac.
Aban li c'atbil mayej ut li c'a'ak chic re
ru chi mayejil inc'a' quirisi lix maqueb.
[10] Sa' lix pabaleb junxil cuan li chak'rab
chirix li c'a'ru te'xtzaca ut c'a'ru te'ruc'
jo' ajcui' chanru nak te'ch'ajok re xsan-
tobresinquileb rib. Usta inc'a' quijala
lix na'lebeb, aban tento que'xbanu li
chak'rab a'an toj quicuulac xk'ehil nak
li Dios quixjal nak quixq'ue li ac' na'leb.
[11] Aban ac xc'ulun li Jesucristo ut a'an
chic li tz'akal xyucua'il aj tij chok' ke lao.
Ut xkac'ul li rusilal li Dios li quixq'ue
ke sa' li ac' contrato. Li Jesucristo inc'a'
nac'anjelac sa' junak tabernáculo yiban-
bil xbaneb li cuink arin sa' ruchich'och'.
K'axal lok' cui'chic li na'ajej li nac'anjelac
cui'. [12] Li Kacua' Jesucristo co sa' li
Lok'laj Santil Na'ajej sa' choxa. A'an inc'a'
quixmayeja xquiq'uel li chibat chi moco
ral cuacax. Quixmayeja ban lix lok'laj
quiq'uel. Jun sut ajcui' quixmayeja rib re
xq'uebal li kacolbal chi junelic. [13] Sa' lix
pabaleb junxil cuan nak riq'uin li c'a'ru
neque'xbanu laj tij, neque'xmux ru lix
c'anjel sa' li tabernáculo. Ut re xsachbal
lix paltileb que'xmayeja li chibat ut li
toro. Lix quiq'uel ut lix chahil li c'atbil
tuk' ix cuacax narachrachic sa' xbeneb laj
tij. [14] Cui lix quiq'uel li xul naru naxsach
lix paltileb, k'axal nim cui'chic xcuanquil
lix quiq'uel li Jesucristo xban nak a'an
narisi li kamac. Li Santil Musik'ej quix-

tenk'a li Jesucristo nak quixmayeja rib
chiru li Dios re xtojbal rix li kama̲c. Li
Jesucristo tz'akal cha̲bil. Ma̲c'a' xma̲c ut
lix quiq'uel narisi li kama̲c li nac'amoc
chak re li ca̲mc sa' kabe̲n. Naxsako-
bresi li kac'a'ux re nak ca'aj cui' chiru li
yo'yo̲quil Dios toc'anjelak. 15 Anakcuan
cuan li ac' contrato xban xcamic li Je-
sucristo. Chixjunileb li bokbileb xban li
Dios ta̲cua̲nk xcuybal lix ma̲queb, eb li
que'cuan rubel xcuanquil li xbe̲n con-
trato jo' ajcui' la̲o li cuanco rubel xcuan-
quil li ac' contrato. Ut ta̲cua̲nk kayu'am
chi junelic jo' quixyechi'i li Dios. Li Je-
sucristo quicam chiru cruz re kacolbal.
Riq'uin lix lok'laj quiq'uel quixtoj rix
li kama̲c. 16 La̲ex ac nequenau nak ju-
nak cui̲nk cuan c'a'ru re naxye c'a'ru
ta̲re̲chani li ralal xc'ajol junju̲nk. Ut a'an
ta̲uxma̲nk nak acak xcam. 17 Li a̲tin a'in
ma̲c'a' xc'anjel nak toj yo'yo li xyehoc
re. Toj chirix ban lix camic ta̲c'anjelak.
18 Jo'can nak li xbe̲n contrato quixak-
aba̲c chak xcuanquil riq'uin xquiq'ueleb
li xul nak que'mayeja̲c. 19 Nak laj Moisés
quixye chixjunil li chak'rab reheb li tena-
mit, quixchap li coc' ruk' li pim hisopo
xc'aba' ut ca'ch'in li caki lana. Quixtz'a
sa' xquiq'uel li chiba̲t ut li ral cuacax
yubil riq'uin ha'. Quixrachrachi li quic'
chiru li hu tz'i̲banbil cui' li chak'rab ut
quixrachrachi ajcui' sa' xbe̲neb li tena-
mit. 20 Tojo'nak quixye reheb: Riq'uin li
quic' a'in xakabanbil xcuanquil li con-
trato li quixq'ue li Dios chok' e̲re, chan.
(Ex. 24:8) 21 Ut laj Moisés quixrachrachi
li quic' chiru li tabernáculo jo' ajcui'
chiru chixjunil li c'a'ak re ru nac'anjelac
sa' li tabernáculo re xlok'oninquil li Dios.
22 Jo' tz'i̲banbil sa' li chak'rab, tento
xsantobresinquil riq'uin quic' chixjunil li
quic'anjelac chiruheb. Ma̲c'a' xcuybal li
ma̲c cui inc'a' ta̲hoyek' li quic'.

Riq'uin lix camic li Jesucristo quixtoj rix li kama̲c

23 Jo'can nak tento nak que'xrachrachi
lix quiq'uel li xul chiru li tabernáculo
jo' ajcui' chiruheb li c'a' re ru cuan chi
sa' re xsantobresinquileb. Li tabernáculo
yal retalil li choxa. Ut li choxa santo-
bresinbil riq'uin jun mayej k'axal cui'chic
lok'. A'an lix lok'laj quiq'uel li Ka̲cua'
Jesucristo. 24 Li Cristo inc'a' nac'anjelac
sa' junak tabernáculo yi̲banbil xbaneb
li cui̲nk. Nac'anjelac ban sa' choxa. Li
tabernáculo quicuan, a'an yal retalil
li choxa. Li Jesucristo co̲ sa' choxa
ut anakcuan aran yo̲ chi jaloc a̲tin
chikix chiru li Dios. 25 Rajlal chihab
na-oc lix yucua'il aj tij sa' li Lok'laj
Santil Na'ajej ut naxmayeja xquiq'uel
li xul. Aban moco jo'can ta quixba̲nu
li Jesucristo. A'an jun sut ajcui' quix-
mayeja lix lok'laj quiq'uel nak quicam.
26 Cui ta quixmayeja rib nabal sut, na-
bal sut raj quicam chalen sa' xticlajic
li ruchich'och'. Aban inc'a' quixba̲nu chi
jo'can. Li Jesucristo quic'ulun re xrakbal
li xbe̲n contrato ut jun sut ajcui' quix-
mayeja rib. Ut riq'uin a'an cuan xcuy-
bal li ma̲c. 27 Chixjunil li tenamit jun sut
ajcui' te'ca̲mk ut li Ka̲cua' Dios ta̲rakok
a̲tin sa' xbe̲neb. 28 Jo'can nak li Jesu-
cristo jun sut ajcui' quixmayeja rib re
risinquil lix ma̲queb li q'uila tenamit.
Mokon tol-e̲lk cui'chic, aban ma̲cua' chic
re cuyuc ma̲c ta̲cha̲lk. Tol-e̲lk ban li Je-
sucristo re xtz'akobresinquil li kacolbal
chikajunil li yo̲co chi yo'oni̲nc re.

10 Li chak'rab li quiq'uehe' re laj
Moisés yal retalil li usilal ta-
laje'cha̲lk mokon. Sa' li chak'rab a'an
naxye nak te'mayejak rajlal chihab
aban moco riq'uin ta li mayejac quiti̲-
cobresi̲c lix yu'ameb. 2 Cui ta riq'uin
li mayejac ta̲e̲lk lix ma̲queb inc'a'
raj chic neque'mayejac rajlal chihab.
Abanan neque'rec'a sa' li ra̲meb nak

toj cuan lix m̲aqueb. Jo'can nak inc'a'
que'xcanab li mayejac. 3 Lix y̲alal li
mayejac neque'xb̲anu a'an re xjultican-
quil chiruheb nak toj cuanqueb xm̲ac.
4 Lix quiq'uel li chib̲at ut li toro inc'a'
narisi li m̲ac. 5 Jo'can nak li K̲acua' Je-
sucristo, nak ac ch̲alc re sa' ruchich'och',
quixye re li Acuabej Dios:

L̲ain ninnau nak l̲aat inc'a' nacacuaj lix
quiq'uel li mayej xul. Inc'a' nacuu-
lac ch̲acuu li c'a'ak re ru chi mayejil.
Jo'can nak tin̲aq'ue chi tz'ejcualoc'.
6 Inc'a' nacuulac ch̲acuu li c'atbil mayej
chi moco li c'a'ak re ru chi mayejil
re risinquil li m̲ac.
7 Ut quinye: Cue'quin, at K̲acua', tinb̲anu
li nacacuaj jo' tz'i̲banbil sa' li Santil
Hu chicuix. (Sal. 40:6-8)

8 Jo'ca'in quixye li Cristo re li Dios:
Inc'a' nacuulac ch̲acuu li c'atbil mayej
chi moco li c'a'ak re ru chi mayejil re
risinquil li m̲ac. Xelaje'xb̲anu a'in xban
nak jo'can tz'i̲banbil sa' li chak'rab junxil.
Quixye li a̲tin a'in usta ac tz'i̲banbil sa'
li chak'rab nak te'mayejak. 9 Ut quixye
ajcui': Cue'quin, at K̲acua'. Tinb̲anu li
nacacuaj, chan. Jo'can nak li Dios quirisi
xcuanquil li mayejac xul ut chok' re̲kaj
li mayej a'an quixq'ue li Jesucristo
chi ca̲mc chiru li cruz. 10 Li Jesucristo
quixb̲anu li quiraj li Dios nak quix-
mayeja rib chiru li cruz. Jun sut ajcui'
quixmayeja rib, ut riq'uin lix camic cuy-
bil li kam̲ac ut santobresinbilo. 11 Sa'
xy̲ankeb laj Israel, chixjunileb laj tij cu-
ulaj cuulaj neque'mayejac ut li mayej
a'an inc'a' narisi li m̲ac. 12 Abanan li Je-
sucristo jun sut ajcui' quixmayeja rib
nak quicam re xcuybal xsachbal li m̲ac.
Chirix a'an co̲ sa' choxa ut quic'ojla sa'
xnim uk' li Dios. 13 Ut aran yo̲ chiroyben-
inquil nak t̲acuulak xk'ehil nak tixyek' sa'
rok eb li xic' neque'iloc re. 14 Xban nak
jun sut ajcui' quixmayeja rib li Jesucristo
nak quicam chiru li cruz, m̲ac'a' chic
xm̲aqueb chiru li Dios li santobresin-
bileb. 15 Jo'can ajcui' li Santil Musik'ej
naxch'olob xy̲alal chiku nak a'an tz'akal
y̲al xban nak jo'ca'in naxye sa' li Santil
Hu:

16 A'in li contrato tinq'ue reheb, chan li
Dios. T̲acuulak xk'ehil nak tinq'ue
lin chak'rab sa' lix c'a'uxeb ut tinq'ue
ajcui' sa' li r̲ameb.

17 Ut quixye ajcui':
Inc'a' chic t̲anak sa' inch'o̲l lix m̲aqueb
chi moco lix m̲ausilaleb. (Jer. 31:33-
34)

18 Jo'can nak cui ac cuybil sachbil li
kam̲ac, m̲ac'a' chic xc'anjel li mayejac re
risinquil li m̲ac.

Naru tocu̲ank chi sum a̲tin riq'uin li Dios

19 Jo'can utan ex herm̲an, anakcuan
naru tocu̲ank chi sum a̲tin riq'uin li Dios
xban nak quihoye' lix lok'laj quiq'uel li
Jesucristo nak quicam chiru li cruz sa'
kac'aba'. 20 Riq'uin lix camic li Jesucristo
quixsach xcuanquil li t'icr li quicuan sa'
li tabernáculo ut quixq'ue li ac' na'leb
re xtaubal li junelic yu'am ut anakcuan
naru tocu̲ank chi sum a̲tin riq'uin li
Dios. 21 Li Jesucristo, a'an lix yucua'il aj
tij chok' ke la̲o li ralal xc'ajol li Dios.
22 Jo'can nak chikaq'ue kib rubel xcuan-
quil li Dios chi anchal kach'o̲l ut chi
m̲ac'a'ak kaxiu xban nak nakec'a nak
m̲ac'a' chic li kam̲ac. Ch'ajbil chic li
k̲am xban xquiq'uel li Jesucristo ut cub-
sinbil chic kaha'. 23 Jo'can nak cauhak
taxak kach'o̲l sa' li kap̲ab̲al xban nak
li Dios naxq'ue li c'a'ru naxyechi'i ke.
24 Chikasic' chanru takatenk'a kib re nak
takara kib ut chikab̲anu usilal chi ki-
bil kib. 25 Cuanqueb li inc'a' neque'xic
sa' li ch'utubaj ib. Abanan inc'a' tak-
ab̲anu jo' neque'xb̲anu eb a'an. Junelic
ban takach'utub kib re xlok'oninquil li
Dios. Chikaq'ue xcacuub li kach'o̲l chi
kibil kib. Tento takab̲anu a'an xban
nak chi se̲b tol-e̲lk li Jesucristo. 26 Cui

junelic yoco chi macobc chi ac nakanau
xyalal li ratin li Dios, mac'a' chic xcuy-
bal li kamac xban nak nakanau nak
mac yoco chixbanunquil. 27 Cui junelic
yoko chi macobc, ca'aj chic li rakba
atin ut lix xamlel li tojba mac yoco
chiroybeninquil bar cui' te'c'atek' li xic'
neque'iloc re li Kacua' Dios. 28 Junxil
inc'a' qui-ile' xtok'obal ru li ani quik'etoc
re xchak'rab laj Moisés. Cui cuan cuib
malaj oxib li que'xye nak yal nak xk'et
li chak'rab, quirake' atin sa' xben ut
que'xcamsi. 29 Numtajenak cui'chic ra
te'xc'ul li neque'tz'ektanan re li Ralal
li Dios ut neque'xsach xcuanquil lix
quiq'uel xban nak riq'uin xquiq'uel li Je-
sucristo xakabanbil xcuanquil li ac' con-
trato ut santobresinbilo lao. Numtajenak
cui'chic ra te'xc'ul li neque'xmajecua li
Santil Musik'ej li naq'uehoc ke li rusilal li
Dios. 30 Lao nakanau nak li Dios quixye
chi jo'ca'in:

Ca'aj cui' lain naru tinq'uehok xtojbal rix
lix maqueb ut lain tinrahobtesiheb
riq'uin li c'a'ru quilaje'xbanu.

Ut quixye cui'chic li Kacua':

Lain tinrakok atin sa' xben lin tenamit.
(Dt. 32:35-36)

31 K'axal xucuajel nak tarakok
atin li yo'yoquil Dios sa' xbeneb li
neque'tz'ektanan re. 32 Aban chinak
sa' ech'ol chanru xec'ul junxil nak
toje' xepab li Cristo. Nabal chi raylal
quilajec'ul ut inc'a' xch'inan ech'ol.
33 Cuan sa' eyank li xic' que'ile' ut
que'hobe' chiruheb li tenamit. Ut laex
quextz'akon riq'uin li raylal li que'xc'ul.
34 Laex quiyot'e' ech'ol chi rilbal le rech
aj pabanelil li cuanqueb chi prexil. Ut
inc'a' quiraho' sa' le ch'ol nak quimak'e'
cheru li c'a'ru ere xban nak nequenau
nak sa' li choxa cuan ematan k'axal
cui'chic lok'. Le matan li cuan sa' choxa
inc'a' nalaj inc'a' na-oso'. 35 Jo'can
nak cauhak taxak ech'ol sa' le pabal
ut riq'uin a'an cuan ek'ajcamunquil.
36 Laex tento tecuy li c'a'ru na-ux ere re
nak tebanu li naraj li Dios. Ut riq'uin
a'an tec'ul li yechi'inbil ere xban li Dios.
37 Jo'ca'in tz'ibanbil sa' li Santil Hu:

Chi seb tol-elk li Cristo. Inc'a' tabayk
chak.

38 Li tic xch'ol xban inpabanquil cuan
xyu'am chi junelic. Cui naxcanab
inpabanquil, inc'a' tasahok' inch'ol
riq'uin, chan li Dios. (Hab. 2:3-4)

39 Aban, lao macua'o xcomoneb li
neque'xcanab xpabanquil li Dios. Eb a'an
te'xic sa' xbalba. Lao nakapab li Dios ut
tocolek'.

Li Pabal

11 ¿C'a'ru li pabal? Li pabal a'an
xnaubal nak relic chi yal takac'ul
li yoco chiroybeninquil. Usta inc'a' nakil
ru aban nakanau nak takac'ul. 2 Li Dios
quisaho' xch'ol riq'uineb li kaxe'tonil
yucua' xban nak que'paban. 3 Xban nak
nakapab li ratin li Dios, nakanau nak
li Dios quixyib li choxa jo' ajcui' li
ruchich'och'. Macua' riq'uin c'a'ak re
ru quixyib li ruchich'och'. Yal riq'uin
li ratin quixyib. 4 Xban lix pabal laj
Abel, quixq'ue jun xmayej chabil chiru
li quixq'ue laj Caín. Xban lix pabal, li
Dios quixye nak tic xch'ol ut quixc'ul lix
mayej. Usta camenak chic laj Abel, aban
toj cuan retalil chok' ke lao chanru nak
quipaban chiru li Dios. 5 Xban lix pabal
laj Enoc inc'a' quicam. Quic'ame' ban sa'
choxa xban li Dios. Inc'a' chic que'xtau
xban nak ac xc'ame'. Nakanau nak li
Dios quisaho' sa' xch'ol riq'uin nak toj
maji' nac'ame' sa' choxa xban nak jo'can
tz'ibanbil sa' li Santil Hu. 6 Ma jok'e
tasahok' xch'ol li Dios riq'uin li ani inc'a'
napaban. Ma ani naru nachal riq'uin li
Dios cui inc'a' naxpab nak cuan li Dios
ut nak a'an naxq'ue xk'ajcamunquil li
ani nasic'oc re. 7 Xban lix pabal laj Noé,
li Dios quixye re c'a'ru talajc'ulmank. Ut
laj Noé quixpab li quixye li Dios usta

toj ma̲ji' nac'ulman. Quixyi̲b li nimla
jucub cab re xcolbal rib a'an, jo' eb
ajcui' li ralal xc'ajol. Ut lix pa̲ba̲l laj
Noé quixc'utbesi nak li cuanqueb sa'
ruchich'och' inc'a' que'pa̲ban. Jo'can nak
que'cam. Xban nak quipa̲ban, li Dios
quixye nak ti̲c xch'o̲l laj Noé. 8 Xban
lix pa̲ba̲l, laj Abraham qui-abin chiru
li Dios nak quixye re nak ta̲e̲lk sa' li
tenamit cuan cui'. Co̲ sa' li na'ajej li
quiyechi'i̲c re xban li Dios. Nak qui-el
chak sa' li tenamit, co̲ chi inc'a' naxnau
bar xic re. 9 Xban lix pa̲ba̲l laj Abraham
quicuan sa' li na'ajej li quiyechi'i̲c re
xban li Dios, ut quicuan aran jo' jun
jalan xtenamit. Quixyi̲b xmuheba̲l t'icr
xban nak yal numec' re. Jo'can ajcui'
que'xba̲nu laj Isaac ut laj Jacob xban
nak a'aneb li te'e̲chani̲nk re li c'a'ru
quixyechi'i li Dios. 10 Laj Abraham inc'a'
quixyi̲b cha̲bil ochoch, xban nak yo̲
chiroybeninquil jun xna'aj sa' li santil
choxa. Li na'ajej a'an yi̲banbil xban
li Ka̲cua' Dios ut ta̲cua̲nk chi junelic.
11 Xban lix pa̲ba̲leb, laj Abraham ut
lix Sara quicuan jun lix c'ula'al sa'
xti̲xilaleb, usta lix Sara a'an jun ixk
inc'a' naq'uiresin. Aban que'xnau nak
te'xc'ul li c'a'ru quiyechi'i̲c reheb xban
li Dios. 12 Usta ac ti̲x chic laj Abraham
nak quiyo'la li ralal, abanan que'tam li
ralal xc'ajol. Lix q'uialeb li ralal xc'ajol
jo' xq'uial li chahim chiru li choxa ut jo'
xq'uial li samaib li cuan chire li palau.
Ut inc'a' naru rajlanquileb xban lix
q'uialeb. 13 Chixjunileb a'an quilaje'cam.
Usta inc'a' que'xc'ul chixjunil li c'a'ru
quiyechi'i̲c reheb xban li Dios, que'xpa̲b
nak ta̲c'ulma̲nk li yechi'inbil. Jo'can
nak saheb sa' xch'o̲l. Que'xye nak li
ruchich'och' a'in ma̲cua' tz'akal xna'ajeb;
yal numeleb ban sa' ruchich'och'.
14 Que'xye chi jo'ca'in xban nak toj
yo̲queb chiroybeninquil jun lix na'ajeb.
15 Li na'ajej a'an ma̲cua' li na'ajej que'el
cui' chak. Cui ta a'an, quiru raj que'suk'i
cui'chic aran. 16 Aban que'roybeni jun
na'ajej k'axal cha̲bil, a' li santil choxa.
Jo'can nak li Dios inc'a' naxuta̲nac
chixyebal nak a'an lix Dioseb xban nak
quixc'u̲b jun li na'ajej chok' reheb. 17 Laj
Abraham quiyale' lix pa̲ba̲l xban li Dios
nak quixye re nak tixmayeja li ralal.
Jun ajcui' li ralal cuan, aban xban nak
naxpa̲b li Dios, laj Abraham quixq'ue laj
Isaac chok' xmayej. 18 Quixq'ue li ralal
chok' xmayej, usta a'an li quiyechi'i̲c
re xban li Dios re nak te'ta̲mk li ralal
xc'ajol. 19 Cui ta quicam laj Isaac, laj
Abraham ac naxnau nak nim xcuanquil
li Dios re xcuaclesinquil cui'chic chi
yo'yo sa' xya̲nkeb li camenak. Naru
xyebal nak chanchan a'an quixba̲nu li
Dios xban nak laj Abraham quixk'axtesi
li ralal re ca̲mc. Aban quik'axtesi̲c
cui'chic re chi yo'yo xban li Dios.
20 Laj Isaac quixpa̲b nak li Dios tixq'ue
li quixyechi'i re. Jo'can nak quixye
reheb laj Jacob ut laj Esaú nak li Dios
ta̲osobtesi̲nk reheb nak ta̲cuulak xk'ehil.
21 Laj Jacob quixpa̲b nak tixc'ul li
quiyechi'i̲c re xban li Dios. Jo'can nak
ac ca̲mc re, laj Jacob quirosobtesiheb
li ralal laj José. Ut chirix a'an, laj
Jacob quixxulub rib sa' xbe̲n lix xuk' ut
quixlok'oni li Dios. 22 Xban lix pa̲ba̲l laj
José, nak ac ca̲mc re, quixjultica reheb
laj Israel nak sa' jun cutan te'e̲lk sa' li
tenamit Egipto. Ut quixye ajcui' reheb
nak te'xc'am lix bakel nak te'e̲lk sa' li
tenamit a'an. 23 Xban lix pa̲ba̲leb lix
na' xyucua' laj Moisés, nak quiyo'la laj
Moisés, oxib po que'xmuk chiru li rey.
Que'ril nak c'ajo' xchak'al ru li c'ula'al
ut inc'a' que'xucuac chi xk'etbal lix
chak'rab li rey nak quixye nak te'camsi̲k
li c'ula'al li coc' te̲lom. 24 Xban lix pa̲ba̲l
laj Moisés, nak quicui̲nkilo' inc'a' quiraj
nak te'xye nak lix rabin li rey, a'an
lix na'. 25 Inc'a' quiraj tz'ako̲nc sa' li
sahil ch'o̲lej cuanqueb cui' laj Egipto.
Quixnau nak li sahil ch'o̲lej a'an yal

nanume'. Quiraj ban xc'ulbal li raylal li
yo̱queb chixc'ulbal laj Israel lix tenamit
li Dios. 26 Naxnau nak k'axal lok' nak
tixc'ul li raylal sa' xc'aba' li Cristo chiru
xc'ulbal lix biomal li tenamit Egipto. Ut
yo̱ chiroybeninquil lix k'ajca̱munquil
li ta̱q'uehek' re xban li Dios. 27 Xban
xpa̱ba̱l laj Moisés qui-el chak sa' li
tenamit Egipto ut inc'a' quixucuac
chiru li rey usta yo̱ xjosk'il sa' xbe̱n.
Quixcacuubresi xch'o̱l xban nak naxnau
nak li Dios cuan riq'uin. Chanchan li
yo̱ chirilbal ru, aban li Dios ma̱ ani
na-iloc ru. 28 Xban lix pa̱ba̱l, laj Moisés
quixba̱nu li pascua jo' quiyehe' re xban
li Dios. Nak e̱lqueb re Egipto quixtakla
xq'uebal xquiq'uel li carner chiruheb li
puerta. Ut nak quinume' li ángel chi
camsi̱nc, ma̱ jun li xbe̱n ralaleb laj
Israel quixcamsi. 29 Xban lix pa̱ba̱leb laj
Israel, que'nume' sa' xyi li caki palau.
Chaki ch'och' li que'nume' cui'. Ut
jo'can ajcui' que'raj xba̱nunquil eb laj
Egipto. Aban inc'a' que'ru xban nak li
ha' quixjunaji rib sa' xbe̱neb ut aran
que'oso' chixjunileb. 30 Xban lix pa̱ba̱leb
laj Israel, cuukub cutan que'xsuti rix li
tenamit Jericó. Ut sa' xcuuk li cutan
quit'ane' li tz'ac li sutsu cui' li tenamit.
Ut que're̱chani li tenamit. 31 Lix Rahab
a'an jun ixk naxc'ayi rib nak quicuan.
Xban nak quipa̱ban, quixtenk'aheb laj
Israel li que'chal chixq'uebal retal li
tenamit. Xban lix pa̱ba̱l, lix Rahab inc'a'
quicam sa' xya̱nkeb li inc'a' que'pa̱ban
re li Dios. 32 Toj cuan raj nabal tinserak'i
e̱re, aban inc'a' ta̱tz'aklok li cutan re
tinserak'ik chirix lix pa̱ba̱leb laj Gedeón,
laj Barac, laj Sansón, ut laj Jefté; ut
tinye ajcui' raj e̱re chanru lix pa̱ba̱leb
laj David, laj Samuel, ut eb li profeta.
Aban inc'a' ta̱tz'aklok li cutan. 33 Nak
que'pletic riq'uin li jalanil tenamit, xban
nak cuanqueb xpa̱bal, que're̱chani. Sa'
xya̱lal que'taklan ut xban lix pa̱ba̱leb
que'xc'ul li quiyechi'i̱c reheb xban li
Dios. Cuan li que'q'uehe' sa' xya̱nkeb li
cakcoj re te'ti'ek', aban ma̱c'a' que'ux re
xbaneb li cakcoj. 34 Xban lix pa̱ba̱leb
inc'a' que'c'at nak que'cute' sa' xam.
Cuan que'camsi̱c raj chi ch'i̱ch', aban
inc'a' que'yoq'ue'. Riq'uin lix pa̱ba̱leb,
que'q'uehe' xcacuilal li ma̱c'a'eb
xmetz'e̱u. Nak que'pletic riq'uineb li
jalanil tenamit, que'numta xcuanquil
sa' xbe̱neb xban li Dios toj retal
que're̱chani li tenamit. 35 Cuanqueb
ixk, xban lix pa̱ba̱leb, que'cuacli
cui'chic lix camenakeb chi yo'yo. Ut
cuanqueb ajcui' que'rahobtesi̱c toj retal
nak que'cam xban lix pa̱ba̱leb. Inc'a'
que'raj nak te'ach'aba̱k xbaneb li xic'
neque'iloc reheb xban nak inc'a' que'raj
xtz'ekta̱nanquil li Dios. Ac neque'xnau
nak te'xc'ul jun yu'am k'axal cha̱bil sa'
choxa nak te'cuacli̱k cui'chic chi yo'yo.
36 Cuan que'hobe', cuan que'saq'ue',
ut cuan que'baq'ue' ut que'q'uehe'
sa' tz'alam. 37 Cuan que'camsi̱c chi
pec ut cuan que'sete' riq'uin jachleb
che'. Que'yale' ra̱lenquil aban inc'a'
que'xtz'ekta̱na li Dios. Ut cuan ajcui'
que'camsi̱c riq'uin k'esnal ch'i̱ch'.
Quilaje'xbeni rib yalak bar ut riq'uin rix
chiba̱t ut rix carner que'xyi̱b li rak'eb.
Neba'eb ut rahobtesinbileb. K'axal ra
que'xc'ul. 38 Ma̱cua' raj xc'ulubeb li inc'a'
useb xna'leb nak te'cua̱nk laj pa̱banel
sa' xya̱nkeb. Xban nak que'rahobtesi̱c,
eb laj pa̱banel quilaje'e̱lelic chiruheb ut
que'cuan yalak bar sa' li chaki ch'och',
sa' tzu̱l, ut que'cuan ajcui' sa' li ochoch
pec. 39 Nak nakabi a'in chirixeb laj
pa̱banel, nakanau nak tz'akal re ru lix
pa̱ba̱leb. Aban toj ma̱ji' quitz'akloc ru
lix colbaleb li quiyechi'i̱c reheb xban li
Dios. 40 Li Dios quiraj nak yo̱keb chi
oybeni̱nc re nak te'tz'ako̱nk kochben
riq'uin li k'axal lok' yechi'inbil ke. A'an
li kacolbal sa' xc'aba' li Jesucristo.

Chikac'oxla li Jesucristo

12 Numtajenak xq'uialeb laj
pa̲banel li que'cuan chak najter.
Kaq'uehak retal chanru lix pa̲ba̲leb.
Chanru nak que'pa̲ban chak a'an, jo'can
ajcui' takaba̲nu la̲o. Cui junak naraj
a̲linac, narisi chixjunil li naa̲lobresin re
ut naxyal xk'e chi a̲linac. Jo'can ajcui'
takaba̲nu la̲o. Takacanab chixjunil
li c'a'ak re ru nach'i'ch'i'in ke sa' li
kapa̲ba̲l ut takacanab ajcui' li ma̲c li
nachapoc ke. Chikacuyak taxak li c'a'ak
re ru tento xcuybal re nak takaba̲nu
jo' naraj li Dios. 2 Kaq'uehak kach'o̲l
chixta̲kenquil li Jesucristo laj c'amol
be chiku. A'an naq'uehoc re li kapa̲ba̲l
ut naxtz'akobresi ru. Usta xuta̲nal li
ca̲mc quixc'ul chiru li cruz, abanan
inc'a' quixq'ue sa' xch'o̲l. Ut quixcuy
li raylal sa' kac'aba' la̲o xban nak lix
sahilal xch'o̲l quiq'uehe' re mokon. Ut
anakcuan cuan sa' choxa sa' xnim uk' li
Dios.

Li Dios nocoxtij xban nak la̲o li ralal xc'ajol

3 Cheq'uehak retal chanru nak quixcuy
li rahobtesi̲c li Jesucristo xbaneb laj ma̲c.
Jo'can ajcui' la̲ex. Checuyak li ra xi̲c'
ut inc'a' chich'ina̲nk e̲ch'o̲l sa' le̲ pa̲ba̲l.
4 La̲ex toj ma̲ji' nequexcamsi̲c xban nak
nequeq'ue e̲ch'o̲l chixcolbal e̲rib chiru
li ma̲c. 5 ¿Ma ac xsach sa' e̲ch'o̲l li
c'a'ru quixye li Dios re xch'olobanquil
le̲ na'leb? Li Dios naa̲tinac e̲riq'uin
jo' naa̲tinac junak yucua'bej riq'uin lix
coc'al. Jo'ca'in tz'i̲banbil sa' li Santil Hu:

Ex cualal inc'ajol, me̲tz'ekta̲na le̲ tijbal
li ninye e̲re, chi moco chich'ina̲nk
e̲ch'o̲l nak nequexink'us.
6 La̲in nintij li ani ninra ut nink'us chi cau
li ani ninc'ul chok' cualal inc'ajol.
(Pr. 3:11-12)

7 Tento nak te̲cuy li tijec' re nak te̲-
tau e̲na'leb. Jo'can nak nequexxtij li Dios
xban nak la̲ex li ralal xc'ajol. ¿Ma cuan
ta bi' junak alalbej inc'a' natije' xban lix
yucua'? 8 Cui li Dios inc'a' nequextij jo'
nak naxtijeb chixjunileb li ralal xc'ajol,
a'an naraj naxye nak la̲ex ma̲cua'ex
tz'akal ralal xc'ajol. Ut li Dios ma̲cua'
ajcui' tz'akal e̲yucua'. 9 Sa' kaca'ch'inal,
li kana' kayucua' nocoe'xk'us ut naka-
oxlok'iheb. ¿Ma toja' ta chic li kachox-
ahil yucua' inc'a' takapa̲b nak toxk'us?
Cui nakapa̲b li kak'usbal naxq'ue li
Dios, cua̲nk kayu'am chi junelic. 10 Sa'
kaca'ch'inal li kana' kayucua' nocoe'xk'us
jo' neque'cuulac chiruheb a'an. Aban li
Ka̲cua' Dios nocoxk'us chi tz'akal. No-
coxk'us re nak ta̲ti̲cok' kach'o̲l ut toxsan-
tobresi xban nak a'an santo. 11 Relic
chi ya̲l nak nakac'ul li kak'usbal moco
sa ta nakec'a. Ra ban nakec'a nak no-
cok'use'. Abanan cui nakacuy k'usec'
mokon nakatau xya̲lal nak riq'uin li
k'usec' nacha̲bilo' li kayu'am ut ta̲tukla̲k
ajcui' li kach'o̲l.

K'axal xucuajel xtz'ekta̲nanquil li ra̲tin li Dios

12 Checacuubresihak le̲ rok e̲ruk' li
ma̲c'a' xmetz'e̲u. Lix ya̲lal li jaljo̲quil ru
a̲tin a'an a'in: Checacuubresi le̲ ch'o̲l re
nak inc'a' ta̲ch'ina̲nk e̲ch'o̲l sa' le̲ pa̲ba̲l.
13 Ti̲cobresihomak ru le̲ be re nak li ye̲k
inc'a' chic tixbach' li rok; ta̲cacuu̲k ban.
Naraj naxye: ti̲cak taxak le̲ yu'am re nak
li toj ac' sa' lix pa̲ba̲l inc'a' ta̲ch'ina̲nk
xch'o̲l. Te'cacuu̲k ban xch'o̲leb sa' lix
pa̲ba̲leb. 14 Chexcua̲nk sa' tuktu̲quil usi-
lal riq'uineb le̲ ras e̲ri̲tz'in. Chexcua̲nk
sa' ti̲quilal ut sa' santilal, xban nak cui
ma̲c'a' e̲santilal ma̲ jok'e te̲ril ru li Dios.
15 Chetenk'a e̲rib che̲ribil e̲rib sa' le̲ pa̲ba̲l
re nak ma̲ jun e̲re ta̲tz'ekta̲na̲nk li rusi-
lal li Dios. Cheba̲nu cue̲nt re nak inc'a'
te̲yo'ob li c'ahi̲nc ib sa' e̲ya̲nk. Cui jo'can
te̲ba̲nu naru naniman ru li ch'a'ajquilal
ut ma̲re nabaleb te'xic cui'chic sa' li
ma̲c xban a'an. 16 Ma̲ ani taxak junak sa'

e̱ya̱nk yal tixlak'ab rib chi inc'a' sumsu.
Chi moco cheba̱nu jo' quixba̱nu laj Esaú
nak quixtz'ekta̱na lix lok'laj ma̱tan. Laj
Esaú quixc'ul raj lix ma̱tan xban nak a'an
li xbe̱n alalbej. Abanan quixtz'ekta̱na lix
ma̱tan xban nak quixc'ayi yal riq'uin jun
cua'al chi cua. 17 La̱ex nequenau nak
mokon quixrahi raj cui'chic xc'ulbal li
rosobtesinquil laj Esaú riq'uin lix yucua'.
Abanan inc'a' chic quiru xban nak ac
quixtz'ekta̱na. Ta̱ya̱bak nak quixtz'a̱ma
cui'chic, aban inc'a' chic quiru. Ma̱c'a'
chic xjalenquil. 18 La̱ex inc'a' queba̱nu jo'
que'xba̱nu eb laj Israel najter k'e cutan.
Eb a'an que'jiloc riq'uin li tzu̱l Sinaí nak
li Dios quixq'ue lix chak'rab re laj Moisés
sa' li tzu̱l a'an. Quicuan xam. Quik'ojyi̱no'
ut quicuan ajcui' cak-sut-ik'. 19 Eb a'an
que'rabi xya̱b li trompeta ut que'rabi
ajcui' xya̱b xcux li Dios nak quia̱tinac
riq'uineb. Ut que'xtz'a̱ma nak me'a̱tina̱c
chic xban li Dios. 20 Que'xye chi jo'can
xban nak inc'a' que'xcuy rabinquil li
chak'rab li naxye nak ta̱camsi̱k chi pec
li ani ta̱xic aran sa' li tzu̱l, usta xul. (Ex.
19:12) 21 Xban nak k'axal xucuajel rilbal
li yo̱ chi uxc sa' xbe̱n li tzu̱l, laj Moisés
quixye: C'ajo' nak ninxucuac ut ninsicsot
xban inxiu, chan. (Dt. 9:19) 22 Abanan
la̱ex inc'a' xeba̱nu jo' que'xba̱nu eb laj
Israel. Nak la̱ex nequepa̱b li Cristo,
chanchan nak ac xexjiloc riq'uin li
tzu̱l Sión. Sión naraj naxye li santil
choxa cuan cui' li yo'yo̱quil Dios. Ac'
Jerusalén nayeman ajcui' re li na'ajej
a'an. Aran cuanqueb li q'uila ok'ob chi
ángel. Yo̱queb chixlok'oninquil li Dios.
23 Junaj chic e̱ru la̱ex aj pa̱banel. Ut
tz'i̱banbil le̱ c'aba' sa' choxa. Textz'ako̱nk
sa' choxa e̱rochbeneb li ti̱queb xch'o̱l li
ac tz'akobresinbil ruheb xban li Dios.
Cuanquex chi sum a̱tin riq'uin li Dios
li ta̱rakok a̱tin sa' xbe̱neb chixjunileb
li cuanqueb sa' ruchich'och'. 24 Ut cuan-
quex chi sum a̱tin riq'uin li Ka̱cua' Jesu-
cristo, li quixakaban xcuanquil li ac' con-
trato. K'axal nim xcuanquil lix quiq'uel
li Jesucristo. Riq'uin a'an cuan xcuybal
le̱ ma̱c. Ma̱cua' jo' li quic' li quixmayeja
laj Abel najter k'e cutan. 25 Me̱tz'ekta̱na li
ra̱tin li Dios jo' que'xba̱nu eb laj Israel. Eb
a'an inc'a' que'xcuy rabinquil xchak'rab
li Dios ut que'xtz'ekta̱na li ra̱tin nak
quich'oloba̱c chak xya̱lal chiruheb aran
sa' li tzu̱l. Ut quirake' a̱tin sa' xbe̱neb.
Cui inc'a' que'cole' eb a'an, ¿ma toja' ta
chic la̱o tocolek' cui takatz'ekta̱na li Dios
li naa̱tinac chak toj sa' choxa? 26 Najter
nak li Dios quia̱tinac sa' li tzu̱l Sinaí,
lix ya̱b xcux quirec'asi li na'ajej a'an. Ut
li Dios quixye: Sa' jun sut chic ma̱cua'
ca'aj cui' li ruchich'och' tincuec'asi. Tin-
cuec'asi ajcui' li choxa. (Ex. 19:18)
27 Nak naxye “jun sut chic” naraj naxye
nak tixsach li ruchich'och', li choxa, ut
chixjunil li c'a'ak re ru yi̱banbil. A'ut li
inc'a' yi̱banbil, jo' li musik'anbil xban li
Dios, a'an ta̱cana̱k chi junelic. 28 Chik-
abantioxi chiru nak tocua̱nk riq'uin li
Dios chi junelic sa' lix nimajcual cuan-
quilal. A'an ma̱ jaruj ta̱osok'. Cua̱nk ban
chi junelic. Takalok'oni li Dios chi anchal
kach'o̱l xban nak ca'aj cui' a'an xc'ulub
lok'oni̱c. Kaq'uehak kach'o̱l chixba̱nun-
quil li c'a'ru naraj a'an ut takaxucua ru.
29 Li kaDios chanchan jun li xam xban
nak tixsach chixjunil li inc'a' us.

Chanru xna'leb laj pa̱banel

13 Me̱canab xra̱bal e̱rib che̱ribil
e̱rib xban nak junajex sa' le̱
pa̱ba̱l. 2 Me̱k'etk'eti e̱rib chixc'ulbal le̱
rula'. Chec'uleb ban sa' usilal. Cuanqueb
li que'xc'ul li rula'eb, abanan inc'a'
neque'xnau nak ángel li que'cuulac chi
ula'ani̱nc reheb. 3 Cherilak xtok'oba̱l
ruheb li cuanqueb sa' tz'alam. Cherec'a̱k
sa' le̱ ra̱m nak chanchan ajcui' la̱ex
li cuanquex sa' tz'alam. Chinak
ajcui' sa' e̱ch'o̱l li neque'hobe' ut li
neque'rahobtesi̱c. Chanchan nak la̱ex
ajcui' yo̱quex chi c'uluc re li raylal a'an.

4 Us li sumla̱c aban tento che-oxlok'i le̱
sumlajic. Ma̱c'a' c'a'ru chebalak'i cui'
e̱rib. Li Dios ta̱rakok a̱tin sa' xbe̱neb
li neque'xmux ru lix sumlajiqueb, jo'
ajcui' sa' xbe̱neb laj co'be̱t laj yumbe̱t.
5 Me̱ra ru li tumin. Chec'ojobak ban
e̱ch'o̱l riq'uin li jo' q'uial cuan e̱re xban
nak li Dios quixye: Junelic tatintenk'a,
ut ma̱ jok'e tatincanab a̱junes. (Dt.
31:6) 6 Jo'can nak naru takaye chi
anchal kach'o̱l: Li Ka̱cua' Dios natenk'an
cue. Inc'a' ninxucua li c'a'ru te'xba̱nu
li xic' neque'iloc cue. (Sal. 118:6)
7 Chijulticok' e̱re eb li que'c'amoc be
che̱ru. A'an que'xch'olob xya̱lal li ra̱tin
li Dios. Cheq'uehak retal lix pa̱ba̱l ut lix
yu'ameb nak que'cuan sa' ruchich'och'.
Jo'can ajcui' cheba̱nuhak la̱ex. 8 Li
Jesucristo inc'a' najala chi moco najala
lix na'leb. Ac a'an ajcui' chak chalen
najter k'e cutan, a'an anakcuan ut
a'anak chi junelic. 9 Me̱q'ue e̱rib chi
balak'i̱c xbaneb laj balak', xban nak
jalan jala̱nk li tijleb neque'xye. Ma̱cua' li
c'a'ru nakatzaca li najaloc re li kayu'am.
A' ban li rusilal li Dios najaloc re ut
naxq'ue xcacuil kach'o̱l. 10 La̱o cuan
jun ka-artal. A'an nak quixmayeja rib li
Ka̱cua' Jesucristo chiru li cruz. Eb laj
tij inc'a' naru te'xtzaca li mayej a'an jo'
que'xba̱nu chak najter sa' li tabernáculo
nak que'xmayeja li xul. (Naraj naxye
nak li colba-ib inc'a' natauman riq'uin
xba̱nunquil li chak'rab. Natauman ban
riq'uin xpa̱banquil li Cristo.) 11 Lix
yucua'il aj tij sa' xya̱nkeb laj Israel
naxc'am lix quiq'uel li xul sa' li Lok'laj
Santil Na'ajej ut naxmayeja re risinquil
li ma̱c. Aban lix tibel li xul naxc'at toj
jun pac'al li tenamit. 12 Jo'can ajcui'
li Jesucristo quic'ame' toj jun pac'al li
tenamit ut aran quicam chiru li cruz. Ut
riq'uin lix lok'laj quiq'uel li Jesucristo
nocoxsantobresi. 13 Kacanabak li
kanajter na'leb ut chikata̱kehak li
Jesucristo usta toj yo̱ko chi c'uluc
raylal sa' xc'aba' a'an. 14 Li ruchich'och'
a'in ma̱cua' tz'akal kana'aj. Yo̱co ban
chiroybeninquil jun chic li kana'aj
k'axal cha̱bil. A'an li choxa. 15 Jo'can
ut junelic chikalok'onihak li Dios sa'
xc'aba' li Jesucristo, ut chikanima̱k ru.
Cui takaba̱nu chi jo'can, a'an li kamayej
chiru li Dios. 16 Misach sa' e̱ch'o̱l
xba̱nunquil li usilal ut xtenk'anquil e̱rib
che̱ribil e̱rib xban nak a'an jun li mayej
nacuulac chiru li Dios. 17 Chex-abi̱nk
chiruheb laj c'amol be che̱ru, ut
cheba̱nuhak li c'a'ru neque'xye e̱re
xban nak eb a'an neque'tenk'an e̱re sa'
le̱ pa̱ba̱l. A'aneb li te'xk'axtesi xcue̱nt
che̱rix chiru li Dios. Chetenk'aheb re
nak sahakeb sa' xch'o̱l sa' lix c'anjeleb
xban nak cui rahakeb sa' xch'o̱l, rahak
ajcui' chok' e̱re la̱ex. 18 Ex herma̱n,
tintz'a̱ma che̱ru nak chextijok chikix
la̱o. Nakec'a nak ti̱c kach'o̱l ut nakaj
nak junelic cua̱nko sa' ti̱quilal. 19 Ut
nintz'a̱ma ajcui' che̱ru nak chextijok
chicuix. A' taxak li Dios chitenk'a̱nk cue
re nak ta̱ru̱k tinxic cui'chic chi junpa̱t
che̱rilbal.

Xchak'rabinquileb li herma̱n

20 A' li Ka̱cua' Dios a'an laj q'uehol
tuktu̱quil usilal, li Dios li quicuaclesin
cui'chic re chi yo'yo li Jesucristo sa'
xya̱nkeb li camenak. Riq'uin lix lok'laj
quiq'uel li Jesucristo xakabanbil xcuan-
quil li ac' contrato chi junelic. Li Jesu-
cristo na-iloc ke jo' junak cui̱nk narileb
lix carner. 21 Chicua̱nk taxak li rusilal
li Dios e̱riq'uin re nak te̱ba̱nu li c'a'ru
naraj. Chixba̱nuhak taxak li Dios li c'a'ru
naraj e̱riq'uin sa' xc'aba' li Jesucristo.
Lok'oninbil taxak li Jesucristo chi junelic
k'e cutan. Jo'can taxak. 22 Ex herma̱n,
nintz'a̱ma jun usilal che̱ru. Checuyak
rabinquil li cua̱tin re xch'olobanquil
e̱na'leb. Moco q'ui ta li a̱tin xintz'i̱ba sa'
li hu a'in. 23 Nacuaj ajcui' xyebal e̱re nak
li hermano Timoteo ac x-el sa' tz'alam.

Cui nachal chi junpa̱t arin, cuochbe-
nak nak toxic che̱rilbal. 24 Cheq'uehak
xsahil xch'o̱leb laj c'amol be che̱ru sa' le̱
pa̱ba̱l ut chixjunileb li kech aj pa̱banelil.
Eb laj pa̱banel li cuanqueb arin Italia
neque'xtakla xsahil e̱ch'o̱l. 25 Li rusilal li
Dios chicua̱nk e̱riq'uin. Jo'can taxak.

Li Hu li Quixtz'i̱ba laj Santiago

Xq'uebal xsahil xch'o̱leb laj pa̱banel

1 La̱in laj Santiago, laj c'anjel chiru
li Dios ut chiru li Ka̱cua' Jesucristo.
Yo̱quin chi tz'i̱bac e̱riq'uin la̱ex, li cablaju
chi xte̱paleb laj Israel. Nintakla xsahil
e̱ch'o̱l la̱ex li xejeq'ui e̱rib yalak bar sa'
li junju̱nk chi na'ajej.

Li cha̱bil na'leb li naxq'ue li Dios

2 Ex inherma̱n, chisahok' taxak sa'
e̱ch'o̱l riq'uin li raylal nequec'ul. Yalak
c'a'ru li raylal nachal sa' e̱be̱n, a'an yal
re xyalbal rix le̱ pa̱ba̱l. 3 La̱ex nequenau
nak riq'uin li yalec' nakac'ul, nacacuu li
kach'o̱l sa' li kapa̱ba̱l. 4 Abanan junelic
checuyak li raylal re nak tz'akalak e̱re
e̱ru nak texcua̱nk. Cha̱bilakex ut ma̱c'a'
chexpaltok' cui'. 5 Cui cuan junak sa'
e̱ya̱nk ta̱raj xna'leb, chixtz'a̱mahak re li
Dios, ut li Dios tixq'ue chi anchal xch'o̱l
ut chi nabal. 6 Ut nak tixtz'a̱ma re li
Dios, tento nak tixpa̱b nak ta̱q'uehek' re
xban li Dios. Moco yal ta xcab rix xch'o̱l
nak tixtz'a̱ma. Tixtz'a̱ma ban chi anchal
xch'o̱l. Li ani yal xcab rix xch'o̱l tixtz'a̱ma
li c'a'ru ta̱raj re li Dios, a'an chanchan
li palau inc'a' tuktu ru. Lix ch'o̱l li jun
a'an chanchan li palau ec'asinbil xban
li ik' ut nac'ame' yalak bar. 7 Cui yal
xcab rix xch'o̱l nak tixtz'a̱ma, mixc'oxla
nak tixc'ul li c'a'ru naxtz'a̱ma re li Dios.
8 Li ani cuib ru lix ch'o̱l, junpa̱t nax-
jal xc'a'ux riq'uin li c'a'ru naxc'oxla xba̱-
nunquil. 9 Junak li herma̱n, usta ma̱c'a'
cuan re, chisahok' sa' xch'o̱l xban nak
a'an k'axal lok' chiru li Dios. 10 Jo'can
ajcui' junak biom chisahok' sa' xch'o̱l
usta nasach chixjunil li c'a'ru cuan re
xban nak lix biomal ma̱c'a' na-oc cui'
chiru li Dios. Li biomal chanchan li
utz'u'uj nak na-oso'. 11 Li utz'u'uj nacha-
kic xban li sak'e ut nat'ane'. Jo'can ajcui'
li cuan xbiomal. A'an ta̱ca̱mk usta toj yo̱k
chixsic'bal xtz'akob lix biomal.

Li xyalbal rix li kapa̱ba̱l

12 Us xak reheb li neque'xcuy xnum-
sinquil li raylal ut inc'a' neque'ch'inan
xch'o̱l. Li ani naxcuy xnumsinquil li
yalec' te'xc'ul lix ma̱tan li naxyechi'i li
Dios reheb li neque'rahoc re. Ut lix ma̱-
taneb, a'an li yu'am chi junelic. 13 Li ani
nayale' rix lix pa̱ba̱l mixc'oxla nak a' li
Dios naq'uehoc re chi a̱le̱c. Li Dios ma̱ ani
naxq'ue chi a̱le̱c chi moco naa̱le̱c xban
li inc'a' us. 14 Li a̱le̱c nachal sa' xbe̱n li
junju̱nk li naxq'ue rib chi balak'i̱c xban
li naxrahi ru. 15 Riq'uin xrahinquil ru li
c'a'ru inc'a' us, naticla li ma̱c. Ut nak ac
xnumta li ma̱c nachal li ca̱mc. 16 Ex in-
herma̱n, me̱balak'i e̱rib chixc'oxlanquil
nak li Dios naq'uehoc chak re li a̱le̱c
sa' e̱be̱n. 17 Xban nak chixjunil li c'a'ak
re ru tz'akal cha̱bil a' li Dios sa' choxa
naq'uehoc chak ke. Li Dios quiyi̱ban re
li nacutanobresin ru li choxa. Li Dios
ma̱cua' jo' li sak'e namoy ru. Li Dios inc'a'
naxjal lix na'leb. A'an ban chi junelic.
18 Xban nak jo'can quiraj li Dios, jo'can
nak quixye nak chiru li Dios chanchano
li xbe̱n ru li racui̱mk li quixyo'obtesi
chak.

Chikapa̱b chi tz'akal li ra̱tin li Dios

19 Ex inherma̱n, raro̱quex inban. La̱ex
ac nequenau li xya̱lal a'in. Jo'can nak
cheq'uehak e̱ch'o̱l chi abi̱nc. Chec'oxla
chi us li oc e̱re chixyebal ut mexjosk'o'.
20 Xban nak cui nocojosk'o', inc'a'
nakaba̱nu li c'a'ru naraj li Dios. 21 Jo'can
ut nak checanabak xba̱nunquil li c'a'ru
inc'a' us ut chixjunil li ma̱usilal. Ut
chec'ulak sa' xya̱lal li ra̱tin li Dios li
q'uebil e̱re. Chicana̱k sa' e̱ch'o̱l xban
nak li ra̱tin cuan xcuanquil re e̱colbal.
22 Chepa̱bak ut cheba̱nuhak li c'a'ru
naxye li ra̱tin li Dios. Me̱balak'i e̱rib
chixc'oxlanquil nak tz'akal riq'uin ca'aj

cui' rabinquil li ra̱tin. Tento ban ajcui'
xba̱nunquil li naxye li ra̱tin li Dios.
23 Li ani narabi li ra̱tin li Dios ut inc'a'
naxba̱nu li naxye, a'an chanchan jun li
cui̱nk naril li ru sa' lem. 24 Ut nak ac
xril li ru, naxic ut sa' junpa̱t nasach sa'
xch'o̱l chanru na-iloc. 25 Lix chak'rab li
Dios tz'akal re ru ut riq'uin xpa̱banquil
a'an nakatau li kacolbal. Li ani naxq'ue
xch'o̱l chixtzolbal lix chak'rab li Dios
inc'a' nasach sa' xch'o̱l li c'a'ru naxtzol.
Naxba̱nu ban li naxye. Ut osobtesinbil
xban li Dios riq'uin li c'a'ru naxba̱nu.
26 Cui junak naxc'oxla nak tz'akal aj
pa̱banel, ut inc'a' naxq'ue retal li c'a'ru
naxye, li jun a'an naxbalak'i rib xjunes
rib ut lix pa̱ba̱l ma̱c'a' na-oc cui'. 27 Aban
chiru li Acuabej Dios, li napa̱ban chi
tz'akal ut ma̱c'a' xpaltil, a'an li natenk'an
reheb li neba' ut li xma̱lca'an sa' lix
raylaleb. Ut inc'a' naxba̱nu li ma̱usilal li
neque'xba̱nu li toj ma̱ji' neque'pa̱ban.

Inc'a' takasic' ru li ani takara

2 Ex inherma̱n, la̱ex nequepa̱b li
Ka̱cua' Jesucristo, li k'axal nim
xlok'al. Jo'can nak junakiqueb nak
te̱rileb le̱ ras e̱ri̱tz'in. Moco jun ta sa
te̱ril ut jun ta inc'a'. 2 Ma̱re te'cuulak
cuibak li cui̱nk bar ch'utch'u̱quex cui'
chixlok'oninquil li Dios. Ma̱re li jun
k'axal cha̱bil xtikibanquil ut cuan
xmatk'ab oro. Ut li jun chic ma̱re neba'
ut k'el li rak'. 3 Ma̱re ca'aj cui' li cha̱bil
xtikibanquil te̱q'ue sa' xnak' e̱ru ut te̱ye
re: Chunlan arin sa' li cha̱bil na'ajej.
A'ut li neba' te̱ye re: Chunlan arin sa'
ch'och' malaj ut cana̱kat chi xakxo
toj le'. 4 Cui jo'can nequeba̱nu naraj
naxye nak cuan nequera ut cuan inc'a'.
Yo̱quex chixsic'bal ru li junju̱nk. Cui
jo'can yo̱quex, inc'a' us le̱ na'leb. 5 Ex
inherma̱n, raro̱quex inban. Abihomak li
tinye e̱re. Li Dios quisic'oc ruheb li neba'
sa' ruchich'och'. Abanan li neba' biomeb
chiru li Dios xban nak neque'xpa̱b li
Cristo ut te'xc'ul lix nimal xcuanquil li
quixyechi'i li Dios reheb li neque'rahoc
re. 6 La̱ex nequetz'ekta̱naheb li neba'
ut nequeq'ue xlok'aleb li biom. ¿Ma
inc'a' ta bi' nequeq'ue retal nak li biom,
a'aneb li neque'rahobtesin e̱re? Ut ¿ma
ma̱cua'eb ta bi' li biom li neque'c'amoc
e̱re sa' rakleb a̱tin? 7 ¿Ma ma̱cua' ta bi'
a'aneb li neque'majecuan re lix lok'laj
c'aba' li Cristo, li nequec'aba'in la̱ex?
8 Tz'i̱banbil sa' li Santil Hu li chak'rab
li k'axal nim xcuanquil. A'an naxye:
Chara la̱ cuas a̱cui̱tz'in jo' nak nacara
a̱cuib la̱at. Cui jo'can nequeba̱nu tz'akal
re ru yo̱quex chixba̱nunquil. 9 Cui la̱ex
nequesic' ru li ani nequera, ma̱c yo̱quex
chixba̱nunquil. Ut yo̱quex chixk'etbal
li chak'rab. 10 Li ani naxpa̱b chixjunil
li chak'rab, abanan cui naxk'et junak
reheb li chak'rab, riq'uin a'an xk'et
chixjunil. 11 Li Dios quixye: Matmuxuc
caxa̱r. Ut quixye ajcui': Ma̱camsi
a̱cuas a̱cui̱tz'in. Li ani inc'a' namuxuc
caxa̱r, abanan cui xcamsi li ras ri̱tz'in,
riq'uin xba̱nunquil a'an, naxk'et li
chak'rab. 12 Jo'can ut cheba̱nuhak li
us ut chex-a̱tinak sa' xya̱lal xban nak
anakcuan cuanquex chic rubel lix
chak'rab li Cristo li naq'uehoc colba-ib.
13 Li ani inc'a' naruxta̱na ru li ras ri̱tz'in
inc'a' ajcui' ta̱uxta̱na̱k ru xban li Dios sa'
li rakba a̱tin. Ut li ani ta̱ruxta̱na ru li ras
ri̱tz'in, ta̱uxta̱na̱k ajcui' ru xban li Dios.

Ma̱c'a' na-oc cui' li kapa̱ba̱l cui inc'a' nakaba̱nu li us

14 Ex inherma̱n, ¿c'a'ru aj e nak tixye
junak nak a'an aj pa̱banel cui inc'a'
yo̱ chixba̱nunquil li us? Cui jo'can
yo̱ chixba̱nunquil, ma̱c'a' na-oc cui' lix
pa̱ba̱l. Moco naru ta ta̱colek' xban.
15 Ma̱re cuan junak kech aj pa̱banelil
ma̱c'a' cuan re. Ma̱c'a' rak' ut ma̱c'a' xcua.
16 Ut la̱o nakaye re: Chacuil a̱cuib. Tz'ap
a̱cuib chi us ut chatcua'ak chi us. Ut
cui ma̱c'a' nakaq'ue re, ma̱c'a' na-oc cui'

li jo' q'uial nakaye re. 17 Jo'can ajcui'
nakac'ul riq'uin li kapa̱ba̱l. Cui nakaye
nak nakapa̱b li Cristo ut inc'a' nakaba̱nu
li us, camenak li kapa̱ba̱l. Ma̱c'a' na-
oc cui'. 18 Ma̱re cuan junak tixye: Cuan
li neque'xpa̱b li Cristo ut cuan ajcui' li
neque'xye nak tz'akal riq'uin xba̱nunquil
li us. Abanan la̱in tinc'ut cha̱cuu nak
ninpa̱b li Cristo riq'uin li us ninba̱nu.
Ut la̱at, ¿chanru nak ta̱c'ut chicuu nak
cuan a̱pa̱ba̱l cui inc'a' nacaba̱nu li us?
19 La̱at nacapa̱b nak li Dios jun ajcui'. Us
ajcui' nak nacapa̱b. Aban jo'can ajcui' eb
li ma̱us aj musik'ej neque'xpa̱b nak jun
ajcui' li Dios cuan ut neque'sicsot xban
xxiuheb. 20 Ma̱c'a' a̱na'leb. ¿Jok'e ta̱tau
xya̱lal chi tz'akal? ¿Ma inc'a' nacaq'ue re-
tal nak cui inc'a' nacaba̱nu li us, ma̱c'a'
na-oc cui' la̱ pa̱ba̱l? 21 C'oxlan ca'ch'inak
chirix laj Abraham li kaxe'to̱nil yucua'
nak quixq'ue laj Isaac li ralal chok'
xmayej sa' xbe̱n li artal. Ut riq'uin a'an
li Dios quixye nak ti̱c xch'o̱l laj Abra-
ham. 22 ¿Ma inc'a' nacaq'ue retal nak
laj Abraham quixba̱nu li us ut riq'uin
a'an quic'utun lix pa̱ba̱l? Ut riq'uin li
quixba̱nu quitz'akloc ru lix pa̱ba̱l. 23 Ut
quic'ulman jo' naxye sa' li Santil Hu: Laj
Abraham quixpa̱b li Dios ut riq'uin a'an li
Dios quixye nak ti̱c xch'o̱l. Ut xban a'an
nayeman nak laj Abraham raro xban li
Dios. 24 La̱ex nequeq'ue retal nak ma̱cua'
ca'aj cui' riq'uin xpa̱banquil li Dios nak
ti̱c li kach'o̱l chiru li Dios. Riq'uin aj
ban cui' xba̱nunquil li us. 25 Lix Ra-
hab, a'an xcomoneb li ixk li neque'xc'ayi
rib nak quicuan. Abanan quixtenk'aheb
laj q'uehol etal chixsic'bal jalan chic be
re nak te'xcol ribeb. Riq'uin li usilal
quixba̱nu lix Rahab, li Dios quixye nak
ti̱c xch'o̱l. 26 Junak tz'ejcualej ma̱c'a' chic
xmusik', ma̱c'a' na-oc cui' xban nak ca-
menak chic. Jo'can ajcui' li kapa̱ba̱l. Cui
inc'a' nakaba̱nu li us, ma̱c'a' na-oc cui'.

Tento takaq'ue retal li c'a'ru takaye

3 Ex inherma̱n, moco chixjunil ta
te'xq'ue rib sa' li c'anjel naxba̱nu laj
tzolonel xban nak nim li i̱k cuan sa'
xbe̱n ut cau ta̱rakek' a̱tin sa' xbe̱neb cui
inc'a' neque'xba̱nu li c'a'ru neque'xye.
2 Chikajunilo la̱o nocopalto' chi coc' aj
sa'. Cui cuan junak ma̱c'a' xpaltil riq'uin
li ra̱tin, a'an tz'akal re ru. Li ani naru
naxcuy rib riq'uin li naxye, naru ajcui'
naxcuy rib riq'uin li c'a'ru naraj xba̱-
nunquil. 3 La̱o nakaq'ue jun li ch'i̱ch'
sa' re li cacua̱y re nak ta̱abi̱nk chiku
ut riq'uin li ch'i̱ch' a'an nakaberesi li
cacua̱y. 4 Cheq'uehak retal li jucub. Usta
k'axal nim ut nac'ame' xban li cacuil ik',
aban cuan jun ch'ina ch'i̱ch' naberesin
re. Ut riq'uin li ch'i̱ch' a'an laj ch'e'ol re
naru naxc'am li jucub bar naraj xc'ambal.
5 Jo'can ajcui' li ru'uj ak'. K'axal ca'ch'in
aban nanumta naxye. Chanchan li xam.
Riq'uin yal jun ratz'um li xam ta̱nak sa'
junak q'uiche' tixc'at chixjunil li q'uiche'.
6 Numtajenak xyibal ru naxye li ru'uj ak'.
Chanchan lix ma̱usilal li ruchich'och'. Li
ru'uj kak', a'an jun xcha'al li katz'ejcual
k'axal ca'ch'in; aban riq'uin li ma̱usi-
lal naxye, naxpo' kana'leb. Lix ma̱usilal
nachal chak sa' xbalba ut naxpo' kana'leb
sa' kayo'lajic toj chalen sa' li kacamic.
7 Naru xtu̱lanobresinquil chixjunil li xul,
jo' li neque'be̱c, li neque'rupupic, li
neque'xjucuqui rib ut li neque'cuan sa'
ha'. Li cui̱nk ac xtu̱lanobresi q'uila pa̱y
chi xul. 8 Aban li ru'uj ak' ma̱ ani naru
natu̱lanobresin re. Li ru'uj ak', a'an jun
li inc'a' us. Ma̱ ani naru nak'usuc re.
Li naxye li ru'uj ak' chanchan xmay li
c'anti' li nacamsin. 9 Riq'uin li ru'uj kak'
nakalok'oni li Acuabej Dios ut riq'uin
ajcui' li ru'uj kak' nakamajecua li kas
ki̱tz'in ut eb a'an yo'obtesinbileb xban li
Dios jo' li rilo̱ba̱l. 10 Riq'uin lix tz'u̱mal
ke nakalok'oni li Dios ut riq'uin ajcui'
lix tz'u̱mal ke nocomajecuan. Ex inher-

man, inc'a' us cui takabanu chi jo'can.
11 Cheq'uehak retal. Sa' junak yu'am ha'
inc'a' naru na-el chak ca' pay chi ha'.
Cui na-el li chabil ha' inc'a' naru na-el
chak li atz'am xsa', chi moco naru na-el
chak li chabil ha' sa' li atz'am xsa'. 12 Ex
inherman, lix che'el li higo, ¿ma naru
naruchin li aceituna? Ut lix che'el li uva,
¿ma naru naruchin li higo? Inc'a'. Jo'can
ajcui' sa' li yu'am ha' atz'am xsa', inc'a'
naru na-el li chabil ha'.

Li chabil na'leb nachal chak riq'uin li Dios

13 Li ani cuanqueb xna'leb sa' eyank
ut neque'xnau xyalal chi us, che'xc'utak
sa' tulanil lix chabilaleb a' yal chanru
lix na'lebeb. 14 Cui toj cuan li c'ahinc ut
li cakalinc eriq'uin, menimobresi erib
chixyebal nak cuan ena'leb. Riq'uin
xbanunquil a'an yoquex chi tic'ti'ic ut
xmukbal li xyalal. 15 A'an macua' li
na'leb naxq'ue li Dios. Xna'leb ban li
ruchich'och'. A'an yal xc'a'uxeb cuink ut
q'uebil xban laj tza. 16 Bar nacuan cui'
li cakalinc ut li k'etk'etil, aran ajcui'
nacuan po'oc ch'olej ut yalak c'a'ru chi
mausilalil. 17 Li ani q'uebileb xna'leb
xban li Dios, tz'akal re ru lix yu'ameb.
Cuanqueb sa' usilal, chabileb ut tulaneb.
Neque'uxtanan u, neque'xbanu li us,
ut inc'a' neque'balak'in. Junelic yal
neque'atinac. 18 Li q'uebileb xna'leb
xban li Dios cuanqueb sa' usilal ut
neque'xtenk'a ajcui' li ras ritz'in chi
cuanc sa' usilal.

Inc'a' takajunaji kib riq'uin lix mausilal li ruchich'och'

4 ¿C'a'ut nak toj cuan pletic ut
cuech'inc ib sa' eyank? ¿Ma inc'a'
ta bi' riq'uin xrahinquil ru li inc'a' us
nequetiquib pletic? 2 Laex nequerahi ru
li c'a'ak re ru ut xban nak inc'a' nequetau
li c'a'ru nequerahi ru, nequecamsi eras
eritz'in re nak tetau. Nacako' ech'ol xban
nak inc'a' nequetau li c'a'ru nequeraj
ut xban a'an junes pletic nequebanu.
Ut xban nak inc'a' nequetz'ama re li
Dios li c'a'ru nequeraj, jo'can nak inc'a'
naxq'ue ere. 3 Ut nak nequextz'aman
chiru li Dios, inc'a' nequec'ul xban nak
inc'a' nequetz'ama jo' naraj li Dios.
Inc'a' nequec'ul xban nak nequetz'ama
yal re xsachbal sa' li jo' majo'il na'leb.
4 Laex chanchanex li neque'xmux ru
lix sumlajic xban nak laex nequera ru
li mac. Macua' li Dios nequec'oxla. Cui
laex nequera ru li cuanc sa' lix mausilal
li ruchich'och' xic' yoquex chirilbal
li Dios. 5 Cuan xyalal nak tz'ibanbil
chi jo'ca'in sa' li Santil Hu: Li Santil
Musik'ej li quixq'ue li Dios chi cuanc
kiq'uin, a'an k'axal nocoxra ut a'an
naraj nak ca'aj cui' li Dios takalok'oni.
6 Li Dios k'axal numtajenak cui'chic li
rusilal naxq'ue ke. Li Santil Hu naxye
nak li Dios inc'a' nacuulac chiru li
neque'xnimobresi rib. Abanan li Dios
naxq'ue li rusilal reheb li tulaneb. (Pr.
3:34) 7 Jo'can nak chek'axtesihak erib
re li Dios. Chexnumtak sa' xben laj tza
ut a'an taelelik cheru. 8 Cauhak ech'ol
riq'uin li Dios ut li Dios tatenk'ank ere.
Laex aj mac, jalomak ec'a'ux. Mebanu
chic li mausilal. Jo'can ajcui' laex li
yal cuib ech'ol sa' le pabal, yot'omak
ech'ol ut jalomak ec'a'ux re nak li Dios
tixticobresi le ch'ol. 9 Chirahok' ech'ol,
chiyot'ek' ech'ol ut chexyabak xban li
mausilal li nequebanu. Macua' raj se'ec
nequebanu; yabac raj nequebanu xban
nak inc'a' us le yehom ebanuhom. Ut
inc'a' raj nasaho' sa' ech'ol. Naraho' raj
ban sa' ech'ol. 10 Checubsihak erib chiru
li Dios ut a'an tixq'ue ecuanquil.

Inc'a' takacuech'i rix li kech aj pabanelil

11 Ex inherman, mecuech'i rix le rech
aj pabanelil xban nak ani naxcuech'i
rix li rech aj pabanelil naxcuech'i ajcui'

rix lix chak'rab li Dios ut naxq'ue rib
chok' aj rakol a̱tin. Li kac'anjel ma̱cua' re
xcuech'bal rix li chak'rab; re ban xpa̱ban-
quil. 12 Jun ajcui' li quiq'uehoc re li
chak'rab ut ca'aj cui' a'an naru narakoc
a̱tin. A'an li nacoloc ut a'an ajcui' li nasa-
choc. Jo'can nak la̱at inc'a' naru naca-
trakoc a̱tin sa' xbe̱n la̱ cuas a̱cui̱tz'in.

Inc'a' nakanau c'a'ru takac'ul cuulaj ca'bej

13 Anakcuan abihomak li tinye e̱re la̱ex
li nequexyehoc re chi jo'ca'in: Ho̱n malaj
cuulaj toxic sa' jalan chic tenamit ut aran
tocua̱nk chak jun chihabak. Aran toya-
cok ut ta̱cua̱nk katumin chi us. 14 Aban
la̱ex inc'a' nequenau c'a'ru te̱c'ul cuulaj
ca'bej xban nak li kayu'am chanchan li
chok. Junpa̱t ajcui' nacuan ut junpa̱t chic
ac ma̱c'a' chic. 15 Jo'ca'in raj te̱ye: Cui
li Dios naraj, tixq'ue kayu'am ut tak-
aba̱nu li bar cuan nakac'oxla xba̱nun-
quil. 16 A'ut la̱ex nequenimobresi e̱rib
chixyebal li c'a'ru nequec'oxla xba̱nun-
quil. Inc'a' us nequeba̱nu nak nequeni-
mobresi e̱rib. 17 Li naxnau xba̱nunquil li
us, ut inc'a' naxba̱nu, a'an ma̱c naxba̱nu.

Xch'olobanquil xna'lebeb li biom

5 A'ut anakcuan, ex biom, cherabi-
hak li oc cue chixyebal. Chiyot'ek'
e̱ch'o̱l ut chexya̱bak xban li raylal cha̱lc
re sa' e̱be̱n. 2 Le̱ biomal ta̱osok'. Ma̱c'a'
chic ta̱oc cui'. Jo'can ajcui' le̱ cha̱bil ak'
ta̱c'uxek' xban li xulel. 3 Ut ta̱mo'o̱nk le̱
tumin. Ma̱c'a' chic ta̱oc cui'. A'an retalil
nak la̱ex tex-osok' ajcui' jo' nak na-oso'
li xam. La̱ex yo̱quex chixtambresinquil
le̱ biomal ut inc'a' nequeq'ue retal nak
c'ulu̱nc re roso'jic li cutan. 4 La̱ex yo̱quex
chixxocbal e̱tumin ut inc'a' nequeq'ue
xtojbaleb li que'k'oloc e̱riq'uin. Eb a'an
yo̱queb chi k'oko̱nc ut li nimajcual Dios
yo̱ chirilbal xtok'oba̱l ruheb nak yo̱queb
chi k'oko̱nc li que'c'anjelac e̱riq'uin.
5 Arin sa' ruchich'och' cuan nabal le̱
biomal ut ma̱c'a' napalto' e̱re. Junelic
sa nequenumsi li cutan. Chanchanex li
cuacax ch'olaninbil chi us re ta̱cam-
si̱k xban nak le̱ yu'am la̱ex, ta̱osok'.
Ta̱cuulak xk'ehil nak ta̱rakek' a̱tin sa'
e̱be̱n. 6 La̱ex quexrakoc a̱tin sa' xbe̱neb li
ti̱queb xch'o̱l ut quecamsiheb. Ut eb a'an
ma̱c'a' que'xba̱nu e̱re.

Xcuybal xnumsinquil li raylal

7 Jo'can ut ex herma̱n, checuyak roy-
beninquil lix c'ulunic li Ka̱cua' Jesu-
cristo. Jo' laj c'alom naxcuy roybenin-
quil jok'e nat'ane' li hab re nak ta̱a̱uk
ut naxcuy ajcui' roybeninquil nak nacu-
ulac xk'ehil li k'oloc re nak tixk'ol ru
li racui̱mk. 8 Jo'can ajcui' la̱ex checuyak
oybeni̱nc ut me̱ch'inan e̱ch'o̱l. Cacuubre-
sihomak ban e̱ch'o̱l xban nak li Ka̱cua'
chi se̱b ta̱cha̱lk cui'chic. 9 Ex herma̱n,
me̱cuech'i e̱rib che̱ribil e̱rib re nak inc'a'
ta̱rakek' a̱tin sa' e̱be̱n. Li Jesucristo
a'an laj rakol a̱tin ut chi se̱b ta̱c'ulu̱nk
cui'chic. 10 Ex herma̱n, chetzolak e̱rib
riq'uineb li profeta li que'cuyuc chak
xc'ulbal li raylal xban xyebal resil li
Ka̱cua'. 11 La̱o nakaye nak us xak re-
heb li neque'cuyuc raylal. Xerabi resil
chanru nak laj Job quixcuy xnumsinquil
li raylal. Ut nequenau nak mokon li Dios
quirosobtesi. Li Ka̱cua' Dios na-uxta̱nan
ut natok'oban u. 12 Ex inherma̱n, cuan
chic jun li na'leb tento te̱nau ut a'an a'in:
nak tex-a̱tinak, me̱patz' xc'aba' li Dios sa'
pac'ba a̱tin, chi moco sa' xc'aba' li choxa,
chi moco sa' xc'aba' li ruchich'och', chi
moco chepatz' sa' xc'aba' li c'a'ak re ru
cuan. Cui te̱ye nak ya̱l, junes ya̱l te̱ye, ut
nak te̱ye inc'a', junes inc'a' te̱ye re nak
inc'a' ta̱rakek' a̱tin sa' e̱be̱n xban li Dios.

Takapa̱b nak takac'ul li nakatz'a̱ma re li Dios

13 Cui cuan junak sa' e̱ya̱nk cuan sa'
raylal, chitijok chiru li Dios. Ut cui cuan
junak sa sa' xch'o̱l, chixbicha xlok'al li

Dios. 14 Cui cuan junak yaj sa' e̱ya̱nk,
tixtakla xbokbaleb li che̱queb sa' lix
pa̱ba̱l, re nak te'tijok riq'uin ut te'xq'ue
ca'ch'inak li aceite sa' xbe̱n sa' xc'aba'
li Ka̱cua' Jesucristo. 15 Cui te'xpa̱b nak
li Dios tixq'uirtesi li yaj nak te'tijok,
li Ka̱cua' ta̱q'uirtesi̱nk re ut tixcuaclesi
cui'chic. Ut cui cuan xma̱c, ta̱cuyek'
ta̱sachek' ajcui' lix ma̱c. 16 Chech'olobak
bi' le̱ ma̱c che̱ribil e̱rib ut chextijok che̱ri-
bil e̱rib re nak texq'uirtesi̱k. Li ani ti̱c
xch'o̱l natijoc chi anchal xch'o̱l ut lix tij
na-abi̱c xban li Dios. 17 Li profeta Elías,
a'an yal cui̱nk jo' la̱o. Quitijoc chi an-
chal xch'o̱l ut quixtz'a̱ma chiru li Dios
nak inc'a' tixq'ue li hab. Ut inc'a' quixq'ue
li hab sa' ruchich'och' chiru li oxib chi-
hab riq'uin cuakib po. 18 Ut nak quiti-
joc cui'chic, quixtz'a̱ma nak tixq'ue li
hab. Ut quixq'ue li hab ut li acui̱mk qui-
el cui'chic sa' ruchich'och'. 19 Ex inher-
ma̱n, ma̱re cuan junak sa' e̱ya̱nk tixcanab
xpa̱banquil lix ya̱lal, ut ma̱re junak chic
aj pa̱banel ta̱suk'isi̱nk cui'chic re sa' lix
pa̱ba̱l. 20 Chenauhak la̱ex nak li ani tix-
suk'isi chak junak li ras ri̱tz'in sa' xya̱lal
re nak tixcanab xba̱nunquil li ma̱c, a'an
tixcol li ras ri̱tz'in chiru li ca̱mc. Ut sa'
xc'aba' li jun a'an, nabal li ma̱c ta̱cuyek'
ta̱sachek' xban li Dios.

Li Xbe̱n Hu li Quixtz'i̱ba li San Pedro

Xq'uebal xsahil xch'o̱leb

1 La̱in laj Pedro. La̱in x-apóstol li
Ka̱cua' Jesucristo. Yo̱quin chi tz'i̱bac
e̱riq'uin la̱ex, li xejeq'ui e̱rib sa' li jun-
ju̱nk chi na'ajej. Yal numec' yo̱quex xban
nak ma̱cua' e̱tenamit li cuanquex cui',
la̱ex li cuanquex sa' xcue̱nt Ponto, ut sa'
xcue̱nt Galacia ut Capadocia, jo' ajcui' li
cuanquex sa' xcue̱nt Asia ut Bitinia. 2 Ac
najter k'e cutan qui-ala chak sa' xch'o̱l
li Dios Acuabej nak la̱exak li sic'bil e̱ru
xban. Santobresinbilakex chic xban li
Santil Musik'ej re nak tex-abi̱nk ut tex-
pa̱ba̱nk chiru li Jesucristo. Cuybilak chic
le̱ ma̱c xban xquiq'uel li Jesucristo. Ut
chi cua̱nk taxak chi nabal li rusilal li Dios
e̱riq'uin ut li tuktu̱quilal sa' e̱ya̱nk.

Nakayo'oni jun ac' yu'am ma̱c'a' roso'jic

3 Lok'oninbil taxak li Dios Acuabej, lix
Yucua' li Ka̱cua' Jesucristo. Sa' xc'aba'
lix nimal ruxta̱n, coyo'la cui'chic xca'
cua. Xban nak li Jesucristo quicuacli
cui'chic chi yo'yo sa' xya̱nkeb li came-
nak, nakayo'oni li ac' yu'am li ma̱c'a'
roso'jic. 4 Yo̱co chixyo'oninquil li kama̱-
tan li tixq'ue ke li Dios. Li ma̱tan a'in
inc'a' nalaj inc'a' na-oso'. C'u̱lanbil sa'
choxa. Aran ma̱c'a' ta̱muxuk ru ut ma̱
jaruj ta̱osok'. 5 Xban nak nocopa̱ban, li
Dios li k'axal nim xcuanquil nocoril chi
junelic re nak tocolek'. Li colba-ib a'in
ta̱c'utbesi̱k chi tz'akal re ru sa' roso'jic li
cutan. 6 Usta te̱c'ul nabal pa̱y ru li ray-
lal re xyalbal rix le̱ pa̱ba̱l sa' ruchich'och'
a'in, chisahok' sa' le̱ ch'o̱l xban nak ac
colbilex chic. 7 Tento nak ta̱yalek' rix
le̱ pa̱ba̱l re nak ta̱c'utu̱nk ma tz'akal re
ru. Li pa̱ba̱l k'axal cui'chic lok' chiru
li oro li na-oso'. Li oro nanumsi̱c sa'
xam re rilbal ma cha̱bil. Jo'can ajcui'
nak tento xyalbal rix le̱ pa̱ba̱l ma tz'akal
re ru. Cui tz'akal re ru le̱ pa̱ba̱l, tex-
oxlok'i̱k ut ta̱nima̱k e̱ru ut ta̱q'uehek'
e̱lok'al nak tixc'utbesi cui'chic rib li Jesu-
cristo. 8 Nequera li Cristo usta inc'a' ne-
queril ru. Nequepa̱b li Cristo, usta inc'a'
e̱rilom ru. K'axal cui'chic numtajenak
xsahil sa' e̱ch'o̱l chixpa̱banquil. Ut inc'a'
nequetau junak a̱tin re xch'olobanquil
lix sahil e̱ch'o̱l xban nak k'axal lok'. 9 Ut
lix k'ajca̱munquil le̱ pa̱ba̱l, a'an le̱ col-
bal. 10 Eb li profeta junxilaj que'xch'olob
chak xya̱lal li usilal a'in q'uebil e̱re.
Que'xtz'il rix ut que'patz'oc chirix li
colba-ib a'in. 11 Eb li profeta que'xye re-
sil li raylal tixc'ul li Cristo ut lix nimal
xlok'al li ta̱c'utbesi̱k mokon. Que'xq'ue
xch'o̱l chixsiq'uinquil ani tz'akal li Cristo.
Que'xsic' xya̱lal jok'e ut c'a'ru chi cu-
tanil ta̱c'ulma̱nk li yo̱ chi c'utbesi̱c
chiruheb xban li Santil Musik'ej. 12 Li
c'a'ru quixc'utbesi chak li Dios chiruheb
li profeta junxil inc'a' ta̱c'ulma̱nk nak
toj cuanqueb a'an. Ta̱c'ulma̱nk ban sa'
li cutan nak cuanquex la̱ex. Eb li pro-
feta que'xch'olob che̱ru li xya̱lal a'in, li
quic'ute' chak chiruheb xban li Santil
Musik'ej li taklanbil chak xban li Dios.
Ut eb li ángel que'raj ajcui' raj xtaubal
ru chixjunil li c'a'ak re ru a'in.

Tento nak tocua̱nk sa' ti̱quilal

13 Xban nak yo̱quex chiroybeninquil le̱
k'ajca̱munquil, chi ajk ru le̱ c'a'ux. Chi
cua̱nk chi tuktu le̱ ch'o̱l. Ut chi anchal
e̱ch'o̱l cheroybeni li usilal li tixq'ue e̱re
li Jesucristo nak tixc'utbesi cui'chic rib.
14 Chex-abi̱nk chiru li Dios xban nak la̱ex
ralal xc'ajol. Me̱ba̱nu chic li nequerahi ru
junxil nak toj ma̱ji' nequenau li xya̱lal.
15 Aban ti̱cak taxak le̱ ch'o̱l ut cha̱bi-
lak taxak le̱ yehom e̱ba̱nuhom xban nak
ti̱c xch'o̱l li Dios li quisic'oc e̱ru chok'
ralal xc'ajol. 16 Jo' tz'i̱banbil retalil sa'
li Santil Hu: Santakex la̱ex xban nak

santin la̱in, chan li Dios. (Lv. 11:44-45)
17 La̱ex nequeye “at inYucua'” re li Dios
nak nequextijoc. Ut li Dios natz'iloc a̱tin
chirix li junju̱nk a' yal chanru lix yehom
xba̱nuhom. A'an inc'a' naxsiq'ueb ru. Jun
xiquic ban naxba̱nu. Jo'can nak chexu-
cua̱k ru li Dios junelic, a' yal jo' najtil
texcua̱nk sa' li ruchich'och' a'in. 18 La̱ex
nequenau nak xban li Dios colbilex chic
chiru li jo' ma̱jo'il na'leb li quilaje'xc'ut
chak che̱ru le̱ xe'to̱nil yucua'. Moco col-
bilex ta riq'uin c'a'ak re ru na-oso' jo'
li oro ut li plata. 19 Colbilex ban riq'uin
xlok'laj quiq'uel li Cristo. Li Cristo, a'an li
quixmayeja rib chiru li Dios Acuabej jo'
jun li carner namayeja̱c chi ma̱c'a' re̱c' ut
chi ma̱c'a' xpaltil. 20 Relic chi ya̱l nak toj
ma̱ji' nayo'obtesi̱c chak li ruchich'och' ac
ch'olch'o chiru li Dios nak li Cristo sic'bil
ru ut xakabanbil re ta̱ca̱mk. Ut anakcuan
xcuulac xk'ehil nak li Cristo xc'utbesi rib
xban e̱ra̱bal la̱ex. 21 Sa' xc'aba' li Cristo
yo̱quex chixpa̱banquil li Dios, li quicua-
clesin cui'chic re li Cristo chi yo'yo sa'
xya̱nkeb li camenak ut quixq'ue xlok'al.
Jo'can nak xepa̱b ut ca'aj cui' riq'uin li
Dios nequexyo'onin. 22 Sa' xc'aba' li San-
til Musik'ej ch'ajobresinbil le̱ ra̱m riq'uin
nak nequepa̱b li tz'akal ya̱l. Riq'uin a'in
naru te̱raheb li herma̱n ut inc'a' te̱ra e̱rib
chi yal xcab rix e̱ch'o̱l. Te̱ra ban e̱rib chi
tz'akal. 23 La̱ex yo'lajenakex chic xca' cua
chi ac' chic le̱ yu'am. Li yu'am a'in ma̱cua'
xq'uehom le̱ na' e̱yucua'. Li yu'am a'an
na-oso'. Abanan li ac' yu'am natauman
riq'uin xpa̱banquil ra̱tin li Dios. Yo'yo
ut cuan chi junelic. 24 Sa' li Santil Hu
tz'i̱banbil retalil chi jo'ca'in:

Lix yu'am li cristian sa' ruchich'och', a'an
chanchan li pim.
Nachakic ut na-oso'. Ut lix lok'al chan-
chan ratz'um li pim.
Nachakic nat'ane' ut na-oso'. (Is. 40:6-8)

25 Aban li ra̱tin li Dios, a'an cuan chi
junelic.
Ut li a̱tin a'in, a'an resil li colba-ib li
yebil chak e̱re.

2 Xban nak ac' chic le̱ yu'am, cherisi-
hak sa' le̱ ch'o̱l chixjunil li ma̱usi-
lal. Mexbalak'ic chic. Te̱canab li ca'pac'al
u. Mexcakalin chic ut te̱canab ajcui' li
yo'oba̱nc a̱tin. 2 Li c'ula'al nak toj nayo'la
naraj ru tu'uc. Us raj nak jo'cano taxak
la̱o riq'uin ra̱tin li Dios. Takaj taxak ru
xtzolbal ra̱tin li Dios xban nak a'an li
tz'akal ya̱l. Tocacuu̱k taxak sa' li ka-
pa̱ba̱l ut tz'akalako taxak chiru li Dios re
nak tocolek'. 3 Cui yo̱quex chixba̱nunquil
a'in, ac nequenau nak li Ka̱cua' cha̱bil.

Li Cristo, a'an xxe' li kapa̱ba̱l

4 Cha̱lkex riq'uin li Cristo, li yo'yo chi
junelic. Eb li cristian que'xtz'ekta̱na li Je-
sucristo li k'axal lok' li sic'bil ru xban li
Dios chixq'uebal kayu'am. Li Jesucristo
xakabanbil xban li Dios chi c'anjelac jo'
jun nimla pec k'axal cha̱bil li na-oc chok'
xxe' li cab. 5 Ut la̱ex chanchanex li coc'
pec li na-oc sa' li tz'ac. Xban li rusilal
li Jesucristo, naru texc'anjelak chiru li
Dios jo' eb laj tij li neque'mayejac chiru
li Dios. Li mayej li k'axal lok', a'an nak
te̱k'axtesi e̱rib sa' ruk' li Dios. Ut le̱ mayej
nac'ule' xban li Dios sa' xc'aba' li Je-
sucristo. 6 Tz'i̱banbil retalil sa' li Santil
Hu li quixye li Dios chirix li Cristo nak
quixye chi jo'ca'in:

La̱in xinsic' ru li Colonel jo' nak laj tz'ac
naxsic' ru li cha̱bil pec chok' xxe' li
cab. Xinsic' ru chok' xxe' le̱ pa̱ba̱l.
Li ani ta̱pa̱ba̱nk re inc'a' ta̱ch'ina̱nk
xch'o̱l. (Is. 28:16)

7 K'axal lok' li Cristo chok' e̱re la̱ex
li ac xexpa̱ban. Abanan chok' reheb
li ma̱ji' neque'pa̱ban, ma̱c'a' na-oc cui'.
Tz'i̱banbil retalil sa' li Santil Hu chi
jo'ca'in:

Li pec li quitz'ekta̱na̱c xbaneb laj ca-
blanel, a'an li pec li k'axal cha̱bil
li quiq'uehe' chok' xxuc li cab. (Sal.
118:22)

8 Ut tz'i̱banbil ajcui' sa' li Santil Hu chi
jo'ca'in:

A'an ut li pec li que'xtich cui' li rokeb.
A'an li pec li nat'anoc. (Is. 8:14-15)

Li cristian li neque'xtich rokeb chiru,
a'aneb laj k'etol ra̱tin li Dios. Ac ch'olch'o
nak te'xc'ul lix tojbal lix ma̱c xban nak
neque'xtz'ekta̱na li Cristo.

La̱ex ralal xc'ajol li Dios

9 La̱ex sic'bil e̱ru xban li Dios. Sic'bil
e̱ru chi c'anjelac chiru li Dios jo' nak
neque'c'anjelac laj tij. La̱ex lix tenamit
li Dios ut santobresinbilex. La̱ex chic
ralal xc'ajol li Dios. Sic'bil e̱ru chixye-
bal resil lix nimal xcuanquilal li Dios.
Li Dios quexrisi sa' xk'ojyi̱nal ru li ma̱c
ut anakcuan cuanquex chic sa' xcutan
xsaken. 10 Junxil ma̱cua'ex ralal xc'ajol
li Dios. Aban anakcuan la̱ex chic ralal
xc'ajol. Junxil inc'a' nequenau lix nimal
ruxta̱n li Dios. Aban anakcuan nequenau
chic.

Bokbilex chi c'anjelac chiru li Dios

11 Ex inherma̱n, raro̱quex inban. La̱ex
yal numelex arin sa' ruchich'och'. La̱in
nintz'a̱ma che̱ru nak me̱ba̱nu chic li
ma̱usilal li queba̱nu chak junxil xban
nak a'an ca'aj cui' xpo'bal ru le̱ c'a'ux
naxba̱nu. 12 Cha̱bilak taxak le̱ na'leb
chiruheb li ma̱ji' neque'pa̱ban. Usta
yo̱keb chixyebal nak inc'a' us le̱ na'leb,
aban cui te̱ba̱nu li us, te'xq'ue retal
ut te'xnima xlok'al li Dios nak ta̱cuu-
lak xk'ehil li rakba a̱tin. 13 Sa' xc'aba' li
Cristo chepa̱ba̱k chixjunileb li chak'rab
q'uebil xbaneb li cui̱nk li neque'taklan
sa' e̱be̱n. Chexpa̱ba̱nk chiru li acuabej
xban nak a'an cuan sa' xcuanquil. 14 Ut
chexpa̱ba̱nk ajcui' chiruheb li taklan-
bileb xban li acuabej chi rakoc a̱tin
sa' xbe̱neb li neque'xsic' xma̱c ut re
ajcui' nak te'xq'ue xlok'al li cha̱bileb
xna'leb. 15 Li Dios naraj nak texcua̱nk sa'
xya̱lal. Nak te'ril le̱ ti̱quilal, li inc'a' useb
xna'leb ut li inc'a' neque'xnau xya̱lal,
inc'a' chic te'a̱tinak che̱rix. 16 Libre chic
cua̱nkex. Abanan moco xban ta nak libre
chic cua̱nkex nak tex-oc chixba̱nunquil
li ma̱usilal. Cheq'uehak ban e̱ch'o̱l chi
c'anjelac chiru li Dios. 17 La̱ex aj pa̱banel,
chera e̱rib che̱ribil e̱rib. Chexucua̱k ru li
Ka̱cua' Dios. Che-oxlok'i le̱ ras e̱ri̱tz'in. Ut
cheq'uehak xlok'al li acuabej.

Checuy li raylal jo' nak quixcuy li Cristo

18 Ex aj c'anjel chex-abi̱nk chiruheb
le̱ patrón ut che-oxlok'iheb. Moco ca'aj
cui' ta chiruheb li tu̱laneb. Chex-abi̱nk
ban ajcui' chiruheb li josk' aj patrón.
19 Cui nequec'ul junak raylal chi ma̱c'a'
e̱ma̱c, osobtesinbilakex cui nequecuy
xban nak yo̱quex chixpa̱banquil li Dios.
20 Cui nequexsaq'ue' xban nak xesic' e̱-
ma̱c, ut nequecuy xnumsinquil, ma̱c'a'
xlok'al a'an. Abanan cui nequec'ul li ray-
lal riq'uin xba̱nunquil li us ut nequecuy,
a'an lok' chiru li Dios. 21 Li Dios naraj nak
te̱ba̱nu jo' quixba̱nu li Cristo. Li Cristo
quixc'ul li raylal sa' e̱c'aba' la̱ex. A'an
quic'amoc be che̱ru re nak la̱ex te̱cuy
ajcui' xnumsinquil li raylal. 22 Li Cristo
ma̱c'a' xma̱c. Ut ma̱ jun sut quibalak'in.
23 Nak quihobe' li Cristo, inc'a' quix-
sume ru. Ut nak yo̱ chixc'ulbal li ray-
lal, ma̱c'a' quixye. Inc'a' quixmajecua-
heb. Quixk'axtesi ban rib sa' ruk' li Dios,
li narakoc a̱tin sa' ti̱quilal. 24 Relic chi
ya̱l nak li Cristo, a'an li quixc'ul li ray-
lal nak quicam chiru li cruz re xtojbal
rix li kama̱c la̱o. A'an aj e nak quicam re
nak inc'a' chic texma̱cobk. Texcua̱nk ban
sa' ti̱quilal. Li Cristo quixc'ul li yoq'uec'
sa' kac'aba' la̱o aj ma̱c. Ut riq'uin li
raylal li quixc'ul xexq'uirtesi̱c. 25 La̱ex
sachso̱quex sa' le̱ ma̱c nak quexcuan
chak. Chanchanex li carner sachenak li
nacha'cha'i rib yalak bar chi ma̱c'a' aj ilol
re. Abanan anakcuan xexchal cui'chic
riq'uin li Cristo ut a'an chic ta̱ilok e̱re.

Xq'uebal xna'leb li ixakilbej jo' ajcui' li be̱lomej

3 La̱ex ixakilbej chex-abi̱nk chiru le̱
be̱lom. Cui cuanqueb li be̱lomej li
inc'a' neque'xpa̱b li ra̱tin li Dios, a'an
te'xq'ue retal le̱ cha̱bilal ut te'xpa̱b
ajcui' li Dios eb a'an. K'axal us xc'utbal
li cha̱bilal chiru xch'olobanquil xya̱lal
riq'uin a̱tin. 2 Ma̱re te'pa̱ba̱nk le̱ be̱lom
nak te'xq'ue retal nak neque-oxlok'iheb
ut cha̱bil e̱na'leb. 3 Mixic e̱ch'o̱l riq'uin
xtikibanquil e̱rib. Me̱sic' le̱ ch'ina'usal
yal riq'uin xcha̱bilal le̱ rak'. Li tz'akal
ch'ina'usal ma̱cua' riq'uin xyi̱banquil le̱
rismal chi k'axal ch'ina'us chi moco
riq'uin rocsinquil li oro. 4 Li tz'akal
xch'ina'usal li junju̱nk, a'an lix ti̱quilal
xch'o̱l ut lix tu̱lanil. A'an inc'a' na-oso.
Li ti̱quil ch'o̱lej ut li tu̱lanil, a'aneb
li k'axal lok' chiru li Dios. 5 Jo'can
ajcui' que'xba̱nu chak li cha̱bil ixk li
que'xpa̱b li Dios najter. Que'xsic' lix
ch'ina'usal riq'uin li tuktu̱quilal ut li
tu̱lanil. Ut eb li ixk a'an que'abin ajcui'
chiruheb lix be̱lom ut que'x-oxlok'iheb.
6 Ut jo'can ajcui' quixba̱nu lix Sara.
Qui-abin chiru laj Abraham lix be̱lom.
Ut quixye “Ka̱cua' Abraham” re xban
nak quix-oxlok'i. Jo'can ajcui' la̱ex. Cui
te̱ba̱nu li usilal ut inc'a' texxucua̱k, la̱ex
ajcui' jo' li ralal xc'ajol lix Sara. 7 Ut la̱ex
be̱lomej, chexcua̱nk sa' xya̱lal riq'uineb
le̱ rixakil. Che-oxlok'iheb. La̱ex neque-
nau nak eb li ixk k'uneb xch'o̱l ut
ma̱c'a'eb xmetz'e̱uheb jo'eb li cui̱nk. La̱ex
te̱c'ul le̱ ma̱tan xban rusilal li Dios.
Jo'can ajcui' eb li ixk, te'xc'ul ajcui' lix
ma̱taneb. Ut li ma̱tan li te̱c'ul, a'an li
yu'am chi junelic. Cui te̱ba̱nu a'in, ma̱c'a'
ta̱ch'a'ajqui̱nk e̱re nak textijok.

Ba̱nuhomak li cha̱bilal usta nequec'ul li raylal

8 Ut tinye ajcui' e̱re, chexcua̱nk che̱ju-
nilex chi junajak le̱ ch'o̱l ut chi ju-
najak le̱ c'a'ux. Cherahak e̱rib che̱ribil
e̱rib. Chetok'oba e̱ru che̱ribil e̱rib ut
k'unak le̱ ch'o̱l. 9 Nak te'xba̱nu ma̱usi-
lal e̱re, inc'a' te̱sume ru riq'uin ma̱usi-
lal. Nak texhobek', me̱sume ru riq'uin
hoboc. Cheba̱nuhak ban usilal reheb li
neque'ba̱nun ma̱usilal e̱re. La̱ex bokbilex
chak xban li Dios re nak te̱re̱chani le̱
rosobtesinquil. 10 Jo'ca'in naxye sa' li
Santil Hu:

Li ani ta̱raj cua̱nc chi sa sa' xch'o̱l re
tixnumsiheb li cutan sa' xya̱lal, inc'a'
ta̱atinak riq'uin yibru a̱tin chi moco
ta̱tic'ti'ik.
11 Jo'can nak checanabak xba̱nunquil li
inc'a' us. Cheba̱nuhak ban li us, jo'
naraj li Dios. Ut cheq'uehak e̱ch'o̱l
chi cua̱nc sa' tuktu̱quil usilal ut inc'a'
chic texpletik.
12 Li Ka̱cua' Dios narileb li ti̱queb
xch'o̱l. Ut junelic narabiheb nak
neque'tijoc. Abanan yo̱ xjosk'il li
Ka̱cua' sa' xbe̱neb li neque'ba̱nun re
li ma̱usilal. (Sal. 34:12-16)

13 ¿Ma cuan ta bi' junak ta̱rahobtesi̱nk
e̱re cui nequeyal e̱k'e chixba̱nunquil li
us? 14 Abanan cui cuan junak ta̱rahobte-
si̱nk e̱re xban nak yo̱quex chixba̱nun-
quil li usilal, osobtesinbilex xban li Dios.
Me̱xucuaheb ru li te'rahobtesi̱nk e̱re ut
mi-oc e̱c'a'ux xbaneb. 15 Cheq'uehak ban
xlok'al li Ka̱cua' Jesucristo chi anchal
e̱ch'o̱l ut chek'axtesihak e̱rib sa' ruk'.
Chenauhak xsumenquil li te'raj patz'oc
e̱re chirix le̱ pa̱ba̱l. Ac cua̱nk sa' le̱ ch'o̱l
c'a'ru te̱sumeheb cui'. Ut chesumehakeb
sa' xya̱lal ut sa' tu̱lanil. 16 Chexcua̱nk sa'
xya̱lal ut me̱ba̱nu chic li ma̱usilal re nak
ma̱c'a' ta̱ch'i'ch'i'i̱nk e̱re sa' le̱ c'a'ux. Usta
cha̱bil nequeba̱nu xban nak nequepa̱b
li Cristo, abanan cuan li neque'a̱tinac
che̱rix. Eb a'an xuta̱nal te'e̱lk xban nak
neque'k'aban. 17 Cui li Dios naraj nak
te̱c'ul li raylal chi ma̱c'a' e̱ma̱c, k'axal
us nak te̱c'ul li raylal chi ma̱c'a' e̱ma̱c
chiru nak te̱c'ul li raylal riq'uin xba̱-

nunquil li ma̱usilal. 18 Li Cristo quixc'ul
ajcui' li raylal chi ma̱c'a' xma̱c. A'an ti̱c
xch'o̱l abanan quicamsi̱c re xtojbal rix
lix ma̱queb li inc'a' useb xna'leb. Jun sut
ajcui' quicam ut riq'uin a'an quitz'akloc
ru. Ut xban xcamic li Jesucristo, naru
toxcol li Dios. Ya̱l nak que'xcamsi li
Cristo. Abanan inc'a' quicam lix musik'.
19 Co̱ ban chi a̱tinac riq'uineb li musik'ej
li cuanqueb chi tz'aptz'o. 20 A'an eb
li inc'a' que'pa̱ban chak chiru li Dios
junxil. Li Dios riq'uin xnimal xcuyum,
quiroybeni nak te'pa̱ba̱nk. Abanan inc'a'
que'pa̱ban. A'an quic'ulman sa' eb li cu-
tan nak laj Noé yo̱ chixyi̱banquil li nimla
jucub cab. Inc'a' q'ui li que'pa̱ban ut
que'oc chi sa' li jucub cab. Cuakxakibeb
ajcui' que'cole' chiru li but'i ha'. Chixju-
nileb li jun ch'o̱l chic quilaje'cam. 21 Li
but'i ha', a'an retalil li cubi ha' colbilex
cui' anakcuan. Li cubi ha', a'an ma̱cua'
re risinquil lix tz'ajnil li katibel. Cuan
ban xya̱lal. A'an retalil nak cuybil sach-
bil chic li kama̱c. Ut nakatz'a̱ma chiru
li Dios nak cha̱bilak li kac'a'ux. Colbilo
xban nak quicuacli cui'chic chi yo'yo li
Jesucristo. 22 Li Jesucristo, a'an quitake'
sa' choxa ut anakcuan cuan sa' xnim uk'
li Dios Acuabej xban nak k'axal nim lix
cuanquil. Li Cristo cuan xcuanquil sa'
xbe̱neb li ángel. Ut cuan ajcui' xcuanquil
sa' xbe̱neb chixjunileb li musik'ej li cuan-
queb xcuanquil.

Jo'cakex li cha̱bil merto̱m riq'uin rusilal li Dios

4 Li Cristo quixc'ul li raylal ut quirec'a
tz'akal li raylal sa' kac'aba' la̱o. Jo'can
nak chikaq'ue ajcui' kach'o̱l la̱o chixcuy-
bal li raylal. Julticak e̱re nak ma̱c'a' chic
xcuanquil li ma̱c sa' xbe̱neb li neque'xcuy
li raylal chi ma̱c'a' xma̱queb. 2 Ut jarub
cutan chic toj yo'yo̱kex cheba̱nuhak
li c'a'ru naraj li Dios, ut inc'a' chic
yo̱kex chixba̱nunquil li c'a'ru querahi
chak ru junxil. 3 Tz'akal taxak li ma̱c
li xeba̱nu chak. Xeba̱nu jo' neque'xba̱nu
li inc'a' neque'pa̱ban chiru li Dios.
Junxil nasemsot le̱ ch'o̱l riq'uin li jo'
ma̱jo'il na'leb. Xeba̱nu chak li cala̱c
ut li nink'ei̱c. Xeba̱nu chak li num
cua'ac num uc'ac. Ut xeba̱nu ajcui' li
tz'ekbe̱talil aj na'leb. Xuta̱nal xeba̱nu
chak junxil nak xenima chak ruheb li
yi̱banbil Dios. 4 A'ut anakcuan eb li ma̱ji'
neque'pa̱ban neque'sach xch'o̱leb che̱ril-
bal. Neque'xq'ue retal nak ma̱cua'ex
chic jun sa' xya̱nkeb chixba̱nunquil li
ma̱usilal. Ut xban a'an nequexhobe'.
5 Aban mokon eb laj hobonel tento nak
te'xk'axtesi xcue̱nt chiru li Dios riq'uin li
c'a'ru quilaje'xba̱nu chak. Li Dios, a'an
li ta̱rakok a̱tin sa' xbe̱neb li yo'yo̱queb
jo' eb ajcui' li camenakeb. 6 A'an rajbal
nak quich'oloba̱c xya̱lal chiruheb li tena-
mit. Quirakman a̱tin chirixeb ut eb a'an
que'cam jo' nak telaje'ca̱mk chixjunileb li
cristian. Chixjunileb li que'pa̱ban chiru
li Dios usta quilaje'cam, lix musik'eb
yo'yo̱queb jo' nak yo'yo li Dios. 7 Li
roso'jic li ruchich'och' ta̱se̱ba̱nk chak.
Jo'can nak a̱j-ajak e̱ru, ut cheq'uehak
e̱ch'o̱l chi tijoc. 8 Li c'a'ru tento te̱ba̱nu,
a'an xra̱bal e̱rib che̱ribil e̱rib ut chi
anchal e̱ch'o̱l. Ut xban nak nequera
e̱rib che̱ribil e̱rib, nequecuy ajcui' e̱ma̱c
che̱ribil e̱rib. 9 Chexq'uehok ochochna̱l
che̱ribil e̱rib chi sa sa' e̱ch'o̱l. 10 Chika-
junilo jalan jala̱nk li c'a'ru ta̱ru̱k tak-
aba̱nu. Ac kama̱tan kama̱tan q'uebil ke
chikaju̱nkal xban li Dios. Tento nak
takatenk'a li kas ki̱tz'in riq'uin li c'a'ru
nocoru chixba̱nunquil re nak inc'a' ta̱-
cana̱k chi ma̱c'a' rajbal li ma̱tan q'uebil
ke xban li Dios. 11 Cui ani cuan xma̱-
tan chi a̱tinac, chixyehak ra̱tin li Dios.
Cui ani naraj c'anjelac, chi c'anjelac a'
yal chanru lix cacuilal q'uebil re xban li
Dios. Riq'uin chixjunil li c'a'ak re ru ta̱ux-
ma̱nk, nimanbilak taxak xc'aba' li Dios
sa' xc'aba' li Jesucristo. A'an laj e̱chal re

li nimajcual cuanquilal ut lok'oninbilak
taxak chi junelic k'e cutan. Jo'can taxak.

Tento xcuybal li raylal

12 Ex inherman, misach ech'ol nak
tachalk li ra xic' sa' eben. Chanchan li
xam nak nachal sa' eben re xyalbal rix
le pabal. Mec'oxla nak ca'aj cui' laex
yoquex chi c'uluc re. 13 Chi sahok' ban
sa' ech'ol nak yoquex chi c'uluc raylal
jo' quixc'ul li Cristo xban nak yoquex
chi tz'akonc riq'uin li raylal li quixc'ul
a'an. Tacuulak xk'ehil nak li Jesucristo
tixc'utbesi lix nimal xlok'al ut laex k'axal
cui'chic tasahok' sa' ech'ol. 14 Us xak
ere cui texhobek' xban nak nequepab
li Cristo. A'an retalil nak lix Musik'
li Dios cuan eriq'uin ut a'an li k'axal
lok'. Relic chi yal nak tz'ektananbil li
Dios xbaneb li neque'hoboc ere, abanan
cheru laex, k'axal lok' ut nim xcuanquil.
15 Cheq'uehak retal: mexmacob. Xuta-
nal chok' ere nak tec'ul junak raylal
xban elk'ac, malaj ut xban li camsinc,
malaj ut xban li yo'obanc ch'a'ajquilal
sa' xyankeb le ras eritz'in, malaj ut
xban xbanunquil c'a'ak chic re ru inc'a'
us. 16 Cui ut nequec'ul raylal xban nak
nequepab li Cristo, a'an moco xutanal
ta. Chenimak ban xlok'al li Dios xban
nak laex chic ralal xc'ajol. 17 Cuulac re
xk'ehil li rakoc atin. Taticlak kiq'uin
lao, li ralal xc'ajol li Dios. Tento nak
tarakek' atin sa' kaben lao aj pabanel.
Ut tarakek' ajcui' atin sa' xbeneb li inc'a'
neque'xpab li Dios. Abanan k'axal num-
tajenak cui'chic li raylal te'xc'ul eb a'an.
18 Jo'ca'in tz'ibanbil chak retalil sa' li
Santil Hu: Cui li tic xch'ol elajic tacolek',
¿ma toja' ta chic junak laj mac inc'a' ela-
jic tacolek'? 19 Laex li yoquex chi xc'ulbal
li raylal jo' naraj li Dios, cheq'uehak
taxak ech'ol chixbanunquil li chabilal.
Chek'axtesihak erib sa' ruk' li Dios. A'an
li quiyo'obtesin ke ut ma jok'e tapaltok
chiku.

Xq'uebal xna'leb laj c'amol be

5 Ut anakcuan tinye cuib oxibak li
atin reheb laj c'amol be sa' eyank
laex aj pabanel. Lain ajcui' erochben chi
c'amoc be ut quicuil tz'akal nak li Cristo
quixc'ul raylal. Lain tintz'akonk ajcui'
jo' nak laex textz'akonk sa' lix nimal
xlok'al li tac'utbesik. 2 Laex laj c'amol be,
tintz'ama cheru nak teq'ue ech'ol chir-
ilbaleb li ralal xc'ajol li Dios jo' nak
laj ilol xul narileb lix xul chi anchal
xch'ol. Teq'ue ech'ol chixch'olaninquileb
laj pabanel li k'axtesinbil ere xban li
Dios chi macua' minbil eru. Tebanu
ban chi anchal ech'ol. Mebanu yal xban
xrahinquil ru le tojbal. Chebanu ban
xban nak teraj c'anjelac chiru li Dios.
3 Metaklaheb sa' josk'il li k'axtesinbileb
ere. Tetaklaheb ban sa' xyalal. Cha-
bilakex chiruheb re nak te'ril le cha-
bilal. 4 Li Jesucristo a'an tz'akal laj
ilol ke. Cui nakach'olaniheb chi us li
k'axtesinbileb ke, li Jesucristo tixq'ue
kak'ajcamunquil nak tol-elk cui'chic. Li
kak'ajcamunquil a'an inc'a' nalaj inc'a'
na-oso'. Ut totz'akonk ajcui' riq'uin lix
nimal xlok'al. 5 Ut anakcuan, ex her-
man, tinye cuib oxibak atin ere laex
li toj sajex. Chex-abink chiruheb li
neque'c'amoc be sa' eyank. Menimobresi
erib cheribil erib. Chetenk'a ban erib
cheribil erib chejunilex jo' tz'ibanbil sa'
li Santil Hu: Li Dios naxtz'ektanaheb
li k'etk'eteb ut naxbanu usilal reheb li
neque'xcubsi ribeb. 6 Checubsi bi' ecuan-
quil chiru li Dios li k'axal nim xcuan-
quil re nak li Dios tixnimobresi le cuan-
quil nak tixtau xk'ehil. 7 Checanabak
sa' ruk' li Dios chixjunil li c'a'ak re
ru yo ec'a'ux chirix xban nak li Dios
naxq'ue xch'ol cherix laex. 8 Chicuank
ena'leb re xcolbal erib chiru laj tza xban
nak laj tza yo chixsic'bal ani tarale.
Laj tza a'an chanchan li cakcoj camc
re xban xtz'ocajic ut yo chixsutinquil

rib yalak bar re xsic'bal ani tixcamsi
re tixtiu. 9 Me̱q'ue e̱rib chi a̱le̱c xban
laj tza. Cauhak ban e̱ch'o̱l sa' le̱ pa̱ba̱l.
Mich'inan e̱ch'o̱l nak ta̱cha̱lk junak ray-
lal sa' e̱be̱n. Nequenau nak ma̱cua' ca'aj
cui' la̱ex yo̱quex chi c'uluc raylal. Jo'can
ajcui' neque'xc'ul le̱ rech aj pa̱banelil
yalak bar jun sut sa' ruchich'och'. 10 La̱ex
te̱c'ul li raylal. Cuyomak cuan ca'ch'inak
xban nak chi se̱b ajcui' nocoxtenk'a
li Dios. A'an ta̱tz'akobresi̱nk e̱ru. A'an
ta̱tenk'a̱nk e̱re re nak inc'a' ta̱ch'ina̱nk
e̱ch'o̱l. Tixq'ue ban xcacuil e̱ch'o̱l. Li
Dios, li naq'uehoc ke li usilal, a'an qui-
bokoc ke chi tz'ako̱nc riq'uin lix ni-
mal xlok'al sa' choxa kochben li Cristo.
11 A'an taxak chinima̱k xcuanquil chi
junelic k'e cutan. Jo'can taxak.

Xrakbal li hu riq'uin sahil ch'o̱lej

12 Laj Silvano, a'an jun tz'akal aj
pa̱banel. A'an ta̱c'amok re li hu a'in
xintz'i̱ba chok' e̱re. Moco q'ui ta li
a̱tin xintz'i̱ba e̱re. Riq'uin li a̱tin a'in
yo̱quin chixq'uebal e̱na'leb. Xinch'olob
xya̱lal che̱ru chanru li rusilal li Dios.
A'in taxak chiq'uehok xcacuil e̱ch'o̱l.
13 Eb laj pa̱banel li cuanqueb Babilo-
nia neque'xtakla xsahil e̱ch'o̱l. Eb a'an
sic'bil ajcui' ruheb xban li Dios jo' la̱ex.
Naxtakla ajcui' xsahil e̱ch'o̱l laj Marcos,
li ninra jo' cualal. 14 Cheq'uehak xsahil
e̱ch'o̱l che̱ribil e̱rib riq'uin santil utz'uc u
xban nak nequera e̱rib. Chicua̱nk taxak
li tuktu̱quil usilal e̱riq'uin xban nak la̱ex
chic ralal xc'ajol li Cristo. Jo'can taxak.

Li Xcab Hu li Quixtz'iba li San Pedro

Xq'uebal xsahil xch'oleb

1 Lain laj Simón Pedro. Lain x-apóstol
li Jesucristo ut ninc'anjelac chiru.
Nintz'iba li hu a'in eriq'uin, laex aj
pabanel. Ac xetau lix chak'al ru li pabal
jo' li kapabal lao. Li pabal a'in natauman
riq'uin li Kacua' Jesucristo laj Colol ke,
li tic xch'ol. 2 Xban nak nequenau chic li
xyalal chirix li Dios ut chirix li Kacua' Je-
sucristo, tacuank taxak chi nabal li tuk-
tuquilal eriq'uin ut chi cuank taxak li
rusilal li Dios sa' le ch'ol.

Chextz'akonk riq'uin lix santilal li Dios

3 Chixjunil li c'a'ru nac'anjelac ke sa' li
kayu'am ut sa' li kapabal q'uebil ke xban
xnimal xcuanquil li Cristo. Sa' xc'aba'
lix cuanquil xkanau ru li Dios li qui-
bokoc ke chi tz'akonc riq'uin lix ni-
mal xlok'al ut xcuanquilal. 4 Sa' xc'aba'
lix nimal xlok'al ut xcuanquilal li Dios
quixyechi'i kamatan k'axal lok' ut nim
xcuanquil. Li Dios quixyechi'i ke lix
cuanquilal re toelk sa' li mausilal li cuan
sa' ruchich'och' ut quixyechi'i ajcui' ke
lix cuanquilal re nak takacanab xrahin-
quil ru li mac, ut re ajcui' nak totz'akonk
riq'uin lix tiquilal li Dios. 5 Abanan inc'a'
tz'akal cui ca'aj cui' nocopaban. Chikay-
alak ban kak'e chixbanunquil li chabi-
lal. Ut chikatzolak kib riq'uin li Dios
re nak chabilak li kana'leb. 6 Jo'can
ajcui' nak chikacuyak kib. Ut chicuank
xcacuil li kach'ol sa' li kapabal riq'uin
li raylal nakac'ul ut chikac'oxlahak li
Dios chi tz'akal. 7 Macua' ca'aj cui' a'an
takabanu. Chisahok' ban ajcui' kach'ol
riq'uineb li kas kitz'in ut chikaraheb.
8 Cui nakabanu a'in chi cuulaj cuulaj,
yoko chi c'anjelac chiru li Dios re nak
li kayu'am inc'a' tacuank chi mac'a' ra-
jbal. Cuank ban xyalal nak takapab li
Kacua' Jesucristo. 9 Li ani inc'a' naxbanu
li c'a'ak re ru a'in, a'an chanchan jun li
mutz' malaj chanchan jun li inc'a' na-
iloc chi tz'akal. Li jun a'an inc'a' naxq'ue
sa' xch'ol nak ac colbil chic chiru li
mac li quixbanu junxil. 10 Riq'uin ut a'in
ex herman, cheq'ue taxak ech'ol chix-
taubal ru nak bokbilex ut sic'bil eru
xban li Dios. Cui nequeq'ue retal a'in
inc'a' chic texmacobk. 11 Ut naru chic
tex-oc chok' ralal xc'ajol li Dios. Ut tex-
oc ajcui' sa' lix nimajcual xcuanquilal li
Kacua' Jesucristo laj Colol ke. 12 Jo'can
nak inc'a' tincanab xjulticanquil ere li
na'leb a'in, usta ac ch'olch'o cheru lix
yalal ut cau chic ech'ol sa' le pabal. 13 A'
yal jo' najtil yo'yokin, ninc'oxla nak tento
tintoch' le ch'ol riq'uin xjulticanquil a
atin a'in cheru. 14 Li Kacua' Jesucristo
quixc'utbesi chicuu nak chi seb tacuulak
xk'ehil lin camic. 15 Lain tinq'ue inch'ol
chixch'olobanquil lix yalal cheru re nak
chirix lin camic lix yalal a'in tacanak sa'
ech'ol.

Kilom riq'uin ku lix lok'al li Cristo

16 Li c'a'ru yoquin chixyebal ere chirix
lix cuanquilal li Jesucristo ut lix c'ulunic,
macua' yal yo'obanbil atin. Ch'olch'o nak
xkil riq'uin xnak' ku lix nimajcual cuan-
quilal. 17 Lao xkil riq'uin xnak' ku nak li
Kacua' Jesucristo quixc'ul lix nimanquil
ru ut lix lok'al riq'uin li Dios Acuabej.
Ut quikabi xyab xcux li Dios nak quixye
chak sa' lix nimajcual lok'al, a'an a'in li
cualal k'axal raro inban. Ut c'ojc'o inch'ol
riq'uin, chan. 18 Nak quikabi li atin a'in li
quichal chak sa' choxa, lao cuanco chak
kochben a'an sa' xben jun li tzul sic'bil ru
xban li Dios. 19 Riq'uin a'in nakanau nak
relic chi yal na-uxman li c'a'ru tz'ibanbil
chak najter xbaneb li profeta. Us cui
teq'ue retal li quilaje'xtz'iba chak li pro-
feta. A'an naxcutanobresi chiku jo' ju-

nak xam nacutanobresin sa' junak na'ajej
k'ojyin ru. Li Kacua' Jesucristo nax-
cutanobresi sa' li kam jo' nak naxcu-
tanobresi ru li k'ojyin li cak chahim nak
sakeuc re. 20 Chetauhak xyalal a'in xben
cua: li atin quilaje'xtz'iba li profeta sa'
li Santil Hu inc'a' naru yalak ani tajalok
re xjunes. 21 Eb li profeta ma jun cua
que'xtakla rib xjuneseb. Eb a'an sic'bileb
ru xban li Dios ut que'atinac jo' quiyehe'
chak reheb xban li Santil Musik'ej.

Eb li xic' neque'iloc re li Cristo

2 Que'cuan ajcui' chak profeta aj balak'
sa' xyankeb laj Israel junxil. Jo'can
ajcui' sa' eyank laex, te'cuank aj tzolonel
aj balak'. Chi timil ut sa' mukmu te'rocsi
li balak' aj na'leb re xsachbal xpaban-
quil li Dios toj retal te'xtz'ektana li Kacua'
Jesucristo li quicam sa' xc'aba'eb. Ut
riq'uin li neque'xbanu, neque'xsach ribeb
chi junaj cua ut yoqueb chixbokbal ray-
lal sa' xbeneb. 2 Nabaleb telaje'xic sa' li
mausilal li yoqueb chixyebal eb a'an ut
xmaqueb a'an tamajecuak li kapabal li
tz'akal yal. 3 Eb a'an aj tic'ti'eb. Ca'aj cui'
le tumin neque'raj. Xban xrahinquil ru li
tumin neque'balak'ic riq'uin tic'ti'. Lix ra-
hobtesinquileb a'an ac tenebanbil chak
sa' xbeneb najter xban li Dios. Inc'a' chic
tabayk. Cuulac ban re xcutanquil nak
te'sachek' ruheb. 4 Li Dios inc'a' quixcuy
xmaqueb li ángel li que'macob chiru.
Quixcuteb ban sa' xbalba sa' chamal jul
k'ojyin xsa'. Bac'boqueb chi cadena quix-
canabeb toj tacuulak xk'ehil li rakba
atin. Jo'can ajcui' tixbanu reheb laj
balak'. Inc'a' tixcuy xmaqueb. 5 Li Dios
inc'a' quixcuy xmaqueb li que'cuan sa'
ruchich'och' najter. Quixtakla ban chak
li but'i ha' sa' xben li ruchich'och' re nak
te'osok' chixjunileb laj mac. Ca'aj cui'
laj Noé laj yehol resil li tiquilal quicole'
rochbeneb li cuukub chic lix comoneb.
6 Jo'can ajcui' li Dios quixrak atin sa'
xbeneb laj Sodoma ut laj Gomorra.
Quixsacheb nak quixc'at lix tenamiteb.
Junes cha quicana. Li Dios quixbanu
chi jo'can chok' retalil chiruheb chixju-
nileb li yokeb chi macobc mokon re
nak te'xucuak xban li c'a'ru tachalk sa'
xbeneb. 7 Quixcol laj Lot li tic xch'ol.
A'an c'ajo' nak naraho' sa' xch'ol xban nak
numtajenak li mausilal li neque'xbanu li
cuanqueb aran Sodoma. 8 Laj Lot, a'an
tic xch'ol. Ut nak cuan sa' xyankeb laj
Sodoma junelic ra sa' xch'ol chirilbal,
ut chirabinquil lix mausilal lix na'lebeb.
9 Jo'can ajcui' anakcuan. Li Dios nax-
tenk'aheb li tiqueb xch'ol re nak inc'a'
te'xq'ue rib chi alec. Ut eb li inc'a'
tiqueb xch'ol tixcanabeb chixc'ulbal li to-
jba mac nak tixtau xk'ehil li rakba atin.
10 ¿Ma toja' ta chic inc'a' tixq'ueheb sa'
tojba mac li neque'xrahi ru li tz'ajbetal
aj na'leb ut neque'xtz'ektana lix cuan-
quilal li Cristo? Eb a'an josk'eb ut
k'etk'eteb. Inc'a' neque'xucuac chixmaje-
cuanquileb li ángel li cuanqueb sa' xni-
majcual cuanquilal. 11 Eb li ángel cuan-
queb xna'leb ut nim xcuanquil chiruheb
laj tzolonel aj balak'. Abanan li ángel
inc'a' neque'xmajecuaheb li cuink a'in
chiru li Kacua'. 12 A'ut eb laj tzolonel
aj balak' chanchaneb li xul. Mac'a'
neque'xpab. Yal re chapec' ut re cam-
sic nak neque'yo'la. Yoqueb chixmaje-
cuanquil li c'a'ak re ru inc'a' neque'xtau
ru. Eb a'an jun oso'jiqueb nak te'osok'.
13 Chi jo'can te'xc'ul xk'ajcamunquil lix
mausilaleb que'xbanu. Eb laj tzolonel aj
balak' junelic saheb sa' xch'ol chixbanun-
quil li inc'a' us, usta chi cutan. Xutanal
chok' ere nak cuanqueb sa' eyank xban
nak neque'cuulac chi cua'ac sa' le nink'e.
Eb a'an junes macobc neque'xc'oxla.
14 A'aneb aj muxul caxar. Ca'aj cui' ixk
neque'xc'oxla ut inc'a' neque'xcanab ma-
cobc. Neque'oc chixk'unbesinquileb li toj
k'uneb xch'ol. Eb li cuink a'in c'aynakeb
chixrahinquil ru li biomal. Eb a'an ma-
jecuanbileb chi junaj cua xban li Dios.

15 Nak neque'xcanab li ti̱quilal, neque'xic chi jo' ma̱jo'. Neque'xba̱nu jo' quixba̱nu laj Balaam li ralal laj Beor. Laj Balaam quiraj xtaubal xtumin riq'uin xba̱nunquil li ma̱usilal. 16 Jo'can nak quik'use' xban jun li bu̱r. Yal xul. Inc'a' naa̱tinac. Ut laj Balaam quirabi xya̱b xcux li bu̱r jo' xya̱b xcux li cui̱nk nak quiyehe' re xban li bu̱r nak tixcanab xba̱nunquil li ma̱usilal. 17 Eb laj tzolonel aj balak' chanchaneb lix julel ha' li ma̱c'a' ha' chi sa'. Ma̱c'a' na-oc cui'. Chanchaneb li chok li nac'ame' yalak bar xban li ik'. Eb li cui̱nk a'in te'xic sa' lix k'ojyi̱nal ru li xbalba li ac yi̱banbil chok' reheb. 18 Neque'oc chi yehoc xni̱nkal ru a̱tin sa' lix majelal xna'lebeb. Ut riq'uin li ma̱c naxrahi li tz'ejcualej yo̱queb chixk'unbesinquileb li cristian li toj que'el chak sa' xya̱nkeb. 19 Eb laj balak' neque'xye: Libre chic texcua̱nk, chanqueb. La̱ex chic yal e̱re c'a'ru te̱ba̱nu, chanqueb. Ut inc'a' neque'xq'ue retal nak a'an eb li c'ayinbileb chi c'anjelac chiru li ma̱c xban nak li ani toj nanumta li ma̱usilal sa' xbe̱n, toj cuan rubel xcuanquil li ma̱c. 20 Li ani neque'xpa̱b li Ka̱cua' Jesucristo, neque'xcanab ajcui' xmuxbal rib riq'uin li c'a'ru cuan sa' ruchich'och'. Abanan cui te'oc cui'chic chi ma̱cobc ut cui ta̱numta̱k cui'chic li ma̱c sa' xbe̱neb, k'axal cui'chic yibak ru lix na'lebeb chiru nak que'cuan junxil nak toj ma̱ji' neque'pa̱ban chak. 21 K'axal us raj chok' reheb nak inc'a' ta que'xnau xbehil li ti̱quilal chiru nak ac neque'xnau ru, ut que'xcanab cui'chic xpa̱banquil lix chak'rab li Dios li quik'axtesi̱c reheb. 22 Cuan jun li a̱tin nayeman naxye: li tz'i' naxlou cui'chic lix xa'au xca' sut, ut nayeman ajcui' nak li a̱k li atesinbil, naxtolc'osi cui'chic rib sa' sulul. (Pr. 26:11) Eb li cui̱nk aj balak' chanchaneb li xul a'an xban nak que'oc cui'chic xba̱nunquil li ma̱usilal.

Resilal xca' c'ulunic li Ka̱cua' Jesucristo

3 Ex inherma̱n, a'in li xcab hu nintz'i̱ba e̱riq'uin. Riq'uin li cuib chi hu yo̱quin cui'chic chixnumsinquil li xya̱lal sa' le̱ xic re nak te̱c'oxla chi us c'a'ru te̱ba̱nu. 2 Chijulticok' e̱re li ra̱tineb li santil profeta tz'i̱banbil chak najter k'e cutan. Ut chijulticok' e̱re lix chak'rab li Ka̱cua' Jesucristo laj Colol ke, k'axtesinbil e̱re kaban la̱o lix apóstol li Jesucristo. 3 Xbe̱n cua chetauhak xya̱lal a'in: Nak ta̱nach'ok chak roso'jiqueb li cutan, cuan li te'cha̱lk chi hoboc riq'uin yibru a̱tin. Te'xhob xcuanquil li Dios ut te'xba̱nu li yibru na'leb li neque'xc'oxla. 4 Eb a'an te'xye: Li Jesucristo quixye nak ta̱cha̱lk. ¿Bar ta cuan? ¿Ma ac xc'ulun ta? Chalen chak xcamiqueb li kaxe' kato̱n chixjunil li c'a'ak re ru cuan ajcui' anakcuan jo' nak quicuan chak chalen chak sa' xticlajic li ruchich'och', cha'keb. 5 Li neque'xye chi jo'can inc'a' neque'raj xjulticanquil chanru qui-uxman chak najter. Inc'a' neque'raj xq'uebal retal nak yal riq'uin ra̱tin li Dios quixyo'obtesi li choxa ut li ruchich'och'. Li Dios quixyi̱b li ruchich'och' sa' ha' ut sa' xbe̱n ha' quic'ojla li ch'och' xban li Dios. 6 Jo'can ajcui' li ruchich'och' li quicuan. Yal riq'uin ra̱tin li Dios, quibut'ha'in ut qui-oso'. 7 Li choxa ut li ruchich'och' li cuanqueb anakcuan, cuanqueb sa' xna'aj yal riq'uin ra̱tin li Dios. Yo̱queb chiroybeninquil nak te'c'atek' xban li xam sa' xk'ehil li rakba a̱tin nak te'sachek' li inc'a' useb xna'leb. 8 Abanan ex herma̱n, la̱ex li raro̱quex inban, chetau taxak ru a'in: Nak li jun cutan chiru li Ka̱cua' a'an jo' li jun mil chihab chiku la̱o, ut li jun mil chihab jo' li jun cutan chiru li Dios. 9 Cuan li neque'xye nak li Ka̱cua' Jesucristo xbay chak chi cha̱lc. Inc'a' ajcui' xc'ulun jo' quixye, chanqueb. Abanan inc'a' yo̱ chak chi ba̱yc. Toj

ma̱ji' nac'ulun xban nak nim lix cuyum
e̱riq'uin la̱ex. Inc'a' naraj nak ta̱sachk ju-
nak. Naraj ban nak te'yot'ek' xch'o̱l ut
te'xjal xc'a'ux. [10] Lix k'ehil lix c'ulunic
li Ka̱cua', a'an chanchan nak nachal laj
e̱lk'. Moco cuan ta resil lix c'ulunic.
Sa' li cutan a'an ta̱osok' li choxa. Ten-
lok xya̱b nak ta̱osok'. Ut li c'a'ak re ru
cuanqueb chiru te'osok' xban li xam.
Ta̱c'atk li ruchich'och' jo' ajcui' chixju-
nil li c'a'ak re ru li cuan chiru. [11] Xban
nak chixjunil li c'a'ak re ru telaje'osok',
jo'can nak chikaq'ue kach'o̱l chi cua̱nc sa'
li ti̱quilal. Chikac'oxlahak li Ka̱cua' Dios.
[12] Yo̱co chiroybeninquil xk'ehil xc'ulunic
li Ka̱cua'. Chikaq'ue kach'o̱l chi c'anjelac
chiru re nak ta̱se̱ba̱nk chak chi cha̱lc. Sa'
li cutan a'an te'lochk xxamlel li choxa ut
te'osok' chixjunil. Ut li c'a'ak re ru cuan-
queb chiru telaje'ha'ok' xban xtikcual li
xam. [13] Abanan li Ka̱cua' Dios quixyechi'i
ke li ac' choxa ut li ac' ruchich'och'. A'an
yo̱co chiroybeninquil. Sa' li ruchich'och'
a'an junes ti̱quilal ta̱cua̱nk. [14] Jo'can
ut ex herma̱n, raro̱quex inban, chalen
nak yo̱quex chiroybeninquil li c'a'ak re
ru a'in, cheq'ue e̱ch'o̱l chixba̱nunquil li
ti̱quilal re nak ma̱c'a'ak e̱ma̱c ut cua̱nkex
sa' xya̱lal nak ta̱c'ulu̱nk li Jesucristo.
[15] Julticak e̱re nak cui li Ka̱cua' Jesu-
cristo ma̱ji' nac'ulun, a'an re nak li ani
ma̱ji' nacole' naru ta̱colek'. A'an aj e nak
quitz'i̱bac e̱riq'uin li kaherma̱n Pablo,
li k'axal raro kaban. A'an quixtz'i̱ba li
na'leb a'in jo' q'uebil chak re xban li
Dios. [16] Chirix a'in quixtz'i̱ba laj Pablo sa'
chixjunil lix hu. Cuan li c'a'ak re ru sa'
lix hu ch'a'aj xtaubal ru. Ut li ma̱c'a'eb
xna'leb ut li junpa̱t neque'ch'inan xch'o̱l
sa' lix pa̱ba̱leb neque'xpo' li xya̱lal.
Jo'can ajcui' neque'xba̱nu riq'uin chixju-
nil li ra̱tin li Dios. Xban nak neque'xk'et
ra̱tin li Dios, jo'can nak te'osok'. [17] Jo'can
ut ex herma̱n, k'axal raro̱quex kaban,
ac kayehom resil e̱re chirixeb laj balak'.
Chicua̱nk sa' e̱ch'o̱l a'in re nak inc'a'
texbalak'i̱k xbaneb li cui̱nk li yibeb ru
xna'leb. Ut, la̱ex li cau e̱ch'o̱l chixpa̱ban-
quil li Cristo, mich'inan e̱ch'o̱l xbaneb
laj balak'. [18] A' taxak li rusilal li Ka̱cua'
chic'utu̱nk sa' le̱ yu'am ut chesic' chanru
nak te̱nau lix ya̱lal li Ka̱cua' Jesucristo
laj Colol ke. A' taxak li Ka̱cua' Jesucristo
chilok'oni̱k anakcuan ut chi junelic toj
sa' roso'jiqueb li cutan. Jo'can taxak.

Li Xbe̱n Hu li Quixtz'i̱ba li San Juan

Resil li Jesucristo li naq'uehoc re li kayu'am

1 Nintz'i̱bac e̱riq'uin chirix li Dios
C'ajolbej li cuan chalen chak sa' xti-
clajic li ruchich'och'. La̱o quikil riq'uin
xnak' ku ut coa̱tinac riq'uin. Quikil
ru a'an chi tz'akal ut xkach'e' riq'uin
kuk'. A'an a'in li A̱tin naq'uehoc yu'am.
2 Quic'utbesi̱c chiku li naq'uehoc yu'am.
Quikil ru a'an. Jo'can nak nakach'olob
xya̱lal che̱ru chirix a'an, li naq'uehoc
yu'am chi junelic. A'an li cuan chak
riq'uin li Acuabej Dios. A'an quixc'utbesi
rib chiku. 3 Nakach'olob xya̱lal che̱ru
chirix li c'a'ru quikil ut li c'a'ru quikabi
re nak tocua̱nk chi sum a̱tin chi kibil kib.
Ut tocua̱nk ajcui' chi sum a̱tin riq'uin li
Acuabej Dios ut riq'uin li Jesucristo, li
Ralal. 4 Sa' li hu a'in nakatakla xyebal
e̱re re nak chitz'aklok ru lix sahil e̱ch'o̱l
che̱junilex, jo' ajcui' lix sahil kach'o̱l la̱o.

Li Dios, a'an cutan saken

5 A'an a'in li a̱tin quikabi riq'uin
li Jesucristo. Ut a'an li nakach'olob
xya̱lal che̱ru. Li Dios, a'an li cutan
saken. Riq'uin li Dios ma̱c'a' k'ojyi̱n. Ti̱c
ban xch'o̱l li Dios. Relic chi ya̱l nak
ma̱c'a' ma̱usilal riq'uin. 6 Cui nakaye nak
cuanco chi sum a̱tin riq'uin li Dios ut cui
toj nakaba̱nu li inc'a' us, yo̱co chi tic'ti'ic.
Ut inc'a' nakatzol kib chixba̱nunquil li
ya̱l. 7 Ut cui nakaba̱nu li c'a'ru naraj
li Dios, jo' naxc'utbesi chiku li Cristo,
cuanco chic chi sum a̱tin chi kibil kib.
Ut lix quiq'uel li Jesucristo li Ralal li Dios
naxch'ajobresi li ka̱m ut narisi chixjunil
li kama̱c.

Laj cuyul laj sachol re li kama̱c

8 Cui nakaye nak ma̱c'a' kama̱c, naka-
balak'i kib ut moco ya̱l ta li yo̱co chixye-
bal. 9 Cui nakaxo̱to li kama̱c chiru li
Dios, relic chi ya̱l nak a'an ti̱c xch'o̱l chix-
cuybal chixsachbal li kama̱c, ut ta̱risi
chixjunil li kama̱usilal. 10 Cui ut nakaye
nak inc'a' xoma̱cob nakaq'ue li Dios chok'
aj tic'ti'. Ut inc'a' nakapa̱b li ra̱tin.

Li Jesucristo aj jalol a̱tin chikix chiru li Dios

2 Ex inherma̱n, chanchanex li cualal
inc'ajol. A' c'a'ak re ru a'in nintz'i̱ba
e̱re re nak inc'a' texma̱cobk. Cui ut cuan
junak ta̱ma̱cobk, cuan jun aj jalol a̱tin
chikix chiru li Acuabej Dios, a'an li Jesu-
cristo li ti̱c xch'o̱l. 2 Li Jesucristo quicam
re xtojbal rix li kama̱c. Moco ca'aj ta cui'
xban li kama̱c la̱o. Quicam aj ban cui' re
xtojbal rix xma̱queb chixjunileb li cuan-
queb sa' ruchich'och'. 3 Cui la̱o nakaba̱nu
li c'a'ru naraj li Dios, relic chi ya̱l nak la̱o
reho chic li Dios. 4 Li ani naxye, "La̱in re-
hin li Dios", ut cui inc'a' naxba̱nu li c'a'ru
naraj li Dios, a'an aj tic'ti'. Moco ya̱l ta ru
li yo̱ chixba̱nunquil. 5 Li ani napa̱ban re
li ra̱tin li Dios, relic chi ya̱l nak naxra
li Dios chi tz'akal. Riq'uin a'an nakanau
nak la̱o reho chic li Dios. 6 Li ani naxye
nak re chic li Dios, tento nak junelic cha̱-
bilak lix yu'am jo' xyu'am li Jesucristo.

Li chak'rab k'axal nim xcuanquil

7 Ex inherma̱n, moco toj ac' ta li
chak'rab yo̱quin chixtz'i̱banquil e̱riq'uin.
A'in a'an ajcui' li chak'rab li quiq'uehe'
chak e̱re junxil. Ac e̱rabiom chak chalen
nak xepa̱b li Cristo. 8 Abanan chanchan
ac' ajcui' li chak'rab xban nak k'axal
nim xcuanquil. Ut li chak'rab a'an, a'in
nak te̱ra e̱rib che̱ribil e̱rib. Jo' quixba̱nu
li Jesucristo, jo'can ajcui' takaba̱nu la̱o.
Li ra̱tin li Jesucristo naxcutanobresi
kana'leb. Nak nakacanab li ma̱cobc,

chanchan nak yo̲ chi numec' li k'ojyi̲n. Ut nak nakapa̲b li ra̲tin li Jesucristo, chanchan nak yo̲ chi cha̲lc li cutan. 9 Li ani naxye nak xcutanobresi̲c lix na'leb xban li Cristo, ut xic' naril lix herma̲n a'an toj cuan ajcui' sa' xk'ojyi̲nal ru li ma̲c. 10 Li ani naxra lix herma̲n, a'an cutanobresinbil lix na'leb xban li Cristo. Ut ma̲ ani nach'inan xch'o̲l xban. 11 Li ani xic' naril lix herma̲n, a'an toj yo̲ ajcui' chi be̲c sa' xk'ojyi̲nal ru li ma̲c. Ut inc'a' naxnau bar yo̲ chi xic xban nak li ma̲c naramoc re li xya̲lal chiru. 12 Nintz'i̲bac e̲riq'uin, ex herma̲n, xban nak cuybil sachbil chic le̲ ma̲c xban li Dios sa' xc'aba' li Jesucristo. 13 Nintz'i̲bac ajcui' e̲riq'uin, la̲ex yucua'bej, xban nak ac xepa̲b li Dios C'ajolbej li cuan chalen chak najter nak toj ma̲ji' naxyo'obtesi chak li ruchich'och'. Nintz'i̲bac e̲riq'uin la̲ex li toj sa̲jex xban nak xecuy xnumsinquil li a̲le̲c li naxq'ue laj tza. Ut nintz'i̲bac ajcui' e̲riq'uin la̲ex coc'al xban nak ac xepa̲b li Acuabej Dios. 14 Xintz'i̲bac e̲riq'uin la̲ex yucua'bej, xban nak ac xepa̲b li Dios C'ajolbej li cuan chalen chak najter nak toj ma̲ji' naxyo'obtesi chak li ruchich'och'. Xintz'i̲bac e̲riq'uin la̲ex li toj sa̲jex, xban nak cau e̲rib ut li ra̲tin li Dios nacana chi junelic e̲riq'uin ut xecuy xnumsinquil li a̲le̲c li naxq'ue laj tza. 15 Ex inherma̲n, me̲ra chic ru lix ma̲usilal li ruchich'och' chi moco li c'a'ak re ru cuan sa' ruchich'och'. Cui cuan junak naxra ru li c'a'ak re ru a'in, moco naxra ta li Acuabej Dios. 16 Chixjunil li ma̲usilal cuan sa' ruchich'och' moco riq'uin ta li Dios nachal. Li ma̲c li naxrahi ru li tz'ejcualej ut li xrahinquil ru li c'a'ak re ru nakil riq'uin xnak' ku moco riq'uin ta li Dios nachal. Jo'can ajcui' li k'etk'etil. Chixjunil a'in moco riq'uin ta li Dios nachal; xna'leb ban li ruchich'och'. 17 Li ruchich'och' ta̲osok' jo' ajcui' li ma̲usilal. Abanan li ani naba̲nun re li naraj li Dios, a'an cua̲nk chi junelic.

Li xic' neque'iloc re li Cristo

18 Ex inherma̲n, yo̲ chak chi nach'oc roso'jiqueb li cutan. Ac xerabi resil nak ta̲cha̲lk jun li xic' na-iloc re li Cristo. A'an li anticristo nayeman re. Ut anakcuan ac cuanqueb nabal li xic' neque'iloc re li Cristo. Jo'can nak nakanau nak yo̲ chi cuulac xk'ehil roso'jiqueb li cutan. 19 Sa' kaya̲nk xe'el li xic' neque'iloc re li Cristo, abanan moco kech aj pa̲baneleb ta nak xe'cuan. Cui ta eb a'an kech aj pa̲banelil, cuanqueb raj chi junelic sa' kaya̲nk. Abanan xe'el sa' kaya̲nk re nak ta̲nauma̲nk nak ma̲cua'eb kech aj pa̲banelil. 20 Ut la̲ex ac santobresinbilex xban li Santil Musik'ej li q'uebil e̲re xban li Jesucristo, ut nequenau chic li xya̲lal. 21 Moco xban ta nak inc'a' nequenau li xya̲lal nak nintz'i̲bac e̲riq'uin. La̲ex nequenau li xya̲lal ut nequenau ajcui' nak ma̲ jun tic'ti' na-el sa' li tz'akal ya̲l. 22 ¿Ani laj tic'ti' nak nequec'oxla la̲ex? A'an li nayehoc re nak li Jesucristo, ma̲cua' a'an laj Colonel li yechi'inbil xban li Dios. Li nayehoc re chi jo'can, a'an li anticristo li xic' na-iloc re li Cristo. A'an li natz'ekta̲nan re li Acuabej Dios ut li C'ajolbej. 23 Li ani naxye nak li Jesucristo ma̲cua' Ralal li Dios, li nayehoc re a'an ma̲c'a' li Acuabej Dios riq'uin. Ut li ani naxye nak li Cristo, a'an li tz'akal Ralal li Dios, a'an cuan li Acuabej Dios riq'uin. 24 Li c'a'ru xetzol chak chalen sa' xticlajic le̲ pa̲ba̲l chicua̲nk sa' le̲ ch'o̲l. Cui te̲c'u̲la sa' le̲ ch'o̲l li c'a'ru xerabi chak chalen sa' xticlajic le̲ pa̲ba̲l, cua̲nkex riq'uin li C'ajolbej ut riq'uin li Acuabej Dios. 25 Li yu'am ma̲c'a' roso'jic, a'an li naxyechi'i ke li Jesucristo. 26 Nintz'i̲ba a'in e̲riq'uin chirixeb li xic' neque'iloc re li Cristo xban nak eb a'an te'raj e̲balak'inquil. 27 Abanan inc'a' tento ta̲cua̲nk junak aj tzolol e̲re re xc'utbal che̲ru c'a'ru li ya̲l ut c'a'ru li inc'a' ya̲l xban nak q'uebil

e̲re li Santil Musik'ej xban li Jesucristo.
Li Santil Musik'ej cuan e̲riq'uin ut a'an
li naq'uehoc e̲na'leb. Li c'a'ru naxc'ut
che̲ru li Santil Musik'ej tz'akal ya̲l. Moco
tic'ti' ta. Jo'can nak chexcua̲nk chi sum
a̲tin riq'uin li Jesucristo jo' naxc'ut che̲ru
li Santil Musik'ej. 28 Ut anakcuan, ex
herma̲n, ninye cui'chic e̲re nak chex-
cua̲nk chi sum a̲tin riq'uin li Jesu-
cristo re nak ma̲c'a'ak le̲ xiu nak tol-e̲lk
cui'chic li K̲acua' Jesucristo. Sahak ban
sa' kach'o̲l chixc'ulbal chi ma̲c'a'ak kax-
uta̲n. 29 La̲ex nequenau nak li Cristo ti̲c
xch'o̲l. Ut chenauhak ajcui' nak chixju-
nileb li neque'ba̲nun re li ti̲quilal, a'an
tz'akal ralal xc'ajol li Dios.

Li ralal xc'ajol li Dios

3 Cheq'uehak retal nak li Acuabej Dios
c'ajo' nocoxra. Nocoxq'ue chok' ralal
xc'ajol. Relic chi ya̲l nak la̲o ralal xc'ajol.
Jo'can nak li ma̲ji' neque'pa̲ban inc'a'
neque'xtau ru li kana'leb xban nak ma̲ji'
neque'xnau xya̲lal xpa̲banquil li Dios.
2 Ex inherma̲n, anakcuan la̲o ralal xc'ajol
li Dios. Abanan ma̲ji' nakanau jo' q'uial
chic li usilal takac'ul mokon. Ca'aj cui'
nakanau nak tol-e̲lk li Jesucristo, chan-
chanako chic a'an xban nak takil ru chi
tz'akal. 3 Li ani yo̲ chiroybeninquil lix
c'ulunic li Cristo, a'an naxsakobresi li
ra̲m sa' ti̲quilal jo' li K̲acua' Jesucristo
ti̲c xch'o̲l. 4 Li ani nama̲cob naxk'et lix
chak'rab li Dios xban nak li ma̲cobc a'an
xk'etbal li chak'rab. 5 La̲ex nequenau nak
li K̲acua' Jesucristo quic'ulun re xcuybal
ut xsachbal li kama̲c. Relic chi ya̲l nak
a'an ma̲cua' aj ma̲c. 6 Jo'can nak li ani
cau xch'o̲l chixta̲kenquil li Cristo, inc'a'
chic yo̲k chi ma̲cobc. Abanan li ani toj
yo̲ chi ma̲cobc inc'a' naxnau li rusilal li
Cristo ut inc'a' napa̲ban. 7 Ex herma̲n, ma̲
ani chibalak'i̲nk e̲re. Li ani naba̲nun re
li ti̲quilal, a'an ti̲c xch'o̲l jo' li Cristo ti̲c
xch'o̲l. 8 Li ani yo̲ chi ma̲cobc, a'an re laj
tza xban nak laj tza a'an aj ma̲c chalen
chak sa' xticlajic li ruchich'och'. A'an aj
e nak col-e̲lk li Ralal li Dios re xsachbal
xc'anjel laj tza. 9 Ma̲ jun ralal xc'ajol li
Dios yo̲k chi ma̲cobc xban nak li Dios
cuan riq'uin. Ut inc'a' naru nak yo̲k chi
ma̲cobc xban nak a'an tz'akal ralal xc'ajol
li Dios. 10 Riq'uin a'in na'no̲queb ru li
ralal xc'ajol li Dios ut na'no̲queb ajcui'
ruheb li ralal xc'ajol laj tza: li ani inc'a'
naxba̲nu li ti̲quilal, ut li ani inc'a' naxra
li ras ri̲tz'in, a'an ma̲cua'eb ralal xc'ajol li
Dios.

Chikara kib chi kibil kib

11 Chalen chak sa' xticlajic le̲ pa̲ba̲l
xerabi li chak'rab nak chikarahak kib
chi kibil kib. 12 Mikata̲ke xna'leb laj Caín
xban nak a'an re laj tza. A'an quix-
camsi li ri̲tz'in. ¿C'a'ut nak quixcamsi
li ri̲tz'in? Xban nak ti̲c xch'o̲l li ri̲tz'in
chiru li Dios ut laj Caín junes ma̲usi-
lal naxba̲nu. 13 Jo'can ut ex inherma̲n,
misach e̲ch'o̲l xbaneb li xic' neque'iloc
e̲re sa' ruchich'och'. 14 Cui nakara li ka-
herma̲n, a'an retalil nak cua̲nk kacol-
bal chiru xcuanquil li ca̲mc ut q'uebil
kayu'am chi junelic. Li ani inc'a' naxra
lix herma̲n, a'an toj cuan rubel xcuanquil
li ca̲mc. 15 Li ani xic' naril lix herma̲n,
a'an chanchan aj camsinel ras ri̲tz'in.
La̲ex nequenau nak junak aj camsinel ras
ri̲tz'in ma̲c'a' xyu'am chi junelic. 16 Li Je-
sucristo quixc'ut chiku chanru li rahoc
nak quixk'axtesi rib chi ca̲mc sa' kac'aba'
la̲o. Jo'can ajcui' nak tento takaraheb
li kaherma̲n usta tocamsi̲k sa' xc'aba'eb.
17 Jun chic ninye e̲re. Cui la̲o cuan na-
bal li c'a'ru ke ut inc'a' nakatok'oba ru
li neba' li ma̲c'a' cuan re, ¿ma ya̲l ta bi'
nak nakara li Dios chi jo'canan? 18 Ex in-
herma̲n, morahoc yal chi a̲tin. Chorahok
ban chi tz'akal ya̲l ut chic'utu̲nk li kara-
hom riq'uin li usilal nakaba̲nu.

Cau li kach'ol chixpabanquil li Dios

19 Cui nakara li kaherman, nakanau
nak lao tz'akal ralal xc'ajol li Dios, ut
cau kach'ol chixpabanquil li Dios. 20 Cui
lao nakec'a nak xomacob, ac cutan saken
chiru li Kacua' Dios li nakabanu xban
nak a'an chixjunil naxnau. 21 Cui inc'a'
nakec'a sa' kach'ol nak inc'a' us yoco,
inc'a' nocoxucuac chiru li Dios. 22 Ut
yalak c'a'ru takatz'ama chiru, tixq'ue
ke xban nak yoco chixpabanquil lix
chak'rab ut nakabanu li c'a'ru nacuulac
chiru li Dios. 23 Ut a'an a'in lix chak'rab
quixq'ue ke li Dios, nak chopabank sa'
xc'aba' li Jesucristo li Ralal li Dios ut
takara kib chi kibil kib, jo' coxchak'rabi
cui'. 24 Cui nakapab lix chak'rab, lao
cuanco riq'uin li Dios ut li Dios cuan
kiq'uin. Nakanau nak li Dios cuan kiq'uin
chi junelic xban li Santil Musik'ej li
q'uebil ke.

Li Santil Musik'ej ut laj tzolonel aj balak'

4 Ex herman, q'uehomak retal nak
moco chixjunil ta aj iq'uin cuan li
Santil Musik'ej. Nabaleb laj tzolonel aj
balak' cuanqueb sa' ruchich'och'. Me-
pab chixjunil li c'a'ak re ru nequer-
abi riq'uineb, usta tayehek' ere nak
riq'uin li Dios xchal. Tento nak tetz'il
rix li terabi re xnaubal ma riq'uin li
Dios xchal li neque'xye malaj inc'a'.
2 Chi jo'ca'in naru tenau cui li San-
til Musik'ej xq'uehoc re li na'leb malaj
inc'a'. Li ani tayehok re nak li Jesu-
cristo quitz'ejcualo' ut tz'akal cuink nak
quic'ulun sa' ruchich'och', a'an li cuan li
Santil Musik'ej riq'uin. 3 Ut li ani tayehok
re nak li Jesucristo inc'a' quitz'ejcualo'
nak quic'ulun sa' ruchich'och', a'an mac'a'
li Santil Musik'ej riq'uin. Li na'leb a'an
nachal riq'uin li xic' na-iloc re li Cristo.
Abanan ac erabiom resil chirix nak
tol-elk li xic' na-iloc re li Cristo. Ut
anakcuan li na'leb a'an ac yo chi c'ulunc
sa' ruchich'och'. 4 Ex inherman, laex re-
hex chic li Dios. Laex xecuy ut xe-
nau xcolbal erib chiruheb laj balak'. Xe-
cuy xban nak li Santil Musik'ej cuan
eriq'uin ut k'axal nim xcuanquil a'an
chiru laj tza li cuan riq'uineb laj balak'.
5 Li na'leb li cuan riq'uineb laj balak', a'an
yal re ruchich'och' ut junes chirix a'an
neque'atinac. Ut eb li inc'a' neque'xnau
xyalal neque'rabi li inc'a' yal li neque'xye
ut neque'xpab. 6 Abanan lao ralal xc'ajol
li Dios. Ut eb li neque'paban re li Dios
nocoe'rabi. Ut eb li inc'a' neque'paban re
li Dios inc'a' neque'raj kabinquil. Riq'uin
a'an nac'utun ani cuan li Santil Musik'ej
riq'uin ut ani cuan xmusik' laj balak'
riq'uin.

Li Dios aj rahonel

7 Ex inherman, chikara kib chi kibil
kib xban nak li rahoc riq'uin li Dios
nachal. Li ani narahoc, a'an ralal li Dios
ut naxbanu li naraj li Dios. 8 Ut li inc'a'
narahoc macua' ralal li Dios xban nak
li rahoc riq'uin li Dios nachal. 9 Li Dios
quixc'ut chiku chanru nak nocoxra nak
quixtakla chak lix junaj chi Alal sa'
ruchich'och' chi camc sa' kac'aba' lao.
Li Dios quixtakla chak li Ralal re nak
tacuank kayu'am chi junelic. 10 Li tz'akal
rahoc, a'an a'in: macua'o lao xorahoc re
li Dios. A'an ban quirahoc ke lao xban
nak quixtakla chak li Ralal chi camc
re xtojbal rix li kamac. 11 Ex herman,
xban nak k'axal nocoxra li Dios, tento
ajcui' nak takara kib chi kibil kib lao.
12 Ma jun qui-iloc ru li Dios. Abanan
cui nakara kib chi kibil kib, li Dios
cuan kiq'uin chi junelic. Ut lix rahom li
Dios tz'aklojenak ru kiq'uin. 13 Nakanau
nak cuanco riq'uin li Dios ut li Dios
cuan kiq'uin xban nak li Dios quixq'ue
ke li Santil Musik'ej. 14 Lao lix após-
tol li Jesucristo. Quikil ru li Jesucristo.
Ut nakach'olob xyalal nak li Acuabej

Dios quixtakla chak li Ralal chixcolbaleb li cuanqueb sa' ruchich'och'. 15 Li ani nach'oloban re nak li Jesús, a'an li Ralal li Dios, a'an cuan riq'uin li Dios, ut li Dios cuan riq'uin a'an. 16 La̲o nakapa̲b nak li Dios, a'an aj rahonel ut nakanau nak ya̲l a'an. Li rahoc nachal riq'uin li Dios. Li ani narahoc, a'an cuan riq'uin li Dios ut li Dios cuan riq'uin a'an. 17 Riq'uin a'in ta̲tz'aklok ru li rahoc kiq'uin la̲o re nak cauhak kach'o̲l sa' xcutanquil li rakba a̲tin. Chanru xna'leb li Ka̲cua' Jesucristo, jo'canak ajcui' li kana'leb la̲o nak cua̲nko arin sa' ruchich'och'. 18 Ma̲c'a' kaxiu cui nakara li Dios chi tz'akal. Li tz'akal rahoc narisi li xiu. Li ani naxucuac, naxxucua lix tojbal rix lix ma̲c, ut li naxucuac toj ma̲ji' natz'akloc ru li rahoc riq'uin. 19 La̲o nakara li Dios xban nak a'an xrahoc ke xbe̲n cua. 20 Cui junak naxye nak naxra li Dios ut xic' naril lix herma̲n, a'an aj tic'ti'. Li ani inc'a' naxra lix herma̲n li naril ru, ¿chan ta cui' ru nak tixra li Dios li moco naril ta ru? 21 A'in li chak'rab quixq'ue ke li Jesucristo: Li ani naxra li Dios, tento ajcui' nak tixra lix herma̲n.

Li xcanabanquil li ma̲usilal cuan sa' ruchich'och'

5 Chixjunileb li neque'pa̲ban re nak li Jesús a'an li Cristo, a'aneb li ralal xc'ajol li Dios. Ut cui la̲o nakara li Acuabej Dios, takaraheb ajcui' li ralal xc'ajol. 2 Cui nakara li Dios, nakapa̲b lix chak'rab. Riq'uin a'an nakanau nak nakara li Dios jo' ajcui' eb li ralal xc'ajol. 3 A'an a'in lix ra̲bal li Dios: nak takapa̲b lix chak'rab. Moco ch'a'aj ta xpa̲banquil lix chak'rab. 4 Li yo'lajenak sa' musik'ej riq'uin li Dios cuan xcuanquil re xcuybal xnumsinquil li ma̲usilal li cuan sa' ruchich'och'. Cuan kacuanquilal chixnumsinquil xban nak nakapa̲b sa' xc'aba' li Jesucristo. 5 ¿Ani li tz'akal cuan xcuanquil re xcuybal xnumsinquil li ma̲usilal li cuan sa' ruchich'och'? La̲o li nocopa̲ban re nak li Jesús a'an li Ralal li Dios. Ca'aj cui' la̲o cuan kacuanquil re xcuybal xnumsinquil li ma̲usilal.

Li naxch'olob xya̲lal chirix li Dios C'ajolbej

6 Li Jesucristo quic'ulun sa' ruchich'och'. Quixc'ul li cubi ha' ut quihoye' ajcui' lix quiq'uel chiru li cruz. Ma̲cua' ca'aj cui' li cubi ha' quixc'ul. Quihoye' aj ban cui' lix quiq'uel. Li Santil Musik'ej naxch'olob xya̲lal chiku chirix li Cristo. Ut ya̲l chixjunil li naxc'ut chiku li Santil Musik'ej. 7 Sa' choxa cuanqueb li oxibeb li neque'ch'oloban lix ya̲lal. A'aneb a'in: li Dios Acuabej, li Dios C'ajolbej ut li Dios Santil Musik'ej. Li oxib a'in junajeb chi ribil. 8 Ut oxib li c'a'ru qui-uxman sa' ruchich'och' li naxc'ut chiku lix ya̲lal chirix li Jesucristo. Li xbe̲n, a'an nak li Santil Musik'ej naxc'ut chiku lix ya̲lal. Li xcab, a'an li c'a'ru qui-uxman nak li Jesús quixc'ul li cubi ha'. Ut li rox, a'an nak quihoye' lix quiq'uel li Jesús chiru cruz. Eb li oxib a'in juntak'e̲t lix ya̲laleb. 9 La̲o nakapa̲b li ya̲l ch'olobanbil xbaneb li cui̲nk. Abanan li ch'olobanbil xban li Dios k'axal cui'chic nim xcuanquil chiru a'an. Ut li Dios quixch'olob xya̲lal nak li Jesús a'an li Ralal. 10 Li ani napa̲ban re li Ralal li Dios, a'an naxnau tz'akal lix ya̲lal. A'ut li inc'a' napa̲ban re li Dios, naxq'ue li Dios chok' aj tic'ti' xban nak inc'a' naxpa̲b li xya̲lal li quixch'olob li Dios nak quixye re li Jesús: La̲at li cualal, chan. 11 Ut a'an a'in li naxch'olob xya̲lal nak li Dios quixq'ue ke li yu'am chi junelic. Ut li yu'am a'in natauman riq'uin li Ralal. 12 Yalak ani napa̲ban re li Ralal li Dios, a'an cuan xyu'am chi junelic. Ut li ani inc'a' napa̲ban re li Ralal li Dios, ma̲c'a' lix yu'am chi junelic.

Xnaubal nak cuan kayu'am chi junelic

13 Xintz'i̱ba a'in chok' e̱re la̱ex li
nequexpa̱ban re li Ralal li Dios re
nak la̱ex te̱nau nak cuan e̱yu'am chi
junelic. 14 Ut a'in li cau cui' kach'o̱l chirix
li Dios. Nakanau nak li c'a'ak re ru
nakatz'a̱ma re, cui nakatz'a̱ma jo' naraj
li Dios, a'an nocorabi. 15 Nakanau nak
li Dios nocorabi nak nocotijoc. Riq'uin
a'in nakanau nak naxq'ue ke li c'a'ru
nakatz'a̱ma chiru. 16 Cui la̱o takil junak
li kaherma̱n chi ma̱cobc ut naru xcuybal
lix ma̱c, chotijok chirix re nak ta̱cuyek'
xma̱c xban li Dios ut ta̱cua̱nk riq'uin li
Dios toj chirix lix camic. Abanan cuan
li ma̱c inc'a' naxcuy li Dios. Ma̱c'a' ra-
jbal li tijoc chirix li ani yo̱ chi ba̱nu̱nc
re li ma̱c li ma̱c'a' xcuybal. 17 Ya̱l nak
li ma̱usilal, a'an ma̱c. Abanan li Dios
naxnau bar cuan li ma̱c naru xcuybal
ut bar cuan li inc'a'. 18 Nakanau nak li
ani napa̱ban re li Dios inc'a' chic yo̱k
chi ma̱cobc xban nak li Ralal li Dios
na-iloc re. Ut laj tza ma̱c'a' chic xcuan-
quil sa' xbe̱n laj pa̱banel. 19 Ut nakanau
nak la̱o ralal xc'ajol li Dios. Abanan li
jun ch'o̱l chic li ma̱ji' neque'pa̱ban re li
Dios, eb a'an cuanqueb rubel xcuanquil
laj tza. 20 Ut la̱o nakanau nak li Ralal li
Dios quic'ulun sa' ruchich'och'. Quixq'ue
kana'leb re xnaubal bar cuan li tz'akal
Dios. Ut junajo chic riq'uin li tz'akal Dios
xban nak xkapa̱b li Jesucristo li Ralal li
Dios. A'an li naq'uehoc ke li yu'am chi
junelic. 21 Ex inherma̱n, me̱lok'oni chic li
jalanil dios yi̱banbil riq'uin uk'ej. Jo'can
taxak.

Li Xcab Hu li Quixtz'i̱ba li San Juan

Laj Juan natz'i̱bac riq'uin jun li ixk aj pa̱banel

1 La̱in aj c'amol be cha̱cuu sa' la̱ pa̱ba̱l.
At hermana, nintz'i̱bac a̱cuiq'uin la̱at
li sic'bil a̱cuu xban li Dios. Ut nintz'i̱bac
ajcui' riq'uineb la̱ cualal a̱c'ajol. Ya̱l
nak la̱in nequexinra. Moco ca'aj ta cui'
la̱in ninrahoc e̱re. Nequexrahe' aj ban
cui' xbaneb chixjunileb li neque'xnau
li xya̱lal. 2 Nequexkara xban nak junaj
li nakapa̱b ut lix ya̱lal a'an ta̱cua̱nk
kiq'uin chi junelic. 3 A' taxak li rusilal,
li ruxta̱n ut li tuktu̱quilal li naxq'ue li
Dios Acuabej ut li Jesucristo li Alalbej
chicua̱nk e̱riq'uin sa' xya̱lal ut riq'uin ra-
hoc. 4 C'ajo' nak nasaho' sa' inch'o̱l chir-
ilbaleb la̱ cualal a̱c'ajol nak cuanqueb
sa' xya̱lal. Jo'ca'in li kataklanquil xban
li Dios Acuabej. 5 Ut anakcuan nintz'a̱ma
cha̱cuu nak chikarahak taxak kib chi
kibil kib. Li chak'rab a'in moco ac' ta.
Abanan q'uebil chak ke chalen chak sa'
xticlajic li kapa̱ba̱l. 6 Cui nakara kib chi
kibil kib, nakapa̱b li kachak'rabinquil
xban li Dios. Chalen chak sa' xticlajic, li
Dios quixye ke nak tento takara kib chi
kibil kib.

Eb laj tzolonel aj balak'

7 Ninnumsi cui'chic sa' e̱xic li na'leb
a'in xban nak nabaleb laj tzolonel aj
balak' cuanqueb sa' ruchich'och'. Eb li
cui̱nk a'in inc'a' neque'xch'olob li xya̱lal
nak li Jesucristo quitz'ejcualo' ut tz'akal
cui̱nk nak quic'ulun sa' ruchich'och'.
Eb li cui̱nk a'in aj balak'eb ut xic'
neque'ril li Jesucristo. 8 Cheq'uehak re-
tal che̱ribil e̱rib re nak inc'a' ta̱cana̱k
chi ma̱c'a' rajbal le̱ c'anjel chiru li Dios.
Tz'akalak ban re ru xk'ajca̱munquil le̱
c'anjel te̱c'ul riq'uin li Dios. 9 Cui ani
junak naxq'ue xtz'akob li quix-ch'olob
li Jesucristo, li jun a'an ma̱c'a' li Dios
riq'uin. Abanan cui nakapa̱b li c'a'ru
quixch'olob li Jesucristo, li Dios Acuabej
cua̱nk kiq'uin ut cua̱nk ajcui' kiq'uin li
Jesucristo li C'ajolbej. 10 Cui nacuulac
junak e̱riq'uin ut nequenau nak jalan
li yo̱ chixch'olobanquil che̱ru chiru li
quixch'olob li Jesucristo, me̱c'ul sa' le̱
rochoch chi moco te̱ye re nak li Dios
chi-osobtesi̱nk re. 11 Xban nak li ani
naxtz'a̱ma chiru li Dios nak ta̱rosobtesi-
heb laj balak', a'an ta̱tz'ako̱nk riq'uin lix
yibal ru lix c'anjeleb.

Xchak'rabinquileb

12 Cuan raj chic nabal tinye e̱re,
abanan inc'a' nacuaj xtz'i̱banquil sa' li hu
a'in. La̱in nacuaj xic e̱riq'uin re nak toati-
nak ut takil xsahil kach'o̱l chi kibil kib.
13 Neque'xtakla xsahil a̱ch'o̱l eb li ralal
xc'ajol la̱ chak'na', li sic'bil ru xban li
Dios. Jo'can taxak.

Li Rox Hu li Quixtz'i̲ba li San Juan

Xq'uebal xsahil xch'o̲l

1 Nintz'i̲bac a̲cuiq'uin, at hermano Gayo. La̲in aj c'amol be cha̲cuu sa' la̲ pa̲ba̲l. Relic chi ya̲l nak nacatinra. 2 At inherma̲n, yo̲quin chi tijoc cha̲cuix re nak us tat-e̲lk riq'uin chixjunil li c'a'ru ta̲ba̲nu. Ut nintijoc ajcui' cha̲cuix re nak cauhakat. Ninnau nak ti̲c la̲ ch'o̲l chiru li Dios. 3 C'ajo' nak nasaho' sa' inch'o̲l nak neque'c'ulun li herma̲n cuiq'uin ut nacuabi resil nak ti̲c a̲ch'o̲l. Ut ninnau nak yo̲cat chixba̲nunquil li xya̲lal. 4 A'an a'in li k'axal nasaho' cui' inch'o̲l nak nacuabi resil nak eb li kaherma̲n cuanqueb sa' xya̲lal. Eb a'an chanchaneb li cualal inc'ajol xban nak que'pa̲ban chicuu.

Laj Gayo cha̲bil quixba̲nu riq'uin xtenk'anquileb li herma̲n

5 At inherma̲n, k'axal lok' li nacaba̲nu nak nacatenk'aheb li herma̲n, usta inc'a' nacanauheb ru. 6 Eb a'an que'xch'olob xya̲lal arin chiruheb li herma̲n chanru nak nacaraheb. Chatenk'aheb chi cha̲bil jo' naraj li Dios nak te'xic chixyebal ra̲tin li Dios sa' jalan na'ajej. 7 Eb a'an xe'oc chi xic xban nak te'raj xba̲nunquil xc'anjel li Jesucristo. Ut inc'a' que'xc'ul xk'ajca̲munquileb chiruheb li ma̲ji' neque'xpa̲b li Dios. 8 Jo'can nak tento takatenk'aheb li cui̲nk a'in xban nak kech aj c'anjeleb chixch'olobanquil li xya̲lal.

Lix yibal ru xna'leb laj Diótrefes

9 Cuan c'a'ru xintz'i̲ba sa' li hu li xintakla riq'uineb laj pa̲banel aran. Abanan li herma̲n Diótrefes, a'an naxnimobresi rib ut inc'a' naxc'ul xch'o̲l li c'a'ru xintz'i̲ba. Naraj takla̲nc sa' e̲ya̲nk ut inc'a' naxq'ue incuanquil. 10 Nak tinxic aran toxink'us ut che̲ru che̲junilex tinye li c'a'ru yo̲ chixba̲nunquil. Yo̲ chixyebal c'a'ak re ru chi a̲tinul chikix. Ut moco nac'ojla ta xch'o̲l riq'uin a'an. Toj cuan cui'chic c'a'ak re ru inc'a' us naxba̲nu. Inc'a' naxc'uleb li herma̲n sa' li rochoch ut naxic chixtacchi'inquileb li herma̲n li neque'raj raj xc'ulbal li ula', ut narisiheb sa' xya̲nkeb laj pa̲banel cui neque'xc'ul li rula'eb.

Cha̲bil resil chirix laj Demetrio.

11 At inherma̲n, ma̲tzol a̲cuib riq'uin li inc'a' us. A' ban li us ta̲ba̲nu. Li ani naba̲nun re li us, a'an ralal xc'ajol li Dios. Ut li ani naxba̲nu li inc'a' us, toj ma̲ji' naxpa̲b li Dios. 12 Chixjunileb neque'xye nak cha̲bil li herma̲n Demetrio. Ut relic chi ya̲l nak lix yu'am nac'utuc re lix cha̲bilal. Jo'can ajcui' nakaye la̲o. Ut la̲at nacanau nak li nakaye la̲o a'an ya̲l.

Xrakbal li hu riq'uin sahil ch'o̲lej

13 Cuan raj nabal chic tinye a̲cue, abanan inc'a' nacuaj xtz'i̲banquil sa' li hu a'in. 14 Yo̲quin chixc'oxlanquil nak chi se̲b takil kib re nak taru̲k taka̲tina kib. 15 Chicua̲nk taxak li tuktu̲quil usilal a̲cuiq'uin. Eb li herma̲n arin neque'xtakla xsahil a̲ch'o̲l. Ut chaq'ue ajcui' xsahil xch'o̲leb li kech aj pa̲banelil chi xjunju̲nkaleb.

Li Hu li Quixtz'iba li San Judas

Laj Judas natz'ibac riq'uineb li bokbileb xban li Dios

1 Lain laj Judas, laj c'anjel chiru li
Jesucristo. Lain ritz'in laj Jacobo.
Nintz'iba li hu a'in reheb laj pabanel,
li bokbileb ut raroqueb xban li Dios
Acuabej ut colbileb xban li Jesucristo.
2 Chec'ulak taxak chi nabal li ruxtan li
Dios, jo' ajcui' li tuktuquil usilal ut li
rahoc.

Eb laj tzolonel aj balak'

3 Ex inherman, anchal inch'ol nak
yoquin chixc'oxlanquil tz'ibac eriq'uin
chirix li kacolbal sa' comonil. Aban
xinq'ue retal nak taajmank ru nak
tintz'ibak eriq'uin re xtz'amanquil cheru
nak teyal ek'e chixcolbal rix le pabal.
A'an li junaj chi pabal k'axtesinbil chak
ke xban li Dios. 4 Nintz'iba li hu a'in xban
nak cuanqueb aj balak' que'xch'ic rib sa'
eyank chi mukmu. Eb a'an neque'xye
nak laj pabanel naru te'xbanu yalak
c'a'ru chi mausilal ut xban li rusilal
li kaDios, mac'a' te'xc'ul. Neque'xsach
xcuanquil li Kacua' Jesucristo, laj echal
ke. Eb a'an aj k'etoleb ratin li Dios
ut chalen chak junxil cutan ac xaka-
banbil chak li rakba atin sa' xbeneb.
5 Usta ac xch'olobaman cheru, nacuaj
cui'chic xjulticanquil ere chanru nak li
Kacua' Dios quirisiheb chak lix tenamit
aj Israel sa' li na'ajej Egipto. Ut mokon
chic quixsacheb li inc'a' que'paban chiru
sa' xyankeb laj Israel. 6 Ninjultica ajcui'
cheru nak cuan li ángel que'xtz'ektana lix
lok'al q'uebileb re jo' ajcui' lix na'ajeb.
Anakcuan tz'aptz'oqueb sa' li k'ojyin
xban li Dios ut bac'boqueb riq'uin ca-
dena toj tacuulak xcutanquil li rakba
atin. 7 Jo'can ajcui' que'xc'ul li tena-
mit Sodoma ut Gomorra jo'queb ajcui'
li tenamit cuanqueb chixc'atk. Jun-
tak'eteb lix na'lebeb riq'uineb li án-
gel li que'macob. Que'muxuc caxar ut
que'macob ajcui' riq'uin rech cuinki-
lal ut riq'uin rech ixkilal. Que'xk'axtesi
rib chixbanunquil chixjunil li mausilal.
Lix c'atic eb li tenamit a'an, a'an re
xc'utbesinquil chiku nak cuan xtojbal
rix li mac. A'an li tac'ulmank mokon
sa' li xam li tacuank chi junelic. 8 Usta
nanauman li c'a'ru quixc'ul li tenamit
Sodoma ut Gomorra, abanan toj cuan-
queb ajcui' aj balak' li neque'xpab li
yal yo'obanbil na'leb. Ut neque'xtz'ajni
rib riq'uin li mac. Neque'xtz'ektana lix
cuanquil li Kacua' ut neque'xmajecua
li cuanqueb xcuanquil ut li cuanqueb
xlok'al. 9 Ut li ángel Miguel, li k'axal
nim xlok'al, inc'a' quixq'ue rib chok' aj
rakol atin sa' xben laj tza. Nak li án-
gel que'xcuech'i rib riq'uin laj tza chirix
lix tz'ejcual laj Moisés, li ángel inc'a'
quixhob chi moco quiraj xrakbal atin
sa' xben. Quixye ban re: Li Kacua' Dios
chik'usuk acue, chan. 10 Ut eb laj balak'
a'in neque'xmajecua ru li c'a'ak re ru
lok', li inc'a' neque'xtau ru. Chanchaneb
li xul li mac'a'eb xna'leb. Neque'xsach rib
chixbanunquil li c'a'ak re ru chi mausi-
lal. 11 Ra te'xc'ul. Lix na'lebeb a'an jo'
lix na'leb laj Caín. Chanchaneb laj Bal-
aam, xban nak neque'xrahi ru li tu-
min ut junes a'an chic neque'xc'oxla.
Neque'xtz'ektana lix chak'rab li Dios ut
neque'xnimobresi rib jo' quixbanu laj
Coré. Xban a'an nak te'osok'. 12 Xutanal
chok' ere nak cuanqueb laj balak' sa'
eyank nak nequebanu le nink'e re sahil
ch'olej. Eb laj balak' ca'aj cui' li num
cua'ac ut num uc'ac neque'xbanu ut inc'a'
neque'xutanac. Junes xch'olaninquileb
rib neque'xc'oxla. Eb laj balak' a'an
chanchaneb li chok li mac'a' hab chi
sa', li nac'ame' yalak bar xban li ik'.
Laj balak' mac'a' neque'oc cui'. Chan-
chaneb li che' li inc'a' neque'uchin, li

namich'man chi junaj cua ut nachakic.
13 Nak na-el chak xcuokx li palau xban
xcacuil rok li ha', nalemeb rib chire li
ha' lix tz'ajnil li ha'. Jo'can ajcui' lix
xuta̱neb laj balak' xban li ma̱usilal li
neque'xba̱nu. Chanchaneb li chahim li
yal naxbeni rib yalak bar chiru choxa.
Eb li cui̱nk a'in ac xakabanbileb chi xic
chi junaj cua toj sa' xchamal ut xk'ojyi̱nal
li tojba ma̱c. 14 Laj Enoc, a'an lix cuukil
chak chirix laj Adán. Quia̱tinac chir-
ixeb li cui̱nk a'in jo' quic'ute' chiru xban
li Dios. Laj Enoc quixye: —Abihomak,
chan. Tol-e̱lk li Ka̱cua' rochben li
q'uila ok'ob chi ángel. 15 Ta̱cha̱lk chi
rakoc a̱tin sa' xbe̱neb chixjunil ut
chixch'olobanquil lix ma̱queb riq'uin
lix yehom xba̱nuhomeb jo' eb ajcui'
riq'uin li xic' aj a̱tin xyehomeb chirix
li Ka̱cua', chan laj Enoc. 16 Eb a'in aj
cuech'oneleb. Ma̱c'a' nacuulac chiruheb.
Ca'aj cui' li c'a'ru naxrahi ru li tz'ejcualej
neque'xba̱nu. Neque'a̱tinac re xnimo-
bresinquileb ribeb. Neque'xk'unbesi ju-
nak riq'uin k'unil a̱tin yal re li c'a'ru
neque'raj riq'uin.

Xch'olobanquil xna'leb eb laj pa̱banel

17 Ut la̱ex ex inherma̱n, tento nak
ta̱cua̱nk sa' e̱ch'o̱l eb li a̱tin li que'xye
chak lix apóstol li Ka̱cua' Jesucristo.
18 Eb li apóstol que'xye e̱re nak ta̱-
nach'ok chak roso'jiqueb li cutan te'cha̱lk
eb laj balak' aj majecuanel. A' li ma̱c
li naxrahi ru lix tz'ejcualeb, a'an li
neque'xba̱nu. 19 Eb li cui̱nk a'in, a'aneb
li neque'yo'oban jachoc ib. Neque'xrahi
ru lix ma̱usilal li ruchich'och' ut li San-
til Musik'ej ma̱c'a' riq'uineb. 20 A'ut la̱ex,
ex inherma̱n, cauhak taxak e̱ch'o̱l sa' le̱
santil pa̱ba̱l. Ut chextijok riq'uin xcuan-
quil li Santil Musik'ej. 21 Chenauhak nak
nequexra li Dios ut inc'a' chicuiba̱nk
e̱ch'o̱l. Cheroybenihak nak tol-e̱lk li
Ka̱cua' Jesucristo ut riq'uin lix nimal
ruxta̱n tixq'ue le̱ yu'am chi junelic.
22 Cheq'uehak xna'lebeb li neque'cuiban
xch'o̱l. 23 Q'uehomak le̱ ch'o̱l chixcolbal
e̱ras e̱ri̱tz'in. Chanchan li yo̱kex chiris-
inquileb sa' xxamlel li xbalba. Ut li jun
ch'ol chic eb laj k'etol a̱tin, cheruxta̱na-
heb ru aban tinye e̱re: cheq'uehak retal.
Inc'a' chextz'ako̱nk riq'uineb lix ma̱usi-
lal xban nak numtajenakeb cui'chic lix
ma̱usilal. Xic' cheril lix ma̱queb jo' junak
k'el t'icr numtajenak xtz'ajnil ru.

Xnimanquil ru li Dios

24 Ut anakcuan lok'oninbil taxak li ni-
majcual Dios. A'an k'axal nim xcuanquil
che̱colbal re nak inc'a' texma̱cobk. Nim
ajcui' xcuanquil che̱k'axtesinquil sa' xni-
mal xlok'al li Dios chi ma̱c'a'ak e̱ma̱c ut
chi sa sa' e̱ch'o̱l. 25 Lok'oninbil taxak li
junaj chi Dios, laj Colol ke sa' xc'aba' li
Ka̱cua' Jesucristo. A'an taxak chinima̱k
xcuanquil ut xlok'al chalen chak najter
k'e cutan, ut toj chalen anakcuan ut chi
junelic. Jo'can taxak.

Li Hu Apocalipsis li Quixtz'i̱ba li San Juan

Li quic'utbesi̱c chiru laj Juan xban li Jesucristo

1 Li tz'i̱banbil sa' li hu a'in quic'utbesi̱c chiru li Jesucristo xban li Dios. Quixc'utbesi chiru li Jesucristo re nak a'an chic ta̱c'utbesi̱nk re chiruheb laj pa̱banel li c'a'ru ta̱c'ulma̱nk chi se̱b. Jo'can nak li Jesucristo quixtakla lix ángel chixc'utbesinquil a'in chiru laj Juan laj c'anjel chiru. 2 Ut a'an quixye resil chixjunil li quic'utbesi̱c chiru. A'an a'in li quixye li Dios jo' quic'utbesi̱c chiru laj Juan xban li Jesucristo. 3 Us xak re li ani naril xsa' li hu a'in ut naxq'ue retal li c'a'ru naxye. Us xak re li ani naxba̱nu li c'a'ru tz'i̱banbil chi sa' xban nak relic chi ya̱l nak yo̱ chi cuulac xk'ehil nak ta̱c'ulma̱nk li c'a'ru naxye.

Laj Juan quixtakla xsahil xch'o̱leb li cuukub ch'u̱taleb chi aj pa̱banel aran Asia

4 La̱in laj Juan. Yo̱quin chi tz'i̱bac e̱riq'uin la̱ex li cuukub ch'u̱talex chi aj pa̱banel li cuanquex aran Asia. A' taxak li usilal ut li tuktu̱quilal chi cua̱nk e̱riq'uin li naxq'ue li Dios li ac cuan chak sa' xticlajic, li cuan anakcuan, ut li cua̱nk chi junelic, ut li naxq'ue li Santil Musik'ej li cuan cui' lix lok'laj c'ojariba̱l li Ka̱cua'. 5 A' taxak li usilal ut li tuktu̱quilal chicua̱nk e̱riq'uin li naxq'ue li Jesucristo li ti̱c xch'o̱l chixyebal li ya̱l. Li Jesucristo a'an li xbe̱n li quicuacli chi yo'yo sa' xya̱nkeb li camenak. A'an li k'axal nim xcuanquil sa' xbe̱neb chixjunileb li cuanqueb xcuanquil sa' ruchich'och'. A'an quirahoc ke ut a'an qui-isin re li kama̱c nak quihoye' lix quiq'uel nak quicam sa' kac'aba'. 6 A'an naq'uehoc kacuanquil re toc'anjelak chok' aj tij chiru li Acuabej Dios. Lok'oninbil taxak li Jesucristo. Nimanbilak taxak ru ut a'an taxak chicua̱nk xcuanquil sa' xbe̱n chixjunil chi junelic k'e cutan. Jo'can taxak. 7 Q'uehomak retal. A'an ta̱cha̱lk chak sa' li chok ut chixjunileb te'ilok re. Te'ril ajcui' eb li que'camsin re. Chixjunileb li cuanqueb sa' ruchich'och' te'yot'ek' xch'o̱l ut te'ya̱bak xban li raylal li te'xc'ul. Jo'can taxak chic'ulma̱nk. 8 Quixye li Ka̱cua' Dios: —La̱in quinyo'obtesin re chixjunil ut la̱in tinsachok re chixjunil. La̱in li Alfa ut li Omega. Ut k'axal nim incuanquil, chan li nimajcual Dios.

Nak quic'utbesi̱c li Cristo chiru laj Juan sa' visión

9 La̱in laj Juan, le̱ rech aj pa̱banelil. La̱in xintz'akon ajcui' riq'uin xcuybal li raylal sa' xc'aba' li Jesucristo e̱rochben la̱ex li sic'bil e̱ru xban li Ka̱cua'. La̱in cuanquin arin sa' li na'ajej Patmos li sutsu riq'uin ha' xban nak xinch'olob xya̱lal li ra̱tin li Dios ut xinye resil li Jesucristo. 10 Sa' li cutan nak nakach'utub kib chixlok'oninquil li Ka̱cua', riq'uin xcuanquil li Santil Musik'ej, li Dios quixc'utbesi jun li visión chicuu. Quicuabi jun xya̱b cux chicuix. Chanchan xya̱b jun li trompeta yo̱ chi ec'a̱nc. 11 Quixye cue: —Li c'a'ru tinc'utbesi cha̱cuu ta̱tz'i̱ba sa' jun li botbil hu ut ta̱takla riq'uineb li cuukub ch'u̱taleb laj pa̱banel li cuanqueb sa' xcue̱nt Asia. Takla riq'uineb li cuanqueb Efeso, Esmirna, ut Pérgamo. Ut ta̱takla ajcui' riq'uineb li cuanqueb Tiatira, Sardis, Filadelfia ut Laodicea, chan. 12 Ut nak quin-iloc chicuix chirilbal ani yo̱ chi a̱tina̱nc cue, quicuil cuukub li candelero cuan xxamlel yi̱banbil riq'uin oro. 13 Ut sa' xya̱nkeb li candelero xakxo li C'ajolbej. Chanchan nailoc jun cui̱nk nak quicuil. Toj chi rok nacuulac xnimal rok li rak'. Cuan jun c'a̱mal sa' yi̱banbil riq'uin oro chire xch'o̱l. 14 Li rismal xjolom sak sak jo'

xsakal li nok' lana. Chanchan xsakal li
nieve. Ut lix nak' ru nalemtz'un chan-
chan xam. 15 Li rok nalemtz'un chanchan
li cha̱bil ch'i̱ch' bronce ut cakjorin chan-
chan li k'an ch'i̱ch' nak cuan sa' xam.
Nak naa̱tinac chanchan xya̱b lix cau ok li
palau. 16 Sa' lix nim uk' chapcho cuukub
li chahim. Ut sa' re cuan jun li ch'i̱ch'
ca' pac'al xk'esnal. C'ajo' nalemtz'un li ru.
Chanchan nak nalemtz'un li sak'e. 17 Nak
quicuil ru quint'ane' chi rok. Chanchan
camenak quincana. Ut a'an quixq'ue lix
nim uk' sa' inbe̱n ut quixye cue: —
Matxucuac. La̱in li ac cuanquin chak
sa' xticlajic li ruchich'och' ut cua̱nkin
chi junelic k'e cutan. 18 La̱in yo'yo̱quin.
La̱in quincam, abanan yo'yo̱quin chic
chi junelic k'e cutan. La̱in cuan incuan-
quil sa' xbe̱n li ca̱mc. Ut la̱in ajcui' yal
cue sa' xbe̱n li na'ajej li neque'xic cui'
li camenak. 19 Tz'i̱ba retalil li c'a'ru yo̱-
cat chirilbal xban nak a'an retalil li yo̱
chi c'ulma̱nc anakcuan ut li ta̱c'ulma̱nk
mokon. 20 Lix ya̱lal li cuukub chi chahim
li xacuil sa' lin nim uk', a'an li retalileb
li cuukub lix takl li Dios li neque'iloc re-
heb li cuukub ch'u̱tal chi aj pa̱banel. Ut
lix ya̱lal li cuukub chi candelero, a'an re-
talileb li cuukub ch'u̱tal chi aj pa̱banel.

A'in li esilal li quixtakla riq'uineb laj pa̱banel li cuanqueb Efeso

2 Tz'i̱ban riq'uin lix takl li Dios li
na-iloc reheb li jun ch'u̱tal chi
aj pa̱banel li cuanqueb Efeso ut ta̱ye
re chi jo'ca'in: —Li cuan cuukub chi
chahim sa' xnim uk', li yo̱ chi be̱c sa'
xya̱nkeb li cuukub chi candelero yo̱
chixyebal e̱re chi jo'ca'in: 2 La̱in nin-
nau chixjunil li nequeba̱nu. Ninnau nak
cau nequexc'anjelac ut ninnau ajcui' nak
inc'a' nach'inan e̱ch'o̱l. Ninnau nak xic'
nequeril li neque'xba̱nu ma̱usilal. Xeq'ue
retal li ani xe'xq'ue ribeb chok' apóstol
ut ma̱cua'eb. Ut xenau nak aj balak'eb
ut aj tic'ti'eb. 3 Ninnau nak nabal li
raylal xec'ul sa' inc'aba' la̱in. Abanan
nequecuy xnumsinquil. Ut inc'a' xch'inan
e̱ch'o̱l. Ninnau nak cau nequexc'anjelac
yal xban inra̱bal la̱in. 4 Abanan cuan jun
e̱paltil chicuu. La̱ex inc'a' chic niquine̱ra
jo' nak xine̱ra chak junxil. 5 Cheq'uehak
retal c'a'ru xexpalto' cui'. Chijulticok' e̱re
chanru nak xine̱ra chak junxil. Yot'omak
e̱ch'o̱l ut jalomak e̱c'a'ux ut chine̱rahak
cui'chic jo' nak xine̱ra chak junxil. Cui
inc'a' ta̱yot'ek' e̱ch'o̱l ut te̱jal e̱c'a'ux, la̱in
tincuisi le̱ candelero sa' xna'aj chi junpa̱t.
6 Abanan cuan jun li us nequeba̱nu. La̱ex
xic' nequeril li ma̱usilal li neque'xba̱nu
li neque'ta̱ken re li cui̱nk laj Nicolás.
Jo'can ajcui' la̱in. Xic' nacuil li ma̱usilal li
neque'xba̱nu eb a'an. 7 Cui te̱raj xtaubal
ru li xya̱lal, cheq'uehak retal li naxye
li Santil Musik'ej reheb laj pa̱banel. Li
ani tixcuy xnumsinquil chixjunil li ray-
lal a'in ut inc'a' nach'inan xch'o̱l sa' lix
pa̱ba̱l, la̱in tinq'ue lix yu'am chi junelic.
Ut a'an ta̱cua̱nk riq'uin li Dios chi junelic
sa' lix santil na'aj, chan li C'ajolbej reheb
laj Efeso.

Li esilal li quixtakla riq'uineb laj pa̱banel li cuanqueb Esmirna

8 Ut quixye cui'chic cue: —Tz'i̱ban
riq'uin lix takl li Dios, li na-iloc re-
heb li jun ch'u̱tal chi aj pa̱banel li
cuanqueb Esmirna. Ut ta̱ye re: Li ac
cuan chak sa' xticlajic ut cua̱nk ajcui'
toj sa' roso'jic, li quicam ut quicuacli
cui'chic chi yo'yo sa' xya̱nkeb li came-
nak, naxye e̱re chi jo'ca'in: 9 La̱in nin-
nau chanru cuanquex. Ninnau chixjunil
li raylal nequec'ul. Ninnau nak neba'ex.
Abanan cuan e̱biomal riq'uin li Dios.
Ninnau nak nequexmajecua̱c xbaneb li
neque'xye nak tz'akaleb aj judío, abanan
inc'a' neque'c'anjelac chiru li Dios. Aj
c'anjeleb ban chiru laj tza. 10 Mexxucuac
xban li raylal li ta̱cha̱lk sa' e̱be̱n. Cuan-
queb sa' e̱ya̱nk li te'q'uehek' sa' tz'alam
xbaneb laj c'anjel chiru laj tza re xyalbal

rix le̱ pa̱ba̱l. Te̱c'ul raylal, abanan inc'a' najt te̱c'ul. Mich'inan e̱ch'o̱l. Cauhak ban e̱ch'o̱l toj chirix le̱ camic ut la̱in tinq'ue e̱re le̱ k'ajca̱munquil. Chanchan nak tinq'ue le̱ corona nak tinq'ue le̱ yu'am chi junelic. 11 Cui te̱raj xtaubal ru li xya̱lal, cheq'uehak retal li naxye li Santil Musik'ej reheb laj pa̱banel. Li ani tixcuy xnumsinquil chixjunil li raylal a'in ut inc'a' nach'inan xch'o̱l sa' lix pa̱ba̱l, li jun a'an inc'a' tixc'ul lix cab xcamic. Inc'a' ta̱xic sa' xbalba, chan li C'ajolbej reheb laj Esmirna.

Li esilal li quixtakla riq'uineb laj pa̱banel li cuanqueb Pérgamo

12 Ut quixye cui'chic cue: —Tz'i̱ban riq'uin lix takl li Dios li na-iloc reheb laj pa̱banel li cuanqueb Pérgamo ut ta̱ye re: Li cuan xch'i̱ch' ca' pac'al xk'esnal naxye e̱re chi jo'ca'in: 13 La̱in ninnau chanru nak cuanquex. La̱in ninnau nak cuan xcuanquil laj tza sa' li tenamit li cuanquex cui'. Abanan la̱ex toj yo̱quex chinlok'oninquil. Inc'a' xecanab inpa̱banquil usta quicamsi̱c laj Antipas xban nak quixye cuesilal aran sa' le̱ tenamit li cuan rubel xcuanquil laj tza. 14 Abanan cuan c'a'ak re ru yo̱quex chixba̱nunquil inc'a' us xban nak cuanqueb sa' e̱ya̱nk li toj yo̱queb chixq'uebal xcuanquil lix tijleb laj Balaam li quic'utuc chiru laj Balac chanru nak tixq'ueheb chi ma̱cobc laj Israel. Quixye reheb nak ta̱ru̱k te'xtzaca li tzacae̱mk li mayejanbil chiru li jalanil dios. Ut quixtacchi'iheb re nak te'yumbe̱tak ut te'co'be̱tak. 15 Ut cuanqueb ajcui' sa' e̱ya̱nk li toj neque'xq'ue xcuanquil lix tijleb laj Nicolás. La̱in xic' nacuil li ma̱usilal li neque'xba̱nu eb a'an. 16 Jo'can nak isihomakeb sa' e̱ya̱nk li inc'a' useb xna'leb. Cui inc'a' nequerisiheb, la̱in tinxic chi junpa̱t e̱riq'uin ut tinpletik riq'uineb. Chanchan nak tincamsiheb riq'uin k'esnal ch'i̱ch' nak tinsach ruheb riq'uin li cua̱tin. 17 Cui te̱raj xtaubal ru li xya̱lal, cheq'uehak retal li naxye li Santil Musik'ej reheb laj pa̱banel. Li ani tixcuy xnumsinquil chixjunil li raylal a'in ut inc'a' nach'inan xch'o̱l sa' lix pa̱ba̱l, la̱in tinq'ue li choxahil cua li inc'a' na-ilman ru chixtzaca. Ut tinq'ue ajcui' jun li saki pec re ut tz'i̱banbilak chiru jun li ac' c'aba'ej. Ma̱ ani ta̱na'ok re li c'aba'ej. Ca'aj cui' li ani li ta̱c'uluk re, chan li C'ajolbej reheb laj Pérgamo.

Li esilal li quixtakla riq'uineb laj pa̱banel li cuanqueb Tiatira

18 Ut quixye ajcui' cue: —Tz'i̱ban riq'uin lix takl li Dios li na-iloc reheb li jun ch'u̱tal chi aj pa̱banel li cuanqueb Tiatira ut ta̱ye re: Li C'ajolbej, li nalemtz'un xnak' ru chanchan xam ut li rok chanchan li cha̱bil ch'i̱ch' bronce li nalemtz'un, naxye e̱re chi jo'ca'in: 19 La̱in ninnau chanru nak cuanquex. Ninnau nak nequexrahoc ut nequexpa̱ban. Ninnau nak cau nequexc'anjelac chicuu ut nabal li raylal nequecuy. La̱in ninnau nak k'axal cui'chic cau yo̱quex chi c'anjelac chiru li xeba̱nu junxil. 20 Abanan inc'a' nacuulac chicuu nak nequec'am e̱rib sa' usilal riq'uin li ixk li yibru xna'leb li chanchan lix na'leb lix Jezabel. Li ixk a'an naxq'ue rib chok' xprofeta li Dios, abanan moco ya̱l ta. Yo̱ ban chixbalak'inquileb laj c'anjel chicuu. Riq'uin li naxba̱nu yo̱ chixc'ambaleb xbe chi yumbe̱tac ut chi co'be̱tac. Ut yo̱ ajcui' chixc'ambaleb xbe chixtzacanquil li tzacae̱mk mayejanbil chiru li jalanil Dios. 21 La̱in xcuaj raj nak tixyot' xch'o̱l ut tixjal xc'a'ux ut xcuoybeni re tixba̱nu. Abanan inc'a' naraj xcanabanquil li ma̱usilal. 22 A'ut anakcuan la̱in tinq'ue junak yajel sa' xbe̱n re nak ta̱t'anek' sa' ch'a̱t. Ut eb li neque'xba̱nu ma̱usilal riq'uin te'xc'ul ajcui' li raylal cui inc'a' neque'yot'e' xch'o̱l ut cui inc'a' neque'xcanab xba̱nunquil li ma̱usilal li

naxbanu a'an. 23 Ut tink'axtesiheb chi camc li neque'taken re. Ut riq'uin a'in te'xq'ue retal chixjunileb laj pabanel nak lain ninnau c'a'ru nanume' sa' xch'oleb li junjunk. Lain ninnau c'a'ru nequec'oxla. Ut lain tinq'ue ek'ajcamunquil chejunkal a' yal chanru le yehom ebanuhom. 24 Mac'a' tinye ere re ek'usbal laex aj Tiatira li jo' q'uialex inc'a' xetzol erib riq'uin li tijleb li neque'xch'olob eb a'an, xban nak a'an xmaus aj na'leb laj tza. 25 Ca'aj cui' tinye ere a'in: Cacuubresihomak ech'ol sa' le pabal toj tacuulak xk'ehil nak tincuulak eriq'uin. 26 Li ani naxcuy xnumsinquil chixjunil li raylal a'in ut inc'a' nach'inan xch'ol sa' lix pabal ut tixbanu li c'a'ru nacuaj toj sa' roso'jic, lain tinq'ue xcuanquil chi taklanc sa' xbeneb li tenamit. 27 Eb a'an te'taklank sa' xbeneb li tenamit chi cau. Chanchan nak te'xtaklaheb riq'uin jun li xuk' ch'ich'. Ut tasachek' xcuanquileb li te'taklank cui'. Chanchan nak najore' junak ch'och' uc'al. Lain tinq'ue lix cuanquileb jo' li cuanquil li quixq'ue cue lin Yucua'. 28 Ut lain tinq'ue ajcui' reheb lix lok'aleb, chanchan xch'ina'usal li cak chahim. 29 Cui teraj xtaubal ru li xyalal, cheq'uehak retal li naxye li Santil Musik'ej reheb laj pabanel, chan li C'ajolbej reheb laj pabanel li cuanqueb Tiatira.

Li esilal li quixtakla riq'uineb laj pabanel li cuanqueb Sardis

3 Ut li C'ajolbej quixye cui'chic cue: —Tz'iban riq'uin lix takl li Dios li nailoc reheb li jun ch'utal chi aj pabanel li cuanqueb Sardis ut taye re: Li cuan li Santil Musik'ej riq'uin ut li cuan li cuukub chi chahim sa' ruk' naxye ere chi jo'ca'in: Lain ninnau chanru nak cuanquex. Eb li tenamit neque'xye nak laex tz'akal aj pabanelex. Abanan moco yal ta. Lain ninnau nak inc'a' nequexpaban chi tz'akal. Chanchan camenakex. 2 Q'uehomak retal chanru nak cuanquex. Laex inc'a' tz'akal re ru le yu'am chiru li Kacua' Dios. Jo'can nak q'uehomak ech'ol chi pabanc chi tz'akal ut mich'inan chic ech'ol. 3 Chijulticok' ere li xyalal li querabi chak junxil. Chiyot'ek' ech'ol ut jalomak ec'a'ux. Cacuubresihomak ech'ol sa' le pabal. Cui inc'a' tebanu a'an, lain tincuulak eriq'uin chi mac'a' sa' ech'ol jo' naxbanu laj elk' ut tinrakok atin sa' eben. 4 Lain ninnau nak aran Sardis toj cuanqueb cuib oxib sa' eyank li tic xch'oleb. Inc'a' xe'xtz'ajni ribeb riq'uin xbanunquil li mausilal. Lain tinye reheb nak xc'ulubeb cuanc cuiq'uin chi tiktoqueb riq'uin saki ak'ej xban nak tic xch'oleb. 5 Li ani tixcuy xnumsinquil chixjunil li raylal a'in ut inc'a' nach'inan xch'ol sa' lix pabal, a'an tatikibak riq'uin saki ak'ej. Ut lain inc'a' tinsach lix c'aba' sa' li hu tz'ibanbil cui' xc'aba'eb li cuanqueb xyu'am chi junelic. Ut chiru lin Yucua' ut chiruheb ajcui' lix ángel, lain tinye nak a'an cualal inc'ajol. 6 Cui teraj xtaubal ru lix yalal, cheq'uehak retal li naxye li Santil Musik'ej reheb laj pabanel. Jo'ca'in quixye li C'ajolbej reheb laj pabanel li cuanqueb Sardis.

Li esilal li quixtakla riq'uineb laj pabanel li cuanqueb Filadelfia

7 Ut li C'ajolbej quixye cui'chic cue: —Tz'iban riq'uin lix takl li Dios li nailoc reheb li jun ch'utal chi aj pabanel li cuanqueb Filadelfia, ut taye re: Li tic xch'ol ut li tz'akal Dios, a'an cuan xcuanquilal jo' li cuanquil li quiq'uehe' re laj David junxil. Li oquebal li tixte a'an, ma ani naru tatz'apok re; ut li oquebal li tixtz'ap a'an, ma ani naru tatehok re. 8 A'an yo chixyebal ere chi jo'ca'in: Lain ninnau chanru nak cuanquex. Lain xinte li oquebal cheru ut ma ani naru tatz'apok re. Ninnau nak inc'a' cau erib. Abanan inc'a' xinetz'ektana. Junelic ban nequebanu li c'a'ru ninye. 9 Cuanqueb

li neque'xba̲nu li c'a'ru naraj laj tza.
Neque'xye nak tz'akaleb aj judío, abanan
inc'a' neque'c'anjelac chiru li Dios. Yal
tic'ti' neque'xye. La̲in tincanabeb toj re-
tal te'xcuik'ib ribeb che̲ru re nak te'xq'ue
retal nak la̲in ninrahoc e̲re. 10 La̲ex xecuy
xba̲nunquil li xinye e̲re ut inc'a' xch'inan
e̲ch'o̲l sa' le̲ pa̲ba̲l. Jo'can nak la̲in tin-
colok e̲re sa' xk'ehil nak ta̲cha̲lk li ray-
lal sa' xbe̲neb chixjunileb li cuanqueb
sa' ruchich'och'. 11 La̲in chi se̲b tincha̲lk.
Tincuulak e̲riq'uin. Jo'can nak cauhak
taxak e̲ch'o̲l sa' le̲ pa̲ba̲l ut me̲canab in-
pa̲banquil re nak te̲c'ul le̲ k'ajca̲munquil
li tinq'ue ut re ajcui' nak inc'a' ta̲q'uehek'
re jalan. 12 Li ani tixcuy xnumsinquil li
raylal ut inc'a' ta̲ch'ina̲nk xch'o̲l sa' lix
pa̲ba̲l, tinq'ue xlok'al ut ma̲ ani ta̲ru̲k
ta̲isi̲nk re sa' lix na'aj li ta̲q'uehek' re
xban lin Yucua'. Chanchanak li okech li
nacu̲tun re lix templo li Dios, li inc'a'
na-ec'an sa' xna'aj. A'an ta̲cua̲nk riq'uin
lin Yucua' chi junelic sa' li Ac' Jerusalén
li tixq'ue lin Yucua' cuan sa' choxa. Ac'
chic lix c'aba' tinq'ue. Ut chixjunileb
te'xnau nak a'an ralal xc'ajol lin Yu-
cua'. Ut tinq'ue ajcui' re lin c'aba' la̲in.
13 Cui te̲raj xtaubal ru li xya̲lal, cherabi-
hak li naxye li Santil Musik'ej reheb laj
pa̲banel. Jo'ca'in quixye li C'ajolbej re-
heb laj pa̲banel li cuanqueb Filadelfia.

Li esilal li quixtakla riq'uineb laj pa̲banel li cuanqueb Laodicea

14 Ut li C'ajolbej quixye cui'chic cue:
—Tz'i̲ban riq'uin lix takl li Dios li na-
iloc reheb li jun ch'u̲tal chi aj pa̲banel
li cuanqueb Laodicea ut ta̲ye re: Li
ani naxc'aba'in "Amén", li junelic ti̲c
xch'o̲l chixyebal li ya̲l, li ac cuan chak
nak quiyi̲ba̲c chak li ruchich'och' ut
chixjunil li c'a'ak re ru cuan, naxye
e̲re chi jo'ca'in: 15 La̲in ninnau chanru
nak cuanquex. La̲ex inc'a' yo̲quex chin-
pa̲banquil chi anchal e̲ch'o̲l, chi moco
yo̲quex chintz'ekta̲nanquil. Us raj nak
tine̲pa̲b chi anchal e̲ch'o̲l malaj ut
tine̲tz'ekta̲na raj chi junaj cua. Abanan
la̲ex chanchanex li ha' moco tik ta,
chi moco que. Yal lulu ban. 16 Xban
nak xcab rix e̲ch'o̲l nak yo̲quex chin-
pa̲banquil, la̲in texintz'ekta̲na. Chan-
chan texinxa'cua nak texintz'ekta̲na.
17 La̲ex nequeye nak biomex ut cuan
chixjunil li c'a'ru e̲re. Ma̲c'a' napalto'
ke chanquex. Abanan inc'a' nequeq'ue
retal nak k'axal ra cuanquex. Chan-
chan neba'ex ut mutz'ex. Chanchan
t'ust'uquex xban nak inc'a' niquine̲-
pa̲b. K'axal tok'oba̲l e̲ru. 18 Jo'can nak
ninye e̲re: Lok'omak e̲-oro cuiq'uin
li ac numsinbil sa' xam ut isinbil
xtz'ajnil. Lok'omak le̲ saki t'icr cuiq'uin
re te̲tikib e̲rib ut inc'a' te̲c'ut e̲xu-
ta̲n nak t'ust'u̲quex. Lok'omak xbanol li
xnak' e̲ru cuiq'uin re nak tex-ilok. 19 Li
ani nequebinra, nintijeb ut nink'useb.
Jo'can nak ninye e̲re nak jalomak
e̲c'a'ux ut q'uehomak e̲ch'o̲l chinpa̲ban-
quil. 20 Chanchan nak cuanquin chire li
oqueba̲l nak yo̲quin che̲bokbal. Li ani
ta̲abi̲nk re li cua̲tin ut tinixpa̲b, la̲in tin-
cua̲nk riq'uin ut tocua̲nk chi sum a̲tin.
21 Li ani tixcuy xnumsinquil li raylal
ut inc'a' ta̲ch'ina̲nk xch'o̲l, la̲in tinq'ue
chi c'ojla̲c chinc'atk sa' lin c'ojariba̲l jo'
nak c'ojc'o̲quin chixc'atk lin Yucua' sa'
lix c'ojariba̲l xban nak xincuy xnumsin-
quil li raylal. 22 Cui te̲raj xtaubal ru li
xya̲lal, cheq'uehak retal li naxye li San-
til Musik'ej reheb laj pa̲banel, chan li
C'ajolbej reheb laj pa̲banel li cuanqueb
Laodicea.

Lix lok'laj c'ojariba̲l li Dios cuan sa' choxa

4 Ut chirix a'an quicuil jun chic li
visión. Quicuil jun li oqueba̲l teto sa'
choxa. Ut quicuabi cui'chic li xya̲b li cux
li quicuabi xbe̲n cua, chanchan xya̲b jun
li trompeta nak yo̲ chi a̲tinac, ut quixye
cue: —Taken chak arin ut tinc'utbesi

cha̱cuu li c'a'ak re ru ta̱c'ulma̱nk mokon,
chan. 2 Ut sa' li visión li quixc'utbesi
chicuu li Dios riq'uin xcuanquil li San-
til Musik'ej, quicuil sa' choxa jun li
lok'laj c'ojariba̱l. Ut quicuil nak cuan
jun c'ojc'o sa' li c'ojariba̱l a'an. 3 Ut
li ani chunchu sa' li c'ojariba̱l, c'ajo'
lix lok'al. Li riloba̱l chanchan li cha̱-
bil pec jaspe malaj ut chanchan li cha̱-
bil pec cornalina li nalemtz'un. Ut lix
c'ojariba̱l sutsu riq'uin jun li xo̱quik'ab
chanchan li cha̱bil pec esmeralda nak
quicuil. 4 Ut chi xjun sutam li lok'laj
c'ojariba̱l cuanqueb ca̱hib xca'c'a̱l chic li
c'ojariba̱l. Ut aran c'ojc'o̱queb li ca̱hib
xca'c'a̱l li que'c'amoc chak be chiruheb
laj pa̱banel. Sak li rak'eb ut cuanqueb
xcorona oro sa' xjolomeb. 5 Ut sa' li
lok'laj c'ojariba̱l nareploc li chanchan
rak' ca̱k ut lix ya̱b li choki̱nc chanchan
nak namok li ca̱k. Chiru cuan cuukub li
lámpara lochlo retalil li Santil Musik'ej.
6 Ut quicuil ajcui' jun chanchan neba̱l
cuan chiru li c'ojariba̱l. Nalemtz'un jo'
li lem ut chanchan jun li palau sak sak
ru. Chi xjun sutam li c'ojariba̱l cuan-
queb ca̱hib li yo'yo̱queb, chanchaneb án-
gel. Nabal li xnak' ruheb, jo' chiru jo'
chirixeb. 7 Li xbe̱n li chanchan ángel,
a'an chanchan na-iloc jun li cakcoj; li
xcab, a'an chanchan na-iloc jun li cua-
cax; li rox, a'an cuan xnak' ru chan-
chan ru jun cui̱nk; ut li xca̱, a'an chan-
chan jun li nimla c'uch yo̱ chi xic'a̱nc.
8 Cuan cuakitk xiq'ueb li junju̱nk. Na-
bal li xnak'eb ru cuan xca' pac'alil. Chi
k'ek chi cutan yo̱queb chixyebal: —
Santo, santo, santo. Lok'oninbil taxak
ru li Ka̱cua' Dios li k'axal nim xcuan-
quil, li ac cuan ajcui' chak sa' xticla-
jic, li cuan anakcuan ut li cua̱nk chi
junelic. 9 Rajlal neque'xq'ue xlok'al ut
neque'xnima ru ut neque'xbantioxi chiru
li nimajcual Dios, li yo'yo chi junelic k'e
cutan, li c'ojc'o sa' lix lok'laj c'ojariba̱l.
10 Eb li chanchaneb ángel yo̱queb chi
lok'oni̱nc, ut li ca̱hib xca'c'a̱l chi aj
c'amol be neque'xcuik'ib ribeb chiru li
Ka̱cua' Dios, li c'ojc'o sa' lix c'ojariba̱l ut
que'xlok'oni xban nak yo'yo chi junelic
k'e cutan ut que'xq'ue lix corona chiru
lix c'ojariba̱l re xq'uebal xlok'al. 11 Ut
que'xye re: At Ka̱cua', at kaDios, a̱c'ulub
nak takaq'ue a̱lok'al. A̱c'ulub nak ta̱ni-
ma̱k a̱cuu ut ta̱q'uehek' a̱cuanquil xban
nak la̱at catyi̱ban re chixjunil li c'a'ru
cuan. Xban nak jo'can xacuaj la̱at, jo'can
nak xayo'obtesiheb li c'a'ru cuanqueb.

Li botbil hu ut li carner

5 Ut sa' lix nim uk' li Dios li c'ojc'o
sa' li lok'laj c'ojariba̱l quicuil jun
li botbil hu tz'i̱banbil chi sa' ut chirix
ut tz'apbil riq'uin cuukub li sello. 2 Ut
quicuil jun li ángel k'axal cau rib ut
chi cau xya̱b xcux quixye: —¿Ani li
xc'ulub risinquil li sello ut xtebal li hu?
chan. 3 Xban nak moco xc'ulubeb ta,
ma̱ jun reheb sa' choxa, chi moco sa'
ruchich'och', chi moco sa' xna'ajeb li ca-
menak quiru xtebal li hu chi moco ril-
bal xsa' li hu. 4 Ut c'ajo' nak quinya̱bac
chirilbal nak ma̱ jun reheb xc'ulubeb
xtebal li hu chi moco xc'ulubeb rilbal
xsa'. 5 Ut jun reheb li chunchu̱queb sa' li
ca̱hib xca'c'a̱l chi c'ojariba̱l quixye cue:
—Matya̱bac xban nak cuan jun ta̱ru̱k
tixte li hu a'in. Cuan jun aj Judá chan-
chan li cakcoj. A'an xcomoneb li ralal
xc'ajol li rey David. A'an xc'ulub risin-
quil li cuukub chi sello ut xc'ulub xtebal
li hu xban nak a'an quixcuy xnumsinquil
li ra xi̱c', chan. 6 Quicuil Jun xakxo aran
chiru li lok'laj c'ojariba̱l li sutsu xbaneb
li ca̱hib li chanchaneb ángel jo'queb
ajcui' li ca̱hib xca'c'a̱l li c'ojc'o̱queb aran.
Quic'utun nak li jun a'an ac camsin-
bil. Chanchan carner. Cuan cuukub xxu-
cub ut cuan ajcui' cuukub xnak' ru re-
talil li Santil Musik'ej li quitakla̱c sa'
chixjunil li ruchich'och'. 7 Li Jun li chan-
chan carner quichal ut quixchap li bot-

bil hu li cuan sa' xnim uk' li c'ojc'o
sa' li lok'laj c'ojariba̱l. 8 Nak quixchap
li botbil hu, li ca̱hib li chanchaneb án-
gel ut li ca̱hib xca'c'a̱l li c'ojc'o̱queb
aran que'xcuik'ib ribeb chiru li Jun li
chanchan carner. Cuanqueb x-arpa chi
xju̱nkaleb ut cuanqueb xsec' yi̱banbil
riq'uin oro ut cuan li sununquil ban chi
sa' retalil lix tijeb li ralal xc'ajol li Dios.
9 Que'xbicha jun li ac' bich ut que'xye: —
A̱c'ulub xchapbal li botbil hu ut xtebal
li sello xban nak la̱at catcamsi̱c. Riq'uin
la̱ quiq'uel xalok'eb nabal re nak te'oc
chok' ralal xc'ajol li Dios. Yalak ani xa-
coleb a' yal ani xte̱paleb xxe'to̱nil yu-
cua'eb, ut a' yal bar xtenamiteb ut a'
yal chanru li ra̱tinoba̱leb. 10 Xaq'ueheb
xcuanquil chi c'anjelac chiru li kaDios
jo' aj tij, ut ta̱q'ueheb ajcui' chi tak-
la̱nc sa' ruchich'och'.— 11 Ut sa' li visión
quicuileb li q'uila ok'ob chi ángel li cuan-
queb chi xjun sutam li lok'laj c'ojariba̱l
ut li ca̱hib li yo'yo̱queb li chanchaneb
ángel jo'queb ajcui' li ca̱hib xca'c'a̱l li
c'ojc'o̱queb aran. Quicuabi nak yo̱queb
chi a̱tinac li q'uila ok'ob chi ángel.
12 Que'xye chi cau xya̱b xcux: —Li Jun
li chanchan carner li quicamsi̱c, a'an
xc'ulub nak ta̱q'uehek' xlok'al xban nak
numtajenak xcuanquil, xbiomal, xna'leb,
ut xcacuilal. Ut xc'ulub nak ta̱q'uehek'
xlok'al, ta̱nima̱k ru ut ta̱lok'oni̱k.— 13 Ut
quicuabi ajcui' nak que'a̱tinac chixju-
nil li c'a'ak re ru quiyo'obtesi̱c xban
li Dios, jo' li cuanqueb sa' choxa, jo'
li cuanqueb sa' ruchich'och', jo' ajcui'
li cuanqueb sa' li palau, jo'queb ajcui'
li cuanqueb sa' xna'ajeb li camenak.
Chixjunileb li que'yo'obtesi̱c xban li Dios
que'xye: —A' taxak li Dios li c'ojc'o
sa' xc'ojariba̱l jo' ajcui' li Jun li chan-
chan carner, chilok'oni̱k ut chiq'uehek'
xlok'al. Chiq'uehek' xcuanquil ut chini-
ma̱k ru chi junelic k'e cutan.— 14 Ut li
ca̱hib li yo'yo̱queb li chanchaneb ángel,
yo̱queb chixyebal: —Jo'can taxak.— Ut
eb li ca̱hib xca'c'a̱l li c'ojc'o̱queb aran
que'xcuik'ib ribeb ut que'xlok'oni li yo'yo
chi junelic k'e cutan.

Li cuuukub chi sello

6 Ut quicuil nak li Jun li chan-
chan carner quixte li xbe̱n sello. Ut
quicuabi nak quia̱tinac jun reheb li ca̱hib
li chanchaneb ángel, li yo'yo̱queb. Chan-
chan nak na-ec'an li ca̱k nak quia̱tinac
chi cau xya̱b xcux. Quixye: —¡Quim!
Chola̱cuil a'in, chan. 2 Quicuil nak cuan
jun li cacua̱y sak rix. Ut cuan jun li yo̱
chi xic chirix cuan xtzimaj sa' ruk'. Ut
quiq'uehe' jun lix corona ut co̱ cui'chic
chi numta̱c sa' xbe̱neb li cuanqueb sa'
ruchich'och'. 3 Ut li Jun li chanchan
carner quixte jun chic li sello ut quicuabi
li xcab li chanchan ángel nak quixye: —
¡Quim! ¡Chola̱cuil a'in! chan. 4 Ut qui-el
chak jun chic li cacua̱y cak rix. Ut li jun li
cuan chirix quiq'uehe' jun li nimla ch'i̱ch'
re ut quiq'uehe' xcuanquil re ta̱risi li tuk-
tu̱quil usilal sa' ruchich'och' re nak eb
li cui̱nk te'xcamsi ribeb chi ribileb rib.
5 Ut nak li Jun li chanchan carner quixte
li rox sello, quicuabi li rox li chanchan
ángel yo̱ chixyebal: —¡Quim! Chola̱cuil
a'in, chan. Ut quicuil jun li cacua̱y k'ek
rix. Ut li jun li cuan chirix cuan jun li
bisleb sa' ruk'. 6 Ut quicuabi jun xya̱b cux
quia̱tinac sa' xya̱nkeb li ca̱hib li chan-
chaneb ángel ut quixye: —Naru xlok'bal
cuib libra li trigo chiru li tojleb li re
jun cutan ut naru xlok'bal cuakib libra
li cebada chiru li tojleb li re jun cu-
tan. Abanan me̱terk'usi xtz'ak li aceite
ut li vino, chan. 7 Ut li Jun li chanchan
carner quixte li xca̱ sello ut quicuabi
nak li xca̱ li chanchan ángel quixye: —
¡Quim! Chola̱cuil a'in, chan. 8 Quicuil
jun li cacua̱y k'an rix. Ut li cuan chirix
li cacua̱y, a'an Ca̱mc xc'aba'. Ut li yo̱ chi
ta̱ke̱nc re, a'an Xna'aj Camenak xc'aba'
xban nak a'an li ta̱c'uluk reheb li te'ca̱mk.
Li cuan chirix li cacua̱y quiq'uehe'

xcuanquil chixcamsinquil nabaleb sa'
ruchich'och'. Jun jachal sa' xya̲nkeb li
ca̲hib jachal (1'4) chi cristian li cuan-
queb sa' ruchich'och' te'ca̲mk. Cuan
te'camsi̲k riq'uin ch'i̲ch'. Cuan te'ca̲mk
xban cue'ej. Cuan te'ca̲mk xban yajel
ut cuan ajcui' li te'camsi̲k xban li josk'
aj xul. 9 Nak li Jun li chanchan carner
quixte li ro' sello, quicuil nak cuan-
queb rubel li artal li que'camsi̲c xban
nak que'pa̲ban ut xban nak que'xch'olob
xya̲lal li ra̲tin li Dios. 10 Ut que'xye chi
cau xya̲b xcux: —At nimajcual Dios,
la̲at Santo ut la̲at ti̲c a̲ch'o̲l. ¿Jok'e
tatrakok a̲tin sa' xbe̲neb li tenamit xban
li raylal xe'xba̲nu ke? Ut, ¿jok'e ta̲q'ue
re̲kaj reheb nak xoe'xcamsi? chanqueb.
11 Que'q'uehe' xsaki ak'eb. Ut que'yehe'
reheb nak te'hila̲nk ut te'roybeni jarubak
cutan chic toj ta̲tz'aklok xq'uialeb li
rech aj c'anjelil li toj te'camsi̲k jo' nak
que'camsi̲c eb a'an. 12 Ut quicuil nak li
Jun li chanchan carner quixte li xcuak
sello ut quicuan jun li nimla hi̲c. Li sak'e
quik'ojyi̲no' ru. Chanchan li k'eki t'icr li
neque'rocsi li raheb sa' xch'o̲l. Ut li po
quicako' jo' li quic'. 13 Ut eb li chahim
quilaje't'ane' chak chi ch'och' jo' nak
nahire' ru li higo xban li cacuil ik' nak
toj ma̲ji' nak'ano'. 14 Ut quisach li choxa
nak quicuil. Chanchan jun li hu nak
quixboti rib. Chixjunil li tzu̲l jo' ajcui'
li ch'och' li sutsu sa' ha' quilaje'ec'an sa'
xna'ajeb. 15 Ut chixjunileb quilaje'xmuk
ribeb xbaneb xxiu. Que'xmuk ribeb li
rey ut eb li cuanqueb xcuanquil, jo'queb
ajcui' li neque'taklan sa' xbe̲neb li sol-
dado. Que'xmuk ribeb li biom jo'queb
ajcui' li cauheb rib, jo'queb ajcui' li
lok'bil mo̲s jo' ajcui' li ma̲c'a'eb xpatrón.
Que'xmuk ribeb sa' li ochoch pec ut sa'
xya̲nkeb li ni̲nki pec li cuanqueb sa'
tzu̲l. 16 Ut que'xye reheb li tzu̲l ut reheb
ajcui' li pec: —T'anekex chak sa' kabe̲n
ut choe̲muk taxak chiru li c'ojc'o sa' lix
lok'laj c'ojariba̲l. Choe̲muk chiru li Jun li
chanchan carner, li yo̲ xjosk'il sa' kabe̲n.
17 Xcuulac xk'ehil li rakba a̲tin sa' kabe̲n.
¿Ani ta cui' ta̲ru̲k tixcol rib chiru a'an?
chanqueb.

Li ca̲hib xcuakxakc'a̲l mil (144,000) laj Israel li q'uebileb retalil xban li Dios

7 Ut chirix chixjunil a'in quicuil ca̲hib
li ángel xakxo̲queb sa' xca̲ pac'alil li
ruchich'och' li nachal cui' li ik'. Yo̲queb
chixk'usbal li ik' re nak inc'a' ta̲numek'
chi cau sa' xbe̲n li ruchich'och' jo' ajcui'
sa' xbe̲n li palau ut sa' xbe̲neb li che'.
2 Ut quicuil jun chic li ángel yo̲ chak
chi cha̲lc na-el cui' chak li sak'e. Cuan
chak lix sello li yo'yo̲quil Dios riq'uin.
Ut quia̲tinac chi cau xya̲b xcux riq'uineb
li ca̲hib chi ángel li ac q'uebileb xcuan-
quil re xba̲nunquil raylal reheb li cuan-
queb sa' ruchich'och', jo'queb ajcui' li
cuanqueb sa' li palau. 3 Quixye reheb:
—Me̲ba̲nu raylal reheb li cuanqueb sa'
ruchich'och' chi moco reheb li cuanqueb
sa' li palau chi moco reheb li che'. Toj
takaq'ue retalileb sa' xpe̲quemeb riq'uin
li sello eb laj c'anjel chiru li Dios. 4 Ut
quicuabi lix q'uialeb li que'q'uehe' re-
talileb sa' xpe̲quemeb riq'uin li sello,
a'an ca̲hib xcuakxakc'a̲l mil (144,000)
chi cristian. A'aneb li quiq'uehe' re-
talileb sa' xpe̲quemeb sa' xya̲nkeb lix te̲-
paleb li ralal xc'ajol laj Israel. 5 Cablaju
mil (12,000) li quiq'uehe' retalileb sa'
xpe̲quemeb sa' xya̲nkeb li ralal xc'ajol
laj Judá; ut sa' xya̲nkeb li ralal xc'ajol
laj Rubén, cablaju mil li quiq'uehe' re-
talileb sa' xpe̲quemeb. Sa' xya̲nkeb li
ralal xc'ajol laj Gad, cablaju mil li
quiq'uehe' retalileb sa' xpe̲quemeb. 6 Ca-
blaju mil (12,000) li quiq'uehe' retalileb
sa' xpe̲quemeb sa' xya̲nkeb li ralal xc'ajol
laj Aser; ut sa' xya̲nkeb li ralal xc'ajol
laj Neftalí, cablaju mil li quiq'uehe' re-
talileb sa' xpe̲quemeb. Ut sa' xya̲nkeb li
ralal xc'ajol laj Manasés, cablaju mil li

quiq'uehe' retalileb sa' xpe̱quemeb. 7 Cablaju mil (12,000) li quiq'uehe' retalileb sa' xpe̱quemeb sa' xya̱nkeb li ralal xc'ajol laj Simeón: ut sa' xya̱nkeb li ralal xc'ajol laj Leví, cablaju mil li quiq'uehe' retalileb sa' xpe̱quemeb. Ut sa' xya̱nkeb li ralal xc'ajol laj Isacar, cablaju mil li quiq'uehe' retalileb sa' xpe̱quemeb. 8 Cablaju mil (12,000) li quiq'uehe' retalileb sa' xpe̱quemeb sa' xya̱nkeb li ralal xc'ajol laj Zabulón; ut sa' xya̱nkeb li ralal xc'ajol laj José, cablaju mil li quiq'uehe' retalileb sa' xpe̱quemeb. Ut sa' xya̱nkeb li ralal xc'ajol laj Benjamín, cablaju mil li quiq'uehe' retalileb sa' xpe̱quemeb.

Nabaleb li tenamit tikibanbileb riq'uin saki ak'

9 Ut chirix a'an, quicuil ajcui' nabaleb chi tenamit xakxo̱queb chiru li c'ojc'o sa' lix lok'laj c'ojariba̱l ut chiru li Jun li chanchan carner. Inc'a' naru rajlanquileb xban xq'uialeb. Cuanqueb aran a' yal ani xte̱paleb xxe'to̱nil xyucua'eb ut a' yal bar xtenamiteb ut a' yal chanru li ra̱tinoba̱leb. Tikibanbileb riq'uin saki ak' ut cuan chak sa' ruk'eb li ruk' che' palma. 10 Ut japjo̱queb re chixyebal: —Li kacolbal riq'uin li Dios nachal chak, li c'ojc'o sa' lix lok'laj c'ojariba̱l, ut riq'uin ajcui' li Jun li chanchan carner.— 11 Ut chixjunileb li ángel li cuanqueb chi xjun sutam li lok'laj c'ojariba̱l ut li ca̱hib li chanchaneb ángel, jo'queb ajcui' li ca̱hib xca'c'a̱l li c'ojc'o̱queb aran, que'xcuik'ib ribeb chiru li lok'laj c'ojariba̱l ut que'xlok'oni li Dios. 12 Ut que'xye: —Lok'oninbil taxak li kaDios. Chinima̱k taxak ru. Chiq'uehek' taxak xlok'al xban nak numtajenak xcuanquil, xna'leb ut xcacuilal. Xc'ulub nak tobantioxi̱nk chiru chi junelic k'e cutan. Jo'can taxak. 13 Ut jun reheb li ca̱hib xca'c'a̱l li c'ojc'o̱queb aran quixpatz' cue: —¿Aniheb a'in li tikibanbileb riq'uin saki ak'? ut ¿Bar xe'chal chak? 14 Ut la̱in quinchak'oc ut quinye re: —Ka̱cua', la̱at nacatna'oc re. Ut a'an quixye cue: —A'aneb a'in li xe'cuyuc chak xnumsinquil li nimla raylal xe'xc'ul. A'aneb li cuybil sachbil lix ma̱queb xban nak quihoye' xquiq'uel li Jun li chanchan carner nak quicam sa' xc'aba'eb. 15 Jo'can ut nak cuanqueb chiru lix lok'laj c'ojariba̱l li Dios ut neque'c'anjelac chiru chi k'ek chi cutan sa' lix templo. Ut li c'ojc'o sa' lix lok'laj c'ojariba̱l, a'an ta̱ilok reheb xban nak a'an cua̱nk riq'uineb. 16 Inc'a' chic te'tz'oca̱k chi moco ta̱chakik reheb. Inc'a' chic te'xc'ul xtikcual li sak'e chi moco te'lubk xban tik. 17 Ut li Jun li chanchan carner li c'ojc'o aran sa' xyiheb li c'ojariba̱l, a'an ta̱ilok reheb jo' jun li cha̱bil pastor narileb lix carner. Ut a'an ta̱q'uehok re lix yu'ameb chi junelic. Inc'a' chic te'ya̱bak xban nak li Dios ta̱c'ojoba̱nk xch'o̱leb.—

Nak quitehe' li xcuuk li sello

8 Nak quixte li xcuuk sello li Jun li chanchan carner, ma̱ ani chic quiec'an sa' choxa. Mero o̱r na ch'anamil que'cana. 2 Ut quicuil cuukub li ángel xakxo̱queb chiru li Dios. Ut que'q'uehe' cuukub li trompeta reheb. 3 Quichal jun chic li ángel ut quixakli chiru li artal yi̱banbil riq'uin oro. Cuan chak sa' ruk' jun xna'aj li incienso yi̱banbil riq'uin oro. Quiq'uehe' nabal li incienso re, re tixc'at sa' li artal li cuan chiru li c'ojariba̱l, re nak cuotz ta̱cuulak toj riq'uin li Ka̱cua' rochben lix tijeb laj pa̱banel. 4 Ut lix sibel li incienso li cuan sa' ruk' li ángel quicuulac riq'uin li Dios rochben lix tijeb laj pa̱banel. 5 Ut li ángel quixchap li xna'aj li incienso ut quixnujobresi riq'uin li ru xam li cuan sa' li artal, ut quixcut sa' ruchich'och'. Nak quit'ane' sa' ruchich'och' naquililnac jo' nak namok li ca̱k, ut nareploc li rak' ca̱k ut quicuan ajcui' hi̱c.

Li trompetas

6 Ut eb li cuukub chi ángel
que'xcauresi ribeb chixya̲basinquil li
cuukub chi trompeta li cuan riq'uineb.
7 Li xbe̲n ángel quixya̲basi lix trompeta.
Ut quicute' sa' ruchich'och' sakbach ut
xam junajinbil riq'uin quic'. Ca'ch'in
chic ma̲ jun jachal (1'3) li ruchich'och'
quic'at. Ut que'c'at ajcui' li che'. Ca'ch'in
chic ma̲ jun jachal li che' que'c'at ut
quic'at chixjunil li rax pim. 8 Ut li
xcab ángel quixya̲basi lix trompeta.
Chanchan jun li nimla tzu̲l yo̲ chi
c'atc ut quicute' sa' li palau. Ca'ch'in
chic ma̲ jun jachal li palau quisuk'i
chok' quic'. 9 Ut ca'ch'in chic ma̲ jun
jachal li xul li cuanqueb sa' li palau
quilaje'cam. Ut ca'ch'in chic ma̲ yijach
li ni̲nki jucub que'sache'. 10 Ut li rox
ángel quixya̲basi lix trompeta ut jun
nimla chahim quit'ane' chak sa' choxa.
Yo̲ chi c'atc. Chanchan jun li chaj yo̲
xxamlel. Ca'ch'in chic ma̲ yijach li nima'
ut ca'ch'in chic ma̲ yijach li yu'am ha'
li quinak cui'. 11 Li chahim a'an, C'a
xc'aba'. Ca'ch'in chic ma̲ yijach li ha'
quic'aho' ut nabaleb li tenamit que'cam
xban nak que'ruc' li c'ahil ha'. 12 Ut li
xca̲ ángel quixya̲basi li trompeta ut
ca'ch'in chic ma̲ yijach (1'3) li sak'e
inc'a' chic quicutano' ru. Ut ca'ch'in chic
ma̲ yijach li po inc'a' chic quicutano' ru.
Ut ca'ch'in chic ma̲ yijach li chahim
inc'a' chic que'lemtz'un. Ca'ch'in chic ma̲
yijach li cutan quik'ojyi̲no' ru. Ut jo'can
ajcui' li po chiru li k'ojyi̲n. Ca'ch'in chic
ma̲ yijach li k'ojyi̲n inc'a' quicutano'
ru. 13 Ut quicuil jun chanchan nimla
c'uch yo̲ chi rupupic chiru choxa, ut
yo̲ chixjapbal re chixyebal: —C'ajo' li
raylal, c'ajo' li raylal. C'ajo' li raylal
li ta̲cha̲lk sa' xbe̲neb li cuanqueb sa'
ruchich'och' nak te'ya̲basi̲k li oxib chic
chi trompeta xbaneb li oxib chi ángel,
chan.

9 Ut li ro' ángel quixya̲basi lix
trompeta ut quicuil nak jun li
chahim quit'ane' chak sa' choxa ut
quinak sa' ruchich'och'. Ut quiq'uehe' re
li chahim lix lacuil li chamal jul nak
quicuil. 2 Nak quixte li re li chamal
jul, c'ajo' li sib qui-el chak. Chanchan
li sib li na-el sa' junak nimla horno.
Quik'ojyi̲no' ru li sak'e ut li ik' xban li
sib li qui-el chak sa' li chamal jul. 3 Sa'
li sib a'an que'el chak nabaleb li xul
chanchaneb laj sa̲c' ut que'xjeq'ui ribeb
sa' ruchich'och'. Que'q'uehe' xcuanquil
re nak te'ti'ok. Lix may li te'xtiu, a'an
chanchan xmay li neque'xtiu laj xo̲c'.
4 Que'yehe' reheb nak inc'a' te'xch'e' li
pim chi moco li acui̲mk sa' ruchich'och',
chi moco junak che'. Ca'aj cui' eb li
cristian li ma̲c'a' retalileb sa' xpe̲quemeb
xban li Dios, ca'aj cui' eb a'an li
te'ti'ek'. 5 Ut que'yehe' ajcui' reheb nak
inc'a' te'xcamsi li cristian. Ca'aj cui'
te'xrahobtesiheb chiru o̲b po. Ut lix rahil
li te'xtiu li xul a'an, chanchan xmay
naxtiu laj xo̲c'. 6 Sa' eb li cutan a'an, eb
li cristian te'xsic' raj xcamiqueb xban li
raylal yo̲keb chixc'ulbal. Te'xra raj ru
ca̲mc, abanan inc'a' te'ca̲mk. 7 Eb laj sa̲c'
chanchaneb li cacua̲y ac cauresinbileb
chi pletic. Chanchan cuanqueb xcorona
yi̲banbil riq'uin oro sa' xjolomeb. Ut
li riloba̲leb chanchan riloba̲leb cui̲nk.
8 Li rismal xjolomeb chanchan rismal
xjolomeb ixk ut li ruch reheb, chanchan
ruch reheb cakcoj. 9 Chanchan ch'i̲ch'
cuan chire xch'o̲leb re xcolbaleb rib. Ut
lix xiq'ueb neque'ec'an jo' neque'ec'an
q'uila carruaje quelonbil xban cacua̲y
nak ac yo̲queb chi xic chi pletic. 10 Eb
li xul a'an cuanqueb xmay sa' ru'ujeb
xye. Ut riq'uin lix ye neque'ti'oc jo' laj
xo̲c'. Ut riq'uineb lix ye te'xrahobtesiheb
li tenamit chiru o̲b po. 11 Cuan jun li
nataklan sa' xbe̲neb. A'an li ángel li
k'axal nim xcuanquil chi takla̲nc sa'
li chamal jul. Aj Abadón xc'aba' sa' li

a̱tinoba̱l hebreo, ut sa' griego aj Apolión
xc'aba'. (Chi jalbil ru li c'aba'ej a'in naraj
naxye "aj sachonel".) 12 A'in li xbe̱n
raylal li quic'ulman nak quicuil. Abanan
toj cuan cuib chic li raylal li te'cha̱lk sa'
xbe̱neb li tenamit. 13 Li xcuak ángel
quixya̱basi lix trompeta ut quicuabi jun
xya̱b cux quia̱tinac chak sa' xya̱nkeb
li ca̱hib chi xucub li cuanqueb sa' xca̱
xucu̱til li artal li yi̱banbil riq'uin oro, li
cuan chiru li Dios. 14 Quixye re li xcuak
ángel li cuan xtrompeta riq'uin: —Hiteb
li ca̱hib chi ángel li bac'bo̱queb chire
li nima' Eufrates, chan. 15 Que'ach'aba̱c
li ca̱hib chi ángel li ac xakabanbileb re
li ho̱nal a'an ut re li cutan a'an ut re
li po a'an ut re li chihab a'an re nak
te'xic xcamsinquileb nabaleb li cristian.
Ca'ch'in chic ma̱ yijach li cristian li
te'camsi̱k. 16 La̱in quicuabi jo' q'uialeb li
soldado li te'xic chi pletic chirix cacua̱y.
Cuib ciento millón (200,000,000) lix
q'uialeb. 17 Jo'ca'in nak que'cuil sa' li
visión eb li cacua̱y ut eb li yo̱queb chi
xic chirix. Eb li yo̱queb chi xic chirix li
cacua̱y cuanqueb xcolbal li re xch'o̱leb.
Chanchan xcakal li xam, chanchan
xraxil li cha̱bil pec zafiro ut chanchan
xk'anal li azufre. Lix jolomeb li cacua̱y
chanchan lix jolomeb li cakcoj. Ut sa'
reheb yo̱ chi e̱lc xam, sib ut azufre.
18 Xban li oxib chi raylal a'in ca'ch'in
chic ma̱ yijach li cristian que'camsi̱c.
Nabaleb li cristian que'camsi̱c xban li
xam, li sib ut li azufre li qui-el chak sa'
reheb li cacua̱y. 19 Sa' reheb cuanqueb
xmay ut cuanqueb ajcui' sa' ru'ujeb xye.
Lix yeheb chanchan xjolomeb li c'anti'
ut riq'uin a'an neque'xrahobtesiheb li
cristian. 20 Ut li jo' q'uial chic li cristian
li inc'a' que'camsi̱c xban li raylal a'an
inc'a' ajcui' que'yot'e' xch'o̱leb ut inc'a'
que'xcanab xba̱nunquil li ma̱usilal.
Inc'a' que'xcanab xlok'oninquil li ma̱us
aj musik'ej chi moco que'xcanab
xlok'oninquileb li jalanil dios yi̱banbil
riq'uin oro, plata, k'an ch'i̱ch' bronce
jo' ajcui' riq'uin pec ut che'. Inc'a'
que'xcanab xlok'oninquileb li yi̱banbil
dios a'in, li inc'a' neque'iloc, chi moco
neque'abin, chi moco neque'be̱c.
21 Inc'a' que'xjal xc'a'uxeb chi moco
que'yot'e' xch'o̱leb xban nak inc'a'
que'xcanab xcamsinquil ras ri̱tz'ineb
ut inc'a' que'xcanab li tu̱lac, chi moco
que'xcanab li co'be̱tac yumbe̱tac ut
inc'a' ajcui' que'xcanab li elk'ac.

Li ch'ina botbil hu li cuan riq'uin li ángel

10 Quicuil nak quichal jun chic li án-
gel cau rib. Yo̱ chak chi cubec
sa' choxa sutsu sa' chok. Ut lix jolom
sutsu xban jun li xo̱quik'ab. Li riloba̱l
nalemtz'un jo' li sak'e ut li rok chanchan
jun okech yo̱ xxamlel. 2 Cuan chak sa'
ruk' jun li ch'ina hu teto. Lix nim ok
quixxakab sa' xbe̱n li palau ut lix tz'e
ok quixxakab sa' xbe̱n li ruchich'och'.
3 Ut quixjap re chi cau xya̱b xcux chan-
chan nak naxjap re li cakcoj. Ut qui-
abi̱c cuukub xya̱b cux chanchan ca̱k nak
que'ec'an. 4 Oc raj cue chixtz'i̱banquil re-
talil li c'a'ru que'xye li chanchan cuukub
chi ca̱k. Abanan quicuabi jun quia̱tinac
sa' choxa ut quixye cue: —Ma̱tz'i̱ba li
c'a'ru xe'xye li cuukub chi xya̱b cux chan-
chan ca̱k. Li c'a'ru xacuabi ma̱ bar ta̱ye
resil. Xocxo̱k ban sa' a̱ch'o̱l, chan. 5 Ut li
ángel li quicuil xakxo sa' xbe̱n li palau
ut sa' xbe̱n li ruchich'och', quixtaksi lix
nim uk', 6 ut quixba̱nu li juramento sa'
xc'aba' li Jun li yo'yo chi junelic, li
quiyo'obtesin re li choxa jo' ajcui' li
ruchich'och' ut chixjunil li cuan chiru,
jo' ajcui' li palau ut chixjunil li cuan chi
sa'. Quixye nak ac xcuulac xk'ehil. Inc'a'
chic ta̱ba̱yk. 7 Nak tixya̱basi lix trompeta
li xcuuk ángel, sa' eb li cutan a'an
ta̱tz'aklok ru lix c'a'ux li Dios, li mukmu
nak quicuan. Ta̱tz'aklok ru jo' quixye
reheb li profeta li que'c'anjelac chiru,

chan. 8 Ut li jun li quiatinac cuiq'uin sa' choxa, quixye cui'chic cue: —Ayu. C'ul li hu li teto, li cuan sa' ruk' li ángel, li xakxo sa' xben li palau ut sa' xben li ruchich'och'.— 9 Lain coin riq'uin li ángel ut quinye re nak tixq'ue cue li ch'ina hu. Ut a'an quixye cue: —Cue'. Chap li hu ut tanuk'. Sa' acue qui'ak jo' xqui'al lix ya'al cab, abanan c'ahak sa' la sa', chan cue. 10 Quinc'ul li ch'ina hu sa' ruk' li ángel ut quinnuk'. Nak cuan sa' cue chanchan xqui'al li xya'al cab. Ut nak ac xinnuk' quic'aho' sa' lin sa' xban. 11 Quixye cue: —Tenebanbil sa' aben laat xyebal resil li c'a'ru tac'ulmank. Toj taye cui'chic resil c'a'ru te'xc'ul eb li tenamit, jo' ajcui' li xninkal ru tenamit jo' ajcui' lix reyeb. Taye ajcui' resil li c'a'ru te'xc'ul sa' eb li tenamit li jalan jalank ratinobaleb.

Li cuib chi cuink li te'yehok resil li c'a'ru tac'ulmank

11 Ut quiq'uehe' cue jun li che' re bisoc ut quiyehe' cue: —Ayu, bis chak lix templo li Dios jo' ajcui' li artal ut tacuajlaheb jarubeb li cristian li neque'lok'onin aran. 2 Abanan mabis li nebal li cuan chiru lix templo li Dios xban nak a'an k'axtesinbil reheb li macua'eb aj judío. Eb a'an te'xmux ru li santil tenamit chiru oxib chihab riq'uin media (42 po). 3 Lain tintaklaheb cuib aj c'anjel chicuu. Cuank rak'eb chirix k'es ru retalil li rahil ch'olej. Eb a'an te'xye cuesilal chiru oxib chihab riq'uin cuakib po.— 4 Chiru li Kacua' li cuib chi cuink a'in chanchanakeb li cuib chi che' olivo ut chanchanakeb li cuib chi candelero li cuanqueb chiru li Dios, laj echal re li ruchich'och'. (Zac. 4:3, 11, 14) 5 Ut cui ani taajok xrahobtesinquileb, chanchan xam li taelk sa' reheb li cuib chi cuink xban nak yal riq'uin li ratineb te'camk li xic' neque'iloc reheb. Jo'ca'in nak te'camk li ani te'ajok re xrahobtesinquileb li cuib chi cuink a'in. 6 Eb li cuib chi cuink a'in q'uebileb xcuanquil chixbanunquil re nak inc'a' tixq'ue li hab chiruheb li cutan nak yokeb chixyebal li c'a'ru tac'ulmank. Ut cuanqueb xcuanquil re xsuk'isinquil li ha' chok' quic' ut cuanqueb ajcui' xcuanquil re xrahobtesinquileb li cuanqueb sa' ruchich'och' riq'uin chixjunil li raylal a' yal jarub sut te'raj xbanunquil. 7 Nak acak xe'rake' xyebal resilal li c'a'ru tac'ulmank, jun li chanchan josk' aj xul taelk chak sa' li chamal jul ut tapletik riq'uineb a'an. Tanumtak sa' xbeneb toj retal tixcamsiheb. 8 Li camenak te'canak chi t'ant'o sa' eb li be re li nimla tenamit bar quicamsic cui' chiru cruz li Kacua' Jesucristo. Cuan nak neque'xjuntak'eta li tenamit a'an riq'uineb li tenamit Sodoma ut Egipto xban li mausilal que'xbanu. 9 Oxib cutan riq'uin jun cua'leb te'cuank aran chi t'ant'o li camenak ut inc'a' te'q'uehek' chi mukec'. Ut yalak ani te'ilok reheb, a' yal ani xtepaleb lix xe'tonil yucua'eb, ut a' yal bar xtenamiteb, ut a' yal chanru li ratinobaleb. 10 Ut li cuanqueb sa' ruchich'och' tasahok' sa' xch'oleb nak te'camk li cuib chi cuink ut tac'ojlak xch'oleb. Jo'can nak te'oc chixsihinquil c'a'ru reheb chi ribileb rib. Tasahok' xch'oleb nak te'camk li cuib chi cuink xban nak ch'a'aj que'rec'a nak que'yehe' reheb nak tachalk raylal sa' xbeneb. 11 Ut quicuil ajcui' nak ac xnume' li oxib cutan riq'uin jun cua'leb, que'yo'obtesic cui'chic li cuib chi cuink xban li Dios ut que'xakli cui'chic chi yo'yo chiruheb li tenamit. Ut c'ajo' nak qui-oc xxiuheb li que'iloc reheb. 12 Ut li cuib chi cuink que'rabi jun yo chi atinac sa' choxa. Chi cau xyab xcux quixye reheb: —Takenkex chak arin, chan. Ut que'take' sa' choxa sa' jun li chok chiruheb li xic' neque'iloc reheb. 13 Ut sa' li honal a'an quicuan jun nimla hic ut li xlaje jachalal li tenamit qui-uk'e'. Cuukub mil (7,000) xq'uial li cristian

que'cam xban li hic. Ut li jo' q'uial chic
inc'a' que'cam, que'xucuac ut que'xq'ue
xlok'al li Dios cuan sa' choxa. 14 A'in
li xcab li raylal ac xnume'. Abanan toj
cuan jun chic li raylal tachalk chi seb sa'
xbeneb.

Nak quiyabasic li xcuuk li trompeta

15 Ut li xcuuk ángel quixyabasi lix
trompeta. Ut qui-abic nabal li xyab cux
sa' choxa. Yoqueb chixyebal chi cau:
—Anakcuan te'canak rubel xcuanquil
li Kacua' chixjunileb li cuanqueb sa'
ruchich'och'. A' chic li Kacua' Dios ut
li Cristo te'taklank sa' xbeneb chixju-
nileb chi junelic k'e cutan, chanqueb.
16 Ut eb li cahib xca'c'al li c'ojc'oqueb
sa' lix c'ojaribal que'xcuik'ib ribeb ut
que'xlok'oni li Dios. 17 Ut que'xye: —
At Kacua', at nimajcual Dios, nocoban-
tioxin chacuu. Laat li ac cuancat ajcui'
chak junxil ut cuancat anakcuan ut
cuankat chi junelic. Laat cuan acuan-
quil chi junelic ut laat chic tattaklank
sa' xbeneb chixjunileb li cuanqueb sa'
ruchich'och'. 18 C'ajo' nak que'josk'o' li
tenamit li xic' neque'iloc acue. Abanan
xcuulac xk'ehil nak tac'ut la josk'il
chiruheb. Xcuulac xk'ehil nak tatrakok
atin sa' xbeneb li camenak. Ut taq'ueheb
xk'ajcamunquileb laj c'anjel chacuu li
que'yehoc resil li c'a'ru tac'ulmank. Ut
taq'ueheb ajcui' xk'ajcamunquileb laj
pabanel li que'q'uehoc alok'al, usta cuan-
queb xcuanquil usta mac'a'. Ut laat
tasach ruheb li que'banun raylal reheb
li cuanqueb sa' ruchich'och', chanqueb.
19 Ut quicuil nak quitehe' lix templo li
Dios cuan sa' choxa. Ut quic'utun li
Lok'laj Cax li cuan cui' li contrato sa' lix
templo li Dios. Nareploc li rak' cak ut na-
bal li chokinc. Quicuan jun li hic ut nabal
li sakbach quit'ane' nak quicuil.

Li ixk ut li josk' aj xul dragón xc'aba'

12 Ut quicuil jun li sachba ch'olej
sa' choxa. Quicuil jun li ixk.
Nalemtz'un li rak' jo' nalemtz'un li sak'e.
Li po cuan rubel rok ut cuan jun corona
sa' xjolom ut chiru li corona cuan ca-
blaju li chahim. 2 Li ixk a'an yaj aj ixk. Ac
oc re chi q'uirac. Yo chixjapbal re xban
lix raylal. 3 Ut jun chic sachba ch'olej
quic'utbesic chicuu sa' choxa. Quicuil
jun nimla josk' aj xul cak rix dragón
xc'aba'. Cuan cuukub lix jolom ut lajeb
lix xucub. Ut sa' eb lix jolom cuukub
cuan junjunk lix corona. 4 Ut riq'uin lix
ye yo chixquelonquil nabal li chahim
chiru choxa. Ca'ch'in chic ma yijach li
chahim li yo chixquelonquil. Ut quix-
cut sa' ruchich'och' li chahim. Li nimla
josk' aj xul quixakli chiru li ixk li oc
re chi q'uirac re nak tixnuk' li c'ula'al
nak tayo'lak. 5 Quiyo'la lix c'ula'al li
ixk ch'ina telom. Ut a'an chic tataklank
sa' xbeneb li cuanqueb sa' ruchich'och'.
Chanchan riq'uin li xuk' ch'ich' tatak-
lank sa' xbeneb xban nak a'anak chic
li yal re sa' xbeneb. Li c'ula'al quis-
apuc ut quic'ame' riq'uin li Dios bar
c'ojc'o cui' sa' lix lok'laj c'ojaribal. 6 Li
ixk quielelic ut co sa' li chaki ch'och'
bar mac'a' cuan sa' li na'ajej ac cau-
resinbil chok' re xban li Dios. Ut aran
tach'olonik xban li Dios chiru oxib chi-
hab riq'uin cuakib po (1,260 cutan).
7 Chirix a'an quicuan jun nimla plet sa'
choxa ut li ángel Miguel rochbeneb li
ángel li neque'taken re que'pletic riq'uin
li josk' aj xul dragón. Ut eb li ángel
li neque'taken re li dragón que'xtenk'a
a'an chi pletic. 8 Inc'a' que'xcuy pletic li
dragón ut inc'a' chic que'q'uehe' xna'ajeb
sa' choxa. 9 Quicute' sa' ruchich'och' xban
li Dios li josk' aj dragón. Li dragón, a'an
li c'anti' li ac cuan ajcui' chak najter.
A'an laj tza li nabalak'in reheb li cuan-
queb sa' ruchich'och'. Satanás nayeman

re. Quicute' sa' ruchich'och' laj tza ut
que'cute' ajcui' li ángel li que'ta̲ken re.
10 Ut quicuabi jun xya̲b cux yo̲ chi a̲tinac
chi cau sa' choxa ut quixye: —Anakcuan
xc'ulun chak li kacolbal. Anakcuan li
Ka̲cua' chic ta̲cua̲nk xcuanquil ut a'an
chic ta̲takla̲nk. Quic'utun lix cuanquilal
li Cristo nak qui-isi̲c sa' choxa laj tza li
quijitoc reheb li kech aj pa̲banelil chiru
li Dios chi k'ek chi cutan. 11 Eb li kech
aj pa̲banelil xe'numta sa' xbe̲n laj tza
sa' xc'aba' lix quiq'uel li Jun li chan-
chan carner ut xban nak que'xch'olob
xya̲lal nak a'an laj Colol reheb. Inc'a'
que'xra xyu'ameb, toj retal que'xc'ul
ca̲mc. 12 Jo'can nak chisahok' taxak sa'
e̲ch'o̲l la̲ex li cuanquex sa' choxa. Abanan
li cuanqueb sa' ruchich'och' ut sa' li palau
tok'obcb ru xban nak laj tza quicute' sa'
ruchich'och' chi cua̲nc riq'uineb. C'ajo'
lix josk'il xban nak naxnau nak cuu-
lac re xk'ehil nak ta̲sachek' ru, chan.
13 Ut li josk' aj dragón quixq'ue re-
tal nak quicute' sa' ruchich'och'. Qui-oc
xta̲kenquil li ixk li quiyo'la jun xc'ula'al
te̲lom. 14 Quiq'uehe' cuib lix xic' li ixk re
ta̲rupupik chanchan xxic' li nimla c'uch
re nak ta̲e̲lelik ut ta̲xic toj sa' li chaki
ch'och' sa' li na'ajej ac cauresinbil chok'
re bar ma̲c'a' cuan. Ut aran ta̲ch'oloni̲k
xban li Dios chiru oxib chihab riq'uin
cuakib po. Ut aran tixmuk rib chiru
li c'anti'. 15 Ut li c'anti' quixxa'cua' ha'
chirix li ixk. Ut li quixxa'cua' chanchan
jun nima' re nak ta̲c'amek' xban li rok li
nima' li ixk. 16 Li ixk quitenk'a̲c xban li
ch'och'. Quixte rib li ch'och' ut quixtz'ub
li ha' li quixxa'cua' li josk' aj dragón.
17–18 C'ajo' nak quijosk'o' li dragón sa'
xbe̲n li ixk. Co̲ chi pletic riq'uineb li ralal
xc'ajol, li jo' q'uial chic que'cana. A'aneb
li neque'ba̲nun re lix chak'rab li Dios ut
neque'pa̲ban re li xya̲lal li quixch'olob li
Jesucristo.

Li josk' aj xul li qui-el chak sa' li palau

13 Ut li dragón quixakli chire li
palau ut quicuil nak qui-el chak
sa' li palau jun chic chanchan josk' aj xul
cuan cuukub xjolom ut laje̲b lix xucub.
Ut sa' li laje̲b chi xucub cuan junju̲nk
lix corona. Ut tz'i̲banbil sa' eb lix jolom
jun li c'aba'ej re xmajecuanquil li Ka̲cua'.
2 Li josk' aj xul li quicuil, a'an chanchan
hix. Eb li rok chanchan rok li xul oso.
Ut li ruch re chanchan ruch re li cakcoj.
Ut li dragón quixq'ue lix cacuilal ut lix
c'ojariba̲l re li josk' aj xul. Ut quixq'ue
ajcui' xcuanquil. 3 Ut quicuil nak jun re-
heb lix jolom li josk' aj xul yoc'ol ut
chanchan ca̲mc re. Abanan quiq'uira.
Sachso xch'o̲leb li tenamit que'cana chir-
ilbal na̲k quiq'uira. Ut que'xta̲ke li josk'
aj xul. 4 Ut que'xq'ue xlok'al li dragón
xban nak quixq'ue xcuanquil li josk' aj
xul. Ut que'xlok'oni ajcui' li josk' aj xul
ut que'xye: —¿Ani ta cui' cuan xcuan-
quil jo' li josk' aj xul a'in? Ma̲ ani tixcuy
pletic riq'uin a'an xban nak quiq'uehe'
xcuanquil xban li dragón, chanqueb. 5 Ut
quiq'uehe' xcuanquil li josk' aj xul chi
a̲tinac ut chixba̲nunquil li c'a'ru ta̲raj.
K'axal k'etk'et li xul ut yo̲ chixmajecuan-
quil li Dios. Sachba ch'o̲lej quixba̲nu
chiru oxib chihab riq'uin cuakib po. 6 Ut
li josk' aj xul quixmajecua li Dios ut quix-
majecua ajcui' lix santil na'aj. Ut quixma-
jecua li cuanqueb sa' choxa. 7 Quiq'uehe'
xcuanquil chi pletic riq'uineb li ralal
xc'ajol li Dios ut quinumta sa' xbe̲neb.
Quiq'uehe' xcuanquil sa' xbe̲neb chixju-
nileb, a' yal ani xte̲paleb lix xe'to̲nil yu-
cua'eb, ut a' yal bar xtenamiteb ut a' yal
chanru li ra̲tinoba̲leb. 8 Ut chixjunileb li
cuanqueb sa' ruchich'och' te'xlok'oni ru li
josk' aj xul a'an. Te'xlok'oni li xul chixju-
nileb li inc'a' tz'i̲banbileb xc'aba' sa' li
hu li tz'i̲banbil cui' xc'aba'eb li cuanqueb
xyu'am chi junelic, li cuan riq'uin li Jun
li chanchan carner, li ac xakabanbil chak

re camsic sa' xticlajic li ruchich'och'. 9 Li ani taraj xtaubal ru li xyalal, chixq'uehak retal a'in: 10 Li ani tento taxic chi prexil, xicak chi prexil. Ut li ani tento tacamsik riq'uin ch'ich', chicamsik riq'uin ch'ich'. Jo'can nak cauhakeb taxak xch'oleb li ralal xc'ajol li Dios. Te'xcuy taxak xnumsinquil li raylal ut inc'a' ta chich'inank xch'oleb.

Li josk' aj xul li qui-el chak sa' ch'och'

11 Ut chirix a'an quicuil jun chic li josk' aj xul qui-el chak sa' ch'och'. Cuan cuib lix coc' xucub chanchan lix xucub li carner. Ut naatinac jo' naatinac li dragón. 12 Li xul a'an cuan xcuanquil jo' li josk' aj xul li quiyoq'ue' jun xjolom ut quicam raj abanan quiq'uira. Ut chiru ajcui' a'an naxmin ruheb chixjunileb li cuanqueb sa' ruchich'och' re nak te'xlok'oni li josk' aj xul. 13 Li xcab josk' aj xul quixbanu sachba ch'olej. Naxcubsi chak xam sa' choxa toj sa' ruchich'och' yal re nak eb li cristian te'ril. 14 Quixbalak'iheb li cuanqueb sa' ruchich'och' riq'uin li sachba ch'olej li quiq'uehe' re xbanunquil chiru li josk' aj xul. Ut quixye reheb li cuanqueb sa' ruchich'och' nak te'xyib jun xjalam uch li josk' aj xul li quiyoq'ue' riq'uin ch'ich' ut quiq'uira. 15 Ut li xcab xul quiq'uehe' xcuanquil re nak tixq'ue xmusik' lix jalam uch li xben josk' aj xul re taatinak ut tixq'ue chi camc li ani inc'a' taq'uehok xlok'al. 16 Quixpuersi ruheb chixjunileb re nak te'xc'ul li retalileb sa' lix nim uk' malaj sa' xpequemeb. Que'q'uehe' retalileb chixjunileb li cuanqueb xcuanquil jo' ajcui' li mac'a'eb xcuanquil, eb li biom jo' eb ajcui' li neba', eb li lok'bil mos jo' ajcui' li mac'a'eb xpatrón. 17 Cui mac'a' li retalileb sa' xnim uk' malaj sa' xpequemeb, inc'a' taruk te'lok'ok chi moco taruk te'c'ayink. Li retalil li te'q'uehek', a'an xc'aba' li josk' aj xul. Lix c'aba' a'an, a'an ajcui' jun li número. 18 A'in naraj nak cuank xna'leb li ani tailok re. Li ani cuan xna'leb naru tixsic' c'a'ru xyalal. Naru tarajla lix letril lix c'aba' li josk' aj xul ut taelk lix número jun li cuink. Li número a'an cuakib ciento riq'uin cuakib xcac'al (666).

Li cahib xcuakxakc'al mil (144,000) yoqueb chi bichanc re xlok'oninquil li Kacua'

14 Ut quin-iloc cui'chic ut quicuil nak aran sa' xben li tzul Sión xakxo li Jun li chanchan carner. Ut rochben a'an cuanqueb cahib xcuakxakc'al mil (144,000) chi cristian. Sa' xpequemeb tz'ibanbil lix c'aba' li Jun li chanchan carner ut tz'ibanbil ajcui' xc'aba' lix Yucua'. 2 Ut quicuabi jun yo chi atinac sa' choxa chanchan xyab lix cau ok li nima'. Chanchan nak namok li cak. Ut chanchan xyabeb li arpa nak yoqueb xch'e'bal. 3 Quicuabi nak yoqueb chixbichanquil jun li ac' bich chiru li c'ojc'o sa' li lok'laj c'ojaribal, chiruheb li cahib li chanchaneb ángel li yo'yoqueb, ut chiruheb li cahib xca'c'al li c'ojc'oqueb sa' xc'ojaribaleb. Ma ani chic que'ru xtzolbal li bich a'in. Ca'aj cui' eb li cahib xcuakxakc'al mil (144,000) li que'cole' sa' xyankeb li cuanqueb sa' ruchich'och'. 4 A'aneb a'in li que'paban re li Jun li chanchan carner, li que'taken re yalak bar, li inc'a' que'xmux ribeb riq'uin ixk chi inc'a' sumsuqueb. A'ineb li xben que'cole' sa' xyankeb li cuanqueb sa' ruchich'och' re nak te'oc chok' ralal xc'ajol li Dios ut chok' ralal xc'ajol li Jun li chanchan carner. 5 Inc'a' que'tic'ti'ic. Chiru li Dios mac'a' xmaqueb.

Li oxib chi ángel

6 Ut quicuil jun chic li ángel yo chi rupupic chiru choxa. Yo chixyebal jun esilal li mac'a' roso'jic reheb chixjunileb li cuanqueb sa' ruchich'och' a' yal ani xtepaleb lix xe'tonil yucua'eb, ut a' yal

bar xtenamiteb ut a' yal chanru li rati-
nobaleb. 7 Yo chixyebal chi cau xyab
xcux: —Chexucuak ru li Dios ut cheq'ue
xlok'al xban nak xcuulac xk'ehil nak
tarakok atin sa' xbeneb li cuanqueb sa'
ruchich'och'. Chelok'onihak a'an li quiy-
iban re li choxa, li ruchich'och', ut li
palau jo'queb ajcui' li yu'am ha', chan.
8 Jun chic li ángel yo chi takenc re
ut yo chixyebal: —Ac xsache' xcuan-
quil li nimla tenamit Babilonia. Ac
xsache' ru li tenamit. A'an li quic'amoc
xbeheb chixjunileb li tenamit chi ma-
cobc. Chanchan nak quixcaltesiheb nak
quixq'ueheb chixbanunquil li mausilal,
chan. 9 Ut quicuil li rox ángel, yo chix-
takenquil li cuib chic. Li jun a'in yo
chixyebal chi cau xyab xcux: —Li ani
tixlok'oni li josk' aj xul malaj ut lix
jalam uch, ut tixc'ul li retalil sa' xpequem
malaj chi ruk', 10 a'an tixc'ul nabal li ray-
lal nak li Dios tarakok atin sa' xbeneb
riq'uin xjosk'il. Chiruheb li santil án-
gel ut chiru li Jun li chanchan carner
tarahobtesik riq'uin azufre yo xxamlel
nak taq'uehek' chixtojbal rix lix mac.
11 Junelic k'e cutan yokeb chi c'uluc
raylal li neque'xlok'oni li josk' aj xul
malaj ut lix jalam uch, li que'xc'ul li
retalil lix c'aba' sa' xpequemeb malaj
chi ruk'eb. Chi k'ek chi cutan yokeb
chi c'uluc raylal, chan. 12 Jo'can nak
cauhakeb taxak xch'oleb li ralal xc'ajol
li Dios, eb li neque'banun re lix chak'rab
li Dios ut neque'paban sa' xc'aba' li Je-
sucristo. Inc'a' taxak tach'inank xch'oleb
sa' xpabaleb. 13 Ut quicuabi jun yo chi
atinac sa' choxa ut quixye cue: —Tz'iba
li atin a'in: Chalen anakcuan us xak
reheb li neque'cam, li ac xe'xpab li
Kacua'. Yal. Us xak reheb, chan li San-
til Musik'ej, xban nak te'hilank chixba-
nunquil li chabil c'anjel li ac xe'xbanu ut
te'xc'ul xk'ajcamunquil.—

Nak quirake' atin sa' xbeneb li cuanqueb sa' ruchich'och'

14 Ut quicuil jun li saki chok. Ut sa'
li chok a'an, chunchu li Jun chanchan
cuink. A'an li C'ajolbej. Ut sa' xjolom
cuan jun li corona yibanbil riq'uin oro ut
sa' ruk' cuan jun li k'esnal ch'ich' c'onc'o.
15 Ut jun chic li ángel qui-el chak sa'
xtemplo li Dios. Yo chi atinac riq'uin li
Jun li c'ojc'o sa' xben li chok ut quixye
re chi cau xyab xcux: —Tiquib xyoc'bal
li acuimk sa' ruchich'och'. Ac xcuulac
xk'ehil xxocbal li ru li acuimk xban nak
ac xk'ano', chan. 16 Ut li c'ojc'o sa' li
chok quixtiquib xyoc'bal li acuimk sa'
ruchich'och' ut quixxoc li ru. 17 Ut jun
chic li ángel qui-el sa' xtemplo li Dios,
li cuan sa' choxa. Cuan ajcui' sa' ruk' a'an
jun li k'esnal ch'ich'. 18 Ut jun chic li án-
gel qui-el cuan cui' li artal. A'an li qui-
iloc re li xam li naq'ueman sa' xben li
artal. Quiatinac riq'uin li ángel li cuan
xk'esnal ch'ich' sa' ruk' ut quixye re chi
cau xyab xcux: —Taset chi cut riq'uin
la k'esnal ch'ich' li ru li uva li cuan-
queb sa' ruchich'och' xban nak ac xk'ano',
chan. 19 Ut li ángel quixyoc' li ru li uva
li cuan sa' ruchich'och'. Ut quixcut sa' li
nimla na'ajej bar nayatz'man cui' li uva.
Li yatz'lebal a'an retalil lix josk'il li Dios
sa' xbeneb li tenamit. 20 Ut que'xyatz' li
ru li uvas sa' li yatz'lebal li cuan chirix
li tenamit. Ut nabal li xya'al. Chanchan
nima' nak qui-el sa' li yatz'leb. Quicuu-
lac toj sa' reheb li cacuay ut quibec rok
lix ya'al ut oxib ciento metro rok quicu-
ulac. (Lix ya'al li ru li uvas a'an retalil
xquiq'ueleb li cristian li te'camsik nak
tarakek' atin sa' xbeneb).

Li cuukub chi ángel li que'c'amoc chak re li cuukub chi raylal sa' ruchich'och'

15 Ut quicuil sa' choxa jun chic
li sachba ch'olej rilbal. Quicuil

cuukub li ángel ut cuan riq'uineb cuukub chi raylal. A'an li raylal li ta̱c'ulma̱nk sa' roso'jiqueb li cutan. Riq'uin li cuukub chi raylal a'an ta̱tz'aklok ru lix josk'il li Dios. 2 Ut quicuil jun li palau chanchan lem yo̱ xxamlel. Ut chire a'an xakxo̱queb li ac que'xcuy xco̱loninquil li raylal ut cuanqueb lix arpa li Dios riq'uineb. Inc'a' que'xq'ue xcuanquil li josk' aj xul chi moco lix jalam u̱ch, chi moco que'xc'ul lix numbril lix c'aba'. Inc'a' que'xq'ue rib chi balak'i̱c xban li xul. 3 Yo̱queb chixbichanquil li bich li quixbicha laj Moisés laj c'anjel chiru li Dios re xlok'oninquil li Jun li chanchan carner. Ut yo̱queb chixyebal: —At Ka̱cua', at nimajcual Dios, nim a̱cuanquil ut sachba ch'o̱lej rilbal li nacaba̱nu. K'axal ti̱c a̱ch'o̱l ut junelic nacaye li ya̱l. La̱at li tz'akal rey. K'axal nim a̱cuanquil sa' xbe̱neb chixjunileb li tenamit. 4 ¿Ma cuan ta bi' junak inc'a' tixxucua a̱cuu? Chixjunileb te'xnima a̱cuu, at Ka̱cua', xban nak ca'aj cui' la̱at ti̱c a̱ch'o̱l. Chixjunileb li cuanqueb sa' li xni̱nkal ru tenamit te'cha̱lk ut te'xcuik'ib ribeb cha̱cuu ut tate'xlok'oni xban nak te'xq'ue retal nak la̱at tatrakok a̱tin sa' ti̱quilal.— 5 Ut chirix chic a'an quicuil nak quitehe' li lok'laj santil na'ajej sa' choxa bar xocxo cui' li contrato li quixba̱nu li Dios. 6 Ut li cuukub chi ángel que'el chak sa' xtemplo li Dios li yo̱queb chak chixc'ambal li cuukub chi raylal. Tikibanbileb riq'uin li saki t'icr lino li nalemtz'un. Ut bac'bo̱queb li re xch'o̱l riq'uin c'a̱mal sa' yi̱banbil riq'uin oro. 7 Ut jun reheb li ca̱hib li yo'yo̱queb li chanchaneb ángel, quixq'ue reheb li cuukub chi ángel li cuukub chi sec' oro nujenak riq'uin xjosk'il li Dios, li yo'yo chi junelic k'e cutan. 8 Ut chanchan quinujac chi sib lix templo li Dios nak quinujac riq'uin xlok'al ut xcuanquilal li Dios. Ut ma̱ ani quiru qui-oc aran toj retal quinume' li cuukub chi raylal li yo̱queb chixc'ambal chak li cuukub chi ángel.

16 Ut quicuabi jun xya̱b cux quia̱tinac chak chi cau sa' lix templo li Dios. Quixye reheb li cuukub chi ángel: —Ayukex ut hoyomak chak sa' xbe̱n li ruchich'och' lix josk'il li Dios li cuan sa' li cuukub chi sec'.— 2 Co̱ li xbe̱n ángel ut quixhoy li cuan sa' lix sec' sa' xbe̱n li ruchich'och'. Ut quichal jun yajel sa' xbe̱neb chixjunileb li que'xc'ul xnumbril lix c'aba' li josk' aj xul jo'queb ajcui' li que'xlok'oni lix jalam u̱ch. Que'xoxo' rixeb ut k'axal ra que'xc'ul xban li yajel. 3 Ut li xcab ángel quixhoy li cuan sa' lix sec' sa' xbe̱n li palau. Ut li ha' quisuk'i chok' quic'. Chanchan xquiq'uel jun camenak. Ut quilaje'cam chixjunileb li cuanqueb sa' li palau. 4 Li rox ángel quixhoy li cuan sa' lix sec' sa' xbe̱neb li nima' ut sa' xbe̱neb li yu'am ha'. Ut li ha' quisuk'i chok' quic'. 5 Ut quicuabi nak li ángel li nataklan sa' xbe̱n li ha' quia̱tinac ut quixye: —At Ka̱cua', la̱at ti̱c a̱ch'o̱l chi rakoc a̱tin chi jo'ca'in. La̱at ac cuancat chak sa' xticlajic ut la̱at cuancat anakcuan. La̱at santo. Jo'can nak xatrakoc a̱tin sa' xya̱lal sa' xbe̱neb li inc'a' useb xna'leb. 6 Xban nak a'an eb que'camsin reheb la̱ cualal a̱c'ajol ut eb la̱ profeta, jo'can nak xasuk'isi li ha' chok' quic' ut xaq'ueheb chiruc'. Xc'ulubeb nak te'xc'ul chi jo'can xban nak inc'a' us lix na'lebeb, chan. 7 Ut quicuabi jun yo̱ chak chi a̱tinac sa' li artal. Ut quixye: —Relic chi ya̱l, at Ka̱cua', at nimajcual Dios, La̱at nacatrakoc a̱tin sa' xya̱lal ut sa' ti̱quilal, chan. 8 Ut li xca̱ ángel quixhoy li cuan sa' lix sec' sa' xbe̱n li sak'e. Ut li sak'e quitikcuo' ru chi us ut quixc'ateb li cristian. Chanchan xtikcual li xam. 9 Eb li cristian que'c'ate' xban xtikcual li sak'e. Xban li raylal li yo̱queb chixc'ulbal, que'xmajecua li Dios li cuan xcuanquil sa' xbe̱neb li raylal.

Ut inc'a' que'yot'e' xch'oleb chi moco que'xq'ue xlok'al li Dios. 10 Ut li ro' ángel quixhoy li cuan sa' lix sec' sa' xben lix c'ojaribal li josk' aj xul. Ut chixjunileb li cuanqueb rubel xcuanquil que'cana sa' k'ojyin. Chixjunileb yoqueb chixtiubal li ru'uj rak'eb xban li raylal yoqueb chixc'ulbal. 11 Ut que'xmajecua li Dios li cuan sa' choxa xban li raylal ut li xox li yoqueb chixc'ulbal. Abanan inc'a' quiyot'e' xch'oleb ut inc'a' que'xcanab xbanunquil li mausilal. 12 Ut li xcuak ángel quixhoy li cuan sa' lix sec' sa' xben li nima' Eufrates. Quichakic li ha' re te'numek' eb li rey li que'chal chak sa' eb li na'ajej li na-el cui' chak li sak'e. 13 Ut quicuil oxib li maus aj musik'ej. Yoqueb chi elc sa' re li dragón ut sa' re li josk' aj xul ut sa' re li xcab xul li cuan cuib xxucub, li profeta aj balak'. Li oxib chi maus aj musik'ej, a'an chanchaneb li amoch. 14 Eb li maus aj musik'ej a'in neque'xbanu sachba ch'olej. Neque'xic yalak bar sa' ruchich'och' chixch'utubanquileb li rey ut eb li tenamit re nak te'pletik sa' eb li cutan nak li nimajcual Dios tapletik riq'uin li josk' aj xul. 15 Ut lain quicuabi nak li Kacua' quixye: —Lain tinchalk chi mac'a' sa' xch'oleb li tenamit jo' nak nachal laj elk'. Us xak re li ani nayo'lec re cuoybeninquil ut inc'a' nach'inan xch'ol sa' xpabal. A'an inc'a' taxutanak chicuu nak tinc'ulunk xban nak tic xch'ol, chan. 16 Ut que'xch'utub eb li rey li oxib chi maus aj musik'ej sa' li na'ajej Armagedón xc'aba' sa' hebreo. 17 Ut lix cuuk ángel quixhoy sa' ik' li cuan sa' lix sec'. Ut quicuabi jun yo chak chi atinac sa' lix templo li Dios. Chi cau xyab xcux quixye: —Riq'uin a'in tatz'aklok ru li rakba atin sa' xben li ruchich'och'.— 18 Ut quirepoc li rak' cak ut qui-abic nabal li xyab cux. Quimok li cak. Ut quicuan jun nimla hic. Ma jun cua quinume' junak hic jo' a'an chalen sa' li cutan nak que'yo'obtesic li cristian sa' ruchich'och'. 19 Li tenamit li k'axal nim xcuanquil quijache'. Oxib jachal qui-el. Ut eb li jun ch'ol chic tenamit quilaje't'ane'. Ut quijultico' re li Dios li mac que'xbanu li tenamit Babilonia. Jo'can nak quixq'ueheb chixtojbal rix lix maqueb chi tz'akal xban nak yo xjosk'il sa' xbeneb. 20 Quilaje'sache' li ch'och' li sutsu sa' ha'. Que'sube' sa' ha'. Ut quilaje't'ane' li ninki tzul. 21 Quit'ane' ninki sakbach sa' ruchich'och'. Junk ciento libra ralal li junjunk chi sakbach. Ut que'nak sa' xbeneb li cristian ut que'xmajecua li Dios xban li nimla raylal li yoqueb chixc'ulbal.

Li ixk li naxc'ayi rib, a'an retalil li tenamit Babilonia

17 Ut jun reheb li cuukub chi ángel, li cuanqueb li cuukub chi sec' riq'uineb, quixye cue: —Quim arin. Tinc'ut chacuu jun li ixk li naxc'ayi rib chunchu sa' xben li ha' retalil li nimal tenamit Babilonia li cuan xcuanquil sa' xbeneb nabal chi tenamit. Tinc'ut chacuu li tojba mac li xchal sa' xben li tenamit a'an xban li mausilal neque'xbanu. 2 Chixjunileb li rey li cuanqueb sa' ruchich'och' neque'cuulac sa' li tenamit a'an chixbanunquil li mausilal. Chanchan nak ac xe'caltesic xban li mausilal yoqueb chixbanunquil, chan li ángel. 3 Sa' li visión li quixc'utbesi chicuu li Santil Musik'ej, quicuil nak li ángel quinixc'am sa' jun li na'ajej bar mac'a' cuan. Aran quicuil li ixk chunchu chirix jun li josk' aj xul cak rix. Tz'ibanbil nabal li atin chirix re xmajecuanquil li Dios. Cuan cuukub xjolom ut cuan lajeb xxucub. 4 Li ixk tikibanbil riq'uin rak' púrpura ut cak. Lix sahob ru li rak' yibanbil riq'uin oro ut tertoquil pec ut riq'uin perla. Cuan chak riq'uin jun li sec' oro nujenak riq'uin li mausilal ut li yumbetac co'betac. 5 Ut tz'ibanbil sa' lix pequem

jun li c'aba'ej mukmu xya̱lal. A'an a'in
li tz'i̱banbil: Li nimla tenamit Babilonia
a'aneb li neque'c'amoc be chi co'be̱tac
yumbe̱tac ut chixba̱nunquil chixjunil li
ma̱usilal. 6 Ut quicuil li ixk chanchan ta̱-
cala̱k xban xquiq'ueleb li ralal xc'ajol li
Dios li que'camsi̱c xban. Ut que'camsi̱c
ajcui' nabaleb li cristian li que'xch'olob
resil li Cristo. Nak quicuil a'an, sachso
inch'o̱l quincana. 7 Ut li ángel quixpatz'
cue: —¿C'a'ut nak sachso a̱ch'o̱l xat-
cana? La̱in tinch'olob cha̱cuu li xya̱lal
li mukmu nak xcuan. Tinye a̱cue c'a'ru
xya̱lal li ixk a'an jo' ajcui' li josk' aj xul
li yo̱ chi i̱ka̱nc re. Ut tinye ajcui' a̱cue
c'a'ru xya̱lal lix jolom cuukub ut lix xu-
cub laje̱b. 8 Li josk' aj xul li xacuil, a'an
li quicuan, ut anakcuan ma̱ ani chic.
Abanan ta̱elk cui'chic chak sa' li chamal
jul ut ta̱sachek' ru chi junaj cua. Ut li
jo' q'uialeb li inc'a' tz'i̱banbileb xc'aba'eb
chalen sa' xticlajic li ruchich'och' sa' li
hu li tz'i̱banbil cui' xc'aba'eb li cuan-
queb xyu'am chi junelic, eb a'an ta̱sachk
xch'o̱leb chirilbal li josk' aj xul li quicuan
chak junxil ut ma̱ ani chic anakcuan.
Abanan ta̱cha̱lk cui'chic. 9 Tento nak
cua̱nk a̱na'leb re nak ta̱tau ru lix ya̱lal. Li
cuukub chi jolom, a'an retalil li cuukub
chi coc' tzu̱l li cuan cui' li tenamit. 10 Ut
retalileb ajcui' li cuukub chi rey. O̱b li
rey ac xe'cuan ut xe'sache' ruheb, jun
cuan anakcuan ut li jun chic toj ma̱ji' na-
oc sa' xcuanquil. Ut nak ta̱oc, inc'a' najt
ta̱ba̱yk. 11 Ut li josk' aj xul li quicuan ut
ma̱ ani chic anakcuan, a'an li xcuakxak li
rey ut xcomoneb rib riq'uineb li cuukub
chi rey. A'an ta̱sachek' ru. 12 Ut li laje̱b
chi xucub li xacuil, a'an retalileb li la-
je̱b chi rey li te'cua̱nk. Te'xc'ul xcuan-
quileb chi cua̱nc chok' rey, rochbeneb li
josk' aj xul li cak rix. Abanan inc'a' najt
ta̱cua̱nk xcuanquil eb a'an. 13 Eb a'in ju-
najak xc'a'uxeb ut te'xq'ue lix cacuilal ut
lix cuanquilal re li josk' aj xul. 14 Eb li
rey te'pletik riq'uin li Jun li chanchan
carner. Abanan a'an ta̱numta̱k sa' xbe̱neb
xban nak a'an li Ka̱cua', li k'axal nim
xcuanquil sa' xbe̱n chixjunil. Ut a'an li
tz'akal rey li nim xcuanquil sa' xbe̱neb
chixjunileb li cuanqueb xcuanquil sa'
ruchich'och'. Ut li sic'bileb ru, li ti̱queb
xch'o̱l chixta̱kenquil, te'numta̱k ajcui' sa'
xbe̱neb li rey, rochbeneb li Jun li chan-
chan carner.— 15 Quixye cue li ángel:
—Li ha' li xacuil li chunchu cui' li ixk,
a'an retalileb li xni̱nkal ru tenamit, a'
yal ani xte̱paleb xxe'to̱nil yucua'eb, ut
a' yal chanru li ra̱tinoba̱leb. 16 Li laje̱b
chi xxucub li josk' aj xul li xacuil, xic'
te'ril li ixk li naxc'ayi rib. Te'xtz'ekta̱na
li ixk ut te'xcanab chi ma̱c'a' cuan re.
T'ust'u te'xcanab. Te'xtiu lix tibel ut li
jo' q'uial chic inc'a' te'xchoy te'xc'at sa'
xam. 17 Li Dios quiq'uehoc re sa' xch'o̱leb
li rey nak jo'can te'xba̱nu. Jo'can nak ju-
najakeb lix c'a'ux chixq'uebal lix cuan-
quileb re li josk' aj xul re nak ta̱takla̱nk
toj ta̱tz'aklok ru li quixye li Dios. 18 Li ixk
li xacuil, a'an retalil li nimla tenamit, li
cuan xcuanquil sa' xbe̱neb chixjunileb li
tenamit sa' ruchich'och'.—

Nak quisache' ru li tenamit Babilonia

18 Chirix a'an quicuil jun chic li án-
gel quicube chak sa' choxa. K'axal
nim xcuanquil ut chixjunil li ruchich'och'
quicutano' xban lix lok'al. 2 Quixjap re
chi cau xya̱b xcux ut quixye: —X-oso'
li tenamit Babilonia. Xsache' xcuanquil
li nimla tenamit Babilonia. Li tenamit
a'an xcana chok' xna'ajeb laj tza ut eb li
ma̱us aj musik'ej. Xcana chok' xna'ajeb
laj xic'anel xul li k'axal yibeb ru li inc'a'
neque'ti'e'. 3 Xsache' xcuanquil xban nak
numtajenak li ma̱c neque'xba̱nu. Chixju-
nileb li rey li cuanqueb sa' ruchich'och'
neque'cuulac Babilonia chixba̱nunquil
li ma̱usilal riq'uineb. Chanchan calaje-
nakeb xban li ma̱usilal yo̱queb chixba̱-
nunquil. Ut eb laj c'ay que'biomo' aran
xban nak nabal li c'a'ak re ru que'xc'ayi

chi terto xtz'ak, chan. 4 Ut quicuabi
jun chic yo̱ chak chi a̱tinac sa' choxa
ut quixye: —Ex ralal xc'ajol li Dios,
elenkex sa' li tenamit a'an re nak inc'a'
textz'ako̱nk riq'uin lix ma̱queb ut re
nak inc'a' textz'ako̱nk riq'uin li raylal li
te'xc'ul. 5 Xnumta lix ma̱queb. Chanchan
xcuulac toj sa' choxa lix q'uial. Li Dios
yo̱ chak chixq'uebal retal lix ma̱usilaleb.
6 Che'q'uehek' chixtoj li jo' q'uial li ray-
lal xe'xba̱nu reheb li jalaneb xtenamit.
Chiq'uehek' re̱kaj li que'xba̱nu reheb. Ca'
sut xq'uial li raylal ta̱ba̱nu̱k reheb chiru li
que'xba̱nu eb a'an. 7 Che'rahobtesi̱k xban
nak que'xnimobresi ribeb ut que'xba̱nu li
ma̱usilal. Eb a'an neque'xye, "La̱o chan-
chano li reina. Moco neba'o ta jo' ju-
nak xma̱lca'an. La̱o ma̱ jun cua takac'ul
rahil ch'o̱lej," chanqueb. 8 Jo'can nak
chiru jun cutan talaje'cha̱lk li raylal sa'
xbe̱n li tenamit a'an. Ta̱cha̱lk ca̱mc, ut
ya̱bac ut cue'ej sa' xbe̱neb. Li tenamit
ta̱sachek' ru riq'uin xam xban nak k'axal
nim xcuanquil li Ka̱cua' li ta̱rakok a̱tin
sa' xbe̱neb, chan. 9 Eb li rey li cuanqueb
sa' ruchich'och' li que'cuulac aran Babilo-
nia chixba̱nunquil li ma̱usilal rochbeneb
ut que'saho' sa' xch'o̱leb riq'uineb, ta̱ra-
hok' sa' xch'o̱leb chirilbal nak yo̱k chi
sachec' ru li tenamit. Te'ya̱bak xban
xrahil xch'o̱leb nak te'ril xsibel li tena-
mit nak yo̱k chi c'atc. 10 C'ajo' nak
te'xucuak chirilbal li c'a'ru tixc'ul li tena-
mit. Te'xakli̱k chi najt riq'uin xban xxi-
uheb ut te'xye: —Tok'ob ru li tenamit
Babilonia li nim xcuanquil nak quicuan.
Tok'ob ru lix nimal ru tenamit. Chiru
jun c'amoc xrake' a̱tin sa' xbe̱neb.— 11 Eb
laj c'ay ta̱rahok' sa' xch'o̱leb ut te'ya̱bak
chirix li tenamit xban nak ma̱ ani chic
ta̱lok'ok re lix c'ayeb. 12 Ma̱ ani chic
ta̱lok'ok re li oro, chi moco li plata,
chi moco li cha̱bil pec li terto xtz'ak,
chi moco li perlas. Ma̱ ani chic ta̱lok'ok
re li cha̱bil t'icr lino, chi moco li púr-
pura, chi moco li seda, chi moco li es-
carlata. Ma̱ ani chic ta̱lok'ok re li q'uila
pa̱y ru chi sununquil che'. Ut ma̱ ani chic
ta̱lok'ok re li c'a'ak re ru yi̱banbil riq'uin
marfil, chi moco riq'uin li cha̱bil che', chi
moco riq'uin li ch'i̱ch' hierro ut cobre,
chi moco li yi̱banbil riq'uin li pec már-
mol. 13 Ma̱ ani chic ta̱lok'ok re li canela,
li sununquil ban, li incienso, li mirra ut
li olíbano. Ma̱ ani chic ta̱lok'ok re li vino,
li aceite, li trigo ut li cha̱bil c'aj. Ut ma̱
ani chic ta̱lok'ok re li cuacax, li carner
ut li cacua̱y, chi moco te'xlok' li carru-
ajes, chi moco te'xlok' chic li rech cris-
tianil chok' mo̱seb. 14 Eb laj c'ay te'xye
reheb li tenamit: —Chixjunil li cha̱bil
li quera ru, a'an ac xsach che̱ru. Ma̱c'a'
chic le̱ biomal chi moco e̱ch'ina'usal. Ma̱
jok'e chic te̱tau li c'a'ak re ru a'an.—
15 Ut eb li neque'c'ayin li c'a'ak re ru
a'in te'xakli̱k chi najt riq'uin li tena-
mit xban xxiuheb nak te'ril li raylal li
yo̱keb chixc'ulbal li tenamit. Eb laj c'ay
li que'biomo' xbaneb, te'ya̱bak ut te'xye:
16 —Tok'obeb ru. Tok'obeb ru li cuan-
queb sa' li nimla tenamit a'an. Junxil
que'xtikib ribeb riq'uin li cha̱bil t'icr lino
ut púrpura ut caki t'icr. Ut que'xq'ue
chok' xsahob ru li oro, ut li terto̱quil
pec ut li perla. 17 Ut yal chiru junpa̱t x-
oso' chixjunil lix biomaleb, cha'akeb. Ut
eb laj e̱chal jucub ut eb li neque'xberesi
li jucub sa' li palau ut chixjunileb li
neque'trabajic sa' li ni̱nki jucub, jo'queb
laj c'ay li neque'xic sa' li jucub, que'xakli
chi najt chi rilbal. 18 Ut que'xjap re nak
que'ril nak yo̱ chi c'atc li tenamit ut
que'xye: —Ma̱ jun chic tenamit juntak'e̱t
riq'uin li tenamit a'in nak quicuan, chan-
queb. 19 Que'xq'ue poks sa' xjolomeb re-
talil lix rahil xch'o̱leb ut que'ya̱bac ut
que'xjap reheb chixyebal: —¡Tok'obeb
ru! ¡Tok'obeb ru li cuanqueb sa' li tena-
mit a'an! Riq'uin lix biomaleb li tena-
mit a'an xobiomo' la̱o li nococ'anjelac
sa' jucub. Ut chiru junpa̱t quisache' ru
li tenamit, chanqueb. 20 —Chisahok' sa'

e̱ch'o̱l la̱ex li cuanquex sa' choxa. La̱ex
laj pa̱banel, la̱ex profeta ut la̱ex após-
tol, chisahok' taxak sa' e̱ch'o̱l xban nak
li Dios xrakoc a̱tin sa' xbe̱neb sa' e̱c'aba'
la̱ex, chan li yo̱ chak chi a̱tinac sa' choxa.
21 Ut jun li ángel cau rib quixchap jun
li nimla pec, chanchan li nimla pec li
neque'rocsi re li molino, ut quixcut sa'
li palau ut quixye: —Jo' nak xsach li
pec a'in sa' li palau, jo'can ajcui' nak
ta̱sachek' ru li tenamit Babilonia. Inc'a'
chic ta̱ilek' ru. 22 Inc'a' chic ta̱abi̱k sa' li
tenamit a'an lix ya̱b li cuajb chi moco lix
ya̱b li arpa, chi moco li xya̱b li xo̱lb ut
li trompeta. Ut inc'a' chic te'cua̱nk sa' li
tenamit a'an li neque'xnau trabajic chi
us riq'uin li c'a'ak re ru, ut inc'a' chic
ta̱abi̱k xya̱b junak molino sa' li tenamit
a'an. 23 Inc'a' chic ta̱ilma̱nk junak xam
sa' li tenamit a'an. Ut inc'a' ajcui' ta̱abi̱k
xya̱b xcuxeb li neque'saho' sa' xch'o̱leb
sa' junak sumla̱c. Te'xc'ul chi jo'can xban
nak eb laj c'ay li que'cuan sa' li tenamit
a'an que'xnimobresi ribeb, ut riq'uin li
tu̱lac que'xba̱nu, que'xbalak'i chixjunileb
li tenamit.— 24 Sa' ajcui' li tenamit a'an
que'camsi̱c li ralal xc'ajol li Dios ut eb
li profeta. Li tenamit a'an quic'amoc be
chiruheb li tenamit sa' ruchich'och' chix-
camsinquileb laj pa̱banel yalak bar.

Li lok'oni̱nc li que'xba̱nu sa' choxa

19 Chirix chic a'an quicuabi nak na-
baleb que'ec'an sa' choxa. Chi
cau xya̱b xcuxeb yo̱queb chixyebal: —
Aleluya. Lok'oninbil taxak li Ka̱cua'. Li
kaDios, a'an li nacoloc. A'an li k'axal
nim xcuanquil ut xc'ulub nak ta̱lok'oni̱k.
2 A'an ti̱c xch'o̱l chi rakoc a̱tin sa'
xya̱lal. A'an xrakoc a̱tin sa' xbe̱n li
nimla tenamit li chanchan jun li ixk
naxc'ayi rib. Xban nak numtajenak lix
ma̱usilal, a'an quipo'oc ruheb li tena-
mit li cuanqueb sa' ruchich'och'. Li
Dios xq'ueheb chixtojbal rix lix ma̱queb
xban nak que'xcamsi nabaleb laj c'anjel
chiru.— 3 Ut que'xye cui'chic: —Aleluya,
lok'oninbil taxak li Dios. Lix sibel li tena-
mit a'an ta̱takek' chi junelic k'e cutan
nak yo̱k chi c'atc.— 4 Ut li ca̱hib xca'c'a̱l
li c'ojc'o̱queb sa' xc'ojariba̱leb jo'queb
ajcui' li ca̱hib li yo'yo̱queb li chanchaneb
ángel que'xcuik'ib ribeb ut que'xlok'oni
li Dios li c'ojc'o sa' li lok'laj c'ojariba̱l
ut que'xye: —Lok'oninbil taxak li Ka̱cua'.
Jo'can taxak, chanqueb. 5 Ut quicuabi
jun yo̱ chak chi a̱tinac sa' li lok'laj
c'ojariba̱l ut quixye: —Chelok'onihak li
kaDios che̱junilex la̱ex li nequexc'anjelac
chiru. Chelok'onihak li Ka̱cua' la̱ex li
nequexucua ru, la̱ex li cuan e̱cuanquil jo'
ajcui' li ma̱c'a' e̱cuanquil.— 6 Ut quicuabi
cui'chic xya̱b xcuxeb nabaleb li cuan-
queb sa' choxa. Chanchan xya̱b lix cau
ok li palau ut chanchan nak namok li
ca̱k. Que'xye: —Aleluya. Li Ka̱cua' li ni-
majcual Dios, a'an cuan sa' xcuanquil.
7 Chisahok' taxak sa' kach'o̱l. Chikaq'ue
xlok'al li Ka̱cua' xban nak xcuulac xk'ehil
lix sumlajic li Jun li chanchan carner.
Li ixakilbej ac xcauresi rib. 8 Quiq'uehe'
li cha̱bil lino re xtikibanquil rib. Sak
ru li rak' ut nalemtz'un. Li saki lino
a'an retalil lix ti̱quilal xch'o̱leb li ralal
xc'ajol li Dios.— 9 Ut li ángel quixye
cue: —Tz'i̱ba retalil a'in: Us xak reheb
li bokbileb chixnink'einquil lix sumla-
jic li Jun li chanchan carner. Ut quixye
ajcui' cue: —A'in ra̱tin li Dios ut tz'akal
ya̱l, chan. 10 La̱in quincuik'ib cuib chiru
chixlok'oninquil. Ut a'an quixye cue:
—Ma̱ba̱nu a'an. La̱in yal aj c'anjelin
chiru li Dios jo' la̱at, ut jo' eb ajcui'
la̱ cuech aj pa̱banelil, li neque'xpa̱b li
xya̱lal li quixch'olob li Jesús. Li Dios,
a'an li ta̱lok'oni, chan cue, xban nak
li quixch'olob li Jesús, a'an ajcui' li
musik'anbil reheb li profeta.

Li Jun li chunchu chirix jun li cacua̱y sak rix

11 Ut teto li choxa nak quicuil. Quicuil
jun li cacua̱y sak rix. Ut lix c'aba' li c'ojc'o
chirix li cacua̱y, a'an "Tz'akal Dios" ut
"Ti̱c Xch'o̱l", xban nak a'an sa' ti̱quilal
ta̱rakok a̱tin ut sa' ti̱quilal ta̱pletik. 12 Lix
nak' ru chanchan xam. Nabal li corona
cuan sa' xjolom ut tz'i̱banbil lix c'aba'
chiru. Abanan ma̱ ani nata'oc ru. Ca'aj
cui' a'an. 13 Cuan quic' chiru li rak' ut
lix c'aba' a'an "Ra̱tin li Dios". 14 Na-
baleb li cuanqueb sa' choxa yo̱queb chi
ta̱ke̱nc re. Tikto̱queb riq'uin li saki t'icr
lino ut sak ru. Yo̱queb chi xic chirix li
cacua̱y sakeb rix. 15 Li Ti̱c Xch'o̱l cuan
jun li k'esnal ch'i̱ch' sa' re, re xsachbal
xcuanquileb li xni̱nkal ru tenamit. Cau
ta̱takla̱nk sa' xbe̱neb. Chanchan riq'uin
jun xuk' ch'i̱ch' tixtaklaheb. Chanchan
nak nayatz'e' li ru li uvas nak ta̱rakok
a̱tin sa' xbe̱neb riq'uin xjosk'il li Dios.
16 Tz'i̱banbil xc'aba' chiru li rak' ut chiru
li ra'. A'an a'in lix c'aba': Li Rey li k'axal
nim xcuanquil sa' xbe̱neb chixjunileb li
rey. Li Ka̱cua', li k'axal nim xcuanquil sa'
xbe̱neb chixjunileb li neque'taklan. 17 Ut
quicuil jun li ángel xakxo chiru li sak'e.
Chi cau xya̱b xcux yo̱ chi a̱tinac riq'uineb
chixjunileb laj xic'anel xul li neque'ti'oc
tib, li yo̱queb chi rupupic chiru choxa.
Quixye reheb: —Quimkex. Ch'utubomak
e̱rib chi cua'ac sa' li nink'e li ac xcauresi
li Dios. 18 Quimkex ut tiuhomakeb lix
tibeleb li rey li cuanqueb sa' ruchich'och'
jo' ajcui' lix tibeleb li neque'taklan sa'
xbe̱neb li soldado. Tiuhomakeb xtibeleb
li cauheb rib jo'queb ajcui' li cacua̱y
ut eb li cui̱nk li neque'xic chirixeb.
Tiuhomakeb xtibeleb chixjunileb, jo' li
lok'bil chi c'anjelac jo' ajcui' li inc'a'
lok'bil, jo' li cuanqueb xcuanquil ut jo'
ajcui' li ma̱c'a'eb xcuanquil.— 19 Quicuil
ru li josk' aj xul ut eb li rey li cuanqueb
sa' ruchich'och' rochbeneb li soldado li
neque'c'anjelac chiruheb. Que'xch'utub
rib re te'pletik riq'uin li Ti̱c Xch'o̱l li
cuan chirix li cacua̱y sak rix rochbeneb
li neque'ta̱ken re. 20 Li josk' aj xul
quichape' xban li Ti̱c Xch'o̱l li cuan chirix
li cacua̱y sak rix ut quichape' ajcui' li
profeta aj balak', li quixba̱nu li sachba
ch'o̱lej sa' xc'aba' li josk' aj xul. Riq'uin
li sachba ch'o̱lej quixba̱nu quixbalak'i
nabaleb li tenamit chixc'ulbal li re-
talil li josk' aj xul ut que'xlok'oni lix
jalam u̱ch. Chi xcabichaleb li josk' aj
xul ut li profeta aj balak' que'cute' chi
yo'yo̱queb sa' li xxamlel li azufre li chan-
chan nimla palau. 21 Ut li jun ch'ol chic
li neque'c'anjelac chiru li josk' aj xul
que'sache' ruheb riq'uin li k'esnal ch'i̱ch'
li cuan sa' re li Ti̱c Xch'o̱l li cuan chirix li
cacuay sak rix. Ut chixjunileb laj xic'anel
xul li neque'ti'oc tib que'nujac xsa'eb
riq'uin xtibeleb li jo' q'uial que'cam.

Li jun mil chihab

20 Quicuil jun chic li ángel yo̱ chak
chi cubec sa' choxa. Cuan chak
sa' ruk' xlauhil li nimla chamal jul jo'
ajcui' jun li nimla cadena. 2 Quixchap li
dragón. A'an li c'anti' li ac cuan ajcui'
chak najter. A'an laj tza. Satanás naye-
man re. Nak quixchap, quixbac' ut quix-
canab chi bac'bo chiru jun mil chi-
hab. 3 Quixcut sa' li nimla chamal jul
ut quixtz'ap xbe̱n ut quixq'ue jun sello
chiru re nak inc'a' chic tixbalak'iheb
li tenamit chiru li jun mil chihab.
Chirix a'an ta̱ach'aba̱k. Abanan inc'a' najt
ta̱cua̱nk. 4 Ut quicuileb li c'ojariba̱l li
que'c'ojla cui' li que'q'uehe' xcuanquil
chi rakoc a̱tin. Que'cuil li que'camsi̱c
xban nak que'xch'olob resil li Jesús ut
xban nak que'xch'olob ra̱tin li Dios. Inc'a'
que'xlok'oni li josk' aj xul chi moco lix
jalam u̱ch. Ut inc'a' quiq'uehe' retalil li
xul sa' xpe̱quemeb chi moco chi ruk'eb.
Que'cuacli cui'chic chi yo'yo ut que'cuan
xcuanquil rochbeneb li Cristo chiru jun

mil (1,000) chihab. 5 A'an a'in li xben cuaclijiqueb li camenak chi yo'yo. Ut eb li camenak jun ch'ol chic inc'a' que'cuacli chi yo'yo toj tatz'aklok ru li jun mil chihab. 6 Us xak reheb li te'tz'akonk sa' li xben cuaclijiqueb li camenak chi yo'yo. A'aneb li ralal xc'ajol li Dios. Ut lix cab li camc, mac'a'ak chic xcuanquil sa' xbeneb. A'anakeb chic li te'c'anjelak chiru li Dios ut chiru li Cristo chok' aj tij. Ut te'cuank xcuanquileb rochben li Cristo chiru jun mil chihab.

Quisache' xcuanquil laj tza

7 Nak acak xnume' li jun mil chihab, taach'abak laj tza ut taelk sa' li nimla chamal jul li tz'aptz'o cui'. 8 Ut taxic sa' chixjunil li ruchich'och' chixbalak'inquileb li tenamit yalak bar jo' li cuanqueb aran Gog ut Magog. Ut tixch'utubeb re nak te'pletik. K'axal nabalakeb jo' xq'uial li coc' ru li samaib li cuan chire li palau. 9 Yalak bar sa' ruchich'och' te'chalk chi pletic ut te'xsut li tenamit li raro xban li Dios li cuanqueb cui' li ralal xc'ajol. Li Dios tixtakla chak li xam sa' choxa ut tixsach ruheb chixjunileb li xic' neque'iloc re. 10 Ut laj tza li quibalak'in reheb tacutek' sa' xxamlel li azufre li chanchan nimla palau li cuanqueb cui' li josk' aj xul ut li profeta aj balak'. Ut aran te'rahobtesik chi k'ek chi cutan chi junelic k'e cutan.

Nak tarakek' atin sa' roso'jic li ruchich'och'

11 Ut quicuil jun li saki c'ojaribal. Ut li Jun li chunchu aran k'axal nim xcuanquil. Xban xnimal xcuanquil, mac'a' chic li ruchich'och' ut mac'a' chic li choxa. Que'sach chi junaj cua nak quicuil. 12 Ut que'cuil chixjunileb li camenak, jo' nink jo' coc', xakxoqueb chiru li chunchu sa' li c'ojaribal. Ut que'teli li hu li tz'ibanbil cui' lix yehom xbanuhomeb. Ut quitehe' ajcui' li hu li tz'ibanbil cui' xc'aba'eb li cuanqueb xyu'am chi junelic. Ut quirake' atin sa' xbeneb li camenak a' yal chanru lix yehom xbanuhomeb jo' tz'ibanbil retalil sa' li hu. 13 Chixjunileb li camenak cuanqueb aran, jo' eb li que'cam sa' ha' jo'queb ajcui' li que'muke'. Quirake' atin sa' xbeneb chixjunileb a' yal chanru lix yehom xbanuhomeb. 14 Ut quisache' xcuanquil li camc, ut quisache' ajcui' li na'ajej li neque'xic cui' li camenak. Que'cute' sa' li xam li chanchan palau. Li xam a'an, a'an li xcab camc. 15 Ut li ani inc'a' quita'e' xc'aba'eb sa' li hu li tz'ibanbil cui' xc'aba'eb li cuanqueb xyu'am chi junelic, a'aneb li que'cute' sa' li xam li chanchan palau.

Li Ac' Jerusalén

21 Ut quicuil ajcui' jun ac' choxa ut jun ac' ruchich'och' xban nak li xben choxa ut li xben ruchich'och' mac'a' chic. Ac xsache'. Ut mac'a' chic li palau. 2 Ut quicuil nak yo chak chi cubec sa' choxa cuan cui' li Dios li santil tenamit, li Ac' Jerusalén. C'ajo' xch'ina'usal. Chanchan jun li ixakilbej tikibanbil chi chabil xban nak oc re chi sumlac. 3 Ut quicuabi jun yo chak chi atinac cuan cui' li c'ojaribal ut quixye chi cau xyab xcux: —Anakcuan tacuank li Dios riq'uineb li cristian. A'anakeb li ralal xc'ajol. Li Dios tacuank riq'uineb. A'anak lix Dioseb. 4 Mac'a'ak chic rahil ch'olej. Mac'a'ak chic li camc chi moco li yabac chi moco li yot'ec', chi moco li raylal xban nak chixjunil li c'a'ak re ru a'an, ac xelaje'nume'.— 5 Li c'ojc'o sa' li c'ojaribal quixye: —Lain tinac'obresi chixjunil li c'a'ak re ru. Ut quixye ajcui': —Tz'iba retalil a'in xban nak li atin a'in tz'akal yal ut us xpabanquil. 6 Ut quixye cue: —Xtz'akloc ru chixjunil. Lain li Alfa ut li Omega. Lain tinq'ue chi matan li yu'am chi junelic re li ani taraj jo' nak taq'uehek' chi uc'ac li ani tachakik re. 7 Li ani tixcuy xnumsin-

quil li raylal ut inc'a' tach'inank xch'ol
sa' lix pabal, a'an tarechani chixjunil
li c'a'ak re ru a'in. Lainak lix Dios ut
a'anak li cualal inc'ajol. 8 Abanan li c'a'ru
te'rechani li inc'a' useb xna'leb, a'an li
xxamlel li azufre li chanchan palau,
a'an lix na'ajeb li neque'xucuac, ut eb
li inc'a' neque'paban, ut eb li que'xmux
ru lix pabaleb, ut eb li neque'xcamsi ras
ritz'in, ut eb laj co'bet laj yumbet, ut
eb laj tul, ut eb li neque'lok'onin jalanil
dios, jo'queb ajcui' laj tic'ti'. Li c'a'ru
te'rechani eb a'an, a'an li xcab camic nak
te'cutek' sa' li xam.— 9 Quichal jun re-
heb li cuukub chi ángel li que'cuan li
cuukub chi sec' riq'uineb, li cuan cui' li
cuukub chi raylal li que'xc'ul sa' roso'jic,
ut quixye cue: —Quim. Tinc'ut chacuu
li ixk li tasumlak cui' li Jun li chan-
chan carner, chan. 10 Riq'uin xcuanquil
li Santil Musik'ej, xinixc'am sa' xben jun
li nimla tzul najt xteram ut quixc'ut
chicuu li santil tenamit Jerusalén, yo
chak chi cubec sa' choxa riq'uin li
Dios. 11 Lix lok'al li Dios cuan riq'uin.
C'ajo' xch'ina'usal. Chanchan jun li ter-
toquil pec jaspe. K'axal xchak'al ru ut
nalemtz'un jo' li lem. 12 Li tenamit sutsu
sa' jun nimla tz'ac najt xteram ut cuan
cablaju li oquebal. Cablaju chi ángel
cuanqueb sa' eb li oquebal. Chiru li
oquebal tz'ibanbil retalileb li xc'aba'eb
li cablaju xtepaleb li ralal xc'ajol laj Is-
rael. 13 Oxib li oquebal cuan sa' li norte,
oxib cuan sa' li sur, oxib cuan bar na-
el cui' li sak'e ut oxib cuan bar na-oc
cui' li sak'e. 14 Cablaju li pec li qui-oc
chok' xcimiento li tz'ac li sutsu cui' li
tenamit. Ut chiruheb a'an tz'ibanbil re-
talileb lix c'aba'eb li cablaju chi após-
tol li que'c'anjelac chiru li Jun li chan-
chan carner. 15 Li ángel li quiatinac
cuiq'uin cuan jun lix bisleb riq'uin yiban-
bil riq'uin oro re xbisbal li tenamit ut li
oquebal jo' ajcui' li tz'ac. 16 Ca xucut li
tenamit nak quicuil. Lix nimal rok jun-
tak'et riq'uin xnimal ru. Li ángel quixbis
li tenamit riq'uin lix bisleb. Cuib mil
kilómetro riq'uin cuib ciento kilómetro
lix bisbal. Juntak'et xbisbal li rok, li ru
ut lix teram. 17 Chirix a'an quixbis li tz'ac
li sutsu cui' li tenamit. Lix bisbal a'an
ob xcac'al metro (65). Li ángel quixbis
li tz'ac jo' neque'bisoc sa' ruchich'och'.
18 Li tz'ac yibanbil riq'uin li chabil pec
jaspe. Li tenamit yibanbil riq'uin tz'akal
oro. Nalemtz'un. Chanchan lem. 19 Li
pec li qui-oc chok' xcimiento li tenamit
cuan xsahob ru yibanbil riq'uin q'uila
pay ru chi tertoquil pec. Li xben pec,
a'an li chabil pec jaspe; lix cab, a'an
zafiro; li rox, a'an ágata; li xca, a'an es-
meralda. 20 Li ro', a'an ónice; li xcuak,
a'an cornalina; li xcuuk, a'an crisólito;
li xcuakxak, a'an berilo; ut li xbele, a'an
topacio; li xlaje, a'an crisopraso; li xjun-
laju, a'an jacinto; ut li xcablaju, a'an am-
atista. 21 Li cablaju chi oquebal, yiban-
bileb riq'uin cablaju chi tertoquil perla,
jun sa' li junjunk chi oquebal. Eb li be sa'
li tenamit yibanbileb riq'uin tz'akal oro.
Nalemtz'un. Chanchan lem. 22 Quicuil
nak sa' li tenamit a'an mac'a' lix templo li
Kacua' bar te'xic li tenamit chi lok'oninc.
Mac'a' chic aj e xban nak li Kacua' li
k'axal nim xcuanquil cuan aran riq'uineb
chi junelic. Ut cuan ajcui' aran li Jun li
chanchan carner. 23 Mac'a' li sak'e aran
ut mac'a' li po xban nak li Dios cuan aran
ut lix lok'al li Dios nacutanobresin re.
Ut lix lok'al li Jun li chanchan carner
nacutanobresin re li tenamit. 24 Eb li
xninkal ru tenamit li te'colek', te'cuank
sa' cutan saken. Ut eb li que'cuan
xlok'al sa' ruchich'och', eb a'an te'xq'ue
xlok'al li tenamit. 25 Eb li oquebal inc'a'
te'tz'apek' xban nak junelic cutanak.
Mac'a'ak k'ojyin. 26 Eb li que'cuan xlok'al
sa' ruchich'och' te'xq'ue xlok'al li tena-
mit. 27 Li ani cuanqueb xmac inc'a' taruk
te'oc aran. Eb li neque'xbanu mausilal
chi moco li neque'tic'ti'ic, te'oc sa' li tena-

mit a'an. Li ani te'oc aran, ca'aj cui' li tz'i̱banbileb xc'aba' sa' lix hu li Jun li chanchan carner, li hu li tz'i̱banbil cui' xc'aba'eb li cuanqueb xyu'am chi junelic.

22 Ut li ángel quixc'ut chicuu li nima' li naq'uehoc yu'am chi junelic. Li ha' sak sak ru. Chanchan lem. Na-el chak cuan cui' lix lok'laj c'ojariba̱l li Dios ut li Jun li chanchan carner. 2 Li nima' a'an nanume' sa' xyi li tenamit. Chire li nima' xca' pac'alil cuan li che' retalil li junelic yu'am. Cablaju pa̱y li ru naxq'ue ut rajlal po nau̱chin. Lix xak nac'anjelac re xq'uebal xcacuilaleb lix ni̱nkal ru tenamit. 3 Aran ma̱c'a'ak chic ma̱usilal. Lix lok'laj c'ojariba̱l li Dios ta̱cua̱nk aran ut ta̱cua̱nk ajcui' lix lok'laj c'ojariba̱l li Jun li chanchan carner. Ut eb laj c'anjel chiru te'lok'oni̱nk re. 4 Eb a'an junelic yo̱keb chirilbal ru ut tz'i̱banbilak lix c'aba' sa' xpe̱quemeb. 5 Aran ma̱c'a'ak chic k'ojyi̱n. Jo'can nak inc'a' chic ta̱c'anjelak reheb li sak'e chi moco li candil. Li Ka̱cua' Dios, a'an chic li ta̱cutanobresi̱nk reheb. Ut te'cua̱nk aran chi k'axal sa sa' xch'o̱leb. Chanchanakeb chic rey.

Nak ta̱cha̱lk cui'chic li Jesucristo

6 Ut li ángel quixye cue: —Eb li a̱tin a'in tz'akal ya̱l ut us xpa̱banquil. Li Ka̱cua' Dios li nac'utbesin chiruheb lix profeta c'a'ru te'xye, a'an xtakla chak lix ángel chixc'utbal chiruheb laj c'anjel li c'a'ru ta̱c'ulma̱nk chi se̱b.— 7 Li Jesús quixye: —Q'uehomak retal. Chi se̱b tincha̱lk la̱in. Us xak re li ani naxc'u̱la sa' xch'o̱l li a̱tin li tz'i̱banbil sa' li hu a'in chirix li c'a'ru talajc'ulma̱nk mokon, chan. 8 La̱in laj Juan li quin-abin ut quiniloc re chixjunil li c'a'ak re ru a'in. Nak acak xcuabi ut nak acak xcuil, quincuik'ib cuib chiru li ángel li quic'utuc chicuu chixjunil li c'a'ak re ru a'in re raj xlok'oninquil. 9 Abanan li ángel quixye cue: —Ma̱ba̱nu chi jo'can. Mina̱lok'oni. La̱in yal aj c'anjelin jo' la̱at, jo'eb ajcui' li profeta la̱ cuech aj pa̱banelil, jo'queb ajcui' li neque'pa̱ban re li a̱tin li tz'i̱banbil sa' li hu a'in. A' li Dios, a'an li ta̱lok'oni ru, chan. 10 Ut quixye ajcui' cue li ángel: —Ma̱muk chiruheb li tenamit li xya̱lal li tz'i̱banbil sa' li hu a'in. Ma̱muk chiruheb li c'a'ru ta̱c'ulma̱nk xban nak cuulac re xk'ehil nak ta̱c'ulma̱nk li c'a'ru tz'i̱banbil sa' li hu a'in. 11 Li ani yo̱k chixba̱nunquil li ma̱usilal, xba̱nuhak li ma̱usilal. Ut li ani yo̱k chi ma̱cobc, xba̱nuhak li ma̱c. Li ani ti̱c xch'o̱l, yo̱k chixba̱nunquil li ti̱quilal. Li ani santobresinbil, chicua̱nk sa' santilal.— 12 —Q'uehomak retal, chan li Jesús. —La̱in chi se̱b tincha̱lk ut tinc'am chak le̱ k'ajca̱munquil. Tinq'ue xk'ajca̱munquil li junju̱nk a' yal chanru lix yehom xba̱nuhom. 13 La̱in li Alfa ut li Omega. La̱in ac cuanquin chak sa' xticlajic li ruchich'och' ut cua̱nkin ajcui' sa' roso'jic.— 14 Us xak reheb li cuybil sachbil xma̱queb xban li Dios, xban nak eb a'an ta̱ru̱k te'xtzaca li ru li che' li retalil li junelic yu'am. Ut te'oc ajcui' sa' li oqueba̱l re li tenamit. 15 Abanan li inc'a' useb xna'leb inc'a' ta̱ru̱k te'oc sa' li tenamit a'an, chi moco laj tu̱l, chi moco laj co'bet laj yumbe̱t, chi moco li neque'xcamsi ras ri̱tz'ineb ut eb li neque'lok'onin jalanil dios jo'queb ajcui' li neque'cuulac chiru balak'ic ut tic'ti'ic. 16 Ut li Jesús quixye: —La̱in xintakla lin ángel a̱cuiq'uin re nak ta̱ch'olob li xya̱lal a'in reheb laj pa̱banel. La̱in li chanchanin xtux li che'. Quinyo'la sa' xya̱nkeb li ralal xc'ajol li rey David. La̱in chanchanin li cak chahim li nalemtz'un chak toj ek'ela, chan li Jesús. 17 Li Santil Musik'ej ut li ixakilbej neque'xye: —Cha̱lkex.— Li ani ta̱abi̱nk re li a̱tin a'in, chixyehak ajcui' —cha̱lkex.— Li ani ta̱raj ruc'bal li ha', li retalil li junelic yu'am, chicha̱lk chi uc'ac chi ma̱tan. 18 A'an a'in li tinye re li ani ta̱abi̱nk reheb li a̱tin li tz'i̱banbil sa' li hu a'in chirix

li tac'ulmank mokon: Cui ani tixq'ue
xtz'akob li atin a'in, li Dios tixq'ue li ray-
lal sa' xben jo' tz'ibanbil retalil sa' li hu
a'in. 19 Ut cui ani tarisi junak reheb li atin
li tz'ibanbil sa' li hu a'in, taisik lix c'aba'
xban li Dios sa' li hu li tz'ibanbil cui' lix
c'aba'eb li cuanqueb xyu'am chi junelic.
A'an inc'a' taoc sa' li santil tenamit, chi
moco tacuank lix yu'am chi junelic jo'
tz'ibanbil retalil sa' li hu a'in. 20 Li Jesús
li nach'oloban xyalal li c'a'ak re ru a'in
naxye: —Relic chi yal chi seb tinchalk.—
Jo'can taxak. Chalkat, at Kacua' Jesús.
21 A' taxak li usilal li naxq'ue li Kacua'
Jesucristo chicuank eriq'uin chejunilex
laex laj pabanel. Jo'can taxak.

Made in the USA
Coppell, TX
04 October 2023